ABHANDLUNGEN FÜR DIE KUNDE DES MORGENLANDES

Im Auftrag der Deutschen Morgenländischen Gesellschaft herausgegeben von Roland Steiner

Band 132



2023

Harrassowitz Verlag · Wiesbaden

Robert F. Wittkamp

# Erzählen im alten Japan

## Geschichtsschreibung, Mythen und narrative Dichtung in den ersten beiden Man'yōshū-Bänden

2023

Harrassowitz Verlag · Wiesbaden

Bibliografische Information der Deutschen Nationalbibliothek
Die Deutsche Nationalbibliothek verzeichnet diese Publikation in der Deutschen Nationalbibliografie; detaillierte bibliografische Daten sind im Internet über https://dnb.de abrufbar.

Bibliographic information published by the Deutsche Nationalbibliothek
The Deutsche Nationalbibliothek lists this publication in the Deutsche Nationalbibliografie; detailed bibliographic data are available on the internet at https://dnb.de

Informationen zum Verlagsprogramm finden Sie unter
https://www.harrassowitz-verlag.de


Gedruckt auf alterungsbeständigem Papier.
Druck und Verarbeitung: Prime Rate Kft.
Printed in Hungary

ISSN 0567-4980 eISSN 2749-0041
ISBN 978-3-447-12087-6 eISBN 978-3-447-39441-3

# Inhalt

# Einführung

蓋 文章經國之大業 不朽之盛事
*gai wen zhang jing guo zhi da ye bu xiu zhi sheng shi*
Literatur ist wichtig für das Regieren des Staates. Sie ist eine unvergängliche (*bu xiu*), großartige Sache. (Cao Pi 曹丕, 187 bis 226)[1]

## Die Sammlung *Man'yōshū*

Unter den überlieferten Anthologien der japanischen Literatur ist das *Man-yōshū* 萬葉集 (万葉集), die „Sammlung Abertausender Blätter", die älteste. Bis ins spätere achte Jahrhundert hinein wurden zwanzig Bände mit über 4500 Gedichten sowie kürzeren Prosatexten zusammengestellt. Die Entstehung ist im ostasiatischen Kontext jener Zeit zu sehen. Im frühen siebten Jahrhundert hatte China als Tang-Dynastie 唐 zu einem Reich von bisher unbekanntem Ausmaß zusammengefunden, und auch die drei Reiche der koreanischen Halbinsel waren ab den 660er Jahren unter Silla 新羅 (jap. Shiragi) vereinigt. Für das Gebiet auf den japanischen Inseln, das aus klassisch-chinesischen Quellen als Wo 倭 (MC 'wa, Kroll 2015, digital)[2] bekannt ist, lag das Ziel eines Verfassungsstaates zwar noch in weiter Ferne. Mit Blick auf die kontinentale Erfolgsgeschichte hatte das Herrscherhaus aber die Relevanz der Schrift begriffen (vgl. Duthie 2014: 85), die eine Verfassung, ein überregionales Kommunikations- und Verwaltungssystem sowie die nachhaltige Transformation von kulturellem Gedächtnis und kultureller Identität ermöglichte.[3] Für die Konsolidierung und Legitimierung des Herrscherhauses war das von höchster Priorität,

1 Zitat aus der chinesischen Literaturtheorie *Lunwen* 論文 (aus dem *Dianlun* 典論). Originaltext nach Owen 1992: 68, übersetzt von Pohl 2007: 92. Cao Pi war der erste Herrscher der Wei-Dynastie.

2 Krolls „Medieval Chinese" deckt den für das *Man'yōshū* relevanten Zeitraum ab.

3 J. Assmann (2004: 105) macht die „grundsätzlich zwei Funktionen" der Schrift in der Speicherung und der Kommunikation aus und mahnt, beide sorgfältig auseinanderzuhalten. Die Speicherungsfunktion beschreibt er (ebd.) auch als „Exteriorisierung unseres Gedächtnisses", und dass dieser Vorgang nicht ohne Transformationen abläuft, sollen die folgenden Untersuchungen ebenfalls verdeutlichen.

und in diesem Umfeld entstanden ab dem siebten Jahrhundert Texte, die schließlich auf die 701 zusammengestellte, aber erst später in Kraft tretende Verfassung Taihō *ritsuryō* 大實律令 sowie drei umfangreiche Werke hinausliefen. Der Verfassungstext ging verloren, aber aus Kommentaren ist der als *Yōrō-Kodex* 養老律令 (Dettmer 2009–2015) bekannte Teil erhalten. Die mytho-historische Erzählung *Kojiki* 古事記 (712), „Aufzeichnungen alter Ereignisse", die offizielle Geschichtsschreibung *Nihon shoki* (720),[4] „Chronologische Schriften zu Japan", sowie das *Man'yōshū* wurden in Abschriften überliefert. Es gibt noch andere Texte wie die 713 in Auftrag gegebenen Länderbeschreibungen *Fudoki* 風土記, von den einige wenige Berichte vollständig und andere in Fragmenten (*itsubun* 逸文) erhalten sind. Auch sind dem Namen nach oder aus Zitaten in anderen Schriften noch weitere Titel bekannt, aber relevant für die folgenden Untersuchungen zum *Man'yōshū* sind das *Kojiki* und das *Nihon shoki*.

Das *Kojiki* und die Gedichtsammlung gelten als Literatur im engeren Sinn, aber Gary L. Ebersole (1992: 10) ordnet beide mit der offiziellen Geschichtsschreibung einem „Court's larger historiographic project" zu. Jan Assmann wiederum präzisiert die Zusammenhänge auf medienorientierter Ebene. „Ohne Zweifel: Herrschaft braucht Herkunft", schreibt er wohlbedacht, um dann die Bedeutung für die Zukunft einzubringen: „Herrschaft »legitimiert sich retrospektiv und verewigt sich prospektiv«" (2002 [original 1992]: 71). Beide Richtungen sind aus dem Titel des *Man'yōshū* herauszulesen: „Sammlung (*shū*) von 10.000 (*man*) Blättern" mit *yō* im Sinne von „Gedichten" und / oder *yō* als „für 10.000 Generationen". Die Zahlenangabe steht für Unendlichkeit, und für beide Bedeutungen besitzt die klassisch-chinesische Literatur Belege. Wie das voranstehende Zitat von Cao Pi zeigt, der auch als Wei-König Wendi 魏文帝 bekannt ist, dachte man dort nämlich schon früh über die Zusammenhänge nach, und seine nur zum Teil überlieferte Literaturkritik *Dianlun* war im alten Japan bekannt. Die Literatur (*wen zhang* 文章, jap. *bunshō*) sei eine wichtige Sache für die Staatslenkung (*jing guo* 經國, jap. *keikoku*), die niemals alt werde, und auch heißt es, dass sie „das edelste Werk eines gebildeten Volkes" sei (vgl. Feifel 1959: 158). Den Zusammenhang von Literatur und Staatslenkung ver-

4 Alle Abschriften geben 日本書紀 *Nihon shoki* an, und die Bezeichnung 日本紀 *Nihongi* stammt aus dem *Shoku nihongi* 續日本紀, der 797 eingereichten, zweiten offiziellen Geschichtsschreibung, die von den Ereignissen von 697 bis 791 berichtet; vgl. SNBT 13: 72 und zum Namen Kōnoshi et al. 2021: 5, 521–522. Anmerkungen zu *Man'yōshū*-Gedichten belegen das Alter der Bezeichnung *Nihongi*, die jedoch im wissenschaftlichen Diskurs wirkt, als sei das Werk selbst nicht zur Hand genommen worden.

handelt die japanische Literaturwissenschaft dementsprechend als *bunshō keikoku*, aber er rückt nur selten in den Blick.[5]

Das Bisherige trifft besonders auf den Impuls zur Zusammenstellung und die ersten beiden Bände der Sammlung zu. Der alte Kern der Sammlung entstand in den 690er Jahren, aber die Kompilation durchlief einen langwierigen Prozess, der eine allmähliche Entfernung vom höfischen Projekt zu erkennen gibt. In der ersten Hälfte des achten Jahrhunderts hatte das alte Programm ausgedient. An seine Stelle trat die private Dichtung, wenn auch der Ort der Dichtung an den höfischen Einflussbereich gebunden blieb und durchaus noch politische Implikationen im Spiel waren. Dieser Wandel lässt sich als Schwerpunktverlagerung von Vorstellungen zur – retrospektiv verankerten – idealen Gegenwart und Zukunft zu nostalgischen Vorstellungen einer idealen Vergangenheit verstehen. Da das mit der Zunahme einer individuellen Färbung verbunden ist, beschreibt Gomi Tomohide (1987: 17) den Impuls für die Zusammenstellung der Sammlung im Rahmen politisch-ideologischer Dimensionen sowie die sich davon absetzende Sammlung namens *Man'yōshū* als eine Auswahl auf Befehl des Herrscherhauses (*chokusen* 勅撰) versus private Auswahl (*shisen* 私撰). Die Sammlung gehört aber nicht zu den ab der Heian-Zeit zusammengestellten offiziellen Waka-Sammlungen (*chokusen wakashū* 勅撰和歌集), deren Kompilation von höchster Stelle befohlen war, zumal sie hinsichtlich der Materialität und Medialität der Schrift keine Waka-Gedichte enthält, deren Merkmal die Verschriftung mit *hiragana*-Phonogrammen (平仮名) ist. Das *Man'yōshū* ist im Anschluss an die klassisch-chinesische Literatur zu sehen, besonders aber an die Anthologie *Wenxuan* 文選 (jap. *Monzen*) aus dem frühen sechsten Jahrhundert. Dabei handelt es sich um eine umfangreiche, sogenannte „allgemeine Sammlung (*zong ji* 総集)" mit Werken verschiedener Dichter, Zeiten und Genres wie der lyrischen Dichtung oder der oben erwähnten Literaturtheorie *Dianlun*. Das *Wenxuan* war im alten Japan als Lernobjekt für die Beamtenlaufbahn in der Verfassung verankert und dementsprechend bekannt (vgl. Ueno 2020: 19, 218–226; Wittkamp 2021a, Index).

Nicht nur der lange Entstehungsprozess und der Ausrichtungswandel sind für den heterogenen Charakter der Sammlung verantwortlich, sondern auch die aus China für den Ausdruck der eigenen, aber ganz anders gearteten Sprache übernommene Schrift. Anfang des achten Jahrhunderts wusste man diese in Japan gut zu handhaben, was die Verwendung der Schriftzeichen zu erkennen gibt, und die Sammlung entwirft eine eigene Geschichte der Schrift. Die Orientierung an klassisch-chinesischen Texten war aber nicht nur äußerlich, also

5 Zum *bunshō keikoku*-Ideal (… *no rinen* 文章經國の理念) vgl. Kojima 2016: 1536, 1900 (= 3. Band, Index).

lediglich die von China angeregte Idee einer Anthologie, deren Kategorien oder die materiellen Aspekte der Zeichen betreffend. Die klassisch-chinesische Literatur betraf den Ausdruck und die Sprache, veränderte die Wahrnehmung und das Denken.

Allerdings war man schon im zehnten Jahrhundert nicht mehr zur Lektüre des *Man'yōshū* in der Lage. Daher begann ein Team von Spezialisten mit einer von Murakami Tennō 村上天皇 (926 bis 967) verordneten Neuverschriftung, die zugleich den Beginn der philologischen Texterfassung markiert (vgl. Kōnoshi 1996: 144). Der Prozess dauert noch immer an, und das Ergebnis ist das *Man'yōshū* in der heute bekannten Form einer Mischverschriftung aus chinesischen Schriftzeichen und *hiragana*-Lautzeichen, was als *kaki-kudashi* 書き下し oder mit Gewicht auf Lesung und gesprochene Sprache als *yomi-kudashi* 訓み下し bekannt ist.[6] Die Transliteration im Mischstil aus *hiragana*-Lautzeichen und Morpho- oder Logogrammen bedeutet gewissermaßen eine Übersetzung in die Aussprache des modernen Japanischen, und wie bei jeder Übersetzung ist der Gewinn mit Verlusten verbunden.

Somit gibt es in Japan gleichsam zwei *Man'yōshū*, nämlich den philologisch erschlossenen, ausschließlich aus chinesischen Schriftzeichen bestehenden Originaltext sowie die aus der Schulbildung und Literaturwissenschaft bekannte „lebendige" *hiragana*-Mischverschriftung. Mit dieser kommen seit dem zwanzigsten Jahrhundert alle Kinder über die Schule in Berührung, wenn auch in jüngerer Zeit eine Abnahme zu registrieren ist.[7] Für das kulturelle Gedächtnis und die kulturelle Identität des auf den Inseln stets als „wir Japaner" gedachten Kollektivs war und ist die Mischverschriftung von eminenter Wichtigkeit, aber der Originaltext dient heutzutage quasi nur noch einer linguistisch orientierten Klientel zur Erschließung des Altjapanischen, kaum der Vertiefung des literarischen Verständnisses – steht diesem sogar geradezu entgegen (vgl. Wittkamp 2021d). In der literarisch-ästhetischen Wahrnehmung sind die beiden Varianten mit Aleida Assmanns (1999) Speicher- und Funktionsgedächtnis vergleichbar, und eine Aufgabe der literaturwissenschaftlichen *Man'yōshū*-Forschung wäre dann, das Speichergedächtnis wieder ins Funkti-

6 „Herunterlesen" (*yomi-kudashi*) wirkt allerdings angesichts der Materialität der Schrift ungeeignet. Bei den ausschließlich mit *man'yōgana*-Lautzeichen verschrifteten Gedichten, beispielsweise im fünften Band, kommt es beim Herunterschreiben (*kaki-kudashi*) umgekehrt zu dem Phänomen der Logographisierung, bei der Phonogramme in Logogramme überführt werden. Lurie (Rūrī 2020: 224) macht auf diese umgekehrte Schriftgeschichte aufmerksam, aber erst für spätere Literatur, obwohl sein Thema das japanische Altertum ist.

7 Vgl. die statistische Diplomarbeit von Tsuneyoshi Kaoru (Internetveröffentlichung o. J.) zu über achthundert Schulbüchern für die Zeit zwischen 1915 bis 2017.

onsgedächtnis zurückzuführen beziehungsweise die Leserschaft wieder für den Originaltext zu sensibilisieren.

Aus der *Man'yōshū*-Dichtung ging das Waka, daraus die Kettendichtung und das Haiku und daraus wiederum der internationale Haiku-Boom hervor. Kein europäisches Werk aus vergleichbar frühen Zeiten weist einen solchen Umfang auf, und nur wenige wirkten sich so nachhaltig auf spätere Literaturen und Kulturen aus. Vermutlich dürfte es auch auf nationaler Ebene zu keinem Werk eine vergleichbar intensive Forschungstätigkeit geben, deren Erzählungen daher im Rahmen einer Wissenschaftsgeschichte ebenfalls zu berücksichtigen sind. Das Haiku gehört mittlerweile zu vielen Sprachkulturen, und auch die Waka-Dichtung sowie ihre moderne Fortführung als Tanka-Dichtung (短歌) sind über den Inselrand bekannt. Gesteht man dem *Man'yōshū* seine grundlegende Rolle in der Entwicklung der japanischen Kultur – man denke nur an die vier Jahreszeiten (vgl. Wittkamp 2013, 2014a) – und später der internationalen Dichtung zu, dürften an der Zugehörigkeit der Sammlung zur Weltliteratur keine Zweifel bestehen.[8]

Ein Merkmal von Weltliteratur ist die Rezeption in anderen Sprachen. Es gibt schon lange Übersetzungen, wenn auch außerhalb des Englischen in eher bescheidenem Umfang. Das Dilemma ist gewiss auch dadurch bedingt, dass sich die japanische Literaturgeschichte immer noch als *koku-bungaku* 国文学, „Landes- oder Nationalliteratur", beschreibt und der Internationalität geradezu verweigert – die Selbstbeschreibung ist gewissermaßen Programm, bekannt von internationalen Tagungen.[9] Denn viele Studierende der japanischen Faculty of Letters (*bungaku-bu* 文学部) wählen das Fach zur Umgehung der ansonsten obligatorischen Fremdsprache. In dieser Hinsicht verständlich gibt es von japanischer Seite aus zwar das Bestreben, sich von anderen Literaturen durch Einzigartigkeit abzugrenzen, kaum aber Bemühungen um Erhellung der

8 Itō Hakus von 1995 bis 2000 in dreizehn Bänden bei Shūeisha erschienene *Man'yōshū*-Kommentarausgabe wurde 2005 als zehnbändige Ausgabe (ohne Originaltext, Indexband und Sonderband) in die Taschenbuchreihe „Shūeisha bunko Heriteeji Shirīzu" (Heritage Series) aufgenommen. Diese enthält weiterhin die Übersetzungen von Dantes *Comedia* (*Göttliche Komödie*), James Joyces *Ulysses*, Goethes *Faust* (Teil 1 und 2) sowie Prousts *À la recherche du temps perdu* (*Auf der Suche nach der verlorenen Zeit*). Das *Man'yōshū*-Kommentarwerk in eine Reihe mit Werken der Weltliteratur von Einzelautoren zu stellen, ist in mehrfacher Hinsicht interessant. Die später als „Pokettomasutāpīsu" (pocket master piece) ausgeweitete Reihe präsentiert dreizehn bekannte Autoren, aber keinen der japanischen Literatur.

9 Projekte wie ein Band der *Acta Asiatica*: *Bulletin of the Institute of Eastern Culture*, in dem sechs japanische Spezialisten zum Thema „The *Man'yōshū* and Chinese Literature" (1999, Bd. 77) beitragen, sind Randerscheinungen, zumal alle Beiträge von Übersetzungen abhängen.

Sammlung im Rahmen einer Weltliteratur, die der *koku-bungaku* ohnehin nur aus Übersetzungen bekannt ist. Diese Arbeit ist den Literatur- und Sprachwissenschaften außerhalb Japans anvertraut, und die englischsprachige Japanologie ist der deutschsprachigen darin um einiges voraus.

Die deutschsprachige Leserschaft ist englischen Diskursen mächtig, aber gerade der Anspruch als Weltliteratur bedeutet die Aufnahme in die Sprachen der Welt und nicht das Überlassen an eine dominante Fremdsprache, die nur das Fachpublikum erreicht. Theorieorientierte Literaturwissenschaften wie die Germanistik, Anglistik, Romanistik oder Slawistik, also die Fachbereiche, aus denen sich die Narratologie entfaltet, können sich nicht mit außereuropäischen Literaturen vertraut machen, solange diese nur als Übersetzung in eine andere Fremdsprache zugänglich sind. Denn ein doppelter Übersetzungsprozess ist mit einem Zuwachs an Unzuverlässigkeit verbunden. Sicherlich ist Sebastian Balmes (2022: 10) zuzustimmen, dem zufolge nur „ein höherer Grad an theoretischer Reflexion […] die Japanologie stärker in interdisziplinäre Forschungsvorhaben" integrieren kann. Was aber nicht weniger fehlt, sind zuverlässige, das heißt angemessen kommentierte Interlinear- oder Arbeitsübersetzungen ins Deutsche, auf deren Grundlage sich ästhetisch zufriedenstellende Übersetzungen anfertigen ließen. Die in der vorliegenden Untersuchung angebotenen Arbeitsübersetzungen bedeuten daher mit Peter Wapnewski gesprochen, dass es die

> Aufgabe des Philologen ist […] Texte verständlich zu machen. Wo er übersetzt, will er nicht mehr als einen Steg hin zur Quelle schlagen. In dem Maße als es seinem Übersetzen gelingt, diesen Zweck zu erfüllen, wird seine Übersetzung überflüssig. (1962: 269)

## Altjapanisches Erzählen

„Zu den anthropologischen Bestimmungen, die den Menschen als vernunftbegabtes und sprechendes Wesen auszeichnen", so stellt Albrecht Koschorke (2012: 9) zu Beginn seiner „Allgemeinen Erzähltheorie" fest, „hat sich im späten 20. Jahrhundert der Begriff des *homo narrans* gesellt". Die Aussage folgt einem Eröffnungszitat von Roland Barthes, der den Menschen ebenfalls wiederholt hervorhebt. Seiner Feststellung einer „Unüberschaubarkeit der Menge der Erzählungen" leitet die Behauptung ein, Erzählungen in „nahezu unendlichen Formen zu allen Zeiten, an allen Orten und in allen Gesellschaften" finden zu können. Mit „in nahezu unendlichen Formen" belegt Barthes Weitsicht. Denn zu seiner Zeit – Anfang bis Mitte der 1980er Jahre – waren narratologisch ausgerichtete Untersuchungen zur Dichtung in gebundener Sprache oder zur Lyrik noch kein systematisch verfolgtes Thema. Die jüngere Forschung schließt jedoch diese Lücke, und dass „die Erzählung als eine offenkundig anthropologische Konstante schon immer Gegenstand der Lyrik gewesen ist", macht Michael Bernsen (2011: 122) daran fest, dass „in deren Zentrum [...] ebenfalls Fragen der menschlichen Identitätsfindung stehen".

Die unausgesprochene Voraussetzung, welche die Narratologie einigt und leitet, ist das Verständnis von Erzählen als einer „anthropologisch universelle(n) (kulturen- und epochenübergreifende[n]) Praxis im Strukturieren von Erfahrungen, in der Konstitution von Sinn und im Vermitteln von Bedeutung" (Hühn und Schönert 2007: 1). Ostasiatische Literaturen werden allerdings nur am Rande wahrgenommen, und entsprechende Untersuchungen liegen bisher weder in historischer noch systematischer Hinsicht vor. Balmes unternimmt mit seiner Arbeit zu den „Charakteristika japanischer Erzähltexte des 10. bis 14. Jahrhunderts" (2022, Untertitel) einen großen Schritt in diese Richtung. Wie aber der Titel zeigt, erfasst sie das Altjapanische nicht. Sicherlich können Anthropologie und Narratologie auf das Fundament eines *homo sapiens* bauen, der offenbar vor circa sechzigtausend Jahren seine Reise aus Afrika zur Besiedelung der Kontinente antrat und dabei wohl auch Erzählungen mit sich führte, um viele Generationen später auch die japanischen Inseln zu erreichen.[10] Bis sich das dortige Erzählen konkret nachweisen lässt, ist es allerdings noch ein langer Weg, und die folgenden Untersuchungen wollen daher die kulturspezifische Erzählweise (vgl. Kocher 2011: 79) dort aufdecken, wo die Geschichte des japanischen Erzählens anzusetzen ist: bei den überlieferten Texten des späten siebten und frühen achten Jahrhunderts.[11]

Was die altjapanischen Werke bis ins achte Jahrhundert eint, ist ihr historiographisches Verhalten. Die Ansätze fallen unterschiedlich aus, aber ein zwischen literarisch-unpolitischen und sachlich-politischen Texten differenzierendes Verständnis zeichnet sich erst im Lauf des achten Jahrhunderts ab. Japans Literatur entstand zunächst im Einflussbereich des klassisch-chinesischen Denkens als *bunshō keikoku*, „Literatur ist das Regieren des Staates". Wie gesehen war Cao Pis Abhandlung *Lunwen*, „Abhandlung zur Literatur", die den Beginn der klassisch-chinesischen Literaturkritik markiert, im alten Japan bekannt, da sich die Beamten damit auseinandersetzen mussten (vgl. Wittkamp

10 Zur Anthropologie des Erzählens vgl. Scheffel 2011 und Kocher 2011.

11 Eine kleine Auswahl an kurzen Erzählungen aus dem *Kojiki*, *Nihon shoki* und *Fudoki*, den staatlich angeordneten Länderbeschreibungen (fertiggestellt ab 730), bieten Naumann und Naumann 1990: 5–29. Es sind reine Übersetzungen mit wenigen Anmerkungen (S. 390–392).

2021a: 1–2). Der politisch-ideologische Hintergrund, zu dem sich die Erkenntnis der Möglichkeiten der Schrift für die Gestaltung eines Verfassungsstaates gesellt, ist auch für das *Man'yōshū* verantwortlich, wodurch sich das Wort „Geschichtsschreibung" im Titel der vorliegenden Arbeit erklärt. Diese Historiographie der anderen *Form* tritt innerhalb der Sammlung wiederum nirgends deutlicher hervor als in den ersten beiden Bänden – ein praktischer Umstand, der die Themenbegrenzung erleichtert.

Die Beschreibung als „Altjapan" bedarf der Klärung, da das Material jener Zeit aus dem begrenzten Raum namens „Yamato" (倭, 大和 oder 日本) stammt oder damit verbunden ist.[12] Das politische und kulturelle, auch als 畿内國 *kinai-koku* oder *uchi tsu kuni* bekannte Zentralgebiet umfasste zunächst vier, später fünf Länder (國 *kuni*).[13] Yamato war im siebten Jahrhundert das Kernland mit dem Zentrum in Asuka 飛鳥 am südöstlichen Rand des Nara-Beckens südlich von Kyōto 京都. Von dort aus bewegte sich das Zentrum in kleinen Schritten nördlich: 694 entstand nur wenige Kilometer entfernt mit Fujiwara-*kyō* 藤原京 die erste Verwaltungsstadt,[14] die 710 nochmals circa

12 Das *Nihon shoki* gibt die Lesung der Schriftzeichen 日本 (Nihon, Nippon = Japan) mit „Yamato" an und verlangt das für den gesamten Text, der dementsprechend *Yamato shoki* heißen müsste. Der älteste Beleg für 日本 stammt aus dem *Man'yōshū*-Gedicht 1: 44 (= Band: Zählung; siehe unten). Der Titel kommt später in dem Kommentarwerk *Ryō no shūge* 令集解 vor, das zwischen 859 und 877 entstand, aber auf einer „alten Schrift" (古記) aus den 730er Jahren beruht; vgl. SNBZ 2: 26, 505. Vermutlich setzte es sich bis 713 auf offizieller Ebene durch, die Namen aller Länder (國 *kuni*), für deren Verschriftung zuvor keine Regeln bestanden, mit zwei positiv besetzten Schriftzeichen zu notieren. Am zweiten Tag, 5. Monat, im 6. Jahr Wadō (713) erfolgte der Befehl, die Namen aller Distrikte (郡 *kohori*) und Dörfer (郷 *sato*) mit positiven Zeichen (好字 *yoki ji*) zu notieren, was zugleich der Befehl zur Erstellung der *Fudoki*-Länderberichte war; vgl. SNBT 12: 196–199 (Eintrag), 426 (Anmerkung).

13 Im *Nihon shoki*-Eintrag zum fünften Tag, 4. Monat, 6. Jahr der Regierung Jitōs (692) kommt die Bezeichnung als 四畿内國 *yotsu no uchi tsu kuni*, „vier *kinai*-Länder", das erste Mal vor; Lesung nach SNBZ 4: 526–527, NKTS 5: 282–283. Im 5. Monat des 1. Jahres Tenpyō Hōji 天平寶字 (757) wurde ein Gebiet von Kawachi 河内國 abgeteilt und zum Land Izumi 和泉國 erklärt; vgl. SNBT 14: 186–187. Damit gab es fünf *kinai*-Länder (五畿 *goki*). Der Begriff *kinai* / *uchi tsu kuni* kommt das erste Mal im *Nihon shoki*-Buch „Sujin" vor, und zwar im Gegensatz zum „Ausland" (海外 *kaigai* / *wata no hoka*). Zur Unterwerfung der Bewohner in jenen Regionen, die sich nicht fügen wollten, entsandte Sujin Tennō 崇神天皇, der als der zehnte Tennō gilt, vier Generäle (vgl. SNBZ 2: 284–285). In diesem Eintrag steht der Begriff noch für den gesamten Herrschaftsbereich Sujins; zur Begriffsgeschichte und Differenzierung eines archäologischen *kinai*-Begriffes vgl. Yoshimura 2018: 93–98.

14 Die Stadtanlage wurde von Adligen, Beamten, Wachleuten und Bediensteten bewohnt und diente der Beherbergung der Hofanlage sowie der Verwaltung des Landes. Die Wohneinheiten wurden je nach Rang zugeteilt und standen unter Aufsicht. In der japa-

zwanzig Kilometer weiter nördlich nach Heijō-*kyō* 平城京 (Nara 奈良) verlegt wurde.[15] Die in der Verfassung bestimmten *kinai*-Länder reichten im Norden bis über das heutige Kyōto (Yamashiro 山城), im Westen über die Küste bis zur Insel Awajishima 淡路島 sowie dem Gebiet der heutigen Stadt Kōbe 神戸 (Kawachi 河内, Izumi 和泉 und Settsu 摂津) hinaus. Yamato selbst erstreckte sich im Südosten und Süden jeweils noch weiter bis in die Berge der heutigen Präfektur Nara.

Nach einem kurzen Intermezzo in Nagaoka-*kyō* 長岡京, wo es schon seit Urzeiten menschliche Besiedlung gab, wurde Ende des achten Jahrhunderts die Hauptstadt nach Heian-*kyō* 平安京 verlegt, das heutige Kyōto.[16] Dort beginnt mit dem Aufblühen der Lautzeichenschriften *hiragana* und *katakana* 片仮名 ein neuer Abschnitt der japanischen Kultur, der sich mitunter durch die ab dem zehnten Jahrhundert entstehende höfische *monogatari*-Erzählliteratur 物語 auszeichnet. Die Texte aus dem späten siebten und frühen achten Jahrhundert stammen von Adligen und Beamten, das heißt einer gebildeten und elitären, dem Yamato-Hof hörigen Gruppe – sonst wären sie nicht überliefert worden. Das Problem betrifft aber nicht nur die Sprache, die Torquil Duthie (2014: 6) als „imperial vernacular poetry“ beschreibt, sondern auch Aspekte der schriftlichen Erzählung wie die Textgestaltung oder die Auswahl an Themen und Motiven. Aussagen über Altjapan sind in der vorliegenden Arbeit stets auf diesen politisch-ideologisch begrenzten Raum zu beziehen. Zwar gibt es Texte aus anderen Regionen wie die Länderbeschreibungen der *Fudoki*. Diese entstanden aber auf Weisung Yamatos, und an deren Authentizität bestehen Zweifel, da sie unter anderem auf Materialien aus Yamato zurückgriffen oder auch einfach nur verzeichneten, was Yamato gerne hören wollte. Verschriftet sind sie ohnehin auf Chinesisch, der Lingua franca im ostasiatischen Schriftraum.

---

nischen Forschung ist daher meist nicht die Rede von *toshi* 都市, dem modernen Stadtbegriff, sondern von *tojō* 都城 etc.; zu einer Einführung in die Problematik vgl. Ozawa 2003: 201–204 und zur Forschung zur Stadt im Altertum und ihrer Vorgeschichte Kitamura 2013: 1–78.

15 Auf dem heute als Standard geltenden, quadratischen Fujiwara-Stadtplan erscheint die Stadt circa gleich groß mit Heijō-*kyō* (Nara), aber im Unterschied zur jüngeren Stadt, wo die Palastanlage wie im chinesischen Chang'an 長安 (jap. Chōan) im Norden lag, befand sich der Hof exakt im Zentrum; vgl. die Karten in Ozawa 2003: 20 (Überblick zu beiden Hauptstädten), S. 221 (Fujiwara), S. 223 (Heijōkyō) und S. 224 (Chang'an).

16 Die Schriftzeichen 京都 finden sich im *Nihon shoki*, kommen aber auch im Gedicht 1: 51 vor und stehen dort für *miyako*, „der Ort der Hofanlage“. Die SNBT-Bearbeiter (1: 48) erläutern sie als einen klassisch-chinesischen Begriff (*kango* 漢語) und belegen mit Versen aus der Sammlung *Wenxuan*. Einem Kommentar zufolge stehen dort die Zeichen für die Hauptstadt Luoyang 洛陽.

Die oben in politischer Hinsicht angesprochene Begrenzung des Untersuchungsgegenstands auf die ersten beiden Bände der Sammlung *Man'yōshū* erklärt sich auch angesichts der Menge an Textmaterial aus dem achten Jahrhundert. Ihr Name wird zunächst mit Gedichten oder Liedern assoziiert, aber sie enthält auch Prosatexte, die im Westen kaum und selbst in Japan nur der spezialisierten Literaturgeschichte bekannt sind. Sie sind kurz, aber an ihnen ließen sich alle essenziellen, andere Texte dieser Zeit ebenfalls betreffenden Fragen aufdecken (vgl. Wittkamp 2018b, 2021a). Im Mittelpunkt der folgenden Untersuchung stehen die Texte, die aufgrund ihrer Beschreibung als 歌 *uta* sowie der formalen Aspekte der gebundenen Sprache mit streng geregeltem Rhythmus als Lied oder Gedicht verhandelt werden. Die meisten der kurzen Prosatexte der ersten beiden Bände sind Titel und Anmerkungen. Die bis auf eine narratologisch wichtige Ausnahme erst später beigefügten Anmerkungen dienen der Aufklärung von Zusammenhängen und Hintergründen der Gedichte, die im achten Jahrhundert unverständlich geworden waren. Ihr Stil ist als klassisch-chinesisch zu beschreiben.

Das Verschriften von Prosatexten unter Berücksichtigung der Eigenarten der japanischen Sprache – etwa durch die Umstellung der Syntax oder das Ausschreiben von Verbendungen und Höflichkeitsformen – ist bereits ab dem späteren siebten Jahrhundert bekannt, und die Belege aus der späteren Geschichtsschreibung werden als *senmyō*-Stil 宣命体 *senmyō-tai* beschrieben. Das sind Tennō-Edikte, die phonographische Verschriftungen von Wortendungen oder grammatische Hilfszeichen besitzen und somit eine Lesung auf Altjapanisch einfordern. Auch das *Kojiki* weist Verschriftungen von Eigenarten der japanischen Sprache auf und unterscheidet sich dadurch von klassisch-chinesischen Textvorgaben. Im *Man'yōshū* wiederum haben viele Gedichte narrative Züge, und bei manchen scheint es geradezu, als sollte das altjapanische Erzählen ganz der Dichtung in gebundener Sprache anvertraut werden, welche im Gegensatz zu klassisch-chinesischen Texten die Feinheiten der eigenen Grammatik zum Ausdruck bringen konnte. Es ist schließlich zu berücksichtigen, dass es bezüglich der altjapanischen Sprache in den Texten um 700 nur Tastbewegungen gab, die für die Inhalte und Genres neben den klassisch-chinesischen Vorgaben noch keine geregelten Formate kannten.

Japanische Arbeiten greifen das Erzählen im *Man'yōshū* auf. Darin geht es um das Erzählen in oralen Traditionen der vorschriftlichen Zeit, dessen Spuren in die Gedichtsammlung hineinführen. Auf der anderen Seite steht der Versuch, in der Sammlung die Vorläufer für die *monogatari*-Literatur ab der Heian-Zeit ausfindig zu machen – also die Spuren, die aus der Sammlung herausführen. Das Kompositum *mono-gatari* 物語 bedeutet „von etwas erzählen / Zeugnis geben, überliefern“, bezieht sich aber im engeren Sinn auf ein Genre der japanischen Literatur mit dem Beginn und Höhepunkt in der Heian-Zeit ab dem späten neunten Jahrhundert. Diese Ansätze, die das *Man'yōshū* in unterschiedlicher Intensität berücksichtigen, sind weiterführend, aber die Sammlung selbst wird zur Materialquelle, um die aus beiden Richtungen hinein- und herauslaufenden Fäden zu verfolgen.[17]

Angesichts dieser Forschung ist Torquil Duthies Behauptung, in Misaki Hisashi „the pioneer of narratological approaches to the poetry of *Man-yōshū*" (2014: 219) zu sehen, zunächst überraschend. Misaki (2005) geht es jedoch explizit um die narrativen Strukturen der schriftlich fixierten Dichtung, die er anhand der Kriterien Erzähler, Raum und Zeit verfolgt. Duthies und Misakis Arbeiten stellen für die folgenden Untersuchungen weiterführende Bezugspunkte zur Verfügung. Während aber bei Duthie das Erzählen ausschließlich im politischen Rahmen als „Imperial Imagination" (Titel) Beachtung findet, das heißt bezüglich der Konsolidierung und Legitimierung politischer Herrschersysteme beziehungsweise politisch orientierter Ideologien und Konstruktionen, spielen in Misakis Arbeit die politischen und historischen Hintergründe keine Rolle.[18] Die Prosatexte des *Man'yōshū* und ihre narrativen

---

17 Takazaki geht in dem „Prolegomenon zur *monogatari*-Literatur" (1942) von Erzählungen zu Anderswelten und anderen märchenhaften oder mythischen Erzählungen aus und streift das *Man'yōshū* nur gelegentlich. Fujii (1992: 345–514) wiederum, dessen umfangreiche Untersuchung „Die Entstehungsgeschichte der *monogatari*-Literatur" (original 1987) ein Referenzwerk zur Verfügung stellt, widmet dem *Man'yōshū* das achte und neunte Kapitel, aber auch dort stehen die Spuren des mündlichen Erzählens, die Entwicklung grammatischer Formen, die für die spätere *monogatari*-Erzählung typisch sind, sowie die Lieder im Mittelpunkt, die im Zusammenhang mit mündlichen Überlieferungen gesehen werden. Diese *denshō kankei-ka* 伝承関係歌, die sich in ausgeprägtester Form im sechzehnten Band der Sammlung finden, bilden auch den Gegenstand in Furuhashis Monographie „Die Geburt der *monogatari*-Literatur – eine Literaturgeschichte aus dem *Man'yōshū*" (2000). Furuhashi geht es um die Frage, wie der Stil der sogenannten *uta-monogatari* 歌物語, „Lied-Erzählung", ab der Heian-Zeit beziehungsweise der japanische Stil (*wabun* 和文) zustande kam; vgl. Furuhashi 2000: 112, 209. Dabei zeigt es sich wiederholt, dass er manchen Prosatexten im *Man'yōshū* zwar ein Erzählen bescheinigt, dieses jedoch nicht als *monogatari* anerkennt; vgl. Furuhashi ebd. S. 200 und zu *uta-monogatari* Takazaki 1942: 36–64.

18 Der erste Teil in Duthies Untersuchung *Man'yōshu and the Imperial Imagination in Early Japan* (2014) widmet sich allgemein der ostasiatischen Geschichtsschreibung, und im zweiten Teil geht es um „Imperial Poetry and the Politics of the First Person" (S. 201–402, Zusammenfassung, S. 403–416); als Untersuchung zum gleichen Forschungsgegenstand und zum tieferen Verständnis sei darauf verwiesen. Duthie setzt der im Nationalismus der Meiji-Zeit entstandenen Vorstellung einer nationalen Sammlung (*kokumin kashū* 国民歌集) die Beschreibung als „Imperial Imagination" (Titel) entgegen (S. 161–163) und wendet sich generell gegen das Verstehen der Sammlung als „literary history" (S. 165, 195–196), zu Gunsten einer „imperial history" (S. 196) respektive „gene-

Strukturen sind in beiden Arbeiten kein Thema, und in dieser Beziehung ist Furuhashi Nobuyoshi (2000) zu beachten, der die Verbindung von Prosatexten und *uta*-Dichtung verfolgt, also das, was die spätere *uta-monogatari*-Literatur auszeichnet. Darunter werden kurze Erzählungen verstanden, die sich um Gedichte (*uta*) und deren Entstehungen drehen. Furuhashis Schwerpunkte sind allerdings wiederum anders gesetzt, und es liegt ihm weder an den ersten beiden Bänden noch an den politischen Implikationen. Die folgenden Untersuchungen heben daher auf das Schließen einiger Lücken ab, die sich zwischen den genannten Arbeiten auftun, verfolgen aber auch eigene Fragestellungen.

## Originaltexte, Umschriften und Auswahl

Unter den in der vorliegenden Arbeit konsultierten Kommentarausgaben lassen sich die auf Stellenkommentare konzentrierenden Werke (Takeda 1–14, SNBT 1–4, SNBZ 6–9, Inaoka 1–4) von den Ausgaben mit zusätzlich essayistischen Erläuterungen (Omodaka 1–20, Itō 1–10, Aso 1–10) unterscheiden. Die erste Orientierung erfolgt nach den Standardausgaben SNBT (Shin Nihon koten bungaku taikei, Iwanami) und SNBZ (Shinpen Nihon koten bungaku zenshū, Shōgakukan), die mit Fuß- oder Kopfnoten, Originaltext, Transkription sowie Übersetzung ins moderne Japanisch ausgestattet sind und sich offenbar mit unterschiedlichen Gewichtungen um eine Vermeidung von Wiederholungen bemühen. Zur Beruhigung des Leseflusses, der für die nichtjapanologische Leserschaft durch fremde Namen und chinesische Schriftzeichen hinreichend belastet ist, finden sich die Originaltexte am Ende der vorliegenden Arbeit. Das Einfügen der Quellenangaben in den Text bringt zwar eben-

alogical history" (S. 198). Trotz des expliziten Bezugs auf das gesamte *Man'yōshū* (vgl. S. 172, 175 etc.) behandelt die Arbeit nur die ersten beiden Bände, mit Schwerpunkt auf dem ersten Band. Zumindest den letzten vier Bänden, die als Höhepunkt eines „subplot[s in den vorangehenden Bänden] that focuses on the Ōtomo lineage" (S. 179) erscheinen, dürfte die Beschreibung als „imperial imagination" allerdings nicht gerecht werden. Weiterhin hinterfragt Duthie drei Grundannahmen der japanischen Literaturwissenschaften: „(1) that writing in late seventh-century Japan developed in order to write the Japanese language, (2) that therefore the poetry of the *Man'yōshū* is »written in Japanese,« and (3) that the language of uta is »Old Japanese«" (S. 204). Duthie zufolge entwickelte der Yamato-Hof „vernacularized forms of historical narrative and poetry" beziehungsweise „the vernacularized poetry of the *Man'yōshū*" (S. 3–4). Gemeint ist „imperial vernacular poetry" (S. 6), aber es ist auch hier zu fragen, in welchem Verhältnis dazu die letzten vier Bände zu sehen sind, die wie der fünfte Band mit Gedichten aus dem fernen 太宰府 *dazaifu* in Nord-Kyūshū in Distanz zum Hof entstanden.

falls eine gewisse Unruhe ein, entlastet aber den Fußnotenapparat. Als weitere Lesehilfe sei auf die Register verwiesen.

– Die Transkribierung des Altjapanischen erfolgt nach Wittkamp 2014a/b und berücksichtigt den Schriftzeichengebrauch. Die Bindestriche bei Lesungen der Originaltexte verweisen auf einzelne Schriftzeichen, aber *kanbun*-Phrasen (漢文), die wie 將見 *mimu* im klassisch-chinesischen Stil verschriftet sind, Eigennamen und andere Sonderfälle wie Wort- und Silbenkontraktionen erscheinen ohne Bindestrich. Das gilt auch für die ergänzende Lesung (*yomi-zoe* 読み添え), wenn beispielsweise Tempus, Aspekt oder Höflichkeitsform beigefügt werden, ohne dass diese ausgeschrieben sind. Ein komplexes Beispiel ist das Schriftzeichen 詔 aus dem *Kojiki*, das die SNBZ-Bearbeiter (1: 58; = Band: Seite) an dieser Textstelle *noritamahishiku* lesen.[19] Das Verb *noru* bedeutet „befehlen, verordnen" und wird in die Konjunktionalform *nori* gesetzt, um weitere Lesungen beizufügen. Es folgt das honorative Hilfsverb *tamafu* mit dem Verbalsuffix (Hilfsverb) *-ki* für Vergangenheit (*-tamahi-ki*), da im *Kojiki* alle modernen Prädikatlesungen im Präteritum stehen. Am Ende steht das Suffix *-ku*, das zur Einleitung der Figurenrede eine Nominalisierung bildet und hier an die Attributivform *-shi* anschließt; in der letzten Untersuchung der vorliegenden Arbeit ist diese Nominalisierung noch genauer zu zeigen. In den Einzeluntersuchungen erscheinen die Bindestriche nur dort, wo die Information zum Schriftzeichengebrauch relevant erscheint. Die Phrase *nori-tamahishiku* besteht aus nur einem Schriftzeichen und wird daher zunächst ohne, bei wiederholtem Aufgreifen zur Vereinfachung aber mit Bindestrichen wiedergegeben. Die Bindestriche bei Wörtern des modernen Japanischen dienen ebenfalls als Lesehilfen.

– Die Differenzierung in *on-* (*ongana* 音仮名) und *kun*-Phonogramme (*kungana* 訓仮名) wird in der Transkription nicht berücksichtigt, aber in der Untersuchung angesprochen, wenn sie zum Verstehen beiträgt. Die Vokaldifferenzierungen des Altjapanischen finden ebenfalls keine Berücksichtigung, und auch die Konsonanten folgen der – leicht modifizierten – modernen Aussprache. Die an linguistischen Details interessierte Leserschaft sei auf die einbändige Gesamtausgabe Ide und Mōri 2009, die *Man'yōshū*-Ausgaben nach Vovin (ab 2009), Wörterbücher wie Omodaka 1983 und

19 „Lesen" im Zusammenhang mit chinesischen Schriftzeichen bedeutet in der vorliegenden Arbeit die Belegung des Schriftzeichens mit einem gesprochenen Wort. Wie aber bereits 詔 zeigt, ist die Grenze zum „Lesen als", das heißt zur Interpretation oder Lektüre „als Nachfolge des Interpretationskonzepts" (Winko 2002: 128), offen.

Bentley 2016 sowie schließlich linguistische Arbeiten wie Osterkamp 2011 verwiesen.[20]

- Bei Schriftzeichen aus den Originaltexten folgen die Lesungen danach, bei Ausdrücken der wissenschaftlichen Beschreibung erfolgt zuerst die Umschrift, dann die Angabe der Schriftzeichen. Die Lesung vor den Schriftzeichen ist in der westlichen Japanologie konventionell, aber die Präsentation in der vorliegenden Arbeit dient der Differenzierung von Objekt- und Metasprache. Die chinesischen Schriftzeichen der Sekundärliteratur werden nur beim ersten Vorkommen angegeben und sind im Folgenden über die Register zu erreichen.
- Die grammatische Terminologie folgt weitestgehend dem wiederholt aufgelegten *Abriss der japanischen Grammatik* von Bruno Lewin (1959, hier in der zweiten Auflage von 1975 [fünfte unveränderte Auflage 2003]). Zwar genügt diese nicht den Ansprüchen der modernen Linguistik, wahrt aber den Zusammenhang mit der japanischen Literaturwissenschaft und ist auch für Nicht-Linguisten verständlich.

Abschließend sei eine Bemerkung zur Auswahl der Texte beigefügt. Widmete man jedem Gedicht nur eine Buchseite, was gewiss zu wenig ist,[21] ergäbe das bei über viertausendfünfhundert Gedichten ein umfangreiches Werk in mehreren Bänden. Freilich verminderte der Ausschluss aller Gedichte, die nicht über die rudimentäre Narrativität der Raum- und Zeitdarstellung verfügen, die Sei-

20 Auf Vorträgen etc. zeigt sich die Paradoxie, dass die Transkription zwar im altjapanischen Stil, die Lesung dann aber im gesprochenem Japanisch, also nicht *tu*, *si* und *pa*, sondern *tsu*, *shi* und *ha* oder *wa* etc. erfolgt. Dabei geht es doch gerade um die korrekten Merkmale der gesprochenen Sprache.

21 Vgl. den zwölften Band des „Seminars – Dichter und Werke im *Man'yōshū*" (Kōnoshi und Sakamoto 2005) mit dem Versuch einer Bestimmung der über dreihundertsiebzig „besten" Gedichte. Er berücksichtigt nur Kurzgedichte, von denen viele von ihren Langgedichten getrennt oder aus Gruppen isoliert werden, sodass Aspekte wie die Zusammengehörigkeit oder Narrativität keine Berücksichtigung finden. Die auf eine Seite begrenzten Darstellungen dürften daher selbst für eine vorentlastete japanische Leserschaft zu knapp ausfallen und sind nur im Verbund mit anderen Darstellungen sinnvoll, deren Kenntnis allerdings bei der anvisierten Leserschaft vorausgesetzt werden kann. Das von Kōnoshi und Sakamoto herausgegebene „Seminar: *Man'yō*-Dichter und ihre Werke" (*Seminā: Man'yō no kajin to sakuhin*; 1999 bis 2005) ist auf die Forschung nach 1965 ausgerichtet. Die Herausgeber erläutern das „Seminar" als Anschluss an die 1977 bis 1978 von Itō Haku und Inaoka Kōji herausgegebene Reihe „Das *Man'yōshū* studieren" (*Man'yōshū o manabu* 万葉集を学). Das Ziel der neuen Reihe bestehe im Schließen der Forschungslücke zur alten, was die in der Zwischenzeit vorangeschrittene Forschung sowie ein gewandeltes methodologisches Vorgehen betreffe, da die alte Reihe die zwanzig Bände des *Man'yōshū* in ihrer Reihenfolge und mit Schwerpunkt auf das Werk abhandelten; vgl. Kōnoshi und Sakamoto 2005: I–II (Band 12).

tenzahl erheblich, aber das Ausleuchten der Hintergründe, die Erklärung der Grammatik, eine dichte Beschreibung, die eine Bestimmung der Narreme[22] sowie der narrativen Strukturen und Aspekte ermöglicht, oder der Nachvollzug verschiedener Auslegungen erforderten immer noch zu viele Buchseiten. Es ist somit eine Auswahl an aussagekräftigen Belegen zu treffen, an denen sich die Möglichkeiten, Bedingungen und Grenzen des Erzählens im *Man'yōshū* aufdecken lassen.

Die Belege stammen aus den ersten beiden Bänden, deren strukturelle Gestaltung der Gedichte und ihre Arrangements ein gesteigertes Interesse am Erzählen an den Tag legen. Dieses zeigt sich in zwei Richtungen, nämlich dem Erzählen im Sinn der anthropologischen Universalität, die oben angesprochen wurde, sowie dem Interesse an der Geschichtsschreibung, die sich um 700 in der Orientierungsphase befand. Im Titel der vorliegenden Arbeit findet sich weiterhin der Mythenbegriff, der jedoch nicht systematisch verfolgt wird. Manche Gedichte besitzen Mythenfragmente oder Mytheme, die aufzuzeigen sind, zumal sie Abweichungen zu jenen Mythen zeigen, die das *Kojiki* und das *Nihon shoki* entfalten. Die im *Man'yōshū* enthaltenen Mythenfragmente bereichern das, was allgemein als die japanischen Mythen beschrieben wird. Die daran interessierte Leserschaft sei auf Nelly Naumanns Darstellung *Die Mythen des alten Japan* (1996) sowie auf *Arbeit am Text – Zur postmodernen Erforschung der* Kojiki-*Mythen* (Wittkamp 2018a) verwiesen. Während Naumanns Arbeit die Kenntnisse der vergleichenden Mythologie repräsentiert, die auf Gemeinsamkeiten der Mythen und Mytheme abhebt, stehen im Vordergrund der letztgenannten Arbeit die Differenzen. Beide Darstellungen sollten sich gegenseitig ergänzen.

Das vorliegende Buch beruht auf einer langjährigen Beschäftigung mit der Sammlung, ging konkret aber aus einem Aufsatz zur narrativen Lyrik im *Man'yōshū* der Anfangszeit hervor (vgl. Wittkamp 2021b). Die darin enthaltenen Einzeluntersuchungen wurden umfangreich erweitert, korrigiert und präzisiert, sodass bei den Untersuchungen im vorliegenden Buch neue Aspekte einfließen. Aus den laufenden Arbeiten zum Buch wiederum gingen zwei Aufsätze hervor (Wittkamp 2022 und 2023a), was mit bestimmten Absichten für das vorliegende Buch verbunden war. Beide Aufsätze erschienen mit der Hoffnung auf stär-

22 Wolf versteht Narrativität als „ein graduierbares Phänomen, das sich – wie auch das Schema des Erzählerischen selbst – aus mehreren Faktoren, den sogenannten Narremen, zusammensetzt"; vgl. Wolf 2002: 23, 38 und zur Graduierbarkeit der Narrativität S. 35, 37, 42, 95–96 (mit einem Schema zum „narrativen Potential unterschiedlicher Medien"). Die Narreme, die Wolf (S. 44) in drei Typen unterteilt, sind die gewissermaßen kleinsten Elemente der Erzählung (nicht der Geschichte). Der Begriff sei als Anregung genannt, aber auf Einzelnachweise muss verzichtet werden.

keres Feedback auf Englisch. Dadurch sowie durch die gleichzeitige Veröffentlichung im Internet konnten einige Korrekturen vor- sowie Anregungen aufgenommen werden, und die entsprechenden Abschnitte im vorliegenden Buch geben ebenfalls mehr preis, als es die Aufsätze vermögen. Weitere Anregungen wurden bei Vorträgen und Gesprächen gewonnen, wozu vor allem die Einsicht gehört, manche Aspekte und Zusammenhänge transparenter – und das bedeutet auch umfangreicher – zu gestalten.

Für die nicht japanologisch geschulte Leserschaft stellt sich das Problem der japanischen Namen und Bezeichnungen. Als Hilfestellung dienen zunächst die Register am Buchende, und ansonsten bleibt der lapidar anmutende Ratschlag, sich nicht von fremden Namen und Wörtern abschrecken zu lassen, sondern schlimmstenfalls darüber hinweg zu lesen. Weitere Komplikationen mögen sich durch die mitunter übertrieben wirkende Berücksichtigung der japanischen Forschung einstellen. Zu jedem der im Folgenden ausgewählten Gedichte existiert eine lange, oftmals kontrovers geführte Forschungs- und Auslegungsgeschichte, die gemeinsam mit der Textrekonstruktion gewachsen ist und sich ab einem bestimmten Niveau in mancherlei Hinsicht nicht von der Textdarstellung trennen lässt, zumal Lesungen nicht selten von der Auslegung abhängen. Das heute vorliegende *Man'yōshū* – wie viele alte Werke ebenfalls – ist daher nicht auf den philologisch rekonstruierten Text zu reduzieren, sondern lebt in der Rezeption, und die Berücksichtigung von unterschiedlichen Forschungspositionen ermöglicht weiterführende Einblicke. Bei dem Text an und für sich handelt es sich um Literatur, und zu deren Eigenschaften gehört es nun einmal, sich nicht auf eine Bedeutung festlegen zu lassen – eine Übersetzung richtet in dieser Hinsicht schon genug Schaden an. Es ist oftmals notwendig, nicht lediglich Meinungen zu präsentieren, sondern auch zu zeigen, wieso es diese gibt. Zudem besteht die Hoffnung auf ein Interesse an der Forschungsgeschichte, die hin und wieder ebenfalls anregende Geschichten erzählt. Die grundlegenden Positionen sind nachzuvollziehen, aber zur Vermeidung einer Übergewichtung beschränkt sich die ausführlichere Darstellung einer Forschungsgeschichte auf die sogenannten Iwami-*sōmon*-Austauschgedichte sowie das Gedicht 2: 199. Während die Iwami-Gedichte durch die Zusammenfügung zweier Gedichtgruppen sowie die Präsentation von Vorfassungen umfangreich ausfallen, ist 2: 199 das längste Gedicht der Sammlung. Bei den Iwami-Gedichten steht der Nachvollzug einer Interpretation im Vordergrund, die spektakulär anmutet und vermutlich deshalb auf aufwendigen Widerstand traf, bei 2: 199 die Verdeutlichung spezifischer Schwierigkeiten, die sich aus dem Mangel an Textmitteilungen ergeben. Die Darstellung einer bestimmten Auslegung muss anderslautende oder ablehnende Positionen berücksichtigen, die ebenfalls weiterführende Aspekte einbringen. Die Entscheidung für ein bestimmtes Verstehen kann nach Darlegung der Sachlage ein jeder für sich selbst treffen.

# Zu den ersten beiden Bänden

## Allgemeines

Das folgende Kapitel gibt einen Überblick zu den ersten beiden Bänden hinsichtlich der Zusammenstellung, des Aufbaus sowie der historiographisch-narratologischen Fragestellungen. Es beginnt mit den Kapitelüberschriften (*hyōmoku* 標目),[1] die den Gedichtgruppen voranstehen und die Namen der Höfe sowie die dort herrschende „Generation" angeben. Sie weisen die Gedichte historischen Räumen zu, und da die Ordnung primär keine zeitliche, sondern eine räumliche war, lassen sich die Abschnitte als Repräsentation eines Epochen-Raums verstehen. Im siebten Jahrhundert waren diese Räume trotz unterschiedlicher Namen größtenteils identisch und wurden lediglich durch die Tennō neu besetzt, aber ein Epochen-Raum steht für einen bestimmten Tennō-Namen. Ab Mitte der 690er Jahre gab es eine erste Verwaltungshauptstadt, die in der weiteren Geschichte nordwärts wanderte und erst Mitte der 790er Jahre in Heian-*kyō* (Kyōto) einen Ruhepunkt für die nächsten vierhundert Jahrhunderte fand. Das war die nach der Hauptstadt benannte Heian-Zeit.

Es folgen Erläuterungen zu Aspekten der Kompilation, zu den Gedichttiteln (*daishi* 題詞) und anderen Peritexten sowie zu den Gedichten der Anfangszeit, die als die ältesten der Sammlung gelten. Mit Bezug auf das Gedicht bezeichnet der Peritextbegriff formal zur Prosa gehörende Textsorten wie die Kapitelüberschriften und die Titel, die mitunter aus längeren Prosatexten bestehenden Vorbemerkungen und Vorworte, beigefügte Briefe oder Nachbemerkungen. Ebenfalls unter diesen Begriff fallen die nach dem Gedicht stehende Anmerkung (*sachū* 左注), die unter der Kapitelüberschrift oder dem Titel stehende Anmerkung (*kachū* 下注) sowie die in den Text eingeschobene Anmerkung (*bunchū* 分注). Der letztgenannte Typ ist für längere Prosatexte wie

---

1 Duthie (2014: 181) beschreibt die *hyōmoku* als „historical section headings", was präziser, aber nur bedingt korrekter ist, da die Kapitelüberschriften einer räumlichen Ordnung unterliegen und bei „historisch" das Gewicht auf der Zeit liegt. Anstatt *hyōmoku* findet auch *hyōdai* 標題, „Titel", Verwendung (Kōnoshi 2007a: 192, 2013: 37, 39, Ichinose 2014: 58, 66), aber Kōnoshi (2013: 154) benutzt *hyōdai* ebenfalls für die Gedichttitel der Themendichtung (*eibutsu* 詠物, chin. *yong wu*), wo der Begriff angebrachter erscheint. Der neunte Band präsentiert Titel, die stilistisch den Kapitelüberschriften entsprechen, allerdings mit Angaben der Tennō-Namen im Titel selbst, also nicht als Anmerkung.

die Geschichtsschreibung typisch, kommt aber häufig in der Form alternativer Verse vor, die mit kleineren Schriftzeichen in den Gedichttext eingefügt wurden. Abgesehen von diesen Alternativversen unterscheiden sich die meist kurzen Peritexte von den Gedichten durch ihre periphere Anordnung sowie durch chinesische Formulierungen, wovon nur bei Namenslesungen abgewichen wird. Zwar gibt es auch in den Gedichten Formulierungen im chinesischen Stil, die zum Gedichttext gehören, aber das betrifft nur zwei oder drei Zeichen, deren Lesung prinzipiell auf Altjapanisch zu vollziehen ist. Die Peritexte werden ebenfalls ins Altjapanische überführt, was aber nicht notwendig ist, und diese sogenannten *kanbun*-Lesungen fallen je nach Kommentar dementsprechend unterschiedlich aus. Als Originaltext bilden die drei Anmerkungstypen eine Grauzone, aber da sie vor oder mit dem Abschluss der letzten Kompilation beigefügt wurden, zählen sie hier dazu. Die Anmerkungen zeigen und lenken die Rezeption ab der Zeit der Beifügungen, und die japanische Literaturgeschichte kann – oder will – sich von deren Einfluss nicht befreien. Weiterhin zu beachten ist die Herkunft vieler Gedichte aus anderen Sammlungen, die häufig in den Anmerkungen genannt werden, aber wie alle Originaltexte nicht mehr vorliegen.

Der Peritext bildet mit dem Epitext wie Buchankündigungen, Kritiken, Handbucheinträgen oder Aufsätzen, den Paratext. In der vorliegenden Arbeit bezieht sich der Peritextbegriff auf die philologisch erschlossenen Texte, die als Wiedergabe der Abschriften in Kommentarausgaben zugänglich sind. Bei den Abschriften sind noch weitere Aspekte zu berücksichtigen, wie die mit *hiragana*- oder *katakana*-Lautzeichen notierten Gedichtlesungen, die den ausschließlich mit chinesischen Schriftzeichen (*kanji* 漢字) notierten Gedichttexten beigefügt wurden.[2] Auch kommen Bemerkungen, die über oder unter die Gedichte außerhalb der Hilfslinien und -rahmen geschrieben wurden, oder Ausstreichungen und Emendationen vor. Weiterhin zu beachten wären schließlich die intermedialen Aspekte wie Verzierungen, Schmuckpapiere oder Hintergrundmalereien. Diese Beifügungen und Merkmale sind nicht in die modernen Kommentarausgaben aufgenommen, aber über Abbildungen, Faksimiles und häufig auch über das Internet zugänglich.

In modernen Kommentarausgaben erfährt der Peritext durch die *kaki-kudashi*-Transliteration,[3] Erklärungen in Fuß- und Kopfnoten, Übersetzungen ins

2 Die Lesung, die neben den originalen Gedichttexten (*uta-honbun* 歌本文) in einer neuen Zeile notiert ist, heißt *bettei-kun keishiki* 別堤訓形式, die direkt daneben beigefügte Lesung *bōkun* 傍訓. Die *bettei-kun* wurde mit *hiragana* oder *katakana* vollzogen, die *bōkun* mit *katakana*; vgl. die Abbildungen in Tanaka 2020: 12–17, dessen Monographie der 1993 entdeckten Abschrift Hirose-*bon* 廣瀬本 nachgeht.

3 Die Transliteration mit *hiragana*-Phonogrammen und chinesischen Schriftzeichen, in der

Japanisch der Gegenwart sowie weitere Erläuterungen eine Ausweitung und Umgestaltung, aber in der vorliegenden Untersuchung sind mit dem Begriff nur die Beifügungen gemeint, die aus den bis zur Frühmoderne angefertigten Abschriften bekannt sind.[4] Von besonderer Bedeutung ist das Nishi-Honganji-*bon* 西本願寺本, die erste vollständige, auf den Lesungen von Sengaku 仙覚 (geb. 1203) beruhende Abschrift aus der späten Kamakura-Zeit (im *bōkun*-Stil). Sie bildet die Grundlage der meisten Kommentarausgaben, denen allerdings – vor allem bezüglich der Schriftzeichen – weitere Emendationen widerfahren, worauf die Kommentarausgaben durch Listen etc. hinweisen. Die Karriere des Mönchsgelehrten Sengaku, auf dessen Arbeit die moderne *Man'yōshū*-Forschung beruht, begann mit Hilfsarbeiten bei der Rekonstruktion des Urtextes auf der Grundlage einer Sichtung der verschiedenen Abschriften (校合, *kyōgō*, *kōgō*) und beim Erstellen einer historisch-kritischen Ausgabe (*kōhon* 校本). 1247 verfasste er mit dem Kangen-*bon* 寛元本 die erste textkritische Abschrift (*dai ichiji kōtei-bon* 第一次校訂本), und es folgten weitere Arbeiten. Hervorzuheben sind das Bun'ei-*bon* 文永本, die zweite kritische Abschrift, die im Nishi-Honganji-*bon* überliefert ist (vgl. Takeda 1: 5), sowie der Kommentar *Man'yōshū chūshaku* 萬葉集註釋. Beide wurden in den 1260er Jahren zusammengestellt, und die von Sengaku ergänzten Lesungen sind als (Sengaku-) *shinten* 新点 bekannt.[5]

## Die Kapitelüberschriften (*hyōmoku*)

Die ersten beiden *Man'yōshū*-Bände unterscheiden sich von den folgenden vierzehn und mehr noch von den letzten vier Bänden, die seit Keichū 契沖 (1640 bis 1701; vgl. Murase 2014: 5–6, 2021: 208, 245–247) als die Gedichttagebücher (*uta nikki* 歌日記) oder -journale (*nisshi* 日誌) von Ōtomo no Yakamochi 大伴家持 (718 bis 785) verhandelt werden.[6] Die ersten beiden Bände

die Texte heutzutage nahezu ausschließlich wahrgenommen werden, deutet die Dominanz der gesprochenen Sprache gegenüber der geschriebenen an.

4 Einen Überblick zu den achtundzwanzig Abschriften und frühen Drucken bis 1709 bieten Ogawa und Ikehara 2016. Nakanishi (2017: 33) gibt eine tabellarische Darstellung zu vierundzwanzig Abschriften und Drucken bis 1709 mit den Angaben der erhaltenen Texte.

5 Vgl. Nakanishi 2017: 35, 42–43, Tanaka 2020: 9, 36–52. Die Begriffe *koten* 古点, „alte Lesungen“, *jiten* 次点, Folgelesungen“, und *shinten* gehen auf Sengaku selbst zurück; vgl. Tanaka ebd. S. 38, der Sengakus Arbeiten anhand der Abschrift Hirose-*bon* nachgeht.

6 Tetsuno beschreibt die „basale Struktur“ des Gedichtjournals wie folgt: „Bankettdichtung oder Austauschgedichte, die auf freundschaftlichen Männerbeziehungen beruhen, sowie eine diesen entsprechende monologische Dichtung (*dokuei* 独詠) bilden das

enthalten die drei großen Kategorien (*sandai budate* 三大部立) *zōka* 雑歌, „Vermischtes", im ersten sowie *sōmon* 相聞, „Austausch- oder Antwortdichtung", und *banka* 挽歌, „Trauerdichtung", im zweiten Band.[7] Aso Mizue (1: 36) erachtet den Formungsprozess der beiden Bände zwar nicht als identisch, aber die Bezeichnung als *zōka*-Kategorie im ersten Band in der Intention einer Abgrenzung zu den beiden Kategorien im zweiten Band sei evident. Die ersten dreiundfünfzig Gedichte im ersten Band gelten als Urauswahl, die noch genauer vorzustellen ist. Sie unterlagen vermutlich zunächst keiner Absicht zur Kategorisierung, wofür das Fehlen der Begriffe *zōka* und *sōmon* in anderen altjapanischen Texten spricht. Selbst im *Man'yōshū* ist die Genrebezeichnung nur aus den Inhaltsverzeichnissen und der Einteilung der Bände bekannt, nicht aber aus Gedichttiteln (*daishi*) oder Anmerkungen (vgl. Kajikawa 2007: 12). So enthält das im Heftformat verfasste Genryaku-*kōhon* (-*bon* 本) 元暦校本, die älteste textkritische Abschrift aus dem elften Jahrhundert, im ersten Band die Genrebezeichnung nur im Inhaltsverzeichnis, nicht aber vor dem ersten Gedicht.[8] Der *banka*-Begriff dagegen kommt beispielsweise als Titel 日本挽

---

Grundgerüst, und dazwischen wurden Gedichte von Grenzbewachern (*sakimori no uta* 防人歌), Gedichte, von denen [Yakamochi] gehört hatte, oder Gedichte aus der Hauptstadt, die nach Etchū [Präfektur Toyama und die Noto-Halbinsel] geschickt wurden, in der Reihenfolge von Yakamochis Rezeption eingefügt" (2007: 4). Der Zusammenhang mit dem Hof bleibt insofern gewahrt, als „nur Gedichte aufgenommen wurden, die geeignet waren, das geistige Leben eines Beamten zum Ausdruck zu bringen" (ebd.). Zu beachten ist auch die Verschriftung in überwiegend phonographischer Notation (*ongana shutai* 音仮名主体, abgesehen von Band 19). Diese Notation, die nicht dem höfischen Muster entspricht, beginnt im fünften Band, der auch in sozialer und politischer Hinsicht mit den letzten vier in enger Verbindung steht; vgl. Wittkamp 2021a: 284 (Index).

7 Vgl. Aso 1: 35, Itō 1: 467 oder SNBZ 6: 23. Nur der neunte Band der Sammlung enthält alle drei großen Kategorien. Dessen Gedichte erstrecken sich zudem über den Zeitraum von der ältesten Dichtung bis zu den frühen 740er Jahren, mit denen die Bände Drei bis Sechzehn gemeinsam enden. Der Titel zu 9: 1664, dem Eröffnungsgedicht im neunten Band, lautet „Ein erlauchtes Gedicht von Ōhatsuse Wakatakeru Tennō [Yūryaku Tennō], der das Unterm Himmel am Hof in Hatsuse no Asakura no Miya regierte" (泊瀬朝倉宮御宇大泊瀬幼武天皇御製歌一首; SNBZ 7: 389). Da der Titel zu 9: 1665 und 1966 mit „Okamoto no Miya" auf Jomei verweist, wiederholt der Band die Eröffnungskonstellation aus dem ersten Band.

8 Vgl. das Faksimile in Watanabe 1994: 8, 19. „Textkritisch" bezieht sich auf die Angabe *kyōgō* (*kōgō*) aus dem Kolophon am Ende von Band 20 und bedeutet die Anfertigung einer Abschrift auf der Grundlage verschiedener Quellentexte; vgl. Furuya 1994: 96–97. Im Kolophon stehe die Angabe „元暦元年 Genryaku *gannen*" (1184), was aber nicht das Jahr der Erstellung sei (ebd.). Wie alle Abschriften der Heian-Zeit ist auch das Genryaku-*kōhon* fragmentarisch. Es enthält die Bände 1, 2, 4, 6, 7, 9, 10, 11 bis 14 und 17 bis 20, aber kein Band ist vollständig; vgl. Nakanishi 2017: 33. Tanaka (2020: 29) unterscheidet verschiedene spätere Beifügungen wie die mit rotem Ocker eingefügten *kataka-*

歌, „Yamato (»Nihon«) *banka*", zu 5: 794 bis 799 (= 5. Band: Gedichtzählung) vor, aber die Gedichte aus dem fünften Band stammen aus den Jahren 728 bis 733 und sind über drei Jahrzehnte jünger als die Kompilation der Urauswahl.[9] Allerdings lagen Genres wie *banka* (chin. *wan ge*) und *zōka* (chin. *za ge*), in der klassisch-chinesischen Sammlung *Wenxuan* vor (vgl. Wittkamp 2021a: 277, Index), und mit der „Antwort-Abteilung" 贈答 *zeng da* stand ein der *sōmon*-Dichtung vergleichbares Genre zur Verfügung. Grundsätzliche Aspekte und Fragen der Kategorien waren somit in der zweiten Hälfte des siebten Jahrhunderts bekannt, die Erfahrungen im Umgang aber noch gering.

Die Gedichte der *zōka*-Abteilung weisen inhaltliche Gemeinsamkeiten auf, die sich im ersten Band besonders in der Dichtung zum Raum bemerkbar machen, der sich über die Peritexte beziehungsweise das Reisethema erschließt. Kajikawa Nobuyuki (2007: 12) zufolge, dem es um das *zōka*-Genre innerhalb der als *shoki Man'yō* 初期万葉 beschriebenen, ältesten Dichtung der Sammlung geht (siehe unten), machte erst die Einordnung der Kompilatoren aus diesen Gedichten ein Genre. In diesem Zusammenhang ist der fünfte Band zu nennen, der ebenfalls als *zōka*-Dichtung ausgewiesen ist, aber im Gegensatz zum ersten Band auch *banka*-Trauer- und in geringer Anzahl *sōmon*-Antwortgedichte enthält (vgl. SNBZ 7: 21, Aso 1: 36). So leitet den Band das inhaltlich von Trauer geprägte Gedicht 5: 793 ein,[10] worauf die genannten „Yamato *ban-*

*na*-Lesungen. Diese Genryaku-*kōhon taisha kaki-ire* 元暦校本代赭書き入れ beruhen auf Abschriften, die er als *katakana-kunbon keitō* 片仮名訓本系統 zusammenfasst; vgl. die graphische Darstellung ebd. S. 31. Neben der Angabe von *katakana*-Lesungen besteht ein weiteres Merkmal im tiefer gestellten Gedichttitel wie im Hirose-*bon*; vgl. die Abbildungen ebd. S. 13–17.

9 Die Gedichte im fünften Band entstanden im *dazaifu*, dem Verwaltungssitz im Norden Kyūshūs. In deren Zentrum stehen die beiden poetologisch und sinologisch gebildeten Beamten Ōtomo no Tabito 大伴旅人 (665 bis 731), der Vater von Yakamochi, und Yamanoue no Okura 山上憶良 (660 bis 733). Tabito war der Vorsteher des *dazaifu*, das den Verkehr mit dem Festland kontrollierte. Der fünfte Band unterscheidet sich bereits in formaler Hinsicht von den vorangehenden, denn er ist der erste Band mit nahezu rein phonographischer Verschriftung. Das zweite formale Merkmal sind die zahlreichen klassisch-chinesisch abgefassten Prosatexte, die den Gedichten original beigefügt wurden. Das kommt nur noch in dem von Yakamochi verfassten siebzehnten Band vor, der unter ähnlichen Bedingungen – dem offensichtlichen Bemühen des Hofes, die Verfasser in der fernen Provinz zu halten – entstand. Die Bände 5 und 17 kennzeichnet eine Auseinandersetzung mit der kontinentalen Literatur sowie eine literarisch experimentelle Arbeit; zu Band 17 vgl. Wittkamp 2021a.

10 Das Gedicht stammt vom 23. Tag, 6. Monat, Jinki 5. Jahr 神龜五年六月二十三日. Sofern die Tage bei den Datumsangaben wie im fünften Band mit Ziffern ausgeschrieben sind, erfolgt die Übersetzung ebenfalls mit Ziffern. In den Geschichtswerken sind die Tage jedoch im *eto*-System 干支, dem Sechzigerzyklus aus zehn Kalender- (*jikkan* 十

*ka*-Trauergedichte" folgen, deren Nachbemerkung das Datum „21. Tag, 7. Monat, Jinki 神亀 5. Jahr (728)" angibt. Für die *zōka*-Dichtung im ersten Band lässt sich mit Aso ein intensiv höfischer Charakter festhalten, deren Zentrum sie in Gedichten zu Hofritualen ausmacht. Sie sieht die ursprüngliche Anlage ebenfalls nicht in der Absicht einer Sammlung von *zōka*-Gedichten, sondern von „Hof-Gedichten von Jomei bis Jitō",[11] die Itō Haku (1: 467) wiederum als Sammlung von „Gedichten zu offiziellen Gelegenheiten im höfischen Leben" beschreibt.

Die ersten beiden Bände enthalten viele der vermutlich ältesten Stücke der Sammlung, und die Gedichte stammen größtenteils von Tennō und Mitgliedern der Herrscherfamilie. Die Ausnahme in – bezogen aufs Erzählen – qualitativer wie in quantitativer Hinsicht ist die Dichtung von Kakinomoto *no asomi* Hitomaro 柿本朝臣人麻呂, der um 700 an den Höfen von Jitō und Monmu aktiv war und heutzutage als Hofdichter (*kyūtei kajin* 宮廷歌人) gilt.[12] Über sein Leben sind nur die spärlichen Hinweise aus der Sammlung selbst bekannt, und den meisten Gedichten lassen sich keine Daten zuordnen.[13] Auch im zwei-

干) und zwölf Tierkreiszeichen (*jūnishi* 十二支), verschriftet (auch: *jikkan-jūnishi*), und die Tagesangaben werden zur Unterscheidung ausgeschrieben. Die in den Nachbemerkungen angegebenen Tagesangaben im fünften Band stellen eine weitere Besonderheit dieses Bandes dar. Die Zählung der Monate folgt dem Lunisolarkalender und ist nicht mit den zwölf Monaten des gregorianischen Kalenders identisch.

11 Aso (1: 36–37) unterteilt den ersten Band in Sachgruppen und listet achtundvierzig Gedichte mit Bezug zu Hofritualen (*kyūtei girei* 宮廷儀礼). Aber auch andere Gedichte wie Asos sechs „Stücke zum Hauptstadtwechsel" oder die beiden „Lobpreisgedichte auf die neue Hauptstadt" sind durch rituelle Sprache und rituelle Anlässe gekennzeichnet.

12 朝臣 *asomi* ist ein 姓 *kabane*, das die Stellung in der höfischen Ordnung angibt und dem 氏 *uji*- oder Klan-Namen folgt. In der im *Man'yōshū* ebenfalls zu beobachtenden Ehrerbietungsform steht das *kabane* nach dem *uji*- und dem persönlichen Namen; vgl. Asahina 2019: 188–189. Das wäre „Kakinomoto no Hitomaro *asomi*", aber diese Notation kommt bei Hitomaro nicht vor. In dem 684 reformierten *kabane*-System bezeichnet *asomi* den zweiten Rang nach 真人 *mahito*, der den Angehörigen der Herrscherfamilie zugewiesen war; vgl. Wittkamp 2018a: 102. Trotz seines *kabane*-Ranges findet Hitomaro in der offiziellen Geschichtsschreibung keine Erwähnung.

13 Hitomaros *banka*-Trauergedichte 2: 196 sowie 2: 199, auf die zurückzukommen ist, müssen aus den Jahren 700 respektive 689 stammen, aber ältere oder jüngere Daten sind nicht belegt. Zwar kommen in der *banka*-Abteilung auch danach noch Gedichte von Hitomaro vor, aber wie die umgekehrte Chronologie von 2: 196 und 199 zeigt, müssen die später eingeordneten Gedichte nicht die jüngeren sein. Eine Anmerkung zu 10: 2033 gibt die Herkunft aus der „Liedersammlung des Kakinomoto *no asomi* Hitomaro" (柿本朝臣人麻呂之歌集, … *no kashū*) an und nennt die aus dem Sechzigerzyklus (*eto*) stammende Jahresangabe 庚辰 *kōjin*, die dem Jahr 680 am Tenmu-Hof entsprechen müsste; vgl. SNBZ 8: 83, die auf die Theorie hinweisen, dass das Gedicht von Hitomaro selbst stammen könnte. Der Titel vor 2: 146 nennt eine Reise nach Ki no Kuni im Jahr Taihō *gannen*

ten Band wird der höfische Bereich nicht verlassen, aber das durch Hitomaro geprägte Gesamtbild bekommt eine Gewichtung des Privaten, die sich in den Gedichten anderer Dichter und Dichterinnen außerhalb der Herrscherfamilie ebenfalls bemerkbar macht.

Während die drei Abteilungen auch in den anderen Bänden vorkommen, bilden das formale Alleinstellungsmerkmal der ersten beiden Bände die *hyōmoku*-Kapitelüberschriften. Sie geben vom historischen Anfang bis zur Gegenwart der Kompilation die Namen der Höfe der Tennō-Generationen (天皇代 *tenwau* [*tennō*] *no miyo* nach SNBZ 6: 17, *sumera-mikoto no miyo* nach SNBT 1: 3) an und verleihen den beiden Bänden ihren Charakter als eine besondere Form der Geschichtsschreibung. Auf optischer Ebene heben sie sich in den verschiedenen Abschriften durch Tiefer- oder Höherstellung von den Gedichten und anderen Peritexten ab (siehe unten). Die Ordnung nach Ortsnamen ist typisch für das *Kojiki*, kommt aber in den jeweils einleitenden Bemerkungen auch in der offiziellen Geschichtsschreibung (*seishi* 正史) vor.[14] Im *Kojiki* folgt der jeweils erste Satz der einzelnen Tennō-Bücher einem Muster, das mit den Kapitelüberschriften vergleichbar ist. So lautet der Einleitungssatz zum Buch „Yūryaku“ wie folgt:

> 大長谷若建命 坐長谷朝倉宮 治天下也
> Ōhohatsuse no Wakatakeru no Mikoto Hatsuse no Asakura no Miya *ni imashite* Ame no Shita *wo sadameki*. (Lesung nach SNBZ 1: 337)
> Ōhatsuse no Wakatakeru no Mikoto, geruhte, sich am Hof Hatsuse no Asakura no Miya zu befinden und [von dort] das Reich unterm Himmel zu regieren.

Der erste Teil gibt den postumen Namen im japanischen Stil (*wafū shigō* 和風諡号) an, worauf der Orts- beziehungsweise Hofname folgt (vgl. Wittkamp 2018a: 327). Das Verb 坐 *imasu* ist ein Ausdruck der Ehrerbietung für „sich befinden, sein“, und die letzten vier Zeichen sind eine weitere Verb-Objekt-Phrase im klassisch-chinesischen Stil. Die Lesung des Zeichens 治 mit *sadameki* (*sadamu* + *-ki*), *shirashimeshiki* (*shiru* + *-su* + *-mesu* + *-ki*, Kurano 1971: 167) oder sonst wie hängt von der Wahl eines Verbs mit der Bedeutung „regieren, herrschen“ sowie der Ausschmückung mit honorativen Hilfsverben

---

(701), und eine Anmerkung gibt als Quelle ebenfalls Hitomaros Sammlung an. An der Verschriftung und anderen Hinweisen wurde jedoch gezeigt, dass diese Angabe nicht stimmen kann; vgl. Kōnoshi 1992: 22, der die Glaubwürdigkeit der Titelanmerkung in Zweifel zieht, und zu allgemeinen Fragen Tōyama 1999: 26–27.

14 Vgl. den *Shoku nihongi*-Eintrag zum zweiten Tag im 2. Monat, Wadō 2 (709), in dem die Tennō genannt werden, die an den Höfen Ōmi no Ōtsu no Miya (Tenji) und Nochi no Okamoto no Miya (Saimei) – in dieser Reihenfolge! – regierten; SNBT 12: 146–147.

ab. Moderne *Kojiki*-Lesungen erfolgen durchgängig im Präteritum (*-ki*), obwohl diese – bis auf wenige Ausnahmen – aus dem Text nicht hervorgeht. Die erste Kapitelüberschrift im *Man'yōshū*-Band 1 bezieht sich ebenfalls auf Yūryaku und lautet wie folgt:

> 泊瀬朝倉宮 御宇 天皇代 大泊瀬稚武天皇
> Hatsuse no Asakura no Miya ni Ame no Shita *wosametamahishi sumera-mikoto no miyo* Ōhatsuse Wakatakeru *sumera mikoto* (Lesung nach SNBT 1: 13)
> Der Hof Hatsuse no Asakura no Miya, [wo] wo die erlauchte Tennō-Generation das [Unterm] Himmel regierte Ōhatsuse Wakatakeru tenwau / sumera mikoto (Lesungen der Anmerkung nach SNBZ 6: 23, SNBT 1: 13)

Für „das Reich unterm Himmel (Ame no Shita) regieren" stehen lediglich die beiden Zeichen 御宇, aber Konventionen ermöglichen eine Lesung. Die Kapitelüberschriften weichen stilistisch zwar vom Satzmuster am Anfang der einzelnen Tennō-Bücher im *Kojiki* ab, aber auf der Basis des *Kojiki*-Wissens sind die Namen der Herrschenden auch nicht notwendig. Das betrifft allerdings nur die Tennō Nintoku, Yūryaku sowie Jomei, und die Beifügung der unter den Kapitelüberschriften stehenden postumen Tennō-Namen im japanischen Stil, die mit kleineren Schriftzeichen erscheinen und aus späterer Zeit stammen, zeigen, dass das *Kojiki*-Wissen und die damit verbundenen Lesegewohnheiten nicht mehr unmittelbar präsent waren. Dass die Bearbeiter der Anmerkungen nicht auf dieses Werk zurückgriffen, geben vermutlich die unterschiedlichen Schriftzeichen für „Ōhatsuse" und „Hatsuse" ebenfalls zu erkennen.

Der oben genannte historische Anfang ist zu betonen, da die beiden Geschichtswerke *Kojiki* und *Nihon shoki* mit mythischen Uranfängen beginnen, in denen auch die Gottheiten Lieder verfassen. Trotz mythischer Elemente, die besonders in Hitomaros *banka*-Trauerdichtung vorkommen, finden im *Man-yōshū* den Gottheiten zugeschriebene Lieder keine Berücksichtigung. Das wirkt wie ein Wandel der Weltanschauung und hebt den historischen Charakter bei der Anlage der Sammlung hervor. Sollte allerdings die Urauswahl an das *Kojiki* anschließen, waren Götterlieder auch nicht mehr notwendig.[15] Die fol-

---

15 Der seit F.W.J. Schelling für die Philosophie vermutete, aber kritisierte Übergang „vom Mythos zum Logos" (vgl. Wirtz 2022: 1) soll damit nicht behauptet werden. Es ist vielmehr von einer Gewichtsverschiebung auszugehen, die sich auch darin bemerkbar macht, dass das *Nihon shoki* die mythischen Erzählungen formal durch die Zuteilung in die beiden mit „Shindai / Kamiyo 神代, Zeitalter der Gottheiten", betitelten Bände 1 und 2 von den achtundzwanzig folgenden Bänden abgrenzt, die sich an der klassisch-chinesischen Geschichtsschreibung (編年体 *biannian ti*, jap. *hennen-tai*) orientieren. Im *Man'yōshū*

gende Tabelle zeigt die Höfe (宮 *miya*) und Tennō-Namen aus den Kapitelüberschriften der ersten beiden Bände.

*Tabelle 1: Kapitelüberschriften*

| **Höfe in Band 1 雑歌 *zōka*** | Tennō[16] | Gedichte |
|---|---|---|
| 泊瀬朝倉宮 Hatsuse no Asakura | 雄略 Yūryaku (späteres 5. Jh.) | 1: 1 |
| 高市岡本宮 Takechi no Okamoto | 舒明 Jomei (629 bis 641) | 1: 2 bis 6 |
| 明日香川原宮 Asuka no Kawahara | [皇極 Kōgyoku (642 bis 645)] | 1: 7 |
| 後岡本宮 Nochi no Okamoto | 斉明 Saimei (655 bis 661) | 1: 8 bis 15 |
| 近江大津宮 Ōmi no Ōtsu | 天智 Tenji (667 bis 671; auch: Tenchi) | 1: 16 bis 21 |
| 明日香浄御原宮 Asuka no Kiyomihara | 天武 Tenmu (672/673 bis 686) | 1: 22 bis 27 |
| 藤原宮 Fujiwara | 持統 Jitō (690 bis 697), 文武 Monmu (697 bis 707), 元明 Genmei (707 bis 715) | 1: 28 bis 53 / 54 bis 83 |
| 寧樂宮 Nara | Ab Genmei | 1: 84 |
| **Höfe in Band 2 相聞 *sōmon*** | | |
| 難波高津宮 Naniwa no Takatsu | 仁徳 Nintoku (4. Jh. ?) | 2: 85 bis 90 |
| Ōmi no Ōtsu | Tenji | 2: 91 bis 102 |
| Asuka no Kiyomihara | Tenmu | 2: 103 bis 104 |
| Fujiwara | Jitō, Monmu, Genmei | 2: 105 bis 140 |
| **Höfe in Band 2 挽歌 *banka*** | | |
| Nochi no Okamoto | Saimei | 2: 141 bis 146 |
| Ōmi no Ōtsu | Tenji | 2: 147 bis 155 |
| Asuka no Kiyomihara | Tenmu | 2: 156 bis 162 |
| Fujiwara | Jitō, Monmu, Genmei | 2: 163 bis 227 |
| Nara[17] | Ab Genmei | 2: 228 bis 234 |

wie auch im *Nihon shoki* bleibt dennoch der Mythos vorhanden, was für die Beobachtung von Wirtz (S. 2) spricht, dass die „Befreiung vom Mythos bedeutet […], mit dem Mythos umgehen zu lernen“.

16 Duthie (2014: 87–94) widmet „The Names of the Ruler and the Realm“ einen Abschnitt, meint aber Titel wie 天皇 oder 天子; zu einer Untersuchung der Kapitelüberschriften, S. 180–195. „Wakatakeru“ (Wakatakiru), der in der Kapitelüberschrift vor Gedicht 1: 1 genannte Name von Yūryaku Tennō, ist auch aus Schwertinschriften aus dem fünften Jahrhundert bekannt.

17 Das Fehlen der Kapitelüberschrift „Nara no Miya“ in der ersten Abteilung des zweiten

Weitere Angaben fortgelassen, Hofnamen jeweils mit „no Miya“. Die Lesungen erfolgen in heutiger Aussprache, und die Jahresangaben zeigen die Regierungszeiten.

Die heute bekannten Namen der Tennō (天皇) wurden postum im klassisch-chinesischen Stil (*kanpū shigō* 漢風諡号) verliehen. Tennō konnte man somit nur durch den Tod werden, aber zur Vermeidung von Komplikationen beziehen sich Namen und Tennō-Titel im Folgenden auch auf die Personen zu Lebzeiten. Die Geschichtsschreibung wie auch die Anmerkungen zu den Kapitelüberschriften führen die Tennō unter deren *wafū* oder *kokufū shigō* 国風諡号, den japanischen postumen Namen, aber die Geschichtswerke geben zusätzlich das aus zwei Schriftzeichen bestehende *kanpū shigō* an (vgl. Kōnoshi et al. 2021: 293, 552). Die Regierungen wurden also nicht unter den heute bekannten Namen durchgeführt, und in der Geschichtsschreibung steht 天皇 etc. ohne persönlichen Namen, der in den genealogischen Bemerkungen zu Beginn der Einträge genannt wird.

Ein angemessenes Verstehen der Kapitelüberschriften und ihrer Zusammenhänge, das die historiographische Struktur der ersten beiden Bände aufdeckt und eine Lesung als zusammenhängendes Narrativ eröffnet, ermöglichen erst der Vergleich mit der offiziellen Geschichtsschreibung sowie die Kenntnis der räumlichen Gegebenheiten.[18] Dem ersten Aspekt dienen die weiter unten folgenden Tabellen 5a und 5b, aber die relevanten Ereignisse der Geschichtsschreibung sind im Verlauf der Untersuchung jeweils anzusprechen.[19] Die Herrscherhöfe (宮 *miya*) bis zu Beginn des achten Jahrhunderts sowie die historischen Hintergründe zum Wechsel der Hauptstädte sind für das vorliegende Thema ebenfalls von Bedeutung und daher näher vorzustellen. Bis zum Ende des achten Jahrhunderts bedeutet „Hauptstadt“ eine Stadtanlage mit nachweisbaren Strukturen aus Verwaltungsbezirken und Straßensystemen, die nicht mehr mit der neuen Tennō-Generation verlegt wurde – sei es realiter oder auf

Bandes ist als weiteres Indiz dafür zu werten, dass es sich um eine spätere Beifügung handeln muss; siehe unten, die Untersuchung zu 2: 230 bis 234.

18 Kōnoshi (2013: 45–46) zufolge beruhen die Kapitelüberschriften (*hyōdai* [= *hyōmoku*]) zu Jomei, Kōgyoku und Saimei nicht auf dem *Nihon shoki* beziehungsweise stimmen nicht damit überein, da beide Werke verschiedenen Linien (*keiretsu* 系列, S. 48) der Geschichtsschreibung angehören. Kōnoshi setzt sich im Kapitel „Die »historische« Welt im *Man'yōshū*“ (S. 37–147) mit den in die Anmerkungen eingefügten Zitaten aus der offiziellen Geschichtsschreibung auseinander (S. 48–52).

19 Hölscher (2021: 72) zufolge bezeichnet man „eine Begebenheit, die eine geschichtliche Veränderung herbeiführt“, als historisches Ereignis, und historische Ereignisse „wirken sinnbildend an der Entstehung einer Geschichte mit“. Darin zeigt sich die Nähe zum narratologischen Ereignisbegriff in Abgrenzung zum Geschehen (siehe unten).

dem Papier. Sie bildeten einen „extrem politischen Raum, in dem Beamte im Dienst des Tennō Regierungsangelegenheiten sowie Rituale durchführten, um die Herrschaft über die Inselkette zu realisieren“.[20] Zumindest die Bewohner der ersten Hauptstadt Fujiwara waren keine Bürger, sondern Bürokraten und Höflinge, deren Bedienstete sowie Palastwachen und Soldaten. Die Stadtanlage diente der Verwaltung und Repräsentation, was zum Verständnis des Umzugs nach Nara nach nur wenigen Jahren beiträgt.

## Damnatio memoriae – Suiko Tennō

Die im nächsten Kapitel vorzustellenden Tabellen 5a und 5b enthalten die für das *Man'yōshū* historiographisch relevanten Informationen aus der offiziellen Geschichtsschreibung, aber aufschlussreich ist auch der Vergleich der Höfe des siebten Jahrhunderts, die in den Kapitelüberschriften genannt werden, mit den Höfen aus dem *Nihon shoki*:

*Tabelle 2: Höfe im Man'yōshū und Nihon shoki*

| | **Hofnamen im siebten Jahrhundert** | |
|---|---|---|
| *Man'yōshū* | *Nihon shoki* | Tennō |
| --- | 豐浦宮 Toyura | Suiko |
| --- | 小墾田宮 Oharida | |
| Takechi no Okamoto | 飛鳥岡傍 / 岡本宮 Asuka … / Okamoto[21] | Jomei |
| --- | 田中宮 Tanaka | |
| --- | 百濟宮 Kudara | |
| --- | 小墾田宮 Oharida | Kōgyoku |

20 Vgl. Kawajiri 2021: 1, der weiterhin wie folgt schreibt: „[…] Heijō-*kyō* war der »Wohn- und Arbeitsort« des Tennō und der Adligen, und eine wirtschaftliche Selbständigkeit ist schwer zu erkennen. Daher wird eine Unreife hervorgehoben und es so gesehen, nicht von einer »Stadt« sprechen zu können. Allerdings wurde mit dem Voranschreiten der Ausgrabungen deutlich, dass sich dort Menschen verschiedener Rangstufen aufhielten und der Austausch voranschritt. Als Resultat dominiert heutzutage die Meinung, den westlichen Begriff der »Stadt« nicht so, wie er ist, anzuwenden, sondern in Heijō-*kyō* einen bestimmten »Stadtcharakter« (*toshi-sei* 都市性) zu sehen“ (ebd. S. 13). Kawajiri (ebd. S. 13–14) hebt weiterhin die enorme Leistung hervor, die Hauptstädte in nur wenigen Jahrzehnten errichtet zu haben.

21 飛鳥岡傍 ist kein Ortsname, sondern bedeutet „bei den Hügeln von Asuka“. Mit 岡本宮 Okamoto no Miya wird die Beschreibung zum Ortsnamen.

**Hofnamen im siebten Jahrhundert**

| | | |
|---|---|---|
| --- | 飛鳥板蓋新宮 Asuka no Itabuki *nihimiya* | |
| --- | 子代離宮 Koshiro no Karimiya | Kōtoku |
| --- | 難波長柄豐碕宮 Naniwa no Nagara no Toyosaki | |
| --- | 倭飛鳥河邊行宮 Yamato no Asuka no Kawabe | Tenmu, Tenji[22] |
| --- | 飛鳥板蓋宮 Asuka no Itabuki | Saimei |
| Asuka no Kawahara | 飛鳥川原宮 Asuka no Kawahara | (Kōgyoku) |
| Nochi no Okamoto | 後飛鳥岡本宮 Nochi no Asuka no Okamoto | |
| Ōmi no Ōtsu | 近江 Ōmi (ohne Hofnamen im Buch „Tenji") | Tenji |
| Asuka no Kiyomihara | 飛鳥淨御原宮 Asuka no Kiyomihara | Tenmu, Jitō |
| Fujiwara | 藤原宮 Fujiwara | Jitō, Monmu, |
| Nara | 平城 Heijō (= Nara, 710) | ab Genmei |

Lesungen jeweils mit „no Miya".

Das *Nihon shoki* führt für das siebte Jahrhundert zehn Hofanlagen mehr auf. Allerdings handelt es sich dabei größtenteils um provisorische Höfe (行宮 / 権宮 / 仮宮 *kari-miya*), die als Übergang zum Umzug in die neu errichteten Anlagen dienten, sowie Nebenhöfe. Lediglich die Höfe von Suiko Tennō 推古天皇 (554 bis 628), der Hof von Kōtoku Tennō 孝徳天皇, der sich von 645 bis 654 in Naniwa (Ōsaka) befand, sowie Asuka no Itabuki no Miya, der Hof seiner Nachfolgerin Saimei, waren korrekte Tennō-Höfe (*tennō shōgū* 天皇正宮), worauf im nächsten Kapitel zurückzukommen ist (inklusive der Quellenangaben). Auch auf die Naniwa-Hofanlage Nagara no Toyosaki ist im Rahmen der Geschichte der Asuka-Höfe zurückzukommen, aber ebenfalls nicht zu Asuka im engeren Sinn – das *Nihon shoki* scheint auf diesen Namen besonderen Wert zu legen – gehörten die Hofanlagen von Suiko Tennō, und es seien zunächst Überlegungen zu der Frage angebracht, warum in den ersten beiden *Man'yōshū*-Bänden keine Verweise auf die lange Regierungszeit dieser Herrscherin vorkommen. Schließlich ist Suikos Name mit wichtigen kulturellen und politischen Errungenschaften verbunden, wie der Anlage einer Straße zwischen Naniwa (Ōsaka) und dem Hof in Yamato oder der 17-Artikel-Verfassung (十

22 Im 12. Monat, 4. Jahr Hakuchi 白雉, „Weißer Fasan", dem vierten Jahr (654) in Kōtokus Regierung, bat der Kronprinz (皇太子 *kōtaishi*) Naka no Ōe 中大兄 – der spätere Tenji Tennō – Kōtoku um die Rückverlegung des Hofes nach Asuka / Yamato. Da Kōtoku nicht einwilligte, verließ der Kronprinz gemeinsam mit den Mitgliedern der Herrscherfamilie den Naniwa-Hof; vgl. SNBZ 4: 198.

七方憲法 *jūshichi-hō kenpō*) von 604. Das Ausblenden von Suikos Hof trägt zur Beantwortung der Frage bei, warum abgesehen von den beiden Uranfängen bei Yūryaku und Nintoku[23] die in den ersten beiden *Man'yōshū*-Bänden gezeichnete Geschichte mit Jomei beginnt.

Nachdem Sushun Tennō 崇峻天皇 im 11. Monat seines 5. Regierungsjahrs (592) ermordet worden war, bestieg Suiko am achten Tag im 12. Monat am Hof Toyura no Miya den Thron (vgl. SNBZ 3: 524, 528). Ihre Mutter war eine Tochter des politisch mächtigen Soga-Klans, der hinter der Ermordung von Sushun stand, aber ohne Abstammung aus der imperialen Familie konnte sie in der späteren Ideologie der Tenmu-Jitō-Linie (vgl. Wittkamp 2018a: 28) keine legitime Tennō-Mutter sein. Das galt für Suiko ebenfalls, die wie ihre Vorgänger und (Halb-)Brüder zur illegitimen Linie (*hi-seikei* 非正系) gehörte. Die legitime Linie (*seikei* 正系) verlief von Keitai Tennō 継体天皇 (450? bis 531?) über seinen Sohn Kinmei Tennō 欽明天皇, der wiederum in der zweiten Hälfte des sechsten Jahrhunderts von seinem Sohn Bidatsu 敏達天皇 abgelöst wurde. Das *Kojiki* erwähnt Bidatsus Sohn als den Kronprinzen (太子 *taishi*, *ohomiko*; SNBZ 1: 381), um über dessen Sohn, den späteren Jomei, die legitime Erbfolge zu knüpfen (vgl. Yajima 2008: 223–224, SNBZ 1: 441, Nakanishi 2017: 184). Realiter war Bidatsus Sohn kein Kronprinz, und die Thronbesetzungen nach Bidatsu liefen lateral über seine Halbbrüder Yōmei Tennō 用明天皇 (gest. 587) und Sushun sowie schließlich seine Halbschwester Suiko ab. Sie war Bidatsus Hauptgattin, nicht aber die Mutter des oben genannten Kronprinzen.[24] Die vier Halbgeschwister hatten zwar verschiedene Mütter, aber mit Kinmei einen gemeinsamen Vater, und das *Kojiki* macht die laterale Thronfolge nach Bidatsu deutlich, indem es Yōmei und Sushun als den jeweils

23 Das Auftauchen von Nintoku als dem sechzehnten nach Yūryaku als dem einundzwanzigsten Tennō ist merkwürdig, und die Gedichte zu seinem Hof sind als eine spätere Beifügung zu verstehen; siehe unten, *sōmon*-Dichtung. Ogawa (2010: 106–108) vermutet den Grund der Beifügung in der Legitimierung des Thronfolgers Obito no Miko 首皇子 (Shōmu Tennō, 701 bis 756), da dessen Mutter nicht aus der imperialen, sondern der Fujiwara-Familie stammte. Das war auch bei Nintokus Gattin Iwa no Hime 磐姫 der Fall, deren Name als Verfasserin der Gedichte am Anfang des zweiten Bandes steht; vgl. Ogawa ebd. S. 26–32, Kōnoshi 2013: 50–68, Duthie 2014: 181–184 (zu Yūryaku) und S. 189–191 (zu Nintoku). Mit Nintoku und Iwa no Hime beginnt auch der dritte Band des *Kojiki*. Im ersten *Man'yōshū*-Band folgt auf Yūryaku der Hof von Jomei, dem vierunddreißigsten Tennō, aber im zweiten Band folgt auf Nintoku der Hof Ōmi no Ōtsu no Miya. Das war der 667 von Tenji Tennō errichtete Hof, der bis 672 bestand.

24 Dem *Kojiki* zufolge gingen aus Bidatsus Ehe mit Suiko mehrere Kinder hervor (vgl. SNBZ 1: 378–380), die aber offenbar für die Thronfolge gar nicht erst in Betracht gezogen wurden.

„jüngeren Bruder“ (弟) und Suiko als die „jüngere Schwester“ (妹) einführt (vgl. SNBZ 1: 382–384).

Die laterale oder horizontale Thronfolge kam nach Jomeis Tod mit Kōgyoku (591 bis 661), Kōtoku und Saimei (= Kōgyoku) nochmals vor, aber das Ziel der Tenmu-Jitō-Dynastie war die vertikale Weitergabe an den Sohn (*chokkei* 直系 oder *chokkei keishō* 継承; vgl. Wittkamp 2018a: 82, 96). Darin ist ein weiterer Grund der *Man'yōshū*-Ideologie zu vermuten, mit Jomei zu beginnen und die gesamte laterale Thronfolgeproblematik um 700 auszublenden, zumal Suiko bereits im *Kojiki* abgehandelt – oder besser: abgehakt worden war.[25] Mit Kōgyoku alias Saimei war das weder möglich noch erwünscht, da sie als Hauptgattin ihres Onkels Jomei die Mutter der beiden Tennō Tenji (626 bis 671) und Tenmu (gest. 686) war. Als Urenkelin von Bidatsu über die männliche Linie war sie zudem ein Kind der Herrscherfamilie, was wiederum Tenji und Tenmu, die beiden Söhne aus der Ehe mit Jomei, ebenfalls für die Herrschaft legitimierte. Die Geschichtsschreibung in den ersten beiden *Man'yōshū*-Bänden und besonders in der Urauswahl knüpft somit an die legitime Linie ab Keitai, Kinmei und Bidatsu an, mit der das *Kojiki* endet.

Ein weiterer Grund für die Ausblendung der Suiko-Herrschaft, mag darin zu sehen sein, dass eine männlich-vertikale Thronfolgelinie schlecht mit einer weiblichen Tennō beginnen kann, zumal ihr Name eng mit dem Soga-Klan verbunden ist. Die Auslöschung der Soga-Hauptlinie (*honke* 本家) im Jahr 645 (Isshi / Itsushi *no hen* 乙巳の変) durch Jomeis und Kōgyokus / Saimeis Sohn Naka no Ōe,[26] die als eines der wichtigsten innenpolitischen Ereignisse des siebten Jahrhunderts zu werten ist, machte nicht nur den Weg frei für die Taika-Reformen (大化 Taika, 645 bis 650), sondern ermöglichte den bis in die 670er Jahre gültigen Herrschaftsanspruch der Tenmu-Jitō-Linie.

Verweise auf die Suiko-Regierung sind allerdings nur in den ersten beiden Bänden abwesend und wurden später nachgeholt. So stammt den Angaben zufolge das Gedicht 3: 415, das die *banka*-Trauerdichtung im dritten Band einleitet, von Kamitsumiya Umayado no Miko / Ōji 上宮厩戸皇子 (574 bis 622).[27] Da Umayado, der besser unter dem Namen Shōtoku Taishi 聖徳太子

25 Während das *Kojiki* für den Eintrag „Suiko“ keine fünfzig Schriftzeichen aufwendet, wovon knapp zwanzig für Namen und zwölf für eine Anmerkung stehen (vgl. SNBZ 1: 382–384), ist das *Nihon shoki*-Buch „Suiko Tennō“ (Band 22) mit nahezu siebzig Textseiten der SNBZ-Kommentarausgabe wesentlich ausführlicher (vgl. SNBZ 3: 528–593). Zum Vergleich: Die Berichte zu ihren drei Vorgängern gemeinsam enthalten zehn Textseiten weniger; vgl. ebd. S. 464–525.

26 Naka no Ōe war der spätere Tenji / Tenchi Tennō; Takeda (3: 96) liest „Naka tsu Ohine“.

27 Vgl. SNBZ 3: 500. Das Gedicht thematisiert einen am Wegesrand Verstorbenen, und dieses Narrativ ist auch im *Nihon shoki* mit dem Namen Umayado / Shōtoku Taishi ver-

bekannt ist, der erste Sohn von Yōmei Tennō und seine Mutter eine Tochter von Kinmei war, besaß er durchaus das Recht auf die Thronfolge. Um seine Person ranken sich viele Legenden, und er war gewiss die große Hoffnung am Suiko-Hof. Im Titel zu 3: 415 wird er zwar lediglich als 上宮聖徳皇子 erwähnt, „Prinz Shōtoku aus dem oberen Palast",[28] das heißt als ein gewöhnlicher Prinz, aber in einer Aureoleninschrift aus dem späteren siebten Jahrhundert – der ältesten Quelle überhaupt – erscheint er als Kronprinz (太子 *taishi*).[29] Die Nachreichung von Umayados Gedicht deutet einen Wandel der ideologischen Ausrichtung und ein verändertes Geschichtsbewusstsein im frühen achten Jahrhundert an. Das bedeutete mithin eine Auflockerung der rigiden Erbfolgeregeln, was den Weg der Fujiwara-Familie in die Herrscherfamilie eröffnete und garantierte.[30]

## Kompilation und Konzeption

Das *Nihon shoki* folgt der chronologisch geordneten Geschichtsschreibung im klassisch-chinesischen Stil (*hennen-tai*). Die Kapitelüberschriften im *Man'yōshū* heben dagegen eine räumliche Wahrnehmung hervor und entsprechen darin dem 712 eingereichten *Kojiki*. Die historiographische Sicht überführt diese Ordnung nahezu unweigerlich in die gewohnte Chronologie, was die späteren Anmerkungen deutlich belegen, aber es ist weiterführend, zunächst die räumliche Orientierung zu beachten. Im Umfeld des *Kojiki* und der ersten beiden *Man'yōshū*-Bände sind um die Wende zum achten Jahrhundert eine ähnliche Weltanschauung und wohl auch dieselbe Zielleserschaft zu vermuten. Die

---

bunden, wo die Erzählung im 12. Monat des 21. Jahres der Suiko-Regierung vorkommt (vgl. SNBZ 3: 568–569). Dass Umayado das Gedicht selbst verfasste, ist unwahrscheinlich, und es handelt sich wohl um eine Zuschreibung zur Seelenbesänftigung (*tamashizume* 鎮魂; vgl. Ebersole 1992: 275, Duthie 2014: 194, 338, 349). Der Gedichtstil und die Verschriftung sind für das frühe siebte Jahrhundert kaum vorstellbar, und die SNBZ-Bearbeiter (6: 234) vermuten eine Umformung zum *tanka*-Kurzgedicht, die sich im Verlauf der Überlieferung der Erzählung herausgebildet habe.

28 Die SNBZ-Bearbeiter (6: 233) lesen „Kamitsumiya Shōtoko no Miko", die SNBT-Bearbeiter (1: 264) „Kamitsumiya no Shōtoku no Miko". *Kami tsu miya* bezieht sich auf einen Palast, der sich im Süden der Anlage seines Vaters auf einer höheren Lage befand; vgl. SNBZ 6: 233.

29 Zu Shōtoku Taishi in der Legendenbildung und frühen Geschichtsschreibung sowie den Erklärungen seiner Namen vgl. Kōnoshi 2007a: 165–189 und zu der Aureoleninschrift aus dem Tempel Hōryūji Wittkamp 2018b.

30 Vgl. Yajima 2008: 190, 223–231, Wittkamp 2018a: 11, 92, 96, 130–131 und Wittkamp 2020a: 37. Auf die Fujiwara-Familie ist im Folgenden wiederholt zurückzukommen.

Höfe von Yūryaku im ersten und Nintoku im zweiten Band nehmen als zwei verschiedene Anfänge der Geschichte eine Sonderstellung ein, aber ab Tenjis und Tenmus Vater Jomei beziehungsweise ab den 630er Jahren, kommen fast alle Haupthöfe bis Nara vor. Die beiden Ausnahmen sind Kōtokus Hof in Naniwa (Ōsaka) sowie ein durch ein Feuer vernichteter Hof in Asuka, der 645 mit der Auslöschung der Soga-Hauptlinie zur Bühne eines wichtigen historischen Ereignisses wurde. Auch Jomeis Hof fiel einem Feuer zum Opfer, und der danach bezogene Hof existierte nur bis zu seinem Tod im Jahr 641. Vielleicht waren die Anlagen, die noch genauer vorzustellen sind, den späteren Kompilatoren und Bearbeitern nicht mehr unmittelbar bekannt, aber sicherlich sollte nicht jeder Hof erwähnt und jeder Tennō-Generation nur ein Hof zugeordnet werden. Bei der Besprechung von 1: 29 wird sich zeigen, dass in der gedichtintern erzählten Hofgeschichte der Kōtoku-Hof ebenfalls ausgeschlossen ist. In diesem Zusammenhang sei bemerkt, dass ab Jomeis Umbettung im Jahr 643 die Tennō in einer achteckigen Grabanlage (*hakkaku-fun* 八角墳) beigesetzt wurden, die wiederum dem achteckigen Thron (*taka-mikura* 高御座) und damit der chinesischen Weltanschauung des Herrschens über die acht Himmelsrichtungen entsprach. Wie der Hof in Naniwa sollte von diesem Ausdruck eines Weltbildes auch Kōtokus Grab ausgeschlossen bleiben, aber der neue Brauch hielt ohnehin nicht lange an. Die letzte achteckige Grabanlage wurde für Monmu Tennō errichtet (vgl. Yoshimura 2019: 11, Ichi 2021: 37, 48).

Alle Kapitelüberschriften nach den Höfen von Yūryaku und Nintoku verweisen auf die Erbfolgelinie ab Jomei und geben das Bemühen um die Legitimierung und Konsolidierung dieser Line zu erkennen. Das *Kojiki* endet mit Jomeis Vorgängerin Suiko Tennō, aber zuvor erscheint wie gesehen Jomeis Vater als Kronprinz (*taishi*, *ohomiko*), der er realiter nicht war. Itō Haku ist der Meinung, dass das *Kojiki* die Zeit vor Jomei zusammenfasst und das *Man'yōshū* zusammengestellt wurde, als ob es das *Kojiki* fortsetze.[31] Das für die historische Zäsur namens „Jomei“ verantwortliche Geschichtsbewusstsein (*rekishi ishiki* 歴史意識) habe sich am Hof von Tenmu und Jitō ausgeprägt, und Ueno Makoto unterteilt daher anhand dieser Zäsur in „Davor“ und „Ab dann“. Zur Verdeutlichung der Differenz markiert er die ersten beiden Schriftzeichen im Buchtitel <u>*Koji*</u>*ki* <u>古事</u>記, da diese „Aufzeichnungen <u>alter Ereignisse</u> (*ko-ji*, *furu-koto*)“ bedeuten. Mit dem Begriff des Geschichtsbewusstseins ist somit die sich in den literarischen Zeugnissen niederschlagende Wahrnehmung von Jomei Tennō als Beginn einer neuen Zeit und einer davor im *Kojiki* festgehalte-

31 Mita (2019: 515) fasst Itōs Mitte der 1970er Jahre formulierten Ausführungen zum Modell aus *Kojiki* und *gendaiki* 現代記, „Aufzeichnungen zur Gegenwart“ zusammen; vgl. Murase 2014: 8.

nen alten Zeit gemeint.[32] Sollten diese Rückschlüsse zutreffend sein, wäre zwar die mit dem *Man'yōshū* gewählte Form zu beachten, die gegen eine Fortsetzung spricht.[33] Andererseits musste aber auch etwas Anderes geschaffen werden. Denn mit dem 720 eingereichten *Nihon shoki* besetzte ein klassisch-chinesisches Format die offizielle Geschichtsschreibung (*seishi*), welche das *Kojiki* bis zu seiner Wiederentdeckung durch Motoori Norinaga 本居宣長 (1730 bis 1801) in ein Schattendasein versetzte (vgl. Wittkamp 2018a, Index S. 538). „Fortsetzung" kann sich allerdings nur auf die sogenannte Urauswahl beziehen, als welche die ersten dreiundfünfzig Gedichten im ersten Band verhandelt werden. Mit 1: 54 zieht eine historiographische Ausrichtung in die Sammlung ein, die nicht dem *Kojiki*, sondern dem *Nihon shoki* nahesteht; die Urauswahl ist noch genauer darzustellen.

Die ersten beiden *Man'yōshū*-Bände, die mit historisch unterschiedlichen Uranfängen jeweils bis zum Beginn der Nara-Zeit reichen, entfalten ihre Erzählungen auf verschiedenen Ebenen sowie mit verschiedenen inter- und transgenerischen Verfahren, und für die Zeit ihrer Kompilation ist zunächst die Erzählung von den Stationen der Geschichte bis zur damaligen Gegenwart am Hof von Fujiwara festzuhalten. Darin übernehmen die Gedichte das Ausmalen bestimmter Ereignisse, und in diesem Sinn schreibt Kageyama Hisayuki

32 Vgl. Ueno 2018: 42–45, Ichi 2021: 37. Ueno macht mit Bezug auf Ozawa 2003 das neue Geschichtsbewusstsein zum einen in dem Bewusstsein für die neue Herrscherlinie ab Jomei aus. Zum anderen sei Jomei der erste Tennō gewesen, der Asuka als den permanenten Ort der zukünftigen Höfe festgelegt habe. Zwar sei bereits der Hof von Suiko Tennō in Asuka gewesen, aber Jomei habe den Hof Okamoto no Miya gegründet, wo – mit Unterbrechungen in Naniwa und Ōmi no Ōtsu – achtzig Jahre bis zur neuen Hauptstadtverlegung nach Heijō-*kyō* (710) die folgenden Höfe standen. Allerdings wurde der Umzug an den Hof Fujiwara no Miya (694) als Ortswechsel wahrgenommen, den das Gedicht 1: 51 als „Ferne" (遠見 *tohomi*) dramatisiert. Was Ueno und andere (siehe unten) beim Geschichtsbewusstsein nicht berücksichtigen, ist das Medium der Schrift, welche die Conditio sine qua non der Geschichte ist (vgl. Fulda 2002: 40). Schrift dürfte das Bewusstsein nicht nur allgemein affiziert haben, sondern über sie knüpfte sich der Kontakt mit der klassisch-chinesischen Historiographie, die das Geschichtsbewusstsein ohne Zweifel lenkte; zum Geschichtsbewusstsein im modernen deutschen Sprachgebrauch vgl. Borries 2021.

33 In der Weltanschauung sprechen allerdings Differenzen gegen eine Fortsetzung, was jedoch erst die Gedichte nach der Urauswahl betrifft (siehe unten). So ist die Beschreibung als Verlegung des Hofsitzes (遷都 *sento*, etc.), die im *Nihon shoki* ab Annei 安寧, dem dritten Tennō, üblich ist und auch im *Man'yōshū* in der Anmerkung nach 1: 50 (遷居) sowie den Titeln zu 1: 51 (遷居, Fujiwara), 1: 78 und 79 (遷于, Nara) vorkommt, im *Kojiki* nicht zu finden; zu einem Vergleich der Beschreibungen der Hof- und Regierungssitze in älteren Texten vgl. Kitamura 2013: 34–55, der allerdings das *Man'yōshū* kaum berücksichtigt. Das Phänomen wird im Folgenden als *Nihon shoki*-Paradigma der Hofverlegung beschrieben.

(2011: 26), dass jedes einzelne Werk (*sakuhin* 作品), womit er eine kohärente Gruppe von Gedichten meint, „Ausdruck der Vorfälle und Ereignisse ist, die eine Tennō-Generationen symbolisieren". Die Frage, wer unter welchen Umständen das Gedicht verfasst habe, sei Bestandteil der Geschichte der betreffenden Generation. Freilich stecken dahinter politische Absichten, sodass Torquil Duthie von einer imperialen oder genealogisch orientierten Geschichtsschreibung spricht und als „imperial imagination" näher zu bestimmen versucht.[34] In späteren Kompilations- und Bearbeitungsphasen waren aber offenbar manche Zusammenhänge nicht mehr ersichtlich, was klärende Anmerkungen erforderlich machte. Diese kurzen Prosatexte erzählen mitunter selbst kleine Geschichten, welche die Gedichte mit zusätzlichen Bedeutungen anreichern und somit eine weitere Ebene der Erzählung bilden können.

Die später beigefügten Anmerkungen entwerfen ein Bild, in dem die Gedichte innerhalb der durch die Kapitelüberschriften abgesteckten Epochen-Räume nicht immer in der Reihenfolge ihrer Entstehung eingeordnet sind. Mit „Taihō *gannen* 大寶元年" (701) taucht dann im Titel zu 1: 54 eine Jahresangabe auf, was die Theorien zur Textgenese, die Entstehungs- (*seiritsu-* 成立) oder Strukturtheorien (*kōzō-ron* 構造論),[35] als Zeichen einer späteren Ergänzung beziehungsweise einer neuen Kompilationsstufe werten. Das siebte Jahrhundert kannte keine festen Regierungs- oder Jahresdevisen (*nengō* 年号 oder *gengō* 元号), aber ab der Taihō-Zeit unterliegen alle Gedichte diesen Angaben, die bis zur jeweils nächsten Aktualisierung gelten. Es kann also auch sein, dass das Vorkommen ab Taihō 1 ein Ergebnis der inaugurierten Regierungsdevisen ist, aber die Geschichtsschreibung kennt auch andere Möglichkeiten zur Angabe der Jahre wie das *eto*-System aus Zyklen von sechzig Jahren. Die Gedichttitel ab 1: 54 vermitteln vielmehr den Eindruck, dass – gewissermaßen als chronologische Wende – das Gewicht vom Raum auf die Zeit verlagert wird, was gewiss auch damit zusammenhängt, dass bei einer festen Verwaltungshauptstadt der Regierungssitz nicht mehr mit der neuen Generation verlegt

34 Duthie zufolge ist „the main subject of the *Man'yōshū* […] not literary history per se but imperial history", und er wendet sich auch gegen die Vorstellung der Einordnung der Gedichte in der Reihenfolge ihrer Entstehung. So schreibt er zu den *banka*-Trauergedichten im zweiten Band, dass „there is a clearly […] principle of non-chronological arrangement at work here that depends on familial relationships and genealogy"; vgl. Duthie 2014: 196–197. Dem *Man'yōshū* ein einzelnes „main subject" zuzuschreiben, kann der Sammlung nicht gerecht werden, da sich ohne Zweifel die Ziele der Kompilation im Lauf der Zeit wandelten.

35 Der *kōzō*-Begriff im Zusammenhang mit der Entstehungsgeschichte scheint auf Itō Haku zurückzugehen. So lautet der Titel eines zweibändigen Werks von 1974 *Man'yōshū no kōzō to seiritsu* 萬葉集の構造と成立, „Struktur und Entstehung des *Man'yōshū*"; vgl. Murase 2021: 218–222.

oder umgestaltet wurde. Zudem unterscheiden sich die Gedichte ab 1: 54 auch in anderen Aspekten von den vorangehenden Stücken. So ist 1: 54 das erste Gedicht mit der Angabe der abgedankten Jitō im Titel, und bis zum Ende des Bandes kommen Gedichte von Hitomaro nicht mehr vor.[36] Mit Ausnahme von 1: 79 aus unbekannter Hand gibt es auch kein weiteres Langgedicht, sodass die Unterschiede insgesamt deutlich zu vernehmen sind.

Bei den Stücken 1: 29 bis 49 handelt es sich ausnahmslos um Gedichte von offiziellen Reisen, sodass sich ab dem ersten Gedicht im ersten Band bis 1: 54 die räumliche Orientierung noch stärker bemerkbar macht. Allerdings enthalten die Gedichttitel gewöhnlich „Zu der Zeit, als ...“ (時), und mit der Einführung der Jahresdevisen ab Taihō zieht in die räumliche Ordnung eine konkret zeitliche ein. Das kommt gleichsam einem Paradigmenwechsel gleich, der letztendlich zum Verzicht von Kapitelüberschriften ab dem dritten Band bei-

36 Der Titel zu 1: 54 bis 56 gibt eine Reise aus dem „Herbst, 9. Monat im Jahr Taihō *gannen* (701)“ an, und der Titel vor 1: 57 bis 1: 61 verweist auf das „2. Jahr (702)“, ohne Monatsangabe. Die erste Reise führte nach Ki no Kuni, die zweite nach Mikawa no Kuni, und in beiden Titeln ist das Subjekt als 太上天皇 „Taijō / Daijō Tennō“ ausgewiesen, was auf die abgedankte Jitō verweist; Takeda (3: 246) liest „Ōki Sumera Mikoto“. Beide Titel besitzen keine Anmerkung, und entweder waren die Angaben eindeutig, oder es lag kein Material vor, das zu Rate gezogen werden konnte. Das *Nihon shoki* endet mit der Thronübergabe an Monmu im Jahr 697, und das *Shoku nihongi* lag noch nicht vor. Die modernen Kommentare setzen die alte Anmerkungspraxis fort. So verweisen die SNBZ-Bearbeiter (6: 57) beim Titel vor 1: 54 auf die im *Shoku nihongi* verzeichnete Reise von Monmu Tennō vom 9. bis zum 10. Monat, Taihō 1. Jahr (701; SNBT 12: 48) und vermuten daher für die im Titel zu 1: 54 angegebene Reise dessen Teilnahme. Die SNBT-Bearbeiter (12: 329) des *Shoku nihongi* schließen umgekehrt anhand der *Man'yōshū*-Gedichte auf die Teilnahme der abgedankten Jitō. Die Gedichte 9: 1667 bis 1679 stammen eventuell ebenfalls von dieser Reise, aber der Titel, in dem es lediglich „Winter 10. Monat“ heißt, führt explizit Jitō als „Taijō Tennō“ und Monmu als 大行天皇 „Daigyō Tennō“ an. Der Titel zu 1: 57 gibt eine Reise der abgedankten Jitō im „2. Jahr“ (702) an, und das *Shoku nihongi* (12: 60) verzeichnet diese mehrwöchige Reise (vom zehnten Tag 10. Monat bis zum fünfundzwanzigsten Tag 11. Monat) ebenfalls unter „Taijō Tennō“, also ohne Monmu. Aus den beiden Gedichttiteln geht somit die Teilnahme Monmus nicht hervor. Der Titel zu 1: 64 und 65 gibt eine Reise an den Hof Naniwa no Miya und „慶雲 Keiun 3. Jahr“ (706) an, und die beiden Gedichte stammen von den Prinzen Shiki no Miko 志貴皇子 (gest. 715 oder 716) und Naga no Miko 長皇子 (gest. 715). Die Gedichte 1: 66 bis 69 sind ebenfalls als Reise an den Naniwa-Hof ausgewiesen, diesmal mit „Taijō Tennō“ im Titel. Jitō starb allerdings im Frühjahr 703, und den SNBZ-Bearbeiter (6: 61) zufolge gab es in der offiziellen Geschichtsschreibung keinen Hinweis auf eine Reise von Jitō nach Naniwa, weswegen auch eine Reise im Jahr 699 vermutet werde. Da der Titel zu 1: 70 eine Reise der Taijō Tennō nach Yoshino verkündet, vermuten die SNBZ-Bearbeiter (ebd.), dass die Gedichte 1: 66 bis 70 aufgrund des Fehlens von Zeitangaben im Nachhinein zusammengefasst eingeordnet wurden. Sollte diese Vermutung zutreffen, wäre das als weiterer Hinweis auf eine spätere Ergänzung zu werten.

getragen haben dürfte. Angesichts der Änderungen in der Kompilationspolitik ab 1: 54 versteht die Forschung zur Entstehungs- beziehungsweise Kompilationsgeschichte die ersten dreiundfünfzig Stücke als Urauswahl (*gensenbu* 原撰部), der dann in Abständen weitere Gedichte beigefügt wurden.[37]

Die wenigen Jahresdevisen im siebten Jahrhundert erfolgten sporadisch und „Taika“ (645) wurde wohl auch erst nachträglich zugeordnet, aber 701 begann mit „Taihō“ die bis heute gültige Institution. Allerdings zeigen auch die Gedichte ab 1: 54 Unregelmäßigkeiten. So verweist der Titel vor 1: 64 und 65, als deren Verfasser die Prinzen Shiki no Miko und Naga no Miko angegeben sind, auf „Keiun 3. Jahr“ (706), aber die darauf folgenden Gedichte 1: 66 bis 75 müssen früher entstanden sein. Denn sie stammen dem Titel (ohne Jahresangabe) zufolge von zwei Reisen der abgedankten Jitō, die im Herbst 697 den Thron ihrem Enkel Monmu überließ und am zweiundzwanzigsten Tag im 12. Monat, Taihō 2. Jahr starb (Frühjahr 703; vgl. SNBT 12: 2–3, 62–63).[38] Ebenfalls merkwürdig ist die Kapitelüberschrift zu 1: 84, dem Abschlussgedicht im ersten Band, in der es lediglich „Nara no Miya“ 寧樂宮 heißt,[39] und das Modell der stufenweisen Ergänzung weist dieses Gedicht sowie die ebenfalls unter „Nara no Miya“ verzeichneten Abschlussgedichte 2: 228 bis 234 im zweiten Band als weitere Stufe der Ergänzung aus.[40] Da der in der Anmerkung

37 Vgl. Ogawa 2010: 22–23, 101–102, der ab 1: 54 große Änderungen in der Editionsmethode sieht. Das Modell geht auf Itō Haku zurück, der 1967 die erste Auswahl als „Jitō-*Man'yō*“ 持統万葉 beschreibt; Mita (2019: 514–517) oder Murase (2021: 219–222) fassen Itōs Kompilationstheorie zusammen, die Murase (S. 220) als „Reich an multiperspektivischer Phantasie und Kreativität“ beschreibt, was er anschaulich mit Beispielen belegt. Itō habe zwar nicht alles gesagt, aber das Grundgerüst errichtet. Ichinose (2014: 54–71) unterteilt die Gedichte des ersten Bandes in die drei Abteilungen (*bu* 部) A (1: 1 bis 53), B (1: 54–83) und C (1: 84), und die Beschreibung als „Abteilung“ zeigt das Dilemma, im Rahmen der Konzeptionstheorie die Kompilationsgeschichte berücksichtigen zu müssen. Ōta (2010: 20), der Itōs Modell erwähnt, sich aber davon abgrenzt (S. 30), spricht auch vom Prototyp (*genkei* 原型), was er als „Jitōs Sammlung für 1000 Generationen (Jitō *mandaishū* 持統万代集)“ konkretisiert und mit dem älteren Teil im zweiten Band auch als „Ur-*Man'yōshū* (gen- 原; S. 26)“ beschreibt.

38 Ob die Unregelmäßigkeit mit Duthies „genealogical history“ (2014: 198) zu erklären ist, steht zur Prüfung an. Wie Duthie übergeht Ichinose (2014: 54–71) bei der Rekonstruktion der Konzeption (siehe unten) des ersten Bandes diese Gedichte.

39 Ichinose (2014: 67) zufolge nimmt die Kapitelüberschrift „Nara no Miya“ die vorangehende Kapitelüberschrift „Fujiwara no Miya“ auf und bringt zum Ausdruck, dass sich an einem Hof die Thronfolgelinie fortsetzt. Das zeichnete sich allerdings erst Mitte des achten Jahrhunderts ab, was für die späte Beifügung spricht.

40 1: 84 entstand dem Titel zufolge auf einem Bankett der Prinzen Naga und Shiki (宴歌, „Gedichte vom *utage*-Bankett“), von denen auch die erwähnten Stücke 1: 64 und 65 aus dem 3. Jahr Keiun (706) stammen. Als Söhne von Tenmu und Tenji waren sie die Väter möglicher Thronfolger, und nach dem Tod von Shōmus Tochter Shōtoku Tennō 称徳天

zu 1: 84 angegebene Prinz Naga im 6. Monat, 715 starb, muss 1: 84 davor entstanden sein, was für die Kompilation aber irrelevant ist. Genshōs Regierungsantritt wiederum geschah im 9. Monat, 715 durch die Abdankung ihrer Mutter Genmei, und Ichinose Masaya (2014: 67) legt die Peritexte zu 1: 84 dahingehend aus, dass das Gedicht in Genmeis Zeit fällt. Da jedoch Genmei selbst im Hintergrund bleibt und auch nur ein Gedicht zu dieser Kapitelüberschrift vorhanden ist, macht er für die Repräsentation von Nara no Miya eine zurückhaltende Einstellung aus. Die neue Hauptstadt Nara (Heijō-*kyō*) wurde im Jahr Wadō 和銅 3 (710) bezogen, aber der Titel zu 1: 81 bis 83 gibt bereits das Jahr Wadō 5 (712) an. Im zweiten Band erfolgt die Jahresangabe „Wadō 4" (711) vor 2: 228, und da vor 2: 230 „Reiki *gannen* 靈龜元年" (715) steht, gibt es dort keine Abweichung in der Chronologie. Auf die Beifügung der Gedichte ab 1: 54 deutet somit einiges hin, und das Modell der stufenweisen Ergänzung ist daher kurz vorzustellen.[41]

Die Vorstellung einer sukzessiven oder ergänzenden Zusammenstellung der Sammlung besteht bereits länger. In der hier gesichteten Kommentarliteratur wird sie von Takeda Yukichi (3: 108), der sich auf die Anmerkung nach 1: 15 bezieht (siehe unten), als *zenji zōeki* 漸次増益 und von Omodaka Hisataka (1: 362) als *tsuiho no hensan* 追補の編纂 angesprochen. Da Ogawa Yasuhiko (2010: 23) die Entstehung der Gedichte 1: 66 bis 75 auf die Zeit zwischen Neujahr 699 und dem 2. Monat, 701 – vor der Benennung mit „Taihō" – vermutet, macht er die Zusammenstellung der Urauswahl (*gensenbu*) mit den ersten dreiundfünfzig Gedichten in der Zeit zwischen 695, kurz nach dem Umzug nach Fujiwara-*kyō*, als die Gedichte 1: 52 und 53 entstanden seien, und 698

皇 (718 bis 770), der letzten Tennō der Tenmu-Jitō-Linie, wurde mit Shikis Sohn, dem einundsechzigjährigen Kōnin Tennō 光仁天皇 (709 bis 781), die Tenji-Linie wiederhergestellt. Daher könnten 1: 84 und die Abschlussgedichte zum zweiten Band erst nach Kōnins Thronbesteigung hinzugefügt worden sein; vgl. Duthie 2014: 199. Dann fragt es sich natürlich, warum sich im ersten Band nur das Gedicht von Naga no Miko findet, zumal von Shiki neben dem oben genannten 8: 1418 – das nicht weniger geeignet gewesen wäre als 1: 84 – und selbst im ersten Band mit 1: 51 und 64 noch andere Gedichte vorliegen. Das Genryaku-*kōhon* sowie eine weitere Abschrift kündigen in dem am Anfang jedes Bandes stehenden Inhaltsverzeichnis neben dem Gedicht von Naga auch ein Gedicht von Shiki an (vgl. das Faksimile in Watanabe 1994: 19), und der SNBZ-Kommentar (6: 70) vermutet, dass dieses zuvor auch vorhanden war. Die letzten vier der unter „Nara no Miya" stehenden Trauergedichte 2: 230 bis 234 sind dem Tod von Shiki gewidmet. Shiki wird in einigen Dokumenten nachträglich als Tennō bezeichnet, als hätte es die Tenmu-Jitō-Linie nicht gegeben (siehe die letzte Untersuchung der vorliegenden Arbeit).

41 Duthie (2014: 164–172) gibt einen Überblick zu den Problemen einer Kompilationsgeschichte und Hashimoto (2001 [original 1976]: 13–16) zur Forschung zur Entstehung der einzelnen Bände.

fest, dem zweiten Regierungsjahr von Monmu. Als erste Ergänzung seien unter Genmei im frühen achten Jahrhundert die Gedichte ab 1: 54 sowie der zweite Band beigefügt worden, und Mitte des achten Jahrhunderts sei dann unter Shōmu Tennō 聖武天皇 (701 bis 756), der von 724 bis 749 regierte, die dritte Ergänzung mit den Bänden Drei bis Sechzehn sowie die Beifügung der Anmerkungen erfolgt. Die vierte Ergänzung habe dann unter Kōnin Tennō und Kanmu Tennō 桓武天皇 (737 bis 806) gegen Ende des achten Jahrhunderts stattgefunden und betreffe die letzten vier Bände, weitere Anmerkungen und eventuell die Gedichte unter „Nara no Miya" im ersten und zweiten Band.[42] Was Ogawas Modell von Itō Hakus Kompilationsgeschichte unterscheidet, ist die Vorstellung, dass die jeweiligen Teile keine bloßen Beifügungen sind. Die jeweils alten Teile erscheinen in der jeweils neuen Phase als integrale Bestandteile, was Ogawa als das „*Man'yōshū* als Neugeburt in veränderter Gestalt" von der „allgemeinen Vorstellung der Ergänzung" unterscheidet. Die Modelle der Konzeptionstheorien beziehen sich auf die letzte Stufe der Kompilation, deren historische Umstände allerdings nicht klar sind. Wenn Torquil Duthie das *Man'yōshū* als „imperial imagination" verhandelt, sich bei den Untersuchungen jedoch weitestgehend auf den ersten Band beschränkt, zeigen sich methodologische Probleme, die in der vorliegenden Arbeit durch die Beschränkung auf die ersten beiden Bände vermieden werden.[43]

## Eine andere Urauswahl

Mit Bezug auf das *Nihon shoki*-Paradigma des Hofwechsels ist das Gedicht 1: 51, das in Itōs, Ōta Kō'ichis (2010) und Ogawas Modellen zur ersten Auswahl gehört, dem Paradigma zuzurechnen und als spätere Beifügung zu verstehen. Dafür spricht zunächst die Positionierung zwischen zwei Gedichten, deren Autorennamen nicht angegeben sind, aber das wichtigste Indiz ist im Titel enthalten:

> 従 明日香宮 遷居 藤原宮 之後 志貴皇子 御歌作
> Asuka no Miya *yori* Fujiwara no Miya *ni senkyo seshi nochi ni* Shiki no Miko *no tsukuri-tamahiki uta*

42 Vgl. Ogawa 2010: 99–100, der in der ersten Ergänzung „ein starkes Andenken" an die verstorbene Jitō Tennō sieht, durchzogen von einem „Gefühl der Traurigkeit" (Zitate S. 102, 105).

43 Duthie (2014: 171) erwähnt Itōs Kompilationsmodelle „Jitō Man'yō" und „Genmei Man'yō", schließt sich aber Kōnoshis Einschätzung der philologischen Erschließung einer Textgenese einzig aus dem Text allein als „futile exercise" an; zu Ogawa 2010, wo das Modell der Urauswahl vorgestellt wird, vgl. Duthie ebd. S. 199–200, der das Modell selbst allerdings nicht anspricht.

> Nachdem der Hof von Asuka no Miya nach Fujiwara no Miya verlegt worden war, geruhte Shiki no Miko, ein Gedicht zu machen. (Lesung nach SNBT 1: 48, Satzzeichen fortgelassen)

Die Beschreibung als 之後, „nachdem“, mag je nach Auslegung in die zeitliche Abfolge der Gedichte 1: 50 bis 53 passen. Das Gedicht 1: 51 selbst fügt sich allerdings nicht in die Lobpreisungen der anderen drei Gedichte, da es durch den Ausdruck der Sehnsucht nach der alten Hofanlage (京) in Asuka die Harmonie der sich an den Hof von Fujiwara richtenden Lobpreisgedichte irritiert. Die Beschreibung der Verlegung des Hofes mit 遷居 entspricht dem *Nihon shoki*-Paradigma, kommt aber in den Titeln der Urauswahl nur bei diesem Gedicht vor. Wie gesehen war Shiki no Miko der Vater von Kōnin Tennō, mit dem 770 die Tenji-Linie wiederhergestellt wurde. Daher ist das Verstehen von 1: 51 als Einfügung im Rahmen einer späteren Ergänzung möglich, um Shiki no Miko als Sohn von Tenji und Vater von Kōnin zu würdigen und die Tenji-Kōnin-Linie zu knüpfen beziehungsweise zu konsolidieren und legitimieren.

Auf eine spätere Maßnahme deutet auch die Formulierung 御作歌 hin, welche die Kommentare in Verbformen der Ehrerbietung wie *tsukurasu uta* (SNBZ 6: 55, Inaoka 1: 41) oder *tsukuri-tamahishi* (SNBT 1: 48) überführen.[44] In den Titeln zu 1: 60, 65 und 73, den drei Gedichten von Prinz Naga no Miko, Tenmus sechstem Sohn, heißt es zwar lediglich 御歌, aber diese Titel sind ohne „Zu der Zeit, als …“ (… 時) und haben keine narrative Struktur. In den beiden Titeln zu den zusammengehörenden Gedichten 1: 34 von Kawashima no Miko 川島皇子 (gest. 691) und 1: 35 von Abe no Himemiko 阿閉皇女 (661 bis 721) sowie 1: 64 von Shiki no Miko steht jedoch wie im Titel zu 1: 51 jeweils …時 … 御作歌.[45] Kawashima und Abe waren ebenfalls Kinder von Tenji, aber Kawashima gehörte zu jenen sechs Prinzen, die im Sommer 679 in Yoshino Tenmu und Jitō sowie dem Kronprinzen den Treueeid (Yoshino *no meiyaku* 吉野の盟約, SNBZ 4: 388) leisteten, um die Zugehörigkeit zur Tenmu-Jitō-Linie zu bestätigen. Prinzessin Abe wiederum war Jitōs Schwester und als Genmei Tennō die letzte der drei Tennō am Hof von Fujiwara.[46] 715 über-

44 Während Omodaka die chinesisch verschrifteten Peritexte grundsätzlich nicht transkribiert (vgl. Omodaka 1: 348), fügt Takeda (3: 231) dem Verb 作 das honorative Hilfsverb *-masu* (perfektiver Aspekt, Attributivform) bei, löst es aber aus der Zeichenfolge und übernimmt 御歌 ohne Lesung (*tsukuri-maseru* ... 作りませる御歌).

45 Im Titel zu 1: 10, der die narrative Struktur … 時 besitzt, heißt es ebenfalls 御歌, aber ohne 作; die narrative Struktur ist somit elliptisch. Dort ist allerdings kein Name angegeben, und die Bezeichnung als 中皇命 Naka tsu Sumera-Mikoto birgt Unklarheiten; siehe unten, die Besprechung zu 1: 3 und 4.

46 Prinzessin Abe konnte zur vermuteten Kompilationszeit der Urauswahl allerdings noch nicht als Tennō in Betracht gezogen worden sein. Sie kam erst 707 mit dem Tod ihres

ließ sie den Thron ihrer Tochter Hidaka 氷高 (Genshō), und diese wiederum 724 Monmus Thronfolger Obito (Shōmu Tennō).[47] Zwar sind somit die beiden Namen mit der Tenmu-Jitō-Linie verbunden – auch Jitō war eine Tochter Tenjis –, aber möglicherweise wurden die beiden Gedichte 1: 34 und 35 der Urauswahl beigefügt, um die Tenji-Linie zu stärken und um Shiki no Miko nicht allein dastehen zu lassen.

Wenn allerdings 1: 34 und 35 erst wesentlich später gemeinsam mit Shikis Gedicht beigefügt wurden, stellt sich die Frage nach der Anmerkung zu 1: 34, die wirkt, als sei sie noch später beigefügt worden. Die Forschung sieht in 1: 34 und 35 anhand dieser Anmerkung sowie der Ortsnamen in den Titeln und den Gedichten die Zeugnisse einer gemeinsamen Reise mit Jitō Tennō im Jahr 690 (Takeda 3: 176, Omodaka 1: 276, SNBZ 6: 45, SNBT 1: 38, Itō 1: 135, Inaoka 1: 31, Aso 1: 137). Allerdings steht die Anmerkung hinter 1: 34, und nicht hinter 1: 35, was bei einer gemeinsamen Reise merkwürdig wirkt. Das Gedicht besitzt zudem einen alternativen Vers sowie eine Anmerkung zum Titel, in der es einer anderen Quelle zufolge unter dem Namen von Yamanoue no Okura verzeichnet ist. Mit 9: 1716 wiederum liegt ein nahezu identisches Gedicht vor, wo die Quellenlage aber umgekehrt ist. Als Dichter wird „Yamanoue" angegeben, und eine Anmerkung nennt eine andere Quelle, in der das „erlauchte Gedicht (御作歌)" unter dem Namen „Kawashima no Miko" verzeichnet sei. Die Angelegenheit ist kompliziert, und es lässt sich anhand der Anmerkungen nicht viel über die originalen Quellen sagen. Möglicherweise wurde 1: 34 in einer früheren Phase und möglicherweise gemeinsam mit der

---

Sohnes Monmu Tennō auf den Thron und trat ihn 715 an ihre Tochter Genshō Tennō ab. Obwohl der Umzug nach Heijō-*kyō* (Nara) Genmeis Regierungszeit fällt, ist sie im ersten Band als Tennō lediglich mit Gedicht 1: 76 aus dem Jahr 708 – zwei Jahre vor dem Umzug – vertreten.

47 Die Gedichte ihrer Zeit als Tennō (707 bis 715) folgen erst in der Ergänzung ab 1: 71. Sie werden aber zunächst nicht in ihrem Sinn ausgewiesen, sondern als Gedichte aus der Zeit des verstorbenen Monmu Tennō. In den Titeln zu 1: 71 und 1: 74 steht „Daigyō Tennō" (Monmu), und erst der Titel zu 1: 76 verweist mit der Jahresangabe „Wadō 1. Jahr" (708) und 天皇御製 Tennō *no ohomi-uta*, „erlauchtes Lied der Herrscherin", auf Genmei. Der Titel „Daigyō Tennō" bezieht sich auf den verstorbenen Monmu vor der Auszeichnung mit einem postumen Namen; vgl. SNBZ 6: 63. Er bringt somit zum Ausdruck, dass der verstorbene Tennō die Gedichte irgendwann auf einer Reise nach Naniwa und Yoshino verfasste, und da sie keine Anmerkung besitzen, schien man sich damit zufrieden gegeben zu haben. Kommentare der Gegenwart verspüren mitunter jedoch ein Bedürfnis zur historischen Präzisierung und geben mögliche Daten an; vgl. SNBZ 6: 63, 64. Die SNBT-Bearbeiter (1: 10, 58–59) lesen „Daikau Tenwau" [Daikō Tennō], und vermuten die Beifügung des Titels nach Monmus Tod (707). Sollte das Gedicht gemeinsam mit dem Titel aufgenommen worden sein, wäre das wohl ebenfalls nach Monmus Tod geschehen, was die Theorie der späteren Ergänzung weiterhin stützt.

Anmerkung beigefügt. Von einer Reise auf die Halbinsel Ki (Wakayama) zeugen auch die Gedichte 2: 141 bis 146, welche die *banka*-Abteilung im zweiten Band einleiten. Dort kommt es ebenfalls zu Ungereimtheiten, und ein Gedicht von Yamanoue no Okura ist auch dabei. Ein gemeinsames Motiv dieser Gedichte mit 1: 34 sind die Kiefern am Strand, deren Zweige zusammengebunden sind (vgl. Wittkamp 2014b: 180–183). Der Titel zu Gedicht 2: 146 enthält die Angabe einer Tennō-Reise im Jahr „Taihō *gannen*" (701), und eine Anmerkung zum Titel nennt als Quelle die „Gedichtsammlung des Kakinomoto *no asomi* Hitomaro *kashū* (柿本朝臣人麻呂歌集)", aber die vorangehenden Gedichte haben weder Angaben zur Zeit der Reise noch diese Frage klärende Anmerkungen, sodass die Gruppe heterogen wirkt.

Anhand der Textmitteilungen scheint somit die Frage der Beifügung von 1: 34 und 35 nicht zu klären zu sein, was den Blick auf das erfordert, was nicht im Text steht. Dann fällt nämlich auf, dass es außer den drei Gedichten von Tenjis Kindern auf der obersten Ebene der Tennō-Nachkommen in erster Generation keine weiteren gibt. Das bedeutet vor allem keine Gedichte der Kinder von Tenmu und Jitō, die es in der Sammlung aber an anderer Stelle gibt. Die folgende Tabelle zeigt die Gedichte von Tenmus Kindern:

*Tabelle 3: Tenmus Kinder*

| | | |
|---|---|---|
| 1. Sohn | Takechi no Miko 高市皇子 (654 bis 696) | 2: 156, 157 |
| 3. Sohn | Kusakabe no Miko 草壁皇子 (662 bis 689) | 2: 110 |
| 4. Sohn | Ōtsu no Miko 大津皇子 (663 bis 686) | 2: 107, 109, 3: 416, 8: 1512 |
| 9. Sohn | Toneri no Miko 舎人皇子 (676 bis 735) | 2: 117, 9: 1706, 20: 4294 |
| 6. Sohn | Naga no Miko 長皇子 (gest. 715) | 1: 60, 65, 73, 84, 2: 130 |
| 8. Sohn | Yuge no Miko 弓削皇子 (gest. 699) | 2: 111, 129 bis 132, 3: 242 (244), 8: 1467, 1608 |
| 2. Sohn | Osakabe no Miko 忍壁皇子 (gest. 705) | --- |
| 7. Sohn | Hozumi no Miko 穂積皇子 (gest. 715) | 2: 203, 8: 1513, 1514, 16: 3816 |
| 10. Sohn | Niitabe no Miko 新田部皇子 (gest. 735) | --- |
| ? Sohn | Shiki no Miko 磯城皇子 (?) | --- |
| Tochter | Tōchi no Himemiko 十市皇女 (gest. 678) | --- |
| Tochter | Ōku no Himemiko 大伯皇女 (661 bis 701) | 2: 105, 106, 2: 163 bis 166 |
| Tochter | Tajima no Himemiko 但馬皇女 (gest. 708) | 2: 114 bis 116, 8: 1515 |
| Tochter | Ki no Himemiko 紀皇女 (?) | 3: 390, 12: 3098 |
| Tochter | Hatsusebe no Himemiko 泊瀬部皇女 (gest. 741) | --- |

| | | | |
|---|---|---|---|
| Tochter | Taki no Himemiko 多紀皇女 (gest. 751) | --- | |

Angaben nach SNBZ 6: 456–472, Anordnung nach der Stammbaumdarstellung ebd. S. 488–489.[48]

Die Gedichte aus dem zweiten Band, zu denen acht Kinder Tenmus beitragen, mögen aus inhaltlichen Gründen (*sōmon-* und *banka*-Dichtung) nicht in die Urauswahl aufgenommen worden sein, in der es um Hoflobpreisung und Raumwahrnehmung geht. Die Gedichte mit *zōka*-Charakter, die für die Urauswahl geeignet gewesen wären, sind aber alle erst in den späteren Bänden zu finden.[49] Yuges Gedicht 3: 242 und das Gedicht „aus einem anderen Buch" (3: 244) sowie Toneris Stücke 9: 1706 und 20: 4294 gehören nicht nur zum *zōka*-Genre, sondern hätten auch hinreichend die Raumwahrnehmung der Urauswahl präsentiert. Unklar ist zwar, ob Toneris Gedichte bereits in den mittleren 690er Jahren vorlagen, aber wie die thematisch zusammengehörenden Gedichte 8: 1512 bis 1515 nahelegen, die übrigens – und interessanterweise – dem Gedicht 8: 1511 von Jomei Tennō folgen, gab es von diesen Dichtern und Dichterinnen gewiss noch weitere Erzeugnisse. Dass es in der Urauswahl weiterhin keine Gedichte von dem 686 – wenige Wochen nach Tenmus Tod – durch Jitō hingerichteten, aber als Dichter bekannten (siehe unten) Ōtsu no Miko gibt, mag politische Gründe haben.[50] Es fügt sich aber in das Gesamtbild der Urauswahl, ohne Gedichte von Tenmus Söhnen und Töchtern auszukommen. Von Tenmus und Jitōs einzigem Sohn Kusakabe no Miko, der großen

48 Die SNBZ-Präsentation ist unklar und weicht von anderen Darstellungen ab. Das *Nihon shoki* gibt zu Beginn von Band 29 (2. Buch Tenmu) die Namen der zehn Söhne und sieben Töchter Tenmus in der Hierarchie der Mütter von der Hauptgattin (*kisaki*) bis zu den Nebenfrauen und bei identischen Müttern in der Reihenfolge der Geburt an; vgl. SNBZ 4: 348. Die Sterbedaten der Nachkommen sind verzeichnet (bis auf Shiki no Miko), und bei manchen Söhnen erfolgt die Angabe der Reihenfolge, aber auch da kommt es zu Abweichungen. So wird Ōtsu im *Nihon shoki* als der der 3. Sohn angegeben, der im *Shoku nihongi* aber Toneri ist; vgl. SNBT 12: 282–283.

49 Vgl. die Gedichte 3: 242 (244), 8: 1467 von Yuge, 3: 390 von Ki, 8: 1512 von Ōtsu, 8:1513 und 1514, 16: 3816 von Hozumi, 8: 1515 von Tajima sowie 9: 1706 und 20: 4294 von Toneri.

50 Zu den sechs Prinzen vom Treueeid in Yoshino gehörte auch Ōtsu no Miko, der 686 nach dem Tod seines Vaters einen vermeintlichen Aufstand mit dem Tod bezahlen musste. Aufgedeckt wurde der Versuch angeblich von Kawashima, weswegen er gelegentlich als „unmoralisch" charakterisiert werde. Itō (1: 134) hebt jedoch hervor, dass Kawashima lediglich den Treueeid bewahrte. In dem Bericht zu Ōtsus „Aufstand" (謀反) erscheint der Prinz anders als zuvor im Buch Tenmu als „Miko Ōtsu" 皇子大津 (SNBZ 4: 308–309, 474–475), und die SNBZ-Bearbeiter (4: 474) vermuten eine Besonderheit im Buch „Jitō Tennō" in Anlehnung an die klassisch-chinesische Geschichtsschreibung *Hou Han shu* 後漢書 (jap. *Gokanjo*).

Hoffnung der Tenmu-Jitō-Linie, liegt nur das Gedicht 2: 110 vor, das einer relativ unbekannten Frau die ewige Treue schwört (siehe unten, *sōmon*-Gedichte) und sich inhaltlich nicht als *zōka*-Gedicht eignet; es fand wie die anderen Gedichte seiner Geschwister erst später Aufnahme in die *sōmon*-Abteilung. Wenn jedoch die Urauswahl kein Gedicht von Kusakabe besitzt – wie könnte dann jemand seiner Geschwister, besonders seiner Brüder vertreten sein? Auf der symbolischen Ebene der Urauswahl hätten er oder sie sich dadurch als ebenfalls qualifiziert, wenn nicht sogar geeigneter für den Thron erwiesen. Der potenzielle Nachfolger Kusakabe weilte zur Zeit der Zusammenstellung jedoch nicht mehr unter den Lebenden, und für Jitō war es eventuell sinnvoller, diese Tragödie ganz auszublenden, da das ihre Position geschwächt hätte; bei der Besprechung der *banka*-Trauerdichtung ist darauf zurückzukommen.

Zu bedenken ist weiterhin, dass mit Ausnahme von 1: 34 und 35 alle Gedichte von 1: 29 bis 49 von Hitomaro stammen oder unter seiner Beteiligung entstanden. Dann nämlich bestätigt sich die Vermutung, dass auch 1: 34 von Prinz Kawashima und 1: 35 von Prinzessin Abe spätere Einfügungen sind. Zusammengenommen sprechen die Hinweise dafür, dass die sogenannte Urauswahl nur aus fünfzig Gedichten bestand, zumal gerade das Gedicht von Prinz Kawashima und seine Lebensdaten eine Chronologie erzeugen, die den Absichten der Urauswahl entgegenläuft. Sollte es also eine Urauswahl gegeben haben – und nur auf dieser Voraussetzung beruht die Überlegungen –, bestand sie aus fünfzig Gedichten. Diese runde Zahl wirkt zudem überzeugender als „dreiundfünfzig“.

## Zur finalen Kompilation

Die vorliegende Sammlung aus zwanzig Bänden wurde wohl nicht ab dem späten achten Jahrhundert in dieser Form überliefert, sondern ist – soweit rückverfolgbar – eine Rekonstruktion der Editionsphilologie. Die Vorstellung einer Sammlung aus zwanzig Bänden, „so wie sie als vorliegende Form an und für sich ist“ (Ichinose 2014: 34), kann sich – in letzter Konsequenz – frühestens auf die thematisch nach Genres geordnete (*ruisan* 類纂) Abschrift *Ruiju koshū* 類聚古集 beziehen, da erst mit dieser eine rekonstruierbare Form aus zwanzig Bänden vorliegt.[51] Sollten die zwanzig Bände gegen Ende des achten und im

51 *Ruiju koshū* ist die übliche Kurzform für das Ryūkoku Daigaku *zōhon Ruiju koshū* 龍谷大学蔵本類聚古集 aus der zweiten Hälfte des zwölften Jahrhunderts. Zwar fehlen die Bände 9, 10, 18 und 20, aber Gedichte aus den Bänden 5 und 8 sind in keiner der sechs vorangehenden Abschriften enthalten; vgl. Ogawa und Ikehara 2016: 96, Nakanishi 2017: 22–23, 33. Während beispielsweise Itō die abschließende Kompilation in den 770er oder frühen 780er Jahren vermutet (vgl. Yamazaki 2010: 3–6), wobei die Sammlung dann eventuell noch bis Anfang des neunten Jahrhunderts unter Verschluss war (vgl.

frühen neunten Jahrhundert als abgeschlossene Sammlung existiert haben, wäre das weniger der schrittweisen Ergänzung zu verdanken, sondern einer abschließenden Kompilation, was spätere Ergänzungen, Ausbesserungen oder Anmerkungen nicht ausschließt. Die Frage wäre dann die nach den Motiven und Zielen dieser finalen Kompilation, und die Forschung, die sich mit damit auseinandersetzt, beschreibt sich in Abgrenzung zur oben genannten Entstehungs- oder Kompilationsgeschichte (*kōzō-ron*) als Konzeptionstheorie (*kōsō-ron* 構想論).[52] In „Abhandlung[en] zur Kompilation und Konzeption (*hensan kōsō-ron* 編纂構想論)" definiert Ko-Autor Murase Norio den *kōsō*-Begriff vorab als „Behauptungen, die aktiv [verfolgt wurden]", und Ichinose Masaya führt ihn weiter aus: *Kōsō* bezeichne das Ziel oder die Absicht, die zwanzig Bände [des *Man'yōshū*] zusammenzustellen und in Form zu bringen, sowie „die Konzepte und Ideale beziehungsweise Themen zur Stützung dieser Ziele". Die „Kraft", die „Ideale oder Themen mittels Kapitelüberschriften, Themen oder Anmerkungen, der Auswahl und Anordnung der Gedichte zu einzelnen Bänden zu ordnen", definiert er als Konzeptionskraft (*kōsō-ryoku* 構想力).[53]

Die *kōsō*-Forschung fixiert den Blick auf die realiter vorliegende Gestalt (*gentai* 現態), die als Ergebnis der Kompilation (*hensan* 編纂) verstanden wird, und ist bezüglich der Gedichte um Ausschluss von historischen Hintergründen, Autorbiografien und anderem außertextuellen Wissen bemüht (vgl. Ichinose, S. 34–37). In dieser Perspektive verweisen die angegebenen Namen nicht auf historische Personen,[54] sondern auf die vom Text erzeugten abstrakten Auto-

---

Wittkamp 2014b: 15–21), vermutet Nakanishi die Zusammenfügung zu zwanzig Bänden erst in der Heian-Zeit. Kanai (1992: 17–19) fasst Nakanishis Thesen zusammen; vgl. auch das Werkstattgespräch in Nakanishi 1992: 19–41 oder Handbucheinträge wie Tada 1999: 2–7.

52 Vgl. Ichinose 2014: 36 und zur Konzeption im *Kojiki* Wittkamp 2018a: 49–52, 2018d.

53 Vgl. Murase 2014: 20, Ichinose ebd. S. 35, 54–55. Später bezeichnet Ichinose (S. 55) mit *kōsō* die in der „Intentionalität (*shikō-sei* 志向性) zum Ausdruck kommenden Begriffe oder Ideale beziehungsweise Themen", und im dritten Teil des Buches (= Shirosaki 2014) stehe *shikō* für *kōsō*. Die Konzeptionskraft der einzelnen Bände wiederum sei unterschiedlich. So gebe sie sich im dritten Band angesichts des Fehlens von Kapitelüberschriften weniger zu erkennen (S. 75), aber der sechste zeige – wie die ersten beiden Bände – eine große Konzeptionskraft (S. 81) beziehungsweise das Gesamte (*sōtai* 総体) sei deutlich zu erkennen (S. 84).

54 Der Begriff der Person steht in der vorliegenden Arbeit für historische Personen, und „Figur" ist auf die Gedichte und den Randbereich der Peritexte bezogen. Dabei kommt es zu Überschneidungen, zumal die kognitive Erfassung von Figuren ohnehin ein komplexer Prozess ist, der eine eigene Fragestellung erfordert; vgl. Jannidis 2004: 5–6, der die Figur als „mentales Konzept eines Modell-Lesers" (S. 11, 109–195) beschreibt. Bei den Namen in den Gedichttiteln ist je nach Perspektive nicht zwischen Figur und Person zu unterscheiden. Im Rahmen der Geschichtsschreibung sind es Personennamen, zu-

ren und Autorinnen (vgl. Ichinose, S. 42), und auch die letzten vier Bände seien kein Gedichttagebuch (*uta-nikki*), sondern Ergebnis der Konzeption.[55] Die einzelnen Aspekte dieser Forschungsrichtung sind in der vorliegenden Arbeit nicht darzustellen, zumal sie sich auf die ersten beiden *Man'yōshū*-Bände beschränkt. Bezüglich dieser sind die Konzeptionstheorien jedoch zu berücksichtigen, da sie ein Bild entwerfen, dass von dem der schrittweisen Ergänzung abweicht und es ergänzt. Dabei ist allerdings auf ein grundsätzliches Problem hinzuweisen.

Murase beendet seine Lobrede (*kenshō* 顕彰) auf Itō Haku sowie die Überprüfung (*kenshō* 検証) der Forschung zur Kompilationsgeschichte des *Man-yōshū* mit folgenden Bedenken:

> [...] was mir [nach diesem Überblick] zu denken gibt, ist die Schwierigkeit sowie die Gefahr, dieses komplexe *Man'yōshū* mit einem Seil, in einer Methode und unter einem Aspekt zusammenzubinden. (2014: 29)

Ichinose wiederholt Murases Bedenken gegenüber der Möglichkeit, „es mit einem Seil zusammenbinden" zu können, macht dann im Rahmen der Konzeptionsabhandlung (*kōsō-ron*) aber genau das:

> Was das *Man'yōshū* als Ganzes durchzieht, ist die »Konzeption [= Ziel, Absicht], möglichst die ideale Gestalt der Verfassungsgesellschaft im Altertum (*kodai ritsuryō shakai* 古代律令社会) mit dem Tennō im Zentrum mittels Gedichten, welche von der Hofgesellschaft verfasst wurden, in [den einzelnen] Bänden (*maki*) zum Ausdruck zu bringen« [...]. (Ichinose 2014: 37, Murase 2014: 394, dazwischen passim)

---

gleich aber auch die Figuren der narrativen Dichtung. „Figur" als analytisches Konzept soll den Aspekt des Erzählens hervorheben. Ansonsten müsste für jedes Gedicht der ontologische Status als faktual versus fiktiv entschieden werden. Die ältere japanische Forschung hebt auf die historisch-biographischen Hintergründe ab und diese Probleme existieren dort nicht. Gewöhnlich heißt es „Autor (*sakusha* 作者)" oder „Mensch (*hito* 人)" etc.

55 Vgl. beispielsweise Ichinose 2014: 35, 41–42. Die Forschung zur Kompilationsgeschichte ist als *hensan-kenkyū* 編纂研究 bekannt, und die Reformulierung im *kōsō*-Ansatz der diachronen Einheiten zu Struktur (*kōzō*) – also nicht als Stufen oder Phasen –, mag einem Wortspiel geschuldet sein. Der von Ichinose, Shirosaki und Murase verfasste Band „Editions- und Konzeptionstheorie zum *Man'yōshū*" (2014) beginnt mit einer nachgereichten Auszeichnung und Überprüfung (*kenshō to kenshō* 顕彰と検証) – ein weiteres Wortspiel – von Itō Hakus Modell der schrittweisen Kompilation, um im Folgenden das *Man'yōshū* in der vorliegenden Gestalt (*gentai*) auf das zu Grunde liegende Konzept (*kōsō*) zu untersuchen.

Der Begriff *kodai* 古代 bedeutet eine ferne Vergangenheit, ist zum anderen aber ein Terminus der Differenzierung, der sich in der Bedeutung als Altertum gewöhnlich auf den Übergang vom prähistorischen Zeitalter (*genshi jidai* 原始時代) zum feudalen Mittelalter (*chūsei hōken jidai* 中世封建時代) ab der Heian-Zeit bezieht.[56] In Ichinoses Zitat bleibt der Begriff nebulös, aber die Perspektive aus der heutigen Gegenwart kann nicht gemeint sein, da das Thema „Kompilation und Konzeption (*hensan kōsō-ron*)" lautet. Wie dem auch sei – in den Betrachtungen der einzelnen Bänden kommen auch durchaus andere Konzeptionen zur Sprache,[57] aber die zwanzig Bände selbst werden als Sammlung in Form einer „mehr oder weniger" abgeschlossenen Einheit (*hito matomari no kashū* ひとまとまりの歌集) behandelt.[58] In dieser kohärenten Gestalt besitze der erste Band keine Zusammensetzung (*kōsei* 構成) aus drei heterogenen Materialquellen, womit die sukzessiven Ergänzungen gemeint sind. Denn „tatsächlich" basiere er auf der Perspektive mit Fujiwara no Miya als Gegenwart, und sei als ein Kontinuum aufgebaut, in dem Fujiwara das Zentrum bilde.[59] Da diese Gegenwart ab dem achten Jahrhundert zur Vergan-

---

56 Vgl. *Daijirin* 大辞林, digital, Eintrag *kodai*. „Mittelalter" bezeichnet gewöhnlich die circa vierhundert Jahre von Ende des zwölften bis zum späteren sechzehnten Jahrhundert. Die Orientierung erfolgt an politischen Ereignissen, was für das Altertum die Bildung eines Verfassungsstaates mit Hauptstädten zur Verwaltung bedeutet, aber vieles deutet darauf hin, dass die mittelaltertypischen Momente in mentalitätsgeschichtlicher Hinsicht bereits in dieser Zeit auszumachen sind. Unter kunst- und medienhistorischen Aspekten zeichnet sich eine Trennung zum Altertum ab dem späten neunten Jahrhundert ab, als die *hiragana*-Schrift, die Waka-Dichtung und *monogatari*-Erzählung, ein – relativ – eigener Malstil etc. feste Konturen annahmen. In Abgrenzung zum Altertum werden die Fragen auch als Kultur im Landesstil (*kokufū bunka* 国風文化) behandelt; vgl. Yoshimura, Yoshikawa und Kawajiri 2021.

57 So geht es in der dritten Abteilung (Shirosaki 2014) unter anderem um die Vermutung, dass die bisher unter „Verfassername unbekannt" geführten Gedichte in den Bänden 7 sowie 10 bis 14 in der „Absicht (Konzeption) der Herausgeber, »wie Gedichte kategorisiert werden sollen«", angelegt wurden. Es sei die Frage, warum die Bände mit thematischen Abteilungen (*buruika-kan* 部類歌巻 wie 羈旅 *kiryo*, „Reisedichtung", etc.) erstellt wurden; vgl. Ichinose 2014: 43. An anderer Stelle formuliert Murase die Konzeption der „Bewusstwerdung der vergehenden Zeit" sowie der „Bitte für die Ewigkeit" (2014: 394; vgl. Murase, S. 324–392), aber diese Konzeption stehe in keinem Widerspruch zu der oben zitierten „Hauptkonzeption".

58 Vgl. Ichinose 2014: 37; natürlich gehen Ichinose, Shirosaki und Murase nicht davon aus, dass die zwanzig Bände von Beginn an gemeinsam kompiliert wurden. Es habe vielmehr verschiedene Bände mit mehr oder weniger starken Bezügen gegeben, die dann zu einer kohärenten Sammlung aus zwanzig Bänden – in einer bestimmten Konzeption – zusammengefügt wurden; vgl. Ichinose 2014: 54.

59 Vgl. Ichinose 2014: 37; die „drei Teile" sind die Gedichte 1: 1 bis 53, die folgenden, und Jahresangaben geordneten Gedichte 1: 54 bis 83 sowie schließlich 1: 84, das einzige

genheit wurde, sieht es zunächst so aus, als ob die Konzeptionstheorie lediglich die drei Schichten der Entstehungstheorie durch eine homogene Schicht austauscht, aber der Ansatz hebt nicht auf die diachronen, sondern die synchronen Momente[60] der – finalen – Kompilation ab. Somit stellt sich auch nicht die Frage, wie „Fujiwara aus der Sicht der Gegenwart" mit den letzten vier Bänden in Einklang zu bringen ist, deren Gedichte zu einer Zeit entstanden, als Fujiwara bereits ferne Vergangenheit war, die aber explizit ebenfalls der oben zitierten Gesamtkonzeption unterliegen.[61] Sollte sich *kodai*, „alte Zeit", auf die Perspektive aus der Zeit der finalen Kompilation beziehen, wäre das von Ichinose, Shirosaki und Murase entworfene Bild nicht die offizielle Konzeption bei der Erstanlage der Sammlung, sondern vielmehr die einer nostalgischen Minderheit aus späterer Zeit, vielleicht sogar nur die eines Ōtomo no Yakamochi, auf dessen Rolle bei der Kompilation auch Murases Schlusskapitel hinweist. Das *Man'yōshū* wäre dann der Entwurf einer idealen Vergangenheit,[62] aber insgesamt zeigen Murase und Ichinose kaum Interesse für die Frage, welche Instanz letztendlich hinter den Absichten oder Zielen steckt.[63]

---

Gedicht unter dem Titel „Nara no Miya" (ebd. S. 55).

60 Das kommt in Metaphern zum Ausdruck, wie „bewegter" versus „statischer Zustand" (*dōtai* 動態 / *seitai* 静態) oder „Kett-" und „Schussfaden" (*tate-ito* 縦糸 / *yoko-ito* 横糸); vgl. Murase 2014: 28, Ichinose 2014: 81.

61 Vgl. Ichinose 2014: 42 sowie detailliert S. 154–171.

62 Ichinose (2014: 51–207) erklärt die Konzeptionstheorien, welche den Blick auf die gegenwärtig vorliegende Gestalt (*gentai*) fixiert, als Abwendung von der Struktur-Abhandlung (*kōzō-ron*), die im Rahmen der Kompilationsgeschichte verschiedene Stufen oder Schichten erkennen will, aber die Herkunft aus der *sakuhin-ron* 作品論, den textimmanenten Ansätzen ab den späteren 1960er Jahren, dürfte evident sein. Deren Name fällt allerdings an keiner Stelle – vielleicht, um die Ablehnung zu vermeiden, den dieser Begriff hervorrufen könnte; zur wissenschaftshistorischen Einordnung der *kōsō-ron* vgl. Wittkamp 2018a: 49–52 und zu *sakuhin-ron* S. 29–34, 59–69.

63 Murase (2014: 324–392) geht im Abschlussteil diesen Fragen nach und identifiziert als Kompilator (*hensha* 編者) des Schlussteils vom sechsten Band – und damit des gesamten Bandes – Ōtomo no Yakamochi (S. 352–353). Die Konzeption des sechsten Bandes sowie der letzten vier Bände, die als Yakamochis Gedichttagebücher verstanden werden, bringt Murase dann in Verbindung mit der Gesamtkonzeption der zwanzig Bände, und den Theorien zur Kompilation widmet er eine eigene Aufsatzsammlung (vgl. Murase 2021). Auch für Ichinose (2014: 81) verweisen die Indizien auf Yakamochi als Kompilator (*henshū-sha* 編集者) der gesamten Sammlung. Die Vorstellung der auf Yakamochi zurückgehenden Gesamtkompilation geht auf Keichū zurück, der auch in die beiden Abteilungen (*nibu* 二部) der ersten sechzehn und letzten vier Bände unterteilt habe. Hashimoto zufolge ist dieses Modell dann von Itō perfektioniert worden, aber im Detail gehen die verschiedenen Modelle auseinander; vgl. Hashimoto 2001: 8–10 (zu Nakanishis Modell, S. 10, zu den letzten vier Bänden, S. 11–13), zu den Entstehungstheorien nach Keichū, Takeda Yūkichi und Itō Haku vgl. Murase 2021: 207–223.

Ichinose (S. 55) zufolge sind die Absichten oder Ziele (*shikō*) der Kompilation aus der Selektion und Anordnung der Gedichte sowie aus den Titeln oder den Anmerkungen zu erkennen. Diese Aspekte erfordern auch für eine narratologische Untersuchung Aufmerksamkeit, und die folgenden Untersuchungen weisen diesbezüglich in einem zentralen Punkt eine Gemeinsamkeit mit den Konzeptionstheorien auf. Wie gesehen macht Ichinose die gemeinsame Konzeption der zwanzig Bände in dem Bild einer höchstidealisierten Gestalt der Verfassungsgesellschaft im Altertum (*kodai ritsuryō shakai*) mit dem Tennō im Zentrum aus. Dabei reflektiert er das eigene Vorgehen wie folgt:

> Das extreme Unterdrücken des Verlangens, über die historische Realität, welche die Gedichte stützt, die Gesellschaft oder die Autoren nachzudenken, gibt den von den Gedichten zum Ausdruck gebrachten Inhalten selbst den Vorrang und versucht dadurch, das Thema zu erfassen, welches die zwanzig Bände als abgeschlossene Sammlung ausdrückt. (2014: 36–37)

Tatsächlich basiert beispielsweise Ichinoses Darstellung des ersten Bands als homogenes Kontinuum, worauf bei der Besprechung von 1: 78 bis 80 zurückzukommen ist, auf außertextuellem Wissen,[64] aber die folgenden Untersuchungen sind in ihren narratologischen Fragestellungen insofern vergleichbar mit der Konzeptionstheorie, als sie die Narrative und das, was sie dazu macht, unter textimmanenten Aspekten erfassen. Das Hintergrundwissen ist zum Verständnis der Erzählung nicht immer auszuschließen, wohl aber die Fragen, die das mündliche Erzählen vor der Schrift, also die in die Texte hineinlaufenden Fäden betreffen (vgl. Fujii 1992).

64 Mit „außertextuellem Wissen“ gemeint ist zunächst die offizielle Geschichtsschreibung; vgl. Ichinose 2014: 54–71. So schreibt Ichinose zum fünften Band, der die Gedichte im Zusammenhang mit dem Aufenthalt zweier hoher Beamten in Tsukushi (Nord-Kyūshū) – also fern von Nara und Yamato – aus den Jahren 728 bis 733 enthält, dass auch darin „lediglich die Welt der *uta*-Gedichte zum Ausdruck kommt, die »Nara no Miya« zum Zentrum haben“ (S. 79). Da diese „in Tsukushi gedichtete *uta*-Welt“ auch in anderen Bänden vorkomme, stehe der fünfte Band im Rahmen der zwanzig Bände nicht isoliert dar, und ganz im Gegenteil erzeuge die Verteilung über verschiedene Bände textuelle Kohärenz (*renzoku-sei* 連続性, S. 81). Es ist allerdings zum einen zu präzisieren, in welcher Hinsicht „Nara no Miya als Zentrum“ im fünften Band zum Ausdruck kommt – wohl kaum als Idealbild –, und zum anderen stellt sich die einfache Frage, warum ein separater Band zusammengestellt und durch die überwiegend phonographische Verschriftung auch deutlich abgegrenzt wurde, wenn es nicht um Isolation ging. Die ersten sechs Bände werden bezüglich ihrer Konzeptionskraft einzeln erwähnt, der fünfte aber nicht.

**Zu Kōnoshis „Ergebnisansatz" und dem Aufbau der Sammlung**

Während sich Kageyama Hisayuki (2011) explizit im Rahmen der Konzeptionsabhandlung positioniert, verzichtet Kōnoshi Takamitsu (2013) zwar auf den Begriff, grenzt sich aber ausdrücklich von Fragen zur Textgenese und Kompilationsgeschichte ab, um das Blickfeld auf das vorliegende Material einzuengen.[65] Er widmet seine Monografie „Wie ist das *Man'yōshū* zu lesen? Die »Entdeckung« der *uta*-Dichtung und die Welt chinesischer Schriftzeichen" (Titel) der Sammlung in der realiter vorliegenden Form aus zwanzig Bänden und erklärt einleitend, nicht nach den zu Grunde liegenden Konzeptionen (*kōsō*) zu fragen, sondern nach dem, was als Ergebnis (*kekka* 結果) der Zusammenstellung vorliegt.[66] Er weicht auch insofern von der Konzeptionsabhandlung nach Ichinose, Shirosaki und Murase (2014) ab, als er nicht versucht, der Sammlung aus zwanzig Bänden eine verbindende Grundidee – abgesehen von der Dichtung selbst – zu unterlegen, wie es auch Torquil Duthie (2014) mit „imperial imagination" macht. Aufgrund der Bedeutung von Kōnoshis Ausführungen für die vorliegende Arbeit seien diese kurz vorgestellt.

Nach der Einführung (S. 1–35) in das *Man'yōshū* als eine „Welt der chinesischen Schriftzeichen" liest er (S. 39–147) die ersten sechs Bände als eine „Welt der »Geschichte«". Diese sei aber nicht lediglich eine offizielle Geschichte, sondern enthalte auch „private Gefühle" (S. 93–121). Nach dem Entwurf dieses Geschichtsbilds anhand der ersten sechs Bände beschreibt er (S. 149–273) die folgenden Bände als die „Ausbreitung der Welt der *uta*-Dichtung". Die einleitende Zusammenfassung zu den Bänden ab dem siebten ergibt ein kohärentes Bild von der Sammlung als Ganzes:

> Wie hängen die Bände ab dem siebten mit den Bänden 1 bis 6 zusammen, welche die Welt der „Geschichte"[67] [entwerfen]? Die Bände 7 bis

65 Tetsuno wendet sich ebenfalls von der Kompilationsgeschichte ab, um sich auf „die Beschaffenheit des Willens" zu konzentrieren, der die „tatsächlich" vorliegenden letzten vier *Man'yōshū*-Bände – Yakamochis Gedichtjournal (*uta-nisshi*) – „steuerte". Diese Fragestellung korrespondiert mit den Konzeptionstheorien, allerdings mit dem Unterschied, dass Tetsuno die Berücksichtigung der biographischen Hintergründe einfordert; vgl. Tetsuno 2007: 3–35, Zitat, S. 4.

66 Vgl. Kōnoshi 2013: VI. Das Buch gehört zwar zu den seltenen Beispielen einer japanischen Monografie, führt jedoch nicht systematisch zu Neuerkenntnissen, sondern bewegt sich – wie die anderen Monographien – auf der Ebene der Einführung. Die Verschiebung von der Konzeption zum Ergebnis ist vergleichbar mit der Verschiebung von Rezeptions- und Wirkungstheorien.

67 In den japanischen Literaturwissenschaften ist es üblich, die Geschichtsentwürfe altjapanischer Werke, die nicht der offiziellen Geschichtsschreibung zugehören, durch Klammern zu markieren, was etwa „die sogenannte Geschichte" bedeutet; zu dieser Klammer-

> 16 geben keine Autoren an,[68] und folglich sind auch keine Jahresangaben verzeichnet. Wie in den Bänden 8, 9 und 15 gibt es zwar Bände, in denen die Autoren angegeben sind, aber die bis zum sechsten Band gültigen Aufbauprinzipien sind andere. Die Bände 7 bis 12 erweitern die Sammlung des Hitomaro (*Hitomaro kashū* 人麻呂歌集).[69] Die Bände ab dem dreizehnten sind unzusammenhängend, präsentieren im Ganzen [jedoch] die Ausbreitung sowie die Möglichkeiten der Welt der *uta*-Dichtung und korrespondieren mit der „Geschichte".
> Die Bände 17 bis 20 werden das „Gedichttagebuch" (*uta nikki*) des Ōtomo no Yakamochi genannt, und sie verlängern zeitlich die „Geschichte" der ersten sechs Bände.[70] Man sollte sagen, dass das „Tagebuch" die „Geschichte" aufnimmt, aber diese [Aufnahme] zeigt das Leben der Welt der *uta*-Dichtung auf der individuellen [Ebene] und verkörpert damit die Welt der *uta*-Dichtung. (2013: 149)

Kakinomoto no Hitomaro ist der repräsentative Dichter der Urauswahl ab 1: 29. Nach der Urauswahl ist er im ersten Band zwar nicht mehr vertreten, aber auch der zweite Band verleiht ihm großes Gewicht. Daher sei kurz nachvollzogen, was Kōnoshi mit „Erweiterung" von Hitomaros privater Gedichtsammlung meint. Der achte und der zehnte Band sind als die beiden einzigen Bände der Sammlung nach Jahreszeiten geordnet, aber im Unterschied zum achten Band enthält der zehnte, an dem Kōnoshi erläutert, nur Gedichte aus unbekannter Hand. Beide Bände sind innerhalb der Abteilungen zu den vier Jahreszeiten wiederum in die beiden Kategorien *zōka*-Vermischtes und *sōmon*-Antwortdichtung unterteilt, und im zehnten Band fangen alle Unterabteilungen mit Stücken aus der „Liedersammlung des Kakinomoto no Hitomaro" an.[71] Die

---

technik vgl. Wittkamp 2018a: 22.

68 Exklusiv aus Gedichten mit unbekannter Verfasserschaft bestehen nur die Bände Sieben sowie Zehn bis Vierzehn.

69 Das *Man'yōshū* enthält zahlreiche Gedichte, als deren Quelle diese Sammlung angegeben ist.

70 Die letzten vier Bände werden von Gedichten aus den Jahren 730 bis 744 eingeleitet, und das eigentliche „Tagebuch" präsentiert relativ lückenlos Gedichte aus den Jahren 746 bis 759. Die vorangehenden Bände enden mit Gedichten aus den frühen 740er Jahren.

71 Kōnoshi (2013: 152) zufolge enthalten der siebte Band 56 Gedichte aus Hitomaros Sammlung, der neunte Band 44, der zehnte Band 68 (mit abweichenden Zählungen), der elfte Band 161 und der zwölfte Band 27 Stücke. Ansonsten gebe es im zweiten Band ein Gedicht dieser Sammlung, im dreizehnten Band drei und im vierzehnten Band vier Stücke. Interessant zu den Gedichten im zehnten Band ist Kōnoshis (S. 158) Hinweis, dass die Gedichte aus Hitomaros Sammlung in der *sōmon*-Kategorie alle im abgekürzten Stil (*ryakutai* 略体) verschriftet sind, bei dem grammatische Hilfswörter kaum vorkommen, die Gedichte der *zōka*-Kategorie jedoch im nicht-abgekürzten Stil (*hi-ryakutai* 非略体);

beiden Ausnahmen sind die Unterabteilungen „Sommer *zōka*", die mit Gedichten aus „einer alten Sammlung (*kokashū* 古歌集)" beginnt, sowie „Sommer *sōmon*", die keine Einleitungsgedichte enthält. Zudem finden sich unter „Herbst *zōka*" noch fünf weitere Gedichte aus Hitomaros Sammlung (vgl. Kōnoshi, S. 154–156), die jeweils bestimmten Themen wie „Blüten bedichten" (*eika* 詠花) voranstehen.[72] Weiterhin zu bemerken ist, dass die Gedichte zu Beginn der Unterabteilungen außer in „Herbst *zōka*" keine Titel besitzen, wie sie andere Gedichte haben. Kōnoshi (S. 157) zufolge leiten die Gedichte aus Hitomaros Sammlung die nachfolgenden ein, und es sei so, dass die Gedichte zu den Jahreszeiten in der Ausweitung (*hirogari*) der Gedichte aus Hitomaros Sammlung „existieren". Konkret mit „Ausweitung" ist gemeint, dass die Gedichte aus Hitomaros Sammlung zwar Jahreszeiten thematisieren und diese mit bestimmten Phänomenen verbinden, die dargestellten Phänomene und Themen nach den Einleitungsgedichten aber deutlich zahlreicher werden (vgl. S. 158) beziehungsweise sich ausdifferenzieren.[73]

Es ist nochmals zu festzustellen, dass es ab dem dritten Band keine Kapitelüberschriften mehr gibt. In den ersten beiden Bänden ergänzen die beigefügten Anmerkungen die Namen der am genannten Hof Herrschenden und fügen in wenigen Fällen weitere historisch relevante Informationen zu. Die Kapitelüberschriften allein wurden nicht mehr verstanden, was nicht nur ihre Inhalte betrifft, sondern auch die Form. So bilden sie wie gesehen im Inhaltsverzeichnis der Genryaku-Abschrift keine durchgängig oberste Ebene mehr. Als weiterer Grund für den Verzicht auf Kapitelüberschriften dürfte die Schwerpunktverlagerung zur privaten Dichtung zu sehen sein, auch wenn diese den höfischen Rahmen selbst nicht verlässt. In Kōnoshis Arbeit zum *Man'yōshū* ist das erste Kapitel dem Problem der mit chinesischen Schriftzeichen fixierten *uta*-Dichtung gewidmet. Das zweite Kapitel beschäftigt sich mit der »Geschichte«-Welt (*»rekishi« sekai* 「歴史」世界) und das dritte schließlich mit der Ausweitung der Welt der *uta*-Dichtung (*uta no sekai no hirogari*).[74] Wie

---

vgl. Wittkamp 2014b: 72–76.

72 Die Dichtung zu bestimmten Jahreszeitenphänomenen wird unter 詠物 *eibutsu*, „Sach- oder Dingdichtung", verhandelt; vgl. Wittkamp 2014a: 234, 238–243 und zum Begriff (*yong wu*) in der klassisch-chinesischen Literaturtheorie Führer 1995: 420–421.

73 Vgl. Kōnoshi 2013: 158 und zur Jahreszeitendichtung, der Verfestigung und Ausdifferenzierung von Jahreszeitensymbolen etc. Wittkamp 2014a.

74 Kōnoshis starrer Blick auf den Text wirft gelegentlich Fragen auf. So kritisiert er Itō Hakus Lesung des zehnten Bandes im Rahmen dessen Modells der Grundstruktur aus „alt und neu" (*kokin* 古今; vgl. dazu Wittkamp 2014b: 116–129). Itō stufe die Gedichte aus Hitomaros Sammlung als „alt" und die nachfolgenden als „neu" – der Tenpyō-Zeit ab den 730er Jahren – ein, was Kōnoshi (2013: 160) mit der Begründung ablehnt, dass der zehnte Band keine Autorennamen und somit auch keine Jahresangaben enthält (Itō

die dem dritten Kapitel als Überblick voranstehende Zusammenfassung zeigt, macht Kōnoshi das Prinzip der »Geschichte« für die ersten sechs Bände geltend, aber das ab dem dritten Band zu beobachtende Ausbleiben von Kapitelüberschriften spricht eher dafür, dass der „Ausweitung (*hirogari*)“ zunächst eine Neuorientierung vorausging. Das anfänglich historiographische Programm zur Konsolidierung und Legitimierung weicht der Literaturgeschichte.

**Bemerkung zu den Analysen zum ersten Band**

Für die Kapiteleinteilung der vorliegenden Arbeit ist abschließend nochmals auf eine Abweichung von den Konzeptionstheorien beziehungsweise Hinwendung zu den Entstehungstheorien hinzuweisen. Die vermutlich originalen Kapitelüberschriften sowie die Gedichttitel erzeugen eine räumliche Ordnung, welche durch die später beigefügten Anmerkungen sowie Ergänzungen ab 1: 54 empfindlich irritiert wird. Diese Peritexte lassen sich nicht ausblenden, aber die Wissenschaft verleiht ihnen so viel Gewicht, dass Vorstellungen zum Wandel der Weltanschauung oder die Betrachtung der Urauswahl mit heuristischer Ausblendung der späteren Peritexte gar nicht erst aufkommen können. Itō Haku zufolge zeigen die dem Saimei-Hof zugeordneten Gedichte 1: 8 bis 15 viele Unregelmäßigkeiten in der Anordnung. Sollte die Ordnung im ersten Band eine zeitliche sein, müsse die Reihenfolge „1: 10 bis 12 [Naka tsu Sumera Mikoto] → 1: 9 [Nukata no Ōkimi 額田王; beides Reisen zu den heißen Quellen von Ki] → 1: 13 bis 15 [Beginn der Reise in den Westen] → 1: 8 [Nikitatsu als Anlaufhafen dieser Reise]“ lauten. Bei einer Anordnung nach der Verfasserschaft (Nukata no Ōkimi 1: 8 / 9 → Naka tsu Sumera Mikoto 1: 10 bis 12 → Naka no Ōe 1: 13 bis 15) hätte die Reihenfolge angesichts der sozialen Stellung umgekehrt sein müssen, und die Angelegenheit sei äußerst kompliziert.[75]

zitiert nach Kōnoshi ebd.). Wie gesehen ist allerdings der achte Band abgesehen von der Angabe der Autorennamen wie der zehnte aufgebaut. Dort stehen zu Beginn der Unterabteilungen der Jahreszeiten – bis auf die *sōmon*-Abteilungen im Frühling, Sommer und Winter – jeweils Gedichte aus dem siebten Jahrhundert, und „das Ganze“ bilde sich daran anschließend mit Gedichten aus der Zeit des Shōmu Tennō, also ab Mitte des 720er Jahre (Kōnoshi ebd.). Was bei Kōnoshi keine Aufmerksamkeit findet – finden kann –, sind Fragen der Rezeption. Gerade in der Wahrnehmung der zwanzig vorliegenden Bände „als Ganzes“ dürfte das sich bei der Lektüre bildende Lesegedächtnis überhaupt keine andere Möglichkeit lassen, als den zehnten Band im Anschluss an den achten in der Struktur aus „alt und neu“ wahrzunehmen, und es ist auch zu fragen, wie der Prozess der Erweiterung ablaufen sollte, wenn nicht in der Zeit; zu Lese- und Lesergedächtnis vgl. Humphrey 2005: 91–92.

75 Vgl. Itō 1: 87–88, dem zufolge Yoshii Iwao 吉井巌 (1922 bis 1995) die Gedichte 1: 3 bis 21 als Gedichtmanuskript (*kakō* 歌稿) der Nukata no Ōkimi bezeichnet, aus dem das Material „so wie es dort stand“ übernommen worden sei. Die Gedichte 1: 9 bis 12 prä-

Unter Ausblendung der späteren Anmerkungen bildet die Urauswahl von fünfzig Gedichten allerdings ein schlüssiges Arrangement, dessen Grundordnung räumlich ist. Präsentiert wird der Raum am heiligen Berg Kaguyama, der in Gedicht 1: 2, 13 und 28 das gemeinsame Zentrum bildet. 1: 13 thematisiert die drei Berge von Yamato – den Kaguyama im Osten, den Unebi im Westen (auch in 1: 29) und den Miminashi im Norden –, und 1: 52 versichert sich der drei Berge sowie des dazwischenliegendes Raums „Fujiwara" nochmals – inklusive der Berge von Yoshino im Süden. Von Fujiwara aus sind die Ausdehnungen zu sehen: Asuka, Yoshino, Uchi und Ki im Süden, Uji und Ōmi no Ōtsu im Norden, die Berge von Nabari und Hata no Yokoyama im Osten, hinter denen Ise und die Insel Irago liegen, sowie schließlich der Westen und Südwesten, wo in der Ferne Inami, das Land Sanuki und Nikitatsu (beides auf Shikoku) liegen. Mag es zuvor auch regionale Verschiebungen gegeben haben, ist der zentrale Raum ab 1: 28 deutlich definiert. In dieser Grundausrichtung, die sich heuristisch in „bis Fujiwara" (bis 1: 27) und „ab Fujiwara" (ab 1: 28) teilen lässt, kommen dann auf einer anderen Ebene repräsentative Ereignisse zur Sprache, die die zwar über die Kapitelüberschriften und Gedichttitel temporal ausgerichtet sind, aber im Rahmen der räumliche Ordnung bleiben. Diese Ereignisse waren gewiss durch historische Ereignisse motiviert, aber um diese muss es nicht unbedingt gehen. Für die Gegenwart von Fujiwara sind sie vielmehr auf einer zeitlosen, stets wiederholbaren Ebene angeordnet. Aus dem historiographischen *Nihon shoki*-Paradigma wurde das Arrangement der Urauswahl nicht mehr verstanden oder akzeptiert, und die beigefügten Anmerkungen schreiben über reale Ereignisse eine historiographische Ordnung ein. Das anhaltende Verlangen der modernen Literaturgeschichte nach biographischen Hintergründen und ihrer Bindung an historische Personen ist das Erbe der Bearbeiter der Anmerkungen, aber die damit verbundenen Fragestellungen können die Urauswahl nicht angemessen erreichen.

Die folgenden Ausführungen widmen sich in separaten Kapiteln den beiden Hälften der Urauswahl und sind von einem Kapitel zur Geschichte der Verwaltungshauptstadt unterbrochen. Das dient vor allem dem besseren Verständnis der zweiten Hälfte der Urauswahl mit den Gedichten zu „Fujiwara der Gegenwart". Die Gedichte des ersten Bands ab 1: 54 enthalten nur ein Langgedicht, das zudem „aus einem anderen Buch" stammt. Die Kurzgedichte wiederum stehen zwar über die Titel in einem bestimmten Zusammenhang, entfalten aber keine auffällig narrativen Sequenzen. Das Kurzgedicht 1: 78 sowie

sentieren eine Reise zu den heißen Quellen von Ki auf der Wakayama-Halbinsel. Für Itō, der auch das „Gedichtmanuskript" anzweifelt, lassen sich die „einigermaßen schwierigen Fragen" dadurch allerdings nicht lösen.

das Langgedicht 1: 79 zeugen dem Titel zufolge vom Umzug an den neuen Hof Nara no Miya. Daher finden im Rahmen der Analysen zum ersten Band ab 1: 54 nur diese beiden Gedichte Aufmerksamkeit, aber auch hier stehen die historischen Zusammenhänge im Vordergrund.

## Gedichttitel und narrative Bindungen

Das *Katsura-Man'yōshū* 桂萬葉集 aus dem mittleren elften Jahrhundert ist die älteste Abschrift, die heute noch vorliegt. Sie besitzt nur Gedichte aus dem vierten Band und enthält kein Inhaltsverzeichnis, wie es die heutigen Kommentarausgaben aufweisen.[76] Das älteste bekannte Inhaltsverzeichnis findet sich in der textkritischen Abschrift Genryaku-*kōhon*, die den ersten Band in zwei lückenhaften Heften präsentiert.[77] Das Inhaltsverzeichnis, das nur für den ersten Band erhalten ist,[78] listet nach der Angabe von Namen und Band der Sammlung sowie der Bezeichnung der *zōka*-Abteilung die Kapitelüberschriften, zwischen die tiefergestellt die Gedichttitel sowie die Angaben zu anderen Quellen eingefügt sind, die auf derselben Ebene wie die Titel erscheinen. Ansonsten finden sich Anmerkungen und Korrekturen, und die Gedichte schließen ohne Seitenwechsel an (vgl. Faksimile, Watanabe 1994: 8–19). Das Inhaltsverzeichnis ist also nicht von der eigentlichen Sammlung der Gedichte ausgegrenzt, wie es Kommentarausgaben praktizieren, und auch die Bezeichnung der *zōka*-Abteilung wird nicht wiederholt. Zur Verdeutlichung wurden

76 Die künstlerische Gestaltung von Papier und Texthintergrund lässt auf eine Auftragsarbeit schließen, die nur die Gedichte des vierten Bandes betraf; der Rolle wurden Ausschnitte entnommen, sogenannte *Toga no o-gire* 栂尾切. Es gibt keine Hilfslinien, und neben den originalen Schriftzeichen (*uta-honbun* 歌本文) stehen in einer neuen Zeile die Verschriftungen mit *hiragana*-Lautzeichen (*hiragana bettei-kun*); vgl. Faksimile, Watanabe 1993. Aus der Heian-Zeit sind nur wenige Abschriften erhalten, und erst das Tenji-*bon* 天治本 von 1124 enthält mit Band 13 die vollständige Abschrift eines der zwanzig Originalbände; vgl. Nakanishi 2017: 19–35.

77 So endet die zweite Textseite im zweiten Heft mit der unvollständigen ersten Zeile des *hanka*-Kurzgedichts 1: 30, und die im Faksimile folgende Seite beginnt mit dem Yoshino-Gedicht 1: 36, ohne Titel. Da den Kurzgedichten die Lesungen in *hiragana*-Umschriften beigefügt sind und eine Seite nicht mehr als zwei Kurzgedichte enthält, was die Gedichte 1: 30 bis 35 betrifft, fehlen somit zwei Seiten der Abschrift; vgl. Faksimile, Watanabe 1994: 58–59.

78 Das älteste Inhaltsverzeichnis für den zweiten Band findet sich im Kanazawa-*bon Man'yōshū* 金沢本萬葉集, eine im Heftformat vorliegende Abschrift im *hiragana bettei-kun*-Stil aus dem zwölften Jahrhundert. Inhaltsverzeichnis und Haupttext gehen auf einer Seite ineinander über, aber vor dem Haupttext wird die Genrebezeichnung *sōmon* wiederholt; vgl. Watanabe 2004: 6–21.

die ersten beiden Seiten des Inhaltsverzeichnisses zum ersten Band Genryaku-*kōhon* in die folgende Darstellung übertragen:

萬葉集巻一
雜歌
泊瀬朝倉宮御宇天皇代
①天皇御歌
高市岡本宮御宇天皇代
②天皇登香具山望國之時御歌
③天皇遊猟内野之時中皇命使
間人連老獻歌
④幸讃岐國安益郡之時軍王見山
作歌
明日香川原宮御宇天皇代
⑤額田王歌
後岡本宮御宇天皇代
⑥額田王歌
⑦幸于紀温泉之時額田王作歌
⑧中皇命往于紀温泉之時御歌

Inhaltsverzeichnis (Ausschnitt) Genryaku-*kōhon* Heft 1, Gedichte 1: 1 bis 12; die Titel wurden durchnummeriert und bei den Titeln 3 und 4 ein Zeilenumbruch eingefügt; ohne Emendationen und Anmerkungen (Quelle: Watanabe 1994: 8–9).

*Man'yōshū* Band 1
*zōka*-Vermischtes
Hatsuse no Asakura [… = Yūryaku]
1: *tennō no mi-uta*
Ein erlauchtes Gedicht des Herrschers
Takechi no Okamoto [… = Jomei]
2: *tennō, Kaguyama ni nobori te kunimi shitamafu toki no mi-uta*
Gedicht vom Herrscher, zu der Zeit, als er auf den Berg Kaguyama stieg und hielt eine Landesschau abhielt
3: *tennō, Uchi no no ni mikari suru toki ni, Naka tsu Sumera Mikoto, Hashihito no muraji Oyu ni tatematsura-shimuru*
Zu der Zeit, als der Herrscher in den Feldern von Uchi zur Jagd zog, ließ Naka tsu Sumera Mikoto den Hashihito *no muraji* Oyu Gedichte hochreichen.
4: *Sanuki no kuni no Ayano kohori ni idemaseru toki ni, Ikusa no Ōkimi, yama wo mi te tsukuru uta*
Zu der Zeit, als [der Herrscher] in die Provinz Ayano im Land Sanuki zu reisen geruhte, betrachtete Ikusa no Ōkimi die Berge und machte Gedichte.
Asuka no Kawahara [… = Kōgyoku / Saimei]
5: *Nukata no Ōkimi no uta*

Gedicht der Nukata no Ōkimi
Nochi no Okamoto [… = Kōgyoku / Saimei]
6: *Nukata no Ōkimi no uta*
Gedicht der Nukata no Ōkimi
7: *Ki no yu ni idemaseru toki ni, Nukata no Ōkimi no tsukuru uta*
Zu der Zeit, als [die Herrscherin] zu den heißen Quellen von Ki zu reisen geruhte, machte die Nukata no Ōkimi Gedichte.
8: *Naka tsu Sumera Mikoto, Ki no yu ni yuku toki no mi-uta*
Zu der Zeit, als Naka tsu Sumera Mikoto zu den heißen Quellen von Ki reiste, ein erlauchtes Gedicht (Lesungen nach SNBZ 6: 17, Kapitelüberschriften abgekürzt)

Das Genryaku-*kōhon* hält die optische Abgrenzung von Kapitelüberschriften und Gedichttiteln bis zum Titel 7 aufrecht, der auf gleicher Höhe mit den Kapitelüberschriften erscheint.[79] Das erste Zeichen darin ist 幸, das die SNBZ-Bearbeiter (ebd.) als Verb *idemasu* lesen und wie das Nomen *miyuki* eine „glücksbringende Tennō-Reise" bezeichnet. Das gilt auch für die Titel zu 1: 34, 36 und 40, die ebenfalls auf gleicher Höhe mit den Kapitelüberschriften stehen, aber der Titel 4 steht auf gleicher Höhe mit den vorangehenden Titeln. Zwar betrifft er ebenfalls eine „glücksbringende Reise", aber der angegebene Name scheint nicht zum Herrscherhaus zu gehören und eine Höherstellung nicht gerechtfertigt gewesen zu sein.[80] Bei den späteren Titeln wird die Ordnung insofern noch uneinheitlicher, als beispielsweise ab „Taihō *gannen*" (701) auch Titel mit Jahresangaben auf der Höhe von Kapitelüberschriften erscheinen. Da das Genryaku-*kōhon* auf dem Abgleich verschiedener Abschriften (*kyōgō*) beruht, wurden entweder die Tendenzen der vorangehenden Abschriften berücksichtigt, oder mehr Gewicht auf die Tennō-Reisen und andere Aspekte gelegt. Tanaka Hiroshi (2020: 12–18) vergleicht verschiedene Abschriften aus der Heian- und Kamakura-Zeit und kommt zu dem Ergebnis, dass in den älteren Abschriften wie dem Katsura-*bon* die Titel höher als die Gedichte stehen. In japanischen Waka-Sammlungen kommen höhergestellte Titel nur in *Man'yōshū*-Abschriften vor, und Tanaka (S. 12) vermutet darin die originale Form (*genbon* 原本) der Sammlung. Das sagt nichts über das Ver-

79 Das ist auch im Inhaltsverzeichnis des Kanazawa-*bon* zum zweiten Band der Fall, wo der mit dem Schriftzeichen 幸 beginnende Titel vor 2: 111 auf gleicher Höhe mit den Kapitelüberschriften steht; vgl. Watanabe 2004: 9. Titel von Personen, die nicht aus der Herrscherfamilie stammen, sind nochmals tiefer gestellt.

80 Die SNBZ-Bearbeiter (6: 457) lesen Ikusa no Ōkimi, weisen aber auf die Theorie hin, dass es sich um einen Prinzen aus Paekche (jap. Kudara 百濟) handeln könne, der sich als Geisel am Hof befand. Dann sei der Name „Koni (Kon) Kishi no Ōkimi" zu lesen.

hältnis der Kapitelüberschriften und Gedichttitel aus, aber vermutlich konnten die Bearbeiter der Genryaku-Abschrift die historiographische Funktion beziehungsweise die räumliche Ausrichtung der Kapitelüberschriften nicht mehr nachvollziehen oder folgten anderen Ordnungsmaßstäben.

Der Titel vor 1: 36 und der erst nachträglich zwischen die Zeilen gequetschte Titel vor 1: 40, die beide mit 幸 beginnen und auf gleicher Höhe mit den Kapitelüberschriften stehen, betreffen zwei Lang- mit jeweils einem Kurzgedicht sowie die drei Kurzgedichte 1: 40 bis 42. Im Gegensatz zu modernen Kommentarausgaben gibt es keine Angaben zur Anzahl der Gedichte (vgl. Watanabe 1994: 13, SNBZ 6: 19). Das Genryaku-*kōhon* als eine textkritisch vergleichende Abschrift muss nicht bedeuten, dass die geprüften Abschriften diese Angaben nicht besaßen, die im Japan des siebten Jahrhunderts aus der klassisch-chinesischen Literatur bekannt waren. In den meist auf dem Nishi-Honganji-*bon* beruhenden Kommentarausgaben finden sie sich im ersten Band bei Titeln, die mehr als ein Gedicht umfassen. Ab dem zweiten Band steht die Anzahl der Gedichte bei jedem Titel, also auch dort, wo der Titel nur ein Gedicht ankündigt (vgl. Aso 1: 35, Kōnoshi 2013: 39); bei der Besprechung der Gedichte 2: 131 bis 140 ist darauf zurückzukommen.

**Die Ordnung der Titel**

Die ab 1911 zusammengestellte textkritische Ausgabe *Kōhon Man'yōshū* 校本萬葉集, die um die Erfassung sämtlicher Textabweichungen bemüht ist und deren vorerst letzten Bände 1994 erschienen,[81] positioniert die Kapitelüberschriften im Inhaltsverzeichnis zum ersten Band höher als die Gedichttitel (vgl. Sasaki et al. 2: 1–30), aber in den jüngeren Kommentarausgaben ist es oftmals umgekehrt (vgl. SNBZ 6, SNBT 1, Inaoka 1). Takeda Yūkichi (3: 5–10), einer der ersten Mitarbeiter am *Kōhon Man'yōshū*-Projekt, sowie Aso Mizue (1: 6–8), die dem Projekt erst später beitrat, stellen die Kapitelüberschriften höher als die Titel. Ab dem Titel vor 1: 57, der mit der Jahresangabe „Jin'in 2. Jahr (壬寅二年)" beginnt, hebt Takeda allerdings die Titel, die mit einer Jahresangabe (1: 63, 76, 78 und 81) oder mit der Angabe der abgedankten Jitō Tennō sowie ihrem verstorbenen Nachfolger Monmu (1: 66, 70, 71 und 74) beginnen, auf die Höhe der Kapitelüberschriften.[82] Itō Haku (1: 22–26) wiederum wählt den Kompromiss und präsentiert alles auf gleicher Höhe. Da hoch und tief,

81 Der Erstdruck wurde 1924 bis 1925 veröffentlicht und durchlief verschiedene Überarbeitungen und Ergänzungen. Die jüngste Beifügung ist die Anfang der 1990er Jahre entdeckte Abschrift Hirose-*bon*, die in drei Bänden als Faksimile dargeboten wird (Hirose et al. 1994, *Kōhon Man'yōshū bessatsu* 1–3 校本萬葉集別冊).

82 Warum Takeda den Titel vor 1: 54, der ebenfalls mit einer Jahresangabe beginnt, nicht höher stellt, bleibt rätselhaft.

oben und unten in der Weltanschauung mit Werten verbunden sind, regen die unterschiedlichen Präsentationen der Bearbeiter und Bearbeiterinnen zum Nachdenken an, aber im Folgenden geht es um die Titel und ihr Verhältnis zum laufenden Haupttext.

Die Gedichttitel im ersten Band[83] lassen sich dem Inhalt nach zunächst in zwei Gruppen ordnen: Während die eine Variante nur den Dichter oder die Dichterin angibt (1, 5, 6), liefern die Titel der anderen Gruppe Hinweise auf den Ort und die Zeit der Entstehung (2, 3, 4, 7, 8). Ab dem Titel vor 1: 54 sind Jahresangaben enthalten, die mit „Taihō *gannen*“ (701) beginnen und danach chronologisch voranschreiten. In achtundzwanzig Titeln im ersten Band steht die Angabe „Zu der Zeit, als …“ (… 時), wodurch sie eine zeitlich ausgerichtete narrative Struktur erhalten, und die meisten der darauf folgenden Titel mit bloßen Namensangaben – ohne narrative Struktur – werden ebenfalls von diesen Titeln erfasst.[84] So geben die Titel zu 1: 59 und 60 nur die Namen an, aber vor 1: 57 steht ein narrativer Titel mit Jahresangabe sowie der „Zeit, als (時)“ die Gedichte verfasst wurden, die in diesem Fall eine Reise der abgedankten Jitō in den Osten war. Die Gedichte 1: 57 bis 61 gehören alle zum Titel vor 1: 57, und die anschließenden Gedichte haben wieder narrative Titel. Im Genryaku-*kōhon* steht der Titel vor 1: 57 zwar auf der Höhe der Kapitelüberschriften, ist wie gesehen in modernen Ausgaben aber meistens eingeebnet. Die nicht-narrativen Titel 1, 5 und 6, also die Titel ohne „Zu der Zeit, als …“, folgen direkt auf die Kapitelüberschrift, aber deren Zugehörigkeit zum vorangehenden Peritext der höheren Ebene ist eindeutig.[85]

Die folgenden Analysen belegen, inwiefern beispielsweise auch die Gedichte 1: 32 und 33 von dem vorangehenden Titel – hier zu 1: 29 bis 31 – betroffen sind, obwohl sie eigene Titel mit Angaben zum Anlass der Dichtung haben. Das gilt auch für die Titel vor 1: 43 und 44, die dem Titel vor 1: 40 unterliegen. Genaueres bleibt zu zeigen, aber festzuhalten ist zunächst, dass die untergeordneten Titel der im Folgenden zu untersuchenden Gedichte zu einer Sequenz gehören. Mit diesem Begriff sind zusammenhängende Gedichtgruppen gemeint, die ein Narrativ entfalten, was aber nicht für alle Gruppen gilt. So gibt der Titel vor 1: 57 eine Reise der abgedankten Jitō Tennō ins Land

83 Das Folgende gilt auch für Titel im zweiten Band, dort kommen aber auch Abweichungen sowie neue Besonderheiten vor.

84 Die Titel 3, 4 und 7 enthalten ein Prädikat wie 作, „machen, anfertigen“, und bilden einen grammatisch vollständigen Satz. Solche Titel werden mit einem Punkt am Ende übersetzt.

85 Dem auf die Kapitelüberschrift „Asuka no Kawahara no Miya“ folgenden Titel vor 1: 7 (Titel 5) ist die Anmerkung 未詳 *mishō*, „unklar“, beigefügt. Die lange Anmerkung nach dem Gedicht zeigt, dass nicht das Verhältnis von Titel und Kapitelüberschrift das Problem ist, sondern der angegebene Name.

Mikawa no Kuni im Jahr 702 an und betrifft fünf Gedichte von fünf Dichtern und Dichterinnen. Die Gedichte sind über die Ortsnamen miteinander verbunden, geben ansonsten aber keinen narrativen Zusammenhang zu erkennen.[86] Formal sind solche Titel allerdings nicht von den anderen Titeln zu unterscheiden, sodass die Gedichte 1: 29 bis 31 sowie 1: 40 bis 42 gewöhnlich ohne die folgenden Gedichte 1: 32 und 33 respektive 1: 43 und 44 abgehandelt werden.[87] Eine Lesung als Sequenz lässt das allerdings nicht zu. Im zweiten Band kommen in den Titeln durch die tendenzielle Verschiebung ins Private sowie das gesteigerte Interesse an Narrativen andere Entstehungsumstände hinzu, aber auch dort dominieren Titel mit der Angabe „Zu der Zeit, als …“.

Itō Haku (1: 129–130) unterscheidet anhand der Gedichte von Kakinomoto no Hitomaro bei den Titeln mit Angaben zu den Entstehungsumständen zwei Formen:

> A-Form: Umstände / Anlass der Dichtung + Autorenname + [Angabe zur] Gedichtanfertigung
> (*sakka jijō* 作歌事情 ＋ *sakka-mei* 作者名 ＋ *sakka* 作歌) […]
> B-Form: Autorenname + Umstände der Dichtung + Gedichtanfertigung
> (*sakka-mei* ＋ *sakka jijō* ＋ *sakka*)

Sind die Informationen zu den Umständen der Dichtung nicht auf den „Autornamen“ begrenzt und betreffen noch einen Dritten, beispielsweise den oder die Tennō, komme die öffentlich-offizielle (*kōteki* 公的) A-Form zum Tragen. Vor einer privaten (*shiteki* 私的) Dichtung stehe dagegen die B-Form, in der die Angaben zu den Umständen der Dichtung auf den Autor beschränkt seien. Itō nennt als Beispiel den Titel vor 2: 131, auf den zurückzukommen ist, und Beispiele für die A-Form sind die Gedichttitel 3, 4 und 7.[88] Itō rechnet auch den

86 Bei den Gedichten 1: 57 und 58 stehen die Angaben der Dichternamen hinter den Gedichten, bei den anderen drei jedoch davor, sodass sie wie eigene Titel erscheinen. Itō (1: 170) geht von verschiedenen Quellen aus und vermutet die Entstehung von 1: 57 und 58 auf einem Bankett während der Reise. 1: 59 und 60 seien von Personen am Hof verfasst worden, und 1: 61 wiederum sei eine Lobpreisung der Landschaft eines Mitreisenden.

87 Die jeweils vorangehenden Gedichte stammen von Hitomaro, und zumindest der Ausschluss von 1: 43 und 44 bei Untersuchungen zu 1: 40 bis 42 dürfte auch daran liegen, dass diese – unausgesprochen – als minderwertig eingeschätzt werden.

88 Eine Analyse der beiden Formen in Bezug auf die Angabe „zu der Zeit, als …“ steht noch aus, aber beide Formen scheinen dafür geeignet zu sein. Auf 時 (*toki ni*) folgt ein Hauptsatz mit Prädikat. Ansonsten lautet die Lesung einfach *toki* wie in Titel 8, der zur B-Form gehört und ebenfalls eine narrative Struktur zeigt (ohne Hauptsatz). Die Titel zu 1: 54 oder 57 entsprechen der A-Form, sind aber mit der Jahresangabe komplexer. Sie

Titel zu den Gedichten 1: 29 bis 31 der A-Form zu; die eingefügten Freistellen verdeutlichen die drei Bestandteile:

> 過近江荒都時 柿本朝臣人麻呂 作歌
> Ōmi *no kwauto ni sugirishi toki ni* Kakinomoto *no asomi no* Hitomaro *no tsukurishi uta* (Lesung nach SNBT 1: 7)
> Zu der Zeit, als [man / er] die verwilderte Ōmi-Hauptstadt passierte, verfasste Kakinomoto *no asomi* Hitomaro Gedichte.

Itō spricht beiden Formen allgemeine Gültigkeit zu. Im Rahmen der Sammlung ist 1: 29 das erste Gedicht von Hitomaro, aber der Gedichttitel gibt bei den Umständen der Dichtung keinen weiteren Personennamen oder einen Hinweis wie 幸 an, der eine glücksbringende Tennō-Reise bedeutet. Ob Hitomaro offiziell oder privat unterwegs war, ist daher eine offene Frage, und darin ist auch ein weiterer Grund dafür zu sehen, dass Itō die Titelstruktur in seinem Kommentarwerk erst an dieser Stelle diskutiert. Er nimmt die Form als Beleg dafür, dass es sich um die offizielle Reise einer Hofgesellschaft (*kyūtei shūdan* 宮廷集団) handelte. Ein Beispiel für die B-Form aus dem oben präsentierten Ausschnitt aus Inhaltsverzeichnis ist der achte Titel, und für narratologische Untersuchungen sind beide Formen von Interesse.

Wie Sonja Klimek (2019: 179) bemerkt, besteht in der Kombination des Gedichttextes mit konkreten Orts- und Datumsangaben in den Peritexten eine Möglichkeit, eine „Referenz von »Ich« im Gedichttext auf den realen Textproduzenten" anzubieten, beziehungsweise die Gedichttitel und andere Angaben zu Zeit und Ort haben die „Wirkungsdisposition [...], als auf den Gedichttext bezogen verstanden zu werden" (S. 187). Die Bearbeiter der Anmerkungen waren offensichtlich an dieser Wirkungsdisposition interessiert, was das Beifügen von Anmerkungen bei unzureichenden Titelangaben zeigt. Das Interesse an individueller Zuordnung setzt die japanische Literaturgeschichte fort, was wiederum die Konzentration auf biographisch-positivistische Aspekte zeigt, die viele Untersuchungen durchzieht. Dabei werden allerdings die Titel und andere Peritexte gewöhnlich ausgeblendet oder unterbelichtet, und das Interesse scheint ganz dem Gedicht und seinem Autor zu gelten. Ein Beispiel sind die zwölf Bände des *Seminā: Man'yō no kajin to sakuhin*, „Seminar – Man'yō-Dichter und ihre Werke" (Kōnoshi und Sakamoto 1999 bis 2000), die einen Kanonisierungs- und Autoritätsanspruch zu erkennen geben. Das „Seminar" präsentiert nur einzelne, aus dem Kontext gelöste Kurzgedichte, und zwar

---

geben keine Namen der Dichter oder Dichterinnen an, aber den Titeln folgen Gedichte, die jeweils namentlich ausgewiesen sind. Das Arrangement aus Ober- und Untertiteln bildet im ersten Band eine dritte Form.

sind der Originaltext sowie eine Übersetzung ins moderne Japanisch beigefügt, nicht aber die Titel. Die Frage ist jedoch, welche Wirkungsdispositionen dem Arrangement aus Kapitelüberschrift und Gedichttitel zugesprochen werden können, das eine historiographische Orientierung erzeugt und bereits im Inhaltsverzeichnis etwas erzählt.

Die Kapitelüberschriften präsentieren in raum-zeitlicher Abfolge die Höfe der Tennō und somit einen Geschichtsraum, der Gedichtgruppen umfasst, die wiederum mit „Zu der Zeit, als …“ auf – unbestimmte und wiederholbare – Ereignisse verweisen. Die somit in eine narrative Bewegung gesetzten Kapitelüberschriften und Gedichttitel sind im Rahmen einer Historiographie zu sehen, und diese narrative Grundausrichtung wirkt sich auf die Wahrnehmung der Gedichte aus. Es ist daher zu vermuten, dass die Kapitelüberschriften und Gedichttitel eine Voreinstellung für narrative Zusammenhänge erzeugen, der sich dann eine narrative Lektüre der Gedichte anschließt. Das dürfte selbst für Gedichte gelten, die aus diesem Kontext gelöst kaum oder keine narrativen Strukturen aufweisen. Sollten aber die Gedichte wie die im Folgenden zu untersuchenden über narrative Strukturen verfügen, sind diese umso stärker zu bemerken. Es ist daher absolut verständlich, dass die späteren Bearbeiter versuchten, die geschilderten Ereignisse an konkrete Daten zu binden.

Bei der Übertragung ins moderne Japanisch lesen die eher lyrisch-romantisch orientierten Kommentare die Gedichttitel, die wie die Kapitelüberschriften chinesisch (*kanbun*) ohne Tempusmarkierung verschriftet sind, im Präsens und rufen damit die Vorstellung eines Gedichts als mündlicher Dichtung vor Ort hervor. Ein Beispiel für dieses Tempusproblem der Titelübersetzung ist der oben zitierte Titel vor 1: 29, aber auch das Inhaltsverzeichnis zum ersten Band in der SNBZ-Ausgabe (6: 17–21) zeigt das Problem deutlich: Während die Kapitelüberschriften ins Präteritum überführt werden, stehen die Titel im Präsens, sodass dieses Präsens auch nicht als historisches Präsens (*rekishiteki genzai-kei* 歴史的現在形) von *kanbun*-Texten konkretisiert werden kann. Itō (1: 22–26) liest Kapitelüberschrift und Titel im Präsens, aber das Inhaltsverzeichnis der SNBT-Ausgabe (1: 3–12) überführt die Kapitelüberschriften und Titel sowie die im laufenden Text stehenden Titel ins Präteritum, was bei der Transkribierung des oben zitierten Beispiels an *tsugirishi* und *tsukurishi* (beides in der Attributivform von *-ki*) zu erkennen ist.[89]

89 Inaoka 1: 2–4 und Aso 1: 27–33 lesen wie der SNBZ-Kommentar. Eine Mischform zeigt Takeda (3: 5–10), der die Kapitelüberschrift sowie „zu der Zeit als …“ ins Präteritum überführt, dann aber die Angaben zur Dichtung ins Präsens setzt. So liest er (3: 155) den Titel zu 1: 29 *Ōmi no aretaru miyako wo sugishi toki, Kakinomoto no asomi Hitomaro no tsukureru uta*. Omodakas (Band 1) Inhaltsverzeichnis sowie die Kapitelüberschriften und Titel im Kommentar sind ohne Lesungen.

In einer narratologisch orientierten Lesung sind Gedichttitel wie „Zu der Zeit, als [man] die verwilderte Ōmi-Hauptstadt passierte, verfasste Kakinomoto *no asomi* Hitomaro Gedichte“, grundsätzlich als Vergangenheit zu konkretisieren, da sie nicht zur originalen Produktion der Gedichte, sondern zur Kompilation einer Sammlung gehören. Kapitelüberschrift und Gedichttitel richten die darauf folgenden Gedichte inhaltlich aus, und selbst ohne direkte Hinweise auf ein Ich im Gedichttext dürfte dieses mit dem im Titel genannten Dichternamen in Verbindung gesetzt werden.[90] Die historiographische Anlage der ersten beiden Bände verschiebt mit den Gedichttiteln die räumlich-zeitliche Perspektive, sodass die darin aufscheinende Instanz der Präsentation – das Erzählmedium – gleichsam auf die im Gedichttext geschilderte Welt zurückblickt. Die Ordnung der voranstehenden Peritexte, besonders aber die Angabe „Zu der Zeit, als …“ im Titel lassen keine andere Deutungsmöglichkeit als Vergangenheit zu, aber auch die sich in den beigefügten Vor- oder Alternativfassungen zeigende Materialität und Medialität der Schrift tragen zur zeitlichräumlichen Distanz zwischen der Rezeption und der in den Gedichttexten erzählten Welt bei; auch das bleibt noch zu zeigen.

## Die Anmerkungen im ersten Band

Bei den Anmerkungen in den ersten beiden Bänden lassen sich formal zwei Typen unterscheiden. Während sich der eine auf die voranstehende Peritexte bezieht, steht der andere nach dem Gedicht. Da die Gedichttexte vertikal von rechts nach links angeordnet sind, heißen die danach beigefügten Anmerkungen *sachū*, „linksstehende Anmerkung“, und um diese soll es im Folgenden gehen. Ogawa Yasuhiko (2010: 14) vermutet die Beifügung der Anmerkungen ab Mitte achtes bis Anfang neuntes Jahrhundert beziehungsweise im Rahmen der dritten Ergänzung in der Zeit von Shōmu Tennō Mitte achtes Jahrhundert (vgl. Ogawa ebd. S. 99–100). Den Anmerkungen gemeinsam ist das Interesse an den Namen der Dichter und Dichterinnen sowie an den Entstehungsumständen. Hin und wieder wird auch die Angabe zum Gedicht selbst oder seine Einordnung angezweifelt. So heißt es in der Anmerkung nach 1: 19:

右一首歌 今案不似和歌 但舊本載于此次 故以猶載焉

90 Einleitend zum Gedichttitel siehe auch Burdorf 2015: 133–137. Westliche Untersuchungen zu Gedichttiteln beziehen sich auf westliche Sprachen, aber die Konstellation aus abgeschlossenem Band mit Inhaltsverzeichnis, Kapitelüberschriften und Gedichttiteln dürfte ein Alleinstellungsmerkmal der ersten beiden *Man'yōshū*-Bände sein.

> Das rechtsstehende Gedicht, denkt man heute darüber nach, ist einem korrespondierenden Gedicht (和歌) nicht ähnlich. Allerdings stand es in einem alten Buch (舊本) in dieser Reihenfolge und wurde deswegen so aufgenommen.

Die Schriftzeichen 舊本, „altes Buch", verweisen auf eine Quelle ohne Angabe eines konkreten Titels, die in der Urauswahl aber nur zwei Mal und danach nicht mehr erscheint. Darauf wie auch auf die durch die Anmerkungen aufgeworfenen Fragen ist bei den Einzelbesprechungen zurückzukommen. Andere Anmerkungen nennen ähnliche poetologische Belange oder problematisieren die Dichternamen, geben aber keine Quellen an.[91] Solche Anmerkungen sind interessant für die Literatur- und Rezeptionsgeschichte, wirken sich aber in narrativer Hinsicht kaum auf die Gedichttexte aus. Anders ist es dagegen bei den Anmerkungen mit Zitaten aus Texten, deren Titel meist angegeben sind. Kōnoshi Takamitsu (2013: 44), dem es um den Nachweis geht, dass der historiographische Aufbau (*rekishiteki kōsei* 歴史的構成) des *Man'yōshū* nicht auf dem *Nihon shoki* basiert (S. 44–52), hebt anhand der *sachū*-Anmerkungen hervor, dass die Sammlung ihren eigenen historischen Kontext erzeugt, diese also nicht lediglich zusammenführt, sondern historisch strukturiert. Diese historische Struktur, die man auch Geschichtskonstruktion (*rekishi kōchiku* 歴史構築) nennen könne, setze sich in den folgenden Bänden fort, sodass Kōnoshi von einer magnetischen Wirkung sprechen möchte. Das ist gewiss eine angemessene Beobachtung, aber in seinem textimmanenten Ansatz übergeht Kōnoshi – bewusst – das Problem der späteren Beifügung. Implizieren seine Ausführungen doch eine Historisierung, die erst durch die Bearbeiter der Anmerkungen vollzogen wurde. Was jedoch im ersten Band durch die Anmerkungen geschah, ist eine historiographische Gewichtsverlagerung von der ursprünglichen Zusammenstellung nach räumlich-zeitlichen Kriterien, wie sie aus den Kapitelüberschriften hervorgeht, zu einer Ordnung unter chronologisch-historiographischen Aspekten, was oben stichwortartig als chronologische Wende beschrieben wurde.

Die folgende Tabelle zeigt die Anmerkungen mit Hinweisen auf das Quellenmaterial, bei dem gewöhnlich eine Identität mit dem *Nihon shoki* angenommen wird. In den ersten beiden Bänden liegen dafür achtzehn Belege vor, und im zweiten Band findet sich als Quelle auch das *Kojiki*. Nicht aufgeführt sind die Anmerkung nach 2: 89 mit einem Zitat aus dem *Kojiki* und die Anmerkung nach 1: 90, die das *Kojiki* sowie die Privatsammlung *Ruiju karin* 類聚歌林

91 Vgl. die Anmerkungen zu den Gedichten 1: 26, 53 bis 58, 66 bis 69, 71 und 72, 74 und 75, 79 und 80, 83, 84 (hier nur der erste Band).

erwähnt und zwei längere Zitate aus dem *Nihongi* anführt. Insgesamt handelt es sich um eine Anmerkung nach 2: 89, in der das Gedicht 2: 90 zitiert wird, worauf die Anmerkung fortgesetzt wird. In den heutigen Kommentaren wird jedoch das zitierte Gedicht in die Zählung aufgenommen, sodass zwei Anmerkungen erscheinen. Die Gruppe 2:85 bis 90, welche die *sōmon*-Abteilung im zweiten Band eröffnet, ist weiter unten noch genauer darzustellen. Ebenfalls fortgelassen wurden die Hinweise auf andere und Zitate aus anderen Quellen wie der Privatsammlung *Ruiju karin*.

*Tabelle 4: Die sechzehn sachū-Anmerkungen mit Verweisen auf historiographisches Quellenmaterial*

| | *sachū* 左注 | *Nihon shoki* |
|---|---|---|
| 1: 6 舒明 | 右檢**日本書紀** 無幸於讃岐國[…]**記**曰 天皇己亥 冬十二月 己巳朔壬午 幸于伊豫温湯宮云々**一書**[…] | […]冬[…]十二月 己巳朔壬午 幸于伊豫温湯宮 |
| 1: 7 斉明 | **紀**曰 五年春 正月己卯朔辛巳 天皇至自紀温湯 三月戊寅朔 天皇幸吉野宮而肆宴焉 庚辰ム日天皇幸近江之平浦 | 五年春 正月己卯朔 辛巳 天皇至自紀温湯 三月戊寅朔 天皇幸吉野而肆宴焉 庚辰天皇幸近江之平浦 平此云毗羅 |
| 1: 15 斉明 | 亦**紀**曰 天豐財重日足姫天皇 先四年乙巳 立天皇為皇太子 | 天豐財重日足姫天皇 四年 讓位於天萬豐日天皇 立天皇爲皇太子 |
| 1: 18 天智 | **日本書紀**曰 六年丙寅春 三月 辛酉朔己卯 遷都于近江 | [六年春]三月 辛酉朔己卯 遷都于近江 |
| 1: 21 天智 | **紀**曰 天皇七年丁卯夏 五月五日 縦猟於蒲生野 于時大皇弟諸王内臣及群臣 皆悉從焉 | [夏…] 五月 五日 天皇縱獵於蒲生野 于時大皇弟諸王內臣及群臣 皆悉從焉 |
| 1: 22 天武 | 但**紀**曰 天皇四年乙亥春 二月乙亥朔丁亥 十市皇女阿閇皇女 参赴於伊勢神宮 | [四年春]二月乙亥朔 […] 丁亥 十市皇女阿閉皇女 參赴於伊勢神宮 |
| 1: 24 天武 | **日本紀**曰 天皇四年乙亥夏四月戊戌朔乙卯 三位麻續王有罪流于因幡 一子流伊豆嶋 一子流血鹿嶋也 是云 | [夏四月] 辛卯 三位麻續王有罪流于因播 一子流伊豆嶋 一子流血鹿嶋 |

| | *sachū* 左注 | *Nihon shoki* |
|---|---|---|
| | 配于伊勢國伊良虞嶋者 若疑後人縁歌辞而誤記乎 | |
| 1: 27<br>天武 | **紀**曰 八年己卯 五月 庚辰朔甲申 幸于吉野宮 | ［八年］ 五月 庚辰朔甲申 幸于吉野宮 |
| 1: 34<br>持統 | **日本紀**曰**朱鳥** 四年庚寅秋九月 天皇幸紀伊國也 | 四年[…] 九月 乙亥朔 ［…］ 丁亥 天皇幸紀伊 |
| 1: 39<br>持統 | **日本紀**曰 三年己丑正月 天皇幸吉野宮[…]八月幸吉野宮[…]四年庚寅二月 幸吉野宮[…]五月 幸吉野宮 […] 五年辛卯正月 幸吉野宮[…]四月幸吉野宮者 未詳知何月従駕作歌 | verschiedene Zitate jeweils ohne Angabe der Tage im *eto*-System 干支 |
| 1: 44<br>持統 | **日本紀**曰 **朱鳥**六年壬辰春三月 丙寅朔戊辰 以浄廣肆廣瀬王等為留守官 於是中納言三輪朝臣高市麻呂脱其冠位 擎上於朝 重諫曰 農作之前車駕未可以動 辛未天皇不従諫 遂幸伊勢 五月乙丑朔庚午 御阿胡行宮 | ［六年春］ 三月 丙寅朔戊辰 以淨廣肆廣瀬王直廣參當摩眞人智德直廣肆紀朝臣弓張等爲留守官 於是 中納言大三輪朝臣高市麻呂 脱其冠位擎上於朝 重諫曰農作之節 車駕未可以動 辛未天皇不從諫 遂幸伊勢 […]<br>五月乙丑朔庚午 御阿胡行宮時 進贄者紀伊國牟婁郡人阿古志海部河瀬麻呂等[…] |
| 1: 50<br>持統 | **日本紀**曰 **朱鳥**七年癸巳秋八月 幸藤原宮地 / 八年甲午春正月 幸藤原宮 / 冬十二月庚戌朔 乙卯 遷居藤原宮 | ［七年］ 八月 戊午朔 幸藤原宮地 […]<br>八年春正月 ［…］ 乙巳 幸藤原宮 […]<br>十二月庚戌朔 乙卯 遷居藤原宮 |
| 2: 158<br>天武 | **紀**曰七年戊寅 夏四月丁亥朔癸巳十市皇女卒然病發薨於宮中 | ［七年］ 夏四月丁亥朔[…]癸巳[…] 十市皇女卒然病發薨於宮中 |
| 2: 193<br>持統 | 右**日本紀**曰 三年己丑 夏四月癸未朔乙未薨 | ［三年］ 夏四月癸未朔[…]乙未 皇太子草壁皇子尊薨 |
| 2: 195<br>持統 | **日本紀**云 朱鳥五年辛卯 秋九月己巳朔 丁丑 浄大参皇子川嶋薨 | ［五年］ 九月己巳朔[…]丁丑 淨大參皇子川嶋薨 |

| | *sachū* 左注 | *Nihon shoki* |
|---|---|---|
| 2: 202 持統 | 案**日本紀**云[92] 十年丙申 秋七月辛丑朔 庚戌 後皇子尊薨 | [十年] 秋七月辛丑朔[…]庚戌 後皇子尊薨 |

Ohne die Anmerkungen nach 2: 89 und 2: 90.

Der erste Teil der Anmerkung nach 1: 6 nennt das 日本書紀 *Nihon shoki*, in dem keine Tennō-Reise zu dem im Titel zu 1: 5 und 6 angegebenen Ortsnamen Sanuki no Kuni 讃岐國 verzeichnet sei. Aus diesem Grund wurde die private Gedichtsammlung *Ruiju* / *Ruijū karin*, „Gruppierter Dichterwald" (Benl 1951: 2), von Yamanoue no Okura *daibu* 大夫 (*mahe tsu kimi*) zu Rate gezogen, die wiederum zwei Quellen anführt. Die beiden Texte sind als 記 *Ki* und 一書 *issho*, „eine Schrift", angegeben, und die SNBZ-Bearbeiter (6: 27) erläutern 記 als gleichbedeutend mit 紀. Das wirkt aber insofern nicht überzeugend, als die Texttypen 記 *ki* und 紀 *ki* nicht identisch sind. Die Quellenangabe 一書 ist charakteristisch für das *Nihon shoki*, wo sie besonders in den Mythen häufig vorkommt, um alternative Fassungen zu präsentieren. Es handelt sich um Texte ohne bestimmten Titel, vielleicht um Materialien im Besitz der Bearbeiter der Anmerkungen. Der mit 記 ausgewiesene Text wiederum ist zwar mit einem Eintrag aus dem *Nihon shoki*-Buch „Jomei" identisch (11. Jahr, 12. Monat, vierzehnter Tag; SNBZ 2: 50), aber das *Nihon shoki* gibt die Jahre ohne die *eto*-Bezeichnungen 己亥 an (siehe unten), und auch 云々, „usw. usf.", ist unzutreffend, da zu dieser Reise keine weiteren Angaben vorliegen. Die Schriftzeichen 天皇 己亥 aus dem Zitat sind Ergänzungen, die der Form des Zitierens zufolge im 記 *Ki* beigefügt wurden, und zur Jahreszeit 冬, „Winter", gibt es zuvor einen kurzen Eintrag zum 11. Monat, der fortgelassen wurde. Insgesamt fällt auf,[93] dass es nur in den Anmerkungen nach 1: 6 und 1: 18 *Nihon shoki* heißt, in den anderen aber entweder 日本紀 *Nihongi* (1: 24, 34, 39, 44, 50, 2: 193, 195 und 202) oder einfach nur 紀 (記) *Ki* (1: 7, 15, 21, 22, 27 und 2: 158). Das wirft die Frage nach der Identität dieser Quellen auf, und eine Antwort kann nur der Vergleich der Zitate mit den *Nihon shoki*-Texten bringen. Dieser ergibt bei allen drei Quellenangaben Abweichungen zu dem heute als *Nihon shoki* bekannten Text, die sich wie folgt ordnen lassen:

92 Diese Formulierung lesen die SNBZ-Bearbeiter (6: 136) *Nihongi wo kamugafuru ni ihaku* und übersetzen in *Nihon shoki* [sic] *o shirabete miru to*, „wenn man das *Nihon shoki* untersucht [heißt es dort]".

93 Die Zusammenfassung folgt den Darstellungen und Auswertungen nach Kōnoshi 2007a: 191–206, 2009: 40–44, 2013: 48–42 und S. 50–51 mit einer Gegenüberstellung der Anmerkungen und dem *Nihon shoki*-Text.

**1.** Die Einträge im *Nihon shoki* (紀) folgen dem Stil der klassisch-chinesischen Geschichtsschreibung (*hennen-tai*), was beim *Kojiki* (記) nicht der Fall ist. Der Angabe des Regierungsjahrs folgt die Jahreszeit, der Monat und der Tag im Sechzigerzyklus (*kanshi* oder *eto*). Das bedeutet die Kombination der Zehn Kalender- (*jikkan*; die fünf Elemente in Kombination mit dem älteren und jüngeren Bruder) und Zwölf Tierkreiszeichen (*jūnishi*), und die korrekte Identifizierung erfordert die Angabe des ersten Tags des Monats (朔). Die Anmerkungen zu den Gedichten 1: 34, 44, 50 und 2: 195 enthalten jedoch zusätzlich die Jahresdevise 朱鳥 Akamitori, „Roter Vogel". So heißt es in der Anmerkung nach 1: 34 朱鳥 四年庚寅, was auf das vierte Regierungsjahr von Jitō Tennō verweist. Die Jahresdevise wurde im Jahr 686 eingeführt, galt jedoch nur für dieses eine Jahr – das Todesjahr von Tenmu Tennō –, und das *Nihon shoki* führt sie danach nicht weiter.[94] Im *Nihon shoki* ist „Akamitori" daher mit Tenmu verbunden, gilt aber in anderen Quellen auch für Jitō (siehe unten). „Roter Vogel" kommt nur in Zitaten aus dem *Nihongi*, nicht aber in den *Nihon shoki* oder *Ki* genannten Quellen vor.

**2.** Bei den Jahresangaben außer der Anmerkung nach 1: 7 sowie in dem Schachtelzitat aus dem 記 *Ki* in der Anmerkung zu 1: 6 steht die *eto*-Bezeichnung aus dem Sechzigerzyklus, die im *Nihon shoki* bei den Jahren nicht vorkommt. So heißt es in der Anmerkung zu 1: 36 bis 39, den Yoshino-Gedichten von Hitomaro, wie folgt:

> Im 3. Jahr[95] 己丑 [Erde jüngerer Bruder / Ochse] zu Neujahr unternahm die Tennō [Jitō] eine glücksbringende Reise (幸) nach Yoshino. Im 8. Monat unternahm [sie] eine glücksbringende Reise nach Yoshino. Im 4. Jahr 庚寅 [Metall älterer Bruder / Tiger] 2. Monat unternahm [sie] eine glücksbringende Reise nach Yoshino. Im 5. Monat unternahm [sie] eine glücksbringende Reise nach Yoshino. Im 5. Jahr 辛卯 [Metall jüngerer Bruder / Hase] zu Neujahr unternahm [sie] eine glücksbringende Reise nach Yoshino. Im 4. Monat unternahm [sie] eine glücksbringende Reise nach Yoshino. Es ist nicht klar, in welchem Monat [der Dichter] der imperialen Kutsche folgte und die Gedichte machte.

---

94 Vgl. den *Nihon shoki*-Eintrag zu Tenmus 15. Jahr, 7. Monat, zwanzigster Tag; eine Anmerkung gibt die Phonogramme 阿訶美苔利 für „Akamitori" an; SNBZ 4: 464–465.

95 Die Jahresangabe bezeichnet nicht das Jahr der offiziellen Regierung, die mit der Thronbesteigung 690 begann. Da Jitō die Regierungsangelegenheiten unmittelbar nach Tenmus Tod (686) übernahm, wird hier das Jahr 689 vermutet; vgl. SNBZ 6: 48, SNBT 1: 41, 43 und zu Jitōs Yoshino-Reisen Wittkamp 2023b.

三年己丑正月 天皇幸吉野宮 八月幸吉野宮 四年庚寅二月 幸吉野宮 五月 幸吉野宮 五年辛卯正月 幸吉野宮 四月幸吉野宮者 未詳知何月従駕作歌 (Text nach SNBZ 6: 48)

Im Zitat korrespondieren die Jahres- und Monatsangaben mit den Angaben im *Nihon shoki*, aber es fehlen die Tagesangaben im *eto*-System, was auch für die Anmerkungen nach 1: 34 und 1: 50 gilt. Weiterhin fehlen Reisen nach Yoshino, die im *Nihon shoki* angegeben sind. So reiste Jitō im 4. Jahr fünf Mal nach Yoshino, und die Reisen im 8., 10. und 12. Monat fehlen. Kōnoshi (2007a: 200–201) vermutet, dass die Grundlage der Anmerkung eine abgekürzte oder vereinfachte *Nihon shoki*-Textausgabe (*kanryaku-han tekisuto* 簡略版テキスト) war. Die genannten Zitate aus den Anmerkungen nach 1: 34, 39 und 50 stammen alle aus dem *Nihongi*, aber ein gemeinsames Muster lässt sich nicht ausmachen, da die anderen Zitate aus dieser Quelle in 1: 24, 44 und – in einem Fall – 1: 50 die Tagesangaben enthalten.

**3.** In den Anmerkungen zu 1: 18 und 21 ergeben die *eto*-Jahresangaben aus den Zitaten gegenüber des heutigen *Nihon shoki* eine Abweichungen um jeweils ein Jahr, und die Anmerkung zu 1: 24 gibt einen anderen Tag an.

**4.** Schließlich enthalten die Einträge selbst ebenfalls Abweichungen, wenn auch von geringem Ausmaß. Die Anmerkung nach 1: 44 verkürzt und entstellt allerdings den Eintrag dermaßen, dass Jitō Tennō in einem ungünstigen Licht erscheint. Darauf ist zurückzukommen, aber vorwegnehmend erwähnt sei, dass im Zitat Schilderungen ausgelassen wurden, was zu Verzerrungen führt.

Kann es sich bei der Anmerkung nach 1: 44 noch um Aussparungen handeln, legen die Punkte insgesamt die Existenz von verschiedenen Texten der Geschichtsschreibung nahe. Kōnoshi (2013: 47–59) geht anhand einiger kurzgefassten Geschichtsschreibungen der Heian-Zeit wie des 1339 fertiggestellten *Jinnō shōtōki* 神皇正統記 sowie namentlich bekannter, aber nicht mehr oder nur fragmentarisch vorliegender Texte von der Möglichkeit aus, dass im siebten und achten Jahrhundert noch weiteres Quellenmaterial vorlag. In systematischer Hinsicht gehöre das *Man'yōshū* zu Werken wie dem 927 fertiggestellten Regelwerk *Engishiki* 延喜式, die ebenfalls Abweichungen zum *Nihon shoki* aufweisen. Das Problem der *Man'yōshū*-Kommentare sieht er (S. 47–48) darin, dass die Erklärungen zu den Anmerkungen nicht über den Abgleich mit dem *Nihon shoki* hinausgehen und die Abweichungen meist als „Fehler“ oder „altes Buch“ abtun (2007a: 196–197, 2013: 50–52). Das beschreibt Kōnoshi (2013: 52) als eine auf dem *Nihon shoki* beruhende Voreingenommenheit (*toraware*). So zeigt er anhand der vermutlich aus dem frühen zehnten Jahrhundert stammenden Biographie *Shōtoku Taishi denreki* 聖徳太子傳暦, dass der zur Verifizierung herangezogene Text nicht das *Nihon shoki* war, sondern das

*Rekiroku* (*Ryakuroku*) 暦録, das aus dem *Shaku nihongi* 釋日本紀 bekannt ist. Das *Rekiroku* stammt vermutlich aus dem späteren achten Jahrhundert und war als Kommentar zum *Nihon shoki* ein vierbändiges Geschichtswerk mit Einträgen bis Shōmu Tennō (vgl. Kōnoshi 2013: 57–59, 2016: 37–41).

Bezüglich der Anmerkung zu 1: 44 zitiert Kōnoshi (2013: 58–59) einen Abschnitt aus der Geschichtsschreibung *Nihonki-ryaku* 日本紀略, „Kurzgefasstes *Nihonki*", aus der späten Heian-Zeit, der wie die Anmerkung die Ereignisse abkürzt und dadurch entstellt, worauf bei der Besprechung der Anmerkung nach 1: 44 zurückzukommen ist.[96] Kōnoshi erläutert das *Nihonki-ryaku* als eine Zusammenfassung aus den sechs Geschichtsschreibungen (*rikkokushi* 六国史) der Nara- und Heian-Zeit. Solche vereinfachten Texte habe es allerdings bereits in der Nara-Zeit gegeben, und er vermutet für die Anmerkung im *Man'yōshū* sowie für das *Nihonki-ryaku* identisches Quellenmaterial. Bei den vereinfachten *Nihon shoki*-Versionen mit teils unterschiedlichen Inhalten spricht er auch von einem revidierten (*kaihen* 改編) *Nihon shoki* beziehungsweise einem revidierten Text (改編テキスト). Das Problem ist schwer zu klären, denn beispielsweise in der Anmerkung zu 2: 89 beziehungsweise 2: 90, worauf zurückzukommen ist, stimmen die längeren Zitate aus dem *Nihongi* größtenteils mit dem *Nihon shoki* überein. Da dort auch aus dem 712 eingereichten *Kojiki* zitiert wird, erscheint eine Beifügung der Anmerkung ab dieser Zeit wahrscheinlich.

## Die Anmerkungen der *banka*-Abteilung

In der *sōmon*-Abteilung im zweiten Band gibt es bis auf die komplexe Anmerkung nach 2: 89 beziehungsweise den beiden Anmerkungen nach 2: 89 und 90 keine weiteren mit Zitaten aus der Geschichtsschreibung. Die vier Anmerkungen aus der *banka*-Abteilung beziehen sich auf die Trauerdichtung zum Tod von Tenmus Tochter Tōchi und seinen Söhnen Kusakabe und Takechi sowie von Tenjis Sohn Kawashima. Diese Prinzen und Prinzessinnen starben alle vor dem Jahr 697, dem letzten Jahr der Aufzeichnungen im *Nihon shoki*, sodass zur Konkretisierung der Daten das Geschichtswerk oder abgekürzte Fassungen etc. herangezogen werden konnten. Die Anmerkung nach 2: 158 ist die einzige mit *Ki* als Quellenangabe. Das Zitat entspricht dem *Nihon shoki*-Eintrag, aber die Mitteilungen, die nichts mit dem Tod der Prinzessin zu tun haben, wurden gekürzt. Besonderer Bedarf zur Klärung bestand bei der Trauerdichtung zum Tod von Kawashima no Miko (2: 194 und 195), da deren Titel zwar die Namen des Verfassers Hitomaro sowie der beiden Trauernden angibt, nicht aber den

96 Das *Nihonki-ryaku* besteht aus vierunddreißig Bänden und umfasst Einträge vom Zeitalter der Götter bis zur Zeit des Ichijō Tennō 一条天皇 (980 bis 1011).

Namen des Verstorbenen. Die Anmerkung nach 2: 195 liefert zwei Zitate, und beide Quellen nennen bei unterschiedlicher Schreibung Tenjis Sohn Kawashima no Miko 河島 / 川嶋皇子, einen der Prinzen beim „Eid von Yoshino" (Yoshino *no meiyaku*) im Jahr 679. Das zitierte *Nihongi* nennt zusätzlich den Prinzenrang sowie den neunten Tag im 9. Monat des 5. Jahres Akamitori, und bis auf „Akamitori" sowie der zusätzlichen Jahresangabe im *eto*-System entsprechen die Angaben dem *Nihon shoki* (vgl. SNBZ 4: 518). Das angegebene Jahr wiederum entspricht dem fünften Jahr der Jitō-Regierung (691), sodass die Gruppe in der historiographisch korrekten Chronologie erscheint. Der Bezug zu Kawashima scheint über den Ortsnamen Wochi 越智 zu bestehen, der im Gedicht genannt wird. Im *Nihon shoki* kommt er an dieser Stelle zwar nicht vor, aber in der erstzitierten Quelle „ein gewisses Buch" (或本). Zur Trauerdichtung von Tenjis Tochter Asuka no Himemiko 明日香皇女 (2: 196 bis 198) erfolgt dagegen keine Anmerkung. Als Tochter von Tenji und Halbschwester von Jitō starb sie 700, aber ihre Trauerdichtung ist vor der Gruppe 2: 199 bis 202 eingeordnet, die sich dem Tod von Prinz Takechi no Miko widmet. Er war Tenmus erstgeborener Sohn, der vier Jahre vor Prinzessin Asuka no Himemiko starb. Die umgekehrte Einordnung entspricht somit nicht der historischen Realität, und eine Anmerkung nach 2: 202 gibt das kommentarlos zu erkennen. Sie bezieht sich zunächst explizit nur auf das „eine *hanka*-Gedicht aus einem anderen Buch" (或書反歌一首) und zitiert aus dem *Ruiju karin* sowie dem *Nihongi*. Während sich das erste Zitat nur auf 2: 202 bezieht, muss das zweite die gesamte Gruppe betreffen, denn in der Anmerkung heißt es wie folgt:

> 案日本紀云 十年丙申 秋七月辛丑朔 庚戌 後皇子尊薨
> [Ich / wir] konsultierten das *Nihongi*, in dem es [wie folgt] heißt: „Im 10. Jahr *heishin* [696], im Herbst 7. Monat, [bei] *shinchū* als erstem Tag [*tsukitachi*], [am] zehnten Tag verstarb der spätere Miko no Mikoto." (Lesungen nach SNBZ 6: 136)

Der „spätere Miko no Mikoto" bezieht sich auf Kusakabe no Mikoto, den sieben Jahre zuvor verstorbenen Thronfolger; auf diese Problematik ist zurückzukommen. Der Tod der Asuka no Himemiko ist im *Shoku nihongi* gemeinsam mit der Angabe verzeichnet, dass sie eine Tochter von Tenji war (vgl. SNBT 12: 26). Allerdings lag diese erst 797 eingereichte Geschichtsschreibung noch lange nicht vor, sodass die Bearbeiter der Anmerkungen vermutlich keinen Zugriff auf das Material hatten, das trotz alledem bei den Geschichtsschreibern in Bearbeitung gewesen sein muss. Das könnte die umgekehrte Einordnung erklären, aber warum gab es keinen Austausch zwischen den Geschichtsschreibern und den Bearbeitern der Sammlung?

Es gibt aber noch eine weitere Merkwürdigkeit. Die Anmerkung nach 2: 193 führt nur eine Quelle an, und das *Nihongi*-Zitat lautet: 三年己丑 夏四月 癸未朔 乙未 薨, „im 3. Jahr *kichū* [689], Sommer, 4. Monat, [bei] *kibi* als erstem Tag (*tsukitachi*), [am] dreizehnten Tag gestorben“. Es steht nach dreiundzwanzig Kurzgedichten, die an die Trauerdichtung zum Tod von Hinamishi no Miko no Mikoto 日並皇子尊 anschließen, wie Tenmus und Jitōs einziger Sohn Kusakabe no Miko im Titel zu 2: 167 bis 170 in höchsten Ehren genannt wird. Die zusätzliche Angabe des Jahres im *eto*-System, was wie gesehen im *Nihon shoki* nicht vorkommt, entspricht den anderen drei Zitaten aus dem *Ki* und dem *Nihongi*. Im Gegensatz zur Anmerkung nach 2: 202 gibt es aber keinen Namen oder Titel des Verstorbenen, und die Schriftzeichen 日並皇子尊 für Miko no Mikoto aus dem Titel hätten ergänzt werden können, da 薨 ohne Subjekt steht. Im *Nihon shoki* heißt es jedoch 皇太子 草壁 皇子尊 Kōtaishi Kusakabe Miko no Mikoto, also mit „Kronprinz“ (皇太子). Zwar macht das Zeichen 薨 *kō-zu*, „sterben“, deutlich, dass es sich um einen Tod auf der zweithöchsten Ebene der sozialen Hierarchie handelt.[97] Dennoch erscheint die Formulierung der Anmerkung merkwürdig, da sie nur das Datum ohne einen Namen zu „sterben“ angibt und die Mitteilung „Kronprinz“ unter den Teppich kehrt. Das Todesjahr jedenfalls erforderte eine klärende Anmerkung, obwohl die mit Kusakabes Tod verbundenen Handlungen der Jitō Tennō gewiss zu den wichtigsten Ereignissen der 690er Jahre zählen.

Eine umgekehrte Chronologie zeigen auch die Trauergedichte 2: 203 zum Tod der Tajima no Himemiko, die im 6. Monat, 708 starb, sowie 2: 204 bis 206, die Trauerdichtung zu Yuge no Miko, der im 7. Monat, 699 starb (vgl. SNBT 12: 18, 138). Beide waren Kinder von Tenmu Tennō, und beide Trauerdichtungen besitzen ebenfalls keine Anmerkung. Das entspricht der Trauerdichtung zu Asuka no Himemiko beziehungsweise dem Umstand, dass noch keine offizielle Geschichtsschreibung für diese Jahre vorlag. Dass diese Gedichte jedoch nach den *banka*-Gedichten zum Tod des Takechi no Miko (2: 199 bis 202) eingeordnet sind und darin der historischen Chronologie grob ent-

97 Für den Tod des oder der Tennō steht das Zeichen 崩, das der SNBZ-Kommentar (6: 110, 114) in *kamu-agarimasu* überführt. Im Klassisch-Chinesischen bedeutete das Zeichen in dieser Funktion „euph. death of a ruler or ruler's chief wife“ (Kroll, 2015), aber die SNBZ-Lesung macht daraus das „erlauchte Aufsteigen zu den Göttern“. Die *Kojiki*-Bearbeiter (SNBZ 1: 369) lesen neutraler *sarimasu*, was etwa „geruhen fortzugehen“ bedeutet. Für die unterste Hierarchieebene des Sterbens steht 死 *shinu*, aber 卒 *sotsu*, das für höhere Adels- und Beamtenränge vorgesehen ist, kommt erst in späteren Bänden mit *banka*-Dichtung vor. Die Begrifflichkeit der Sterbehierarchie war verfassungsmäßig geregelt.

sprechen, dürfte kaum als Zufall zu werten sein. Vermutlich waren die Todesjahre ungefähr bekannt.

Auf diese Gedichte folgen Gruppen von Trauerdichtung aus der Hand von Hitomaro sowie schließlich mit 2: 223 bis 227 Gedichte, die Hitomaros eigenen Tod thematisieren. Sie besitzen keine Anmerkungen mit Zitaten aus der Geschichtsschreibung, zumal Hitomaros Name dort auch nicht auftaucht. Die beiden Gruppen 2: 228 und 229 sowie 2: 230 bis 234, mit denen der zweite Band endet, stehen unter der Kapitelüberschrift „Nara no Miya". Beide führen in den Titeln die Jahresangaben „Wadō 4. Jahr" (711) sowie „Reiki *gannen*" (715) an. Die erstgenannte Gruppe stammt von einem namentlich genannten, aber unbekannten Dichter und thematisiert den Anblick der „Leiche einer jungen Frau" (Titel). Die letztgenannte Gruppe ist dem Tod von Tenjis Sohn Shiki no Miko gewidmet, und nach 2: 232 gibt es eine kurze Anmerkung zur Sammlung, aus der die ersten drei Gedichte entnommen wurden, worauf zurückzukommen ist. Da die Personennamen und die Jahresangaben in den Titeln stehen, war bei beiden Gruppen keine Anmerkung erforderlich. Das zeigt das Interesse der Bearbeiter an zeitlichen Zuordnungen, aber merkwürdig bleibt die Tatsache, dass die chronologische Wende – die Jahresangaben in den Titeln – im zweiten Band erst mit „Nara no Miya" der *banka*-Abteilung beginnt. In der vorangehenden *sōmon*-Abteilung gibt es diese Kapitelüberschrift nicht, und dort sowie in der *banka*-Abteilung bis „Nara no Miya" sind sämtliche Titel ohne Jahresangaben. Die einzige Ausnahme ist der Titel vor 2: 146, der mit Taihō *gannen* (701) der Angabe im Titel vor 1: 54 entspricht; mit diesem Gedicht beginnt die erste Ergänzung. Da das Gedicht 2: 146 unter der Kapitelüberschrift zum Hof „Nochi no Okamoto no Miya" eingeordnet ist, der für Saimei Tennō steht, muss es eine spätere Beifügung sein.

Die Titel zu den Trauergedichten zum Tod der beiden Tennō Tenji (2: 147 bis 155) und Tenmu (2: 159 bis 161)[98] haben ebenfalls keine Jahresangaben, aber es folgen keine klärenden Anmerkungen, obwohl die Todeszeiten historiographisch erfasst sind. In diesem Zusammenhang sei erwähnt, dass es zum Tod von Jitō Tennō (703) und ihrem Enkel und Nachfolger Monmu Tennō (707) keine *banka*-Gedichte gibt. Da auch die späteren *banka*-Abteilungen keine Gedichte zum Tod eines oder einer Tennō beinhalten, könnte der *banka*-Dichtung zum Sterben auf höchster Ebene unter Monmu ein Ende gesetzt wor-

98 Die beiden Kurzgedichte 2: 160 bis 161 stammen dem Titel nach von „Taijō (Daijō) Tennō". Diese Ehrenbezeichnung wurde für die abgedankte Jitō geschaffen und später im Taihō-Kodex verankert; vgl. SNBZ 6: 41. Die Abdankung geschah 697, und da Tenmu 686 starb, wurde der spätere Titel zurückverlegt; vgl. SNBZ 6: 114. Die Gedichte müssen somit nach 697 beigefügt worden sein.

den sein. Wahrscheinlicher ist aber, dass es eine solche Dichtung gab, diese aber nicht in die Sammlung aufgenommen wurde. Das Fehlen der *banka*-Dichtung ab Jitōs Tod korrespondiert mit dem Fehlen von Anmerkungen zu den *banka*-Gedichten zu Tenji und Tenmus Tod, und denkbar wäre in einer Tabuisierung des Sterbens auf höchster Ebene, die die offizielle Geschichtsschreibung allerdings aufhebt.

Insgesamt fallen zwei Aspekte auf. Zum einen bekunden die Anmerkungen der *banka*-Abteilung nicht das Interesse an den Personen selbst, sondern das Interesse an den Daten zu deren Ableben. Von der Prinzessin Tōchi ist kein Gedicht bekannt, aber von den Prinzen Takechi, Kusakabe und Kawashima, deren *banka*-Gedichte angemerkt wurden, sind Gedichte im ersten Band sowie in der *sōmon*-Abteilung im zweiten Band enthalten. Diese besitzen zum Teil ebenfalls Anmerkungen, aber die Todesdaten werden erst in der *banka*-Abteilung geklärt. Zum anderen gibt es wie in den Anmerkungen mit Zitaten aus dem historiographischen Material im ersten Band auch in den Anmerkungen der *banka*-Abteilung nur Zitate aus Quellen, die vom historiographischen Umfang dem *Nihon shoki* entsprechen. Es erfolgen also keine Zitate aus Quellen mit Materialien zu Ereignissen, die nach 697 geschahen, dem Jahr, mit dem das *Nihon shoki* abschließt. Das Material selbst musste existiert haben, da es später ins *Shoku nihongi* einfloss. Es hätte mit „aus einem gewissen Buch“ etc. angegeben werden können, was zuvor oft genug vorkommt, aber offenbar hatten die Bearbeiter oder der Bearbeiter darauf keinen Zugriff. Das kann als Indiz für eine Person gewertet werden, die dem höfischen Bereich angehört, aber eine gewisse Distanz wahren musste, und Ōtomo no Yakamochi böte sich an.

## Die drei Erzählebenen in Band 1 und 2

Kōnoshi Takamitsu (2007a: 196–200) sieht in den linksstehenden Anmerkungen und den Zitaten aus den Geschichtswerken die Umwandlung zur Historiographie, macht aber in einer späteren Arbeit für den historiographischen Aufbau die Kapitelüberschriften (*hyōdai*) zu den Tennō-Generationen verantwortlich (vgl. Kōnoshi 2013: 37, 39). Dieser Unterschied ist von Bedeutung. Denn sollten die Kapitelüberschriften bereits in der Urauswahl vorhanden gewesen sein, wurden die ersten beiden Bände mit Zielen angelegt, die einer Geschichtsschreibung gleichkommen. Für die Authentizität der Kapitelüberschriften spricht zum einen, dass manche Zusammenhänge zur Zeit der Beifügung der Anmerkungen nicht mehr ersichtlich waren und Klärung erforderten, und zum anderen, dass sie später nicht mehr vorkommen. Bei der Kompilationen der Urauswahl Ende siebtes Jahrhundert und wohl auch bei der ersten

Ergänzung Anfang achtes Jahrhundert dürften dagegen historische Ereignisse wie Jitōs Reise nach Ise noch im kommunikativen Gedächtnis – einer relativ kleinen Gemeinschaft – präsent gewesen sein. Die Anmerkungen aktualisierten das im Auslöschen begriffene kommunikative Gedächtnis beziehungsweise lagern es ins kulturelle Gedächtnis aus.[99] Zugleich bringen sie mit ausgesparten oder abgekürzten Zitaten in die Gedichte neue Bedeutungen ein und verschieben die Sammlung in die Richtung einer chronologisch orientierten Historiographie. Dabei zeigen sich gravierende Bedeutungswandel. So rückt wie gesehen die Aussparung in der Anmerkung nach 1: 44 Jitō Tennō in ein negatives Licht, und auch die Gedichte selbst nehmen eine andere Dramatik an, welche die Trennung der Zurückbleibenden und der zur Reise Verpflichteten noch stärker hervorhebt.

Für die Urauswahl und den ersten Band als eine besondere Form der Geschichtsschreibung spricht weiterhin der offizielle Charakter, der für Privatdichtung nur wenig Platz lässt. Die Gedichte 1: 40 bis 42 werden gewöhnlich aus der Sequenz gelöst oder sogar voneinander getrennt behandelt und wirken dann wie private, geradezu intime Geständnisse der Sprechinstanz. Der erste Band ist jedoch der *zōka*-Dichtung, „Vermischtes", gewidmet, bei der es sich um die Repräsentation höfischer Ereignisse handelt, wie glücksbringende Tennō-Reisen, ein Bankett zur Rückkehr oder die Verlegung der Hauptstadt. Die Gedichte sind keine romantisch-lyrische Geständnisse, sondern zunächst offizielle Dokumente. Das spricht freilich nicht gegen ihre Ästhetik, denn gerade im Anschluss an die klassisch-chinesische Literatur war die formal und ästhetisch anspruchsvolle Gestaltung solcher Texte die Conditio sine qua non.[100]

Kōnoshis (2013) als Werkabhandlung (*sakuhin-ron*) bekanntes textimmanentes Verständnis lässt lediglich Aussagen über das heute vorliegende Werk zu. Das eröffnet allerdings durchaus auch Einblicke, die der herkömmlichen Forschung durch das Beharren auf die historisch-empirische Autorschaft und die historische Realität verschlossen bleiben. Dazu gehört die Erkenntnis, dass die verschiedenen Geschichtswerke ein jeweils eigenes Altertum präsentieren, wofür er (2007a) den Begriff der „Pluralität des »Altertums«" (*Fukusū no „kodai"* 複数の「古代」, Buchtitel) prägt. So entwerfen auch die ersten beiden *Man'yōshū*-Bände eine eigene Geschichte, die fragmentiert sowie andeutend

99 Die Sammlung stand offenbar noch lange unter Verschluss – im „Speichergedächtnis" nach A. Assmann 1999. Die Beispiele bestätigen, dass das kommunikative Gedächtnis nicht unverändert ins kulturelle Gedächtnis übergeht.

100 Dass die japanische Geschichte nicht wie die klassisch-chinesische Literatur aus eigenen uralten Texttraditionen schöpfen konnte, war zu kompensieren, was bei der Anlage des *Man'yōshū* eine Rolle gespielt haben könnte – die zwei Fliegen Historiographie und Literaturanthologie mit einer Klappe.

ist, und deren Verstehen bereits auf früher Stufe außertextuelles Wissen erforderte. Die Auswahl der Ereignisse der in der Urauswahl präsentierten Geschichte demonstriert der damit vertrauten Leserschaft deren Bedeutungen für die Gegenwart – zur Zeit der Hauptstadt Fujiwara-*kyō* um 700. Wie bereits der Vergleich der Anmerkung zu 1: 44 und dem Text im *Nihon shoki* zeigt, stimmt diese Geschichte nicht mit der offiziellen Geschichtsschreibung im *Nihon shoki* überein (vgl. Ogawa 2010: 19). Die Anmerkungen zeigen weiterhin, dass das vermutlich unter Jitō für einen kleine, politisch relevante Gruppe angelegte Projekt – wie das *Kojiki* – zunächst scheiterte, da die Hintergründe und Zusammenhänge nicht mehr verstanden wurden – und wohl auch nicht mehr jeden interessierten. Das ist ferner am Charakter der gesamten Sammlung zu erkennen, der sich zunehmend zur privaten Lyrik verschiebt.[101]

Der historiographische Rahmen verleiht allerdings auch solchen Stücken Narrativität, die aus ihnen allein nicht ersichtlich ist. Ein Beispiel sind die beiden Kurzgedichte 2: 141 und 142 aus der *banka*-Trauerdichtung. Die Sammlung weist sie als Gedichte von Arima no Miko 有間皇子 (640 bis 658) aus, einem Sohn von Kōtoku Tennō, aber inhaltlich könnten sie – inklusive des Titels – auch als traurige Reisedichtung durchgehen.[102] Im Zuge der Taika-Reformen ab 645 hatte Kōgyoku ihrem Bruder Kōtoku den Thron überlassen, auf den sie nach seinem Tod 655 als Saimei zurückkehrte. Als Sohn von Kōtoku, dessen Hof Naniwa no Miya keine Kapitelüberschrift zukommt, war Arima ein möglicher Thronfolger, aber Saimei und ihr Sohn Naka no Ōe (Tenji) schalteten alle potenziellen Anwärter aus. Arima fiel offensichtlich einer Intrige zu Opfer und wurde zu Tenji an die Küste von Wakayama geführt, wo er in der literarischen Inszenierung die Gedichte angesichts seines eigenen Todes verfasste (vgl. Wittkamp 2014b: 143). Das *Nihon shoki* berichtet von der Intrige und Arimas Exekution an der Küste von Wakayama, präsentiert aber auch ein weiteres Narrativ, das ihn als üblen Menschen zeichnet.[103]

---

101 Die Arbeit Wittkamp 2014a/b zur Erinnerungsdichtung handelt die Sammlung nicht als Geschichtsschreibung ab (vgl. Wittkamp 2014a: 14–15, 2014b: 157), sondern hebt allgemeiner den Versuch einer nachhaltigen Transformation von kollektivem Erinnern und kulturellem Gedächtnis hervor. In synchron-systematischer Hinsicht rücken dabei auch die anderen Bände mit ihrer Verschiebung ins Individuelle in den Blick.

102 Der Titel zu 2: 141 lautet: „Arima no Miko war von selbst ganz traurig und band Kiefernzweige zusammen, zwei Gedichte" (有間皇子自傷結松枝歌二首), wobei der rituelle Alt des Bindens von Kiefernzweigen zu bedenken ist (vgl. Wittkamp 2014b: 176, 180). Der Nachbemerkung zu 2: 145 zufolge, die sich auch auf 2: 141 und 142 bezieht, entsprechen die Gedichte nicht der üblichen Trauerdichtung, ihre „Bedeutung" (意 *kokoro*) aber schon; vgl. SNBZ 6: 106–108.

103 Die Angemessenheit von Duthies Beschreibung als „Arima's plot" (2014: 136) ist zu bedenken.

Zu beachten sind fünf Aspekte. Erstens verleiht das *Man'yōshū* einem Opfer der blutigen Herrscherlinie, die sich als Tenmu-Jitō-Linie bis ins späte achte Jahrhundert behaupten konnte, eine Stimme.[104] Zweitens eröffnen die beiden Gedichte die Abteilung der *banka*-Trauerdichtung im zweiten Band, wo sie unter einer Kapitelüberschrift stehen, die auf Saimei – und ihren Sohn – verweist. Drittens schließen sich noch vier weitere Gedichte an, die fünfzig bis sechzig Jahre später an Arimas Schicksal deutlich Anteil nehmen. Dem offensichtlich bei der Kompilation beigefügten Gedicht 2: 146 steht ein Titel mit der Jahresangabe „Taihō *gannen*" (701) voran, die sich auf die Zeit bezieht, als es aus der „Sammlung des Kakinomoto no Asomi Hitomaro" rezitiert wurde.[105] Die Jahresangabe belegt ein nachhaltiges Erinnern an Arima, und auch die Gedichte 2: 143 bis 145 dürften aus dieser oder eher aus noch späterer Zeit stammen.[106] Viertens sind die sechs Gedichte in der *banka*-Abteilung die einzigen Stücke aus Saimeis Zeit. Fünftens eröffnen die *banka*-Abteilung Gedichte, die über Arima no Miko auf den Hof in Naniwa verweisen. Die *banka*-Dichtung bildet die zweite Abteilung im zweiten Band, aber auch die vorangehende

104 Eine gewisse Stimme hat Arima allerdings auch im *Nihon shoki*. Vom „Thronfolger selbst" nach dem Grund seines Umsturzversuchs gefragt antwortete der Prinz: „Der Himmel und [der Urheber der Intrige Soga no] Akae wissen es. Ich verstehe es absolut nicht" (SNBZ 4: 216–219).

105 Der Titel gibt eine offizielle Tennō-Reise nach Ki no Kuni (Wakayama) an, welche die Kommentare als Monmus Reise im 9. und 10. Monat dieses Jahres identifizieren. Das Gedicht 1: 54 stammt dem Titel zufolge von einer Reise der abgedankten Jitō Tennō (*taijō tennō*) nach Ki no Kuni im 9. Monat. Es scheint sich um dieselbe Reise zu handeln (vgl. SNBZ 6: 108, SNBT 12: 329), aber während 1: 54 die abgedankte Jitō Tennō repräsentiert, verweist der Titel zu 2: 146 durch das Fehlen näherer Angaben auf Monmu Tennō. Zum einen wird also im zweiten Band Aufmerksamkeit von Jitō abgezogen und auf Monmu gelenkt, und zum anderen unternahmen in der literarischen Inszenierung beide gemeinsam die Reise, was wiederum aus der offiziellen Geschichtsschreibung *Shoku nihongi* nicht ersichtlich ist; vgl. SNBT 12: 48–49. Der Titel zu den vermutlich ebenfalls aus der „Sammlung des Hitomaro" stammenden Gedichten 9: 1667 bis 1679 (vgl. SNBZ 7: 390, 403) gibt zwar für die Reise nach Ki no Kuni den 10. Monat an, nennt aber mit Taijō Tennō und Daigyō Tennō die abgedankte Jitō sowie Monmu. Diese Angaben dürften auf die Zeit der Kompilation verweisen und nicht aus der – vermuteten – Quelle „Sammlung des Hitomaro" stammen. Die Kompilatoren bezogen ihr Wissen aus heute unbekannten Quellen, denn das bis 791 berichtende *Shoku nihongi* lag noch nicht vor.

106 „Taihō *gannen*" (701) steht als Prolepse außerhalb der Chronologie der Abteilung, denn darauf folgen Gedichte aus der Zeit des Ōmi-Hofes um 670. Da 2: 146 der Anmerkung zum Titel zufolge aus der „Sammlung des Hitomaro" stammt und somit älter als die drei vorangehenden Gedichte sein muss, liegt eine doppelte Anachronie vor. Titel und Anmerkung inszenieren das Gedicht als Rezitation eines alten Stückes während der Reise von 701.

*sōmon*-Abteilung wird mit Gedichten eröffnet, die unter der Kapitelüberschrift zu Nintokus Naniwa-Hof stehen. Beide Abteilungen im zweiten Band weisen somit Referenzen an den Naniwa-Hof auf, was kaum ein Zufall sein dürfte. Der zweite Band wirft einige Fragen auf, und an den *banka*-Trauergedichten, welche die Zeit Saimeis repräsentieren, ist ebenfalls eine Geschichtsauffassung zu erkennen, die von der offiziellen Geschichte abweicht beziehungsweise diese ergänzt.[107]

Um bei den Gedichten 1: 40 bis 1: 44 zu bleiben, sind diese somit zunächst auf der obersten Ebene im Rahmen der Geschichtsschreibung zu lesen. Solche Rahmen entwerfen auch andere Bände, wenn auch nicht im Habitus einer Geschichtsschreibung. So besteht der fünfzehnte Band (15: 3578 bis 3785) aus zwei großen Sequenzen, nämlich zum einen aus den Gedichten von einer Gesandtschaft zur koreanischen Halbinsel (vgl. Horton 2012) sowie zum anderen dem Gedichtaustausch zwischen einem Verbannten und der zurückbleibenden Frau. Beide Gruppen folgen der Chronologie der Ereignisse und weisen narrative Züge auf. Die letzten vier Bände wiederum werden aufgrund ihrer Chronologie als Gedicht-Tagebuch (*uta-nikki*) oder Gedicht-Logbuch (*uta-nisshi*) verstanden und dadurch von den vorangehenden sechzehn Bänden abgegrenzt.

Eine weitere Ebene des Erzählens bilden „Gruppen" zusammengehörender Gedichte (*uta-gun* 歌群), vor allem die als *rensaku* 連作 bekannten.[108] Da es aber zusammengehörende Gedichte ohne die narrative Basalstruktur aus Zeit und Raum gibt, lassen sich diese als Gruppen von Gruppen mit narrativen Strukturen unterscheiden, die in der vorliegenden Arbeit als Sequenzen beschrieben werden. Da weiterhin die japanische Forschung den *rensaku*-Begriff gewöhnlich – Ausnahme Misaki 2005 – an die Absichten empirischer Autoren und Autorinnen bindet, wird er ebenfalls mit dem Sequenzbegriff erfasst – so-

107 Die im *Nihon shoki* unmittelbar vorangehenden Einträge berichten vom Tod eines Enkels von Saimei, und deren große und anhaltende Trauer dokumentieren sechs Gedichte, die Saimei zugeschrieben sind; vgl. SNBZ 4: 212–216. Für Arima wurden die Trauergedichte im *Man'yōshū* somit nachgereicht. Andererseits widmet das *Nihon shoki* den Taika-Reformen, die Kōtoku offiziell repräsentierte, viel Aufmerksamkeit, wogegen er im *Man'yōshū* wie gesehen ausgeblendet wurde.

108 Wie Yamazaki (2010: 12) feststellt, ist *uta-gun* ein unscharfer, nicht definierter Begriff, den er durch die Unterscheidung von *rensaku uta-gun* 連作歌群 und *tōkatsu uta-gun* 統括歌群 zu präzisieren versucht. Während die erstgenannte Gedichtgruppe (*uta-gun*) ein Ergebnis „auf der Ebene der Produktion" sei, also vom Dichter zusammengebracht wurde, sei die letztgenannte Gruppe ein Ergebnis der Kompilation, die zerstreut existierende Gedichte zusammengefasst habe. Narrative oder textimmanente Momente sind somit von der Definition ausgenommen. In einer späteren Arbeit versucht Yamazaki (2011: 49–59) die Gruppen durch die Datumsangaben in den Peritexten näher zu bestimmen, aber auch dabei geht es nicht um textimmanente Aspekte.

fern narrative Strukturen zu erkennen sind. Sequenzen bestehen wie 1: 40 bis 44 exklusiv aus Kurzgedichten, wie 1: 29 bis 33 aus Lang- und Kurzgedichten oder wie 17: 3962 bis 3982 aus einer Zusammenstellung verschiedener Textsorten wie Briefen, Vorwörtern, Kurz- und Langgedichten sowie Gedichten im klassisch-chinesischen Stil (*kanshi* 漢詩).

Auf dieser Ebene sind weiterhin die Gedichte einzuordnen, die ihre Narrativität gemeinsam mit Peritexten wie Vorwort, Einleitungstext, nachgefügter Erzählung oder Anmerkung entfalten. Im Prinzip betrifft das auch die Sequenz 1: 40 bis 44, aber die Sequenz 2: 126 bis 129 aus der *sōmon*-Abteilung enthält als Anmerkung nach 2: 126 einen Prosatext, in dem es nicht um die Entstehungsumstände geht. Vermutlich wurde er mit dem Gedicht gemeinsam eingebracht, wie es später besonders in den Bänden Fünf, Neun und Sechzehn zu beobachten ist. Sie enthalten viele Gedichte, deren vorangestellten oder nachgefügten Prosatexte original sind und ein deutliches Interesse an der Erzählung an den Tag legen. Peritexte und Gedichte ergänzen sich gegenseitig oder tragen zu *einer* Erzählung mit verschiedenen Diskurstypen bei. Solche transgenerische Arrangements behandeln oftmals Themen und Motive älterer Erzählungen aus mündlicher Überlieferung, können aber auch auf klassisch-chinesische Vorgaben und Themen zurückgreifen. So präsentiert das Vorwort zu 5: 823 die erste fiktionale Erzählung mit einem sich selbst präsentierenden Ich-Erzähler (vgl. Wittkamp 2018c: 200–203).

Auf der untersten Ebene ist schließlich das einzelne Gedicht zu sehen. Viele Langgedichte besitzen einen narrativen Aufbau, aber beim Kurzgedicht fünf mit Versen, dessen typische Struktur aus einem Landschaftsbild und einer Aussage aus dem emotionalen oder kognitiven Bereich besteht, sind narrative Grundstrukturen im Sinn von Chronotopoi nur rudimentär möglich.[109] Solche Gedichte finden in der vorliegenden Arbeit keine Aufmerksamkeit, aber als Beispiel dient das Kurzgedicht 1: 7. Es ist auch insofern zur Demonstration geeignet, als es unmittelbar nach einer Kapitelüberschrift und einem Titel mit Anmerkungen steht und eine längere Nachbemerkung besitzt, wodurch die Verbindungen mit dem peritextuellen Rahmen ebenfalls in den Blick rücken. Für die narratologische Gedichtanalyse ist das Gedicht damit gleichsam als Glücksfall zu beschreiben.

109 Zur Lyrik im Allgemeinen und Kurzgedicht im Besonderen im Rahmen von narratologischen Analysen vgl. Balmes 2022: 42–43.

> Mir scheint nun eine der wichtigsten Antworten auf diese Frage – wie ist Neues überhaupt menschenmöglich? – diese zu sein: nicht ohne das Alte. Das ist hier meine These, die sich auch folgendermaßen formulieren lässt: Zukunft braucht Herkunft. (Odo Marquard, 1928 bis 2015)[1]

> […] diese Geschichte ist sehr lange her, sie ist sozusagen schon ganz mit historischem Edelrost überzogen und unbedingt in der Zeitform der tiefsten Vergangenheit vorzutragen. Das wäre kein Nachteil für eine Geschichte, sondern eher ein Vorteil; denn Geschichten müssen vergangen sein, und je vergangener, könnte man sagen, desto besser für sie in ihrer Eigenschaft als Geschichten und für den Erzähler, den raunenden Beschwörer des Imperfekts. (Thomas Mann, 1875 bis 1955, „Vorsatz" zu Der Zauberberg, 2009: 9)

# Gedichte in Band 1: die Vergangenheit vor Fujiwara

## Allgemeines

Oben wurden die Beschreibungsmodelle der Kompilationsgeschichte sowie der Konzeptionstheorien vorgestellt. Der erstgenannte Ansatz hebt auf eine Urauswahl (*gensenbu*) ab, die in den 690er Jahren am Hof von Fujiwara zusammengestellt und sukzessive ergänzt worden sei. Der letztgenannte nimmt die Sammlung als Ganzes in den Blick, innerhalb dessen der erste Band auf der Perspektive mit „Fujiwara no Miya als Gegenwart" (Ichinose 2014: 37) basiere und dessen Struktur als Kontinuum verstanden wird. In der Vereinigung beider Perspektiven zeichnen die Gedichte bis 1: 27 ein Bild der Vergangenheit, da sie nicht in die Gegenwart „Fujiwara" hineinreichen, sondern den Epochen-Raum der Asuka-Höfe repräsentieren. In diesem Kapitel geht es um vier Sequenzen – kohärente Gruppen mit narrativen Strukturen – und ein Einzelstück

1 Vgl. Marquard 2020: 236 (original 1988), der über Theodor Adorno Bezug nimmt auf „Kants berühmte Zentralfrage »Wie sind synthetische Urteile a priori möglich?«". Zwar geht es Marquard um die „moderne Welt", in der sich die „»Zukunft« von der »Herkunft«" löst, aber seine Herangehensweise in „drei Abschnitten" scheint auch für das japanische Altertum attraktiv zu sein – jedenfalls der zweite und dritte Aspekt: „1. Das Unbehagen an der Wandlungsbeschleunigung. 2. Die Kürze des Lebens und die menschliche Langsamkeit. 3. Die neuen Medien und die alten Fertigkeiten" (S. 236–237).

aus diesen siebenundzwanzig Gedichten der Vergangenheit und im anschließenden Kapitel um „Fujiwara no Miya als Gegenwart", die zunächst an zwei Sequenzen aufzudecken ist. Den Gedichten zur Hauptstadt Fujiwara-*kyō* sowie dem Umzug an den Hof Nara no Miya sind danach eigene Abschnitte gewidmet. Die für eine heuristische Trennung in Vergangenheit (1: 1 bis 27) und Gegenwart (1: 28 bis 53) beziehungsweise zwei Hälften der Urauswahl sprechenden Hinweise fallen ab 1: 28 durch die später beigefügten Anmerkungen in den Schatten der Chronologie, worauf einleitend bei der Untersuchung der Gedichte ab 1: 28 zurückzukommen ist. Für die Vergangenheit vor der „Gegenwart" namens „Fujiwara" stellt sich das Problem weniger, da die Kapitelüberschriften auf Vergangenheit verweisen.

## *Shoki Man'yō*: „Gedichte der Anfangszeit"

Den Kapitelüberschriften zufolge beginnt der erste *Man'yōshū*-Band mit zwei Langgedichten von Yūryaku Tennō und Jomei Tennō. Der eine war Ende fünftes, der andere Anfang siebtes Jahrhundert aktiv. Das folgende *chōka*-Langgedicht (長歌) 1: 3 sowie 1: 4, ein sogenanntes *hanka* 反歌, „Gegengedicht", das formal dem *tanka*-Kurzgedicht (短歌) entspricht, fallen ebenfalls in Jomeis Zeit, wie auch die Gruppe 1: 5 und 6, die erneut aus Lang- und Gegengedicht besteht, aber eine Momentaufnahme ist, in der die Zeit und äußerliche Handlungen stillzustehen scheinen.[2] Gemeinsam ist diesen und weiteren Gedichten, in der Urauswahl das Alte zu repräsentieren, aber sie kommen auch in anderen Bänden vor. Die Forschung verhandelt sie unter der Bezeichnung *shoki Man'yō* 初期万葉, die Gedichte der „*Man'yōshū*-Anfangszeit".

Der Begriffsgeschichte nachgehend führt Noguchi Keiko (2007: 399–340) *shoki Man'yō* auf einen Aufsatz von Saigō Nobutsuna 西郷信綱 (1916 bis 2008) aus dem Jahr 1950 zurück.[3] Er habe sich damit kritisch gegen die Aufteilung der Sammlung in vier Entstehungsphasen gewendet, deren erste bis zum Jinshin-Krieg (Jinshin *no ran* 壬申の乱) von 672 reiche,[4] da diese sich

2 Duthie (2014: 229–242) widmet den ersten sechs Gedichten besondere Aufmerksamkeit, da er in ihnen die Einführung der „major themes and voice-types of the *Man'yōshū*" (S. 229) sieht.

3 Der erste Band des „Man'yō-Seminar" (Kōnoshi und Sakamoto 1999) behandelt das *shoki Man'yō*.

4 Mit diesem Kurzkrieg im Jahr Jinshin (672), der die Weichen für die Herrschaft im achten Jahrhundert stellte, eliminierte Ōama (Ōshiama) den Thronfolger seines verstorbenen Bruders Tenji und nahm als Tenmu Tennō dessen Platz ein; vgl. Duthie 2014: 123–159, Wittkamp 2018a: 529 (Index). Misaki (2005: 41–42) sieht in diesem Krieg die Geburt

zu stark an der politisch-historischen Realität orientiere. An die Diskussion anschließend legt Kajikawa Nobuyuki (2007: 4–5) den Begriff nicht im Sinn einer historischen Realität der Dichtung im siebten Jahrhundert aus, sondern einer bestimmten Weltanschauung der Kompilation. Der Begriff verweise auf ein Produkt der Wertvorstellungen und des Geschichtsbewusstseins der Bearbeiter, zumal das *Man'yōshū* kein „Bewusstsein" für eine Zäsur mit dem Jinshin-Krieg erkennen lasse.[5] *Shoki Man'yō* stehe der Beschreibung als Tenpyō *Man'yō* gegenüber, die sich auf die Zeit von 729 bis 767 bezieht, als die Regierungsdevisen „Tenpyō" (天平) lauteten beziehungsweise damit begannen.[6] Es sei die aktive Zeit der in Heijō-*kyō* (Nara) geborenen Generation gewesen, als deren Mustertyp Ōtomo no Yakamochi gelte, der vermutliche Hauptkompilator der Sammlung. „Anfangszeit" sei daher keinesfalls als die Anfangszeit der Waka-Geschichte des Altertums zu verstehen, sondern beziehe sich auf die Sicht aus dem Tenpyō *Man'yō*.[7]

Kajikawa erläutert an der *zōka*-Dichtung, „Vermischtes", und verweist auf die Stücke 1: 1 bis 27, also die Gedichte vor der 694 bezogenen Hauptstadt Fujiwara-*kyō*,[8] sowie fünf Gedichte aus dem achten und neunten Band, die ebenfalls dieser Zeit und diesem Genre zugeordnet sind.[9] Uchida Masanori (1999: 3) gibt dabei die *kayō*-Lieder (歌謡) aus dem *Nihon shoki* zu bedenken,

---

eines neuen „Zeitbewusstseins, das eher ein Geschichtsbewusstsein ist", das wiederum verantwortlich für die narrative Handhabung von Raum und Zeit gewesen sei. Zwar folgte dem Kurzkrieg tatsächlich eine gesteigerte Texterzeugung zur Legitimation des Umsturzes und Konsolidierung der neuen Machtverhältnisse, aber Kriege gab es bereits zuvor. Neu dagegen war das Erkennen der Möglichkeiten der Schrift durch die Vorbilder der klassisch-chinesischen Literatur.

5 Vgl. Kajikawa 2007: 1–5, 53–54, Zitat, S. 18. Duthie (2014: 175) sieht in der „Jinshin Rebellion of 672" ein „key event", das neben drei weiteren Ereignissen die ersten sechs *Man'yōshū* Bände als „historical narrative" strukturiere. Die drei weiteren Ereignisse seien die Gesetzgebung von 701 (Taihō *ritsuryō*), Shōmus Thronbesteigung 724 sowie der Tod von Asaka no Miko 安積皇子 (723 bis 744), Shōmus einzigem männlichen Nachkommen.

6 Kulturgeschichtlich steht Tenpyō *jidai* auch für die Nara-Zeit beziehungsweise das achte Jahrhundert.

7 Die Entstehungszeit der Gedichte entspricht nicht den Kompilationsphasen. Die „Urauswahl" der ersten dreiundfünfzig Gedichte in Band 1 entstand in den 690er; vgl. Ogawa 2010: 14–87, Wittkamp 2014b: 150–159.

8 Kajikawas Beschränkung auf das *zōka*-Genre ist dem Thema des „Seminars" geschuldet, das den von ihm herausgegebenen Sammelband hervorbrachte; zu den dortigen Richtlinien vgl. Kajikawa 2007: 355.

9 Zu den Gedichten der Anfangszeit gehören auch Stücke aus dem zweiten Band mit den Abteilungen *sōmon*, „Antwortdichtung", und *banka*, „Trauerdichtung", beziehungsweise aus anderen Bänden mit Gedichten, die dementsprechend zugeschrieben sind.

denn den Angaben zufolge stammen manche Stücke aus der Mitte des siebten Jahrhunderts und wären damit jünger als manche der Gedichte im *Man'yōshū* der Anfangszeit. Es ist also nicht einfach davon auszugehen, dass die *kayō*-Lieder eine Vorstufe der ins *Man'yōshū* aufgenommenen Dichtung bilden.

Der erste Band mit vierundachtzig Gedichten beinhaltet nur das *zōka*-Genre, eine der drei Hauptkategorien. Der *zōka*-Begriff geht ohne Zweifel auf die klassisch-chinesische Dichtung zurück, aber das altjapanische Genre besteht aus offizieller Dichtung, verfasst von höfischen und adligen Dichtern sowie beauftragten Hofdichtern zu offiziellen Anlässen und repräsentativen Ereignissen. Den Angaben der Sammlung zufolge gilt die moderne Bezeichnung *shoki Man'yō* auch für andere Stücke wie für die Eröffnungsgedichte im vierten Band, die von Nintoku bis Nukata no Ōkimi, Jomei und andere reichen.[10] Sie gehören zur *sōmon*-Kategorie, „Antwortdichtung", der einzigen Kategorie in diesem Band. Ōura Seiji sieht deren Entstehung allerdings erst im späteren siebten Jahrhundert,[11] und auch die folgenden Untersuchungen von Gedichten der Anfangszeit zeigen zum Teil literarische Verfahrensweisen und Verschriftungen, die Zweifel an der Authentizität mancher Angaben aufwerfen. Für den ersten Band von Bedeutung ist allerdings die Zuordnung von *shoki Man'yō* auf die ersten siebenundzwanzig Gedichte, da sie eine Zäsur mit 1: 28 andeutet.

## Der Herrscher zieht zur Jagd: 1: 3 und 4

Die den ersten Band eröffnenden Gedichte 1: 1 und 1: 2 besitzen mehr als die fünf Verse eines *tanka*-Kurzgedichts und gehören zur Gattung der Langgedichte, stehen aber jeweils isoliert für sich.[12] Die darauf folgende Gruppe ist die erste der Sammlung, die aus einem Langgedicht und einem Gegengedicht (*hanka*) besteht. Da diese Gruppe narrative Züge aufweist, ist sie zugleich auch die erste Sequenz der Sammlung. Karl Florenz (1906: 114), der „Naka tsu Sumera Mikoto" nicht in den deutschen Titel aufnimmt und „Hashibito no Oyu" als Dichter angibt, übersetzt 1: 3 als Beispiel für „Höfisches", aber die

10 Die SNBZ-Bearbeiter (6: 266) bemerken einleitend, dass wie im dritten Band die Titel „nicht unbedingt eindeutig sind". Als Beispiel geben sie das erste Gedicht an, das auf Nintoku, unter Umständen aber auf Kōtoku verweise.

11 Vgl. Ōura 2007: 219–220 und zur *sōmon*-Dichtung im *shoki Man'yō* Oura (Ōura) 2008: 334–363.

12 Kōnoshi (1992: 244) zufolge nahm das *chōka*-Langgedicht die Strömung aus der höfischen Lobpreisdichtung (*kyūtei juka / kotobuki-uta* 宮廷寿歌) auf und besaß einen starken magisch-rituellen Charakter beziehungsweise den Charakter von Ritualliedern zur Lobpreisung und Bitte um Prosperität (*jushuku no gireika* 寿祝の儀礼歌).

Übersetzung leidet unter Versumstellungen. Zudem wird das Gedicht ohne Originaltext und Gegengedicht präsentiert, was insgesamt eine Neuübersetzung nahelegt.[13]

> Zu der Zeit, als der Herrscher in der Flur von Uchi zur Jagd zog,[14] ließ Naka tsu Sumera Mikoto den Hashihito *no muraji* Oyu Gedichte (歌 *uta*) hochreichen.

Die acht Winkel [des Reiches] wohl regierend / Unser Großgebieter / Am Morgen, da / Geruhte er ihn zu nehmen und streicheln / (5) Am Abend, da / Geruhte er an seine Seite zu treten / Und geruhte zu halten, den *azusa*-Bogen / Von der Bogensehne fern / Hört man den Laut erklingen / (10) Zur morgendlichen Jagd / Scheint es jetzt hinauszugehen / Zur abendlichen Jagd / Schien es jetzt hinauszugehen / Den er geruht zu halten, den *azusa*-Bogen / (15) Von der Bogensehne fern / Hört man den Laut erklingen (1: 3)

*ya-sumi shi-shi / waga oho-kimi no / ashita niha*[15] */ tori-nade-tamahi /* (5) *yufube niha / i-yori-tatashi-shi*[16] */ mi-torashi no*[17] */ azusa no yumi no*[18] */ na-ka-hazu no /* (10) *oto su-na-ri / asa-kari ni / ima tata-su-ra-shi / yufu-kari ni / ima ta-ta-su-rashi /* (15) *mi-torashi no / azusa no yumi no / na-ka-hazu no / oto su-na-ri*

> *hanka*-Gegengedicht

| | |
|---|---|
| *tamakiharu* | [unklares *makura-kotoba*] |
| *Uchi no oho-no ni* | In der Weiten von Uchi |

13 Zu den folgenden Untersuchungen vgl. Wittkamp 2021b: 4–13.

14 Unter diesem Ortsnamen ist eine Gegend im Gebiet der Stadt Gojō-*shi* am Fluss Yoshinogawa im Süden der Präfektur Nara zu verstehen; zu einer ausführlichen Betrachtung vgl. Omodaka 1: 52–54 (mit Karte).

15 Auf die Lesung *ashita* für 朝 ist zurückzukommen. Das Schriftzeichen 庭, „Garten", mit der Lesung *niha* steht für die beiden Partikel *ni* und *ha*.

16 Die Verbformen *tata-shi* oder *fuma-su* im *hanka*-Gegengedicht zeigen, dass zwischen dem Verbalsuffix *-su* und dem honorativen Hilfsverb *-tamafu* in *tori-nade-tamahi* kein wesentlicher Unterschied besteht; auf die Lesung *tata-shi-shi* ist zurückzukommen.

17 Omodaka (1: 62) oder Inaoka (1: 7) erläutern *mi-torashi* als Konjunktionalform (*ren-yōkei*) zur Nominalisierung, also etwa: „das erlauchte In-Die-Hand-Nehmen".

18 Gomi (1987: 32) liest *azusa-yumi no*, das heißt mit unregelmäßiger Silbenzahl und macht auf klangliche Aspekte aufmerksam. So seien die Silben der *sa*-Reihe (*sa*, *shi, su*, *se*, *so*) am häufigsten vertreten, deren Eigenschaften *sawayaka* 爽やか, „klar, erfrischend, frisch", seien. Die Silben der *na*-, *ma*- und *ra*-Reihen empfindet er als *ryūchō* 流暢, „fließend", und die der *ta*-Reihe als *hagire no yoi* 歯切れのよい, „deutlich, klar, lebhaft"; auf die Vokale geht er bei diesem Gedicht nicht ein.

| | |
|---|---|
| *uma name te* | Pferd an Pferd gereiht[19] |
| *asa fu-ma-su-ra-mu* | Am Morgen, stampfen es wohl gerade nieder |
| *sono kusa-fuka-no* | Das tiefe Gras jener Flur[20] (1: 4) |

**Zum Titel**

Kikugawa Emi (1999: 76–78) zufolge sieht „etablierte Lehrmeinung der gegenwärtigen Forschung“ in Naka tsu Sumera Mikoto eine Tochter von Jomei Tennō. Damit wäre sie die jüngere Schwester von Naka no Ōe, die auch als Hashihito no Himemiko 間人皇女, „Prinzessin Hashihito“, bekannt ist. Naka no Ōe wiederum regierte als Tenji Tennō von 668 bis 671, führte aber dem *Nihon shoki* zufolge die Regierungsangelegenheiten bereits seit 661 als *shōsei* 稱制 (vgl. SNBZ 4: 248–249). Prinzessin „Hashihito“ scheint ebenfalls kein persönlicher Name zu sein, sondern der Name der Person, der ihre Erziehung oder Aufsicht oblag. Das war offenbar Hashihito *no muraji* Oyu, den die Prinzessin die Dichtung „hochreichen ließ“ (使 … 獻歌).[21] Die Kapitelüberschrift vor Gedicht 1: 2 gibt den Jomei-Hof an, und da 1: 3 einen Titel, aber keine Kapitelüberschrift besitzt, ist unter 天皇 *sumera mikoto* / *tennō* Jomei Tennō zu verstehen.

Inaoka Kōji (1: 7) erachtet die Angabe von zwei Namen im Titel als selten. Die beiden Gedichte besitzen aber keine Anmerkung, und die Titelangaben scheinen somit keine Schwierigkeiten bereitet zu haben. Das ist allerdings heute nicht mehr so, da – vermutlich als Ergebnis der langen Auslegungsgeschichte – nicht mehr ersichtlich ist, wer sie verfasste. Es scheint sich eine Mehrheit für Naka tsu Sumera Mikoto als Dichterin abzuzeichnen, aber dann ist das Zeichen 歌 *uta*, „Lied, Gedicht“, ihrem sozialen Stand unangemessen.

19 Im Genryaku-*kōhon* ist die Lesung *koma name te* angegeben; vgl. Watanabe 1994: 22.

20 Takeda (3: 63) schließt anhand dieser Formulierung auf den Sommer und vermutet ein rituelles Ereignis, das am 5. Tag im 5. Monat, einem *sechi-nichi*-Tag (節日) zum Wechsel der Jahreszeit (auch *sechi-e* 節会), durchgeführt worden sei. Während die Männer auf die Jagd gegangen seien, haben die Frauen Kräuter etc. gesammelt; vgl. Takeda 3: 52–53. Das hört sich plausibel an, wirft aber die Frage auf, warum das erzählte Ich nicht an den Feierlichkeiten teilnehmen konnte.

21 Duthie (2014: 229, 233) übersetzt Naka tsu Sumera Mikoto mit „Intermediate Sovereign“, „literally, »the middle [*naka*] sovereign«“, und gibt eine Zusammenfassung der Stationen Naka no Ōes im *Nihon shoki* (S. 322–323). Er (S. 139, 323) spricht die Theorie an, wonach Hashihito, die Hauptgattin von Kōtoku Tennō, als „interim sovereign between Saimei and Tenchi [Tenji]“ regiert habe; der Name „The Intermediate Sovereign“ deute darauf hin (Naka [= Mitte] *tsu* Sumera Mikoto). Allerdings fehlen entsprechende Mitteilungen im *Nihon shoki*. Omodaka (1: 55–56) diskutiert verschiedene Theorien und schließt sich der Auslegung als Jomeis Hauptgattin an, die Takeda (3: 53) als die „spätere Kōgyoku Tennō“ mit Namen belegt.

Für Mitglieder der Herrscherfamilie lautet die Bezeichnung üblicherweise 御歌 *mi-uta* wie im Titel zu 1: 10 bis 12 oder dem Titel vor 1: 21, der eine Antwort des „Kronprinzen" (*kōtaishi*) angibt. Der Titel vor 1: 10, dessen Bezug nicht eindeutig ist, lautet 中皇命 往于紀温泉之時 御歌 Naka tsu Sumera Mikoto Ki *no wonsen ni yukitamahishi toki no mi-uta*, „Zu der Zeit, als Naka tsu Sumera Mikoto zu den heißen Quellen von Ki reiste, verfasste [sie] erlauchte Gedichte" (Lesung nach SNBT 1: 22), aber eine Anmerkung nach 1: 12 spricht dem angegebenen Namen die Verfasserschaft ab und weist die drei Gedichte als „höchsterlauchte Tennō-Gedichte (天皇御製歌 *tennō no oho-mi-uta*, Lesung nach SNBZ 6: 32)" aus.[22]

Das Fehlen von 御 im Titel vor 1: 3 verwässert die Verfasserschaft, und bereits Keichū habe vermutet, dass nicht Naka tsu Sumera Mikoto das Gedicht anfertigte, sondern Hashihito *no muraji* Oyu. Kōnoshi Takamitsu (1999: 28) zufolge, der Keichū zitiert, kann man nicht „einfach daran vorbeilaufen", dass es nicht 御歌 heißt, und das Gedicht der Naka tsu Sumera Mikoto zusprechen. Wie Itō Haku (1975: 151, 170) sieht er (S. 30) in Hashihito *no muraji* Oyu den Dichter, und Takeda Yūkichi (3: 53) gibt zudem zu bedenken, dass sein Name nicht im Titel stünde, wenn er einfach nur der Überbringer der Gedichte sein sollte. Auch er versteht somit Oyu als den von Naka tsu Sumera Mikoto beauftragten Dichter. Omodaka Hisataka (1: 57–59) fasst die Meinungen zu dieser Frage zusammen und listet die Argumente auf, die für Oyu als Dichter sprechen, die er den Argumenten gegenüberstellt, die für Naka tsu Sumera Mikoto sprechen. So werden die Parallelverse und der ausgefeilte Stil angeführt und damit indirekt einer Frau diese Fähigkeiten abgesprochen, zumal es zu jener Zeit bei den Gedichten von Frauen keine *hanka*-Gegengedichte gegeben hätte. Andererseits gebe es inhaltliche Merkmale, die für eine Frau charakteristisch seien, und Omodaka sieht zwar letztendlich kein „objektives Argument" zur Lösung, entscheidet sich aber für die adlige Frau als Dichterin, die ihre Gedichte „hochreichen ließ". Das Schriftzeichen 獻, „hochreichen", in 使 … 獻歌 lässt die Auslegung als „anfertigen und hochreichen lassen" ohnehin nur als Ellipse zu (vgl. Kroll 2015), da „anfertigen" nicht im Text steht.

Sollte Oyu der Verfasser sein, der die Gedichte auf Veranlassung erstellte, tauchen weitere Fragen auf. Bedeutete der Befehl an ihn, sich in die Naka tsu

22 Die Forschung diskutiert das Problem als *daisaku* 代作, „stellvertretende Dichtung", worauf zurückzukommen ist. Der Titel zu 1: 8 gibt „Nukata no Ōkimi" an, aber die Anmerkung nach dem Gedicht zitiert aus dem *Ruiju karin*, das das Gedicht der Saimei Tennō zuschreibt. Darin heißt es ebenfalls lediglich 製歌詠, obwohl als Bezeichnung für ein Tennō-Gedicht 御製歌 (大御歌) *oho-mi-uta* angebracht wäre, wie in den Titeln zu 1: 1 von Yūryaku, 1: 2 von Jomei, 1: 25 bis 27 von Tenmu oder 1: 28 von Jitō; zu weiteren Abweichungen vgl. Omodaka 1: 58.

Sumera Mikoto hineinzuversetzen (*daisaku*), oder stellt das Gedicht seine eigenen Wahrnehmungen dar? Die genannte Anmerkung nach 1: 12 verkompliziert die beiden Titel mit dem Namen der Naka tsu Sumera Mikoto, aber aus narratologischer und textimmanenter Perspektive ist vielmehr zu fragen, warum der Titel vor 1: 3 und 4 zwei Namen angibt. Die narratologische Analyse der Gedichte bringt auf inhaltlicher Ebene eine räumliche Distanz an den Tag, die für einen Mann ungewöhnlich wäre und eine Frau nahelegt, die nicht an den geschilderten Tätigkeiten teilnehmen konnte. Diese räumliche und soziale Distanz selbst scheint ein Thema der Gedichte zu sein, und in dieser Hinsicht ist der Titel mit der Angabe von zwei Personen als erster Hinweis darauf zu verstehen. Die Grammatik der beiden Gedichte ist auffällig genug, diesen Hinweis zu bestätigen.

**Formale Aspekte**

Neben den historischen Zusammenhängen finden die beiden Gedichte 1: 3 bis 4 besonders wegen ihrer Heterogenität aus „Neuem und Altem" Aufmerksamkeit. Kikugawa (S. 76, 78) meint damit das Alte, welches das Langgedicht in seinem Beschwörungscharakter (*juteki seikaku* 呪的性格) bewahre, sowie das Neue, welches das Kurzgedicht zu einem lyrischen Gedicht (*jojōshi* 抒情詩) mache. Das beruht auf der Vorstellung, dass die „alte Sprache" lediglich verschriftet wurde, sowie dem Glauben an die Authentizität der Peritexte. Das Langgedicht besteht im Wesentlichen aus der Wiederholung der Verse 7 bis 10 und zwei Parallelverskonstruktionen in den Versen 3 bis 6 sowie 11 bis 14. Die Unregelmäßigkeiten der Verse 9 und 10 beziehungsweise der Abschlussverse 17 und 18 mit jeweils fünf Silben gilt als Merkmal einer mündlichen Dichtung vor ihrer Erstarrung zum 5-7-Rhythmus, womit das stärkste Argument für das Alte genannt ist. Das zweite ist die rituell anmutende Sprache, denn die wörtliche Wiederholung der Verse 7 bis 10 gibt eine Verwendung zu erkennen, die beim Ort der Dichtung ein Ritual zur Jagd etc. nahelegt. Zwar deuten auf eine rituelle Sprache auch die parallel arrangierten Zeitangaben „Morgen" versus „Abend" hin, die im Gegensatz zum beigefügten Kurzgedicht zunächst keinen konkreten Zeitpunkt zu erkennen geben, aber der Gedichtinhalt belegt, dass das Erzählmedium selbst nicht am Ritual teilgenommen haben kann. Die folgende Darstellung deckt die Struktur auf; doppelte Schrägstriche verweisen auf Parallelverse und Wiederholungen:

A:八隅知之 我大王乃
1 *ya-sumi shi-shi* / 2 *waga oho-kimi no*
B:朝庭 取撫賜 // 夕庭 伊縁立之
3 *ashita niha* 4 *tori-nade-tamahi* // 5 *yufube niha* 6 *i-yori-tatashi-shi*

C:御執乃 梓弓之 奈加弭乃 音為奈利 //
7 *mi-torashi no* 8 *azusa no yumi no* 9 *na-ka-hazu no* 10 *oto su-na-ri* //
D:朝獵爾 今立須良思 // 暮獵爾 今他田渚良之
11 *asa-kari ni* 12 *ima tata-su ra-shi* // 13 *yufu-kari ni* 14 *ima ta-ta-su rashi*
E: 御執乃 梓弓之 奈加弭乃 音為奈利 //
15 *mi-torashi no* 16 *azusa no yumi no* 17 *na-ka-hazu no* 18 *oto su-na-ri* //

Kikugawa (S. 80–81) vergleicht den Aufbau mit den *kayō*-Liedern im *Kojiki*, die ausschließlich phonographisch verschriftet sind und häufig eine Struktur aus Wiederholungen aufweisen. Seine Beispiele sind KJK 89 und KJK 104. Während KJK 89 eine identische Struktur mit zwei Parallelverskonstruktionen zeige, besitze KJK 104 sechs Eröffnungsverse, die nahezu gleichlautend mit den Versgruppen A und B in 1: 3 seien, inklusive der Parallelverse der „Morgen-Abend"-Variante, die – in seiner Lesung – eine unregelmäßige Zeile mit 5-3-5-3 Silben abschließe.[23] Kikugawa zeigt allerdings, dass sich die beiden Parallelversblöcke in KJK 89 austauschen lassen, was in 1: 3 nicht mehr möglich sei. Denn in der Versgruppe C erfolge eine Konkretisierung, welche die Parallelverse D aufnehmen und weiterführen, sodass es keine bloße Wiederholung, sondern eine Entfaltung sei. Diese macht sich auch in der grammatischen Struktur bemerkbar, da das Arrangement der Versgruppen A und B der Versgruppe C attributiv voransteht. Das *kayō*-Lied KJK 104 wiederum versteht Kikugawa ebenfalls als „vor der Konkretisierung" (S. 82), also als ein mündliches Produkt.

Kikugawa deckt somit die Ähnlichkeiten auf der Ebene der Form auf, die aber unterschiedliche Strukturen in der Organisation der Inhalte aufweisen. Er berücksichtigt jedoch nicht die Verschriftung, in der sich ein weiterer Unterschied zeigt. Denn während die *kayō*-Lieder im *Kojiki* ausschließlich mit Phonogrammen festgehalten sind, liegt – wie in allen Gedichten der ersten beiden Bände – in 1: 3 eine Verschriftung im Morpho- oder Logogramm-Hauptstil (*kunji shutai* 訓字主体) vor, bei dem nur Hilfswörter wie *ni ha* im dritten und fünften Vers mit *kun*-Phonogrammen (*kungana* 訓仮名) oder *shi* im sechsten und siebten Vers mit *on*-Phonogrammen (*ongana*) verschriftet sind.[24] In der

23 Vgl. KJK 88 und 103 in SNBZ 1: 324, 354. Die ersten sechs Verse in KJK 103 lauten *yasumi-shishi / waga oho-kimi no / asa to ni ha / i-yori-data-shi / yufu-to ni ha / i-yori-datasu* (SNBZ 1: 355). In der SNBZ-Lesung haben die darauffolgenden drei Abschlussverse einen Rhythmus aus 8-5-3 Silben. Der dritte und der fünfte Vers lauten *asa-to ni ha* beziehungsweise *yufu-to ni ha* mit *to*, wörtlich „Ort", als Übertragung der Raumsemantik auf die Zeit.

24 Die beiden Phonogrammtypen basieren entweder auf der altjapanischen Aussprache des Chinesischen (*on*) oder setzen die der Semantik entsprechende altjapanische Aussprache

vorliegenden Verschriftung sind die Verse in Gedicht 1: 3 für das lesende Auge keine Parallelverse im strengen Sinn mehr, da das jeweils zweite Verspaar in den Versen 6 und 14 ein Zeichen mehr besitzt:

| | |
|---|---|
| 3 朝庭 | 4 取撫賜 |
| 5 夕庭 | 6 伊縁立之 |
| 11 朝獦爾 | 12 今立須良思 |
| 13 暮獦爾 | 14 今他田渚良之 |

Joachim Gentz (2007: 244) schreibt zur Bedeutung von „Graphemen [im] Parallelismus in der chinesischen Literatur", dass die „Vergegenwärtigung [der philosophischen Prämisse einer binären Struktur des Kosmos] in schriftlicher Form […] ein Überzeugungsmoment im Hinblick auf die Wahrheit des Textes" bewirkt. Müsste dieser Aspekt der Schrift, mit dem die japanischen Schriftkundigen des späten siebten Jahrhunderts ohne Zweifel vertraut waren, nicht auch für das *shoki Man'yō* in die Überlegungen eingebracht werden? Kann es in dieser Zeit bereits das Denken gegeben haben, die Schrift lediglich als ein Gefäß für die Sprache aufzufassen ohne ihre Medialität oder Ritualität zu beachten?

In den Versen 12 und 14 kommt das zusätzliche Zeichen durch die Verschriftung von *tata-su-rashi*, „scheint wohl gerade geruhen zu stehen", im *kunji*-Hauptstil mit 立須良思 *tata-su-ra-shi* versus den *ongana*-Hauptstil mit 他田渚良之 *ta-ta-su-ra-shi* zustande. Das mag dem sogenannten *kaeji-hō* 変え字法 geschuldet sein, der Regel zur Vermeidung von Zeichenwiederholungen (vgl. Wittkamp 2014b: 111), aber zu bedenken ist der Effekt für das lesende Auge, da die Gedichte vermutlich mit gleicher Anzahl an Schriftzeichen pro Zeile verschriftet wurden – ohne klärende Freistellen. Außerdem werden in den Versen 3, 5, 11 und 13 die Schriftzeichen wiederholt, sodass sich das Phänomen durch die Austauschregel nicht erklären lässt. Freilich fällt das auf Verbphrasen beschränkte Vorkommen auf, aber die Schriftzeichen 音為奈利 für *oto su-nari*, „hören, dass etwas Laute macht", in den Versen 10 und 18 werden unverändert wiederholt, sodass sich dort der Parallelcharakter für das lesende Auge bewahrt.

Die Morgen-Abend-Topik scheint ein Relikt aus oraler Dichtung zu sein. Zunächst ist jedoch ihre Wiederholung zu bemerken, da diese das Thema der Zeit bestätigt, und sodann ist nochmals das Alter zu bedenken. Denn angesichts

(*kun*) ein, ohne die Bedeutung zu berücksichtigen. Dabei sind Schriftspiele möglich, indem die Semantik doch eine Rolle spielt, wie hier: *asa niha* 朝庭, „am Morgen (*asa*)", ist „der Garten (*niwa*) am Morgen".

der klassisch-chinesischen Morgen-Abend-Parallelverse (*chōyū-tsui* 朝夕対) wäre die Herkunft aus präliteraler, oraler Dichtung auf den japanischen Inseln schon ein Zufall.[25] Bei der Wiederholung gibt es allerdings das Problem, dass das Schriftzeichen 朝 in den Versen 3 und 11 einmal *ashita* und dann *asa* gelesen wird. Hierauf ist zurückzukommen, aber zunächst auf ein weiters Problem hinzuweisen.

Innerhalb der Diskussion über die Heterogenität der beiden Gedichte, die Kikugawa neben der Alt-Neu-Topik auf die Formel „Langgedicht = überliefertes *kayō*-Lied [versus] Kurzgedicht = geschaffenes Stück" bringt,[26] ist die Frage nach dem Ort der Dichtung ein relevantes Thema. Prominent ist Saigō Nobutsunas These, der zufolge das Ritual der sirrenden Bogensehnen im Langgedicht nicht im Jagdgebiet, sondern beim Aufbruch vom Hof durchgeführt wurde. Das Kurzgedicht sei dann ebenfalls am Hof entstanden, und zwar von einem Autor oder einer Autorin (*sakusha*), die das zukünftige Geschehen in den Feldern und Hügeln von Uchi thematisiert habe (zitiert nach Kikugawa 1999: 78, 82). Diese und andere Thesen seien kritisiert und der Verbindung mit der Realität eine „literarische Fiktionalität / Fiktivität (*bungakuteki kyokō* 文学的虚構)" entgegengesetzt worden, die als Ort der Dichtung das Bankett annehme.[27] Kikugawas Forderung (S. 79) einer nochmaligen Überprüfung von Ritual und Magie in diesen Liedern besitzt gewiss Berechtigung, aber ebenso ist der narrative Zusammenhang zu bedenken, in den die Gedichte durch die Peritexte gesetzt sind.

---

25 Zu Parallelversen in der klassisch-chinesischen Dichtung vgl. Furuta 1982 und zum *chōyū-tsui* Wittkamp 2021a: 279 (Index). Das *banka*-Trauergedicht 2: 155 von Nukata no Ōkimi, das dem *shoki Man'yō* zugerechnet wird, enthält eine Nacht-Tag-Parallelität (夜 versus 晝), und der SNBZ-Kommentar (6: 112) vermutet dahinter das ältere Denken, den Beginn eines vollständigen Tages im Anbruch der Nacht zu sehen; siehe auch SNBZ 6: 33. Die Konstellation ist für das Verstehen von Gedicht 1: 3 ebenfalls relevant, da darin umgekehrt der Morgen-Abend-Parallelismus vorkommt, der eventuell aus der klassisch-chinesischen Literatur stammt.

26 Kikugawa 1999: 78; in *chōka* 長歌 = *denshō kayō* 伝誦歌謡・*hanka* 反歌 = *sōsakuka* 創作歌 stehen sich das mündlich überlieferte Gedicht (im Langgedicht) und die geschaffene Lyrik (im *hanka*-Gedicht) gegenüber; *hanka* wird als „lyrisches Gedicht (*jojōshi*; ebd.)" verstanden. Der Begriff *sōsaku*, „geschaffen", impliziert Autorschaft und steht für individuelle Lyrik. Für Ōura (2007: 224–225), der das „Ungleichgewicht" (nach Saigō) der beiden Gedichte als „*kayō*-volksliedmäßig stereotypen Charakter" versus „klar-frischen Charakter der Lyrik" beschreibt, ist die „Differenz von Nicht-Individualität versus Individualität" zu groß, um bei den Gedichten von *einem* kohärenten Werk (*issakuhin* 一作品) sprechen zu können. Er sieht beide Gedichte als überlieferte Erinnerungen an den Jomei-Hof, die bei der Kompilation in die Form aus Lang- und Gegengedicht gebracht worden seien.

27 Zu Fiktionalität im *Man'yōshū* vgl. Misaki 2005: 24–25.

**Zur narrativen Struktur**

Saigōs These zielt auf die Überwindung der Heterogenität ab, aber für narratologische Belange erfordert auch der Einbezug der „Zukunft" Aufmerksamkeit, da diese Einschätzung nur über die Grammatik und Zeitangaben zu erreichen ist. Das erste Problem der Überprüfung ist die Lesung der Versgruppen A und B, die moderne Kommentare ins Präteritum überführen. Die Vergangenheitsform 立之 *tatashi-shi* (*tata* + *-shi*, = honorativ *-su,* Konjunktionalform, + *-shi*, = Präteritum *-ki*, attributiv) schließt den Vers 6 ab, bestimmt aber auch die vorangehende Verbform 取撫賜 *tori-nade-tamahi* in Vers 4, da diese in der Konjunktionalform (*ren'yōkei*) steht und der nachfolgenden Zeitform unterliegt. Das Schriftzeichen 賜 steht für das honorative Hilfsverb *-tamafu*, und daher ist in semantischer Hinsicht, aber auch im Rahmen der Parallelkonstruktion klar, dass die Schriftzeichen 立之 das honorative Hilfsverb *-su* transportieren. Da sich weiterhin *i-yori-tatsu* nicht auf den Bogen, sondern den Großherrscher bezieht (*waga oho-kimi no*), lautet die Minimallesung somit *tata-su*, in der dann das beigefügte Phonogramm 之 zur Lesung *tata-shi* führt. Da die Konjunktional- und die Attributivform des Hilfsverbs *-su* identisch sind (*-shi*), stünden die Teile A und B der Versgruppe C entweder attributiv voran, oder bauten eine Verbindung auf, die etwa als zwei durch „und" verbundene Hauptsätze zu verstehen wären.

Die modernen Kommentare lesen jedoch *tatashi-shi*, was in Bezug auf die Versgruppe C nur eine Möglichkeit offenlässt, eben attributiv mit Tempuswechsel. Die folgenden Überlegungen gehen zunächst dieser Möglichkeit nach – zumal sie gerade als Narrativ attraktiv ist –, um anschließend die Möglichkeit als Konjunktion ohne Zeitenwechsel anzudenken. Denn das Verstehen als „alt versus neu" sollte schließlich auch die Frage nach diesem Wechsel umfassen. In der Vergangenheitsform handelt es sich nicht um eine zeitlose Beschreibung des Verhältnisses des Großherrschers zu seinem geliebten Bogen, sondern um die Tage vor der Jagd. Sie baut das Bild eines Großherrschers auf, der die Tage vor dem Aufbruch zur Jagd in Aufregung und Vorfreude verbringt. Steht dafür auch das Zeichen 庭, das zwar in grammatischer Funktion die beiden Partikel *ni* und *ha* transportiert, aber eben auch „Garten" (*niha*) bedeutet? Nimmt der Großherrscher seinen geliebten Bogen, um zuvor im Garten zu üben?

Die zweite Parallelkonstruktion der Versgruppe D bringt zwei neue Strukturelemente ein. Zum einen konkretisiert die Zeitangabe 今 *ima*, „jetzt", die bisher unbestimmte Zeit der Morgen-Abend-Parallelität. Zwar erscheint die wiederholte Morgen-Abend-Konstellation immer noch abstrakt, aber beide Angaben konvergieren im „Jetzt". Anders gesagt gibt es nur ein Jetzt, nämlich die Gegenwart der erzählten Welt, und Kikugawa spricht von einer „Spannung, die den Fokus auf das »Jetzt« einstellt".[28] Zum anderen verweist das Verbalsuffix *-rashi* auf das Hier und Jetzt am Ort der Wahrnehmung. Bruno Lewin (1975: 194–195) erläutert das „Präsumptiv" als eine „modale Kategorie des Japanischen, die die Folgerung von einem wahrgenommenen Sachverhalt A auf das wahrscheinliche Vorhandensein eines Sachverhaltes B bezeichnet". Die wahrnehmende Instanz schließt aus gegenwärtigen Wahrnehmungen, dass der Herrscher und sein Gefolge zur Jagd aufbrechen. Es besteht somit eine räumliche Distanz zwischen der wahrnehmenden Instanz und der aufbrechenden Gruppe, für die es mit der Nomen-Verbphrase *oto su-nari* noch einen weiteren Hinweis in den Versgruppen D und E gibt. Japanische Wörterbücher erläutern *-nari* als *suitei* 推定, „Vermutung", und *denbun* 伝聞, „überliefertes Hören". Für das Verständnis ist der Unterschied zu *kiku* beziehungsweise *kikoyu* weiterführend, das heißt zu den Verben, die sich als „hören" im üblichen Sinn übersetzen lassen. Denn läuft dieses Hören gewöhnlich direkt ab, scheint bei *-nari* die Lautquelle (*oto su*, „Laut machen") gewissermaßen nicht in unmittelbarer Nähe zu sein. Die Verbphrase drückt aus, dass etwas Laute macht und jemand diese wahrnimmt. Die Übersetzung versucht, mit „fern" diese Distanz zu verdeutlichen, obwohl es tatsächlich nicht allzu fern sein muss, vielleicht sogar nur auf der anderen Seite der Schiebetüren. Die Verbphrase korrespondiert insofern mit *-rashi*, als es eine Wahrnehmung gibt, die zur Vermutung der Ursache leitet.[29] Das Verbalsuffix *-rashi* ist im *Man'yōshū* tendenziell mit dem Sehen verbunden, was auch in Gedicht 1: 3 durchaus der Fall sein kann, und *-nari* scheint dem auf der akustischen Ebene zu entsprechen. Das Verbalsuffix *-rashi* zeigte dann die visuell wahrgenommene Geschäftigkeit der Hofleute beim Aufbruch zur Jagd und *-nari* eine damit korrespondierende akustische Wahrnehmung aus einer gewissen Distanz oder außerhalb des Sichtbereiches.

Die Struktur aus Vergangenheit in A und B und Gegenwart in C bis E allein erklärt noch nicht Saigōs Vorstellung einer Zukunft, die ein für beide Gedichte

---

28 Vgl. Kikugawa 1999: 84; weiterhin zitiert er Konishi Atsuo 小西淳夫 (Lebensdaten unbekannt): „Das »Jetzt« ist nicht an die Zeit am Morgen und am Abend gebunden, sondern bringt lediglich zum Ausdruck, dass der Tennō die Jagd gegenwärtig durchführt" (S. 83).

29 Zu Beispielen von Hören und Vermutung vgl. Kikugawa 1999: 84 und zu *-rashi* Wittkamp 2014b: 487 (Index). Omodaka erläutert als *suitei denbun* 推定伝聞, „Vermutung + überliefertes Hören", und weist auf die grundsätzliche Verbindung mit der Lautquelle / Stimme hin. Sodann schreibt er: „Diese [Beispiele zeigen] alle das unmittelbare Hören von Lauten oder Stimmen, auf das ein Urteil vollzogen wird, bei dem es um eine Vermutung zur Existenz der Lautquelle beziehungsweise den Umständen der Lauterzeugung geht" (1983: 538). Weiterhin führt er Beispiele für das innerliche Konkretisieren von Hörensagen an.

identisches Hier und Jetzt der wahrnehmenden Instanz impliziert. Was Saigō als Zukunft liest, muss sich auf *asa fumasu-ramu* im *hanka*-Gegengedicht beziehen, „am Morgen wohl [die Gräser] niedertreten". Das Verbalsuffix *-ramu* ist aber keine Kategorie zur Markierung der Zukunft, wofür beispielsweise -*mu* – in Form des Wunsches oder der Absicht – zuständig ist. Lewin versteht -*ramu* als eine „nur auf die Gegenwart bezogene Mutmaßung oder Ungewißheit, sei es daß der Tatbestand oder Sachverhalt nicht im Wahrnehmungsbereich des Betreffenden liegt (im Gegensatz zu *-rashi* [...]), sei es daß die Zusammenhänge undurchsichtig sind" (S. 173). Omodaka (1983: 809) zufolge bezieht sich *-ramu* zwar gewöhnlich auf die Gegenwart, aber ursprünglich sei kein Zeitfaktor enthalten gewesen, sodass die Frage an der aus dem Zusammenhang gelösten Grammatik allein nicht zu erklären ist.

Lösung bringt eine Lesung als narrative Sequenz, die aus drei Blöcken besteht. Kikugawa zufolge habe 1971 Inaoka Kōji die Kohärenz der Sequenz 1: 3 bis 4 an dem „stringenten Zeitbewusstsein für Vergangenheit–Gegenwart–Zukunft" festgemacht, diesen Gedanken aber später (1980) wieder aufgegeben, wodurch in die beiden Gedichte die Heterogenität zurückgekehrt sei;[30] mit der „Zukunft" besteht ein Zusammenhang zu Saigōs Lesung. In einer narrativen Lesung bilden die ersten beiden Versgruppen A und B einen Block, gefolgt von den Versgruppen C bis E, an die sich das Gegengedicht anschließt.[31] Der erste Block thematisiert das Verhältnis des Herrschers zu seinem Jagdgerät auf einer universellen, das heißt mit *yasumi-shishi*, „bis in jede Ecke hinein", räumlich und sozial allumfassenden und zugleich aus der konkreten Zeit gelösten Ebene, die aber durch das Präteritum auf die Vergangenheit in den Tagen vor dem Jagdausflug konkretisiert wird, was die Vorfreude und Aufregung des Herrschers zum Ausdruck bringt. Die Auslegung als Vergangenheit beruht wie gesehen auf der Lesung von Vers 6 mit *i-yori-tatashi-shi*.[32]

In den Versgruppen C bis E überführen die Zeitangabe *ima*, „jetzt", sowie die Grammatik mit *-nari* und *-rashi* diese Vergangenheit in ein konkretes Ge-

---

30 Kikugawa 1999: 78; in Inaoka 1: 7–8 [1997] ist sein Hinweis zur Zeitstruktur nicht enthalten, wie ebenfalls nicht in den anderen genannten Kommentarausgaben.

31 Takeda (3: 54) unterteilt 1: 3 in „zwei Stufen", deren erste aus den Versgruppen A bis C bestehe. Während die erste die „Wirklichkeit" darstelle, schildere die zweite Stufe darauf basierend Vermutungen. Er berücksichtige aber nicht den neunten und zehnten Vers mit *oto su nari* sowie deren Wiederholung.

32 Die Parallelität beruht auch auf der Lesung von 朝 mit *ashita*, aber im Gegengedicht 1: 4 muss das Zeichen *asa* gelesen werden. Die Verse *asa ni ha / tori-nade-tamahi // yufube ni ha / i-yori-tata-shi* – ohne Vergangenheitsform – bildeten in ihrer Gesamtzahl ebenfalls einen Parallelismus. Mit 4-7 versus 5-6 Silben wäre dieser zwar unregelmäßig, was aber mit der oben aufgezeigten Unregelmäßigkeit auf der Ebene der Verschriftung korrespondierte: Beide Unregelmäßigkeiten heben sich gewissermaßen gegenseitig auf.

schehen, das in Distanz zur wahrnehmenden Instanz abläuft. Diese Distanz reflektiert die komplizierte Konstellation in der Kapitelüberschrift, was oben angesprochen wurde. Denn sollte es eine Dichterin sein, deutete der Umstand, die Gedichte nicht selbst einreichen zu können, die räumliche und soziale Distanz schon in der Kapitelüberschrift an.[33] Weiterhin lässt sich die Versgruppe C bis E mit dem Aufbruch zur Jagd als ein Ereignis auffassen. Dadurch besitzt die Sequenz Ereignishaftigkeit, die zudem mit einer Ereignishaftigkeit auf der Darstellungsebene korrespondiert: die Konkretisierung der Zeit in den Versen A und B zum Hier und Jetzt in den Versen C bis E. Als Unterscheidung zum Geschehensbegriff bedeutet ein Ereignis in narratologischer Hinsicht einen „entscheidenden Wendepunkt innerhalb einer Sequenz" beziehungsweise das „zentrale Moment der narrativen Organisation, das die Erzählwürdigkeit des Geschehens (*tellability*) bedingt" (vgl. Hühn und Schönert 2007: 8).

Die räumliche Distanz findet sich im Gegengedicht bestätigt, dass über die Verschiebung von *-rashi* zu *-ramu* die Vermutung zur näheren Umgebung auf die Vermutung zum Geschehen in der Ferne ausweitet.[34] In diesem Sinn ließe sich eine weitere Ereignishaftigkeit auf der Darstellungsebene feststellen, die wiederum mit dem Wechsel vom Lang- zum Kurzgedicht korreliert. Abgesehen von der Abwesenheit des Objekts der Vermutung ist die Vergrößerung der Vermutungsreichweite nicht durch äußerliche Anzeichen (Wahrnehmung) motiviert, wie bei *-rashi*, betrifft aber ebenfalls Geschehen in der Gegenwart. Somit thematisiert das Gegengedicht keine Zukunft, sondern die weitergerückte Gegenwart der wahrnehmenden Instanz, die sich etwa als der Morgen nach oder bei der Ankunft der abgereisten Gruppe im Jagdgebiet bestimmen lässt.[35] Kikugawa (S. 85) zufolge nimmt der Vers *sono kusa fuka no* in 1: 4 den Augenblick auf, „genau jetzt am Morgen" beim Aufbruch zur Jagd die Gräser in

33 Diese soziale Distanz scheint in den anderen drei Gedichten der Dichterin nicht gegeben zu sein; vgl. Kikugawa 1999: 87–89 mit der Analyse von Naka tsu Sumera Mikotos Gedichten 1: 10 bis 12.

34 Zu *-ramu* vgl. Wittkamp 2021a: 287 (Index). Duthie (2014: 234) überführt *oto su-nari* mit „hear / Hear the sound [...]!" in den Imperativ und berücksichtigt nicht den Unterschied zwischen den beiden Verbalsuffixen *-rashi* und *-ramu*, sodass alle drei Verbphrasen im *present continious* „must be ...ing" erscheinen. Somit gäbe es auch in den Gedichten „indeed nothing that defines the first-person voice in the poem as an individual" (S. 235), aber die perspektivische Verschiebung spricht dagegen, zumal die durch den Gedichttitel voreingestellte Leserschaft ein Individuum erwartet.

35 Nicht gemeint ist Kōnoshis „These der Ungleichzeitigkeit von Lang- und Gegengedicht", die unabhängig voneinander entstandene Gedichte bedeutet; vgl. Kikugawa 1999: 87, der sich gegen diese These wendet, sowie Ōura 2007: 224, der einen gleichen Standpunkt vertritt.

der Ebene von Uchi niederzutreten, und hält ihn fest.[36] Dieser Aufbruch ist natürlich nicht mit dem Aufbruch am Hof identisch.

Die drei Blöcke entwerfen somit einen „fließenden Chronotopos“, ein Raum-Zeit-Kontinuum, das sich insofern noch näher bestimmen lässt, als die Komponenten aus der Unbestimmtheit oder Allgemeinheit im ersten Block über die Konkretisierung / Aktualisierung zu „Jetzt“ und den Vermutungen anhand von Wahrnehmungen auf die weitergerückte Zeit und den Ort im Gegengedicht hinauslaufen. Damit liegt eine schrittweise – räumliche *und* zeitliche – Fokussierung vor, die sich in der Dichtung ab den späteren 690er Jahren auch in anderen Gedichtgruppen oder Gedichten nachweisen lässt.[37]

### Eine andere Lesung

Wie gesehen überführen die modernen Kommentare den Vers 6 in die Vergangenheit, die mit den Anschlussversen ein schlüssiges Narrativ aufbaut. Diese Lesung ergibt sich allerdings nicht unmittelbar aus dem Text, sondern ist nur über das ergänzende Lesen (*yomi-zoe*) zu erreichen. Das wäre durchaus nicht ungewöhnlich und auch durch die festgelegte Silbenzahl der Verse garantiert. Es fragt sich allerdings, warum einerseits unisono das „Alte“ hervorgehoben wird, der betreffende Vers aber in der „neuen“, eben silbentechnisch festgelegten Lesung erscheint. Zur Vergewisserung seien die Verse der beiden Gedichte in der heute üblichen Lesung nochmals dargestellt; die Phonogramme sind fett dargestellt, die ergänzten Lesungen unterstrichen:

A: 八隅知之 我大王乃
1 *ya-sumi* ***shi-shi*** / 2 *waga oho-kimi* ***no***
B:朝庭 取撫賜 // 夕庭 伊縁立之
3 *ashita* ***niha*** / 4 *tori-nade-tamahi* // 5 *yufube* ***niha*** / 6 ***i****-yori-tata<u>shi</u>*-***shi***
C:御執乃 梓弓之 奈加弭乃 音為奈利 //
7 *mi-torashi* ***no*** / 8 *azusa <u>no</u> yumi* ***no*** / 9 ***na-ka****-hazu* ***no*** / 10 *oto su-****na-ri*** //
D:朝獦爾 今立須良思 // 暮獦爾 今他田渚良之
11 *asa-kari* ***ni*** / 12 *ima tata-****su ra-shi*** // 13 *yufu-kari* ***ni*** / 14 *ima* ***ta-ta-su ra-shi***
E: 御執能 梓弓之 奈加弭乃 音為奈利 //

36 Der letzte Vers ist in verschiedener Hinsicht ungewöhnlich. Da keine Partikel wie *ni*, *wo* oder *yo* folgen, liegt keine gewöhnliche Inversion vor. Kikugawa (1999: 85–86) verbindet das mit der Tatsache, dass in den anderen Gedichten zur Jagd des Herrschers der Dichter vor Ort war und „die Jagd des Großherrschers als Landschaftsdarstellung festhielt“.

37 Vgl. Wittkamp 2014a: 249, 2018c: 190–192.

15 *mi-torashi* ***no*** / 16 *azusa no yumi* ***no*** / 17 ***na-ka****-hazu* ***no*** / 18 *oto su-****na-ri*** //

F:玉剋春 内乃大野爾 馬數而 朝布麻須等六 其草深野
*tama-ki-haru* / *Uchi* ***no*** *oho-no* ***ni*** / *uma name* ***te*** / *asa* ***fu-ma-su-ramu*** / *sono kusa-fuka-no*

Diese Lesung basiert auf der Voraussetzung eines regelmäßigen Metrums mit Versen aus fünf und sieben Silben. Die letzten beiden Verse in C respektive E lassen keine ergänzenden Lesungen zu und sind daher im 5-5-Rhythmus zu lesen, was wiederum als „alt" ausgelegt wird. Die Prämisse der regelmäßigen Silbenzahl führt zu zwei *yomizoe*-Ergänzungen, nämlich in *tatashi-shi* in Vers 6 sowie *asuza no yumi* in Vers 8 respektive 16, betrifft jedoch auch die Lesung von 朝 mit *ashita* in Vers 3, obwohl das gleiche Schriftzeichen in Vers 11 sowie F *asa* gelesen wird. Abgesehen von diesen Problemfällen besitzen alle anderen Formulierungen eine Verschriftung, die keinerlei Fragen bei der Lesung offenlassen; das führt zu folgenden Überlegungen:

**1.** Eine *yomizoe*-Ergänzung mit *no* ist wie in den Versen 8 und 16 zwar nicht ungewöhnlich, die Partikel *no* am Versende aber *in allen Versen* verschriftet. Ohne die Leseergänzung lauten der Vers 8 und seine Wiederholung in Vers 16 *azusa-yumi no*. Diese Lesung vertreten Gomi (1987: 32) oder Takeda (3: 54), zumal sie im *Kojiki* sowie im *Nihon shoki* durch phonographische Verschriftungen bezeugt ist. Omodaka (1: 62) weist auf die Erstvorkommen in den beiden Geschichtswerken hin, liest aber dennoch – kommentarlos und ergänzend – *asuza no yumi*. Das ist merkwürdig, da Omodakas Index für *azusa-yumi* einunddreißig Belege anführt, drei davon in phonographischer Verschriftung, für *azusa no yumi* aber nur drei Belege in zwei Gedichten.[38] Außer den beiden Versen in 1: 3 findet sich der dritte Beleg in der phonographischen Verschriftung 安都佐能由美乃 *azusa no yumi no* in Kurzgedicht 14: 3567 (vgl. Omodaka 1987: 13). Die Verse 7 und 8 in 1: 3, *mi-torashi no azusa no yumi no*, werden wiederholt, sind aber unterschiedlich verschriftet: 御執乃 梓弓之 sowie 御執能 梓弓之. Hier scheint für *no* mit 之 beziehungsweise 能 eine Vermeidung identischer Schriftzeichen (*kaeji-hō*) vorzuliegen, aber im Nishi-Honganji-*bon* lautet die Verschriftung der Verse 15 und 16 御執 梓**能**弓之

38 Nebenbei bemerkt sei, dass Carmen Blackers (1924 bis 2009) Klassiker *The Catalpa Bow – A Study of Shamanistic Practices in Japan* (1975, 3. Auflage 1999) von Akimoto Satoko 秋山さと子 ins Japanische unter dem Titel *Azusa-yumi – Nihon ni okeru shāman-teki kōi* あずさ弓—日本におけるシャーマン的行為 (1995, zwei Bände) übersetzt wurde.

mit der Lesung *mi-torashi no azusa* ***no*** *yumi no*, sodass auch Omodaka (1: 59) mit *yomizoe*-Ergänzung für Vers 15 *mi-torashi no / asuza no yumi* liest. Die anderen Kommentare übernehmen die Emendation aus dem Genryaku-*kōhon* mit 御執能 梓弓之 (vgl. Faksimile, Watanabe 1994: 21, Sasaki et al. 2: 43), aber die Lesung ist gleich.

Takeda (3: 54) übernimmt zwar ebenfalls die korrigierte Verschriftung, liest aber mit Bezug auf die phonographischen Verschriftungen in den beiden Geschichtswerken *azusa-yumi no*. Seiner Meinung nach geht die Lesung von Vers 8 mit *azusa no yumi no* auf die Nishi-Honganji-*bon*-Verschriftung 御執梓能弓之 von Vers 16 zurück, die rückwirkend auf den Vers 8 übertragen worden sei. Wie das mit der in allen konsultierten Kommentaren zu findenden Emendation zusammenhängt, lässt Takeda zwar offen, erklärt die Lesung *azusa no yumi no* im Kurzgedicht 14: 3567, das vollständig phonographisch ausgeschrieben ist, jedoch mit der Notwendigkeit von regelmäßigen Versen im Kurzgedicht. Im Langgedicht 1: 3 hätte der Vers ohne die Ergänzung eine Silbe zu wenig, aber mit Ergänzung käme *no* in den beiden Versen doppelt vor, nämlich einmal verschriftet und einmal nicht verschriftet. Angesichts der ansonsten eindeutigen Verschriftung sowie dem relativ häufigen Einsatz von Phonogrammen erscheint die *yomizoe*-Ergänzung fragwürdig.

**2.** Die vier Verse in B besitzen ein regelmäßiges Versmaß, das allerdings über zwei Unregelmäßigkeiten erreicht wird, nämlich die Lesungen *ashita* und *tatashi-shi*. Liest man dagegen 朝 analog zu Vers 11 sowie zum *hanka*-Gedicht (F) *asa* und 立之 ohne *yomizoe*-Ergänzung einfach nur *tata-shi*, das heißt ohne Präteritum, ergibt sich mit *asa ni ha / tori-nade-tamahi // yufube ni ha / i-yori-tatashi* ein 4-7- // 5-6-Rhythmus. Oben wurde gezeigt, dass die Verse auf der Ebene der Schriftzeichen keine Parallelität aufweisen, da Vers 4 drei, Vers 6 aber vier Schriftzeichen besitzt. Auf der sprachlichen Ebene bleibt die Parallelität insofern gewahrt, als die beiden Hälften eine identische Silbenzahl von jeweils elf Versen haben.

**3.** Die Lesung *ashita* für 朝 stammt aus phonographischen Verschriftungen wie in 19: 4209 (vgl. Takeda 3: 56). Mit Bezug auf dieses Gedicht sowie auf 3: 481 liest auch Omodaka (1: 61) *ashita*, weist aber auf die Lesung *asa niha ni* – ebenfalls mit fünf Silben – sowie darauf hin, dass die Bedeutung „morgen" für 朝 erst später entstanden sei. Die Lesung *asa niha ni* geht auf das Nishi-Honganji-*bon* zurück; 庭 wird offenbar als Ortsangabe „Garten" verstanden und die Präposition *ni* zu *asa niha ni* ergänzt (vgl. Sasaki et al. 2: 40). Omodakas (1987: 8, 11) Index zufolge kommt *ashita* in der Verschriftung 朝 in dreiundzwanzig Gedichten vor. Die Lesung *asa* gibt es allerdings ebenso oft, wobei Omodaka den Beleg aus Vers 11 in 1: 3 nicht anführt. In Vers 11 sowie im *hanka*-Gegengedicht lesen die konsultierten Kommentare einheitlich *asa*, aber angesichts der ansonsten eindeutigen Verschriftung stellt sich die Frage nach dem Grund oder dem Zweck dieser Unklarheit für 朝 in Vers 3.

**4.** In narratologischer Hinsicht das größte Problem stellt die Lesung von 立之 in Vers 6 dar. Die etablierte Lesung *tatashi-shi* aus dem Nishi-Honganji-*bon* (vgl. Omodaka 1: 61–62, Sasaki et al. 2: 41) reguliert nicht nur die Silbenzahl, sondern besitzt wie gesehen auch für das Narrativ Attraktivität, da *i-yori-tatashi-shi* das Langgedicht in eine zeitliche Abfolge aus Vergangenheit und Gegenwart beziehungsweise Plusquamperfekt und Präteritum setzt. Kikugawa (1999: 76) liest ebenfalls *i-yori-tatashi-shi*, reflektiert bei der Diskussion um „Alt versus Neu" den Zeitenwechsel aber nicht. Bei der Frage, wie sich dieser in den Übersetzungen ins moderne Japanisch bemerkbar macht, lassen sich Unterschiede ausmachen. Die meisten Kommentare übersetzen die Versgruppen A und B mit Präteritum und C bis E mit Präsens (Takeda 3: 54, Omodaka 1: 60, SNBZ 6: 25, SNBT 1: 15, Itō 1: 54), aber Aso (1: 50–51) übersetzt die Versgruppen A bis E komplett mit Präsens beziehungsweise ohne Tempusmarkierung. Während sie den chinesischen Titel ohne Tempus liest, übersetzt sie ihn vollständig ins Präteritum. In dem Sinn wäre dann – in narratologischer Lesung – ihre Gedichtübersetzung als historisches Präsens (*rekishi-teki genzaikei*) zu verstehen.

Die Verbphrase *tatashi-shi* setzt sich zusammen aus *tata* (von: *tatsu*) + *-su* (honorativ) in Konjunktionalform *-shi* + *-ki* (Vergangenheit, attributiv), wobei man sich aussuchen kann, welches *-shi* zu ergänzen ist. Die SNBT- (1: 16) oder die SNBZ-Bearbeiter (6: 25) lesen *i-yori-tatashi-shi*, aber die SNBZ-Bearbeiter (1: 355) des *Kojiki* überführen die phonographische Verschriftung 伊余里陀多志 im *Kojiki*-Lied KJK 103 in *i-yori-data-shi*[*-shi*]. Auch Takeda (3: 57) liest 立之 *i-yori-datashi-shi*, präsentiert aber andere Möglichkeiten, in denen die Verbphrase lediglich mit 之 *shi* (also nicht *-shi-shi*) abschließt.[39] Vier Lesungen besitzen sieben Silben, vier weitere sechs, und beispielsweise Kishimoto Yuzurus 岸本由豆流 (1789 bis 1846) Lesung *i-yori-tata-shi* (über-

39 Takeda (3: 57) zufolge gibt das Genryaku-*kōhon* mit roten Schriftzeichen die Lesung *i-yori-taterishi* an; vgl. Watanabe 1994: 21, Sasaki et al. 2: 41. Die Verbphrase *tate-ri-* erklärt sich als Konditionalform (*izenkei*) + *-ri*, imperfektiver Aspekt (vgl. Lewin 1975: 165), woran sich dann das Hilfsverb *-ki* (Präteritum) anschließt. Die Lesung überzeugt nicht, da sie keine Höflichkeitsform enthält (*-su* erfordert die Indefinitform [*mizenkei*], die für *-ri* jedoch *-ra* lautet). Die mit roten Schriftzeichen beigefügten Lesungen im Genryaku-*kōhon* sind im Faksimile teilweise nur schwer oder gar nicht zu erkennen, aber neben den Abbildungen der einzelnen Seiten steht in Randglossen der Originaltext mit beigefügten *hiragana*-Lesungen. Dort heißt es jedoch nicht *i-yori-tateri-shi*, sondern in der etablierten Lesung *i-yori-tata-shi-shi* (vgl. Watanabe ebd.). Sasaki et. al (hier 2. Band, 1994) erläutern die Beifügungen in den Abschriften.

nommen in Wittkamp 2021b: 5) aus dem *Man'yōshū kōshō* 萬葉集攷證 wäre keine Vergangenheit und hätte zudem für das Waka-Versmaß eine Silbe zu wenig.[40] Auf die Auflösung der Parallelkonstruktion mit *tori-nade-tamahi* wurde bereits hingewiesen, aber der für narratologische Fragen relevante Aspekt der Lesung *tatashi* ist das Verschwinden der Vergangenheitsform. Mit *tatashi* sind die Versgruppen A und B im Sinn einer abstrakten, universellen Zeit zu konkretisieren, aus der sich dann die folgenden Verse herauslösen, um in die Gegenwart der wahrnehmenden Instanz überzugehen. Es handelte sich somit nicht um eine Abfolge aus Vergangenheit und Gegenwart, sondern um eine allgemeine Fokussierung aus der zeitlosen Zeit in die aktuell-physikalische Zeit. Eine Lesung unter konsequenter Beachtung der Schriftzeichen sähe somit wie folgt aus:

A: 八隅知之 我大王乃
1 *ya-sumi shi-shi* / 2 *waga oho-kimi no*
B:朝庭 取撫賜 // 夕庭 伊緣立之
3 *asa niha* / 4 *tori-nade-tamahi* // 5 *yufube niha* / 6 *i-yori-tata-shi*
C:御執乃 梓弓之 奈加弭乃 音為奈利 //
7 *mi-torashi no* / 8 *azusa yumi no* / 9 *na-ka-hazu no* / 10 *oto su-na-ri* //
D:朝獦爾 今立須良思 // 暮獦爾 今他田渚良之
11 *asa-kari ni* / 12 *ima tata-su ra-shi* // 13 *yufu-kari ni* / 14 *ima ta-ta-su ra-shi*
E: 御執能 梓弓之 奈加弭乃 音為奈利 //
15 *mi-torashi no* / 16 *azusa yumi no* / 17 *na-ka-hazu no* / 18 *oto su-na-ri* //

F:玉剋春 内乃大野爾 馬數而 朝布麻須等六 其草深野
*tama-ki-haru* / *Uchi no oho-no ni* / *uma name te* / *asa fu-ma-su-ramu* / *sono kusa-fuka-no*

**„Alle acht Ecken regieren“ (*yasumi-shishi*)**

Die Lesung und die Bedeutung der Phrase 八隅知之 *ya-sumi-shi-shi*, die den Eröffnungsvers zu 1: 3, 1: 50 oder 1: 36 und 38 von Hitomaro stellt, sind Gegenstand einer langen Diskussion, und es sei kurz darauf eingegangen – nicht allerdings auf die alternativen Lesungen *yasumishiru* oder *-shire* (vgl. Sasaki

40 Omodaka (1: 61–62) liest 陀 aus KJK 103 *ta*; so auch Bentley 2016: 428. Omodaka verweist auf das Gedicht 17: 3977 von Yakamochi, das den Vers 余里多多志 *yori-tatashi* enthält (ohne das vermutlich bereits veraltete Präfix *i*); der Verweis spräche für Kishimoto Yuzurus Lesung (siehe Haupttext), den Omodaka allerdings nicht anführt; zu 17: 3977 vgl. Wittkamp 2021a: 167–198.

et al. 2: 40). Die „ursprüngliche Bedeutung“ (SNBZ 6: 46) sei unklar, aber als Kopfkissenwort (*makura-kotoba* 枕詞) für „unser Großkönig“ (大君 *waga ohokimi*, ebd.) ist der Ausdruck für narratologische Fragen nur bedingt von Relevanz. Die Übersetzung berücksichtigt die Verschriftung mit 八隅, „acht Ecken“, in der sich die klassisch-chinesische Weltanschauung der gesamten Welt unterm Himmel widerspiegelt, die sich auch im achteckigen Thron (*takamikura*) oder der achteckigen Grabanlage (*hakkaku-fun*) zeigt, und als Ideologie der acht Ecken zu beschreiben ist.

Das Wort *yasumi* war allerdings bereits bei der Verschriftung Gegenstand der Auslegung beziehungsweise besaß bei der Kontextualisierung semantische Flexibilität. Während in allen siebenundzwanzig *Man'yōshū*-Belegen für *shishi* die Schriftzeichen 知之 stehen, gibt es für *yasu-mi* die Varianten 安見, etwa „beruhigtes Sehen, Sicherheit durch Regieren“, mit sechs sowie 安美, etwa: „beruhigende Sicherheit und Schönheit“, mit einem Vorkommen in 19: 4266.[41] Alexander Vovin (2017: 23–24) transkribiert mit „yasu-mît-i-si“ und weist die beispielsweise aus dem Genryaku-*kōhon* bekannte Lesung *si* (*shi*) für das Phonogramm 知 zurück (vgl. Watanabe 1994: 21). Auch John R. Bentley (2016: 444–445) listet in seinem Wörterbuch der Phonogramme viele Belege aus verschiedenen Quellen für 知 als Phonogramm für „OJ: *ti*“, sieht aber ebenfalls keine Lesung als *si* vor. Torquil Duthie (2018: 183) kritisiert allerdings Vovins Zurückweisung der etablierten Lesung, und als weiteres Argument ließe sich 知 als Phonogramm für *si* (*shi*) im *Shoku nihongi* anführen, in dem 日並知 wiederholt für „Hinamishi“ als Bestandteil des Titels für Kusakabe no Miko steht (vgl. SNTK 12: 3). Im Kommentar zu 1: 49 erläutert Vovin die Phrase 日雙斯 (*Hinamishi*) und sieht offenbar keine Probleme bei der Transliteration mit „PÎnamîsi“ oder von 日並 mit „Pînamîsi (a.k.a. Kusaka$^{m}$bë)“ in den Titeln zu den Gedichten 2: 110 und 2: 167, dort allerdings ohne das betreffende Schriftzeichen.[42]

Kōnoshi Takamitsu (zitiert nach SNBT 12: 240–241) analysiert die verschiedenen Verschriftungen und kommt zu dem Ergebnis, dass Hitomaro den Titel 日雙斯 „Hinamishi“ in Gedicht 1: 49 zur Legitimierung und Konsolidierung von Kusakabes Sohn, dem späteren Monmu Tennō, kreierte. Er erläutert als *hi namu*, „neben der Sonne stehen“, + *shi* (Vergangenheit *-ki* in Attributivform), also als „der [Prinz], der neben der Sonne stand“. Diese Verschriftung sei aber noch nicht die korrekte Form gewesen, und im Gegensatz dazu seien

41 Zu den Vorkommen, der frühen Kommentarliteratur etc. vgl. Takeda 3: 55, Omodaka 1977: 241.

42 Vgl. Vovin 2017: 127–128, 2020: 73, 160; die Differenzen bei der Umschrift sind original, aber „PÎnamîsi“ scheint ein Fehler zu sein.

日竝知 oder 日竝 offizielle Titel beziehungsweise Bestandteile des postumen Namens geworden. Kōnoshi listet noch weitere Verschriftungen, aber besonders die im *Shoku nihongi* zu 日竝知 vereinheitlichte Form sei zu beachten, die in den genealogischen Einträgen vorkomme und der Legitimierung der Erbfolgelinie diene.[43] Die Silbe 知 bedeute *shirasu*, „nämlich im Sinn von regieren" und 日竝知 zeige den postumen Namen (*shigō*).

Unter Junnin Tennō 淳仁天皇 (733 bis 765) wurde das Dekret erlassen, 日竝知皇子命 „Hinamishi no Miko no Mikoto" (Kusakabe), der „noch nicht den Namen Sumera Mikoto / Tennō (天皇) besaß", wie einen Tennō „von jetzt ab mit dem Ehrentitel (尊號 *songō*) „Sumera Mikoto / Tennō" zu bezeichnen. Der volle Titel lautet dann 岡宮御宇天皇 „Oka no Miya *ni ame no shita shirashimeshishi* [*shira* + *shi* (*-su* honorativ) + *meshi* (*-mesu* honorativ) + *shi* (*-ki* Vergangenheit in Attributivform)] Sumera Mikoto (Tennō)", „der Herrscher, der im Palast bei den Hügeln das Unterm Reich regierte" (SNBT 14: 280). Kusakabe wurde somit als Tennō ausgewiesen, was vermutlich die Legitimität der Erbfolgelinie – als Vater von Monmu und Genshō – stärken sollte. Das *songō* in dieser Form mit der Angabe des Orts der Regierung entspricht den Kapitelüberschriften der ersten beiden Bände, und „Oka no Miya" steht für den Hof Asuka (no Oka) no Miya.

### *daisaku* und *uta no kyōyū*

Im ersten *Man'yōshū*-Band gibt es zwei Gedichte und zwei Gedichtgruppen, deren Anmerkungen den im Titel genannten Namen durch andere Autorennamen ersetzen. Es sind die Gedichte 1: 7 und 8 sowie die Gruppen 1: 10 bis 12 sowie 1: 17 und 18. Bei den beiden Einzelgedichten sowie der Gruppe 1: 17 und 18, die noch näher zu untersuchen ist, steht der Name der Dichterin Nukata no Ōkimi im Titel, und der Titel vor der Gruppe 1: 10 bis 12 gibt mit Naka tsu Sumera Mikoto die aus 1: 3 und 4 bekannte Autorin an. Die Titel zu den Gedichten 1: 9, 16 und 20 nennen ebenfalls den Namen der Nukata no Ōkimi, aber dort erfolgt weder eine Anmerkung noch wird zum Titel „unklar" angemerkt. In allen vier genannten Anmerkungen wird aus dem *Ruiju karin* zitiert, und während in den Anmerkungen nach 1: 7 und 1: 12 mit 大御歌 *oho-mi-uta*, „höchst-ehrenwertes Gedicht", der Verweis auf eine oder einen Tennō erfolgt, heißt es nach 1: 18 nur 御歌 *mi-uta*, „erlauchtes Gedicht". Tairadate Eiko (1999: 28) zufolge steht *mi-uta* für Tenji Tennō, die Angaben der drei anderen Zitaten aus dem *Ruiju karin* für Saimei Tennō.[44] Das *Ruiju karin*-Zitat nach 1: 8 präsentiert einen Ausschnitt, der von zwei Reisen berichtet und daher

43 Vgl. SNTK 12: 118 zu Genmei und SNTK 13: 2 zu Genshō.
44 Kōnoshi (1992: 26) ist vorsichtiger und formuliert „Kōgyoku (Saimei), Saimei, Tenji".

für die Geschichtswissenschaft von Interesse ist, aber darin heißt es trotz des Verweises auf die Tennō nicht *oho-mi-uta*, sondern 製歌詠, was die Bearbeiter (6: 30) der SNBZ-Ausgabe in *mi-uta wo tsukurite* überführen, „ein erlauchtes Gedicht anfertigen".

Da die Autorschaft der Nukata no Ōkimi nicht bei jedem Gedicht angezweifelt wird, zeigen die vier Anmerkungen, dass die Bearbeiter alle Gedichte einer Überprüfung unterzogen. Wo sich keine Anmerkung findet, enthielten das *Ruiju karin* oder andere Quellen entweder keine Informationen, oder diese deckten sich mit den Angaben im Gedichttitel.[45] Ansonsten wäre zumindest der Hinweis „unklar" erfolgt. Gäbe es keine Anmerkungen, läsen sie sich bezüglich der Autorennamen ohne die Probleme, die bei den genannten Gedichten erst durch die Anmerkungen aufgeworfen werden. Miyazaki Masaki (1996: 136) zufolge wird die „Überlieferung einer anderen Autorenschaft" (*sakusha iden*) unter dem Stichwort *daisaku*, „an Stelle von … machen", diskutiert. Bekannt wurde der Begriff durch Itō Haku,[46] der einleitend wie folgt definiert:

> Sei es Realität oder Fiktion – wenn man eine Arbeit (*saku* 作), die in der Form gedichtet ist, dass eine Person die Position einer anderen Person einnimmt, als »*daisaku*« (代作) festlegt, gibt es im *Man'yōshū* einige Gedichte, die durch ihre Titel oder die Anmerkungen zeigen, dass sie *daisaku* sind. (1975: 151)

Itō (S. 155–156) verbindet den *daisaku*-Begriff mit der Anmerkung zu den *banka*-Gedichten 4: 424 und 425, in der es heißt, dass ein gewisser „Yamasaki no Ōkimi die beiden Gedichte anstelle von Iwata no Ōkimi verfasste" ([…] 山前王 代 石田王 作 之也; vgl. SNBZ 6: 239).[47] Itō (S. 151) führt für *daisaku* verschiedene Beispiele an, die nicht aus dem ersten Band stammen, zitiert aber auch den Titel zu 1: 3 und 4 mit dem Hinweis auf die „seit alter Zeit bestehende Meinung", dass nicht Naka tsu Sumera Mikoto das Gedicht verfasste, sondern diese den Hashihito *no muraji* Oyu zur Dichtung veranlasste. Allerdings möchte Itō die Bestimmung als *daisaku* nicht nur am Titel sowie der Anmerkung festmachen und nennt mitunter die Gedichte 1: 1 von Yūryaku Tennō, 2: 85 von Iwa no Hime, der Hauptgattin von Nintoku Tennō, und andere, die nicht von den angegebenen Personen geschaffen worden seien. Itō (S. 152–165) analysiert die Gedichte 1: 7, 8 sowie 1: 17 und 18 von Nukata no Ōkimi und

45 Ueno (2020: 8) vermutet Quellen, aus denen Nukata no Ōkimi eindeutig als Dichterin hervorging.

46 Vgl. Kōnoshi 1992: 27 mit einem Überblick zur Forschungsgeschichte.

47 Tairadate (1999: 24) zieht unter anderem die *Nihon shoki*-Lieder NSK 113 und 114 heran und ist der Meinung, dass klar im Text steht, dass es sich um *daisaku*-Lieder handelt; vgl. SNBZ 4: 176–177.

kommt zu dem Ergebnis, dass die Dichterin ihre Karriere als „Dichterin des erlauchten Wortes (*mikoto-mochi kajin* 御言持ち歌人)" begann, was er (S. 165) mit *daisaku* gleichsetzt.

Ob es sich um den tatsächlichen Autor oder den *daisaku*-Autor handelt, ändert nichts an dem prinzipiellen Problem der bestehenden Autorenschaft. Kōnoshi Takamitsu (1999: 26, original 1992) zufolge verstehen die sogenannten *daisaku*-Theorien den Namen im Titel als die Angabe der „tatsächlichen Autorin", den im *Ruiju karin* angegebenen Autornamen als den „formalen Autor (*keishiki sakusha* 形式作者)" und „versuchen, Nukata no Ōkimi als professionelle *daisaku*-Dichterin in den Griff zu bekommen". In dieser Formulierung schwingt bereits die Kritik mit, und Kōnoshi (S. 27) stellt die Fragen, wie es zu diesem „stellvertretenden Dichten (*kawatte tsukuru* 代わって作る)" kommen konnte und ob man „überhaupt von »stellvertretend [anfertigen]«" sprechen könne. Er (S. 29–30) knüpft an vorangehende Forschung an und schlägt als Alternative das „»Gemeinsambesitzen« der *uta*-Dichtung (*uta no »kyōyū«* 歌の「共有」) vor, ohne dabei aber ganz auf die Opposition von das Selbst (*ji* 自) versus das Andere (*ta* 他) zu verzichten. Kōnoshi geht es letztendlich um die Dichtung Hitomaros, aber er erläutert zunächst an den Gedichten 1: 3 und 4:

> So ist es: [Hashihito *no muraji*] Oyu „macht" (*tsukuru* 作る) ein Gedicht, und dennoch kann es ein Gedicht der Naka tsu Sumera Mikoto sein. In diesem Sinn sind 1: 3 und 4 Gedichte von Oyu und zugleich die Gedichte von Naka tsu Sumera Mikoto. Als diese allerdings durch Oyu tatsächlich vor Ort (der Ort, an dem der Tennō den Oyu als Gesandten empfing) realisiert wurden, war es wohl so, dass sie zu Oyus Stücken wurden. Dass der Titel einfach nur »歌 *uta*« angibt, verweist auf Oyus Gedichte – kann man es nicht so verstehen? (1999: 30)

Kōnoshi (ebd.) versteht unter Naka tsu Sumera Mikoto ebenfalls Jomeis Tochter Hashihito und erklärt diesen Namen mit der Familie Hashihito, in deren Obhut sie sich befunden habe. Insofern sie aus dieser engen Bindung den Oyu die Gedichte „hochreichen ließ", seien es Gedichte des Gemeinsambesitzens (*kyōyū*), aber dieses beschränke sich nicht auf die beiden Personen, sondern sei sowohl von dem Empfänger Jomei – ihrem Vater – sowie der Gruppe vor Ort als auch den Daheimgebliebenen, „besonders den Frauen […] bedingungslos als »gemeinsamer Besitz«" geteilt worden. Zur Untermauerung zitiert er Ueno Satoshi, dem zufolge es denkbar sei, dass „angefangen bei der Hauptgattin alle Frauen im Hinteren Palast dieses Lied gemeinsam teilten (*kyōyū suru* 共有する). Das Zitat zeigt nicht nur die oder eine Quelle für Kōnoshis Inspiration, sondern dürfte auch hinreichend die Perspektive der wahrnehmenden Instanz in 1: 3 und 4 andeuten, nämlich die am Hof zurückbleibenden Frauen.[48]

Sollte es zur Zeit der Urauswahl ein solches Verständnis als *daisaku* oder *uta no kyōyū* gegeben haben, belegen die später beigefügten Anmerkungen, dass das Anfang des achten Jahrhunderts nicht mehr der Fall war. Auch wäre in die Überlegungen die Möglichkeit einzubeziehen, dass das *Ruiju karin* keine verlässliche Quelle ist. Ogawa Yasuhiko (2010: 156) vermutet die Entstehung dieser Sammlung unter Genshō Tennō, als Okura und andere 721 zur Erziehung des Kronprinzen Obito no Miko, dem späteren Shōmu Tennō, abgeordnet wurden (vgl. SNBT 13: 84). Die Position am Hof sei ein Anlass zur Zusammenstellung einer solchen Sammlung gewesen, und ab den 720er Jahren lagen auch das *Nihon shoki* und seine Kurzfassungen (nach Kōnoshi) vor.

**Abschließende Bemerkungen**

Die Formulierung im Titel mit 時 *toki*, „zur Zeit, als …", ist im Zusammenhang mit den Zeitangaben in 1: 3 zu sehen. Neben der Distanz gibt sich im Gedicht die Zeit als ein Thema zu erkennen, das über die Grammatik der Vermutung in *-ramu* und *-rashi* mit dem Raum verbunden ist.[49] Der zweite Block in C bis E überführt die Vergangenheit in der etablierten Lesung respektive die Zeitlosigkeit in der alternativen Lesung aus A und B in eine konkrete Zeit, die der Zeit aus der Kapitelüberschrift vorausgegangen sein muss, und formuliert mit *ima*, „jetzt", um. Die Wörter *toki* und *ima* sind – nahezu – synonym und erfahren schließlich mit *asa*, „am Morgen", im Kurzgedicht eine Aktualisierung. Diese steht *toki* im Titel nahe, ist aber nicht mit *ima* aus dem zweiten Block identisch. In beiden Lesungen ist die Zeit somit vorangeschritten.

Ein abschließender Blick gilt nochmals dem Titel, in dem es heißt, dass Naka tsu Sumera Mikoto „die Gedichte hochreichen ließ", und zwar „Zu der Zeit, als" (時) sich der Tennō auf der Jagd befand (遊). Wie gesehen geht Saigō Nobutsuna bei der Bestimmung des Orts der Dichtung vom Aufbruch der Gruppe aus. Entweder interpretiert er 遊 als „aufbrechen" oder ignoriert den

48 Als Beispiel der Aufnahme von Kōnoshis These sei eine Anmerkung aus Inaokas Kommentar genannt, der den Titel vor 1: 3 als ein „gemeinsames Lied eines Kollektivs (*shūdan no kyōyū no uta* 集団の共有の歌) mit Hashihito *no muraji* Oyu als Verfasser" erläutert; vgl. Inaoka 1: 7. Während aber bei Konōshi die Gedichte 1: 3 und 4 erst am Ort der Jagdgesellschaft zu Oyus Gedichten werden, kehrt Inaoka wieder zu der Autorenschaft zurück, deren Probleme Kōnoshi mit *uta no kyōyū* – man beachte die Umstellung in Inaokas Anmerkung – zu umgehen versucht.

49 Ob für diese Reflexivität die 660 eingeführte Wasseruhr (*rōkoku* 漏刻) verantwortlich war (vgl. Misaki 2005: 41) oder das neue Medium der Schrift oder beides muss dahingestellt bleiben.

Titel. Sollen die *vorliegenden* Gedichte – also nicht die vermuteten und isoliert gedachten Vorfassungen aus „alt“ und „neu“ – nicht voneinander getrennt werden und ist von einem identischen Ort – räumlich und zeitlich – der Dichtung als Erzählung auszugehen, ließe sich das Gegengedicht in Saigōs Perspektive als Zukunft deuten, was aber die Grammatik nicht erlaubt. Bedeutet dagegen das sich auf den Tennō und seine Gruppe beziehende Verb 遊 im klassisch-chinesischen Sinn „(go on) a pleasure outing to a particular destination, make a visit; excursion“ sowie im Sinn von „ruler's spring progress or visitation [...] ruler's spring and autumn progresses“ (Kroll 2015), befindet sich im Rahmen der Angabe „Zu der Zeit, als“ der Herrscher bereits in der Flur von Uchi auf der Jagd. In dieser Situation verfasst die am Hof zurückbleibende Naka tsu Sumera Mikoto zwei Gedichte – oder lässt sie verfassen – und schickt sie durch einen Boten in das nicht allzu weit entfernte Jagdgebiet, um sie dort „hochreichen“ zu lassen. Dann zöge in das gesamte Langgedicht eine Vergangenheit ein, und im Hier und Jetzt der Erzählgegenwart blickt das Erzählmedium im Langgedicht auf sich selbst als das erzählte Ich beim Aufbruch der Gruppe zurück und schildert die Wahrnehmungen der Vergangenheit: Erzählendes Ich und erzähltes Ich – auch: „artikuliertes Ich“ (Burdorf 2015: 194–195, siehe unten) – rücken zeitlich auseinander und sind nicht mehr identisch. Zugleich wird im Verbund mit dem Titel der Aufbruch in Gedicht 1: 3 zur Analepse, was zum nächsten Gedicht überleitet.

## Eine Erinnerung: 1: 7

Sebastian Balmes (2022: 42, 90) ist der Meinung, dass „die meist aus 31 Silben (auch: Moren) bestehenden japanischen Gedichte (*waka* 和歌) in aller Regel nicht erzählen.“ Falls doch, können sie „aufgrund ihrer Kürze gerade noch einer Minimaldefinition der Erzählung genügen.“ Diese „minimalistische Definition“ nach Tillmann Köppe und Tom Kindt reicht er (S. 71) nach:

> *Ein Text ist genau dann eine Erzählung, wenn er von mindestens zwei Ereignissen handelt, die temporal geordnet sowie in mindestens einer weiteren sinnhaften Weise miteinander verknüpft sind.* (Köppe und Kindt 2014: 43)

In dieser Erklärung muss eine Erzählung keinen Erzähler aufweisen, und wohl daher findet auch die Medialität keine Berücksichtigung. Die Definition weicht somit von dem Modell nach Peter Hühn und Jörg Schönert (2007) ab, berücksichtigt – als Minimaldefinition – aber auch andere Aspekte nicht, wie den *pregnant moment* oder Ereignishaftigkeit. In Hühn und Schönerts Minimaldefinition aus Sequentialität und Medialität sind diese ebenfalls nicht enthalten, bringen aber für die narratologische Gedichtanalyse durchaus interessante Aspekte ein. Die Definition nach Sequentialität und Medialität ist im anschließenden Exkurs vorzustellen und auf die einzelnen Aspekte jeweils vor Ort zurückzukommen.[50]

Das folgende Gedicht, dass den Anforderungen der minimalistischen Definition nach Köppe und Kindt sowie des Modells nach Hühn und Schönert (2007) entsprechen dürfte, stammt von Nukata no Ōkimi, die als die repräsentative Dichterin der Anfangszeit gilt (vgl. Takeda 3: 81, der „Nukada“ liest). Es schildert aus einer gewissen zeitlichen Distanz eine Erinnerung und ist ein prägnantes Beispiel für eine narrative Struktur innerhalb eines Kurzgedichtes (*tanka*). Da jedoch die Erinnerungsdichtung ein durchlaufendes Thema der gesamten Sammlung ist und mnemo-noetische Verbphrasen wie „sich erinnern“ oder „denken an“ gerade in den Abschlussversen häufig vorkommen (vgl. Wittkamp 2014b), stellt das Gedicht 1: 7 keine Ausnahme dar. Wie in Tabelle 1 gesehen ist es das einzige Stück, das unter die angeführte Kapitelüberschrift aufgenommen wurde. Ihm steht ein Titel mit der *kachū*-Anmerkung „unklar“ (未詳 *mishō* / *imada tsubahirakanarazu*) voran, und dem Gedichttext folgt eine längere *sachū*-Anmerkung.

**Die Tennō-Generation, die in Asuka no Kawahara no Miya das Reich Unterm Himmel regierte** Ametoyo Takaraikashi Hitarashi Hime

Gedicht von Nukata no Ōkimi unklar

| | |
|---|---|
| *aki no no no* | Wo in gold’ner Flur[51] |
| *mi-kusa kari fuki* | Wir hehres Gras schnitten, ein Dach deckten |
| *ya-do-re-ri-shi* | Und übernachteten |
| *Uji no miyako no* | In Uji no Miyako, die Hütte – |
| *kari-i-ho shi omohoyu* | Daran denken wir zurück[52] (1: 7) |

50 Zu Köppe und Kindts „gehaltvolleren Definition“ mit „strengeren Bedingungen“ wie „Ereignisreferenz, *closure* und *tellability*“, vgl. Köppe und Kindt 2014: 64–73.

51 Der Vers lautet 金野乃 und in der klassisch-chinesischen Fünf-Elemente-Lehre (五行 *wuxing*, jap. *gogyō*, *gogyō-setsu* 五行說) steht 金 *jin* (jap. *kin*), „Metall“, für „Herbst“, „Westen“ sowie „Weiß“; vgl. Takeda 3: 81, SNBT 1: 19. Inaoka (1: 11) zufolge stammt die Verschriftung nicht von Nukata no Ōkimi.

52 Der Vers 借五百磯所念 *kari iho shi omohoyu* besitz neun Silben (Mora) und damit zwei überzählige (*ji-amari* 字余り). Solche Verse besitzen freie Vokale (Silben, Mora) wie in diesem Vers *i* und *o*; vgl. Omodaka 1: 101, SNBT 1: 20. Takeda (3: 82) präsentiert die verschiedenen Lesungen, blendet aber das Schriftzeichen 五 mit der Lesung *i* aus und liest *kari-ho shi omohoyu* (3: 80). 五百 *iho* bedeutet „500“, steht hier aber für 庵 *iho*, die „Hütte“. Die Verschriftung mit 金 aus der Fünf-Elemente-Lehre im ersten Vers und 五,

Das Rechtsstehende wurde im *Ruiju* (*Ruijū*) *karin* von Yamanoue no Okura *daibu* geprüft, wo es heißt: „Einem Buch zufolge ist es ein erlauchtes Tennō-Gedicht aus dem Jahr *boshin* [648] zu einer Reise an den Hira-Hof." Im *Ki* heißt es allerdings: „Im 5. Jahr [659], Frühling, zu Neujahr, am dritten Tag kam die Tennō von den heißen Quellen in Ki [Wakayama] zurück. Am ersten Tag im 3. Monat machte die Tennō eine glücksbringende Reise nach Yoshino und veranstalte ein Bankett. Am jenem dritten Tag machte die Tennō eine glücksbringende Reise zur Hira-Bucht in Ōmi."

## Titel und historischer Hintergrund

Der Kapitelüberschrift zum Hof „Asuka no Kawahara no Miya" folgt unmittelbar der Titel, und zu beiden Peritexten sind Anmerkungen beigefügt. Es ist der erste Titel der Sammlung, der das Gedicht lediglich mit einem Namen verbindet, nichts aber über die Entstehungsumstände preisgibt. Gedicht 1: 8 ist mit dem gleichen Titel ausgestattet, steht aber unter einer anderen Kapitelüberschrift, und der Name der Nukata no Ōkimi kommt in den meisten Gedichten unter der folgenden Kapitelüberschrift zum Hof „Ōmi no Ōtsu no Miya" am Biwa-See nochmals vor. Die Kapitelüberschrift „Asuka no Kawahara no Miya" erfasst nur dieses eine Gedicht, was auch merkwürdig ist, da der Name auf einen provisorischen Nebenhof verweist.[53]

Die Anmerkung zur Kapitelüberschrift gibt den *wafū*-Namen (*kokufū shigō*) der Herrscherin an, die nach dem Tod ihres Mannes Jomei als Kōgyoku den Thron bestieg, 645 zu Gunsten ihres jüngeren Bruders Kōtoku abdankte und nach dessen Tod 655 als Saimei zurückkehrte; „Kōgyoku" und „Saimei" sind die postumen Namen im chinesischen Stil (*kanpū shigō*). Der Anmerkung zum Titel zufolge ist entweder der angegebene Name der Dichterin, die vermutlich ab den 630er bis in die 690er Jahren lebte, „unklar" (未詳) oder die fehlenden Mitteilungen zur Entstehung. Der Grund für die Anmerkung geht aus der Privatsammlung *Ruiju karin* hervor, der zufolge das Gedicht offenbar unter einem anderen Namen verzeichnet war. Tairadate Eiko zufolge zeigt die

„5", hängt gewiss zusammen.

53 In der Kapitelüberschrift vor 1: 8 lautet der Name des Hofes „Nochi no Wokamoto no Miya". Asuka no Itabuki no Miya, der Hof von Kōgyoku, Kōtoku (nur am Anfang) und dann Saimei (= Kōgyoku), brannte im Winter 655 ab. Saimei ließ den Übergangspalast Asuka no Kawahara no Miya errichten, bevor sie 656 nach Nochi no Wokamoto no Miya umzog; vgl. Ozawa 2003: 38–40, die Tabellen in Nakanishi 2017: 128–129, Aso 1: 63 und zu den Ereignissen SNBZ 4: 204–207. Angesichts der unterschiedlichen Vorbemerkungen vor 1: 7 und 1: 8 wird vermutet, dass der Kompilator unter dem angegebenen Hof die Zeit der Kogyōku Tennō verstand; vgl. SNBZ 6: 28, Tairadate 1999: 23.

Angabe 大御歌 *oho mi-uta* aus dem *Ruiju karin* als Bezeichnung für ein „erlauchtes Tennō-Gedicht“ eine „Überlieferung einer anderen Autorenschaft (*sakusha iden* 作者異伝)“, was mit der Bedeutung als „Erinnerung“ besondere Aufmerksamkeit erfordere.[54] Denn beide Punkte zusammen legen eine „gemeinsame Emotionalität“ für die Personen nahe, welche die „Erfahrung“ in dem geschilderten Raum der „Hütten von Uji“ teilten. Insofern ist eine Übersetzung mit „wir“ angebracht, zumal das auch mit dem Erzählmedium zu vereinbaren ist.

Das Zitat aus dem *Ruiju karin* liefert eine Jahresangabe aus dem *eto*-Sechzigerzyklus. Diese scheint aber ebenfalls unklar gewesen zu sein, denn zum Vergleich oder zur Überprüfung wurde die Geschichtsschreibung *Ki* herangezogen. Das Zitat umfasst nur Daten, und da das *eto*-System nach sechzig Jahren den Zyklus durchläuft und erneut beginnt, könnte die Angabe aus dem *Ruiju karin* auch für die Jahre 588 oder 708 stehen, was allerdings unrealistisch ist. Daher gilt die in den Kommentaren zu findende Angabe „648“ als verlässlich. Beide Quellen liefern somit unterschiedliche Angaben, und das Zitat aus dem *Ki* verweist auf das Neujahr und zwei Tage im 3. Monat im 5. Jahr (659). Das Zitat aus dem *Ruiju karin* ist selbst bereits ein Zitat „aus einem anderen Buch“, und das *Ki*-Zitat stimmt bis auf eine kleine Abweichung[55] sowie die Fortlassung der Anmerkung zur Lesung von 平浦 (Hira *no ura*) mit den entsprechenden Einträgen im *Nihon shoki* zum 5. Jahr der Saimei (659) überein (vgl. SNBZ 4: 220). Inaoka (1: 11) schließt aus der Angabe, dass die Verfasser der Nachbemerkung als Dichterin die Tennō Saimei / Kōgyoku vermuteten, aber der SNBT-Kommentar (1: 19) erklärt die Angabe „3. Monat“ im Zitat als „unpassend“. Denn im Gedicht heiße es – über die Fünf-Elemente-Lehre – „Herbst“, und auch die Ortsnamen „Hira“ in der Anmerkung und „Uji“ im Gedicht seien problematisch. Hira war ein Hafen am Biwa-See, und von Asuka aus führte der Weg dorthin über die Gegend namens Uji, die im heutigen Stadtgebiet von Uji-*shi* lag.

Den zitierten Quellen zufolge entstand das Gedicht somit auf einer Reise in den Jahren 648 oder 659, und Inaoka Kōji (1: 11) erläutert die „Hütte“ aus dem Gedicht im Sinne einer Übernachtung auf der Reise. Tairadate (1999: 23–24) zufolge, die unter den Angaben der Anmerkung ebenfalls das mögliche Jahr der Dichtung versteht, lassen die später beigefügten Peritexte eine „große

54 Vgl. Tairadate 1999: 24, die mit Einträgen aus dem *Nihon shoki* argumentiert, aber nicht die Möglichkeit reflektiert, dass das *Nihon shoki* eventuell noch nicht vorgelegen hat.

55 Die Zeichen 厶日 stehen nicht im *Nihon shoki*. Takeda (3: 84) liest *sore no hi*, „an jenem Tag“, und setzt 厶 *mu* mit 某 *mu* (andere Lesungen *bō*, *bo*) gleich. Omodaka (1: 102) erachtet die Angabe als überflüssig.

Entfernung“ zwischen der Dichterin und den Kompilatoren der Sammlung (*hensansha* 編纂者) durchblicken. Wie bei allen Anmerkungen ist auch hier die Zeit der Beifügung unklar, aber sollten die Anmerkungen zu den ersten beiden Bänden gleichzeitig beigefügt worden sein, muss das dem letzten Gedicht im zweiten Band zufolge nach 715 geschehen sein. Sollte aber die angegebene Quelle *Ki* identisch mit dem *Nihon shoki* sein, muss die Anmerkung nach 720 beigefügt worden sein, und sollte der Kompilator tatsächlich Ōtomo no Yakamochi gewesen sein, besteht die Möglichkeit, dass der zeitliche Abstand zwischen dem Gedicht und der Anmerkung noch größer ist. Das ist insofern realistisch, als die Angaben kein Ergebnis liefern und das „unklar“ weiterbestand.[56]

Die Differenz zwischen dem sich in *aki no no*, „goldene Flur“, zeigenden Herbst im Gedicht und dem Frühling in der Nachbemerkung wirft die Frage auf, ob sich die Jahresangabe aus dem *Ki*-Zitat auf das Erinnern oder die erinnerte Reise bezieht. Zu erwarten wäre das Letztere, aber die meisten Kommentare ergänzen bei der Lesung des Zitates aus dem *Ruiju karin* „Zu der Zeit, als ...“ (*toki*),[57] wodurch es ein Gedicht wird zu der Zeit, als jemand 648 eine glücksbringende Reise an den Hof in Hira machte. In diesem Jahr besetzte Kōtoku den Thron, und sollte die Angabe 大御歌 *oho mi-uta* aus dem *Ruiju karin* dem SNBZ-Kommentar (6: 28) zufolge gleichbedeutend mit 御製歌 *oho mi-uta* sein, die wie gesehen für ein Tennō-Gedicht steht, müsste sich die Angabe auf Kōtoku Tennō beziehen. Dann aber wäre ein Mann für das Gedicht verantwortlich, was offenbar unter inhaltlichen Aspekten ein gewisses Unbehagen hervorruft. Immerhin lassen die SNBZ-Bearbeiter (ebd.) die Entscheidung offen und vermuten den Tennō oder seine Schwester Kōgyoku.[58]

---

56 Vovin (2017: 34) zufolge muss die Nachbemerkung nach 714 beigefügt worden sein, da Okura in diesem Jahr den Titel 大夫 „Tayū“ (japanische Kommentare lesen *daibu*, SNBT 1: 19, SNBZ 6: 30, oder *maetsukimi* / *mahe tsu kimi*, Itō 1: 65, Aso 1: 60, Inaoka 1: 11) erhalten hätte. Das *Shoku nihongi* listet im Eintrag zu Neujahr 714 die Beförderungen, und darunter die des Yamanoue *no omi* Okura von „Richtiger 6. Rang [unten]“ zu „Folgender 5. Rang [unten]“ (Ränge nach Dettmer 2009: 23, 37). „Tayū“ ist nicht verzeichnet, aber in diesem Eintrag kommen das erste Mal für „Yamanoue no Okura“ die Schriftzeichen 山上憶良 vor. Zuvor (701) stehen die Schriftzeichen 山於憶良; vgl. SNBT 12: 34–35, 206–207. Vovin (S. 35) korrigiert seine Vermutung zu „nach 733“ (Okuras Todesjahr), was insofern sinnvoll erscheint, als jemand Einblick in das *Ruiju karin* hatte oder es besaß.

57 Vgl. SNBZ 6: 29, Itō 1: 65, Aso 1: 60 oder Inaoka 1: 11 und dagegen SNBT 1: 19. Omodaka (1: 101) liest den Text ohne *toki*, ergänzt das Wort aber in der Erläuterung.

58 Inaoka (1: 11) versteht unter *oho mi-uta* ein Gedicht der abgedankten Kōgyoku, aber auch Omodaka (1: 101) oder Aso (1: 62) lassen die Möglichkeit eines Gedichts von Kōtoku offen. Die Angabe beziehe sich auf den oder die Tennō oder einer ihm oder ihr

Unklar ist zudem, auf welche Zeit sich der letzte Vers mit der mnemo-noetischen Verbphrase … *shi omohoyu*, „sich erinnern, zurückdenken“, bezieht.[59] Als offizielle Ereignisse wurden Tennō-Reisen im *Nihon shoki* registriert, und Omodaka (1: 101–102) nimmt das Fehlen eines Eintrags zur Reise im Jahr 648 als Hinweis auf eine Reise der abgedankten Kōgyoku. Während der Reise im Jahr 648 habe sie sich an eine gemeinsame Reise mit ihrem verstorbenen Ehemann Jomei Tennō erinnert und das Gedicht verfasst.[60] Tatsächlich wird das folgende, ebenfalls unter „Nukata no Ōkimi“ verzeichnete Gedicht 1: 8 in der Anmerkung mit den Erinnerungen Saimeis (= Kōgyoku) an eine Reise mit ihrem verstorbenen Gatten Jomei in Verbindung gebracht. Zudem ist das *Ruiju karin*, aus dem die Angabe „648“ stammt, eine Gedichtsammlung, und die Peritexte zu den ältesten Gedichten im *Man'yōshū* legen nahe, dass die Angaben zur Entstehung des Gedichtes von Interesse waren. Für Aso (1: 62) ist dennoch die Wahrscheinlichkeit hoch, dass das während der Reise von 659 entstandene Gedicht eine Erinnerung an die Reise von 648 thematisiert, und Tairadate (S. 24–25) wiederum geht von gemeinsamen körperlichen Erfahrungen, Emotionen und Erinnerungen aus, die Saimei und Nukata no Ōkimi teilten und eine gemeinsame Dichtung (*kyōyū no uta*) ermöglichte. Den Grund vermutet sie in dem engen Verhältnis zwischen den beiden familiär verbundenen Frauen.[61] Wie dem auch sei – das Verhältnis des Titels zum Gedicht war offenbar so problematisch, dass es die Anmerkung „unklar“ erforderte, was wiederum einen Hinweis auf die frühe Rezeption liefert.

**Der Gedichttext**

Aus heutiger Sicht wirft die Anmerkung mit der Präsentation einer anderen Autorenüberlieferung mehr Fragen auf als sie Antworten gibt, aber ohne weiteres Belegmaterial muss es auf diesem Stand der Dinge bleiben. Festzuhalten bleibt, dass dem Verfasser der Anmerkung die Umstände der Dichtung und / oder der angegebene Name der Dichterin „unklar“ waren, was ein Interesse an diesen Fragen belegt. Befreit von den Anmerkungen bereitet das Gedicht we-

gleichgestellten Person, was nur der oder die Tennō nach der Abdankung bedeuten kann.

59 Zu mnemo-noetischen Verbphrasen in der Erinnerungsdichtung vgl. Wittkamp 2014b: 189–320; zu Beispielen von *shi omohoyu* vgl. SNBT 1: 20S sowie Wittkamp ebd. 217, 271, 288, 292, 317–318, 413.

60 Itō (1: 66) entfaltet eine gleiche „Vermutung“ in typischer Detailliertheit; Omodaka erwähnt er nicht.

61 Die vermutlich in den 630er Jahren geborene Nukata war von adliger Herkunft und die erste Gattin des späteren Tenmu Tennō (Saimeis Sohn) sowie die Mutter von seiner Tochter (Saimeis Enkelin). Mit „gemeinsame Dichtung“ ist gemeint, dass angesichts der Peritexte beide Frauen als Verfasserinnen gelten können.

sentlich weniger Probleme. Die Kommentare heben das Erinnern hervor, das Tairadate (S. 23) zufolge alle zwölf Gedichte der Nukata no Ōkimi thematisieren. Ihre Gedichte beginnen mit 1: 7 und enden mit 2: 111 bis 113, dem Gedichtaustausch mit dem 699 verstorbenen Yuge no Miko.[62] Das Verb *omohoyu* (*omofu* → *omoha-yu* → *omohoyu*) im letzten Vers wird als ein von selbst (*-yu*) ablaufendes Erinnern im Sinn von „einfallen" verstanden. Das von Saimei im Sommer 659 zum Tod eines Enkels verfasste *kayō*-Lied Nr. 118 aus dem *Nihon shoki* enthält das Verb ebenfalls, woran Tairadate (S. 24–25) auch die „Gemeinsamkeit" festmacht. Allerdings steht dort nicht die voranstehende, sich auf den Inhalt der Erinnerung beziehende Betonung *shi* (vgl. SNBZ 4: 212–213), die im *Man'yōshū* in 1: 7 das erste Mal vorkommt und danach in der Sammlung als … *shi omohoyu* zum Stereotyp der Reisedichtung wird. Itō (1: 67) weist auf die Verbindung des Erinnerns mit dem Sehen hin, was für die „Menschen im Altertum" besonders wichtig gewesen sei. Tatsächlich hängt im *Man'yōshū* das Erinnern oft mit einem Anblick von etwas zusammen, und daher geschieht es auch nicht von alleine (*-yu*), sondern wird durch ein *cue* angeregt oder ausgelöst.[63] Da in 1: 7 die erinnerte Landschaft die herbstliche Flur von Uji ist, wäre im Fall eines Anblicks der „Erzähl-Ort" (nach Schönert 2007: 139) mit dem erinnerten und erzählten Ort identisch, laut Nachbemerkung allerdings zu verschiedenen Jahreszeiten. Inaoka (1: 11) möchte die Vergangenheit in 1: 7 enger an die Gegenwart binden, aber sollte es sich um Erinnerungen an Jomei Tennō handeln, wäre es dennoch eine abgeschlossene Vergangenheit, zumal das Gedicht bereits durch die Position in der Urauswahl sowie die Kapitelüberschrift der Vergangenheit zugeordnet ist. Inaokas Vermutung kann also nur das Gedicht vor der Schrift und der Kompilation betreffen, die jedoch die Vergangenheit von der Gegenwart trennen. Wie wohl auch den Verfassern der Anmerkungen schwebt ihm ein mündliches Vortragen am Ort des Erinnerns vor. Wenn das auch beispielsweise im Rahmen eines Banketts während der Reise durchaus möglich wäre, hätte das jedoch nur wenig mit der Sammlung zu tun, die nicht über die Stimme, sondern im Prozess der Zusammenstellung und Bearbeitung – mit der entsprechenden Distanz – über das Auge wahrgenommen wird. Im weiteren Verlauf der Rezeption mag das Gedicht durchaus

62 Zu 2: 111 bis 113 im Rahmen der Erinnerungsdichtung vgl. Wittkamp 2014b: 192–193 sowie S. 491 (Index). Inaoka (1: 11) sieht 1: 7 als das älteste Erinnerungsgedicht (*kaisō no uta* 回想の歌) im *Man'yōshū*, aber schon die Gruppe 1: 5 und 6 thematisiert Erinnerungen, wenn auch ohne mnemo-noetische Verbphrasen. Als „wir vergessen nicht" ist das Erinnern zudem explizites Thema in den sogenannten „Liedern der Kume", die als die ältesten *kayō*-Lieder im *Kojiki* und *Nihon shoki* gelten; vgl. Wittkamp 2014b: 210.

63 Vgl. Wittkamp 2014b: 172, 180 und zum *cue*-Begriff Echterhoff 2004: 66–70, Erll 2005: 84, 138 („Abrufreiz, -hinweis").

bei besonderen Anlässen wieder zur Mündlichkeit zurückgefunden haben. Solange aber dabei die peritextuellen Angaben nicht unter den Tisch fallen, was angesichts des Interesses an Autorennamen und Entstehungsumständen kaum vorstellbar ist, bleibt die Distanz gewahrt.

Das Gedicht 1: 7 reduziert die Landschaft auf den ersten Vers, um darauf in einer Abfolge von drei zusammenhängenden Tätigkeiten eine Basalerzählung im Sinn der „minimalistischen Definition“ (Köppe und Kindt 2014: 43) zu entfalten. Im zweiten und dritten Vers bildet die Aneinanderreihung von *mikusa kari*, „hehres Gras schneiden“, *fuki*, „[ein Dach] decken“, *yadorerishi*, „übernachtet, Zuflucht genommen haben“, drei Tätigkeiten an einem Ort ab, die in der Rezeption eine zeitliche Abfolge hervorrufen, aber grammatisch als abgeschlossen markiert sind. Die Verben *kari* und *fuki* stehen in der Konjunktionalform „und“, sodass die Tätigkeiten hintereinander erfolgen: Gras schneiden und damit das Dach decken. Die Verbphrase *yadorerishi* setzt sich zusammen aus *yadoru*, woran die Verbalsuffixe *-ri* für den imperfektiven Aspekt zur „Kennzeichnung von unvollendeten, in der Fortdauer befindlichen oder sich wiederholenden Handlungen und Vorgängen oder auch zur Kennzeichnung eines Zustandes“ (Lewin 1975: 164), und *-ki* als Markierung des Präteritums in Attributivform *-shi* anschließen: Wir hatten das Gras geschnitten und damit das Dach gedeckt, unter dem wir dann übernachteten. Die Vergangenheitsform der letzten Verbphrase dominiert die vorangehenden Konjunktionalformen und stellt zugleich den Bezug zum vierten Vers her, der wiederum den Übergang zum letzten Vers mit der mnemo-noetischen Aussage „ich / wir erinnere / -n mich / uns!“ bildet. Das Gedicht schildert eine Erinnerung und erzählt darin eine kleine Geschichte, die gerahmt ist. Der erste und vierte Vers bringen den besonderen Ort ein, und mit *kari-iho shi omohoyu*, „jene Hütten – daran denke ich / -n wir“, hebt der letzte Vers die Erinnerung auf eine reflexive Ebene, was Misaki Hisashi (2005: 39) als die „Entdeckung der Zeit“ versteht.

Sollte die Differenzierung zwischen dem erzählenden Ich der Exegesis und dem erzählten Ich der Diegesis prinzipiell Gültigkeit beanspruchen, käme es in diesem – wie häufig in Erinnerungsdichtung – zu einer Verdoppelung: Das erzählte Ich erinnert sich an ein früheres Ich, das gewissermaßen zu einem erzählt-erzählten Ich wird. Das erzählte Ich – oder Wir – erinnert sich.

## Exkurs: Sequentialität und Medialität

Die vorliegenden Untersuchungen nähern sich den Themen „Erzählung und Erzählen“ aus unterschiedlichen Richtungen und auf verschiedenen Ebenen. Im Gegensatz zu Sebastians Balmes Arbeit *Narratologie und vormoderne ja-*

*panische Literatur* wird keine grundlegende Theoretisierung für altjapanische Texte und damit auch keine konsequente Überprüfung westlicher Konzepte angestrebt (vgl. Balmes, 2022: 20). Zwar sind die „narrativen Besonderheiten" zu erfassen, die „japanisches Erzählen im Vergleich zur westlichen Literatur auszeichnen und die wesentlich durch Charakteristika der japanischen Sprache bedingt sind" (Balmes S. 48–49, vgl. S. 6), aber der Vergleich selbst ist auszuklammern. Die zu untersuchenden Texte sind vielmehr grammatisch, narratologisch und stilistisch möglichst detailliert zu erfassen, um eine Grundlage für die Komparatistik zu errichten. Während Balmes weiterhin einen gleichsam deduktiven Ansatz verfolgt, steht im Zentrum der vorliegenden Arbeit die dichte Beschreibung des Untersuchungsgegenstands, was natürlich nicht das Ausblenden einer Reflexion der Begrifflichkeit bedeutet. Denn erst die Auswahl von geeigneten Begriffen ermöglicht das Erfassen der textuellen Fein- und Besonderheiten, die ohne diesen „Werkzeugkasten" nicht zu erkennen sind. Die Probleme sind vor Ort aus der gegebenen Problematik anzusprechen, aber die narratologische Gedichtanalyse erfordert ein Mindestmaß an Vorüberlegungen.

Der von Jörg Schönert, Peter Hühn und Malte Stein verfasste Band *Lyrik und Narratologie* stellt für die Theorie und Praxis des Themas ein Referenz- und Orientierungswerk zur Verfügung, in dem Hühn und Schönert (2007: 1–18) zunächst die „Theorie und Methodologie narratologischer Lyrikanalyse" erläutern. Den Autoren zufolge wird

> […] *Narrativität* durch die Kombination zweier Dimensionen konstituiert […] – primär durch *Sequentialität* (das heißt durch die zeitliche Organisation und Verkettung einzelner Geschehenselemente und Zustandsveränderungen zu einer kohärenten Abfolge) und sekundär durch *Medialität* (das heißt durch die Vermittlung in Konstruktion, Präsentation und Interpretation dieser Abfolge aus einer bestimmten Perspektive). (2007: 2)

Dieser einfachen, binären Definition zum Trotz ist das Thema kompliziert, und zur Feinerfassung kommen dementsprechend weitere Begriffe hinzu, wie die Ereignishaftigkeit oder die sich gegenseitig bedingenden, kulturell gebildeten *Frames* und *Skripts* zur Beschreibung von kognitiven Schemata und bestimmbaren Abläufen.[64] Das Modell räumt der Sequentialität Vorrang gegenüber der

64 Vgl. Hühn und Schönert 2007: 8. Auf die systematische Anwendung der kognitiven Narratologie und ihrer Analyseinstrumente ist in der vorliegenden Arbeit allerdings zu verzichten, da *Frames* und *Skripts* zunächst durch aufwendige Textanalysen und -vergleiche identifiziert werden müssten, was eine andere Fragestellung bedeutet. Prinzipiell begeg-

als sekundär eingestuften Medialität ein, und die folgenden Überlegungen orientieren sich daran, wenn sich auch in der Analyse selbst diese Vorrangigkeit weniger bemerkbar macht.[65]

Unter den Untersuchungsgegenständen der vorliegenden Arbeit stellen die Gedichte 1: 3 und 4 sowie 1: 7 die kürzesten Texte, und sollten sich Sequentialität und Medialität bereits in diesen Beispielen feststellen lassen, sind bei längeren Sequenzen komplexere Strukturen zu erwarten. So verweist das Verbalsuffix *-rashi* in 1: 3 auf eine Wahrnehmung der Außenwelt, an die sich eine Vermutung knüpft, und das Verbalsuffix *-ramu* in 1: 4 ist ein Ausdruck der Vermutung zur Gegenwart, die nicht an eine äußere Wahrnehmung gebunden

---

nen sie jedoch, wie in den *rusu-ka* 留守歌, den „Gedichten von Daheimbleibenden". In dieser Situation bildet die Dienstreise des Mannes den *Frame*, in dem als *Skript* ein Gedicht der Frau mit bestimmten Merkmalen „abläuft" (siehe unten). Ein Beispiel mit *Frame*- und *Skript*-Vorgaben aus der klassisch-chinesischen Literatur, die in der altjapanischen Literatur zahlreich vorhanden sein dürften (vgl. Wittkamp 2021a), wären die Gedichte 1: 29 bis 33 beim „Passieren der alten Hauptstadt". Dabei stellte sich aber auch die Frage, ob die neue Begrifflichkeit tatsächlich zu einem Erkenntnisgewinn führt, oder ob nicht etablierte Begriffe bereits ausreichend sind, wie die aus der klassisch-chinesischen Literatur übernommene Topik. Auch „Stereotypie" bietet sich an, wenn beispielsweise beim Ausdruck der Sehnsucht als *Frame* das Kurzgedicht als *Skript* einen Aufbau aus gedichtinternem Vorwort mit Landschaft und emotionaler Hauptaussage präsentiert (zur Erinnerungsdichtung vgl. Wittkamp 2014a/b). Die literaturgeschichtliche Begrifflichkeit besitzt vermutlich Überschneidungen mit dem Begriffspaar der kognitiven Narratologie, ist aber keinesfalls damit identisch.

65 In einer späteren Untersuchung zur mittelalterlichen Literatur erweitert Hühn (2011: 80) das zweidimensionale Modell wie folgt: „Erzählen ist ein kommunikativer Akt, in dem eine zeitlich organisierte Kette von Geschehenselementen in einem sprachlichen Medium vermittelt (oder repräsentiert) und in eine kohärente, sinnhafte Abfolge-Struktur transformiert wird, und zwar durch eine sprachliche Vermittlungsinstanz (einen Erzähler) sowie aus einer bestimmten – räumlichen, zeitlichen, ideologischen etc. – Perspektive (der des Erzählers und / oder einer oder mehrerer handelnden Figuren). An einer Erzählung lassen sich demgemäß modellhaft-idealtypisch drei konstitutive Dimensionen unterscheiden: (1) die zeitliche Sequenz von Geschehensmomenten und Gegebenheiten (Handlungen, Ereignissen, Figuren, Gegenständen, Räumen usw.), (2) deren auswählende, anordnende, und interpretierende Vermittlung sowie (3) der kommunikative Artikulationsakt, in welchem diese Vermittlung in einem Medium (etwa einem sprachlichen Text) praktisch umgesetzt wird, kurz: die Dimensionen der temporalen Sequentialität, der Medialität und der Artikulation". Während Hühn den Themen „Sequentialität und Ereignishaftigkeit" (S. 83–85) und „Medialität und lyrischer Diskurs" (S. 85–88) eigene Abschnitte widmet, handelt er die „Artikulation" nicht separat ab. Überhaupt ist nach dem Sinn zu fragen, die „Vermittlung in einem Medium" von der dritten Dimension der „Artikulation" – heuristisch, analytisch – zu trennen und das Modell dadurch wieder zu verkomplizieren. Die Dimension der Artikulation ist bei Bedarf – etwa beim transmedialen Erzählen – zu berücksichtigen.

ist. Der Wechsel von *-rashi* zu *-ramu* ist zunächst als eine Veränderung auf der Ebene der Darstellung zu beschreiben, stellt aber nur bedingt eine Entwicklung der Zeit der erzählten Welt dar. Es kann zunächst von der minimalen zeitlichen Entwicklung abgesehen werden, die sich durch die räumliche Erweiterung ergibt, aber da sich beide Hilfsverben auf ein identisches Objekt beziehen, nämlich den zu Jagd ziehenden und sich *dann* dort befindenden Herrscher, liegt eine zeitliche Entwicklung und damit Sequentialität vor. Die Gedichte 1: 3 und 4 stellen also über die Grammatik der Vermutung unterschiedliche Zeiten und Räume dar. Da 1: 4 als ein *hanka*-Gegengedicht ausgewiesen ist und sich darüber eine enge Beziehung zu 1: 3 aufbaut, sind die Gedichte als Äußerungen eines Erzählmediums an einem identischen Erzähl-Ort, dem Ort des Erzählens zu verstehen. Wie gesehen ist allerdings der Zeitpunkt der Wahrnehmungen des erzählten Ichs unterschiedlich, der sich in der Zeit des Aufbruchs und an dem Morgen danach oder einem anderen späteren Morgen festmachen lässt.

Die Gedichte 1: 3 und 4 weisen die Sequentialität nach Hühn und Schönert (2007: 6–11) sowohl auf der Ebene der erzählten Welt (Diegesis), als auch – über den Wechsel von *-rashi* zu *-ramu* – auf der Ebene der Darstellung (Exegesis) auf, aber auch das Gedicht 1: 7, das eine Erinnerung an eine Landschaft und die dort ablaufenden Tätigkeiten schildert, gibt auf beiden Ebenen Sequentialität zu erkennen. Auf der Ebene der erzählten Welt besteht sie im Rahmen der erinnerten Tätigkeiten in den Versen (1,) 2 und 3 in der Vergangenheit, die über den vierten Vers zum Hier und Jetzt des gedichtinternen Erzählens im fünften Vers wechselt. Zum anderen ist die literarische Inszenierung der Darstellung der Vergangenheit und Gegenwart des Erinnerns ebenfalls als Sequentialität zu verstehen, da es mit Ausdruck von „äußeren" und „inneren" Handlungen gewissermaßen zwei narrative Blöcke gibt, die sich in der Darstellung unterscheiden. Über den die Zeit und den Raum verbindenden vierten Vers geht der erste Block in den zweiten über.

Das Gedicht 1: 7 ist ein bemerkenswerter Fall, da darin die Sequentialität innerhalb eines Kurzgedichtes zum Tragen kommt, wofür es wie bemerkt im Rahmen der Erinnerungsdichtung allerdings noch weitere Belege gibt. Die vorliegende Arbeit widmet sich dagegen Sequenzen, worunter Gedichtgruppen zu verstehen sind, die sich durch Narrativität auszeichnen. Besonders der in der Sammlung als Autor präsentierte Kakinomoto no Hitomaro scheint ein starkes Interesse an der Erzählung gehabt zu haben, was beispielsweise die aus Kurzgedichten bestehende Sequenz 1: 40 bis 44 zeigt, deren ersten drei Gedichte von ihm stammen. Die fünf Gedichte werden unten analysiert, und hier sei vorausgreifend nur auf die Wahrnehmung der Forschung hingewiesen, die mit Omodaka Hisataka eine Anordnung der erzählten Orte auf einer geraden

Linie, die sich über die drei Gedichte erstreckt, oder mit Itō Haku eine Zuspitzung der Zeit sieht. Ergänzen ließe sich eine parallel dazu ablaufende soziale Fokussierung. Das alles sind Begleiterscheinungen der Sequentialität, und Misaki Hisashis Wahl dieser drei Gedichte zur Demonstration von Raum und Zeit dürfte ihrer Auffälligkeit geschuldet sein.

Die narratologische Lyrikanalyse nach Schönert, Hühn und Stein (2007) legt ein besonderes Augenmerk auf das Ereignis, das als entscheidender Wendepunkt zur Strukturierung des dargestellten Geschehens dienen soll (Hühn und Schönert 2007: 8). In der gegebenen Kürze in Gedicht 1: 7 dürfte ein Ereignis insofern kaum zu erwarten sein, als die Diskursebene eines Kurzgedichtes die Darstellung von Davor und Danach kaum gestattet, aber zu überlegen wäre ein Verstehen als „Scheitelpunkt der Handlungsentwicklung" (*pregnant moment*).[66] Sollte das Gedicht einem das Erinnern auslösenden Anblick der Landschaft geschuldet sein, wäre das als ein Ereignis zu werten, aber sollte Ereignishaftigkeit das „zentrale Moment der narrativen Organisation [sein], das die Erzählwürdigkeit des Geschehens (»tellability«) bedingt" (ebd.), kann bei 1: 7 die Ereignishaftigkeit nur das gesamte Gedicht sein. In die Gedichte 1: 3 und 4 wiederum ist mit dem Aufbruch zur Jagd ein erzählwürdiges Ereignis eingeschrieben und damit auch eine Zustandsveränderung festzustellen, die sich auf der Ebene der erzählten Außenwelt als Wechsel des hektischen Treibens beim Aufbruch zur wieder eingekehrten Ruhe der Zurückgebliebenen beschreiben lässt. Dieser Wechsel ist mit dem Wechsel von der Wahrnehmung der Außenwelt zur Vermutung der Innenwelt verbunden, und dieser komplexen Zustandsveränderung entsprich der Wechsel auf der Darstellungsebene, nämlich der Wechsel vom Langgedicht zum Kurzgedicht, der in der Sammlung mit dieser Gruppe das erste Mal zu beobachten ist.

In der Sequenz 1: 40 bis 42 lassen sich ebenfalls Ereignishaftigkeit und Zustandsveränderungen auf verschiedenen Ebenen feststellen. Neben der räumlichen und zeitlichen Ausrichtung der erzählten Welt vollzieht das dritte Gedicht mit der eintretenden Gefahrensituation einen „Sprung" von den ersten beiden Stücken mit der Darstellung von Vergnügen, der auch als Grenzüberschreitung zu verstehen ist und die soziale Opposition aus „Gesellschaft / Gruppe" versus „Individuum" betrifft. Zum anderen ist auf der Ebene der Darstellung der Wechsel von der „Umkehrung" oder „Parodie" zur Rückkehr zur

66 Vgl. Wolf 2002: 70 mit einem Zitat von Hermann Josef Schnackertz; Wolf zitiert auch Lessing: „Die Malerei kann in ihrer koexistierenden Komposition nur einen einzigen Augenblick der Handlung nutzen, und muß daher den prägnantesten wählen, aus welchem das Vorhergehende und Folgende am begreiflichsten wird" (ebd.). Sorensen (2012: 10) sieht im „pregnant moment [...] the narrative impulse of the painting".

traditionellen Dichtung der Zuhause wartenden Frau als ein Ereignis zu werten (siehe unten), in der allerdings die Perspektive von der wartenden Frau durch den wartenden Mann eingenommen wird. Es lässt sich festhalten, dass die genannten Beispiele hinsichtlich der Sequentialität und Ereignishaftigkeit die Bedingungen der narrativen Lyrik erfüllen.

Somit ist die primäre Dimension der Sequentialität als ein Instrument zur Differenzierung von der Lyrik anzubringen, die wie eine Momentaufnahme – eines lyrischen Ichs – ohne raumzeitliche Zustandsveränderungen das traditionelle Verständnis von Lyrik prägten, und es ist nach der sekundären Dimension der Medialität zu fragen. In der vorliegenden Arbeit geht es um die These, dass in den zu untersuchenden Texten eine „vom Autor geschiedene Sprechinstanz ausgemacht werden kann" (Balmes, ebd. S. 48; vgl. „Erzählstimme", S. 84–105). Dass die fiktionale Erzählung prinzipiell einen Erzähler erfordert, selbst wenn dieser wie der sogenannte *covert narrator* im Text nicht in Erscheinung tritt, ist in der Narratologie durchaus keine abgemachte Sache, und Tillmann Köppe und Tom Kindt (2014: 86) weisen diese Voraussetzung auch „getrost zurück".[67] Andererseits war in der Lyrikanalyse – vor dem Einzug der Narratologie – der bequeme Begriff des lyrischen Ichs gang und gäbe, findet aber nicht mehr viel Unterstützung; in Abgrenzung zur narrativen Dichtung ist der Verzicht ohnehin angebracht.[68] Da es in den vorliegenden Untersuchungen

67 Vgl. Köppe und Kindt 2014: 86. Duthie (2014: 216) schreibt, dass „[t]he prose narratives of the *Nihon shoki* and *Kojiki* [...] never [include indexical references to a first person located in a present time]. The only such references in these texts occur in poems and in reported speech; in neither is there ever any suggestion of a first-person narrator in the text: they are presented as completely »impersonal« narratives". Damit stimmt er der Möglichkeit von narrativen Texten ohne Erzähler zu, aber die Frage ist, ob die beiden Geschichtswerke gleichgesetzt werden können, da das *Kojiki* im Vorwort einen mündlichen Erzähler impliziert; vgl. Wittkamp 2018a: 532, 537 (Index, „Mündlichkeit", „Hieda no Are").

68 Der 1910 von Margarete Susman eingeführte Begriff des lyrischen Ichs (vgl. Müller 2011: 56, Hillebrandt et al. 2019: 3–11) ist strapazierfähig, flexibel, aber unscharf. Er wird kontrovers diskutiert und scheint noch nicht vom Tisch zu sein; vgl. Müller 2011 und dagegen Stein 2007: 269–272. Burdorf (2015: 194) weist das lyrische Ich ebenfalls zurück und schlägt den von Rainer Nägele eingeführten Begriff des „artikulierten Ichs" vor oder spricht verkürzt einfach von „das Ich". Die Autoren und Autorinnen des ersten Bandes der *Grundfragen der Lyrikologie* (Hillebrandt et al. 2019) zielen auf eine „Reform der lyrikologischen Begriffssprache" ab und versuchen, das lyrische oder artikulierte Ich und andere Vorschläge „mithilfe des Begriffspaars »Adressant« – »Adressat« neu zu betrachten [...und] hoffen, dass diese neue Terminologie der Lyrikologie durch ihre fiktions- und modalitätsspezifische Neutralität neue Impulse gibt [...]" (Hillebrand et al. 2019: 5). Zymer liefert das terminologische Glossar; zu Fiktionalität und Modalität vgl. Hildebrandt et al. ebd. S. 5–14, zu Adressant und Adressat Zymer 2019:

um narrative Gedicht- und Prosatexte sowie weiterhin die – im Vergleich zu den genannten Textsorten – große Erzählung der Historiographie der ersten beiden Bände geht, ist heuristisch von einem Erzähler auszugehen, der aber nicht für alle durch die Gedichte und Peritexte sowie das Ganze der einzelnen Bände oder der vorliegenden Sammlung gebildeten Ebenen gleichsam verantwortlich ist. Auf der Ebene der historiographischen Erzählung der ersten beiden Bände erscheint der Erzählerbegriff insofern sinnlos, als er zwar die Grundsatzfrage nach dem Erzähler in der Historiographie betrifft, aber für die folgenden Beobachtungen keinen Erkenntnisgewinn zu besitzen scheint. Daher ist auf dieser Ebene von Kompilatoren und Bearbeitern der Anmerkungen die Rede – sei es als empirische oder abstrakte Instanzen. In dem historiographischen Rahmen der ersten beiden Bände bilden aber die durch die Kompilation und Bearbeitung entstandenen Arrangements aus Gedichten und Peritexten oftmals durchgängige und abgeschlossene Narrative, die hier zur Untersuchung anstehen und zu deren Beschreibung sich dann eine Instanz wie der Erzähler anbietet. Der Erzählerbegriff findet daher ausschließlich auf der Ebene der Gedichte und ihrer Peritexte Verwendung, aber es zeichnet sich schon hier ab, dass es gerade bei der Beifügung von Peritexten oder bei der Selektion und Kombination der Gedichte zu Überschneidungen kommt, welche die Kommunikationssituationen insgesamt verkomplizieren. Je nach Fragestellung ist die Urauswahl ohne Anmerkungen von den ersten beiden Bänden mit Anmerkungen und Ergänzungen zu unterscheiden.

Hühn und Schönert (S. 11) beziehen ihr Modell der Medialität auf die „Formen und Instanzen für die Vermittlung des Geschehens auf der Darbietungs-

26–29. Vor einer Übernahme der lyrikologischen Terminologie wäre zu klären, inwiefern es sich bei altjapanischen Gedichten überhaupt um Lyrik handelt. Nicht nur scheint sich die Lyrikologie auf moderne europäische Lyrik zu konzentrieren, sondern diese differenziert zwischen Gedicht und Lyrik; vgl. Hillebrandt et al. 2019: 2–3, Zymer 2019: 37–40 („Lyrik“, „lyrisch“). „Gedicht“ wird als „Sammelbezeichnung für Sprachzeichengebilde in Versen“ verstanden, bei denen es sich „um Lyrik (einschließlich der epischen Lyrik und der dramatischen oder szenischen Lyrik), aber auch um andere nichtlyrische Verstexte (wie insbesondere Dramentexte, Epik, lyrische Epik, lyrische Dramentexte) handelt“ (Zymer ebd. S. 34). Zymers Lyrikbegriff ist nur im Rahmen der Querverbindungen seines terminologischen Gesamtentwurfs zu verstehen und somit nur bei Übernahme des gesamten Beschreibungsapparats sinnvoll. Borkowski und Winko (2011: 43–77) bieten nicht nur eine detaillierte Übersicht zur Problematik, sondern diskutieren den Begriff im Rahmen von „lyrischen Narrationen – narrativer Lyrik […] in der mittelalterlichen Literatur [Europas]“ (Buchtitel des Sammelbands). Sie weisen einleitend darauf hin, dass der „Begriff aus der Praxis des Faches“ noch nicht „verbannt“ ist, und ein Beispiel für die „kontrollierte Weiterführung“ (ebd. S. 43) ist das *Arbeitsbuch Lyrik* in der zweiten aktualisierten Auflage (Felsner, Helbig und Manz, 2012).

ebene" und isolieren mit Vermittlungsmodi und Vermittlungsinstanzen die beiden „Grundverhältnisse der Medialität". Bei den Vermittlungsmodi unterscheiden sie zwei Aspekte, nämlich die „verbalisierte Vermittlungsaktivität (*Stimme*)" von der „*Fokalisierung* [...], das heißt die perzeptionelle, psychische, kognitive und / oder ideologische Verhaltensweise und Einstellung, mit der die Geschehenselemente und Gegebenheiten wahrgenommen und dargeboten (»geformt« und gegebenenfalls gedeutet oder gewertet) werden". Kategorial gesehen seien Stimme und Fokalisierung auseinanderzuhalten, korrelieren aber im „Vorgang des Wahrnehmens und Vermittelns in unterschiedlicher Weise". Bei den Vermittlungsaktivitäten wiederum unterscheiden die Autoren „vier gestaffelte (Kommunikations-)Ebenen (und Vermittlungsinstanzen)":

> (1) empirischer Autor / Textproduzent und empirisch zu bestimmende Adressaten und Rezipienten, (2) abstrakter Autor / Kompositionssubjekt und »abstrakter Leser«, (3) Sprecher / Erzähler und Adressaten im (Fiktions-)Zusammenhang der Erzählung, [originale Anmerkung: Als Sonderfall ist hier »second person narration« zu beachten.] (4) Protagonist / Figur und »angeredete« Figuren.[69]

Die herkömmliche *Man'yōshū*-Forschung in Japan unterscheidet nicht zwischen Autor, abstraktem Autor oder Erzähler, und die Instanzen rücken auch nicht als gestaffelte Kommunikationssituationen in den Blick. Das traditionelle, das heißt – wie sich im Folgenden noch zeigen wird – bereits in der Sammlung angelegte Interesse gilt der historisch-empirischen Person, ihrem Bewusstsein (*ishiki* 意識) und dem, was sie sagen wollte. Das betrifft gewöhnlich nur die Dichter und Dichterinnen, aber für die ersten beiden Bände der Sammlung sind bei dieser Kommunikationsebene (1) alle an der Texterzeugung beteiligte Instanzen zu verstehen, nämlich die empirischen Autoren, Kompilatoren und Bearbeiter der Anmerkungen.[70] Denn wie bereits bemerkt wurde, erzeugen die Gedichte mit ihren peritextuellen Rahmungen mitunter komplexe Narrative, deren Vermittlungsinstanzen bezüglich der Gedichte in ihren ursprünglichen Entstehungskontexten nicht mehr mit der ersten Ebene der Kommunikation – dem Dichter oder der Dichterin – identisch sein können.

---

69 Vgl. Hühn und Schönert 2007: 11. Burdorfs (2015: 197) „Textinstanzen" entsprechen dem Modell in umgekehrter Reihenfolge: „1. die erzählten Figuren (das Rollen-Ich in direkter Rede), 2. der fiktive Erzähler (der auch als Ich-Erzähler auftreten kann [...]), 3. das Textsubjekt, 4. der empirische Autor".

70 Das sind nur die idealen Ausgangsbedingungen. Später kommen die Bearbeiter der Abschriften sowie die Instanzen der philologischen Auseinandersetzung hinzu, ohne die das hier zu untersuchende Material nicht vorläge.

In jüngerer Zeit setzen den Diskurs vor allem Kōnoshi Takamitsus Arbeiten in Bewegung. Das auf den Text bezogene Verständnis der in der Sammlung angegebenen Dichternamen als „ins Sein bringen (*arashimeru* あらしめる, „existieren lassen; Kōnoshi 2013: II–IV)“ entspricht dem abstrakten Autor, und Ichinose Masayuki (2014: 35) greift die Formulierung als der „im *Man'yōshū* editierte (*hensan sareta* 編纂された) [Ōtomo no] Yakamochi“ (Kōnoshi 2011) auf, reformuliert aber zu „der zum Hauptthema gemachte (*shudaika sareta* 主題歌された) »Yakamochi«“. Der Sammelband, der Ichinoses Ausführungen enthält, macht das durch den in Parenthesen gesetzten Namen kenntlich, um damit von dem Yakamochi zu unterscheiden, der zur damaligen Zeit in der realen politisch-sozialen Geschichte existiert habe. „Hauptthema“ bezieht sich auf die letzten vier *Man'yōshū*-Bände, das Gedichttagebuch (*uta-nikki*) oder Gedichtjournal (*uta-nisshi*), in dem Yakamochi als „der thematisierte beziehungsweise zum Werk gewordene (*sakuhin-ka sareta* 作品化された) »Yakamochi«“ erscheint (Ichinose S. 42). Diese abgrenzende Klammersetzung vollzieht auch Kageyama Hisayuki (2011: 23, 30) mit »*sakusha*« (「作者」), das „im Text entstehende Subjekt der Dichtung“, was nur in Differenz zum klammerfreien *sakusha* – nämlich den empirischen Autor – zu verstehen ist.[71] Kageyamas Thema ist allerdings nicht das Gedichttagebuch, sondern die *sōmon*-Dichtung im zweiten Band.

Auch in Misaki Hisashis (2005: 11–32) Ausführungen nimmt der Begriff des *sakusha*, „Autor, Autorin“, eine „leicht abweichende“ Bedeutung an, nämlich als das „Subjekt des Ausdrucks, das vor dem Hintergrund eines Werkes durch den Ausdruck auftaucht“. „Ausdruck“ ist hier nicht im ästhetischen Sinn zu verstehen, sondern bedeutet allgemein den Text in seiner materiellen Erscheinung von Inhalten. Das entspricht ebenfalls dem abstrakten Autor, den Misaki in Anschluss an die Narratologie als „in der Nähe des Autors als Funktion (*kinō toshite no sakusha* 機能としての作者)“ beschreibt.[72] Obwohl die-

71 Während sich in der jüngeren japanischen Literaturwissenschaft das Konzept „abstrakter“ oder „impliziter Autor“ an Popularität gewinnt, zeigt die westliche Erzählforschung Tendenzen, sich davon wieder zu distanzieren; vgl. Pieper 2014: 177, der den „impliziten Autor“ in Ablehnung auch als „Ersatz-Autor“ bezeichnet. Burdorf (2015: 195–196) listet weitere Theoretiker und Theoretikerinnen der Zurückweisung auf; vgl. weiterhin Hillebrandt et al. 2019: 5.

72 Burdorf (2015: 196) beschreibt die Instanz des abstrakten Autors als „Textsubjekt“. Darunter versteht er ein „analytisches Konstrukt, das notwendig ist, um dem Gedicht als einem poetischen Text eine kohärente Bedeutung und einen literarischen Eigenwert zuschreiben zu können, der weder in den Aussagen des artikulierten Ichs noch in den außertextlichen Willensbekundungen des empirischen Autors aufgeht“. Der Begriff des Textsubjekts zielt weiterhin darauf ab, dass die Möglichkeit der „autobiographischen Lesart […] gerade nicht abgeschnitten“ wird und sich eine „Nähe zwischen Autor / Au-

ser *sakusha* keinen individuellen Namen besitze, benutzt Misaki diesen dennoch „aus Bequemlichkeit“, falls er in Titeln etc. genannt werde. Sein *sakusha* entspricht somit dem abstrakten Autor als das „Bild des Urhebers, wie er sich in seinen schöpferischen Akten zeigt [...] das im Werk enthalten ist und durch den Leser rekonstruiert wird“ (Schmid, 2008: 46). Für den empirisch-historischen Textproduzenten möchte Misaki dementsprechend den Begriff des *sakka* 作家, „Schriftsteller, Schriftstellerin“, vorbehalten.[73]

Misaki geht es aber nicht um den abstrakten Autor, sondern um den »Erzähler« (*katarite*), den er kategorisch vom „Textproduzenten (*seisakusha* 制作者, 2005: 23)“ trennt und *ex negativo* gewinnt, nämlich durch Abstreifen verschiedener, ungeeigneter Alternativen, wie *sakka shutai* 作家主体, „Autorsubjekt“, oder *eika shutai* 詠歌主体, „Subjekt der Dichtung“ (S. 25). So kann er beispielsweise durch die Unterscheidung vom empirischen Autor für Hitomaros acht Reisegedichte 3: 249 bis 3: 256 einen Erzähler belegen und zugleich dank dieser Unterscheidung lang diskutierte Probleme der Auslegung erhellen (vgl. S. 227–238). Allerdings ist Misakis Erzählerbegriff durchgehend mit Unsicherheit besetzt. Denn er setzt diesen nicht nur stets in eckige Klammern, sondern im Gegensatz zu allen Wörtern seiner Untersuchungen mit japanischer Lesung (*kun-yomi* 訓読み), die – wie *kataru* かたる, „erzählen“ – vollständig mit *hiragana*-Lautzeichen verschriftet sind, steht »*katarite*« 「語り手」 durchgehend im Logogrammstil. Sinojapanische *on*-Lesungen, wie *sakusha*, „Autor“, sind prinzipiell mit chinesischen Schriftzeichen fixiert, sodass *katarite* als etwas erscheint, das eher der Logogramm- oder Fremdwortebene als der *hiragana*-Phonogrammebene angehört.[74] Der eingeklammerte Erzähler besetzt somit eine gleichsam liminale Schwebeposition, die weiterhin mit Unschärfen und Problemen der Beschreibung aufwartet.[75] Zudem gilt dieser Erzähler offenbar für sämtliche Gedichte, und es stellt sich die Frage, ob die drei

torin und Textsubjekt“ (S. 198) bewahrt.

73 Vgl. Misaki 2005: 12–13. Genau genommen erübrigt sich bei „Hitomaro“ eine Unterscheidung zwischen empirischen und abstrakten Autor, da das *Man'yōshū* die einzige Quelle für diesen Namen bildet. Im Prinzip sieht das wohl Misaki ähnlich, da man auch bei den Gedichten aus unbekannter Hand von einem *sakusha* – im Sinn des abstrakten Autors – sprechen müsse (S. 12).

74 Angesichts der agglutinierenden Eigenschaft des Japanischen sowie zahlreicher Homonyme, wie *kakaru*, erleichtert Misakis Schriftgebrauch den Leseprozess für die nichtjapanische Leserschaft nicht unbedingt, zumal der Sinn der japonisierenden *hiragana*-Verschriftung nicht klar ist.

75 Vgl. Misaki (2005: 20–32). Weiterhin blendet Misaki die zentrale Analyseeinheit des Erzählers aus manchen der Einzeluntersuchungen aus, um sich auf Raum und Zeit konzentrieren zu können; vgl. dazu die Untersuchungen zu 1: 29 bis 31 oder 2: 131 bis 139 in der vorliegenden Arbeit.

Faktoren *ima*, „jetzt“, *koko*, „hier“ und *watashi*, „ich“ (S. 20), – was der „Ich-Hier-Jetzt-Origo“ (vgl. Klimek 2019: 179) beziehungsweise dem deiktischen Zentrum entspricht – für eine Bestimmung als Erzähler ausreichend sind.[76] Denn der „Erzähler“ ist nicht mit dem „artikulierten Ich“ (Burdorf) identisch.

Die vierte Ebene im Modell nach Hühn und Schönert bereitet die geringsten Schwierigkeiten, da die im Gedicht kommunizierenden Figuren durch *verba dicendi*, wie „sagen“ und „erzählen“, oder durch spezielle Schriftzeichen ausgewiesen sind. Ein Beispiel dafür bieten die ersten beiden Verse aus dem *sōmon*-Gedicht 2: 140: 勿念跡 君者雖言 *na omohi to kimi ha ihe domo*, „»Denk nicht daran«, so sagst du zu mir, und doch …“. Ein komplexes Beispiel einer Figurenkommunikation bietet das Langgedicht 2: 230 aus der Sequenz, die den zweiten Band abschließt. Die Instanzen der vierten Ebene und ihre Darstellungen im Text sind mit der letzten Untersuchung der vorliegenden Arbeit noch genauer zu betrachten, und die zitierte Figurenrede soll dort in eine Ordnung der Darstellung gebracht werden. Diese entspricht allerdings nur bedingt den Typen der Figurenrede westlicher Literatur.

Eine weitere narratologische Vorbemerkung bezüglich der Medialität betrifft ein Problem im Rahmen der Fragen nach dem „*Ort des Erzählens* (Auf welcher Ebene wird erzählt?)“ sowie der „*Stellung des Erzählers zum Geschehen* (In welchem Maß ist der Erzähler am Geschehen beteiligt?)“. Matías Martínez und Michael Scheffel (2016: 79–89, Zitate, S. 79 und 85) handeln

---

76 Misaki (2005: 12) reflektiert das Problem der Übersetzung von Fachterminologie, aber es scheinen Missverständnisse vorzuliegen, wenn er (S. 27) beispielsweise Genettes Begriff des extradiegetischen Erzählers (*monogatari sekaigai no katarite* 物語世界外の語り手) als ungeeignet für japanische Erzählungen einschätzt. Zwar klingt seine Alternative als *sakuhin sekai saigai enbu* 作品世界最外縁部, „äußerster Marginalbereich der Werkwelt“, auch interessant, differenziert aber eben nicht von einem Erzähler beispielsweise der Mythen oder des *Taketori monogatari* 竹取物語, der ersten *monogatari*-Erzählung aus der frühen Heian-Zeit, in denen – solange die erzählte Welt ontologisch von der Ebene des Erzählens unterschieden wird – der Erzähler selbst im äußersten Randbereich keine Figur der erzählten Welt sein kann. Der „äußerste Marginalbereich der Werkwelt“ dürfte dem „unbeteiligten Beobachter“ nach Martínez und Scheffel (2016: 86) gleichkommen, das heißt dem Marginalbereich an der Grenze zu „Heterodiegetisch“. Allerdings ist die Graduierung in dem Modell nach Martínez und Scheffel in der Tat unpräzise, da der heterodiegetische Erzähler als „keine Figur der Erzählten Welt“ versus den homodiegetischen Erzähler als „Figur der erzählten Welt“ zwar eindeutig wirken, jedoch der Unterschied zwischen dem heterodiegetischen Erzähler als „unbeteiligter Erzähler“ und dem homodiegetischen Erzähler als „unbeteiligter Beobachter“ nicht klar ist. Schmids (2008: 88) Frage, was „eigentlich »gleich« und »anders« [ist] im *homo*-diegetischen und *hetero*-diegetischen Erzählers“, wirkt etwas spitzfindig, aber dass die „Präfixe […] leicht mit *extra*-, *intra*- und *meta*- zu verwechseln“ sind, mag weiterhin zur Verhinderung der Aufnahme in Japan beigetragen haben.

diese Fragen unter „Stimme“ ab und übernehmen dazu Gérard Genettes Terminologie.[77] Wolf Schmid (2008: 86–89) macht aber auf spezifische Probleme aufmerksam und schlägt eine andere Beschreibungssprache vor. Diese beruht unter anderem auf einer weiteren und grundsätzlichen Unterscheidung, die für die folgenden Untersuchungen zur Bewährung ansteht, nämlich die zwischen dem erzählenden und dem erzählten Ich.[78] Analog zur Unterscheidung von *Diegesis* als die „erzählte Welt“ (S. 86) und *Exegesis* als die „Ebene des Erzählens“ (S. 87) differenziert Schmid zwischen dem diegetischen und nichtdiegetischen Erzähler und erläutert wie folgt:

> Diegetisch soll ein Erzähler heißen, der zur Diegesis gehört, der folglich über sich selbst – genauer sein früheres Ich – als Figur der erzählten Geschichte erzählt. Der diegetische Erzähler figuriert auf zwei Ebenen: sowohl im Erzählen als auch in der erzählten Geschichte. Der nichtdiegetische Erzähler gehört dagegen nur zur Exegesis und erzählt nicht über sich selbst als eine Figur der Diegesis, sondern ausschließlich über andere Personen. (2008: 87)

Wie Balmes (2022) wiederholt zeigt, ist im Japanisch der vormodernen Literatur eine klare Differenzierung zwischen „sich selbst als eine Figur der Diegesis“ und „anderen Personen“ nicht immer möglich und wird eventuell auch als stilistisches Mittel verhindert. Die vorliegenden Gedichtanalysen werden diese Tendenz bestätigen oder umgekehrt zeigen, dass diese Verwässerung in der altjapanischen Dichtung noch nicht der Fall war. Zumindest lässt sich bereits hier feststellen, dass eine Berechtigung der prinzipiellen Differenzierung zwischen erzähltem und erzählendem Ich darin liegt, dass „die narrative Strukturierung […] eine Operation [ist], die nachträglich – retrospektiv – abläuft“ (Polkinghorne, 1998: 17). Damit zusammenhängend dürfte sie auch der Materialität und Medialität der Schrift geschuldet sein, da die Inhalte von schriftlich vorliegenden Erzähltexten wie in klassisch-chinesischen Texten die

77 Den „Ort des Erzählens“ beschreiben Martínez und Scheffel (2016: 80, 86) als „extradiegetisch (Erzählen), intradiegetisch (erzähltes Erzählen), metadiegetisch (erzähltes erzähltes Erzählen), metametadiegetisch [etc.]“, die „Stellung des Erzählers zum Geschehen“ als „heterodiegetisch“ versus „homodiegetisch“, wobei „homodiegetisch“ gestaffelt ist von „1: Unbeteiligter Erzähler“ bis „6: Hauptfigur (= autodiegetisch“).

78 Vgl. Schmid 2008: 86–89, der auf die Beschreibung als „erlebendes Ich“ (vgl. Köppe und Kindt 2014: 86) hinweist, das „psychologische Attribut *erlebend*“ jedoch ablehnt zu Gunsten des „funktionalen Attributs *erzählt*“. Balmes (2022: 92), der diese Unterscheidung mit Bezug auf Schmid einbringt, bevorzugt das „implizite erlebende Ich“, was die Sache allerdings nicht unbedingt vereinfacht. Mag es auch in seinem Beispiel, dem *Tosa nikki* 土佐日記, auf „das erzählende Ich […] nur wenige Hinweise“ geben, ist die von Schmid vorgeschlagene Unterscheidung ein theoretisches, und kein empirisches Problem.

für altjapanische Texte die Vorgaben stellten, grundsätzlich Vergangenheit darstellen. So besitzen klassisch-chinesische Texte keine oder nur äußerst sparsam gesetzte Tempusmarkierungen, was aber nicht bedeutet, dass sie im Präsens zu konkretisieren sind. Die Inhalte beziehungsweise die Geschichte (Diegesis) klassisch-chinesischer Erzähltexte sind prinzipiell Vergangenheit, und diese vorausgesetzte Grundwahrnehmung dürfte sich maßstabsetzend nicht nur auf die Rezeption früher klassisch-chinesischer und japanischer *kanbun*-Texte ausgewirkt, sondern in Japan *von Anfang an* die gesamte Textwahrnehmung gelenkt haben (vgl. Wittkamp 2021e).

Die offizielle Geschichtsschreibung sowie die noch lange Zeit darauf chinesisch verfassten Texte setzen die klassisch-chinesischen Vorgaben fort, wenn auch die Lesung der Texte selbst wieder in Tempus und Aspekt überführt wurden und werden. Das wiederum dürfte damit zusammenhängen, dass ab der Heian-Zeit Erzählungen mit phonographischen Verschriftungen entstanden, welche die Präsentation von Tempus, Modus und Aspekt der japanischen Sprache ermöglichten. Da auch die *Man'yōshū*-Gedichte über eine komplexe Grammatik zum nuancierten Ausdruck von Tempus, Aspekt und Modus verfügen, wenn auch noch nicht so feinfühlig wie in der späteren Literatur, scheint die altjapanische Dichtung das Problem zunächst weniger zu betreffen. Allerdings sind die Gedichte im ersten und zweiten Band grundsätzlich in die Rahmen der Peritexte sowie in den großen Rahmen einer Sammlung mit historiographischem Charakter eingefasst, wobei die Peritexte klassisch-chinesisch verschriftet und damit den klassisch-chinesischen Lesevorgaben und -gewohnheiten verpflichtet sind. Die darin eingefassten Gedichte müssen schon vor der Lektüre als Vergangenheit wahrgenommen worden sein, und es kommen im Folgenden noch weiter Merkmale hinzu, welche die zeitliche Distanz nochmals vergrößern. Unter „Distanz" ist zunächst die „Distanz des Lesers zum erdichteten Vorgang" gemeint, wie Eberhard Lämmert (zitiert nach Balmes 2022: 136) es beschreibt, aber der „erdichtete Vorgang" ist als die erzählte Welt zu verstehen. Während die Distanz der Leserschaft zwar unbestimmt bleibt, aber deutlich zu vernehmen ist, ist die Beschreibung der Distanz des Erzählers zur erzählten Welt das Problem, das es bei den folgenden Analysen eine Rolle spielt.

Auch Hühn (2007: 176) unterscheidet das „jetzt erzählende (sprechende), sich erinnernde Ich" vom „erinnerten, damals erlebenden Ich" und belegt damit die Vertrautheit mit der Problematik.[79] Wenn aber der Koautor Schönert (S.

79 Burdorf (2015: 194) zufolge sollte von einem Ich in der Lyrik nur insofern die Rede sein, als „das Personalpronomen »ich« und seine Deklinationsformen [...] und / oder das entsprechende Possessivpronomen »mein« in einem Gedicht auftauchen". Das Japanische

139) bei der „Rede des Sprechers" in Heinrich Heines Gedicht „Im Hafen" von unterschiedlichen „Erzähl-Orten" ausgeht, wie dem „dritten Schiff im Ratskeller", verschwimmt die Differenzierung wieder. Der Sprecher sei mit dem autodiegetischen Erzähler identisch, der „mit dem Pronomen der 1. Person auf sich selbst [referiert]" (vgl. S. 135–137, Zitat, S. 137). Gerade in Heines Gedicht dürfte jedoch deutlich sein, dass auf Grund des starken Betrunkenseins des erzählten, philosophierend durch den Ratskeller wankenden Ichs dieses mit dem autodiegetischen Erzähler nicht identisch sein kann, der nüchtern und distanziert davon erzählt. Die Ebene der Darstellung (Exegesis) belegt das zweifelsfrei, da ihr das Lallen als Merkmal eines Betrunkenseins vollkommen abgeht – wodurch umgekehrt die Ironie einzieht. Schönert geht davon aus, dass der abstrakte Autor, dem „offenkundige und verdeckte Aktionen zuzuschreiben" sind, die Rede des autodiegetischen Erzählers „gleichsam [...] manipuliert" (S. 135), und das Problem verkompliziert sich weiterhin durch die Anlage der „(Gedanken-)Rede des Zechers" als „Innere[n] Monolog" (S. 133). Dem letzteren ist zuzustimmen, aber wäre dann eine Differenzierung zwischen dem erzählten Ich und dem autodiegetischen Erzähler nicht einfacher als ein sich durch den Raum bewegender Sprecher / autodiegetischer Erzähler, zumal dieser *nach* dem inneren Monolog ins Präteritum („Ich weinte vor Andacht ...") wechselt? Der den Erzähl-Ort wechselnde Erzähler wird auch in Misakis Analysen zum Problem, wenn er beispielsweise in den Iwami-*sōmon*-Gedichten 2: 131 bis 137 einen »Erzähler« vermutet, der sich in der erzählten Welt durch den Raum bewegt. Darauf ist zurückzukommen, vorab jedoch die – überspitzte – Frage zu stellen, wem dieser Erzähler erzählt. Außer seinem Pferd, den Bergen und dem fallenden Herbstlaub liegen keinerlei Hinweise auf „Adressaten im (Fiktions-)Zusammenhang der Erzählung" vor.

Für das Folgende ist es somit sinnvoll, die Unterscheidung von Diegesis und Exegesis sowie dem diegetischen und nichtdiegetischen Erzähler in Erinnerung zu bewahren. Das Problem ist allerdings nicht für jedes Gedicht auszuformulieren, sondern nur dort, wo Anhaltspunkte eine Differenzierung nahelegen oder die Differenzierung zum Verständnis beiträgt. Vereinfachend wird daher der Oberbegriff des Erzählmediums vorgeschlagen, zumal er auch der Leserschaft entgegenkommt, die sich bei dem Erzähler als Textfunktion am Maskulin stoßen mag. In den Fällen, in denen die Unterscheidung weiterhilft,

muss aber kein Subjekt ausformulieren, und daher ist der Verzicht auf Personalpronomen üblich. Tauchen diese aber wie in der Sequenz 2: 131 bis 137auf, fällt das umso mehr ins Gewicht.

soll von erzählendem und erzähltem Ich die Rede sein – als Beschreibung von Textfunktionen und Kommunikationsinstanzen.[80]

Wie bemerkt behandelt Torquil Duthies Buch (2014) Themen mit Bezugspunkten zur vorliegenden Arbeit, und daher sei abschließend ein Blick auf seine Handhabung der Medialität geworfen. Duthie sieht in den *Man'yōshū*-Gedichten generell keine „individual", sondern eine „collective voice" repräsentiert (vgl. S. 223–228), die er im Rahmen der „Imperial Imagination" (Titel) sowie mit Bezug auf Émile Beneviste als „first-person voice" beschreibt.[81] Wie beim Titel vor 1: 29 (siehe unten) ist er daher zur Untermauerung seiner Argumentation darum bemüht, die Namensangaben der Titel in diesem Sinn zu entindividualisieren, wodurch er eine Rezeptionshaltung zu erkennen gibt, die der der Bearbeiter der Anmerkungen diametral gegenübersteht. Wie gesehen sind die Titel für eine narratologische Analyse der Sequenzen von eminenter Bedeutung, und die vorliegenden Analysen differenzieren zudem zwischen erzähltem und erzählendem Ich. Das muss nicht ausschließen, die ersten beiden Bände sowie im Rahmen der großen Erzählung im Sinn einer „first-person voice" zu lesen, welche das imperiale Wunschdenken – der ideologisch geleiteten Kompilation – zum Ausdruck bringt. Es betrifft aber, was Duthie zu übersehen scheint, die Ebene der abgeschlossenen beiden Bände, in denen die Stimmen der kleinen Erzählungen *einer* ideologisch erhöhten „first-person voice" unterworfen werden. Duthies „first-person voice" scheint sich auf diese Ebene zu beziehen, aber auch das kann nur für die Kompilation der ersten beiden Bände gelten. Denn in den später beigefügten Anmerkungen macht sich eine zweite Stimme bemerkbar, welche die der originalen Kompilation hinterfragt, korrigiert und auch nicht mehr allzu viel Interesse an politischen Fragen zeigt beziehungsweise das historische Interesse auf die Literaturgeschichte einengt. In der weiterhin zu beobachtenden Schwerpunktverlagerung der gesamten Sammlung von einem politisch und ideologisch geleiteten Projekt der Historiographie zu einer privat motivierten und sich ausdifferen-

---

80 Bei der Beantwortung dieser Fragen sind zudem die Bedingungen und Möglichkeiten der kon- und diskulturalen Lektüre zu reflektieren; vgl. Eicher und Wiemann 1997: 36.

81 Vgl. Duthie 2014: 4, 215–223, der eingangs wie folgt fragt: „How are the first-person voices of poems on imperial journeys, celebration, and mourning in the *Man'yōshū* articulated and who or what do they represent?" (S. 4). Die Frage ist gewiss berechtigt, aber das *Man'yōshū* als Ganzes wird ebenso gewiss verschiedene Antworten liefern, wogegen Duthie die gesamte Sammlung als „Imperial Imagination" (Titel) versteht. Das verbindet er – vollkommen zu Recht – auch mit der Form: „[…] texts that express first-person fantasies of the collective »we« of the imperial state engage with the imagination of their readers or audiences in a very different way than historical text do" (S. 5).

zierenden Dichtung lässt sich die homogenisierende Beschreibung als „first-person voice" selbst mit Einschränkungen nicht mehr aufrecht erhalten.

## Eine Seereise in den Westen: 1: 13 bis 15

Die folgenden drei Gedichte gehören zur Kapitelüberschrift „Nochi no Okamoto no Miya", die sich auf den Hof der Saimei bezieht und die Gedichte von 1: 8 bis 15 umfasst. Der Titel vor 1: 13 gibt als Dichter Saimeis Sohn Naka no Ōe an, und die anderen Gedichte dieses Epochen-Raums stammen von Naka tsu Sumera Mikoto oder Nukata no Ōkimi. Von Saimei selbst zeugt kein Gedicht, was dem Epochen-Raum der *banka*-Abteilung im zweiten Band entspricht. In der *sōmon*-Abteilung ist der Epochen-Raum der Saimei nicht vertreten, und obwohl Saimei aus dem *Nihon shoki* als Verfasserin von Trauergedichten und sogar als „spontane Dichterin" bekannt ist,[82] enthält das *Man-yōshū* kein Gedicht, das ihr zweifelsfrei zugeordnet werden könnte.[83] Der im Titel vor 1: 13 angegebene Naka no Ōe war der spätere Tenji Tennō, dessen Regierung die Gedichte 1: 16 bis 21 zugeordnet sind. Die führende Dichterin dort ist erneut Nukata no Ōkimi, und von Tenji selbst gibt es ebenfalls kein Gedicht – obwohl sein Hof Ōmi no Ōtsu no Miya dem *Kaifūsō*-Vorwort zufolge als der Geburtsort der schriftlichen Dichtung gilt. Das *Kaifūsō* 懐風藻 ist eine 751 fertiggestellte Sammlung von chinesischen *shi*-Gedichten 詩, die in Japan verfasst wurden. Der Titel vor 1: 13 enthält eine eingeschobene An-

82 Zum Tod ihres Enkels Takeru no Miko 建王 im 5. Monat 658 verfasste Saimei die drei Gedichte NS 116 bis 118. Als sie dann im 10. Monat zu den heißen Quellen von Ki (Wakayama) reiste, wurde sie von Erinnerungen an ihren Enkel ergriffen und „dichtete spontan" (口號) drei weitere Gedichte (NS 119 bis 121). Die Formulierung „spontanes mündliches Dichten" ist aus klassisch-chinesischen Gedichttiteln bekannt; vgl. SNBZ 4: 212–215. Während der Reise nach Ki wurde der Prinz Arima no Miko hingerichtet (11. Monat), und der Bericht vom „Vorfall Arima no Miko" folgt auf die „spontane Dichtung" zum Tod des Enkels; vgl. ebd. S. 216–219. Historiographisch ist die Anordnung korrekt, aber warum musste die „spontane Dichtung" vorangestellt werden?

83 4: 485 und 486 sind im Titel als „Gedichte vom Okamoto-Tennō" ausgewiesen, was Jomei Tennō bedeutete. Da der Inhalt jedoch für eine Frau spricht, vermuten die SNBZ-Bearbeiter (6: 277) Kōgyoku (Saimei) Tennō, Jomeis Hauptgattin. Der Titel zu 9: 1665 und 1666 gibt ebenfalls den Namen „Okamoto no Miya" sowie eine „glücksbringende Reise zu den heißen Quellen von Ki" an. Auch hier vermuten die SNBZ-Bearbeiter (7: 390) „Nochi no Okamoto no Miya" als korrekten Namen und schließen anhand des *Nihon shoki* auf jene Reise im Winter 658. Der Bezug zu Saimei wird allerdings nur im Titel geknüpft, und die SNBZ-Bearbeiter vermuten zu den beiden Gedichten den poetischen Austausch eines Mannes, welcher der Reisegruppe angehört, und der daheim gebliebenen Frau.

merkung (*bunchū*), die Naka no Ōe als den späteren Tenji Tennō mit dem Hof am Biwa-See ausweist. Sie belegt, dass zur Zeit der Einfügung der Anmerkungen der Name nicht mehr bekannt war.

> Naka no Ōe der Tennō, der am Ōmi-Hof regierte, ein Gedicht von den drei Bergen

Der [Berg] Kaguyama / den [Berg] Unebi so stattlich / Mit [dem Berg] Miminashi / Gab es großen Zank / (5) Seit der Götter-Ära / Es scheint noch immer so zu sein – / In den Urzeiten / Gerade, weil es so war / Auch in dieser Welt / (10) Um die Ehefrau / so scheint's, zankt man noch immer (1: 13)

*Kagu-yama*[84] *ha / Unebi wo wo-shi to / Miminashi to / ahi-arasohi-ki*[85] / (5) *kami-yo yori / kaku n(i)aru-ra-shi*[86] / *inishihe mo / shika ni are ko-so*[87] / *utsu-semi mo* / (10) *tsuma wo / arasofu-ra-shi-ki*[88]

> *hanka*-Gegengedicht(e)

| | |
|---|---|
| *Kagu-yama to* | Der Kaguyama-Berg |
| *Miminashi-yama to* | Und der Miminashiyama |
| *ahi-shi toki* | Waren im Zank, da |
| *tachite mi ni ko-shi* | Stand auf und kam zum Sehen |
| *Inami-kuni-ha-ra* | Das Inami-Land (1: 14) |
| | |
| *wata-tsumi no* | Über den Meeren |

84 Zur Lesung vgl. Takeda 3: 98.

85 Der SNBT-Kommentar (1: 32) erklärt das für Vergangenheit stehende Verbalsuffix *-ki* in *arasohi-ki* als eine „von der Gegenwart getrennte Vergangenheit, die Erinnerung an die »abgeschlossene Vergangenheit«", aber hier ist die Vergangenheit offensichtlich gerade nicht von der Gegenwart getrennt.

86 Takeda (3: 99) präsentiert verschiedene Lesungen, entscheidet sich aber für *kaku naru rashi* und sieht danach eine Zäsur. Dann hätte der Vers eine Silbe zu wenig, sodass die jüngeren Kommentare in *kaku ni aru rashi* aufschlüsseln; vgl. SNBZ 6: 32, SNBT 1: 23.

87 Die Phrase *shika ni are koso* sei im Sinn von *shika ni are ba koso*, „gerade, weil es so ist" (SNBT 1: 23), zu verstehen. Inaoka (1: 15) sieht in den Versen 5 bis 8 eine Methode aus der oralen Lieddichtung, bei der etwas in leicht abgewandelter Form wiederholt werde.

88 Das Hilfsverb *-rashiki* (*-rashi*, Präsumptiv, Attributivform) im letzten Vers bildet mit (*are*) *koso* eine Art *kakari-musubi* (postpositionelle Korrelation); vgl. Takeda 3: 101, SNBT 1: 23, Lewin 1975: 218. Takeda (3: 102) versteht den Abschluss mit drei Versen zu 5-3-7-Silben als „alte Methode".

*toyo-hata-kumo ni* In den Prachtfahnen-Wolken[89]
*i-ri-hi mi-shi* Sah die Sonne versinken
*ko-yohi no tsuku-yo* Diese Nacht bei diesem Mond
*kiyoku ake koso* Gehe sie klar zu Ende![90] (1: 15)

Das [eine] rechtsstehende Gedicht, denkt man jetzt darüber nach, passt es als *hanka* nicht. Allerdings stand das Gedicht so im / in einem alten Buch als *hanka*, und daher steht es auch jetzt in dieser Reihenfolge. Weiterhin heißt es im *Ki*: „In [Kōgyoku Tennōs] 4. Jahr, Itsushi [Isshi, 645], wurde der Tennō [Naka no Ōe] zum Kronprinzen aufgestellt."

**Allgemeine Fragen**

Angesichts der politischen Ausrichtung der ersten beiden Bände überraschen die Gedichte 1: 13 bis 14 mit ihren mythischen Inhalten und dem Thema des Streitens um eine Frau zunächst, zumal auch 1: 15 nicht so recht zu den beiden vorangehenden Gedichten passen mag. Das in der Anmerkung genannte Jahr „Isshi / Itsushi" (645) verweist auf den Zwischenfall, als Naka no Ōe und Nakatomi no Kamatari 中臣鎌足 (614 bis 669), der Patriarch der späteren Fujiwara-Familie 藤原, die politisch mächtige Linie des Soga-Klans 蘇我 auslöschten und die Taika-Reformen auf den Weg brachten.[91] Naka no Ōe wurde Kronprinz (皇太子 *kōtaishi* / *hitsugi no miko*; SNBZ 4: 104), Tennō aber erst 668, obwohl der Thron nach dem Tod der Saimei Tennō im Jahr 661 unbesetzt war. Merkwürdig ist, dass der Titel vor 1: 13 weder Naka no Ōe als Kronprinzen anführt noch sein Gedicht mit der Bezeichnung 御歌 *mi-uta* belegt, die einem Kronprinzen zukäme.[92] Omodaka (1: 137, 174) vermutet daher, das „ir-

89 Wata tsu Mi ist die Gottheit der Meere und übertragen das Meer selbst; vgl. Wittkamp 2018a: 217–229, Index. Das Zeichen 豐 *toyo*, „reichhaltig", steht Nomen als glücksbringendes Präfix voran; 旗 *hata* wiederum bedeutet „Fahne" und scheint sich zum einen auf Wolkenformationen zu beziehen, zum anderen aber auch auf die Fahnen bei Ritualen und Zeremonien.

90 Die Lesung der aus buddhistischen Texten bekannten Zeichen 清明 (vgl. SNBT 1: 24), „klar / rein und hell", ist unklar. Omodaka (1: 160–172) oder Aso (1: 83–88) diskutieren die verschiedenen Möglichkeiten, die sich in der Frage unterscheiden, ob sich der Ausdruck auf den klaren Mond, die Mondnacht oder auf den Beginn des neuen Tages bezieht. Das Wort *koso*, das an die Konjunktionalform anschließt, wurde als finale Postposition (*shū-joshi* 終助詞) zum Ausdruck des Wunsches übersetzt; vgl. SNBT 1: 32, SNBZ 6: 33.

91 Omodaka (1: 175) und SNBT (1: 25) verweisen auf den Beginn von Buch 27 (Tenji), aber der Anmerkungstext entspricht dem heute vorliegenden *Nihon shoki* nicht wörtlich; vgl. SNBZ 4: 248–249.

92 Fujii (1992: 372–375) isoliert Lieder im Zusammenhang mit Überlieferungen (*denshō kankei-ka*) und unterscheidet zwei Typen. Die Gedichte 1: 13 bis 15 gehören zum „Typ der A-Form", und Fujii (S. 373) nimmt die „fahrlässige" Titelformulierung als klaren

gend jemand diesen Titel provisorisch in das Materialbuch“ eingefügt hatte. Sollte es sich dabei allerdings um die Urauswahl (*gensenbu*) gehandelt haben, sind die aufgeworfenen Implikationen in diesem Kontext zu deuten.

Takeda (3: 98) unterteilt das Langgedicht 1: 13 in „zwei Stufen“, von denen die erste die Verse 1 bis 4 umfasse und eine mündliche Überlieferung (*densetsu* 傳說) präsentiere, und basierend auf der darin geschilderten „Wirklichkeit“ komme es in der zweiten Stufe zu Vermutungen. Die in den drei Gedichten genannten Stationen sind die drei Berge in Yamato, Inami und das Meer mit Blick in den Westen. „Inami“ lautete der Name für die Küstenregion westlich von Kōbe, die nach der Durchfahrt des „Inseltors“[93] zwischen der Insel Awajishima und dem Festland in den Blick rückt, sodass die Gedichte gemeinsam eine Ortsverlagerung von Ost nach West thematisieren. Die wohl wichtigste Reise des Naka no Ōe in den Westen war der Aufbruch mit seiner Mutter Saimei zur Rettung des altkoreanischen Staates Paekche, der in Japan als „Kudara“ bekannt und 660 von der Tang-Silla-Allianz zerschlagen worden war. Dem Kommentar zu Gedicht 1: 8 zufolge begann die Reise im Jahr 661, aber vermutlich sorgte Saimeis Tod für einen längeren Aufenthalt im Norden von Kyūshū. 663 erlitten die japanischen Truppen bei der Seeschlacht in der Hakuson-Bucht (Hakusonkō [Hakusuki] *no tataka*i 白村江の戦い) eine vernichtende Niederlage, womit Paekche endgültig Geschichte wurde. Ist die Sequenz 1: 13 bis 15, wie es die Forschung unter Einbezug von außertextuellem Wissen sieht – was aber nicht unbedingt der Fall sein muss –, mit dieser historisch höchst relevanten Seereise verbunden (vgl. Omodaka 1: 154, Itō 1: 84, Aso 1: 84–85), stattet sie das Wissen um den historischen Misserfolg mit einer besonderen Dramatik aus. Die Anmerkung lässt bezweifeln, dass diese in der späteren Kompilation noch im kommunikativen Gedächtnis präsent war.[94] Für die 690er Jahre, die Zeit der Urauswahl, dürften daran aber kaum Zweifel bestehen,

Hinweis auf ein Lied im Zusammenhang mit Überlieferungen. Dabei vermutet er eine historische Situation, die er mit den Namen von Nukata no Ōkimi für die „umworbene“ Frau, und den beiden „streitenden“ Männern Naka no Ōe (Tenji) und Ōama no Miko (Tenmu) konkretisiert, räumt aber Unklarheiten ein (siehe unten).

93 Der Titel zu 3: 303 und 304 lautet „Zu der Zeit, als Kakinomoto *no asomi* Hitomaro nach Tsukushi [Kyūshū] fuhr, auf dem Meeresweg gemacht, zwei Gedichte“. Das erste Gedicht weist das „Meer von Inami“ als „schönen Namen“ aus. Das zweite bezeichnet die Passage zwischen der Insel Awajishima und dem Festland als 嶋門 *shimado*, „Inseltor“, das die Westgrenze der Kinai-Region bildete, die zu Yamato gehörte.

94 Das kommunikative Gedächtnis hat einen mitwandernden Zeithorizont (*floating gap*) von circa achtzig bis einhundert Jahren; vgl. Erll 2005: 28, J. Assmann 2002: 48–56. Ogawa (2010: 157) sieht als den Ort der Entstehung der meisten Gedichte bis zur „zweiten Entstehungsphase“ – also bis zur neuen Hauptstadt Nara, 710 – den Inneren Palast (*dairi* 内裏, die Tennō-Wohnanlagen), was einen extrem eingeengten Kreis bedeutet.

zumal die Ereignisse mit einiger Wahrscheinlichkeit historiographisch fixiert waren.[95] Die aus den drei Gedichten herauszulesende Hoffnung und Dramatik, das heißt vor allem die besondere Stimmung beim Aufbruch, sind in der kurzen *Nihon shoki*-Bemerkung vom „7. Jahr, Neujahr, am sechsten Tag“ nicht zu vernehmen (vgl. SNBZ 4: 240).

Die drei Gedichte warten mit spezifischen Schwierigkeiten auf. Zum einen sind die ersten beiden nicht ohne die Kenntnis der damals kursierenden Mythen und alten Erzählungen verständlich, und zum anderen besitzt das dritte Gedicht Verschriftungen, die auch in der heutigen Kommentarliteratur noch keine einheitliche Lesung finden. Beim zweiten Vers in 1: 13 ist die Lesung bekannt, aber je nach Auslegung der drei Namen ändert sich die Bedeutung und *vice versa*. Ein weiteres Problem, das im Folgenden im Vordergrund steht, ist die Zusammengehörigkeit der drei Gedichte. Das betrifft allerdings nicht nur die Narrativität, sondern auch das Verständnis auf allgemeiner Ebene. Denn wie Ōura Seiji (2007: 221–222) bemerkt, ist bei der Klärung der Beifügung von zwei *hanka*-Gedichten, was mit dieser Gruppe das erste Mal vorkommt, an der Anmerkung nach 1: 15 anzusetzen. Wörtlich genommen bezieht sich 右一首歌 auf das „*eine* rechtsstehende Gedicht“, also 1: 15,[96] und die Anmerkung wirkt zunächst, als wurde sie bei der ersten Kompilation beigefügt. Wahrscheinlicher ist jedoch, dass das während einer späteren Ergänzung geschah, zumal es ein erläuterndes Zitat aus dem *Ki* gibt, das umso mehr Sinn macht, je größer der zeitliche Abstand zu den historischen Ereignissen ist. Das Material stamme aus *dem* oder aus *einem* „alten Buch“ (舊本), das heißt einer Quelle, die nach 1: 19 ebenfalls genannt wird. Takeda (3: 108), der wie gesehen von einer sukzessiven Kompilation ausgeht, vermutet darunter die „vorangehende Gestalt“, und auch die SNBT-Bearbeiter (1: 25) deuten im Sinn von „dem alten Buch“, indem sie das „ursprüngliche Material“ vermuten (vgl. Omodaka 1: 174, Inaoka 1: 17). Ob damit die Urauswahl gemeint ist, lässt sich vermuten, aber nicht belegen.

Die Anmerkung legt die Identität des Bearbeiters der Anmerkungen mit dem Kompilator nahe, und Takeda (ebd.) liest sie dementsprechend als „Er-

---

95 Das *Nihon shoki* (SNBZ 4: 258–261) verzeichnet die Ereignisse, aber die Anmerkung geht nicht darauf nicht.

96 Itō (1: 86) versteht den Bezug der Anmerkung allerdings ausschließlich auf 1: 14. Das Gedicht 1: 15, ein „Meisterwerk unter den Meisterwerken der Sammlung“, habe dann wie in der Sequenz 1: 17 bis 19 jemand anderes beigefügt. Itōs Vermutung impliziert, dass sich die *hanka*-Bezeichnung nur auf ein Gedicht alleine beziehen kann. Unter inhaltlichen Aspekten ist mit 不似反歌也, „ein unpassendes *hanka*“, wohl eher das Gedicht 1: 15 gemeint, und Inaoka (1: 16) bezieht 右一首歌, „das *eine* rechtsstehende Gedicht“, ausdrücklich darauf.

läuterung der Kompilatoren (*hensansha* 編纂者), die sie beifügten, um die [möglichen] Zweifel späterer Generationen zu umgehen“. Der Grund für die Beifügung des zweiten Kurzgedichtes, das in der Tat nichts mit den im Titel genannten „drei Bergen Yamatos“ zu tun zu haben scheint, war somit in der Zeit der Kompilation nicht mehr ersichtlich, und dem zweiten Teil der Anmerkung zufolge wurde zur Klärung das *Ki* konsultiert, was nebenbei bemerkt in der Anmerkung nach 1: 19 auch der Fall ist (siehe unten). Sollte mit *Ki* wiederum das *Nihon shoki* gemeint sein, stünde die Entstehung der Anmerkung nach 720 fest, als das Geschichtswerk eingereicht wurde. Denkbar ist aber auch, dass die Bearbeiter der Anmerkungen verschiedene Quellen konsultierten und in „*einem* alten Buch“ die drei Gedichte in diesem Arrangement vorfanden. Das könnte dann ein altes oder das ursprüngliche Manuskript vor einer der Stufen der Ergänzung gewesen sein. Omodaka (1: 174) vermutet die Beifügung der Anmerkungen durch Yakamochi, der ohnehin als Kompilator gilt. Das wirkt sehr konkret, aber ihm ist insofern zuzustimmen, als jemand mit ausreichender Bildung in der Dichtung diese Anmerkung beifügte und Yakamochi ein qualifizierter Kandidat war. Zudem musste es jemand mit Zugang zu den genannten Quellen sein, und Yakamochi war über seinem Vater Tabito mit Yamanoue no Okura verbunden, dessen Sammlung *Ruiji karin* häufig in den Anmerkungen zitiert wird.[97] Für die vorliegende Untersuchung von Bedeutung ist, dass das Arrangement aus drei Gedichten bereits in dem „alten Buch“ vorlag, dass also kein späteres Interesse an narrativer Dichtung dafür verantwortlich war.

**Inhaltliche Fragen**

Die Kapitelüberschrift weist 1: 13 als ein Gedicht zu den „drei Bergen“ (三山 *sanzan*, *mitsu yama*) aus, die im Gedichttext namentlich erwähnt werden. Diese auch als Yamato *sanzan* 大和三山 bekannten „drei Berge von Yamato“ lagen im Norden, Westen und Osten der Hofanlage Fujiwara no Miya, in unmittelbarer Nähe. In 1: 2 dient der Kaguyama als Bühne für Jomeis „Landesschau“ (望國 *kunimi*),[98] was die enge Verbundenheit mit der kulturellen Identität und, wie es nun 1: 13 bestätigt, mit alten Erzählungen zeigt. Dem Gedicht zufolge befanden sich in „uralten Zeiten“ die Berge Kaguyama und Miminashi(yama) im Streit um den Berg Unebiyama. Das als *tsuma-arasoi* 妻争い

97 Itō (9: 186, 204) vermutet, dass Yakamochi im Jahr 733 Okura am Krankenbett besuchte und eine Abschrift von dessen Gedichten anfertigte.

98 Unter *kunimi* 国見 ist ein Ritual zu verstehen, das für politisch-religiöse Zwecke instrumentalisiert wurde und als „Herrschaft durch Sicht“ zu verstehen ist; vgl. Wittkamp 2014a: 87–88.

bekannte Motiv des Wetteiferns um eine Frau thematisieren auch andere Gedichte,[99] aber problematisch ist die geschlechtliche Zuweisung. Die Schriftzeichen 雄男志 im zweiten Vers erlauben die beiden Lesungen *wowoshi*, 雄々しい *ooshii*, „stattlich, männlich", im heutigen Japanisch, sowie *wo woshi* mit *woshi* als 惜し, „an etwas hängen", oder als 愛し im Sinne von „lieblich, liebenswert, niedlich" (vgl. Takeda 3: 98). Die erste Möglichkeit macht „Unebiyama" zum Mann, die beiden anderen zur Frau.[100]

Die Phonogramme 雄男志 für *wo-wo-shi* transportieren allerdings in den beiden ersten Schriftzeichen die Semantik „Mann / männlich", sodass die Lesung *woshi* 惜し / 愛し ungewöhnlich wäre. Damit ist das Geschlecht der beiden anderen Berge jedoch nicht entschieden. Denn sowohl Kaguyama als auch Unebiyama lassen sich als Frau verstehen, um die sich die beiden anderen männlichen Berge streiten. Es gibt noch weitere Vorschläge, welche die Kommentare auflisten, aber für die vorliegende Fragestellung ist das nicht weiter relevant, wie auch nicht der Versuch, die Konstellation mit historischen Namen zu füllen.[101] Festzuhalten bleibt eine „uralte" Erzählung, die den Streit um eine Frau in der Zeit der Dichtung erklärt. Denn darin zeichnet sich eine Reflexion der Zeit ab, die sich auch an der Verschriftung von *inishihe*, „uralte Zeit", mit 古昔 bemerkbar macht, da beide Zeichen „früher, alte Zeit" bedeuten.[102] Furuhashi Nobuyoshi (2000: 190) vergleicht mit 9: 1740 sowie 9: 1809 und sieht in dem „Besingen" der Vergangenheit, die mit der Gegenwart verbunden ist, die „Grundform der Lieder mit überlieferten Erzählungen".[103]

99 SNBT (1: 23) führt 9: 1809 aus den „Liedern mit mündlichen Überlieferungen (*densetsu kayō* 伝説歌謡)" und einige Kurzgedichte an. Furuhashi nimmt dieses Motiv in seiner Untersuchung zur „Geburt der Erzählliteratur" wiederholt auf; vgl. Furuhashi 2000: 35–52.

100 Die obige Übersetzung folgt SNBZ 6: 32; so auch Omodaka 1: 137, Inaoka 1: 14, Kōnoshi 1992: 104, Ōura 2007: 220. Für die andere Möglichkeit entscheiden sich Aso 1: 79, SNBT 1: 23 oder Itō 1: 82.

101 Vgl. Takeda 3: 98, Omodaka 1: 155, mit Einschränkungen, SNBT 1: 23, Aso 1: 80. Itō (1: 84) meldet Zweifel an, und Kōnoshi (1999: 108) weist den Versuch zur Festlegung auf „Tenji, Tenmu und Nukata no Ōkimi" zurück, gesteht aber der allgemeinen Aussage „die Menschen dieser Welt" durchaus auch die Mitberücksichtigung eigener Erfahrungen zu.

102 Die Verschriftung von *inishihe* mit den Schriftzeichen 古 und 昔, die beide „alte Zeit" bedeuten, dürfte von Verschmelzungen zweier original unterschiedlicher Semantiken (*inishihe* und *mukashi*) zeugen; vgl. Wittkamp 2014b: 120.

103 9: 1740 bis 1741 mit der Erzählung des Jungens (aus) Mizue no Ura no Shimako 水江浦島子, auf die zurückzukommen ist, 9: 1807 bis 1808 mit der Erzählung des Mädchens (aus) Katsushika no Mama oder 9: 1809 bis 1811 mit der Erzählung des Mädchens Unahi sind Gedichte mit alten Überlieferungen.

Gedicht 1: 14 greift ebenfalls auf die alte Erzählung zurück und stellt über das Streiten des Kaguyama mit dem Miminashiyama die Verbindung zu 1: 13 her. Der Grund des Streitens ist nicht ausformuliert, aber der Zusammenhang ließe sich als Wiederholung verstehen, wie sie – je nach Standpunkt – für ein *hanka*-Gegengedicht typisch wäre. Die Kommentarliteratur verbindet die Inami-Landebene (*kuni-hara*) mit den 713 in Auftrag gegebenen Länderbeschreibungen *Fudoki*, und zwar denen aus „Harima", dem südwestlichen Teil der heutigen Präfektur Hyōgo. Das Harima-*Fudoki* 播磨風土記 berichtet von der Großgottheit Abo no Ōkami 出雲阿菩大神 aus Izumo, die von dem Streit der drei Berge in Yamato gehört habe. Als sie auf dem Weg zur Schlichtung die Gegend um das Dorf Kamu no Woka erreicht habe, sei der Streit allerdings bereits beendet gewesen. Abo no Ōkami habe daher sein Boot umgewendet und sich dort niedergelassen (vgl. Uegaki 2012: 50–51). Wie Kōnoshi (1999a: 109–111) bemerkt, liegt der Distrikt in einiger Entfernung westlich von der Gegend, die früher unter dem Namen „Inami" (zwischen der Stadt Akashi und dem Fluss Kakokawa, westlich von Kōbe) bekannt war und in einigen Gedichten vorkommt, die vom Reiseverkehr über das Binnenmeer zeugen (vgl. Wittkamp 2014b: 265–266). Zu bedenken ist auch, dass die *Fudoki*-Einträge vermutlich jüngerer als die Gedichte im ersten Band sind und zum Teil auf Texten der zentralen Yamato-Region beruhen (vgl. Wittkamp 2018a: 378–382).

Schließlich ist die Grammatik des vierten Verses *tachite mi ni ko-shi*, „stand auf und kam zum Sehen her", zu beachten, der mit der Attributivform *koshi* (*ku* + *ki*)[104] abschließt. Da diese Formulierung dem Ortsnamen „Inami" im fünften Vers voransteht, müsste sich *koshi*, „kam", darauf beziehen, aber Takeda (3: 103), Omodaka (1: 153) oder Inaoka (1: 16) behaupten eine Aussparung des Subjekts. Der Bezug von *koshi* auf den darauffolgenden Ortsnamen bedeutete, dass die Ebene (*kunihara*) von Inami selbst zu diesem Ort gekommen war. Unmöglich wäre das nicht, da zum Beispiel der Kaguyama vom Himmel herabgestiegen kam, wie es im Gedicht 3: 257 oder in einem *Fudoki*-Fragment heißt.[105] Das Verb *tatsu* ist im Sinn von „zur Reise aufbrechen" oder als „aufstehen" (Omodaka 1: 154) zu lesen, was dem Aufbruch an einem anderen Ort entspräche.[106]

---

104 Das Verbalsuffix *-ki* bildet mit 來 *ku*, „kommen", und 爲 *su*, „machen", unregelmäßige Formen.

105 Zu 3: 257 vgl. Wittkamp 2014b: 184. Der *Fudoki*-Eintrag berichtet, dass beim Abstieg vom Himmel die eine Hälfte nach Yamato kam und die andere namens Ameyama, „Himmelsberg", in den Iyo-Distrikt auf Shikoku; vgl. Uegaki 2012: 512.

106 Takeda (3: 103) zufolge steht dort die Attributivform, „da Abo no Ōkami bis nach Inami *kunihara* kam". Klar wird der Bezug dadurch allerdings nicht.

Wie das oben diskutierte Kurzgedicht 1: 7 bildet der vierte Vers in 1: 14 ebenfalls eine narrative Basalstruktur. Während jedoch in 1: 7 die erlebte Vergangenheit aus der Perspektive eines sich erinnernden Ichs reflektiert wird, präsentiert 1: 14 eine überlieferte Erzählung, deren Erinnerung durch die Sicht aus der Ferne ausgelöst wird.[107] Zudem gibt es die Zeitangabe 時 *toki*, „Zu der Zeit, als", und beide Momente setzen das erzählte Geschehen in Distanz zum Hier und Jetzt des erzählten Ichs auf dem Schiff. Die Zeitangabe ist eine Verbindung zum Langgedicht 1: 13, in dem die zeitliche Distanz durch eine Opposition zum Ausdruck kommt: *kami-yo yori / kaku ni aru rashi / inishihe mo*, „seit dem Zeitalter der Götter / scheint es so zu sein / so, wie in uralter Zeit", versus *shika ni are ko-so / utsu-semi mo*, „gerade weil es so ist (war) / [ist es] auch in dieser (unseren) Welt / Wirklichkeit".

Die drei Berge in 1: 13 stehen metonymisch für die Zentralregion Yamato, und die genannten Ortsnamen besitzen im Rahmen der Reise noch eine wichtige Funktion, worauf die Kommentare geschlossen hinweisen. Das Erwähnen der Ortsnamen bei Grenzüberschreitungen wird als Tribut an die lokalen *kami*-Gottheiten gedeutet, und der Ortsname oder die Lobpreisung der landschaftlichen Schönheit zusätzlich als Garantie der Sicherheit auf der Reise (vgl. Wittkamp 2014a: 145). Dieser Aspekt wäre dann auch für die Sequenz 1: 17 bis 19, die anschließend zu besprechen ist, und andere Sequenzen relevant.

### Zu Kurzgedicht 1: 15

Wie bemerkt stellen das größte Problem in 1: 15 die Lesungen des dritten und fünften Verses dar. Die Lesung *irihi mishi*, „die untergehende Sonne gesehen haben", beruht auf den Phonogrammen 伊理比弥之 aus den Abschriften Genryaku-*kōhon* und *Ruiju koshū*. Aso (1: 83) zufolge ist aber in beiden Abschriften die Lesung *sa* beigefügt, und da andere Abschriften mit 沙 oder 佐 ein Phonogramm für *sa* besitzen, entscheidet sie sich für *irihi sashi*, „die Abendsonne scheint auf etwas und …", aus der Abschrift Hosoi-*bon* 細井本,[108] mit 沙之 *sashi*, der Konjunktionalform von *sasu*.[109] Inaoka (1: 462) zufolge dominierte die Lesung *irihi sashi*, „scheint auf … und …", bis in die Nachkriegszeit

107 Das Wort *kunihara*, „Ebene" kommt bereits in Jomeis Landeschau in 1: 2 vor und ist gewiss mehr als ein geographischer Begriff.

108 Die Bände 4, 5 und 6 stammen aus der zweiten Hälfte des sechzehnten Jahrhunderts, die übrigen aus der frühen Edo-Zeit, beruhen aber auf Sengakus Kangen-*bon*; vgl. Ogawa und Ikehara 2016: 97.

109 Zum Genryaku-*kōhon* vgl. Watanabe 1994: 34. Das „Nishi-Honganji-*bon* und andere" (Aso 1: 83) sowie das Hirose-*bon* verschriften mit 祢 (vgl. Sasaki et al. 2: 80), aber im Hirose-*bon* steht daneben 沙 und bei der Lesung ist es umgekehrt. Als Hauptlesung steht *sa*, daneben *mi*; vgl. Hirose et al. 1994: 27–28.

hinein,[110] und dafür entscheiden sich auch heute viele Kommentare mit unterschiedlichen Begründungen (vgl. SNBT 1: 24–25), die mitunter von der Lesung des letzten Verses abhängen (vgl. Takeda 3: 105).[111]

Ein jüngeres, aber prominentes Argument für *sashi* aus dem Jahr 1996 stammt von Sasaki Takashi 佐佐木隆 (zitiert nach Kōnoshi 1999a: 114, Inaoka 1: 462). So bezeichne die Struktur ... *ni* ... (*wo*) *miru* das Sehen von einem bestimmten Standpunkt aus, der mit *ni* markiert sei. Das Wort *mishi* bedeute daher, die untergehende Sonne von den „Prachtwolken" aus gesehen zu haben, und nicht, gesehen zu haben, wie die „untergehende Sonne auf die Prachtwolken scheint". Inaoka (1: 461–462) hält dem jedoch entgegen, dass die Sonne nicht „auf die Prachtwolken scheint", sondern selbst darin (*ni*) versinkt, was er als „seltenes Phänomen" beschreibt.

Das neben der Genryaku-Abschrift stärkste Argument für *mishi* stammt von Yamaguchi Yoshinori, ebenfalls aus dem Jahr 1996 (zitiert nach Kōnoshi ebd. S. 111–112, Inaoka ebd.). Da die Konjunktionalform als *chūshikei* 中止形, „Suspensivform" (auch *renyō chūshi-hō* 連用中止法), ohne eine eigene Zeitform das Ende von „Vordersätzen bei Satzverbindungen" (Lewin 1975: 104) markiert, sei die Zeitform mit der danach kommenden identisch. Da in 1: 15 der letzte Vers mit *koso* (Optativ, Futur) abschließt, müsste sich auch mit *sashi* der Wunsch beziehungsweise die Zeit auf beide Handlungen beziehen.[112] Das erzählte Ich wünschte sich also, dass die Sonne in den Prachtwolken versinkt und dass es eine klare Mondnacht wird beziehungsweise die Mondnacht bald dem frischen Sonnenaufgang weicht. Ein solches Verstehen lehnen Yamaguchi, und mit ihm Inaoka, Kōnoshi oder Ōura (2007: 221) ab. Zudem kann der vordere Teil die Ursache oder der Grund für den nachfolgenden Teil sein, was hier ebenfalls passte, nämlich die pittoreske Meeresszene der in den Prachtwolken untergehenden Sonne als Auslöser für den Wunsch.[113] Neben

110 Takedas Kommentar mit der Lesung *irihi mishi* stammt aus dem Jahr 1956; vgl. Takeda 3: 103 und zu den Abschriften, S. 105.

111 Aso (1: 83) übernimmt Omodakas Argument, dass es sich mit *mishi* um eine stockdunkle Nacht handeln müsste, da die Sonne untergegangen, der Mond aber nicht zu sehen gewesen wäre. Omodaka (1: 172) führt weiterhin an, dass 1: 15 mit der Lesung *sashi* in mehrere Poetikschriften, Sammlungen oder in die 1312 fertiggestellte höfische Waka-Sammlung *Gyokuyō wakashū* 玉葉和歌集 Aufnahme fand; das zeigt allerdings nur ein Verstehen als Ergebnis späterer Textauslegungen.

112 Omodaka (1: 166–167) versteht *koso* als Postposition einer syntaktischen Korrelation, die an *ni* (Konjunktionalform von *nari*) anschließt, liest *ma-sayaka-ni koso* und übersetzt in *donna ni sayaka ni aru koto ka* どんなにさざかにあることか, „wie klar ist er doch (der Mond)!" (1: 156).

113 Vgl. zur Konjunktional- / Suspensivform Wittkamp 2014b: 115–116 (dort nach Yamaguchi Gyōji 山口堯二, 1980).

den Prachtwolken wäre dann der klare Sonnenaufgang etc. als weiteres günstiges Vorzeichen für eine erfolgreiche Reise zu verstehen.

Ōura (2007: 222) weist auf die „etablierte Lehrmeinung" hin, der zufolge die drei Gedichte während der 661 unternommenen Seereise in den Westen mit Inami vor Augen entstanden. Der Gedichttitel gebe lediglich die „drei Berge" an und auch 1: 14 enthalte keinen Ausdruck, der an eine Rettungsreise nach Paekche in den Westen denken lasse. Ōura versteht das Wort *kaku*, „so (scheint es zu sein)", in 1: 13 im Sinn von Inaokas (1: 15) Erklärung als ein Adverb, das – als deiktische Angabe – im Bereich der sichtbaren Welt (*genjō shijiteki ni* 現場指示的に) auf die drei Berge verweise, sodass 1: 13 „mit den drei Bergen vor Augen" entstanden sei. Die Verbindung der Gedichte 1: 13 und 14 sieht Ōura (ebd.) auf der Ebene der mündlichen Dichtung um die drei Berge von Yamato, um sich dann der Frage nach den Verbindungen zwischen 1: 14 und 15 zuzuwenden. Er weist ebenfalls auf die Funktion hin, durch die Erwähnung der mythischen Bezeichnung Wata tsu Mi / *watatsumi*, „Meeresgottheit / Meer", sowie dem „Wunsch nach klarer Mondnacht" die „Sicherheit der Seereise zu erbitten" (S. 222). Da dieses „Motiv" auch in „Inami *kuni-hara*" aus 1: 14 zu erkennen sei, sieht Ōura (S. 223) die Verbindung von 1: 14 und 15 in dem Motiv der Bitte um Sicherheit für die Seereise. Insgesamt gebe es zwischen den drei Gedichten keine durchgehende Kohärenz, aber 1: 14 als „Achse" stelle die Verbindungen zwischen dem ersten und dem letzten Gedicht her.

Ōura geht es nicht um narratologische Aspekte, sondern um die Geschichte der *hanka*-Dichtung in der *Man'yōshū*-Anfangszeit. Seine Argumente lassen sich aber im Sinn einer sich entfaltenden Narrativität übernehmen. Die drei Gedichte stellen die frühen und von Hoffnungen geprägten Stationen einer Reise dar – Yamato, Inami und das offene Meer –, bei denen bis zum Sonnenuntergang das Sehen beteiligt war. In 1: 13 gibt es lediglich indirekte Hinweise in *kaku* (siehe oben) und dem Abgleich der uralten Zeit mit der Gegenwart, aber in 1:14 dürfte die Ansicht auf die Inami-Region aus der Distanz, also vom Boot aus, feststehen. Mit der Lesung *mishi*, „ich / wir sahen die Sonne versinken", zieht ein grammatischer Hinweis auf das Vergehen der Zeit der erzählten Reise ein, der allerdings nur bestätigt, was zuvor ebenfalls thematisiert wurde. Das Verstehen von 伊理比弥之 als *irihi mishi*, „die versinkende Sonne gesehen haben", mag von Wünschen der Rezeption geleitet sein, aber auch die Lesung als *irihi sashi*, „die Abendsonne strahlt auf etwas", ändert nichts am Gesamtverstehen einer narrativen Entfaltung.

## Auf dem Weg zum Ōmi-Hof: 1: 17 bis 19

Die Gedichte 1: 16 bis 21 sind dem Hof Ōmi no Ōtsu no Miya von Tenji Tennō zugeordnet, und für vier Stücke geben die Titel den Namen der Dichterin Nukata no Ōkimi an. Obwohl sie somit die Tenji-Zeit repräsentiert, sind die beiden letzten Gedichte dieser Abteilung ein Austausch zwischen ihr und dem Kronprinzen (皇太子), dessen Name die Anmerkung zum Titel mit „Tenmu" angibt. Die folgenden drei Gedichte entstanden, als Naka no Ōe, der spätere Tenji, die Hauptstadt an den Biwa-See verlegte oder bereits verlegt hatte.

> Zu der Zeit, als Nukata no Ōkimi zum Land Ōmi herabging[114], verfasste [sie] Gedichte, an die Inohe no Ōkimi unmittelbar mit einem Gedicht anschloss.

Lecker-*sake* / Miwa-Berg! / Blaue Erde / In den Hügeln von Nara / (5) Bis er hinter ihren Graten / geruht sich zu verbergen / Bis des Weges Kurven / mehr und mehr werden / Weiter und weiter / (10) Will ich gehen und schauen // Wieder und wieder / Will [ihn] doch zum Trost sehen, den Berg / Herzlose / Wolken / (15) Müsst ihr [ihn] denn die ganze Zeit verbergen?! (1: 17)

*uma-sake*[115] / *Miwa no yama* / *awo-ni-yoshi* / *Nara no yama no* / (5) *yama no ma ni* / *i-kakuru ma-de* / *michi no kuma* / *i-tsumo-ru ma-de ni* / *tsubara ni mo*[116] / (10) *mi tsutsu yuka-mu wo* // *shiba-shiba mo* / *mi-sake-mu yama wo*[117] / *kokoro naku* / *kumo no* / (15) *kaku-safu be-shi ya*[118]

*hanka*-Gegengedicht

| | |
|---|---|
| *Miwa-yama wo* | Den Berg Miwayama |

114 Das Zeichen 下 bedeutet ein Fortbewegen von Asuka oder Yamato (als Rekonstruktion des Hohen Himmelsgefildes auf Erden). Auch heute noch wird das Verb auf die Hauptstadt bezogen; zu 上 als „nach Yamato hochgehen" vgl. SNBZ 6: 34, Wittkamp 2018a: 219.

115 Der erste Vers *uma-sake* und der dritte *awo-niyoshi* sind Kopfkissenwörter (*makura-kotoba*) zu den Ortsnamen Miwa und Nara.

116 Das Präfix *i-* in *i-kakuri* und *i-tsumoru* bezieht sich auf den heiligen Berg und den sich windenden Weg. Bei Nomen steht es oft besonderen Orten voran, aber bei Verben scheint die genaue Bedeutung unklar zu sein (Betonung, Regulierung von Rhythmus oder Klang etc.).

117 Die Verbphrase *mi-saku* (*mi-sake-mu*) bedeutet, durch das Sehen „das Herz trösten"; vgl. Miyakoshi, Ishii und Oda 2011 (digital).

118 Der Gedichtabschluss erfolgt wie in 1: 13 unregelmäßig im 5-3-7-Rhythmus.

| | |
|---|---|
| *shika-mo kakusu ka* | So zu verbergen?[119] |
| *kumo dani mo* | Wenigstens die Wolken |
| *kokoro ara-na-mo* | Hätten sie doch ein Herz! |
| *ka-ku-sa-fu be-shi ya* | Musstet ihr ihn denn die ganze Zeit verbergen?! |
| | (1: 18) |

Zu den zwei rechtsstehenden Gedichten (右二首歌) heißt es in dem *Ruiju karin* von Yamanoue no Okura: „Zu der Zeit, als die Hauptstadt ins Land Ōmi verlegt wurde (遷都), geruhte [Tenji Tennō?][120] beim erlauchten Anblick des Berges Miwayama ein erlauchtes Lied / Lieder zu dichten." Im *Nihon shoki* heißt es: „Im 6. Jahr [667], Frühling 3. Monat, am neunzehnten Tag wurde die Hauptstadt nach Ōmi verlegt (遷都)."[121]

| | |
|---|---|
| *he-so-kata no* | Fadenknäul[122] |
| *hayashi no saki no* | Vor den Hainen |
| *sa-no hari no* | Der weißen Birken |
| *kinu ni tsuku nasu* | Wo [Blütenstaub?] an der Seide hängenbleibt[123] |
| *me ni tsu-ku wa-ga- se* | So bleibt mein Gebieter[124] in meinen Augen |
| | (1: 19) |

119 Dem SNBT-Kommentar (1: 26) zufolge hat das Gedicht eine Zäsur nach dem zweiten und eine weitere nach dem vierten Vers; der fünfte Vers stünde damit frei.

120 Die Kommentare vermuten Tenji Tennō oder bringen den Namen in die Übersetzung ein; vgl. SNBZ 6: 36, SNBT 1: 26.

121 Die Schriftzeichen 六年丙寅春 fehlen im *Nihon shoki*-Eintrag (vgl. SNBZ 4: 270), wo es zu diesem Jahr bereits Einträge gibt, aber mit 丙寅 entsteht eine Differenz von einem Jahr; vgl. SNBZ 6: 36.

122 Itō (1: 95) vermutet in „Hesokata" einen anderen Namen für den Berg Miwayama, mit dem nur die Bevölkerung in unmittelbarer Umgebung vertraut gewesen sei. Er bezieht sich auf den Mythos zur Entstehung des Namens „Miwa" im *Kojiki*-Buch „Sujin" 崇神. Darin kommt eine Hanffadenrolle vor, die mit Lautzeichen als 閇蘇 *heso* beschrieben ist; vgl. SNBZ 1: 186–187. *Kata* wiederum spiele auf das in der Erzählung vorkommende Verfolgen eines Fadens an, der bis zu einem Berg führte, sodass von dem ursprünglichen Fadenknäuel nur noch „drei Umwicklungen" (*mi-wa*) übrig waren. Auch *hari*, die „Nadel" aus dem dritten Vers, sowie *kinu*, die „Seidenkleidung", verbindet Itō mit dem Mythos, da mit einer Nadel der Faden am Saum der Seidenkleidung befestigt wurde; zum Miwa-Mythos vgl. auch Aso 1: 97, 99.

123 Die Landschaft der ersten vier Verse ist ein gedichtinternes Vorwort (*jo-kotoba* 序詞, vgl. Wittkamp 2014a: 215–221), und *nasu* steht in seltenen Fällen hinter dem Verb (Anschluss Attributivform): „so, wie …". Notwendig dürfte das nicht sein, da nach einem *jo-kotoba* die Wiederholung wie hier *tsuku* denselben Effekt besitzt.

124 Aso (1: 99–100) führt verschiedene Interpretationen an, wie Tenji Tennō, die Gottheit vom Miwa-Berg, lehnt diese aber angesichts des Ausdrucks ab und vermutet einen Appell an alle die, die „mit Asuka vertraut waren".

Das eine, rechtsstehende Gedicht (右一首歌), denkt man nun darüber nach, ist es als Anschlussgedicht unpassend. Allerdings stand es in dieser Abfolge in dem / einem alten Buch, und daher wurde es so aufgenommen.

**Anmerkungen, historischer Hintergrund und Gesamtaussage**

Das Langgedicht 1: 16 und die beiden Gruppen 1: 17 bis 19 sowie 1: 20 und 21 repräsentieren den durch die Kapitelüberschrift „Ōmi no Ōtsu no Miya" angegebenen Epochen-Raum. Als der Herrscher (天皇 *sumera mikoto*) seinem höchsten Beamten die Entscheidung über die Frage befahl, ob die „tiefere Schönheit im Glanz der Frühlingsberge oder in der Farbenpracht der Herbstberge" liege, übernahm Nukata no Ōkimi durch das *uta*-Langgedicht 1: 16 die Antwort. Mōri Masamori verbindet es mit der klassisch-chinesischen *shi*-Dichtung (詩) und zitiert aus dem *Kaifūsō*-Vorwort, das den Ōtsu-Hof am Biwa-See als Ort der japanischen *shi*-Dichtung in den Blick rückt, sowie aus der Forschung, aus welcher die klassisch-chinesische Dichtung des sechsten und siebten Jahrhunderts als Quelle der altjapanischen Naturanschauung hervorgehe.[125] Da der Titel vor 1: 16 zudem ein klassisch-chinesisches Parallelverskonstrukt enthält, wird eine schriftlich geführte Auseinandersetzung vermutet (vgl. Takeda 3: 109, SNBZ 6: 33, Inaoka 1: 17, Aso 1: 90), und von Bedeutung dabei ist der Hof am Biwa-See als Bühne. So verspürt Aso (ebd.), die ebenfalls aus dem *Kaifūsō*-Vorwort zitiert, eine „Atmosphäre, die durch das Interesse des Ōmi-Hofes an der chinesischen Literatur gefärbt ist". Das sind jedoch alles Schlussfolgerungen, die aus anderen Quellen gezogen werden. Die Sammlung selbst gibt dieses Wissen nur indirekt zu erkennen.

Die beiden Kurzgedichte 1: 20 und 21 stammen von einem Jagdausflug und sind ein Austausch zwischen Nukata no Ōkimi und dem Kronprinzen, der auf das Gedicht (歌 *uta*) der Ōkimi mit einem „erlauchten Gedicht antwortet" (皇太子答御歌). Die Anmerkung zum Titel vor 1: 21 gibt „Tenmu Tennō" sowie mit „Asuka no Miya" den Hof an, wodurch sich beispielsweise Takeda (3: 131) genötigt sieht, den Namen „Kiyomihara no Miya" zu ergänzen, der aber erst mit der nächsten Kapitelüberschrift vor 1: 22 vorkommt. Die Anmerkung nach 1: 21 legt mit einem Zitat aus dem *Ki* die Zeit des Ausflugs auf das „7. Jahr [668], Sommer 5. Monat, fünfter Tag" fest und gibt die höchsten Beamten als die teilnehmenden Personen an (vgl. den *Nihon shoki*-Eintrag in SNBZ 4: 280).

Die Gedichte 1: 17 bis 19 sind daher mit Stücken gerahmt, die auf das hochkultivierte Leben der Hofanlage „Ōmi no Ōtsu no Miya" am Biwa-See

125 Vgl. Mōri 1999: 117–118; die SNBT-Bearbeiter (1: 66) sehen allerdings original japanische Momente am Werk.

verweisen. Den Titeln zufolge repräsentiert Nukata no Ōkimi den Epochen-Raum am Ōtsu-Hof, wie in den Gedichten 1: 29 bis 49 der Name Hitomaros für den Hof Fujiwara no Miya steht. Angesichts der Kapitelüberschrift sollte eigentlich kein Zweifel daran bestehen, dass sich der Hof bereits an der Südspitze des Biwa-Sees befand, aber die Gedichte 1: 17 bis 19 werden aufgrund der Thematik „Reise von Asuka herunter ins Land Ōmi", erst recht jedoch auf Grund der Anmerkung nach 1: 18 mit dem Umzug an die neue Hofanlage verbunden. Die Anmerkung führt mit 遷都 zwei Mal den Hofwechsel an, sodass damit das *Nihon shoki*-Paradigma so aufdringlich wirkt, dass man sich dem kaum noch entziehen kann. Zwar entspräche die Anordnung der beiden Gruppen 1: 13 bis 15 und 1: 17 bis 19 der Chronologie der beiden historischen Ereignisse „Reise in den Westen" (660) und „Hofverlegung" (667), aber die Chronologie der Gedichte im Epochen-Raum „Ōmi no Ōtsu no Miya" selbst gerät durch das Verstehen als „Gedichte zum Umzug" durcheinander. Das ist bereits ein Problem, aber offenbar unzufrieden mit den Angaben im Titel wird in der Anmerkung nach 1: 18 aus dem *Ruiju karin* und *Nihon shoki* zitiert. Ein Name fällt nicht, aber die doppelte Höflichkeitsformulierung 御覧 … 御歌 sowie das Zitat aus dem *Nihon shoki* zur Hofverlegung veranlassen die moderne Kommentarliteratur, der Anmerkung zu folgen und als wahren Verfasser Tenji Tennō zu sehen (vgl. Takeda 3: 125 oder SNBZ 6: 36), der 667, noch vor der Thronbesteigung 668, den Hof von Asuka nach Ōtsu an den Biwa-See im Land Ōmi verlegte.[126] Es ist aber zu beachten, dass im Titel weder 幸 für eine glücksbringende Reise des Tennō noch 遷都 für die Verlegung der Hauptstadt oder des Hofes steht. Das Verb lautet 下 *kudaru* und bringt eine Perspektive ein. Denn es bedeutet von Asuka aus gesehen „heruntergehen" und ist als Verb der Bewegung einer Person wie Nukata no Ōkimi angemessen. Für die Bewegung eines Tennō müsste ein anderer Ausdruck stehen.

Die später beigefügten Anmerkungen, die einen Abstand von möglicherweise einem halben Jahrhundert zum Ereignis der Hauptstadtverlegung bedeuten, werfen Fragen auf, und es ist erneut das Bild zu bedenken, das sich ohne sie – wie im Inhaltsverzeichnis – ergibt. Das Unverständnis des Bearbeiters oder der Bearbeiter bezüglich der Titel und Kapitelüberschriften zeigt sich beispielsweise in der Anmerkung zum Titel vor 1: 21, in welcher die Angabe „Kronprinz" zu „Tenmu Tennō" konkretisiert und dessen Hof mit „Asuka no

126 Itō (1: 94–95) versteht daher das Gedicht als die „Stimme des Tennō" und sieht Nukata als *mikoto-mochi kajin*, die „Dichterin, die das erlauchte Wort trägt". Später schränkt er aber ein und liest eine „Verschmelzung aus Individuum und Kollektiv". Das Lied des Rituals berge das lyrische Gedicht, das lyrische Gedicht das Rituallied in sich, und beide seien in neuer Dichtung vereint.

Miya“ benannt wird. „Tenmu“ lässt sich mit der historischen Realität vereinbaren, aber die Ortsangabe ist unpräzise und kommt in keiner Kapitelüberschrift vor. Eine Ausblendung aller später beigefügten Anmerkungen löste die genannten Probleme, aber die Gruppe 1: 17 bis 19 wäre dann keine Dichtung zum Umzug an den neuen Hof. Stattdessen gäbe sie zu erkennen, dass der Kontakt des Hofes am Biwa-See mit der alten Heimat in Asuka nicht nur ununterbrochen eng war, sondern – ganz im Gegenteil – sich die Hofgesellschaft emotional nicht von Asuka trennen konnte. Dafür spricht auch ein Detail aus der offiziellen Geschichtsschreibung, aber zuvor ist nochmals festzuhalten, dass die Ordnung der Urauswahl keine zeitliche, sondern eine räumliche ist. Wie in den nachfolgenden Epochen-Räumen scheint das oberste Ziel darin zu liegen, durch die Titel und Inhalte räumliche Ausdehnungen zu präsentieren. Für „Ōmi no Ōtsu no Miya“ waren das der Hof am Biwa-See in 1: 16, die ununterbrochene Verbindung mit Asuka in 1: 17 bis 19 sowie das Jagdgebiet am östlichen Ufer des Biwa-Sees in 1: 20 und 21. Erst nach der Zerstörung des Ōmi-Hofes gewinnen mit Ise und Yoshino andere Regionen an Bedeutung.

654 hatte der Kronprinz Naka no Ōe (Tenji) seinen Onkel Kōtoku Tennō gebeten, die gerade erst unter enormen Aufwand fertiggestellte Anlage von Naniwa (Ōsaka) zu verlassen und den Hof wieder zurück nach Yamato zu bringen. Als Kōtoku diese Bitte zurückwies, „geleitete“ Naka no Ōe seine Mutter Kōgyoku / Saimei Tennō, seine Schwester Hashihito no Kisaki, Kōtokus Hauptgattin, und seinen Bruder Ōama 大海人 (Tenmu Tennō) an den „provisorischen Hof Yamato no Asuka no Kawabe no Karimiya“ (倭飛鳥川邊行宮). Auch die hohen Beamten verließen Kōtoku, der noch im selben Jahr starb (vgl. SNBZ 4: 194–199). Dennoch verlegte Tenji im Jahr 667 den Hof an den Biwa-See, was einem Eintrag im *Nihon shoki* zufolge im Volk auf keine Zustimmung traf (vgl. SNBZ 4: 271, Eintrag Tenji Tennō, 6. Jahr, 3. Monat). Dem Ōmi-Hof waren auch nicht viele Jahre gegönnt, und schon 672 holte ihn Tenmu nach dem Sieg im Jinshin-Krieg wieder zurück in das circa fünfzig Kilometer südlich gelegene Asuka.

Hitomaros Gedichte zur verfallenen Hofanlage am Biwa-See, die noch genauer vorzustellen sind, geben vor, die Gründe für die Verlegung an den Biwa-See nicht zu verstehen, und auch die offizielle Geschichtsschreibung schweigt dazu. Ichi Hiroki (2021: 56–57) verbindet mit dem ostasiatischen Kontext Mitte der 660er Jahre, die durch einen enormen Machtzuwachs der Tang-Dynastie sowie der Silla auf der koreanischen Halbinsel gekennzeichnet sind, und nennt drei konkrete Gründe für die Hof-Verlegung. Erstens seien den kontinentalen Mächten durch ihre wiederholten Gesandtschaften die Lage und Beschaffenheit Asukas bekannt gewesen, nichts aber über die Gegend am Biwa-See. Zweitens sei die Hofanlage am Biwa-See durch die Berge und den See von allen Seiten gut geschützt gewesen und es habe [über den Biwa-See] eine gute Fluchtmöglichkeit in den Nordosten gegeben. Drittens habe es über das Japanische Meer, zu dem es von der Nordspitze des Biwa-Sees nicht allzu weit ist, eine Verbindung mit dem Staat Goguryeo (Koguryŏ 高句麗; jap. Kōkuri) gegeben, mit dem Yamato enge Kontakte gepflegt habe. Ichi (ebd.) kommt auch auf die in diesen Jahren errichteten Tempelanlagen um den Ōtsu-Hof zu sprechen, denen er die zusätzliche Funktion als Wehranlage (*bōei kyoten* 防衛拠点) zuspricht. Wie er ebenfalls anführt, verlegte Tenji zwar den Hof an den Biwa-See, hatte aber in der alten Hofanlage in Asuka einen Verantwortlichen zurückgelassen, der über den Hof „während der Abwesenheit" wachte (留守司 *rusu no tsukasa*; vgl. SNBZ 4: 308). Tenji scheint somit einiges an der alten Heimat in Asuka gelegen zu haben, wofür auch die Gedichte 1: 17 bis 19 sprechen könnten. Dann würden sie keinen Umzug thematisieren, sondern die emotionale Bindung an die Heimat in Asuka.

Gedicht 1: 19 setzt den beiden vorangehenden Gedichten zum Nicht-Sehen ein Sehen entgegen und leitet zugleich den Blick vom Berg auf „meinen Gebieter". Es bewegt sich auf der argumentativen Ebene und führt die narrative Handlungsentwicklung aus 1: 17 und 18 nicht weiter. Als 和歌, „antwortendes Lied",[127] beeinflusst Gedicht 1: 19 dennoch den Ort der vorangehenden Dichtung, da es die Perspektive der zurückbleibenden Person oder Gruppe einnimmt. Diese Polyperspektivität, welche die ungebrochene Verbindung mit Asuka weiterhin belegt, ist auch aus den Gedichten 1: 40 bis 44 bekannt (siehe unten), kommt in der Ordnung der Sammlung aber hier das erste Mal vor. Die Anmerkung nach 1: 19 enthält den zweiten Beleg für 舊本, der wie gesehen im Sinn von „aus *dem* alten Buch" oder „aus *einem* alten Buch" gedeutet werden kann, möglicherweise aber die Urauswahl bedeutet.

## Das Narrativ in 1: 17 und 18

Asuka ist der Ausgangspunkt der Reise von Saimei und ihrem Sohn Tenji in den Westen, und von dort bricht Nukata no Ōkimi und ihre Reisegruppe ersichtlich schweren Herzens zum Hof am Biwa-See auf. Der Weg führt in den Norden und nach kurzer Zeit westlich am Berg Miwayama vorbei, der auch heute noch ein Ort mit hoher mythisch-religiöser Aufladung ist. Von dort bis zu den genannten Hügeln von Nara sind es knapp zwanzig Kilometer, und Aso Mizue (1: 98) zufolge ist nach deren Überquerung der Blick auf den Miwayama verstellt. Die Formulierung 下, „hinunterreisen", im Titel ist insofern merkwürdig, als es mit Blick auf die neue Hofanlage als Sitz der Regierung 上,

127 SNBZ (6: 35) liest *kotafuru uta*, SNBT (1: 26) *wa seshi uta*.

„hinaufreisen“, heißen müsste. Sie spricht vielmehr dafür, dass das geistig-emotionale Zentrum nach wie vor in Asuka war.

Auch Itō Haku (1: 93) vermutet als Grund für die Hauptstadtverlegung an den Biwa-See eine Präventivmaßnahme und verbindet die Gruppe mit dem Hofwechsel von 667. Das Äußern von Abschiedsschmerz sei eine Maßnahme zur Besänftigung der lokalen Gottheiten, die man nun verlasse (vgl. Aso 1: 96), sowie eine Glücksgarantie für das Leben am neuen Ort. Den Ort der Dichtung vermutet er konkret nahe bei oder in den Nara-Hügeln am Nordrand der heutigen Stadt Nara. Ob dort mit diesen Gedichten tatsächlich ein „letztes Ritual zur Besänftigung“ (1: 95) stattfand, sei dahingestellt, aber für die Perspektive der dargestellten Wahrnehmungen ist der Hinweis weiterführend. Sollte es sich um ein Ritual gehandelt haben, gab es zunächst gewiss keinen Gedichttitel, der die Gedichte aus der aktuellen Situation hebt und zu einer erinnerten Erzählung verbindet. Daher ist Itōs Hinweis auf das erzählte Ich zu beziehen. Denn wie sich noch zeigt, ist der Ort der Dichtung – wie in der oben diskutierten Sequenz der Seereise in den Westen – ein zentraler Punkt der anhaltenden Diskussion. Zur Frage steht dabei auch, wie in 1: 17 die beiden Verbformen *mi tsutsu yukamu* und *mi-sakemu* zu verstehen sind, die mit dem Verbalsuffix *-mu* (Dubitativ, Optativ, Futur) abschließen: „Während ich (oder wir) schaue, will / werde ich gehen“ und „will / werde zurückschauen“. Die Grammatik erweckt den Eindruck, als ob sich das erzählte Ich gerade auf dem Weg befindet und der Wunsch auf die Gegenwart oder unmittelbar bevorstehende Zukunft der erzählten Welt bezogen ist. In diesem Sinn übersetzt Aso (1: 95) im Präsens mit *minagara ikitai noni* 見ながら行きたいのに, „obwohl ich [zurück-]schauend gehen will“, und *furikaette nagametai* 振り返って眺めたい, „will mich umdrehen und schauen“ (ähnlich auch Itō 1: 94 oder SNBT 1: 26). Hier ist nochmals daran zu erinnern, dass die Gedichte der Nukata no Ōkimi als Erinnerungen verstanden werden, und in einer narratologischen Analyse ist das Gedicht als Gedankenrede oder als direkte Rede eines erzählten Ichs zu verstehen.

Aufmerksamkeit erfordert das für Fortdauer und Wiederholung stehende Verbalsuffix *-fu* in *kakusa-fu beshi ya*, den jeweils letzten Versen in 1: 17 und 18, mit *kakusa-fu* als „etwas fortgesetzt verbergen“. Es ist eine an die Wolken gerichtete rhetorische Frage, und Aso (1: 98) sieht in *beshi ya* einen „vorwurfsvollen Ton“, die SNBZ-Bearbeiter (6: 35) zudem ein „euphemistisch formuliertes Verbot“. Zu bedenken ist der sechste Vers in 1: 17, in dem sich *i-kakuru made*, „bis er sich verbirgt“, auf den Berg bezieht. Es sollte also der Berg sein, der sich nach dem Überschreiten der Nara-Hügel selbst verbirgt, und nicht die Wolken, die ihn schon vorher verbergen. Mit *-fu*, „ununterbrochen, immer wieder“, korrespondieren die Postposition *tsutsu* in *mi tsutsu yukamu*, „während ich schaue, will ich gehen“, sowie die beiden Ausdrücke *tsubara ni*[128] und *shiba-shiba*, die beide als „ausreichend, ausführlich, eingehend, immer wieder, ununterbrochen“ zu verstehen sind. Alle Ausdrücke stehen für Andauern und Wiederholung, also für Prozesse, die Zeit benötigen.

Die Formulierungen insgesamt zeigen, dass das erhoffte ununterbrochene Betrachten des Miwayama bis zu den Hügeln von Nara unmöglich war, da die Wolken diesen die ganze Zeit über verhüllten. Das Gegengedicht wiederholt diesen Zusammenhang nicht einfach, sondern scheint die Resignation auszudrücken, den Berg letztendlich nicht mehr gesehen haben zu können. Dafür spricht auch die Entwicklung von *kokoro naku*, „kein Herz haben“, in 1: 17 zu *kokoro ara namo*, „so habt doch ein Herz!“, in 1: 18. Die Postposition *namo* dient dem Ausdruck eines Wunsches oder einer Hoffnung, aber während *naku* als Negativform von *ari* eine bloße Feststellung ist, zieht mit *namo*[129] offenbar der Irrealis ein (vgl. SNBZ 6: 36). Dieser Verschiebung versucht die Übersetzung von *kakusafu beshi ya* in 1: 17 mit „müsst ihr denn“ zu „musstet ihr denn“ in 1: 18 gerecht zu werden.

Zu bedenken sind weiterhin die ersten beiden Verse in 1: 17, die grammatisch nicht weiter markiert sind. Dem SNBZ-Kommentar (6: 35) zufolge ist *Miwa no yama* das Subjekt von *i-kakuru*, „sich verbergen“, zugleich aber auch das Objekt von *mi tsutsu* und *mi-sakemu*, was durch das Fehlen einer grammatischen Festlegung ermöglicht wird. Die Formulierung ist aber auch als direkter Anruf (*kokaku* 呼格, Vokativ, Omodaka 1: 188) an den Berg wie „Miwa *no yama yo*!“ (vgl. SNBT 1: 26) zu verstehen, zu einer Zeit, als er noch sichtbar war. Die möglicherweise als Kritik an Tenjis Hauptstadtwechsel zu deutenden Gedichte thematisieren in räumlicher Hinsicht den Weg vom Miwayama bis zu den Nara-Hügeln, und in zeitlicher Hinsicht kommen verschiedene Hinweise auf das Andauern und Vergehen der Zeit vor. Sollte sich Itōs Vermutung zum Ort der Dichtung bestätigen, wäre aus dieser Perspektive das Verbalsuffix *-mu* in 1: 17 als Vergangenheitsform „wollte“ im Sinn einer Erinnerung des erzählten Ichs im Hier und Jetzt der Dichtung zu übersetzen.

---

128 Die Verschriftung von *tsubara ni* mit 委曲 *weiqu* stammt aus dem Klassisch-Chinesischen und bedeutet „turned and twisted, every twist and turn [...] all the fine details“ (Kroll 2015).

129 Die Schriftzeichen 南畝, „südliche Felder“, für *namo* stammen vielleicht aus dem *Shi jing*-Gedicht 詩經 „Qi yue“ 七月, „Siebter Monat“ („September“ nach Simon 2015: 333, mittelchinesische Lesung „nom muwX“ nach Kroll 2015); vgl. Omodaka 1: 193. Sie dürften eine weitere Wendung gegen die neue Hauptstadt im Norden sein. Man beachte auch den letzten Vers in 1: 18, der im Gegensatz zu 1: 17 komplett mit Phonogrammen ausgeschrieben ist, unter denen 苦 für *ku* mit der Bedeutung „qualvoll“ belegt ist; vgl. SNBT 1: 27.

Ōura (2007: 226) zufolge, dem es wie gesehen um die Geschichte der *hanka*-Dichtung geht, zweifelt die Forschung zwar bei den vorangehenden Gruppen an der Authentizität des *hanka*, aber 1: 18 werde angesichts des Wiederholungscharakters als originales *hanka* akzeptiert. Dagegen erhebt Ōura allerdings Einwände, denn er sieht bei 1: 17 und 1: 18 Unterschiede im Zeitpunkt und Ort, also keine bloße Wiederholung, deren Rolle in der Entwicklung der *hanka*-Dichtung er ohnehin hinterfragt.[130] Im Folgenden sind Ōuras Überlegungen für eine Lesung als narrative Dichtung fruchtbar zu machen.

Die doppelt vorkommende Postposition *made*, „bis", und die beiden Verbalsuffixe *-mu* in 1: 17 veranlassen Ōura, „vom Zeitpunkt der Dichtung her einen auf die Zukunft gerichteten Willen" zu sehen und diesen Zeitpunkt auf den Weg vom Miwayama zu den Nara-Hügeln festzulegen.[131] Anhand der parallel arrangierten Verse *tsubara ni mo mi tsutsu yuka-mu / shiba-shiba mo misakemu yama wo*, „ausgiebig doch, will ich weitergehen und dabei schauen und schauen // Wieder und wieder will ich ihn doch zum Trost sehen, den Berg", bestimmt er (S. 226–227) mit Bezug auf vorangehende Forschung den Zeitpunkt noch näher, nämlich „nicht so weit entfernt vom Miwayama". 1: 18 sei zwar weniger deutlich ausformuliert, aber Ōura fordert Aufmerksamkeit für die Implikationen in *kumo dani mo*, „wenigstens die / ihr Wolken", ein. Denn das Problem sei die Frage, gegen was sich „wenigstens" (*dani*) richte. Ōura nennt verschiedene Möglichkeiten wie die „Gefühlslosigkeit" der Leute, die nun an den neuen Hof ziehen, oder den sich selbst verhüllenden Miwa-Berg, sieht den Bezug jedoch zu den Nara-Hügeln,[132] dem Berg oder den Bergen, ab denen der Miwayama aus dem Blick rückt (*mi-osame-yama* 見納め山). An diesem Verlust des Anblicks sei aber nichts zu ändern, und daher sieht er für 1: 18 den Zeitpunkt genau zu der Zeit, als die Überquerung der Nara-Hügel unmittelbar bevorstand. Hinsichtlich der Zeit und des Ortes seien die beiden Gedichte somit „recht unterschiedlich".[133]

Als weiteren Hinweis nimmt Ōura (S. 227–228) die „lyrische Differenz" der beiden Abschlussverse *kakusafu beshi ya*, die er als „Unterschied im Dringlichkeitsgefühl" beschreibt, was einen Zustand vor der Resignation bedeutete. Das macht er an dem Vers *shika mo kakusu ka*, „ihn derart zu verber-

130 Die Problematik der *hanka*-Dichtung wie auch die der Parallelverse sind hier nicht weiter zu verfolgen; vgl. Wittkamp 2021a: 280, 282 (Indexeinträge).

131 Misaki (2005: 41) sieht in dieser räumlich-zeitlichen „Vorausnahme, Antizipation (*sakidori* さきどり)" einen deutlichen Unterschied zur rituellen Dichtung am Jomei-Hof.

132 Dabei beruft sich Ōura (2007: 227) auf Inaoka Kōji, der diesen Gedanken allerdings nicht in seine Kommentarausgabe aufnimmt.

133 Ōura (2007: 227–228) geht davon aus, dass in den beiden Gedichten bezüglich der unterschiedlichen Zeitpunkte „keine intentionale Konzeptualisierung" vorliegt.

gen", in 1: 18 fest, da dieser explizit zum Ausdruck bringe, dass die Wolken den Berg tatsächlich verhüllen. In 1: 17 gebe es dagegen eine solche Formulierung nicht, und der Vers richte die Bedeutung von *kakusafu beshi ya* anders aus.[134] Sei *kakusafu beshi ya* in 1: 17 noch „in das sich von der Gegenwart auf die Zukunft richtende Bewusstsein gehüllt" und ein „aufrichtiger Wunsch", besitze der Vers nicht das Dringlichkeitsgefühl aus 1: 18, „den Berg nicht mehr sehen zu können, falls es jetzt nicht klappt!" Für den Ausdruck eines solchen Dringlichkeitsgefühls eigne sich der Ort bei den Nara-Hügeln besser.

Somit sind sich Itō und Ōura für 1: 18 beim Ort der Dichtung nahezu einig, aber wie gesehen impliziert Ōura diesen für 1: 17 in der unmittelbaren Nähe des Miwayama. Er geht somit von zwei verschiedenen Orten aus, was eine narratologische Lesung – im Sinn einer Ortsverschiebung – nicht verwehren sollte. Gibt es aber nur einen Ort der Dichtung bei den Nara-Hügel, muss das vorangehende Gedicht 1: 17 in der Vergangenheit angesiedelt sein, was die altjapanische Grammatik erlaubte. Im Japanischen ist das Problem nicht so dringlich, da Originaltext und Übersetzung ins moderne Japanisch als historisches Präsens (*rekishiteki genzai*) gelesen werden können, das aus klassisch-chinesischen Prosatexten bekannt ist. Im Deutschen müsste die Übersetzung allerdings in einer Vergangenheitsform erfolgen, allein schon, um eine Differenz zwischen dem Reiseantritt und dem Erreichen der Nara-Hügel herauszustellen, die letztendlich die Kohärenz der beiden Gedichte garantiert. Diese Vergangenheit ist durch den Titel garantiert, in dem es heißt „Zu der Zeit, als …". Alles darauf Folgende muss Vergangenheit sein, woran auch die mögliche Entstehung der Geschichte während der Reise nichts ändern. Der lyrischen Lektüre gelingt unter Ausblendung des Titels das Konkretisieren als Dichtung vor Ort, eine Lesung als Narrativ allerdings nicht mehr.

## In Yoshino: 1: 25 bis 27

Die drei folgenden Stücke gehören zu der vor 1: 22 stehenden Kapitelüberschrift „Asuka no Kiyomihara no Miya", die den Hof von Tenmu Tennō angibt. Die Titel weisen 1: 25 und 27 als „erlauchte Gedichte des Tennō" aus, und der Titel zu 1: 27 nennt eine Reise nach Yoshino, die sich in 1: 25 und 1: 26, dem Gedicht „aus einem anderen Buch", aus dem Inhalt ergibt.[135] Die sechs von der

---

134 Auch der SNBT-Kommentar (1: 27) sieht im letzten Vers von 1: 18 keine bloße Wiederholung.

135 Duthie (2014: 245–249) präsentiert die Gedichte einleitend zur Besprechung von Hitomaros Yoshino-Lobpreisgedichten 1: 36 bis 39.

Kapitelüberschrift erfassten Gedichte haben mit Ise und dem nahen Irago in 1: 22 bis 24 sowie Yoshino in 1: 25 bis 27 zwei regionale Schwerpunkte. Gedicht 1: 22 stammt dem Titel zufolge von der Reise einer Tochter von Tenmu und hat einen offiziellen Charakter, 1: 23 aus anonymer Hand und 1: 24 von einem in den Osten Verbannten. Die beiden Gedichte dienen als Bühne für die Erzählung einer Verbannung, deren historische Relevanz nicht ersichtlich ist. Die Ise-Region und später der Ise-Schrein waren für Tenmus Thronbesteigung sowie die nachträgliche Konsolidierung und Legitimierung von großer Bedeutung, und Yoshino wiederum bildete als Ort persönlicher Erlebnisse und als Ausgangspunkt der Dynastiegeschichte den Erinnerungsort (*lieux de mémoire*) der Tenmu-Jitō-Linie par excellence. Die Yoshino-Gedichte lauten wie folgt:

Ein erlauchtes Lied des Herrschers

Im erlauchten Yoshino / Am Gipfel des Mimiga / Ohne Zeit! [= immer] / Der Schnee, er fällt, in der Tat / Ohne Unterlass! / Der Regen, er fällt, in der Tat / So wie jener Schnee / Ohne Zeit! / So wie jener Regen / Ohne Unterlass / Ohne eine Biegung auszulassen / Kam [ich mich / kamen wir uns] erinnernd [hierher] / Über jene Bergpfade (1: 25)

*mi-Yoshino no / Mimiga no mine ni / toki naku so / yuki ha furi-ke-ru / ma naku so / ame ha furi-ke-ru*[136] */ sono yuki no / toki naki ga goto / sono ame no / ma naki ga gotoku / kuma mo ochizu / omohi tsutsu zo koshi / sono yama-michi wo*

Aus einem [anderen] Buch

Im erlauchten Yoshino / Am Mimiga no Yama / Ununterbrochen / Der Schnee, er fällt, so heißt es / Ohne Unterlass! / Der Regen, er fällt, so heißt es / So wie jener Schnee / Ohne Zeit! / So wie jener Regen / Ohne Unterlass / Ohne eine Biegung auszulassen / Kam mich [kamen uns] erinnernd [hierher] / Über jene Bergpfade (1: 26)

---

136 Die SNBT-Bearbeiter (1: 32) erläutern die „altjapanischen Wörter“ *-keri* als „Erinnerung an die Vergangenheit“ und *-ki* als „Vergangenheitsform der Epik“ (hier in *koshi*, Attributivform). Das Hilfsverb *-ki* formuliere die Erinnerung an eine von der Gegenwart getrennte Vergangenheit, die „geschlossene Vergangenheit (*hei jita kako* 閉じた過去)“, *-keri* die „zur Gegenwart offene Vergangenheit (*genzai ni aita kako* 現在に開いた過去)“; *-keru* (Attributivform) in Vers 6 bildet mit dem vorangehenden *so* eine postpositionelle Korrelation (*kakari musubi*). Die Grundfunktion von *-keri* ist der Ausdruck eines plötzlichen Erkennens (*ki-zuki no keri* 気づきのけり), was auch hier der Fall sein könnte (in Vergangenheitsform; Aso 1: 119).

*mi-Yoshino no / Mimiga no yama ni / toki ji-ku so / yuki ha furu to ifu*[137] / *ma naku so / ame ha furu to ifu / sono yuki no / toki naki ga goto / sono ame no / ma naki ga gotoku / kuma mo ochizu / omohi tsutsu zo koshi / sono yama-michi wo*

Die Verse rechts sind unterschiedlich und daher wurde sie hier doppelt aufgenommen.

Zu der Zeit, als der Tennō nach Yoshino zu reisen geruhte, ein erlauchtes Lied des Herrschers

| | |
|---|---|
| *yoki hito no* | Gute Menschen [von früher] |
| *yoshi to yoku mi te* | Guter [Ort]! So sahen sie gut hin |
| *yoshi to ihi-shi* | Gut!, so sagten sie |
| *Yoshino yoku mi-yo* | [Dieses] Yoshino, seht gut hin! |
| *yoku hito yoku mi* | Ihr guten Menschen [von heute] seht gut hin![138] |
| | (1: 27) |

Im *Ki* heißt es: „Im 8. Jahr [679], 5. Monat unternahm der Tennō eine glücksbringende Reise nach Yoshino".

Keichū brachte 1: 27 mit einer Form der klassisch-chinesischen *shi*-Dichtung in Verbindung, in der spielerisch der Versanfang wiederholt wird, und der SNBT-Kommentar (1: 33), wo sich der Hinweis findet, belegt mit einem Beispiel. Inaoka (1: 26), der tendenziell mehr Gewicht auf japanische Elemente legt, verbindet dagegen mit „magischen Wörter", mit denen „die Menschen im Altertum Wünsche und Hoffnungen zum Ausdruck brachten".

**Die Titel**

Die Kombination der Titel zu 1: 25 und 1: 27 ist ungewöhnlich; in der SNBT-Lesung (1: 32–33) lauten sie wie folgt:

天皇 御製歌
*Tenwau no gyosei no uta*
Ein erlauchtes Lied des Herrschers

天皇 幸于吉野宮時 御製歌

137 Die Formulierung mit *to ifu*, „so heißt es", bedeutet keine eigene Erfahrung, sondern allgemeine Beschreibungen der Landschaft. Im Vergleich zu 1: 25 sieht Itō (1: 114) in *to ifu* ein mangelndes „Gefühl der aktuellen Dringlichkeit".

138 Die SNBT-Bearbeiter (1: 33) erläutern *mi* im letzten Vers als Imperativ (wie *mi-yo* im vierten Vers); vgl. Vovin 2017: 89.

*Tenwau no* Yoshino no Miya *ni miyuki shitamahishi toki no gyosei no uta*
Zu der Zeit, als der Tennō nach Yoshino zu reisen geruhte, ein erlauchtes Lied[139] des Herrschers

Das Gedicht 1: 25 sowie die Variante (1: 26) „aus einem anderen Buch" (或本歌), was hier das erste Mal in der Sammlung vorkommt, weichen nur in wenigen Formulierungen voneinander ab. Sie haben eine simple Struktur, in der die ersten zehn Verse mit zeitlosen Landschaftsbeschreibungen die letzten vier einleiten, die den narrativen Textteil enthalten. Der Grund für die Beifügung von 1: 26 ist Auslöser vielfältiger Spekulationen. Bei der Sequenz 1: 29 bis 31 und anderen Gedichten von Hitomaro sind anders lautende Alternativverse mit kleineren Schriftzeichen direkt in die – vermutlich – überarbeiteten Gedichte aufgenommen, aber auch dort gibt es Fassungen „aus einem anderen Buch". Während sich mit den eingeschobenen Alternativversen das Bild von Verbesserungen oder verschiedenen Überlieferungslinien ergibt, worauf zurückzukommen ist, dürfte die Präsentation der Gedichte 1: 25 und 26 eher verschiedene Dichter oder Quellen implizieren. 1: 25 und 1: 27 formen dagegen ein historiographisches Narrativ, um das es im Folgenden gehen soll.

Der Titel zu 1: 25 ist in der Struktur identisch mit den Titeln zum ersten Gedicht der Sammlung, bei dem die Kapitelüberschrift auf den Hof von Yūryaku Tennō verweist, sowie zu 1: 28 mit der Kapitelüberschrift zum Hof Fujiwara no Miya, der für Jitō Tennō steht. Auf formaler Ebene werden diese drei somit von den restlichen Titeln abgesetzt, aber im Gegensatz zu Yūryaku und Jitō folgt auf den Titel der höchsten Ebene vor 1: 25 ein konkreter Titel mit 時, „Zu der Zeit, als …" vor 1: 27. Die beiden Gedichte sind gleichsam als Sequenz „Zeitlosigkeit → konkrete Zeit" zu verstehen und scheinen – je nach Lesung – auch einen identischen Ort der Entstehung zu besitzen. Wie noch zu zeigen ist, wird auch 1: 25 mit einer konkreten Entstehungszeit verbunden, wogegen allerdings die Titelstruktur spricht. Dann nämlich wären die Entstehungsumstände des Gedichts, das die Zeitlosigkeit zu einem Hauptthema macht, im Titel ebenfalls mit 時 konkretisiert.

139 Der SNBZ-Kommentar (6: 40) liest 御製歌 *ohomiuta*. Sasaki et al. geben für die Titel keine Lesungen an, da diese in den Abschriften und alten Druckausgaben offenbar nicht enthalten sind; vgl. Sasaki et al. 2: 1, 115, 108, 112. 製 bedeutet unter anderem „to compose" (Kroll 2015), und 御 wiederum steht im „japanischen Gebrauch hauptsächlich japanischen Wörtern voran", so auch Verben, die aber in der Konjunktionalform stehen (vgl. Togawa 2015, digital). Tōdō et al. (2018, digital) gibt die Möglichkeit der „japanischen Lesung (*wakun* 和訓) *gyo … suru*" an, was hier dann *gyo-tsukuru* oder *gyo-sei suru* wäre.

Während im Rahmen der Urauswahl die Tennō Yūryaku und Jomei mit jeweils einem Gedicht vertreten sind, tragen die Tennō der folgenden drei Höfe – Kōgyoku, Saimei und Tenji – keine Gedichte bei, sondern sind durch andere Instanzen vertreten. Mit Tenmu und Jitō (1: 28) ändert sich das wieder,[140] und die Linie von Yūryaku über Jomei zu Tenmu und Jitō erhält dadurch mehr Aufmerksamkeit – am meisten jedoch Tenmu. Die Titel zu Jomeis Gedicht 1: 2 sowie zu Tenmus 1: 27 enthalten „Zu der Zeit, als …" und stehen damit für konkrete Anlässe, die aber zeitlos sind, da sie die rituellen Ereignisse einer Landesschau (*kunimi*) vom Berg Ame no Kaguyama sowie in Yoshino ausdrücken. Beide werden dadurch aus dem allgemein gehaltenen Raum-Zeit-Kontinuum herausgehoben, was für Jitō insofern nicht notwendig war, als sie in der Urauswahl die Gegenwart repräsentiert. Der Anschluss zu ihrem Schwiegervater Jomei und damit auch zu ihrem verstorbenen Gatten Tenmu bleibt über den gemeinsamen Bezug auf den heiligen und identitätsbildenden Berg Ame no Kaguyama gewahrt. Von Bedeutung ist dabei auch die Perspektive, denn während Jomei vom Berg aufs Land hinuntersieht, schaut Jitō in Gedicht 1: 28 zu dem Berg zurück. Jitōs Gedicht folgt unmittelbar auf Tenmus Gedicht und eröffnet „Fujiwara als Gegenwart". Die Blickrichtungen in Jomeis und Jitō Gedichten repräsentieren die raum-zeitliche Ordnung der Urauswahl, stehen aber zugleich für die Herrschaft durch Sicht. Auch Yoshino wird in der Urauswahl rückbestätigt beziehungsweise aktualisiert, und darauf wie auch auf Jitōs Gedicht ist zurückzukommen.

### Historischer Hintergrund

Tenji Tennō starb am dritten Tag im 12. Monat, 10. Jahr,[141] und Tenmu bestieg den Thron offiziell am siebenundzwanzigsten Tag, 2. Monat, 2. Regierungsjahr (vgl. SNBZ 4: 348). Das entspricht dem 20. März 673, denn das *Nihon shoki* zählt das Jahr 672, in dem der Jinshin-Kurzkrieg stattfand, als Tenmus erstes Jahr (*gannen* 元年). Es besteht somit eine Lücke von über einem Jahr, und das *Nihon shoki* verschweigt möglicherweise die Thronfolge von Tenjis Sohn Ōtomo no Miko 大友皇子 (648 bis 672). Die spätere Geschichtsschreibung erkennt sie allerdings an, und als erstes Regierungsjahr Tenmus gilt mitunter das Jahr 673.[142] Dementsprechend wird für das in der Anmerkung ge-

140 Kōnoshi (2013: 42) weist auf die „andersartige Verschriftung" im Titel zu 1: 25 hin, die es erfordere, 1: 25 und 1: 27 „nicht zu einem zu machen". Was er damit meint, bleibt allerdings unklar.

141 Das 10. Regierungsjahr war 671, aber der zehnte Tag im 12. Monat fiel bereits in das nächste Jahr (672).

142 1870 wurde Ōtomo auf der Grundlage von Quellen aus der Heian-Zeit unter dem Namen „Kōbun" 弘文天皇 als neununddreißigster Tennō anerkannt, und das Jahr 672

nannte 8. Jahr Tenmus, in dem er eine bedeutsame Reise nach Yoshino unternahm, mitunter das Jahr 680 angegeben (vgl. NengoCalc, bibliothek.kyoto.uni-tuebingen.de), was aber nicht dem *Nihon shoki* entspricht. Im 7. Monat von Tenmus 15. Regierungsjahr (686) wird die Jahresdevise „Akamitori" eingeführt und das Jahr rückwirkend ab dem Neujahr so benannt (vgl. SNBZ 4: 464). Das folgende Jahr unter Jitōs Regierung wird dann als „1. Jahr" (*gannen*) angegeben (vgl. SNBZ 4: 478), und Jitōs erstes Regierungsjahr entspricht dem Jahr 687. Bis zum Umzug an den neuen Hof in Fujiwara (694) residierte Jitō ebenfalls am Hof von Kiyomihara.

Die Ortsnamen Asuka in der Kapitelüberschrift sowie Ise und Yoshino in den beiden Gruppen stecken einen Raum ab, der sich von dem unter der vorangehenden Kapitelüberschrift zu Tenjis Hofanlage am Biwa-See erfassten Raum absetzt. Es handelt sich aber nicht um eine Verlagerung des Raumes, sondern um eine Erweiterung. Der mit der vorangehenden Kapitelüberschrift erfasste Raum um den Biwa-See gehört in den gesamten Raum, der durch die Urauswahl und die spätere Erweiterung der neuen Hauptstädte bestimmt wird. Die in Yoshino beginnenden historischen Ereignisse des Jinshin-Krieges rücken jedoch mit Ise und Yoshino zwei Regionen in den Blick, denen bisher weniger oder keine Bedeutung zukam, wenn auch in der Geschichtsschreibung über „Yoshino" eine Verbindung zu Yūryaku und anderen Tennō besteht (vgl. Wittkamp 2023b).

Die erzählte Welt in 1: 25 und der Variante 1: 26 sind die Berge um Yoshino beziehungsweise die Berge, die Asuka und Yoshino trennen, und in 1: 27 der Ort selbst, wo sich am Fluss Yoshinogawa 吉野川 die vermutlich unter Saimei Tennō errichtete Nebenhofanlage befand.[143] Der Anmerkung nach 1: 27 zufolge gibt es keinen Zweifel an Tenmus Verfasserschaft,[144] und das Zitat aus dem *Ki* weicht nur in der *eto*-Jahresangabe 己卯 *kibō* vom *Nihon shoki* ab. Genannt wird eine „glücksbringende Reise" von Tenmu im „8. Jahr" (679), aber das Zitat liefert nur den ersten Satz aus dem *Nihon shoki*-Eintrag. An diesem Tag reiste Tenmu mit seiner Hauptgemahlin Uno 菟野, der späteren Jitō, Kronprinz Kusakabe no Miko no Mikoto 草壁皇子尊, dem gemeinsamen Sohn, sowie fünf weiteren Prinzen nach Yoshino, um an dem historischen Erinnerungsort der Tenmu-Jitō-Linie, die über Kusakabe fortgesetzt werden

gilt als sein „erstes Jahr" (*gannen*); vgl. SNBZ 4: 303–304.

143 Vgl. *Nihon shoki*-Eintrag 2. Jahr, Herbst, 8. Monat (SNBZ 3: 208–209) sowie Florenz 1903: 163.

144 Vgl. Sakamoto 1999: 159 mit Berufung auf eine Untersuchung der Anmerkungen in den ersten beiden Bänden von Yoshii Iwao, der davon ausgeht, dass 1: 25 von einem professionellen Dichter verfasst wurde. Sakamoto (S. 163) vermutet auch bei 1: 27 einen professionellen Dichter.

sollte, die ewige Treue zu schwören; das Ereignis ist als „Eid (*meiyaku* 盟約) von Yoshino" bekannt.[145] Von Tenmu ist nach seiner Thronbesteigung nur diese Reise nach Yoshino verzeichnet, obwohl der Nebenpalast vom Kiyomihara-Hof in Asuka nicht allzu weit entfernt und bequem an einem Tag zu erreichen war. Jitō reiste nach Tenmus Tod wiederholt dorthin, was die Bedeutung als Erinnerungsort belegt (Wittkamp 2023b).

Das *Nihon shoki* widmet Tenmu Tennō zwei Bücher und hebt damit schon auf formaler Ebene die Rolle des Dynastiestifters hervor.[146] Besonders das achtundzwanzigste Buch (SNBZ 4: 300–345) ist ungewöhnlich, da es sich auf die Ereignisse des Jinshin-Kurzkrieges im Jahr 672 konzentriert, mit dem sich Tenmu auf den Thron brachte. Es beginnt mit der Feststellung, dass Ōama (Ōshiama) no Miko, wie Tenmu zuvor hieß, der offizielle Kronprinz seines Bruders Tenji war. Vor seinem Tod hatte Tenji allerdings seinen Sohn Ōtomo zum Nachfolger bestimmt, woraufhin sich Ōama mit Uno (Jitō), dem Sohn Kusakabe und anderen Vertrauten unter dem Vorwand, zum Wohl seines Bruders die buddhistische Tonsur zu nehmen, in die Anlage von Yoshino zurückzog.[147] Von dort nahm dann im folgenden Jahr Ōamas (Tenmus) Gegenoffensive ihren Ausgang, in der er unter anderem mit Hilfe aus Ise die Hofanlage am Biwa-See, die bereits 671 Opfer von Brandstiftungen war, mitsamt der zu Ōtomo gehörenden Beamten und Adligen auslöschte. Ōtomo nahm sich das Leben, und der Hof kehrte wieder zurück nach Asuka. Das erste Tenmu-Buch heroisiert und rechtfertigt die Machtübernahme, das zweite schildert die friedliche und erfolgreiche Regierung bis zu Tenmus Tod im Jahr 686.

Der Rückzug nach Yoshino geschah am neunzehnten und zwanzigsten Tag im 10. Monat. Das entspricht den späten Novembertagen, sodass Schneeregen oder Schnee auf den Gipfeln der Yoshino-Berge realistisch sind. Die Reise in Tenmus achtem Regierungsjahr wiederum geschah im Sommer, wenn es in der Gegend keinen Schnee gibt. 1: 25 bis 27 stehen somit für einen gemeinsamen Raum, aber *unter Einbezug der Anmerkung* nach 1: 27 ergeben sich zwei verschiedene Jahreszeiten. Fehlte diese Anmerkung, ergäbe sich mit dem konkre-

145 Vgl. SNBZ 4: 388 und zur Übersetzung des Eintrages sowie einer Besprechung Duthie 2014: 141–143.

146 Duthie (2014: 143) führt die Darstellung in zwei Bänden auf die klassisch-chinesischen Geschichtsschreibungen *Han shu* 漢書 (jap. *Kanjo*) und *Hou Han shu* zurück, in denen den Gründern der Han-Zeit und der Späteren Han-Zeit jeweils zwei Bände gewidmet sind. Die Werke waren im alten Japan bekannt. Duthie (S. 123–159) zeigt aber auch, dass das *Nihon shoki* zu Tenmu unterschiedliche Narrative bereithält.

147 Vgl. Florenz 2014: 369, der aus den Einträgen die Auszüge übersetzt, die Hinweise zu Mythen und Religion liefern; vgl. ebd. S. 371–373.

tisierten Titel zu 1: 27 das Bild eines einzigen Aufenthaltes, in dem 1: 25 eine Erinnerung beschreibt und sich 1: 27 auf die Gegenwart bezieht.

Alle Kommentare sind sich einig darin, dass die drei Gedichte sowie die Anmerkung an die historischen Ereignisse erinnern, und Erinnerung bildet – je nach Auslegung – auch in den einzelnen Gedichten selbst das Thema. Die Titel und die alternative Fassung unterbinden zwar ein Verständnis als inhaltlich zusammengehörende *rensaku*-Komposition,[148] aber in dem Arrangement der Kompilation fügt sich das letzte Gedicht, das für die auffälligen Wiederholungen sowie die verschiedenen Verschriftungen von *yoshi* (*yoki*, *yoku*) bekannt ist, schlüssig in das Narrativ aus „alt / früher“ versus „neu / heute“ und „dunkle Erinnerungen / dunkles Denken“ versus „helle Gegenwart“. Das Thema „alt“ versus „neu“ ist in 1: 27 ausformuliert, was mit den Jahreszeiten ein Verständnis als Narrativ fördert. Es handelt sich also in doppelter Hinsicht um Zustandswechsel, und auch die Ebene der Darstellung, das „Wie“ der Erzählung, vollzieht eventuell einen Wechsel vom tradierten Lied über das zeitlose Gedicht 1: 25 zum geschickten Wortspiel einer elaborierten Lyrik in 1: 27, die mit einer ausgefallenen Verschriftung einhergeht. Das wäre als Ereignis auf der Ebene der Darstellung zu beschreiben.

**Formale Aspekte**

Es wirkt merkwürdig, dem Gedicht eines Tennō eine Variante aus unbekannter Hand beizufügen, die nur in wenigen – wenn auch wirkungsvollen – Formulierungen abweicht. Die SNBZ-Kommentatoren (6: 40–41) vermuten bei 1: 25 ein Gedicht von Tenmu und weisen bei 1: 26 auf die Ideenfindung und den Ausdruck mündlich überlieferter Lieder hin, welche die Gedichte 13: 3260 und 13: 3293 offenbar ebenfalls besitzen. Als Geständnisse der Sehnsucht nach einer Frau weichen diese nur am Gedichtende mit der emotionalen Hauptaussage ab, und 13: 3293 thematisiert sogar Yoshino.[149] Daher habe Tenmu in 1: 25

148 Der um Darstellungen von Gedichtgruppen (*uta-gun*) bemühte Itō (1: 110–119) handelt 1: 25 und 26 getrennt von 1: 27 ab. Der *rensaku*-Begriff wird unterschiedlich definiert und mit Fiktionalität (*kyokō-sei* 虚構性) sowie Narrativität (*monogatari-sei* 物語性) in Verbindung gebracht. Kōnoshi zufolge ist die Frage, ob die Gedichte als *rensaku* verfasst oder später bei der Kompilation zusammengefügt wurden, von großer Bedeutung; vgl. Kōnoshi 1991b sowie Ōishi 1998, Yamazaki 2010: 9–10. Spätere Arbeiten begrenzt Kōnoshi allerdings auf das vorliegende Werk, worauf die narratologische Analyse ebenfalls abhebt.

149 Die Zusammenhänge zwischen den Gedichten 1: 25, 1: 26, 13, 3260 und 13: 3293 sind Gegenstand einer langen Diskussion. Sakamoto (1999: 153–154) gibt einen Überblick und fasst zu zwei Positionen zusammen. Erklärung I zufolge beruht 13: 3293 auf 1: 25 und 26, aber II zufolge entstanden 1: 25 und 26 auf der Grundlage von 13: 3293, was Sakamoto selbst als unhaltbar erachtet. Dafür beruft er (S. 155–159) sich zum

lediglich ein überliefertes Lied aufgegriffen und in einigen Punkten verändert. Aso Mizue (1: 115–117) erkennt darin zwar Tenmus „Liebe fürs Volkslied“, aber angesichts klassisch-chinesischer Vorgaben, in der Zitat und Anspielung zum guten Stil gehören (vgl. Wittkamp 2021a: 68–72), wäre die Umarbeitung – sofern es eine ist – auch als Zeichen der Bildung zu sehen. Unter Umständen stammen aber beide Gedichte von Tenmu, wie es Aso vermutet, die auch andere Textauslegungen präsentiert.[150] Itō Haku (1: 110–116) wiederum sieht in 1: 25 das Original, das häufig vorgetragen und im Verlauf der Zeit verändert worden sei. Welches der beiden Stücke das Original ist, lässt sich wohl nicht klären, ist für die narratologische Analyse der gemeinsam vorliegenden Gedichte aber auch weniger von Belang – im Gegensatz zu einem anderen Aspekt, auf den Itō hinweist.

So folge 1: 25 einer „Form“, in der die Präsentation des Ortes sowie die Darstellung der Landschaft die Eröffnung bilde. Daran schließe sich die sogenannte „Endaufnahme (*shiri-tori* 尻取り, auch „wortaufnehmende Wiederholung“; vgl. Wittkamp 2014a: 64–65)“ an, die einen Wandel herbeiführe. Im vorliegenden Gedicht betrifft das die Parallelverse *sono yuki no // toki naki ga goto // sono ame no / ma naki ga gotoku*, „so wie jener Schnee, ohne Zeit / so wie jener Regen, ohne Unterlass“, und die Hauptaussage (*honshi* 本旨) in den letzten beiden Versen (vgl. Itō 1: 111–112, 115). Abgesehen von den Gedichten aus dem dreizehnten Band sowie den vorliegenden zwei Stücken sei diese sich auf die Hoflobpreisung konzentrierende und von offiziellen Hofdichtern (*kyūtei kajin*) verfasste Form auf den „Ort der öffentlich-offiziellen Dichtung“ beschränkt. Itō (ebd.) listet zehn Gedichte, die wie 1: 25 oder 26 mit Hilfe von Ort, Landschaft und sich wiederholenden Naturphänomenen einen bestimmten inneren Zustand entfalten.[151] Eine Zustandsveränderung ist ange-

einen auf Omodaka (vgl. Omodaka 1: 241) und zeigt zum anderen, dass der letzte Vers in 13: 3293 – die emotionale Hauptaussage – ein Ausdruck aus der „vierten Entstehungsphase“ ab den späteren 720er Jahren ist, der aus der klassisch-chinesischen Literatur stamme. Aso (1: 115) zufolge fehlt in den Gedichten aus dem dreizehnten Band die in 1: 25 und 26 vernehmbare „dunkle und schwere Stimmung“, die auch Itō (1: 114) thematisiert.

150 Vgl. Aso 1: 115–118; als Grundlage für die Vermutung von „Tenmus Liebe für das Volkslied“ zitiert sie unter anderem einen Erlass aus dem *Nihon shoki* an die Länder innerhalb und außerhalb der Kinai-Region, geschickte Sänger und Sängerinnen sowie andere Künstler und Künstlerinnen an den Hof zu schicken; vgl. den Eintrag 4. Jahr, 2. Monat, neunter Tag (SNBZ 4: 358–359). Itō (1: 125) vermutet, dass mit diesen Künstlern auch Hitomaro an den Hof kam.

151 Itōs Beispiele sind 1: 36, 2: 131, 135, 196, 3: 239 von Hitomaro, 6: 931 von Kurumamochi no Chitose 車持千年 und 3: 372, 6: 923, 946, 1005 von Yamabe no Akahito 山部赤人. Die beiden Letztgenannten waren in den 720er und 730er Jahren aktiv, aber

sichts der Formulierungen „ohne Zeit“ oder „ununterbrochen“ nicht zu verzeichnen, aber die Erfassung der Zeit vermittelt das Gefühl einer kontinuierlichen Bewegung durch den Raum und stattet die Gedichte mit narrativen Zügen aus.

Wie 1: 7 sind die Gedichte 1: 25 und 26 typische Beispiele der Erinnerungsdichtung, die idealerweise drei Merkmale besitzt: Landschaft, Ausdruck von Zeit und mnemo-noetische Verbphrasen wie „denken an“, „sich erinnern“, „nicht vergessen“ oder „sich sehnen nach“ (vgl. Wittkamp 2014b). In 1: 25 und 26 ist die Differenz zwischen der erinnerten / erzählten Welt und dem Ort des Erinnerns / Erzählens zwar nicht wie in 1: 7 unmittelbar in den Gedichttext eingeschrieben, aber eine Differenz zwischen der sich erinnernden Sprechinstanz sowie dem erzählten Ich ist dennoch zu vernehmen, und eine weitere Differenz ergibt sich aus der Kombination mit 1: 27.

### 來 – *koshi* oder *kuru*

Den Schlüssel für die Auslegung als Erinnerung liefert das Schriftzeichen 來, „kommen“, in 1: 25, das die Kommentare allerdings unterschiedlich lesen, nämlich *kuru* in der Attributivform von *ku* im Präsens sowie *koshi* in der Vergangenheitsform mit *-ki* in der Attributivform *-shi*.[152] Das Genryaku-*kōhon* (vgl. Watanabe 1994: 46) und Omodaka (1: 238–239) zufolge auch die Abschrift Kishū-*bon* 紀州本, deren erste Hälfte aus der Kamakura-Zeit, die zweite aber aus der Muromachi-Zeit stammt, geben für 來 die Lesung *koshi* an, aber spätere Abschriften wie das Nishi-Honganji-*bon*, das die Grundlage vieler Kommentarausgaben liefert, lesen offenbar *kuru* (vgl. Sasaki et al. 2: 110). Nach einer Diskussion der Problematik entscheidet sich auch Omodaka für *kuru*, und Inaoka (1: 25) schließt sich an. Nebenbei bemerkt vermutet Inaoka (ebd.) den Anschluss an das *shi*-Gedicht 詩 „Gu han xing“ 苦寒行, „Gehen durch grimmige Kälte“, von 曹操 Cao Cao (155 bis 220) aus dem *Wenxuan*.[153] Für die Lesung als *kuru* beruft sich Omodaka (ebd.) auf den dritten Vers in 1:

---

die Lebensdaten sind unbekannt.

152 Zu *kuru* vgl. Takeda 3: 145, Omodaka 1: 236, Inaoka 1: 25, Sakamoto 1999: 151, zu *koshi* SNBT 1: 32, SNBZ 6: 40, Itō 1: 111, Aso 1: 113, Kōnoshi 2013: 42. Die vor *-ki* beziehungsweise *-shi* (Vergangenheit, attributiv) erforderliche Konjunktionalform von *ku* lautet *ki* (vgl. Lewin 1975: 111), aber Omodaka (1983: 251) zufolge sind die Lesungen in der Literatur der Nara-Zeit und früher ausnahmslos *ko-shi* etc.

153 Sakamoto (1999: 161–162) zufolge geht der Hinweis auf Nakanishi Susumu zurück. Über den Li Shan-Kommentar (Li Shan *Wenxuan* 李善文選) verbindet Sakamoto allerdings mit der Sammlung *Shijing*, in der er die Grundlage für Cao Caos Gedicht in dem Gedicht „Bei feng“ 北風, „Nordwind“, ausmacht; vgl. SSTK 110: 119–121, Simon 2015: 100–101.

27 mit *to ihi-shi* 常言師, „so sagten sie“, in dem das Hilfsverb *-shi* (*-ki* in Attributivform) für den Ausdruck von Vergangenheit ausgeschrieben ist, und auch Inaoka (ebd.) oder Sakamoto (S. 159) halten die Lesung *koshi* nur mit der Verschriftung von *-shi* für möglich.

In die Diskussion werden somit die unterschiedlichen Verschriftungen von 1: 25 und 27 einbezogen, da in 1: 27 die Wortendungen von Verben ausgeschrieben sind. Auffallend ist das komplexe Schriftspielstil mit den „glücksverheißenden Schriftzeichen (*kisshō no moji* 吉祥の文字, SNBT 1: 33)“ für *yoshi* beziehungsweise *yoki* / *yoku*: 淑, 良, 吉, 好, 芳, 吉, 良, 四來.[154] Omodaka zufolge stammen beide Gedichte von einem Autor, aber zum einen müssen Autor und Aufschreiber nicht identisch sein, und zum anderen ist in 1: 27 die Verschriftung von *-shi* in *to ihi-shi*, „so sagten sie“, zur Darstellung der Differenz aus Vergangenheit in den ersten drei Versen und der Gegenwart in den letzten beiden Versen notwendig. Dabei dürfte es auch kein Zufall sein, das im letzten Vers die Verschriftung von *yoku mi*, „schaut gut hin!“, 四來三 lautet, 來 also für *ku* steht. Damit zieht das Schriftzeichen Aufmerksamkeit auf sich, die aber nicht dahin führen sollte, es in 1: 25 in der Gegenwartsform zu lesen. In 1: 25 zieht über die Hilfsverben *-keri* – das Erkennen von etwas, das schon länger so ist – die Vergangenheit ein, was im textuellen Zusammenhang „alt“ versus „neu“ die Konkretisierung von 來 mit *koshi* fördert.

Ein gegen das phonographische Ausschreiben der Verbendung sprechendes Argument, das in den gesichtete Kommentaren und Untersuchungen – den Hinweisen auf das *Shijing* zum Trotz – keine Erwähnung findet, liegt in der optischen Gedichtgestaltung. Für das lesende Auge besitzt 1: 25 die folgende Struktur:

| 1: 25 | 1: 26 |
|---|---|
| I 三吉野之 耳我嶺爾 | 三芳野之 耳我山爾 |
| II 時無曽 雪者落家留 / 間無曽雨者零計類 | 時自久曽 雪者落等言 無間曽 雨者落等言 |

154 Kojima (2: 816) zufolge stammt *yoki hito* 淑人 im ersten Vers aus dem *Shijing* (*Mao zi* 毛詩), und Sakamoto (1999: 163) erläutert 淑人 mit Bezug auf chinesische Kommentare als „Herrscher, der eine ideale Politik verfolgt“. Das bezieht er nicht nur auf Tenmu selbst, sondern bringt zudem eine Formulierung aus dem *Nihon shoki*-Eintrag zur Yoshino-Reise mit dem *Shijing*-Gedicht in Verbindung. Der Ausdruck im *Shijing* bereitet Schwierigkeiten (vgl. SSTK 111: 123), aber ein Zitat aus dem klassisch-chinesischen Werk untermauerte das Verständnis der ersten drei Verse im Sinn von „alt“. Sakamoto (ebd.) führt auch 良人 auf das *Shijing* zurück und setzt mit 君子, „Herrscher“ (chin. *junzi*), gleich.

| | |
|---|---|
| III 其雪乃 時無如 / 其雨乃 間無如 | 其雪 不時如 / 其雨 無間如 |
| IV 隈毛不落 念乍叙來 其山道乎 | 隈毛不堕 思乍叙來 其山道乎 |

Zwei Verse zu vier Zeichen – die klassische Form aus dem *Shijing* – leiten das Gedicht 1: 25 ein (I), und daran schließt sich ein Parallelismus aus drei und fünf Zeichen an (II). Darauf folgt ein weiterer Parallelismus (III) mit Versen zu drei Zeichen, und drei Verse mit jeweils vier Zeichen schließen das Gedicht ab (V). Es liegt somit eine regelmäßige Struktur vor, aber ein Ausschreiben zu 來師 etc. würde den harmonischen, stilistisch ausgewogenen Stil zunichte machen. Das Gedicht 1: 26 ist in den Versen in II mit der Zeichenstruktur 4-5-3-5 bewegter, was umgekehrt das Bemühen um Parallelität von 1: 25 verdeutlicht. Erst diese ausgewogene und ideale Form ist für einen Tennō würdig, der Bildung und Können dann in 1: 27 erneut unter Beweis stellt. Die Verse in III haben in 1: 25 zwei Lautzeichen für *no*, was nicht nur eine Lesehilfe ist, sondern möglicherweise das Gesamtbild optisch ausgewogener macht. Die Verse aus jeweils zwei Zeichen in 1: 26 wirken dagegen etwas kurz. Zu beachten ist, dass das Lautzeichen 久 in 時自久曽 *toki ji-ku so* (II, 1: 26) in 時無曽 *toki naku so* (II, 1: 25) nicht vorkommt. Das zeigt das Bemühen um Parallelität und entkräftet Argument, in *koshi* das Lautzeichen für *shi* ausschreiben zu müssen. Die Gedichte 1: 25 und 27 demonstrieren eine gekonnte Handhabung der Schriftzeichen. Hier ist nochmals an die Schrift als Grundlage der legitimierten Regierung zu erinnern, und liegt darin nicht auch ein weiterer Grund, das in dieser Hinsicht unausgereifte Gedicht 1: 26 beizufügen? Wer die Schriftzeichen beherrscht, ist für die Regierungsangelegenheiten qualifiziert. Die Beamten mussten das bei ihren Aufnahmeprüfungen schließlich ebenfalls unter Beweis stellen.

Der Unterschied von *kuru* und *koshi* ist von großer Tragweite. So änderte eine Lesung im „Präsens“ (Omodaka 1: 238) die Bedeutung von *omofu* 思 / 念, „sich erinnern, zurückdenken“, zu „denken an, nachdenken“. Im Präsens und mit „denken“ wäre das Gedicht keine erinnerte Darstellung von Tenmus Flucht nach Yoshino im Jahr 672, sondern auf dieser Flucht in den Bergen entstanden. Entstehungsort und -zeit der Gedichte wären nicht mehr identisch. Dabei wäre eine Präsensform durchaus möglich, die allerdings als schriftlich festgehaltenes Dokument in dem gegebenen peritextuellen Rahmen als Vergangenheit beziehungsweise als historisches Präsens (*rekishiteki genzai*) zu konkretisieren wäre. Die mnemo-noetischen Verbphrase *omofu* bedeutet „sich erinnern“ oder „denken an“, und bei einer Aufschlüsselung in den Präsens lauten die drei gängigen Theorien zu den möglichen Inhalten des Denkens erstens das Betrachten und Lobpreisen der Natur von Yoshino, zweitens das Nachsinnen über Ereignisse vor dem Jinshin-Krieg sowie drittens das sehnsüchtige Denken im Rahmen einer Liebesbeziehung (vgl. Omodaka ebd.). Als Grundlage für die letztgenannte Theorie dienen die beiden erwähnten Gedichte 13: 3260 und 13: 3293, deren Hauptaussagen dahingehend zu deuten sind (vgl. Sakamoto 1999: 152–153). Wie Sakamoto (ebd.) jedoch bemerkt, ist der Zusammenhang zwischen diesen Gedichten und 1: 25 bis 26 unklar, und auch die historischen Umstände während der Reise von der Hauptstadt Ōmi nach Yoshino, welche die Hauptgattin Uno begleitete, machen die Auslegung als sehnsüchtiges Denken an eine Frau fragwürdig.

Sakamoto (S. 159) sieht in 1: 25 und 26 zwei Formen (*kata* 型) vereint, nämlich die „sich-ohne-Unterlass-ununterbrochen-sehnen-Form (*ma naku toki naku kofu* 間ナク時ナク恋フ)" sowie die Form aus dem Ausdruck der Reisedichtung (*kuma mo ochizu*, „ohne eine Biegung auszulassen"). Er fühlt sich veranlasst, über die Bedeutung dieser doppelten Bezugnahme nachzudenken. Denn sollte es sich um Liebes- oder Sehnsuchtsdichtung handeln, sei bereits eine der beiden Formen ausreichend gewesen. Die These der Naturlobpreisung lehnt Sakamoto angesichts der Form *kuma mo ochizu*, ohnehin ab, und eine Lesung als Sehnsuchtsdichtung sei zwar möglich, aber er fragt sich, warum dann kein „gewöhnlicher Ausdruck" Verwendung fand und eigens zwei „Formen" herangezogen werden mussten. Für Sakamoto macht somit angesichts der Formen nur eine Auslegung als Tenmus Denken an die Ereignisse in der Hofanlage am Biwa-See und die Flucht nach Yoshino Sinn. Wie gesehen entscheidet auch er (S. 151) sich für die Präsensform *kuru*, geht aber auf das in 1: 25 doppelt vorkommende Hilfsverb *-keru* (*-keri*) nur am Rande und auf den deiktischen Ausdruck *sono*, „jene", gar nicht ein.[155] Das wirft im Kontext des ersten Bandes verschiedene Fragen auf, wie die nach dem Ort der Dichtung beziehungsweise des Erzählens. Zwar behandelt Sakamoto (S. 162–164) auch das Gedicht 1: 27, aber nur im Rahmen seiner Abhandlung zu „Tenmus erlauchter Dichtung" (Aufsatztitel), und nicht im narrativen Zusammenhang mit 1: 25 und 26, der sich aus der Präsentation der drei Gedichte sowie dem historischen Hintergrund ergibt.[156]

Was – wie die harmonische Schriftzeichenstruktur – ebenfalls kaum in den Blick rückt, sind die unterschiedlichen Verschriftungen von *omohi tsutsu*,

155 Das Verbalsuffix *-keri* beinhalte die „tiefe Ergriffenheit der tatsächlichen Erfahrung Tenmus", wobei Sakamoto „Tenmu" nicht auf die historische Person beschränkt; vgl. Sakamoto 1999: 160.

156 Da Sakamoto die Grundlagen für 1: 25 und 1: 27 im *Shijing* ausmacht, sei das Verfassen der beiden Gedichte nach „der gleichen Methode" geschehen. 1: 26 versteht er als spätere Fassung, die „zweifelsfrei" von den Untertanen bei Tenmus Yoshino-Besuch im achten Regierungsjahr vorgetragen worden sei; vgl. Sakamoto 1999: 163–164.

„sich fortgesetzt erinnernd, stetig zurückdenkend“, mit 念乍 in 1: 25 und 思乍 in 1: 26.[157] Bei den beiden Schriftzeichen handelt es sich um eine typische Konstellation der Erinnerungsdichtung (vgl. Wittkamp 2014b: 229, 234–235). Somit ginge es auch in dieser Hinsicht um Erinnerungen, was erneut die Frage nach dem Ort und der Zeit des Erinnerns aufwirft. In diesem Zusammenhang ist der deiktische Ausdruck *sono* im letzten, als Inversion gesetzten Vers *sono yama-michi wo* zu berücksichtigen.[158] Dem SNBZ-Kommentar (6: 40) zufolge wurden im Altjapanischen *enshō* 遠称, das heißt deiktische Ausdrücke für von Sprecher und Hörer weiter entfernten Objekte (*ka*, *kare*, *kano*), selten benutzt. Gewöhnlich fanden *chūshō* 中称, also die Verweise der mittleren Reichweite (*so*, *sore* und *sono*), Verwendung, und *sono* in 1: 25 und 26 sei ein Beispiel für diese Praxis. Die SNBZ-Bearbeiter, die *koshi* lesen, vermuten ein Zurückblicken auf die Bergstraße von Asuka nach Yoshino sowie entlang des gewundenen Flusses, die der Sprecher hinter sich gelassen hatte. Omodaka (1: 239) erachtet den dreimaligen Gebrauch von *sono* als „natürlich“, und das Wort sei kein Argument für die Belegung von 來 mit der Lesung *koshi*. An anderer Stelle erläutert er (1983: 403) *sono* als Zusammensetzung aus dem Demonstrativum *so* und der prädikatsbezogenen Postposition *no* und weist darauf hin, dass es so gut wie keinen Beleg für den Gebrauch von Demonstrativa (deiktischen Ausdrücken) in dem für Sprecher und Hörer sichtbaren Bereich gebe (*genjō shiji*), was für 1: 25 die Berge von Yoshino bedeutete. Wie aber lassen sich Omodakas Gedichtinterpretation und der Lexikoneintrag (1983) zusammenbringen? Beschreibt das Erzählmedium zunächst die Berge von Yoshino, um sich dann von ihnen abzuwenden und einen Bergpfad außerhalb der sichtbaren Welt zu thematisieren?

Die SNBZ-Bearbeiter (ebd.) deuten als Erinnerungen an den Weg nach Yoshino im Jahr 671 und vermuten die Entstehung während des Aufenthaltes in Yoshino im Sommer 679. Hitomaros Yoshino-Gedicht 1: 38 erwähnt ein 高殿 *taka-dono*, worunter ein höheres Gebäude zu verstehen ist, und in der Lesung der SNBZ-Bearbeiter könnte das der Ort der Dichtung gewesen sein. Der SNBT-Kommentar (1: 32) mit der Lesung *koshi* weitet die Reichweite der Anmerkung nach 1: 27 bis zu 1: 25 aus und vermutet mit Bezug auf das Verbal-

---

157 Im Hirose-*bon* ist es umgekehrt. Dort stehen 思乍 in 1: 25 und 念乍 in 1: 26; vgl. Hirose et al. 1994: 36. Omodaka (1: 238) zufolge haben die Abschriften ab dem Nishi-Honganji-*bon* in 1: 25 das Schriftzeichen 思, aber in den älteren Abschriften Genryaku-*bon*, *Ruiju koshū* oder dem *Koyōryaku ruiju-shō* 古葉略類聚鈔 stehe das Schriftzeichen 念, in dem Omodaka das originale Zeichen sieht; vgl. Sasaki et al. 2: 109.

158 Omodaka (1: 239) erwähnt die Auslegung von 乎 *wo* als Interjektion (Ausdruck der Ergriffenheit), lehnt das aber ab und deutet im Sinne der Inversion als prädikatsbezogene Postposition (*kaku-joshi* 格助詞).

suffix *-keri* (*-keru*), das ein Hilfsverb der Erinnerung an die – offene – Vergangenheit sei, bei *omohi tsutsu* ebenfalls Erinnerungen an die „Flucht" aus der Hauptstadt am Biwa-See im Jahr 671. In diesem Sinn liest auch Aso (1: 115), die das Wort *-keri* zwar in seiner Bedeutung als plötzliches Erkennen von etwas länger Vorhandenem (*kizuki no keri*) sowie als Ausdruck der Ergriffenheit auslegt (S. 119), was aber nicht gegen Vergangenheit spricht. Der peritextuelle Rahmen und die historiographische Anlage des ersten Bandes fördern die Lesung als zusammenhängendes Narrativ der Erinnerungsdichtung, zumal es sich nach dem Sinn fragt, wenn das erzählte Ich durch die Berge wandelt, einen Pfad sieht und sagt: „Über jenen Bergpfad *komme* ich".[159]

Die Beobachtungen zu Tenmus Yoshino-Gedichten soll eine Bemerkung zur Yoshino-Dichtung im Rahmen der Bände Eins bis Sechs abschließen. Das Modell der Konzeptionsforschung nach Ichinose, Shirosaki und Murase (2014) setzt wie gesehen den ersten Band in enge Beziehung mit der „Hauptstadt Fujiwara als Gegenwart". Das letzte Gedicht 1: 84, das unter der Kapitelüberschrift „Nara no Miya" steht, wird symbolisch als Hoffnung auf die Zukunft, und diese Zukunft schließlich mit dem sechsten Band als erfüllt verstanden. Wie die Bände Drei und Vier erfasst auch der sechste die Zeit bis zum Jahr 744 (Tenpyō 16. Jahr), aber im Gegensatz zu den Bänden Drei und Vier, welche mitunter Gedichte aus älterer Zeit enthalten und somit historiographisch wesentlich weiter gehalten sind, umfasst der sechste Band nur die Jahre ab 723 bis zur Bankettdichtung 6: 1042 und 1043, die zu Neujahr 744 (Tenpyō 16) entstand.[160] Er beginnt mit einer Reise der Genshō Tennō nach Yoshino im

159 So finden sich beispielsweise in dem *Shijing*-Gedicht „Gu feng" 谷風, „Wind aus den Tälern", die Verse 行道遲遲 中心有違 *xing dao chi chi zhong xin you wei*, „Gehe meinen Weg, langsam, langsam, / im Geist der Schmerz." (vgl. SSTK 110: 98, Simon 2015: 86, 87). Mit „gehen" spielt es praktisch keine Rolle, ob die Verse im Präsens oder Präteritum verstanden werde (in der schriftlichen Form ist es ohnehin Vergangenheit). Simons Übersetzung von 違 mit „Schmerz" überzeugt nicht. Die SSTK-Bearbeiter überführen 有違 in *uramitari* und transkribieren 違 mit *urami*, „Groll", aber für 1: 25 besser passen würde „1 go away from [...] 2 go against [...] disobey, offend; deviate" (Kroll 2015).

160 Die sich anschließenden Gedichte 6: 1044 bis 1067 besitzen keine Angaben zur Entstehungszeit. Eine Anmerkung zu 6: 1067 weist die vorangehenden einundzwanzig Gedichte (ab 6: 1047) als Stücke aus einer Privatsammlung aus, und allgemein wird eine Beifügung durch die Kompilation – besonders durch Ōtomo no Yakamochi – vermutet; vgl. Ichinose 2014: 84–101. Wenige Wochen nach der Bankettdichtung 6: 1042 und 1043 starb Shōmus einziger Sohn Asaka no Miko. Zwar wurde schon zuvor die Thronfolge auf Shōmus Tochter festgelegt, aber die Forschung sieht oftmals das Jahr 744 als Wendepunkt in Shōmus Regierungszeit, was sich auch in der Interpretation der Gedichte im sechsten Band bemerkbar macht. Ichinose (ebd. S. 87–93) zeigt aber, dass im sechsten Band kein „Verlöschen des Glanzes" zu vernehmen ist, und zu

Jahr 723 (Yōrō 7. Jahr), und dieser Reise sind die von Hofdichtern verfassten Gedichte 6: 907 bis 916 gewidmet. Kōnoshi (2013: 69–78) zeigt, dass diese Gedichte über Hitomaros Yoshino-Dichtung in 1: 36 bis 39 in enger Beziehung mit den Gedichten 1: 25 bis 27, besonders aber mit Tenmus Gedicht 1: 27 stehen. Der Beginn des sechsten Bands mit einer Yoshino-Sequenz ist kein Zufall, da im folgenden Jahr (724) Shōmu Tennō durch die Abdankung seiner Mutter auf den Thron kam. Die Yoshino-Gedichte bilden somit auch hier das symbolische Fundament zur Konsolidierung und Legitimierung der Tennō-Linie ab Tenmu-Tennō.

beachten ist auch, dass die chronologisch ausgewiesenen Gedichte sämtlich aus der Zeit vor Asakas Tod stammen.

# Von den Asuka-Höfen nach Heijō-*kyō* (Nara)

## Historische Tabellen

Kitamura Masaki (2013: 158) zufolge ist der gleichzeitige Beginn der Stadtplanung und der *ritsuryō*-Gesetzgebung (律令) nur aus der engen Beziehung zwischen diesen beiden historischen Ereignissen zu erklären. Die „*ritsuryō*-Verfassung an und für sich" sei mit der Voraussetzung der Existenz einer Hauptstadt (*tojō* 都城) zusammengestellt worden, und auch Kawajiri Akio (2021: 13) hebt die „nahezu gleichzeitige Geburt der Zwillinge namens Stadt (*miyako* 都) und *ritsuryō*-Verfassung" hervor (vgl. Nishimoto 2014: 175). Kitamura geht der Frage nach, welche Rolle die Stadtanlage (*tojō*) für die „Politik" spielte, um damit zur „Erhellung" der Gründe für die Errichtung von Stadtanlagen im alten Japan beizutragen.[1] Als weitere Komponenten dieses Beziehungsgeflechts sind die Geschichtsschreibung oder die Erfassung von Raum und Zeit zu nennen, aber alle Faktoren sind über die Schrift verbunden, die das Fundament der folgenden Entwicklungen bildet. In dieser Hinsicht rückt dann auch das *Man'yōshū* in den Blick, das über die Angaben der Herrscherhöfe in den Kapitelüberschriften an der Geschichtsschreibung beteiligt ist, diese aber in einer anderen Form vollzieht. Die Namen der Höfe zeigen dabei von der offiziellen Geschichtsschreibung abweichende Eigenschaften, die wiederum Rückschlüsse auf die Weltanschauung und das Geschichtsbewusstsein erlauben, die hinter der Kompilation zu vermuten sind. Das Verstehen der Kapitelüberschriften ist nur über den Vergleich mit anderen Textquellen sowie der Archäologie möglich.

Die folgenden Tabellen 5a und 5b listen die von den ersten beiden Werken der offiziellen Geschichtsschreibung (*seishi*) erfassten historischen Ereignisse, die für die Untersuchung der *Man'yōshū*-Bände Eins und Zwei von Belang sind; andere Quellen bleiben unberücksichtigt. Die japanische Forschung greift zur Beschreibung der Historiographie ab dem *Nihon shoki* (720) auf den *seishi*-Begriff zurück,[2] der wörtlich „korrekte Geschichte" bedeutet und aus

---

1 Vgl. Kitamura 2013: 127 und zum Verhältnis von Stadt und Verfassung die Abschlussbemerkungen S. 152–154.

2 Vgl. Kōnoshi et al. 2021: 6, 19–22. Kasai (2021: 7–8) zufolge findet sich die Beschreibung als *seishi* für das *Nihon shoki* bereits im achtzehnten Jahrhundert, aber es gebe kei-

China stammt. Dort erfasst er die vierundzwanzig Geschichtswerke vom *Shiji* 史記 (jap. *Shiki*) aus dem ersten Jahrhundert B.C. bis zum *Mingshi* 明史 (jap. *Minshi*), der Geschichte der Ming aus dem achtzehnten Jahrhundert. Für die japanische Geschichtsschreibung ist der Begriff nicht unumstritten, bezieht sich aber in der vorliegenden Arbeit aus Gründen der Bequemlichkeit auf das *Nihon shoki* und das *Shoki nihongi* (797), die beiden ersten Bände der bis 901 zusammengestellten sechs Landesgeschichten (*rikkokushi*).[3] Abgegrenzt wird damit auch vom *Kojiki*, das eine wiederum eigene Form der Geschichtsschreibung präsentiert.

Die Auswahl aus dem *Nihon shoki* und dem *Shoku nihongi* konzentriert sich auf Einträge zur Schriftgeschichte sowie den Zeitraum der historisch relevanten *Man'yōshū*-Dichtung ab Jomei Tennō bis 759 – dem Datum des letzten Gedichts – und berücksichtigt die folgenden Kriterien:

- Geschichte der Höfe, Hauptstädte und der Tennō-Linie (mit Angaben der familiären Beziehungen)
- Entstehung des Verfassungsstaates im Rahmen der Schriftgeschichte
- Einträge zur Geschichtsschreibung und Gesetzgebung
- für die politische Geschichte vom siebten bis Mitte achtes Jahrhundert wichtige Zäsuren
- für das *Man'yōshū* relevante Ereignisse, die im Folgenden Erwähnung finden
- Kalender und Zeiterfassung

---

nen Beleg dafür, dass das *Nihon shoki* auch als *seishi* konzipiert wurde. Er befürchtet sogar, dass dieses „Idealbild" einer angemessenen Lektüre schaden könnte.

3 Zu *zengshi* 正史 (jap. *seishi*), der „korrekten" chinesischen Geschichtsschreibung, vgl. Suwaki 2017: 198–199 sowie Wilkinson 2015: 620–630, dort auch zur Übersetzung von *zengshi* (S. 620), und einleitend zur chinesischen Geschichtsschreibung, S. 608–620. Die japanische Geschichtsschreibung bis zum zehnten Jahrhundert ist von der klassisch-chinesischen inspiriert, unterscheidet sich jedoch im Aufbau. Zwar erfolgt sie im chronologischen *hennen-tai*-Stil, aber beispielsweise das *Nihon shoki* oder das *Shoku nihongi* bestehen nur aus Einträgen, die den *benji* 本紀 (jap. *hongi*), also den Einträgen zu Genealogien und Ereignissen der Herrscherfamilie entsprechen; 紀 im Titel der japanischen Werke verweist darauf; vgl. Kōnoshi et al. 2021: 19. Ferner unterscheiden man innerhalb der klassisch-chinesischen *zengshi* zwischen *duandai shi* 断代史 (jap. *dandaishi*) mit Einträgen zu einer Dynastie und den *tong shi* 通史 (jap. *tsū-shi*), deren Einträge wie das *Shiji* mehrere Dynastien erfassen. Das *Nihon shoki* wäre demnach ein *tsūshi*, aber alle nachfolgenden fünf Werke der „sechs Landesgeschichten" die Kapitel einer longue durée-*dandaishi*-Geschichtsschreibung, da es – bis heute – nur eine Dynastie gibt, was wiederum den japanischen Dynastiebegriff *ōchō* 王朝 für die japanische Geschichte ab dem späteren achten Jahrhundert in Frage stellt, der ohnehin eher „Hof" bedeutet. So ist *ōchō bungaku* 王朝文学 die „höfische Literatur", nicht die „Dynastie-Literatur".

Die besondere Beachtung der Einträge zur Gesetzgebung und zur Errichtung der Hauptstadt beruht auf der genannten Vermutung einer Verwaltungshauptstadt als Voraussetzung für die Gesetzschreibung nach kontinentalen Vorgaben (*ritsuryō*) beziehungsweise deren Realisierung. Die Jahreszahlen folgen den Angaben der einzelnen Bände (*maki* 巻), in denen ein neues Tennō-Kapitel gewöhnlich mit einer kurzen Vorgeschichte bis zur Thronbesteigung (*sokui zenki* 即位前紀) beginnt. Das erste Jahr (*gannen*) bezieht sich auf dieses Jahr, aber die Inauguration einer neuen Regierung geschah oft im laufenden Jahr, und die Zählung unter der neuen Regierung wird bis zum Jahresanfang (*shōgatsu* 正月) zurückverlegt. Die Angaben der Monate folgen der Geschichtsschreibung im Lunisolarkalender, entsprechen also weder dem julianischen noch dem gregorianischen Solarkalender. Das bedeutet, dass der 12. Monat ganz oder teilweise ins neue Jahr fiel.

*Tabelle 5a: Nihon shoki nach SNBZ 2–4*

| ***Nihon shoki*** 日本書紀 | | |
|---|---|---|
| Regierungs-jahr / Monat | Ereignis | Quelle |
| 16 (ca. 400) /2 | Buch Ōjin: Der Schriftgelehrte Wani 王仁 kommt nach Japan und unterrichtet den Sohn von Ōjin Tennō 應神天皇 zu klassisch-chinesischen Schriften (諸典籍); Anfang der Geschichte der Schrift in Japan | 2: 484 |
| 4/8 (ca. 430) | Buch Richū: erstmalige Entsendung von Schriftkundigen (國史) in „alle Länder" zur schriftlichen Erfassung der „Umstände vor Ort" (言事) | 2: 88 |
| 2 /3 | Buch Kinmei: Schriftzeichenreflexion (帝王本紀)[4] | 3: 366 |
| --(593)/12[5] | Suiko Tennō besteigt den Thron am Hof Toyura no Miya bei Asuka | 3: 528 |
| 11 (603)/10 | Verlegung des Hofes nach Oharida 遷于 小墾田宮 bei Asuka | 3: 540 |
| 12 (604)/4 | Japans erste Verfassung: *kenpō jūshichi-jō* 憲法十七条, „17-Artikel-Verfassung", unter Suiko Tennō | 3: 542 – 550 |
| 21 (613)/11 | Erlass zum Bau einer großen Straße (大道) von Naniwa zum Hof (京) | 3: 568 |

4 Vgl. Sasagawa 2016a: 128–131.

5 Suiko bestieg den Thron am achten Tag im 12. Monat. Ihre Thronbesteigung müsste daher bereits in das Jahr 593 fallen, aber üblicherweise wird 592 (*gannen*) angegeben.

| ***Nihon shoki*** 日本書紀 | | |
|---|---|---|
| 28 (620)/-- | erste Erwähnung einer Geschichtsschreibung (天皇記 *Tennōki*, 國記 *Kokuki* und 本記 *honki*)[6] | 3: 576 |
| 36 (628)/3 | Tod von Suiko am Hof von Oharida no Miya | 3: 592 / 4: 18 |
| 1 (629)/1 | Thronbesteigung von Jomei Tennō | 4: 38 |
| 2 (630)/10 | Umzug an den Hof Okamoto no Miya „bei den Hügeln von Asuka" (遷於 飛鳥岡傍) | 4: 40 |
| 6 (634)/6 | Okamoto no Miya (岡本宮) brennt ab | 4: 44 |
| 12 (640)/10 | Umzug an den Hof Kudara no Miya (百濟宮) | 4: 50 |
| 13 (641)/10 | Tod von Jomei | 4: 50 |
| 1 (642)/1 | Thronbesteigung von Jomeis Hauptgattin als Kōgyoku Tennō | 4: 54 |
| 2 (643)/4 | Umzug an den Hof Asuka no Itabuki no Miya (飛鳥板蓋宮) | 4: 70 |
| 4 (645)/6–7 | Jomeis und Kōgyokus Sohn Naka no Ōe (Tenji, 626 bis 671) und Nakatomi (Fujiwara) no Kamatari ermorden Soga no Iruka 蘇我入鹿 (Isshi/Itsushi-Vorfall 乙巳の変), woraufhin dessen Vater Emishi 蝦夷 die Selbsttötung vollzieht; zuvor versucht er, die beiden Schriften *Tennōki* und *Kokuki* verbrennen, aber das *Kokuki* wurde gerettet (dreizehnter Tag, 6. Monat)<br>Beginn der Taika-Reformen (Taika *no kaishin* 大化の改新)<br>7. Monat: Abdankung Kōgyoku und Thronbesteigung ihres Bruders Kōtoku Tennō (597? Bis 654), neue Jahresdevise: Taika *gannen* | 4: 98 – 114 |
| 1 (646)/12[7] | Hauptstadtverlegung (遷都) nach Naniwa no Nagara no Toyosaki (Ōsaka) | 4: 126 |
| 2 (646)/2 | qua Verfassung geregeltes Verwaltungssystem mit einer Hauptstadt 京師 an oberster Stelle<br>Verordnung zu den Aufsehern (長 *osa/wosa*) der Bezirke (坊 *bō*, *machi*) und Oberbezirksaufsehern (令 *unagashi*)<br>Festlegung der Grenzen zu den Ländern im Kinai-Gebiet (*uchi tsu kuni*) | 4: 128 – 130 |
| 1 (650)/2 | neue Jahresdevise 650: Hakuchi *gannen* 白雉元年 | 4: 186 |

6 Bei fehlender Monatsangabe handelt es sich um die Einträge unter „In diesem Jahr …" (是歲) am Ende der Jahreseinträge; zur Glaubwürdigkeit vgl. Kōnoshi et al. 2021: 21.

7 Die Hauptstadtverlegung geschah im 12. Monat, das heißt fünf Monate nach der Abdankung. Der 12. Monat fiel bereits in das nächste Jahr 646.

| *Nihon shoki* 日本書紀 | | |
|---|---|---|
| 2 (652)/12 | Umzug in die neue Hofanlage und ihre Benennung mit „Naniwa no Nagara no Toyosaki no Miya" | 4: 188 |
| 4 (653)/-- | Naka no Ōe verlässt mit seiner Mutter (Kōgyoku), seinem Bruder Ōama (Tenmu Tennō, ? bis 686), Kōtokus Hauptgattin sowie hohen Beamten den Hof in Naniwa und führt sie zum Nebenhof Yamato no Asuka no Kawabe (Kahahe) no Karimiya (倭飛鳥河邊行宮) | 4: 194 |
| 5 (654)/10 | Tod von Kōtoku | 4: 198 |
| 1 (655)/1 | Kōgyokus erneute Thronbesteigung (*chōso* 重祚) als Saimei Tennō | 4: 202 |
| 1 (655)/10 | Asuka no Itabuki no Miya brennt ab, Umzug an den Nebenhof Asuka no Kawahara (Kahahara) no Miya (飛鳥川原宮) | 4: 204 |
| 2 (656)/-- | Umzug an den neuen Hof Nochi no Asuka Okamoto no Miya (後飛鳥岡本宮) | 4: 206 |
| 6 (660)/5 | erste Wasseruhr (漏刻 *rōkoku*)[8] | 4: 230 |
| 6 (660)/7 | Vernichtung des koreanischen Staates Paekche (Baekje, jap. Kudara) durch die Tang-Silla-Allianz; Paekche bittet Japan um „Rettung" | 4: 232 – 236 |
| 7 (661)/1–7 | Aufbruch Saimeis und Naka no Ōes (Tenji) zur Rettung von Paekche im 1. Monat, Ankunft am Hof Asakura no Tachibana no Hironiwa no Miya im 5. Monat, wo Saimei im 7. Monat stirbt.<br>Tenji übernimmt als 稱制 (称制) *shōsei* die Staatsführung. | 4: 242<br>4: 248 |
| 2 (663)/3–9 | Hakusonkō *no tatakai*: endgültige Niederlage von Paekche (Baekje/Kudara) und Japan in der Seeschlacht an der Mündung des Paekch'on (Päkganggu, jap.: Hakusonkō) gegen die Tang und Silla (Shilla, jap.: Shiragi); Rückkehr nach Japan | 4: 256 – 262 |
| 6 (667)/3 | Hauptstadtverlegung (都 *miyako*) nach Ōmi (遷都于近江) an den Biwa-See | 4: 270 |
| 7 (668)/1 | Naka no Ōes Thronbesteigung als Tenji (Alternativfassung: 3. Monat, 6. Jahr) | 4: 272 |
| 7 (668)/10 | Untergang von Goguryeo (jap. Kōkuri) durch einen Tang-General und Ende des koreanischen Zeitalters der drei Reiche (*sangoku jidai* 三国時代) | 4: 278 |
| 10 (671)/4 | Verkündung der Zeit durch Schläge auf ein glockenähnliches Gefäß oder Trommel auf Grundlage der Wasseruhr (*rōkoku*) | 4: 288 – 290 |

8 Vgl. Ichi 2021: 49–54 mit den Ausführungen zu Saimeis Hofanlag Itabuki no Miya.

| ***Nihon shoki*** 日本書紀 | | |
|---|---|---|
| 10 (671)/9 – 12 | Tenjis Krankheit und Tod, Feuerkatastrophen, Ōamas (Tenmu, Sohn von Jomei und Kōgyoku) Bitte um Erlaubnis, die Tonsur zu nehmen, Ōamas Aufbruch nach Yoshino, Tenjis Tod (erneute und ausführlichere Darstellung im Buch „Tenmu“) | 4: 290 –306 |
| 1 (672)/6–9 | Jinshin-Kurzkrieg (Jinshin *no ran* 壬申の乱)[9] mit Tenmus Sieg und Zerstörung der Hauptstadt am Biwa-See; Tod von Tenjis Sohn Ōtomo, Rückkehr in die „Yamato-Hauptstadt“, Errichtung des Hofes Asuka no Kiyomihara no Miya (Namensgebung erfolgt später)<br>erste Erwähnung der Oberen, Mittleren und Unteren Straße (上中下道) | 4: 306 – 344<br>4: 338 |
| 2 (673)/2 | Tenmus Thronbesteigung am Hof von Asuka no Kiyomihara (飛鳥浄御原宮) | 4: 348 |
| 4 (675)/1 | *on'yō-ryō*-Amt (陰陽寮) für Kalender, Jahreszeiten, Himmels- und Wetterbeobachtung sowie die Zeit | 4: 356 |
| 5 (676)/-- | Wunsch nach einer neuen Hauptstadt in „Nihiki“ 新城 („neue Stadtanlage“?) | 4: 374 |
| 8 (679)/5 | Eid von Yoshino (Yoshino *no meiyaku* 吉野の盟約) durch die sechs Prinzen | 4: 388 |
| 9 (680)/5 | Erwähnung der „vierundzwanzig Tempel im Bereich der Hauptstadt“ (京内二四寺) | 4: 396 |
| 10 (681)/2 | Befehl zur Erstellung einer *ritsuryō*-Verfassung (律令) | 4: 404 |
| 10 (681)/3 | Befehl zur „Zusammenstellung und Korrektur“ (記定) der (vermutlichen) Geschichtsschreibungen 帝紀 *Teiki* und 上古諸事 *Jōko no shoji* | 4: 406 |
| 11 (682)/3 | Erster Tag: Entsendung von Beamten zur Erkundung der geologischen Beschaffenheit in „Nihiki“; Ausdruck des Wunsches zur Errichtung einer Hauptstadt (都)<br>Am sechzehnten Tag reist der Tennō nach „Nihiki“ | 4: 414 – 416 |

9 Die Beschreibung als Jinshin *no ran* stammt nicht aus dem *Nihon shoki*, da *ran* das Chaotische, Unrechtmäßige anhaftet, sondern aus anderen kontemporären Quellen wie dem Titel zu Gedicht 19: 4260 (*jinshin no toshi no ran* 壬申年之亂, SNBZ 9: 350). Duthie (2014: 123–159) setzt sich mit den Jinshin-Darstellungen im *Nihon shoki* auseinander, und es geht ihm um „precisely the fictional nature of the account and the ways in which imperial historiography is considered as a literary narrative“ (S. 125).

| *Nihon shoki* 日本書紀 | | |
|---|---|---|
| 11 (682)/3 | Schriftzeichenreform oder -festlegung (?) 新字一部四十四巻 „Neue Zeichen, 1 Abteilung, 44 Bände" (durch Schriftgelehrte, die nach China gereist waren)[10] | 4: 416 |
| 12 (684)/12 | Tenmus Befehl zur Errichtung einer zweiten Hauptstadt (都城・都) in Naniwa | 4: 432 |
| 13 (684)/2 | Tenmu sendet Fachleute in die Inneren Länder (*kinai / uchi tsu kuni*) aus, um das Gebiet einer neuen Hauptstadt (都) zu erkunden. Gleichzeitig schickt er Beamte zur Erkundung der lokalen Beschaffenheit in Shinano, und der Verfasser (!) vermutet den Grund in dem Wunsch, „dort einer neue Hauptstadt zu errichten" (am elften Tag im 4. Monat, 13. Jahr wird eine Karte von Shinano 信濃國之図 eingereicht; vgl. 4: 436) | 4: 432 |
| 13 (684)/3 | Tenmu besichtigt [das Gebiet einer neuen] Hauptstadt (京師 *miyako*) und legt das Gebiet der Hofanlage (宮室之地) fest.[11] | 4: 434 |
| 13 (684)/10 | Reformierung des *kabane*-Systems (八色之姓 *yakusa no kabane*, *uji*-Ränge) acht Ränge zur besseren Kontrolle der *uji*-Gruppen | 4: 438 |
| 1 (686)/7–9 | Jahresdevise: 朱鳥 Akamitori, Benennung des Hofes „Asuka no Kiyomihara no Miya", Tenmus Tod, seine Hauptgattin Uno (Jitō, 645 bis 703, Tochter von Tenji) übernimmt die Regierungsangelegenheiten (臨朝稱制 *rinchō shōsei*) | 4: 464 – 466 4: 474 |
| 2 (687)/10 | Erwähnung zum Beginn der *shifu*-Dichtung 詩賦 bei Miko Ōtsu 皇子大津 (Dichtung im chinesischen Stil, *Kaifūsō*), der in diesem Jahr hingerichtet wurde. | 4: 476 |
| 3 (689)[12] /6 | Fertigstellung der *ryō* 令, „Gebote" („Kiyomihara-*ryō*") | 4: 496 |

10 Vgl. Sekine 2018: 93–94.

11 Die SNBZ-Bearbeiter (4: 434) vermuten unter 京師 das Gebiet der späteren Hofanlage Fujiwara no Miya und weisen darauf hin, dass ab dieser Zeit die Pläne für eine neue Hauptstadt konkrete Gestalt annahmen. Zuvor hieß es 新城 „Nihiki" mit der möglichen Lage bei Nara. Das Kompositum 京師 kommt im zweiten Tenmu-Buch zuvor im Eintrag zum 7. Monat im 12. Jahr (684) vor, als der Tenmu die Hauptstadt in Asuka inspizierte (巡行京師), wie es die SNZS-Bearbeiter (4: 429) verstehen. Die NKTS-Bearbeiter (5: 190) lesen 京師 dort ebenfalls als Asuka, allerdings auch im Eintrag zum 3. Monat im 13. Jahr (5: 197).

12 Vgl. Dettmer 1: XI. Die Jahresdevise „Akamitori" gilt nur für 686; das folgende Jahr (687) wird als 元年 *gannen* ohne Jahresdevise eingeführt (SNBZ 4: 478).

| ***Nihon shoki*** 日本書紀 | | |
|---|---|---|
| 4 (690)/1 | Jitōs Thronbesteigung, erste Tennō auf der Grundlage einer Verfassung, mit den beiden Throninsignien Schwert und Spiegel | 4: 500 |
| 4 (690)/10 | Takechi no Miko besichtigt das Gebiet der Hofanlage von Fujiwara (藤原宮地 Fujiwara *no miya-dokoro*); Ersterwähnung von „Fujiwara" | 4: 510 |
| 4 (690)/11 | Befehl zum Gebrauch der beiden chinesischen Kalender „zunächst" 元嘉暦 *genkareki* „und dann" 儀鳳暦 *gihōreki* | 4: 510 |
| 4 (690)/12 | Jitō 1. Besichtigung des Hofgeländes (宮地 *miya-dokoro*) in „Fujiwara" | 4: 512 |
| 5 (691)/ 8 | Erlass an 18 [wichtige Yamato-]Klane (氏 *uji*) zur Einreichung der Grab-Aufzeichnungen 墓記 *boki*[13] | 4: 518 |
| 5 (691)/10 | Entsandte führen Rituale auf dem Gebiet der neuen Hauptstadt (新益京 *shin'yaku no miyako*) durch; vermutlich zur Wiederaufnahme der nach Tenmus Tod ruhenden Stadterrichtung.[14] | 4: 520 |

13 Vielleicht handelte es sich um Texte, die für Verstorbene rezitiert wurden, und zur Erstellung einer höfisch revidierten Geschichte eingereicht werden mussten. Sasagawa (2016a: 221) vermutet allerdings, dass anhand dieser Texte die unbekannten Grabanlagen einiger Tennō bestimmt werden sollten, da in diesen die Lagen angegeben gewesen seien. Er sieht zwar keinen Zusammenhang zum *Nihon shoki*, aber der Eintrag zeigt die Existenz solcher Schriften; vgl. Sasagawa 2016a: 193–229.

14 Seit Kita Sadakichi 喜田貞吉 (1871 bis 1939; vgl. Dürr 2013/14: 20) wird unter 新益京 *shin'yaku no miyako* (Kishi, 1993: 63, liest *ara-mashi no miyako*) die Ausweitung des Gebietes der Hofanlage Asuka no Miya verstanden, wobei sich das vermutete Gebiet im Lauf der Forschung bis zur Stadtanlage von Fujiwara-*kyō* im nahen Nordwesten verlagerte beziehungsweise ausweitete. Somit ließe sich *shin'yaku* als „Neuerschließung" im Sinn einer Ausweitung übersetzen. Sich gegen diese Auslegung wendend geht Nishimoto (2014: 211–215), wo Kita zitiert wurde, der Bedeutung von 益 *masu*, *masaru* in den zeitgenössischen Quellen nach und macht die beiden Bedeutungen „zunehmen, vermehren" sowie „übertreffen, siegen" aus. Somit kommt er zum Verständnis als „neue, überragende Hauptstadt" (*aratana sugureta miyako* 新たなすぐれた京). Freilich müsste *miyako* geklärt werden, aber er erläutert *shin'yaku no miyako* als eine „Stadtanlage (*tojō* 都城 = 京 *miyako*), welche die bisherige Stadtanlage übertrifft und in ihrer Qualität hervorragend ist" (S. 214). Somit versteht Nishimoto (in Anschluss an Ōi Shigejirō 大井重二郎) *shin'yaku no miyako* als eine Bezeichnung für das Stadtgebiet von Fujiwara-*kyō* beziehungsweise die Stadt selbst im Sinn einer Anlage von bisher nicht dagewesener Qualität. Ozawa (2003: 212) geht von der Wiederaufnahme der Arbeiten an der neuen Hauptstadt aus, die mit Tenmus Tod zum Erliegen gekommen seien. Dabei bezieht er sich auch auf den Eintrag zum 5. Monat im 6. Jahr.

| *Nihon shoki* 日本書紀 | | |
|---|---|---|
| 5 (691)/12 | Den Beamten und Adligen werden je nach Rang Wohnbereiche (宅地 *ihe-dokoro*) in der neuen, sich noch im Bau befindlichen Hauptstadt zugewiesen. | 4: 522 |
| 6 (692)/1,<br><br>5<br><br><br>6 | Jitō besichtigt „die Straßen von *shin'yaku no miyako* (Jitōs 2. Besichtigung des Bebauungsgebietes von Fujiwara-*kyō*)<br>Besänftigungsrituale (鎮祭) auf dem Gebiet der Hofanlage (Fujiwara no Miya-*dokoro* 藤原宮地); Bericht an „vier Großgottheiten“ über den „neuen Hof“<br>Jitōs besichtigt das Gebiet der Hofanlage (3. Besichtigung) | 4: 522,<br><br>528<br><br><br>530 |
| 7 (693)/2,<br>8 | Umbettung von Grabanlagen (im neuen Stadtgebiet)<br>Jitō besucht das Gebiet der Hofanlage (Fujiwara no Miya-*dokoro* 藤原宮地; 4. Besichtigung) | 4: 534,<br>538 |
| 8 (694)/1, 12 | Jitō besucht den Hof (Fujiwara no Miya; 5. Besichtigung)<br>Verlegung des Hofes (遷居) nach Fujiwara no Miya | 4: 542<br>548 |
| 11 (697)/8 | Mit der Thronabtretung an den vierzehnjährigen Enkel Karu (Monmu Tennō, 683 bis 707, Sohn von Tenmus 689 verstorbenen Thronfolger Kusakabe no Miko/Ōji) endet das *Nihon shoki.* | 4: 560 |

## *Tabelle 5b: Shoku nihongi nach SNBT 12–14*

| ***Shoku nihongi*** 續日本紀 | | |
|---|---|---|
| Regierungs-jahr / Monat | Ereignis | Quelle |
| 1 (697)/8 | Thronübernahme durch Monmu Tennō | 12: 2 |
| 1 (701)/3 | Einführung des bis heute gültigen *gengō*-Systems 元号 („Regierungsdevise“) mit „Taihō“ 大寳 (einundzwanzigster Tag, 3. Monat, 5. Jahr Monmu) | 12: 36 |
| 1 (701)/8 | Fertigstellung der Taihō-Verfassung (Taihō *ritsuryō*)[15] | 12: 44 |
| 2 (702)/3,<br>12 (= 703) | „Große Reingungszeremonie“ der Großen „Halle des Friedens“ (Daianden 大安殿); Tod der Jitō (zweiundzwanzigster Tag, 12. Monat, Taihō 2)[16] | 12: 54,<br>62 |

15 Einer anderen Quelle zufolge bestand diese Verfassung aus sechs *ritsu*- und elf *ryō*-Bänden; vgl. SNBT 12: 323–324. Der Eintrag berichtet auch von der Grundlage auf dem Kodex von 689 (Kiyomihara-*ryō*); vgl. dazu Nishimoto 2014: 173.

16 Der zweiundzwanzigste Tag im 12. Monat, Taihō 2. Jahr fiel bereits in das kommende Jahr 703.

| ***Shoku nihongi* 續日本紀** | | |
|---|---|---|
| 1 (704)/5 | Neue Jahresdevise: Keiun 慶雲 | 12: 78 |
| 1 (704)/11 | „erstmalige Festlegung des Gebietes von Fujiwara no Miya (始定藤原宮地)[17] | 12: 82 |
| 4 (707)/2 | Beratungen zum Umzug der Hauptstadt (遷都 *sento*) | 12: 108 |
| 4 (707)/6 | Tod des Monmu | 12: 114 |
| 4 (707)/7 | Thronbesteigung durch Jitōs Schwester Genmei Tennō (Mutter von Monmu und Genshō, 661 bis 721, Tochter von Tenji, Hauptgattin von Kusakabe no Miko) | 12: 122 |
| 1 (708)/1 | Neue Jahresdevise: Wadō 和銅 | 12: 126 |
| 1 (708)/2, 9 – 12 | Begründung und Befehl zur Hauptstadtverlegung, Besichtigung des Stadtgebietes von Heijō / Nara (平城) und Bestimmung der Vorsteher der Bauarbeiten, Bericht zur Lage der Bauarbeiten in Nara no Miya (平城宮), Rituale am Ise-Schrein mit Bericht zur Verlegung des Hofs nach Nara no Miya, Umsiedlung von über neunzig Haushalten aus dem Stadtgebiet, Rituale auf dem Hofgebiet (Heijō / Nara no Miya) | 12: 130, 142, 144 |
| 2 (709)/7, 9, 12 | Genmei besucht wiederholt den Hof von Heijō / Nara (平城宮)<br>Verlegung der Gräber auf dem Gebiet der neuen Hauptstadt | 12: 152 – 156 |
| 3 (710)/3 | Beginn der Verlegung der Hauptstadt nach Heijō / Nara (初遷都于平城) | 12: 160 |
| 4 (711)/9 | Der Eintrag zum vierten Tag gibt zu erkennen, dass die Stadtanlage noch nicht fertig war | 12: 177 |
| 6 (713)/5 | Befehl zur Belegung der Verwaltungsbezirke mit „guten Namen“ und zur Erstellung der Landesbeschreibungen *Fudoki* | 12: 198 |
| 7 (714)/2 | Befehl zur „Auswahl / Zusammenstellung“ (撰) der „Ländergeschichten“ (國史 *kuni tsu fumi*)[18] | 12: 210 |

17 Nach zehnjährigem Bestehen wirkt „erstmalig“ merkwürdig; vgl. SNBT 12: 84. Die SNBT-Bearbeiter (12: 265–266) erklären das anhand der Taihō-Verfassung als Stadtvergrößerung, aber Ozawa (2003: 215, 219) geht aus archäologischer Perspektive davon aus, dass erst zu dieser Zeit die großräumig angelegte Stadt fertiggestellt wurde.

18 Es ist unklar, ob sich *kuni* aus Singular „Land“ oder Plural „Länder“ bezieht, aber verwaltungstechnisch müsste der Plural vorliegen. Sasagawa (2016a: 10–11) zufolge handelt es sich bei *kokushi* (*kuni tsu fumi*) aller Wahrscheinlichkeit nach um das *Nihon shoki*,

| *Shoku nihongi* 續日本紀 | | |
|---|---|---|
| 7 (714)/6 | Ersterwähnung von Monmus erstem Sohn Obito als *kōtaishi* 皇太子 („Kronprinz“) | 12: 214 |
| 1 (715)/9 | Thronüberlassung an Hidaka 氷高 (Genshō Tennō, 680 bis 748, Tochter von Kusakabe und Genmei)<br>Thronbesteigung der Genshō Tennō, neue Jahresdevise: Reiki 靈龜 | 12: 234<br><br>13: 2 |
| 1 (717)/11 | Neue Jahresdevise: Yōrō 養老 | 13: 34 |
| 4 (720)/5 | Einreichung des *Nihongi* 日本紀 (*Nihon shoki*) | 13: 72 |
| 5 (721)/12 | Genmeis Tod | 13: 104 |
| 6 (722)/2 | Erwähnung der *ritsuryō*-Verfassung[19] | 13: 112 |
| 1 (724)/2 | Thronüberlassung an den Kronprinzen Obito (Monmus Thronfolger), Thronbesteigung des Shōmu Tennō, neue Jahresdevise: Shinki 神龜 | 13: 136 – 140 |
| 1 (729)/8 | Neue Jahresdevise: Tenpyō 天平 | 13: 216 |
| 12 (740)/9 – 12 | Beginn des Aufstands von Fujiwara no Hirotsugu 藤原廣嗣 (bis 11. Monat), Beginn von Shōmus fünf Wanderjahren (Aufbruch nach Ise), Einzug in die neue Hauptstadt Kuni-*kyō* (12. Monat) | 13: 364<br>374<br>382 |
| 16 (744)/2 | Ausrufung der neuen Hauptstadt (皇都 *miyako*) in Naniwa | 13: 438 |
| 17 (745)/5 | Rückkehr der Hauptstadt nach Heijō/Nara | 14: 10 |
| 18 (746)/6 | Ōtomo no Yakamochi wird als Landesverwalter nach Etchū entsandt[20] | 14: 30 |
| 20 (748)/4 | Tod von Genshō | 14: 56 |
| 1 (749)/4 | Ersterwähnung des Tempels Tōdaiji 東大寺<br>Neue Jahresdevise: Tenpyō Kanbō 天平感寶 (4. Monat bis 7. Monat; die Einträge dieses Jahres laufen unter der folgenden Jahresdevise)[21] | 14: 64,<br>76 |

aber es gibt auch Argumente dagegen; vgl. Ibaraki 2018: 10–12 mit der Darstellung verschiedener Positionen.

19 Das ist der *Yōrō-Kodex* (Yōrō *ritsuryō*), dessen Fertigstellung nicht erwähnt wird (Dettmer 2009: XIII) und dessen beiden Teile einer anderen Quelle zufolge aus jeweils zehn Bänden bestand; vgl. SNTK 13: 490–491, Dettmer 2009: XII–XX.

20 Wichtige Zäsur für die *Man'yōshū*-Geschichte; vgl. Wittkamp 2021a: 3–4.

21 Der zwölfte Tennō-Erlass (*senmyō*) vom ersten Tag im 4. Monat dieses Jahres bestimmt,

| | | |
|---|---|---|
| ***Shoku nihongi* 續日本紀** | | |
| 1 (749)/7 | Abtretung des Throns an Shōmus und Kōmyō kōgōs (光明皇后, 701 bis 760, Tochter von Fujiwara no Fuhito 藤原不比等) Tochter Abe (Ahe) 阿部 (Kōken Tennō 孝謙天皇, 718 bis 770; mit ihrem Tod – als Shōtoku Tennō 稱德天皇 – endet die Tenmu-Jitō-Linie). Neue Jahresdevise: Tenpyō Shōhō 天平勝寶 | 14: 82 – 86 |
| 8 (756)/5 | Shōmus Tod | 14: 158 |
| 1 (757)/5 | Inkrafttreten des *Yōrō-Kodex* | 14: 186 |
| 1 (757)/8 | Neue Jahresdevise: Tenpyō Hōji 天平寶字 | 14: 224 |
| 1 (757)/11 | Festlegung der Lehrinhalte von sieben Fächern zur Ausbildung von Land-Schulleitern (*kuni no hakase* 國博士) und Medizinern (*kusushi* 医師) | 14: 236 |

## Die Asuka-Höfe

Die Kapitelüberschriften aus den ersten beiden *Man'yōshū*-Bänden geben die Namen der Regierungssitze bis Nara / Heijō-*kyō* an. Wie die Tabelle 1 allerdings zeigt, sind nicht alle Haupthöfe der Asuka-Zeit vertreten,[22] und auch die

den „Jahresdevisen (年号 *nengō*) Zeichen hinzuzufügen", sodass diese nun aus vier Zeichen bestanden. Dieses System bestand für die folgenden vier Jahresdevisen bis 770, kam danach aber nicht mehr vor; vgl. SNBT 14: 478.

22 Vgl. die Überblicke in Ozawa 2003: 35–41 und nochmals S. 72–114. Ozawa (S. 204) versteht unter Asuka-*jidai* 飛鳥時代 die Zeit von Suiko Tennōs Thronbesteigung 592 am Hof Toyura no Miya bis zum ersten Hauptstadtwechsel nach Fujiwara (694, Fujiwara *sento* 藤原遷都), in der mit wenigen Ausnahmen die Höfe (*kyūshitsu* 宮室) „prinzipiell in Asuka oder in der Nähe" lagen. Der Name „Toyura no Miya" kommt als Hofanlage (宮室) bereits bei Chūai 仲哀天皇, dem 14. Tennō, vor, aber deren Lage wird in der Präfektur Yamaguchi-*ken* vermutet; vgl. SNBZ 2: 406. Dem Begriff „Asuka-Zeit" widerfährt bisweilen ein ambivalenter Gebrauch. Dem *Daijirin* (digital) zufolge bezieht er sich auf die Zeit mit Suiko Tennō „im Zentrum". Es gebe verschiedene Theorien, aber im Rahmen einer Kulturgeschichte sei die Zeit von der Ankunft des Buddhismus (im sechsten Jahrhundert) bis zu den Taika-Reformen in den 640er Jahren gemeint. In einer Geschichte der Politik fange die Asuka-Zeit mit der Regierungsführung (*sesshō* 摂政) durch Shōtoku Taishi an, erstrecke sich aber auch bis zur Hauptstadtverlegung nach Heijō-*kyō*. Das *Daijisen* 大辞泉 (digital) sieht zwar ebenfalls Suiko Tennō als „Zentrum" dieser Zeit, erläutert aber als die einhundert Jahre vom späten sechsten bis

Höfe zu Beginn des siebten Jahrhunderts kommen nicht vor. Das waren Suikos 603 etwas nördlich von Asuka errichtete Hofanlage Oharida (Owarida) no Miya, die noch lange genutzt wurde (vgl. Ozawa 2003: 77–82, Yoshimura 2020: 151–152), und Kudara no Miya, die letzte und kurzlebige Hofanlage von Jomei, deren Lage in der heutigen Stadt Sakurai-*shi* 桜井市 vermutet wird (vgl. Ozawa S. 114). Zwei Namen der Kapitelüberschriften steht der Ortsname 飛鳥 „Asuka" voran, der auf ein von Hügeln und Bergausläufern umgebenes Gebiet am südöstlichen Rand des Nara-Beckens im heutigen Bezirk Asukamura 明日香村 verweist, wenige Kilometer südlich der Städte Kashihara- und Sakurai-*shi*. Der mit Jomei verbundene Hofname „Takechi no Okamoto no Miya" wiederum kommt im *Nihon shoki* oder in Metall- und Steininschriften (*kinseki-bun* 金石文) des siebten Jahrhunderts nicht vor, und Ozawa Tsuyoshi (S. 38) vermutet eine „relativ junge Bezeichnung". Allerdings ist der Name auch im *Engishiki* verzeichnet, wo eine weitere Gemeinsamkeit mit den Kapitelüberschriften darin besteht, dass die Regierungszeit der Saimei Tennō ebenfalls unter „Asuka no Kawahara no Miya" fällt (vgl. Kitamura 2013: 38, 45). Vermutlich griffen das *Man'yōshū* und das *Engishiki* auf gleiches Quellenmaterial zurück. Ozawa identifiziert „Takechi no Okamoto" mit „Asuka no Okamoto",[23] wo sich, wie er (S. 40–41) mit Ausgrabungen belegt, im siebten Jahrhundert die vier „korrekten Tennō-Höfe" von Jomei bis Jitō befanden, die in anderen Quellen den Namen „Asuka" beinhalten. Diese Anlagen seien Jomeis Hof Asuka no Okamoto, Kōgyokus beziehungsweise Saimeis Hof Asuka no Itabuki no Miya, die Hofanlage Nochi no Asuka no Okamoto – „Asuka" steht nicht in den Kapitelüberschriften – von Saimei bis Tenmu sowie Tenmus und

zum späten siebten Jahrhundert. In der kunsthistorischen und literaturgeschichtlichen Literatur ist für die Zeit ab Mitte siebtes bis Anfang achtes Jahrhundert oftmals von der Hakuhō-Zeit 白鳳時代 die Rede, in Abgrenzung zur Tenpyō-Zeit 天平時代 (= Nara-Zeit) von 710 bis zur Aufgabe von Nara (794). „Hakuhō", „Weißer Phönix", ist eine spätere Umbenennung von Kōtokus Jahresdevise Hakuchi 白雉, „Weißer Fasan", ab 650, ist also im Gegensatz zu Tenpyō kein historischer Begriff. „Tenpyō" war Namensbestandteil der Jahresdevisen von 729 bis 767. Das *Daijirin* und das *Daijisen* verorten die Hakuhō-Zeit zwischen der Asuka- und der Tenpyō-Zeit, „zwischen 645 und 710" respektive „zweite Hälfte siebtes bis Anfang achtes Jahrhundert".

23 Der Name „Asuka no Okamoto no Miya" ist im *Nihon shoki* nicht enthalten, aber Ozawa (2003: 82) führt eine Quelle an und verweist auf weiteres Geschichtsmaterial. Der aus dem *Nihon shoki* bekannte Name „Okamoto no Miya" ist nicht mit dem gleichnamigen Tempel zu verwechseln, wo Shōtoku Taishi in Suikos 14. Jahr (604), Herbst 7. Monat, buddhistische Sutras las (vgl. SNBZ 3: 554–555). Zu Jomeis Hof heißt es, dass er im Winter 10. Monat, am zwanzigsten Tag an einen Ort „bei den Hügel von Asuka" (飛鳥岡 Asuka *woka*) zog und der Hof „Okamoto no Miya" genannt wurde (vgl. SNBZ 4: 40–41).

Jitōs Hof Asuka no Kiyomihara gewesen.[24] Auf Ozawas Belegung von Nochi no Asuka no Okamoto mit mehreren Tennō-Generationen ist zurückzukommen, aber festzuhalten bleibt zunächst, dass die Anmerkungen zu den Kapitelüberschriften „Asuka no Kawahara“ und „Nochi no Okamoto“ einen identischen Tennō-Namen angeben. Das ist insofern korrekt, als der postume Name auf die Zweifach-Tennō Kōgyoku / Saimei verweist, aber beide Hofanlagen stehen mit Saimei, und nicht mit Kōgyoku in Verbindung. Zwischen den Kapitelüberschriften und den Anmerkungen liegen einige Jahre, sodass ein Verblassen der Vergangenheit realistisch ist. Die Kapitelüberschriften werfen aber ebenfalls Fragen auf, und es ist gut möglich, dass sie durcheinandergebracht wurden oder auf anderen Quellen beruhen.[25]

**Die Höfe von Jomei bis Saimei**

Der 630 von Jomei errichtete Hof Asuka no Okamoto bestand nur sechs Jahre, bis er einem Feuer zum Opfer fiel. Danach residierte Jomei an verschiedenen Höfen, die sich nicht in Asuka, aber wohl auch nicht allzu weit entfernt befanden (vgl. Ozawa, 2003: 36–37). Einem Feuer fiel auch der in den Kapitelüberschriften fehlende Hof Asuka no Itabuki zum Opfer, der 643 bezogen bis zum im Winter 655 bestand. Errichtet wurde diese „erste Hofanlage mit [nahezu] „quadratischem Grundriss“[26] von Jomeis Gattin und Nachfolgerin Kōgyoku,[27] die 645 den Thron an ihren Bruder Kōtoku abtrat. Dieser hielt sich zunächst ebenfalls in Asuka no Itabuki no Miya auf, bis er Anfang 646 den Regierungs-

24 Vgl. Ozawa 2003: 72–77 mit Karte und Tabelle, dort auch zur Unterscheidung von *tennō shōgū*, „korrekter Tennō-Hof“, und *karimiya* 仮宮, „temporäre Hofanlage“. Die Bezeichnung als 正宮 (*shōgu*, *ōmiya* nach SNBZ 4: 466–467) kommt mit einem Beleg nur in der Beschreibung von Tenmus Tod vor; vgl. SNBZ 4: 466 mit alternativen Beschreibungen der Hofanlagen sowie einem Beleg für 正宮 aus der klassisch-chinesischen Geschichtsschreibung *Han shu* (jap. *Kanjo*). Yoshimura (2020: 153) setzt *shogū* 諸宮 mit *shōgū* gleich.

25 Kōnoshi (2013: 45–46) zufolge beruhen die Kapitelüberschriften (*hyōdai* [= *hyōmoku*]) zu Jomei, Kōgyoku und Saimei nicht auf dem *Nihon shoki* beziehungsweise stimmen nicht damit überein, da beide Werke verschiedenen „Linien“ (*keiretsu* 系列, S. 48) der Geschichtsschreibung angehören. Kōnoshi setzt sich im Kapitel „Die »historische« Welt im *Man'yōshū*“ (S. 37–147) mit den in die Anmerkungen eingefügten Zitaten aus der offiziellen Geschichtsschreibung auseinander (S. 48–52).

26 Ichi (2021: 36) gibt eine Fläche von 193 x 198 Metern an.

27 Kōgyoku kam Neujahr 642 auf den Thron und zog im 10. Monat zunächst an den von Suiko errichteten Hof Oharida, wobei das *Nihon shoki* mit „in einem anderen Buch heißt es“ (或本云 *aru hon ihaku*) auch einen „provisorischen Hof“ angibt. Der Umzug an den „neuen Hof“ Asuka no Itabuki no Ni(h)imiya 新宮 geschah im 4. Monat des 2. Jahres (643; SNBZ 4: 72–73); zur Feuerkatastrophe von Asuka no Itabuki und den Umzug nach Asuka no Kawahara im Winter 655 vgl. SNBZ 4: 204–205.

sitz (都 *miyako*) in das Gebiet der heutigen Stadt Ōsaka verlegte, um die Errichtung der Hofanlage Naniwa no Nagara Toyosaki zu realisieren.[28] 645 war der Hof Itabuki no Miya der Ort der Ermordung von Soga no Iruka, wodurch die Hauptlinie des politisch mächtigen Soga-Klans ausgelöscht und die Taika-Reformen eingeleitet wurden. Kitamura (2013: 29) impliziert daher mit diesen „blutbesudelten Ort" einen Grund für Kōtokus „überstürzte" Verlegung des Hofes nach Naniwa. Die „Psychologie der Vermeidung dieses Ortes" habe eine starke Wirkung ausgeübt. Allerdings bezog Kōtoku die neue Hofanlage nicht direkt, sondern zunächst die Nebenresidenz Koshiro no Kariyama, und Ichi Hiroki (2021: 39–40) zeigt, dass diese die Bühne einiger politischer Veränderungen und Neuerungen war. Der Hof Nagara Toyosaki wurde erst sechs Jahre nach Baubeginn bezogen, was angesichts der Ausmaße von 650 x 650 Metern der gesamten Anlage nicht verwunderlich ist. Der Umzug geschah am letzten Tag im 12. Monat, Hakuchi 2. Jahr (653), aber die Anlage war immer noch nicht fertiggestellt.[29]

Nach Kōtokus Tod wurde Kōgyoku, die sich offenbar von dem „blutbesudelten Ort" nicht abschrecken ließ, zu Neujahr 655 am Hof Asuka no Itabuki ein zweites Mal zur Herrscherin berufen. Ihr postumer Name für diese Zeit lautet „Saimei", und die erneute Thronbesetzung ist als 重祚 *chōso* bekannt. Die Anlage bestand somit durchgehend, was zu betonen ist, da Hofgebäude mit dem Ortwechsel oftmals demontiert wurden. Im Winter desselben Jahres brannte der Hof allerdings ab, und der Regierungssitz befand sich vorübergehend in der nur wenige hundert Meter entfernten Nebenresidenz Asuka no Kawahara, aus der später der Tempel Kawaharadera 川原寺 hervorging.[30] Im zweiten Re-

---

28 Kōtokus Umzug nach Naniwa geschah am neunten Tag im 12. Monat, Taika *gannen* (SNBZ 4: 126–127), und da der 12. Monat im Lunisolarkalender gewöhnlich ins nächste Jahr fällt, war es bereits 646. Zu beachten ist die fehlende Angabe eines Hofnamens.

29 Der Bau der Hofanlage begann im 10. Monat, Hakuchi *gannen* 白雉元年 (650), und für offizielle Angelegenheiten genutzt wurde sie ab dem 6. Monat des 2. Regierungsjahrs (651); vgl. SNBZ 4: 186–189, Ichi 2021: 47–49. Ichi stellt die Hofanlagen dieser Zeit vor, und da es nach Kōtoku unter Tenmu gegen Ende des siebten sowie unter Shōmu Mitte des achten Jahrhunderts noch zwei Versuche einer Hoferrichtung in Naniwa gab – bei Tenmu jedoch nur als Zweithof –, deren Areal mit dem von Kōtokus Hof zumindest partiell identisch war, spricht Ichi (S. 44, 46) bei Kōtokus Hof von der Anlage der frühen Zeit (*zenki* Naniwa no Miya 前期 難波宮). Wenn Kishi (1993: 24–29) dagegen *zenki* und *kōki* 後期, „Spätphase", explizit Tenmu und Shōmu zuordnet, bedeutet das vermutlich, dass Tenmus Hof der alten Anlage von Kōtoku entsprach, die 686 abbrannte; vgl. Ozawa 2003: 49, 241.

30 Zum Kawaharadera, einem der vier großen Tempel von Asuka (Asuka *no yondaiji* 飛鳥の四大寺), wo sich zuvor vermutlich die Hofanlage befand, vgl. Nishimoto 2014: 61–100, Kitamura 2013: 30.

gierungsjahr (656) ließ Saimei den „späteren Hof" Nochi no Asuka no Okamoto errichten, der offenbar auch im selben Jahr bezogen wurde. Der Name erinnert an Jomeis Hof Okamoto no Miya, und wie gesehen war Saimei seine Gattin und Nachfolgerin. Ein lokaler Zusammenhang, nämlich die Neuerrichtung am selben Ort, ist jedoch ebenfalls wahrscheinlich.

Die beiden Kapitelüberschriften zu den Höfen Asuka no Kawahara und Nochi no [Asuka no] Okamoto sind insofern merkwürdig, als in der offiziellen Geschichtsschreibung beide Anlagen mit dem Namen „Saimei" verbunden sind, und es scheint geradezu, als ob die Verfasser damit nicht vertraut waren. Denn sollte sich die Kapitelüberschrift „Asuka no Kawahara" auf Kōgyoku beziehen, wofür 1: 7, das einzige Gedicht zu diesem Hof, inhaltlich spräche, wäre angesichts der offiziellen Geschichtsschreibung „Asuka no Itabuki no Miya" die korrektere Wahl für die Kapitelüberschrift gewesen. Damit soll aber nicht behauptet werden, dass die offizielle Geschichtsschreibung die historische Wirklichkeit verlässlicher erfasst. Die Anmerkungen zu beiden Kapitelüberschriften geben den postumen Namen im japanischen Stil an, der bei Kōgyoku und Saimei identisch ist. Ozawa (S. 79–81) zeigt, dass der Versuch der Ortsbestimmung der Hofanlagen anhand der offiziellen Geschichtsschreibung nicht unbedingt zu korrekten Ergebnissen führt, und in diesem Sinn lassen sie sich heute durch archäologische Grabungen präziser bestimmen, als sie um die Wende zum achten Jahrhundert im kulturellen oder kommunikativen Gedächtnis präsent waren.

**Asuka no Kiyomihara no Miya (Tenmu und Jitō)**

Die Hofverlegung an den Biwa-See durch Tenji und die Rückverlegung nach Asuka durch Tenmu wurden bereits dargestellt. Dem 28. Buch des *Nihon shoki* zufolge zog Ōama (Tenmu) nach seinem Sieg am fünfzehnten Tag im 9. Monat (672) in den Hof „Okamoto no Miya" ein. Der nächste Eintrag berichtet von der Errichtung einer neuen Anlage „südlich von Okamoto no Miya", die in „diesem Winter" – also kurze Zeit später – bezogen wurde und den Namen „Asuka no Kiyomihara no Miya" erhielt, „Hof der erlauchten Prachtebene von Asuka". Im darauffolgenden zweiten Frühlingsmonat des 2. Jahres ließ er sich zum Herrscher ausrufen, und das *Nihon shoki* gibt als Ort für diesen Akt explizit den Hof Asuka no Kiyomihara an. Im Eintrag zum zwanzigsten Tag im 7. Monat, Akamitori *gannen* 朱鳥元年 (686) heißt es dann aber, dass an diesem Tag gemeinsam mit der neuen Jahresdevise „Akamitori" der Hof den Namen „Asuka no Kiyomihara" erhielt. Zwar erscheint der Name bereits zwei Mal zuvor, aber in den Berichten dieser Jahre heißt es ansonsten 新宮 *shingū*,

„neuer Hof", und 舊宮 *kyūgū*, „alter Hof".[31] Zu beachten dabei ist, dass der Hofname am Ende von Buch 28 und am Anfang von Buch 29 vorkommt, um somit eine formale Funktion zu erfüllen. Die späte Benennung im letzten Jahr der Tenmu-Regierung scheint realistisch, obwohl das *banka*-Trauergedicht 2: 167, auf das zurückzukommen ist, einen anderen Namen präsentiert.

Kitamura (2013: 34–55) vergleicht die Namen der Höfe in den älteren Textquellen – allerdings ohne das *Man'yōshū* – und kommt abschließend auf den scheinbaren Widerspruch im *Nihon shoki* zu sprechen (S. 49–50). Zunächst stellt er fest, dass die Hofbenennung gemeinsam mit der neuen Jahresdevise Akamitori erfolgte, also kurz vor Tenmus Tod, und hält mit Bezug auf vorangehende Forschung eine Übereinstimmung der Hofnamen mit den Metall- und Steininschriften (*kinseki-bun*) ab dieser Zeit fest. Weiterhin sei es bei späteren Hofnamen üblich gewesen, diese bei der Errichtung oder kurze Zeit danach zu erteilen, nicht aber wie im Fall „Kiyomihara" erst viele Jahre später. Das bringt er drittens mit den besonderen Umständen von Tenmus Krankheit in Verbindung, die für die Namensgebung als auschlaggebend erachtet werden.

Daher widmet sich Kitamura der Frage, ob die späte Vergabe des Hofnamens eine Ausnahme war. „Asuka no Kiyomihara" besteht aus der Ortsangabe „Asuka" und dem „lobpreisenden Namen (*bishō* 美称, *kamei* 嘉名) [...] Kiyomihara". Es ist also ein neuer Name, und der Ort selbst taucht im *Nihon shoki*-Buch „Sushun Tennō" als 眞神之原 Makami *no hara* mit dem alternativen Namen 飛鳥苫田 Asuka no Tomata auf (vgl. SNBZ 3: 520). Makami *no hara* findet sich auch im *banka*-Trauergedicht 2:199, das 696 zum Tod von Tenmus Sohn Takechi no Miko verfasst wurde. An jenem Ort wurde einem Eintrag zufolge 596 von Soga no Umako 蘇我馬子 (gest. 626) der Tempel Asukadera errichtet, der später in Hōkōji 法興寺 und dann in Gangōji 元興寺 umbenannt wurde.[32] Die Spuren der ursprünglichen, später verlegten Tempelanlage finden sich in unmittelbarer Nähe der archäologisch erschlossenen Relikte der alten Hofanlagen von Asuka, sodass Kitamura unter Makami und Tomota die vorangehenden Ortsnamen von Kiyomihara versteht.

Kitamura (S. 49–53) hebt nochmals hervor, dass die Belegung mit der lobpreisenden Bezeichnung Kiyomihara, „die reine, erlauchte Ebene", nur zwei Monate vor Tenmus Tod geschah. Denn es sei damit klar, dass die Erwähnung des Hofnamens zu Beginn der Einträge eine textuelle Ausschmückung

31 Zum *Nihon shoki* vgl. SNBZ 4: 344–345, 348–349, 464–467 und zu *shingū* und *kyūgū* Ozawa 2003: 85–86; *shingū* kommt im Buch „Tenmu" mit zwei Belegen, *kyūgū* nur einmal vor.

32 Vgl. SNBZ 3: 514; mit dem Umzug in die neue Hauptstadt wurde auch der Tempel verlegt, was mit anderen Tempeln ebenfalls geschah, sodass er sich heute in der Stadt Nara befindet.

(*shūshoku* 修飾) späterer Zeiten ist. Allerdings geht Kitamura nicht von einer Ausnahme aus, sondern vermutet in der Ausschmückung der Hofnamen mit lobpreisenden Elementen, für die sich noch weitere Beispiele anführen ließen, eine erst ab dieser Zeit, das heißt mit der Entstehung der Geschichtsschreibung vollzogene Praxis. Zu Untermauerung seiner Vermutung greift er auf die ältesten Schriftzeichenbelege zurück, die sich in Metall- und Steininschriften (*kinseki-bun*) finden, konsultiert aber auch anderes Textmaterial, das seine Vermutung schließlich zu bestätigen scheint.

**Zur Theorie zum Hofwechsel mit jeder neuen Herrschaft**

Zur „Rettung" des südkoreanischen Staates Paekche (jap. Kudara), der 660 von der Tang-Silla-Allianz zerschlagen worden war, begaben sich Saimei und ihr Sohn Naka no Ōe (Tenji) in den Westen, wo Saimei im Sommer 661 im Norden der Insel Kyūshū in der Residenz Asakura no Tachibana no Hironiwa no Miya 朝倉橘広庭宮 starb (vgl. SNBZ 4: 240–243). Ozawa (S. 39) zufolge hielt sich Naka no Ōe nach ihrem Tod bis zur Hofverlegung nach Ōmi no Ōtsu am Biwa-See (667) am Hof Nochi no Asuka no Okamoto auf, und nach der Zerstörung der Hauptstadt am Biwa-See im Jinshin-Kurzkrieg sei dort auch der Sieger Ōama für die wenigen Wochen bis zur Errichtung des Hofes Asuka no Kiyomihara untergekommen. Der weitere Fortgang der Hofanlage Nochi no Asuka no Okamoto sei unklar, aber die Nutzung von Saimei bis Tenmu widerlege die Theorie zum Hofwechsel mit der neuen Generation (*rekidai sengū* 歴代遷宮), der zufolge jeder Tennō-Wechsel einen neuen Hof erfordert habe.[33] Das *Nihon shoki* spricht bereits ab dem dritten Tennō von der Verlegung des Hofes (遷都, 遷居 oder 遷于) mit jeder neuen Generation, aber wie bereits angemerkt, deckt Kitamura (2013: 35–41) durch den Vergleich das Fehlen dieser Beschreibung im *Kojiki* auf.

33 Vgl. Ozawa 2003: 72–73, Ichi 2021: 12. Dürr (2013/14: 17–19) zufolge, dem es in seiner Darstellung der archäologischen Befunde in Nara um den Zusammenhang zwischen politischer Struktur und architektonischer Konzeption geht, begann man bereits in der „Asuka-Zeit" die Höfe über mehrere Generationen hinweg zu nutzen, was er allerdings weder präzisiert noch belegt. Yoshimura (2020: 151–152) fasst die Theorien zu den Gründen für den Hofwechsel (*rekidai sengū*) zusammen, favorisiert aber mit Tateno Kazumi 舘野和己 die Theorie, dass „bezüglich des neuen Hofes alles zurückgesetzt (*reset*) wurde". Er bezieht den Begriff auf die Zeit vor Suiko Tennō, also bis zum späten sechsten Jahrhundert und macht darauf aufmerksam, dass es vor den Taika-Reformen (645) üblich war, nach dem Tod eines Tennō aus dem Kreis der geeigneten Kandidaten einen neuen Herrscher zu bestimmen (vgl. Wittkamp 2018a: 114, 119), mit dem sich dann auch der Regierungssitz geändert habe. Weiterhin weist er für die Asuka-Region im siebten Jahrhundert auf den Einfluss des Soga-Klans hin, der in jener Gegend angesiedelt war.

Ozawa (S. 83–84) erachtet die von Kōgyoku errichtete Hofanlage Asuka no Itabuki ebenfalls als unvereinbar mit dieser Theorie, da sie dort als Saimei erneut den Hof betrat (*chōso*). Ohne die Feuerzerstörung hätte der Hof „ohne Zweifel" auch weiterhin als Hauptregierungssitz gedient. Ozawas Schlussfolgerung haftet allerdings ein spekulativer Rest an. So kehrte der *shōsei*-Regent Naka no Ōe (Tenji) frühestens zwei Jahre nach Saimeis Tod nach Asuka zurück. Die offizielle Thronbesteigung geschah erst nach dem Umzug in die neue Hauptstadt am Biwa-See, und auch für Ōama (Tenmu) war Nochi no Asuka no Okamoto nur eine Übergangslösung. Zwar zog er zunächst in den Hof Okamoto no Miya ein, um jedoch kurze Zeit später den Hof Asuka no Kiyomihara no Miya zu beziehen, wo er sich Anfang des folgenden Jahres zum Herrscher ausrufen ließ. In der offiziellen Geschichte hielten sich somit weder Naka no Ōe noch Ōama als Herrscher am Hof von Nochi no Okamoto auf, aber eine Ausnahme stellt Tenmus Hof Asuka no Kiyomihara dar, den auch seine Gattin und Nachfolgerin Jitō lange nutzte – als Tennō allerdings erst ab 690. Im letzten *Nihon shoki*-Buch, den Berichten zu Jitō Tennō, kommt der Name „Kiyomihara no Miya" zwar nicht vor, aber im Eintrag zum dreiundzwanzigsten Tag im 2. Monat des 7. Regierungsjahres (668) ihres Vaters Tenjis steht geschrieben, dass dessen zweite Tochter Uno no Himemiko 鸕野皇女 (Jitō) am Hof Kiyomihara residierte und „später den Hof nach Fujiwara" verlegte.[34] Beispielsweise im Eintrag zum 11. Monat in Jitōs zweitem Jahr (688) ihrer Übergangsregierung (*shōsei*) heißt es, dass eine Prinzessin, die am Ise-Schrein diente, „in die Hauptstadt (京師 *miyako*) zurückkehrte" (SNBZ 4: 476–477). Diese Bezeichnung kommt danach wiederholt vor, nicht aber der Name selbst. Der letzte Asuka-Hof diente somit zweiundzwanzig Jahre als Regierungssitz, und als Grund für Jitōs Bleiben ist zu vermuten, dass sie und ihr Team etwas vollkommen Neues im Sinn hatten und 694 auch realisierten: die Verlegung des Hofes nach Fujiwara no Miya und die damit verbundene Gründung der ersten Verwaltungshauptstadt Fujiwara-*kyō*, wenige Kilometer nordwestlich von Asuka.

### Archäologische Ergebnisse

Die Beschreibungen der Höfe im *Nihon shoki* implizieren Ortsbewegungen, aber bis auf den Ōtsu-Hof im Land Ōmi 近江國, das in etwa der heutigen Präfektur Shiga entsprach, befanden sich die in den *Man'yōshū*-Kapitelüberschriften genannten Regierungssitze ab Jomei in Asuka. In der historischen Realität

34 Vgl. SNBZ 4: 274–275. Natürlich konnte die Herrscherin in dieser Prolepse nicht mit ihrem postumen Namen erwähnt werden, aber was war die Notwendigkeit dieser Bemerkung?

kam vermutlich erst mit der Verlegung des Hofes nach Fujiwara-*kyō* eine Ortsverschiebung ins Spiel, die in den Gedichten zur Hauptstadtverlegung thematisiert und dramatisiert wird. Tatsächlich lag die neue Hauptstadt in unmittelbarer Nähe zu Asuka, und als Grund für die Verlegung ist zu vermuten, dass der heutzutage als „Spuren des überlieferten Asuka Itabuki-Hofes (*denshō* Itabuki no Miya-*ato* 伝承板蓋宮跡)“ etc. bekannte Ort der Haupthöfe (vgl. Ozawa 2003: 21) als Verwaltungssitz des sich herausbildenden Verfassungsstaates zu eng geworden war. Archäologisch rekonstruierte Karten zeigen zwar verschiedene Ausmaße der neuen Hauptstadt, aber alle gehen flächenmäßig deutlich über das Asuka-Gebiet hinaus. Eine Hauptstadt nach chinesischem Schachbrettmuster zur angemessenen Repräsentation eines Verfassungsstaats war in Asuka auf Grund der lokalen Beschaffenheit unmöglich. Das liegt nicht nur an der Enge, sondern es war auch kein Zugang vom Süden her möglich, der für die späteren Verwaltungshauptstädte typisch war. Zwar gab es eine Straße, aber von dort zogen keine Gesandtschaften vom Festland ein.

Ozawa präsentiert die Resultate der archäologischen Forschung zu dem Gebiet namens „Asuka“, wonach sich auf dem begrenzten Raum zwischen flachen Bergen und dem schmalen Fluss Asukagawa 飛鳥川 ein Areal befindet, das die Spuren von verschiedenen Bauabschnitten aufweist.[35] Diese stellt er wiederholt in umgekehrter Entstehungsgeschichte als Abschnitt (*ki* 期) III, II und I vor und unterscheidet bei den Anlagen aus dem dritten Abschnitt zudem zwischen den beiden Bauphasen III A und III B.[36] Nach der Diskussion weiterer Anlagen und Aspekte fasst er (S. 57–59) die Ergebnisse zusammen und hebt die „vollkommen unterschiedlichen Planungen“ der Anlagen in den drei Abschnitten hervor. Die jeweils älteren Gebäude seien teilweise zerlegt und neue errichtet worden, wobei Abschnitt III B die Errichtung einer neuen Anlage an der südöstlichen Ecke der Anlage III A sowie eine Erweiterung und Ausbau der Außenanlage zu erkennen gebe. Während die Spuren der Anlagen III und II recht eindeutig seien, lassen diese bei der ältesten Anlage I nur Rück-

35 Vgl. Ozawa 2003: S. 21–35, 80, 86. Konkret grenzt er (S. 205) auf das Gebiet zwischen dem Tempel Asukadera im Norden und dem Kawaharadera im Süden ein, und das nördlich angrenzende Gebiet sei „Oharida“, das südliche „Tachibana“ genannt worden. In der nordöstlichen Ecke der Hofanlage sind ein eingefasster Brunnen und steinernen Böden erhalten und frei begehbar. Das Areal liegt in unmittelbarer Nähe zum Man'yō Bunkakan 万葉文化館 in Asukamura, auf dessen Gelände sich auch die Spuren des alten Asukadera befinden; nicht weit entfernt gibt es einen neu errichteten Tempel mit diesem Namen.

36 Vgl. auch Ozawa 2013: 88, 115. Im *Nihon shoki*-Eintrag zum 4. Monat im 7. Regierungsjahr Tenmus kommt die Bezeichnung *shingū* / *nihi-miya*, „neuer Hof“, vor, und die SNBZ-Bearbeiter (4: 381) vermutet die neue Anlage, die Ozawa als „III B“ beschreibt; vgl. auch den Eintrag zum 2. Monat im 10. Jahr (4: 406–407).

schlüsse zu. Wie gesehen nennt Ozawa als die korrekten Höfe (*tennō shōgū*) die vier Anlagen Asuka no Okamoto, Asuka no Itabuki, Nochi no Asuka no Okamoto sowie Asuka no Kiyomihara und ordnet diese nun konkret den Abschnitten I bis III zu; Asuka no Kiyomihara, die jüngste Anlage, entspreche dabei dem Abschnitt III B, der Vergrößerung von Phase III A, die den Hof Nochi no Asuka no Okamoto betraf. Außer den genannten Zwischenspielen an den Höfen von Naniwa und am Biwa-See, die keine „Yamato-Höfe" (倭京 Yamato *no miyako*)[37] waren, sowie den übergangsweise nach Feuerkatastrophen bezogenen Anlagen befanden sich somit alle Hauptanlagen seit Jomei an

37 Die Beschreibung als „Yamato-Hof" (倭京) findet sich in den *Nihon shoki*-Büchern „Kōtoku", „Tenji" und „Tenmu 1". Das erste Mal kommt sie in der Bitte des Thronfolgers Naka no Ōe (Tenji) an Kōtoku Tennō vor, den Hof von Naniwa nach Yamato zu verlegen (vgl. SNBZ 4: 194; am Ende des Buchs „Kōtoku" heißt es auch 倭都), und das zweite Mal, als der Thronfolger Ōama (Tenmu) von Tenjis Hauptstadt am Biwa-See zum Hof in Yamato reiste. Im ersten Buch „Tenmu" mit den Beschreibungen des Jinshin-Kurzkrieges findet sich der Begriff wiederholt, das letzte Mal, als Tenmu nach seinem Sieg nach „Yamato *no miyako*" zog, wo er im Winter 672 im Nebenpalast Shima no Miya 島宮 Quartier nahm (vgl. SNBZ 4: 344–349); danach kommt der Name nicht mehr vor. Da die Höfe von Naniwa und Ōmi no Ōtsu außerhalb Yamatos lagen, wirkt die Beschreibung als „Yamato *no miyako*", „Yamato-Hof", neutral, dürfte aber dennoch Ausdruck einer Ideologie im Sinn von „korrekter Hof" sein. Ozawa (2003: 206–208) vermutet auch für die Zeit während der Höfe in Naniwa und am Biwa-See einen als *miyako* 京 bezeichneten Raum in Yamato und macht weiterhin auf die Beschreibungen als 京 und 京師 aufmerksam, die nach Tenmus Rückkehr nach Yamato / Asuka häufig vorkommen; 京師 ist auch in dem Gedicht 1: 79 enthalten. Er vermutet in dem Binom eine besondere Bedeutung und versteht die Beschreibung 倭京 in den drei vorangehenden Büchern bis 672 als Kontrast zu den späteren Beschreibungen. Freilich kam 京 auch schon vorher vor, wie im Eintrag zum 7. Monat in Saimeis 5. Jahr, wo es heißt, dass es „in allen Tempel in 京 *miyako*" (京内諸寺) buddhistische Lesungen gab. Den SNBZ-Bearbeitern (4: 228–229) zufolge geschah das in Asuka, aber einen bestimmten, als 京 *miyako* abgegrenzten Bezirk – wie später in Fujiwara-*kyō* 藤原京 – habe es noch nicht gegeben. Auch Ozawa zufolge mag zwar 京 einen bestimmten Bereich bezeichnet haben, aber es handele sich um einen extrem unscharfen Begriff. Das macht besonders der Eintrag zum ersten Tag im 5. Monat im 9. Jahr (680) Tenmus deutlich, in dem „vierundzwanzig Tempel im Hofbereich" genannt werden (vgl. SNBZ 4: 396). Die Namen der Tempel sind unklar, aber Ozawa (S. 212) schätzt das Gebiet, auf dem diese verteilt waren, größer als das Stadtgebiet von Fujiwara-*kyō* ein. Tatsächlich gab es in unmittelbarer Nähe zur Hofanlage nur wenige Tempel wie den Asukadera oder den Kawaharadera. Der mit 京 bezeichnete Bereich, der ab dem legendären Staatsgründer Sujin Tennō häufig vorkommt, bleibt bis zur ersten festen Hauptstadt letztendlich unklar. Im *Kojiki* kommt das Zeichen nicht vor, und auch 都 *miyako* ist auf die Funktion als *ongana*-Phonogramm (*tsu* / *tu*) sowie in zwei Fällen als Adverb *katsute* („einst", mit Negation, vgl. SNBZ 1: 271, 287) beschränkt.

einem Ort namens „Asuka“ oder wie die Höfe Oharida und Kudara in der unmittelbaren Nähe.

Nun wird deutlich, warum Ozawa von dem Bewohnen derselben Hofanlage über mehrere Generationen hinweg ausgeht und die vier zwar umgebauten, erweiterten oder neu errichteten Anlagen als „genau das Gegenteil zum Hofwechsel mit jeder Tennō-Generation (*rekidai sengū*)“ versteht.[38] Zu beachten ist jedoch, dass dieses Verständnis der archäologischen Perspektive, und nicht den Selbstbeschreibungen in der Literatur des frühen achten Jahrhunderts geschuldet ist. Es ist nämlich zum einen zu fragen, wie weit die tatsächlichen Zusammenhänge um 700 sowie zur Zeit der vermutlich zwei bis drei Jahrzehnte später erfolgten Anmerkungen noch bekannt waren. Asuka no Kiyomihara, der letzte Hof vor der Errichtung der Hauptstadt Fujiwara-*kyō*, entstand 672, und da beim Umzug in die neue Hauptstadt (694) alte Gebäude abgetragen wurden, erinnerten wohl schon bald nur noch überwachsene Steinböden und Mauerreste daran – sollte sich einmal ein Geschichtsschreiber dorthin verirrt oder die Nostalgie einen Dichter wie Yamabe no Akahito dorthin getrieben haben (vgl. die Gedichte 3: 324 und 325 und dazu Wittkamp 2014b: 200–202).

Beispielsweise in der Anmerkung zum Titel zu Gedicht 1: 21, dem letzten unter der Kapitelüberschrift „Ōmi no Ōtsu no Miya“, heißt es, dass der als Kronprinz genannte Verfasser „der in 明日香宮 Asuka no Miya das Reich Unterm Himmel regierende Tennō mit dem [postumen] Namen Tenmu Tennō“ war. „Asuka no Miya“ kommt im Titel zu 1: 50 erneut vor, wo es sich um den Hof von Kiyomihara handeln muss, aber im Stil des ersten Bandes müsste es „Kiyomihara no Miya“ heißen. Die Kapitelüberschrift „Kiyomihara no Miya“ steht vor 1: 22, also direkt neben der Anmerkung nach 1: 21, und eine Anmerkung zur Kapitelüberschrift gibt erneut den postumen Namen „Tenmu Tennō“ an. Zum anderen ist auch zu fragen, warum in der Perspektive der offiziellen Geschichtsschreibung durch die Beschreibung mit 遷 (*utsurite*, SNBZ 4: 345) eine räumliche Bewegung impliziert werden musste.[39]

38 Ozawa 2003: 86, 205; zur Zurückweisung der *rekidai sengū*-Theorie vgl. auch S. 204–205.

39 Die Bedeutung des Schriftzeichens 遷 im Mittelchinesischen ist „1 transfer, relocate, transport […] 2 transfer from one official posting to another […]“, aber auch „4 change, transform, modify; reform, change for the better“ (Kroll 2015). Der im *Nihon shoki* häufig vorkommende Begriff 遷都 *sento* belegt dort, wo die Orte identifiziert sind, einen Ortswechsel; beim Umzug nach Fujiwara heißt es 遷宮 *sengū*, „Hofwechsel“; vgl. SNBZ 4: 546–549 (Eintrag 8. Jahr, 12. Monat, sechster Tag). Nebenbei bemerkt sei, dass das Schriftzeichen 宮 für *miya* keinen Unterschied zwischen religiöser Schrein- oder politischer Hofanlage macht und ein Indiz dafür ist, dass die beiden Bereiche noch nicht ausdifferenziert waren.

Für die vorliegenden Untersuchungen zum *Man'yōshū* ist das von den Kapitelüberschriften entworfene Geschichtsbild festzuhalten, das Abweichungen sowohl zur offiziellen Geschichte als auch zur archäologisch erschlossenen Vergangenheit aufweist. Der Beginn bei Jomei und die Unterschlagung Kōtokus und seiner Hofanlage in Naniwa dürften einer Absicht gefolgt sein. Denn zum einen galt es, die horizontale oder laterale Thronweitergabe zu entkräften, die vermutlich neben Kōgyoku – als Nachfolgerin ihres Gatten Jomei – keinen weiteren Präzedenzfall verkraftet hätte. Kōgyoku / Saimei dagegen war die Mutter von Tenji und Tenmu und ihre zweite Regierung (*chōso*) überaus wichtig. Zum anderen galt es wohl auch, die Verlegung des Hofsitzes nach Naniwa zu vertuschen, was neben dem Umzug an den Biwa-See einen weiteren Ortswechsel außerhalb von Asuka und die damit verbundene Schwächung des identitätsstiftenden Stammsitzes in Asuka bedeutet hätte. Die noch zu besprechende Sequenz 1: 29 bis 30 zeigt ein dramatisiertes Unverständnis des Hauptstadtwechsels an den Biwa-See. Festzuhalten bleibt somit auch, dass die Kapitelüberschriften den Hof nennen, nicht aber durch 遷 etc. einen Ortswechsel anzeigen. Das nämlich geschieht erst auf der Ebene der Titel mit den Hofverlegungen nach Fujiwara-*kyō* (694) und Heijō-*kyō* (710). Nun könnte man meinen, dass es sich um „Hauptstädte" (京 *kyō*) handelt und nicht mehr lediglich um „Höfe" (宮 *miya*), aber in den Kapitelüberschriften heißt es nicht „Hauptstadt", sondern weiterhin „Hof".

Die Kapitelüberschrift zu 1: 28 gibt mit „Fujiwara no Miya" den Hof in der Hauptstadt Fujiwara-*kyō* an. Diese erste Verwaltungshauptstadt nach chinesischem Vorbild im Schachbrettmuster (*jōbō-sei* 条坊制, *jōbō-sei chiwari* 条坊制地割り) deren Name als „Fujiwara no Miyako" (Fujiwara-*kyō*) nur im Titel zu 1: 79 vorkommt, also auch nicht im *Nihon shoki*,[40] bestand trotz ihrer be-

40 Vgl. Omodaka 1: 439, SNBZ 6: 66. Das Schriftzeichen 京 wird gewöhnlich als Fehler bei der Abschrift und „Fujiwara-*kyō*" als ahistorische Bezeichnung verstanden, die Ozawa (2003: 225) zufolge als „künstlicher Name" auf den Vorschlag von Kita Sadakichi zurückgeht. Nishimoto (2014: 204–211) weist das allerdings mit dem Argument zurück, dass sich 1: 78 mit „Fujiwara no Miya" auf die Hofanlage, 1: 79 dagegen auf das Stadtgebiet bezieht und die Bezeichnung angemessen ist. Dafür sprechen auch die verschiedenen Abschriften selbst, die Nishimoto ebenfalls diskutiert, zumal nur das relativ späte Nishi-Honganji-*bon* nicht 藤原京, sondern 藤原宮京 enthalte (S. 208). Als drittes Argument für die Authentizität des Schriftzeichens führt Nishimoto (S. 209–211) schließlich eine weitere Belegstelle für 藤原京 aus einem Eintrag aus dem *Tōshi kaden* 藤氏家傳 an, der Biografie der Fujiwara-Familie, die Mitte achtes Jahrhundert verfasst wurde. Der Eintrag bezieht sich auf den Umzug in die neue Hauptstadt; vgl. Okimori, Satō und Yajima 2007: 309–310 mit der Lesung „Fujiwara no Miyako" sowie Bauer 2020: 75 mit der Lesung „Fujiwara-*kyō*". Ein Problem ist jedoch die Lesung: „Fujiwara-*kyō*" bezieht sich in der vorliegenden Untersuchung auf die wissenschaftliche Beschreibung, und zur

trächtlichen Ausmaße lediglich bis zur Verlegung nach Heijō-*kyō* beziehungsweise an den Hof Nara no Miya. Die neue, wenige Kilometer nördlich liegende und heute als Nara 奈良 bekannte Hauptstadt wurde 710 bezogen und bestand mit Unterbrechungen bis 784.[41] Im siebten Jahrhundert lieferten die Namen der Höfe und Tennō relativ verlässliche Angaben, was sich mit „Fujiwara no Miya" änderte. An diesem Hof regierten die Tennō Jitō (645 bis 703) bis zu ihrer Abdankung 697, ihr Enkel Monmu (683 bis 707) bis zu seinem Tod und schließlich dessen Mutter und Jitōs Schwester Genmei (661 bis 721) bis zum Umzug nach Heijō-*kyō* / Nara.[42] Das zu den berühmtesten Stücken des *Man-yōshū* zählende Gedicht 1: 28 ist Jitō zugeschrieben (siehe unten), auf deren Initiative wohl auch die Urauswahl der ersten dreiundfünfzig Gedichte – nach Itō Haku und Ogawa Yasuhiko – zurückgeht.

Die laterale oder horizontale Thronweitergabe an einen Geschwisterteil oder Ehepartner war bis zu Kōtoku und Saimei üblich, aber Saimei und die Tenmu-Jitō-Dynastie zielten auf Unabhängigkeit und eine familieninterne Thronfolge an die nächste männliche Generation ab. Das ist vermutlich ein Grund für das Fehlen von Kōtoku, obwohl unter seinem Namen ab 645 die wichtigen Taika-Reformen abliefen. Ferner fallen die vielen weiblichen Tennō auf, wobei die Funktion der Thronüberlassung (*jōi* 譲位) zu beachten ist, die 645 mit der Abdikation Kōgyokus zu Gunsten ihres Bruders Kōtoku begann. Die japanische Geschichtswissenschaft beschreibt das mitunter als *nakatsugi* 中継ぎ, was in etwa „Zwischenlösung" bedeutet, aber nicht auf Frauen beschränkt war (vgl. Wittkamp 2018a: 95–96). Das Phänomen der weiblichen Tennō mit alten Praktiken zu erklären, wie der aus klassisch-chinesischen Texten bekannten Herrschaft der Peimihu 卑彌呼 (jap. Himiko) im dritten Jahrhundert (vgl. Wittkamp ebd. S. 83–84), dürfte dem Verständnis des sich im siebten Jahrhundert bildenden Verfassungsstaates kaum förderlich sein. Bis

---

Differenzierung zu den alten Quellen dient die Lesung „Fujiwara no Miyako". In dem Langgedicht 13: 3324 heißt es übrigens 藤原王都, und die SNBZ-Bearbeiter (8: 438) lesen „Fujiwara no Miyako".

41 „Nara" kommt im *Shoku nihongi* nur in zwei Tennō-Erlassen (*senmyō*) vor, nämlich im dreizehnten (749; SNBT 14: 70–71) sowie im achtundvierzigsten (770, SNBT 15: 310–311), und auch nur in der heutigen Verschriftung 奈良. Die offiziellen Bezeichnungen lauten Heijō, Heijō no Miya und Heijō-*kyō* (no Miyako); vgl. Sasayama und Yoshimura 2015: 323, 363. In den ersten beiden *Man'yōshū*-Bänden kommt „Heijō" nicht vor, und die Verschriftung von „Nara" ist 寧樂.

42 Ichinose (2014: 60) sieht in der Abdankung von Jitō zu Gunsten ihres Enkels das Fortfallen der Notwendigkeit zur Errichtung einer neuen Hauptstadt. Sollte die Stadt um den Fujiwara-Hof die von der Archäologie vermuteten Ausmaße besessen haben (vgl. die Karten in Ozawa 2003: 214 oder Nishimoto 2014: 163), musste Kontinuität bereits ein Aspekt der Planung gewesen sein.

Shōmus Abdankung waren alle weiblichen Tennō zuvor die Hauptgattin des verstorbenen Tennō oder Thronfolgers, und in allen Fällen gab es Probleme bei der Thronfolge (vgl. SNBZ 3: 529). Prinzipiell ging es um die Thronbesetzung durch den männlichen Nachkommen, und auch der einzige Fall einer weiblich besetzten Abfolge von Genmei an ihre Tochter Genshō diente der Sicherstellung der Thronübergabe an Obito (Shōmu Tennō), Monmus einzigen Sohn, der beim Tod seines Vaters (707) eindeutig zu jung für den Thron war; Genmei war die Gattin des jung verstorbenen Thronfolgers Kusakabe. Jitōs Thronüberlassung (697) an ihren erst vierzehnjährigen Enkel Karu 珂瑠 (Monmu) stellte einen bis dahin einzigartigen Kraftakt dar (vgl. Wittkamp ebd. S. 95). Genmei dankte 715 zu Gunsten ihrer Tochter Hidaka 氷高 (Genshō) ab und diese wiederum 724 zu Gunsten ihres Bruders Obito, der als Shōmu Tennō den Thron besetzte.

## Stadtplanung im alten Japan

Drei Straßen bildeten die Verbindung zwischen Fujiwara-*kyō* im Süden und Nara / Heijō-*kyō* im Norden. Die Untere Straße (下道 *shimo tsu michi*) und die Mittlere Straße (中道 *naka tsu michi*) verliefen parallel im Abstand von circa 2,1 Kilometern in nordsüdlicher Richtung geradeaus. Nördlich von Nara setzten sie sich nicht mehr parallel fort, und auch die Obere Straße (上道 *kami tsu michi*) im Osten verlief nur teilweise parallel.[43] Kishi Toshio (1993: 40) führt den Beginn eines ausgebauten Straßensystems zwischen Naniwa (Ōsaka) und dem Nara-Becken sowie zwischen Heijō-*kyō* (Nara) und Fujiwara-*kyō* bis an den Suiko-Hof zurück, aber Erwähnung finden die drei Straßen erst bei den Schilderungen zum Jinshin-Krieg (672) im achtundzwanzigsten *Nihon shoki*-Buch als 上中下道 *kami naka shimo no michi* (Lesung nach SNBZ 4: 338–339). Damit hätten sie dennoch bereits vor dem Beginn der Stadtplanung in den 680er Jahren und zwanzig Jahre vor der Errichtung von Fujiwara-*kyō* existiert, und auch Itō Haku (1: 203) zufolge bestanden die Mittlere und Untere Straße im Süden der späteren Hauptstadt bereits seit langer Zeit. Das ist wahrscheinlich, da sie beide nach Süden zum Fluss Yoshinogawa führten, der auch als Kinokawa 紀の川 bekannt ist. Es muss sich um alte Wege handeln, und den Karten zufolge verlief die Mittlere Straße entlang des Flusses Asukagawa durch das Areal, wo sich im siebten Jahrhundert die Asuka-Haupthöfe befanden (vgl. Kishi 1993: 31, Ozawa 2003: 20, Kitamura 2013: 65, Aso 1: 169).

43 Vgl. Kishi 1993: 30–36 (mit Karte, S. 31), eine Zusammenfassung seiner früheren Arbeiten, sowie die Karten in Ozawa 2003: 20 und SNBZ 6: 66.

Unklar ist die Notwendigkeit zur parallelen Ausrichtung der drei Straßen zwischen den Gebieten der beiden späteren Hauptstädte. Da aber parallel angelegte Straßenverläufe in Nordsüd- und Ostwestrichtung typisch für die Hauptstädte bis zum Mittelalter sind, rückt eine Maßnahme der Stadtplanung in den Blick. An dem vorliegenden Material lässt sich das jedoch nicht näher belegen, und es gibt Hinweise, die für eine spätere Anlage der drei parallelen Straßen sprechen, deren Existenz unter Umständen in der Geschichtsschreibung vordatiert wurde.

Die frühgeschichtlich beziehungsweise historisch-archäologisch, das heißt anhand der Geschichtsschreibung *und* archäologischen Befunden rekonstruierten Stadtkarten zu Fujiwara-*kyō* zeigen zwar verschiedene Stadtgrenzen (*kyōgoku* 京極) und Flächenausmaße, aber gemeinsam ist ihnen die exakt zwischen der Unteren und Mittleren Straße ausgerichtete Hofanlage.[44] In dem 1969 von Kishi vorgelegten Modell bilden die beiden Straßen die Begrenzungen der Stadtanlage im Westen und Osten, aber in den Ausführungen nach Ozawa Tsuyoshi (und Nakamura Taiichi 中村太一) verlaufen sie durch die Stadt und passen sich symmetrisch der westlichen und östlichen Stadthälfte an.[45] Eine gedachte Linie, die ab dem 大内陵 *Ōuchi no misasagi*, der aus großen Steinplatten errichteten, achteckigen Grabanlage (*hakkaku-fun*) für Tenmu Tennō (vgl. SNBZ 4: 484), exakt nördlich verliefe, bildete den südlichen Ausgangspunkt der zentralen Nordsüd-Hauptstraße (Suzaku *ōji* 朱雀大路) von Fujiwara-*kyō*, die genau in der Mitte zwischen der Unteren und Mittleren Straße verlief.[46] Andererseits mündete die entlang der Westseite beziehungsweise

44 Kishi (1993: 6) präsentiert eine Karte von Heijō-*kyō*, die Kitaura Sadamasa 北浦定正 (1811 bis 1871) aus alten Quellen und Ortsnamen rekonstruierte; zu Kitaura vgl. Dürr 2013/14: 20.

45 Vgl. Kishi 1993: 58–64. Ozawa (2003: 213–216) gibt einen Überblick zu den Rekonstruktionsvorschlägen von Fujiwara-*kyō* ab Kishi Toshio; zu Kishi im Rahmen der Etablierung der Stadtgeschichte als eigenen Forschungsbereich, vgl. Kitamura 2013: 2–6. Die im Anschluss an Kishi vorgelegten Vorschläge beruhen auf der Archäologie nach 1979, welche die Spuren von *jōbō*-Straßen und Wohnanlagen außerhalb von Kishis Stadtgebiet freilegte, die jedoch zu dessen Straßenmodell passen. Kishi waren diese wie auch neuere Modelle der Stadtanlage ebenfalls bekannt, die ihn allerdings nicht überzeugen; vgl. Kishi 1993: 63–64.

46 Vgl. die Karten in Kitamura 2013: 65, Nishimoto 2014: 161 oder Ueno 2018: 51. Im *Shoku nihongi*-Eintrag zum 3. Jahr im Frühling, Neujahr findet sich für Heijō-*kyō* die Straßenbezeichnung 朱雀路 Suzaku *no michi* (Lesung nach SNBT 12: 159), und Suzaku *ōji* scheint eine spätere Bezeichnung zu sein. In Itōs (1: 203) Vorstellung war Tenmus Grabanlage für die Ausrichtung und Anlage beider Hauptstädte ausschlaggebend. Wie gesehen begann jedoch die Errichtung von Tenmus Grabanlage im 10. Monat von Jitōs erstem Tennō-Jahr (687), als die Lage der Stadt bereits festgelegt war. Die Wahl des Ortes der Grabanlage dürfte daher umgekehrt nach den beiden Straßen beziehungsweise

nach Ozawa und Nakamura durch die Weststadt von Fujiwara-*kyō* geradeaus verlaufende Untere Straße in der nördlichen Verlängerung exakt in die Suzaku *ōji*, die zentrale Nordsüd-Hauptstraße von Heijō-*kyō*. In Kishis Stadtplan, an den auch Nishimoto Masahiro (2014) anschließt, entsprach auf Grund der Symmetrie der Stadtanlage die Breite der Linken Hauptstadt (*sakyō* 左京, der östliche Teil, gesehen vom Norden) von Heijō-*kyō* der gesamten Breite von Fujiwara-*kyō*. Die Karten geben somit unabhängig von den tatsächlichen Ausmaßen von Fujiwara-*kyō* die offensichtlich geplante und vermessene, symmetrische Abhängigkeit beider Stadtanlagen zu erkennen (zu Heijō-*kyō* vgl. Dürr 2013/14: 23–25, mit Karte).

Der heute als Standard geltende Fujiwara-Stadtplan nach Ozawa und Nakamura (Ozawa 2003: 214, 221; vgl. Aso 1: 168) umfasst ein wesentlich größeres und quadratisches Gebiet, das selbst die Fläche der späteren Hauptstadt Nara (Heijō-*kyō*) übertrifft. Es setzt sich im Westen der Unteren Straße und im Osten der Mittleren Straße jeweils drei Blöcke beziehungsweise circa 1,5 Kilometer fort und reicht auch im Norden und Süden noch wesentlich weiter. Wie Nishimoto (2014: 166–173) darlegt, beruht der Entwurf weniger auf der Archäologie als auf der Textauslegung, löst aber einige der in Kishis Vorschlag offenen Fragen. Dennoch weist Nishimoto (S. 159–201) den quadratischen, aus zehn Ostwest-Blockzeilen (*jō* 條) und zehn Nordsüd-Blockspalten (*bō* 坊) bestehenden Entwurf zurück.[47] Ihm (S. 160) zufolge entwickelte Kishi sein Modell auf der Grundlage vorangehender Forschung sowie anhand der vier Straßen, die – in dessen Entwurf – entlang der vier Seiten von Fujiwara-*kyō* als „alte Straßen (*kodō* 古道)“ verliefen (vgl. Kitamura 2013: 3). Die Begrenzungsstraßen im Osten und Westen wurden bereits genannt, und im Norden bildete die „große Querstraße“ (Yoko *ōji* 横大路) die Stadtbegrenzung, die im Westen nach Naniwa (Ōsaka) und im Osten nach Ise führte. Die Anlage und / oder der Ausbau dieser Straße wird in der Zeit der Suiko-Regierung vermutet, da es einen entsprechenden Eintrag im *Nihon shoki* gibt (Suiko, 21, Jahr [613], Winter 11.

---

der Lage der späteren Stadt und der Suzaku-Hauptstraße getroffen worden sein; vgl. Kitamura 2013: 3.

47 Ein *bō* ist ein quadratischer Bezirk, und die Aneinanderreihung in ostwestlicher Richtung bildet das *jō* beziehungsweise die *jō*-Zeile. Die *jō* liegen in nordsüdlicher Richtung untereinander, und die nördlichste *jō*-Zeile gilt in der Durchnummerierung als die erste (*ichijō* 一條). Die vertikalen *bō*-Spalten wiederum werden links und rechts der zentralen Nordsüd-Hauptstraße (Suzaku *ōji*) von innen nach außen durchgezählt und die horizontalen *jō*-Zeilen an den beiden Seiten der Nordsüd-Hauptstraße mitunter als „*jō*-Zweige“ beschrieben. Das auf chinesischen Idealen beruhende Stadtdesign ist als *jōbō-sei*, „Schachbrettmuster“, bekannt; zur Karte in Anlehnung an Kishis Stadtplan vgl. Nishimoto 2014: 190.

Monat; vgl. SNBZ 3: 568, Ichi 2021: 33). Den Stadtrand im Süden legte die als Yamada-Weg (Yamada *no michi* 山田道) bekannte Straße fest, die hinter dem Stadtgebiet nach Osten verlaufend nahe des Tempels Yamadadera 山田寺 nördlich abbog und sich als die Obere Straße zunächst parallel zu den beiden anderen Straßen fortsetzte.[48]

In Kishis (1993: 58–60) Argumentation sind die Flächenmaße des durch die vier Straßen begrenzten Stadtgebiets sowie die *bō*-Blöcke relevant. Die Längen der Begrenzungsstraßen betrugen dem Modell zufolge vier *li*-Meilen 里 (circa 2,1 km; jap.: *ri*) in Ostwest-Richtung und sechs *li*-Meilen (circa 3,2 km) in Nordsüd-Richtung. Bei einer Seitenlänge der quadratischen *bō*-Bezirke, die zumindest teilweise Namen besaßen (vgl. Yoshimura 2020: 159, 169), von einer halben *li*-Meile (circa 265 m) ergeben sich somit zwölf horizontale *jō*-Blockzeilen sowie acht vertikale *bō*-Blockspalten, vier an jeder Seite der Suzaku-Hauptstraße (vgl. Nishimoto 2014: 182–183, Ozawa 2003: 213). Die einzelnen *bō*-Bezirke bestehen wiederum jeweils aus vier quadratischen *chō*-Bereichen 町.[49] Die *ōji*-Straßen (大路), welche die Stadtflächen in quadratische *bō*-Blöcke (坊) teilten, waren fünfzehn Meter breit, und die *bō*-Blöcke wiederum wurden durch zwei kleine Straßen (*oji* 小路) mit 5,4 Metern Breite in vier quadratische Parzellen geteilt (vgl. Kishi 1993: 60, 63, Karte, S. 59). Ozawas (S. 220) Berechnungen aus zehn *bō*-Bezirken mit einer Seitenlänge von einer *li*-Meile (circa 530 m) ergeben dagegen eine Stadtfläche mit den Ausmaßen von 10 x 10 *li*-Meilen, also circa achtundzwanzig Quadratkilometern.

Das Modell aus zwölf *jō*-Zeilen mit jeweils acht horizontalen *bō*-Bezirken geht auf die *ryō*-Gebote 令 zurück. In den 職員令 *shokuin-ryō* ist die Rede von „Zwölf Bezirksdirektoren" (坊令 *bōrei*), und das 戸令 *ko-ryō* schreibt vor, für vier *bō*-Bezirke jeweils einen Aufseher zu bestimmen (vgl. Kishi, ebd. S. 60). Kishi und Nishimoto beziehen die Angaben auf die horizontalen *jō*-Zeilen links und rechts der zentralen Suzaku *ōji*, die Hans A. Dettmer wiederum als *jō*-Zweige beschreibt.[50] Mathematisch gesehen habe es somit sechsundneunzig

48 Zu den alten Straßen (*kodō*) vgl. Kishi 1993: 30–36 und zu Karten ebd. S. 31 oder Ozawa 2003: 22. Die Straßennamen scheinen aus anderen Quellen zu stammen, und die Straße Yoko *ōji* wird auch „Ise *kaidō* 伊勢街道" genannt.

49 In Heijō-*kyō* und Heian-*kyō* (Kyōto) waren die Seiten der quadratischen *bō*-Blöcke doppelt so lang wie in Fujiwara-*kyō*, und zudem liefen jeweils drei Ostwest-Straßen und drei Nordsüd-Straßen hindurch, sodass die Blöcke in sechzehn *chō*-Bereiche geteilt waren; vgl. Kishi 1993: 69 und die Karte von Heijō-*kyō* in Dürr 2013/14: 24.

50 Vgl. Nishimoto 2014: 166–167 und zu den *ryō*-Geboten 令 Dettmer 1: 308 (dort auch zur Lesung *bōrei*). Der Passus findet sich leicht verändert auch im *Nihon shoki*, im zweiten Teil der Taika-Verordnungen (Taika 2. Jahr [646], 2. Monat); japanische Lesungen zu 坊令 lauten dort *machi no unagashi* (SNBZ 4: 129, NKTS 4: 256; zu *unagasu* vgl. Omodaka 1983: 125). Das Verwaltungssystem beruht auf chinesischen Vorgaben der

*bō*-Bezirke gegeben, was den Ausmaßen entspräche. Allerdings ist eine Aufsicht durch Bezirksdirektoren über den sechzehn *bō*-Blöcke großen Hofbereich unwahrscheinlich. In Ozawas Stadtplan aus einhundert – und vier Mal größeren[51] – *bō*-Bezirken kämen unter Abzug der Fläche aus vier *bō* für die Hofanlage dagegen genau sechsundneunzig *bō*-Bezirke zustande, was er (S. 219) vorrechnet. Diese Kalkulation schließt allerdings nicht nur die drei Yamato-Berge Unebiyama, Miminashiyama und Ama no Kaguyama ein, die im Stadtgebiet eingeschlossen waren, sondern auch ein offenbar unbebautes aus über acht *bō*-Bezirken bestehendes Terrain in der hügeligen Südost-Ecke der Stadt. Was aber hätten die Bezirksdirektoren dort zu beaufsichtigen gehabt?

Bedenkenswert scheint auch ein Einwand von Nishimoto (S. 171–172) zu sein. Denn der als *dai-Fujiwara-kyō-an* oder *-setsu* 大藤原京案 / 説 bekannte „große Fujiwara-Entwurf" (vgl. Kitamura 2013: 5, 76, Nishimoto 2014: 171) nach Ozawa und Nakamura funktioniert mit der Aufteilung in sechsundneunzig *bō*-Bezirke nur in der Vorstellung der *bō*-Bezirke in quadratischer Reisfeld-Formation (*denji-gata* 田字型, nach dem Schriftzeichen 田 *den*, „Reisfeld"). Aus den *ryō*-Geboten geht die Anordnung der vier *bō*-Blöcke nicht hervor, aber Nishimoto (ebd.) zieht zwei Textstellen aus dem *Ruiju sandaikaku* 類聚三代格 heran, die das Verständnis als jeweils vier horizontal aneinandergereihte Bezirke nahelegen. Die juristische Textsammlung stammt aus der mittleren Heian-Zeit, aber die Einträge seien auf den 4. Monat, Enryaku 延暦 17. Jahr (798) datiert, und das Verständnis habe sich im achten Jahrhundert nicht grundlegend geändert.

Nishimotos Karte von Fujiwara-*kyō* orientiert sich an Kishis Modell und besteht ebenfalls aus zwölf waagerechten *jō*-Blockzeilen, deren südlichste, das heißt die zwölfte *jō*-Zeile (*jūni-jō* 十二条) schmaler als die anderen ist. Vermutlich gaben die Hügel vor der Stadt sowie die Yamada-Straße diese Einschränkungen vor, aber aufgrund fehlender archäologischer Nachweise schließt sich Kitamura (2013: 64) der Meinung an, dass möglicherweise südlich der zehnten *jō*-Zeile kein ausgebautes *jōbō*-Straßen- und Blocksystem existierte. Nishimotos Modell zeigt in der östlichen und westlichen Stadthälfte jeweils vier vertikale *bō*-Spalten, aber im Gegensatz zu Kishis Stadtplan

Tang-Zeit, weist aber auch Abweichungen und „original japanische Schöpfungen" auf; vgl. Nishimoto 2014: 176–180. Nishimoto (S. 183) zufolge betrug die Fläche eines japanisches *bō*-Bezirks ein Viertel der Fläche der *bō*-Bezirke in den beiden chinesischen Hauptstädten, was mit den wesentlich geringeren Bevölkerungszahlen in Japan zu erklären sei. Dadurch habe es in der japanischen Hauptstadt einen *bōrei*-Aufseher für jeweils vier *bō*-Bezirke und in den chinesischen Hauptstädten einen Aufseher (坊正 *fang zheng*) pro *bō*-Bezirk gegeben.

51 Das entspricht den *bō*-Bezirken in chinesischen Stadtanlagen.

schließt sich im Westen auf der Höhe von der dritten bis zur sechsten *jō*-Zeile eine quadratische Ausweitung aus sechzehn *bō*-Bezirken an, die der Fläche der Hofanlage entspricht. Diese gehe auf archäologische Funde in dem auch heute noch als Shijō-*chō* 四条町, „Vier-Jō-Viertel", benannten Stadtteil von Kashihara-*shi* zurück, bei dem schon länger ein „Namenserbe" aus der alten Hauptstadt vermutet werde (vgl. Nishimoto ebd. S. 189–190, mit Karte). Nördlich der Palastanlage verlaufen zwei *jō*-Zeilen und im Süden sechs. In der nordsüdlichen Ausrichtung lag die Hofanlage mit einer Fläche aus vier *bō*-Bezirken somit im nördlichen Teil der Stadt auf derselben Höhe wie die westliche Ausweitung (*gekyō* 外京) und in der Ostwest-Ausrichtung exakt in der Mitte (ohne die Ausweitung).[52]

Der quadratische *dai-Fujiwara-kyō-setsu*-Stadtplan nach Ozawa und Nakamura, in dem der Hof exakt im Zentrum liegt und die *bō*-Bezirke aus sechzehn *chō*-Blöcken bestehen, geht wie erwähnt nur bedingt auf archäologische Funde zurück, die ein Straßensystem weit über die Stadtgrenzen von Kishis Modell nachweisen und unter Umständen die westliche und östliche Begrenzung (*kyōgoku*) belegen (vgl. Ozawa S. 217, Karte S. 214, und zu den Namen der Fundorte die Karte in Aso 1: 169). Neben den Einträgen im *Yōrō-Kodex* machen Ozawa und Nakamura für die Planung der Stadt das Ideal aus der klassisch-chinesischen Literatur verantwortlich. Gemeint ist das *Zhouli* 周禮, die „Riten der Zhou" (jap. *Shurai*), das im alten Japan bekannt war, und Ozawa führt einige Merkmale der darin beschriebenen Idealstadt an, denen allerdings auch Zurückweisung widerfährt.[53] Zwar merkt Nishimoto (S. 159) an, dass es selbst im China vor der Song-Zeit (960 bis 1279) keine Stadt nach den *Zhouli*-Idealen gegeben habe,[54] aber Ozawa hat auch keine „real existierende Stadt" im Sinn, sondern hebt das Ideal hervor, auf dessen Realisierung Tenmu

52 Kishi (1993: 71) führt die *gekyō*-Stadtausweitung als den wesentlichsten Unterschied der beiden Stadtanlagen von Heijō- und Fujiwara-*kyō* an; dieser entfällt mit Nishimotos Vorschlag.

53 Vgl. Ozawa 2003: 220. Zu den Merkmalen gehören die quadratische Stadtanlage mit neun vertikalen und neun horizontalen Hauptstraßen *innerhalb* der Stadtgrenzen, der Hof im Zentrum oder der Markt im Norden; zum *Zhouli* vgl. Yoshimura 2020: 156–157. Das zusammen mit anderen klassisch-chinesischen Schriften im *Yōrō-Kodex* (學令 *gakuryō*, „Die Lehranstalten") genannte *Zhouli* (vgl. Dettmer 2: 122) formuliert beispielsweise als 九經九緯 *jiu jing jiu wei*, „neun Kett- und neun Schussfäden" (zitiert nach Nishimoto 2014: 174), aber zählt man die Begrenzungsstraßen mit, sind es wie in Ozawas Modell jeweils elf Straßen. Nishimoto (S. 174–176) fasst die sich gegen Ozawa und Nakamura richtenden Argumente zusammen.

54 Vgl. Nishimoto 2014: 159. Die Karte der Tang-Hauptstadt Chang'an (vgl. Ozawa 2003: 224, Nishimoto 2014: 181) zeigt eine nicht exakt quadratische Stadt, in welcher der Hof in der Mitte am nördlichen Rand lag.

abgehoben habe. Mit Bezug auf Kitamura Masaki, der allerdings in der Neuveröffentlichung seines Aufsatzes der Realisierung auf der Grundlage einer Planung nach „*Zhouli*-Idealen“ ebenfalls eine hohe Wahrscheinlichkeit einräumt (Kitamura 2013: 76), schließt Nishimoto (S. 176) aber den Bezug auf eine Idealform aus und plädiert für die konkrete Ausrichtung an den Tang-Hauptstädten Chang'an im Westen und Luoyang im Osten. Kitamura (S. 4) zufolge löste 1976 Kishi Toshios Luoyang-Modell das 1907 vorgelegte Chang'an-Modell nach Sekino Tadashi 関野貞 (1868 bis 1935) ab (vgl. auch Kitamura 2013: 57; zu Sekino vgl. Dürr 2013/14: 20).

Die archäologischen Funde außerhalb von Kishis Stadtanlage, bei denen in Ozawas und Nakamuras Entwurf die äußeren Stadtanlagen vermutet werden, bilden eine Tatsache, die Kishis Vorschlag in Frage stellen. Nishimoto (S. 186–189) macht jedoch auf die notwendigen Entwässerungsgräben aufmerksam, zumal sich manche Straßen der Stadtanlage gewiss auch außerhalb der Stadt fortgesetzt haben. Wie gesehen reichen allerdings in Nishimotos Modell die archäologischen Belege für das Stadtgebiet nur für die Ausweitung im Westen, und solange keine weiteren Funde bekannt werden, kann die Archäologie allein das Problem der Stadtanlage nicht lösen.

In dem *Nihon shoki*-Eintrag zu den Taika-Reformen gibt es einen Passus, dem zufolge für jeweils vier *bō*-Bezirke ein „Direktor“ vorgeschrieben ist (vgl. SNBZ 4: 128–129). Der Eintrag bezieht sich auf den Kōtoku-Hof in Naniwa (Ōsaka), ist aber nahezu identisch mit jener Textstelle aus den *koryō*, „Die Haushalte“, im späteren *Yōrō-Kodex* (vgl. Dettmer 2: 30). Nishimoto und andere sehen daher in Naniwa-*kyō* 難波京 die älteste Stadtanlage mit chinesischen Schachbrettmuster (*jōbō tojō*), aber Kishi Toshios Einfluss scheint nach wie vor groß zu sein.[55] So geben Yoshimura Takehiko zufolge zwar einige Gebäudereste eine nördliche Ausrichtung zu erkennen, aber die Möglichkeit einer Stadt im Schachbrettmuster sei auszuschließen.[56] Er versteht die in den Beschreibungen der Taika-Reformen vorkommenden Zitate aus der späteren *ritsuryō*-Gesetzgebung als *junshoku* 潤色, also als „Ausschmückungen“ mit Passagen, die zurückdatiert in die Geschichtsschreibung eingefügt wurden.[57]

55 Vgl. Nishimoto 2014: 159; Kitamura (2013: 4) nennt andere Namen und weist auf den Einfluss Kishis in der Anschlussforschung hin.

56 Vgl. Yoshimura 2018: 88 sowie Ozawa 2003: 210. Zur Diskussion steht nicht nur das Schachbrettmuster des Stadtgebietes (*kyōiki* 京域), sondern auch die Frage, ob es eine solche – trotz der gewaltigen Ausmaße von Kōtokus Hof in Naniwa – überhaupt vor Fujiwara-*kyō* gab; vgl. Kawajiri 2021: 10.

57 Zur betreffenden „Ausschmückung“ aus dem *koryō* vgl. Yoshimura 2018: 66. Nishimotos (2014: 167) auf vorangehender Forschung basierende Darstellung impliziert den umgekehrten Fall, dass nämlich der Eintrag bereits vor dem Taihō-Kodex (701) existierte

Zu bedenken ist dabei gewiss auch die Tatsache, dass sich die Bauarbeiten am Hof lange fortsetzten, der aber selbst nur für kurze Zeit bestand. Mit der Rückkehr von Tenji, Kōgyoku, Tenmu und anderen nach Asuka und nach Kōtokus kurz darauf erfolgtem Tod dürfte an einer Stadtanlage zunächst kein Interesse mehr bestanden haben. Die Planung mag durchaus existiert haben, aber zur Realisierung ist es auch mit den späteren Versuchen unter Tenmu und Shōmu nicht gekommen.

## Fujiwara no Miya und die Geschichtsschreibung

Mit dem Gedicht 1: 53 endet die erste Anlage der Sammlung, die Urauswahl (*gensenbu*). Die vier Gedichte 1: 50 bis 53 sind dem Hof Fujiwara no Miya gewidmet, und Aso Mizue (1: 164) sieht in dem „Ritualgedicht (*gireika* 儀礼歌)“ 1: 50 gemeinsam mit 1: 52 und 53 einen „schmuckvollen Abschluss des Ur-*Man'yōshū*“. Das Gedicht von Shiki no Miko (1: 51) zählt sie offenbar nicht dazu, was indirekt die Vermutung einer Urauswahl aus fünfzig Gedichten stützt. Betrachtet man die lange Geschichte von der ersten Planung bis zum Einzug an den neuen Hof, dessen Lage durch 1: 52 bekannt ist, macht die Einschätzung als schmuckvoller Abschluss vor allem angesichts der Kapitelüberschriften Sinn. Mit diesen nämlich gibt sich die Urauswahl als eine Geschichte der alten Höfe von Jomei Tennō bis Fujiwara no Miya zu erkennen. Zum besseren Verständnis dieser Erzählung sei die Entstehungsgeschichte von Fujiwara no Miya anhand der *Nihon shoki*-Einträge nachvollzogen.

Die Entwicklung lässt zwar Fragen offen, aber die Hinweise deuten auf einen langen Vorlauf. Ein Eintrag zum 5. Jahr der Tenmu-Regierung (676) verzeichnet den Wunsch des Herrschers nach einer neuen Hauptstadt (都) in oder als „Nihiki“ 新城.[58] Die offenbar festgelegte Fläche durfte nicht beackert werden und verwahrloste, aber die „Hauptstadt wurde letztendlich nicht errichtet“ (然遂不都矣).[59] Ein Eintrag zum 3. Monat im 11. Jahr (682) berichtet von

und später in den *Yōrō-Kodex* eingeflossen ist. Der Eintrag im *koryō* beinhaltet die Angabe des Ranges für die Bezirksaufseher, wogegen es im *Nihon shoki*-Eintrag lediglich 坊内 *machi no uchi* (Lesung nach SNBZ 4: 129) heißt. Nishimoto (S. 173) vermutet den 689 unter Jitō fertiggestellten Kodex Kiyomihara-*ryō* 浄御原令.

58 Ob es sich um einen Namen handelt, ist unklar. Zur Bedeutung als „neue Hauptstadt“ (*atarashii tojō* 新しい都城) im Gegensatz zum „alten Hof (*furui miyako* 古い京)“ vgl. Ozawa 2003: 211.

59 Vgl. SNBZ 4: 374. Die weiteren Einträge geben die Bemerkung „die aber letztendlich nicht errichtet wurde“ als Prolepse zu erkennen. Sie zeigt einerseits, dass auch bei den jüngeren Einträgen eine zeitliche Distanz zwischen dem Zeitpunkt des Erzählens und

Fachleuten, die nach „Nihiki“ geschickt wurden, um das Land auf seine Beschaffenheit (地形) zur Errichtung einer neuen Hauptstadt zu prüfen. Als Ergebnis wurde erneut der Wunsch zur Errichtung einer Hauptstadt formuliert (仍將都矣), und zwei Wochen später begab sich der Herrscher persönlich an den Ort,[60] dessen genaue Lage unklar ist. Während Itō Haku von der späteren Hauptstadt Heijō-*kyō* ausgeht,[61] und die SNBZ-Bearbeiter „unklar“ angeben,[62] vermutet Kishi (S. 55–59) die Gegend um den Hof Fujiwara no Miya, und auch Ozawa (S. 211–213) sieht keine Notwendigkeit zur Differenzierung von *nihiki* und Fujiwara-*kyō*.

Zwei Jahre später, im 2. Monat, 13. Jahr (684), schickte Tenmu erneut Fachleute zu Erkundungen für eine neue Hauptstadt, und im kommenden Monat legte er das Gebiet für den neuen Hof gewissermaßen amtlich fest.[63] „Nihiki“ kommt in diesen Einträgen nicht mehr vor, sodass es sich um ein anderes Gebiet handeln kann.[64] Wie gesehen vermutet Kishi (ebd.) die Gegend der spä-

den erzählten Ereignissen liegt. Andererseits ist sie aber insofern falsch, als die Hauptstadt errichtet wurde, wenn auch nicht unter Tenmus Herrschaft.

60 Vgl. SNBZ 4: 414–417. Nishimoto (zitiert nach Ozawa 2003: 228) versteht den Eintrag aus dem 5. Jahr offenbar als eine Falscheinordnung, und ursprünglich habe es sich um ein Ereignis aus dem 11. Jahr gehandelt. Tatsächlich ergeben dann die mit diesem Wunsch in Verbindung stehenden Einträge mehr Sinn, aber Ozawa meldet Zweifel an.

61 Vgl. Itō 1: 199. Ihm zufolge änderte sich „die Fahrrichtung“, als im 2. Monat des nächsten Jahres Ōtsu no Miko die „Verwaltungsangelegenheiten am Hof“ (朝政; SNBZ 4: 426–427) übernahm, und letztendlich hätte man sich auf die Gegend von Fujiwara geeinigt. Nach dem Tod von Jitō Tennō (703) seien aber die alten Pläne „wieder aufgeflammt“.

62 Vgl. SNBZ 4: 374–375, die unter 新城 die „neue Hauptstadt (*tojō*)“ vermuten. Konkret wird ein Bezirk in der Stadt Yamato-Kōriyama-*shi* 大和郡山市 an der südwestlichen Ecke der Stadt Nara genannt. Diesen geben auch die Bearbeiter der NKTS-Ausgabe (5: 139) an, die ebenfalls als Ortsname „Nihiki“ lesen und auf weitere Erwähnungen des Namens im *Shoku nihongi* hinweisen. Der Eintrag zum 9. Monat im 3. Jahr der Jitō-Regierung (689) berichtet von einer Gesandtschaft nach Tsukushi (Kyūshū) zur Begutachtung von 新城, einer „neuen Burganlage“ (*nihiki* nach SNBZ 4: 499, *nihishiki ki* nach NKTS 5: 258).

63 Ozawa (2003: 211) zufolge lasse sich die Textstelle 天皇巡行於京師而定宮室之地 (SNBZ 4: 432–435) dahingehend verstehen, dass bereits ein „bestimmtes Gebiet“ (京師) existierte und sich das „Festlegen“ (定) konkret auf das „Gebiet der Hofanlage“ (宮室之地) bezieht. Es gebe archäologische Belege, die zeigen, dass der Errichtung der Hofgebäude (*miya* 宮) die Anlage der Stadt (*miyako* 京) – Gräben und Straßenverläufe – vorausgegangen war, was allerdings nicht bedeute, dass das Verhältnis von Hof und Stadt nicht grundlegend geklärt war. Der Eintrag zum 3. Monat im 13. Jahr (684) bedeute nicht, dass das Hofgelände erst jetzt festgelegt wurde, sondern Ozawa vermutetet „eine Art von Zeremonie“ (S. 212).

64 Ozawa (2003: 211) sieht allerdings eine extrem große Wahrscheinlichkeit dafür, dass sich die späteren Angaben ebenfalls auf „Niiki“ beziehen. Es bestehe kein Anlass zur

teren Stadtanlage Fujiwara-*kyō* und geht von der Festlegung eines „Errichtungsplans“ während Tenmus Inspektion aus (vgl. Ozawa 2003: 209). Die weiteren Arbeiten seien jedoch durch dessen Tod (686) sowie den Tod des Thronfolgers Kusakabe (689) zu einem vorläufigen Ende gekommen und die Pläne erst mit Jitōs Thronbesteigung (690) wieder aufgenommen worden. Der zum 11. Monat im 1. Jahr Keiun (704) erfolgte Eintrag „erstmalige Festlegung des Gebietes von Fujiwara no Miya“ (始定藤原宮地; SNBT 12: 82–83) legt allerdings nahe, dass die Stadtanlage erst in dieser Zeit in dem Sinn fertiggestellt wurde, dass alle Bezirke – zur Verwaltung oder Zuteilung – „bestimmt“ (定) werden konnten.[65] In der Stadt selbst scheint es noch viele Probleme gegeben zu haben. So heißt es in einem Eintrag zum vierzehnten Tag, 3. Monat im Jahr Keiun 3 (706), dass es „innerhalb und außerhalb der Hofanlage viel Dreck und Gestank gibt“ (京城内外 多有穢臭; SNBT 12: 102, vgl. Kitamura 2013: 69).

Kishi (S. 60–62), auf den sich Itō bezieht (siehe oben), gibt für die Vermutung des unter Tenmu gefassten Plans zur Errichtung der Stadtanlage um den Hof Fujiwara-*kyō* Gründe an. So habe, wie bereits angesprochen, im 10. Monat des ersten Jahres (687) Jitōs die Errichtung der Grabanlage für Tenmu (*Ōuchi no misasagi*), die auch ihr eigenes Grab werden sollte, an einem Punkt begonnen, dessen nördliche Verlängerung später exakt die zentrale Nordsüd-Achse Suzaku *ōji* der Hauptstadt Fujiwara-*kyō* bildete.[66] Für Fujiwara ist allerdings kein südliches Stadttor nachgewiesen, und die Suzaku-Straße war mit neunzehn Metern Breite relativ schmal. Zum anderen passen die Tempelanlagen (Hon-)Yakushiji (本)薬師寺 und Daikan-daiji 大官大寺, für den bereits ab den frühen 680er Jahren Aktivitäten verzeichnet sind, in die Bezirks- und Straßenaufteilung von Fujiwara-*kyō*.[67] Ein Eintrag vom 11. Monat im 9. Jahr Tenmus (680) gibt als Grund für die Errichtung des „Medizin-Buddha-Tempels“ (Yakushiji) die Bitte um Genesung der Hauptgattin an und berichtet vom Beginn der Bauarbeiten (vgl. SNBZ 4: 402). Ein Eintrag zu Neujahr im 2. Jahr Jitōs (688) verzeichnet ein in diesem Tempel durchgeführtes Ritual (vgl.

---

Differenzierung zwischen zwei verschiedenen Gebieten, und es gebe archäologische Hinweise für zwei verschiedene Bauphasen. „Niiki“ stehe möglicherweise für den ersten, verworfenen Versuch (S. 236–237).

65 Vgl. Ozawa 2003: 215, 219. Anhand weiterer Angaben aus diesem Eintrag geht Kishi (1993: 63–64) davon aus, 宮 *miya*, „Hof“, als 京 *miyako*, „Hauptstadt“, verstehen zu können.

66 Vgl. SNBZ 4: 484–485, ohne Angabe zur Ortslage. Ozawa (2003: 229) zufolge gibt es bei den Straßen im *jōbō*-Schachbrettsystem Abweichungen und Unregelmäßigkeiten, die er auf die mangelhafte Vermessungstechnik der 680er Jahre zurückführt.

67 Beide Tempelanlagen wurden später in Heijō-*kyō* neu errichtet, und die Lage der Tempel im Westen und Osten der Stadt entsprach der Position in der alten Hauptstadt; vgl. Kishi 1993: 70–71. Der Daikan-Daiji erhielt nach dem Umzug den Namen Daianji 大安寺.

SNBZ 4: 484), der sich somit schon Jahre vor dem Umzug an den Hof Fujiwara no Miya im späteren Stadtgebiet befand.

Kishis (ebd.) Folgerungen berücksichtigen den archäologischen Stand der mittleren 1980er Jahre, und die jüngere Archäologie untermauert sein Modell, bringt aber auch neue Erkenntnisse ein. Ozawa (S. 209–211) zufolge kamen nicht nur Fragmente von beschrifteten *mokkan*-Brettchen 木簡 zu Tage, die konkrete Jahreszahlen für die Bauarbeiten in der ersten Hälfte der 680er Jahre liefern.[68] Es gebe auch Belege für ein vorangehendes Straßennetz entlang der *jōbō*-Bezirke, das dann mit der Hofanlage überbaut worden sei. Das sei kein Fehler der Planung, sondern eine Maßnahme der Stadtplanung gewesen, da sich die Landvermessung noch nicht so weit entwickelt habe. Auch der Tempel Yakushiji sei auf einer dieser vorangelegten Wege errichtet worden, was den Beginn der Arbeiten an der neuen Stadt für die 680er Jahre weiterhin belege.[69] In Ozawas und Nakamuras Modell, das nur zum Teil auf archäologischen Nachweisen der östlichen und westlichen Stadtbegrenzung beruht,[70] nimmt das Stadtgelände wesentlich größere Ausmaße als in Kishis Stadtplan an, aber trotz der langen Vorplanung und Bauarbeiten hatte die Hauptstadt nur für sechzehn Jahre Bestand. Sollte die Stadtanlage niemals fertiggestellt worden sein, erleichterte das gewiss die Entscheidung für die Verlegung nach Nara.

## Zum Hauptstadtwechsel

Die Gedichte 1: 78 bis 80 thematisieren den Wechsel von der sechzehn Jahre zuvor errichteten Hauptstadt an den neuen Hof Nara no Miya, aber wie beim Umzug an den Biwa-See stellen die Gründe für den Umzug nach Nara eines der großen Rätsel im japanischen Altertum dar. Zwar liegt für Wolfgang Schwentker (2022: 155) der Grund dafür „auf der Hand“. Denn ein „zentraler Staat verlangt nach einem zentralen Ort – aus pragmatischen Gründen im Hin-

68 Den NKTS-Bearbeitern (5: 371) ist somit darin zu widersprechen, den Baubeginn erst im 4. Jahr der Jitō-Regierung (690) zu sehen. *Mokkan* wurden bereits 1965 beim Bau einer Umgebungsstraße gefunden, die unmittelbar nördlich der Hofanlage verlief; vgl. Kishi 1993: 59.

69 Kishi (1993: 63) zufolge weichen die Nordsüd-Achse der Yakushiji-Pagode (*garan* 伽藍) und die Nordsüdachse des *bō*-Blocks, in dem sich der Tempel befindet, fünf Meter voneinander ab. Das sieht er als Hinweis auf eine frühere Phase der Stadtplanung, die dem späteren Straßensystem vorausging. Die zentralen Nordsüd-Achsen der Daikan-Daiji-Pagode und des Blocks, in sich die Pagode befindet, seien allerdings identisch, sodass Kishi von der Errichtung der Pagode um 700 ausgeht, als das Straßensystem existierte.

70 Zu den Namen der Grabungsorten vgl. die Karte in Aso 1: 168.

blick auf die Administration und zu symbolischen Zwecken hinsichtlich der rituellen Repräsentation.“ Allerdings bezieht sich Schwentker explizit auf „den Bau der Residenz in Nara und den Umzug der Kaiserin Genmei im Jahr 710“, und ohne Präzisierung erfüllte den angegebenen Grund bereits Fujiwara-*kyō*, die Hauptstadt, die Jitō nicht „690“ bezog, sondern wie gesehen 694.[71]

Die Gründe für den Hauptstadtwechsel liegen daher nicht auf der Hand und erfordern mehr Aufmerksamkeit. Dem 797 eingereichten *Shoku nihongi* zufolge fanden im 2. Monat, Keiun 4 (707) unter Monmu Tennō die ersten Beratungen zum Umzug der Hauptstadt (*sento*) statt. Monmu starb kurz darauf, aber im 2. Monat, Wadō 1 (708) gab seine Mutter Genmei Tennō den Befehl zu Verlegung. Die Begründung erfolgte über chinesische Vorbilder, die geomantischen Idealbedingungen und das Orakel (vgl. SNBT 12: 130). Die offizielle Geschichtsschreibung hilft somit kaum weiter, und da sich auch das *Man'yōshū* mit Hinweisen bedeckt hält, dürften Antworten eher aus der Archäologie zu erwarten sein.[72]

Ozawa Tsuyoshis (2003: 222–225) Feststellung, dass Fujiwara-*kyō* als Hauptstadt der *ritsuryō*-Verwaltung (*ritsuryō-sei tojō* 律令制都城) unvollkommen war, bewegt sich auf allgemeinem Niveau. Sicherlich ist ihm aber darin zuzustimmen, den Hauptgrund für die Verlegung in den Differenzen der beiden Hauptstädte zu suchen. Eine größere Stadtfläche schließt er jedoch aus, da sein Stadtplan von Fujiwara-*kyō* einhundert *bō*-Bezirke umfasst, die Fläche von Heijō-*kyō* / Nara dagegen nur vierundachtzig (vgl. die Karte zu Heijō-*kyō* S. 223). Er macht drei wesentliche Unterschiede aus. So lag erstens der neue Hof nicht mehr im Zentrum der Stadt, sondern am nördlichen Rand. Das betrifft vermutlich nicht nur die geomantisch wichtige Position, vom Norden aus der Stadt im Süden gegenüberzustehen, sondern auch die innere Stadtanlage allgemein, wie die Lage der Tempel oder Märkte. Zweitens sei die Suzaku *ōji*,

71 Vgl. Schwentker 2022: 158. Fujiwara habe „alle Kennzeichen einer chinesischen Metropole“ besessen, womit er (ebd.) sich selbst widerspricht. Schwentker (ebd.), der den Flächenmaßen viel Aufmerksamkeit widmet, gibt die Ausmaße der Hofanlage von Fujiwara mit „2,12 km“ von Ost nach West und „ca. 3 km“ von Süden nach Norden an. Damit übernimmt er den Stadtplan nach Kishi Toshio, der aber in jedem Fall – Ozawa und Nakamura sowie Nishimoto – als überholt gilt. Das sind allerdings nur Details, die Monumentalwerken wie der über tausendseitigen *Geschichte Japans* ohnehin zum Opfer fallen müssen. Das ist dem Verfasser allerdings bewusst; vgl. Schwentker 2022: 1035.

72 Zum Hauptstadtwechsel vgl. Kishi 1993: 56–67, der der etablierten Lehrmeinung folgend Fujiwara no Fuhito (659 bis 720) die führende Rolle in diesem Prozess zuschreibt. Dürr (2013/14: 19) zufolge war der Hauptstadtwechsel eine Reaktion von Genmei Tennō auf die China-Gesandtschaft von 702, die „zwei Jahre später“ zurückkehrte. Der Zusammenhang bleibt allerdings unklar, wie auch die Behauptung, dass der Umzug bereits 708 begann.

die durch das Zentrum der Stadt vom Süden geradeaus auf das Suzakumon 朱雀門, das zentrale Südtor der Hofanlage zulief, drei Mal so breit gewesen wie die gleichnamige Straße der alten Hauptstadt. Darauf weist auch Kitamura Masaki (2013: 66) hin, der zudem die vom zentralen Südtor der Fujiwara-Hofanlage circa vier- bis fünfhundert Meter entfernten Hügel anführt, die heute Hidakayama 日高山 genannt werden und in der Stadt Kashihara-*shi* liegen. Die Hauptstraße sei ohne Seitengräben über diese Hügel hinweggeführt worden, was er für eine Suzaku-Hauptstraße im chinesischen Stil als ungewöhnlich erachtet. Die unterschiedlichen Breiten der Straßen in den Hauptstädten Fujiwara, Heijō und Heian (Kyōto) bringen Kitamura zu der Vermutung, dass „das Interesse an einer Suzaku-Hauptstraße (*ōji*) relativ gering war" (S. 67). Ozawas drittem Argument zufolge bildete den südlichen Anfang der zentralen Hauptstraße gewöhnlich eine Rajōmon oder Rashōmon 羅城門 genannte Toranlage, die es in Fujiwara-*kyō* auf Grund der Hügel im Süden nicht gegeben habe (vgl. Kitamura S. 64).[73] Für Ozawa stellen die Toranlage und die mit ihren „optischen Effekten" wie der Breite von über siebzig Metern oder den Ziegeldächer entlang beider Seiten weit über praktische Zwecke hinausgehende Suzaku-Hauptstraße Symbole zur Repräsentation des Verfassungsstaates dar, die ihre Wirkung vor allem auf ausländische Gäste ausüben sollten.[74] Kitamura (S. 68), der auf ummauerte *bō*-Bezirke entlang der Suzaku-Straße und auf die Toranlage als Ort zur Ausübung von Ritualen hinweist (S. 64), geht resümierend davon aus, dass es bei der Hauptstadtverlegung nach Heijō-*kyō* um mehr als die Frage nach der Größe der Fläche, nämlich um „bestimmte qualitative" Fragen ging.[75]

---

73 Hügel am südlichen Stadtrand von Fujiwara, die ein Tor verhindert hätten, gibt es nur in Ozawas Stadtplan, in dem die Suzaku-Hauptstraße nicht bis an den südlichen Rand reicht. Im Stadtplan nach Kishi oder Nishimoto besteht dieses Problem nicht direkt, da die Stadtanlage nicht so weit in den Süden reichte. Es existiert jedoch kein archäologischer Nachweis einer Toranlage, die ein Fundament erfordert hätte, und zudem wären die Hügel im Süden so nahe am Stadtrand gewesen, dass eine Toranlage seine repräsentativen und rituellen Funktionen nicht hätte entfalten können.

74 Vgl. Kawajiri 2021: 10. Kishi (1993: 71) gibt zweiundsiebzig Meter an, gemessen jeweils aus der Mitte der links und rechts entlanglaufenden Gräben. Die nächst breite Straße sei die 二条大路 *nijō-ōji* mit sechsunddreißig Metern gewesen, die an der südlichen Begrenzung der Hofanlage entlanglief; vgl. weiterhin Dürr 2013/14: 23–24, dort auch zu den weiteren Straßenbreiten.

75 Kitamura (2013: 72–73) fasst seine Ausführungen zu Fujiwara-*kyō* und Heijō-*kyō* zusammen. So gebe Heijō-*kyō* anhand der Rajōmon-Toranlage, der (Breite und Anlage der) Suzaku-Hauptstraße, der mit Mauern eingefassten *bō*-Bezirke (*bōjō* 坊城) sowie der Tore zu den Bezirken (*bōmon* 坊門) die Orientierung an der Tang-Hauptstadt Chang'an zu erkennen, wo sich diese Merkmale ebenfalls nachweisen lassen. Das belaufe sich aber nicht einfach auf ein „allgemeines Phänomen" im Rahmen des Imports der chinesischen

Während Kitamura (ebd.) den Schlüssel zu den Gründen für die Unterschiede der beiden Stadtanlagen in der Taihō *ritsuryō*-Verfassung von 701 sieht, mit der sich das Aussehen der Stadt stark verändert habe, macht er (S. 72–73) die Grundlage für die Errichtung von Fujiwara-*kyō* in den „Ideen der Kiyomihara-*ryō*-Geboten" aus den 670er und 680er Jahren aus, vermutet aber in den beiden *ryō*-Geboten bezüglich der „Reglementierungen der Hauptstadt (*miyako* 京)" Differenzen. Das archäologische Bild von Fujiwara-*kyō* zeige zwar gewisse Anpassungen an die neue Verfassung, aber eine vollständige Umsetzung der Vorgaben aus der Taihō-Verfassung sei nicht möglich gewesen. Als weitere Begründung für die Rekonstruktion der Ereignisse sieht Kitamura die Tatsache, dass die Errichtung der neuen Hauptstadt Heijō-*kyō* in relativ kurzer Zeit nach der Taihō-Verfassung realisiert wurde. Kitamura räumt ein, die konkreten Inhalte der Kiyomihara-Verfassung nicht zu kennen, vermutet aber mit Kishi Toshio eine Orientierung an der Stadtanlage von Luoyang zur Zeit der nördlichen Wei (*hokugi Rakuyō-jō* 北魏洛陽城), das heißt gegen Ende viertes bis Anfang sechstes Jahrhundert. Für diese Vermutung sieht er jedoch zugleich auch die Notwendigkeit, die Absichten sowie den Verlauf der „Einführung" erneut zur Klärung auszuschreiben. Es sei nämlich auch möglich, die Grundlage der Stadterrichtung von Fujiwara-*kyō* besonders in den Tang-Stadtanlagen Chang'an und Luoyang, also ab dem siebten Jahrhundert, zu sehen, was bereits länger diskutiert werde. Das aber werfe die Frage nach Klärung der Differenzen auf, die zwischen Fujiwara-*kyō* und der neuen Hauptstadt Heijō-*kyō* bestehen, die den Theorien zufolge ebenfalls auf der Grundlage der Tang-Hauptstadt Chang'an errichtet worden sei. Bezüglich der beiden japanischen Hauptstädte seien „in den letzten Jahren" lediglich die Gemeinsamkeiten in den Blick gerückt, was Kitamura mit der Attraktivität von Kishis Rekonstruktionsplan erklärt. Angesichts der laufenden Grabungsarbeiten schätzt er diesen als einen Vorschlag „im Rahmen von Vermutungen" ein, versucht aber, das Problem durch die Konzentration auf die Differenzen zu klären.[76]

---

Zivilisation, sondern spiegele die Ideen der *ritsuryō*-Verfassung wider, die er als „eine Art von Systematisierung des chinesischen Denkens" versteht. Weiterhin sehe es so aus, dass Fujiwara-*kyō* mit diesen Merkmalen noch nicht ausgestattet war.

76 Kitamuras Zusammenfassung steht am Ende eines Buchkapitels, das als Aufsatz aus dem Jahr 1992 stammt und offenbar für die Aufsatzsammlung Kitamura 2013 kaum überarbeitet wurde (bei den Quellenangaben in den Anmerkungen 23 und 29 wurde die Aufnahme der beiden angeführten Aufsätze in zwei jüngere Sammelbände aus den Jahren 2004 und 2007 ergänzt; vgl. Kitamura 2013: 75–76). Die Problematik liegt in diesem Fall weniger in der Differenz von mehr als zwei Jahrzehnten Forschung, die für das vorliegende Thema wichtige Ergebnisse brachte. Denn zwar fügt Kitamura (S. 76) seinem Anmerkungsapparat zwei „Ergänzungen" bei, die kurz auf die archäologischen Befunde dieser Zeit eingehen und auch den „*dai*-Fujiwara-*kyō*" genannten Stadtplan nach Ozawa

Während Ozawa (S. 225–226) zufolge die alte Hauptstadt der Idealform der klassisch-chinesischen Literatur folgend errichtet worden sei, sieht er die Vorlage für Heijō-*kyō* / Nara konkret in der Tang-Hauptstadt Chang'an. Dafür sprechen nicht nur die genannten Merkmale, sondern auch der Garten nördlich der Hofanlage, die beiden Märkte im Osten und Westen südlich der Hofanlage sowie der See, der sich in beiden Stadtanlagen in der südöstlichen Ecke befand. In Heijō-*kyō* verhinderte es dieser See übrigens, dass die aus dem Süden kommende Mittlere Straße in eine Nordsüd-Straße der Stadt einmündete.

Der offizielle Beginn des Hauptstadtwechsels fiel auf den zehnten Tag im 3. Monat, Wadō 3 (710).[77] Der Eintrag zum vierten Tag im 9. Monat, Wadō 4 (711) gibt allerdings zu erkennen, dass die neue Hauptstadt auch nach dem offiziellen Bezug noch nicht fertiggestellt war,[78] und das Langgedicht 1: 79 präsentiert ein Erzählmedium, das im Winter unter freiem Himmel nächtigen muss, als ob es noch kein Haus für die Unterkunft hätte. Das Erreichen des Zielorts gibt die Formulierung *itari te* zu erkennen, und das rituelle Gelöbnis, auf „immer und ewig zu verkehren", deutet vielleicht auf den unfertigen Zustand der Stadt hin. Denn es ist wohl nicht davon auszugehen, dass das namenlose Erzählmedium in der neuen Hauptstadt keinen Ort zum Wohnen bekam oder es sogar das Pendeln zwischen der alten Heimat und dem Dienstort vorzog. Allerdings gibt das Gedicht durch das ununterbrochene Zurückblicken „an jeder Flussbiegung" den schwerfallenden Abschied von Fujiwara-*kyō* und damit eine gewisse emotionale Perspektive zu erkennen (siehe unten). Da es offenbar aber wieder dorthin zurückkehrt, dürften die Verse als Ritualsprache zum Ortswechsel beziehungsweise Grenzüberschreitung zu verstehen sein. Es fragt sich allerdings, ob das mit jedem Pendeln der Fall war.

Der Titel zum Kurzgedicht 1: 78 enthält den Namen der Ebene von Nagaya 長屋原, durch welche die Mittlere Straße (*naka tsu michi*) führte. Im Modell

---

und Nakamura berücksichtigen. Allerdings macht auch Ozawa (2003: 222, original 1997) die Gründe für die Hauptstadtverlegung in den Differenzen aus, sodass Kitamuras Ansatz zwanzig Jahre später nicht mehr als Neuansatz zu beschreiben ist, auch wenn er es zuvor war.

77 Im Titel zu 1: 78 zeigt sich eine Abweichung zum offiziellen Datum, und Itō (1: 199) vermutet eine frühere Abreise Genmeis oder eine Anpassung an den Befehl zum Hauptstadtwechsel, der wie gesehen ebenfalls im zweiten Monat (708) erfolgte; auch Omodaka (1: 437) vermutet eine frühere Abreise.

78 Vgl. die *Shoku nihongi*-Einträge Keiun 4. Jahr (707), 2. Monat, neunzehnter Tag (SNBT 12: 108–109), Wadō *gannen* 和銅元年 (708), 2. Monat, fünfzehnter Tag (S. 130–131), Wadō 3. Jahr (710), 3. Monat, zehnter Tag (S. 160–161), Wadō 4. Jahr (711), 9. Monat, vierter Tag (S. 170–171) und zu einer Zusammenfassung der Vorbereitungen und Durchführung ebd. S. 409; zu weiteren Einträgen zur Hauptstadtverlegung vgl. Ichinose 2014: 62–63.

nach Kishi Toshio, auf dem auch die SNBZ-Karte (6: 66) beruht, war diese Straße wie gesehen die nördliche Verlängerung der Ostrandstraße von Fujiwara-*kyō*, die nahe der „4. großen Nordsüd-Straße (*shibō ōji* 四坊大路)“ am Ostrand der neuen Hauptstadt Heijō-*kyō* / Nara neben dem See an der südöstlichen Ecke der Stadt in die „9. große Ostwest-Straße (*kyūjō ōji* 九条大路)“ mündete. Das war die südlichste der großen *jō*-Querstraßen von Heijō-*kyō*.[79] Die Ebene Nagaya *no hara*, der im Titel zu 1: 78 angegebene Ort der Dichtung, befand sich ungefähr auf halber Höhe zwischen den beiden Hauptstädten, und Itō (1: 201) macht dort die „geistige Grenze“ von Asuka / Fujiwara aus. Daher habe die Tennō einen Aufenthalt eingelegt, um zur „alten Heimat in der Ferne zurückzublicken“ (廻望古郷; Titel). Das Ritual der Grenzüberschreitung sieht Itō konkret im Gedicht 1: 78, denn der schwer fallende Abschied sei nichts anderes als eine Seelen-Besänftigung (*tamashi-zume*, auch: *chinkon* 鎮魂), wie sie auch aus der Sequenz 1: 17 bis 19 von Nukata no Ōkimi bekannt sei. Das Gedicht 1: 78 ist als ein Ereignis zu lesen, bei dem das Davor und Danach aus dem Zusammenhang zu ergänzen sind, und man kann auch hier von dem Scheitelpunkt der Handlungsentwicklung (*pregnant moment*) sprechen. Zumindest für die eine Richtung besitzt es durch die emotionale Perspektive deutliche Hinweise.

Das Langgedicht 1: 79 schildert den Weg eines unbenannten Bediensteten von Fujiwara-*kyō* bis zum Zielort an den neuen Hof Nara no Miya, wobei die Beschreibung als „Fujiwara-*kyō* 藤原京“ in der offiziellen Geschichtsschreibung wie gesehen nicht vorkommt. Die Reise geht unter anderem über den Fluss Sahogawa, der das Stadtgebiet von Heijō-*kyō* durchquerte (siehe die Karte in Dürr 2013/14: 24), und endete irgendwo in der Stadt an seinem Ufer. Itō (1: 205) liest den „Ausdruck des Einen-Weg-Gehens (*michiyuki* 道行き)“ als eine Form von Lobpreislied (*home-uta* ほめ歌), was er mit dem Langgedicht 1: 50 vergleicht, das vom Holztransport vom Biwa-See zur Errichtung des neuen Hofes von Fujiwara no Miya berichtet. Ihm zufolge wurden im Zuge des Hauptstadtwechsels Häuser von Adligen abgebaut und über den Wasserweg zur Neuerrichtung nach Heijō-*kyō* transportiert.[80] Die dafür zuständigen „Leute“ – Itō ergänzt in der Gedichtübersetzung *ware* 我 – hätten dann nach der Neuerrichtung des Anwesens als ein Ritual zur Bitte um Prosperität das „Neubau-Lobpreisgedicht“ (*murohogi-uta* 室寿歌) gedichtet. Unter *oho-kimi*,

79 Vgl. die Karten in Ozawa 2003: 214, 221, 223.

80 Vgl. Itō 1: 204. Inaoka (1: 57) zufolge wurden bei Grabungen in Nara zahlreiche Dachziegel aus Fujiwara-*kyō* entdeckt, und er der Transportweg von Fujiwara nach Nara sei aus diesem Gedicht bekannt.

den Besitzer des neuerrichteten Anwesens in 1: 78, vermutet Itō (ebd.) einen der damals noch lebenden Söhne Tenmus.

# Gedichte in Band 1: Fujiwara als Gegenwart

## Allgemeines

Die Sequenz 1: 29 bis 31, die „Gedichte zur verwilderten Hauptstadt Ōmi (Ōmi *kōto-ka* 近江荒都歌)“,[1] von Kakinomoto no Hitomaro thematisiert Tenjis verfallene Hofanlage am Biwa-See. Sie sind gewiss nicht seine ältesten, aber in der Ordnung der Sammlung die ersten. Ihre Position innerhalb der Urauswahl, zu denen wie gesehen nicht die drei Stücke 1: 34, 35 und 51 gehören, erfordert vorausgehende Überlegungen. Die Gedichte fallen unter die vor 1: 28 stehende Kapitelüberschrift mit der Ankündigung des Hofes Fujiwara no Miya. Die Anmerkung zur Kapitelüberschrift gibt nach dem postumen Namen im japanischen Stil (*kokufū shigō*) die ehrende Bezeichnung „Taijō (Daijō) Tennō“ für die *abgedankte* Tennō an, und der Titel zum Gedicht 1: 28 lautet 天皇 御製歌, ein „erlauchtes Gedicht der Tennō“, wofür es wie gesehen nur zwei weitere Belege gibt. Die Angaben verweisen auf Jitō Tennō, die allerdings noch nicht abgedankt war, deren Gedicht zu den bekanntesten Stücken der Waka-Dichtung gehört.[2] Wie bemerkt präsentiert das Genryaku-*kōhon* den ersten Band in zwei Heften, die getrennt überliefert wurden und in denen nicht mehr alle Gedichte vorhanden sind. Das erste Heft endet mit dem Gedicht 1: 28, das somit in formaler Hinsicht der alten Zeit vor Fujiwara zufällt, und das zweite Heft beginnt mit Hitomaros Langgedicht 1: 29. Im Hirose-*bon*, das ebenfalls im Heftformat vorliegt, stehen dagegen die Gedichte 1: 28 und 29 auf einer Seite (vgl. die Faksimiles in Watanabe 1994: 48, 57 und Hirose et al. 1994: 38). Ob für die Trennung in der Genryaku-Abschrift inhaltliche Gründe oder einfach

---

1 Beschreibung nach Itō 1: 124, Maruyama 1999 oder Misaki 2005: 185.

2 Shigeno erfasst in einer statistischen Bestandsaufnahme die Gedichte von fünfzehn, zwischen 1510 und 2019 erstellten Anthologien, die auf die Bestimmung der einhundert besten Gedichte abzielen. Gedicht 1: 28 findet in zwölf Sammlungen Eingang und wird nur von 8: 1418 übertroffen, das in dreizehn Quellen erscheint; vgl. Shigeno 2012: Y 28, Y35. Gedicht 8: 1418 leitet den achten Band ein und stammt von Tenjis Sohn Shiki no Miko, und Gedicht 1: 28 wurde mit leicht veränderter Grammatik in die Sammlungen *Shin-kokin wakashū* 新古今和歌集, die achte Waka-Sammlung auf Befehl des Tennō, und *Hyakunin isshu* 百人一首 aufgenommen, die aus dem frühen dreizehnten Jahrhundert stammen.

nur die Seitenzahl verantwortlich sind, ist auf Grund der Lücken nicht mehr nachzuvollziehen. Gedicht 1: 28 und die Peritexte lauten wie folgt:

> **Die Generation der in Fujiwara no Miya das Reich Unterm Himmel regierenden Tennō** Takamanohara[3] Hirono Hime no Sumera-Mikoto, mit *teigai gannen* als erstem Jahr im 11. Jahr [697][4] überließ sie den Thron dem [Enkel und Thronfolger] Karu no Hitsugi no Miko und ihr Ehrentitel lautet Taijō Tennō. (Lesungen nach SNBT 1: 34)
>
> Ein erlauchtes Gedicht der Tenwau (Tennō, ibid.)

| | |
|---|---|
| *haru sugi te* | Frühling ist vorbei und |
| *natsu kitaru-ra-shi* | Sommer gekommen, so scheint's |
| *shiro-tahe no* | Strahlendweiße |
| *koromo hoshitari* | Kleidung liegt zum Trocken aus |
| *Ame no Kaguyama* | [am] Ame no Kaguyama (1: 28) |

Das Gedicht thematisiert zum Trocknen ausliegende „weiße Kleidungsstücke" am Berg Ame no Kaguyama. Aus der Ferne dürften diese nicht zu erkennen gewesen sein, und angesichts der Kapitelüberschrift liegt die Perspektive aus der neuen, nicht allzu weit entfernten Hofanlage nahe.[5] Der Anblick der weißen Kleidungsstücke löst eine Vermutung zum Vorübergehen des Frühlings und der Ankunft des Sommers aus, die grammatisch über das Verbalsuffix *-rashi* ausgedrückt wird. Gewöhnlich ruft ein Phänomen der Natur eine Vermutung zur Natur hervor und ein Phänomen aus dem menschlichen Bereich eine dementsprechende Vermutung, aber in diesem Gedicht führt ein

3 Die Kommentare lesen 高天原 „Takamanohara", aber im Zusammenhang mit dem *Kojiki* scheint „Taka-amanohara" korrekt zu sein; vgl. Wittkamp 2018a: 327–328.

4 Hier wird *teigai gannen* als das erste Jahr angegeben, aber die Jahresangaben im *Nihon shoki* stehen wie gesehen nicht im *eto*-Sechzigerzyklus.

5 Hirooka (2005a) weist auf die Vermutung der Großen Halle (*daigokuden* 大極殿) der neuen Hofanlage als Aussichtspunkt hin, aber auch auf die wiederholten Reisen der Jitō während der Bauarbeiten. Er zitiert eine Vermutung zu Jitōs „4. Regierungsjahr im Spätfrühling" (690), aber keiner der fünf im *Nihon shoki* verzeichneten Besuche (→ Tabelle 5a) fiel in den Wechsel vom Frühling zum Sommer, den das Gedicht thematisiert. Auch Hirooka beschränkt sich nahezu ausschließlich auf die Gedichtentstehung, was zwar dem Bedürfnis nach Hintergrundwissen entgegenkommt, zum Verständnis des Gedichts jedoch nur wenig und zu seiner Position in der Urauswahl gar nichts beiträgt. Der Fuß des flachen Berges Ame no Kaguyama ist höchstens zweihundert Meter von der südöstlichen Ecke des Hofareals entfernt (vgl. die Karte in Ozawa 2003: 221), und somit in Sichtweite, aber die SNBZ-Bearbeiter (6: 42) sehen dennoch eine hohe Wahrscheinlichkeit für den Anblick aus dem Norden Asukas. Die „weißen Kleidungstücke" dürfen von dort allerdings nicht zu erkennen gewesen sein; vgl. auch SNBT 1: 34.

Phänomen aus dem menschlichen Bereich zur Vermutung bezüglich der Natur. Das kommt auch in anderen Gedichten vor, aber dass die Tennō durch den Anblick der weißen Kleidung auf die Ankunft des Sommers schließt, ist weniger ungewöhnlich, als unwahrscheinlich. Zu Beginn von Tenmus 4. Regierungsjahr (675) wurde das Yin-Yang-Amt 陰陽寮 *omuyau-reu* (*on'yō-ryō*; Lesung nach SNBZ 4: 357) eingerichtet, das für den Kalender, die Beobachtung der Jahreszeiten und des Wetters sowie die Zeit zuständig war und regelmäßig dem Hof Bericht zu erstatten hatte. Ōta Kō'ichi dürfte daher wohl zu Recht vermuten, dass Jitō schon vor der Ankunft des Sommers genau wusste, wann dieser begann.[6]

Der Zustandswechsel gibt einen etwas weiter gefassten *pregnant moment* zu erkennen, der dem Gedicht Ereignishaftigkeit und Erzählwürdigkeit (*tellability*) verleiht. Durch die Umkehrung von Wahrnehmung und Vermutung liegt eine Inversion vor, die betonend wirkt. Ame no Kaguyama, der Name des heiligen Berges, sowie die weißen Kleidungsstücke lassen sich angesichts der Kapitelüberschrift als glücksverheißende, prosperitätssteigernde Anzeichen für den neuen Hof lesen, aber mit „vorübergehen und dann" (過而 *sugi te*) beziehungsweise „vorübergegangen sein und" (*sugi-te* mit Verbalsuffix *-tsu* in Konjunktionalform) ist auch die Vergänglichkeit eingeschrieben, die in Hitomaros Sequenz zur verfallenen Hauptstadt weiter thematisiert und intensiviert wird. Nach dem Ame no Kaguyama in 1: 28 findet mit „Unebi *no yama*" zu Beginn von 1: 29 ein weiterer der drei Yamato-Berge Erwähnung, und die textuelle Nähe dieser beiden lokalen Wahrzeichen lenkt die Assoziationen nach Yamato sowie auf die neue Hofanlage, die sich zwischen den beiden Bergen befand, zumal in 1: 29 der Ortsname „Kashihara" fällt, und nicht „Asuka". So hieß die Gegend um den Berg Unebi (vgl. SNBZ 6: 477), die heute in der Stadt Kashihara liegt und für die Palastanlage bekannt ist, die der legendäre Jinmu, mit dem die Geschichte der Tennō beginnt, am Ziel seiner Eroberungen errichtete (vgl. *Kojiki*, SNBZ 1: 156). Die Ortsnamen bilden ein Koordinatensystem der kulturellen Identität, in dessen Zentrum der Hof als Ort der Raumwahrnehmungen liegt. Darin ist eine Funktion des rätselhaften Gedichts zu sehen.

Die Forschung geht bei Ort und Gelegenheit der Dichtung von 1: 28 gewöhnlich von Asuka oder einer der Reisen der Jitō zur Besichtigung der Bauarbeiten am neuen Hof aus. Dafür sind zum einen die Titelangaben, zum ande-

6 Vgl. Ōta 2010: 10–11, der ebenfalls einen Anblick von einem Hügel in Asuka vermutet und die „weiße Kleidung" nicht wörtlich nimmt, sondern als die sich in den Wasserflächen der frischen Reisfeldern spiegelnde Sonne liest. Den Widerspruch, dass Jitō sehr wohl die Ankunft der Jahreszeiten bekannt waren, löst er durch die Vermutung auf, dass der Berg Ame no Kaguyama ein Fruchtbarkeitssymbol gewesen sei und Jitō das am Hof rezitierte Gedicht im Sinn eines Fruchtbarkeitsrituals verfasst habe; vgl. ebd. S. 17–19.

ren die Anmerkungen verantwortlich. Hirookas (2005a) oben genannte Vermutung zu Jitō Besuchs im Spätfrühling im vierten Regierungsjahr wird durch das *Nihon shoki* nicht unterstützt, aber er beruft sich auf die Anordnung der Gedichte im „Jitō Man'yō" (nach Itōs Vorschlag von 1967). Für dieses Verständnis dürfte das Gedicht 1: 34 von Kawashima no Miko verantwortlich sein, denn dem Titel zufolge verfasste der Prinz das Gedicht auf einer Reise nach Ki no Kuni. Da er 691 starb, muss die Reise früher stattgefunden haben, also noch vor dem Umzug an den neuen Hof. In dieser Reihenfolge müsste 1: 28 somit früher entstanden sein, aber das Gedicht steht unter der Kapitelüberschrift zum Hof von Asuka no Miya und ist dementsprechend zu verstehen.

Da die Urauswahl – wie das *Kojiki* – nicht dem *Nihon shoki*-Paradigma zum Hofwechsel unterliegt, sollte der 694 bezogene Hof in 1: 28 bereits Realität gewesen sein. Allerdings erzeugen die Anmerkungen zu den Gedichten 1: 34 bis 44 ein anderes Bild, denn sie weisen diese als älter aus. Die Bearbeiter zitieren zu 1: 34 aus einem *Nihongi*-Eintrag, wonach die Reise im Herbst, 9. Monat, 4. Jahr Akamitori (690) stattfand. Auch die folgenden Gedichte werden überprüft und für die Sequenz 1: 40 bis 44 das Reisejahr „Akamitori 6. Jahr" (692) vermutet. Die Gruppe 1: 45 bis 49 entstand dagegen dem Titel zufolge während eines Jagdausflugs des Prinzen Karu no Miko 軽皇子 (683 bis 707) und seiner Begleiter. Karu bestieg 697 als Monmu den Thron, sodass die Gedichte zuvor entstanden sein müssen, und ein Ausflug in den drei Jahren nach der Hofverlegung ist realistisch. Zu dieser Gruppe war jedenfalls keine Klärung erforderlich, denn es gibt keine Anmerkung. Neben dem Namen von Prinz Kawashima sind es somit die um Abgleich mit der historischen Realität bemühten Anmerkungen, welche die Gedichte 1: 34 bis 44 in die Vergangenheit vor Fujiwara zurückversetzen.[7]

Da selbst das letzte Gedicht im ersten Band mit der Kapitelüberschrift „Nara no Miya" im Sinn einer „Hoffnung auf die Zukunft" in den Epochen-Raum namens Fujiwara no Miya fällt, fördert das Fehlen einer Umzugsdichtung zu Fujiwara no Miya das Verständnis der Kompilation des ersten Bandes als „aus der Gegenwart der Hauptstadt Fujiwara" (Ichinose 2014: 37), wofür auch das Fehlen einer Anmerkung zu der Gedichtgruppe von Karus Jagdausflug (1: 45 bis 49) spricht. Schließlich war es ein Ereignis der Gegenwart, und für diese Gegenwart namens „Fujiwara" stellen sich somit die ersten sie-

7 Allerdings folgt nicht die gesamte Forschung den peritextuellen Leseanweisungen. So sieht Takeda (3: 154) zwar eine „Einordnung vor dem Gedicht [1: 50] zur Errichtung von Fujiwara no Miya", vermutet aber dennoch die Entstehung von 1: 28 nach dem Umzug an den neuen Hof. Wie noch zu zeigen ist, erzählt das Gedicht 1: 50 vom Transport von Bauholz nach Fujiwara, sodass es tatsächlich so aussieht, als ob sich selbst der Hof noch im Bau befindet.

benundzwanzig Gedichte, unter denen sich Hitomaros Name nicht findet, als Vergangenheit dar, der sich dann aus der Perspektive der Gegenwart Hitomaros Gedichte zur verwilderten Hofanlage am Biwa-See nochmals zu vergewissern scheinen. Sollte das aus der Konzeptionstheorie nach Ichinose, Shirosaki und Murase (2014) erschlossene Verständnis von 1: 84, dem Abschlussgedicht zum ersten Band, als „Hoffnung auf die Zukunft" zutreffend sein, erweitern die Ergänzungen ab 1: 54 die Zeitstruktur im ersten Band von Vergangenheit und Gegenwart in der Urauswahl zur Vergangenheit 1: 1 bis 53 als Vergangenheit bis zu Jitōs Abdankung, der Gegenwart ab 1: 54 unter Monmu Tennō und der absehbaren Zukunft in der neuen Hauptstadt im ersten Band. Das meint Ogawa Yasuhiko (2010: 100) wohl, wenn er schreibt, dass die alten Teile nicht einfach ergänzt, sondern jeweils neu kontextualisiert wurden.

In der Struktur der ersten beiden Bände stehen die Gedichte 1: 28 bis 53 für die jüngere, noch greifbare Vergangenheit, und der Versuch der historischen Verortung, der mit den Anmerkungen begann und den die jüngere Forschung fortsetzt, läuft dem Verständnis der Gegenwart der Urauswahl entgegen. Die Gedichte 1: 50 bis 53, welche die Urauswahl abschließen, thematisieren – wie 1: 28 – den Hof Fujiwara no Miya. 1: 50 gibt Einblicke in den Alltag bei der Errichtung der Hauptstadt, und sollte der Umzug in die Hauptstadt noch nicht vollzogen gewesen sein, stellte sich für das historiographische Denken die Frage nach der Entstehungszeit der Gedichte 1: 28 bis 1: 49. Wie gesehen zögerte sich jedoch die Fertigstellung der Stadtanlage noch Jahre hinaus – wenn sie bis zum Umzug in die neue Hauptstadt Nara (710) überhaupt jemals abgeschlossen wurde. Die fünf Gedichte 1: 29 bis 33 stammen von einer Beamtenreise in den Norden mit Zwischenstation bei dem verwilderten Gebiet der alten Hauptstadt, und dem Titel zufolge fand diese Reise ohne die Herrscherin statt. Die Titel der folgenden Gedichte geben dagegen offizielle Tennō-Reisen zu erkennen, wenn es darunter auch kein Lied der Herrscherin selbst gibt und sich die Formulierungen von den Reisen der abgedankten Jitō (Taijō Tennō) ab Gedicht 1: 54 unterscheiden; die Titel bis 1: 53 sprechen somit ebenfalls für eine Urauswahl.

In dieser Struktur ist nochmals auf das Zeichen 幸 zurückzukommen, das sich in den Titeln zu den Gedichten 1: 34, 1: 36 bis 39 sowie 1: 40 bis 42 findet und „glücksbringende Reise" des oder der Tennō bedeutet. 1: 34 und 35 zeugen von einer Reise in den Süden ins Land Ki no Kuni, aber die Gedichte gehörten nicht zur Urauswahl. 1: 36 bis 39 stammen von einer Reise nach Yoshino, das ebenfalls im Süden von Fujiwara lag, und 1: 40 bis 42 beziehungsweise bis 44 von einer Reise nach Ise im Osten. 1: 45 bis 49 zeugen von dem Jagdausflug nach Aki am östlichen Rand des Nara-Beckens. Da es der zukünftige Tennō ist, steht dort nicht 幸, aber die Bedeutung der glücksbringenden Zukunft, die mit diesem Ausflug beginnt, ist in die Gedichttexte ebenso eingeschrieben wie die Erinnerung an Tenmu Tennō.

Für die Gegenwart der Urauswahl ergibt sich somit das folgende Bild: 1: 28 und die Abschlussgedichte 1: 50 bis 53 thematisieren das Gebiet und den Hof Fujiwara no Miya, und die sich dazwischen befindenden Gedichte aktualisieren den unter der Kapitelüberschrift zum Hof von Kiyomihara (Tenmu) behandelten Raum im Süden und Osten (1: 22 bis 27). Mit der verfallenen Hauptstadt im Norden war die Herrscherin zwar ebenfalls persönlich verbunden, aber die Reise war auf Hitomaro und vermutlich weitere Beamte beschränkt. Für den Aufbau von Band Eins ist weiterhin zu bemerken, dass es mit 1: 28 unter den Gedichten 1: 28 bis 53 nur eines von Jitō gibt, die dann allerdings in der ersten Ergänzung ihren Auftritt als *abgedankte* Herrscherin hat. Im Titel zu 1: 54 taucht mit „Taihō *gannen*" (701) nicht nur die erste Jahresangabe auf, sondern auch die abgedankte Jitō als Taijō Tennō; das Gedicht von einem gewissen Sakato no Hitotari 坂門人足 (Nachbemerkung) stammt dem Titel zufolge aus dem „Herbst, 9. Monat", wenige Monate vor ihrem Tod. Unter Gewichtung auf die räumlichen Aspekte ergibt sich ein relativ klares Bild, das in dem Versuch der chronologischen Einordnung allerdings an Schärfe verliert. Das liegt vor allem an den Anmerkungen, welche die Reisen mit konkreten historischen Ereignissen verbinden. Neben der historiographischen Weltsicht zu Beginn des achten Jahrhunderts trägt dafür wohl auch das Gedicht 1: 50 Verantwortung, da es Ereignisse aus der Bauphase der Hauptstadt schildert. Die vermutlich durch die klassisch-chinesische und offizielle Geschichtsschreibung geformte Geschichtsauffassung als chronologische Abfolge, welche die Anmerkungen zu erkennen geben, ordnet die vorangehenden Gedichte einer Zeit vor dem Bezug der Hauptstadt zu.

Bereits bemerkt wurde, dass in der „Gegenwart" der Urauswahl bis auf 1: 32 bis 35 sowie 1: 43 und 44 alle Gedichte von Hitomaro stammen und nur die Gedichte 1: 34 und 35 nicht seinem Einflussbereich zuzuordnen sind. Hitomaro ist somit die Stimme von Fujiwara, aber ab 1: 54, das heißt ab der ersten Ergänzung, kommen im ersten Band keine Gedichte mehr von ihm vor. Mit dem von Hitomaros Gedichten dominierten Band 2 sollte sich das jedoch wieder ändern, und auch für die folgenden Bände bilden seine Gedichte oder die aus seiner Sammlung die Grundlage für die Ausrichtung der Bände, die Kōnoshi (2013: 151–166) als Erweiterung der *uta*-Dichtung beschreibt. Kein anderer Name ist enger mit der Entstehung der *uta*-Dichtung verbunden.

Sollte innerhalb der Urauswahl die zweite Hälfte ab 1: 28 bis zu den Abschlussgedichten 1: 50 bis 53 unter räumlichen und zeitlichen Aspekten der ersten Hälfte im Sinn von Asuka / Vergangenheit versus Fujiwara / Gegenwart gegenüberstehen, gibt sich noch eine weitere Topik zu erkennen. Denn in 1:

28, dem zu den Yoshino-Gedichten gehörenden 1: 38 sowie in 1: 50 erscheint die Herrscherin wie zuvor Jomei in 1: 2 als eine sehende Figur, in 1: 38 und 50 aber auch zugleich als gesehene Figur. Die phonographisch verschriftete Formulierung 藤原 我宇倍爾 *fuji-hara ga uhe ni*, „über der Glyzinienebene", in 1: 50 gibt den Ort an, wo von einem Ich (我) das Sehen unter dem Firmament beziehungsweise unter einem Dach (宇; vgl. Kroll 2015) vollzogen wird. Die „Glyzinienebene" ist „Fujiwara", und *uhe* wird als „nähere Umgebung" (SNBZ 4: 53) etc. erläutert, bedeutet aber wörtlich „über, oben, auf". Wie bei der Diskussion zu 1: 13 bis 15 dargelegt wurde, bezeichnet die Konstruktion ... *ni* ... *wo miru* in 1: 50 etwas von einem bestimmten Standpunkt aus zu sehen, der mit *ni* ausgewiesen ist. In 1: 38 tritt zwischen *ni* und dem Sehen eine Nebensatzkonstruktion zur „hoch errichteten Halle als Ort des hohen Regierens",[8] aber das Prinzip greift auch dort, und 1: 38 und 1: 50 verstärken somit das Verständnis eines höher gelegenen Aussichtspunktes in 1: 28, der kein natürlicher mehr war, sondern ein Gebäude. Die Stadtanlage war vermutlich noch nicht fertiggestellt, der Hof dagegen bereits funktionsfähig.

Die Position der drei Gedichte Hitomaros zur verwilderten Hauptstadt unmittelbar nach Jitōs Eröffnung dürfte deren Bedeutung umso mehr hervorheben. Der neue Hof wurde 694 bezogen, und die Gedichte stellen der Kapitelüberschrift und 1: 28 folgend Inhalte aus diesem Epochen-Raum dar. Da die alte Hauptstadt am Biwa-See im Jahr 671 Feuerkatastrophen erlebte und 672 nicht nur verlassen, sondern „deliberately dismantled" (Duthie 2014: 321) wurde, waren bis zum Besuch der überwucherten Reste – Grundsteine, Mauern, Böden, Fundamente für die Pfeiler oder verrottete Gebäude – vermutlich mehr als zwei Jahrzehnte vergangen. In der Textgeschichte der Gedichte betrifft das vielleicht nur die Endfassung, denn bei den eingeschobenen Versen wird gewöhnlich eine Vorfassung vermutet (siehe unten). Sollte die Urauswahl in den späteren 690er Jahren entstanden und Hitomaros Gedichte dafür überarbeitet worden sein, läge zwischen den Ereignissen zu Beginn der 670er Jahre und der autorisierten Fassung beziehungsweise der Gegenwart der Erstrezeption über ein Viertel Jahrhundert. In der literarischen Inszenierung war gewiss weniger das Wissen um das exakte Datum der Reise als der Aspekt der fernen Vergangenheit von Bedeutung. Die Vergangenheit kann aber nur dann als überwun-

8 Während Jomei Tennō in 1: 2 die Landesschau noch vom Berg „Kaguyama" vollzieht und das Gedicht damit auf eine alte Ritualpraxis zurückgreift (vgl. Wittkamp 2014b: 486, Index „kunimi"), liegt in Hitomaros 1: 38 eine literarische und zugleich kulturelle Verfremdung vor, indem der Berg dem hoch errichteten Gebäude weicht. In der Formulierung 高殿乎 高知座而 *taka-dono wo / taka-shiri-mashi te* bedeutet 知 *shiru*, wörtlich „wissen, kennen", „[die hohe Halle] errichten", aber das Wort steht zugleich für „[hohes] Herrschen, Regieren". Die literarische Verfremdung zeigt sich somit auch im Detail.

den gelten, wenn die Zeit ihrer Wahrnehmung bekannt ist. Vielleicht stehen die Gedichte aus diesem Grund unmittelbar nach 1: 28, denn dieses Gedicht markiert die Gegenwart. Um das nochmals zu betonen: Alle folgenden Gedichte der Urauswahl repräsentieren diese Gegenwart, und erst die Anmerkungen und späteren Ergänzungen machen daraus Vergangenheit. Eine Lesung als Urauswahl muss daher die Anmerkungen ausblenden, aber eine Lesung im Sinn der Konzeptionstheorien beruht auf dem als Ganzes vorliegenden Werk.

Die Anmerkung nach 1: 34 mit der Angabe „Akamitori 4. Jahr" (690) und die Anmerkung nach 1: 39 mit Verweisen auf Yoshino-Reisen von 689 bis 691 lenken das Verstehen von Hitomaros Gedichten 1: 29 bis 31. Denn so erklären sich die Vermutungen zur Entstehung der Gedichte vor 690, die Torquil Duthie (2014: 197–198) jedoch zurückweist, da sie eben am Anfang der „Fujiwara palace section" stehen. Die Entstehung der Gedichte ist zwar von dem Problem der Kompilation und Einordnung zu trennen, aber es fragt sich schon, warum die Forschung der Anmerkung zu Hitomaros Yoshino-Gedichten 1: 36 bis 39 so viel Vertrauen schenkt. Zum einen führt sie nicht alle im *Nihon shoki* für diesen Zeitraum genannten Reisen an, und zum anderen reiste Jitō bis 701 noch mehrmals nach Yoshino (vgl. SNBT 4: 506–509, SNBZ 6: 49, Wittkamp 2023b). Selbst bei Abzug der fünf Reisen in den kalten Wintermonaten, die angesichts der Gedichtinhalte unwahrscheinlich erscheinen,[9] blieben noch andere Möglichkeiten. Vermutlich waren die Bearbeiter um eine Abstimmung ihrer Anmerkungen bemüht. Wenn sie in der Anmerkung zu 1: 44, die noch genauer zu untersuchen ist, Jitōs Reise nach Ise als ein Ereignis im 6. Jahr Akamitori (692) identifizieren, gingen sie wohl davon aus, dass die vorangehenden Gedichte für frühere Ereignisse stehen. Für die Rezeptionsgeschichte sind das wichtige Hinweise, da sie mit dem Verlangen nach chronologischer Ordnung der Gedichte einen Wandel der Wahrnehmung zu erkennen geben. Mit der Verinnerlichung der Schrift lässt sich dieser als Geschichtsbewusstsein verstehen, dessen erster großer Meilenstein das *Nihon shoki* war.

Dann drängt sich freilich die Frage nach dem Verständnis der Kapitelüberschriften auf. In der Anmerkung zur Kapitelüberschrift „Fujiwara no Miya" heißt es, dass die unter ihrem postumen Namen genannte Jitō 697 den Thron an ihren Enkel Karu überließ und ihr „erlauchter Titel »Taijō Ten-

9 Omodaka (1: 297) hält fest, dass die angeführten Reisen aus der „relativen Frühzeit" von Jitōs Regierungszeit sowie zwischen Frühling und Herbst stattfanden. Eine Reise bezeugt das Neujahr, eine den 2. Monat, und beide fallen somit in die kälteste Jahreszeit mit Schnee und Eis. Vergnügungsreisen waren das gewiss nicht. Er (1: 298) schließt die Möglichkeit der Entstehung von Hitomaros Gedichten auf unterschiedlichen Reisen nicht aus, plädiert aber dagegen.

nō«“ lautet.[10] Wie die Jahresangabe der Anmerkung bezeugt, fand die Abdankung drei Jahre nach dem Umzug an den Hof Fujiwara no Miya statt. Die Kapitelüberschriften wurden somit vermutlich nicht mehr als übergeordnete Ordnung aufgefasst, welche die nachfolgenden Inhalte ausrichtet. Das zeigt auch die oben angesprochene Nivellierung von Kapitelüberschriften und Gedichttiteln im Inhaltsverzeichnis zum ersten Band im Genryaku-*kōhon* (→ „Gedichttitel und narrative Bindungen“).

Duthie liest übrigens die Gedichte 1: 28 bis 53 als „sequence“,[11] aber nicht auf der Grundlage einer durchgehenden Chronologie, sondern im Rahmen der „imperial lineage“, also in einer genealogischen Ordnung – auch das gibt einen Einblick in die Rezeptionsgeschichte. Den Grund für die Platzierung von Hitomaros Gedichten 1: 29 bis 31 zur verwilderten Hofanlage „first in the Fujiwara palace section“ sieht er in der Thematisierung von Tenjis alten Hauptstadt. Dass mit 1: 34 und 35 zwei Stücke von Tenjis Kindern Kawashima no Miko und Abe no Himemiko von einer Reise nach Ki folgen, erachtet er nicht als Zufall, aber die Möglichkeit der späteren Beifügung rückt nicht in den Blick.

## Besuch bei der verwilderten Ōmi-Hofanlage: 1: 29 bis 33

Für die historischen Zusammenhänge und die Rezeptionsgeschichte von Bedeutung ist das Ausbleiben von Anmerkung bei manchen Gedichten, zu denen auch die im Folgenden zu untersuchende Sequenz gehört.[12] Sollte bei Unklar-

10 Der angegebene Name 高天原廣野姫天皇 Takama no Hara Hirono Hime Sumera Mikoto (Lesung nach SNBZ 6: 41) ist identisch mit der Angabe im *Nihon shoki* (vgl. SNBZ 4: 472) sowie der *Shoku nihongi*-Angabe in „Monmus Vorgeschichte“ (vgl. SNBT 12: 3). Nach Jitōs Tod ändert das *Shoku nihongi* den Namen jedoch zu 大倭根子天之広野日女尊 Ōyamato Neko Ame no Hirono Hime no Mikoto (vgl. SNBT 12: 75 und dazu Wittkamp 2018a: 327–328). Auf den Namensbestandteil „Takaama no Hara“ ist bei der Besprechung der *banka*-Gedichte zurückzukommen.

11 Vgl. Duthie 2014: 198, der „sequence“ in kleinere „sequences“ unterteilt und auch von „historical sequence“ (im Singular und Plural) spricht; vgl. ebd. S. 178, 185, 194–195. Sein Sequenzbegriff bezieht sich auf die Aneinanderreihung von Gedichten ohne Berücksichtigung narrativer Zusammenhänge, aber der Verbund mit dem Genealogiebegriff gibt die Vorstellung einer historischen Chronologie zu erkennen.

12 Lorenzen (1927: 7–9) bietet eine Übersetzung der Gedichte Hitomaros, aber die Verdeutlichung des Aufbaus erfordert eine Berücksichtigung der Versfolgen sowie der Satzstrukturen. Die *makura-kotoba*, „Kopfkissenwörter“, die zu den rhetorischen Mitteln der Sammlung gehören, stehen Ortsnamen oder anderen Phrasen voran, und die Kommentare machen auf Hitomaros Kreationen und Resemantisierungen aufmerksam. Zur besseren Darstellung der Satzstruktur oder aus Unklarheit werden sie nicht immer übersetzt, aber Vovin (ab 2009) widmet ihnen aufgrund ihrer vermutlichen Wurzeln in oralen Tra-

heiten der Grund für das Fehlen einer Anmerkung ein Materialmangel gewesen sein, hätte die Anmerkung „unbekannt“ erfolgen können, wie sie gelegentlich zu beobachten ist. Die Angaben im Titel wurden also weder angezweifelt noch waren sie unklar. Der Gedichttext enthält eingeschobene Alternativverse, welche die Forschung als *ibun* 異文, „andere Fassung“ oder „Fremdtext“, beschreibt. Zu erkennen sind sie an kleineren Schriftzeichen, die je nach Abschrift in ein oder zwei Zeilen eingefügt wurden. Darauf ist in den Erläuterungen zu den Versen einzugehen, aber sie stellen auch ein Problem der Rezeption dar, das bei der Besprechung der *sōmon*-Gedichte 2: 131 bis 139 näher zu betrachten ist, die ebenfalls von Hitomaro stammen. Das Beifügen von Alternativversen kommt zwar bereits in dem Kurzgedicht 1: 12 vor, aber dort stehen die beiden Verse nach dem Gedicht und sind als „Kopf“ (頭 *kami*, Lesung nach SNBZ 6: 32) ausgewiesen, was sich auf die ersten beiden Verse bezieht.

Eingeschobene Alternativverse kommen somit zuerst in 1: 29 vor und sind typisch für Hitomaros Texte. Man geht unter anderem von Verbesserungen auf schriftlicher Ebene (*suikō* 推敲) aus, was Saijō Tsutomu (2009: 139–170) jedoch ablehnt. Auf der Grundlage der beiden Aspekte „Stil (*buntai* 文体)“ und „Ideenfindung, Idee (*hassō* 発想)“ gelangt er (S. 144) zu dem Ergebnis, dass die „Alternativtexte (*ibun-kei* 異文系) im Stil der Rezitation (Lesen mit Stimme)“ und die „autorisierten Fassungen (*honbun-kei* 本文系) im Schreibstil ([stilles] Lesen als Schriftzeichen)“ verfasst wurden. Bezüglich der „Ideenfindung“ gehören die Alternativtexte zum „Ort der mündlichen Rezitation“ und seien „wirklichkeitsnah sowie an die Umstände angepasst“. Die autorisierten Fassungen haben sich dagegen sowohl zeitlich als auch räumlich vom Ort der oralen Rezitation entfernt und neigen zur „Selbständigkeit / Unabhängigkeit (*jiko kanketsu* 自己完結)“. Weiterhin vermutet Saijō (S. 150), dass die Änderungen nicht bei jedem Gedicht einzeln, sondern gemeinsam vorgenommen wurden. Einleitend listet er (S. 141–143) sämtliche *honbun*- und *ibun*-Texte Hitomaros auf und fasst die Effekte zu Stichworten zusammen; in den Anmerkungen ist darauf zurückzukommen. Beim ersten Austausch im vierten Vers von 1: 29 seien das „zeitlich“ (御世従 *mi-yo yu*, „seit der Generation“) im *honbun*-Text versus „räumlich“ (自宮 *miya yu*, „von den Höfen“) im *ibun*-Text. Saijōs Vorschläge werden im Folgenden – mit Beschränkung auf die vorliegende Sequenz – exemplarisch als Anregung genannt. Die fünf Gedichte der Sequenz lauten wie folgt:

---

ditionen, was allerdings gerade in Hitomaros Gedichten nicht der Fall sein muss, viel Aufmerksamkeit.

Zu der Zeit des Passierens der verwilderten Ōmi-Hauptstadt[13] verfasste Kakinomoto *no asomi* Hitomaro Gedichte.

*tama-dasuki* / Am Berg Unebi / In Kashihara[14] / Seit der Ära der weisen Herrscher [auch heißt es: von den Herrscherhöfen] / (5) Die [dort] geborenen / All die gottgleichen [Herrscher] / *tsuga no ki no* / Einer nach dem Anderen / Obwohl das Reich unterm Himmel / (10) Sie [von dort] regierten [auch heißt es: *meshikeru*] / *sora ni mitsu* / Hatte [er = Tenji] doch Yamato hinter sich gelassen, und / *awoniyoshi* / Überquerte die Nara-Hügel [auch heißt es: *sora-mitsu* Yamato verlassen *awoniyoshi* die Nara-Hügel überquert][15] / (15) Was denn nur / Geruhte [er = Tenji] zu denken? [auch heißt es: *omohoshikeme ka*] / *ama-zakaru* / Obwohl es Barbarenprovinz ist[16] / *iha-bashiru* / (20) Im Lande Ōmi / In Sasanami / Am Hof von Ōtsu / Das Unterm Himmel / (25) [Dort] regiert zu haben, wie es heißt / Des Herrschers / Selbst eine Gottheit / Großpalast / War hier, so hören wir und, doch / (30) Die Große Halle / War hier, so sagt man, und doch / Die Pflanzen im Frühling / wuchern gar so dicht / Dunst steigt auf / (35) Und vernebelt die Frühlingssonne [auch heißt es: Dunst steigt auf, oder ob es die neblige Frühlingssonne ist? Oder ob es das Wuchern der Sommerpflanzen ist?][17] / *momoshiki no* / Der Ort

---

13 Das Schriftzeichen 都, das eher für „Hauptstadt, Hof" steht, weicht im Gedichttext den Beschreibungen mit 宮 *miya*: 大津宮 Ōtsu no Miya, 大宮, „der große Hof", und 大宮處, „der Ort des großen Hofes".

14 „Kashihara" ist der Name des legendären Jinmu-Hofes. Das Gedicht beginnt also mit dem Verweis auf den ersten Tennō und nicht wie die Urauswahl mit Yūryaku.

15 Das Kopfkissenwort *sora-mitsu* besitzt nur vier Silben, wodurch der Vers unregelmäßig ist. Auch *Yamato wo oki* hat nur sechs Silben, aber die verbesserten Verse entsprechen den Silbenvorgaben. Der Austausch betrifft vier Verse.

16 Die Bezeichnung als „Provinz (夷 *hina*) fern vom Himmel" dürfte über „außerhalb der Kinai-Region" (SNKZ 6: 43) hinausgehen. 夷 steht im Klassisch-Chinesischen für die nordöstlichen Barbaren (vgl. Kroll 2015), wird in den meisten Kommentaren jedoch gegen 鄙 *hina* ausgetauscht, was im Sinn von „Fremde" gleichbedeutend ist, aber keine Richtung anzeigt und weniger Wertung besitzt; vgl. auch Duthie 2014: 341. Von Asuka aus gesehen ist 夷 geographisch zutreffend.

17 Saijō (2009: 141) fasst wie gesehen den Austausch der vier Verse als „Schriftstil" im *honbun*-Text versus „Rezitationsstil" im *ibun*-Text zusammen. Dem SNBZ-Kommentar (6: 43) zufolge bilden die vier Verse der Erstfassung „der Form nach einem bloßen Fragesatz", drücken aber realiter eine Vermutung darüber aus, warum die Palastruinen nicht mehr zu sehen sind. Das „sommerliche Pflanzenwuchern" sei keine reale Landschaft. 春草 *haru-kusa* (Vers 32) kommt im *Man'yōshū* hier das erste und danach als Nomenkompositum noch drei Mal sowie zwei Mal als Kopfkissenwort *haru-kusa no* vor; vgl. Omodaka 1977: 197. Beispiele aus der klassisch-chinesischen *shi*-Dichtung 詩 belegen das „lyrische Wort" im Zusammenhang mit der alten und verfallenen Hauptstadt und zur Verdeutlichung der Unbeständigkeit der Natur gegenüber der Vergänglichkeit des Menschlichen (vgl. SNBT 1: 35–36) – ein Thema, mit dem Hitomaro offenbar vertraut

des Großen Palasts / Wenn wir das sehen, ach wie traurig! [auch heißt es: Wenn wir/ich ihn sehen, ach wie bedrückend!][18] (1: 29)

*tama-ta-suki / Unebi no yama no / Kashihara no / hi-jiri no mi-yo yu* [*aru ha ifu miya yu*] / (5) *a-re-mashi-shi*[19] / *kami no kotogoto / tsuga no ki no / iya tsugi-tsugi ni / Ame no Shita* / (10) *shirashi-meshi-shi wo* [*aru ha ifu meshi-keru*][20] / *sora ni mitsu / Yamato wo oki-te*[21] / *awo-ni-yoshi / Nara-yama wo koye* [*aru ha ifu soramitsu Yamato wo oki awo-ni-yoshi Nara-yama koyete*] / (15) *ika-sama ni / omohoshi-mese ka* [*aru ha ifu omohoshi-ke-me ka*][22] / *ama-zakaru / hina ni ha are do / iha-bashiru* / (20) *Ōmi no*

war (vgl. SNBZ 7: 237, Itō 4: 217). Der später aus einem Haiku (1689) von Matsuo Bashō 松尾芭蕉 (1644 bis 1694) bekannte Ausdruck 夏草 *natsu-kusa*, „Sommerpflanzen", sei zwar als „Wort der *uta*-Dichtung" (*kago* 歌語) häufig (im *Man'yōshū* sieben Belege als Nomen und sechs als *makura-kotoba*; Omodaka ebd. S. 176), nicht aber im *shi*-Gedicht (vgl. SNBT ebd.). Bashōs Haiku ist in Verbindung mit 春草 aus dem Gedicht *Chun wang* 春望, „Frühlingsanblick", von Du Fu 杜甫 (712 bis 770) zu sehen, aber der Ausdruck weicht dem 夏草; vgl. Wittkamp 2015: 108–111. In 1: 30 verläuft dieser Prozess somit umgekehrt (夏草 → 春草).

18 Saijō (2009: 141) beschreibt den Austausch als „subjektiv" im *honbun*-Text versus „objektiv" im *ibun*-Text". Das Adjektiv *sabushi* scheint eine alte Form von *sabishi*, „traurig, bedrückt, verlassen", zu sein; vgl. SNBZ 6: 44, Omodaka 1983: 339.

19 Die Phrase *aremashishi* besteht aus *aru* (untere zweistufige Flexion), „geboren werden / [in Erscheinung] sein", + honorativ *-masu* + *-ki*, Vergangenheit in Attributivform.

20 Die Verbphrase *shirashimeshishi wo* (*shiru* + honorativ *-su* + honorativ *-meshi* + Vergangenheit *-ki*, attributiv + *wo*) lautet im *ibun*-Text *shirashimeshi-keru*, mit *-keri* (plötzliches Bemerken, Herkunft, Vergangenheit) in Attributivform. Saijō (2009: 141) sieht ein „Trennen" im *honbun*-Text versus „Nicht-Trennen" im *ibun*-Text. In der autorisierten Hauptfassung liegt durch *wo* ein konzessiver Nebensatz vor, aber in der Alternativfassung stehen die Verse als attributive Ausschmückung zu Yamato.

21 Die Kommentare scheinen *te* als Postposition zur Verbindung von Handlungen im Sinn von Handlung A und dann Handlung B zu verstehen. Angesichts des Gebrauchs von *oki-te* in der Dichtung Hitomaros ist *te* (+ *wo*) aber auch als Konjunktionalform des Hilfsverbs *-tsu* zum Ausdruck des perfektiven Aspekts beziehungsweise assertorisch als Betonung einer abgeschlossenen Handlung zu verstehen; auf das Problem ist bei Hitomaros Iwami-*sōmon*-Dichtung zurückzukommen. Balmes (2022: 34) zufolge werden die Kategorien der Ordnung, Dauer und Frequenz, die sich auf die Ordnung im Diskurs beziehen und nicht auf die „Zeit im engeren Sinn", mittels Aspekts ausgedrückt, wogegen das Tempus vor allem auf die Kommunikationssituation bezogen sei. Es bleibt zu prüfen, ob das auch für das altjapanische Erzählen gilt, aber die Analysen zu 2: 131 bis 137 ergeben, dass die Aspektmarkierung *-nu* auf das erzählte Ich verweist.

22 SNBZ (6: 43) und Inaoka (1: 28) erläutern die Formulierung *-keme ka* im alternativen Entwurf als Verschmelzung von *-kere ka* (*-keri* + *ka*, Fragepartikel) und *-keme ya* (*-kemu*, Vermutung zur Vergangenheit, Hörensagen, Konditionalform, + *ya*, Fragepartikel), Aso (1: 130) jedoch lediglich als *-kemu* + *ka*. Inaoka (ebd.) zufolge liegt in der Alternativfas-

*kuni no / Sasanami no / Ōtsu no miya ni / Ame no Shita /* (25) *shirashi-meshi-kemu*[23] */ sumeroki no / kami no mi-koto no / oho-miya ha / ko-ko to kike do mo /* (30) *oho-tono ha / ko-ko to ihe do mo / haru-kusa no / shigeku ohi-taru / kasumi tachi /* (35) *haru-hi no kire-ru* [*aru ha ifu kasumi tachi haru-hi ka kire-ru natsu-kusa ka shigeku nari-nu-ru*] */ momo-shi-ki no / oho-miya-dokoro / mire ba kanashi mo* [*aru ha ifu mire ba sa-bu-shi mo*]

| | |
|---|---|
| *Sasanami no* | In Sasanami |
| *Shiga no Karasaki ha* | Das Kara-Kap[24] bei Shiga – |
| *sakiku are do* | Ist [voller Glück] wie immer doch[25] |
| *oho-miya hito no* | Auf der Menschen vom Großen Hof |
| *fune ma-chi-kane-tsu* | Boote kann es nicht mehr warten[26] (1: 30) |

sung ein Satzschluss vor. Die autorisierte Phrase *omohoshimese ka* wiederum ist *omohoshi* (*omofu* + honorativ *-su*, Konjunktionalform) + honorativ *-mese* (*-mesu*, Konditionalform) + *ka*. Inaoka (1: 26) und Aso (1: 130) setzten *omohoshimese ka* mit *omohoshimese ba ka* gleich, ohne das allerdings zu erläutern; zu weiteren Auslegungen vgl. Duthie 2014: 345–346. Saijō (2009: 141) fasst als „Gegenwartsform" im *honbun*-Text versus „Vergangenheitsform" im *ibun*-Text zusammen.

23 Das Verbalsuffix *-kemu* steht für Vermutungen zur Vergangenheit oder Hörensagen und bezieht sich zum einen auf die Verse 15 und 16, auf die zurückzukommen ist, und steht zum anderen als Ausschmückung attributiv dem Herrscher in Vers 26 und 27 voran; SNBZ (6: 43) beschreibt als verketteten Satzaufbau. Die Verse 16 bis 25 bilden vermutlich ein Konstrukt aus Verb in Konditionalform (*omohoshi-mese*) + Fragepartikel *ka* + Verb in Attributivform (*-kemu*), das in rhetorischen Fragen wie *omohe ka ... wasure-tsuru* (erinnern versus vergessen) in 6: 617 vorkommt; vgl. Wittkamp 2014b: 103, 110.

24 SNBT (1: 36) oder SNBZ (6: 44) überführen 辛碕 in 唐崎, wodurch das Kap zum „China-Kap (唐 Tang, Kara)" wird. Vermutlich beruht die Konvention auf dem heutigen Ortsnamen 唐崎, der literaturgeschichtlich als eine der acht Ansichten von Ōmi (Ōmi *hakkei* 近江八景) bekannt ist, die wiederum – mit einem See in China – aus der klassisch-chinesischen Literatur stammen. Vovin (2017: 99–100) übersetzt in „Korean promontory" und weist darauf hin, dass *kara* in älteren Texten eher für Korea steht. Den Namen „Sasanami", der in 1: 31 mit Lautzeichen wiederholt wird, bringt er (S. 96) angesichts der Verschriftung mit 樂浪 ebenfalls mit der koreanischen Halbinsel in Verbindung.

25 Die Wortbestandteile *saki* („Kap" / „Glück") in *Kara-saki* und *saki-ku* (*ki* in der *kō-on*-Variante) hängen über die Aussprache zusammen, und diese oder ähnliche Verbindungen kommen auch in anderen Gedichten vor. Uchida (2005) paraphrasiert mit „bekommt nach wie vor seine Glückwunschsegen, aber ... (*kawaranu shukufuku wo ukete-iru ga* 変わらぬ祝福を受けているが)". Diese Lobpreisung ist mitzulesen. 大宮人 *oho-miya-hito* wurde auf einem *mokkan*-Brettchen aus Heijō-*kyō* nachgewiesen (vgl. SNBT 1: 36), ist also vermutlich ein gewöhnlicher Ausdruck, der auch in der Sammlung wiederholt vorkommt.

26 Anthropomorphisierende Übersetzung nach SNBZ 6: 44, die darin das „Gefühl der Einsamkeit" herauslesen; vgl. auch Inaoka 1: 29. Lorenzen (1927: 8) ergänzt in beiden Ge-

| | |
|---|---|
| *Sasanami no* | [Wie] In Sasanami |
| *Shiga no* [*ichi ni ifu Hira no*] *oho-wa-da* | Die große Bucht von Shiga [an anderer Stelle heißt es „Hira no"][27] |
| *yo-do-mu tomo* | Mag sie auch trüben [stillstehen][28] |
| *mukashi no hito ni* | Die Menschen von früher |
| *mata mo aha-me ya mo* | Noch einmal sehen können? [Wohl kaum] |
| [*ichi ni ifu ahamu to* [*o*]*mo-he ya*] | An anderer Stelle heißt es: „Könnte [ich etc.] denken, sie wiederzusehen?[29] [wohl kaum] |
| | (1: 31) |

Takechi no Furuhito fühlte Traurigkeit gegenüber der alten Hauptstadt und verfasste Gedichte. In einem Buch heißt es: „Takechi *no muraji* Kurohito".

| | |
|---|---|
| *inishihe no hito ni* | Wie Menschen von früher – |
| *wa-re are ya* | Bin ich denn auch so einer? [Wohl nicht, aber] |
| *Sasanami no* | In Sasanami |
| *furuki miyako wo* | Die alte Hauptstadt |
| *mire ba kanashiki* | Sehe ich sie (als/da ich sie sah), ach wie traurig! |
| | (1: 32) |

| | |
|---|---|
| *Sasanami no* | In Sasanami |
| *kuni tsu mi-kami no* | Die Gottheiten der Erde |
| *ura-sa-bi te* | Im Herzen betrübt und |
| *aretaru miyako* | Die Hauptstadt verwilderte |
| *mire ba kanashi mo* | Sehe ich sie (s.o.), macht es mich traurig! (1: 33) |

Das Langgedicht ist durch deutlich narrative Züge gekennzeichnet, wogegen die Kurzgedichte eher wie Momentaufnahmen erscheinen und in ihrem Gehalt

---

gengedichten „ich" und löst damit die Anthropomorphisierung auf. Es gibt im Altjapanischen zwei verschiedene Wörter *kanu*, und trotz der Verschriftung mit 兼 lesen alle Kommentare im Sinn der Verschriftung mit 不勝 und 不得, „nicht können", was allein Sinn macht. In der Bedeutung „nicht können" kommt das Wort nur in der Indefinitform *kane* (*ya mo*) und Konjunktionalform *kane-*(*tsu*) vor; vgl. Omodaka 1: 266, 1983: 205.

27 Saijō (2009: 141) beschreibt den Austausch als „an den [textuellen] Kontext angepasst" im *honbun*-Text versus „wirklichkeitsnah" im *ibun*-Text.

28 Uchida (2005) zufolge ist in *yodomu*, „[Wasser] trübe werden", das Stillstehen der Zeit eingeschrieben. Konditionalform + Fragepartikel *ya* in *mata mo aha-me ya mo* – beziehungsweise *ahamu to* [*o*]*mo-he ya* in der Erstfassung – ist eine [stereotype] rhetorische Form am Satzende (*hangoteki bunmatsu keishiki* 反語的文末形式, SNBZ 6: 44).

29 Saijō (2009: 141) beschreibt den Austausch zusammenfassend als Bedeutungsverstärkung.

lyrischer als das Langgedicht wirken. Das Verhältnis von Hitomaros narrativen Langgedichten zum lyrischen Charakter der Kurzgedichte bestätigen die folgenden Untersuchungen von drei weiteren Gruppen aus seiner Hand. Wie die altgriechischen Epen mit ihren Hexametern, die klassisch-chinesische Erzählung im Vier-Sechs-Stil oder auch das *Hildebrandslied* mit seinen formal gegliederten (Stabreim-)Langzeilen zeigen,[30] lässt sich das schriftlich fixierte Erzählen vor der Ausdifferenzierung in die Gattungen der Lyrik und Epik unter formalen Aspekten nur bedingt – beispielsweise durch Zeilenumbrüche – von „Lyrik" unterscheiden.[31]

Die originale Verschriftung im *Man'yōshū* dürfte den Vorgaben kontinentaler Manuskripte gefolgt sein und die Texte in Zeilen mit festgelegter Anzahl an Schriftzeichen fixiert haben, die durch Zeilenumbrüche, Titel, Kurztitel wie 短歌 *tanka* oder 反歌 *hanka* etc. voneinander getrennt waren. In Hitomaros Gruppen und Sequenzen der ersten beiden Bände finden sich beide Bezeichnungen wie *tanka* in der Gruppe 1: 45 bis 49 mit vier Kurzgedichten. In der Yoshino-Dichtung 1: 36 bis 39 mit zwei Langgedichten, den noch zu untersuchenden Gruppen 1: 40 bis 44 und 2: 131 bis 139 aus der *sōmon*-Abteilung sowie 2: 167 bis 169 aus der *banka*-Abteilung sind die Kurzgedichte jeweils als *hanka* ausgezeichnet, und erst danach wieder als *tanka*. Diese unterschiedliche Bezeichnung findet sich auch bei anderen Gedichten, aber „allgemein" laute die Bezeichnung *hanka*-Gegengedicht (vgl. SNBZ 6: 52).

## Duthies „first-person voice"

In seiner Untersuchung weist Torquil Duthie (2014: 339) die Auffassung zurück, dass es Hitomaro selbst war, „who »visits« (過) the Ōmi capital". Damit spricht er ein allgemeines Problem von Peritexten an (vgl. Klimek 2019, Wittkamp 2021a, Index), aber die Implikationen widersprechen der klassisch-chinesischen Dichtung. Niemand zweifelt dort den Besuch der im Titel genannten Figur an – sei es auch in fiktionaler Rede. Ferner beachtet Duthie nicht 時, „Zu der Zeit, als …", denn die beiden Angaben 過 und 時 erzeugen gemeinsam

30 Die aus dem frühen neunten Jahrhundert stammende Niederschrift des *Hildebrandslied* enthält achtundsechzig Langzeilen und bricht danach jäh ab. Die „Langzeile ist das formale Grundelement des epischen Stabreimverses" und besteht zunächst aus der An- und der Abzeile, die aber wiederum formal gegliedert sind; vgl. Rothmann 1997: 14.

31 In der Einführung zu *Lyrische Narrationen – Narrative Lyrik* beschreiben die Herausgeber die literarischen Phänomene im Rahmen von „Generischen Transgressionen und Interferenzen"; vgl. Bleumer und Emmelius 2011. In Japan ist das *Man'yōshū* die älteste Literatursammlung, sodass es keine älteren Belege für unterschiedliche Genres gibt. Den Zeitgenossen waren jedoch klassisch-chinesische Genres bekannt, und trans- sowie intergenerische Experimente sind durchaus denkbar.

*einen* Chronotopos. Diese konventionell voreingestellte Situation evoziert eine Sprechinstanz, die sich wie angegeben vor Ort befand, und die Rezeption im achten Jahrhundert verstand darunter den Autor selbst. Die im Text belassenen Vor- oder Alternativfassungen wiederum implizieren zwei unterschiedliche Entstehungszeiten, die ebenfalls einen Verfasser nahelegen, der sich zur angegebenen Zeit vor Ort befand. Die wohl naheliegendste Vorstellung ist ein Bild, in dem jemand vor Ort die Gedichte verfasste und diese später für die Präsentation am Hof aufarbeitete. Wie sollte das in der Rezeption anders funktionieren? „Zu der Zeit, als XYZ die verwilderte Hauptstadt besuchte“, befand sich „Hitomaro“ an einem anderen Ort und verfasste ein Gedicht, in dem die Wahrnehmungen von XYZ zum Ausdruck kommen? Das wirkte extrem konstruiert, kompliziert, und dass fiktionale Rede bereits so komplex ausdifferenziert war, ist zu bezweifeln – erst recht in diesem offiziellen Rahmen.

Weiterhin sieht Duthie in 1: 29 eines der berühmtesten *Man'yōshū*-Gedichte, aber es herrsche kaum Übereinstimmung darin, wie es zu interpretieren sei, was er auf die „ambiguous nature of the first-person voice“ zurückführt.[32] Misaki (2005: 185–196), der sich in der Untersuchung zu 1: 29 ausgerechnet dieser Frage entzieht, den „Erzähler“ (*katarite*) aber – wie in allen Gedichten – als gegeben voraussetzt, scheint Duthie Einschätzung indirekt zu stützen.[33] Wie Itō identifiziert Duthie (S. 339) „two main types of headings“, aber im Titel zu 1: 29 stünde lediglich, dass Hitomaro die Gedichte verfasst habe (作歌). Das grammatische Subjekt des Besuchens sei nicht eindeutig festgelegt, was bedeutet, „the first-person voice“ nicht mit Hitomaro gleichsetzen zu können. Hier böte sich Misakis Beschreibung als Erzähler an, aber Duthie (S. 334–352) geht insgesamt von absichtlich erzeugter Ambiguität aus, zu der seiner Meinung nach weiterhin die beiden eingeschobenen Verse *ikasama ni omohoshimese ka*, „Was wohl geruhte er zu denken?“, beitragen (S. 341). Denn dass

32 Vgl. Duthie (2014: 337–339). Dort weist er auch auf die Beliebtheit der beiden Gegengedichte 1: 30 und 31 seit dem Mittelalter hin und führt deren Aufnahme in die poetologischen Schriften *Korai fūteishō* 古来風躰抄 (1201) von Fujiwara no Shunzei 藤原俊成 (1114 bis 1204) und *Man'yō-shō* 万葉抄 (vor 1482) von Sōgi 宗祇 (1421 bis 1502) an. In Shigenos (2012: Y28) Auswertung der fünfzehn Anthologien der einhundert besten *Man'yōshū*-Gedichte sind 1: 29 in drei, 1: 30 in fünf und 1: 31 in drei Sammlungen aufgenommen. 1: 29 und 1: 30 kommen in einer Auswahl von 1815 und 1: 30 sowie 1: 31 jeweils einmal in zwei Sammlungen aus dem Jahr 1935 vor. Die übrigen sieben Belege sind Auswahlanthologien ab 1983. Die Kanonisierung nach Kōnoshi und Sakamoto 2005, die sich ohnehin auf Kurzgedichte beschränkt, berücksichtigt lediglich 1: 30 (= Uchida 2005).

33 Misaki (2005: 186) lässt den Erzähler nicht einfach unberücksichtigt, sondern widmet sich stattdessen der Frage, auf welches „Denken der Verfasser (*sakusha*)“ abzielte (S. 193).

sich „the first-person voice of the poem" frage, aus welchen Motiven der Herrscher in die „barbarische" Provinz zog, widerspreche dem damaligen Wissen im „living memory", zumal Duthie davon ausgeht, dass viele Angehörige des Jitō-Hofs selbst am Ōmi-Hof gelebt hatten.[34] Den Grund für die „intentionale" Beschreibung von Ōmi no Ōtsu no Miya als „provinziell" (*hina*) sowie die inszenierte Unkenntnis der Motive für die Hautstadtverlegung sieht Duthie (S. 342) darin, den Ōmi-Hof als einen Ort zu definieren, der für „the first-person voice of the poem" und „in der Verlängerung" auch für die Zuhörerschaft am Jitō-Hof fremd gewesen sei.

In „the voice of the Ōmi poem" sieht er (S. 343) keinerlei Hinweise, die auf ein konkretes Individuum wie Hitomaro deuten. Tatsächlich bietet das Gedicht verschiedene Hinweise auf ein Erzählmedium, aber Duthie zufolge sei bei der „Stimme des Gedichtes" lediglich davon auszugehen, dass sie den Jitō-Hof repräsentiert, der „gewissermaßen vortäuscht", den Ōmi-Hof nie selbst erlebt und die Ereignisse nicht im „living memory" zu haben. Das bedeutete inklusive Jitō Tennō, die damit ihre eigene Vergangenheit – bei der Hauptstadtverlegung war sie über zwanzig Jahre als – und die ihres Vaters nicht gekannt hätte. Was aber wäre das für eine Herrscherin?! Und wie könnte es ortskundige Führer geben, die mehr als diese wüssten?

Duthie ist in seiner Feststellung der Ambiguität sicherlich Recht zu geben, wenn sich auch Intentionalität kaum nachweisen lässt und die Ambiguität vielleicht eher ein Problem der heutigen Zeit ist. Das Erzählmedium selbst liefert zahlreiche Hinweise, seine frühere Existenz als das im Hier und Jetzt denkende und wahrnehmende erzählte Ich konkretisieren zu können. Es fragt sich, ob eine solchermaßen komplex fingierte Situation wie sie Duthie vorschwebt, die das gegenseitige Verständnis der Produktion und der Rezeption beträfe, am Anfang der japanischen Literatur möglich war. Wäre nicht – in der damaligen Rezeption – die Vorstellung einer Reisegruppe mit Hitomaro als Teilnehmer wesentlich plausibler, selbst wenn sie nicht so konkret wie Itōs Vermutung ausfiele? Zu bedenken sind dabei drei Aspekte. Zum einen liegen zwischen der Rezeption Mitte oder Ende der 690er Jahre und den Ereignissen zu Beginn der 670er Jahre nicht „mere twenty years" (Duthie, S. 342), sondern unter Umständen nahezu drei Jahrzehnte, was in der Gedächtnisforschung einer Generation entspräche. Zum anderen gibt die offizielle Geschichtsschreibung so gut wie

34 Der Gedanke ist anregend und wirkt zunächst überzeugend. Wie Duthie aber einleitend zu diesem Thema selbst feststellt, ist es „unclear why Tenchi left the Yamato capital in 667 and moved his government to the southern shores of Lake Biwa [...]" (2014: 321). Die aktuelle Quellenlage, in der Hitomaros 1: 29 als historisches Dokument – in Duthies Argumentation – nicht weniger Gewicht als dem *Nihon shoki* zukommt, lässt die Vermutung zum „living memory" nicht zu.

keine Gründe für die Hauptstadtverlegung preis, und ferner besitzt die Sequenz 1: 29 bis 31 keine später beigefügten Anmerkungen. Somit waren zwei oder drei Jahrzehnte nach der Erstrezeption die Umstände und Aussagen der Dichtung immer noch eindeutig, obwohl zu jener Zeit die Gründe der Hauptstadtverlegung gewiss nicht mehr im „living memory“ präsent waren.[35] Man kannte sie nicht und gab sich offenbar damit zufrieden.

## Die narrative Struktur

Der Titel enthält das Schriftzeichen 過. In Verbindung mit Ortsnamen handelt es sich um die aus dem *Kaifūsō*-Gedicht KFS 95 und anderen Stücken bekannte Topik der klassisch-chinesischen Dichtung, das Aufsuchen von alten Stätten oder Ruinen während einer Reise. Die SNBZ-Bearbeiter (6: 42) oder Inaoka (1: 27) lesen es *yokiru* und erläutern als chinesisches Wort (*kango*) mit der Bedeutung „[unterwegs] einen Besuch abstatten (過訪 *kahō*)“. Der SNBT-Kommentar liest in der Vergangenheitsform *yokirishi* (*-ki* in Attributivform),[36] die wie gesehen im Zusammenhang mit der Kapitelüberschrift sinnvoller ist. Die Wiederholung von 過 aus dem vorangehenden Gedicht 1: 28 in 春過而 *haru sugi te*, „der Frühling [scheint] vorüber zu sein“, fällt auf. Der Name des heiligen Berges sowie die weiße Kleidung sind als glücksverheißende Vorzeichen zu lesen, aber 過 *sugu*, „vorübergehen, passieren“, deutet die Vergänglichkeit jeglicher Prosperität und Herrschaft an. Das bestätigt nun der Titel zu 1: 29, der das „Vorübergehen“ des Hofes beziehungsweise der Hauptstadt andeutet. Hitomaros rhetorisch gestaltetes Gedicht 1: 31 wird im Sinn eines Bewusstseins für Vergänglichkeit ausgelegt (siehe unten), aber dieses Bewusstsein muss angesichts der alten Hofanlagen, welche die vorangehenden Kapitelüberschriften vor Augen führen, ohnehin bestanden haben. Im Rahmen der Urauswahl mag es die Hoffnung auf eine beständige Hauptstadt gegeben haben, aber der erste Band insgesamt entlarvt diese als eine Illusion. Die am Ende des Bandes genannte neue Hoffnung lautet „Nara no Miya“.

Wie gesehen gehört der Titel vor 1: 29 bis 31 zur A-Form nach Itō Haku (1: 129–130), die den Aufbau „Umstände der Dichtung + Autorenname + [Angabe zu] Gedichtanfertigung“ (*sakka jijō* + *sakkamei* + *sakka*) zeigt. Somit gibt bereits der Titelaufbau den offiziellen Charakter der Dichtung zu erkennen, was Itō (1: 126) zur Festigung seiner These heranzieht, dass es sich bei den Gedichten um eine Reisegruppe in offizieller Mission handelt. Die Einordnung

35 Die Hauptstadtverlegung selbst wird wie gesehen in der Nachbemerkung zu 1: 18 angegeben.

36 Vgl. SNBT 1: 34–35 mit Belegen aus klassisch-chinesischen Gedichttiteln. Uchida (2005) zufolge geschah der Besuch nicht unabsichtlich oder nebenbei.

der Gedichte unmittelbar hinter Jitōs 1: 28 betont ihren offiziellen Charakter, und da Tenji, der Errichter der alten Hofanlage am Biwa-See, der Vater von Jitō war, deutet sich ein mögliches Motiv in der Seelenbesänftigung (*chinkon* oder *tamashi-zume*) an.[37] Die Einschätzung ist nicht unumstritten, aber in der ungewöhnlichen, sich über die beiden Verse 25 und 26 erstreckenden Formulierung *sumeroki no kami no mikoto* fällt zumindest die doppelte Deifizierung des „Himmelskönigs (*sumeroki*)" Tenjis als „Gottheit (*kami*)" auf.[38] Die vorangehenden Formulierungen laufen in einer attributiven Konstruktion auf die beiden Verse hinaus (siehe unten). Im Fall einer Seelenbesänftigung erfasst diese in den beiden Gegengedichten auch die aus 1: 41 und anderen Gedichten ebenfalls bekannten *oho-miya-hito*, „Menschen vom großen Hof" respektive die *mukashi no hito*, „Menschen von früher".

„Traurig (*kanashi*)" darüber, dass der alte Hof nun nicht mehr existiert, dürften nicht allzu viele gewesen sein, da sich wie gesehen Widerstand gegen den Umzug an den Biwa-See geregt hatte (→ „Auf dem Weg zum Ōmi-Hof: 1: 17 bis 19"). Allerdings gibt es auch die These, dass Hitomaro selbst von dort oder aus der Gegend stammte.[39] Narratologisch spielt das jedoch kaum eine Rolle, da das Erzählmedium in den Versen 29 und 31 durch „so hört man" (*to kike do mo*) und „so sagt man" (*to ihe do mo*) vorgibt, die alte Palastanlage nicht zu kennen beziehungsweise den Ort zum ersten Mal zu besuchen. Festzuhalten ist aber auch, dass es jemanden gibt, der mit den Örtlichkeiten vertraut ist. Ein Indiz (siehe unten) spricht für lokale Führer, aber wer sollte das sein?

37 Zu *tamashi-zume* und dem Motiv im Rahmen der Reisedichtung als Garant für die eigene Sicherheit bei der verfallenen Hauptstadt vgl. Itō 1: 127, der allerdings bemerkt, dass „die Gefühle des Subjekts zu offen zum Ausdruck kommen", und Duthie 2014: 338 mit Quellenangaben (allgemein zu *tamasidume* [*tamashi-zume*] S. 194).

38 Die Bezeichnung von Tenji als *kami* 神, „Gottheit", kommt ansonsten nur in 2: 230 vor (vgl. SNBZ 6: 43), dem *banka*-Trauergedicht zum Tod seines Sohns Shiki no Miko, das als letztes Objekt der vorliegenden Arbeit noch genauer zu untersuchen ist. Auch dort erscheint Tenji in der deifizierenden Form *sumeroki no kami* beziehungsweise Shiki als *sumeroki no kami no miko*, „der erlauchte Sohn von …". Im *Kojiki* steht *no mikoto* bei den Gottheiten, die wie Izanaki no Mikoto der Befehlskette (nach Amaterasu) zugehören: Izanami no Mikoto oder Kamu Yamato Iharebiko no Mikoto (Jinmu Tennō; vgl. Wittkamp 2018a: 292–296). Dem SNBZ-Kommentar (ebd.) zufolge ist der Namenszusatz *no mikoto* keine direkte Bezeichnung, sondern eine „ehrfurchtsvolle Umschreibung". Es ist allerdings auch der mögliche Anschluss der Urauswahl an das *Kojiki* zu berücksichtigen.

39 Der Grund der Traurigkeit ist Gegenstand der Textauslegung, und es liegen verschiedene Vorschläge vor. Misaki (2005: 194), der ein besonderes Gewicht auf das Zeitthema legt, sieht die Sache wie folgt: „Das Betrachten der tiefen Kluft, die sich zwischen der Vergangenheit und der Gegenwart auftut und nicht zu füllen ist, das Besingen der Traurigkeit darüber, nicht mehr mit der Vergangenheit in einen Gefühlsaustausch treten zu können – das ist der Gefühlsgehalt in diesem Werk".

Somit rücken Mitglieder der Reisegruppe in den Blick, was Spekulation wäre, aber es wird sich noch zeigen, dass dieses Detail von Bedeutung ist. Das Erzählmedium jedenfalls behauptet, mit den alten Anlagen nicht vertraut zu sein.

Die Gedichtstruktur besteht aus einem langen Satz, der auf das erzählte Ich, dessen Wahrnehmungen und Gefühlsäußerung hinausläuft. In dieser Struktur wirken die Verse 15 und 16 *ikasama ni omohishimese ka*, „Auf welche Weise wohl geruhte [Tenji] zu denken?", zunächst heterogen. Die Phrase ist ein Stereotyp der Trauerdichtung, das in den *banka*-Gedichten 2: 162, 2: 167 oder leicht abgewandelt in 2: 217 vorkommt.[40] Sie löste den sogenannten „Trauerdichtungsdiskurs zu den Gedichten zur verwilderten Hauptstadt Ōmi (近江荒都歌挽歌論 *Ōmi kōto-ka banka-ron*)" aus, der Misaki Hisashi (2005: 185) zufolge innerhalb der vielfältigen Forschung zu 1: 29 eine der Hauptströmungen bildet. Wie er weiterhin ausführt, versteht die jüngere Forschung die beiden Verse als „eingeschobene Verse (*sōnyūku* 挿入句)",[41] und das gesamte Gedicht entwerfe einen einzigen Satz, der in seiner Form auch mit Saitō Mokichis 斎藤茂吉 (1882 bis 1953) Beschreibung als „fortgesetzte Stimme / Stimmung (*renzoku seichō* 連続声調)" übereinstimme.[42] Offen bleibt die Frage nach der Zeit der Verseinfügung. Es ist nämlich denkbar, dass dies erst später geschah, als die Vorfassung für die Präsentation am Hof oder für die Ende der 690er Jahre zusammengestellte Urauswahl überarbeitet wurde. Für die narratologi-

40 Vgl. Inaoka 1: 26, der auch die These ablehnt, wonach die beiden Verse Hitomaros „politische Kritik" am Hauptstadtwechsel zum Ausdruck bringen. Ferner werde Hitomaro in der Ausblendung des Jinshin-Kriegs, den das Vorwort zum *Kaifūsō* thematisiert (vgl. Tatsumi 2012: 27), ein Mangel an kritischem Geist vorgeworfen; Misaki (2005: 196) weist das aber als ungenügendes literarisches Verstehen zurück.

41 Wie Maruyama (1999: 153–154) zeigt, scheint die Beschreibung auf Itō Haku zurückzugehen, der als „Verzweigung (*fukusenka* 複線化)" liest, welche den Text mit „Tiefe und Schattierung" ausstatte. Ohne diese eingeschobenen Verse, deren Position im Gedicht Maruyama hinterfragt, sei der Text eine mehr oder weniger direkte Kritik des „Autors" an Tenjis Hauptstadtverlegung. Maruyama (S. 156) zufolge können die eingeschobenen Verse nur an der Stelle geschehen, wo sie auch stehen, da für den „Dichter (*utaite* うたい手)", der diesen Weg ebenfalls gehe, die „himmelsweit entfernte Provinz" (*amazakaru hina*) hinter den Nara-Hügeln – wie in 1: 17 gesehen – beginne.

42 Itō (1: 126) nennt das *zenbun ichibun* 全文一文, „der gesamte Text ein Satz". Vovin (2017: 94, 98), der alle Gedichttexte mit syntaktisch und grammatisch korrekten Prosatexten paraphrasiert, gliedert das Langgedicht in fünf Sätze, was bei der mündlichen Rezitation eine Senkung der Stimme oder Pause bedeutet und die Spannung der Stimme bricht. Zudem präsentiert er 1: 29 nicht inklusive der eingeschobenen Vorfassungen, sondern konstruiert zwei jeweils vollständige Gedichttexte „1.29a" und „1.29b". Beide Paraphrasierungen haben fünf Sätze, aber Vovin versteht die eingeschobenen Vorfassungen als „second version" („1.29b") und dreht damit die Textgenese um.

sche Analyse zählt jedoch der vorliegende Text, und aus dieser Perspektive ist die Funktion und Position der Verse erneut zu hinterfragen.

Misaki (S. 186–187) sieht zu 1: 29 bis 31 vor allem zwei problematische Punkte, nämlich zum einen die Frage, warum Zeit und Raum innerhalb dieser Struktur aus einem langen Satz „so prächtig" ohne Monotonie umgesetzt werden, und zum anderen das Problem des „Erzählers" (»*katarite*«). In der Untersuchung lässt er allerdings gerade den Erzähler unberücksichtigt, um sich auf die Fragen nach Raum und Zeit zu konzentrieren. Zunächst unterscheidet er zwei Hälften und macht den „Knotenpunkt (*kessetsu-ten* 結節点)" in den Versen 26 und 27 mit der Beschreibung des Tennō als *sumeroki no kami no mikoto no* aus. Die vorangehende Hälfte seien „attributiv gesetzte Schmuckverse (*rentai shūshoku-ku* 連体修飾句)", was in der Gedichtstruktur einem attributiven Nebensatz entspricht, aber die beiden Verse selbst seien wiederum attributive Schmuckverse zu Vers 28, der mit *oho-miya* den „Großpalast" anspricht. Somit ist der doppelt erwähnte „Großpalast" der eigentliche „Knotenpunkt", wodurch sich das folgende Bild ergibt:

A: Einleitungsteil (Geschichte) → **(Ort des) Großpalastes** ← B: Anblick (Erzählgegenwart)

Die Beschreibung als Knotenpunkt verdeutlicht einen wichtigen Aspekt, darf aber nicht davon ablenken, dass die gesamte Struktur auf das erzählte Ich und seine Wahrnehmungen hinausläuft. Misaki (ebd.) zufolge gibt es in der Forschung die Tendenz, den A-Teil als Geschichte und damit als Darstellung von Zeit zu verstehen, wogegen im B-Teil der Raum im Vordergrund stehe. Dagegen geht es ihm um den Nachweis, dass auch im A-Teil beide Faktoren beteiligt sind, wenn er auch insgesamt ein „Hauptthema" in der Zeit ausmacht (siehe unten). Wichtig dürfte in jedem Fall sein, so lässt sich festhalten, dass der „Ort des Großpalasts" (*oho-miya-dokoro*) in räumlicher *und* in zeitlicher Hinsicht der Knotenpunkt ist, denn dieser Chronotopos *par excellence* bildet das Hier und Jetzt der erzählten Welt mit den geäußerten Vorstellungen zur Vergangenheit und den Wahrnehmungen zur Gegenwart.

Der Einleitungsteil A lässt sich wiederum in zwei Teile gliedern. Der erste Teil A1 bis Vers 10 schildert als konzessiver Nebensatz (… *wo*, „obwohl") die ununterbrochene Linie der Herrscher ab Jinmu, die ihre Höfe stets in Yamato hatten. Das geschieht in einer Raffung beziehungsweise als summarisches Erzählen (vgl. Martínez und Scheffel 2016: 42). Misaki sieht in diesen Versen keine Entsprechungen mit den Erzählungen im *Kojiki* und *Nihon shoki*, da es angefangen mit Nintoku auch andere Herrscher gegeben habe, welche die Hauptstadt außerhalb Yamatos errichtet hatten. Er vermutet die dahintersteckende Absicht in der Konstruktion einer durchgehenden Herrschergenealogie ab Jinmu Tennō, der durch den Ortsnamen „Kashihara" repräsentiert ist.[43] Von Bedeutung ist die Verbindung der Höfe mit den Namen des Berges Unebi *no yama* und Kashihara sowie deren Gleichsetzung mit Yamato. Da sich diese Orte nördlich von Asuka befanden, wenn auch nicht allzu weit entfernt, wird das alte Stammgebiet gleichsam nebenbei in die neue Hauptstadt eingegliedert und damit auch dem Vergessen preisgegeben.

Entgegen der *invention of tradition* in A1 stellt der zweite Teil A2 in den Versen 11 bis 24 Tenjis Aufbruch aus Yamato und den Weg über die Hügel von Nara bis zur neuen Hauptstadt dar. Dabei ist auf der Ebene der Darstellung (Diskurs) eine deutliche Drosselung der Erzählgeschwindigkeit zu bemerken, die durch die Kopfkissenwörter zu den Ortsnamen noch verstärkt wird. Mit Bezug auf vorangehende Forschung beschreibt Maruyama Takashi (1999: 154–157) diese Passage als *michi-yuki* 道行, „einen Weg gehen", womit eingeschobene Reisedarstellungen gemeint sind, die in der späteren japanischen Literatur oder im Nō-Theater eine Rolle spielen, erweitert aber zum „Gehen eines Weges einer Gottheit (*kami no michi-yuki* 神の道行き)".[44] Mit Bezug auf das Zeichen 過 im Titel sieht er in der Darstellung des Weges vom Zentrum in Yamato über die Nara-Hügel in die „ferne Barbarenprovinz" eine „Doppelschichtigkeit (*nijūsei* 二重性)" eingeschrieben. Denn über das *michi-yuki* des

43 Vgl. Misaki 2005: 191. Inaoka (1: 28) zufolge berücksichtigt die Ausbesserung in Vers 10, dass das Reich „Ame no Shita", „Unterm Himmel", durch Nintoku und Kōtoku auch außerhalb Yamatos (in Naniwa, Ōsaka) regiert wurde, was er aber nicht näher erläutert. Das Fehlen des Naniwa-Hofes entspricht der historiographischen Struktur der Urauswahl beziehungsweise des ersten *Man'yōshū*-Bands, in dem Kōtokus Hof nicht vorgesehen ist. Misaki (ebd.) geht auf das Fehlen der mythischen Vorgeschichte von Amaterasu bis zu den Abstiegsmythen (*kōrin shiwa* 降臨神話; vgl. Wittkamp 2018a: 441–485) ein und lehnt die in der Forschung geäußerte Erklärung ab, wonach diese Mythen als außertextuelles Wissen vorausgesetzt seien. Als Argument zieht er das Trauergedicht 2: 167 herbei, das mit einer [konstruierten] Mythe vom himmlischen Abstieg Tenmus beginnt. Solche mythischen Uranfänge gebe es in der Sammlung noch andere, aber einen Anfang bei Jinmu Tennō nur in Hitomaros Dichtung. „Im strengen Sinn", vermutet Misaki, „liegt die Absicht in [der Darstellung] einer *Herrschergenealogie*, die keine *Göttergenealogie* ist, nämlich in der Geschichte der *Souveränität irdischer Herrscher* (*chijō ōken* 地上王権; S. 192)". Misaki „wagt" eine weitere Vermutung, nämlich den Versuch der Darstellung einer Herrschergenealogie von Jinmu bis Tenji. Sollte die Urauswahl an das *Kojiki* anschließen, gehören die Abstiegsmythen zum vorausgesetzten Wissen.

44 Vgl. Maruyama 1999: 154–155. Als *michi-yuki* liest er auch das Langgedicht 1: 17, das wie gesehen das Hingehen zum neuen Hof thematisiert. Die Bezugspunkte zwischen den beiden Sequenzen deuten auf ein Thema hin, das zur Zeit der Urauswahl in den 690er Jahren noch im Kommunikationsgedächtnis präsent war.

deifizierten Herrschers lege sich das *michi-yuki* des „Dichters“ (*utai-te*), sodass in die Passage gleichsam zwei Subjekte eingeschrieben seien.[45]

Die Teile A1 und A2 lassen sich als eine kohärente Teil- oder Binnenerzählung lesen, in der das Verlassen Yamatos ein erzählwürdiges Ereignis bildet. In dieser Perspektive fällt auf, dass die eingeschobenen Verse „Wie hatte er sich das wohl gedacht?“ gewissermaßen zu spät erfolgen, nämlich zwischen den Nara-Hügeln und der Ankunft in der „ferne Barbarenprovinz“. Genau genommen hinterfragen die Verse daher nicht das Verlassen Yamatos, sondern die Wahl des Reiseziels, und legen das Gewicht auf den Ort, wo sich das erzählte Ich gerade befindet. Andererseits binden die trennend wirkenden Verse umgekehrt die beiden Teile A1 und A2 enger aneinander, da sie den Ereignischarakter und die Zustandsveränderung betonen. Weiterhin narratologisch gewendet lässt sich der Teil A insgesamt als aufbauende Analepse lesen,[46] als deren moderne Ausführung in westlicher Sprache die beiden Eröffnungsparagraphen in Thomas Manns *Der Tod in Venedig* (1912) zu nennen wären (vgl. Mann 2004: 501–502). In der literarischen Inszenierung besteht der gemeinsame Effekt darin, dass während der Erzählzeit der Analepse Aschenbach bereits an der Haltestelle, das erzählte Ich in 1: 29 bereits am Ort der einstigen Hofanlage stehen.[47] Die eingeschobenen Verse *ikasama omohoshimese ka*, „was geruhte er wohl gedacht zu haben“, geben nicht nur die Gedankenrede des erzählten Ichs wieder, sondern heben die aufbauende Analepse hervor beziehungsweise deuten an, dass die Gedanken im Hier und Jetzt mit dem Anblick des überwucherten „Orts des Großpalastes“ hervorgerufen werden. Im Gegensatz zur aufbauenden Analepse in Manns Erzählung, die sich als Erzählerrede entfaltet, wird die Analepse in 1: 29 als Gedankenrede des erzählten Ichs präsentiert. Hier liegt der Grund für die Einschiebung der Verse nicht hinter Yamato, sondern hinter den Nara-Hügeln und damit näher zum Hier und Jetzt des erzählten Ichs.

Die Akzentuierung der räumlichen Aspekte im B-Teil zeigt sich zum einen an der – im Vergleich zur Erzählgeschwindigkeit im A-Teil – verlangsamten, nahezu pausierenden Zeit während der Beschreibung der verfallenen und überwucherten Ruinen. Darin wiederum fällt die Wiederholung der „adverbialen

45 Die Doppelschichtigkeit sieht Maruyama (1999) auch in andere Textstellen eingeschrieben, was seine Argumentation insgesamt nebulös macht. Diese Ambiguität spiegelt jedoch unter Umständen lediglich den Gedichttext selbst wider, worauf zurückzukommen ist.

46 Zur aufbauenden und auflösenden Analepse vgl. Martínez und Scheffel 2016: 38–39.

47 Zur aufbauenden Analepse in Manns Erzählung vgl. Wittkamp 2019, dort auch zur aufbauenden Analepse zu Beginn von Bashōs *Oku no hosomichi*.

Deiktiker“ *koko*, „hier“, auf.[48] Diese Deixis beschreibt Misaki (S. 188) als *genjō shiji*, was wie gesehen räumliche Verweise im Bereich der sichtbaren Umgebung bedeutet. Sie verweist somit auf das deiktische Zentrum im Hier und Jetzt des wahrnehmenden und erzählten Ichs.[49] Die Schriftzeichen 此間 *cijian* (jap.: *koko*) aus der klassisch-chinesischen Literatur stehen für ein umgangssprachliches „hier“ (nach Sema Masayuki; vgl. SNBZ 6: 43, Kasai 2023: 19, 26–27). Inaoka (1: 28) sieht in der Wiederholung eine parallele Form, die der mündlichen Lieddichtung nahestehe, aber das Gedicht dürfte sich von mündlichen Formen weit entfernt haben. Vielleicht inszenieren die Schriftzeichen eine Situation mit lokalen Führern, die eben Umgangssprache reden. Das wäre eine inszenierte Umgangssprache, aber es ist fraglich, ob in der altjapanischen Rezeption die klassisch-chinesische Formulierung als umgangssprachlich verstanden wurde.

Misaki hebt die Wiederholung von *koko* hervor, scheint dabei aber einen weiteren Ortsverweis zu übersehen, nämlich 所 *tokoro* in *oho-miya-dokoro* in Vers 36, den „Ort des Großen Palastes“, den zu sehen das erzählte Ich „traurig“ mache. Misaki (S. 188) zufolge geht es dabei um „etwas in Wirklichkeit nicht zu Sehendes, nämlich das auf der anderen Seite der realen Landschaft, halb als Illusion Präsentierte“. In gewisser Hinsicht untergräbt das allerdings sein Hauptthema der Zeit. Denn das vom erzählten Ich Wahrgenommene ist der Ort (*tokoro*) mit wucherndem Grün der Pflanzen, schwüler Luft und schließlich in den beiden Gegengedichten die Uferregion des Biwa-Sees.[50] Es

48 „Präpositionale und adverbiale *Deiktiker* sind „Wörter wie »hier/da«, »dieses/jenes«, deren situationale Bedeutung nur mit Wissen des räumlichen Standorts von Sprecher oder Hörer bestimmt werden kann. [...] Räumliche Indexikalität manifestiert sich nicht nur in der Raumdeixis im engeren Sinn, sondern auch in der sprachlichen *Perspektivität*, der Art und Weise, aus welchem Blickwinkel der Inhalt repräsentiert wird und wie sie die Standpunkte von Sprecher und Hörer sprachlich manifestieren [...]“ (Nöth 2000: 284).

49 Wenn Kageyama (2011: 23) behauptet, dass es innerhalb der *Man'yōshū*-Gedichte gewöhnlich keine „Markierung gibt, die den Dichter / die Dichterin (*eisakusha* 詠作者) festlegt“, scheinen ihm lediglich die eingewobenen Namen (wie in 3: 337 oder 16: 3826) vorzuschweben, nicht aber Hinweise wie Deixis oder Perspektive. Dass der „Autor / die Autorin“ – im Sinne von implizit oder abstrakt – „grundsätzlich“ außerhalb des Gedichtes existiere, das heißt ausschließlich innerhalb der Peritexte, ist nicht nachzuvollziehen. Zwischen der im Titel oder in der Nachbemerkung in Erscheinung tretenden Instanz und dem Gedichttext besteht eine semantische Beziehung, die sich mithin daran bemerkbar macht, dass die Peritexte die Interpretation der Gedichttexte erheblich lenken können; vgl. Klimek 2019.

50 Dem SNBZ-Kommentar (6: 43) zufolge stehen die Verse 31 bis 34 als Parallelverse dem „Ort der Großen Palastanlage“ (Vers 35) attributiv und schmückend voran. Die sprachliche Ebene zeigt tatsächlich ein paralleles Arrangement aus fünf und sieben Silben, bei denen sich die langen Verse inhaltlich entsprechen (nicht die kurzen Verse). Da jedoch

ist der – literarisch inszenierte – Anblick einer realen Welt, der Vorstellungen, Erinnerungen oder Gedanken auslöst. Die beiden Gegengedichte sind daher mit dem B-Teil in narrativer Hinsicht doppelt verbunden, nämlich inhaltlich über die Vorstellungen / Erinnerungen und räumlich als Erinnerungsort (*lieux de mémoire*). Misaki (ebd.) vermutet im Blickwechsel des „Erzählers" – von der Hofanlage zum Seeufer – ein Vergehen der Zeit verbunden mit einem Ortswechsel, wenn auch beides „nur minimal". Wie im Langgedicht dient der Anblick des Seeufers als Auslöser (*cue*) für Vorstellungen zur Vergangenheit oder Erinnerungen. Für Misaki (S. 188, 190) sind „die Boote der Leute vom Hof" in 1: 30 und die „Menschen von früher" in 1: 31 eine „nicht-existente Landschaft" (*hizai no kei* 非在の景), aber da sie dennoch dort seien, handele es sich um eine „Illusionslandschaft" (*genkei* 幻景). Durch die Gegenüberstellung der realen Landschaft und der Illusionslandschaft entstehe der Augenblick der Konfrontation (*taiji* 対峙) von Vergangenheit und Gegenwart.
Allerdings besteht zwischen dem Anblick des „Orts des Großpalastes" und dem Seeufer ein essenzieller Unterschied: Denn woher weiß das Erzählmedium, dem als erzähltes Ich im Langgedicht alles erklärt werden muss, von den ehemaligen Aktivitäten am Seeufer? Ist diese Differenz als Zeichen für einen unzuverlässigen Erzähler zu werten, oder handelt es sich um einen Perspektivenwechsel zum auktorialen Erzähler mit der Kompetenz, über die Innenperspektive der Landschaft zu verfügen? Das wäre dann auch als Ereignishaftigkeit auf der Ebene der Darstellung zu beschreiben.

**Die Gegengedichte 1: 30 und 31**

Misaki (S. 189) sieht die Zeit als das Hauptthema (*shudai* 主題) von 1: 29, und die beiden *hanka*-Gegengedichte seien nicht lediglich dem Langgedicht beigefügt, sondern nehmen dessen Inhalte als Ganzes in sich auf. Das bestätigt auf inhaltlicher Ebene die Struktur des Langgedichtes, die auf die Origo hinausläuft, also auf die Wahrnehmungen des erzählten Ichs im Hier und Jetzt. Diesem Kontinuum widersetzt sich allerdings ein Aspekt der formalen Ebene, der die Kennzeichnungen der Erstfassungen durch eingeschobene Versen mit kleineren, in zwei Zeilen stehenden Schriftzeichen betrifft. In 1: 29 werden diese Alternativfassungen durch 或云, „auch heißt es", eingeleitet, im Kurzgedicht 1: 31 aber durch 一云, „ein Anderes lautet".[51] Kōnoshi Takamitsu (1992: 233–

die Verse aus drei, drei, zwei und fünf Zeichen bestehen, bilden sie auf optischer Ebene keinen Parallelismus, und auch inhaltlich bestehen Zweifel.

51 Itō (1: 128) vermutet bei den eingeschobenen Alternativfassungen die Erstfassungen, die während der Reise vor Ort entstanden seien. Diese seien dann zum Vortrag am Hof zum vorliegenden Haupttext verbessert worden.

234, vgl. Inaoka 1: 464) geht davon aus, dass Gedicht 1: 31 in der Erstfassung zunächst selbständig existierte und bei der Beifügung als Gegengedicht angepasst wurde. Auch sei es sicher, dass das Gedicht während einer Fahrt über den Biwa-See entstanden, der genannte Uferbereich also vom Boot her wahrgenommen worden sei. Der in der Erstfassung vorkommende – und bereits aus der Nachbemerkung zu 1: 7 bekannte – Ortsname „Hira" wiederum liege vom Kap Karasaki etwa zwanzig Kilometer weiter im Norden, und für ein Gegengedicht sei das zu weit von den verfallenen Ruinen der alten Hofanlage entfernt (vgl. Omodaka 1: 267). Kōnoshi befasst sich zwar ausgiebig mit der „Stimmung der [inneren] Aufruhr (*dōran-chō* 動乱調)",[52] nicht aber mit *omofu*, „denken, sich erinnern" in *omohe ya*, die Formulierung des beigefügten Alternativverses. Die mnemo-noetische Verbphrase *omofu* ist in dieser Position innerhalb der letzten beiden Verse für die altjapanische Dichtung typisch (vgl. Wittkamp 2017b). Den SNBZ-Bearbeitern (6: 44) zufolge ist das Subjekt von *omofu* der „Autor", und das Herausnehmen dieser Phrase hat dementsprechend den Effekt der Anthropomorphisierung.[53] Was diese Beobachtungen wie auch

52 Der Begriff *dōran-chō* geht Kōnoshi (1992: 230–231) zufolge auf Gomi Tomohide zurück und bedeute hier eine „Art von schmerzhafter Stimmung", die eine Paradoxie oder rhetorische Frage beinhalte. Als typisches Beispiel zitiert er Gedicht 7: 1268, das ebenfalls die rhetorische Frageformel *-me ya mo* (wie in 1: 30) besitzt.

53 Die SNBZ-Bearbeiter (6: 44) weisen 母 *omo*[*he ya*] als *kun*-Lautzeichen (*shakkun* 借訓) aus, aber die Lesung als *on*-Phonogramm *mo* ist wahrscheinlicher, da der Vers damit die erforderlichen sieben Silben besitzt. Misaki (2005: 190) versteht die beiden Gegengedichte 1: 30 und 31 ebenfalls als Anthropomorphisierung (*gijinka* 擬人化) und fragt nach dem auslösenden Moment dieser „Ideenfindung". Die Methode des „Erzählers", seine Gefühle nicht selbst zum Ausdruck zu bringen oder auf andere Personen zu übertragen und sie stattdessen einer „gefühlslosen Existenz" zu übertragen, tendiere zur Unterdrückung subjektiver Gefühle. Dieser Ausdruck unterscheide sich daher wesentlich vom Ausdruck der *banka*-Trauerdichtung und deute an, keine Tröstung oder Seelenbesänftigung (*tamashi-zume*) zu sein. Auch Omodaka (1: 268–269) liest als Anthropomorphisierung, sieht aber einen Unterschied: Während in 1: 30 die Grammatik … *are do* … *-kanetsu* für Realität spreche, drücke die Grammatik in 1: 31 mit … *tomo* … *me ya* eine Hypothese beziehungsweise die Irrealform (*katei* 假定) aus, in die eine Subjektivität eingeschrieben sei, welche die Erinnerungen an das Früher und die Gefühle des Autors vertiefen. Obwohl Vovin das Langgedicht in den zwei Fassungen „1.29a" und „1.29b" präsentiert, belässt er (2017: 101) es bei 1: 31 bei einer, da die Unterschiede nicht groß genug seien. Darin zeigt sich erneut, dass es dem Linguisten Vovin weder um literaturgeschichtliche noch inhaltliche Fragen geht (vgl. Wittkamp 2021d). Während er „1.30", wo die Übersetzung von 幸 *sakiku* mit „to be calm" fragwürdig ist, noch als Anthropomorphisierung paraphrasiert, ergänzt er in „1.31" das Subjekt „[I]" (S. 99–101). Wie bei Omodaka zieht dadurch in die beiden Begleitgedichte eine Differenz ein, die keinen Sinn ergibt – die Tilgung von *omohe ya*, „sollte ich das denken? (wohl kaum)", dürfte gerade auf die Vermeidung „Ichs" abzielen. Auf die unterschiedlichen Markierungen 或云 im

die Vorfassungen selbst erneut ins Bewusstsein rücken, ist die literarische Inszenierung insgesamt, in der auch die „reale Landschaft“ letztendlich eine fiktive, eben austauschbare ist.

In dem *banka*-Trauergedicht 2: 152 zu Tenjis Tod kommt das „sehnsuchtsvolle Warten“ auf ein Boot des Karasaki-Kaps in Shiga ebenfalls vor.[54] Gary L. Ebersole liest in einer Variante der Anthropomorphisierung und ergänzt als Subjekt „the *kami* or local divinity from Cape Kara“:

> This is another rhetorical device used to emphasize the sovereignty of the deceased emperor as even the land (i.e., the local *kami*) feels a deep sense of loss whenever he is absent. It also functions in the ritual context to draw the spirit of the deceased back to this place so closely connected with his life. (1989: 177)

In dem Trauergedicht handelt es sich um das Boot des verstorbenen Tenji, das Nukata no Ōkimi bereits in dem vorangehenden Gedicht 2: 151 zum Thema macht. In der historischen Ordnung sind die beiden zusammengehörenden Trauergedichte älter als Hitomaros Begleitgedichte 1: 30 und 31, da sie dem Titel zufolge während „Zeit der großen Aufbahrung“ (大殯 *oho-araki*) verfasst wurden, also kurz nach Tenjis Tod.[55] Zwar macht Hitomaro in Langgedicht 1: 36 das Vergnügen der „Leute vom Großen Hof“ (*oho-miya-hito*) mit Booten auch bei einer Reise der Jitō Tennō nach Yoshino zum Thema (vgl. Wittkamp 2023b), sodass sich ein gewisses Faible abzeichnet,[56] aber der Symbolgehalt der Boote der Hofangehörigen in 1: 30 und 31 scheint darüber hinauszugehen. Misaki (S. 190) fragt sich, warum es in Hitomaros beiden Gegengedichten die „Menschen vom Großen Hof“ und die „Menschen von früher“ sind, welche

---

Langgedicht 一云 und im Gegengedicht geht Vovin nicht ein. Omodaka (1: 268) bezeichnet die korrigierte Fassung als „angemessen“, ohne das allerdings zu begründen.

54 In Shiga befand sich unter anderem der 668 auf Anweisung von Tenji errichtete Yamadera-Tempel 山寺. Als Sūfukuji 崇福寺 war es einer der „zehn großen Tempel“ 十大寺, der aber nicht mehr existiert. Gedicht 2: 115 entstand anlässlich der Entsendung eines Prinzen zu diesem Tempel.

55 Lesung nach SNBZ 6: 110; das Zeichen 殯 wird auch *mogari* gelesen. Omodaka (1: 266–267) macht auf einen essenziellen Unterschied zwischen 1: 30 und 2: 152 aufmerksam. Während 2: 152 durch *-ramu* eine Vermutung präsentiert („das Kara-Kap in Shiga wird wohl sehnsüchtig warten“), erweist sich in 1: 30 durch das Verbalsuffix *-tsu* (perfektiver Aspekt) das Warten als unerfüllbar, sinnlos – das erwartete Objekt kommt nicht mehr. Auch in diesem Detail zeigt sich somit die zeitliche Differenz zwischen den Dichtungen.

56 Duthie (2014: 264) versteht diese Boote als Zeichen der „all-day-long subjection“ der „palace courtiers (*opomiyapito* 大宮人)“, aber sie lassen sich auch als Zeichen von Prosperität etc. lesen. Diese Tendenz wird auch als möglicher Grund für die Hofverlegung an den Biwa-See gehandelt; vgl. Kishi 1993: 47.

die vergangene Zeit repräsentieren. Dazu stellt er nochmals fest, dass auch Tenji im Langgedicht nicht in der syntaktischen „Position als Subjekt" vorkommt, sondern in den Versen *sumeroki no kami no mikoto no* dem „Großpalast" (*oho-miya*) attributiv voransteht. Misaki schlussfolgert, dass nicht Tenji Tennō, sondern die verfallene und überwucherte Palastanlage „an und für sich" thematisiert wird.[57] Dem ist zuzustimmen, denn schließlich heißt es im Langgedicht nicht „wenn ich daran denke" etc., was den A-Teil beträfe, sondern „wenn ich das sehe" (*mire ba*), was sich auf Anblick in der Gegenwart der erzählten Ichs bezieht.

Die Verlegung des Hofes an den erzählten Ort erscheint zwar durch die eingeschobenen Verse „Was er sich wohl dabei dachte?!" sowie die geopolitisch wertende Beschreibung „himmelsweit entfernt in barbarischer Provinz" als Fehltritt der Geschichte, aber der Ort selbst sowie die ehemaligen Anlagen wirken äußerst kultiviert. Nicht nur gab es einen „Großpalast" (*oho-miya*) mit „Großer Audienzhalle" (*oho-tono*),[58] sondern die Hauptstadt gestattete den „Leuten vom großen Hof" beziehungsweise den „Menschen von früher" Zeit für Bootsfahrten, was bei Hitomaro vermutlich Freizeit und Amüsement auf hohem Niveau bedeutet. Dieses Bild kultureller Errungenschaften vor allem in Bezug auf Schrift und Dichtung zeichnet auch das Vorwort zum *Kaifūsō*, das zudem mit der Feuerzerstörung der Hauptstadt ein Thema einbringt, das in 1: 29 bis 31 geradezu tabuisiert wirkt.[59]

57 Vgl. Misaki 2005: 190–191, der lediglich erwähnt, dass der Herrscher in den „textuellen Zusammenhang hineingezogen und integriert wird". Das Subjekt des langen Satzes (*ichibun*), das erzählte Ich, bringt er aber nicht zu Sprache. Da Misaki in der Untersuchung zu 1: 29 bis 31 den „Erzähler" (»*katarite*«) ausklammert, scheint es geradezu, als schrecke er vor der Vorstellung zurück, dass das Erzählmedium sich selbst thematisiert.

58 Die Große Audienzhalle kommt im *Nihon shoki* wiederholt und bereits in der älteren Geschichte vor, aber der Große Palast erst am Ende von Buch „Jomei". Das erste Mal gemeinsam werden beide Gebäude im zweiten Buch „Tenmu" erwähnt, sodass Hitomaro in 1: 29 gleichsam der offiziellen Geschichte vorgreift.

59 Vgl. die Übersetzung der Textstelle in Duthie 2014: 148–149. Wie Duthie (S. 154) zeigt, mag auch das *Nihon shoki* ein solches Lob beinhalten. Dort heißt es, dass „die *shi*- und *fu*-Dichtung bei / in Ōtsu anfing" (詩賦興自大津始也). Als Sohn Tenmus war Ōtsu (no Miko) ein potenzieller Thronfolgekandidat, der offenbar über große Beliebtheit verfügte; vgl. Tsukushi 2017: 255–256. Wohl daher wurde er 686, kurz nach Tenmus Tod, des Aufstandes beschuldigt aus dem Weg geräumt. Der *Nihon shoki*-Eintrag stellt den Prinzen als hochgebildete Person dar. Am Ende der Formulierung steht der Name ohne Bezeichnung wie „Prinz", sodass er auch als Ortsname „Ōtsu" zu lesen ist, der Ort, wo sich Tenjis Ōmi-Hof befand. Das entspräche der Aussage im *Kaifūsō*-Vorwort.

**Die Gedichte 1: 32 und 33**

Den Gedichten 1: 29 bis 31 folgen zwei Stücke zur „alten Hauptstadt" (舊堵), die dem Titel nach ebenfalls „traurige Gefühle" (感傷) zum Ausdruck bringen. Auf den ersten Blick sind sie der vorangehenden Sequenz nicht zuzurechnen, da ihre Titelstruktur in Itōs Modell der Privatdichtung entspricht, in welcher der Verfassername voransteht, gefolgt von Mitteilungen zu den Umständen der Dichtung und der Gedichtanfertigung. In der Lesung als zusammenhängende Sequenz unterliegen sie allerdings dem Wirkungsbereich des Titels vor 1: 29, und diese Konstellation aus Hitomaros Gedichten mit beigefügten Gedichten anderer Autoren und Autorinnen zeigt auch die Sequenz 1: 40 bis 44. Vor Hitomaros Gedichten 1: 40 bis 43 steht ein Titel der A-Form, vor 1: 43 und 44 aber jeweils Titel der B-Form. Somit spricht der Gegensatz aus Hitomaros A-Form und der B-Form in 1: 32 und 33 für Trennung, aber eine narrative Lesung bringt die Gedichte dennoch zusammen, da sie die Thematik weiterführen, eine weitere Stimme beisteuern und andere Bezugspunkte aufweisen. Obwohl Itō selbst nichts über mögliche Zusammenhänge schreibt, fördern die beiden Stücke den Eindruck einer offiziellen Reisegruppe, welcher auch der Verfasser der beiden Stücke mit der privaten Titelstruktur angehörte. Wie oftmals bemerkt geschahen die in den ersten beiden Bänden vorkommenden Reisen prinzipiell nicht zum Vergnügen (vgl. Duthie 2014: 184).

Über den im Titel angegebenen Namen „Takechi no Furuhito" 高市古人 ist nichts bekannt, und der Anmerkung zufolge lautet der Name „anderswo 高市連黒人, Takechi *no muraji* Kurohito". Das wiederum ist ein bekannter Hof-Dichter, und alle Kommentare sehen einen Fehler bei der Verschriftung beziehungsweise eine Verwechslung mit 古人 *inishihe no hito* im ersten Vers. Das Gedicht 1: 34 besitzt wieder den offiziellen Charakter der A-Form und gibt eine Tennō-Reise an. Die Gedichte 1: 32 und 33 wirken daher wie eingeschoben, erzeugen aber auch insofern ein Gefühl der Zusammengehörigkeit mit der vorangehenden Gruppe, als sie eventuell aufgeworfene Fragen beantworten. Da die Konstellation aus offizieller Dichtung und beigefügter Privatdichtung in den Gedichten 1: 40 bis 44 erneut vorkommt, spricht nichts gegen eine Zurechnung der von 1: 32 und 33 zur vorangehenden Sequenz.

Gedicht 1: 32 vermittelt Hitomaros Gedichten zum Trotz den Eindruck, als wäre von der alten Hofanlage doch noch mehr vorhanden. Mit 3: 305 gibt es noch ein weiteres Gedicht, das Kurohito offenbar an jenem Ort verfasste. Aso (1: 133) vermutet, dass die darin geäußerte Sympathie gegenüber den Menschen der alten Hauptstadt zu direkt zum Ausdruck kommt und das Gedicht daher von der Aufnahme in den ersten Band ausgeschlossen wurde. Aber warum wurden 1: 32 und 33 aufgenommen?

In den hier konsultierten Kommentaren kommt die Frage nicht auf, und es geht um andere Aspekte. So sieht Itō Haku (1: 131–132) Kurohito als den jüngeren, sich an Hitomaro orientierenden Dichter. Während Kurohito in 1: 32 den direkten Anschluss zu Hitomaros Gedichten gesucht habe, bringe er in 1: 33 seine eigenen, „wahren Interessen" zum Ausdruck. Unter anderem stehe die Formulierung *kuni tsu mi-kami*, die „erlauchten Erdgottheiten" (= 地祇 *kuni tsu kami*, die „chthonischen Gottheiten") in 1: 33, in direktem Gegensatz zu den 天神 *ama tsu kami*, den „Himmelsgottheiten" in 1: 29.[60] Wie gesehen geht Itō (1: 383) bei der Entstehung von 1: 29 bis 31 von einer Reisegruppe aus, die sich auf einer Reise in nördliche Länder befunden habe.

Gedicht 1: 32 präsentiert mit 和禮 *ware* das erste Mal ein sich selbst im Text offenbarendes Erzählmedium nicht-adliger Herkunft,[61] was in einer Geschichte des Erzählens in Erinnerung zu behalten ist. 1: 32 und 33 bieten so viele Bezugspunkte zu Hitomaros Gedichten, dass es schwerfiele, sie nicht mit ihnen zu verbinden – ansonsten ließe sich auch kein Grund für die Einordnung in dieser Position denken. Sie bringen eine andere Perspektive ein und lassen eine möglicherweise aufkommende Ambiguität der vorangehenden Gedichte nicht zu. Ferner relativieren sie eine mögliche Andeutung von Kritik, indem das zweite Gedicht den Grund für die verwilderte Hauptstadt dem Befinden der „erlauchten Erdgottheiten" (*kuni no mi-kami*) zuschreibt.[62] Aus heutiger Sicht scheint es geradezu, dass der Grund für deren Einordnung in einer Klärung der aufgeworfenen Fragen zu sehen ist.

## Abschließende Bemerkungen

Die Forschung zu den drei Gedichten hebt die Bedeutung als Geschichte (*rekishi* 歴史) hervor (Maruyama 1999: 157–159), geht dabei aber nicht auf den durch die Kapitelüberschriften gegebenen Rahmen der Geschichtsschreibung ein, der alle dazugehörende Gedichte zur „Geschichte" macht. Es muss sich also um andere Aspekte handeln, und der Beginn der Erzählung bei Jinmu

60 Diese Gottheiten kommen direkt nicht vor, aber ein Bezug ist über 天下 Ame no Shita, „Unterm Himmel", und andere Formulierungen mit 天, „Himmel", gegeben. Verstorbene Tennō gehören ohnehin zu den *ama tsu kami*, „Himmelsgottheiten", da sie von dieser Linie abstammen und mit ihrem Tod dorthin zurückkehren.

61 Das Personalpronomen *ware* (*are*), „ich", kommt bereits in 1: 1 vor, wo es für Yūryaku steht, sowie in 1: 16, einem von höchster Stelle beauftragten Gedicht von Nukata no Ōkimi, und weiterhin in 1: 21 vor, einem Gedicht vom „Kronprinz" (Tenmu).

62 Es ist nochmals darauf hinzuweisen, dass Kōnoshi (1992: 226–241) und mit ihm Misaki (2005: 186) ein „Hauptthema" von 1: 29 in der Zeit ausmachen, und zwar in der „Zeit, welche die Ōmi-Hauptstadt verwildern ließ" (ebd.). Von Brandstiftung (671) und Demontage (672) ist dabei nicht die Rede.

Tennō („Kashihara“), das heißt der Verzicht auf eine mythische Vorgeschichte, dürfte den Geschichtsdiskurs hinreichend befeuert haben. Durch die Deifizierungen der Herrscherfiguren konstruiert der Teil A1 ebenfalls einen Mythos, macht das in narratologischer Hinsicht aber auf eine elaborierte Art und Weise. Denn wie gesehen erfolgt die Erzählung der Yamato-Höfe in einer Raffung, die in dieser Dichte hier das erste Mal auftritt. Sie fasst immerhin den zweiten und dritten *Kojiki*-Band beziehungsweise sechsundzwanzig Bände *Nihon shoki* (Band 3 ab Jinmu bis Band 27, dem Buch „Tenji“) zusammen.

In narratologischer Hinsicht weiterhin interessant ist, dass durch die Raumdarstellung im B-Teil sowie den beiden Gegengedichten die Erzählgeschwindigkeit stark gedrosselt ist, sodass die Zeit nahezu stillzustehen scheint. Zudem steht zwischen dem genealogischen Teil A1 und dem B-Teil eine Textpassage, die in Form einer angedeuteten – vielleicht traditionellen – Reiseerzählung über den Raum die Zeit abbremst. Der Wechsel zur Pause geschieht also nicht abrupt. Weiterhin stellen der Anlass der Reise, die Hauptstadtverlegung, sowie deren Verfall erzählwürdige Ereignisse dar (*tellability*), die Zustandsveränderungen betreffen. Im B-Teil sowie den beiden Gegengedichten wird die erste Zustandsveränderung in Form von Vorstellungen und Erinnerungen – der erläuternden Führer – thematisiert, zugleich aber auch zurückgesetzt, da es nun Vergangenheit ist. Die Kommentare sind sich darin einig, dass die Gedichte die Zeit der Jitō Tennō repräsentieren – sonst stünden sie auch nicht unter der Kapitelüberschrift zum Fujiwara-Hof. Nur, was bedeuten wuchernde Pflanzen, stickige Luft und verwaiste Seeufer das für das Reich Unterm Himmel?

## Eine Reise nach Ise: 1: 40 bis 44

Die Gedichte 1: 40 bis 44 fallen unter die Kapitelüberschrift zum Hof Fujiwara no Miya. Dort residierten drei Tennō, aber die in den Gedichten thematisierten Hoffrauen sprechen für die Reise einer weiblichen Tennō, die Einordnung der Gedichte unter die Kapitelüberschrift „Fujiwara no Miya“ sowie der Rahmen der Urauswahl für Jitō Tennō. Eine Tennō-Reise geht aus dem Schriftzeichen 幸 hervor, das die Kommentare als Verb wie *idemashi-shi* (Takeda 3: 197) oder *idemase-ru* (SNBZ 6: 49) oder als Nomen-Verbphrase wie *miyuki shitamahi-shi* (SNBT 1: 42) lesen. In den Gedichten zum Fujiwara-Hof steht das Zeichen zuvor im Titel zu 1: 36 bis 39, welche die Tennō am Hof Yoshino no Miya (吉野宮) lobpreisen. Fujiwara – Yoshino – Ise – Fujiwara ist der in der Gegenwart der Urauswahl entworfene Raum der glücksbringenden Tennō-Präsenz, den Hitomaros Gedichte zur alten Hofanlage am Biwa-See räumlich nach Norden und zeitlich in die Vergangenheit ausdehnt. Nun geht es um eine Reise in den Osten, aber die japanische Forschung zeigt an den Gedichten als Sequenz aus fünf Stücken nur wenig Interesse. So erfasst die Kanonisierung des zwölften Seminar-Bands nur die beiden Gedichte 1: 40 sowie 1: 43 und löst damit nicht nur die narrativen Eigenschaften der Sequenz auf, sondern präsentiert sie als kontextunabhängige Individualbeiträge.[63] Die fünf Gedichte lauten wie folgt:

> Zu der Zeit, als [die Herrscherin] eine glücksbringende Reise ins Land Ise unternahm, blieb Kakinomoto *no asomi* Hitomaro in der Hauptstadt (留京) und machte Gedichte.

| | |
|---|---|
| *Ami no ura ni* | Ah, in der Ami-Bucht[64] |
| *fune-nori su ra-mu* | Steigen wohl gerade ins Boot – |
| *wotomera no* | Der jungen Frauen |
| *tama-mo no su-so ni* | Säume edler Röcke sind |
| *shi-ho mi-tsu ra-mu ka* | Wohl gerade von Flut durchtränkt? (1: 40) |
| | |
| *kushiro tsuku* | Wo der Armreif hängt[65] |
| *Tafushi no saki ni* | Dort am Kap von Tafushi [„Handgelenk"] |
| *kefu mo ka mo* | Auch heute vielleicht |
| *oho-miya hito no* | Die Leute vom Großen Hof |
| *tama-mo karu ra-mu* | Sammeln gerade wohl edlen Tang (1: 41) |
| | |
| *shiho-sa-wi ni* | Aufgeworf'ne Wellen[66] |

63 Unter den von Shigeno untersuchten fünfzehn Anthologien zur Bestimmung der einhundert besten *Man'yōshū*-Gedichte fand 1: 40 Aufnahme in vier Sammlungen, 1: 41 in zwei und 1: 43 ebenfalls in vier. Nur der Sonderband der Zeitschrift *Taiyō* 太陽 aus dem Jahr 2011 berücksichtigt alle drei Gedichte; vgl. Shigeno 2021: Y28. Die „Selektion hervorragender *Man'yō*-Gedichte" im zwölften Seminar-Band bestätigt durch die Aufnahme von 1: 40 und 43 die Tendenz der Statistik, aber die Begründungen bleiben oberflächlich; vgl. Kōnoshi und Sakamoto 2005: 18, 19. Gedicht 1: 40 kommt in nur fünf von über achthundert Schulbüchern aus der Zeit zwischen 1915 bis 2017 vor. Sie stammen aus der Nachkriegszeit und richten sich an die gymnasiale Oberstufe; vgl. Tsuneyoshi (Internet, ohne Jahresangabe).

64 Die Lautzeichen 嗚呼 für *a* gibt es nur in diesem Gedicht. Bentley (2016: 18) zufolge stehen sie im Chinesischen für „seufzen", und vermutlich sollen sie hier eine gedehnte Aussprache zeigen. Das erste Schriftzeichen (女 + 感) für *wotome* im vierten Vers wurde durch 女 ersetzt.

65 Das Kopfkissenwort (*makura-kotoba*) *kushiro tsuku* steht zu „Tafushi", und die Beziehung baut sich über *te-fushi*, „Handgelenk", auf; Vovin (2017: 5) deutet *kusirö* als Lehnwort aus dem Koreanischen.

66 Das Wort *shiho-sawi* bezieht sich auf die Meeresströmungen im auch heute noch als

| | |
|---|---|
| *Irago no shima-he* | Bei der Insel Irago |
| *kogu fune ni* | Ob in Ruderbooten |
| *imo noru ra-mu ka* | Die Geliebte wohl gerade ist? |
| *araki shima-mi wo* | Dort, bei den rauen Inseln (1: 42) |

Tagima *no mahito* Maros Frau machte ein Gedicht.

| | |
|---|---|
| *waga se-ko ha* | Ach mein Geliebter |
| *izuku yuku ra-mu* | Wo du wohl gerade gehst?[67] |
| *oki-tsu mono* | [Verborgen wie] Seegras im Meer |
| *Nabari no yama wo* | Den Berg Nabari [der „Sich-Verbergende"] |
| *kefu ka koyu ra-mu* | Ob du ihn heut' wohl überquerst? (1: 43) |

Isonokami *no oho-mahetsukimi* folgte der Kutsche und machte ein Gedicht.

| | |
|---|---|
| *wagimo-ko wo* | Meine Geliebte, auf! |
| *Izami no yama wo* | Ob des Berges Izami [„Auf! Lasst uns sehen!"] |
| *taka-mi ka mo* | Höhe vielleicht?[68] |
| *Yamato no mienu* | Yamato ist nicht zu sehen |
| *kuni toho-mi ka mo* | Oder ob des Landes Ferne?[69] (1: 44) |

Zum Rechtsstehenden heißt es im *Nihongi*: „Im 6. Jahr Roter Vogel [692], Frühling, 3. Monat, dritter Tag, wurden Hirose no Ōkimi mit dem 4. [untersten] Prinzen-Rang und andere zu den Aufsehern der Hauptstadt [留守官, während der Abwesenheit der Herrscherin Jitō] gemacht. Da nahm der *chūnagon*-Beamte Miwa no Asomi Takechimaro seine Kopfbedeckung ab, reichte sie der Herrscherin hoch und sprach erneut seine Bedenken aus: »Vor der Bestellung der Felder sollte man keine hoheitliche Kutsche in Bewegung setzen«. Am sechsten Tag richtete

gefährlich geltenden Eingangsbereich zur Ise-Bucht (Irago *suidō* 伊良湖水道), der bei der Passage durchquert werden musste. Omodaka (1: 306) erläutert *sawi* mit Rückgriff auf die Etymologie als „Rauschen der Meeresströmung" und sieht *shima-be* gleichbedeutend mit *shima-mi*. 邊 in *shima-be* ist ein Phonogramm für *pye* (*pe* in *otsu-rui*-Aussprache); vgl. Bentley 2016: 316.

67 Ein „Du" geht aus dem Gedichttext nicht direkt hervor und wurde (wie „Ach") interpretierend ergänzt.

68 Das Suffix *-mi* (Nominalisierung) kommt wie hier in *yama wo taka-mi* oftmals in der Verbindung Nomen + *wo* + (Adjektiv) *-mi* vor und bedeutet „Ursache, Grund".

69 Das Verbalsuffix *-nu* in *mienu* (in *kanbun*-Verschriftung 不所見) ist die Attributivform der Negation *-zu* (postpositionelle Korrelation mit *ka* im dritten Vers). Der vierte und fünfte Vers bilden eine Inversion (Versumstellung, Anastrophe), und dem SNBZ-Kommentar (1: 50) zufolge ist für den Sprecher bei doppelten Fragen oder Vermutungen die letztgenannte Frage oder Vermutung die wahrscheinlichste.

sich die Tennō nicht nach der Ermahnung und reiste schließlich nach Ise. Im 5. Monat, am sechsten Tag war sie im Nebenpalast von Ago."

**Allgemeines**

Die in der Anmerkung stehende Angabe „6. Jahr Roter Vogel" entspricht Jitōs sechstem Regierungsjahr (692). Sie verlegt somit die Zeit der Dichtung vor dem Umzug an den Hof von Fujiwara, der zwei Jahre später geschah. Dass die Gedichte nicht unter der Kapitelüberschrift „Asuka no Kiyomihara no Miya" eingeordnet sind, steht der Vorverlegung insofern nicht im Weg, als der Hof mit Tenmu, und nicht mit Jitō verbunden ist. Das Gedicht 1: 22 baut eine Verbindung zu Ise auf und thematisiert eine Tochter von Tenmu, die sich dorthin begab. Sie war aber nicht die Dichterin, denn der Titel enthält den Namen einer Frau, den eine Anmerkung als „unbekannt" (未詳) einstuft. Auch die beiden Gedichte 1: 23 und 24 thematisieren die Ise-Region, aber dort geht es um die Verbannung von Omi no Ōkimi 麻績王, zu dem ebenfalls nicht viel bekannt ist. Der Anmerkung nach stimmt der Ort seiner Verbannung nicht mit den Einträgen im *Nihongi* überein, in denen Inaba 因幡 im Osten der Präfektur Tottori angegeben ist. Beide Anmerkungen bringen die drei Gedichte mit Ereignissen aus dem Jahr 675 in Verbindung. Sollte der Umzug nach Fujiwara (694) bereits in 1: 28 vollzogen worden sein, zeigte sich durch die Anmerkung nach 1: 44 im Rahmen der Fujiwara-Erzählung eine Zeitumkehrung, die sich wie gesehen auch in anderen Angaben bemerkbar macht. Diese Anmerkungen verkomplizieren die Zusammenhänge, was sie literaturwissenschaftlich interessant macht. Diese Komplexität wirkt aber aufgezwungen, und es fragt sich erneut, ob dem Verstehen der Urauswahl mit dem Verzicht auf den Abgleich mit der Geschichte nicht besser gedient ist. Als Ereignisse, die aus der konkreten Zeit herausgehoben wurden, um die Herrschaft über den Raum zu repräsentieren, wirkt alles viel schlüssiger. Wie sich im Folgenden zeigt, wirft die Anmerkungen nach 1: 44 spezifische Probleme auf.

Die drei Gedichte 1: 40 bis 42 stammen von Kakinomoto *no asomi* Hitomaro. Für das vierte gibt der Titel eine „Ehefrau" ohne Namen an, und das letzte Stück ist einem gewissen Großminister Isonokami zugeschrieben. An der Zusammengehörigkeit der fünf Gedichte lassen der Titel vor 1: 40 und die Anmerkung nach 1: 44 keinen Zweifel, aber auch die Inhalte der Gedichte 1: 43 und 44 legen über die Reisethematik, die Ortsnamen, den Perspektivenwechsel und das Thema der Vermutung einen Zusammenhang mit den Inhalten von 1: 40 bis 42 nahe. Die Ortsnamen lenken das Verständnis der Gedichte erheblich, sind allerdings nicht mehr ohne Weiteres zuzuordnen. „Irago" in Verbindung mit Ise kommt bereits im Titel zu 1: 23 vor, und die Verortung der Namen der ersten drei Gedichte in der Küstenregion bei Ise und der sich im

Süden anschließenden Halbinsel Shima-*hantō*, die heute zum Stadtgebiet Shima-*shi* gehört, scheint außer Frage zu stehen. Die Ortsnamen der beiden Gedichte 1: 43 und 44 beziehen sich auf die Bergkette zwischen dem Nara-Becken mit dem Fujiwara-Hof und dem Reiseziel Ise, die zu überqueren war, und ein *Nihon shoki*-Eintrag weist den Fluss Nabari *no yokogawa* 名墾横河 als die Ostgrenze der Kinai-Region aus.[70] Ise wiederum beherbergt die aus zwei Komplexen bestehende Schreinanlage Ise Jingū 伊勢神宮, und der *naikū* 内宮, der „innere Schrein", gilt als der Großschrein des Herrscherhauses (*kōtai jingū* 皇大神宮).[71] Für den *gekū* 外宮, die „äußere Schreinanlage", beziehungsweise den Toyouke Daijingū 豊受大神宮, „Toyouke-Großschrein", ist dokumentiert, dass in Jitōs sechstem Regierungsjahr (692) die alle zwanzig Jahre stattfindende Neuerrichtung des Schreins durchgeführt wurde. Die Anmerkung, die sich auf dieses Jahr bezieht, legt daher Zusammenhänge mit Jitōs Reise nahe, die aber nicht bestehen müssen.[72] Entweder waren sie zur Zeit der Urauswahl auch ohne weitere Angaben im Titel noch präsent, oder die Erwähnung der Region ist im Rahmen der Urauswahl von rein räumlichem Belang. Schließlich war Ise ein Hafen auf dem Weg in den Osten. Von dort führt eine relativ kurze Passage übers Meer zur gegenüberliegenden Halbinsel Atami-*hantō*, deren Westspitze den Namen „Irago-*misaki*" trägt. Die Schiffsreise kürzte den weiten Weg um die Bucht von Nagoya erheblich ab.[73]

Die Ortsnamen der fünf Gedichte hängen zusammen und gewähren unter Umständen Rückschlüsse auf die Perspektive. Die ersten drei Gedichte sind durch die Titelangabe 留京 *miyako ni todomari-shi* (Lesung nach SNBT 1: 42), „blieb [während der Abwesenheit der Herrscherin] am Ort (*ko*) des Hofs (*miya*)", eindeutig, wie auch das letzte Gedicht, das den Blick in Richtung Yamato thematisiert, wo dem Titel vor 1: 40 nach die vorangehenden vier Gedichte entstehen. Die Titel zum vierten und fünften Gedicht sind im Einflussbereich des Titel vor 1: 40 zu sehen. Dem Titel zu 1: 43 zufolge stammt das Gedicht von einer ebenfalls am Hof zurückbleibenden Frau, die sich darüber Gedanken macht, wo ihr „geliebter Mann" (*waga seko*) wohl gerade ist. Die

70 Vgl. den *Nihon shoki*-Eintrag zu „Kōtoku", Taika 2. Jahr (646), Neujahr 1. Tag (SNBZ 4: 128–131). Hirooka (2005b) bezieht den Namen nicht auf einen Berg, sondern sieht eine Bezeichnung für die Grenzregion.

71 Die Neugründung als *kōtai jingū* geschah 698, in Monmus zweitem Regierungsjahr, aber noch unter Jitōs Einfluss; vgl. Tsukushi 2017: 254.

72 Vgl. Ueno 1981: 33–34, Takamatsu 1999: 180–181, dort auch zu anderen möglichen Gründen politischer Natur. Die Überlegungen der japanischen Forschung stehen jedoch stets unter dem Einfluss der späteren Anmerkungen.

73 Zur Frühgeschichte des Ise-Schreins und geopolitischen Bedeutung Ises vgl. Wittkamp 2018a: 310–315.

Reisetermine dürften bekannt gewesen sein, sodass es unabhängig von der historischen Wirklichkeit im letzten Gedicht um die Rückreise geht.[74]

Aso Mizue (1: 148–155) oder Itō Haku (1: 143–147), der den ersten Teil des Titels vor 1: 40, „Zu der Zeit, als [die Herrscherin] eine glücksbringende Reise ins Land Ise machte", auf alle fünf Gedichte bezieht, präsentieren diese als eine Gruppe (*kumi* 組, Itō 1: 145). Das ist in anderen Kommentarausgaben weniger ersichtlich, da die Stücke innerhalb der Darbietung der einzelnen Gedichte des Bandes ohne merkliche Abgrenzungen erscheinen beziehungsweise einzeln abgehandelt werden. Die inhaltlichen Gemeinsamkeiten und gegenseitigen Entsprechungen der letzten beiden Gedichte erzeugen das Bild einer Beziehung der unbekannten Dichterin mit dem Dichter und weisen innerhalb der Gruppe eine enge Verbindung auf (vgl. Itō 1: 145). Der Titel zu 1: 43 macht allerdings deutlich, dass *waga seko*, der vermisste Mann, und der zu 1: 44 angegebene Dichter nicht identisch sind.

Die fünf Gedichte bestehen somit aus zwei Untergruppen, und gelegentlich weisen moderne Kommentarausgaben auf deren Zusammengehörigkeit hin. So bezieht Takeda (3: 198) den Titel vor 1: 40 auf die Gedichte bis einschließlich 1: 44, aber in der Forschung findet nur die erste Untergruppe mit den drei Gedichten von Hitomaro Aufmerksamkeit. Misaki Hisashi (2005) widmet sich in seiner narratologischen Studie zu „Hitomaros Methode" (Titel) vornehmlich dem Langgedicht, zieht aber die drei Gedichte 1: 40 bis 42 Beispiel für die Behandlung von Raum und Zeit im Kurzgedicht heran. Die beiden anderen Gedichte berücksichtigt er jedoch nicht, obwohl sie sich ebenfalls „Hitomaros Methode" verdanken.[75] Mit Bezug auf die vorangehende Forschung fasst er die Gemeinsamkeiten von Hitomaros Gedichten zu drei Punkten zusammen:

1. In allen drei Gedichten sind Ortsnamen eingebunden, die vermutlich mit der offiziellen Reise in Verbindung stehen.

74 Hirooka (2005b) bespricht nur 1: 43 und legt die Entstehungszeit anhand „des Ausdrucks" auf den Abend des sechsten Tages im 3. Monat (Eintrag *Nihon shoki*, Jitōs Ise-Reise) oder den nächsten Morgen fest. Das entspräche dem Tag der Abreise der thematisierten Figuren, was nicht zu den letzten beiden Gedichten passte. Dieser „Ausdruck" dürfte allerdings erst durch die historisierende Anmerkung möglich sein.

75 Vgl. Misaki 2005: 223–226. Die Forschung verhandelt die drei Gedichte 1: 40 bis 42 als *ryūkyō sanshu* 留京三首, aber die *on*-Lesung ist unklar. Möglich wären auch *rukyō* oder *rukei*; *ru* in *rusu* 留守 ist ein japanischer Gebrauch und bezieht sich auf das Daheimbleiben im häuslichen Bereich. *Ryūkyō* (*ryūkei*) folgt der klassisch-chinesischen Literatur mit *ryūshu* 留守 (chin. *liu shou*) für Beamte, die während der Abwesenheit des Herrschers über den Hof wachten; vgl. den Eintrag 留 in Miyakoshi, Ishii und Oda 2011 oder Tōdō et al. 2018, beide digital. 留守 wird allerdings auch *rushu* gelesen; vgl. SNBT 13: 375.

2. Alle drei Gedichte fassen die Aussagen mit dem Hilfsverb *-ramu* [Präsumptiv] zusammen.
3. Den Mittelpunkt der Darstellungen der drei Gedichte bildet die [fokussierende] Entfaltung von „die jungen Frauen“ über „die Leute vom Großen Hof“ zu „meine Geliebte“. (2005: 224)

**Fokussierungen und Perspektiven**

Die „Leute vom Großen Hof“ (*oho-miya hito*) sind aus dem Begleitgedicht 1: 30 bekannt, und wie dort ist auch in 1: 41 die Geschlechtszugehörigkeit nicht festgelegt. Versteht man jedoch die „jungen Frauen“ (*wotome-ra*) aus 1: 40 als ambivalente Äußerung, die im zweiten Gedicht zu den „am Hof dienenden Frauen“ präzisiert wird (vgl. Omodaka 1: 305, Itō 1: 145–146), nehmen die Darstellungen durch die Einengung auf die „Geliebte“ (*imo*) im dritten Gedicht eine sozial fokussierende Ausrichtung an. Für die „Leute vom Großen Hof“ als Frauen spricht eventuell auch die Tätigkeit des Sammelns von „edlem Seegras“ (*tama-mo*), was Omodaka (ebd.) zufolge üblicherweise Frauen machten. Seine Lesung ist vermutlich durch die Reise einer weiblichen Tennō geleitet, aber auch *tama-mo* selbst liefert einen Hinweis, da der Ausdruck homonym mit *tama-mo*, den „edlen Röcken“, im ersten Gedicht ist. In Itōs Auslegung liegt eine sukzessive Fokussierung vor, die in der *Man'yōshū*-Dichtung häufig vorkommt, besonders in räumlicher Hinsicht.[76] Aso (1: 150) konkretisiert *oho-miya hito* zwar zu männlichen Hofbeamten, sieht in den genannten Figuren aber dennoch eine „zentripetale Bewegung“, die sie mit einer räumlichen Bewegung von „vermutlich“ näher zu ferner gelegenen Orten verbindet.[77]

Diese Einschätzung geht auf Omodaka Hisataka zurück, der seinen Kommentar mit Berichten zu philologischen und empirischen Nachforschungen ausstaffiert. Als Ergebnis ordnet er die Ortsnamen der ersten drei Gedichte auf einer geraden Linie an, die sich von der Ami-Bucht (circa fünfhundert Meter entfernt vom JR-Bahnhof Toba, nahe des heutigen Hafens) mit Blickrichtung auf das gegenüberliegende Kap der Halbinsel Atsumi-*hantō* 渥美半島 (Stadt Tahara-*shi*, Präfektur Aichi-*ken*) auftut. Wie bemerkt gibt es dort auch heute den Namen „Irago“, aber Omodaka vermutet darunter die Insel Kamijima 神島, die auf halber Strecke nahe an seiner Geraden liegt. Aller Wahrscheinlich-

76 Vgl. Wittkamp 2018c: 190–193 mit einem Beispiel, in dem die drei Kurzgedichte mit räumlicher Fokussierung eine Bewegung durch den Raum evozieren.

77 Vgl. Takamatsu 1999: 181. Schönerts Begriff „Erzähl-Ort“ (2007: 139) ist für den Ort des Erzählens reserviert, das heißt die Ebene der Darstellung (Diskurs). In den vorliegenden Gedichten geht es um eine Verschiebung der erzählten Orte. Balmes (2022: 37) spricht allgemein vom „Raum des Erzählens“, was offener als „Ort“ ist.

keit nach wurde diese Route zur Abkürzung der Reise um die Ise-Buch per Schiff passiert.[78]

Die soziale, auch in anderen Sequenzen zu beobachtende Fokussierung sowie die räumliche dürften sich gegenseitig fördern, aber Itō (1: 146) verbindet die soziale Fokussierung mit einer zeitlichen Entwicklung. Sei in 1: 40 die Zeit noch „unbestimmt", verenge sie sich über das „Heute" in 1: 41 zum „Jetzt" in 1: 42.[79] In der sozialen Fokussierung auf *imo*, „Geliebte", die nicht unbedingt als Hitomaros Frau zu konkretisieren sei, und der parallel dazu ablaufenden Zuspitzung der Zeit, sowie schließlich der Gegenbewegung durch die sich mit jedem Gedicht entfernenden Orte sieht Itō nicht nur eine „gelungene *rensaku*-Komposition" aus zusammengehörender Dichtung,[80] sondern eine „über das Gedicht filigran gewebte Welt der Erzählung (*monogatari sekai* 物語世界; ebd.)". Takamatsu Hisao (1999: 182) zufolge gibt es auch ältere Gedichtgruppen mit drei Stücken, aber diese sich als *rensaku* entfaltende Zusammengehörigkeit „auf der Grundlage eines hohen Bewusstseins für dichte kohärente Arrangements" nehme in den drei Gedichten 1: 40 bis 42 ihren Anfang.

Itōs Zeitstruktur geht wie gesehen auf das Hilfsverb *-ramu* zurück, in der Omodaka (1: 303) in der Wiederholung in 1: 40 einen „musikalischen Rhythmus" ausmacht. Zu beachten sind dann allerdings auch die Assonanzen der vorangehenden Silben in [*funa*]***nori su*** *ramu* und [*shi*]***ho mitsu*** *ramu*, denn mit der gedehnten Aussprache „Ah" zu Beginn des Gedichtes zeigt sich eine materielle Überdeterminierung auf der Klangebene.[81] Die auffallende Wiederholung in den folgenden beiden Gedichten baut eine Verbindung zu Gedicht 1: 43 auf, in dem das Hilfsverb ebenfalls doppelt vorkommt. Zudem bleibt über *imo*, „die Geliebte", zu *waga seko*, „mein Geliebter", und *wagimo-ko*, „meine

78 Vgl. Omodaka 1: 277–278, 298–302 mit Karte, S. 300; seine Vorgehensweise ist allerdings Gegenstand der Kritik; vgl. Takamatsu 1999: 182, Ueno 1981 (siehe unten).

79 Itōs zeitliche Konkretisierung findet in der Forschung Beachtung, aber „jetzt" steht nicht im Text. Die Zeit erschließt sich über das Verbalsuffix *-ramu*, das eine Vermutung zur Gegenwart markiert, und der Unterschied bezüglich der Zeit in 1: 40 ist, dass es in 1: 42 nur ein *-ramu* gibt. Itō (1: 144) überführt beide Übersetzungen in *imagoro … dearō ka* 今頃 … であろうか, „ungefähr jetzt … wohl", was seiner Zeitzuspitzung nicht entspricht; die erste Vermutung in 1: 40 übersetzt er als gewöhnliche Aussage.

80 Misaki (2005: 223) zitiert aus einer Arbeit von Itō Sachio 伊藤左千夫 (1864 bis 1913) aus dem Jahr 1904, in dem jener den *rensaku*-Begriff für die „drei Gedichte vom Bleiben in der Hauptstadt (*ryūkyō sanshu* 留京三首)" fruchtbar gemacht habe. Unter anderer Bezeichnung wurde die Zusammengehörigkeit allerdings bereits von Kamo no Mabuchi 賀茂真淵 (1697 bis 1769) bemerkt; vgl. Takamatsu 1999: 181.

81 Die Silbe *no* in *nori* folgt allerdings der *otsu-rui*-Aussprache, sodass keine reine Assonanz vorliegt.

Geliebte", im letzten Gedicht der soziale Fokus auf eine individuelle Figur der erzählten Welt eingestellt.

Gedicht 1: 43 verlagert mit dem Namen der Berge, den die Reisegruppe zu passieren hatte, den Ort der Vermutungen erneut, und aufgrund der Blickrichtung thematisiert 1: 44 die Rückreise nach „Yamato". Der Name ist mit den Schriftzeichen 日本 notiert, die heute für „Nihon" oder „Nippon" stehen, wie das Land auf Japanisch heißt. Wenn jedoch der Ausgangspunkt der Reise im Jahr 692 Asuka war, wie es die Anmerkung möchte, hätte es dann nicht „Asuka" heißen müssen, wie es in der Kapitelüberschrift vor 1: 22 steht? Warum sollte dieser Raum einmal „Asuka" und dann „Yamato" heißen, auch wenn Asuka geographisch in Yamato enthalten ist? Hier ist die Verschriftung zu beachten. Denn sollte sie von Hitomaro stammen, wäre das der älteste Beleg – zudem „Yamato" das Gefühl einer neuen Hauptstadt mit gültiger Verfassung zum Ausdruck bringt.[82] Dieses Yamato entspricht dem Raum, den das Landesschau-Gedicht 1: 2 von Jomei Tennō sowie die „Gedichte von den drei Bergen" in 1: 13 und 14 von Naka no Ōe entwerfen und den die Gedichte ab 1: 28 bestätigen. Asuka ist aus dieser Perspektive ein Ort der Vergangenheit, der hinter sich gelassen wurde. 1: 43 und 44 präsentieren verschiedene Berge, die aber nicht weit auseinander liegen. Die Details sind unklar, und vielleicht führte der Weg dazwischen hindurch. Insgesamt geben die fünf Gedichte eine Fort- und Zurückbewegung durch den Raum zu erkennen, die an den Verlauf der Zeit gebunden ist. Da in 1: 44 der Blick von Osten nach Yamato im Westen gerichtet ist, zieht übrigens eine möglicherweise humorige Konnotation ein. Denn die beiden Zeichen bedeuten „Ursprung der Sonne", und der liegt bekanntlich in der Gegenrichtung.

Die Zeit selbst wird über die Verbalsuffixe *-ramu* thematisiert, die sich auf die Gegenwart der Wahrnehmung beziehen, und mit 今日 *kefu*, „heute", aus den Gedichten 1: 41 und 43 auf die reflexive Ebene gehoben. Genau genommen wäre „heute" nicht notwendig, da bereits *-ramu* die Vermutung in der Gegenwart betrifft. Das Wort *kefu* dürfte daher eher eine gewisse Spannung zum Ausdruck bringen. Zeit und Raum bilden ein zentrales Thema, und die Gedichte präsentieren typische Chronotopoi, verstanden als „Raum-Zeit-Kontinuum". Vermutungen sind in 1: 44 ebenfalls Gegenstand, nun aber mit dem „nicht zu sehenden Yamato" (*Yamato no mienu*) als Objekt. Sie sind nicht über *-ramu* realisiert, aber die doppelte Frage „Weil der Berg zu hoch ist? Oder weil

82 Die Sammlung enthält achtzehn Belege für diese Verschriftung (vgl. Inaoka 1: 37); andere Möglichkeiten sind 大和, 山跡 oder das Schriftzeichen 倭, das auch aus chinesischen Quellen bekannt ist. Im *Nihon shoki* kommen die beiden Schriftzeichen wiederholt vor, aber die Sammlung wurde erst 720 eingereicht.

Yamato in zu weiter Ferne liegt?“ gibt die Vermutung als ein kohärenzbildendes, aber dialektisch verhandeltes Thema zu erkennen: Während die Daheimgebliebenen Vermutungen anstellen, vermuten auch die sich auf der Reise Befindenden. In der doppelten Frage liegt zudem eine weitere Verbindung zu 1: 43 vor, da auch dort die ersten beiden Verse eine Frage formulieren, auf welche die letzten drei Verse antworten. Die fünf Gedichte, so lässt sich festhalten, bilden eine Sequenz, die der Titel vor 1: 40 und die Nachbemerkung nach 1: 44, aber auch inhaltliche Momente eng zusammenbinden.

**Schrift**

Die Bestandsaufnahme abschließend sei noch ein Blick auf die materielle Ebene der Schrift geworfen, da die Textmerkmale die Verschriftung durch eine identische Instanz nahelegen. So finden sich auffallend viele Phonogramme aus Zahlen: 十二 *so ni*, 四 *shi* und 三 *mi* in 1: 40,[83] 二 *ni* in 1: 41, 二 *ni* und 五十 *i* in 1: 42, 六 *mu* in 1: 43 und 三 *mi* in 1: 44. Die beiden Phonogramme 五十 für *i* bilden zudem einen Zusammenhang mit den beiden Lautzeichen 鳴呼 für *a*, da jeweils zwei Lautzeichen einen Vokal wiedergeben. Neben 日本 für „Yamato“ fällt weiterhin die Verschriftung von „Nabari“ in 1: 43 mit dem Zeichen 隠 auf, dessen Bedeutung „sich verbergen, verborgen sein“ ist.[84] Das wiederum bildet eine Isotopie mit 日本能不所見 *Yamato no mienu*, „Yamato ist nicht zu sehen“, dem Hauptthema in 1: 44, sodass die beiden Gedichte auch über die Materialität der Schrift verbunden sind. Das Lautzeichen 裳 für *mo* in 1: 44 mit der Bedeutung „Rock, Unterrock, Kleidung“, ist zwar nicht ungewöhnlich, knüpft aber in der Sequenz eine Verbindung zu 1: 40, wo es als *kunji*-Zeichen mit seiner semantischen Bedeutung „Rock“ steht. Die Auswahl der Lautzeichen 香裳 für *ka-mo* dürfte ebenfalls kein Zufall sein. Sie bedeuten „duftende Röcke“ und knüpfen an die nassen Rocksäume in 1: 40 an (Isotopie), bei denen Mōri Masamori (2005) eine „[…] erotische Ästhetik verspürt“.

Sind in 1: 40 die Röcke als Bild visualisiert, erzeugen die Lautzeichen 香裳 in 1: 44 eine olfaktorische Vorstellung.[85] Solche synästhetischen Schrift-

83 Dabei ist zu beachten, dass 3 x 4 = 12 ist. Mathematik spielte bei Schriftspielen eine Rolle, und beispielsweise die Zeichen 二二 (2 2) sind *shi* (4) und umgekehrt 八十一 (81) *ku-ku* (9 9) zu lesen (2 x 2 = 4, 9 x 9 = 81); vgl. Wittkamp 2014b: 67–68. Der SNBT-Kommentar (1: 42) macht auf das Schriftzeichenspiel (*moji asobi* 文字遊び) in der Kombination 四寳三 *shi-ho mi* in 1: 40 aufmerksam. Sie könne eine Anspielung auf die „sieben Schätze“ (七寳) sein, die in 5: 904 genannt werden.

84 Der Bezug stellt sich über das vierstufige Verb *nabaru*, „sich verbergen“, in der Konjunktionalform *nabari* her; vgl. Omodaka 1983: 529, SNBZ 1: 50.

85 Zu 香 *ka*, „Duft“, als *kunji*-Logo- und *on*-Phonogramm im Zusammenhang mit der vermissten Partnerin vgl. Sakamoto 1999: 155–156.

räume sind in der Sammlung nicht selten, aber mit dem *kaki-kudashi*, „Herunterschreiben“, das heißt der in modernen Kommentaren und der Forschungsliteratur üblichen Transliteration mit *hiragana*-Phonogrammen und chinesischen Schriftzeichen, gehen diese Zusammenhänge verloren – was gewiss auch das isolierte Abhandeln einzelner Gedichte fördert. So gibt es über das *kungana*-Lautzeichen 三 *mi* eine materielle Verbindung zwischen 1: 40 und 44, die den heutigen Lesegewohnheiten verborgen bleiben muss. In der originalen Verschriftung ohne *hiragana*-Lautzeichen sind die Zeichen allerdings auffällig genug.

Die komplexe Verschriftung in 1: 44 ist typisch für die unter „Hitomaro“ verzeichneten Gedichte, die entweder von ihm oder aus seiner Privatsammlung stammen. 吾妹子乎 *wagimo-ko wo* wird als Kopfkissenwort (*makura-kotoba*) zum Bergnamen 去來見 „Izami“ verstanden, der sich wiederum als Aufforderung lesen lässt: „Nun auf (*iza*)! Lasst uns [gehen und] sehen (*mi*)!“[86] Das Objekt des Appells wäre *wagimo-ko*, „meine Geliebte“, und über „Izami“ in der Verschriftung von *mi* mit 見 baut sich zudem eine Opposition zu „nicht sehen“ auf. Der Namensbestandteil *Iza* wiederum besteht aus „fortgehen“ 去 und „[zurück]kommen“ 來, was ein Thema der fünf Gedichte ist.[87]

**Die Anmerkung**

Der Bezug der Anmerkung erscheint zunächst unklar, da es lediglich „rechts“ heißt. Allerdings ist sie insofern eindeutig, als sie sich explizit nicht auf nur ein Gedicht bezieht, was oft vorkommt. Zudem baut sich über 留京, „in der Hauptstadt bleiben“, im Titel vor 1: 40 sowie 留守官, „Beamte, die bleiben und wachen“, in der Anmerkung eine semantische Beziehung (Isoto-

86 Der Ausdruck *iza mi* kommt auch in dem Langgedicht 17: 3973 vor, in dem Ikenushi den krank darniederliegenden Yakamochi auffordern möchte, gemeinsam den Frühling zu besuchen. In diesem poetischen Austausch zwischen den beiden Dichtern spielt der „Saum der roten Röcke“ junger Frauen ebenfalls eine Rolle wie vermutlich auch der auffällige Gebrauch des Verbalsuffixes *-ramu*; vgl. Wittkamp 2021a: 63, 164.

87 Die das erste Mal in 1: 10 vorkommende Kombination 去來 *qu lai* stammt aus dem Klassisch-Chinesischen, wo sie unter anderem „past and future“ (Kroll 2015) bedeutet. Der SNBZ-Kommentar (6: 31) vermutet eine „in China umgangssprachliche Verwendung“, aber die Verbindung ist offenbar auch in buddhistischen Texten häufig; vgl. SNBZ 3: 77. Im *Nihon shoki* ist sie unter anderem in „Izahowake“ 去來穗別, dem „postumen Namen im japanischen Stil“ (*wafū* / *kokufū shigō*) von Richū Tennō 履中天皇, enthalten und hat dort eine Anmerkung zur Lesung; vgl. SNBZ 3: 76–77. Die Kommentare führen das Gedicht „Gui qu lai“ 歸去來, „Auf, nach Hause!“, von Tao Yuanming 陶淵明 (365 bis 427, jap. Tō Enmei) an, eine der beiden *ci*-Dichtungen aus der *Wenxuan*-Abteilung „Ci“ 辭 in Band 45; vgl. SSTK 83: 453–458 und zum *Wenxuan* in Japan Wittkamp 2021a (Index „Wen xuan“).

pie) auf, die in einer Klammerfunktion die Gedichte zusammenhält. Die Forschung lässt sich von der Jahresangabe im Zitat aus dem *Nihongi* leiten, handelt die fünf Gedichte aber nicht als eine zusammengehörende Gruppe ab. Von dem Zitat geht eine historische Kontextualisierung und zugleich eine Steigerung der inhaltlichen Komplexität der Gedichte aus. „Akamitori", „Roter Vogel", steht im *Nihon shoki* nur für das Jahr 686, das letzte Jahr der Tenmu-Regierung (vgl. SNBZ 4: 454–455), und im *Nihongi*-Zitat fehlen zwei Beamtennamen, die ebenfalls am Hof bleiben mussten. Ansonsten stimmt es mit dem *Nihon shoki* überein. Allerdings ist das Zitat unvollständig, und die Angabe zum Nebenpalast von Ago im 5. Monat birgt schwerwiegende Implikationen. Zudem gibt es eine längere Aussparung, welche die Berichte über die großzügigen Vergütungen und Pflichtbefreiungen enthält (vgl. SNBZ 6: 50–57). Dem *Nihon shoki* zufolge kehrte Jitō am 20. Tag im 3. Monat zurück, sodass die Reise achtzehn Tage dauerte. An dem angegebenen Datum im 5. Monat belohnte sie die Verantwortlichen dafür, sie bei ihrem Aufenthalt in Ago, wo sich die Landesbehörde 國府 *kokufu* befand, gut bewirtet zu haben. Die Erwähnung der „Nebenpalastanlage von Ago" (阿胡行宮 Ago *no karimiya*)[88] deckt sich mit den Ortsangaben in Hitomaros Gedichten, da alle Namen zu der als Shima (*no*) *kuni* 志摩國 bekannten Region gehören (vgl. Takamatsu 1999: 180).

Die Anmerkung erzeugt ein anderes Narrativ und lässt den Eindruck eines längeren Aufenthalts entstehen. Das führt zu Fehleinschätzungen, wovon Alexander Vovins Beschreibung der Jitō als eine „fun-loving Empress" Zeugnis ablegt.[89] Ueno Satoshi (1981: 33–34) zieht dagegen verschiedene Untersuchungen heran mit dem Ergebnis, dass die Reise politisch motiviert war. Omodaka (1: 313) und Kōnoshi (2013: 51) zufolge erweckt die Anmerkung den Anschein einer zweiten Reise nach Ise. Omodaka vermutet zur Quellenangabe ein „altes Buch", also eine Vorfassung, aber Kōnoshi (ebd.) geht wie gesehen davon aus, dass die Anmerkung kein Zitat aus dem heute bekannten *Nihon shoki* ist. Die Ursache für solche Abweichung sieht er im „revidierten *Nihon shoki*", womit vereinfachte Fassungen und revidierte Texte für den täglichen Gebrauch gemeint sind.[90]

88 Takamatsu (1999: 180) liest Ago *no angū*, aber die *tōon*-Lesung 唐音 *an* ist fragwürdig.

89 Vgl. Vovin 2017: 120. Zur Textstelle „Im 5. Monat, am sechsten Tag geruhte [Jitō] zum Nebenpalast in Ago zu reisen" vermutet er ein „wrong date"(ebd.) und nennt das *Nihon shoki*. Im Zitat ist die Datumsangabe korrekt, aber Vovin nimmt die Aussparung nicht wahr. Florenz (2014: 405) übersetzt Auszüge aus dem *Nihon shoki*, und für die Ereignisse im „6. Jahr (692)" stellt sich ein ähnlicher Effekt ein wie in der Anmerkung zu 1: 44.

90 Vgl. Kōnoshi 2007a: 197, 201, 205–209, 2009: 47, 2013: 57–59.

Dass die Herrscherin durch das unvollständige Zitat in ein negatives Licht gerät, hebt umgekehrt die Taten des genannten Takechimaro positiv hervor. Kōnoshi geht auf den Effekt durch die Fortlassung nicht ein, zeigt aber, dass ein gleichlautender Eintrag in der Geschichtsschreibung *Nihonki-ryaku* vorliegt, und vermutet für die Anmerkung sowie das *Nihonki-ryaku* identisches Quellenmaterial.[91] Mit der Anmerkung zieht neben den Vermittlungsebenen der narrativen Lyrik eine weitere Instanz ein, die das Erzählmedium gewissermaßen verschiebt. Darauf ist zurückzukommen, zunächst aber auf die in der Anmerkung enthaltene Erzählung einzugehen, welche die Gedichte mit zusätzlichen Bedeutungen ausstattet. Untersuchungen zu den drei Gedichten Hitomaros wie in Ueno (1981), Takamatsu (1999) oder Misaki (2005) klammern nicht nur die Gedichte 1: 43 und 44 aus, sondern auch die Bedeutungsanreicherung durch die Anmerkung rücken nicht in den Blick, da die Fragestellungen gewöhnlich auf die außertextuellen Hintergründe der drei Gedichte begrenzt sind.

Übereinstimmung mit dem Titel zu 1: 40 zeigt der erste Teil des Zitates aus dem *Nihongi* mit Personen, die während der Abwesenheit der Herrscherin den Hof verwalten und bewachen sollten. Ein abrupter Themenwechsel leitet zum *chūnagon*-Berater (中納言) über, was einer gehobenen Amtsposition entsprach. Miwa *no asomi* Takechimaro 三輪朝臣高市麻呂 (657 bis 706) habe zum zweiten Mal seine Mahnung, eine aufwendige Reise nicht während der landwirtschaftlich wichtigen Zeit durchzuführen, ausgesprochen und seinen „Hut hochgereicht“, also sein Amt aufgegeben. Der Anmerkung zufolge hörte Jitō nicht auf die Mahnungen, aber das *Nihon shoki* berichtet von erheblichen Pflichtbefreiungen und Vergütungen für die Bevölkerungen, deren Gebiete durchreist wurden, sowie in anderen Regionen. Die Mahnungen hatten also durchaus Wirkung, und Takechimaro kehrte auch bald wieder zu seinen Ämtern zurück. Von ihm sind zwei Gedichte im *Man'yōshū*[92] sowie ein Gedicht

91 Vgl. Kōnoshi 2013: 58–59 mit dem entsprechenden Zitat. Das *Nihonki-ryaku* gibt die Jahre im Sechzigerzyklus (*eto*) an, worauf die Angabe des Regierungsjahrs folgt; „Akamitori“ kommt dort nicht vor. Eine weitere Abweichung, die in Kōnoshis Zitat enthalten ist, zeigt sich bei der Angabe des ersten Tages im 5. Monat, die zur Festlegung der weiteren Tage notwendig ist. In der *Man'yōshū*-Anmerkung heißt es 五月乙丑朔庚午 御阿胡行宮, aber im *Nihonki-ryaku*: 五月丙寅朔庚午 御阿胡行宮; vgl. Kurosaka und Kokushi Taikei Henshūkai 1965: 157–158.

92 Dem Titel zu den Gedichten 9: 1770 und 1771 zufolge veranstaltete Takechimaro ein Abschiedsbankett zu seiner Entsendung nach Nagato 長門 (Yamaguchi-*ken*) im Jahr 702. Zwar kehrte er schon im nächsten Jahr in die Hauptstadt zurück, aber die Entsendung eines vormaligen *chūnagon*-Beraters ins ferne Land Nagato wirkt unangemessen. Das erste Gedicht nimmt die Sicht eines Aufbrechenden, das zweite die einer zurückbleibenden Person ein, bei der man einen Bruder vermutet. Der Nachbemerkung zufolge stam-

im klassisch-chinesischen *shi*-Stil (*kanshi*) in der Sammlung *Kaifūsō* (KFS 18; vgl. Tatsumi 2012: 121–125) enthalten. Darin berichtet das Erzählmedium davon, in Alter und Krankheit dem Tod ins Auge zu blicken, aber unerwartet zu einer Tennō-Reise eingeladen worden zu sein und an den Vergnügungen in einer frühlingshaften Gartenanlage teilnehmen zu können. Die Tennō-Reise war also gewissermaßen ein Lebensthema Takechimaros, der übrigens offenbar bis zur Abschaffung der *chūnagon*-Beraterstelle im Jahr 701 diese Position beibehielt. Tatsumi Masaaki (2012: 125) zufolge wurde die Stelle gleichsam für Takechimaro eingerichtet, der sich wohl im Jinshin-Kurzkrieg von 672 große Verdienste erworben hatte – mit fünfzehn Jahren! Tatsumi vermutet den Grund für die Bekanntheit Takechimaros in dem „Auftreten eines neuen Politiker-Typs". Takechimaros Familie war eng mit dem Miwa-Schrein verbunden, der sich unweit von dem Ort befindet, der einst den Fujiwara-Hof beherbergte. Ueno Satoshi (1981: 33–34) diskutiert die These, dass Takechimaro sich Jitōs Reise nach Ise widersetzte, weil er den Machtverlust des Miwa-Schreins befürchtet habe. Der Miwa-Schrein gehört auch heute noch zu den wichtigsten Anlagen im Land, aber tatsächlich trat er im Lauf der Geschichte hinter den Ise-Schrein als Familienschrein des Herrscherhauses zurück.

Die Erzählung von Takechimaro kommt auch im *Nihon ryōiki* 日本霊異記 vor, einer zwischen 810 bis 824 von dem Mönch Kyōkai 景戒 (Keikai) fertiggestellten Sammlung von *setsuwa*-Erzählungen 説話 mit buddhistisch-moralischen Inhalten. In der Übersetzung von Hermann Bohner heißt es dort wie folgt:

> Fünfundzwanzigstes *En* [縁]: Der treue Vasall, uneigennützig wirkend, wird von den Himmeln erhört, empfängt sichtbar-gegenwärtige Vergeltung; wundersame Geschehen zeigen sich.
> Der verstorbene Mittlere Nagon mit dem folgenden Dritten Range, Oho-Miwa Taka-Ichimaro no Kyō war ein treuer Vasall der Himmlischen Majestät der Großkaiserin. Ein Bericht ist da [有記], der sagt: „Im siebten Jahr Shuchō,[93] Wasser-oben-Drache, im 2. Monat erging

men die beiden Stücke aus einer „alten Sammlung" (古集), aber der Bezug ist unklar; vgl. SNBZ 7: 430–431.

93 „Shuchō" (朱鳥) ist „Akamitori", „Roter Vogel". Das „siebte Jahr Shuchō" entspricht dem Jahr 693, aber im *Man'yōshū* heißt es „Akamitori 6. Jahr". Für „Ein Bericht ist da" stehen die Zeichen 有記 (zitiert nach Kōnoshi 2007a: 201), und diese Angabe liefert keinen Hinweis mehr auf das *Nihon shoki* als Quelle. 記 entsprich dem Texttyp *Kojiki* 古事記, und Kroll (2015) erläutert das Zeichen wie folgt: "1 retain in memory, keep in mind (ant. 忘 wàng, forget, ignore). 2 to record, make or take note of; mark; write down. a) gen. term for public record or document. b) memorandum […]. c) (lit.) prose genre giving an account of a specific topic, incident, or person […]." Im Gegensatz dazu bedeu-

> an alle Ämter der erhabene Erlaß: In dem kommenden dritten Monat [sic] wird ein kaiserlicher Zug nach Ise statthaben. So habt diese Sache wohl im Sinn und trefft bestens die Vorbereitungen!“ Zu der Zeit fürchtete der Mittlere Nagon, daß dies die Landwirtschaft hindern würde, erstattete Bericht nach oben und riet ab. Die Himmlische Majestät gab dem nicht nach, sondern gedachte erst recht den kaiserlichen Zug zu unternehmen. Da zog jener seine Cicadenmütze ab, hob sie vor Hofe empor und rief zu wiederholten Malen: „Jetzt ist die Zeit des Landbaus; es kann und darf nicht sein“, (sagte er).
> Ein andermal trat eine Zeit der Dürre ein. Da versperrte er seine eigenen Felder und spendete das Wasser dem Volke. Da er das Wasser spendete, so fehlte es ihm bald. Da erhörten ihn die Himmel und der Drachengott ließ einen Regen (und zwar) nur auf des Kyō Felder niedergehen. Auf anderes Land fiel er nicht. […] (1934: 93)

Die Anmerkungen sowie „die Gâtha“ am Ende der Erzählung wurden fortgelassen, aber der Hinweis auf die „Parallele“ in der *setsuwa*-Sammlung *Konjaku monogatari* 今昔物語 (nach 1120) erfordert Erwähnung. Denn Bohner schätzt die darin enthaltene Variante als „sehr wertvoll“ ein, da sie die Erzählung zum Teil erst verständlich mache:

> Das 郷 [*kyō*] Miwa 三輪 war dieses Chūnagon’s Wohnsitz (sumika); sein Haus wurde zum Tempel und dies ist der Miwa-dera. Aus seiner Linie kamen die Vorsteher des Schreins, und so ist es, wie es berichtet wird, noch heute. („Band Anmerkungen“, 1934: 20)

Bohner waren die „Parallelen“ im *Nihon shoki*, *Kaifūsō* und *Man’yōshū* offenbar nicht bekannt. Der Abgleich legt jedoch nahe, dass nicht erst das *Konjaku monogatari* die Erzählung verständlich macht, sondern dass sie sich im Laufe der Zeit zur Legende weiterentwickelt hatte. So lautet der Titel zum *Kaifūsō*-Gedicht KFS 95 過神納言墟, „den verfallenen Resten des Anwesens von Shinnagon 神納言 [= Takechimaro] einen Besuch abstatten“. Wie gesehen ist das Passieren von historischen Ruinen ein Topos aus der klassisch-chinesischen Dichtung, der in der Urauswahl aus dem Titel zu 1: 29 bekannt ist. Das *Kaifūsō*-Gedicht stammt von Fujiwara no Maro 藤原麻呂 (695 bis 737), dem vierten Sohn des mächtigen Politikers Fuhito, der mit seinen drei älteren Brüdern bei der großen Epidemie von 737 ums Leben kam. Es beginnt mit der

---

tet 紀 “[…] 4 cycle of yearly time, period(icity). […] 5 chronicle, annals, year-by-year account of events centered on emperor and court […]” (Kroll ebd.). Da das Zitat mit Jahresdevise und Monatsangabe beginnt, gehört die Quelle zum Texttyp 紀, aber angesichts der Abweichungen war es nicht das *Nihon shoki* 日本書紀.

Lobpreisung des ruhmreichen Verhaltens Takechimaros, Einspruch zu erheben und sich bei Nichterhörung von seinen Ämtern zurückzuziehen. Nun herrsche zwar prächtiger Frühling, aber das verfallene Anwesen verbreite Einsamkeit. Keine Musik der Empfänge und Bankette sei mehr zu hören, und an dem sich neigenden Tor stehen keine Kutschen der Besucher mehr – auch diese Topik wird in 1: 29 aufgegriffen und variiert. Das Gedicht endet mit der rhetorischen Frage, wohin man sich denn von der Welt zurückziehen könne, da doch schließlich überall „Unterm Himmel", also das Tennō-Reich ist (vgl. Tatsumi 2012: 420–423).

Kyoko Motomochi Nakamura (1973: 138) zufolge, die das *Nihon ryōiki* ins Englische übersetzte, porträtieren das *Nihon ryōiki* und das *Nihon shoki* Takechimaro als einen „ideal Confucian minister", während Jitō als „a stubborn lady" dargestellt sei. Mit Bezug auf einen japanischen Historiker erläutert sie dann allerdings korrigierend wie folgt:

> [...] contemporary historians assess her as a shrewd ruler and maintain that she made a trip to Ise, Iga, and Shima to appease the local gentry after she had begun to construct the capital of Fujiwara. (1973: 138)

Ihre Einschätzung ist wahrscheinlich korrekt, aber neben dem *Nihon shoki* sollte auch das *Man'yōshū* genannt werden.

Nachgereicht zum Thema der Anmerkung sei, dass das Gedicht 1: 40 selbst ebenfalls zum Gegenstand einer Anmerkung wurde. Der fünfzehnte *Man'yōshū*-Band enthält zwei lange Sequenzen, deren erste eine Seereise zur koreanischen Halbinsel behandelt. Das Gedicht 15: 3610 gehört zu den zehn „Vor Ort überlieferten und erinnerten alten Liedern" 當所誦詠古歌 (Titel zu 15: 3602 bis 3611), von denen die letzten sechs in den Anmerkungen mit Hitomaro in Verbindung gebracht werden. Das komplett wie alle Stücke in diesem Band mit Lautzeichen verschriftete Gedicht hat mit *Ago no ura* und *aka-mo*, „rote Röcke", zwei Abweichungen von 1: 40, worauf die Anmerkung hinweist.[94] Bei der Seereise handelt es sich vermutlich um eine Gesandtschaft aus den Jahren 736 bis 737. Das Gedicht 1: 43 kommt in leicht abweichender Verschriftung nochmals im vierten Band (4: 511) vor und hat dort den Titel 幸伊勢國時當

94 Zu *Ami no ura* entwickelte sich eine lange Diskussion über den Namen „Ami", da ein Fehler bei der Abschrift vermutet wird und es original „Ago" hieße. Lorenzen (1927: 11) und Pierson (1929: 151–152) lesen den Ortsnamen aus 1: 40 „Ago", und Piersons Grundlagentext scheint die Schriftzeichen 嗚呼兒 („a-a-go") zu besitzen, jene Problemstelle bei der Abschrift. 嗚呼兒 und 嗚呼見 sind sich zum Verwechseln ähnlich, aber aus den Lautzeichen der Anmerkung zu 15: 3610 geht der Name „Ami" hervor. Horton (2012) widmet der Seereise im fünfzehnten Band eine Monographie; zu 15: 3610 vgl. S. 17, 174–176.

麻麻呂大夫妻作歌一首, „Zu der Zeit, als [Jitō] eine glücksbringende Reise ins Land Ise machte, verfasste die Gattin des ehrenwerten Beamten Tagima no Maro ein Gedicht".[95]

**Vertiefung**

Takamatsu Hisao (1999: 181) führt wie gesehen mögliche politische Gründe für Jitōs Ise-Reise an, die keinesfalls als Vergnügungsreise zu missverstehen sei. Die Vermutung von Hitomaros absichtlicher Fokussierung „vergnüglicher Aspekte" ist inspirierend – zum einen für die Gedichte als Dokument im Rahmen einer offiziellen Anthologie, zum anderen bezüglich der literarischen Inszenierung und Fiktionalität. Takamatsus Beitrag zum zwölfbändigen „*Man-yōshū*-Seminar" repräsentiert den Forschungsstand zur Jahrtausendwende und setzt die Diskussion über *rensaku*-Kompositionen im Sinn von zusammengehörend erstellten und inhaltlich aufeinander bezogenen Gedichten fort. Konkret interessiert ihn (S. 183) die Frage nach der Bedeutung der „sich fortsetzenden Zusammengehörigkeit (*rensaku-sei* 連作性)" für die Zeit der Dichtung und ersten Rezeption. Itōs sich „durch die drei Gedichte ziehende Narrativität (*monogatari-sei*; 1: 146)" sowie Misakis Analyse der Behandlung von Raum und Zeit als Merkmal von Narrativität untermauern das Verständnis als *rensaku*, und in diesem Abschnitt soll es um Aspekte gehen, die Takamatsu für die Argumentation fruchtbar macht. Seine Darstellung baut auf eine Untersuchung von Ueno Satoshi auf, die zum besseren Nachvollzug vorzustellen ist.

Ueno (1981: 33) hinterfragt die Notwendigkeit, die Ortsnamen aus Hitomaros drei Gedichten in der Art und Weise der von Omodaka postulierten „geraden Linie" einzubringen. Wie später Takamatsu sieht er die Reise politisch motiviert und bringt sie vor allem mit einem Besuch des Ise-Schreins in Verbindung. Trotz der im *Nihon shoki* genannten Stationen – die Länder (*kuni*) Iga (der nordwestliche Teil der Präfektur Mie-*ken*), Ise und Shima beziehungsweise der Landessitz (*kokufu*) Ago – der nur achtzehntägigen Reise will er mögliche Gelegenheiten zur Besichtigung oder anderen Vergnügen nicht ausschließen. Allerdings seien die in Hitomaros Gedichten genannten Ortsnamen angesichts der starken Meeresströmung in der Irago *suidō*-Passage „nicht unbedingt geeignete Orte, sich an Küstenfelsen oder bei Bootsfahren zu vergnügen" (S. 35).

Ueno setzt bei der auffälligen Häufung des Hilfsverbs *-ramu* zum Ausdruck der Vermutung zur Gegenwart in Hitomaros Gedichten an und lenkt den Blick

95 Die die wiederholte Aufnahme von Gedichten kommt in der gesamten Sammlung mehr als zehn Mal vor; vgl. SNBZ 1: 286. Als Grund werden Komplikationen im Prozess der Zusammenstellung genannt.

auf Gedicht 1: 43, in dem *-ramu* ebenfalls dominiert. Ausgehend von diesem führt er weitere Gedichte an, die wie in 1: 43 über *-ramu* Vorstellungen zum abwesenden Ehemann entfalten, der sich gerade auf dem Weg durch die Berge befindet. Bis auf zwei Ausnahmen, in denen der „Neid" – verstanden als positiv besetzt im Sinn einer „Lobpreisung" (S. 40) von Jitōs Reise – zum Ausdruck komme, nicht selbst die Landschaft sehen zu können, erscheint der Reisende als eine einsame oder der Kälte und dem Regen ausgesetzte Figur.[96] Uenos folgenden Beispiele zeigen das gleiche Muster, in denen sich das Objekt der Vermutung allerdings nicht auf einem Weg durch die Berge befindet, sondern irgendwo einsam und bei schlechten Wetterbedingungen die Nacht verbringen muss oder gerade allein an einer ärmlichen Küste ausharrt.[97] Da sich unter den Belegen Stücke aus der Zeit von Jomei und Saimei befinden, geht Ueno (S. 36) von einer alten Ausdrucksform aus, die er *rusu-ka*, „Gedichte von Daheimbleibenden", nennt und deren Funktion „alltagspraktisch, zweckdienlich (*jitsuyō-teki ni* 実用的に)" sei, nämlich die (magische) Bitte (*kinen* 祈念, auch: „Gebet") der daheimgebliebenen Frau um die Sicherheit des Mannes auf der Reise.[98]

Ueno hinterfragt zunächst die „etablierte Meinung" zu Hitomaros ersten beiden Gedichten, die sich auf die vergnügliche Zeit der weiblichen Hofdamen an der Küste beschränke. Dieses Bild rufe das dritte Gedicht durch die heftige, Wellen aufwerfende Meeresströmung sowie die rauen Klippen nicht mehr hervor. Sodann macht er auf die „Umkehrung (*tōsaku* 倒錯)" aufmerksam, in welcher Hitomaro als ein in der Hauptstadt zurückbleibender Mann die Tradition der Dichtung daheimbleibender Frauen übernommen habe. In dieser Umkeh-

---

96 Vgl. Ueno 1981: 35; es sind die Gedichte (in der angeführten Reihenfolge) 1: 43, 9: 1666, 9: 1680 und 1681, 3: 361, 9: 1730, 12: 3192 bis 3194. Gedicht 9: 1666, den Angaben zufolge der älteste Beleg, steht unter dem Namen des Hofes Okamoto no Miya, der Jomei Tennō zugeordnet ist. Die SNBZ-Bearbeiter (7: 390) vermuten die korrekte Bezeichnung in Saimeis „Nochi no Okamoto no Miya" und verweisen auf zwei Reisen der Saimei nach Ki no Kuni (Wakayama-*ken*) im Jahr 658 und 659 sowie auf Gedichte im ersten Band, die sie im Zusammenhang mit dieser Reise sehen. „Ki no Kuni" geht aus dem Titel hervor (vgl. auch SNBT 2: 323), und Ueno (ebd.) selbst vermutet das Jahr 658.

97 Vgl. Ueno 1981: 35–36; es sind die Gedichte 4: 500, 10: 1918, 12: 3213 und 3: 352. Weiterhin führt er die Gedichte 2: 106, 1: 4 sowie einen Beleg aus dem *Ise monogatari* 伊勢物語 an, einer Lied-Erzählung (*uta-monogatari*) aus der mittleren Heian-Zeit.

98 Vgl. Ueno 1981: 37. Takamatsu (1999: 188) weist auf eine Arbeit von Mori Asao 森朝男 aus dem Jahr 1984 hin, die den Ausdruck der drei Gedichte Hitomaros als Lobpreisung der Tennō-Reise deute und den Charakter einer rituellen Dichtung (*gireika-sei* 儀礼歌性) hervorhebe. Wie Takamatsu zeigt (siehe unten), unterscheiden sich die drei Gedichte von anderen Lobpreisdichtungen und seien eher als Inszenierung mit einem hohen Grad an Literarizität zu verstehen.

rung seien aber nicht nur die Rollen getauscht, sondern aus der sorgenvollen Vorstellung der die Berge durchquerenden Männer die sich an der Küste vergnügenden Frauen geworden. Dennoch sieht Ueno in den Gedichten „eine Prise“ Sorge eingeschrieben, die zugleich mit der Ästhetik einer reizvollen Landschaft verbunden sei. Somit erscheine der Ausdruck als eine Umkehrung in helle Sehnsuchts- oder Neidgefühle, die den „Schatten“ möglicher Gefahren – das alte Motiv – enthalte. Insgesamt vollziehen die Gedichte einen „Sprung von den Gedichten der Daheimbleibenden [*rusu-ka*], die praktische Ziele, nämlich die Bitte um Sicherheit der Reisenden verfolgen, zu einem literarischen Werk, das auf die spätere Dichtung großen Einfluss ausgeübt habe (ebd.).

Angesichts der Reisedauer von nur achtzehn Tagen sowie der Einträge im *Nihon shoki* bezweifelt Ueno mit Rückgriff auf vorangehende Forschung eine Reise bis zur Halbinsel Irago.[99] Auch die in den ersten beiden Gedichten genannten Orte seien Hitomaros „Phantasie (*kūsō* 空想)“ entwachsen, und Ueno fragt nach den Absichten hinter dieser Konzeption. Bei „Tafushi [Tōshi] *no misaki*“ in 1: 41 bestehe zwar Möglichkeit, dass es sich um eines der beiden Kaps der gleichnamigen Insel handelt, aber ebenfalls möglich sei irgendein Kap der Tafushi-Gemeinde (郷 *sato*), was die Inseln vor der Stadt Toba bedeute, oder des Tafushi-Distrikts (群 *kohori*) mit verschiedenen Gemeinden inklusive Tafushi-*sato*.[100] Anders gesagt möchte sich Ueno nicht auf die Insel Tafushi festlegen (S. 38). Bis 719 habe auch der Distrikt Ago-*kohori* zu „Tafushi“ gehört, und Ueno vermutet darin einen anderen Namen für „Shima“. „Tafushi *no misaki*“ bedeute somit kein bestimmtes Kap, und sollte die Vermutung zutreffen, sei auch mit „Ami *no ura*“ aus 1: 40 keine bestimmte Bucht gemeint. Die Theorie der Anordnung der Namen auf einer geraden Linie sei „reizvoll“, aber ihr mangele es an dem Argument, das die Perspektive überzeugend mache (S. 39; vgl. Takamatsu 1999: 182).

99 Vgl. Ueno 1981: 38; er versteht die Ortsangabe in 1: 42 nicht wie Omodaka im Sinne der Insel Kamijima. Denn sollte es sich um diese Insel handeln, stellte sich angesichts des eng abgesteckten Zeitraums die Frage nach dem Zweck des Besuches, zumal die kleine Insel von einer gefährlichen Küstenregion eingefasst sei.

100 Mit den Taika-Reformen werden die *kohori*-Distrikte in große *oho kohori*, mit dreißig bis vierzig Gemeinden (*sato*), mittlere *naka tsu kohori* und kleine *chihisaki kohori* festgelegt; vgl. SNBZ 4: 130–131. „Gemeinde“ (*sato*) ist mit 里 verschriftet, aber in den *Fudoki*-Einträgen stehen 郷 für *sato* und 里 für *kozato*, „kleine Gemeinden“; vgl. beispielsweise den Eintrag „Izumo *kohori*“ in Uegaki 2012: 206–209. Im 718 zusammengestellten Yōrō-Kodex (Inkrafttreten 757) erfolgt eine Einteilung in fünf Distriktkategorien; vgl. Dettmer 2010: 28–29, dort auch die übersetzten Begriffe. Shima gehörte zu den kleinsten Ländern (*gekoku* 下國), Ise zu den größten (*taikoku* 大國); vgl. Nakanishi 2017: 178–181.

Hitomaro seien die Reiseziele und die damit verbundenen möglichen Vergnügungen bekannt gewesen. In Anwendung der traditionellen „Dichtung der Daheimbleibenden“ (*rusu-ka*) habe er diese Vergnügungen hervorgehoben, aber auch eine „Prise Unsicherheit“ eingestreut. Angesichts der traditionellen *rusu*-Dichtung seien die Gefahren der Reise allerdings auch *expressis verbis* einzubringen, und diese Forderung sieht Ueno in 1: 42 mit den „gefährlichen Stellen“ bei Irago *no shima* erfüllt. Den Hintergrund für die Wahl der Ortsnamen vermutet er ferner in der Erzählung des „herumziehenden (*sasurai* 流離)“ Omi no Ōkimi, die zuvor die beiden Gedichte 1: 23 und 24 ansprechen. Im Titel zu 1: 23 heißt es, dass „jemand aus Traurigkeit das Gedicht zu der Zeit verfasste, als Omi no Ōkimi auf die Insel Irago im Land Ise verbannt wurde“ (麻續王 流於伊勢國伊良虞嶋之時 人哀傷作歌). Im Licht dieser Erzählung bedeute die Bucht Ago *no ura* den Ausgangspunkt für die Seereise vorbei an Tafushi *no misaki* hinüber nach Irago.[101] In Gedicht 1: 24 heißt es „Weil ich doch an diesem leeren Leben hänge[102] / von den Wellen durchnässt sammele ich das hehre Seegras der Insel Irago und esse es“ (空蝉之 命乎惜美 浪爾所濕 伊良虞能嶋之 玉藻苅食 *utsu-semi no inochi wo woshi-mi nami ni nure Irago no shima no tama-mo kari-hamu*). Ueno (S. 40), der 食 in *wosu*, ehrerbietig für „essen“, überführt, sieht „das Ganze“ – Hitomaros drei Gedichte – als Reproduktion dieser Verse. Indem Ueno somit den Blick von der Realität der Tennō-Reise auf die Erzählung des herumziehenden Omi no Ōkimi lenkt, nehmen die aus der „Phantasie“ genommenen Ortsnamen eine andere Bedeutung an.[103] Die Ästhetik der Beschreibung – der positive Neid – statte die drei Gedichte mit einer „Lobpreisung der Tennō-Reise“ (S. 40) aus und mache sie für eine offizielle Bankettdichtung höchst geeignet. Ueno attestiert den Gedichten abschließend eine „extrem hohe Literarizität“.

101 Ueno versteht „Ami *no ura*“ als Fehllesung von „Ago *no ura*“, aber Takamatsu (1999: 182) zufolge ist eine durch die Überlieferung bedingte Entwicklung von „Ago“ zu „Ami“ nur „schwer vorstellbar“. Allerdings weisen die meisten Kommentare darauf hin, dass der Austausch nicht auf die Überlieferung, sondern die falsche Abschrift eines Schriftzeichens zurückgeht (見 *mi* und 児 / 兒 *ko*).

102 Hier liegt ein weiteres Beispiel für die oben erwähnte Verbindung Nomen + *wo* + (Adjektiv) *-mi* zum Ausdruck der „Ursache, Grund“ (*inochi wo woshi-mi*) vor.

103 Ueno (1981: 40) legt seine These zu den Änderungen von Ago *no ura* zu Ami *no ura* dar. Grob gesehen führt er diese auf das Unverständnis „hoher Beamter“ zurück, die zwar gut mit der Topographie vertraut gewesen seien, Hitomaros Literatur aber nicht mehr verstanden haben. Der offizielle Ausgangspunkt der Überfahrt nach Irago lag in der Gegend der heutigen Stadt Toba und durch die Unkenntnis der Erzählung des Womi no Ōkimi sei aus „Ago“ dann „Ami“ geworden, das heißt irgendeine Bucht wie Ami *no ura* in 1: 5.

Takamatsu setzt seine Darstellung ebenfalls bei der Zusammengehörigkeit (*rensaku-sei*) an und für die Komposition (*kōsei*) einer *rensaku*-Gruppe die Absicht des Autors voraus. Konkret interessiert ihn die Bedeutung einer solchen *rensaku*-Komposition in der unmittelbaren Entstehungszeit (S. 183). Zwar knüpft er an Uenos Beobachtungen an, übernimmt jedoch nicht dessen Ausführungen zu den Ortsnamen, sondern bleibt bei Omodakas geradliniger Perspektive, in der sich der „Punkt allmählich zur anderen Seite des Meeres entfernt“. [104] Das dürfte in der Absicht geschehen, das „Bewusstsein für eine komplexe Konzeption“ (ebd.) besser hervorzuheben. In dem Maße, wie im Alltag die zurückbleibende Frau durch ihr Verhalten wie „Reinheit (*kessai* 潔斎)“ etc. zum Wohlergehen des Mannes auf Reisen beizutragen versucht habe, sieht Takamatsu ebenfalls eine gewisse Magie in die „stereotypen (*ruikei* 類型)“ Gedichte von Daheimbleibenden (*rusu-ka*) eingeschrieben, möchte sie allerdings nicht darauf reduzieren.

Er übernimmt sechs von Uenos Gedichten der „daheimbleibenden Person (*rusu-sha* 留守者) = die Frau“, unter denen sich auch 9: 1666, der offenbar älteste Beleg zu einer Reise der Saimei Tennō (Mitte siebtes Jahrhundert), sowie das Gedicht 1: 43 aus der Sequenz befinden, dessen stereotype Form (*ruikei*) zur Zeit der Entstehung – der Anmerkung zufolge 692 – immer noch Gültigkeit besessen habe.[105] Zu vier von diesen Belegen präsentiert er Gedichte, die in direkter Korrespondenz damit stehen, darunter 9: 1665 sowie 1: 44 aus der Sequenz.[106] Diese Gedichte entsprechen den *rusu*-Gedichten durch das „Hauptthema, der Klage über die Einsamkeit während der Nacht oder die Schwierigkeiten der Reise“ (S. 185), was allerdings für 1: 44 nur indirekt durch die geäußerte Ungewissheit ersichtlich ist. Im Alltag mag daher durchaus ein „magisches Verhältnis der geteilten Emotionalität (*jujutsu-teki kyōkan kankei* 呪術的共感関係)“,[107] das heißt eine magische Praxis zur Sicherheit der Reisenden, bestanden haben. Da jedoch in der *rusu*-Dichtung eine „harmonischer Ausgeglichenheit (*kinkō* 均衡)“ mit der Lyrizität in der Dichtung der reisenden

104 Vgl. Takamatsu 1999: 181–183; dort auch zu den Fragen der „Praktikabilität“ und „Magie“.

105 Vgl. Takamatsu 1999: 183–184; die anderen Belege sind 1: 59, 4: 500, 12: 3193 und 12: 3213.

106 Vgl. Takamatsu 1999: 185; die beiden anderen Belege sind 12: 3193 (Alternativfassung) sowie 12: 3214.

107 Der Begriff geht auf Kōnoshi (1992: 377–380) zurück, den er an dem Verb *ihafu* 齋はふ aus den Reisegedichten im fünfzehnten Band festmacht (phonographische Verschriftungen). Dabei handelt es sich um den Ausdruck der „Reinheit“ der zurückbleibenden Ehefrau, der die Heimkehr des Mannes garantiere; vgl. SNBZ 9: 22.

Männer versucht worden sei, sei von Anfang an Literarizität (*bungei-sei* 文芸性) beteiligt gewesen.[108]

Takamatsu zufolge besitzen die drei Gedichte von Hitomaro „gewissermaßen den Charakter einer Parodie der *rusu*-Dichtung“, und als den Ort des Vortragens sieht er ein Bankett während der Reise. Die populäre Vermutung eines Banketts nach der Heimkehr der Reisenden,[109] lehnt er (S. 186) explizit ab und kehrt damit zu seiner Ausgangsfrage nach der „Wirkung“ der drei Gedichte bei der Rezeption „vor Ort“ zurück. Für das weitere Vorgehen beruft er (ebd.) sich auf eine Untersuchung von Fukuzawa Ken 福沢健 aus dem Jahr 1995, der die traditionelle *rusu*-Dichtung als „korrekte Stimmung (*seichō* 正調)“ bezeichne. Die ersten beiden der drei Gedichte Hitomaros entsprechen somit als „Umkehrung“ (Ueno) dieser „korrekten Stimmung“ nicht mehr, aber die Fokussierung auf die sich in der gefährlichen Passage vor Irago befindende *imo*, „Geliebte“, im dritten Gedicht bringe im Ausdruck einen Stimmungswandel mit sich, der zur korrekten Stimmung zurückführe. Narratologisch wäre das als ein Ereignis auf der Darbietungsebene zu beschreiben.

Zwischen Hitomaros 1: 40 und 41 als Thematisierung von Vergnügungen und „positivem Neid“ – im Sinn einer Lobpreisung – sowie 1: 42 besteht somit ein essenzieller Unterschied, den Takamatsu durch die Ortsnamen zu untermauern versucht (S. 187). Denn die „Bewegung“ von „Ami *no ura*“ nach „Tafushi *no misaki*“ weise – im Sinn der Entfernungen – eine „leicht unterschiedliche Qualität“ zu der von „Tafushi“ nach „Irago *no shima*“ auf. Zwischen den ersten beiden Gedichten und dem dritten sei „eine Art Sprung“ festzustellen, dem die Fokussierung von der Gruppe der Teilnehmenden auf die einzelne „Geliebte“ (*imo*) ebenfalls entspreche (S. 188). Sei nämlich während der tatsächlichen Reise bereits ein „Vergnügungsausflug“ zum Kap der Insel Tafushi kaum wahrscheinlich gewesen, erachtet Takamatsu eine Passage nach Irago angesichts der gefährlichen Strömungen als undenkbar.[110] Diese sich somit als

108 Vgl. Takamatsu 1999: 184–185. Es dürfte ohnehin schwerfallen, sich das formal geregelte Kurzgedicht als magische Praxis im Alltag vorzustellen, wovon gewiss auch Ueno nicht ausgeht. Mōri (2005) führt zwar nur 1: 40 an, hebt aber die Zusammengehörigkeit von 1: 40 bis 43 hervor und verbindet mit Kōnoshis „magischem Verhältnis der gemeinsamen Emotionalität“. Zwischen Hitomaros ersten beiden Gedichten und 1: 42 macht er einen „Wandel der Ideenfindung (*hassō no tenkan* 発想の転換)“ aus.

109 Vgl. Aso 1: 150 und Hirooka 2005b; Aso verweist auf die beiden Gruppen 9: 1665 bis 1666 sowie 9: 1667 bis 1681, die ebenfalls Gedichte von Reisenden und den Zurückbleibenden sind.

110 Daher wendet sich Takamatsu (1999: 187) auch gegen die „offizielle Lehrmeinung“, unter „Tafushi *no misaki*“ das nordöstliche Kap zu verstehen, und schätzt das südwestliche Ende der Insel als realistischer ein.

unrealistisch erweisende Vermutung Hitomaros schätzt er (S. 187) aber nicht als bloße Vermutung ein, sondern sieht darin eine absichtliche Inszenierung.

Die Gedanken an jene *imo* aus 1: 42, die sich allein in der gefährlichen Meerespassage befindet, sei schließlich nicht mehr nur das Objekt der Vorstellung eines in der Hauptstadt zurückbleibenden Individuums, sondern habe alle Teilnehmenden des Banketts (während der Reise) emotional angesprochen. Das Gedicht entspreche auf dem ersten Blick zwar der Fortführung der „korrekten Stimmung" traditioneller *rusu*-Dichtung, müsse tatsächlich aber als ein bis dahin nicht gewesener Versuch zur Schaffung einer Situation verstanden werden, in welcher die „Daheimgebliebenen sowie die sich auf Reise Befindenden die gleiche Emotionalität teilten" (S. 188). Hier stellt sich die Frage, warum Takamatsu auf ein Bankett während der Reise besteht, an dem die „Daheimgebliebenen" schließlich nicht teilnahmen. Die „wirkungsvolle Inszenierung für das Bankett" dürfte auch nach der Heimkehr nicht nachgelassen haben, aber hinter der Vermutung steckt wohl die Vorstellung, dass sich die „Emotionalität" nur in der Fremde und nicht in vertrauter Umgebung entfalten konnte.

## Fujiwara no Miya: 1: 50

Die im *Nihon shoki* verzeichneten Besuche der Jitō Tennō bei den Bauarbeiten der Hof- und Stadtanlage (→ Tabelle 5a) belegen das Interesse der Herrscherin, und eine Gruppe mit Gedichten zu Fujiwara, welche die Urauswahl abschließt, deutet die Bedeutung des neuen Hofes für die Sammlung an. 1: 50 stammt von einem namentlich ungenannten 役民 *yakumin* (*ekimin*,), worunter die SNBZ-Bearbeiter Leute „aus dem Volk" verstehen, die temporären Frondienst leisteten.[111] Allerdings war der Dichter mit der Sprache der Kunst und der Schrift so vertraut, dass die Forschung jemanden vermutet, der „sich die Rolle der *yakumin* auslieh" (SNBZ ebd.; siehe unten). Dieses Gedicht eines „Arbeiters" steht vor dem Gedicht 1: 51 von Tenjis Sohn Shiki no Miko, das in der vorliegenden Arbeit als spätere Beifügung verstanden wird. Interessanterweise heißt es dort im Titel *„nach* (後 *nochi*) dem Umzug vom Hof in Asuka an den Hof Fujiwara no Miya", sodass diejenigen, die das Gedicht beifügten, von einer bereits bezogenen Hofanlage ausgingen. Zu 1: 52 und dem Begleitgedicht 1: 53, einer Lobpreisdichtung auf den neuen Hof, ist kein Dichter angegeben, was nach 1:

111 Die SNBZ- (6: 53) und SNBT-Bearbeiter (1: 46) lesen *yakumin*, Itō (1: 152) und Aso (1: 162) *ekimin*. Omodaka gibt wie bei sämtlichen Titeln keine Lesung an, diskutiert aber die Möglichkeiten (ohne *yaku-* und *ekimin*); vgl. Omodaka 1: 329. Die SNBZ-Bearbeiter (ebd.) vermuten eine Hoflobpreisung durch einen anonymen Dichter.

53 auch angemerkt wird. 1: 50 ist ein alleinstehendes Langgedicht und lautet wie folgt:

Ein Lied, das ein *yakumin*-Bediensteter auf den Hof Fujiwara no Miya dichtete

Alle acht Ecken [= das gesamte Reich] regieren / Unsere Großkönigin // Am Himmel strahlend / Erlauchtes Kind der Sonne / (5) [Grobes Gewebe *fuji*-Glyzinien] / Über der Glyzinienebene (Fujiwara) / [von dort oben] Das zu regierende Reich / Geruhen zu sehen [= regieren], so / Den erlauchten Palast / (10) Hoch zu errichten, so / Einer Gottheit gleich[112] / [so] Denkt sie und zu der Zeit / (13) Auch [die Gottheiten des] Himmels und [der] Erde[113] / Gerade da sie sich fügen / (15) [Über Felsen läuft (Wasser)] / Im Land Ōmi / [der Ärmelrand] / Von den Bergen Tanakami[114] / [Wahres Holz spalten] / (20) Das Zypressenbauholz / [Allerlei Hofbeamte] / Den [Achtzig-][115] Uji-Fluss / Wie Seegras / Weil [sie es so] hinuntertreiben lassen[116] / (25) Das [treibende Holz] aufzunehmen[117] / Auch das emsig lärmende Volk / Vergisst das Zuhause / Kennt keinen eigenen Leib mehr / Obwohl keine Ente [so doch wie eine Ente] / (30) Schwimmt es im Wasser und dann / Den wir bauen / Den [Fujiwara-]Palast der Sonne, dorthin / unbekannte

112 Duthie (2014: 251) übersetzt 神長柄 *kamu nagara* mit „with divine accord" und wendet sich gegen die übliche Auslegung als *kami dearu mama ni* 神であるままに, „als Gottheit, mit göttlicher Natur"; vgl. SNBZ 6: 54, Aso 1: 162. Bei der Übersetzung in diesem Gedicht ist der letzte Vers mit der problematischen Lesung *kamu kara nara-shi* (*ni ara-shi*) zu berücksichtigen; vgl. Omodaka 1: 345 (siehe unten).

113 Zur Ergänzung von „Gottheiten" vgl. Omodaka 1: 333. Die Verse 13 bis 24 schildern die Handlungen der Gottheiten des Himmels und der Erde; vgl. Inaoka 1: 40.

114 Bei „Tanakamiyama" handelt es sich offenbar um eine Berggruppe in der Präfektur Shiga-*ken*, südlich des Biwa-Sees. Von dort gelang das Bauholz direkt in den Fluss Ujikawa; vgl. die Karte in Omodaka 1: 335.

115 Das Kopfkissenwort *mononofu no*, die „zahlreichen Hofbeamten", und das Präfix *yaso*, „achtzig", gehen zum einen auf die Bedeutung des Namens „Uji", die Klane der Beamten, und zum anderen auf den Umstand zurück, dass der Ujikawa zahlreiche Fließrinnen aufweist.

116 Der Vers *ukabe-nagasare*, „da [die Gottheiten es] hinuntertreiben lassen" (= *nagasere ba*, *nagashi are ba*), nimmt Vers 13 auf und setzt die Handlung fort; vgl. Aso 1: 170.

117 Das Verb *toru* lässt sich als „aus dem Wasser nehmen" auslegen (vgl. SNBT 1: 66), aber das Bauholz wurde anschließend den Fluss Izumigawa hinaufgezogen. Vielleicht wurde es zum Anbringen der Löcher für die Stricke zum Zusammenbinden aus dem Wasser genommen, aber das wäre für das Gedicht zu kompliziert. Bei Grabungen in der Stadt und am Hof von Fujiwara wurden in den Löchern für die Säulenfundamente die Reste von Baumstämmen mit durchbohrten Löchern gefunden. Diese wurden offenbar zum Zusammenbinden der Baumstämme angebracht; vgl. SNBZ 6: 55.

Länder kommt zu uns – von der guten Kose-Straße / (35) [kam die Schildkröte] „Unser Land / Wird eine Ewigwelt“[118] / Sie trägt das [glücksverheißende] Muster / Die wunderbare Schildkröte, auch sie[119] / Für eine neue Zeit / (40) In den Fluss Izumi[120] / einbringen[121] / Die zusammengetragenen / Pracht-Baumstämme / [Sind keine Hundert] / Machen wir zu Flößen / (45) Die sie wohl gerade den [Izumi-] Fluss hochbringen / Den Diensteifer, wenn man den sieht / Scheint es daran zu liegen, dass [Jitō] einer Gottheit gleich ist [und es so läuft, wie sie „denkt“ (Vers 12)]

Das Rechtsstehende, im *Nihongi* heißt es: „Im 7. Jahr „Roter Vogel“ besuchte [die Herrscherin] das Hofgelände von Fujiwara no Miya“, „Im Frühling, zu Neujahr des 8. Jahres besuchte sie den Hof Fujiwara no Miya“, „Im Winter, 12. Monat, am sechsten Tag verlegte sie den Sitz an den Hof Fujiwara no Miya“.

*ya-sumi-shi-shi / wa ga oho-kimi // taka-terasu / Hi no Mi-ko /* (5) *ara-tahe no / Fujiwara ga u-he ni / wosu kuni wo / me-shi-tamaha-mu to / miaraka ha /* (10) *taka-shirasamu to / kamu na-gara / omohosu na-he ni / ame-tsuchi mo / yori-te are ko-so*[122] / (15) *iha-bashiru / Ohomi no kuni no / koromo-de mo / Takakamiyama no / ma-ki sa-ku /* (20) *hi no tsuma-de wo / mono-no-fu no / Yaso-Ujikawa ni / tama-mo nasu / uka-be-nagasa-re /* (25) *so wo toru to / sa-wa-ku mi-tami mo*[123] / *ihe wasure / mi mo ta-na shirazu*[124] /

118 „Ewigwelt“, Tokoyo 常世, ist eine als Tokoyo no Kuni 常世國 auch aus dem *Kojiki* bekannte mythische „Anderwelt“; vgl. Wittkamp 2018a: 526, 542 (Index „Anderwelt“, „Tokoyo no Kuni“).

119 Im späten siebten und im achten Jahrhundert gibt es verschiedene Jahresdevisen, die auf natürliche, glücksverheißende Vorzeichen wie Reiki 靈龜 (715 bis 717), „Wundersame Schildkröte“, oder Shinki 神龜, „Göttliche Schildkröte“ (724 bis 729), zurückgehen. Die SNBT-Bearbeiter (1: 66) oder Aso (1: 166) beschreiben diese Praxis als das „chinesische Glückszeichen-Denken (*shōzui shisō* 祥瑞思想)“.

120 Der Fluss, der damals in den Ogura-See mündete, heißt heute Kizugawa 木津川, „Holzhafen-Fluss“. Einige Kilometer flussaufwärts an einer Flussbiegung liegt die Stadt Kizugawa-*shi*, wo sich vermutlich der „Holz-Hafen“ befand. Von dort musste das Bauholz einige Kilometer über Land zum Fluss Sahogawa transportiert werden.

121 Dieses „einbringen“ ist die Übersetzung von *izu* als die Fortsetzung der Handlungen der Arbeiter am See Ogura; vgl. Inaoka 1: 41 und zur Lesung der Schriftzeichen 持越流 vgl. Omodaka 1: 341–342.

122 Bei *are koso* scheint eine Ellipse vorzuliegen, die zu *are ba koso*, „gerade weil“, ergänzt wird; vgl. Omodaka 1: 333, SNBZ 6: 53, Aso 1: 169.

123 Das Wort *sawaku* bedeutet „lärmen“ etc., hier aber „lärmen“ im Sinn von „emsig sein, beschäftigt sein“. Vermutlich sind es die Rufe der Arbeiter beim Zusammenbringen der Baumstämme, um sie zu Flößen zu verbinden.

124 Zu *tana* , „ganz, gänzlich“, + Negation: „absolut nicht“; vgl. SNBZ 6: 54.

*kamo ji mono* / (30) *mizu ni uki-wi te* / *waga tsukuru* / *hi no mi-kado ni* / *shiranu kuni* / *yoshi-kose-ji yori*[125] / (35) *waga kuni ha* / *toko-yo ni nara-mu* / *aya ohe-ru* / *kusushiki kame mo* / *arata yo to* / (40) *Izumi no kaha ni* / *mochi-kose-ru* / *ma-ki no tsu-ma-de wo* / *momo tarazu* / *i-ka-da ni tsukuri* / (45) *nobo-su-ra mu* / *i-so-ha-ku mire ba*[126] / *kamu kara nara-shi*[127]

Die Schwierigkeiten bei der Deutung dieses Gedichts dürften vor allem an der verschachtelten Struktur liegen, aber die zwölf Einleitungsverse sind davon weniger betroffen. Die ersten vier Verse bilden eine Parallelkonstruktion und gemeinsam mit den nächsten acht den ersten Teil, der sich der Darstellung und Lobpreisung der Herrscherin widmet. Die Übersetzung berücksichtigt das bereits angesprochene Muster … *ni* … *wo miru* (nach Sasaki Takashi) mit *ni* als Markierung des Ortes der Wahrnehmung („etwas von … aus sehen"). Somit bedeutete 上 *uhe* nicht „die nähere Umgebung", wie es die SNBZ-Bearbeiter (6: 54) erläutern, sondern einen Standort „über" der Ebene, der als die „hoch errichtete Palastanlage" explizit genannt wird. Die Präposition *ni* erfüllt eine Doppelfunktion als Bezeichnung des Ortes des Sehens sowie der Palastanlage. Das Sehen steht für „regieren" und die Hofanlage ist das Herz der Verwaltungshauptstadt, die selbst wiederum die Voraussetzung für das Regieren nach einer *ritsuryō*-Verfassung war – beides gehört untrennbar zusammen.

In dem Yoshino-Gedicht 1: 38, das dem Titel nach von Hitomaro stammt, schildert das Erzählmedium ebenfalls ein hoch aufgerichtetes Gebäude, in das die Herrscherin hinaufsteigt, um eine Landesschau (*kunimi*) durchzuführen (vgl. Wittkamp 2023b). Somit legt die Formulierung in den Versen 6 bis 10 einen erhöhten Standpunkt wie ein bereits fertiggestelltes Gebäude der Hofanlage nahe, und diese Perspektive entspräche dem in Gedicht 1: 28, das die Wahrnehmung auf ein Detail am Berg Ame no Kaguyama schildert und eben-

125 Dieser Vers enthält ein Wortspiel: *yoshi-kose* bedeutet „wir wünschen sie unter die Herrschaft des Reichs / dass sie folgen" (SNBZ 6: 54). Die Verbphrase besteht aus *yosu*, „überlassen", in der Konjunktionalform *yoshi* + *kosu* (Hilfsverb), „macht das bitte", in Befehlsform *kose*, „macht das!"; vgl. SNBZ ebd.

126 Mit *isohaku* liegt die *ku*-Nominalisierung (*ku-gohō* ク語法; Kontraktion aus Konjunktionalform + *aku*) von *isofu*, „Dienst leisten, dienstbeflissen sein", vor.

127 Lesung nach Omodaka 1: 331, SNBZ 6: 55, SNBT 1: 48; Itō (1: 153) liest *kamu kara ni ara-shi*, das heißt ohne Vokalverschmelzung in *ni-ara*. Den SNBZ-Bearbeitern (6: 55) zufolge ist *kamu kara* synonym mit *kamu nagara*, aber Inaoka (1: 41) weist *kamu kara* mit Bezug auf *kamu nagara* („mit göttlichem Herzen sein", *kami no kokoro no mama dearu* 神の心のままである) am Gedichtanfang ausdrücklich zurück und liest hypermetrisch *kamu nagara ni ara-shi*. Aso (1: 162) vertritt ebenfalls diese Lesung und schlüsselt auf in „anscheinend, weil [Jitō] eine Gottheit höchstpersönlich ist" (*kami sono mono dearu kara dearu rashii* 神そのものであるからであるらしい).

falls einen erhöhten Standpunkt impliziert. In dem mit Gedicht 1: 28 eröffneten Epochen-Raum „Fujiwara no Miya“ erscheint Jitō wiederholt als eine von oben sehende Herrscherin, was auch die deifizierende Beschreibung als 高照 *taka terasu*, „hoch oben hell scheinen“, zu erkennen gibt. Zwar wird dieses Attribut zuvor in 1: 45 für den Kronprinzen Karu, den späteren Monmu Tennō, inauguriert, aber in 1: 52 für Jitō wiederholt und gefestigt. Der erste Teil von 1: 50 endet im zwölften Vers mit den Phonogrammen 奈戸二 *nahe ni*, was Gleichzeitigkeit bedeutet (vgl. Omodaka 1983: 531). Die auf *nahe ni* folgenden Handlungen geschehen zeitgleich mit dem „Denken“ der Herrscherin, wobei das Gedichtende über eine temporale Beziehung hinausgehend eine Kausalität impliziert. Gedichtanfang und -ende stehen in enger Verbindung und üben eine Klammerfunktion aus.

Der zweite Teil mit den Versen 13 bis 30 schildert den Weg des Bauholzes, das mit Hilfe der Gottheiten des Himmels und der Erde flussabwärts treibt, wo es die Arbeiter am See Ogura *no ike* 巨椋池 in Empfang nehmen. Der See wurde ab den 1930er Jahren trockengelegt und heute erinnern an ihn nur noch Namen wie der Schrein Ogura Jinja 小倉神社 in Ōyamazaki-*chō* 大山崎町. Der zweite Teil hat eine Binnenstruktur mit zwei Erzähl- oder Handlungssträngen, die durch … *mo* … *mo* – „auch die Gottheiten“ (天地 毛 *ame-tsuchi mo*) und „auch das erlauchte Volk“ (御民 毛 *mi-tami mo*), kenntlich gemacht sind. Omodaka (1: 345 mit Modell) sieht den Handlungsstrang der Gottheiten mit Vers 24 (*ukabe-nagaseru*, „herabtreiben lassen“) und den anderen mit *nobosuramu* in Vers 45 abgeschlossen. Beide Handlungsstränge laufen in den letzten Versen zusammen, und in Omodakas Modell bezieht sich *mire ba*, „wenn ich / wir / man das sehe / sehen / sieht“ auf beide Handlungsstränge. Damit läge ein Hinweis auf die Perspektive beziehungsweise den Ort der Wahrnehmung des Erzählmediums vor.

Der Handlungsstrang des „erlauchten Volkes“ endet in Vers 30 mit der offenen Verbphrase …*wi te*, welche die Handlung zunächst unterbricht. Die nächsten neun Verse ab *waga tsukuru*, „die wir bauen“, sind eingeschobene Verse, die über *izu*, „herauskommen, hineingehen, hinaustreten“ etc., als gedichtinternes Vorwort zum Namen des Flusses Izumi *no kawa* in Vers 40 dienen. Die Fortsetzung des Bauholztransports setzt sich über das Hilfsverb *-ramu* fort, wird also in einer Vermutung geäußert. „Izu“ führt drei verschiedene Funktionen aus: als Flussname, als „Einbringen“ zur Fortsetzung der Arbeitshandlungen und als das „Hervorkommen“ der glücksbringenden Schildkröte. Die neun Verse enthalten über den Schildkrötenpanzer mit einem glücksverheißenden Muster den Ausdruck glücklicher Vorzeichen und in den Versen 31 bis 33 ein weiteres gedichtinternes Vorwort (*jo-kotoba*) zum Ortsnamen „Kose“ in Vers 34. Dieser Vers selbst ist ein Wortspiel um „Unterordnung“, aber mit dem Ortsnamen wird auch die „Richtung“ angegeben, aus der die Schildkröte kam (vgl. SNBT 1: 47). Das Wort *izu* in „Izumi“ bezieht sich konkret auf *yori*, „von dort“, in Vers 34. Vers 40 nimmt die mit Vers 30 unterbrochene Schilderung des Transportwegs wieder auf, und die Verse 43 und 44 bilden ein weiteres Wortspiel über die Verschriftung: 百不足 *momo-tarazu*, „bis hundert reicht es nicht“, ist ein Kopfkissenwort zu *i*, „fünfzig“, hier verschriftet mit 五十日 *i-ka*, „fünfzig Tage“, den ersten beiden Silben in *ikada*, „Floß“. Die Verschriftung bringt einen Zeitraum von fünfzig Tagen ein, was nicht der Realität entsprochen haben dürfte.

Das mit einer weiteren deifizierenden Lobpreisung der Herrscherin abschließende Gedicht besitzt mit den Mitteilungen über den Holztransport, die der offiziellen Geschichtsschreibung vorenthalten sind, einen besonderen Wert für die Geschichtswissenschaften. Das Bauholz stammt aus einem Gebiet am Biwa-See, das auch aus anderen Quellen bekannt ist. Von den Zuläufen unter der Südspitze des Sees trieb es in den Fluss Setagawa 瀬田川, der in seinem Verlauf den Namen zu „Ujikawa“ ändert, und weiter in den Ogura-See. Der Izumi *no kawa* mündete ebenfalls in diesen See, und die SNBT-Bearbeiter (1: 66) gehen davon aus, dass das Bauholz von diesem Fluss „über die Nara-Hügel“ zur Baustelle transportiert wurde. Den von Aso (1: 169) oder Itō (1: 155) präsentierten Karten zufolge legte das Holz allerdings nur einen kurzen Weg übers Land zurück, denn ab dem Fluss Sahogawa 佐保川 wurde es offenbar wieder über Wasserwege transportiert. Das legt auch der Vergleich mit dem Gedicht 1: 79 nahe (siehe unten), das den Transport über den Wasserweg in umgekehrter Richtung von Fujiwara nach Nara schildert. Sicherlich hing diese Möglichkeit von der Größe der Baumstämme ab, denn der Sahogawa scheint auch damals ein eher schmaler Fluss gewesen zu sein, besonders im Oberlauf.

**Zum Erzählmedium**

Itō Haku leitet seine Übersetzung ins Japanisch der Gegenwart mit der folgenden Bemerkung ein und zieht aus der (hier ausgesparten) Übersetzung den folgenden Schluss:

> Im Titel heißt es, dass dieses Gedicht ein Gedicht ist, dass ein *yakumin* verfasste, der bei den Arbeiten zur Errichtung des Hofes Fujiwara no Miya Dienst leistete. Wenn man allerdings den Wörtern des Gedichts folgt, ist die Bedeutung des Gedichts wie folgt: [Gedicht in modernem Japanisch]
>
> Die Wörter des Gedichts geben nämlich zu erkennen, dass sie eine Form annehmen, in der jemand diese *yakumin*-Arbeiter betrachtet, und

> dass der tatsächliche Verfasser ein unbekannter Beamter mit Bildung ist. (1: 154–156)

Itō (1: 156) nimmt weiterhin auf die Anmerkung Bezug, um daran die Vorstellung zu entfalten, dass das Gedicht wiederholt vor der Herrscherin rezitiert wurde mit der Botschaft „auch die *yakumin* leisten mit diesen Gefühlen [der Begeisterung] Dienst“. Irgendwann sei es dann Brauch geworden, dieses Gedicht als „Gedicht eines *yakumin*“ (Titel) zu bezeichnen.

Itōs Kommentare zeichnen sich durch anregende Vorstellungen aus, wie hier die Details der Produktion und Rezitation. In der Tat kann ein dermaßen komplex strukturiertes Gedicht wie 1: 50, das Aso (1: 166) zufolge kaum auf herkömmlichen Verfahrensweisen basiert, nicht von einem Arbeiter aus dem Volk stammen, was auch die anderen Kommentare bestätigen. Anhand des Wortschatzes und stilistischer Merkmale vermutete Motoori Norinaga den Dichter in Hitomaro, und die SNBT-Bearbeiter (1: 66), wo der Hinweis entnommen wurde, schließen sich an. Takeda (3: 220), der 役民 im Titel *enitatsu-tami* liest, mahnt allerdings zur Vorsicht, und Itō (1: 157) weist die Vermutung angesichts der Stimmung des gesamten Gedichts sowie anderer Merkmale zurück (vgl. Aso 1: 166, Inaoka 1: 40). Insgesamt schildert das Erzählmedium vier Handlungsträger, nämlich die sehende, denkende und wollende Herrscherin, die sich ihr fügenden Gottheiten des Himmels und der Erde, die Arbeiter am Ogura-See sowie schließlich die in einer Vermutung (*-ramu*) geäußerten Arbeiter, welche die Holzflöße den Izumi *no kawa* hinaufziehen.

Die Absichten der Herrscherin zu kennen, welche über das Verballsufix -*mu* und die Partikel *to* (Absicht, Intention) zum Ausdruck kommen, dürfte im Rahmen der Lobpreisdichtung zu sehen sein. Wirkt dieser Rahmen auch für die als Innenperspektive geschilderte Selbstvergessenheit der Arbeiter am Ogura-See, dürfte eine literarische Verfremdung vorliegen. Zudem spricht das Erzählmedium über *waga ohokimi* in Vers 2 und *waga kuni ha* in Vers 31 zwei Mal für eine kollektive Identität. Die Komplexität der Handlungsdarstellungen entspricht somit der Diversität der Perspektiven. Die intern fokalisierte Beschreibung der emsigen Arbeiter am Ogura-See nimmt zugleich die Perspektive eines Außenstehenden an, was sich in *sawaku mi-tami mo*, „auch das emsig-lärmende erlauchte Volk“, zeigt, das wie „Enten im Wasser“ schwimmt. Zum einen ist *mo*, „auch“, in Parallelstellung zu *ame-tsuchi mo*, „auch die [Gottheiten des] Himmels und der Erde“, zu sehen, was gemeinsam „sowohl, als auch“ ergibt, und zum anderen ist *mi*, „erlaucht“, in 御民 *mi-tami*, „erlauchtes Volk“, zu beachten (vgl. Omodaka 1: 336). Das honorative Präfix stellt die Zugehörigkeit zum Reich und seiner Herrscherin sicher, aber das Volk bezog sich damit nicht auf sich selbst. Im Titel heißt es schließlich *yakumin*, was für die Selbstbeschreibung angebrachter wirkt.

Die Doppelperspektive zeigt sich auch in dem pragmatischen Bezug von Vers 45, *nobosu-ramu*, „wird wohl [das Bauholz den Fluss] heraufziehen", der schwer zu bestimmen ist. Das Hilfsverb *-ramu* drückt Vermutungen zur Gegenwart aus, für die es in der unmittelbaren Umgebung keine Hinweise gibt. Die konsultierten Kommentare merken das Problem nicht an, aber die SNBT-Bearbeiter (1: 66) sprechen von einer „Gefühlslandschaft (*jōkei* 情景)", als welche die zu Flößen zusammengebundenen Baumstämme „auftauchen und beschrieben" werden. Das Subjekt von *-ramu* scheint identisch zu sein mit dem von *mire ba*, „wenn ich / wir das [emsige Treiben] sehe(n)", im anschließenden Vers. Dieser leitet eine weitere Vermutung ein, die über *-rashi* markiert ist. Bei *-rashi* gibt es in der Außenwelt wahrnehmbare Anzeichen, welche die Vermutung auslösen und die hier auch explizit über *mire ba* als *isohaku*, „die Dienstbeflissenheit", kenntlich gemacht sind. Allerdings gehen dem Hilfsverb *-ramu* die Beschreibungen der Arbeiter vom Ogura-See voran, sodass es zugleich auch deren Vermutungen sind.

In dem Gedicht kommen somit wahrnehmbare und nicht wahrnehmbare Bereiche der Außenwelt zum Ausdruck. Aso (1: 165) vermutet ein „Ritualgedicht", das während einer von Jitōs Besichtigungen der Bauarbeiten „rezitiert" worden sei. Als Ort für den Vortrag mag das zutreffend sein, aber sollte das Subjekt von *-ramu* und *mire ba* identisch sein, ist der Ort der Dichtung nicht die Baustelle am Hof Fujiwara no Miya, da sich das Sehen (*miru*) auf die Handlungen der Gottheiten und der Arbeiter am Ogura-See bezieht. Die textuellen Hinweise sprechen somit für ein Erzählmedium am Ogura-See, und vermutlich handelt es sich um die Fokalisierung auf die Innensicht einer dort tätigen *yakumin*-Person.

Wie eingangs gesehen leiten die Abschlussformulierungen des Gedichts an seinen Anfang zurück, was auch für das Sehen gilt, das sich am Gedichtanfang in dem Ehrerbietungsverb *mesu* mit dem honorativen Hilfsverb *-tamafu* (*meshi-tamahamu to*) und am Ende in dem neutralen Wort *miru* zeigt. Die beiden Verbformen bringen eine Differenz ein, da sie eine vergleichbare Tätigkeit auf unterschiedlichen Sozialebenen anordnen, auf denen das Subjekt nicht identisch ist. Wohl daher muss das Gedicht mit *-rashi* abschließen, was die geschilderten Handlungen der Gottheiten und Arbeiter mit den Handlungen der Herrscherin zu erklären versucht. Von ihrem göttlichen Status schließt das Erzählmedium über *nahe ni*, dem Ausdruck der Gleichzeitigkeit, sowie *-rashi* auf das emsige Treiben der sich fügenden Gottheiten und der Arbeiter. Das Verbalsuffix *-rashi* dürfte daher kein Ausdruck von Ungewissheit sein, sondern lediglich die wahrnehmbaren Zeichen mit einer Ursache verbinden und somit die allmächtige Existenz der Herrscherin hervorheben.

Die Hilfsverben *-ramu* und *-rashi* sowie die Verbphrase *mire ba* verweisen auf ein identisches Subjekt, nämlich das Erzählmedium. Für die Differenz von Dichter und Erzählmedium spricht letztendlich auch die Anmerkung, die mit den Zitaten aus der Geschichtsschreibung zwar die möglichen Gelegenheiten des Vortragens einbringt, das Fehlen eines Dichternamens aber eben *nicht* problematisiert. Das Hilfsverb *-ramu* führt zugleich die interne Fokalisierung der Arbeiter vom Ogura-See weiter. Es macht sie ebenfalls zum Subjekt der Vermutungen und Wahrnehmungen, allerdings mit der eingeschränkten Reichwiete von der Mündung zum Fluss Izumi *no kawa* bis zum „Holzhafen", der heutigen Stadt Kizu 木津. Zwar heißt es ausdrücklich, dass die Arbeiter am Ogura-See sowohl sich selbst als auch ihre Häuser und Familien vergessen und wie Enten herumschwimmen, um das ankommende Holz aufzulesen, sodass eigentlich keine Zeit für Vermutungen und Vorstellungen war. Die Vermutungen zur Weiterreise der von ihnen zusammengebundenen Flöße dürften aber möglich sein, im Gegensatz zum geschickt formulierten Exkurs zur Schildkröte mit glücksverheißendem Muster sowie dem Betrachten der dienstbeflissenen Arbeiter und dem Wirken der Gottheiten. Die textuellen Mitteilungen sprechen für Aso Mizues Vorstellung eines Rezitierens am Hof von Fujiwara.

## Umzug nach Nara no Miya: 1: 78 bis 80

Die Gruppe aus drei Gedichten ist über die Titel „Umzug zur neuen Hauptstadt" verknüpft. Auf die Eröffnung durch das Gedicht 1: 78, das Anfang dreizehntes Jahrhundert in die Waka-Sammlung *Shinkokin wakashū* aufgenommen wurde (vgl. Minemura 1995: 276), folgt ein Langgedicht mit einem *hanka*-Gegengedicht. Omodaka (1: 440) weist darauf hin, dass das Gedicht im *Shinkokin wakashū* unter dem Namen der Genmei Tennō verzeichnet ist. Die Kompilatoren sahen somit Genmei als Verfasserin und passten den Titel dementsprechend an. Zu bedenken ist zwar die zeitliche Differenz zur Entstehung dieser Waka-Sammlung um 1200, aber allgemein liegt ein Argument zur Stützung von Kageyamas (2011: 23) These vor, der zufolge das Waka prinzipiell eine Literaturform sei, die nach einem Verfasser (*sakusha*) verlange. Bei 1: 79 und 80, den beiden Gedichten „aus einem anderen Buch", geht Omodaka (1: 440) von einer späteren Beifügung aus und vermutet als deren Verfasser Yakamochi. Itō (1: 199) rechnet die Beifügung der „Stufe" der Kompilation Mitte der 740er Jahre zu.

Der Zusammenhang der drei Gedichte ist ein Ergebnis der Kompilation, was die Angabe 或本, „aus einem anderen Buch“, im Titel zu 1: 79 zu erkennen gibt. Vor 1: 78 steht ein Titel, der eine kleine Erzählung präsentiert, und auch das Langgedicht ist durch eine narrative Struktur geprägt. Der Titel gibt als Zeit der Entstehung den 2. Frühlingsmonat im Jahr Wadō 3 (710) ohne Tag an, was grob dem März entspricht. Das in 1: 79 dargestellte dicke Eis auf dem Fluss ist für den zweiten Frühlingsmonat im milden Nara-Becken nicht unmöglich, aber eher unwahrscheinlich, und das Langgedicht entstand möglicherweise zu einem früheren Zeitpunkt in diesem oder einem anderen Jahr. Während 1: 78 als Tennō-Gedicht ausgewiesen ist, stammen die beiden folgenden Stücke aus unbekannter Hand und werden in der literarischen Inszenierung von einem Erzählmedium dargelegt, das selbst an den Bau- und Umzugsarbeiten beteiligt zu sein scheint. Um eine „Stimme aus dem Volk“ dürfte es sich jedoch kaum handeln, eher um einen Beamten oder ähnlich gebildeten Aufseher. Da „Nara no Miya“ als Kapitelüberschrift erst vor 1: 84 steht, ist von Bedeutung, dass dieser Name bereits im Titel zu 1: 79 vorkommt, also noch im Geltungsbereich der Kapitelüberschrift „Fujiwara no Miya“. Das stärkt die emotionale Perspektive, womit gemeint ist, dass die Gefühle der Wahrnehmenden noch in der alten Hauptstadt verhaftet sind.

Zu der Zeit, als im 3. Jahr Wadō *kōshutsu* [710], Frühling, 2. Monat, [der Hof] von Fujiwara no Miya nach Nara no Miya verlegt wurde, hielt die erlauchte Sänfte in der Ebene Nagaya no Hara. [Jemand] blickte zur alten Heimat in der Ferne zurück und machte ein Gedicht. Einem Buch [zufolge] ist es ein erlauchtes Werk der abgedankten Tennō.

| | |
|---|---|
| *tobu tori no* | Wo der Vogel fliegt[128] |
| *Asuka no sato wo* | Asuka, uns're Heimat[129] |
| *oki te i-na ba* | Verlassen wir, gehen fort[130] |
| *kimi ga atari ha* | Die Gegend, wo Du bist / Ihr seid – |
| *miezu ka-mo a-ra-mu* | Wird es nicht so, dass sie nicht mehr zu sehen ist?[131] |

128 Kopfkissenwort (*makura-kotoba*) zu „Asuka“, bei deren Entstehung ein Vogel eine Rolle spielte; vgl. Omodaka 1: 439. Die Zeichen 飛鳥 für *tobi tori no* selbst werden auch „Asuka“ gelesen.

129 Die Übersetzung von 里 *sato* mit „Heimat“ bezieht sich auf den Titel, in dem es 古郷, „alte Heimat“, heißt. Der SNBZ-Kommentar (6: 66) setzt 古郷 mit *furusato* 故郷 gleich und erläutert als *kyūkyō* 旧京, „alte Hauptstadt“, womit sie auch das Wort 里 *sato* im Gedichttext paraphrasieren (*kokyō* 古京).

130 Die Verbphrase *ina ba* (*inu* in Indefinitform) bedeutet „wenn wir fortgehen“.

131 Die Phrase *miezu* [*miyezu*] *kamo aramu*, „wird es nicht so, dass sie nicht mehr zu sehen

| | |
|---|---|
| [...] *kimi ga atari wo* | [an anderer Stelle heißt es] Die Gegend, wo Du bist – |
| *mizu te ka-mo a-ra-mu* | Wird es nicht so, dass wir sie nicht mehr sehen? (1: 78) |

Aus einem anderen Buch, ein Gedicht aus der Zeit, als [der Hof] von Fujiwara no Miyako nach Nara no Miya [zog].

Der Großherrscherin / Befehl folgend mit Ehrfurcht / Das mir so liebe / Haus verlasse ich / *komuriku no* [verborgenes Land] / Am Fluss Hatsuse / Setze ich das Boot aus und / Den Fluss, den ich fahre / Der Flussbiegungen / So zahlreich, ohne eine auszulassen / Zehntausend Male / Schaue ich zurück und zurück / *tama-hoko no* [Steinsäule am Weg zum Schutz vor bösen Geistern] / Gehe den Weg, bis es dunkelt / *awoni yoshi* [Blauerde ist gut] / Durch die Hauptstadt Nara den / Fluss Sahogawa[132] / Ziehe ich entlang und komme an / Lege mich nieder / Auf die Kleidung das / Licht vom abnehmenden Mond / Schaue ich genauer hin / Durch und durch weiß / Fällt der Reif der Nacht herab / Wie ein Boden aus Stein / Ist das Eis auf dem Fluss erstarrt / Eiskalte Nächte / Ohne eine Ruhepause / Im hin- und zurückfah-

ist?“, markiert die Postposition *ka* eine Frage, und das Verbalsuffix *-mu* (Attributivform) steht für Vermutung. Das Verb *miyu* im Vers der Hauptfassung ist endoaktiv (*jidōshi* 自動詞), *mizu* in der Alternativfassung exoaktiv (*tadōshi* 他動詞, mit Negation *-zu*). Aso (1: 220), wo die grammatischen Erläuterungen entnommen wurden, sieht in den Vers der Hauptfassung eine Passivität eingeschrieben, die sie mit der – von Genmei – nicht aktiv gewählten Hauptstadtverlegung verbindet; vgl. Omodaka 1: 440. Itō (1: 201) sieht einen „extrem feinen“ Unterschied, aber allein durch das exoaktive Verb *mizu te*, „etw. nicht sehen, und dann“, liege das Gewicht auf dem Verb *ari* (Negation *aranu*), „sein“. Dem Fragecharakter der Hauptfassung stehe der rhetorische Charakter in der alternativen Fassung gegenüber: „Kurz, in der anderen Fassung ist die Distanz zur alten Hauptstadt gering, die Anhänglichkeit gegenüber Asuka ist stark zu vernehmen“ (1: 202). Eine Lesung der Silbe *te* als Verbalsuffix *-te* (*tsu* in Konjunktionalform vor *kamo*) hebt hervor, dass die Gegend tatsächlich nicht mehr zu sehen ist (assertorisch). In *miezu kamo* und *mizu-te kamo* vollzöge sich damit eine räumliche Verschiebung, aber die Alternativverse wären dann gleichsam weiter entfernt.

132 Der Fluss Hatsusegawa (Hasegawa) heißt heute Yamatogawa 大和川. Er entspringt in den Bergen östlich der Nara-Ebene, fließ bei der Stadt Sakurai in die Nara-Ebene und mündet nach der Vereinigung mit einigen anderen Flüssen bei Ōsaka ins Meer. Südlich von Nara trifft er auf den Sahogawa, der wiederum die Wasserstraße nach Norden zum Stadtgebiet von Nara ist. Der Holztransportweg vom Biwa-See bis Fujiwara-*kyō* wurde oben gezeigt, und vom Süden nach Nara kommend wurden die Boote auf dem Sahogawa flussaufwärts gezogen; vgl. SNBZ 6: 67.

rend / Fertiggestellten Haus / Zehntausend Generationen / Seid dort! Mein Gebieter / Auch ich komme immer wieder[133] (1: 79)

*ohokimi no / mikoto kashiko-mi*[134] / *niki-bi-ni-shi*[135] / *ihe wo oki*[136] / *komoriku no / Hatsuse no kaha ni / fune uke te / wa ga yuku kaha no / kaha-kuma no / yaso kuma ochizu / yorozu tabi / kaherimi-shi tsutsu / tama-hoko no / michi yuki kurashi / awo-ni yoshi / Nara no miyako no / Saho-gawa ni*

---

133 Das Wort *kayofu* bedeutet „1. Hin- und zurückfahren, passieren (ohne dass der Zielort von Belang ist) und 2. Zwischen bestimmten Orten pendeln, wiederholt verkehren“ (Omodaka 1983: 227). Die Verschriftung 通武 steht für *kayoha-mu* (Intentionalis, Futurum, Dubitativ), aber in 1: 80 steht für *kayohamu* die *kanbun*-Phrase 將通. Beide Verschriftungen bedeuten vermutlich dasselbe, aber in 1: 79 scheint es eine Spur konkreter zu sein. Denn angesichts des zuvor geschilderten Wegs stellt sich die Frage, warum das Erzählmedium auf diesem Weg „immer und ewig verkehren“ sollte. 1: 80 wirkt dagegen stärker rituell, was allein schon durch die Wiederholung bedingt ist.

134 Der SNBZ-Kommentar (6: 66) sieht in den beiden Versen mit dem Adjektiv *kashikoshi*, „ehrfürchtig“, für die es in der Sammlung achtundzwanzig Belege gibt, den Erstbeleg, aber das vermutlich zwei Jahre zuvor verfasste Gedicht 3: 297 enthält die Verse ebenfalls; vgl. SNBZ 6: 190 mit dem Hinweis auf das *Shoku nihongi*. Aso (1: 223) erläutert die *mi*-Nominalisierung als „Grund und Ursache“ und sieht die Entstehung dieser stereotypen Formulierung in dieser Zeit. Die Verschriftung im ersten Vers ist 天皇, aber die Kommentare lesen *ohokimi*, hier: „meine Gebieterin, Großkönigin“. Am Gedichtende heißt es 多公 mit der gleichen Lesung *ohokimi*, aber Aso (ebd.) weist auf die unterschiedlichen Bedeutungen hin, welche die Verschriftung verdeutliche. Zudem sei *ohokimi* in jener Zeit eine Anrede für höhere Dienstherren gewesen, was sie mit Beispielen belegt, und auch heißt es zu *ohokimi* am Gedichtschluss einfach nur 家 *ihe*, „Haus“, und nicht 宮 *miya*, „Palast“.

135 柔備爾之 *niki-bi-ni-shi* im dritten Vers lautet in der Grundform *nikibu*, „sich eingewöhnen, vertraut werden, zuhause und sorgenfrei sein“. Dem Verb folgen die Verbalsuffixe *-nu* (imperfektiver Aspekt) und *-ki* (Vergangenheit, attributiv), und in dieser Kombination (*-niki*) sowie vor 家 *ihe*, „mein Haus“, kommt das Wort auch in anderen Gedichten wie in 3: 481 vor; vgl. Omodaka 1983: 542. Vovin (2017: 172–173) transkribiert mit „nikîᵐbï-n-i-si“ und erläutert 柔 als „*ongana* phonogram“ (aus der Lesung „ʱźjəu“; S. 36). Das Zeichen dürfte seine Verwendung aber auf Grund der Semantik gefunden haben: „2 soft, gender, gentle […] 3 placate, pacify, conciliate; mollify, molliate […] soften […]“ (Kroll 2015). Der Ausdruck besteht aus dem *kunji*-Logogramm 柔 und *ongana*-Phonogrammen, zumal das Gedicht kein mehrsilbiges Wort in reiner *ongana*-Verschriftung aufweist. Lewin (1975: 167) erläutert die Kombinationen der Verbalsuffixe zu *-niki* und *-nikeri* als Ausdruck für ein „Geschehen [, das] in der weiteren Vergangenheit zum Abschluß gekommen ist“, zu dessen Übersetzung er auch das Plusquamperfekt vorschlägt. Hier passt das jedoch nur bedingt, da das Gefühl für die Heimat weiterhin besteht. Oder soll der Ausdruck zeigen, mit dem Gefühl für die alte Heimat gebrochen zu haben?

136 Die Verszeile ist hypometrisch, da sie nur fünf, anstatt der geforderten sieben Silben besitzt.

*/ i-yuki itari te / wa ga netaru / koromo no uhe yu / asa-zuku yo / sayaka ni mire ba / tahe no ho ni / yoru no shimo furi / iwa-toko to / kaha no hi kogori / samuki yo wo / yasumu koto na-ku / kayohi tsutsu / tsukureru ihe ni / chi yo made ni / imase oho-kimi yo / ware mo kayoha-mu*

*hanka*-Gegengedicht

| | |
|---|---|
| *awo-ni yoshi* | Blauerde ist gut – |
| *Nara no ihe ni ha* | Zum Haus in Nara, dorthin |
| *yorozu yo ni* | immer und ewig |
| *ware mo kayohamu* | Werde auch ich verkehren |
| *wasuru to omofu na* | Denkt nicht, dass ich das vergesse (1: 80) |

Bei den [vorangehenden] Gedichten ist der Verfasser unbekannt.

**Der Titel zu 1: 78**

Es ist nicht ersichtlich, wer in 1: 78 mit *kimi*, „Du“, „mein Gebieter“, gemeint ist. Der SNBZ-Kommentar (6: 66) vermutet unter *atari*, „die Gegend“, den Hügel Mayumi *no oka*, wo sich die Grabanlage von Genmeis verstorbenen Gatten befindet, dem Kronprinzen Kusakabe no Miko. In diesem Sinn verließ Genmei nicht nur die alte Hauptstadt, sondern auch das Grab ihres Ehemanns, das mit Asuka verbunden ist. Aso (1: 220) deutet *kimi ga atari* ebenfalls als Grabanlage von Kusakabe, aber die Lage sei nicht gesichert. Itō (1: 202) bezieht dagegen den Vers in der Fassung mit den beiden alternativen Abschlussversen (一云, „an anderer Stelle heißt es“) auf Jitōs Gatten, den verstorbenen Tenmu Tennō. Sollte dieses Verständnis auch für die damalige Rezeption gelten, worin der Grund für die Beifügung der Anmerkung liegen könnte, ist in 1: 78 und den beiden alternativen Abschlussversen ein historisches Narrativ eingeschrieben: Jitōs Umzug von Asuka nach Fujiwara-*kyō* und dann Genmeis Umzug von dort nach Heijō-*kyō* (vgl. Itō 1: 224). Die Diskussion um die Doppelperspektive ist durch den Titel zu 1: 78 und die untenstehende *kachū*-Anmerkung motiviert, was einen genaueren Blick auf die beiden Peritexte erforderlich macht. Der Titel sei noch einmal mit Originaltext wiedergegeben:

> 和銅三年庚戌春二月 従藤原宮遷于寧樂宮時 御輿 停長屋原 廻望古郷 作歌 一書云 太上天皇御製
>
> Zu der Zeit, als im 3. Jahr Wadō *kōshutsu* [710], Frühling, 2. Monat, [der Hof] von Fujiwara no Miya nach Nara no Miya verlegt wurde, hielt die erlauchte Sänfte in der Ebene Nagaya no Hara. [Jemand] blickte zur alten Heimat in der Ferne zurück und machte ein Gedicht. Einem Buch [zufolge] ist es ein erlauchtes Werk der abgedankten Tennō (Taijō Tennō).

Die Jahresangabe Wadō 3 (710) und 御輿 *mi-koshi*, die „erlauchte Sänfte", verweisen auf Genmei Tennō, die fünf Jahre später zu Gunsten ihrer Tochter Genshō abdankte. Hier ist nochmals der mit 遷, „umziehen, wechseln", den Präpositionen 従 … 于 …, „von … nach", sowie dem Namen ausformulierte Hofwechsel zu beachten, der oben als *Nihon shoki*-Paradigma beschrieben wurde. Taijō Tennō in der *kachū*-Anmerkung wiederum ist der Titel einer Tennō nach ihrer Abdankung. Als Quelle ist 一書, „ein [gewisses, anderes] Buch", genannt, worunter die SNBZ-Bearbeiter (6: 66) eine Geschichtsschreibung zu Genmeis Lebzeiten verstehen und die Beifügung nach ihrem Tod 721 vermuten.[137] Im *Shoku nihongi* steht die Formulierung zwar auch für Genmei oder Genshō nach ihren Abdankungen 715 respektive 724, sodass die Bezeichnung je nachdem, wann die Anmerkung beigefügt wurde, unklar ist. In den vorangehenden Titeln ab 1: 54 bezieht sich Taijō Tennō jedoch auf Jitō Tennō, die im Rahmen des ersten Bands auch hier gemeint sein könnte.[138]

Allerdings ist die Formulierung 作歌 – selbst in der ergänzten Höflichkeitsform wie *tsukurasu uta* – für ein Tennō-Gedicht unangemessen, und in der Anmerkung heißt es dementsprechend auch 御製 *ohomiuta*, „ehrenwertes Lied" (Lesungen nach SNBZ 6: 66), wie es sich für ein Tennō-Gedicht eher ziemt. Itō (1: 200) zufolge lässt sich 作歌 *tsukurasu uta* nicht in dem Sinn verstehen, dass jemand anderes das Gedicht verfasste, denn im ersten Band gebe es kein Gedicht, in dem die Verfasserschaft nicht angegeben sei. Selbst wenn der Name wie in der folgenden Gruppe 1: 79 und 80 fehle, erfolge eine dementsprechende Anmerkung (siehe unten). Vermutlich aus dieser Problematik heraus stehen im Nishi-Honganji-*bon* im Titel die Zeichen 御作歌, was der ehrerbietenden Formulierung im Titel zu 1: 51 von Shiki no Miko sowie dem narrativen Titel („Zu der Zeit, als …") entspräche.[139] Die jüngeren Kom-

137 Das *Nihon shoki* endet mit der Abdankung von Jitō Tennō, woran das *Shoku nihongi* unmittelbar anknüpft. Gemeint ist wohl eine Materialquelle, die später in das *Shoku nihongi* einfloss.

138 Wie Omodaka (1: 438) feststellt, gab es zur Zeit des Hauptstadtwechsels keine 太上天皇, und er hebt die [zumindest bisher] einheitliche Bezeichnung für Jitō Tennō hervor.

139 Takeda (3: 293), der 御作歌 *tsukurimaseru miuta* liest, erläutert den sozialen Geltungsbereich dieser Formulierung für die gesamte Sammlung und belegt mit Namen. So seien die Schriftzeichen der 皇后 (Hauptgattin), den 皇子 Miko sowie 皇女 Himemiko, den Prinzen und Prinzessinnen, vorbehalten. Takeda gibt als Originaltext (*genbon* 原本) das *Teihon Man'yōshū* 定本萬葉集 an, das auf dem Nishi-Honganji-*bon* beziehungsweise dem Sengaku Bun'ei 3. Jahr-*bon* 仙覚文永三年本 beruhe, aber Emendationen aufweise; vgl. Takeda 1: 5, 3: 1. *Teihon*, wörtlich „korrektes Buch", ist nicht mit der textkritischen Ausgabe *Kōhon Man'yōshū* (ab 1911, Druck ab 1925) identisch, an der Takeda beteiligt war und deren Ziel zumindest anfangs in der Anlage

mentare folgen jedoch dem Genryaku-*kōhon* und anderen Abschriften, indem sie 御 wieder entfernen und zu 作歌 emendieren (vgl. Aso 1: 216, Watanabe 1994: 95). Aso (ebd.) liest zwar *tsukuru uta*, also ohne Höflichkeitsform, aber üblich sind Ehrerbietungsformen wie *tsukurasu uta* (Itō 1: 198, SNBZ 6: 66) oder *tsukuri-tamahishi uta* (SNBT 1: 61, im Präteritum).

Itō (1: 202) verbindet die Anmerkung zum Titel mit den beiden Versen, die dem Gedichtende von 1: 78 als alternative Fassung beigefügt wurden, und interpretiert als ein ursprünglich von Jitō anlässlich des Umzugs des Hofs nach Fujiwara no Miya (694) angefertigtes Gedicht, das Genmei als „Weiterverwendung (*ten'yō* 転用)" wiederbelebt habe. Inhaltlich gestattet es beide Ortswechsel, sodass in Itōs Lesung durch die Anmerkung eine Doppelperspektive einzöge. Im Gedicht heißt es „Asuka", und die SNBZ-Bearbeiter (ebd.) überführen die Titelangabe 古郷, „die Heimat", in „Asuka", womit sie die Doppelperspektive bestätigen. Der Ortsname könnte jedoch auch in einem mentalen Sinn gemeint sein, denn von der Hofanlage in Fujiwara-*kyō* waren die Hügel von Asuka zu sehen, wo sich die Grabanlagen von Tenmu und anderen befanden. Dieser Blick, der im Titel als 廻望, „zurückschauen", formuliert wird, war von der neuen Hauptstadt aus nicht mehr möglich.

Überhaupt stellte sich die Frage, warum Jitō den Umzug in die neue Hauptstadt Fujiwara-*kyō* bedauern sollte. Die Geschichtsschreibung gibt schließlich ihr Interesse am Fortschritt der Errichtungsarbeiten zu erkennen, und nicht nur aus der heutigen Perspektive war die Errichtung dieser Hauptstadt ihre wohl größte Leistungen. Aus der zeitlichen Perspektive nach der Hauptstadtverlegung kann es durchaus sein, dass Jitōs Engagement nicht mehr verstanden wurde. Dennoch ist Itōs „Weiterverwendung" höchst spekulativ, denn wenn die Beifügung der Anmerkung nach Genmeis Abdankung erfolgte, ist der Bezug von Taijō Tennō auf diese Herrscherin nicht auszuschließen. Nur eines zeigt sich erneut mit Sicherheit: Aus der heutigen Perspektive wirft die Anmerkung mehr Fragen auf als sie Klärung bringt.

**Verfasserschaft und Perspektive**

Angesichts der Schilderungen der Reise über den Wasserweg, die bei der geringen Entfernung und dem von Norden nach Süden fließenden Sahogawa nur für den Transport sinnvoll erscheint, sowie der lobpreisenden Formulierungen am Ende des Langgedichts 1: 79 und schließlich des *hanka*-Gegengedichts, ergibt Itōs (1: 205) Auslegung Sinn, den dritten und vierten Vers von 1: 80 als Umformulierung der letzten vier Verse des Langgedichtes zu verstehen. Allerdings geht er nicht auf die Übernachtung im Freien ein, die zwar ebenfalls über

eines *teihon* bestand, das aber nie erstellt wurde; vgl. Ogawa 2016: 13.

glücksbringende Ausdrücke formuliert wird, aber dennoch merkwürdig anmutet. Warum sollte jemand bei tief-winterlichen Temperaturen unter freiem Himmel übernachten?

Nach 1: 80 wird angemerkt, den „Verfasser" nicht zu kennen (作主未詳 *sakushu mishō*, *sakushu imada tsumabirakanarazu* nach SNBT 1: 63). Diese Bemerkung ist von Interesse, da kein konkreter Name angezweifelt wird, sondern sie sich auf das Fehlen eines Namens bezieht. Das ist bereits in der Nachbemerkung zu 1: 52 und 53 der Fall, wo es 作者未詳 (*sakusha mishō*, ... *imada tsumabirakanarazu* nach SNBT 1: 50) heißt. Zu der in der Nachbemerkung zu 1: 69 angegebenen Dichterin „Suminoe-Tochter" (清江娘子 Sumi no Ye *no wotome*) heißt es, dass der Name unbekannt ist, und auch zu Beginn des zweiten Bandes gibt eine Anmerkung an, dass die genannten Namen der Dichterinnen (歌主 *kashu* / *uta-nushi*) in zwei zur Überprüfung konsultierten Quellen unterschiedlich sind (siehe unten, 2: 90). Diese Anmerkungen belegen das Interesse an der historischen Verfasserschaft und deuten umgekehrt an, dass die Authentizität der Namen, zu denen es keine Anmerkungen gibt, nicht in Frage gestellt wurde. Der Schluss, dass die fehlende Namensangabe auf ein absichtliches Verschweigen hindeuten, ist zumindest für die Urauswahl bis 1: 53 unwahrscheinlich. Wie gesehen gibt das Gedicht 1: 50, das anlässlich der Errichtung des neuen Hofes „Fujiwara no Miya" den Transportweg des Bauholzes vom Biwa-See über die Wasserwege schildert, keinen Dichternamen preis, nennt im Titel jedoch einen „*yakumin*-Arbeiter am Hof Fujiwara no Miya". Selbst wenn diese Angabe fingiert ist, haben sich die Bearbeiter der Anmerkungen damit zufrieden gegeben, nicht aber mit 1: 52 und 53 sowie 1: 79 und 80, wo keinerlei Angaben zur Verfasserschaft erfolgen. Dem Inhalt nach stammen die Gedichte 1: 79 und 80 von einer Person, die mit den Umzugsarbeiten beauftragt war. Die Übersetzung gibt die Sprecherinstanz in der ersten Person Singular wieder, aber der Plural ist ebenso möglich.

Die Frage ist die nach den Gründen für das Fehlen der Angaben zu den Dichternamen. Die Gedichte zur neuen Hauptstadt Nara erwecken zwar den Eindruck von Lobpreisungen und Ritualen zur Prosperitätssteigerung, aber auch darin scheint die Emotionalität eher die „alte Heimat" zu betreffen. Da keine Dichtung vom Umzug an den Hof Fujiwara no Miya zeugt, stellt sich die Frage nach dem Heraushalten aus der Urauswahl. 1: 50 thematisiert den Bau der Hauptstadt, und dem Titel zu 1: 51 zufolge verfasste Shiki no Miko das Kurzgedicht ausdrücklich „*nach* (後) dem Umzug an den Hof von Fujiwara" (遷藤原宮之後). Zu den Gedichten 1: 52 und 53, welche als Lobpreisungen des Hofes zu verstehen sind, ist wie bemerkt kein Name angegeben, und die Gedichte 1: 54 bis 56 stammen bereits aus dem Jahr 701. Vom Umzug nach Heijō-*kyō* (Nara) zeugt das Gedicht 1: 78, dessen Titel bezüglich der Verfasserschaft angemerkt wurde. Die beigefügte Alternativfassung („an anderer Stelle heißt es“) der Abschlussverse gibt das Gedicht als autorisierte Fassung zu erkennen, die aus heutiger Sicht eventuell eine Doppelperspektive eröffnet, in der die beiden Umzüge nach Fujiwara no Miya *und* Nara no Miya eingeschrieben sind.

Die Doppelperspektive besteht durch die Anmerkung zum Titel, gibt sich aber auch durch die unterschiedlichen Instanzen der Gedichtproduktion zu erkennen. Sie zeigt sich in der Gegenüberstellung des Tennō-Gedichts 1: 78 mit den beiden Stücken „aus unbekannter Hand“. Die Gruppe 1: 78 bis 80 zeichnet somit eine Polyperspektivität aus, deren Zusammenhang sich neben den inhaltlichen Momenten der Reise über die Titel sowie die rituelle Sprache herstellt. Steht in 1: 78 durch den Ausdruck der schweren Trennung die Seelenbesänftigung beziehungsweise Besänftigung der lokalen Gottheiten im Vordergrund, ist es in 1: 79 und 80 die Lobpreisung des Neubaus sowie der Ausdruck nach dem Wunsch ewiger Prosperität. Der Blick geht somit nach vorne und nach hinten, und dieses Pendeln ist auch das Hauptthema im Langgedicht. Während 1: 78 zur alten Hauptstadt und in die Vergangenheit strebt, richtet sich in 1: 79 und 80 die rituelle Sprache auf die neue Hauptstadt und die Zukunft aus. Den Oppositionen „Tennō-Stimme“ versus „Stimme eines Unbekannten“ und „Vergangenheit“ versus „Zukunft“ korrespondiert weiterhin mit der Opposition „Reise übers Land“ versus „Reise über den Wasserweg“. Neben dem gemeinsamen Thema „Umzug“ und der rituellen Sprache stellt sich eine zusätzliche Verknüpfung über die Ortsnamen her, welche zugleich die Bewegung durch Zeit und Raum repräsentieren. Dieser gemeinsam erzeugte, sich in Bewegung befindliche Chronotopos lässt sich insgesamt als polyperspektivische Geschichtsschreibung in gebundener Sprache beschreiben, und die Komplexität der Bezüge und Oppositionen ist zwar nicht als Sequentialität zu fassen, hebt die Gedichte jedoch als kohärente Gruppe von den vorangehenden und nachfolgenden Gedichten ab.

## Hauptstädte und Kompilation

Während nahezu alle Titel im ersten Band die Angabe 時 *toki*, „Zu der Zeit, als“, besitzen, fehlt diese in den Titeln zu Gedicht 1: 50 und der Gruppe 1: 52 und 53. Hieraus sowie aus dem Interesse, das die „Bearbeiter (*hensansha*)“ ansonsten an der Präzisierung der Entstehungszeit zeigen, schließt Ichinose (2014: 56), dass der Hauptstadtwechsel nach Fujiwara „exakt zur Gegenwart“ der Zusammenstellung von „Teil A“ (1: 1 bis 53) geschah, dass also bei den Titeln keine Angabe der Zeit notwendig war.[140] Im Folgenden geht er der Bedeutung von Fujiwara no Miya als „Gegenwart der Kompilation“ für den gesamten ersten Band nach. Wie gesehen bildet seinen Ausgangspunkt nicht die Vorstellung einer in Ergänzungen erfolgten Kompilation, und er liest „Teil A“ und „Teil B“ (1: 54 bis 83) dementsprechend als ein „Kontinuum“.[141] Dafür spreche vor allem die starke Gewichtung der Angabe „Taijō Tennō“, die in den Titeln zu den meisten Gedichten ab 1: 54 bis 70 vorkommt und sich auf die 697 abgedankte Jitō beziehe.[142] Vor 1: 71 bis 73 sowie vor 1: 74 und 75 steht die Angabe Daigyō Tennō, die auf den verstorbenen Tennō vor der Auszeichnung mit einem postumen Namen verweist und im *Man'yōshū* auf Monmu begrenzt ist (vgl. SNBZ 6: 63). Ichinose (S. 62) sieht das als weiteres Argument für die Zusammenstellung des „B-Teils“ (1: 54 bis 83) nach Monmus Ableben im Jahr 707. Die Angabe „Wadō *gannen*“ (708) im Titel zu 1: 76 bis 77 leitet die Zeit von Monmus Mutter Genmei Tennō ein, und darauf folgen die Gedichte 1: 78 bis 80 zur Hauptstadtverlegung nach Heijō-*kyō* (Nara) im Jahr 710.

Ichinose (S. 64) zufolge entstand das Gedicht 1: 78 vor der Hauptstadtverlegung nach Nara und wurde als ein Stück aufgenommen, welches das Bedauern über das Verlassen der Heimat Fujiwara no Miya zum Ausdruck bringe. In der herkömmlichen Forschung sei das Gedicht als „Abschied von »Fujiwara no Miya«“ verstanden und die folgenden Stücke „Nara no Miya“ zugeordnet worden, aber Ichinose zufolge mussten diese noch bis zum Gedicht 1: 84 warten, zu dem es die entsprechende Kapitelüberschrift gibt.

Sodann zitiert Ichinose (S. 65) die Gedichte 1: 79 und 80, um daran den noch immer unbewohnbaren Zustand der neuen Hauptstadt zu demonstrieren.

---

140 Ichinose übergeht allerdings die Frage, die der Titel zu 1: 51 mit „*nach* (後) dem Umzug von Asuka nach Fujiwara no Miya“ aufwirft. Liegt wohl auch keine große zeitliche Distanz vor, ist genau genommen 1: 50 ebenfalls bereits Vergangenheit. Die geringe Distanz ist dabei weniger von Belang als die Frage, warum es im Titel zu 1: 51 „danach“ heißen muss, was es im ersten Band nur hier gibt. Das Gedicht thematisiert den „Wind vom Hof Asuka no Miya“, der die Frauen im Inneren Palast der neuen „Hauptstadt“ aufgrund „der Ferne“ nicht erreicht.

141 Vgl. Ichinose 2014: 58, 61, der die Kapitelüberschrift vor 1: 28, die Fujiwara no Miya als das Zentrum der Herrschaft proklamiert, explizit nicht auf die Gedichte ab 1: 54 – mit der Titelangabe „Taihō *gannen*“ (701) – bezieht. Nach dem Hauptstadtwechsel und Jitōs Abdankung, worauf die Anmerkung zur Kapitelüberschrift vor 1: 28 hinweist, „wurde über »Fujiwara no Miya« […] die Kontinuität zwischen dem A- und dem B-Teil zum Ausdruck gebracht“. Der zentrale Stellenwert von Fujiwara no Miya im „B-Teil“ zeige sich deutlich auch darin, dass vor dem „C-Teil“ (1: 84) kein Titel mit Zeit der Entstehung, sondern die Kapitelüberschrift „Nara no Miya“ steht (S. 61).

142 Ichinose 2014: 61; es sind die Titel zu 1: 54 bis 56, 1: 57 bis 61, 1: 66 bis 69 sowie 1: 70.

Das wiederum untermauert er mit dem oben erwähnten Zitat aus dem *Shoku nihongi* vom 9. Monat, Wadō 4. Jahr (711), dem zufolge die Schutzmauern des Hofes noch nicht fertiggestellt und zusätzliche Truppen notwendig waren (→ Tabelle 5b). Ichinose zitiert noch einen weiteren Eintrag aus dem 1. Monat im Jahr Wadō 5 (712) und kommt zu dem Schluss, dass auch die Gedichte 1: 81 bis 83, die dem Titel nach im Sommer des Jahres 712 bei einer Reise nach Ise entstanden, nicht unter „Nara no Miya" eingeordnet werden konnten, da sich die Hauptstadt noch immer im unfertigen Zustand befunden habe. Er (S. 66) weist auch auf das in 1: 79 und 80 dreifach vorkommende „Hin- und Herfahren (*kayofu*)" hin, das er als das Pendeln zwischen Fujiwara-*kyō* und Heijō-*kyō* versteht. Das Gedicht halte die neue Hauptstadt als eine Stadt fest, die von der alten Hauptstadt aus errichtet wurde. Dass die Fertigstellung der Stadt pendelnd von der alten Hauptstadt aus „anvisiert" wurde, bringe nämlich zum Ausdruck, dass die Lebensbasis noch immer in Fujiwara-*kyō* war (S. 66).

Den Grund dafür, den Hauptstadtwechsel nicht wie das *Shoku nihongi* als ein einmaliges Ereignis auf das Jahr Wadō 3 (710) zu präsentieren, sieht Ichinose (S. 66) darin, dem „Hängen an der alten Hauptstadt" und dem schwerfallenden Abschied mehr Gewicht zu verleihen. Die Kapitelüberschrift „Nara no Miya" vor Gedicht 1: 84, das wie gesehen vor 715 entstanden sein muss, nehme „Fujiwara no Miya" aus den „Teilen A und B" auf, und der Verzicht auf die Tennō-Angabe bringe die zukünftige Fortsetzung der Herrscherlinie in der neuen Hauptstadt zum Ausdruck, sei aber auch eine „Reminiszenz an die Zeit der Genmei Tennō" (S. 67), die von 707 bis 715 regierte. Ichinose ist die Möglichkeit bewusst, dass es zur Kapitelüberschrift „Nara no Miya" noch mindestens ein weiteres Gedicht gegeben haben könnte, wie es die Abschrift Genryaku-*bon* nahelegt, aber dennoch sieht er in der Repräsentation der Genmei-Ära durch nur dieses eine Gedicht – oder wenige Gedichte – eine „Zurückhaltung", die er mit der im 9. Monat, Reiki *gannen* (715) vollzogenen Thronüberlassung an Genmeis Tochter Genshō Tennō in Verbindung bringt. Denn es bestehe die Möglichkeit, dass die Kompilation des ersten Bandes, wie er heutige vorliegt, unter Genshō vollzogen wurde.

Zur Stützung der Argumentation zitiert er einen Erlass (詔 *mikotonori*) vom „siebten Tag im Winter, 10. Monat" (715), der aus der Zeit kurz nach Genshōs Regierungsantritt stammt (vgl. SNBT 13: 4–7). Darin kommt der Wunsch nach wirtschaftlicher Prosperität und mehr Sicherheit zum Ausdruck, und Ichinose (S. 68) sieht den Hintergrund der Kompilation des ersten Bandes darin, dem in der offiziellen Geschichtsschreibung proklamierten ökonomischen Fortschritt einen kulturellen an die Seite zu stellen. Allerdings gelte die Zurückhaltung gegenüber Genmei Tennō auch für ihre Nachfolgerin Genshō, und Ichinose (ebd.) hat „den Eindruck, dass eine [entsprechende] Kompilation noch auf die

Ankunft einer Person warten musste, die der Herrschaft über »Nara no Miya« angemessen war". Diese Person habe in Monmus Sohn Shōmu Tennō Gestalt angenommen, der ab 724 regierte.

Hier zitiert Ichinose (ebd.) erneut aus dem *Shoku nihongi*, und zwar den wenige Monate nach Shōmus Antritt gestellten Antrag eines Beamten, der mit der aus der klassisch-chinesischen Literatur stammenden Feststellung beginnt, in „uralter Zeit" im Winter in Löchern und im Sommer „in Nestern" (巣 *su*) gehaust zu haben. Im Laufe der Zivilisation seien dann Höfe errichtet worden, aber die gewöhnlichen Behausungen immer noch zu zerbrechlich. Die Forderung lautete, dass die Beamten ab einem bestimmten Rang ihre Häuser mit Ziegeldächern decken und mit roter und weißer Farbe streichen sollten (vgl. SNBT 13: 156–157). Ichinose weist mit diesem Zitat darauf hin, dass das eigentliche Gedeihen in Heijō-*kyō* erst mit Shōmu Tennō seinen Anfang nahm, und resümiert wie folgt:

> Im zwanzigbändigen *Man'yōshū* als Ganzes (*hito matomari*) übernimmt der erste Band die Aufgabe eines Anfangs. In den folgenden Bänden ist die Ankunft des blühenden Zeitalters des „Shōmu-Hofes" zwar nicht so deutlich, wie sie im sechsten Band symbolisiert wird, aber die Erwartungen richteten sich an die kommende Generation von „Nara no Miya". (2014: 68–69)

Wie gesehen zeigen der dritte und vierte Band für Ichinose weniger „Konzeptionskraft", und auch die Sonderrolle des auf Kyūshū entstandenen fünften Bandes, der mit Sicherheit erst später eingefügt worden war, wurde bereits angesprochen. Ichinose (S. 72–82) widmet sich im Folgenden einer „leichten Durchsicht" der Bände Eins bis Sechs mit dem Hauptaugenmerk auf den sechsten Band, der mit den Gedichten 6: 907 bis 916 zu einer Yoshino-Reise im Sommer Yōrō 7. Jahr (723) beginnt. Diese Reise unternahm Genshō Tennō einige Monate vor ihrer Abdankung im 2. Monat des folgenden Jahres, und die Gedichte sind als Einleitung für eine neue Zeit unter Shōmu zu sehen. Denn selbstverständlich folgt die Eröffnung mit Yoshino-Gedichten einem Konzept, da diese zu jenem Gedächtnisort zurückführen, an dem die Tenmu-Jitō-Linie ihren Anfang nahm. Nur so werden die engen textuellen Verknüpfungen verständlich, welche sie zu den Yoshino-Gedichten im ersten Band aufweisen (vgl. Kōnoshi 2013: 69–75, Duthie 2014: 269–272). Shōmus Zeit beginnt mit der nächsten Gruppe ab 6: 917 aus dem Winter 724, und Ichinose zeigt den Glanz der Hoffnung und des Gedeihens, den diese Gedichte verströmen.

Gemeinsam mit Itō Haku oder Kōnoshi Takamitsu versteht auch Ichinose die ersten sechs Bände als einen Block, den Kōnoshi (ebd. S. 37–147) als die „Welt der Geschichte" und Ichinose als „die Tradition" der *uta*-Welt (*uta-sekai*

歌世界, S. 69) beschreiben, woran sich in Kōnoshis Modell wie gesehen die „Ausbreitung (*hirogari*) der Welt der *uta*-Dichtung" (S. 149–273) anschließt. In das, was Ichinose wiederholt als „Hoffnung / Erwartung (*kitai* 期待) gegenüber Nara no Miya" beschreibt, sieht Kōnoshi allerdings im dritten, vierten und sechsten Band bereits „das nahende Ende von Nara no Miya" (S. 85–91) eingeschrieben. Damit ist die Tatsache gemeint, dass diese Bände gemeinsam mit Gedichten aus dem Jahr Tenpyō 16 (744) enden.[143] In diesem Jahr, dem vierten von Shōmus fünf Wanderjahren (*hōkō gonen* 彷徨五年), starb Shōmus Sohn Asaka, was Kōnoshi (S. 87) als Erlöschen der männlichen Thronfolgelinie ab Tenmu versteht.[144] Nach dem Aufstand des Fujiwara no Hirotsugu 藤原広嗣 (gest. 740) begab sich Shōmu zunächst auf eine Reise durch die östlichen Gebiete und bezog danach verschiedene Höfe. Am provisorischen Hof Kuni no Miya 久邇宮 / 恭仁宮, der zwischen Kyōto und Nara lag, residierte er von 740 bis 744, zog danach zuerst nach Naniwa (Ōsaka) und dann an den Hof Shigaraki no Miya 紫香樂宮 (auch: Kōka no Miya 甲賀宮). 745 kehrte er nach Nara zurück und vier Jahre später überließ er den Thron seiner Tochter Kōken Tennō.

Bezüglich der Wissenschaftsgeschichte ist für den ersten Band eine Verträglichkeit des sukzessiven Kompilationsmodells nach Ogawa Yasuhiko (2010: 99–102) mit den Konzeptionstheorien nach Ichinose, Shirosaki und Murase (2014) festzuhalten. Denn lassen sich, wie in Ichinoses Ausführungen gesehen, die Aspekte der Entstehungsgeschichte und Kompilationsstufen letztendlich ebenso wenig wie das außertextuelle Wissen heraushalten, berücksichtigt Ogawas Modell den Umstand, dass jede neue Ergänzung nicht einfach eine

143 Die Gedichte 6: 1042 und 1043 sind wie gesehen auf das Neujahr von Tenpyō 16 datiert, und die darauffolgenden Gedichte bis 6: 1067 besitzen keinen Angabe der Entstehungszeit. Sie stammen aus Privatsammlungen und gelten als spätere Beifügungen; zum sechsten Band; vgl. Ichinose 2014: 84–101 (dort auch zu dem „Bann Tenpyō 16", S. 87–93, wo Ichinose zeigt, dass die Gedichte von und um Shōmu aus dieser Zeit nicht durch den Tod von dessen Sohn Asaka no Miko düster gezeichnet sind). Auch die folgenden Bände enden – soweit es sich feststellen lässt – im Jahr Tenpyō 15 oder 16, und erst die letzten vier, als „Gedichttagebuch" (*uta-nikki*) oder „-journal" (*uta-nisshi*) bekannten Bände setzen in chronologischer Hinsicht die Geschichte bis zum Neujahr 759 (20: 4516) fort.

144 Shōmus Sohn Asaka war die letzte männliche Erbfolge aus der Linie der erstgeborenen Söhne beziehungsweise offiziellen Thronfolger, aber tatsächlich regierte mit Junnin Tennō von 758 bis 764 ein weiterer männlicher Nachkomme von Tenmu. Er war zwar Tenmus Enkel, aber weder Thronfolger noch der Sohn eines Thronfolgers und wurde durch den Aufstand des Fujiwara no Nakamaro 藤原仲麻呂 (706 bis 764) abgesetzt und auf die Insel Awajishima verbannt. An seiner Stelle betrat die von den Fujiwara protegierte Shōtoku Tennō ein zweites Mal den Thron (*chōso*), den sie durch die Abdikation ihres Vaters Shōmu bereits als Kōken von 749 bis 758 besetzt hatte.

Erweiterung war, sondern der jeweils alte Teil in die neue Kompilation so integriert wurde, dass die Sammlung „durch die Ergänzung in anderer Gestalt neu geboren wird“. Die Bedingungen und Möglichkeiten beider Denkrichtungen liegen offen, und eine Betrachtung der Sammlung von beiden Seiten – ergänzende oder stufenweise erfolgte Kompilation und als Resultat vorliegende Sammlung – steigert die Komplexität, was für das Gesamtverstehen wiederum gewinnbringend sein dürfte.

**Hermeneutische Positionen zur Einstimmung:**

Nicht nur gelegentlich, sondern immer übertrifft der Sinn des Textes seinen Autor. Daher ist Verstehen kein nur reproduktives, sondern stets auch ein produktives Verhalten. [...]
Der zeitliche Abstand [...] läßt den wahren Sinn, der in einer Sache liegt, erst voll herauskommen. Die Ausschöpfung des wahren Sinns aber, der in einem Text oder einer künstlerischen Schöpfung gelegen ist, kommt nicht irgendwo zum Abschluss, sondern ist in Wahrheit ein unendlicher Prozeß. (Hans-Georg Gadamer 2010: 301, 303)

Ist es einmal zweifelhaft geworden, daß man erfahren kann, wie es einst wirklich war, dann ist nicht minder zweifelhaft, daß man in der Lage ist, festzustellen, wie etwas einst gemeint war. (Peter Szondi 2012: 23–24).

*Die Wut des Verstehens* (Jochen Hörisch 1998, Buchtitel, original eine Formulierung Schleiermachers; vgl. ebd. S. 8)
Wer behauptet, sein verstehender Diskurs offenbare den eigentlichen Sinn des verstandenen Diskurses, hält es mit der Wahrheit wie Hermes. Nämlich nicht sehr genau. (ebd. S. 21)

# Zur *sōmon*-Dichtung im zweiten Band

## Allgemeines

Der zweite Band enthält die beiden Abteilungen (*budate*) der *sōmon*-Antwortdichtung und *banka*-Trauerdichtung. Die erste Abteilung beginnt mit einer Kapitelüberschrift zum Hof von Nintoku, der als der sechzehnte Tennō vermutlich im vierten Jahrhundert herrschte, und der Band endet wie der erste mit Gedichten zu „Nara no Miya“. Während also die Uranfänge voneinander abweichen, besitzen beide Bände einen zeitlich-räumlich identischen Abschluss. Mit Nintoku beginnt auch der dritte Band im *Kojiki*, was kein Zufall sein dürfte, aber die Motive sind unklar. Tabelle 6 zeigt die Verteilung der einhundertfünfzig Gedichte in den Abteilungen, in denen wie im ersten Band die räumlich-historischen Abschnitte durch die Kapitelüberschriften ausgewiesen sind:

*Tabelle 6: Kapitelüberschriften im zweiten Band*

| Höfe / *sōmon* | Tennō | Gedichte |
|---|---|---|
| Naniwa no Takatsu | Nintoku | 2: 85 bis 90 |
| Ōmi no Ōtsu | Tenji | 2: 91 bis 102 |
| Asuka no Kiyomihara | Tenmu | 2: 103 und 104 |
| Fujiwara | Jitō, Monmu, Genmei | 2: 105 bis 140 |
| Höfe / *banka* | | |
| Nochi no Okamoto | Saimei | 2: 141 bis 146 |
| Ōmi no Ōtsu | Tenji | 2: 147 bis 155 |
| Asuka no Kiyomihara | Tenmu | 2: 156 bis 162 |
| Fujiwara | Jitō, Monmu, Genmei | 2: 163 bis 227 |
| Nara | Ab Genmei | 2: 228 bis 234 |

Namen der Höfe ohne „no Miya".

Für narratologische Fragestellungen wirken die *sōmon*-Gedichte mit ihren Themen wie Sehnsucht und Einsamkeit, die aus der späteren Waka-Dichtung wohl bekannt sind, zunächst nicht allzu vielversprechend, aber die folgenden Untersuchungen bringen ein Interesse an der Erzählung an den Tag, das die Neigungen zum Erzählen im ersten Band übertrifft. Wie dort kommt es in der *sōmon*-Dichtung durch die Peritexte mitunter zu komplexen Verschränkungen, die allerdings bis auf die Anmerkung nach 2: 90 eine andere Beschaffenheit aufweisen. Es zeichnet sich eine Formung von Narrativen aus Peri- und Gedichttexten ab, die gemeinsam entstanden beziehungsweise gemeinsam kompiliert wurden. Bei diesen Arrangements wurde also nicht wie im ersten Band aus anderen Quellen zitiert, und die so entstandenen Narrative sind gleichsam trans- und intergenerische Erzählungen der ersten Ordnung, deren Prosatexte sich nur noch beschränkt als Peritext beschreiben lassen. Allerdings sind die Zusammenhänge aufgrund der historisch verankerten Namen sowie der Verfahrensweisen der Kompilation kompliziert, was einleitend an Beispielen zu erläutern ist.

## Narrative und historische Realität

In der zweibändigen Aufsatzsammlung „Struktur und Entstehung des *Man'yōshū*" (*Man'yōshū no kōzō to seiritsu* 万葉集の構造と成立, 1959) setzt sich Itō Haku unter anderem mit der *sōmon*-Dichtung im zweiten *Man'yōshū*-Band auseinander. Im Rahmen seiner bereits angesprochenen Vorstellung der Gedichtsammlung als Anschluss und Fortsetzung des *Kojiki* deutet er die *sōmon*-

Gedichte ab der Tenji-Epoche am Hof Ōmi no Ōtsu no Miya als eine romantische Gedichtsammlung der Hakuhō-Höfe, die durch die Konzeption der Lied-Erzählung (*uta-monogatari*) getragen werde.[1] Bis auf Gedicht 2: 128, auf das zurückzukommen ist, seien alle Stücke aus einem Interesse an Lied-Erzählungen gesammelt und später dann mit der Absicht zusammengestellt worden, das „Gefühl der Romanze" zu vermitteln. Unter den Gedichten der Hofangehörigen gebe es allerdings kein einziges „pastorales Liebesgedicht eines namenlosen Menschen aus dem Volk", und die Mehrzahl hänge mit historischen Ereignissen am Hof zusammen. Kageyama Hisayuki (2011: 20) schätzt in seiner Untersuchung zur „Konzeption der *sōmon*-Dichtung im zweiten Band" Itōs Beschreibungen als äußerst zutreffend ein und sieht dort die Grundlage für die gegenwärtige Forschung zur *sōmon*-Dichtung im zweiten Band. Er erwähnt Kōnoshi Takamitsus „scharfe Kritik" an Itōs Vermengung von Mündlichkeit und Schriftlichkeit,[2] sieht aber auch keinen Gewinn darin, sich von der „Narrativität (*monogatari-sei*) der Gedichtgruppen in übertriebener Askese" abzuwenden – also das Kind mit dem Bade auszuschütten. Nenne man diese „Form" einer Gruppe von aufeinander Bezug nehmenden Gedichten, denen im editorischen Prozess Angaben zur Person und den Umständen der Dichtung beigefügt worden seien, „Werk (*sakuhin*)", dann sei es neben den „Themen" der einzelnen Gedichte auch notwendig, ein Thema für das Werk als Ganzes anzunehmen (ebd.). Begriffe wie *monogatari* oder *katari* 語り, die beide „Erzählen" bedeuten, bergen zwar die Gefahr der Irreführung, aber als „gesunde Art und Weise des Lesens" sei das „Weiterschöpfen" in diese Richtung keinesfalls zu unterdrücken.

Kageyama (S. 17) bestätigt dem zweiten Band anhand der Kapitelüberschriften sowie hinsichtlich der Konzeption (*kōsō*) ebenfalls eine „hochgradige Kompilation". Tabelle 6 gibt allerdings in beiden Abteilungen ein Aussparen von Epochen-Räumen zu erkennen, und in der *sōmon*-Abteilung klafft zwischen den Höfen in Naniwa und Ōtsu am Biwa-See eine Lücke von etwa dreihundert Jahren, die umgekehrt dem Naniwa-Hof eine besondere Gewichtung zu verleihen scheint. Diese zeigt sich indirekt auch in den *banka*-Eröffnungsgedichten 2: 141 und 142 von Arima no Miko, der 658 durch Saimei und ihren

1 Zitiert und zusammengefasst nach Kageyama 2011: 19–20; die „Hakuhō-Zeit" bezeichnet kunst- und kulturgeschichtlich die Zeit von den Taika-Reformen ab 645 bis zum Umzug nach Nara im Jahr 710.

2 Gemeint ist vermutlich Kōnoshis Auseinandersetzung mit Itōs *uta-gatari* 歌語り, „Lied-Erzählung"; vgl. Kōnoshi 1992: 342–358 und zur Vermischung von Mündlichkeit und Schriftlichkeit beziehungsweise der Nicht-Wahrnehmung des „qualitativen Wandels", den die Schrift für das Lied / Gedicht mit sich gebracht habe, ebd. S. 355–357.

Sohn wegen eines vermeintlichen Verrats hingerichtet wurde.[3] Als Sohn von Kōtoku Tennō, der wie Nintoku seinen Hof in Naniwa hatte, verweisen Arimas Gedichte ebenfalls auf einen Naniwa-Hof. Freilich handelt es sich bei Kōtokus Hof um eine wesentlich spätere Anlage, aber beide Abteilungen im zweiten Band eröffnen mit Bezügen auf Naniwa. Damit stellt sich das Gefühl ein, dass die *banka*-Gedichte aus Saimeis Zeit diese Referenz untermauern sollen.

Anhand besonderer Merkmale der Kapitelüberschriften und Titel der *sōmon*-Abteilung vermutet Kageyama (S. 18–19) die Auswahl und Anordnung der Gedichte nach bestimmten Prinzipien der Kompilation. Es gebe zwar Abweichungen, aber insgesamt komme eine bloße Aneinanderreihung von „sogenanntem Quellenmaterial" nicht vor. Kageyama sieht mithin eine Kompilation, in der die Gedichte nach bestimmten Kriterien ausgewählt und mit bestimmten Absichten arrangiert worden seien. Bei den Angaben zur Zeit der Dichtung, den Umständen zur Entstehung sowie der an der Korrespondenz beteiligten Personen gebe es „auf der Ebene des Textes keinerlei Lücken" (ebd.).

Bezüglich der historischen Realität werfen die Gedichte einige Fragen auf, welche die Forschung schon lange beschäftigen. Aus der Sicht der Konzeption erweisen sich diese aber als Maßnahmen der Kompilation, und die Hinweise deuten auf ein Interesse an narrativen Zusammenhängen. In Tabelle 6 fällt bei der *sōmon*-Abteilung auf, dass unter der Kapitelüberschrift „Asuka no Kiyomihara no Miya" lediglich zwei Gedichte stehen. Mit 2: 103 wendet sich Tenmu Tennō an eine seiner zahlreichen Ehefrauen, die unter dem Namen Fujiwara *no bunin* 藤原夫人 im „Hinteren Palast" als Ehefrau im dritten Rang (*bunin*) lebt. Der Sprecher berichtet vom fallenden Schnee „in meinem Dorf" und mutmaßt, dass es in „Ōhara", wo sich die Angesprochene gerade aufhält oder woher sie stammt, später auch noch schneit. In 2: 104 kontert diese damit, dass der Schnee „in meinem Dorf" nur als Begleiterscheinung falle, da sie der Drachengottheit „auf meinem Hügel" das Schneien befohlen habe. Kageyama (S. 25) zufolge vermitteln die beiden humorvollen Gedichte einen „hell-fröhlichen" Eindruck, werden in der Forschung aber kontrovers diskutiert. Er vergleicht mit den sechs Gedichten der Tenmu-Epoche im ersten Band sowie den sieben Stücken der *banka*-Trauerdichtung im zweiten Band und stellt eine Untergewichtung fest, die sich im Rahmen der *sōmon*-Abteilung mit nur zwei Gedichten bemerkbar macht.[4] Das ist insofern umso auffälliger, als die *sōmon*-Abteilung im Epochen-Raum Fujiwara Gedichte besitzt, deren Dichter und

3 Wie gesehen repräsentieren Arimas Gedichte den Epochen-Raum von Nochi no Okamoto no Miya, der für Saimei Tennō steht.

4 Dabei ist auch die Bedeutung zu berücksichtigen, die dem Tenmu im *Nihon shoki* beigemessen wird, dem als einzigen Tennō zwei Bände gewidmet sind.

Dichterinnen in der historischen Realität zur Tenmu-Epoche gehören. Kageyama vermutet daher in der Beschränkung auf die beiden Gedichte eine bestimmte Absicht der Zusammenstellung, was er an anderen Stücken dieser Abteilung erläutert. Die Zusammenhänge sind komplex und erfordern den Blick auf verschiedene Gruppen der *sōmon*-Abteilung (im Folgenden zusammengefasst nach Kageyama 2011).

**Heimliche Verhältnisse (2: 107 bis 110)**

Die Gedichte 2: 107 bis 109 gehören zur Kapitelüberschrift „Fujiwara no Miya". Sie thematisieren das „heimliche" Verhältnis[5] zwischen dem Prinzen Ōtsu no Miko und einer gewissen Ishikawa no Iratsume 石川郎女, einer der zentralen Figur dieser *sōmon*-Abteilung. Dem daran anschließenden Gedicht 2: 110 zufolge kann Hinamishi no Miko 日並皇子, wie ein Titel des Kronprinzen Kusakabe lautete, die im Gedicht genannte Frau „auch nur für einen Augenblick nicht vergessen", und dem Titel zufolge ist das Gedicht ebenfalls an Iratsume gerichtet. Beide Prinzen waren Söhne von Tenmu, deren Leben in den späten 680er Jahren in jungem Alter endete, und somit verweisen die Gedichte auf die Zeit vor den Umzug an den Hof Fujiwara no Miya. Ihre Einordnung unter die Kapitelüberschrift „Fujiwara no Miya" und nicht unter „Asuka no Kiyomihara no Miya", dem Hof von Tenmu, wo sie in chronologischer Hinicht hingehören, erscheint somit rätselhaft. Allerdings ist die Einordnung insofern konsequent, als diesen beiden Prinzen auch die Eröffnungsgedichte im Epochen-Raum Fujiwara der *banka*-Abteilung angedacht sind. Wie noch zu zeigen ist, bedeutete der Tod von Kusakabe einen Einschnitt in die altjapanische Geschichte, dessen historische Relevanz sogar eine Um-

5 Im Titel steht das Zeichen 竊 (*hisoka ni*, „heimlich"; Lesung nach SNBZ 6: 89), dem mit „steal, rob(ber), snatch, pilfer; thief" negative Bedeutungen anhaften. Ferner bedeutet es „have secret or illicit sexual relations with" (Kroll 2015), und die drei Belege in den Titeln der *sōmon*-Abteilung dieses Bandes beziehen sich ausschließlich auf Kinder von Tenmu während der Epoche des Fujiwara-Hofes. Die Titel zu 2: 105 und 2: 109 gelten dem Ōtsu no Miko, ein weiterer der Prinzessin Tajima no Himemiko (gest. 708). Diese hatte eine heimliche Beziehung mit einem Halbbruder, welcher der Sohn einer anderen Mutter war. Ōtsus erster heimlicher Besuch galt seiner Schwester Ōku no Himemiko (661 bis 701), deren Mutter auch seine war. Das Ōtsu-Bild in der *sōmon*-Dichtung ist somit nicht allzu positiv besetzt – im Gegensatz zu anderen Quellen wie dem *Kaifūsō*; vgl. SNBZ 6: 459. Der vierte Beleg dieser Abteilung ist in der Nachbemerkung zu 2: 90 enthalten, worauf zurückzukommen ist. In solchen Details offenbart sich die Sorgfalt bei der Auswahl der Schriftzeichen; vgl. auch Kageyama 2011: 18 zu zwei weiteren Schriftzeichen aus den Titeln für „ehelichen", deren Verwendung auf Beamte beschränkt ist. Diese Auswahl ist ein Merkmal der Konzeption.

schreibung der Mythen einleitete. Für die Herrschaft der Jitō Tennō war das Ereignis von größter Bedeutung.

Dem Titel zu 2: 109 zufolge kam das Verhältnis zwischen Ōtsu und Ishikawa no Iratsume durch einen Wahrsager ans Licht, aber das Gedicht selbst drückt die Gelassenheit des Sprechers aus. Kageyama (S. 19) setzt für das Verständnis dieser Gedichte und ihrer Einordnung das Wissen um Ōtsus Revolte gegen den Kronprinzen Kusakabe alias Hinamishi voraus, die kurz nach Tenmus Tod (686) mit Ōtsus eigenem Tod endete. Shinada Yoshikazu (zitiert nach Kageyama ebd.) sieht in dem Dreiecksverhältnis, in dem Ōtsu dem Kronprinzen seine Geliebte „raubte", die „eigentliche Ursache" für den Aufstand gegen Hinamishi (Kusakabe), und Kageyama zufolge konstruiert die *sōmon*-Abteilung „in voller Absicht" einen Zusammenhang, in dem die „Ereignisse einer Liebesbeziehung unmittelbar in den Tod führen" (ebd.). Dass diese Ereignisse nach Tenmus Tod und somit unter Jitō Herrschaft stattfanden, könnte zur Einordnung der Gedichte unter „Fujiwara no Miya" beigetragen haben.[6]

**Tenmu und Fujiwara no Kamatari (2: 91 bis 95)**

Kageyama (S. 24–25) erachtet auch das Schnee-Thema im Gedichtaustausch 2: 103 und 104 zwischen Tenmu und der Fujiwara *no bunin* nicht als Zufall, da Tenmus Gedichte 1: 25 und 26, die Fassung aus einem „anderen Buch", ebenfalls den Schnee thematisieren. Dass sich Tenmus Gedicht 2: 103 nicht an die Hauptgattin Uno, die spätere Jitō Tennō richtet, dürfte genauso einen Grund haben wie die Wahl der Fujiwara *no bunin*, und zum besseren Verständnis lenkt Kageyama den Blick auf den Namen „Fujiwara", der eine Tochter des Fujiwara no Kamatari 藤原鎌足 (614 bis 669) zu erkennen gibt. Dieser „Staatsdiener" besetzte eine der höchsten Positionen und eliminierte gemeinsam mit Naka no Ōe, dem späteren Tenji, im Jahr 645 (= Taika 1. Jahr) den politisch übermächtigen Soga no Iruka, was die Taika-Reformen auf den Weg brachte. Kamatari fand bereits bei der Besprechung zu Tenjis Gedichten 1: 13 bis 15 Erwähnung, allerdings unter dem ursprünglichen Familiennamen „Nakatomi" 中臣. Während er im *Nihon shoki* unter diesem Namen geführt wird, erscheint er in den ersten beiden *Man'yōshū*-Bänden unter dem später verliehenen Namen „Fujiwara", das heißt als Stifter des mächtigen Fujiwara-

6 Kageyamas Hinweis, dass Ōtsus Aufstand gegen Kusakabe mit seinem Tod endete, steht nicht im zweiten Band, aber dem Titel zu Gedicht 3: 416 zufolge verfasste es Ōtsu angesichts seines Todes „unter Tränen". Die Formulierung 被死 *shi wo tamaharishi* bedeutet „Todesstrafe"; vgl. SNBZ 6: 234, dort auch die Lesung. Das *Kaifūsō*, das Ōtsu als einen ausgezeichneten Literaten mit kämpferischen Fähigkeiten darstellt, enthält vier *shi*-Gedichte von ihm. Das letzte verfasste er dem Titel zufolge angesichts der Todesstrafe; vgl. Tatsumi 2012: 62–80.

Klans, sowie mit dem erst nach seinem Tod verliehenen *kabane*-Rang eines 朝臣 *asomi*. Im Titel zu 1: 16, dem Langgedicht der Nukata no Ōkimi, steht der Name des „Innenministers Fujiwara“[7] neben dem Herrscher, der nicht namentlich genannt wird, aber aus der Kapitelüberschrift „Ōmi no Ōtsu no Miya“ als Tenji bekannt ist. In der literarischen Inszenierung geben beide gemeinsam den Befehl zum Verfassen des Gedichts. Sie verkörpern also Einträchtigkeit nicht nur auf politischer Ebene, sondern auch in kultureller Hinsicht.

Dem Titel zu 2: 91 zufolge schickt der Tennō einer gewissen Kagami no Ōkimi 鏡王女 (gest. 683) ein Gedicht. Die Kapitelüberschrift „Ōmi no Ōtsu no Miya“ verweist auf Tenji, und die zuwendende Antwort der Angesprochene in 2: 92 erzeugt das Bild einer harmonischen Beziehung.[8] Dem Titel zu 2: 93 zufolge macht der „Innere Großminister Fujiwara-Minister“ (内大臣藤原卿 *naidaijin* Fujiwara *kyō*)[9] dieser Frau dennoch einen Heiratsantrag. Das Gedicht 2: 93 stammt aber nicht von Kamatari, sondern von Kagami no Ōkimi, und erst Gedicht 2: 94 drückt Kamataris Verlangen nach einer gemeinsamen Nacht aus.[10] In der literarischen Inszenierung bleibt der Wunsch unerfüllt, denn in dem über den Titel Kamatari zugesprochenen Gedicht 2: 95 gibt der Sprecher stolz zu erkennen, eine gewisse Yasumiko 安見児 zur Frau genommen zu haben. Diese wird als eine *uneme* 采女 vorgestellt, was die Tochter einer regionalen Großfamilie bedeutet, die in Tenjis Hinterem Palast diente. Die *uneme* waren „Privatbesitzt“ (SNBZ 6: 85) des Tennō, aber offensichtlich keine Ehefrauen. Itō (1: 231) zufolge war der Beamtenschaft und somit auch Kamatari die Heirat mit einer *uneme* untersagt.

Kagami no Ōkimi war vermutlich eine Enkelin von Jomei Tennō und einer anderen Quelle aus dem achten Jahrhundert zufolge die Hauptgattin von Ka-

---

7 Sowohl der Beamtentitel „Innere Großminister“ (内大臣 *naidaijin*) als auch der Name sind Beifügungen aus späterer Zeit; vgl. SNBZ 6: 33.

8 Itō (1: 228) hebt die „hohe [poetische] Kraft im Ausdruck“ von 2: 92 hervor, da das Gedicht eine geistreich Erwiderung auf das vorangehende sei, das wiederum geschickt das Moment der Landesschau-Dichtung (*kunimi-uta*) eingewoben habe. Ogawa (1999: 202) zufolge gilt 2: 92 seit Itō und einem Aufsatz von Aoki Takako 青木生子 (1971) als die „Geburt der lyrischen *sōmon*-Dichtung aus dem [präliteralen] Liebeslied“. Da die Gedichte 2: 85 bis 90 am Anfang der *sōmon*-Dichtung als spätere Fabrikation gelten, sind die *sōmon*-Lieder unter „Ōmi no Otsu no Miya“ die ältesten literarischen Zeugnisse dieses Genres.

9 „Minister“ (*kiyau*, *kyō*) bezeichnet den Vorsteher einer der acht Ministerien (八省 *hasshō*). Im Titel zu 1: 16 wird er ohne *kyō*, aber mit dem Sippenrang (姓 *kabane*) eines 朝臣 *asomi* genannt.

10 Mit Bezug auf eine ältere Auslegung deutet Kageyama (2011: 22) die Umkehrung als Zeichen für Kagami no Ōkimis Zurückweisung von Kamataris Antrag und Hinwendung zu Tenji Tennō.

matari.[11] Kageyama (S. 21–22) präsentiert verschiedene Überlegungen, welche die angesichts des außertextuellen Wissens merkwürdige Konstellation der Gedichte 2: 91 bis 95 zu klären versuchen. Er (S. 23) weist diese allerdings als „bemühte" oder „zwanghafte Logik" zurück, um den Blick auf den Text selbst einzuengen. Bereits die erste Gruppe der *sōmon*-Abteilung – die Nintokus Hauptgattin Iwa no Hime zugeschriebenen Gedichte 2: 85 bis 88, „die niemand für die tatsächliche Autorin hält" (S. 16, siehe unten) – zeige, dass die *sōmon*-Abteilung im zweiten Band nicht auf „die Dokumentation der betreffenden historischen Tatsachen" abzielt. Kageyama (S. 22) sieht stattdessen die deutliche Absicht, die fünf Gedichte 2: 91 bis 95 der Leserschaft als ein zusammenhängendes Werk (*sakuhin*) zu präsentieren. Dieses zeige lediglich, dass sowohl Tenji als auch Kamatari dieselbe Frau lieben, Kamatari sich aber gezwungenermaßen distanziert und eine andere Person zur Frau nimmt.[12] Kageyama zufolge stellt Itō Haku die Frage, warum der Staatsdiener (*shinka* 臣下) Kamatari überhaupt um die Hand einer Tochter aus der Herrscherfamilie anhalten konnte. Denn die Gesetzgebung aus dem frühen achten Jahrhundert gestattete eine solche Heirat nicht (vgl. Dettmer 2: 162). So erachtet Ogawa (1999: 199–200), der die strengen Heiratsregeln auch für das siebte Jahrhundert geltend macht, die Heirat als sehr ungewöhnlich, sieht aber darin eine Maßnahme Tenjis zur Stärkung seiner politischen Basis. In kognitions-narratologischer Hinsicht dürfte das außertextuell angelegte Vorwissen das Verständnis einer Erzählung erheblich lenken, und sollte die Heirat tatsächlich ein dermaßen außergewöhnliches Ereignis gewesen sein, war die Präsenz im kommunikativen Gedächtnis durchaus möglich. Dann scheint es geradezu, als ob

11 Zu Kamatari und Kagami in der „Herkunftsgeschichte des Tempels Kōfukuji" (*Kōfukuji engi* 興福寺縁起) vgl. Bauer 2020: 21, zu Kamatari S. 24–28. Ogawa (1999: 195–199) wendet sich gegen die offenbar auf Omodaka Hisataka zurückgehende These als Tochter von Jomei. Als Jomeis Tochter wäre Kagami no Ōkimi Tenjis Halbschwester, aber Kageyama (2011: 22) schätzt dieses Wissen als irrelevant ein, da es der Text eben nicht preisgibt.

12 Kageyama (2011: 22) weist Itōs Vermutung zurück, dass Kagami no Ōkimi „eine Art Honorar" von Tenji für Kamataris Verdienste war, da die Anordnung der Gedichte „absolut keine" Heirat zwischen dem Staatsdiener Kamatari und Ōkimi zu erkennen gebe. In seiner Kommentarausgabe erwähnt Itō, der die fünf Gedichte 2: 91 bis 95 als eine Verkettung von Gedicht-Erzählungen (*uta-monogatari*; 1: 232–233) liest, nicht die „Honorar-These" bezüglich Kagami no Ōkimi, geht aber bei der in 2: 95 formulierten Heirat mit der *uneme*, die für Beamte normalerweise ebenfalls verboten gewesen sei, von einer Belohnung für besondere Verdienste aus. Er vermutet weiterhin einen Zusammenhang mit den vorangehenden Gedichten 2: 93 und 94 (Kamatari und Kagami no Ōkimi), welche die „ungewöhnliche Absicht" Kamataris zeigen, eine – unerreichbare – Frau der Herrscherfamilie ehelichen zu wollen; diese Resignation wiederum gibt der Text durch die Hinwendung zur *uneme* zu erkennen.

die „Erzählung“ im *Man’yōshū* als eine Art *damnatio memoriae* die historische Realität zu vertuschen suchte. Für Kageyama von Bedeutung ist, dass der Tennō und Kamatari ein und dieselbe Frau begehren und mit dieser einen Austausch von Gedichten führen. Ohne den Einbezug von außertextuellem Wissen erzeuge das „Werk“ ein Bild, in dem die Beziehung zwischen Tenji und Kagami no Ōkimi andauerte.[13]

**Fujiwara no Kamatari und Fujiwara *no bunin***

Kageyama (S. 24) sieht es weiterhin als Tatsache an, dass die Gedichte 2: 85 bis 88 von Iwa no Hime aus der halbmythischen Zeit des Nintoku-Hofes „in Form gebracht“ wurden. Das betrifft die mit Schriftlichkeit verbundene regelmäßige Form des *tanka*-Kurzgedichts, aber auch die namentliche Zuschreibung, das Arrangement und in diesem Fall letztendlich wohl das Ganze im Sinn einer Fabrikation.[14] Kageyama geht es aber darum, dass die „Formgebung“ nicht lediglich dort anzuerkennen ist, wo es praktischerweise zur Klärung von Ungereimtheiten beitrage. Denn sie sei für die gesamte *sōmon*-Abteilung charakteristisch, und als weiteres Beispiel führt er den Austausch zwischen Tenmu und Fujiwara *no bunin* in 2: 103 und 104 an, die sich besonders an der Wahl der Figuren / Personen, dem Schnee-Thema sowie dem „hell-heiteren“ Ton, vor allem aber auch an der Beschränkung auf zwei Gedichte bemerkbar mache. Im Gegensatz zu den Höfen von Ōmi no Ōtsu und Fujiwara, in denen Austauschgedichte der Herrscherfamilie sowie der Beamtenschaft in „vielfältiger“ Gestalt aufgenommen seien, müsse der „auffällige Punkt“ Beachtung finden, den Austausch auf den Tennō und eine seiner Gattinnen zu beschränken. Das sei die explizite Botschaft der Gedichte vom Hof in Asuka no Kiyomihara (S. 25).

Die Wahl der Austauschpartnerin Fujiwara *no bunin* aus der Gruppe von Tenmus Ehefrauen sei insofern kein Zufall, als sie mit den Gedichten 2: 91 bis 95 zusammenhänge. In diesem Gedichtaustausch ist ihr Vater Fujiwara no Kamatari beteiligt, und Kageyama (S. 25) sieht darin nicht nur eine intentionale

13 Kageyama (2011: 22) zufolge unterstützen die Gedichte 4: 489 sowie 8: 1607 dieses Bild; auf die Anmerkungen, die ein deutliches Interesse der zeitgenössischen Rezeption an historischen Hintergründen belegen, geht er grundsätzlich nicht ein (vgl. S. 24).

14 Itō (1: 221–222) nennt konkret die feste Form der Gedichte sowie den aus der klassisch-chinesischen Dichtung bekannten Gedichtaufbau 起承轉結 [合] *qi cheng zhuan jie* [*he*] (jap. *kishō-tenketsu*[*gō*]), „1: Einleitung, 2. Fortführung, 3. Wende und 4. Zusammenfassung“ (Pohl 2007: 260), worauf zurückzukommen ist. Diese formalen Kriterien hält Itō für den Nintoku-Hof gegen Ende viertes, Anfang fünftes Jahrhundert für unmöglich und vermutet als Verantwortlichen für die vier Gedichte einen „vergrabenen Autor (*umoreta sakusha* 埋もれた作者)“; siehe auch Itō 1975: 94.

Fortführung.[15] Den Umstand, dass dem Kamatari im vorangehenden Epochen-Raum von Tenji Tennō eine Frau „geraubt wurde" und nun seine Tochter sich in einem ehelichen Verhältnis mit Tenmu – dem nachfolgenden Tennō – befindet, wertet Kageyama nämlich als eine „gewissermaßen Karma-Konstellation". Wichtig sei, dass die „Formgebung" aus dem Gedichtaustausch am Hof von Ōmi no Ōtsu in die nächste Generation von Asuka no Kiyomihara fortgesetzt und zugleich damit die „Erneuerung der Generation" zum Ausdruck gebracht werden. Während der Ōmi no Ōtsu-Hof eine „abgeschlossene Zeiteinheit" darstelle, sei diese zugleich auch die Vergangenheit, die in einer engen Verbindung mit dem Hof Asuka no Kiyomihara erscheine. Die Auswahl der beteiligten Figuren / Personen sei daher keinesfalls zufällig, sondern für die Darstellung der Zusammenhänge notwendig – und damit hochgradig narrativ.

Die Einordnung der Austauschgedichte von Tenmus Nachkommen der ersten Generation unter die Kapitelüberschrift „Fujiwara no Miya" wiederum liest Kageyama als das „Resultat der Absicht zur Generationenerneuerung", und daher sei auch für den Austausch zwischen Ōtsu und Ishikawa no Iratsume unter „Asuka no Kiyomihara no Miya" kein Platz gewesen (S. 26). Kageyama resümiert wie folgt:

> Das [Tenmu] Tennō-Bild, ohne Streitigkeiten um eine Ehefrau (*tsuma-arasoi*) wie in der vorangehenden Generation, oder die ans Licht kommenden Skandale von [Tenmus] Kindern auszukommen, [...] geht aus der heiter-lebhaften Konversation mit der Ehefrau hervor und wirkt klar und hell. So ist die Formgebung zum Bild eines friedlichen Herrschers zu verstehen, das in diametralem Gegensatz zu dem martialischen Tenmu steht, der als Sieger aus dem Jinshin-Krieg hervorging. (2011: 26)

**Konzeption und Kompilation**

In diesem ideologischen Sinn sei das Bild des fallenden Schnees aus Tenmus Yoshino-Dichtung in 1: 25 sowie schließlich der fallende Schnee in den beiden Austauschgedichten ein „Unterschied wie Tag und Nacht", wofür Kageyama

15 Kageyama (2011: 25) zufolge gehe aus den Namen die Vater-Tochter-Beziehung eindeutig hervor. Die Fujiwara stellten nicht nur die höchste Beamtenschaft, sondern ihnen gelang es ab dem achten Jahrhundert, ihre Töchter in die Herrscherfamilie einzubringen. Kamatari starb 669, sodass die Vater-Tochter-Beziehung im frühen achten Jahrhundert eventuell nicht mehr bekannt war. Sollte das auf Vorbildung beruhende Lesergedächtnis (Humphrey 2005) über dieses Wissen nicht mehr verfügt haben, was eher unwahrscheinlich ist, stellte den Zusammenhang das sich im Leseprozess bildende Lesegedächtnis (ebd.) her.

(ebd.) abschließend besondere Aufmerksamkeit einfordert. In diesem Zusammenhang ist dann auch das Tenmu-Bild in den *banka*-Langgedichten 2: 167 und 2: 199 zu sehen, worauf zurückzukommen ist. Kageyama (S. 29) geht in seiner Untersuchung „aus Platzgründen" nicht auf die Gedichte ab 2: 123 ein, aber für die Gedichte aus dem ersten Band sowie schließlich die Stücke der *banka*-Trauerdichtung im zweiten Band fordert er ebenfalls „konsistente Erläuterungen" ein und hält seine „Beobachtungen" zur *sōmon*-Dichtung im zweiten Band auch dort für zutreffend. Allerdings stammen die von Kageyama nicht untersuchten Gedichte aus dem zweiten Band nahezu sämtlich von Individuen der Hofgesellschaft, die in keiner unmittelbaren Beziehung mit dem Herrscherhaus standen, und zu deren Beschreibung sich „Privatdichtung" anbietet. Die Gedichte 2: 126 bis 129 sind unten vorzustellen, aber wie passen Kakinomoto no Hitomaros Gedichte 2: 131 bis 140 am Ende der *sōmon*-Abteilung zu Kageyamas Beobachtungen? Wie noch zu zeigen ist, legt die Sammlung in diesen Gedichten eine Intensität an privater Dichtung an den Tag, die zuvor nicht zu registrieren ist.

Wie gesehen entstand Ichinose Masayuki (2014: 72) zufolge der erste Band mit „Fujiwara als Gegenwart". Das Gewicht liege auf Jitō Tennō als „symbolische Existenz", und der Band bringe eine Welt der *uta*-Dichtung (*uta-sekai*) zum Ausdruck, in welcher der Hof nicht mehr wie vor Fujiwara no Miya mit jeder Tennō-Generation gewechselt, sondern als ein Kontinuum bestanden habe.[16] Am Ende dieses Bandes komme dann mit „Nara no Miya" (1: 84) das „Vorgefühl" auf die neue Welt der *uta*-Dichtung zum Ausdruck. In den ersten beiden Bänden sieht Ichinose eine „grundsätzlich gleiche Struktur (*kōzō*)" und – wie Kageyama – auch eine „gleichartige Konzeption (*kōsō*)". Seine Beobachtungen schließen explizit an Kageyamas Ausführungen an, und durch den Blick auf die Dichtung von Hitomaro macht er dort weiter, wo Kageyama aufhört. Mit Verweis auf Itōs und Kageyamas Arbeiten möchte Ichinose die Konzeption für die ersten sechs Bände „in der Beschränkung auf das Notwendige" (S. 73) feststellen. So weist er zunächst auf den Abschluss der *sōmon*-Abteilung im zweiten Band durch die zehn Gedichte Hitomaros[17] hin und fragt sich, was die Abteilung damit „zum Ausdruck bringen möchte" (ebd.). Sodann wendet er sich der *banka*-Abteilung im zweiten Band zu, mit welcher die Sammlung die Trauerdichtung einführt. Ichinose (S. 73–74) listet die Titel die-

16 Wie dargelegt ergibt sich dieses Bild erst aus der ersten Ergänzung der Gedichte ab 1: 54 sowie aus der späteren Einfügung von 1: 51. Aus der Sicht der Konzeptionstheorien ist Ichinoses Beobachtung konsequent.

17 Zu den Gedichten 2: 131 bis 140 siehe unten; 2: 140 stammt dem Titel zufolge nicht von Hitomaro, gehört aber zu den vorangehenden Gedichten.

ser Abteilung auf und gibt damit die Gewichtung von Hitomaros Dichtung zu erkennen. Sie beginnt mit der höfischen Auftragsdichtung zum Tod von Mitgliedern der Herrscherfamilie, geht dann zur privaten Trauerdichtung über und endet schließlich mit den Gedichten 2: 223 bis 227 zum Tod von Hitomaro. Ichinose (S. 74–75) zufolge zeigen die Gedichte ein Interesse an den Fragen, welche „Liebe" Hitomaro während seiner Reisen hegte, bei welchen Gelegenheiten er am Hof dichtete und auf welche Art und Weise sein Leben endete. Als Konzeption des zweiten Bandes lasse sich somit festhalten, dass eine „sehnsüchtige Zuneigung" zu Hitomaros Gedichten die Zusammenstellung leitete. Die Frage ist dann allerdings, wer diese Zuneigung hegte – es kann ja auch ein literarisch motiviertes Interesse sein. Sollte es Yakamochi gewesen sein, bei dem wie gesehen Ichinose, Shirosaki und Murase (2014) den Hauptkompilator vermuten, ergäbe sich daraus ein literaturgeschichtlich interessanter Widerspruch. Denn in einem Brief aus dem Frühling 747 behauptet Yakamochi, Hitomaros Werk nicht studiert zu haben. Dieser Widerspruch zweifelte aber nicht Yakamochi als Kompilator an, sondern seine Aussage im Brief (vgl. Wittkamp 2021a: 110–115). Die übermäßige Gewichtung der folgenden Analysen auf Hitomaros Gedichte folgt nicht den möglichen Vorlieben der Kompilatoren, sondern ist den narrativen Inhalten geschuldet, die besonders seine Langgedichte charakterisieren.

Gegen Ende seiner Betrachtungen kommt Kageyama (S. 26) auf den Punkt zurück, dass die beiden ersten Bände mit Gedichten von Nintoku und Yūryaku beginnen, und verweist dabei nochmals auf Itōs Vermutung, dass das „*Man-yōshū* aus der Absicht entstand, das *Kojiki* fortzusetzen". Das bedeute allerdings nicht die Notwendigkeit, von identischen Kompilatoren auszugehen oder den Beginn der Kompilation in einer bestimmten Tennō-Generation festlegen zu müssen. Es genüge zunächst festzustellen, dass sich die Kapitelüberschriften der ersten beiden Bände mit den Angaben zu den Herrscherhöfen decken, die den einzelnen *Kojiki*-Büchern einleitend zur Bestimmung der Tennō-Epochen voranstehen. Der Anschluss an den dritten *Kojiki*-Band ist nicht nur in dieser oder in allgemeiner Hinsicht zu verstehen, denn der Beginn des zweiten *Man'yōshū*-Bandes hält noch weitere konkrete Anschlüsse bereit.

Die folgenden drei Untersuchungen zu Sequenzen aus der *sōmon*-Abteilung widmen sich allerdings weder den möglichen Anschlüssen an das *Kojiki*, noch sind die möglichen Verbindungen mit der historischen Realität von Belang. Sie sollen die oben gestellte Behauptung belegen, dass die *sōmon*-Abteilung – und wie sich noch zeigen wird, auch die *banka*-Abteilung – durch ein deutliches Interesse an der Erzählung und dem Erzählen getragen wird.

## Die wartende Frau: 2: 85 bis 90

Eine Gruppe aus sechs Gedichten leitet die *sōmon*-Abteilung ein, und der voranstehende Titel weist Iwa no Hime, die Hauptgattin von Nintoku Tennō, als die Verfasserin der ersten vier aus. Auf diese Sequenz, die durch eine kurze Anmerkung nach 2: 86 unterbrochen ist, folgt ein Gedicht „aus einer anderen Quelle“ mit einer kurzen Nachbemerkung. Das darauf folgende Gedicht 2: 90 besitzt ein Vorwort und eine lange Nachbemerkung. Insgesamt ist bei 2: 90 und den beiden Peritexten von einer langen Nachbemerkung mit Bezug auf das zweite Gedicht der Sequenz (2: 86) auszugehen, die mit einem Zitat aus dem *Kojiki* beginnt und ein Lied daraus präsentiert, das als 2: 90 in die heute übliche Zählung aufgenommen wurde.[18] Die Anmerkung mit den Zitaten aus dem *Nihongi* verdeutlicht dann, dass das zitierte *Kojiki*-Gedicht dort nicht vorkommt. Die vier Gedichte 2: 85 bis 88 und eventuell auch 2: 89 zeigen die originale Zusammenstellung, und die lange Anmerkung mit dem zitierten Gedicht sind eine spätere Beifügung. Das *Kojiki* wurde 712 eingereicht, und sollte es sich bei *Nihongi* um das *Nihon shoki* handeln, wurde die Anmerkung erst nach 720 beigefügt. Die vier Gedichte werden als *rensaku* verstanden, als eine fortgesetzte und zusammenhängende Komposition.

Inaoka Kōji (1: 71–72), der im Fall eines *rensaku*-Arrangements die Verschriftung und Zusammenstellung der vier Gedichte in einer Zeit ab Hitomaro vermutet, weist auf eine Theorie der Geschichtswissenschaften hin, der zufolge die Gedichte der Iwa no Hime zur Legitimierung der Kōmyōshi 光明子 (701 bis 760) aufgenommen wurden. Als Enkelin von Fujiwara no Kamatari und Tochter von Fujiwara no Fuhito war sie die Hauptgattin von Shōmu Tennō, was in der Tenmu-Jitō-Ideologie aufgrund der Herkunft aus einer anderen Familie eigentlich nicht möglich war. Die Tochter von Shōmu und Kōmyōshi war Kōken Tennō, die zwar als Shōtoku Tennō ein zweites Mal regierte, mit der aber die Tenmu-Jitō-Linie endete. Iwa no Hime, die Mutter der drei Tennō Richū, Hanzei 反正 und Ingyō 允恭, war ebenfalls die Tochter einer lokalen Großfamilie (vgl. Aso 1: 252), und Inaoka zufolge vermuten die Geschichtswissenschaften die Aufnahme der Gedichte zur Schaffung eines Präzedenzfalls.

18 Das Inhaltsverzeichnis der Abschrift Hirose-*bon* präsentiert die Titel vor 2: 89 und 90 als Untertitel zum Haupttitel vor 2: 85 durch Tieferstellung. Die höchste Ebene bilden die Kapitelüberschriften, worauf tiefergestellt die Haupt- und Untertitel folgen. Im Haupttext stehen beide Gedichte auf gleicher Höhe mit den anderen Gedichten, und die Nachbemerkung nach 2: 89 ist durch Tieferstellung von dem darauffolgenden Vorwort zu 2: 90 abgegrenzt; vgl. Hirose et al. 1994: 73, 89. Auch das Kanazawa-*bon* präsentiert die Nachbemerkung nach 2: 89 tiefer als das Vorwort zu 2: 90; vgl. Watanabe 2004: 24–25.

Shōmu regierte ab 724, sodass sich die Zeit der Kompilation – beziehungsweise der späteren Aufnahme – sowie die Zeit der Anmerkungen dementsprechend verschieben würden, nämlich in Aso Mizues vierten Zeitraum Mitte der 720er bis Anfang der 730er Jahre.[19] Itō Haku (1975: 94), den Aso neben Nakanishi Susumu als Vertreter des ersten Zeitraums ab den 690er Jahren nennt, geht dagegen von einer Rezeption dieser „Fiktion (*fikushon* フィクション)“ bei den Frauen am Jitō-Hof aus. Diese entwerfe das „Bild eines neuen Frauentyps“, nämlich der vom *Kojiki* und *Nihon shoki* abweichenden Iwa no Hime als „aufrichtiger und zarter“ Frau. Allerdings bezieht sich Itō auf die „vier Gedichte“ 2: 85 bis 88 und meint also nicht 2: 89, das Gedicht „aus einem anderen Buch“, sowie 2: 90, das zitierte *Kojiki*-Gedicht. Somit geht er von der Situation einer mündlichen Rezeption am Hof vor der Kompilation aus, und seine Vorstellungen sind zwar spekulativ, müssen aber nicht im Widerspruch zu den politisch-ideologischen Zielen der späteren Kompilation stehen. Die ganze Gruppe inklusive der Kapitelüberschrift ergibt folgendes Bild:

**Die Tennō-Generation, die in Naniwa no Takatsu no Miya das [Reich unterm Himmel] regierte** Ōsazaki Tennō, der postume Name lautet Nintoku Tennō

Iwa no Hime Ōgō (*waugo*) denkt an den Herrscher und macht vier erlauchte Gedichte.

| | |
|---|---|
| *kimi ga yuki* | Seit du fortgingst |
| *ke nagaku nari-nu* | Viele Tage sind vergangen |
| *yama ta-zu-ne* | Soll ich die Berge aufsuchen |
| *mukahe ka yukamu* | Und dir dort entgegengehen? |
| *machi ni ka matamu* | Soll ich warten, nur noch warten? (2: 85) |

Das rechtsstehende Gedicht ist in der Sammlung *Ruiju karin* von Yamanoue no Okura *omi* enthalten.

| | |
|---|---|
| *kaku bakari* | Einfach nur noch so |
| *kohi tsutsu arazu ha* | Voller Sehnsucht zu sein[20] – |

19 Aso (1: 253) ordnet die Theorien zum *rensaku*-Arrangement der Gedichte 2: 85 bis 88 in vier Gruppen von der Zeit ab den 690er Jahren bis in die frühen 730er Jahre. Sie führt die diese Gruppen vertretende Forschung an, aber es gebe noch andere Theorien.

20 Die SNBZ-Bearbeiter (6: 80) sehen in der in *kanbun* notierten Negativform 不有者 *arazu ha* (*ari* + *zu*, Verneinung in Konjunktionalform) eines der schwierigsten Probleme der altjapanischen Grammatik, aber sie bedeutet zunächst „[so] nicht sein“ mit Betonung *ha*. Die Phrase steht meistens in Verbindung mit *-mashi* (*mono*)*wo* wie hier im letzten Vers. Das *arazu ha* Vorangehende ist der reale, gegenwärtig andauernde (*tsutsu*) Zustand, der auf heftige Ablehnung stößt, und das Folgende bedeutet dann etwa: „Dann wäre es wohl

| | |
|---|---|
| *taka-yama no* | In hohen Bergen |
| *iwa-ne shi maki te* | Mit Felswurzeln als Kopfkissen[21] |
| *shi-na-ma-shi mono wo* | Sterben, das wär' viel besser![22] (2: 86) |
| | |
| *ari tsutsu mo* | So bleib ich weiter [hier sitzen / stehen][23] |
| *kimi wo ba matamu* | Auf dich – will ich wohl warte |
| *uchi-nabiku* | Gelöst sich wiegend[24] |
| *aga kuro-kami ni* | Auf meine schwarzen Haare |
| *shimo no oku ma-de ni* | Bis der Reif darauf sich senkt (2: 87) |
| | |
| *aki no ta no* | [Wie] Felder im Herbst |
| *ho no uhe ni kira-fu* | Auf die Ähren fällt und fällt |
| *asa-gasumi* | Nebel am Morgen[25] – |
| *itsu-he no kata ni* | Wann wohl wird es so sein[26] |

---

besser, … zu machen“. Omodaka (2: 16–18) diskutiert die Bedeutung und paraphrasiert mit *kore hodo no kohi shite winaide*, […] *shinimaseu mono wo* これほど戀してゐないで、[…] 死にませうものを, „Ohne mich weiterhin so sehr zu sehnen, […] will ich dann lieber doch sterben“.

21 Der Vers allein ist bereits eine Umschreibung für das Sterben in den Bergen; vgl. SNBT 1: 86.

22 死奈麻死 *shinamashi* ist phonographisch verschriftet, aber das Zeichen 死 für die beiden Silben *shi* bedeutet selbst „Tod, sterben“. Dadurch kommt es über die Materialität der Schrift und des Wortklangs zu einer Verdichtung oder Verdoppelung von Semantik (vgl. Wittkamp 2014b: 97, 2021c: 199), die durch die Zeichenwiederholung noch verstärkt wird. Die SNBT-Bearbeiter (1: 86) legen das als „Ausdruck der Heftigkeit der emotionalen Bedeutung“ aus, aber es sollte nicht die Raffinesse der literarischen Arbeit übersehen werden. Denn durch ihre Ungewöhnlichkeit zieht die Verschriftung Aufmerksamkeit von der Ebene der Semantik ab, was als Desemantisierung der Inhaltsebene zu verstehen ist. Ein hochgradig aufgewühlter Geist ist zu einem intellektuell kalkulierten Schriftspiel eher weniger fähig. Die übliche *hiragana*-Verschriftung (*kaki-kudashi*) verschleiert die Problematik.

23 Der Vers *ari tsutsu mo* bedeutet „die ganze Zeit in einem Zustand zu verharren“ und die Verbindung mit dem Verbalsuffix *-mu* (Zukunft, Optativ, Intentionalis) im zweiten Vers ist stereotyp; vgl. SNBT 1: 86.

24 Die SNBZ-Bearbeiter (6: 80) weisen auf die gesetzlichen Reglementierungen der Haartrachten hin. Im *Nihon shoki* (Tenmu 11. Jahr, 682; SNBZ 4: 418–419) gibt es einen Erlass, der Männern und Frauen vorschreibt, das Haar zu binden. Das konnte sich aber offensichtlich nicht durchsetzen, und drei Jahre später durften Frauen über vierzig über ihr Haar sowie die Wahl der Sitzposition beim Reiten selbst entscheiden; vgl. SNBZ 3: 436–437. Solche Erlasse erfolgten danach noch wiederholt; vgl. SNBZ 6: 80.

25 Auch im Altjapanischen dienen Wetterphänomene als Metaphern für Gemütszustände, und der nicht fortziehende Nebel steht für depressive Gefühle; vgl. SNBZ 6: 80.

26 Der Vers 何時邊乃方二 *itsu he no kata ni* wird räumlich (*izu-he*, „wo“) oder zeitlich ausgelegt, aber Aso (1: 256) erachtet in Verbindung mit dem letzten Vers die zeitliche

*aga kohi yamamu* Dass meine Sehnsucht aufhört? (2: 88)

In einem anderen Buch lautet ein Gedicht:

*wi-akashi te* Wach bis es hell wird
*kimi wo ba matamu* Auf dich – will ich warten
*nu-ba-tama no* [wie die] Rabenschwarze Frucht[27]
*aga kuro-kami ni* Auch wenn auf mein schwarzes Haar
*shimo ha furu to mo* Der Reif herabfallen soll (2: 89)

Das rechtstehende Gedicht kommt in einer alten Liedersammlung / der *Sammlung alter Gedichte* vor.

Im *Kojiki* heißt es: „Karu no Hitsugi no Miko hatte eine unrechtmäßige Beziehung mit [seiner Schwester] Karu no Ōiratsume. Daher wurde der Hitsugi no Miko [Kronprinz] zu den heißen Quellen von Iyo [Matsuyama auf Shikoku] verbannt. Zu dieser Zeit hielt Sotōri no Ōkimi [= Karu no Ōiratsume] ihre Sehnsucht nicht mehr aus, und zu der Zeit, als sie [ihm] folge, lautete [ihr] Gedicht:

*kimi ga yuki* Seit deinem Fortgehen
*ke naga-ku nari-nu* Viele Tage sind vergangen
*yama-ta-zu no* *Yama-tazune*[-Baum]
*mukahe wo yukamu* So will ich [dir] entgegengehen
*matsu ni ha mataji* Warten, nein, warten kann ich nicht (2:90)

„Yama-ta-zu“, dieser [Baum] heißt heutztage *miyatsuko-gi*

Das rechtsstehende Gedicht, das, was das *Kojiki* und das *Ruiju karin* erklären, ist nicht das Gleiche, und auch die Gedichtherrin (*kashu / uta nushi*) ist eine andere. Daher untersuchten [wir] das *Nihongi*, wo es heißt: „Im 22. Jahr, Frühling, Neujahr, der erlauchten Regierung des Unterm Himmel durch Ōsazaki Tennō am Hof in Naniwa no Takatsu, da erzählte [Nintoku] Tennō seiner Hauptgattin (皇后 *waugo*), Prinzessin Yata no Himemiko[28] [unter seine Ehefrauen] aufzunehmen und sie zur Ehefrau des zweiten Ranges (妃 *kisaki*) machen zu wollen. Zu dieser Zeit wollte die Hauptgattin aber nichts davon hören. Da machte der Tennō Gedichte, um die Hauptgattin zu bitten etc.

---

Auslegung als zutreffend; vgl. SNBZ 6: 80.

27 Das Wort *nubatama*, die schwarze Frucht einer bestimmten Pflanze, steht als *makura-kotoba* Wörtern wie „schwarzes Haar“, „Dunkelheit“ oder „Nacht“ voran.

28 Yata no Himemiko war Nintokus Halbschwester bei identischem Vater (Inaoka 1: 70, Aso 1: 256).

Im 30. Jahr, Herbst, 9. Monat, am elften Tag geruhte die Hauptgattin, ins Land Ki no Kuni zu reisen, und als sie am Kap Kumano ankam, sammelte sie dort Kleineichenblätter und kehrte zurück. Währenddessen nahm der Tennō, der darauf gewartet hatte, dass die Hauptgattin abwesend war, die Prinzessin Yata zur Frau und brachte sie im Palast unter. Zu dieser Zeit, als die Hauptgattin bei der Anlegestelle von Naniwa ankam, hörte sie, dass der Tennō Prinzessin Yata zur Frau genommen hatte, und wurde sehr ärgerlich etc.“
An anderer Stelle heißt es: „Im 23. Jahr, Frühling, 3. Monat, am siebten Tag der erlauchten Regierung des Unterm Himmel durch Woasazuma Wakugo no Sukune Tennō am Hof im fernen Asuka [Ingyō Tennō] wurde Prinz Kinashi no Karu no Miko zum Kronprinzen gemacht. Er war von schöner Gestalt, und die ihn sahen, waren alle bewegt. Prinzessin Karu no Ōiratsume no Himemiko, seine jüngere Schwester derselben Mutter (同母妹 *iromo* [*iro imo*]), war ebenfalls wunderschön etc. Schließlich besuchten sich beide heimlich.[29] Das linderte ein wenig ihr schmerzliches Verlangen. Im 24. Jahr, Sommer, sechsten Monat gefror ein Eintopfgericht [des Tennō] und wurde zu Eis. Der Tennō wurde argwöhnisch und ließ das Orakel nach den Gründen befragen. Der Wahrsager sprach: »Es gibt einen verbotenen Inzest. [Verwandte] in engster Nähe haben zusammen eine unrechtmäßige Beziehung etc.« Daher wurde Ōiratsume no Himemiko nach Iyo verbannt.“ Sucht man jetzt danach, sind in den [Berichten zu den] beiden Zeiten der zwei Generationen [Nintoku und Ingyō] diese Lieder nicht zu sehen.

## Die vier Gedichte

Die SNBT-Bearbeiter (1: 85) bezeichnen die Gedichte 2: 85 bis 88 als mündliche Überlieferungen (*denshō-ka* 伝承歌) und gehen wie Inaoka (1: 70) davon aus, dass das Gedicht im *Ruiju karin* ebenfalls der Iwa no Hime zugeschrieben war, da ansonsten ein anderer Name angegeben wäre. Zu den Peritexten – Vorwort und Nachbemerkung – zu 2: 90 halten sie (1: 89) sich zurück, geben aber erneut an, dass der Name der Dichterin aus dem *Ruiju karin* stammt. Das *Kojiki* weist die Dichterin von 2: 90 als Sotōri no Miko 衣通王 (Lesung nach SNBZ 1: 325, Sotōri no Ōkimi nach SNBZ 6: 81) aus, und dass im *Ruiju karin* der Name „Iwa no Hime“ stand, ist eine mögliche Annahme. Das Gedicht aus dem *Kojiki* steht im Rahmen einer komplexen Liederzählung, aus der die Anmerkung nur Teile zitiert (vgl. Wittkamp 2017: 251–262). Eine allgemeine Bekanntheit dieser Erzählung ist eher unwahrscheinlich, und dass die Bearbeiter

29 Für den „heimlichen Besuch“ steht das oben angemerkte Schriftzeichen 竊 (窃).

der Anmerkung nur den Teil zitieren, der sich inhaltlich auch mit dem nachfolgenden Zitat aus dem *Nihongi* deckt, deutet das Bemühen um Abgleichung der Narrative an. Wie die Anmerkung zeigt, ist „Sotōri no Miko" ein anderer Name der Karu no Ōiratsume, die mit ihrem Bruder, dem Kronprinzen Kinashi no Karu, eine Beziehung hatte. Innerhalb der Herrscherfamilie war das normal, nicht aber unter Kindern derselben Mutter (同母 *iro*). Diese Mutter wiederum war die Hauptgattin von Ingyō Tennō, einem Sohn der Iwa no Hime.

Gedicht 2: 89 „aus einem anderen Buch" bezieht sich dem Inhalt nach auf Gedicht 2: 87, was die Zusammengehörigkeit der ersten vier Gedichte hervorhebt. Denn ansonsten hätte es auch unmittelbar nach 2: 87 stehen können. Dass die vier Gedichte als zusammengehörend wahrgenommen wurden und nicht unterbrochen werden sollten, belegt weiterhin die Nachbemerkung nach 2: 89, die sich am Sequenzende und nicht unmittelbar nach 2: 85 befindet, worauf sie sich bezieht. Das zum *Kojiki*-Zitat gehörende Gedicht 2: 90 ist nahezu identisch mit 2: 85, dem ersten Gedicht der Sequenz. Itō Haku (1: 222) macht allerdings darauf aufmerksam, dass nicht nur 2: 90 das erste Gedicht als „stereotypes" oder „ähnliches Gedicht" (*ruika* 類歌) zu erkennen gibt. Denn auch 2: 86 besitze einen aus anderen Gedichten bekannten Aufbau, was er an 11: 2693 mit den beiden identischen Einleitungsversen *kaku bakari kohi tsutsu arazu ha* sowie der ähnlichen Abschlussformulierung *ara-mashi wo* belegt.[30] Nur zum vierten Gedicht seien keine ähnlichen *ruika*-Gedichte bekannt, was Itō als „Aufleuchten von Individualität" auslegt. Dabei bezieht er sich auf die Struktur, in der zwischen den ersten drei Versen mit der Landschaftsdarstellung und den beiden Abschlussversen mit der emotionalen Aussage eine metaphorische Beziehung bestehe (vgl. Inaoka 1: 68). Die Struktur mit gedichtinternem Vorwort (*jo-kotoba*) ist nicht ungewöhnlich (vgl. Wittkamp 2014a), aber Itō hebt besonders die symbolische Wirkung von 霧 *kiri*, „Nebel", und dem „Seufzen (*nageki* 嘆き)" hervor, was den „Glanz" des Gedichts ausmache.[31] Insgesamt

30 Die beiden Einleitungsverse finden sich weiterhin in Gedicht 4: 722 sowie in leichten Abwandlungen bei den letzten fünf Silben noch in einigen anderen Gedichten; vgl. den nach Versen geordneten Index in Satake et al. 2004, hier S. 122–123.

31 Trotz der Vermischung von Objekt- und Metasprache fällt es nicht schwer, Itō zu folgen; 霧相 *kirafu* steht im Text, *nageki* 嘆き, „das Seufzen", aber gehört zur Auslegung. Itō ist dennoch zuzustimmen, da das Wort *yamu*, „aufhören, enden", das Omodaka (1977) nicht listet, aber auch die *kanbun*-Verschriftung in klassisch-chinesischer Syntax von *yamamu* (*-mu* hier Futur) mit 將息 ungewöhnlich sind. 息 bedeutet „1 exhale; respiration, suspire, breathe […] 2 to desist from, give up; abate, pause, interrupt, suspend, rest; respite […] 3 (to) comfort, calm, aussage […] be of tranquil mind […]" (Kroll 2015) und bildet über den Atem in der kalten Herbstluft eine Isotopie mit dem Nebel (霧 *kiri*) und Dunst (霞 *kasumi*) im gedichtinternen Vorwort. Es handelt sich um ein weiteres Schriftspiel, das in der *hiragana*-Transliteration (*kaki-kudashi*) verlorengeht.

geht es ihm um den Nachweis, dass die vier Gedichte ein Arrangement aus alten und neuen Elementen bilden, für deren Zusammenstellung er wie gesehen einen verdeckten Autor (*umoreta sakusha*) verantwortlich macht.[32]

Itō Haku und Aso Mizue heben die narrative Struktur hervor und entfalten die Inhaltsangaben zu den vier Gedichten dementsprechend als Narrativ. Itō (1: 221–222) macht in den vier Stücken den aus der klassisch-chinesischen Dichtung übernommenen und in Japan als *kishō-tenketsu*[*gō*] bekannten Gedichtaufbau aus, den Manfred Pohl wie gesehen mit „1: Einleitung, 2. Fortführung, 3. Wende und 4. Zusammenfassung" übersetzt (2007: 260; vgl. Inaoka 1: 68). Diese Struktur des regelmäßigen *shi*-Gedichts (jap. *shi*) mit acht, zu jeweils zwei Verspaaren arrangierten Versen, stellt eine narrative Form zur Verfügung, die in einem ersten Schritt – nach Schönert, Hühn und Stein (2007) – auf Sequentialität sowie Medialität (Sprecherinstanzen) und dann auf Ereignishaftigkeit zu überprüfen wäre. Die ersten beiden Phasen *ki* und *shō* dürften jedoch der Sequentialität und *ten*, die „Wende", wiederum dem Ereignis entsprechen, das die drei Phasen dann in *ketsu* (*gō*) enden lässt. In den vier Gedichten ist zwischen dem zweiten und dritten Gedicht (2: 86 und 87) ein inhaltliches Kippen – die Resignation – zu erkennen. Aus den Gedichten geht der Grund für die Wende allerdings nicht hervor, und das zwischen die Gedichte eingeschriebene Ereignis zeigt sich nur in der Abfolge. Die Rezeption durch die moderne Wissenschaft bestätigt die Wirksamkeit des klassisch-chinesischen Arrangements, das allerdings nicht automatisch auf sämtliche Gruppen mit vier Gedichten anzuwenden ist (vgl. Wittkamp 2021a: 230–231).

Itō (1: 220–221) fasst der *kishō-tenketsu*-Struktur entsprechend die Hauptaussage im ersten Gedicht zu „gedankliches Leiden" zusammen, das seinen Ausdruck in der Unentschlossenheit finde (*ki*). Das zweite Gedicht nehme dieses innere Leiden auf und führe es weiter (*shō*), und es äußere eine „heftige Gefühlswallung". Im dritten Gedicht vollziehe sich dann ein „Umdenken", eine Art Resignation (*ten*). Während Gedicht 2: 86 das im zweiten und dritten Vers von 2: 85 ausgedrückte „Leiden" – die Frage *yama-tazune mukahe ka yukamu*, „Soll ich die Berge aufsuchen / Dir dort entgegengehen?" – aufnehme und die Berge wiederhole, wo das Sterben besser sei als das ewige Warten, kehre das dritte Gedicht zum letzten Vers des ersten Gedichtes – *machi ni ka*

32 Itō (1: 223) vermutet anhand der metaphorischen oder symbolischen Verwendung von „Nebel" Hitomaro als Bearbeiter der vier Gedichte, da er der Erste gewesen sei, der mit dem *banka*-Trauergedicht 2: 217 den Nebel als „Material" zum Ausdruck der menschlichen Traurigkeit und Vergänglichkeit benutzt habe. Mit den Gedichten 1: 46 bis 49 sei er aber auch der Erste gewesen, der die *kishō-tenketsu*-Struktur erprobt habe. Für die Dichtung im Namen einer anderen Autorenschaft steht der Begriff *kataku* 仮託 (假託); vgl. Omodaka 2: 14–15 zum Titel von 2: 85.

*matamu*, „Soll ich warten, nur noch warten?“ – zurück. Das Erzählmedium entschließt sich, bis zum Morgen, wenn der Reif fällt, zu warten, und der auf die schwarzen Haare fallende Reif lässt sich im Zusammenhang der vier Gedichte als das Ergrauen der Haare deuten (vgl. SNBZ 6: 80), wobei Inaoka (1: 68) zufolge das Bild selbst aus der klassisch-chinesischen Dichtung stammt. Auf die so vollzogene „Neuausrichtung“ nehme dann das letzte Gedicht den Morgennebel, der sich nicht auflösen will, als Gleichnis für die depressive Gemütsstimmung und fasse „in einem langen Seufzer“ die vier Gedichte zusammen (*musubu* 結ぶ = *ketsu*, die „Zusammenfassung“). Abschließend stellt Itō (ebd.) die Inhalte der vier Gedichte, die einwandfrei als *rensaku*, also als zusammenhängend geschaffen worden seien, in einem Modell der „emotionalen Entfaltung“ dar:

> Inneres Leiden (*hanmon* 煩悶) → Aufregung / Klimax (*kōfun* 興奮) → Reflexion (*hansei* 反省) → Schlussseufzer (*tameiki* 嘆息) (1: 221)

Während Itō somit ein abstraktes, aber schlüssiges Narrativ rekonstruiert, bleibt Aso (1: 251–252) auf der konkreten Ebene, dramatisiert jedoch im Detail. So erreichen im zweiten Gedicht „die schwer zu ertragenen Gedanken den Höhepunkt“, und das Erzählmedium „denkt, aus dem Haus zu stürzen“ – Aso lässt offen, wer da denkt –, da der Tod in den tiefen Bergen besser sei. Die „die Klimax erreichten Gedanken“ beruhigen sich dann aber und „kehren zur Vernunft zurück“ – für Aso „ein natürlicher Prozess“. Sie liest das dritte Gedicht ebenfalls im Sinne eines Sich-Abfindens mit der Situation, immer wieder und weiter auf den Gatten warten zu müssen. Das Erzählmedium trete dann im vierten Gedicht am frühen Morgen vor das Haus, wo sich „vor den Augen“ die Herbstfelder im morgendlichen Nebel ausbreiten. Der Nebel, so denke das Erzählmedium, würde sich irgendwann auflösen, aber die Gefühle der Sehnsucht wohl kaum, und das vierte Gedicht stoße einen Seufzer aus, der „das körperliche Ich (*waga mi* わが身, »mein Leib«), dessen Lebenskraft sich dem Ende nähere, gerade noch aufrecht halten kann“. Aso (1: 251) resümiert dahingehend, dass „die vier zusammenhängend verfassten (*rensaku*) Gedichte […] die sich in dem Verlauf der Zeit vom Abend über die Nacht bis zum frühen Morgen wandeln Gefühle im Herzen“ beschreiben.

**Zeit**

Wie viel von Asos Dramatik den Gedichten entnommen wurde, und was von ihr hinzugefügt wurde, ist eine Frage der zulässigen Interpretation. Der Verlauf der Zeit, den Aso auf die Zeit vom Abend bis zum Morgen konkretisiert, erfordert allerdings einer Überprüfung. Der Abend und die Nacht stehen *expressis verbis* nicht in den Gedichttexten, aber das zweite Gedicht (2: 86) gibt mit *maki te*, „zum Kopfkissen machen, und dann" einen Anhaltspunkt. In 2: 87 heißt es *shimo no oku made ni*, „bis sich der Reif legt" – was im Herbst eher die Morgenstunden bedeutet –, den das vierte Gedicht schließlich explizit anspricht. Als literarisches Symbol sind die Felsenwurzeln zum Kopfkissen und der fallende Reif auf schwarze Haare jeweils als Pictura zu lesen, deren Subscriptio „sterben" respektive „alt werden" lauten.[33] Somit ist auch auf der Ebene der Subscriptio ein Ereignis zu verzeichnen, nämlich die Entscheidung des erzälten Ichs zwischen „Tod" und „Altwerden", die zu Gunsten des Letztgenannten ausfällt. Asos temporale Präzisierung ist aus dem Text motiviert, da das erste Gedicht die vielen *vorangehenden* Tage mit *kimi ga yuki ke nagaku narinu*, „seit deinem Fortgehen sind viele Tage vergangen",[34] explizit zum Ausdruck bringt. Die beiden Einleitungsverse sind narratologisch gewendet als aufbauende Analepse zu verstehen. Diese Technik ist aus Hitomaros Langgedicht 1: 29 bekannt.

Das Vergehen der Zeit als ein Thema der vier Gedichte zeigt sich im ersten Gedicht inhaltlich an den Formulierungen *ke nagaku narinu*, „viele Tage sind vergangen", und *machi ni ka matamu*, „soll ich warten, nur noch warten?", wobei die Verbverdoppelung den Ausdruck von Fortdauer exemplifiziert. Grammatisch gibt sich der Zeitverlauf an den Postpositionen *tsutsu* und *te* sowie dem Verbalsuffix *-fu* in *kira-fu*, „der Nebel legt sich", die für Wiederholung und Fortdauer stehen, sowie schließlich an dem temporalen Adverb *made ni*, „bis", zu erkennen. Die Verschriftung ist zeitbetonend, was sich in 2: 87 in *made ni* mit 萬代日, wörtlich: *man* / *dai* / *nichi*, „zehntausend / Generationen / Tag", zeigt, da sich 萬代日 die „Semantizität der Phonogramme" (Inaoka 1: 68) zunutze macht. Der Vers 何時邊乃方二 *itsu he no kata ni* in 2: 88 gestattet durch die sich auf den Raum beziehenden Wörter 邊 *he* und 方 *kata* wie gesehen offenbar zwei Leserichtungen. Die SNBZ-Bearbeiter (6: 80) weisen allerdings auf den Zusammenhang der vier Gedichte hin, der die beiden Wörter mit zeitlichen Bedeutungen ausstatte. Da *itsu* mit 何時 verschriftet ist, wörtlich „was + Zeit", also „wann", lässt sich der Vers ohnehin kaum in räumlicher Bedeutung – etwa „wohin" – auslegen. Zu beachten ist dabei auch, dass 日 als Lautzeichen für *ni* in *itsu made ni* und der Ausdruck *itsu he no kata ni* nur in diesen beiden Gedichten vorkommen (vgl. SNBT 1: 86–87). Die Zeit, so lässt sich somit erneut festhalten, ist auch in den vier Gedichten ein Thema auf reflexiver Ebene.

33 Zur Beschreibung von literarischen Symbolen nach Jürgen Link vgl. Wittkamp 2014a: 227–232.

34 Das Verbalsuffix *-nu* (*nari-nu*) steht für Vollendung (*kanryō* 完了).

In diesem Zusammenhang ist ein Blick auf 2: 89, das „Gedicht aus einem anderen Buch“, zu werfen. Der erste Vers besteht aus der Verbphrase *wi-akashi te*, die sich aus *wiru*, „sitzen, bleiben, sich aufhalten“, und *akasu*, hier: „die Nacht bis zum Hellwerden verbringen“, sowie der Postposition *te*, „und dann“, zusammensetzt. Die drei Abschlussverse erzeugen das Bild von schwarzen Haaren, die durch den sich darauf legenden Reif weiß werden.[35] Das Gedicht enthält somit Momente, die gewissermaßen in die beiden Gedichte 2: 87 und 2: 88 entfaltet werden.

**Vorwort und Anmerkungen**

Das Gedicht 2: 89 besitzt den Titel 或本歌曰, „in einem anderen Buch lautet das Gedicht“, und der linksstehenden Anmerkung zufolge ist es ein „Gedicht aus einer alten Sammlung“ (古歌集) oder stammt aus einer Sammlung namens „Anthologie alter Gedichte“. SNBZ (6: 80) und SNBT (1: 87) folgen den Abschriften und präsentieren das Gedicht mit Titel und linkstehender Anmerkung getrennt von dem darauffolgenden Prosatext, aber der doppelte Hinweis auf eine andere Materialquelle im Titel und in der Anmerkung ist ungewöhnlich. Es scheint geradezu, als präzisierte die linksstehende Anmerkung mit 古歌集 die Angabe 或本 im Titel, aber dann hätte es auch eine untenstehende Anmerkung (*kachū*) sein können. Somit ist wohl eher von zwei verschiedenen Quellen auszugehen.

Wie gesehen ist der 2: 90 voranstehende Prosatext mit dem Zitat aus dem *Kojiki* als Vorwort zu verstehen, weswegen in die Übersetzung eine Freizeile eingefügt wurde. Vielleicht wurden die Bearbeiter der Anmerkungen nach 2: 85 bei der Titelangabe stutzig und verifizierten zunächst den angegebenen Namen anhand der Privatsammlung *Ruiju karin*. Sollte das der Fall sein, stand dort entweder der gleiche Name oder keiner. Ihnen war offensichtlich auch das *Kojiki* mit dem nahezu identischen Lied geläufig, nur dass es dort eben einer anderen Dichterin zugeschrieben ist. Aus diesem Konflikt heraus, konsultierten sie dann eine weitere Quelle, die aber, wie der letzte Satz der langen Anmerkung zu erkennen gibt, keine Lösung bringt. Dass sie dennoch diese lange Anmerkung anfügten, gibt einen Einblick in die damalige Rezeption. Die Präsentation von 2: 85 scheint ein großes Problem aufgeworfen zu haben.

Das Vorwort zu 2: 90 besteht aus dem *Kojiki*-Zitat mitsamt der Quellenangabe, aber sieht man von der Quelle ab, handelt es sich um ein Vorwort, das

35 Inaoka (1: 68) zufolge ist der Ausdruck in diesem Gedicht nicht metaphorisch für „weißes Haar“ zu lesen. Da er 2: 87 als das „umgearbeitete Gedicht“ sieht, geht er vermutlich bei 2: 89 von dem Vorläufer aus mündlicher Tradition aus, der noch unberührt von klassisch-chinesischen Einflüssen war.

sich in der Länge, aber auch in der Form von den Titeln unterscheidet, denen bisher die Einleitung der Gedichte aufgetragen war. Im Kanazawa-*bon* steht das Vorwort auf gleicher Höhe mit dem Titel – bei tiefergesetzten Anmerkungen –, aber im Hirose-*bon*, das die Titel und linksstehenden Anmerkungen auf eine Höhe setzt, steht das Vorwort etwas höher (vgl. Watanabe 2004: 24–27, Hirose et al. 1994: 89–90). Die Kommentare SNBT und SNBZ setzten zwar die Anmerkung nach 2: 89 und das Vorwort vor 2: 90 auf eine Höhe, aber die letztgenannte Abschrift, deren Herkunft Tanaka Hiroshi (2020) zurückverfolgt, lässt eine andere Wahrnehmung erkennen. Aus der Hirose-*bon*-Perspektive ist in diesem Vorwort der Prototyp für das transgenerische Arrangement aus Vorwort und Gedicht zu sehen, für das beispielsweise der fünfte Band weitere Belege präsentiert, die dann auch als genuine, für das Gedicht verfasste Vorwörter zu verstehen sind. Die literaturgeschichtliche Krönung dieser transgenerischen Textform dürfte in den *haibun*-Texten (俳文) des Matsuo Bashō zu sehen sein (vgl. May 2015).

Das Zitat aus dem *Kojiki* stammt aus dem Abschnitt „Ingyō Tennō“ im dritten Band. Die von geschwisterlicher Beziehung und Thronfolgestreit handelnde Erzählung umfasst zwölf Lieder und ist in mancherlei Hinsicht das vermutlich komplexeste Beispiel einer *kayō*-Lied-Erzählung (*kayō-monogatari* 歌謡物語). Allerdings bestand ein Problem der herkömmlichen Forschung in der Lektüre der Lieder im unmittelbar kausalen Zusammenhang mit dem Prosatext, was zu Missverständnissen und Unklarheiten führte. Die SNBZ-Bearbeiter (1: 5–10) erläutern dagegen einleitend zu ihrer kommentierten *Kojiki*-Übersetzung an dieser Episode die „doppelte Struktur“ aus Prosatext und Gedichten, und das auch „vergleisend“ genannte Erzählen wurde an anderer Stelle dargestellt.[36] Das Zitat enthält somit viele Auslassungen und beschränkt sich auf den Namen der Dichterin von Gedicht 2: 90 sowie das unmittelbare Motiv zum Verfassen des Gedichtes.[37] Es kommt gegen Ende der Erzählung vor, als die Schwester ihrem Bruder in die Verbannung folgte, wo sie den gemeinsamen Tod suchten. Das abgekürzte und ausgesparte Zitat ist vollkommen aus dem historischen Rahmen gelöst, hat aber auch die schwer zu durchdringende

36 Zitate nach Kōnoshi 2007b: 121, 128, 143, 144, 167, 168 etc.; vgl. Wittkamp 2017 mit Diskussion der gesamten Liederzählung. Bis auf die genealogischen Angaben zu Beginn besteht der *Kojiki*-Abschnitt „Ingyō Tennō“ aus dieser Episode; vgl. SNBZ 1: 318–327 (der Abschnitt beginnt auf S. 316 und endet mit dieser Erzählung).

37 Im Detail kommt es ebenfalls zur Aussparung beziehungsweise Umformulierung. Im *Kojiki* heißt es 姧其伊呂妹輕大郎女, „[er] hatte eine unrechtmäßige Beziehung mit der *iromo* (*iro imo*) Karu no Ōiratsume“. Die Beschreibung 伊呂妹 *iromo*, „kleine Schwester bei identischer Mutter“, wurde fortgelassen, und die Verschriftung von „Ōiratsume“ enthält mit 大 ein anderes Zeichen.

Problematik des „vergleisenden Erzählens“ abgeworfen. Für das Gedicht sind alle Mitteilungen vorhanden, die einen schlüssigen Hintergrund liefern. Daher dürfte es sich nicht lediglich um Abkürzungen gehandelt haben, sondern eben um den Prototyp eines transgenerischen Erzählens.

Der zitierte *Kojiki*-Text und seine Aussparungen und Abkürzungen bringen noch ein weiteres Problem auf den Punkt. Denn der Prosatext und das Gedicht zeigen eine Entschlossenheit zum Handeln, die in 2: 85 bis 88 mit dem passiven Warten nicht zu vernehmen ist. Den mit der *Kojiki*-Erzählung Vertrauten muss klar gewesen sein, dass das Gedicht die Reise in den Tod bedeutet, der in der Sequenz 1: 85 bis 88 angedacht, aber nicht ausgeführt wird. Für Seko Katashi (1978: 33) besitzt das *Kojiki*-Lied wesentlich mehr Kraft im Ausdruck, wogegen das Gedicht 2: 85 lediglich das „Gefühl der Unentschlossenheit“ zum Ausdruck bringe. Abgesehen vom außertextuellen Wissen liegt das zum einen an den letzten beiden Versen, zumal sich im *Kojiki* die Schwester tatsächlich auf die Reise begibt, und zum anderen an der wortspielartigen Umformung der Baumart *yama-tazu no*, die offenbar aufgrund der Eigenschaft der gegenständig angeordneten Äste und Blätter als *makura-kotoba* für *mukafu* (aus: *muki-afu* 向キアフ, „sich gegenüberstehen“, SNBZ 6: 81) diente. Aus diesem *makura-kotoba* wurde – vermutlich – in 2: 85 der Vers *yama tazune* (*tazunu* in Konjunktionalform), „die Berge aufsuchen“, und eine Anmerkung verifiziert den Wandel durch die Angabe, dass der *yama-tazu*-Baum „heutzutage *miya-tsuko-gi*“ heißt.[38] Dieser Hinweis garantiert zugleich, dass es sich beim zitierten *Kojiki*-Gedicht um ein sehr altes handeln muss, denn so schnell wird sich ein Name kaum verändert haben. Interessanterweise gehört die hinter dem Gedicht stehende Anmerkung zum *Kojiki*-Zitat, denn trotz der vielen Auslassungen wurde sie übernommen, was einen weiteren Einblick in das philologische Vorgehen jener Zeit gestattet. Zu bemerken ist schließlich auch, dass das Gedicht im *Kojiki* vollständig mit Phonogrammen verschriftet ist, wogegen es im Zitat im *kunji*-Logogramm-Hauptstil erscheint. Das *Kojiki*-Gedicht wurde somit dem Verschriftungsstil der ersten Bände angepasst.[39]

38 Der Wandel von *yama tazu no* zu *yama tazune* wird mitunter als „Unverständlichwerden der *makura-kotoba*“ (Seko 1978: 33) ausgelegt; vgl. Wittkamp 2014a: 169–170. Den Stamm sowie die Äste dieses bis zu fünf Meter hohen Laubbaums durchzieht im Inneren ein weiches Mark, und die Blätter fanden medizinische Verwendung. Im modernen Japanisch heißt der Baum *niwatoko* 庭常, mit anderem Namen aber auch *tazu no ki*.

39 Die Verschriftung im *Kojiki* lautet wie folgt: 岐美賀由岐 氣那賀久那理奴 夜麻多豆能 牟加閇袁由加牟 麻都爾波麻多士 此云山多豆者 是今造木者也 *kimi ga yuki / ke nagaku-narinu / yama-tazu no / mukahe wo yuka-mu / matsu ni ha mata-ji* (Text und Lesung nach SNBZ 1: 234, KJK 87); vgl. Inaoka 1: 69.

Offensichtlich bestand ein Verlangen nach Überprüfung der Namensangabe im Titel zu 2: 85 sowie des Gedichts selbst. Mit dem *Kojiki* und dem *Ruiju karin* konsultierten die Bearbeiter zwei verschiedene Quellen, in denen sie auf Differenzen trafen. Zudem sind auch die Namen der „Gedichtherrin" (歌主; *uta-nushi* nach SNBZ 6: 81, *kashu* nach SNBT 1: 87) nicht identisch. Für die Rezeptionsforschung ist diese Bemerkung in doppelter Hinsicht von Bedeutung: Zum einen hebt sie die Autorenschaft auf die reflexive Ebene, und zum anderen belegt sie erneut das Interesse der Bearbeiter an den Namen der Verfasserschaft. Sie legt weiterhin nahe, dass die im Titel vor 2: 85 beziehungsweise in der zitierten Kapitelüberschrift vor 2: 90 angegebenen Namen als „Herrin des Gedichtes" nicht als abstrakte oder implizite Namen, sondern als real und historisch aufgefasst wurden.

## Die *Nihongi*-Zitate

Angesichts der Differenzen zitieren die Bearbeiter aus zwei verschiedenen Erzählungen im *Nihongi*, nämlich aus dem Buch „Nintoku Tennō", das die Erzählung der Iwa no Hime enthält, sowie aus dem Buch „Ingyō Tennō" mit der Erzählung der geschwisterlichen Beziehung und den Thronfolgestreitigkeiten. Ein Vergleich des *Nihongi*-Texts mit dem *Nihon shoki* ergibt partielle Identität.[40] Eingeleitet wird das *Nihongi*-Zitat nicht mit den Zeit- und Ortsangaben im *Nihon shoki*, sondern mit dem Hofnamen Naniwa no Takatsu no Miya, der in der Lesung mit dem *Kojiki* und in der Verschriftung mit der Kapitelüberschrift übereinstimmt.[41] Wie das *Kojiki*-Gedicht wurden somit auch die Zitate aus dem *Nihongi* an den Stil der Sammlung angepasst. Interessanterweise wurde aus dem *Kojiki* oder aus Quellen, aus denen auch das *Kojiki* schöpfte, sogar die Bezeichnung 遠 *toho tsu* für den Hofnamen „Asuka no Miya" übernommen, was den „fernen Asuka-Hof" (遠飛鳥宮) bedeutet. „Fern" bezieht sich auf die Perspektive aus dem Land Kawachi im Süden der heutigen Stadt Ōsaka beziehungsweise Naniwa in Ōsaka, da sich in Kawachi offenbar ein Ort

40 Im Abschnitt „Nintoku Tennō" wurde beispielsweise an einer Stelle die Konjunktion 即 sowie die Anmerkung zur Lesung der Blattsorten ausgelassen. Mit 云々, „etc.", ist ein Austausch von fünf Liedern zwischen dem Tennō und seiner Hauptgattin gemeint, den SNBZ 6: 82, Inaoka 1: 70 oder Aso 1: 253–254 vollständig zitieren. Zu den folgenden acht Jahren gibt es keine Einträge; vgl. SNBZ 3: 42–45. Die Kommentare machen weder klar, warum sie den Gedichtaustausch aus dem *Nihon shoki* zitieren, noch gehen sie der Frage nach, warum dieser in der Nachbemerkung ausgespart wurde. Im Zitat aus dem Abschnitt „Ingyō Tennō" wurden das Zeichen 立 für „[zum Thronfolger] aufstellen" sowie vor der Zeitangabe „24. Jahr" ein Lied ausgelassen und der letzte Satz aus dem Zitat leicht umformuliert; die Aussparung der Lieder wird nicht kenntlich gemacht; zu weiteren geringfügigen Abweichungen vgl. Inaoka 1: 70–71.

41 Diese Verschriftung findet sich weiterhin im *Engishiki*; vgl. Kitamura 2013: 36.

gleichen Namens befand, der „das nahe Asuka“ genannt wurde. In der Zeit und Perspektive der Anmerkung ist dieser Hinweis eigentlich überflüssig. Die Lage des Hofes ist unbekannt, aber es ist die erste Erwähnung einer Anlage in Asuka (vgl. SNBZ 6: 82).

Die Erzählung der geschwisterlichen Beziehung sowie des Nachfolgestreits unter Brüdern fällt im *Nihon shoki* anders aus. In einer wesentlich kürzeren Fassung bestand dort die Geschwisterbeziehung noch zu Lebzeiten des Vaters Ingyō Tennō. Im *Kojiki* wurde nach dem Bekanntwerden der Beziehung der Bruder nach Iyo auf der Insel Shikoku verbannt, wohin ihm die Schwester folgte, um gemeinsam den Freitod zu wählen. Im *Nihon shoki* wurde dagegen die Schwester nach Iyo verbannt, womit die Erzählung endet. Wie im *Kojiki* unterlag der Kronprinz Karu no Miko seinem Bruder Anaho 穴穂 im Thronfolgestreit und vollzog die Selbsttötung. Diese Erzählung befindet sich allerdings im *Nihon shoki*-Buch „Ankō Tennō“ (安康天皇), wie Anahos postumer Tennō-Name lautete, und ist von der Erzählung der geschwisterlichen Beziehung getrennt.[42]

Abschließend ist nochmals auf die Frage nach den Gründen für die Anmerkung einzugehen. Wie gesehen belegt der abstrakte Bearbeiter mit seinen Nachforschungen in drei verschiedenen Quellen ein gehobenes Interesse an historischen Hintergründen. Er fasst seine Untersuchung in der Feststellung zusammen, dass „heutzutage“ eine Suche nach diesen Liedern im *Nihongi* erfolglos ist, lässt aber die Tatsache unkommentiert, dass das Gedicht in den beiden zuvor genannten Quellen unterschiedliche Erläuterungen und Dichternamen aufweist. Die Leserschaft ist somit mit vier Narrativen beziehungsweise Textquellen – *Ruiju karin*, *Kojiki*, *Nihongi* und der *sōmon*-Abteilung im zweiten Band – konfrontiert, was insgesamt die Authentizität der Titelangaben zu 2: 85 erheblich in Frage stellen dürfte.

Es sind somit die Bedeutung der langen und komplex verschachtelten Anmerkung für die gesamte *sōmon*-Abteilung, wenn nicht sogar den ganzen zweiten Band zu bedenken. Kageyama (2011: 18) zufolge gibt es im Gegensatz zum ersten Band oder zur *banka*-Abteilung im zweiten Band in der *sōmon*-Dichtung keine Gedichte, bei denen „andere Materialquellen“ zur Klärung der Zeit oder der Umstände der Dichtung beitragen.[43] Er „wendet“ diesen Umstand

---

42 Vgl. SNBZ 3: 124–127 sowie S. 130–133. Dass im *Nihon shoki* die beiden Erzählungen getrennt sind, ist in narratologischer Hinsicht interessant. Denn vor diesem Hintergrund offenbart sich insofern die oben angesprochene doppelte Struktur beziehungsweise das vergleisende Erzählen der *Kojiki*-Erzählung, als darin die Zusammenführung der beiden Narrative erfolgt.

43 Vgl. Kageyama 2011: 18, der zuvor die Kapitelüberschriften und sämtliche Titel der *sōmon*-Abteilung listet, inklusive 2: 90 mit dem *Kojiki*-Zitat als Vorbemerkung, und aus

als Zeichen dafür, dass die Zeitangaben in den Kapitelüberschriften und die in den Titeln angegebenen Umstände der Dichtung ausreichend waren, was freilich nicht für 2: 85 gilt. Der Leserschaft dürfte die sich auf dieses Gedicht beziehende Anmerkung zunächst einmal die Sorgfältigkeit der Kompilation und / oder Bearbeitung zu erkennen geben. Die Gesamtlage lässt zwei Schlussfolgerungen zu, dass nämlich zum einen sämtliche Titel der *sōmon*-Abteilung als Fiktion oder Fabrikation zu lesen sind, so wie diese am Titel zu 2: 85 und dem Gedicht selbst aufgedeckt werden. Oder aber die Anmerkung legt nur an der Einleitungsgruppe die Probleme offen und unterstützt dadurch umgekehrt die Angaben zu den folgenden Gedichten, wo es solche Probleme nicht gab und somit auch keine Anmerkungen erforderlich waren. Dafür spräche auch die zeitliche Nähe der Gedichte ab 2: 91, die mit den wenigen Ausnahmen von den Höfen Tenjis und Tenmus aus der nicht allzu fernen Fujiwara-Zeit stammen. Die im Folgenden angegebenen Personennamen wurden vermutlich als historisch-real wahrgenommen, wofür auch kleine Ergänzungen sprechen, die auf persönliche Bekanntschaften der Bearbeiter schließen lassen, worauf zurückzukommen ist. Die im nächsten Abschnitt zu untersuchende Sequenz enthält allerdings eine längere Anmerkung, die eindeutig als Fiktion zu werten ist. Eine Einschätzung der kontemporären Rezeption sieht sich somit einigen Schwierigkeiten ausgesetzt.

## Ein Austausch: 2: 126 bis 129

Der folgende Gedichtaustausch fällt in den Wirkungsbereich der Kapitelüberschrift vor Gedicht 2: 105 mit der Angabe „Fujiwara no Miya“. Alle Gedichte haben einen Titel, teilweise mit Anmerkungen, und die beiden Gedichte 2: 126 und 128 besitzen Nachbemerkungen, die sich inhaltlich von den üblichen Anmerkungen mit der Überprüfung der Namen oder Entstehungsumstände unterscheiden. Von besonderem Interesse ist die Nachbemerkung zum ersten Gedicht, da sie ein vollständiges Narrativ präsentiert.

> Ishikawa no Iratsume schickte dem Ōtomo *no sukune* Tanushi ein Gedicht. Das war der zweite Sohn des Grafen Ōtomo [Ōtomo no Yasuma-

dieser Auflistung seine Schlüsse zieht; vgl. ebd. S. 18–19. Er listet nicht die Zitate aus dem *Nihongi*, aber für ihn spricht, dass die Anmerkung nichts zur Klärung der Umstände beiträgt. Die Anmerkung zu 2: 126, die unten vorzustellen ist, trägt zwar sehr wohl zum Verständnis der Umstände bei, gibt aber keine andere Materialquelle zu erkennen.

ro 大伴安麻呂, gest. 714], dem Großminister aus Saho, seine Mutter hieß Kose *no asomi* [Iratsume].[44]

| | |
|---|---|
| *miyabi wo to* | Ein Mann von Adel |
| *ware ha kike-ru wo* | So hab' ich es gehört, doch[45] |
| *ya-do kasazu* | Ohne Einlass [für die Nacht] zu gewähren |
| *ware wo kahese-ri* | Hat er mich zurückgeschickt |
| *o-so no miyabi wo* | Einfältiger Mann von Adel (2: 126) |

[A] Ōtomo no Tanushi, sein weiterer Name (字 *azana*) lautete Chiurau (Chūrō), war von schöner Gestalt, von besonderer Eleganz und Glanz. Jeder, der ihn sah oder hörte, musste unwillkürlich einen Seufzer tun. [B] Zu jener Zeit gab es die Ishikawa no Iratsume. Sie fühlte stets das Bedürfnis, mit [jenem Mann] zusammen zu leben, und sie war schon lange traurig über die Qual des Alleinschlafens. Da kam in ihrem Herzen der Wunsch auf, [ihm] einen Brief zu schreiben, aber sie fand kei-

44 Die Anmerkung zum Titel von 2: 101 enthält nähere Angaben zu Yasumaro und berichtet unter anderem von seinem Tod. Da das im Jahr 714 war, muss die Anmerkung später beigefügt worden sein. Saho 佐保 im nördlichen Teil der Stadt Nara war das Stammgebiet der Ōtomo-Familie. Aufgrund des Fehlens des Namens „Tanushi" im *Shoku nihongi* bestehen Zweifel an der historischen Authentizität, die Aso (1: 312) aber als unberechtigt erachtet. Das Fehlen des Namens im *Nihon shoki* führt sie auf den niedrigen Rang zurück, da sie vermutet, dass Tanushi jung starb; vgl. Aso 1999: 209–210. Aso (ebd.) zufolge beschränken sich in dieser *sōmon*-Abteilung die Anmerkungen zu den im Titel vorkommenden Namen auf Yasumaro, seine Frau Kose, seine Söhne und auf Ishikawa no Iratsume. Sie vermutet als Verfasser jemanden aus der Familie der Ōtomo.

45 In der Phrase *kike-ru wo* mit *-ri* (imperfekter Aspekt in Attributivform) ist Omodaka (2: 119) zufolge *wo* als Kurzform für *mono wo*, „die Dinge, die [ich gehört habe]", zu verstehen. Hier bedeutet *wo* „obwohl". Das Wort *miyabi wo*, „eleganter, kultivierter Mann von Adel, Gentleman" (*miya* 宮, „Hof"), kommt in 1: 126 und 127 jeweils zwei Mal in den Verschriftungen 遊士 und 風流士 vor. Als chinesisches Wort (*kango*) weisen beide Bezüge zur klassisch-chinesischen Literatur auf, aber während *miyabi* in 1: 126 als Konnotation den galanten Krieger auf der Suche nach einem amourösen Abenteuer besitzt, scheint in 1: 127 die Bedeutung mehr auf Tugend und Ehre zu liegen; vgl. SNBT 1: 105, Itō 1: 284–285, Inaoka 1: 88. Außer in diesem Gedichtaustausch kommt das Wort noch in den drei Gedichten 6: 1016, 7: 1295 und 8: 1429 vor (vgl. Omodaka 1977: 229), verschriftet jeweils mit 遊士. Aso (1999: 215–216) zufolge steht der Ausdruck in 6: 1016 für ein idealisiertes Männerbild auf der Grundlage der klassisch-chinesischen Literatur. An der Nachbemerkung zu 16: 3807 zeigt sie wiederum, dass der Begriff 風流 nicht auf Männer beschränkt ist, aber wie gesehen kommt die Verschriftung 風流士 nur in den beiden vorliegenden Gedichten vor, wo sie sich eindeutig auf Männer bezieht. Das Wort *miyabi*, „das Höfischsein (von *miyabu*), Eleganz und Bildung", ist in der Verschriftung 風流 noch in 4: 721 sowie phonographisch 美也備 in 5: 852 enthalten; vgl. Omodaka ebd. Omodaka (2: 119–120) zufolge scheinen die Lesungen *miyabi wo* auf Motoori Norinaga zurückzugehen. Er weist auch auf das Vorkommen von *miyabi wo* am Ende der ersten Episode im *Ise monogatari* hin.

nen geeigneten Boten [Gelegenheit]. Da ergriff sie eine Strategie [verkleidete sich] und sah aus wie eine arme [und hässliche] alte Frau. Sie nahm ihren Tontopf und ging [an das Fenster seines] Schlafgemachs. Sie machte keuchende Laute und ging schleppend [wie eine alte Frau], pochte an die Tür und sprach listig: „Ich bin eine arme Frau aus der Nachbarschaft, gekommen, um Feuer holen zu wollen.“ [C] Daraufhin erkannte Chūrō die Maskerade in der Dunkelheit nicht, und da es außerhalb seiner Vorstellungen war, bemerkte er auch nicht den Plan ihrer Kontaktaufnahme. Er erlaubte ihr, Feuer zu holen, schickte sie dann aber den Weg zurück, den sie gekommen war. [D] Am nächsten Morgen schämte sich Iratsume für die Unverfrorenheit, selbst [ohne Vermittlung] gehandelt zu haben, hegte aber auch Groll darüber, ihren heimlichen Plan nicht umgesetzt zu haben. Daher verfasste sie das Gedicht, um es wie zum Scherzen [an Chūrō] zu schicken.

Ōtomo *no sukune* Tanushi antwortete und schickte ein Gedicht.

| | |
|---|---|
| *miyabi wo ni* | Ein Mann von Adel[46] |
| *ware ha ari-ke-ri* | Ja, so bin ich, in der Tat![47] |
| *ya-do kasazu* | Ohne Schutz zu bieten[48] |
| *kaheshishi ware so* | Euch zurückzuschicken – gerade das |
| *miyabi wo ni ha aru* | Macht mich zum Mann von Adel (2: 127) |

Dieselbe Ishikawa no Iratsume schickte nochmals ein Gedicht an Ōtomo no Tanushi Chūrō.[49]

| | |
|---|---|
| *waga kiki-shi* | Wie ich es hörte |
| *mimi ni yoku niru* | Und in meine Ohren kam |

46 „Adel“ heißt auf Japanisch *kizoku* 貴族, aber im Verfassungsstaat der altjapanischen Gesellschaft umfasst der Begriff nicht die Mitglieder der Herrscherfamilie, sondern die Träger des fünften und vierten Ranges (*tsūki* 通貴) sowie die Träger vom dritten bis zum ersten Rang (*ki* 貴). Die Mitglieder der Tennō-Familie bis zur vierten Generation waren *kōshin* 皇親, aber zwischen den Generationen gab es ebenfalls Rangunterschiede; vgl. Yoshimura 2020: 213–214. Im vorliegenden Buch ist mit „Adel“ der weitere Gebrauch inklusive der Tennō-Familie gemeint.

47 Das Verbalsuffix *-keri* drück ein plötzliches oder erneutes Erkennen aus; in diesem Sinn ist „in der Tat!“ zu verstehen.

48 Das Wort *yado* bedeutet wörtlich „Herberge, Unterkunft, Dach überm Kopf“.

49 Das Zeichen 同 für „dieselbe“ ist in manchen Abschriften nicht vorhanden, aber Omodaka (2: 122) schätzt es als original ein, um damit auf die Identität mit dem vorangehenden Namen hinzuweisen; vgl. Sasaki et al. 2: 105. Die Zeichen 中郎 für „Chūrō“ entsprechen nicht dem Text der Nachbemerkung mit 仲郎, aber Omodaka (ebd.) erachtet sie als austauschbar.

| | |
|---|---|
| *ashi no ure no* | Wie flatterndes Schilf |
| *ashi hiki waga se* | Zieht mein Gebieter das Bein nach |
| *tsutome-ta-bu-beshi* | Gebt bitte gut auf Euch Acht [werdet gesund]![50] |
| | (2: 128) |

Das Rechtsstehende (Obenstehende), da Chūrō von einer Beinkrankheit befallen war, schickte [sie] dieses Gedicht mit Genesungswünschen.

Die im Palast des Ōtsu no Miko dienende Ishikawa no Iratsume schickte dem Ōtomo *no sukune* Sukunamaro ein Gedicht. Iratsume, ein weiterer Name (*azana*) lautet Yamada no Iratsume. Sukunamaro *no sukune* ist der dritte Sohn des *dainagon*-Ministers beziehungsweise des Großbefehlshabers [Ōtomo no Yasumaro].

| | |
|---|---|
| *furini-shi* | Alt gewordene |
| *omina ni shi-te ya* | Frau, das bin ich wohl |
| *kaku bakari* | Und doch, dermaßen |
| *kohi ni shizumamu* | In Sehnsucht zu versinken[51] |
| *ta-waraha no goto* | Ganz so wie ein kleines Kind |
| *ichi ni ifu: kohi wo da-ni shinobi* | auch heißt es: Wenigstens die Sehnsucht, sie |
| *kane te mu-ta-wa-re-ha no goto* | nicht zu ertragen, [ist] wie ein kleines Kind (2: 129) |

**Zu den Namen**

Im Rahmen der Erzählung auf oberster Ebene, welche die *sōmon*-Abteilung entfaltet, ist zunächst auf biographische Aspekte einzugehen. Der im Titel zu 2: 126 angegebene Name „Ishikawa no Iratsume" kommt nämlich bereits im Titel zu den Gedichten 2: 96 bis 100 vor, die einen Austausch mit einem gewissen Kume no Zenji 久米禅師 dokumentieren. Über diesen Mann, der offensichtlich trotz der Aussichtslosigkeit auf eine engere Bindung mit Iratsume hoffte, ist nichts bekannt, aber sein Name weist auf einen buddhistischen Mönch hin. Der Austausch fällt unter die Kapitelüberschrift zu Tenjis Hof „Ōmi no Ōtsu no Miya", die nächsten mit „Ishikawa no Iratsume" ausgewie-

50 Das Verb *tabu* ist eine Kurzform von *tamafu* (honorativ), scheint aber weniger ehrerbietig zu sein; vgl. SNBZ 6: 99.

51 Die Kommentare weisen einheitlich auf den seltenen *kanbun*-Ausdruck 將沈 *shizumamu* hin, nicht aber auf das Zusammenhang stiftende Zeichen 嫗 beziehungsweise das Wort *omina*, was beides nur in diesem Gedicht vorkommt (siehe unten). Omodaka (1977) listet 嫗 *omina* (*mi* ist *kō-rui*-Aussprache) nicht. Das Zeichen 嫗 bedeutet im Mittelchinesisch „1 old woman, granddam, matriarch. a) crone, hag, beldam. 2 (med.) married woman, wife" (Kroll 2015).

senen Gedichte aber unter die Vorbemerkung zum Hof „Fujiwara no Miya".[52] Die Gedichte 2: 107 bis 109 behandeln einen Austausch mit Prinz Ōtsu no Miko, und 2: 110 ist ein Gedicht, das der Kronprinz Hinamishi no Miko (Kusakabe) an Ishikawa no Iratsume schickte. Ōtsu und Kusakabe starben in den 680er Jahren, und die Gedichte entstanden somit vor der Errichtung von Fujiwara no Miya. Ihre Einordnung unter die Kapitelüberschrift „Fujiwara no Miya" und nicht „Asuka no Kiyomihara no Miya", dem Hof von Tenmu sowie ab 686 von Jitō, wo sie in chronologischer Hinsicht hingehörten, wirkt zunächst wie ein Irrtum. Kageyama (2011: 19) zufolge zielt jedoch die *sōmon*-Abteilung im zweiten Band nicht auf die historische Wirklichkeit ab, sondern inszeniere (*tsukuridasu* 創り出す) die Liebesbeziehungen der damaligen Akteure durch die Selektion und Anordnung von Gedichten. „Ishikawa no Iratsume", deren weiterer Name (*azana*) die Anmerkung zum Titel vor 2: 110 als „Ōnako" 大名児 erläutert, wird im Rahmen der *sōmon*-Abteilung des zweiten Bands nach 2: 126 bis 128 nochmals im Titel zu 2: 129 genannt, wo sie als eine Frau erscheint, die im Palast des Prinzen Ōtsu diente.[53] Wie Aso (1999: 209) jedoch feststellt, verweist „Iratsume" auf eine Frau von höherem Stand, und der Namenszusatz „Iratsume" (郎女 oder 女郎) kommt nur bei Frauen aus den vier politisch mächtigen Familien Ōtomo 大伴, Kose 巨瀬, Fujiwara 藤原 und Ishikawa 石川 vor (vgl. SNBZ 6: 86). Auch im vierten und zwanzigsten Band findet sich „Ishikawa no Iratsume", aber die auseinanderliegenden Zeiträume und andere Umstände lassen Zweifel aufkommen, ob es sich insgesamt um dieselbe Frau handelt.[54]

Im Rahmen der *sōmon*-Dichtung im zweiten Band müsste es sich in der hier zu untersuchenden Gruppe im Austausch mit Tanushi um eine ältere Frau handeln, wofür auch das Gedicht 2: 129 spricht. Dem Titel zufolge, zu dem eine Anmerkung als weiteren Namen „Yamada no Iratsume" 山田郎女 angibt, schickte Ishikawa no Iratsume ein Gedicht an einen gewissen Sukunamaro, und eine Anmerkung weist ihn als den dritten Sohn von Ōtomo no Yasumaro aus, also als Tanushis jüngeren Bruder. Im Gedicht 1: 129 gibt die Sprecherin vor, eine „alt gewordene Frau" zu sein, aber wie „ein Kind in Sehnsucht zu ertrinken" (siehe unten). Aso zufolge liegen die Gedichte 2: 126 bis 129 zeit-

52 Aso (1999: 217–218) vermutet in den Gedichten von Kume no Zenji „das Paradebeispiel für die Dichtung zur Hochzeitswerbung jener Zeit".

53 Aso (1: 312) zufolge belegt der Hinweis auf Prinz Ōtsu die Identität der Dichterin mit „Ishikawa no Iratsume" im Austausch mit Ōtsu in den Gedichten 2: 107 bis 109. Die Beschreibung „im Palast dienen" bedeute, unter der Obhut von Ōtsu zu stehen.

54 Vgl. SNBZ 6: 457–458, Aso 1999: 209, 218. Da 20: 4491 im Jahr 759 eingeordnet ist und die Anmerkung die Verfasserin „Ishikawa no Iratsume" als Frau eines Mannes angibt, der von 716 bis 777 lebte, muss es sich um eine andere Person handeln.

lich nicht weit auseinander. Sie schätzt auf Grund der Einordnung vor 2: 130 die Entstehung vor dem Jahr 699, als die in 2: 130 adressierte Person starb.[55] Das Alter von Tanushi und seinem jüngeren Bruder Sukunamaro ist unbekannt, aber ihr älterer Bruder und Yasumaros erstgeborener Sohn Tabito, war wie gesehen ein hoher Beamter und bekannter Dichter. Angesichts seiner Lebensdaten schlussfolgert Aso, dass Tanushi und Sukunamaro bei dem Gedichtaustausch (vor 699) Anfang dreißig respektive Ende zwanzig waren, und geht weiterhin davon aus, dass die unter „Ōmi no Ōtsu no Miya" genannte Ishikawa no Iratsume eine andere Person war. Sie schätzt die Iratsume in den Austauschgedichten mit Tanushi und seinem jüngeren Bruder als ungefähr gleichaltrig mit Prinz Ōtsu ein, das heißt „699 um die siebenunddreißig". Der Altersunterschied zu den beiden Brüdern sei aber nicht ungewöhnlich. Weiterhin vermutet Aso, dass Iratsume zur Zeit des Austauschs mit Yasumaros Söhnen bereits in ehelicher Beziehung mit deren Vater Yasumaro stand, sodass die beiden ihre Stiefsöhne waren.[56] Da der Altersunterschied zu Yasumaros Söhnen geringer war als zu Yasumaro selbst, seien die „Sehnsuchtsgedichte zum Vergnügen" – also fiktionale Sehnsuchtsdichtung – mit den beiden Söhnen interessanter gewesen.

Sollte es sich im Rahmen der *sōmon*-Abteilung bei „Ishikawa no Iratsume" um eine identische Person handeln, muss die unter dem Hofnamen „Ōmi no Ōtsu no Miya" genannte Frau zu der Zeit, als der Hof bestand – 667 bis 672 –, in der Tat noch sehr jung gewesen sein.[57] Wie aber die unter „Fujiwara no Miya" eingeordneten Gedichte der Prinzen Ōtsu und Hinamishi zeigen, müssen die Zeiten nicht der tatsächlichen Epochen-Raum der genannten Höfe entsprechen, und die Zuordnungen sind vielleicht eher als räumliche Orientierung zu verstehen. So wird der Austausch zwischen Kume no Zenji und Ishikawa no Iratsume mitunter als „als Produkt der höfischen Salondichtung" mit den höherstehenden Damen am Jitō-Hof verstanden.[58]

55 Vgl. Aso 1999: 211–213, 1: 313–314. Die Einordnung der Gedichte von Prinz Ōtsu und dem Thronfolger Hinamishi (Kusakabe) zeigt wie gesehen Abweichungen von der Chronologie. Asos Berechnungen seien daher nur als eine Möglichkeit erwähnt. So schätzt das SNBZ-Team (6: 99), das die Entstehung von 1: 129 im Jahr 708 vermutet, das Alter von Iratsume im Titel zu 1: 129 auf „um die vierzig".

56 Die Gedichte 4: 517 und 518 sind ein Austausch zwischen Yasumaro und Iratsume, und eine Anmerkung zu ihrem Namen gibt an, dass sie zur „Großfamilie aus Saho" gehört; der Ortsname „Saho" steht metonymisch für die Ōtomo-Familie.

57 Aso (1999: 217) vermutet die Entstehung der Gedichte 2: 96 bis 100 „knapp zwanzig Jahre" vor dem Austausch mit Prinz Ōtsu. Da dieser 686 hingerichtet wurde, wäre das Ende der 660er Jahre.

58 Zitat nach Aso 1999: 218, die für eine andere Ishikawa no Iratsume plädiert.

Weiterhin fallen insgesamt zwei Aspekte auf. Zum einen bringt nur die Anmerkung zum Namen im Titel vor 2: 129 mit dem weiteren Namen (*azana*) „Yamada“ zusätzliches Wissen ein, und alle vorangehenden Erwähnungen scheinen bezüglich der Identität keine Klärung zu erfordern.[59] Zum anderen besagt das Gedicht 2: 129 explizit, dass die Sprecherin eine betagte Frau ist, und in einer rein textimmanenten Lesung entwirft somit der Rahmen der *sōmon*-Abteilung vielleicht doch das Bild einer identischen Person. Aso (1999: 209–218) möchte die Entscheidung zwischen Faktualität und Fiktionalität der Gedichte offenlassen und widmet sich den Gedichtgruppen im Austausch mit Kume no Zenji, Tanushi und Yasumaro unter biographischen Aspekten. Ihr geht es nicht um die als Nachbemerkung präsentierte Erzählung, deren Status als Fiktionalität[60] allerdings allgemein anerkannt sein dürfte.

**Zur Nachbemerkung**

Takeda Yūkichi liest die Gedichte 1: 126 bis 129 inklusive der nachgestellten Anmerkung als „Erzählung“, und zwar nicht als „Erzählung von Tatsachen (*jitsuwa* 實話)“, sondern als „eher als eine Art fabrizierte Erzählung (*tsukuri-monogatari* 作り物語)“.[61] Auch die Textgestaltung gehe mit ihren starken Ausschmückungen über das Erklären von Tatsachen hinaus. Vielleicht habe es einen Gedichtaustausch gegeben, aber die Ereignisse seien „zu ästhetisch gekünstelt“. Aufgrund des Fehlens weiterer Quellen zur Person Tanushi vermutet Takeda ein Pseudonym für Tabito, Yasumaros erstgeborenen Sohn. In *Man-yōshū hyōshaku* 萬葉集評釈 (1966–1967) formuliert Kubota Utsubo 窪田空穂 (1877 bis 1967) Takedas Beschreibung als *tsukuri-monogatari* zu „Fiktion (*kyokō* 虚構)“ um. Er sieht das Hauptaugenmerk nicht in den Gedichten, sondern der Anmerkung mit den Gedichten als „Beiwerk“, und führt Takedas Ver-

59 Die Anmerkung zum Namen im Titel vor 2: 110 mit dem *azana* „Ōnako“ dürfte dem Verstehen des ersten Verses „Ōnako *wo*“ dienen. Der erste und der letzte Vers in dem Gedicht von Hinamishi lauten 大名児 *Ōnako wo* … 吾忘目八 *are wasure-me ya*, „Die Ōnako … ob ich sie jemals vergesse? (gewiss nicht!)“; zu den Namensanmerkungen vgl. Aso 1999: 210, die aus ihnen auf ein großes Interesse an Ishikawa no Iratsume und ihrem Verhältnis zur Ōtomo-Familie schließt.

60 Der Begriff wird nicht als institutionell geregelter Kontrakt zwischen Autor / Autorin und Leserschaft verwendet, sondern als ein Verstehen, das durch die Begegnung mit fiktionaler Rede in der klassisch-chinesischen Literatur geformt wurde; vgl. Wittkamp 2021e. Aso (1999: 217) sieht zwar den Gedichtaustausch selbst als historische Realität an, die Nachbemerkung aber ebenfalls als „fiktive Inhalte“ und als „Spiel mit der literarischen Fiktion“.

61 Vgl. Takeda 3: 393; der Begriff *tsukuri-monogatari* stammt aus der Literatur ab der Heian-Zeit; vgl. Wittkamp 2021e: 114.

mutung zur Identität von Tanushi und Tabito insofern weiter, als er Tabito zum Verfasser der Gedichte erklärt.[62]

In seiner umfassenden Untersuchung zum Klassisch-Chinesischen in der Literatur des japanischen Altertums zieht Kojima Noriyuki (2 [2016 = 1964]: 911–915) den Gedichtaustausch 2: 126 bis 129 als Beleg für eine frühe Form von „Gedichten mit Elementen der Gedicht-Erzählung (*uta-monogatari*) / spielerischen Elementen (*yūgi-teki na yōso* 遊戯的な要素; 2: 911)“ heran.[63] Furuhashi Nobuyuki (2000: 105) wiederum bring zwar das Nachwort in Verbindung mit der Entwicklung der Stadt und des Stadtlebens, aber Kojima nimmt 東隣貧女, „arme Frau aus der östlichen Nachbarschaft“, nicht wörtlich, sondern sieht in 東隣 eine Anspielung auf die klassisch-chinesische Literatur, wo eine „Frau aus der östlichen Nachbarschaft“ für eine schöne Frau stehe. Die Zeichen 東隣 zitiert Kojima (2: 912) aus der *fu*-Reimprosa „Meiren fu“ 美人賦 (jap. *Bijin-fu*) von Sima Xiangru 司馬相如 (179 bis 117 v.u.Z.; jap. Shiba Shōjo) und anderen Werken. Eine ähnliche Formulierung besitzt die im *Wenxuan* enthaltene *fu*-Reimprosa „Dengtu zi hao se fu“ 登徒子好色賦 (jap. *Tō Toshi kōshoku-fu*), „Rhapsody on Master Dentu the Lecher“, von Song Yu 宋玉 (jap. Sō Gyoku), einem Dichter aus der Zeit der kämpfenden Reiche, deren Berühmtheit Kojima hervorhebt. Dort heißt es im Vorwort bei der Beschreibung einer wunderschönen Frau, dass sie „the daughter of my eastern neighbor“ (東家之子) ist. David R. Knechtges (1996: 349–355), von dem die englische Übersetzung stammt, vermutet in „Master Dengtu“ eine fiktive Figur, aber auch der namentlich ungenannte, nach dem Vorwort zur *fu*-Dichtung präsentierte Vorträger der *fu*-Reimprosa ist Takahashi Tadahiko zufolge „so oder so wohl keine reale Figur“ (vgl. SSTK 81: 363, chin. Zitat S. 361).

In den von Kojima angeführten Werken kommen der gut aussehende Mann – in den Selbstbeschreibungen von Sima Xiangru und Song Yu –, die Suche nach dem amourösen Abenteuer (好色, chin. *hao se*, jap. *kōshoku*) sowie die schöne Frau aus der Nachbarschaft im Osten vor, und die beiden Figuren „Tanushi“ und „Iratsume“ entsprechen den Modellen aus der klassisch-chinesischen Literatur. Die Formulierung 意欲寄書 未逢良信, „sie wollte ihm einen Brief zukommen lassen, fand aber keinen geeigneten Boten“, entspreche ebenfalls den angeführten Werken wie auch die Verkleidung der Iratsume zur alten Frau, sodass Kojima (S. 913) insgesamt von einer Anfertigung der Anmerkung

62 Utsubo zitiert nach Aso 1999: 207; Aso (ebd. S. 217, 1: 314) sieht den Verfasser in Tanushi.

63 Die Beschreibung als „Spiel, spielerisch“, die durch die Verschriftung von *miyabi wo* mit 遊士 gestützt wird, findet sich häufig, aber es könnte sich auch um eine Art „hohe Minne“ handeln, bei der die Rollen vertauscht sind und in der es um idealisierte, aber gesellschaftlich unmögliche Verhältnisse geht.

auf der Grundlage der klassisch-chinesischen Literatur ausgeht. Er (S. 913–915) führt noch weitere Zitate und deren Quellen an und verbindet zudem das dritte Gedicht – 2: 128, die Genesungswünsche der Iratsume an den Beinkranken Tanushi – mit seinen Beispielen aus der klassisch-chinesischen Literatur. Die Anmerkung verweise zwar auf eine tatsächliche Krankheit, aber mit Bezug auf vorangehende Forschung geht Kojima ebenfalls von einem scherzhaften Gedicht aus, das nach der Überwindung der Krankheit verfasst wurde.

Narratologisch zu bedenken ist der textuelle Zusammenhang, den die Formulierung mit 哽音蹢足, „keuchende, stöhnende Laute machen / wie eine alte Frau sprechen und schwerfällig, schleppend gehen", in der Nachbemerkung herstellt. Denn diese beiden Inhalte thematisiert das Gedicht 2: 128 ebenfalls, was im textuellen Zusammenhang einer Faktualität entgegenläuft. Einen Zusammenhang zwischen 2: 126 und 2: 128 knüpft zudem die Selbstdarstellung der Sprecherin als eine Frau, der viel zu Ohren kommt. Das Hörensagen wird in beiden Gedichten explizit ausformuliert. Die „alte Frau" 嫗, zu der sich die Figur „Iratsume" in der Erzählung der Anmerkung verkleidet, kommt in 1: 129 erneut vor (古之嫗爾爲也 *furini-shi omina ni shite ya*, „Eine alt gewordene Frau, ja, das bin ich wohl, doch …"). Die Textstelle erzeugt eine weitere Verbindung und impliziert, dass die Sprecherin lediglich vorgibt, alt zu sein. Da die Prosaerzählung in der dritten Person, das Gedicht jedoch aus der Perspektive der ersten Person geschildert wird, ergibt sich eine Verschiebung, die vermutlich auch den Status der Prosaerzählung als fiktionale Rede erhöht.

Kojima (S. 915) resümiert, dass der Gedichtaustausch zwar tatsächlich stattgefunden haben mag, das Gesamte jedoch mit Anregungen aus der klassisch-chinesischen Literatur eine „fiktionale, *xiaoshuo*-mäßge Konzeption (*fikushon-teki shōsetsu-teki na kōsei* フィクション小説的な構成)" aufweise.[64] Er vermutet zudem, dass dieses „literarische Spiel" (*asobi* あそび) nicht zur Zeit der Gedichte entstand, sondern der Kompilation zuzurechnen ist. Neben den zahlreichen Bezügen zur klassisch-chinesischen Literatur lassen sich die engen Anschlüsse auch auf der formalen Ebene feststellen. Abgesehen von den Schriftzeichen mit grammatischen Funktionen zur Satzeinleitung und -verbindung oder zum Abschluss sowie von den Namen der Figuren besteht der Text aus Parallelversen mit alterierenden Längen der Paare, was die nachstehende Aufteilung verdeutlicht:

64 Kojima (2016: 915) bezieht sich mit 小説 vermutlich auf das chinesische *xiaoshuo*-Genre, das als fiktionale Literatur eingestuft wird; vgl. Wittkamp 2021e: 108 (mit Bezug auf Gu Ming Dong und Lena Rydholm).

A 大伴田主 字曰仲郎
容姿佳艶 風流秀絶
見人聞者 靡不歎息 也

B 時有 石川女郎
自成雙栖之感
恒悲獨守之難
意欲寄書 未逢良信
爰作方便 而似賤嫗
己提堝子 而到寝側
哽音蹢足 叩戸諮曰
東隣貧女 将取火来 矣

C 於是 仲郎
暗裏非識冒隠之形
慮外不堪拘接之計
任念取火 就跡歸去 也

D 明後 女郎
既恥自媒之可愧
復恨心契之弗果
因作斯歌 以贈謔戲 焉

In dieser Darstellung offenbart sich die Struktur aus den vier Blöcken „A Tanushi“ – „B Iratsume“ – „C Tanushi“ – „D Iratsume“. In jedem Block bildet die erste Zeile die Einleitung, worauf die Parallelverse folgen, und das Ende der Blöcke wiederum markieren die – untereinander austauschbaren – grammatischen Hilfszeichen 也, 矣 und 焉, die zur Verdeutlichung mit einer Freistelle abgesetzt sind. Es gibt neun Parallelarrangements mit Versen aus vier Zeichen, aber Parallelverse mit mehr als vier Zeichen – die jeweils ersten beiden Zeilen in den Blöcken B bis D – stehen nebeneinander. Somit dominieren Zeilen mit vier Zeichen, aber insgesamt handelt es sich um den Vier-Sechs-Parallelstil (*si liu pian li ti* 四六駢儷體, jap. *shiroku benrei-tai*, vgl. Wittkamp 2021a: 16), wenn auch nur der B-Block Zeilen mit sechs Zeichen enthält. Die Einleitungszeilen zu den Blöcken A und B stellen die Figuren in der dritten Person vor, die ersten Zeilen im dritten und vierten Block leiten über die adverbialen Zeitbestimmungen 於是, „daraufhin, in dieser Situation“, und 明後, „am nächsten Morgen“, zu den beiden Figuren zurück. Auch innerhalb der Parallelverse entsprechen sich die Zeichen wie die Negationen 不 und 非 im C-Block oder andere Hilfszeichen aber auch manche Nomen, Verben oder Binome (*lianmian ci* 連綿詞).

Furuhashi (2000: 105–106) sieht zwar in den grammatischen Hilfswörtern 也 am Ende der Blöcke A und C, der Konjunktion 而, „und dann“, sowie in der Satzeinleitung 時有, „Zu der Zeit war da“, zum B-Block den Anschluss an das unregelmäßige, abgewandelte Chinesisch im *Kojiki*, aber die Hinweise lassen diese Vermutung nicht zu.[65] Die regelmäßige Struktur sowie die zahlreichen Anspielungen und Zitate deuten vielmehr auf ein Bemühen um bestes

65 Beispielsweise die Vorstellung neuer Figuren etc. mit 時有 kommt im *Nihon shoki* häufig vor, im *Kojiki* aber nur an drei Stellen. Der erste Beleg findet sich im Vorwort (bei der Vorstellung von Hieda no Are 稗田阿禮, vgl. SNBZ 1: 22), dessen stilistische Nähe zum Klassisch-Chinesischen – im Gegensatz zum Haupttext – bekannt ist. Die beiden angeführten Hilfszeichen entsprechen ebenfalls dem Klassisch-Chinesischen.

Chinesisch hin. In dieser Hinsicht wirkt der Text geradezu formalistisch überdeterminiert, und die Frage ist eher, warum die Prosatexte im *Man'yōshū* die japanischen Eigenarten nicht stärker berücksichtigen, wie es beispielsweise eine Aureoleninschrift aus dem siebten Jahrhundert (vgl. Wittkamp 2018b) oder das *Kojiki* vormachen.

Itō Haku (1: 284) beschreibt die Nachbemerkung als eine „höchstoriginelle und meisterhafte Liederzählung (*uta-gatari*)", wobei er den Begriff als „Erzählung zu *uta*" definiert. Die Bezeichnung *uta-gatari* wurde offenbar geprägt, um damit dem Genre der *uta-monogatari* ein Fundament zu bereiten (im Folgenden nach Kōnoshi 1991a). Als Prototyp und Meisterwerk dieses Genres gilt gemeinhin das *Ise monogatari* aus der mittleren Heian-Zeit, dessen über einhundertzwanzig locker aneinandergefügten Episoden die Umstände oder Hintergründe der Gedichte des Protagonisten erzählen. Da man in diesem den Dichter Ariwara no Narihira 在原業平 (826 bis 880) vermutet, werden die Erzählung sowie das Genre überhaupt als faktuale Rede gelesen, im Gegensatz zum oben erwähnten Genre der *tsukuri-monogatari*, der „fabrizierten Erzählung".[66] Der Begriff *uta-gatari* tauchte offenbar in der Literatur nach der Heian-Zeit auf, aber Murata Masahiro (1998: 82) vermutet den Gebrauch bereits während der Heian-Zeit. Masuda Katsumi 益田勝実 (1923 bis 2010) wandte ihn in einer Arbeit von 1950 schließlich auf die Literatur vor der Heian-Zeit an,[67] und an Schwung gewann der *uta-gatari*-Diskurs zum *Man'yōshū* offenbar durch einige Arbeiten von Itō Haku seit den frühen 1960er Jahren. Kōnoshi (ebd.) zufolge vermutet Itō schon am Jitō-Hof ein Interesse an den Hintergründen und Umständen der Gedichte, sodass diese zusammen mit den Gedichten in mündlicher Form erzählt worden seien. Itō scheint sich besonders auf die Gedichte im sechzehnten Band zu beziehen, die in den Vor- oder Nachbemerkungen Erzählungen zu den Gedichten entfalten, aber sein Ansatz traf bei Kōnoshi und anderen auf Zurückweisung.[68]

Da das *Wenxuan* im alten Japan bekannt war, ist besonders der Effekt der Rezeption von Song Yus „Rhapsody on Master Dentu the Lecher", zu bedenken. Kojima (2: 912) beschreibt sie als „erzählerische und berühmte *fu*-Dichtung", hebt also durch „erzählerisch (*monogatari-teki*)" das Narrative der *per definitionem* ohnehin narrativen Dichtung hervor. Abgesehen von den Figuren

66 Hier scheint der Konflikt auf, die Nachbemerkung wie Takeda oder Kubota (siehe oben) als fiktionale Rede (*tsukuri-monogatari*, *kyokō*) und zugleich als Fundament der *uta-monogatari*-Erzählung zu sehen beziehungsweise bei *uta-monogatari* von faktualer Rede auszugehen; zu *uta-monogatari* und *tsukuri-monogatari* vgl. Wittkamp 2021e: 114.

67 Vgl. Kōnoshi 1991a: 170, Murata 1998: 83 (mit Angaben zur Forschungsliteratur).

68 Zu Kōnoshis bereits genannter Auseinandersetzung mit Itōs *uta-gatari* (1977) vgl. den Sammelband Kōnoshi 1992: 342–358.

Song Yu, dem Erzählmedium, sowie dem König sind wie gesehen die beiden anderen Sprecherstanzen – Master Dentu und der namentlich ungenannte Vorträger der Reimprosa – vermutlich fiktive Figuren, und sollte das so sein, wurde diese doppelte Fiktionalität in der altjapanischen Rezeption auch wahrgenommen. Es ist somit auch kein Zufall, in der Nachbemerkung zu 2: 126 die erste altjapanische Prosaerzählung in fiktionaler Rede sehen zu können, zumal die Erzählung in der dritten Person mit einem Erzähler, der über die Kompetenz zur Inneneinsicht (erlebte Rede) verfügt, nur fiktionale Rede sein kann. Das bedeutet einen essenziellen Unterschied zu den bisherigen Anmerkungen, die zur Klärung der Hintergründe auf das *Kojiki* oder andere Quellen der Geschichtsschreibung zurückgreifen. Die klassisch-chinesische Form der vorliegenden Darstellung zeigt, dass nicht aus einem Geschichtswerk oder einer altjapanischen Gedichtsammlung zitiert wurde, und spricht damit in der literarischen Inszenierung für einen von Anfang gegeben Zusammenhang von Gedicht und Prosa. Zu beachten ist dabei auch, dass es in der gesamten *sōmon*-Abteilung nur die Nachbemerkung zur Einleitungsgruppe 1: 85 bis 1: 90 mit den Zitaten aus anderen Texten sowie die Nachbemerkung der Sequenz 2: 126 bis 128 / 129 gibt. Beide Nachbemerkungen legen ein deutliches Interesse an den Entstehungsumständen der Dichtung an den Tag, wählen zur Dokumentation jedoch zwei grundsätzlich unterschiedliche Verfahren. Dieses Interesse an der Erzählung verdeutlichen schließlich auch die Gedichte 2: 131 bis 140, welche die *sōmon*-Abteilung im zweiten Band beenden. Vor deren Darstellung ist ein abschließender Blick auf die Ebene der Darstellung der Sequenz 2: 126 bis 129 zu werfen.

**Die Ebene der Darstellung**

Einen narrativen Zusammenhang erzeugt unter Umständen auch die Ebene der Darstellung der Gedichte. Omodaka (2: 122) weist auf den Aufbau von Tanushis 1: 127 hin, in welcher der Inhalt aus den ersten beiden Versen in den folgenden drei Versen erläutert und wiederholt wird. Diese Struktur komme auch in anderen Gedichten wie 1: 55 oder 2: 95 vor, aber in Tanushis Gedicht sei der Aufbau geschickt in den Gedichtaustausch eingefügt worden. Omodaka sieht eine Form, die dem Gedicht der Frau, die in ihrem Vorgehen gescheitert sei und es aus Frustration heraus verfasst habe, weiterhin „Simplizität (*muzōsa* 無造作)“ bescheinige – da 2: 127 eben wesentlich geschickter gemacht ist; „weiterhin“ bezieht sich auf inhaltliche Aspekte.

Bei der Besprechung von 2: 128, dem zweiten Gedicht von Iratsume, diskutiert Omodaka (2: 123–126) zunächst die alte Lesung (*kokun* 古訓) von 好似 im zweiten Vers mit *yoku niru*, die heute allgemein anerkannt zu sein scheint. Zwar entscheidet er sich nach der Diskussion anderer Lesungen mit *yoku ni te* dagegen,[69] aber für narratologische Belange relevant ist sein Hinweis auf die Struktur. Da der dritte Vers *ashi no ure no*, „die Spitzen der Schilfgräser“, über die – homonyme – Wiederholung von *ashi* als Kopfkissenwort (*makura-kotoba*) zum vierten Vers *ashi hiku waga se*, „mein Gebieter, der das Bein (*ashi*) nachzieht“, zu sehen ist, läge mit *yoku niru* nach dem zweiten Vers eine Zäsur vor, denn *niru* könne in semantischer Hinsicht nicht attributiv zu *ashi no ure no* stehen.[70] Omodaka zufolge gibt es in der Sammlung zweihundertvierzig Gedichte mit einem Kopfkissenwort als dritten Vers, wozu er als Beispiel das oben untersuchte Gedicht 1: 43 anführt. Unter den Belegen wiederum gebe es circa neunzig Stücke mit einer Zäsur nach dem zweiten Vers, die aus den ersten beiden Versen eine selbständige syntaktische Einheit macht. Unter diesen Belegen gebe es aber nur sehr wenige, in denen der zweite Vers mit der Finalform (*shūshikei* 終止形) ende. Er führt mit 5: 822 und 7: 1218 zwei Beispiele an, aber bei diesen bestehe zwischen den ersten beiden und den letzten drei Versen eine „prächtige Opposition“, die er – wohl zurecht – in 1: 128 nicht sieht. Omodaka löst mit seinem Vorschlag *yoku ni te*, „ist genauso, und dann …“, die Selbständigkeit der ersten beiden Verse auf und bindet sie syntaktisch an die letzten beiden Verse. Wie er (2: 124) aber feststellt, gibt es in der Sammlung nur wenige Belege für eine solche Konstellation, in der zwischen den syntaktischen Einheiten der ersten und der letzten beiden Verse im dritten Vers ein Kopfkissenwort stehe.[71] Er (S. 125–126) diskutiert noch die Möglichkeit der Postposition *ba* (konditional, kausal), die beim Lesen ergänzt werden könnte (*yomi-zoe*), entscheidet sich aber schließlich für *yoku ni te*, wobei es für die Verbindung mit *te* und einem Kopfkissenwort im dritten Vers insgesamt zehn Belege gebe. Bei seinen beiden Beispielen fällt allerdings auf, dass das Subjekt der ersten beiden Verse mit dem des vierten Verses identisch ist, was in 2: 128 nicht der Fall ist.

Wie dem auch sei – sowohl in Omodakas als auch der allgemein anerkannten Lesung handelt es sich um seltene Strukturen. Omodaka geht auf seine Beobachtung zur Struktur von 1: 127 nicht mehr ein, aber sollte sie zutreffen sein, lassen sich die drei Gedichte 2: 126 bis 128 auf der Ebene der Darstellung als

69 Die anderen konsultierten Kommentare lesen alle *yoku niru*, und Inaoka (1: 89) weist *yoku ni te* explizit als falsch zurück. Als weitere Möglichkeit diskutiert Omodaka (2: 124) *yoku ni-tsu* mit dem Verbalsuffix *-tsu* (perfektiver Aspekt).

70 Das Verb *niru* gehört zur oberen einstufigen Verbalflexion, in der die Attributivform identisch mit der Finalform ist; vgl. Lewin 1975: 113–114.

71 Omodaka (2: 124) führt die Gedichte 2: 108, 11: 2642 und 20: 4471 an, in denen die ersten beiden Verse attributiv zum dritten Vers stehen, wobei er die Verbindung als „extrem natürlich“ erachtet, was in 1: 128 nicht gegeben sei (*niru*, „ähneln, gleichsein“, kann sich nicht attributiv auf *ashi*, „Fuß“, beziehen).

narrative Entfaltung beziehungsweise Ereignishaftigkeit lesen: Eine Frau versucht ihre Frustration mit einem Scherzgedicht zu vertreiben, aber der Mann setzt dem ein geschickt gemachtes Konstrukt entgegen, das nun die Frau ihrerseits versucht, mit einem Meisterstück zu überbieten. Das vierte Gedicht der Sequenz passt nicht so recht in dieses Arrangement, was den Verdacht erregt, dass es später, in einer weiteren Phase der Kompilation, beigefügt wurde. Vermutlich geschah das unter inhaltlichen Aspekten oder zur weiteren Charakterisierung der Dichterin, und die Eigenarten auf der formalen Ebene beziehungsweise die narrative Struktur auf der Ebene des Ausdrucks wurden nicht erkannt. Der Gedichtaustausch demonstriert somit auf der formalen Ebene insgesamt eine hohe literarische Qualität.

## Die Iwami-*sōmon*-Gedichte 2: 131 bis 140

Die Gedichte 2: 131 bis 139 deuten auf ein starkes Interesse an Hitomaros Werk hin, das sich in der *banka*-Abteilung des zweiten Bands noch weiter entfalten soll. Seine Iwami-*sōmon-ka* 石見相聞歌, die „*sōmon*-Dichtung aus Iwami", schildert den Abschied eines Mannes von „seiner Frau" (*tsuma*) beziehungsweise „Geliebten" (*imo*), und Kamo no Mabuchi vermutete einen Beamten, der vom Land Iwami an der Küste im Westen der heutigen Präfektur Shimane in die Hauptstadt zurückreiste. Er habe die Gedichte beim Abschied verfasst, und offenbar passen die dargestellten Jahreszeitenphänomene zu den festgelegten Reiseterminen der Beamtenschaft (zitiert nach Kōnoshi 1992: 263 [original 1977]). Die Gedichte schildern die Trennung höchst dramatisch, sodass Kawashima Jirō (1991: 2–3) angesichts des emotionalen Gehalts von einem endgültigen Abschied „ohne Hoffnung auf ein Wiedersehen" ausgeht. Auch Aso Mizue (1: 327, dort auch zu Mabuchi) kann keinerlei „Ausdruck der Erwartung eines Wiedersehens" erkennen. Das Wort 別 *wakare*, „Abschied, Trennung", im Titel erkläre den ungewöhnlich hohen Grad an Emotionalität in der Darstellung der Küste zu Beginn von Langgedicht 2: 131 sowie im Appell an die Berge am Ende. Es lasse die Leserschaft an den Darstellungen des wirr fallenden Herbstlaubes sowie der Abendsonne im Langgedicht 2: 135 Anteil nehmen. Diese Beobachtung erweist sich für narratologische Fragen insofern als weiterführend, als das auf Hitomaros Stücke folgende und von einer Frau stammende Gedicht 2: 140 genau diese Ungewissheit eines Wiedersehens thematisiert und damit eventuell einen Zusammenhang knüpft, den es im Folgenden zu prüfen gilt.

In der *sōmon*-Abteilung des zweiten Bands stellt Hitomaros Iwami-Dichtung die einzigen Langgedichte mit nachfolgenden *hanka*-Gegengedichten.

Kōnoshi Takamitsu (S. 244) weist auf diese Besonderheit hin und sieht insgesamt das Bemühen um eine Dichtung der „traditionellen Kultur“, die der klassisch-chinesischen Dichtung ebenbürtig sei. Der Gruppe 2: 138 und 139 sowie dem Kurzgedicht 2: 134, das inhaltlich dem Gegengedicht 2: 132 entspricht, stehen die Angaben 或本, „aus einem anderen Buch“, voran. Allem Anschein nach handelt es sich um Vorfassungen, aber zusätzlich sind in die Gedichte ab 2: 131 anderslautende Verse mit kleineren Schriftzeichen eingeschrieben. Die Fassungen „aus einem anderen Buch“ sowie die Alternativverse erzeugen das Bild einer komplizierten Textgenese und erschweren die Lektüre und Auslegung. Die Identität der Verfasserin von 2: 140 wiederum, die auch im Titel zu den Trauergedichten 2: 224 und 225 zu Hitomaros Tod erscheint, ist Gegenstand einer langen Auseinandersetzung (vgl. SNBT 1: 115). So sieht Inaoka Kōji (1: 97) keine Hinweise für die Existenz dieser Person in der Gegend von Iwami und geht wie Aso (1: 344) von einer Frau aus, die das Gedicht bei einem Abschied in der Hauptstadt verfasste. Der Zusammenhang mit Hitomaros vorangehenden Stücken wird gewöhnlich nicht thematisiert und somit indirekt zurückgewiesen, aber in Itō Hakus (1973 = 1975: 279–303) Lesung als zusammenhängendes Narrativ mit umgekehrter Chronologie ist die Verfasserin von 2: 140 die Frau aus Iwami, die in den vorangehenden Gedichten den Anlass der Abschiedsdichtung bildet. Ihr Gedicht wäre somit nicht von Hitomaros Gedichten zu trennen, und da es zum angegebenen Namen keine Anmerkung gibt, stellte dieser für die Bearbeiter auch kein Problem dar.

Die Forschung ab den späten 1970er Jahren nimmt Itōs Untersuchung auf, aber nicht an. Das zeigt sich nirgendwo deutlicher als bei Kōnoshi, der Itōs Lesung zurückzuweist.[72] Allerdings führt er bei der Kurzvorstellung von Itōs Modell das Gedicht 2: 140 zumindest noch an, wenn er auch nicht die narratologischen Implikationen anspricht.[73] Misaki Hisashi (1998 = 2005: 239–273) dagegen, der seine narratologisch geleiteten Betrachtungen zu „Hitomaros Methode“ (Buchtitel) mit den Iwami-Gedichten abschließt und sich offenbar um einen korrigierenden Anschluss an Itōs Modell bemüht, blendet 2: 140 ganz

72 Vgl. Kōnoshi 1992: 242–267, 1999b. Auf Enomoto 2015, eine weitere Arbeit, die Itōs Ausführungen als Ausgangspunkt der Kritik nimmt, ist bei den Untersuchungen zur *banka*-Dichtung zurückzukommen. Im Gegensatz zu Kōnishis Kritik handelt es sich aber nicht um Fragen der Interpretation – auf die Kōnoshis Analysen nicht beschränkt sind –, sondern um Analysen der Versgestaltung.

73 Vgl. Kōnoshi 1992: 260, der Itōs Ansatz als „Abhandlung zur Strukturierung und Entstehung“ zusammen- und damit den wesentlichen Aspekt erfasst. Itōs Modell beruht auf der Vorstellung, dass die vorliegende, als fiktionale Rede verstandene „zentripetale Struktur“ (siehe unten) im Laufe von Verbesserungen für den mündlichen Vortrag am Hof entstand.

aus. Das ist verwunderlich, da das Gedicht der Frau der von Itō vorgeschlagenen narrativen Struktur einen Fluchtpunkt und somit eine originelle Ausrichtung verleiht.

Der Zusammenhang mit dem Gedicht 2: 140 wird gelegentlich angesprochen. So schreibt Omodaka Hisataka wie folgt:

> Ich habe oben […] erwähnt, dass diese *wosame* [im Titel zu 2: 140] nicht mit der Ehefrau aus Iwami in den vorangehenden [Gedichten] identisch ist, aber [das Gedicht] folgt der vorangehenden Gedichtreihe (*ichiren no saku* 一連の作). Da es gewissermaßen in der Form einer Antwortdichtung [in die Sammlung] aufgenommen wurde, ist es wohl natürlich, sie als diese Gattin zu sehen, von welcher der Abschied Hitomaro so schwer fällt. (2: 181 [1958])

Omodakas Anliegen ist nicht narratologisch geleitet, und er geht auch nicht auf Takeda Yūkichi (3: 423 [1956–1957, original 1948–1951]) ein, der „Yosami" als Familiennamen liest und eine Frau in Iwami sieht, bei der er die Frau in Hitomaros Gedichten sowie die Verfasserin von 2: 140 vermutet. Takeda lässt die Frage der Beifügung durch Hitomaro oder die Kompilatoren offen, deren Beantwortung bei der gegebenen Quellenlage auch spekulativ ausfallen muss. Nakanishi Susumu (1995: 442–454), um ein letztes Beispiel zu geben, sieht zwar ebenfalls keine persönliche Verbindung, bringt 2: 140 aber mit Hitomaros Abschied in Verbindung. Er geht bei der Verfasserin von einer Frau aus der Hauptstadt aus, aber 2: 140 sei im *Man'yōshū* nach Hitomaros Gedichten eingeordnet worden, um mit „denen zu korrespondieren". Wie Omodaka sieht somit auch er die Einordnung des Gedichts als Resultat der Kompilation, lässt aber Itōs Vorschlag der Beifügung durch Hitomaro unerwähnt und geht auch nicht weiter auf das Gedicht oder die Art und Weise der Verbindung ein. Gemeinsam ist allen Kommentaren die Vorrangigkeit historisch-biographischer Aspekte.

Die Zuständigkeit der Einordnung von 2: 140 ist nicht mit letzter Sicherheit zu bestimmen, und es empfiehlt sich daher, den Text so zu nehmen, wie er dort steht, ohne den Zusammenhang mit einer positivistisch-biographischen Ausholbewegung von vornherein zu negieren. Mit 別 *wakare*, „Trennung", im Titel und 吾 *ware*,[74] „ich", in den Gedichttexten erfolgen Hinweise auf die Zu-

74 Das in der Sammlung häufig vorkommende Schriftzeichen 吾 ist in der Lesung nicht festgelegt; allein unter *ware* listet Omodaka (1977: 264) über dreihundert Belege. Die übliche Lesung in 2: 133 und 135 lautet *ware*, und Sasaki et al. (2: 118, 124) verzeichnen keine Abweichungen, sodass der Grund der SNBZ-Lesung (6: 104–105) mit *waga* unklar ist. Gedicht 1: 32 enthält die phonographische Verschriftung 和禮 für *ware*, die hier für *ware* als „ich" in 2: 133 und 135 als weitere Begründung anzuführen ist; zu den Ver-

sammengehörigkeit, auf die zurückzukommen ist, aber es liegen auch Hinweise auf die ältere Rezeption vor. So befindet sich 2: 140 in einer leicht abweichenden Formulierung in der Sammlung *Hitomaro-shū* 人麻呂集, „Hitomaros Sammlung", die nicht mit der im *Man'yōshū* wiederholt angegebenen Materialquelle zu verwechseln ist.[75] In der erst später kompilierten Sammlung heißt es im ersten Vers 思ふなと *omofu na to*, „»Sei nicht sehnsüchtig!«, so [sagst du]", und die Zeitreflexion 相時 *ahamu toki*, „die Zeit, wenn wir uns treffen", im dritten Vers weicht 逢ふ事を *afu koto wo*, „dass wir uns treffen". Ein Titel ist nicht angegeben, aber im *Shūi wakashū* 拾遺和歌集, der dritten offiziellen Waka-Anthologie von 1006, steht das Gedicht unter 題知らず *dai shirazu*, „Titel unbekannt", sowie der Namensangabe „Hitomaro" (vgl. Komachiya 1998: 220). Die Verfasserschaft von 2: 140 ist damit zwar nicht gesichert, da „Hitomaros Sammlung" auch Gedichte anderer Dichter und Dichterinnen enthalten könnte,[76] aber zumindest die Vermutung der Beifügung durch Hitomaro ist nicht vollkommen bodenlos, wenn auch Itō selbst diesem Zusammenhang nicht nachgeht. Ist die vorliegende Form inklusive der Vorfassungen auch ein Ergebnis der Kompilation, könnte für das Narrativ der autorisierten Hauptfassung inklusive 2: 140 durchaus Hitomaro verantwortlich gewesen sein. Die folgenden Beobachtungen sind durch diese Möglichkeit motiviert und die Suche nach zusätzlichen Indizien sollen ihr ein stabileres Fundament zu bereiten.

Itōs (1975: 298, 1: 291) Integration von 2: 140 in die Iwami-Gedichte macht insofern Sinn, als die Gedichte zur *sōmon*-Abteilung gehören, deren Ideal nicht der Monolog, sondern der Austausch ist. Er berücksichtigt das Gedicht der Frau aber nicht aus diesem Grund, sondern seine Untersuchung (1975: 279–303) ist von narratologischen Fragen geleitet, wie überhaupt Kōnoshi (1992: 342–343) zufolge das Erzählen mit Liedern oder Gedichten (*uta-*

schriftungen von *ware* vgl. Omodaka 1977: 264–265. „Ich" in der Grundform lautet *a* oder *wa* wie in 1: 108 (吾乎 *a wo*, „auf mich [warten]") oder phonographisch verschriftet in 14: 3532 (安乎 *a wo*, „an mich [denken]"); vgl. Omodaka 1983: 1 und zu *wa* S. 813. Omodaka (ebd.) zufolge ist *re* in *a-re* oder *wa-re* ein Suffix und die Lesung *a-ga* respektive *wa-ga* hänge „gewöhnlich" von dem darauffolgenden Nomen ab. Er listet Nomen, die mit *aga* oder *waga* stehen, aber offenbar nicht stehen müssen. Die Behandlung von 吾 in Hitomaros Iwami-Gedichten scheint auch mit der Problematik der Bedeutung als Personal- oder Possessivpronomen (in 2: 132) zusammenzuhängen.

75 Vgl. Aso 2004: 100. Die Sammlung wurde über verschiedene Linien überliefert und geht Aso (S. 303) zufolge auf die „Auswahl der sechsunddreißig [Dichter-]Personen" (*Sanjūroku-nin-shū* 三十六人撰) von Fujiwara no Kintō 藤原公任 (955 bis 1041) zurück, die allerdings ebenfalls eine Vorgeschichte besitzt; vgl. Aso ebd. S. 297.

76 Zumindest bei der im *Man'yōshū* häufig genannten Materialquelle „Kakinomoto *no asomi* Hitomaro-*kashū*" wird davon ausgegangen, dass sie auch Gedichte enthielt, die nicht aus Hitomaros Hand stammten; vgl. Tōyama 1999: 28.

*gatari*) einen der oder den „methodologischen Rahmen" zu Itōs Arbeiten zu bilden scheint. Den Grund für die Bezeichnung als Yosami *no wotome*, „junge Frau aus Yosami", mit einem Ortsnamen aus dem Gebiet der heutigen Präfektur Ōsaka, vermutet Itō (S. 297) durch die Situation des Vortrages und der Rezeption im Hof-Salon (*kyūtei saron* 宮廷サロン). Da dort unter der Zuhörerschaft diese oder solche Frau(en) gewesen sei(en), habe „Hitomaro" mit dem „fiktionalen Werk" diese „eifrige Rezipientin(nen)", welche zur „Frau aus Iwami" wurde(n), direkt und effektiv angesprochen. Für Itō (S. 298) ist somit auch das Gedicht 2: 140 eine vermutlich von Hitomaro selbst geschaffene Fiktion. Die Spekulationen zur Rezeptionssituation scheinen allerdings ihre Grenzen zu überschreiten, was seinem Modell Überzeugungskraft raubt, zumal es auch an narratologischer Stringenz mangelt.[77] Die Beschreibung als „Zuhörer namens Hofmenschen" im Zusammenhang mit den Iwami-Gedichten wurde bereits einige Jahre früher von Shimizu Katsuhiko 清水克彦 (geb. 1926) diskutiert, auf dessen Arbeiten in der Forschung zu den Iwami-Gedichten häufig Bezug genommen wird (vgl. Kōnoshi 1999b: 219).

### Die Iwami-Dichtung und die *sōmon*-Abteilung

Die aus dem Titel vor 2: 131 abgeleitete und in der Forschung gängige Beschreibung „Iwami *sōmon-ka*" bezieht sich auf Hitomaros Gedichte, steht in der vorliegenden Arbeit aber im Sinn von Itō Haku inklusive 2: 140. Das ist nicht nur durch Itōs Lesung als durchgehendes Narrativ zu begründen, die im Folgenden zur Prüfung ansteht, sondern soll auch den bisher kaum beachteten Aspekt der Rahmung der *sōmon*-Abteilung des zweiten Bandes hervorheben. Schließlich endet diese mit dem als Antwort ausgewiesenen Gedicht 2: 140, aber ein isoliert stehendes Gedicht bildete nicht unbedingt den angemessenen Abschluss einer solchen Abteilung, zumal ihm, wie das Desinteresse der hier konsultierten Forschung belegt, keine hohe Wertschätzung widerfährt.

Die *sōmon*-Abteilung beginnt mit der Sequenz 2: 85 bis 88, die als monologischer Beitrag der Iwa no Hime inszeniert ist und fiktionale und narrative Momente aufweist, die charakteristisch für die gesamte *sōmon*-Abteilung im zweiten Band sind. Omodakas und Nakanishis Vermutungen der Aufnahme von 2: 140 als Akt der Kompilation wurden erwähnt, aber es wäre zu überlegen, was 2: 140 für die abgeschlossene Sammlung ohne diesen Zusammenhang mit Hitomaros Gedichten für ein Sinn ergäbe. Das prinzipielle Bedürfnis nach ein-

77 Itōs Modell ist eng an seine Vorstellungen zum mündlichen Vortrag im „Salon" am Hof gebunden (vgl. Itō 1975: 293–298), was in der Forschung auch in anderen Zusammenhängen – etwa bei der *rensaku*-Diskussion (vgl. Kōnoshi 1991b) – auf Kritik stieß; vgl. Kōnoshi 1992: 260, Misaki 2005: 243–246.

deutiger Bezugnahme der *sōmon*-Dichtung bestätigt Aso Mizue. So gebe es zwar – wohl im vorliegenden Zustand – „kein vorangehendes Gedicht von Hitomaro", aber sie vermutet als solches eines aus dem zehnten Band.[78] Die Verknüpfung mit diesem Gedicht vollzieht zwar bereits Omodaka Hisataka (2: 183), aber sein Kommentar stammt aus dem Jahr 1958, einige Jahre vor Itō Hakus Modell. Auch lehnt er den Bezug auf Hitomaros Iwami-Gedichte nicht so vehement ab, wie es aus Asos Ausführungen zu entnehmen ist.

Das Gedicht der Frau bringt eine Reflexion zum Ausdruck, die einen Zusammenhang geradezu erfordert. Die Einleitungsgedichte 2: 85 bis 88 sowie das Abschlussgedicht 2: 140 zeugen von Frauen, deren Partner auf die Reise gingen und sie zurückließen. Wie das Gedicht 1: 43 aus der mit Hitomaros Gedichten beginnenden Sequenz 1: 40 bis 44 belegt, ist die zurückgelassene Frau kein Alleinstellungsmerkmal der *sōmon*-Dichtung, aber die inhaltliche Nähe – das Grübeln und Nachdenken – der Gedichte am Anfang und Ende der *sōmon*-Abteilung ist geradezu auffällig. Eine Rahmung wäre damit gegeben, aber als isoliert stehendes Gedicht ginge 2: 140 die narrative Qualität verloren, welche die Eröffnungsgedichte auszeichnet und für die Gedichte im zweiten Band insgesamt typisch zu sein scheint. Näher betrachtet bieten sich somit hinreichend Gründe zur Ausschau nach weiteren Verbindungen.

Misakis Bezug auf Itōs Aufsatz von 1973 (= 1975: 279–303) ist affirmativ, und Itōs Modell sei sogar „einzigartig" oder „originell (*yūniku*, unique)". Wie Kōnoshi (1999b) und andere im Folgenden zitierte Aufsätze spricht er jedoch den von Itō behaupteten Zusammenhang mit 2: 140 nicht nur nicht an, sondern scheint dem Thema geradezu auszuweichen.[79] Die Ausklammerung der Ana-

78 Aso (1: 344) führt das Gedicht 10: 1895 an, in dem es 後相莫戀 *nochi ni mo ahamu na kohi so*, „später wollen wir uns wiedersehen, sei nicht so sehnsüchtig!", heißt. Sie entwirft ein verklärt anmutendes Bild der historischen Realität, in der sich die Liebenden zum Abschied noch gegenseitig Gedichte zurufen, und sie nimmt nicht die Differenzen wahr, welche die Schrift vorgibt. 10: 1895 ist mit zwölf Schriftzeichen im abgekürzten Stil (*ryakutai* 略体) verfasst, der nichts mehr mit der Mündlichkeit vor Ort zu tun hat. Während das Gedicht mit einer Landschaft in den ersten drei Versen ansetzt, um dann in den letzten beiden Versen die emotionale Hauptaussage einzubringen, wie es für Kurzgedichte typisch ist, kommt 2: 140, in dem die grammatischen Hilfszeichen phonographisch verschriftet sind, ganz ohne Landschaft aus. Sollten die beiden Gedichte zusammengehören, wäre das eine reizvolle Kombination, die aber höchst spekulativ bleibt. Schließlich heißt es in 2: 140 nicht 莫戀 *na kohi so*, sondern 勿念 *na omohi*, aber im direkten Austausch wäre wohl eine wörtliche Wiederholung zu erwarten. In der historischen Realität waren diese und ähnliche Ratschläge zum Abschied ohne Zweifel nicht ungewöhnlich.

79 Vgl. Misaki 2005: 241–246, der verschiedene Arbeiten anführt, die sich kritisch mit Itōs Untersuchung auseinandersetzen. Deren Raum-Zeit-Analysen seien zwar lobenswert, aber Itōs Niveau werde von keiner dieser Arbeiten überboten. Kurazumi (2011: 13–14)

lysen zum Erzähler erklärt er (S. 243) einmal mehr mit der Konzentration auf Raum und Zeit, aber das Übergehen von Itōs Positionierung von 2: 140 im Zentrum der Iwami-*sōmon*-Dichtung hätte zumindest eine Anmerkung erfordert. Wenn Itō (1975: 292, 297) weiterhin die Iwami-*sōmon*-Dichtung inklusive 2: 140 als „fiktionales Werk (*kyokō-teki sakuhin* 虚構的作品)" liest, dabei aber die erzählte Figur konsequent als „Hitomaro" bezeichnet, zeigen sich weitere Probleme. Wie gesehen beschreibt Kōnoshi (2013: II–IV) Hitomaro im Sinn eines abstrakten Autors, und Misaki bleibt konsequent beim „Erzähler" (»*katarite*« 「語り手」) – freilich stets in Zweifel säende Anführungszeichen gesetzt. Die eingestreuten Vorfassungen bringen über die Materialität der Schrift jedoch Effekte mit sich, die auch für die damalige Rezeption Fragen nach den Vermittlungsinstanzen aufwerfen mussten und für die wissenschaftliche Beschreibung mehr Aufmerksamkeit erfordern. Das gilt für das von Itō vorgeschlagene Modell und die daran anschließenden Gegenentwürfe ebenfalls, und die folgenden Analysen und Beschreibungen müssen dementsprechend filigran ausfallen.

Als Hintergrundinformation im Rahmen von Hitomaros Gesamtwerk zu ergänzen ist, dass schon Keichū und mit ihm einige andere die Heimat Hitomaros in Iwami vermuteten und die Iwami-Abschiedsgedichte Hitomaros frühen Beamtenjahren zurechneten. Demnach seien sie beim Aufbruch in die Hauptstadt entstanden, aber die etablierte Lehrmeinung (*tsūsetsu* 通説) ging dagegen lange von Hitomaros Alterswerk aus.[80] Inaoka (1: 91) weist jedoch wiederum auf eine These hin, wonach die Gedichte während der ersten Hälfte von Jitōs Regierungszeit entstanden seien, also bis circa 690,[81] ohne allerdings von der historischen Wahrheit eines tatsächlichen Abschieds auszugehen. In

---

widmet sich einem bestimmten Problem der Umformulierung eines Ausdrucks in 2: 138 zu 2: 131 und listet einleitend die Forschungsliteratur, die auch im Folgenden Berücksichtigung findet. Itōs Beschreibung als „zentripetale Struktur" (siehe unten) stellt sie vor, aber nur bezüglich Hitomaros Gedichte. Ohne weitere Erläuterungen muss der Begriff sinnlos bleiben, da das Zentrum selbst, also das Gedicht 2: 140, nicht in den Blick rückt.

80 Vgl. Misaki 2005: 240 und zur „Legendenbildung" um Hitomaro sowie dem Problem, diese dann umgekehrt in die Interpretation einfließen zu lassen, Kōnoshi 1992: 243, 263–264, 1999b: 221–222.

81 Misaki (2005: 240) zufolge wies 1973 Inaoka selbst die etablierte Theorie zur Dichtung in den späten Jahren zurück. Das macht Inaoka am Gebrauch der Parallelverse und der Kopfkissenworte sowie weiterhin an der Bezeichnung der Kurzgedichte 2: 132, 133, 136, 137 und 139 als *hanka*-Gedichte fest, was nur in der frühen Dichtung Hitomaros bis zur Abdankung von Jitō Tennō 697 während der sogenannten „zweiten Entstehungsphase" (672 bis 710) der Fall gewesen sei; vgl. Kōnoshi 1999b: 222, Kawashima 1991: 3. In den Titeln zu 2: 131 und 2: 138 steht allerdings „inklusive *tanka*-Kurzgedichte".

der oben diskutierten Kompilationsgeschichte nach Itō Haku und Ogawa Yasuhiko wird die vorliegende Fassung inklusive der Vorfassungen der ersten Ergänzung zugerechnet, fiele also in das frühe achte Jahrhundert, als Hitomaro vermutlich nicht mehr lebte.

**Die Gedichttexte**

Die folgenden Analysen konzentrieren sich auf die autorisierte Hauptfassung, aber das angemessene Verständnis erfordert die Darstellung und Übersetzung aller Texte. Wie bisher erfolgen grammatische Erläuterungen in den Anmerkungen, beschränken sich jedoch auf ein Minimum, da den Verbformen ein eigener Abschnitt gewidmet ist.

Zwei Gedichte von der Zeit, als Kakinomoto no *asomi* Hitomaro aus dem Land Iwami nach dem Abschied von seiner Frau [in die Hauptstadt] zurückkehrte inklusive Kurzgedichte.

Am Iwami-Meer / Die Bucht von Tsuno / Ohne [eine schöne] Bucht, so / Ja, so mögen sie es wohl seh'n / (5) Ohne flache Küsten [an anderer Stelle heißt es: ohne Felsen], so / Ja, so mögen sie es wohl seh'n / Soll mir doch recht sein / Wenn es keine [schöne] Bucht gibt / Soll mir doch recht sein / (10) Wenn es keine Flachküste [an anderer Stelle heißt es: Felsen] gibt[82] / *isana tori* [etwa: Wo man Wale fängt] / Mit dem nahen Meer als Ziel / Bei Nikitazu / Auf schroffem Fels / (15) Wächst es in dichtem Grün / Edles Seegras, Meeresgras / Der sich morgens aufschüttelnde / Wind, er kommt immer an / Die sich abends nähernden / (20) Wellen, sie kommen immer an / Mit den Wellen zusammen / Hierhin oder dorthin / Wie hehres Seegras // Schlief sie eng an mich geschmiegt[83] [an anderer Stelle heißt es: geliebte Frau, in ihrem Arm] / (25) *tsuyu-shimo no* [eiskalt Tau und Reif, Raureif] / Da ich sie zurückgelassen habe / Auf diesem Weg / An jeder und jeder Biegung / Zehntausend Male / (30) Schaue ich zurück und doch / Immer immer ferner / Hab' [ich mich] vom Dorf entfernt / Immer immer höher / Berge, die ich überschritten habe[84] / (35) *natsukusa no* / [wie sich] die

82 Aso (1: 332) zufolge ist der im Gedicht thematisierte Küstenstreifen für seine Eintönigkeit bekannt, woraus sie eine realistische Darstellung folgert. Der vermeintliche Küstenabschnitt südwestlich der Stadt Gōtsu ist nicht besonders lang.

83 Kawashima (1991: 9–11) macht auf die „für Hitomaros Werk besonders intime und erotische Emotionslandschaft" aufmerksam. Das „sich wiegende Seegras" komme weiterhin in 2: 135 sowie den beiden *banka*-Trauergedichten 2: 194 und 196 vor und bilde „mit dem Abschied im Leben oder im Tod einen klaren Kontrast"; zum „*eroticism* des fließenden Seegrases" (nach Masuda Katsumi) vgl. Kōnoshi 1992: 253.

84 Die Parallelverse 31 bis 34 finden sich auch in 13: 3240, und Aso (1: 334) vermutet den

Sehnsucht [wie der vergängliche Sommerpflanzenwuchs] erschöpft / Wird sie sich wohl gerade [noch nach mir] sehnen[85] / Meiner Frau Tor will ich seh'n / Macht dich flach, du Berg! (2: 131)

*Iwami no umi / Tsuno no ura-mi wo*[86] */ ura nashi to / hito koso mi-ra-me*[87] / (5) *kata nashi to* [*ichi ni ifu iso nashi to*][88] */ hito koso mi-ra-me / yoshi-we-ya-shi*[89] */ ura ha naku tomo / yoshi-we-ya-shi /* (10) *kata ha* [*ichi ni ifu iso ha*] *naku tomo / isa-na tori / umi-he wo sashi te / Nikitazu no*[90] */ ariso no uhe ni /* (15) *ka awoku ofuru / tama-mo oki tsu mo / asa ha furu / kaze koso yose-me / yufu ha fu-ru*[91] / (20) *nami koso ki-yore / nami no muta / ka-yori*

---

Einfluss des vorliegenden Gedichts.

85 Vovin (2020: 107) übersetzt „(37) for whom [I] long, (36) withering from love" und bezieht die beiden Verse somit auf das Erzählmedium „I", was aber die Grammatik übergeht: Das für die vorliegende Gedichte wichtige Verbalsuffix *-ramu* ist eine Vermutung zur Gegenwart, welche die Frau betrifft.

86 Zu diesem Ortsnamen vgl. Itō 1975: 281; siehe auch SNBZ 6: 481.

87 Das Verbalsuffix *-rame* (*-ramu*) zum Ausdruck einer Vermutung zur Gegenwart erfolgt bei Verben der oberen einstufigen Flexion (hier: *miru*, „sehen") an der Konjunktionalform; in diesem Vers bildet es mit *koso* eine postpositionelle Korrelation (*kakari-musubi* 係結び; vgl. Lewin 1975: 218–219).

88 Das Wort *kata* 潟 bedeutet „Lagune", aber sollte es sich um den Strand südwestlich von Gōtsu handeln, bedeutet es einen flach ins Meer laufenden, sich gerade dahinziehenden Küstenabschnitt; vgl. Aso 1: 332.

89 Der SNBZ-Kommentar (6: 104) erläutert die Phrase als *yoshi*, „gut [so]", mit den beiden interjektionalen Postpositionen (*kantō joshi* 間投助詞, vgl. Levin 1975: 100–103; auch: Modalpartikel) *we* und *yashi*. Die SNBT-Bearbeiter (1: 109) sehen *yoshi-we* als „Interjektion" (*kantō-shi* 間投詞, Lewin ebd. S. 69–70) und *ya-shi* als Betonung, Aso (1: 332) *we*, *ya* und *shi* als *kantō-shi*. Die Verse 7 bis 10 werden auch als „rhetorische Annahme (*shūji-teki katei* 修辞的仮定)" bezeichnet, die Hitomaros Anhänglichkeit zu dieser Gegend stark hervorhebe. Diese Anhänglichkeit komme auch in den folgenden Versen deutlich zum Ausdruck; vgl. Kawashima 1991: 4–5.

90 和多豆, „Nikitazu", ist hier übersetzt als Ortsname, könnte aber auch „sanfter (*niki*) Hafen, Bucht" etc. heißen (vgl. SNBT 1: 110), was dann zu den „schroffen Felsen" einen Kontrast bildete: „die schroffen Felsen in der sanften Bucht". Aso (1: 332) weist auf die mögliche Lesung „Watazu" hin, die zu einem Silbenmangel führte. Kōnoshi (1999b: 211) plädiert anhand der Verschriftung dafür, aber in 2: 138, wo es explizit heißt, dass es keine als Anlegestelle geeignete Buchten gibt, stehen die Schriftzeichen 柔田津 Niki-ta-zu.

91 Kōnoshi (1992: 215) zufolge zeigen diese Parallelverse mit *ha furu* Hitomaros originelle Schöpfungskraft. Die Wörter 羽振流 *ha furu* bedeuten wörtlich das Schütteln der Federn, und die Metapher wird mit „ankommen" übersetzt. Aso (1: 340) sieht darin eine „fortgeschrittene Gestaltung im Stil der klassisch-chinesischen *shi*-Dichtung (*shi-teki keishōka* 詩的形象化)". „Fortgeschritten" bezieht sich auf das Langgedicht 1: 138, das sie als Vorfassung einstuft.

*kaku-yoru / tama-mo nasu / yori-ne-shi imo wo* [*ichi ni ifu ha-shi-ke-yo-shi imo ga ta-moto wo*][92] / (25) *tsuyu-shimo no*[93] / *oki-te-shi kure ba*[94] / *kono michi no*[95] / *ya-so kuma goto ni / yorozu tabi* / (30) *kaherimi sure do / iya toho ni / sato ha sakari-nu / iya taka ni / yama mo ko(y)e-ki-nu* / (35) *natsu-kusa no*[96] / *omohi-shi-na-(y)e te / shi-no-fu-ra-mu / imo ga kado mimu / nabike kono yama*

Zwei Gegengedichte

| | |
|---|---|
| *Iwami no ya* | Ach Iwami! |
| *Takatsunoyama no* | Auf dem hohen Takatsuno |
| *ko no ma yori* | Aus dichten Bäumen |
| *waga furu sode wo* | Meinen winkenden Ärmel |
| *imo mi-tsu-ramu ka* | Ob sie das gesehen hat?[97] (2: 132) |

92 Omodaka (2: 150) zufolge handelt es sich bei dem eingeschobenen Alternativversen nicht um eine Vorfassung, sondern um eine Streichung, da ansonsten der Anschluss an die vorangehenden Verse unangebracht sei.

93 Seit den ältesten Kommentarwerken wird 露霜乃 *tsuyu-shimo* als etwas erklärt, das zwischen Tau und Reif ist, hier übersetzt mit „Raureif", das heißt Reif, dessen Kristalle gut zu erkennen sind. Kawashima (1991: 4, 11–13) zitiert aus einer Untersuchung, die zeigt, das dieses Dazwischen tendenziell in *tsuyu* enthalten ist. Es sei jedoch ein „kalter Tau", der Tau, wenn es noch kälter geworden sei. Weiterhin macht er (S. 5) auf die wiederholt festgestellte Originalität dieses Ausdrucks aufmerksam, hebt aber den Unterschied zu anderen Kopfkissenwörtern hervor. Denn es handele sich nicht um eine metaphorische Verbindung wie in *natsu-kusa no* am Ende dieses Gedichtes (siehe unten), sondern über die doppelte Bedeutung „sich legen auf" und „zurücklassen" übe es gewissermaßen eine *kake-kotoba*-Funktion aus. Kawashima (ebd. S. 7) vermutet für *tsuyu-shimo no* eine besondere Absicht Hitomaros, der er nachgeht, um die Funktion der beiden Verse *tsuyu-shimo no oki-te shi kure ba* als Dreh- und Angelpunkt (*kaname* 要, S. 18–19) nachzuweisen.

94 Das Verb 置 *oku*, „stellen, legen", bedeutet hier ein Ver- und Zurücklassen für immer (*sute-oku* 捨置); vgl. Kawashima 1991: 4, der an das Verb im Langgedicht 1: 29 erinnert.

95 Zu *kono michi* vgl. Kawashima 1991: 8–9.

96 Der Vers 夏草之 *natsu-kusa no* bezeichnet die im Sommer schnell wachsenden Pflanzen, die im Winter verdorren, steht hier aber anders als in 1: 29 als *makura-kotoba* vor (*omohi-*)*shinayu*, „nachlassen, vergehen", hier -*shinaye te* 念思奈要而, „das Erinnern verdorrt". Aso (1: 334) zufolge kommt dieser Gebrauch nur im Zusammenhang mit Hitomaros Dichtung vor; zu verschiedenen Deutungsvorschlägen von *natsu-kusa* in Verbindung mit *tsuyu-shimo*, „Raureif", in Vers 25 vgl. Kōnoshi 1999b: 211. Die verdorrten Sommerpflanzen und der Raureif unterstützen das Bild einer im Spätherbst einsam durch die Berge ziehenden Figur.

97 Der Vers *mi-tsu-ramu* besteht aus *miru*, „sehen", und den beiden Verbalsuffixen -*tsu* (perfektiver Aspekt, *kanryō*, „gesehen haben") sowie -*ramu* zum Ausdruck der Vermutung in der Gegenwart. Das Winken selbst ist beendet, aber der gegenwärtige Eindruck wird hervorgehoben: „gerade jetzt gesehen haben"; vgl. Aso 1: 334. Die Hinzufügung

| | |
|---|---|
| *sasa no ha ha* | Das Bambusgras, das |
| *mi-yama mo saya ni* | In hehren Bergen raschelnd |
| *midaru tomo* | Mag auch noch so wirr sein –[98] |
| *ware ha imo (o)mofu* | Ich aber denk' an die Liebste |
| *wakare kinure ba* | Da wir nun ganz getrennt sind[99] (2: 133) |

In einem Buch lautet ein Gegengedicht:

| | |
|---|---|
| *Iwami naru* | Gehört zu Iwami |
| *Takatsunoyama no* | Dort am Berg Takatsuno |
| *ko no ma yu mo* | Durch dichte Bäume |
| *aga sode furu wo* | Das Winken meines Ärmels |
| *imo mi-kemu kamo* | Ob die Geliebte das wohl sah?[100] (2: 134) |

---

von *ka* bringt einen den Effekt der Zeitzuspitzung mit sich.

98 Shiotani (1984: 224) zufolge markiert *tomo* die vorangehenden Verse als eine von mehreren Möglichkeiten / Bedingungen und hebt den folgenden Sachverhalt hervor. Er beschreibt das Wort als „betonenden metaphorischen Ausdruck". Die etablierte Lesung für diesen Vers lautet *sayage domo*, „rascheln durcheinander, obwohl"; vgl. Itō 1975: 283, SNBZ 6: 101, SNBT 1: 110 oder Aso 1: 334. Shiotani (S. 223–225) fasst dagegen einen früheren Aufsatz zusammen und zeigt, dass es nur *midaru tomo* heißen kann. Auch Inaoka (1: 93) und Kōnoshi (1999b: 213) lesen *midaru*, denn Kōnoshi zufolge, der in einer früheren Arbeit ebenfalls *sayage* las (1992: 242, 257), bezieht sich *midaru* auf das Sehen, *sayagu* aber auf das Hören. Nach einer Diskussion der beiden Möglichkeiten (S. 213–215) entscheidet er sich für *midaru* (so auch Inaoka 1: 92). Bei dieser Lesung gehen zwar der Wohlklang in *saya ni sayagu*, „hell und klar rascheln", verloren, aber Kōnoshis Einwand, dass die Auslegung nicht den Wünschen folgen darf, besitzt Gewicht. Zu bedenken ist die Aufnahme als Gedicht Nr. 900 ins *Shinkokin wakashū*. Zwei Wörter sind ausgetauscht, aber es heißt *midaru*; vgl. Minemura 1995: 268. Das Schriftzeichen 亂 bezieht sich gewöhnlich auf die sichtbare Welt, und in dieser Lesungen erzeugt das Gedicht das Bild einer hör- *und* sichtbaren Außenwelt, von dem sich die *Sprechinstanz* durch die Selbstbeschreibung absetzt, was Kōnoshi (S. 215) als das entdeckte Ich (*hakken sareta ware* 発見された「我」) – es müsste 吾 heißen – beschreibt. Zu beachten ist die Abgrenzung der ersten drei Verse mit der Landschaftsdarstellung und der letzten beiden Verse mit der emotionalen Aussage. Diese baut sich nicht nur über *tomo* (Betonung) auf, sondern über die betonenden Partikel *ha* im ersten und vierten Vers: „die Bambusgrasblätter" versus „ich". Die Außenwelt symbolisiert also weniger die Emotionalität der Sprechinstanz, sondern kontrastiert; vgl. auch Kōnoshi ebd.

99 Auf der klanglichen Ebene zeichnet sich das Gedicht durch die durchgehende *a*-Assonanz aus, die vierzehn Silben umfasst. Der Wechsel der hellen Vokale *a* und *i* spricht ebenfalls für die Lesung *midaru*, und zugleich setzen die *o*-Vokale in *tomo* dunkle Akzente. Diese Lautverbindung wird im folgenden Vers wiederholt. Für die Aufnahme ins *Shinkokin wakashū* dürften auch die lautlichen Qualitäten verantwortlich sein.

100 Das Verbalsuffix *-kemu* steht für Vermutungen zur Vergangenheit. Da das Gedicht eine Alternativfassung zu 2: 132 ist, zeigt sich in diesem Vers insofern die literarische

*tsuno saha-fu*/ Das Meer von Iwami / *koto sa-he-ku* / Vor dem Kap Karasaki / (5) Dort bei den Riffen / Wachsen Tiefseegräser / Dort auf den Felsen / Das hehre Seegras, es wächst / So wie das Seegras / (10) Sich sanft [im Wasser] wiegt, lag das Kind [die Geliebte] im Schlaf / Wie das Tiefseegras / So tief denk' ich an es/sie, doch / Zusammen geschlafene Nächte / Gar so viel waren es nicht / (15) *hafu tsu-ta no* / Hab' sie ach verlassen und nun / *kimo mukafu* / Das Herz voller Schmerzen / Denk' [an sie] immerfort / (20) Blicke ich zurück und doch[101] / *oho-bune no* / Berg der Überquerung / Das bunte Herbstlaub / Da es wirr herunterfällt / (25) Den [winkenden] Ärmel der Geliebten / Klar und deutlich sah ich [ihn] nicht / *tsuma-gomoru* / Und am Berg Yakami [an anderer Stelle heißt es: Murokamiyama] / [Wie] Der zwischen Wolken / (30) Vorüberziehende Mond / Ach wie bedauerlich! / Bin [ich] nun mehr und mehr verborgen[102] / *ama-zutafu* [den Himmel überqueren-überliefern] / Da nun die Abendsonne aufgeschienen hat / (35) Ein stattlicher Mann, so / Dacht' ich von mir, doch / *shiki-tahe no* / Die Ärmel meines Mantels / Sind nun durch und durch nass [von meinen Tränen] (2: 135)

Arbeit, als in 2: 132 die Gegenwart stärker betont ist – falls 2: 134 die Vorfassung zu 2: 132 ist. Kōnoshi (1992: 245–246) macht auf den zeitlichen Abstand zum Langgedicht 2: 131 (mit den eingeschobenen Alternativversen) aufmerksam sowie den zeitlichen Abstand, der sich durch 2: 134 ergibt, und vermutet – mit Itō Haku – somit insgesamt die Perspektive aus der Hauptstadt.

101 Nakanishi (1995: 448) zufolge beinhalten ab dem neunten Vers, also ab dem narrativen Textteil, die Verse mit sieben Silben das „Zu-Sagen-Wollende", wogegen die davorstehenden Verse mit fünf Silben bis auf *omohi tsutsu* nichts zur Darstellung des Geschehens beitragen. Das sollte dann auch für den Rest des Gedichtes ab Vers 20 der Fall sein, aber tatsächlich geht diese Rechnung ab Vers 23 nicht mehr auf. Er verbindet diesen Stil mit dem mündlichen Vortrag und Effekten auf die Zuhörerschaft.

102 Bei der Phrase *kakura-fu*, „fortgesetzt im Verborgenen sein", ist das Subjekt unklar, und der Vers ist noch näher zu prüfen.

*tsuno saha-fu*[103] / *Itami no umi no* / *koto sa-he-ku* / *Kara no saki naru*[104] / (5) *i-ku-ri ni so* / *fuka-miru ofu-ru* / *ariso ni so* / *tama-mo ha ofu-ru*[105] / *tama-mo nasu* / (10) *nabiki-ne-shi ko wo*[106] / *fuka-miru no* / *fukame te omohe do*[107] / *sa-neshi yo ha* / *ikuda mo arazu* / (15) *hafu tsu-ta no*[108] / *wakare shi kure ba* / *kimo mukafu*[109] / *kokoro wo itami* / *omohi tsutsu*[110] /

---

103 In herkömmlicher Lesung ist *tsuno sahafu* ein altes Kopfkissenwort (*makura-kotoba*) zu *iwa*, „Felsen", in Orts- und Personennamen. Omodaka (2: 160) erläutert an Beispielen aus dem *Nihon shoki* wie „*tsuno sahafu* Iwa no Hime" aus dem Buch „Nintoku" (dort auch zum Schriftzeichen 障), und Aso (1: 235) macht auf die Möglichkeit von *tsuno*, „Hörner", verstanden als Keimlinge, die sich den im Weg stehenden (*safu* 障ふ) Felsen hochranken, aufmerksam. Die Grundform von *sahe-* (*saheku* von *safu*) ist nicht mit der Grundform von *saha-* identisch, aber Omodaka (ebd.) sieht eine gemeinsame etymologische Wurzel. Kōnoshi (1999b: 215) bezieht 角障經 *tsuno sahafu* auf das Meer als „kontinuierliches Dazwischensein, Behindern" (*safu*, „im Weg stehen", *-fu* drückt „Fortsetzung" aus).

104 言左敝久 *koto sa-he-ku* bedeutet im üblichen Verständnis „den Wörtern (*koto*) im Weg stehen, gegenseitig unverständlich sein" (*ku*-Nominalisierung) und steht vor „Kara", den Namen des Kaps, wörtlich „Korea / China" (vgl. Omodaka 2: 160–161). Kōnoshi (1999b: 215) sieht in den beiden *makura-kotoba* einen relevanten Unterschied zu 2: 131, da das Meer und das Kap als trennende Elemente zu der Frau im Dorf Tsuno erscheinen und „ein Bild der Abgeschiedenheit / Isolation" hervorrufen; vgl. auch Kōnoshi 1992: 258. Das passt nicht zu Vovins (2020: 114) Erklärung als koreanisches Lehnwort und der Lesung als „Korea, where [they] talk" oder „Korea, where [they] say speeches / words". Vovin weist auf den einzigen anderen Gebrauch in 2: 199 (von Hitomaro) hin. In linguistischer Hinsicht besitzt er mehr Überzeugungskraft, sieht aber nicht die Zusammenhänge im Rahmen eines literarischen Werkes, hier z.B. die Verbindung der beiden Kopfkissenwörter. In dem *banka*-Trauergedicht 2: 199 geht es ebenfalls um Trennung.

105 Die Verse 5 bis 8 bilden ein Parallelkonstrukt mit dem Verb *ofu*, „wachsen" in der Attributivform *ofuru* (in postpositioneller Korrelation mit *so*), das sich auf die Nomen *tama-mo*, „Seegras", und *miru*, ein Seetang mit starken Verästelungen, bezieht; die Parallelverse leiten die folgenden vier Verse 9 bis 12 ein.

106 Während es in 2: 131 妹 *imo*, „Geliebte", heißt, steht hier 兒 *ko*, „Kind". Kōnoshi (1999b: 216) verbindet mit den *makura-kotoba* zu Gedichtanfang und liest als weiteren Hinweis auf Trennung.

107 Auf die Körpermetaphorik 目, „Auge", und 手, „Hand", in 深目手思騰 *fukame te omohe do* ist zurückzukommen. Abgesehen von komplett phonographischen Verbphrasen ist nur in diesem Vers die Silbe ausgeschrieben, welche die Anschlussbasis für Verbalsuffixe oder Postpositionen bildet, nämlich mit 目 *me*.

108 Der Vers *ha-fu tsuta no* ist ein *makura-kotoba* zu 別 *wakare*, „fortgehen, sich trennen". *Tsuta* ist ein Rankengewächs, und *hafu* bedeutet „dehnen, spannen"; vgl. Aso 1: 336.

109 Das Wort *kimo* bedeutet „Leber", und Aso (1: 336) vermutet den Bezug als *makura-kotoba* in der Lage der Leber gegenüber (*mukafu*) des Herzens.

110 Das Wort *itami* ist die *mi*-Nominalisierung von *itashi* (Adjektiv), und den SNBZ-Bearbeitern (6: 103) zufolge ist *mi* + *omofu* = … *to omou*, „denken, dass …, was hier

(20) *kaherimi sure do / oho-bune no / watari no yama no*[111] */ momichi-ba no / chiri shi midare ni*[112] / (25) *imo ga sode / saya ni mo miezu / tsuma-gomoru / Yakami no* [*ichi ni ifu Murokamiyama*] *yama no*[113] */ kumo-ma yori /* (30) *watara-fu tsuki no / woshikedomo*[114] */ kakura-hi kure ba / ama-zutafu*

---

aber keinen Sinn ergibt. Denn *omohi tsutsu* steht in Verbindung mit der Verbphrase *kaherimi sure do*, und das erzählte Ich denkt nicht die ganze Zeit, dass sein Herz schmerzt. Möglich ist Nomen + *wo* + *mi*-Adjektiv = kausal (*node*); vgl. Omodaka 1: 80–81, siehe unten 2: 136.

111 Das „große Schiff (*oho-bune*)" „überquert (*wataru*)" das Meer: *makura-kotoba* zu *watari*; vgl. Aso 1: 336.

112 Lesung von 散之亂爾 nach Genryaku-*kōhon* sowie der Abschrift Jingū bunko-*bon* 神宮文庫本 (vor 1546); vgl. Sasaki 2: 123, die *chiri no magahi ni* lesen, was Aso (1: 336) mit „wegen des Durcheinanderfallens" erläutert. Alle hier konsultierten Kommentare und Aufsätze überführen 亂 wie in 2: 137 in *magafu*, aber nur Omodaka (2: 164) belegt die Lesung, allerdings mit späteren Gedichten. In der autorisierten Hauptfassung kommt das Schriftzeichen drei Mal vor, wovon das erste Vorkommen in 2: 133 wie gesehen gewöhnlich *sayage* gelesen wird. Das Verb *magafu*, „durcheinandergeraten, ununterscheidbar sein", kommt der Semantik der von *midaru*, „in Unordnung geraten", sehr nahe. Warum aber sollte das Schriftzeichen, das in den „Fassungen aus einem anderen Buch" nicht vorkommt, zwei verschiedene Lesungen repräsentieren? Es findet sich in dem eingeschobenen Alternativvers in 2: 137, sodass sein Auftauchen mit der zweiten Stufe der Korrektur zu vermuten ist, als die Gedichte 2: 135 bis 137 hinzugefügt wurden. 亂 ist mit dem Schriftzeichen 吾, „ich", zu sehen, das im Korrekturprozess nicht in 2: 131 übernommen wurde und erst mit den neuen Gedichten 2: 133 und 135 wieder in Erscheinung tritt.

113 Der Vers *tsuma-gomoru*, „die sich verbergende Frau", bezieht sich als *makuta-kotoba* vermutlich auf *ya*, „Haus, Dach", in „Yakami" in Vers 30. Aso (1: 336) liest die Verse 28 bis 30 als gedichtinternes Vorwort (*jo-kotoba*) zu dem Adjektiv *woshikedomo*, „bedauerlich" (in *kanbun*-Verschriftung 雖惜). Hashimoto (1991: 80) vermutet bei *Yakami no yama* einen Berg, den „der Autor" immer sah, als er im Haus der Gattin (*tsuma*) verkehrte.

114 Die Adjektivphrase *woshikedomo* geht zurück auf *woshi* in „der alten Konditionalform" *woshike*; vgl. SNBZ 6: 103.

*/ iri-hi sashi-nu-re*[115] / (35) *masurawo wo / omoheru ware mo*[116] / *shiki-tahe no*[117] / *koromo no sode ha / tohori te nure-nu*[118]

Zwei Gegengedichte

*awo-koma ga* Der stolze Hengst[119]

---

115 Die Kommentare setzen *irihi sashi-nure* mit *-nure* als Konditionalform (*izenkei* 已然形) von *-nu* (perfektiver Aspekt) gleich mit *irihi sashi nure ba* und überführen kausal in *sashita node* さしたので, „da die Abendsonne schien“ (Aso 1: 336) oder *yūhi mo ochitekita node* 夕陽も落ちてきたので, „zumal die Abendsonne untergegangen ist“ (SNBZ 6: 103). Omodaka (2: 166) oder die SNBT-Bearbeiter (1: 112), die noch weitere Beispiele für diese „offene“ oder „elliptische Konditionalform“ bringen, ergänzen ebenfalls *ba* und heben den Bezug auf das Nachfolgende als Kondition (*jōken-hō* 条件法, Omodaka, *jōken* 条件, SNBT) hervor. Lewin übersetzt *izenkei* mit „Konditionalform“ (1975: 105), was in diesem Fall mit den japanischen Kommentaren übereinstimmt, aber die Funktion der Flexionsform nicht deutlich wiedergibt. *Izen* 已然 bedeutet „bereits so vorhanden sein“, und eine Übersetzung in einen kausalen Nebensatz wirkt hier unzusammenhängend. Der Grund für die Traurigkeit des erzählten Ichs ist schließlich nicht die untergehende Sonne, sondern die Trennung von der Geliebten. Grammatisch geht es eher um temporale Zusammenhänge, und die obige Übersetzung mit „nun … schon“ soll das zeigen.

116 Im japanischen Text steht *mo*, „auch“. Hashimoto (1991: 82) zitiert zu diesem „fachlich ziemlich schwierigen Wort“ aus zwei Lexika und sieht die Funktion in der „Andeutung einer Ähnlichkeit / Parallele (*ruirei anji* 類例暗示)“; vgl. Omodaka 1983: 736. Hier bedeute *mo* etwa „wie die Leute, die keine stattlichen Kerle sind“. Diese „Leute“ macht Hashimoto für das vorliegende Gedicht konkret in der Geliebten (*imo*) fest. Weiterhin weist er auf die Stereotypie dieses Verses hin, für den es in der Sammlung sieben Belege gebe; Satake et al. (2004: 117) listen sechs Belege für *omoheru ware* (*mo*/*ya*/*wo*).

117 Das Kopfkissenwort *shiki-tahe no* steht Wörtern wie *makura*, „Kopfkissen“, oder *sode* „Ärmel“, voran und scheint etwas mit dem Schlafen zu tun zu haben, vielleicht eine Decke (*tae* 栲); hierauf ist zurückzukommen.

118 Kōnoshi (1999b: 219) zitiert zu den letzten fünf Versen Shimizu Katsuhikos Einschätzung als „unmännliche, weibliche Traurigkeit“ und schreibt, dass der „stattliche Kerl (*masurawo*) […] gewissermaßen von weiblicher Traurigkeit mitgerissen wurde“. Shimizu geht allerdings davon aus, dass die Gedichte während des mündlichen Vortrags am Hof verstanden werden mussten. Der Ausdruck von „privaten Gefühlen kam ursprünglich nicht aus dem Mund der stattlichen Kerle [Beamtenschaft] und war auch kein öffentlicher Ausdruck an einem öffentlichen Ort [am Hof]“. Kōnoshi (ebd.) stimmt Shimizu zu, fragt aber, wie ein solcher Ausdruck dennoch möglich war und was er für den Hof bedeutete. Kōnoshis Erklärungen im Zusammenhang mit der „Entdeckung der »privaten Emotionen« (»*shijō*« 「私情」) […], welche die Tennō-Welt bilden“, sind dort (S. 219–221) nachzulesen, aber die vermeintliche weibliche Emotionalität dürfte als höfische Inszenierung Unterhaltungswert gehabt haben.

119 Das Wort *awo* bezeichnet verschiedene Farben, außer rot oder gelb, und die Kommentare geben mehrere Möglichkeiten wie „graues Pferd“ (SNBZ 6: 103) an. Das häufig

| | |
|---|---|
| *a-gaki wo hayami* | Da die Beine gar so flink[120] |
| *kumo-wi ni so (zo)* | So fern wie Wolken |
| *imo ga atari wo* | Vom Ort meiner Geliebten |
| *sugi te kini-ke-ru* | Bin ich nun schon so weit entfernt![121] |
| *ichi ni ifu: atari ha* | an anderer Stelle heißt es: der Ort |
| *kakuri-kini-ke-ru* | nun ist er nicht mehr zu sehen (2: 136) |

| | |
|---|---|
| *aki-yama ni* | In die Herbstberge |
| *otsuru momichi-ba* | Fallende Buntlaubblätter[122] |
| *shimashiku ha* | Eine Weile nur – |
| *na-chiri-midare so* | Hört auf, so wirr zu fallen![123] |
| *imo ga atari mimu* | Den Ort der Geliebten will ich seh'n |
| *ichi ni ifu: chi-ri na midare so* | auch heißt es: So wirr hört auf zu fallen! (2: 137) |

Am Itami-Meer / Da es keine Buchten [wo Schiffe anlegen könnten] gibt[124] / Ohne [eine schöne] Bucht, so / Ja, mögen sie es wohl seh'n / (5) Ohne flache Küsten, so / Ja, mögen sie es wohl seh'n / Mich kümmert es nicht! / Und gibt es auch keine [schöne] Bucht / Mich kümmert es nicht! / (10) Gibt's auch keine [schöne] Lagune / *isana tori* / Mit dem nahen Meer als Ziel / Bei Nikitazu / Auf schroffem Fels / (15) Wächst es in dichtem Grün / Edles Seegras, Meeresgras / Wenn der Morgen kommt / Mit den Wellen, ja, kommen sie / Wenn der Abend sich nähert / (20) Mit dem Wind, ja, kommen sie / Mit den Wellen zusammen / Hierhin oder dorthin / Wie hehres Seegras / Sanft wiegend, schlief ich / (25) *shiki-tahe no* / Die Arme

---

in den Azuma-Liedern aus den Ostlanden vorkommende Wort *koma* – inklusive der Verbindungen – leitet sich offenbar von 子馬, „Kind-Pferd" (Omodaka 1983: 308), ab und bezeichnet einen Hengst zum Reiten. Die Kommentare heben den Gegensatz zum Ackergaul oder Zugpferd hervor (vgl. SNBZ ebd., Aso 1: 337), aber Pferde für den Ackerbau sind für diese Zeit zu bezweifeln. Das Wort *awo-koma* kommt in der Sammlung nur hier vor, und auch scheint hier der älteste Beleg für *koma* vorzuliegen.

120 Nomen + *wo* + *mi*-Nominalisierung (Adjektiv) markiert einen kausalen Nebensatz (*node*).

121 *Sugu* bedeutet hier „hinter sich gelassen haben" (Omodaka 2: 168), und *keru* (*keri* in Attributivform nach *so*) drückt Inaoka (1: 95) zufolge „das Bemerken" aus, „schon bis hier gekommen zu sein (*kite-shimatta koto* 来てしまったこと)"; die meisten Kommentare übersetzten in *kite shimatta*.

122 Auf die mögliche Lesung *chirafu* ist bei den Grammatikanalysen zurückzukommen.

123 Die Lesung von 亂 als *magafu* wurde bereits kritisch angemerkt.

124 Vers 2 in 2: 131 erwähnt die Bucht von Tsuno, aber in 2: 138 einen größeren Küstenabschnitt. Aso (1: 340) schätzt diesen größeren Küstenabschnitt als „unscharf" ein und spricht dem Gedicht dadurch „weniger Kraft" zu. Tsuno, das Dorf der Geliebten, wird in 2: 138 in Vers 42 namentlich genannt.

meiner Geliebten / *tsuyu shimo no* [wie Tau und Reif, Raureif] / Da ich sie zurückließ / Auf diesem Weg / (30) An jeder und jeder Biegung / Zehntausend Male / Schaute ich zurück und doch / Ach, in die Ferne / Hat sich [ihr winkender Ärmel] verloren / (35) Ach, so hoch, die / Berge, die ich überschritt / Wie sehr ich sie vermiss! / Meine geliebte Frau / *natsukusa no* / (40) [bis] Die Sehnsucht sich erschöpft („verdorrt") / Sie klagt gerade wohl / Das Dorf Tsuno will ich seh'n / Macht euch flach, ihr Berge! (2: 138)

*Iwami no umi / tsu no no ura wo na-mi / ura nashi to / hito koso mi-ra-me /* (5) *kata nashi to / hito koso mi-ra-me / yoshi-we-ya-shi / ura ha nakutomo / yoshi-we-ya-shi /* (10) *kata ha nakutomo / isana tori / umi-he wo sashi te / Nikitatsu no / ariso no uhe ni /* (15) *ka awoku ofuru / tama-mo oki tsu mo / ake kure ba / nami ko-so ki-yore*[125] */ yufu sare ba /* (20) *kaze ko-so ki-yore*[126] */ nami no muta / ka-yori kaku-yoru / tama-mo nasu / nabiki waga ne-shi /* (25) *shiki-tahe no / imo ga ta-moto wo*[127] */ tsuyu-shimo no / oki-teshi kure ba / kono michi no /* (30) *ya-so kuma goto ni / yorozu tabi / kaherimi suredo / iya toho ni / sato sakari-ki-nu /* (35) *iya taka ni / yama*

125 Lesung der Verse 18 (*nami koso ki-yore*) und 20 (*kaze koso ki-yore*) nach SNBZ 6: 104–105. *Nami / kaze koso yore* sei gleich mit *nami / kaze ni koso yore* (*yore* als postpositionelle Korrelation mit *koso*), und die Übersetzung lautet … *de ki-yoru* で来寄る, „mit den … näherkommen". Die SNBT-Bearbeiter (1: 114) übersetzen in *nami tatte-yoseru* 立って寄せる und *kaze fuite-yoseru* 吹いて寄せる. Der Wind respektive die Wellen bringen das Seegras näher. Aso (1: 337) liest die Verse *nami / kaze koso ki-yose*. Sie (1: 340–342) diskutiert die drei Möglichkeiten (… *ki-yore* … *ki-yose* weist sie aber direkt zurück) und entscheidet sich gegen die Lesung in SNBT oder SNBZ. Die entsprechenden Verse in 2: 131 zeigen eine andere Formulierung (siehe oben), und die Lesungen zu 1: 138 unterscheiden sich somit in *yoru* als endoaktives versus *yosu* als exoaktives Verb. Es geht um die Frage, ob Wind und Wellen zur Küste kommen, oder der Wind und die Wellen das Seegras „zur Küste bringen", also vermutlich „ausrichten".

126 Die vier Verse 17 bis 20 bilden wie in 1: 131 eine parallele Konstruktion. Aso (1: 340) sieht den Unterschied darin, dass in 2: 138 „lediglich" ein Morgen-Abend-Parallelismus vorliege, wogegen in 2: 131 der metaphorische Gebrauch von *ha furu*, das Federnschütteln von Vögeln, eingearbeitet sei.

127 Die vier Verse 23 bis 26 entsprechen den beiden Versen 23 und 24 in 1: 131, wurden also verkürzt. Aso (1: 341) sieht einen großen Unterschied in der Formulierung „meine Geliebte verlassen" in 2: 131 respektive „die Arme meiner Geliebten verlassen" in 2: 138. Für die Formulierung in 2: 138 legt sie noch weitere Beispiele vor, aber man könne „mit Sicherheit" sagen, dass die beiden Verse in 2: 131 „eindeutig […] im Ausdruck stärker sind". Den gleichen Inhalt anstatt in vier nur in zwei Versen auszudrücken, bedeute „in den Ausdruck mehr Kraft hineinzugeben". Folglich könne man feststellen, dass die autorisierten Verse in Gedicht 2: 131 (*honbun-ka* 本文歌) die bessere Fassung ist.

*mo ko(y)e-ki-nu / ha-shiki-ya-shi / waga tsuma*[128] *no ko ga / natsu-kusa no* / (40) *omohi-shi-na-(y)e te / nagekuramu*[129] / *Tsuno no sato mimu / nabike kono yama*

Ein Gegengedicht

| | |
|---|---|
| *Iwami no umi* | Meer von Iwami[130] |
| *Utsuta no yama no* | Auf dem Berg Utsuta |
| *ko no ma yori* | Durch die Bäume |
| *waga furu sode wo* | Meinen winkenden Ärmel |
| *imo mitsuramu ka* | Ob die Geliebte ihn wohl sieht? (2: 139) |

Die rechtstehenden [zwei Gedichte], der Stil (體)[131] ist gleich […], aber manche Verse sind gegenseitig ausgetauscht. Aus diesem Grund wurden [sie] nochmals aufgenommen.

Ein Gedicht der Yosami *no wotome*, der Frau von Kakinomoto *no asomi* Hitomaro nach (aufgrund) der gegenseitigen Trennung

| | |
|---|---|
| *na omohi to* | Denk nicht daran, so |
| *kimi ha ihe domo* | Sagst du zu mir, und doch[132] |
| *ahamu toki* | Die Zeit zum Wiederseh'n |
| *i-tsu to shiri-te ka* | Selbst wenn ich wüsste wann[133] |

128 Zur Lesung von 吾 in 2: 138 mit *waga* vgl. Sasaki et al. 2: 130–131.

129 Die fünf Verse 37 bis 41 entsprechen den Versen 36 und 37 in 2: 131; vgl. Aso 1: 341.

130 Aso (1: 343) merkt an, dass im Vergleich zu den vorangehenden Erwähnungen des Meeres von Iwami in den Kurzgedichten 2: 132 und 134 die lokale Beziehung zum Berg Utsuta unbestimmt und die Verbindung der Verse dadurch „nicht gut" sind.

131 Neben der Körpersemantik oder „3 substance, content; constitution" bedeutet das Zeichen „5 (lit.) genre, particular form of writing. a) (lit.) style, mode, manner, fashion" (Kroll 2015). Die Körpermetaphorik ist aber auch dort mitzulesen.

132 In manchen Abschriften heißt es im zweiten Vers *ihe domo*, und die hier konsultierten Kommentare folgen; vgl. Omodaka 2: 181, SNBT 1: 115, Aso 1: 344, Inaoka 1: 97, Itō 1: 310. Der SNBZ-Kommentar (6: 105) liest allerdings *ifu tomo*, erläutert den Unterschied als Hypothese (*katei* 仮定) in *ifu tomo* („selbst wenn …") sowie Bestimmung (*kakutei* 確定) in *ihe domo* („obwohl, wenn auch") und übersetzt in *anata ga osshatte mo*, „wenn du das auch so sagst". Nach der Hypothese folge oft eine Vermutung zur Zukunft oder der Ausdruck eines Wunsches; auch Vovin (2020: 122) liest ohne weitere Erläuterung „IP-U TÖMÖ" und übersetzt mit „Even if [my] lord says". Das Verb *kofu* gehört zur oberen zweistufigen Flexion, und die für das Verbalsuffix *-zu* (Negativform) notwendige Indefinitform lautet *kohi-*, an diese schließt sich das Verbalsuffix *-mu* (Vermutung, Wunsch, Futur) an, das ebenfalls die Indefinitform verlangt (*-zara*).

133 Die Transliteration der Verbphrase 知而 mit *shiri-te* geschieht hier als Verb + Hilfsverb *-tsu*.

| | |
|---|---|
| *ware kohizara-mu* | Fühlt' ich etwa keine Sehnsucht mehr?[134] (Wohl kaum) (2: 140) |

**Grundpositionen**

Misaki (2005: 269) zufolge schätzt Shimizu Katsuhiko das zweite Langgedicht minderwertiger als das erste ein. Eine solche Wertung sei grundsätzlich problematisch, aber Misaki kritisiert vor allem, dass die „organische Verbindung" zwischen den beiden Gruppen I mit den Gedichten 2: 131 bis 133 und II mit den Gedichten 2: 135 bis 137 nicht wahrgenommen wird. Shimizu lese nicht als „zusammenhängende Sequenz (*rensaku*)", sondern fasse die beiden Langgedichte 2: 131 und 2: 135 mit ihren Gegengedichten als separate Werke auf. Shimizus Aufsatz stammt Misaki (S. 285) zufolge aus dem Jahr 1960, aber ältere sowie vor allem die jüngeren Arbeiten lesen als ein zusammenhängendes Werk, wie es der Titel auch unmissverständlich zu erkennen gibt. Bezüglich der Art und Weise der narrativen Verbindungen existieren zwar unterschiedliche Meinungen, aber die folgenden drei Grundpositionen beruhen auf dieser Voreinstellung als zusammenhängendes Werk. Die aus Hitomaros Gedichten 2: 131 bis 139 isolierte Hauptfassung (*honbun* 本文) besteht aus den genannten Gruppen I und II ohne die eingefügten Alternativverse. Zur Vermeidung von Missverständnissen werden die beiden Gruppen im Folgenden als „A" und „B" beschrieben, und die hier konsultierte Forschung gibt bezüglich ihrer Zusammenhänge drei Grundpositionen zu erkennen:

I. das synchrone oder lineare Modell: In der etablierten Lehrmeinung (*tsūsetsu*) bilden die Langgedichte einen narrativen Zusammenhang, in dem sich die Zeit der erzählten Welt mit dem Voranschreiten des Textes linear entfaltet und eine räumliche Bewegung zur Hauptstadt eingeschrieben ist (Synchronie, Linearität); Hauptvertreter: Kōnoshi Takamitsu und nach Shiotani (1984: 216, 220) auch Inaoka Kōji.

134 Omodaka (1983: 1) zufolge ist die Lesung des Pronomens „ich" als Subjekt von *kofu* „größtenteils auf *a* / *are* beschränkt", aber Takeda (3: 423) oder Omodaka (2: 181) selbst überführen 吾 hier in *waga*. Sasaki et al. (2: 133) geben keine andere Lesung an, sodass die Abschriften und alten Druckausgaben übereinstimmen, was das Hirose-*bon* bestätigt; vgl. Hirose et al. 1994: 118. Andere Kommentare lesen dennoch *aga* (SNBZ 6: 106, SNBT 1: 115, Itō 1: 310, Inaoka 1: 97, Aso 1: 344), aber im narrativen Zusammenhang mit Hitomaros Iwami-Dichtung bietet sich *ware* an. Itō (1: 310) und Inaoka (1: 97) lesen 不戀有牟 *kohizu ara-mu*, Omodaka 2: 181, Aso 1: 344, SNBZ 6: 106, SNBT 1: 114 wie angegeben. An der Bedeutung ändert sich nicht viel, aber mit *kohizu ara-mu* ergeben sich acht Silben, und aufeinanderfolgende Vokale unterliegen gewöhnlich der Kontraktion.

**II**. das anachronische Modell: Das gegen I antretende Modell sieht ebenfalls einen narrativen Zusammenhang, aber die erzählte Zeit läuft rückwärts (Anachronie) von Gruppe A zu Gruppe B. Innerhalb dieser Position ist zu differenzieren in:

IIa: inklusive Gedicht 2: 140 (Itō Hakus „zentripetale Struktur")

IIb: ohne Gedicht 2: 140 (Misaki Hisashi)

**III**. das synchron-parallele Modell der Umformulierung – „Gesinnungswandel" –, ohne Behauptung narrativer Verbindungen (auch „Thesen zum Hauptthema", *shudai-ron* 主題論; Misaki 2005: 271): Diese Position geht von einer Gleichzeitigkeit der Ereignisse und Geschehen in den beiden Langgedichten 2: 131 und 135 aus, sieht jedoch unterschiedliche Schwerpunkte:

IIIa: in 2: 131 liegt das Gewicht auf der Geliebten, in 2: 135 auf dem „Ich" (Nakanishi Susumu[135] und Hashimoto Tatsuo [„Perspektivenwechsel"], „synchron-parallel" nach Hashimoto).

IIIb: 2: 131 thematisiert die Verweigerung der Trennung, 2: 135 das Akzeptieren („emotionaler Wandel", Shiotani Kaoru).

Somit berücksichtigt nur Itō Haku (IIa) das Gedicht 2: 140. Im Detail abweichend liegen noch weitere Vorschläge vor, aber die Grundpositionen sind deutlich. Das die folgenden Untersuchungen leitende Modell IIa weist Probleme auf, bietet jedoch ohne Zweifel ein reizvolles Narrativ. Ein methodischer Hinweis von Misaki Hisashi soll weitergegeben werden:

> Theorien zum Hauptthema (*shudai-ron*) [III] oder zur Struktur (*kōzō-ron*) [I und II] sind konsequent im Rahmen eines statischen Zustands (*seitai* 静態) zu verstehen, und die Theorien zum Prozess der Entstehungsgeschichte (*keisei-katei-ron* 形成過程論) dürfen dort nicht eingebracht werden. (2005: 271)

In diesem Zitat macht sich der Konzeptionsdiskurs (*kōsō-ron*) bemerkbar, und die Textgenese wird entgegen des „statischen Zustands" des Werks in seiner vorliegenden Gestalt als „fließend, Fluidum (*dōtai* 動態)" verstanden. Wie gesehen ist bereits Itōs Ansatz aus „Strukturerfassung und Entstehung" nicht mit Misakis Hinweis kompatibel, aber anregend ist er für die Vergewisserung des methodischen Vorgehens. Die Aspekte der schriftlichen Überarbeitungen wie der einer Strukturierung dienende Austausch von Schriftzeichen können Zu-

135 Kōnoshi (1992: 260–261) zufolge nimmt Nakanishi den „Standpunkt der etablierten Lehrmeinung" ein; als Quelle gibt er Nakanishis *Hitomaro no Kakinomoto* (ohne Jahresangabe) an. An den beiden Schwerpunkten ändert sich jedoch nichts.

sammenhänge sichtbar machen, die ansonsten verborgen bleiben müssen;[136] darauf ist ebenfalls einzugehen.

## Zu den Titeln von 2: 131 und 2: 140

Die Gedichttitel in den ersten beiden Bänden geben Auskunft über den Status der Dichtung. So beginnt der Titel vor 2: 131 mit dem Dichternamen, worauf die Umstände und der Zeitpunkt der Dichtung folgen. Damit liegt eine private Dichtung vor, was dem Rahmen der *sōmon*-Dichtung angemessen erscheint, aber verschiedene Formulierungen erfordern eine Überprüfung. Vorab zu bemerken ist die beigefügte Angabe 二首幷短歌 am Titelende mit der Bedeutung „2 Gedichte sowie Kurzgedichte". Sofern es sich um Gedichtgruppen oder Langgedichte mit beigefügten Kurzgedichten handelt, geben die Inhaltsverzeichnisse einiger Kommentarwerke, die auf der Abschrift Nishi-Honganji-*bon* und deren Emendationen beruhen, die Anzahl der Gedichte im Inhaltsverzeichnis zum ersten Band an (vgl. Omodaka 1, SNBZ 6, SNBT 1, Aso 1), aber sie stehen nicht im Inhaltsverzeichnis der Abschrift Genryaku-*kōhon*.[137] Die Sequenz 1: 29 bis 31, Hitomaros Dichtung zur verfallenen Hauptstadt, besteht aus einem Langgedicht mit zwei *hanka*-Gegengedichten, seine Yoshino-Dichtung 1: 36 bis 39 aus zwei Langgedichten mit jeweils einem *hanka*-Kurzgedicht, aber die vor den Gedichten selbst stehenden Titel erwähnen weder die Anzahl der Langgedichte noch die der folgenden Kurzgedichte. Die Mengen-

136 Misaki verfolgt seine Unterscheidung nicht konsequent. So sei bei der Auswahl dessen, was erzählt werden soll, der „Autor (*sakusha*)" verantwortlich (2005: 272), aber im „statischen Zustand" wäre Hühn und Schönert (2007: 12) zufolge für die „Komposition des Textes" nicht der Autor, sondern der „abstrakte Autor / das Kompositionssubjekt" zuständig. Nach Schmid (2008: 73), der für die „Komposition des Erzähltextes" den Erzähler verantwortlich macht, unterliegt die „Auswahl von Momenten (Figuren, Situationen, Handlungen, auch Rede-, Gedanken- und Bewusstseinshandlungen) aus dem »Geschehen« als dem narrativen Material zur Bildung einer Geschichte" dem Erzähler, aber Hühn und Schönert (ebd.) zufolge ist die „genaue Differenzierung zwischen den Vermittlungsinstanzen des abstrakten Autors und des Sprechers [...] immer interpretationsbedürftig [...]". Gerade die textuelle Gestalt der Iwami-Gedichte erfordern eine Differenzierung, und es böte sich an, den Autor – oder die Kompilatoren – für die Textgenese verantwortlich zu machen. Da *sämtliche* Informationen zu „Hitomaro" aus dem *Man'yōshū* stammen, es also kein außertextuelles Wissen gibt, steht der Name für den abstrakten Autor; vgl. Kōnoshi 2013.

137 Zum Inhaltsverzeichnis in Band 1 der Abschrift Genryaku-*kōhon* vgl. Watanabe 1994: 8–19. Takeda, Itō oder Inaoka nehmen die Angaben nicht in das Inhaltsverzeichnis des ersten Bands auf, wohl aber in das zum zweiten Band; vgl. Takeda 3: 3–19, Itō 1: 22–33, Inaoka 1: 2–4, 62–65; zu den Angaben der Inhaltsverzeichnisse und den Abweichungen der Abschriften vgl. Ide und Mōri 2009 mit Originaltext, *kō-otsu*-Lesung und Anmerkungen zu den abweichenden Schriftzeichen sowie Sasaki et al. Band 2.

angabe mit dem Zählwort 首 *shu* dürfte aus dem *Wenxuan* eingeflossen sein, wo sie ebenfalls nur in Titeln erscheinen, die mehr als ein Gedicht betreffen. Für die Iwami-Gedichte muss es einen Grund für die Angabe der Gedichtanzahl im Titel gegeben haben. Kommt im ersten Band in den Titeln vor den Gedichten die Angabe der Gedichtanzahl mit 首 nicht vor, steht sie im zweiten Band in allen Titeln vor den Gedichten. Daraus ist zu schließen, dass die Angaben bei der Kompilation beigefügt wurden, und somit wohl auch zum Titel der Iwami-Gedichte. In der vorliegenden Fassung sind die Gedichte 2: 131 bis 137 als zusammenhängend ausgewiesen, aber ob das bereits bei Hitomaros schriftlichen Überarbeitung (siehe unten) der Fall war, bleibt unklar. Möglich wäre, dass die Angabe in diesem Titel die anderen Beifügungen zu den anderen Titeln der *sōmon*-Abteilung motivierte. Die Mengenangabe lässt sich als erster Hinweis auf Zusammengehörigkeit verstehen.

Zu den beiden Iwami-*sōmon*-Gruppen aus Langgedichten und *hanka*-Gegengedichten sowie der dritten Gruppe, deren Langgedicht 2: 138 größtenteils identisch mit 2: 131 ist, stellen neben positivistisch-biographischen Belangen die Entstehungsgeschichte sowie Ausdruck und Hauptthema die zentralen Forschungsfragen. Die Textgenese verdeutlicht sich an den „Gedichten aus einem anderen Buch“ sowie an den eingeschobenen Alternativversen, die in den Originaltexten, Umschriften und Übersetzungen an den kleineren Schriftzeichen zu erkennen sind. Bezüglich 2: 140 überwiegt wie gesehen die Vermutung, dass der im Titel angegebene Name „Yosami *no wotome*“ nicht auf eine Frau aus Iwami, sondern aus dem Land Kawachi verweist (vgl. Inaoka 1: 465), das heute einen Teil der Präfektur Ōsaka ausmacht. Die Betonung von historisch-biographischen Fragen spricht somit indirekt dem Gedicht den Zusammenhang mit den vorangehenden Gedichten ab. Den Angaben nach stammt auch Hitomaros *banka*-Gedicht 2: 223 aus Iwami, wo er es an einen Felsen gelehnt angesichts des eigenen Todes verfasste. Bei den „Schwierigkeiten“ (SNBT 1: 164) der Interpretation ist zu beachten, dass eben jene Yosami *no wotome* mit 2: 224 und 225 zwei Gedichte „zu der Zeit verfasste, als Hitomaro starb (死時, Titel)“. In Hitomaros Gedicht geschieht das im Land Iwami auf einer Reise mit der Vermutung, dass die nichts von seinem Schicksal wissende Frau auf ihn wartet.[138] Die Gedichte 2: 224 und 225 zeugen von einer wartenden Frau, aber

138 待乍將有 im fünften Vers von 2: 223 wird gewöhnlich in *machi tsutsu aruramu*, „sie wird vermutlich gerade auf mich wartend sein“, aufgelöst (vgl. SNBZ 6: 149, SNBT 1: 163), sodass die über *-ramu* formulierte Vermutung zu Hitomaros großen Themen gehört. 見乍將偲, den fünften Vers im zweiten Antwortgedicht der Frau, lesen die Kommentare *mi tsutsu shinohamu*, „während ich [die Wolken] betrachte – ein Stereotyp der Erinnerungsdichtung (vgl. Wittkamp 2014b: 292–309 zu *shinofu* und S. 221–242 zu „Wolken“) – will ich zurückdenken“. Die Verschriftung korrespondiert mit

aus den Angaben im Titel geht nur die Zeit und nicht ihr Aufenthaltsort hervor. Dennoch implizieren die beiden Titel eine nur leicht verschobene Zeit,[139] was mit dem Aufenthalt der Frau in der Hauptstadt oder in Kawachi unwahrscheinlich wäre. Festzuhalten zu 2: 224 und 225 ist, dass die Kompilatoren auch hier keinerlei Schwierigkeiten mit der Namensangabe der Frau hatten, denn ansonsten hätten sie eine Anmerkung gesetzt. Der Titel vor 2: 140 lautet wie folgt:

> 柿本朝臣人麻呂 妻 依羅娘子 與 人麻呂 相別 歌一首
> Kakinomoto *no asomi* Hitomaro *no tsuma* Yosami *no wotome to* Hitomaro *ahi-wakareshi uta isshu*
> Ein Gedicht der Yosami *no wotome*, der Frau von Kakinomoto *no asomi* Hitomaro nach der gegenseitigen Trennung (Lesung nach SNBT 1: 115)

Itō Haku (1: 310) weist auf die beiden Titel vor 2: 131 und 2: 140 hin, die über das Schriftzeichen 別 *wakare*, „Abschied", aufeinander Bezug nehmen. Das zeige nicht nur „eindeutig" ihre Zusammengehörigkeit, sondern auch die besondere Bedeutung des Abschieds in der Gruppe (*gun* 群) der Iwami-*sōmon*-Gedichte. Die vor 2: 138 und 139 stehende Bezeichnung „aus einem anderen Buch" nennt eine Materialquelle, die neben der von Hitomaro korrigierten Hauptfassung existierte. Sollte in der Hauptfassung das Gedicht 2: 140 enthalten gewesen sein, bestünde in materieller Hinsicht ohne die Fassung „aus einem anderen Buch" zwischen Hitomaros Gedichten und 2: 140 ein wesentlich engerer Zusammenhang, und falls die Titel ebenfalls bereits vorhanden waren, wäre die Formulierung 相別 *ahi-wakareshi* im Titel zu 2: 140 in noch engerer Korrespondenz mit 別 im Titel vor 2: 131 zu sehen. Diese direkte Beziehung wäre dann bei Kompilation durch das Einfügen der Gruppe 2: 138 und 139 verwässert worden.

Sind das jedoch Spekulationen, ist mit Berechtigung zu fragen, ob die Formulierung von 相 *ahi-* nicht genau diesen Bezug auf 別 im Titel vor 2: 131 betonen soll, denn das Schriftzeichen bedeutet in seiner ersten Funktion „indicating reciprocal or mutual action" (Kroll 2015). Es kann sich auch auf das Subjekt beziehen und bedeutete dann in diesem Zusammenhang etwa „von *kimi* („du") verlassen worden sein", aber die Satzkonstruktion X 與 Y 相別

---

dem Abschlussvers in 2: 223, und die Lesung sollte mit diesem analog sein, also *mi tsutsu shinofu-ramu*, „du betrachtest wohl geraden [die Wolken … ]", lauten.

139 Im Titel zu 2: 223 heißt es 臨死時, „angesichts des Todes", und im Titel zu 2: 224 dann 死時, „zur Zeit des Todes". Die Verschiebung von „angesichts" zu „zur Zeit" erzeugt eine zeitliche Differenz, welche die beiden Gedichte mit Narrativität ausstattet; zu den Fragen der Legendenbildung um Hitomaros Tod und den angegebenen Orten vgl. Kawashima 1991: 3.

bringt „X und Y haben sich gegenseitig getrennt“ zum Ausdruck.[140] Für die Interpretation von 相 ist weiterhin die adverbiale Funktion als „aspectant“ zu beachten.[141] Dazu gehört auch, dass das Zeichen in altjapanischen Texten zum Ausdruck des Hilfsverbs *-fu* zum Einsatz kommt, das An- und Fortdauern ausdrückt. Ein Beispiel ist 霧相 *kira-fu* in 2: 88, was mit „der Nebel fällt und fällt“ übersetzt wurde. Im Kontext der Iwami-Dichtung ist der dreißigste Vers 渡相月乃 *watara-fu tsuki no*, der „vorüberziehende Mond“, aus Langgedicht 2: 135 von Bedeutung. Diese Beispiele stammen aus den Gedichten, deren Verschriftung nicht den Gesetzen der chinesischen *kanbun*-Verschriftung der Peritexte entspricht. Dennoch dürfte die Bedeutung der Kontinuität in den Titel von 2: 140 hineinrutschen, was ohne die Vorfassungen 2: 138 und 139 aufgrund der Nähe umso mehr gälte. In diesem Sinn ist die Übersetzung von 相別 mit „nach der Trennung“ zu verstehen, dass also nach der Trennung bereits ein gewisse Zeit verstrichen ist. Im Zusammenhang mit den vorangehenden Gedichten entspricht diese Zeit der Zeit der erzählten Welt aus der Sicht des erzählten Ichs in den Gedichten 2: 131 bis 137 (ohne 134).

Bei der Übersetzung von 相別 ins Japanisch der Gegenwart übergehen die SNBZ-Bearbeiter (6: 106) das Wort *ahi-* und ergänzen „Zeit“ (*wakareru toki* 別れるとき), aber *toki* steht nicht im Text.[142] In den vorangehenden Gedichten der *sōmon*-Abteilung heißt es bis auf wenige Ausnahmen entweder „A schickte B ein Gedicht“ und „B antwortet A“, oder „Zu der Zeit, als …“, oder beides. Auch in der als Monolog inszenierten *sōmon*-Kommunikation kommt wie in der Sequenz 2: 85 bis 88 相 *ahi-* nicht vor. Für die Kompilatoren war die Kommunikationssituation stets eindeutig, und auch in dieser Hinsicht muss sich 2: 140 auf Hitomaros Gedichte beziehen. Zu erinnern ist schließlich auch an den ersten Band, in dem Titel ohne „Zu der Zeit, als …“ (… 時) gewöhnlich im Einflussbereich der vorangehenden Titel stehen, die 時 enthalten. Das zeigen die Gedichte 1: 29 bis 33 sowie 1: 40 bis 44, wo die Titel vor 1: 29 und 1: 40 „Zu der Zeit, als …“ enthalten, die Titel vor 1: 32, 1: 43 und 44 jedoch nicht. Dieses Verhältnis von Haupt- und Nebentiteln liegt in den Iwami-*sōmon*-Ge-

140 Vgl. die Erläuterungen zu 相 und 與 in Togawa 2015; Tōdō et al. 2018.

141 „2 aspectant, anent > ADV indicating transitivity and undirectionality of following verb, usu. replacing direct object […]. During med. period, this usage becomes more common than 1 [ADV indicating reciprocal or mutual action …]“ (Kroll 2015).

142 Auch der SNBT-Kommentar (1: 115) ergänzt *toki* 時, und Aso (1: 344) fügt *sai* 際, „bei der Gelegenheit“, hinzu. Vovins (2020: 122) Titelübersetzung lautet „A poem [composed by] Yösamî-nö wotömê, the wife of Kakînömötö-nö asömî Pîtömarö at the parting with Pîtömarö“. Zwar ergänzt er kein „Zu der Zeit, als …“, aber „at the parting“ ist nicht weniger irreführend, da es einen Zeit*punkt* markiert. Auf die Problematik von 相 geht er nicht ein, was die Übersetzung ebenfalls zeigt.

dichten ebenfalls vor. Der Titel vor 2: 140 lässt weiterhin in Verbindung mit dem Gedichtinhalt eine gewisse Zeit vermuten, die seit der Trennung verstrichen ist. In der erzählten Welt gibt es zwei einsam grübelnde Figuren: die eine in den Bergen, die andere an der Küste.

Für die Vermutung von zusammenhängenden Gedichttiteln liegt noch ein weiterer Hinweis vor. Denn die beiden Titel stellen für die Ausformulierung einer Trennung im Titel den Präzedenzfall dar. Ein Gedichttitel kann kaum Zeugnis einer mündlichen Kommunikationssituation sein und belegt eine Reflexion oder Inszenierung auf schriftlicher Ebene, wodurch bereits eine gewisse Distanz in die Texte eingeschrieben ist. Analog zu Kōnoshis (1999b: 215, 219) „entdecktem Ich" oder der „Entdeckung der »privaten Emotion«" (»*shijō*« *no hakken*)[143] – vielleicht Kōnoshis Antwort auf Itōs „Geburt des »Dichters« (»*kajin*« 「歌人」; 1975: 298) – lässt sich daher auch von der Entdeckung des Abschieds sprechen.

**Textgenese**

Ohne 2: 140, das letzte Gedicht der *sōmon*-Antwortdichtung im zweiten Band, besteht die Iwami-*sōmon*-Dichtung aus neun Gedichten, aber als die autorisierte Hauptfassung, auf die sich die folgenden Analysen beziehen, gelten die beiden Langgedichte 2: 131 und 135 mit jeweils zwei *hanka*-Gegengedichten beziehungsweise die Gruppen A und B mit zusammen sechs Gedichten. Der Grund für die hohe Komplexität auf der Ebene der Textdarstellung sind die beigefügten „Vorfassungen", was im vorliegenden Abschnitt näher darzustellen ist. Dabei rückt das üblicherweise ausgeschlossene Antwortgedicht 2: 140 erneut in den Blick. Denn sollte es, wie von Itō Haku eingefordert, zur Hauptfassung gehören, stellt sich auch im Rahmen einer Textgenese die Frage, wann und von wem es der Gruppe zugefügt wurde.

Die folgenden Überlegungen zur Textgenese konkretisieren den Gegenstand und sind für narratologische Belange relevant, wie die Instanzen der Vermittlung, Sequentialität, Ereignishaftigkeit auf der Darstellungsebene oder die Absicht zur Erzeugung eines Narrativs. Zudem schärfen die Vorfassungen den Blick für die autorisierte Hauptfassung, wenn zum Beispiel Schriftzeichen gelöscht, ausgetauscht oder versetzt werden. Manche Analysen wie der Austausch ganzer Verse erfordern allerdings einen Aufwand, dem hier nicht nachzukommen ist, aber die möglichen Effekte solcher Korrekturen sollen im

143 Wie gesehen heißt es bei Kōnoshi (1999b: 215) „das entdeckte Ich" (*hakken sareta ware*), und der „Entdeckung der Ich-Gefühle" (»*shijō*« *no hakken*) ist ein eigener Abschnitt (S. 219–221) gewidmet; zur „Entdeckung der eigenen Innerlichkeit (*jiko no naimen* 自己の内面)" nach Noda Hiroko 野田浩子 vgl. Kōnoshi 1999b: 214.

nächsten Kapitel an Versen aus dem *banka*-Gedicht 2: 199 aufgedeckt werden. Eine ähnliche Komplexität, das heißt in der Sammlung sichtbar gemachte Textgenese zeigen auch Hitomaros *banka*-Trauergedichte 2: 207 bis 216, die aus der Titelangabe als „Bluttränen-Trauerklage" (泣血哀慟 *kyūketsu aidō*) bekannt sind. Die Probleme betreffen jedoch grundsätzliche Fragen zu Hitomaros Schaffen sowie die Kompilation und Präsentation seiner Gedichte.

Wie 2: 132, das erste Gegengedicht der Gruppe A, thematisieren die jeweils „aus einem anderen Buch" stammenden Kurzgedichte 2: 134 und 2: 139 den winkenden Ärmel zum Abschied. Inaoka Kōji (1: 465) zufolge können daher Langgedicht 2: 131 und seine beiden Gegengedichte nicht den Erstentwurf (*shoan* 初案) zeigen, sondern seien erst im Verlauf der schriftlichen Überarbeitung (*suikō*) zur Reife gelangt. 2: 133, das zweite Gegengedicht, für das es keine Fassung „aus einem anderen Buch" gibt, habe zunächst nicht vorgelegen und sei erst während der letzten Stufe der Überarbeitung im Prozess des Schreibens und Korrigierens verfasst worden. So lautet im Groben die vermutete Ausgangslage, aber für die Details liegen verschiedene Vorschläge vor, und die Theorien zur Entstehung der Iwami-Gedichte lassen sich in zwei Gruppen gliedern: Während die eine von schriftlicher Überarbeitung (*suikō*) ausgeht, sucht die andere die Erklärung der Differenzen in der mündlichen Weitergabe (*denshō* 伝誦).[144] In dem um Maßstabsetzung und Kanonisierung bemühten „Seminar" betont Kōnoshi (1999b: 208–209) für die verschiedenen Gruppen in Hitomaros Dichtung die Selbständigkeit der einzelnen Stufen als Werk (*sakuhin*) und nennt Probleme, die sich durch mündliche Überlieferung nicht klären lassen. So steht vor den Gedichten 2: 138 und 139, die in allen Vorschlägen als die älteste Fassung gelten, „*ein* Gedicht mit Kurzgedicht", aber im Titel zu 2: 131 bis 137 heißt es „*zwei* Gedichte mit Kurzgedichten".[145] „Als Werk" sei somit „die Gestalt" zu unterschiedlich, und der Wandel zu zwei Langgedichten lasse sich nicht mit Mündlichkeit vereinbaren. Kōnoshi nennt noch andere Aspekte wie die über das Hilfsverb -*kemu* ausgedrückte Vermutung zur Vergan-

144 Vgl. Kōnoshi 1999b: 208 mit dem Hinweis auf einen Überblick in der Zeitschrift *Jōdai bungaku* 上代文学 (58, 1987, Heft 4) zu einem Symposium der gleichnamigen Forschungsgesellschaft sowie Hashimoto 1991: 85, der von schriftlichen Verbesserungen (*suikō*) durch den Autor (*sakusha*) ausgeht.

145 Kōnoshi (1992: 244) fordert Aufmerksamkeit für die Angabe 或本一首, „Ein Gedicht aus einem anderen Buch", ein. Denn bei den Gedichten 2: 213 bis 216 mit 或本歌曰, „aus einem anderen Buch, die … lauten", die als Alternativfassungen zu 2: 210 bis 212 aufgenommen sind, kommt eine Angabe der Gedichtanzahl nicht vor. Der Titel vor 2: 207 gibt 歌二首并短歌, „zwei Gedichte mit Kurzgedichten", an und bezieht sich auf 2: 207 bis 212. Kōnoshi zufolge soll mit der Angabe der Unterschied von einem Gedicht gegenüber „zwei Gedichten" im Titel vor 2: 131 hervorgehoben werden.

genheit in 2: 134 „aus einem anderen Buch“, die in den Gedichten der Gruppen A und B nicht mehr vorkommt. Denn auch ein solcher Eingriff in die Grammatik sei mit Mündlichkeit nicht zu erklären. Itō (1975: 286) lehnt die Theorien zur mündlichen Überlieferung ebenfalls ab, was er an wiederum anderen Aspekten diskutiert. Darauf ist zurückzukommen, und zur Übersicht seien die Gruppen von Hitomaros Iwami-Gedichten tabellarisch dargestellt:

*Tabelle 7: Die drei Gruppen der Iwami-sōmon-Dichtung*

| | | |
|---|---|---|
| Gruppe A | 2: 131 bis 133 / 2: 134 „aus einem anderen Buch“ | 2: 134 Vorfassung von 2: 132 |
| Gruppe B | 2: 135 bis 137 | die Gedichte bringen neue Inhalte ein |
| Gruppe C | „aus einem anderen Buch“ 2: 138 und 139 (älteste Fassung) | 2: 138 ist nahezu identisch mit 2: 131, 2: 139 steht inhaltlich 2: 132 nahe |

„Gruppe“ meint das Arrangement aus einem Lang- und ein oder zwei *hanka*-Gegengedichten, die formal Kurzgedichte sind. Wie gesehen bilden die Gruppen A und B gemeinsam eine Einheit,[146] die durch den Titel vor 2: 131 als solche ausgewiesen ist. Die Langgedichte 2: 131 und 2: 138 sowie die Kurzgedichte 2: 132, 134 und 2: 139 gehören inhaltlich zusammen, da sie gemeinsame Motive, Ideen und Formulierungen aufweisen und identische Verse besitzen. Im Fall der drei Gegengedichte ist das gemeinsame Thema die Sorge, ob die Frau den winkenden Ärmel sieht oder gesehen hat. Die einleitenden Beschreibungen des Meeres von Iwami sind den drei Langgedichten eigen, aber 2: 135 bringt im narrativen Textteil neue Inhalte und Perspektiven ein, wie auch in den beiden Gegengedichten 1: 136 und 137 der winkende Ärmel kein Thema mehr ist. Die Gruppe B ist somit als neu hinzugekommen zu verstehen. Die dem Gedicht 2: 134 und der Gruppe C voranstehende Bezeichnung „aus einem anderen Buch“ sowie besonders die Anmerkung nach 2: 139 weisen die Gedichte als Material anderer Quellen aus, das dem Erscheinungsbild der Texte zufolge die Kompilatoren beifügten.[147] Unter den beiden Gruppen A

146 Aso (1: 328) beschreibt als *nikumi* 二組 (Gruppe A ohne 2: 134 sowie Gruppe B) im Gegensatz zu *uta-gun*, womit beide Gruppen gemeint sind.

147 Genau genommen müsste es die „abstrakten Kompilatoren“ heißen, da zu dieser Instanz wie zu Hitomaro keinerlei außertextuelle Informationen vorliegen. Kompilatoren gestalten durch Selektion und Kombination den Kommunikationsprozess um und

und B ist im Folgenden die autorisierte Haupt- oder Endfassung zu verstehen, was der Beschreibung als „Haupttext (*honbun*)“ entspricht. Das Gedicht 2: 134 sowie die mit kleineren Schriftzeichen eingefügten Fremdverse (*ibun* 異文 oder *iden* 異伝) werden dabei ausgeblendet.

Steht im Rahmen der Korrekturtheorie (*suikō*) der Status der Gruppe C und 2: 134 als Vorfassung außer Zweifel, besitzen 2: 131 sowie sämtliche Gedichte der Gruppe B eingeschobene, Fremd- oder Alternativverse. In der Gruppe B ist das weniger ein Problem, da lediglich eine Hauptfassung mit Elementen einer Vorfassung vorliegen, aber die Gruppen A und C entwerfen gemeinsam das Bild von mehreren Phasen der Überarbeitung. Dazu liegen verschiedene Lösungsvorschläge vor, und auf Grund der autoritativen Stellung ist beim Model aus dem „Seminar“ anzusetzen, das vorangehende Überlegungen aufnimmt. In der Auseinandersetzung mit Itō Hakus Lesung der Iwami-*sōmon*-Gedichte sowie auf einer früheren Arbeit basierend stellt Kōnoshi Takamitsu im „Seminar“ den Analysen sein Modell der vier verschiedenen Überlieferungen (*iden*) beziehungsweise der „Ordnung der Verschriftungen (*kisai no seiri* 記載の整理)“[148] voran. Als „Prozess der schriftlichen Überarbeitung (*suikō*; 1992: 246)“ gibt es vier Stufen zu erkennen, und Kōnoshi geht wie gesehen davon aus, dass in den vier Phasen jeweils abgeschlossene Werke vorlagen:

> I: 2: 138 und 139 („aus einem anderen Buch“)
> II: 2: 131 一云 (mit eingeschobenen Alternativversen[149]) und 2: 134
> III: 2: 131 bis 133 [ohne die eingeschobenen Verse] und 135 一云 bis 137 一云
> IV:2: 131 bis 133 und 135 bis 137 (1999b: 208, römische Ziffern original)

erhalten auf der peritextuellen Ebene eine Stimme. Zwar ist zwischen den Kompilatoren und den Bearbeitern der Anmerkungen zu unterscheiden, aber ohne weitere Zeugnisse ist diese Differenzierung lediglich heuristischer Natur. Für die Anmerkung nach 2: 139 müssen allerdings die Instanzen der Kompilation und der Beifügung der Anmerkung identisch sein.

148 Vgl. Kōnoshi 1992: 246, 1999b: 208–210. Offenbar scheut Kōnoshi im „Seminar“ vor einer Beschreibung als „Entwicklungsphasen“ etc. zurück, da er sich zunehmend von Fragen der Textgenese oder des außertextuellen Wissens distanziert; vgl. Wittkamp 2018a: 59–63. So spricht er auch von „vier Gestalten“, aber die Darstellung „I → II → III → IV“ (1999b: 209) ist nur als zeitliche Entwicklungsstufen zu verstehen; zu einer detaillierten Analyse der Textgenese vgl. Kōnoshi 1992: 244–262.

149 Aso (1: 328) beschreibt als *iden chūki* 異伝注記, „Fremdfassung in Anmerkungsverschriftung“.

Das Modell zeigt die Diachronizität der Entstehungsphasen, aber Aso (1: 328–329) hebt zunächst die synchronen Aspekte hervor und isoliert für die Gruppen A' und B' drei respektive zwei „Systeme":

> A': 2: 131 bis 133 // 131 一云 und 134 // 2: 138 und 139
> B': 2: 135 bis 137 // 2: 135 bis 137 一云.

Damit hebt sie den bereits angesprochenen prinzipiellen Unterschied hervor, dass die Gruppe B im Gegensatz zur Gruppe A von vornherein als Arrangement aus Lang- und zwei Gegengedichten angelegt war. Das spricht dafür, dass die Gruppe tatsächlich erst später hinzugefügt wurde, mag sie auch bereits vorgelegen haben. Deutlich wird zudem die Vorstellung, dass das Langgedicht 2: 131 in der gedachten Fassung, in denen die Fremd- oder Alternativverse (一云) – wie in Alexander Vovins Rekonstruktion als „29a" (siehe die Untersuchung von 1: 29 bis 31) – ohne die späteren Korrekturen stehen, und das Gedicht 2: 134 „aus einem anderen Buch" als identische Stufe der Textgenese verstandenen werden (vgl. Kōnoshi 1992: 244–245).[150] Weiterhin präsentiert sie ebenfalls Itōs Modell aus drei Entstehungsphasen, das sich in dessen Kommentarausgabe findet (vgl. Itō 1: 309) und in Anpassung an Tabelle 7 der drei Gruppen folgendes Bild ergibt:

> I: 2: 138 und 139 „aus einem anderen Buch" (Gruppe C)
> II: Gruppe A in der Alternativversfassung (*ibun keitō* 異文系統, 2: 131 一云 und 134) + Gruppe B in der Alternativversfassung (*ibun keitō*, 2: 135 bis 137 一云)
> III: Gruppe A autorisierte Fassung (*honbun*, 2: 131 bis 133) + Gruppe B autorisierte Fassung (jeweils ohne die Alternativverse sowie ohne 2: 134)

Das Gegengedicht 2: 133 taucht erst auf der Stufe III (Kōnoshi und Itō) auf, aber der Grund dafür könnte darin liegen, dass es keine Korrekturen gab. Demnach hätte es bereits auf der Stufe II vorgelegen haben können (vgl. Kōnoshi 1992: 245, Hashimoto 1991: 92 [original 1977]), aber Itō (1975: 280) verwirft den Gedanken. Bezüglich der Gruppe A gibt es weiterhin das Modell, in dem 2: 131 in der Fassung der Alternativverse sowie mit 2: 134 als Gegengedicht

150 Aso (1: 328–331) spricht zwar von „Phasen", schlägt aber alternativ „Ort" beziehungsweise „Gelegenheit" vor. Sie nimmt nicht auf Saijō Tsutomus Ausführungen Bezug, die bei der Besprechung von 1: 29 bis 31 vorgestellt wurden, sondern zitiert aus einem Aufsatz von Sokura Takeshi 曽倉岑 (1934 bis 2018) aus dem Jahr 1964. Dem zufolge lassen sich die unterschiedlichen Fassungen durch die Rezitation vor Ort und als überarbeitete Fassungen für die Kompilation erklären (zitiert nach Aso ebd.).

an erster Stelle standen, was dann zu 2: 138 und 139 und weiterhin zur autorisierten Hauptfassung korrigiert worden sei. Mit Bezug auf Kōnoshi weist Hashimoto (S. 86) jedoch auf die sich daraus ergebenden Widersprüche hin und lehnt den Vorschlag ebenfalls ab.

Das Entstehungsmodell in Itōs Kommentarwerk (1995) beinhaltet 2: 140, das Gedicht der Ehefrau (*tsuma*), nicht, aber das Modell von 1973 (= Itō 1975: 298) führt es als Beifügung der dritten Stufe. Die Herausnahme ist als Hinweis auf den Widerstand zu deuten, dem sich Itō in den zwanzig Jahren nach 1973 ausgesetzt sah. Zwar weist er im Kommentar auf die Zusammengehörigkeit hin, aber erst das Schaubild zu seinem früheren Modell (S. 296) visualisiert die Erzeugung eines Narrativs im Verlauf der Textgenese, was die Argumentation auf eine festere Basis stellt: die Erzeugung eines Narrativs als Ergebnis der schriftlichen Überarbeitung (*suikō*). Seine Argumentation über Mündlichkeit und Rezeption am Hof-Salon (S. 288–298) ist Anlass zur konkreten Kritik, aber im Rahmen einer textuellen Überarbeitung ergibt der Einbezug von 2: 140 wesentlich mehr Sinn. Denn das lesende Auge hat nicht nur Zeit zur Identifizierung von Hinweisen materieller Art – wie die Schriftzeichen 相 und 別 im Titel. Es kann auch stets zu vorangehenden Textstellen zurückkehren und ist dadurch zur Verarbeitung von höherer narrativer Komplexität fähig, wozu gewiss auch der Nachvollzug von anachronischen, nicht-linearen Zeitabläufen gehört. Der gesprochenen Sprache sind zwar Körperlichkeit, Anwesenheit oder Unmittelbarkeit eigen, die der Schrift abgehen, aber ihre Rezeption unterliegt der Gestik und Betonung des mündlichen Vortrags sowie vor allem der Linearität. Was einmal vorbei ist, ist vorbei. Die Schrift ist dagegen nicht mehr daran gebunden und weiß diesen Gewinn sehr wohl einzusetzen.

Festzuhalten bleibt, dass Itōs Schaubild von 1973 die Aufnahme von 2: 140 mit der dritten Stufe zeigt und somit Hitomaro für das Narrativ der autorisierten Hauptfassung inklusive 2: 140 verantwortlich macht.[151] Yamazaki Kenji (2010: 8, 97) zufolge gibt es bezüglich der Zusammenstellung von kohärenten Gedichtgruppen (*uta-gun*) „auf unterster Ebene mindestens zwei Arten“, nämlich entweder auf der Ebene der Produktion (*seisaku* 制作) oder auf der Ebene der Kompilation (*hensan*). Während Yamazaki das Problem an verschiedenen Belegen diskutiert, dürfte kaum eine andere Sequenz den Prozess und das Ergebnis deutlicher zeigen als die *sōmon*-Gedichte aus Iwami.

Itōs (1975: 298) Schaubild zur Entstehungsgeschichte zeigt die drei Stufen als vertikal angeordnete Rechtecke mit den Gedichtnummern, die durch Ab-

151 Das Modell der Buchausgabe des ersten Bandes (1995: 336) entspricht der Taschenbuchausgabe von 2005. Aso (1: 328) zitiert aus Itōs Aufsatz 1973 und dem Kommentarwerk, aber die Fortlassung von 2: 140 erwähnt sie nicht.

wärtspfeile verbunden sind. Es gibt keine nähere Benennungen, und die oben gewählten Bezeichnungen „II“ sowie „III“ beziehen sich auf die beiden Arrangements in den Gedichten 2: 131 bis 137, die in Itōs Schaubild den unteren beiden Rechtecken entsprechen. Kōnoshi sieht allerdings im Überarbeitungsprozess von Stufe II zu Stufe III in den beiden Gruppen A und B kein „ausbalanciertes Verhältnis“.[152] Während nämlich in der Gruppe A das Gegengedicht 2: 134 mit der Vermutung zur Vergangenheit (*-kemu*) den beiden Gegengedichten 2: 132 und 133 gewichen sei, habe es in der Gruppe B nur geringfügige Veränderungen gegeben. Er hebt die Beifügung eines Gegengedichts im Korrekturprozess der Gruppe A hervor, wogegen Gruppe B von Anfang an mit zwei Gegengedichten geschaffen worden sei. Daher unterteilt er (1999b: 210) die Stufe II in Itōs Modell in zwei Abschnitte, und sieht „im Großen und Ganzen“ den Überarbeitungsprozess von einer „Ein-Gedicht-Struktur (I und II)“ hin zur „Zwei-Gedicht-Struktur (III und IV)“, wobei sich „Gedicht“ – wohl dem Titel zufolge – auf die Langgedichte bezieht. Aso übernimmt Kōnoshis Überlegungen in ihren Kommentar,[153] aber für die Analyse der narrativen Struktur in der autorisierten Hauptfassung sind die Stufen I und II in Itōs Modell beziehungsweise I bis III in Kōnoshis Modell nicht von Belang.

## Die Instanzen der Erzählung

Ein Effekt der sichtbar gemachten Textgenese ist die Distanzvergrößerung zur erzählten Welt. Das betrifft nicht nur die zeitlich-räumliche Distanz, welche die Schrift grundsätzlich mit sich bringt, sondern der Austausch von Gefühlsäußerungen, Pronomen oder Ortsnamen sowie die Tatsache, dass überhaupt verschiedene Entwürfe *sichtbar* sind, bringen die Vorstellung einer neuarrangierten, aufpolierten und damit letztendlich fiktiven Welt mit sich. Trotz der Erkenntnis von Fiktivität der erzählten Geschichte hält Itō Haku bei der sich durch Raum und Zeit bewegenden Figur an „Hitomaro“ fest, ohne diese Instanz zu klären. Misaki Hisashi möchte sich davon wie auch vom historischen Autor mit dem „Erzähler“ absetzen. Diese etwa bei Hashimoto Tatsuo (1991: 80, 82 etc.) als *sakusha* erscheinende Instanz reformuliert Kōnoshi Takamitsu (2013: I–VI) zu dem durch den Text „ins Sein gerufenen Dichter (*arashimerareta kajin* あらしめられた歌人)“, was dem abstrakten Autor entspricht. Unklar ist, ob Kōnoshi damit auch die wahrnehmende und fühlende Figur in

152 Vgl. Kōnoshi 1999b: 209 und ausführlich zur Kritik an Itōs Modell Kōnoshi 1992: 246–247.

153 Itōs Modell der Textentstehung ist nicht weniger überzeugend als das von Kōnoshi, und sollte Einfachheit ein Kennzeichen aussagekräftiger Modelle sein, rückt der Sinn von Kōnoshis Verkomplizierung in den Blick; vgl. Itō 1975: 286–288, der bezüglich der Gruppe A auch von „mindestens drei Stufen“ (S. 288) spricht.

der erzählten Welt meint, für deren Beschreibung sich der Begriff des erzählten Ichs anbietet.

So nimmt durch den Überarbeitungsprozess (*suikō*) das oben angesprochene Schriftzeichen 吾 *ware*, „ich“, in 2: 138 „aus einem anderen Buch“ eine besondere Bedeutung an. Es kommt dort doppelt vor, wurde aber mit der Überarbeitung zu 2: 131 aus dem Text entfernt (vgl. Hashimoto, S. 87), um in der autorisierten Hauptfassung der Gruppe A an anderer Stelle Platz zu nehmen. Das Nichtvorhandensein in 2: 131 stärkt zunächst die Positionen von Nakanishi und Hashimoto, die in dem Langgedicht eine intentionale Gewichtung der Geliebten vermuten (siehe unten, „Zeit und Raum“). Hashimotos Autorbegriff ist unscharf, aber eine Differenzierung der Instanzen der Kommunikation deutet sich an, wenn er (S. 83) schreibt, dass der Autor (*sakusha*) in Langgedicht 2: 135 die Gefühle von *ware* in Worte fasst und sie erzählt. Das entspricht dem erzählten Ich, aber ein entsprechender Begriff bleibt aus. Die Gefühle bezieht Hashimoto auf 2: 135, und gemeint sind die Verse *fukame-te omohe do*, „tiefer und tiefer dachte ich daran“, *kokoro wo itami*, „das Herz schmerzt“, *omohi tsutsu*, „während ich [sehnsüchtig zurück]dachte“, oder *woshike domo*, „obwohl ich es bedauere“. Diese Gefühlsausdrücke geben zu erkennen, was Nakanishi und Hashimoto mit der Schwerpunktverlagerung von der Geliebten (*imo*) in 2: 131 zum Ich in 2: 135 meinen. Das offenbar als bekannt vorausgesetzte Verhältnis der als 吾 gezeichneten Figur und „Hitomaro“ bleibt offen, und die auf Fiktionalität verweisende literarische Inszenierung wird ebenfalls nicht weiter verfolgt.

Mit Nachdruck zu bemerken ist das Vorkommen von 吾 im Kurzgedicht 2: 140, wo es in Opposition zu 君 *kimi*, „du, mein Gebieter“, steht. Interessant gerade für die heutige Leserschaft ist nicht nur die geschlechtsneutrale Verwendung, da 吾 in dem Gedicht auf die Frau verweist. Gemeinsam mit 別 *wakare* im Titel bauen sich über die Materialität der Schriftzeichen *sichtbare* Verbindungen zu Hitomaros Gedichten auf, und mit 念 *omofu*, „denken an, sich sehnen, erinnern“, wird sich noch eine weitere, bedeutendere Verbindung zeigen. Diese Schriftzeichen gehören zur materiellen Ebene, die in der Sequenz bis einschließlich 2: 140 kohärenzfördernd wirkt, aber im Prozess der *kaki-kudashi*-Transkription wird 吾 gegen 我 ausgetauscht, sodass Bedeutungen verlorengehen.[154]

Die vermutlich nach Hitomaros Tod beigefügten Anmerkungen sowie die Hinweise auf Materialquellen eröffnen Einblicke in den Akt der Kompilation.

154 Vgl. SNBZ 6: 106, SNBT 1: 115. Es ist hier nochmals zu bemerken, dass es um den Austausch von Schriftzeichen geht. Über die Lesungen lassen sich nur Vermutungen anstellen.

Sie geben die Differenz zwischen der historisch-empirischen Person, die für die Erzeugung der Texte verantwortlich war, und der Kompilation zu erkennen, und diese löst weitere Differenzierungen aus. Für die Iwami-Gedichte ist zumindest zu bemerken, dass die (abstrakten) Kompilatoren zwar das Korrekturbedürfnis des (abstrakten) Autors sichtbar machen, indem sie die alten Entwürfe präsentieren und ihr Vorgehen nach 2: 139 mit einer Anmerkung erklären. Dadurch übergehen sie zugleich aber auch die Entscheidung des Autors für eine Endfassung, und möglicherweise haben sie die Auswirkungen auf das Endprodukt nicht absehen können, dessen Kohärenz durch die Beifügungen geschwächt wird. Sichtbar werden jedoch auch das Bemühen um eine Literaturgeschichte und das Präsentieren einer fiktionalen Zeichenverwendung.

Für die Rezeptionsgeschichte in der ersten Hälfte des achten Jahrhunderts liefert weiterhin die Abwesenheit von Anmerkungen zur Verfasserschaft einen Hinweis. Für die Kompilatoren – oder den Kompilator namens Yakamochi – waren die Angaben in den Titeln vor 2: 131 und 140 aussagekräftig, obwohl sie der selbst herbeigeführten Tatsache entgegensahen, dass die zu verschiedenen Zeiten entstandenen Texte aus unterschiedlichen Quellen stammen und das Endprodukt daher nicht mit den früheren Fassungen identisch war. 吾, das ausgelöschte und verschobene Ich, oder 亂 *midare*, die hinzugekommene „Unordnung“ in 2: 133, 135 und 137, zeigen das einprägsam. Aus der Sicht der Kompilatoren steht für die textuelle Produktion der Gedichte 2: 131 bis 139 inklusive aller Vorfassungen der Name „Hitomaro“. Für die Zusammenstellung zur heute vorliegenden Form mit Materialien aus anderen Quellen und eingeschobenen Alternativversen, die möglicherweise nicht in den Originaltexten enthalten waren, sondern als selbständige Texte vorlagen, sind jedoch die (abstrakten) Kompilatoren verantwortlich. Das wiederum war letztendlich ein erheblicher Eingriff in das Werk.

Für das Verstehen als Narrativ bedeutet die sichtbar gemachte Textgenese eine mit jeder Stufe der Korrektur sowie schließlich der Kompilation und Annotation größer werdende zeitlich-räumliche Distanz, die sich zwischen der erzählten Welt und den Instanzen der Medialität wie dem Autor, Erzähler oder Kompilator öffnet. Von Bedeutung dabei ist wohl auch das mit einer „Entkontextualisierung des Textes“[155] einhergehende *Sichtbarwerden* der Zeit im „Akt

155 Brenner schreibt zur „langwierigen Ablösung der »Mündlichkeit« durch die »Schriftlichkeit«“, die in der Mediävistik gut erforscht ist, wie folgt: „Die Entkontextualisierung des Textes führt zu einem Lesertypus, der die Fähigkeit entwickeln muss, unter Verzicht auf die [mündlichen] körpergebundenen Kommunikationsformen nur noch im Rückgriff auf das [geschriebene] Wort den Sinn zu erkennen [...]“ (1998: 10–11). Hitomaros Iwami-*sōmon*-Gedichte liefern zur Überprüfung dieses Prozesses für die altjapanische Situation einen möglichen Ansatzpunkt.

der Narration".[156] Gemeint ist die „Zeit des narrativen Aktes", der „Zeitpunkt, an dem das Erzählen stattfindet",[157] was Konsequenzen hat. Die Entkontextualisierung wiederum geschieht nicht von heute auf morgen und sei hier nur als Anregung genannt. Für das europäische Mittelalter wurde gezeigt, dass die Handschriftenkultur zunächst auf den Körper als Quelle aller Wahrnehmung bezogen bleibt und die handschriftlich fixierte Stimme dazu tendiert,

> [...] den abwesenden Körper durch Körpermetaphern, Körperbilder und Personenkonfigurationen zu vergegenwärtigen. Die alltägliche Verwendung von gesprochener Sprache ist gekoppelt mit der Sichtbarkeit der Sprecher, und in der Konstruktion der Texte wirkt diese Verbindung von Hören und Sehen nach: Was das Auge des Zuhörers / Lesers sonst nicht sehen kann, suchen Visualisierungsstrategien zu imaginieren. (Wenzel 1995: 9)

Ob das für die mediale Konstellation im alten Japan ebenfalls zutrifft, bleibt insofern zu prüfen, als klassisch-chinesische Schriftzeichen zunächst und über lange Zeit ein Phänomen fürs Auge waren und es im Rahmen der Sammlung vermutlich auch im siebten und frühen achten Jahrhundert weniger um die Repräsentation der Stimme ging (vgl. Wittkamp 2014b, 2021e). Obwohl die Möglichkeit dazu bestand, verzichten die ersten beiden Bänden auf eine phonographische Verschriftung eigenständiger Wörter oder der Wortstämme.[158] Die Frage bezüglich der Iwami-Gedichte ist zudem, ob angesichts der Präsentation verschiedener Vorfassungen „imaginierte Visualisierungsstrategien" die Lücken noch füllen können, oder ob nicht eher ganz neue aufklaffen. Denn die Texte müssen den Blick unweigerlich zur Schrift und zur literarischen Arbeit und damit in die Richtung der Fiktionalität lenken.

Die autorisierte Hauptfassung verlangt eine Instanz, die unabhängig ist vom Autor als Textproduzenten sowie der Kompilation und in Hühn und Schö-

---

156 Vgl. Genette 2010: 11–12, wobei „Narration dem produzierenden narrativen Akt sowie im weiteren Sinn der realen oder fiktiven Situation vorbehalten sein soll, in der er erfolgt" (S. 12).

157 Antonius Weixler und Lucas Werner, zitiert nach Balmes 2021: 43, der ergänzend schreibt, dass „[die Autoren] damit auf Genettes Einordnung der Narration in Relation zur Geschichte als später (d.h. retrospektiv, wie es in aller Regel der Fall ist), früher, gleichzeitig oder eingeschoben [referieren]", zugleich aber auch auf die „doppelte Irreführung" des Begriffs „Zeitpunkt" hinweist. Gemeint hier ist das Verhältnis von Erzähltem und Erzählen.

158 Der *ongana*-Hauptstil (*ongana shutai*) betrifft die Bände 5, 14, 15, 17, 18 und 20. Einfache Logogramme wie 川, „Fluss", finden sich dort ebenso wie das intentionale Einbringen von Originalsemantiken der Schriftzeichen in die „Lautzeichen" als Schriftspiel; vgl. Wittkamp 2014b.

nerts vierstufigen Modell der Medialität hinsichtlich der Vermittlungsaktivitäten die dritte Stufe bildet, nämlich den „Erzähler / Sprecher [...] im (Fiktions-)Zusammenhang der Erzählung" (2007: 11). Scheint Misaki dieser Notwendigkeit mit „Erzähler" (»*katarite*«) zunächst nachzukommen – auf die Selbstzweifel säende Verschriftung mit 「語り手」 und die Einklammerung wurde hingewiesen[159] –, ist gerade in diesem Fall weiterhin zu bezweifeln, dass es der „Erzähler" ist, dessen grammatisch markierten Positionen im „Hier und Jetzt" Misaki mit jedem Gedicht erneut verschiebt. Wem sollte der „Erzähler" denn jeweils in seiner mit jedem Gedicht aufs Neue verschobenen Position erzählen? Dem Berg oder dem wirr fallenden Herbstlaub, die immerhin die Empfänger von Appellen und Bitten sind? Dann wäre das Ganze als ein Monolog aus zwei Langgedichten mit jeweils zwei Gegengedichten zu verstehen, wofür es durchaus weitere Hinweise gäbe, und 2: 140 käme einem ironischen Kommentar nahe (siehe unten, Abschnitt „Selbstreflexion").

Diese Möglichkeiten bestehen zumindest in der Vorstellung der Rezeption. Da jedoch bereits auf Grund der Anmerkung nach 2: 139 die autorisierte Hauptfassung *nicht mehr mit dem mündlichen Vortrag verwechselt werden kann*, sind weder der Erzähler noch der abstrakte Autor mit dem erzählten Ich identisch, das in der erzählten Welt mit 吾, „ich", objektiviert wird und beim Befehl an den Berg und der Bitte an das Herbstlaub als sprechende Figur auftritt. Da eine zeitliche und oft gewöhnlich auch räumliche Distanz zwischen der Gegenwart des Erzählens und der erzählten Welt den Normalfall darstellt, sind das erzählende Ich und das erzählte Ich grundsätzlich nicht identisch. Die japanische Forschung nimmt das aber nur selten wahr, zumal die zeitlich-räumliche Differenz zwischen den beiden Ichs ohne Hinweise, wie sie beispielsweise in Daniel Defoes *Robinson Crusoe* (1719) konkret vorliegen, unscharf ist. Die Grundpositionen II und III, welche die Auswirkungen der Vorfassungen hinsichtlich des Erzählens nicht reflektieren, verorten „Hitomaro" oder „den Erzähler" – das erzählende Ich – am Ende von 2: 131 oder kurz danach in der Schlussszene in 2: 133, denn in ihren Lesungen entfaltet sich von dort aus die erzählte Welt entweder in umgekehrter Chronologie oder als synchron-parallele Blöcke.

Als eine Figur der erzählten Welt kann sich das erzählte Ich wie in der Figurenrede am Schluss von 2: 131 äußern, aber auf die Auswahl und Kombination der Geschehen und Ereignisse oder die Bestimmung seiner inneren Vorgänge hat es keinerlei Einfluss, woran das ausgelöschte Ich in 2: 131 keinen

159 Auch Kurazumi (2011: 14) setzt den Autor in Klammern (〈作者〉 »*sakusha*«), obwohl das Thema den schriftlichen Überarbeitungsprozess betrifft, der ein Problem des Autors und / oder der Kompilation ist.

Zweifel mehr lässt. Auf der materiellen Ebene der Schrift tritt das erzählte Ich in 2: 132 als 我 *aga* und in 2: 133 als 吾 *ware* in Erscheinung. Beide Schriftzeichen bedeuten „ich", aber 吾 aus den Vorfassungen 2: 134 und 2: 139 wurde – vermutlich wegen der Funktion als Possessivpronomen – zu 我 in 2: 132 korrigiert.[160] Das Schriftzeichen 吾 kommt in der als die älteste Fassung geltenden Gruppe C mit 2: 138 und 139 sogar drei Mal vor, aber offensichtlich bestand das Bedürfnis, es bei der Überarbeitung zu 2: 131 zu entfernen, 吾 in 2: 139 gegen 我 in 2: 132 auszutauschen und mit dem hinzugefügten Gegengedicht 2: 133 und dem Langgedicht 2: 135 吾 erneut einzubringen. Diese Arbeit am Text zeigt, wie der abstrakte Autor die Erzählung und mit ihr das erzählte Ich inszeniert und damit die Distanz zur erzählten Welt vergrößert.

Misakis Modell setzt den Punkt der größten Distanz zur erzählten Vergangenheit in 2: 133 (vgl. Misaki 2005: 268) und präsentiert wie gesehen einen „Erzähler", der sich durch den Raum der erzählten Welt bewegt. Da Misaki eine anachronische Zeitstruktur verfolgt, der „Erzähler" selbst aber nicht in der Zeit zurückgehen kann, muss es – sollte »*katarite*« nicht als Plural zu verstehen sein – jemanden geben, der von der sich rückwärts in der Zeit bewegenden Figur erzählt. In der Vorstellung eines Erzählers vor Ort ist somit die Differenz zum erzählten Ich ebenfalls gesetzt, nur dass dieser sich selbst nicht durch den Raum bewegt. Einen Erzähler vor Ort implizieren auch die synchron-parallele Modelle nach Nakanishi, Hashimoto und Shiotani, die zwar keinen narratologischen Ansatz verfolgen, aber doch in den Langgedichten narrative Teile anerkennen, wie Hashimotos „Elemente" (siehe unten). In diesen Modellen erfolgen vermutlich von einem identischen Standpunkt aus zwei Erzählungen, aber die Forscher reflektieren diese Frage nicht beziehungsweise kaschieren sie mit „Hitomaro" oder „Autor". Im Fall des mündlichen Vortrags am Hof, von dem Itō ausgeht, der aber nichts mit dem textuell vorliegenden Endprodukt zu tun haben kann, wäre die zeitlich-räumliche Differenz von Hitomaro als Autor *und* Erzähler sowie des erzählten Ichs in der erzählten Welt groß. Sollten aber die Texte tatsächlich von einer solchen Situation zeugen, wäre die Distanz noch größer, da die Erzählung als Text vorliegt und alle mündlichen Vorträge die aus diesem Text zu rekonstruierende Vergangenheit sind.

160 Kroll zufolge (2015) besteht „by med. [Medieval Chinese] no difference between this [吾] and 我". In 2: 132 ist 我 ein Possessivpronomen („mein") und in 2: 133 sowie in 2:135 ist 吾 ein Personalpronomen („ich"). Diese unterschiedliche Verwendung ist in den Gedichten 2: 134 und 139, die als Vorfassungen zu 2: 133 gelten, nicht zu erkennen, denn dort steht nur 吾.

*Weitere Aspekte*

Geben die Gedichttexte auf der inhaltlichen Ebene den Erzähler kaum oder gar nicht zu erkennen, ermöglichen sie doch Beobachtungen zur Erzählsituation und machen die Distanz zur erzählten Welt bewusst. Aleida Assmann und Jan Assmann verstehen mit Konrad Ehlich „Text“ als eine „wieder aufgenommene Mitteilung im Rahmen einer zerdehnten Situation“.[161] Die durch die Kompilation oder den abstrakten Autor erzeugte Komplexität im Verhältnis der eingeschobenen Vorfassungen und der autorisierten Hauptfassung wiederum bedroht zwar die Wahrnehmung als kohärentes Narrativ, macht aber zugleich deutlich, dass für die diejenigen, die wie Itō oder Misaki als Narrativ einer fiktiven Welt lesen, der Zeitpunkt des Erzählens außerhalb der Zeit der erzählten Welt liegen muss. Diese ist – fiktiv oder nicht – unzweifelhaft Vergangenheit, und sollte es einen Erzähler geben, kann er sich nicht in der erzählten Welt befinden. Die sich zu stets neuen Kommentarwerken verdichtende Forschung reflektiert die Komplexität hinsichtlich der Vermittlungsinstanzen und Kommunikationssituationen nicht oder unzureichend,[162] und die Beschreibung als „Hitomaro“ ist eine bequeme Art und Weise, das Problem zu überdecken.

In diesem Zusammenhang sind auch andere Beobachtungen zu berücksichtigen. So sieht Shimizu Katsuhiko (zitiert nach Aso 1: 327–328) den „Ausdruck der *shi*-Dichtung (*shi-teki hyōgen* 詩的表現)“ und die „Verse zur Erklärung der [räumlich-zeitlichen] Situation und der Emotionen (*jōkyō setsumei-ku* / *shinjō setsumei-ku* 状況説明句・心情説明句)“ als Zeichen einer Rezitation der Gedichte am Hof, um das Mitgefühl der Zuhörerschaft zu erregen. Shimizu meint mit *shi* 詩 vermutlich nicht das klassisch-chinesische Gedicht,[163] sondern die lyrische Dichtung im Allgemeinen, aber Nakanishi Susumu (zitiert nach Aso ebd.) geht von einem Auftrag zur Erstellung einer epischen Dichtung im klassisch-chinesischen Stil der *ci*- und *fu*-Dichtung (辞賦 / 辭賦) aus, die am Hof ausgeführt worden sei.[164] Wie gesehen formuliert Itō

---

161 Vgl. A. Assmann 2006: 62, J. Assmann 2002 [1992]: 21–22, 2004 [2000]: 105–107 und Ehlich 1983.

162 So scheint Misaki nicht klar zu sein, dass der Erzähler auch einen Adressaten der Erzählung benötigt; vgl. Misaki 2005: 20–42 und dagegen Hühn und Schönert 2007: 11.

163 Die Verbindungen mit der klassisch-chinesischen Literatur sind kein Thema der vorliegenden Beobachtungen, aber dennoch vorhanden. So nennt Inaoka (1: 93) bezüglich 2: 133 das *shi*-Gedicht 赴洛詩 „Fu Luo shi“, „Gedicht zum Aufbruch nach Luo“, von Lu Ji 陸機 (261 bis 303, jap. Riku Ki), das ein tiefes Nachdenken nach dem Abschied thematisiere; vgl. SSTK 15: 414–416. Weiterhin sieht Inaoka (ebd.) eine Fokussierung auf die Zeit nach der Zeit in 2: 132, liest die beiden Gedichte also im Sinn der etablierten Lehrmeinung (*tsūsetsu*) als ein fortschreitendes Narrativ.

164 Was Shimizu als Ausdruck *shi*-Dichtung empfindet, lässt Aso offen, aber an anderer Stelle (1: 333) beschreibt sie den metaphorischen Gebrauch des Flügelschlagens (*ha*

Haku den Aspekt der Fiktionalität aus – anders ließen sich manche Abänderungen wie der sichtbar gemachte Austausch von Ortsnamen auch kaum erklären –, und es ist erneut nach den Absichten der Kompilatoren bei der Präsentation der Vorfassungen und Alternativversen zu fragen. Das besondere Interesse am Werk Hitomaros spielt ohne Zweifel eine Rolle, aber vielleicht handelt es sich auch um eine Verdeutlichung von Fiktionalität, bei der zumindest zwischen dem Dichter und den anderen Instanzen der Vermittlungsebene zu unterscheiden ist.

Die an „Hitomaro" festhaltende Forschung lässt allerdings einen Widerstand gegen die Fiktionalität in ihrer letzten Konsequenz erkennen, die das Bild des empirisch-historischen Autors mit authentischen Erfahrungen verwässern oder gar aushebeln könnte, indem sie die Inhalte von der historischen Realität ablöst. So zitiert Aso Mizue (ebd.) neben Shimizu und Nakanishi auch Itō Haku, um sich selbst aber davon zu distanzieren. Denn mögen die Gedichte auch am Hof vorgetragen worden sein, vermutet sie doch die tatsächlichen Erfahrungen Hitomaros, und die Gedichte seien nicht von diesem Dichter zu trennen. Einschränkend geht sie von einem tatsächlichen Aufenthalt Hitomaros in Iwami aus, aber der in den Gedichten gezeichnete Mann entspreche nicht dem Hitomaro der Wirklichkeit. Der zur werkimmanenten Figur (*sakuchū jinbutsu* 作中人物) gewordene Hitomaro habe sich selbst in den „Strudel der Emotionen beim herzzerreißenden Abschied" hineingeworfen. Dass unter den vielen Hofdichtern im Anschluss an Hitomaro niemand sei, der das Iwami-*sōmon*-Thema aufgegriffen und weitergeführt habe, gebe „Hitomaros originelle Welt" zu erkennen. Aso hält an Hitomaro fest, aber es zeichnet sich eine Differenz der Instanzen ab, die sie auf Nachfrage in Erklärungsnöte treiben dürfte.

Die konservativen Vorstellungen zum Altertum werden ohnehin davon dominiert, dass für die Dichtung die lange Geschichte der prähistorischen Wirklichkeit verantwortlich ist. Zwar sind in der Literatur Elemente der Magie, Mythen und Ritualpraktiken enthalten, aber die Forschung sieht den Ausdruck realer Erfahrungen und Gefühle – gerade beim *Man'yōshū*, dem lange und neben der vermeintlichen Maskulinität ein unprätentiöser Stil aus Geradlinigkeit und Aufrichtigkeit als besondere Merkmale zugesprochen wurde. Es ist jedoch zu vermuten, dass der durch die Begegnung mit klassisch-chinesischen Erzählun-

---

*furu*) für den morgens aufkommenden Wind und die abends aufkommenden Wellen in den Versen 17 bis 20 aus Langgedicht 1: 131 als „*shi*-mäßige Verbildlichung (*shiteki keishōka* 詩的形象化)". Auch Kōnoshi (1992: 254) beschreibt als *shi-teki hyōgen* oder *shi-teki kōsei* 詩的構成 (S. 249), aber die Begriffe besitzen angesichts der klassisch-chinesischen *shi*-Dichtung, die für die Formung der japanischen Dichtung verantwortlich war, ein Potenzial zu Missverständnissen; für die lyrische Dichtung böte sich der metasprachliche Begriff *jojō-shi* an.

gen, Mythen oder Wahrnehmungen ausgelöste „Schriftzeichenschock (*moji no shōgeki* 文字の衝撃, Go 2001)“, aber auch mündliche Erzählungen im Kontakt mit kontinentalen Einwanderern (*toraijin* 渡来人) die Aspekte der Fiktionalität und Phantasie von Anfang an in die japanische Literatur einschrieben (vgl. Wittkamp 2018b, 2021e). Die vorliegenden Analysen können keine Klärung dieser Fragen anstreben, aber die Entstehungsgeschichte der Texte und ihre Repräsentation durch die Kompilatoren liefern Hinweise für die Unterscheidung zwischen der damaligen und der heutigen Rezeption.

**Der Berg (1)**

Der Titel vor 2: 131 weist die Gruppen A und B mit den Gedichten bis 2: 137 (ohne 2: 134) als zusammenhängend aus, aber unklar ist die Beschaffenheit der Anschlüsse und Bezugnahmen. So lesen Nakanishi Susumu oder Hashimoto Tatsuo aus 2: 131 und 2: 135 zwei parallel stehende Langgedichte heraus, und während das erste die „Geliebte“ (*imo*) fokussiere, konzentriere sich das zweite auf das „Ich“. Nakanishi beschreibt das Arrangement als „zwei Gedichte in einer Reihe (*nishu ichiren* 二首一連)“,[165] aber Hashimoto (S. 93) geht noch weiter, da er die Motivation zur Beifügung der Gruppe B in der Konzentration auf die Geliebte in der Gruppe A vermutet. Hitomaro habe die Urfassung in 2: 138 und 139 „aus einem anderen Buch“ überarbeitet und dabei – unter anderem durch das ausgelöschte Ich (吾 *are*, *ware*) – das ganze Gewicht auf die Geliebte gelegt, dann aber gemerkt, dass seinen eigenen Gefühlen nicht genügend Ausdruck verliehen wurde. Mit der Gruppe B habe er daher das inhaltliche Gleichgewicht zwischen der „Geliebten“ und dem „Ich“ hergestellt, und das explizit zum Ausdruck gebrachte 吾, „Ich“, in 2: 133, dem zweiten Gegengedicht der Gruppe A, sei das „Verbindungsstück“ zwischen den beiden Gruppen, das wie eine „Achse von der Bühne der Gruppe A zur Bühne der Gruppe B überleitet“.

Die Schwerpunktverlagerung von der Geliebten zum Ich wirft Fragen auf, aber von Bedeutung für das Wie und Was der Erzählung ist zunächst das Verstehen der Grundposition III als ein Nebeneinander zweier identischer Zeitausschnitte. Die ältere und durch Kōnoshi (1999b) im „Seminar“ rückbestätigte „etablierte Lehrmeinung“ liest dagegen ein Nacheinander, das heißt in Erwar-

---

165 Vgl. Nakanishi 1995 (original vermutlich 1970): 452–453, Hashimoto 1991 (original 1977): 83–84, dort auch zum Vergleich seiner Untersuchung mit Nakanishis Ansatz im zweiten Band der Reihe *Nihon shijin-sen* 日本詩人選 (1975). In der „Zentralität der Geliebten (*imo chūshin-sei* 妹中心性, S. 87–88)“ in 1: 131 sieht Hashimoto den Grund für die „kraftvollen“ und lobpreisenden Beschreibungen des Meeres von Iwami, im Gegensatz zur verkürzten Darstellung in 2: 135 mit dem „Ich“ im Mittelpunkt; zu den Theorien zum „Hauptthema“ der beiden Langgedichte nach Nakanishi, Hashimoto und anderen vgl. Misaki 2005: 269–270.

tung einer zeitlichen Entfaltung der erzählten Welt in der Abfolge der Texte (vgl. Kōnoshi 1992: 260–261, Shiotani 1984: 214–215, Misaki 2005: 244). Für dieses Narrativ mit unverstellter oder linearer Chronologie macht Kōnoshi das beide Gruppen durchziehende Thema im „Motiv der Trennung“ aus, und das Gedicht 2: 133 übe durch die „zeitliche Entfernung“ zu 2: 131 und 132 eine „Brückenfunktion“ zu 2: 135 aus.[166] Wie gesehen spricht Hashimoto dem Gedicht eine ähnliche Funktion zu, worauf im anschließenden Abschnitt zurückzukommen ist. Da es zum Ende von Langgedicht 2: 135 *irihi sashi-nure*, „die Abendsonne hat aufgeschienen“, heißt und zudem – wenn auch nur als Kopfkissenwort *shiki-tahe no* – ein Hinweis auf eine Decke oder Unterlage erfolgt, ging in der etablierten Lehrmeinung offenbar schon Kamo no Mabuchi davon aus, dass in diesen Formulierungen die Herberge für die Nacht mitschwingt. Kōnoshi (1999b: 216–217), wo Mabuchi zitiert wurde, schließt sich an und deutet als „der Herberge entgegen“ (vgl. Kōnoshi 1992: 258–259).

Ein Problem der chronologischen Entfaltung ist das Gegengedicht 2: 137 mit der Bitte des erzählten Ichs an das Herbstlaub, eine Weile nicht so wirr zu fallen. Denn es „will die Gegend der Geliebten sehen“ (*imo ga atari mimu*), aber es müsste doch bereits dunkeln oder dunkel sein. Itō Haku (1975: 290, 1: 302) geht unter anderem daher davon aus, dass der Berg, nach dessen Überquerung der Aufenthaltsort der Geliebten nicht mehr zu sehen ist, in 2: 137 noch nicht erreicht wurde, was er zudem an der Grammatik des Gedichts festmacht. Gemeint mit „Berg“ als ein metasprachlicher Schlüsselbegriff ist der *mi-osame-yama*, der auch in der oben besprochenen Sequenz 1: 17 bis 19 eine Rolle spielt. Tatsächlich wird dieser letzte Anblick in den Gedichten nicht thematisiert, was jedoch wiederum für das Verständnis der beiden Gruppen von Belang sein könnte. Zunächst festzuhalten bleibt der Begriff der Forschung, die allerdings – in den hier konsultierten Arbeiten – das historische Verständnis nicht oder nicht mehr reflektiert.[167]

Für Itō (1975: 280–283) und Shiotani (1984: 216–217) handelt es sich um den in 2: 132 genannten 高角山 Takatsunoyama, worunter Itō (S. 281) einen Berg versteht, der die Grenze zum „Einflussbereich“ der Gegend namens

166 Vgl. Kōnoshi 1999b: 216–217; in der vorangehenden Arbeit hebt Kōnoshi (1992: 257–258) nicht nur die „unterstützende“ Funktion bei „der Entwicklung zum zweiten Langgedicht“ hervor, sondern schreibt, dass die die Vervollkommnung der Iwami-*sōmon*-Gedichte als Werk erst mit 2: 133 erreicht wurde.

167 Misaki (2005: 248) führt die Bezeichnung im Zusammenhang mit den Iwami-*sōmon*-Liedern auf das Umfeld einer Arbeit von Saigō Nobutsuna aus dem Jahr 1959 und von Kubota Utsubos Kommentarwerk *Man'yōshū hyōshaku* (Band 1 bis 7, 1966–1967) zurück; vgl. Itō 1975: 282, Shiotani 1984: 215. Kubota ist auch als Dichter bekannt, und Vermengungen der Objekt- und Metasprache sind zu erwarten.

„Tsuno (角)" markiere und von seiner Höhe (高 *taka*) aus eine Aussicht auf jene Gegend gestatte. Der Berg bildet insofern den Ausgangspunkt von Itōs Untersuchungen, als in 2: 139, der ältesten Fassung, ein anderer Berg genannt wird und mit 2: 133 auf der letzten Stufe der Textgenese ein neues Gedicht erscheint. Itō ließ besonders die Beziehung zwischen dem neu eingeführten Namen zu *wakare-kinure ba* im letzten Vers des neuen Gedichts nicht ruhen. Diesen überführt er in *wakarete kite shimatta node* 別れて来きてしまったので im Sinn von „da die Trennung nun endgültig vollzogen ist" und liest das Gegengedicht 2: 132 als „letzte Klage über den endgültigen Abschied an der durch den *mi-osame-yama* gebildeten Grenze" (S. 282). Wenn man das erst einmal realisiere, werde die „innere Wahrheit" von *wakare kinure ba* in 2: 133 vollkommen klar. Er (S. 283) sieht in diesem Ausdruck das „Akzeptieren des endgültigen Abschieds" sowie die „Formulierung der traurigen Einsamkeit, von der Gattin (*tsuma*) endgültig getrennt zu sein und nun ganz allein in die Fremde zu ziehen, die mit der Heimat der Gattin in keinerlei Beziehung mehr steht". Wie „wirkungsvoll" das Hilfsverb *-nure* (*-nu*) diese Momente zum Ausdruck bringt, soll eine Analyse der Grammatik noch zeigen. Die etablierte Lehrmeinung versteht unter „dieser Berg" (*kono yama*), dem der Appell am Ende von 2: 131 gilt, offenbar nicht den Takatsunoyama, da er erst im folgenden Gegengedicht auftaucht (vgl. Shiotani 1984: 216).

Die Endgültigkeit der Trennung erkennt Itō auch aus der Gesamtaussage von 2: 133, bei der die SNBT-Bearbeiter (1: 110–111) in den ersten drei Versen eine helle oder klare Außenwelt sehen, die mit *domo* in die „Dunkelheit der Innenwelt des Autors (*sakusha*)" umschlage. In Itōs Lesung wurde mit diesem Gedicht die Frau „zu einer Person, die [nun] tief in seinem Herzen wohnt" (ebd.), und selbst die als hell raschelnde Bambusgrasblätter dargestellte Außenwelt könne davon nicht ablenken. Die oben diskutierte Lesung von 亂 (乱) als *midaru* versus *sayage* gibt sich nun als ein wichtiges Detail zu erkennen, denn die Abkehr von der sichtbaren Außenwelt – falls es eine ist – stützt Itōs Ausführungen: Selbst „das mysteriöse Rascheln" kann „das sich auf die Frau konzentrierende Herz »Hitomaros« nicht durcheinanderbringen (*midasu* 乱す)". Itōs Beschreibungen von der „Reinheit des Herzens Hitomaros" etc. wirken überschwänglich, aber es dürfte kaum schaden, seiner Begeisterung für 2: 133 als „vollendeten Abschluss für die Gruppe A als Werk" Folge zu leisten. Freilich basiert seine Interpretation auf der Lesung *sayage domo*, aber auch *midaru* änderte an der Gegenüberstellung einer Außen- und Innenwelt nichts (siehe unten).

**Itō Hakus zentripetale Struktur von 2: 131 bis 140**

Itō Haku handelt 2: 140, das Antwortgedicht der Frau, nicht nur gemeinsam mit Hitomaros Gedichten ab, sondern macht es zum Zentrum der gesamten Sequenz mit den beiden Gruppen A und B in der autorisierten Hauptfassung. Er sieht eine „sukzessive Einengung“, womit er ein Zurückschreiten der erzählten Zeit[168] vom Ende der Gruppe A über die Gruppe B hin zu 2: 140 meint und mit zwei Schaubildern visualisiert.[169] Das zentripetale Schaubild (*kyūshinteki kōzu* 求心的構図) zeigt 2: 140 als einen Punkt, um den zwei konzentrische Kreise angelegt sind, die von innen nach außen die Gruppe B und die Gruppe A darstellen. Das zweite Modell zeigt ein um 90° nach links gedrehtes, gleichseitiges Dreieck mit senkrechter Grundlinie *a*. Parallel zu dieser Grundlinie *a* teilt eine Gerade *d* die Dreieckseiten *b* und *c*, und während die Grundlinie *a* der Gruppe A entspreche, stehen die Parallele *d* für die Gruppe B und der Punkt im spitzen Winkel (auf der linken Seite) für das Gedicht 2: 140.[170]

Das korrigierte Langgedicht 1: 131 besitzt vier Verse weniger als seine Vorfassung 2: 138, und die beiden Langgedichte der Gruppen A und B sind

168 Balmes (2021: 43) weist bezüglich der erzählten Zeit darauf hin, dass damit „auch die im Text beschriebenen oder implizierten Zeitlichkeiten zu fassen“ sind. Dieser Aspekt besitzt für die Erzählung der Iwami-*sōmon*-Gruppe Bedeutung.

169 Vgl. Itō 1975: 296, 1: 313 und zur näheren Begründung der Zeitumkehrung 1975: 288–293. Kōnoshis explizites Anliegen seiner Auseinandersetzung mit Itōs Zeitumkehrung ist die Wiederherstellung der etablierten Lehrmeinung; vgl. Kōnoshi 1992: 260.

170 Die beiden Modelle in Itō 1975: 292 veranschaulichen zum einen die Zeit (zwei konzentrische Kreise für die Gruppe A und B, ohne Mittelpunkt) und zum anderen den Raum (Trapez mit den senkrechten Linien *a* [lange Senkrechte] für die Gruppe A und *d* [kurze Senkrechte] für die Gruppe B). Itō (S. 296) verfeinert anschließend beide Modelle und präsentiert die ausgearbeiteten Schaubilder, die dem Kommentar entsprechen und in denen das Gedicht der Frau enthalten ist: Die konzentrischen Kreise bekommen einen gemeinsamen Mittelpunkt, beim Trapez werden die Seiten *b* und *c* verlängert und bilden durch ihr Zusammentreffen ein gleichseitiges, nach links gedrehtes Dreieck. Kōnoshi (1992: 260–262) fasst seine Vorstellung zu den Gedichten der Gruppen A und B ebenfalls mit einem Schaubild zusammen, dessen Beschreibung einen ekphrastischen Versuch wert ist: Die Gedichte 2: 131/132 und 2: 133 stehen senkrecht übereinander und sind mit einem Abwärtspfeil verbunden. 2: 135/136 und 2: 137 stehen links daneben, ebenfalls senkrecht angeordnet und von oben nach unten mit einem senkrechten Pfeil verbunden. Zwischen 2: 131/132 (rechts oben) und 2: 135/136 (links oben) gibt es einen Doppelpfeil; 2: 135/136 (links oben) und 2: 133 (rechts unten) verbindet eine einfache Gerade, 2: 131/132 (rechts oben) und 2: 136 (links unten) eine gepunktete Gerade; die beiden Geraden kreuzen sich im Zentrum. Dieses Schaubild scheint Kōnoshi so aussagekräftig zu sein, dass er es ins „Seminar“ übernimmt, aber obwohl er den Abschnitt mit „Struktur / Aufbau“ betitelt, wird beides aus dem Modell nicht klar; vgl. Kōnoshi 1999b: 217–218, 2013: 106.

mit jeweils neununddreißig Versen in der Erzählzeit identisch. Das scheint einer bestimmten Absicht zu folgen und muss daher von Bedeutung sein. So zieht das Langgedicht der Gruppe B von der zeitlosen einleitenden Küstenbeschreibung im „Vorspiel" Verse ab und stellt sie dem narrativen Textteil zur Verfügung. Damit liegt im narrativen Textteil ein größerer Detailreichtum vor, der eine Reduzierung der Erzählgeschwindigkeit bedeutet. In der umgekehrten Chronologie der Grundposition II ist der narrative Textteil in 2: 135 eine Ausschnittvergrößerung aus 2: 131 und lässt sich der Vergrößerungstechnik ähnlich, die mehr Details hervorbringt, als „aufgeblähte Zeit" beschreiben.[171] Itō (1: 313) erläutert die zeitumkehrende Darstellung unter anderem als „vom Abschied beim Berg, wo der Aufenthaltsort der Frau aus dem Blick rückt, über den Abschied unterwegs [also bis zu diesem Berg] bis hin zum eigentlichen Abschied am Anfang", wo in Gedicht 2: 140 die Sprecherin ihre Bedenken äußert. Das Gedicht 2: 133 habe Hitomaro in der letzten Phase der Überarbeitung zur Steigerung der Abschiedsdramatik beigefügt, und Itōs Einschätzung dieses Gedichts als „extrem wertvoll" bestätigt die offizielle Anthologie *Shinkokin wakashū*, wenn sie es auch in zeitgemäßer Gestalt führt.

Itō (1975: 298) beschreibt den Ausdruck von 2: 140 als „schmollend / missgestimmt und sich windend (*sunete-kunetta*) [wie es] für Frauen typisch ist". Das lobt er als „höchst geschickt", geht aber nicht auf die Grammatik ein, die seine Lesung unterstützen könnte. Denn während in den vorangehenden Gedichten ein Zeitausschnitt nach dem Abschied über den perfektiven Aspekt als abgeschlossen erzählt wird, um das Hier und Jetzt zu betonen, erscheint in 2: 140 die Figurenrede – oder Gedankenrede – im Präsens. Dieses Präsens weist das Hier und Jetzt als etwas aus, das noch nicht abgeschlossen ist, beginnt aber ebenfalls dort, wo auch die erzählte Zeit in 2: 131 bis 137 ihren Anfang nimmt. Das „Zentrum" beziehungsweise der Ausgangspunkt der Zeit der erzählten Welt insgesamt ist nämlich nicht das ganze Gedicht der Frau, wie es Itō sieht, sondern nur der erste Vers, der Ratschlag, den das „Du" (*kimi*) beim Abschied der Frau hinterlässt. 2: 140 lässt unklar, wie viel Zeit die Reflexion der Sprecherin umfasst, ist aber als summarisches Erzählen eines längeren Grübelns zu verstehen. Daher unterscheidet sich der Umfang der erzählten Zeit in den Gedichten 2: 131 bis 137 und dem Gedicht der Frau kaum, und während in den vorangehenden Gedichten über das Erzählen mit Zeitumstellung eine Distanz zur erzählten Welt einzieht, macht sich diese in der präzisen Formulierung des summarischen Erzählens im Gedicht der Frau ebenfalls bemerkbar. Was der

171 Vgl. Itō 1975: 291 und zur Beschreibung dieser literarischen Verfahrensweise der „aufgeblähten Zeit" Wittkamp 2021a: 191 und 2021f. „Aufblähung" bezieht sich nicht auf den Diskurs, sondern die erzählte Welt; vgl. Wittkamp 2021f: 134.

Mann weitschweifend als „Description /Beschreiben“ und „Narrativ / Erzählen“ entfaltet, bringt die Frau als „Argument / Erklären“ auf den Punkt.[172] Takeda Yūkichi (3: 424) sieht in den ersten beiden Versen in 2: 140 eine „Neigung zur Erklärung“, was das Gedicht „flach und monoton (*heiban* 平板)“ mache, und den Grund dafür vermutet er im jungen Alter der Verfasserin. Im narrativen Verbund mit den vorangehenden Gedichten auf den Ebenen der Exegesis *und* der Diegesis ist diese Einschätzung jedoch zurückzuweisen.

Das Gedicht 2: 140 enthält zwei Figurenreden, nämlich den zitierten Ratschlag des „Du“ (*kimi*) im ersten Vers sowie die Reflexion in den folgenden vier Versen. Das Sprechersubjekt und das *verbum dicendi* „sagen“ im zweiten Vers (*kimi ha ihe domo* „so sagst du …“) im Zitat weisen eine Figur als Sprecherinstanz aus, aber bei der Reflexion ab dem zweiten Vers gibt es keinen Hinweis auf die Medialität. Es ist zwar nicht zu entscheiden, ob es sich um Gedankenrede oder Monolog handelt, aber wie bei der autonomen direkten Rede, die für den „*dramatischen Modus* (= ohne Distanz)“ steht, verringert auch im Fall der Gedankenrede die Form der zitierten Figurenrede die Distanz zur erzählten Welt. Da die „aufgeblähte Zeit“ in der vorangehenden Gruppe B die Distanz zur erzählten Welt ebenfalls verringert, ist die Distanzverringerung als ein Merkmal der Ebene der Darstellung zu verstehen, das die Gedichte der Frau und die des Mannes in den Gruppen A und B verbindet (zu Distanz vgl. Martínez und Scheffel 2016: 50–67, Zitat, S. 52).

In Itōs Modell dehnt sich Reichweite der Analepse über die Gruppe B zum Zentrum in 2: 140 aus (zu Reichweite und Umfang der Analepse vgl. Martínez und Scheffel, S. 35–38, 214). Wenn man die Reflexion der Frau nicht als direkte Erwiderung auf den Ratschlag des Mannes versteht, kann das aber nur bedeuten, dass im Rahmen der gesamten Sequenz die zitierte Rede des „Du“ (*kimi*) eine weitere Analepse bildet beziehungsweise die Reichweite der Analepse verlängert. Aus der Situation der Frau stellt der Ratschlag ebenfalls eine Analepse dar. Deren Reichweite wirkt zunächst kürzer, aber die Anordnung der Gedichte erzeugt den Eindruck einer längeren Reflexion, sodass sie letztendlich gleich ist. Was sich unterscheidet, ist der Umfang, der in 2: 140 extrem gering ist. Der Ratschlag an die Frau ist der Auslöser der gesamten Erzählung und damit das entscheidende Ereignis der erzählten Welt. Dass es

172 Zu „Narrative and Two Other Text-Types“ vgl. Chatman 1990, 6–21; die drei Texttypen entsprechen Hühns (2011: 79) drei Diskurstypen „Erzählen, Beschreiben und Erklären“. Chatmans Modell zeichnet sich durch Abstraktion und Prägnanz aus, aber die Ermittlung der „genrespezifisch unterschiedlichen Ausprägungen [von] Geschichten“ (ebd.) mag feinere Parameter erfordern. Daher lassen sich die drei Text- oder Diskurstypen bei Bedarf weiter aufschlüsseln, wie in den „Diskurstyp Erzählen [und andere] Diskurstypen wie Beschreiben, Argumentieren, Erklären“ (Hühn ebd.).

am Anfang der erzählten Zeit liegt, spielt keine Rolle, da das Vorangehende – die Zeit der Gemeinsamkeit – auf der Hand liegt. Der zeitliche Ausgangspunkt der Analepsen in Itōs Modell ist im Gegengedicht 2: 133 festzumachen, in dem das erzählte Ich oder – sollte hier der Ort des Erzählens sein – das erzählende Ich sein Verstehen darlegt, dass Abschied und Trennung *nun* bereits vollzogen sind: *are ha imo omofu / wakare-kinure ba* „Ich aber denke an die Geliebte / da wir uns trennten, und ich nun hier bin". Die von Itō als „Hitomaro" und von Misaki als „Erzähler" beschriebenen Figuren bewegen sich durch den Raum, können sich in der Zeit aber nicht rückwärts bewegen. Das ist nur als erzähltes Ich möglich.

Weitere Unterstützung findet Itōs Modell in der Beschreibung der literarischen Techniken als sukzessive Fokussierung, die in vielen Gedichten der Sammlung zu beobachten ist, worauf bei der Besprechung von 1: 40 bis 44 hingewiesen wurde. Die literarische Verfahrensweise einer Analepse verbunden mit einer distanzverringernden Fokussierung stellt eine neuartige Erzähltechnik dar, aber Kreativität legt der abstrakte Autor „Hitomaro" wie gesehen bereits bei der sozialen Fokussierung an den Tag. Für Fokussierung spricht eventuell noch ein weiteres Detail. Denn während das erzählte Ich am Ende von 2: 131 den Appell an den Berg ausruft, „sich lang zu machen", wendet es sich in 2: 137 an das fallende Herbstlaub und äußert die Bitte, eine Weile das Fallen einzustellen, um die „Gegend sehen zu können, wo sich die Geliebte aufhält" (*imo ga atari mimu*). Es liegt somit eine Einengung der sichtbaren Außenwelt vor, die mit der Gruppe B harmoniert, da diese im narrativen Textteil das Erzähltempo reduziert und in räumlicher Hinsicht mehr Details hervorhebt (Aufblähung; vgl. Itō 1975: 292). Hier ist nochmals die Thematik von Gedicht 2: 137 in Erinnerung zu rufen, die Itō überhaupt erst dazu veranlasste, die Gruppe B als Ausschnittvergrößerung der Gruppe A aufzufassen. Damit verbunden drängt sich die Frage auf, ob das Gegengedicht 2: 137, das mit dem fallenden Herbstlaub einen Ausschnitt aus 2: 135 aufnimmt und somit in der erzählten Zeit eventuell *vor* der scheinenden Abendsonne am Ende von 2: 135 liegt, nicht eine weitere Anachronie darstellt. Dadurch ergäbe sich allerdings eine sehr komplexe Struktur verschachtelter Anachronien, und auf Misakis Lösungsvorschlag als räumliche Minimalbewegung im Rahmen der zeitlichen Ordnung ist zurückzukommen.

Diese sowie andere Unklarheiten mögen Kōnoshi zu seiner Ablehnung von Itōs Modell und seinem Plädoyer für die etablierte Lehrmeinung geführt haben. Aus den Jahren zwischen Itōs Vorschlag von 1973 und Kōnoshis (1999b) im zweiten Band des „*Man'yōshū*-Seminars" bestätigten Zurückweisung liegen allerdings weitere Anschlussbeiträge an Itōs Modell vor.[173] Kōnoshi erwähnt einige davon mit der Absicht der Zurückweisung wie Misakis Untersuchung von 1998 (= 2005: 239–273), denn an der „Herberge" für die Nacht sei nicht zu rütteln.[174] In dem überarbeitet in seinen Sammelband aufgenommenen Aufsatz merkt Misaki (2005: 245) kritisch an, dass es Kōnoshis „Pflicht" war, zumindest auf seine Kritik von 1998 zu antworten. Er nimmt den von Itō ausgelegten Faden wieder auf und analysiert unter Beachtung anderer Anschlusskommunikationen die Raum- und Zeitstrukturen in Hitomaros Gedichten in der autorisierten Fassung. In der narratologischen Analysen dieser Gedichte der letzten Stufe sind drei Faktoren besonders zu beachten, nämlich zum einen die auffällige Grammatik, zum anderen die Wort- und Zeichenwahl und schließlich die Frage nach dem in der Forschung vermuteten Ort, der auf die zurückgelassene Gegend einen letzten Blick gestattet (*mi-osame-yama*). Kōnoshis (1999b) Voraussetzung seiner eigenen Untersuchungen gestattet ihm eine oberflächliche Behandlung dieser Fragen zugunsten der Fokussierung von Entstehungsgeschichte und Aspekten des Ausdrucks, aber Misaki nähert sich dem Thema über „Raum und Zeit", allerdings ohne ebenfalls die Grammatik hinreichend zu beachten.

**Strukturmodelle**

Itō (1975: 284–288) vergleicht die Gruppe C „aus einem anderen Buch" mit der Gruppe A und spricht einigen Formulierungen im Langgedicht der ersten Fassung „Unreife" (S. 285) zu.[175] Das macht er vor allem an den Ortsnamen fest, da zu Beginn von 2: 138 der Name des Dorfes der Geliebten nicht, dann aber „vollkommen unvermittelt" am Ende vorkomme. Unklar sei vor allem der *mi-osame-yama*, der Berg des endgültigen Abschieds, nach dem der zu verlassende Ort nicht mehr zu sehen sei. Zwar ist grammatisch nur schwer zu bestimmen, ob sich der Aufruf zum Flachmachen an einen oder mehrere Berge richtet, aber der Name in 2: 139, dem einzigen Gegengedicht der Gruppe C, lautet Utsuta *no yama*, und in 2: 132 heißt es 高角山 Taka-tsuno-yama. Die Textgenese deutet somit einen Berg an, und zudem kommt in 2: 131 角 Tsuno

173 Kōnoshis Argumentation in 1999b beruht auf einem Aufsatz von 1977 (= 1992: 242–267 [2. Auflage 1999]).

174 Vgl. Kōnoshi 1999b: 216. Auch zuvor geht Kōnoshi (1992: 260, 264) kurz auf Itōs zentripetale Struktur wie auch auf Hashimotos These der zeitlichen Parallelität ein, lehnt aber beides ab. Denn „vom Ausdruck" her gesehen sei diesen Thesen nicht Folge zu leisten; eine narratologische Begründung erfolgt nicht.

175 Aso (1: 340) zufolge besitzt das Langgedicht 2: 138 Wiederholungen, die eintönig seien, und das zweite Langgedicht (2: 135) habe einen feineren und tieferen Gefühlsausdruck als 2: 131 (Aso 1: 331).

bereits in den Einleitungsversen vor, sodass sich über diesen Namen ein Raum aufbaut, welcher der Gruppe C abgeht. Insgesamt seien in der Gruppe C nicht nur die Berge beziehungsweise der *mi-osame-yama* „instabil", sondern Itō (S. 286) vermisst die „Schlüsselwörter" beziehungsweise den „Schlüssel", der es der Gruppe C ermögliche, wie die Gruppe A „ein großartiges Gedicht von Sehnsucht und Lyrik für die Ewigkeit" (ebd.) zu sein. Diese und andere Beobachtung führen ihn auch zu der Überzeugung, dass solche Verbesserungen, die ein „unreifes" Gedicht zu hohem lyrischen Ausdruck erheben, kein Ergebnis verschiedener mündlicher Überlieferungen (*denshō*) sein können, sondern eben das Resultat einer schriftlichen Überarbeitung (*suikō*). Bezüglich der narrativen Struktur schreibt Itō zur emotionalen Hauptaussage beziehungsweise zum Hauptthema (*shusōbu* 主想部, auch *shudaibu* 主題部) im Langgedicht der Gruppe B wie folgt:

> Da das Gedicht [2: 135] danach folgt, geht man natürlich davon aus, dass es zeitlich und räumlich der ersten Gruppe nachgeordnet ist, [aber] die Auffassung, dass die Orte in der zweiten Gruppe näher bei der Hauptstadt liegen als die der ersten Gruppe, ist lediglich eine Einbildung.[176]

Die SNBT-Bearbeiter (1: 109) unterteilen 1: 131 in die drei Abschnitte Vers 1 bis 20, Vers 21 bis 34 sowie die letzten fünf Verse 35 bis 39. Die Einteilung der Übersetzung in zwei Abschnitte folgt Itō (1: 292), der allerdings mit der Lesung der letzten fünf Verse als nahezu selbständiges, sogar „würdevolles *tanka*-Kurzgedicht" über eine Dreiteilung hinausgeht (1: 294). Itōs Einschätzung verdeutlicht zum einen die Kühnheit, einem Berg respektive einer *kami*-Gottheit einen dermaßen unerhörten – im wörtlichen Sinne – Wunsch anzutragen: „Macht dich flach, du Berg!" Ob es sich um den Singular oder Plural handelt, bleibt wie bemerkt unklar, aber nicht erst Itō geht von diesem einen, als *mi-osame-yama* diskutierten Berg aus. Zum anderen lädt der Blick auf die fünf Verse zum Verweilen bei ihren Inhalten ein. Dann nämlich zeigt sich, dass es zwar ein „würdevolles" Kurzgedicht wäre, gewiss aber eines der besonderen Art. Denn es unterliegt nicht dem üblichen Aufbau aus *jo-kotoba* und emotionaler Hauptaussage, sondern alle Aussagen sind über die Vermutung zur Gegenwart (*-ramu*) und das Sehenwollen (*mimu*) explizit auf das erzählte Ich bezogen. Das schwächt die von Nakanishi und Hashimoto vertretene These,

176 Itō 1975: 290; wie bei Nakanishi 1995 gesehen, gehen nicht alle davon aus. Nakanishis Beobachtungen stammen aus einer achtbändigen Sammlung von Aufsätzen und Essays (1995 bis 1996) und der konsultierte Teil vermutlich aus dem Jahr 1970; vgl. Misaki 2005: 269–270.

wonach in 2: 131 eine Gewichtung der Geliebten (*imo*) und in 2: 135 eine Gewichtung des Ichs vorliegt.[177] Die Verse *tsuyu-shimo no oki-te shi kureba* aus 2: 131 liefern dafür noch einen weiteren Hinweis, auf den im Abschnitt „Zum »Dreh- und Angelpunkt«" zurückzukommen ist.

Letztendlich stimmt der SNBT-Kommentar mit Itōs Einteilung überein, der den ersten Teil, die Verse bis 1 bis 20, als *zensōbu* 前奏部, „Präludium" oder „Ouvertüre" (auch *josōbu* 序奏部), und den Rest als emotionale Hauptaussage (*shusōbu*) bezeichnet.[178] Allerdings stellen die Verse 21 bis 23 einen Übergangsbereich dar, der die vorangehende Landschaftsbeschreibung fortsetzt und zugleich zu Vers 24 mit der geliebten Frau überleitet.[179] Über die metonymisch-metaphorische Beziehung, in der die Landschaft als Ganzes für die Geliebte steht und Teile daraus sie zugleich mit bestimmten Eigenschaften wie „anschmiegsam, wiegend" belegt, ist das gesamte Präludium als Einleitung zu Vers 24 zu verstehen.[180] Da weiterhin die Darstellungen in den drei Übergangsversen zeitlos sind und mit Vers 24 die Darstellung der Handlungen des erzählten Ichs beginnen, liegt in narratologischer Hinsicht die Zäsur nach dem dreiundzwanzigsten Vers.[181] Das sogenannte Vorspiel fällt in 2: 135 wesentlich kürzer aus, denn es umfasst nur die ersten acht (nach SNBT 1: 111) bezie-

---

177 In einem typischen Kurzgedicht bilden die ersten drei Verse ein gedichtinternes Vorwort (*jo-kotoba*), worauf die emotionale Hauptaussage folgt. Der Bezug der letzten fünf Verse in 2: 131 ist aber weder metaphorischer Natur, noch läuft er über Homonyme oder Quasi-Homonyme ab. Zwar ist mit *natsu-kusa* ein Landschaftselement vorhanden, was sich aber auf die Geliebte bezieht, über die eine Vermutung geäußert wird. Der erste Vers wäre daher eher als Kopfkissenwort zu verstehen; zum *jo-kotoba* vgl. Wittkamp 2014a: 215–221.

178 Vgl. Itō 1975: 281. Im Kommentar (1: 292) heißt es *zensōbu* versus *chūshin-bu* 中心部, was ungünstig ist, da es zur Verwechslung mit der zentripetalen Struktur (*kyūshinteki kōzu*) kommen kann.

179 Itō (1975: 288) führt die Struktur „Präsentation des Ortsnamen + Landschaftsdarstellung → Endaufnahme-Wiederholung (*shiritori* 尻取り) + Hauptinhalt" an, und der „Überleitungsvers" entspricht dem *shiritori*; zu *shiritori* vgl. Wittkamp 2014a: 64.

180 In Kōnoshis (1992: 250) Strukturierung von 2: 131 bilden die Verse 21 bis 24 den Abschnitt „IV", der die „Geliebte" (*imo*) auf den Plan ruft, aber die thematisierte Landschaft insgesamt decke sich „so wie sie ist mit der Vorstellung der »Geliebten«".

181 Vgl. Nakanishi 1995: 445–446, der die Zäsur ebenfalls nach Vers 20 setzt. Er beschreibt den Teil danach als „Schildern der Ereignisse". Dieser stehe mit dem Präludium (*zensōbu*) insofern in Kontrast, als der vorangehende Teil grammatische Ellipsen besitzt und daher unterbrochen, fragmentarisch, eine Aneinanderreihung von Satzteilen, aber nicht „voranschreitend" sei. Der erste Teil lege das Gewicht auf die „Stimmung der Wörter", der zweite auf die „Bedeutung der Wörter". Das sei der Unterschied zwischen der traditionell-rituellen Sprechweise (*dentō-gishikiteki kōfun* 伝統儀式的口吻) und Narrativität (*monogatari-sei*), wobei er *monogatari* mit den Angaben im Titel vor 2: 131 erklärt.

hungsweise inklusive der Überleitung neun Verse. Wie in den Anmerkungen zur Übersetzung gesehen handelt es sich nicht lediglich um eine „extreme Verkürzung“, die Itō (1975: 289–290) mit der Abhängigkeit der Einleitung der Gruppe B von der Einleitung der Gruppe A begründet: Das Verstehen der Gruppe A sei die Voraussetzung zum Verstehen der Gruppe B.[182] Das Verhältnis der beiden „Vorspiele“ in 2: 131 und 135 ist ein zentrales Forschungsthema (vgl. Hashimoto 1991: 78, 83), für die Analyse der Handlungsdarstellungen aber weniger von Belang.

Die das Hier und Jetzt des erzählten Ichs markierenden Verbformen kommen in den Langgedichten ausschließlich in den narrativen Textteilen nach den „Vorspielen“ vor, deren Verben zeitlose Vorgänge beschreiben und daher im Folgenden keine Berücksichtigung finden. Narratologisch gewendet ist unter Vorspiel oder Präludium eine „Pause“ zu verstehen, in der „die fortlaufende Darstellung des Geschehens zugunsten von Reflexionen, Beschreibungen oder Kommentaren“ unterbrochen ist (vgl. Martínez und Scheffel 2016: 46–47). Bei einer Pause liegt auf der Ebene der Darstellung kein narrativer Text vor, und da der Text selbst nicht pausiert, betrifft der Begriff die erzählte Welt, in der die Dauer des Geschehens gleich Null ist, was Misaki (2005: 257) als „zeitlose Gegenwart (*mujikan-teki genzai* 無時間的現在)“ beschreibt. Da die einleitenden Verse in beiden Langgedichten Beschreibungen, Reflexionen und Kommentare sind, lassen sich diese analog zur aufbauenden Analepse als aufbauende Pause beschreiben.[183] Sie besitzen durchaus den Charakter einer aufbauenden Analepse, da sie auf den Erinnerungen des Erzählmediums beruhen, für das das Meer selbst – zumindest der relevante Ausschnitt davon – bereits außer Sicht geraten ist.

Wie gesehen ist das Wort 別 *wakare*, „sich trennen, Trennung“, ein verbindendes Wort der Gedichttitel vor 2: 131 sowie vor 2: 140, und Itō (1: 301) lenkt die Aufmerksamkeit auf Vers 16 von Langgedicht 2: 135, wo es ebenfalls vorkommt. Denn darin heißt es nicht mehr *wakare-<u>kinure</u> ba*, „habe sie verlassen und [bin daher] nun“, wie im Abschlussvers von 2: 133, sondern *wakare shi <u>kure ba</u>*, „da ich mich [noch immer], ach!, von ihr trennend [bis hier] gekommen bin“. Itō selbst stellt die grammatische Differenz als bekannt in den Raum, geht aber von Unterschieden im Tempus der Verbformen aus. Dieser Punkt, auf den im nächsten Abschnitt zurückzukommen ist, bildet eines der Stand-

182 Nicht wenige von Itōs Beobachtungen und Vermutungen greift die spätere Forschung auf, um sie fortzuführen oder umzuformulieren. Im Folgenden tauchen noch weitere Beispiele auf.

183 Die „Vorspiele“ der beiden Langgedichte thematisieren durchaus Geschehen, die aber zeitlos sind und mit der Handlung der Erzählung nichts zu tun haben.

beine in Itōs Argumentationsführung. Während also in 2: 133 das Verb *ku*, „[bis hier] kommen", das Verbalsuffix *-nu* in der Indefinitform *-nure* erhält, fehlt dieses im Vers von 2: 135. Itō liest vermutlich als perfektiven Aspekt, mit der die Formulierung in 2: 135, die das Verbalsuffix nicht enthält, auf einen Zeitpunkt der erzählten Welt verweist, der vor dem Zeitpunkt in 2: 133 liegt.

Das durch die impliziten Kompilatoren eingefügte Gedicht 2: 134 „aus einem anderen Buch" verhindert die unmittelbare Wahrnehmung der temporalen Verschiebung. Wie Itōs Hervorhebungen weiterhin zeigen, liegt auch ihm nichts an dem Wort *shi*, das alle konsultierten Kommentare stillschweigend übergehen,[184] sondern am Wechsel von *ki-nure ba* zu *kure ba*. Sollte Itōs Beobachtung zutreffend sein, liegt in zeitlicher Hinsicht eine Umkehrung (Inversion) vor (siehe unten). Gedicht 2: 135 beschreibe, wie die Gestalt der Geliebten im dicht fallenden Herbstlaub allmählich außer Sicht gerate. Allerdings

---

184 Mit *shi* ist zunächst eine Betonung zu vermuten, die hier in der Form Verb in Indefinitform / Konjunktionalform + *shi* + Verb + *ba* vorkommt; vgl. Oda 2015: 66, 418–420 und weiterhin Omodaka 1983: 346. Oda (ebd.) erläutert *shi* als Verbindungswort zwischen zwei Verben, das gewöhnlich als Betonung verstanden wird. Agatsuma (2011: 579) zufolge sind es aber keine Betonungen von „überzeugten oder aktiv-affirmativen Urteilsaussagen" (also eher bei Vermutungen, Zweifeln, emotionalen Aussagen etc.). Es sei „vielmehr ein Wort, das prinzipiell das Urteil des Sprechers" mit „Unsicherheit, Unbestimmtheit" markiere. Daher komme es auch oft in Vermutungen, konditionalen Nebensätzen, in Verbindung mit Negationen etc. vor. Vovin (2020: 112–113) erläutert „WAKARE si K-URE-$^{m}$ba" als „part(NML[Nominalizer])EP [Emphatic Particle]" und übersetzt mit „(15/16) When the parting, creeping like a vine, comes", was jedoch aus verschiedenen Gründen inakzeptabel ist. Zum einen ist angesichts der anderen Verbphrasen die Nominalisierung fragwürdig. Zum anderen ist die Form „when the parting […] comes" irreführend, da der Abschied bereits Vergangenheit ist, zumal das Subjekt von „comes" auch nicht „the parting" ist, sondern das erzählte Ich, was die häufige Verwendung von „kommen" innerhalb dieser Gruppe belegt. Weiterhin ist „when … comes" eventuell irreführend, da es temporal wirkt, wogegen hier die Kausalität mitzudenken ist. Omodaka (ebd.) wählt zur Erläuterung von *shi* den Vers *okite shi kure ba*, „hab' sie verlassen, ach, und bin nun hier", aus 1: 131, aber Vovin (S. 106) missversteht das Verb *oku* als „cover": „(25) when dew [or] frost (26) covers (23/24) [my] perl seaweed-like beloved […]". Auch hier tauscht er das Subjekt – das erzählte Ich – aus, hier gegen „dew [or] frost", was genauso falsch ist. Die Bedeutung von *oku* als „jemanden zurücklassen, verwerfen" ist seit Tachibana (Katō 加藤) Chikages 橘千蔭 (1738 bis 1808) Einführungswerk *Man'yōshū ryakuge* 萬葉集略解 (1796) bekannt (vgl. Kawashima 1991: 4), und in dieser Bedeutung kommt das Wort auch in Hitomaros Langgedicht zur verfallenen Hauptstadt vor (1: 29); dort übersetzt Vovin (2017: 94) korrekt mit „leaving". Die grammatische Form Verb + *te* (Verbalsuffix *-tsu* oder Postposition *te*) + *shi* + Verb (+ *tsu* in Indefinitform) + *ba* kommt wie in 20: 4040 auch später noch vor. Die SNBZ-Bearbeiter (9: 233) lesen dort *shi* als Betonung und weisen auf die Häufigkeit dieser Verwendung in konsekutiven Konditionalsätzen (*junsetsu jōken-ku* 順接条件句) hin.

handele es sich beim Abschied nicht um jenen am „Tor“ (門 *kado*, *mon*)[185] der Geliebten, sondern Itō sieht einen darauf erfolgenden Prozess, der *vor* dem endgültigen Abschied am *mi-osame-yama* stattfinde, also an dem Berg, hinter dem der Ort der Frau nicht mehr zu sehen sei. In seiner Interpretation thematisiert die Gruppe B die Emotionalität während der Entfernung vom Ort der Frau, die in der Gruppe A nicht zur Sprache gekommen ist. Im Rahmen zulässiger Interpretationen lässt sich diese mit der von Nakanishi und Hashimoto vertretenen Schwerpunktverlagerung von der Geliebten zum Ich vereinbaren.

Im Anschluss an Itōs Aufsatz präsentiert Misaki Modelle für die beiden Langgedichte 2: 131 und 2: 135, in denen die narrativen Textteile nochmals unterteilt sind:

> Vorspiel: die „zeitlose Gegenwart“ (*mujikan-teki genzai*; Vers 1 bis 22)
> 1. Vergangenheit: mit dem „Leben mit der Geliebten in der wiederholten Vergangenheit“ (Vers 23, 24)
> 2. Vergangenheit: mit den „Handlungen des heutigen Tages“ (Vers 25 bis 34)
> Gegenwart: die „Vermutungen zur Gegenwart“ (Vers 35 bis 37)
> Zukunft: der „Appell an die Berge“ (Vers 38 und 39; Misaki 2005: 247)

Analog dazu macht er für 2: 135 die folgende Struktur aus:

> Vorspiel: die „zeitlose Gegenwart“ (*mujikan-teki genzai*; Vers 1 bis 8)
> 1. Vergangenheit: mit dem „Leben mit der Geliebten in der wiederholten Vergangenheit“ (Vers 9 bis 14)
> 2. Vergangenheit: mit den „Handlungen des heutigen Tages“ (Vers 15 bis 34)
> Gefühle (?) des „Erzählers“ (Vers 35 bis 39; Misaki 2005: 257)

Zum Langgedicht 2: 135 ist allerdings zu bemerken, dass die erste Vergangenheit mit *fukamiru no fuka-me-te omohe do*, „wie das Tiefseegras, je tiefer ich darüber nachdenke“, im Rahmen einer Gedankenrede enthalten ist, die als solche durch das *verbum credendi* (vgl. Martínez und Scheffel 2016: 64) *omofu* ausgewiesen ist; auf dieses Detail ist zurückzukommen. Unter Abzug der ausschmückenden Metaphern aus dem ozeanologischen Bereich macht nur dieses *verbum credendi* den größeren Umfang der ersten Vergangenheit aus, und dem Wort scheint somit eine spezielle Bedeutung zuzukommen.

185 Vovin (2020: 108) erwähnt die Möglichkeit einer „sexual metaphor“ für weibliche Sexualorgane, und zumindest die metonymische Valenz von „Tor“ dürfte außer Frage stehen. Bei Kroll (2015) heißt es im Eintrag 門 unter anderem „1b orifice, sense-organ“.

Zur Verdeutlichung der Möglichkeiten bei der Erfassung der Strukturen seien zwei weitere Modelle angeführt, die beide im Wirkungsbereich von Itōs Ausführungen zu sehen sind. Hashimoto Tatsuo legte sein Modell 1977 (= 1991) vor, und Shiotani Kaori schloss an Itōs und Hashimotos Modellen an (vgl. Shiotani 1984: 215). Beide vertreten in der Grundposition III den synchron-parallelen Aufbau, verfolgen aber unterschiedliche „Hauptthemen".

*1. Struktur der Langgedichte nach Hashimoto*

In Hashimotos Modell artikulieren die beiden Langgedichte 2: 131 und 135 zum einen das gleiche Hauptthema und seien zum anderen aus den gleichen fünf Elementen (*yōso* 要素) oder Bestandteilen (*bubun* 部分, S. 83) zusammengesetzt, die er wie folgt bestimmt:

1. die Beschreibung des Meeres von Iwami
2. die über das Seegras eingeleitete Darstellung der Frau der gemeinsamen Nächte sowie die Feststellung, diese verlassen zu haben
3. die Reflexionen bezüglich dieser Frau
4. das Thematisieren der Tatsache, den Berg / die Berge überschritten zu haben
5. auf der Grundlage von Punkt 4 das Beenden des Gedichts mit dem Bekenntnis der hohen Emotionalität (1991: 76)

Hashimotos Ausgangsfrage gilt den „Absichten Hitomaros" (S. 77) bei der Präsentation der beiden Langgedichte mit gleichen Inhalten.[186] Wie seine Schlussfolgerungen (S. 97–98) zu erkennen geben, scheint es ihm allerdings eher um die Auseinandersetzung mit Itō Hakus Modell zu gehen. So „nimmt die [Gruppe] B die [Gruppe] A auf und verändert die Perspektive, um die eigenen Gefühle detailliert in identischen Szenen zu schildern". Diese Erkenntnisse, so erläutert Hashimoto, unterscheiden sich von der etablierten Lehrmeinung der Sichtweise einer zeitlich voranschreitenden Struktur wie auch von Itō Hakus Kritik an dieser Lehrmeinung in Form seines zentripetalen Modells. Hashimoto fasst seinen Vorschlag als „gewissermaßen synchron-parallele Struktur (*dōji-heikō no kōzō* 同時・並行の構造)" zusammen und stellt die

186 Die Ambivalenz des Autorbegriffes belegt auch Shiotani (1984: 214), dessen Ziel ebenfalls das Aufdecken der „Absichten des Autors (*sakusha*) Hitomaro" ist. Zwar präzisiert er zur Frage nach dem Hauptthema und dem gegenseitigen Verhältnis der beiden Gruppen, aber Hitomaro ist nicht nur der Autor, sondern auch der „Hitomaro, vor dessen Augen der Berg [des Abschieds] steht" (1984: 217). Shiotani (S. S. 220–221) spricht mitunter von „Hitomaro (ich)", ergänzt also ein Ich (*ware* 我) in Klammern, das dem erzählten Ich entspricht.

fünf Elemente der beiden Langgedichte als „A“ (2: 131) und „B“ (2: 135) in einer Tabelle gegenüber:

| Gruppe A | Gruppe B |
|---|---|
| 1: Verse 1 bis 22 | 1’: Verse 1 bis 8 |
| 2: Verse 23 bis 26 | 2’: Verse 9 bis 16 |
| 3: Verse 26 bis 30 | 3’: Verse 17 bis 20 |
| 4: Verse 31 bis 34 | 4’: Verse 21 bis 34 |
| 5: Verse 35 bis 39 | 5’: Verse 35 bis 39 |

Wie Itō geht auch Hashimoto (S. 78) von einem Vorverständnis aus, dass nämlich die Abkürzungen in Element 1’ auf dem Verständnis der Beschreibung des Meeres von Iwami in Element 1 in 2: 131 beruhen. Das Vorwissen sei geklärt, und das eigentlich Neue sieht Hashimoto in der Schwerpunktverlagerung von der Geliebten in 2: 131 zum Ich in 2: 135. Die Elemente 2 und 2’ präsentieren die Frau mit der Bekundung des „Hitomaro“, diese verlassen zu haben. Die oben als Aufblähung beschriebene Zunahme der narrativen Verse in 2’ besteht konkret in dem „tiefen Nachdenken“ (*fukame-te omohe do*), das in 2: 131 nicht vorkommt. Die Bestandteile 3/3’ und 5/5’ sind in der Anzahl der Verse identisch, sodass die größte Ausdehnung die Elemente 4 und 4’ betrifft. In Element 4 (2: 131) heißt es in einer Parallelverskonstruktion (*tsuiku* 対句) aus vier Versen „ferner und ferner hat sich das Dorf / habe ich mich entfernt // höher und höher [habe ich] die Berge überquert“. Dagegen kommen in den korrespondierenden vierzehn Versen in 4’ (2: 135) die Namen der Berge, der durch das wirr fallende Herbstlaub zum Abschied winkende Ärmel der Frau, weitere Landschaftselemente und vor allem die aufscheinende Abendsonne hinzu. Die Aufblähung in Element 4’ macht sich somit an Inhalten bemerkbar, die in 2: 131 nicht enthalten sind. Einen Unterschied der Elemente 5 und 5’, die jeweils den Abschluss der Langgedichte darstellen, sieht Hashimoto darin, dass im Zentrum von Element 5 die Geliebte (*imo*), von 5’ jedoch „die eigene Emotionalität / Situation“ stehen. Es ist dagegen noch zu zeigen, dass es in beiden Elementen um eine Reflexion geht, die um das Verb *omofu*, „[sehnsüchtig] denken, erinnern“, kreist.

Das Parallelkonstrukt aus Element 4 in 2: 131 findet keine Aufnahme in 4’ in 2: 135, aber Hashimoto (S. 80) unterteilt die ersten zwölf Verse aus 4’ in zwei Gruppen zu je sechs Versen, die beide mit einem Kopfkissenwort und einem Berg eröffnen:

*oho-bune no* / Berg der Überquerung / Das bunte Herbstlaub / Da es wirr herunterfällt / Den [winkenden] Ärmel der Geliebten / Klar und deutlich sah ich [ihn] nicht
*oho-bune no / watari no yama no / momichi-ba no / chiri no midare ni / imo ga sode / saya ni mo miezu*

*tsuma-gomoru* / Und am Berg Yakami / [Wie] Der zwischen Wolken / Vorüberziehende Mond / Ach wie bedauerlich! / Bin [ich] nun mehr und mehr verborgen
*tsuma-gomoru / Yakami no yama no / kumo-ma yori / watara-fu tsuki no / woshikedomo / kakura-hi kure ba*

Der Berg der Überquerung (*watari no yama*) steht somit dem Berg Yakami *no yama* gegenüber. Die erste Versgruppe ordnet Hashimoto der „realen Landschaft" zu, schränkt allerdings mit „vermutlich als Illusion" ein. Die ersten vier Verse der zweiten Versgruppe bestimmt er (S. 81) dagegen als gedichtinternes Vorwort (*jo-kotoba*) zu den beiden folgenden Versen mit dem Ausdruck des Bedauerns (*woshikedomo*), die somit das „Zentrum" dieser sechs Verse bilden. Hashimoto stellt die beiden Versgruppen nebeneinander und bezeichnet sie als *tai* / *tsui* 対, „Paar". In diesem „eingehenden Erklären der Einzelheiten" innerhalb der zwölf Verse sieht er die „wichtige Funktion, diese zum Höhepunkt des [gesamten] Gedichtes zu erheben". Auf die Begrifflichkeit der vorliegenden Analysen übertragen bedeutete das, den Höhepunkt in der mit einer Aufblähung der erzählten Welt verbundenen Drosselung der Erzählgeschwindigkeit zu sehen – also nicht in den letzten fünf Versen. Das wäre zudem ein Höhepunkt auf der Ebene der Darstellung, der sich als Ereignishaftigkeit verstehen ließe. Die entsprechenden vier Verse in Element 4 in 2: 131 sieht Hashimoto (ebd.) als „Sprungfeder", die sich „plötzlich mit aller Kraft" in die fünf Abschlussverse mit dem Appell „mach dich flach, Berg!" entlade. „Strukturell" seien die Elemente 4 und 4' gleich, aber Element 4 in 2: 131 sei „objektiv" und „ändere nicht das Gefühl". Es schildere lediglich die „tatsächliche räumliche Entfernung". Element 4' in 2: 135 dagegen stelle anhand der Landschaft und der Gefühle die Situation detailliert dar.

Hashimoto sieht die zentrale Bedeutung von Element 4', das er (S. 89) weiterhin als „Glanzszene (*miseba* 見せ場)" des Gedichts hervorhebt, in den Gegengedichten bestätigt. Denn während – wie in der etablierten Lehrmeinung – die beiden Gegengedichte der Gruppe A gegenüber dem Langgedicht eine zeitliche Weiterentwicklung bedeuten, versteht er die beiden Gegengedichte der Gruppe B als das Wiederaufgreifen wichtiger Momente aus dem Element 4' des Langgedichts. Daher seien die beiden Gegengedichte auch als „Reminiszenzen auf jenen Zeitpunkt“ zu verstehen, und dieses „Erinnern“ beschreibt er ferner als „rückläufige Bewegung, Rückkehr“. Er (ebd.) erläutert dieses – sich zunächst einstellende – „zeitliche Ungleichgewicht“ der beiden Gruppen damit, dass der Leser durch den Text in die Irre geleitet wird, sowie durch die erst später erfolgte Hinzufügung von 2: 133, dem zweiten Gegengedicht. Denn ohne dieses Gedicht stelle sich das – von der Grundposition I vertretene – Gefühl der voranschreitenden Zeit nicht ein. Hashimoto fragt sich, was nach dem eindringlichen Appell an den Berg, sich lang zu machen, noch gesagt werden könne, und seine Vermutung lautet „nichts als Erinnerungen“ (S. 89, 92). Daher verlegt er (S. 90) das Ärmelwinken im ersten Gegengedicht zeitlich vor den Appell an den Berg und verortet es in den ersten beiden Versen von Element 4, in denen es „weiter und weiter hat sich das Dorf [und / oder das erzählte Ich] entfernt“ heißt. Diesen zwei Versen wiederum entsprechen in Element 4’ in 2: 135 die ersten sechs Verse der beiden Versgruppen, und das „Entsprechen“ dieser sechs Verse mit dem Gegengedicht 2: 132 sei „haargenau“ (S. 91).

Die Begründung der Motivation zum Verfassen des Gegengedichts 2: 133 beziehungsweise der Gruppe B wie auch die Darstellung der Elemente 4 und 4’ lenken den Blick auf die Arbeit am Text und damit zugleich auf die Frage der Fiktionalität, die Hashimoto allerdings nicht anspricht. Bei den Elementen 4 und 4’ bedeutet die literarische Arbeit die Entsprechung einer Parallelverskonstruktion in 4 und einem parallelen Arrangement aus zwölf Versen in 4’, die zwar nur in den ersten beiden Versen einen „korrekten“ Parallelismus, aber dennoch strukturelle Gemeinsamkeiten besitzen. Insgesamt zeigt sich für das lesende Auge eine zunehmende Gewichtung der Ausdrucksebene, die wiederum Aufmerksamkeit von der Inhaltsebene abzieht (Desemantisierung; vgl. Eicher und Wiemann 1997: 67).

Hashimoto verfolgt seine Deutungen der Elemente konsequent, wenn auch nicht immer überzeugend (siehe unten), und es ist geradezu auffällig, dass er Itōs Beobachtungen zum Trotz mit keiner Silbe auf die Grammatik eingeht. Für die Fragestellungen der vorliegenden Untersuchung stellt sein Modell dennoch ein weiteres Instrument zur Bestimmung dessen zur Verfügung, was genau „aufgebläht“ wurde. Recht zu geben ist ihm gewiss auch darin, dass die Lektüre der Gruppe A bei der Lektüre der Gruppe B nachwirkt, was sich als Lesegedächtnis auf den Begriff bringen lässt. So stoße die fortgesetzte Lektüre der Elemente 2’ und 3’ auf einen „leichten Mangel an Erklärung“, der sich allerdings kläre, da „wir [Leser] unbewusst [Element] 3 im Herzen haben“. Da Hashimoto von gleichen Inhalten aus unterschiedlichen Perspektiven ausgeht, ergänzen die Elemente der Gruppe A die Inhalte der Gruppe B.

Bei der Beschreibung von Element 4' rechnet Hashimoto (S. 80) die ersten sechs Verse der Realität zu, schränkt aber durch die in Klammern gesetzte Vermutung einer „Illusion“ ein. Die Klammern schwächen die Vermutung, die aber tatsächlich die Basis seiner Argumentation betrifft. Mit „Illusion“ ist die Darstellung des wirr fallenden Herbstlaubes gemeint sowie die Bekundung des erzählten Ichs, den winkenden Ärmel der Geliebten nicht mehr deutlich sehen zu können. Hashimoto verbindet diese Unmöglichkeit der klaren Sicht nicht mit dem Herbstlaub, wie es der Text zunächst nahelegt, sondern dem korrespondierenden Element 4 in 2: 131. Da er aber im Unterschied zu Itō Haku und Misaki Hisashi von der Identität von Zeit und Ort in 2: 131 und 2: 135 ausgeht, sei auch in 2: 135 das Dorf der Geliebten nicht mehr zu sehen. Das macht er konkret an *kakurahi kure ba*, „bin [ich] nun mehr und mehr verborgen“, dem sechsten Vers der zweiten Gruppe in 4' fest. Während es allerdings in Element 4 *sato*, „Dorf“ heißt, steht in Element 4' *imo ga sode*, „Ärmel der Geliebten“. Hashimoto (S. 81) spricht aber dennoch bei beiden Elementen von „Dorf“, was als Metonymie möglich sein sollte.

Wenn weiterhin Identität von Zeit und Raum besteht und lediglich die Perspektive unterschiedlich ist, stellt sich die Frage, wie in dieser Hinsicht die jeweils letzten fünf Verse der Langgedichte zu vereinen sind, die Hashimoto durch die Setzung einer *jō-ha-kyū*-Struktur 序・破・急 von den beiden vorangehenden Teilen abgrenzt.[187] In Element 5 stellt das erzählte Ich Vermutungen zur nachlassenden Sehnsucht der Geliebten an und verspürt den Wunsch, ihr Tor sehen zu wollen, was zu jenem dramatischen Appell an die Berge führt. *Zugleich* – oder nahezu zugleich – kommt es in Element 5' unter Tränen zu einer Selbstreflexion, aber kurz zuvor wird noch die aufscheinende Abendsonne als „Stechen“ empfunden. Ist der dringliche Appell mit tränennassen Ärmeln ausgesprochen worden, wobei die tränennassen Ärmel selbst bereits genügend Fragen aufwerfen? Liegt es an der Abendsonne, an der Selbstreflexion „obwohl ich ein stattlicher Kerl bin“, oder bricht das erzählte Ich in Tränen aus, weil es vermutet, dass die Geliebte zwar gerade an es denkt, diese Sehnsucht aber nachlassen wird? Die behauptete Gleichzeitigkeit führte zu einem höchst intensiven Augenblick mit hoher Erzählwürdigkeit (*tellability*), wäre allerdings für die Rezeption auch eine wahre Herausforderung.

---

187 Hashimoto (1991: 93) lässt offen, welche Elemente den drei Textstufen entsprechen. Vermutlich sind mit *jō* die Elemente 1/1', mit *ha* die Elemente 2/2', 3/3', 4/4' und mit *kyū* 5/5' gemeint. Die *jo-ha-kyū*-Struktur gehört mit der *kishō-tenketsu*-Struktur zur ostasiatischen Rhetorik. Sie betrifft den Aufbau aller japanischen Künste zum Ausdruck zeitlicher Entwicklungen, also auch Theater oder Musik, und ist prinzipiell narrativ.

Zusammenfassend lässt sich weiterhin festhalten, dass wie Kōnoshi (1999b) oder Misaki auch Hashimoto nicht auf 2: 140 eingeht. Das synchron-parallele Modell der beiden Langgedichte ist als ein arrangiertes Erzählen gleicher Inhalte zu verstehen, und die Auslegung, dass die „durchziehende Grundstimmung“ im ersten Langgedicht die Geliebte und im zweiten das „Ich“ fokussiert (S. 83), korrespondiert mit Nakanishi Susumus Lesung. Während Nakanishi allerdings noch die Grammatik berücksichtigt (siehe unten), geht Hashimoto kaum darauf ein. Das ist in doppelter Hinsicht bedenklich, da die Grammatikkonstruktionen auffällig sind und zum anderen Hashimotos Argumentation im Anschluss an Itō Haku geschehen, der in der Grammatik ein wichtiges Indiz für sein Modell ausmacht; daher ist diese noch genauer zu analysieren. Zuvor ist Shiotanis Modell vorzustellen, das strukturelle Nähe zu Nakanishis und Hashimotos Ausführungen zeigt, aber das Hauptthema umdeutet.

*2. Struktur der Langgedichte nach Shiotani*

Während Hashimotos Analysen die Mikrostrukturen im Versaufbau betreffen, sind Shiotani Kaorus Ausführungen eher der allgemeinen Interpretation zuzurechnen. Shiotani (1984: 215–217) bestätigt einleitend Itōs Gleichsetzung des Bergs der letzten Sicht (*mi-osame-yama*) mit „diesem Berg“ (*kono yama*), dem Empfänger des eindringlichen Appells am Ende von 2: 131, und dramatisiert den Berg zur Hervorhebung des „Gefühls, das den Appell hervorkommen ließ“. In dem Befehl zum Flachmachen sieht er (S. 222) die Konzeptionsabsicht des Langgedichts, dass also das gesamte Gedicht darauf hinausläuft. Die vorangehenden Verse seien „sorgfältige Vorbereitungen“ zu lebendigeren Gestaltung der letzten Verse, in denen die Gedanken des gesamten Gedichts kondensiert seien. Der Appell an den Berg wiederum sei nichts anderes, als sich der Realität des „Abschieds“ (*wakare*) zu verweigern (*kyozetsu suru* 拒絶する) beziehungsweise sie abzulehnen (*hitei suru* 否定する; S. 217). Somit versteht auch Shiotani den Berg als den Punkt des endgültigen Abschieds, der sich über den Wandel vom Sehenkönnen zum Nicht-mehr-Sehenkönnen vollzieht. Insofern ist seine Schlussfolgerung (S. 218), dass der *mi-osame-yama* bereits überschritten wurde und damit der endgültige Abschied vollzogen war, zwar nicht neu, aber logisch stringent. Einen neuen Aspekt bringt er dagegen mit der Umformulierung des Hauptthemas der Gruppe A ein als das „Gefühl, sich dem »Abschied« (*wakare*) zu verweigern“.

Zur Untersuchung der Gruppe B beruft sich Shiotani (S. 218) auf die Positionen von Itō und Hashimoto, die in der Zurückweisung der etablierten Lehrmeinung von der Gleichsetzung der textuellen mit der raum-zeitlichen Entfaltung der erzählten Welt als „eindeutigen Widerspruch“ bestehen. Somit thematisiert auch für ihn das Langgedicht der Gruppe B (2: 135) die Geschehen und Ereignisse, die vor dem Überschreiten des Takatsunoyama, des Berges der letzten Sicht, ablaufen: „Die Szenen des gesamten Langgedichts der Gruppe A sowie das Langgedicht der Gruppe B überlagern sich in einem großen Teil“ (S. 218–219). In dieser Formulierung ist bereits der Unterschied zu Itōs zentripetalen Modell beziehungsweise dem oben als Ausschnittvergrößerung zusammengefassten Modell, aber auch zu Hashimotos synchron-paralleler Struktur zu erkennen. Diese stellt er (S. 219) auch vor und lobt sie als „elaborierten Thesen“, möchte ihnen jedoch noch einen weiteren Aspekt hinzufügen.

Dazu beruft er (S. 219–220) sich zunächst auf eine Beobachtung von Inaoka Kōji, die das Vorkommen von 別 *wakare*, „sich trennen, Trennung“, in der Gruppe A betrifft. Kommt das Wort dort nämlich erst im zweiten Gegengedicht 2: 133 vor, steht es in der Gruppe B bereits im Langgedicht 2: 135. Inaoka halte jedoch bei der Auslegung an der etablierten Lehrmeinung fest und erkläre den Grund für das Fehlen dieses Wortes im ersten Langgedicht dadurch, dass der Berg des endgültigen Abschieds noch nicht überschritten sei. Shiotani greift zwar Inaokas Vermutung auf, dass die Wortverwendung etwas mit dem Konzeptionsbewusstsein des Autors zu tun hat, geht aber von der endgültigen Trennung bereits in 2: 131 aus und erhebt die Trennung (*wakare*) zum Hauptthema von 2: 135. Das Fehlen von *wakare* in Langgedicht 2: 131, so vermutet Shiotani (S. 220), habe somit etwas mit dem Hauptthema zu tun, das er wie gesehen in dem Appell an den Berg beziehungsweise der „Verweigerung des Abschieds“ ausmacht. Diesem Hauptthema setzt er (S. 221) für das Langgedicht der Gruppe B das „Gefühl des Akzeptierens des Abschieds (*wakare no juyō* 別れの受容)“ gegenüber und vermutet als Bühne der Handlungen „denselben Reiseabschnitt wie in Gruppe A“. „Hitomaro (ich)“ habe also im zweiten Langgedicht die Verweigerung überwunden und füge sich nun der Tatsache der endgültigen Trennung. Den Grund für die Notwendigkeit eines zweiten Langgedichts, den Hashimoto in der mangelnden Thematisierung des „Ichs“ vermutet, sieht Shiotani in einer Seelenbesänftigung, die im ersten Langgedicht nicht erreicht worden sei. Er (S. 222) fasst die Hauptthemen schließlich zu „Wandel der »Verweigerung der Trennung« zur »Annahme der Trennung (Realität)«“ zusammen.

Auf *wakare* im Titel geht Shiotani allerdings nicht ein, und insgesamt sieht er (S. 222) bei den beiden Gruppen A und B weniger ein Verhältnis der Vor- und Nachzeitigkeit der Szenen als den emotionalen Wandel (*shinjō tenkan* 心情転換) zu dem Zeitpunkt, als der Berg der letzten Sicht überschritten und die Trennung vollzogen war. In Anschluss an Hashimoto erklärt auch Shiotani das zweite Gegengedicht der A Gruppe (2: 133) zum Verbindungspunkt der beiden Gruppen, geht aber noch einen Schritt weiter. Denn nach seiner Analyse von *midaru tomo*, dem „durcheinander sein“ im dritten Vers von 2: 133, kommt er zu dem Ergebnis, dass *tomo* das in den ersten beiden Versen Vorangehende lediglich als ein Beispiel heranzieht, um das Folgende zu betonen: „Selbst wenn um mich herum nun alles durcheinander ist, denke ich fest entschlossen an meine Geliebte“. Die Landschaft der ersten drei Verse besitzt metaphorischen Gehalt, und der „emotionale Wandel“ zeige sich in diesem Gedicht durch das Bambusgras, das „symbolisch für die Verweigerung der Trennung“ stehe und somit das vorangehende „Durcheinander“ aufnehme, um in die beiden Abschlussverse mit der emotionalen Hauptaussage „umzukippen“ (S. 223–225). Der eigentliche Wandel vollzieht sich somit in *midaru tomo*, dem dritten Vers in 2: 133, und Shiotani (S. 225) liest den Vers *wakare kinure ba*, „da wir nun endgültig voneinander getrennt sind“, als „Artikulierung der Ursache [Postposition *ba*] des emotionalen Wandels“.

Tatsächlich kann Shiotani somit eine „lückenlose Verbindung“ der beiden Gruppen erzeugen, die seine Argumentation untermauert. Auf der Ebene der erzählten Welt funktioniert der Gesinnungswandel allerdings nur im Rahmen der etablierten Lehrmeinung der gleichzeitigen Entfaltung von Text und erzählter Zeit sowie im Rahmen des synchron-parallelen Modells in Grundposition III. Das anachronische Modell der Grundposition II lässt keinen Wandel zu – beziehungsweise es müsste auf Grund der Zeitumkehrung ein Wandel von Verweigerung zu noch stärkerer Verweigerung sein. Ist also Hashimotos Position grundsätzlich mit Itōs und Misakis Modellen zu vereinbaren, gelingt das mit Shiotani nicht mehr.

Kritik an Shiotanis Modell kommt auch von Misaki (S. 271), der die beiden letzten Gegengedichte der Gruppen A und B vergleicht, deren letzten Verse *wakare-kinure ba* in 2: 133, „da ich nun von ihr getrennt bin“, und *imo ga atari mimu* in 2: 137, „ich will die Gegend der Geliebten sehen“, lauten. Er fragt sich, ob die beiden Schlussverse zu den beiden Hauptthemen der Verweigerung und der Annahme passen. Das ist eine rhetorische Frage, denn zwar geht Shiotani ausführlich auf 2: 133 ein und erläutert mit Hashimoto die Brückenfunktion, aber auf den Widerspruch in 2: 137 lässt er sich nicht ein. Wenn der Schlussvers von 2: 133 tatsächlich die endgültige Vergewisserung der Trennung zum Ausdruck bringt und beide Gruppen als synchron-parallel verstanden werden, deutet sich an, dass auch Hashimotos Modell letztendlich nicht mit den Modellen der narrativen Entwicklung – ob mit der Zeit oder anachronisch – zu vereinbaren ist. Hier dürfte sich wohl auch ein Grund für Hashimotos Verstehen der Gegengedichte als Erinnerungen oder zeitliches Rückspulen zeigen.

Shiotanis Auslegung als emotionaler Wandel bringt in den Diskurs interessante Aspekte ein, aber wie kann sich „Hitomaro (ich)“ einerseits der Trennung verweigern und sie andererseits annehmen, wenn die Zeit und der Raum identisch sind? Das funktioniert nur in der Vorstellung von zwei getrennten Narrativen, aber damit verlieren die Inhalte an Glaubwürdigkeit beziehungsweise steigern den Grad an Fiktionalität. Hier hätte Shiotani auch auf den Titel eingehen müssen, der zwei Gedichte mit Kurzgedichten ankündigt. Einige Fragen scheinen somit nach wie vor offenzustehen.

### Verbformen der narrativen Textteile

Bis auf eine Ausnahme zeigt folgende Tabelle die Verbformen in den narrativen Textteilen; die aufbauenden Pausen – die „Präludien" – in 2: 131 und 135 bleiben unberücksichtigt. Bis auf wenige Ausnahmen legen sie das Hier und Jetzt des erzählten Ichs fest und beschreiben sein inneres Erleben. Es geht also auch in 2: 131 nicht um die Geliebte, sondern um das erzählte Ich. Die Erzählgegenwart und der Ausgangspunkt der erzählten Zeit sind anhand der Textmitteilungen nicht genau zu bestimmen. Die Grundpositionen II und III vermuten Zeit und Ort der Erzählung am Ende der Gruppe A in Gedicht 2: 133. Da bei den Vertretern der Grundposition I, die eine zeitliche Entfaltung der Geschehen und Ereignisse parallel zur Entfaltung der Texte verstehen, die Fragen der Narratologie nicht in den Blick rücken, liegen dort auch keine Versuche zur Bestimmung der Erzählsituation vor. Bei der mündlichen Präsentation durch Hitomaro am Hof wäre der Erzähler mit dem Vortragenden identisch und die geschilderten Erlebnisse die eigene Vergangenheit. In Misakis Darstellung bewegt sich der „Erzähler" erzählend durch einen eng abgesteckten Raum, erzählt also seine Geschichte am jeweiligen Erzähl-Ort sich selbst, den Bergen, dem fallenden Herbstlaub oder seinem Pferd. Sollte der Erzähl-Ort am Ende der Gruppe A zu verorten sein, stellt sich dort dasselbe Problem ein: Der Erzähler befindet sich irgendwo in den Bergen und erzählt einsam vor sich hin. Die „Adressaten im (Fiktions-)Zusammenhang der Erzählung" (Hühn und Schönert 2007: 11) sind somit unklar, aber die Unterscheidung zwischen dem erzählenden und erzählten Ich mag diese Ambivalenz über die grundsätzliche Differenz beseitigen. Die Tabelle berücksichtigt nicht die Alternativverse und Gedichte „aus einem anderen Buch" (2: 134, 138 bis 139), sondern nur die autorisierte Endfassung (vgl. Misaki 2005: 243).

*Tabelle 8: Verbformen der narrativen Textteile*

| | | | | |
|---|---|---|---|---|
| | | **Verbformen in 2: 131 bis 137 (ohne 134)** | | |
| **A** 2: 131 | 置而之來者 | *oki-te (te) shi kure ba* | verlassen haben und (daher) nun hier sein (*tsu* / *te*) | 來 *ku* |

**Verbformen in 2: 131 bis 137 (ohne 134)**

| | | | |
|---|---|---|---|
| | 顧為騰 *kaherimi sure do* | ich schaue zurück und doch | 顧 *-miru* |
| | 里者放奴 *sato ha sakari-nu* | das Dorf hat sich / ich habe mich entfernt (*nu*) | |
| | 越來奴 *koye-ki-nu* | überschritten haben (*nu*) | 來 |
| | 念思奈要而 *omohi-shi-na-ye te* | (attributiv) „sich nachlassend sehnen“ | 念 / 思 *omofu* |
| | 志怒布良武 *shi-no-fu-ra-mu* | (sie) wird sich wohl sehnen (*ramu*) | Vermutung |
| | 將見 *mimu* | ich will (das Tor) sehen (*mu*) | 見 *miru* |
| 2: 132 | 我振袖乎 *aga furu sode wo* | meinen winkenden Ärmel (Objekt) | |
| | 見都良武香 *mi-tsu-ra-mu ka* | ob sie es wohl gesehen hat? (*tsu* + *ramu*), gerade jetzt (*ka*) | 見 *miru* Aspekt + Vermutung |
| 2: 133 | 思 *omofu* | denken an *imo* | 思 *omofu* |
| | 別來禮婆 *wakare-ki-nure ba* | Abschied genommen haben (*nu*) | 來 *ku* |
| B | [角障經 *tsuno saha-fu*] | Kopfkissenwort mit *fu*-Phrase | „Vorspiel“ |
| 2: 135 | 深目手思騰 *fukame-te omohe do* | Immer tiefer denke ich darüber nach, doch … | 思 *omofu* |
| | 別之來者 *wakare shi kure ba* | Abschied, ach, ihn zu nehmen und nun hier zu sein (daher) | 來 *ku* |
| | 念乍 *omohi tsutsu* | mich erinnernd (*tsutsu*) | 思 *omofu* |
| | 顧為騰 *kaheri-mi sure do* | obwohl ich zurückschaue | = 2: 131 顧 |
| | 清爾毛不見 *saya ni mo miezu* | ich kann (es) nicht deutlich sehen | 見 *miru* |
| | 渡相月 *watara-fu tsuki* | der hinüberziehende Mond (*fu*) | |
| | 隠比來者 *kakura-hi-kure ba* | sich immer mehr verbergend (*fu*), da es nun so ist | 來 *ku* |
| | 入日刺奴禮 *irihi sashi-nu-re* | die Abendsonne (da sie) stechend aufgeschienen hat (*nu*) | |
| | 念有 *omohe-ru* | (attributiv) „dachte ich von mir“ | 念 *omofu* |
| | 袖者通而沾奴 *sode ha tohori te nure-nu* | (der eigene Ärmel) durch und durch nass geworden (*nu*) | |

**Verbformen in 2: 131 bis 137 (ohne 134)**

| | | | |
|---|---|---|---|
| 2: 136 | 足播乎遠 *ashi-gaki wo hayami* | schnellen Fußes sein (Pferd) (*-mi*, obwohl) | |
| | 過而來計類 *sugi te ki-ni-keru* | (die Gegend der Frau) hinter sich gelassen haben und realisieren, nun hier zu sein (*ni-keru*) | 來 *ku* |
| 2: 137 | 落 *otsuru* (*chirafu*) | fallen (Herbstlaub) | |
| | 將見 *mimu* | (die Gegend der Frau) sehen wollen | 見 *miru* = 2: 131 |

Die einzelnen Aspekte lassen sich wie folgt zusammenfassen, aber die Punkte sind als Einzelbeobachtungen assoziativ-essayistisch, und nicht nach Wichtigkeit als top-down zu verstehen. Zwei Ergebnisse lassen sich vorwegnehmend festhalten. Zum einen dienen bis auf wenige Ausnahmen die Verbformen zur Bestimmung des Hier und Jetzt des erzählten Ichs. Zum anderen sind zwar nicht alle Verbformen eindeutig zu klären und können dadurch auch nicht eindeutig das Erzählen der Ereignisse und Geschehen in umgekehrter Chronologie belegen. Aber sie lassen sich damit verbinden, und umgekehrt dürfte die Grundposition I mit der Grammatik noch weniger in Übereinstimmung zu bringen sein.

**1.** Nakanishi (1995: 445) liest die konjunktionalen Postpositionen (*setsuzoku joshi* 接続助詞; vgl. Lewin 1975: 85–86) *ba* und *do* in den Versen (*imo wo*) *oki-te shi kure ba* sowie *kaherimi sure do* im Langgedicht 2: 131 als das Benennen von Ursachen. Das betrifft die ersten beiden Verbverbindungen der Tabelle, und das Resultat dieser Ursachen sei in den nächsten beiden Verbphrasen mit dem Hilfsverb *-nu* in *sato ha sakari-nu* und *koye-ki-nu* gekennzeichnet. Während sich das Dorf und das erzählte Ich voneinander entfernt haben, hat das erzählte Ich selbst einen Berg oder Berge über- oder durchquert. Die Struktur aus *ba* und *do* verkompliziert sich im zweiten Langgedicht, denn es werden zwei Gründe (*ba*) genannt, und auch *do*, „doch, obwohl", kommt doppelt vor. Das Hilfsverb *-nu* erscheint gegen Ende von 2: 135 zwar ebenfalls doppelt, aber nur der letzte Vers *tohori te nure-nu*, „(der eigene Ärmel) durch und durch nass geworden", ließe sich als Resultat verstehen. Sollte in 2: 131 tatsächlich ein Arrangement aus Grund und Resultat vorliegen, bei dem der Grund in den Handlungen des erzählten Ichs liegt, ist das für 2: 135 nicht mehr der Fall. Anders gesagt: Obwohl die vermeintlichen Ursachen wiederholt werden, führen diese zu keinen Resultaten. Das Hilfsverb *-nu* bezieht sich auf die Sonne und den Ärmel, dient also nicht der Bestimmung der zeitlich-räumlichen Position des erzählten Ichs.

Während im ersten Langgedicht als Resultat der Handlungen das Dorf in der Ferne liegt und mindestens ein Berg überschritten wurde, ist in 2: 135 der Abschied genommen, aber im emotionalen Erleben des erzählten Ichs noch nicht vollzogen. Die Gestalt der Frau / das Dorf gerät allmählich außer Sicht, und bei stechender Abendsonne sind die Ärmel tränendurchnässt. Nakanishi (S. 447) zufolge ist die Struktur in 2: 135 im Großen und Ganzen identisch mit 2: 131, aber durch die Kopfkissenwörter und gedichtinternen Vorwörter sei sie „aufgebläht (*fukuramashite-ita* ふくらましていた)“, wodurch die Darstellung an Übersichtlichkeit und Kohärenz verliere. Seine Schlussfolgerung ist dagegen übersichtlich: „Für das zweite Langgedicht besteht keine Notwendigkeit“ (ebd.). Er gibt dem Gedicht aber noch eine Chance, denn es handele sich nicht um die Darstellung des Abschieds als Geschehen, sondern um die Darstellung der Gefühle beim Abschied (S. 448). Seine Beschreibung als „aufgebläht“ korreliert mit den bisherigen Beobachtungen und verdeutlicht, dass die Aufblähungstechnik nicht nur Details der erzählten Welt umfasst, sondern auch die Grammatik in den Dienst nimmt.

**2.** Hashimoto (1991: 81) bringt bei der Analyse der vierzehn Verse von Element 4’ in 2: 135 mit den Versen 21 bis 34 ein weiteres Arrangement aus Ursache und Wirkung ein. Er teilt die ersten zwölf Verse aus 4’ in zwei Gruppen zu sechs Versen, und die erste Gruppe endet mit *imo ga sode saya ni mo miezu*, „den Ärmel der Geliebten kann ich nicht mehr deutlich sehen“. Diese Verhinderung der klaren Sicht bringt Hashimoto weniger mit dem wirr fallenden Herbstlaub in Verbindung, sondern sieht die eigentliche Ursache in Element 4 von 2: 131 mit den Versen *iya toho ni sato ha sakari-nu*, „immer weiter hat sich das / habe ich mich vom Dorf entfernt“. Die Elemente 4 und 4’ stehen Hashimoto zufolge daher in einer „Beziehung aus Ursache und Resultat“. Sei in 2: 135 über die Nominalisierung + *ni* als direkte Ursache auch das wirr fallende Herbstlaub angegeben (*momichi-ba no chiri no magahi ni*),[188] trage der Faktor der Entfernung als weitere Ursache zur schlechten Sicht bei. Diese kausale Verbindung stellt Hashimoto auch für die zweite Gruppe aus sechs Versen in 4’ fest, bei denen die Ursache für den letzten Vers *kakurahi kure ba*, „bin [ich] nun mehr und mehr verborgen“, ebenfalls in den vier Versen von Element 4 in 2: 131 zu sehen sei. Das funktioniert allerdings nur bei der unausgesprochenen Bestimmung des Subjekts von „sich verbergen“ mit dem Dorf der Geliebten, die es noch zu prüfen gilt.

Hashimoto knüpft eine weitere Grund-Ursache-Verbindung über die Elemente 5 und 5’. Da nämlich der „Autor“ erfahren musste, dass sein Appell in

188 Aso (1: 334) übersetzt *chiri-magahi ni* mit *chiri-midareru sei*, „wegen des wirren Durcheinanderfallens“; vgl. auch SNBT 1: 112 mit *dakara*, „daher“.

Element 5 an den Berg oder die Berge, sich lang zu machen, unerfüllt blieb, sei es zum Tränenausbruch in Element 5' gekommen. Die aufscheinende Abendsonne wird zwar erwähnt, aber nur als „gemeinsam mit", also nicht als Grund oder Auslöser der Tränen. Dieses „gemeinsam mit" lässt sich in der Tat mit der Grammatik in *iri-hi sashi-nure*, „aufscheinenden Abendsonne", abstimmen, da die von den Kommentaren gewöhnlich ergänzte Postposition *ba* dort nicht steht (siehe unten). Allerdings zieht in Hashimotos Auslegung der Elemente 5 und 5' eine zeitliche Struktur ein, die nicht mehr mit seiner Grundposition III, nämlich der Parallelität und Gleichzeitigkeit, zu vereinen ist. Dennoch lenkt seine Lesung die Aufmerksamkeit auf eine Ursache-Wirkung-Komplexität, die sich in den Versen selbst als wirr fallendes Herbstlaub und unklare Sicht zeigt und neben der Selbstreflexion (siehe unten) als ein weiteres Thema zu erkennen gibt.

**3.** Die Verschränkungen der kausalen Beziehungen über die beiden Langgedichte hinweg ist anregend, zumal sie einer kohärenten Erzählung nicht im Wege steht. Es stellt sich aber die Frage, ob *ba* und *-nu* tatsächlich als Resultat und Ursache zu verstehen sind. Denn die Sammlung liefert genügend Hinweise für eine temporale Verknüpfung und Fortsetzung, die in japanischen Grammatiken in … *suru to* aufgelöst wird. So ist in Hitomaros Gedicht 1: 48 die Postposition *ba* nicht kausal zu verstehen, sondern im Sinn von „als, nachdem": 反見為者 月西渡 *kaheri-mi sure ba tsuki katabukinu*, „als ich zurückschaute, ging [im Westen] der Mond unter". In diesem Gedicht ist das Hilfsverb *-nu* nicht ausgeschrieben, aber in 1: 8 von Nukata no Ōkimi heißt es 月待者 潮毛可奈比沼 *tsuki mate ba shiho mo ka-na-hi-nu*, „als / während ich / wir auf den Mond warteten, waren die Gezeiten günstig geworden [für die Abreise]". Lewin (1975: 85) beschreibt diese Funktion von *ba* nach der Konditionalform (*izenkei*) als Bezeichnung eines „Nebensatzes mit einer Handlung, auf die eine unvorhergesehene Wendung folgt", was in den Beispielen der Fall zu sein scheint. Nach dem Vers *wakare-ki-nure ba* in 2: 133 folgt nichts mehr, aber die letzten beiden Verse lassen sich als Inversion lesen: *wakare-ki-nure ba / are ha imo omofu*, „nachdem / da ich mich (wir uns) getrennt hatte(n) und (ich) nun hier bin, denke ich an die Geliebte".

**4.** Lewin (S. 167) zufolge dienten die Verbalsuffixe *-tsu* und *-nu* „ursprünglich zur ausdrücklichen Konstatierung eines Tatbestandes oder Sachverhaltes (assertorisch)", und die Verwendung als Aspektmarkierung (perfektiv) habe sich vermutlich erst im Altjapanischen der Nara-Zeit entwickelt.[189] Die Iwami-

189 Zu einem die Bedeutung der Erzählung leitenden Beleg für *-tsu* im *Kojiki* vgl. Wittkamp 2018a: 399–400. Archaische Grammatikformen gibt es wohl noch andere wie 雖惜 *woshikedomo*, „obwohl ich es doch sehr bedauere". Der SNBZ-Kommentar (6:

Gedichte lassen sich mit dieser Funktion in Einklang bringen. Bezüglich des Verses 置而之來者 in 2: 231 scheinen die Kommentare allerdings mit der Postposition *te* zur „parataktischen Verbindung von Prädikaten" (Lewin S. 87) *oki te shi kure ba* zu lesen: „und dann". Dafür spricht die Verschriftung mit dem Schriftzeichen 而, das sich aber möglicherweise noch in der Ausdifferenzierung befand.[190] Die Herkunft aus dem Verbalsuffix *-tsu* (perfektiver Aspekt; vgl. Lewin ebd., Omodaka 1983: 482) sollte daher nicht in Vergessenheit geraten. Ergibt sich in der Bedeutung *in diesem Fall* auch kaum ein Unterschied,[191] ist es doch auffällig, dass die Verben, die unmittelbar auf das Hier und Jetzt des erzählten Ichs verweisen, über *-nu* oder *-tsu* als perfektiver Aspekt markiert sind. Das Verbalsuffix *-nu* steht tendenziell bei endoaktiven, *-tsu* bei exoaktiven Verben (vgl. Lewin ebd. S. 166–167, Omodaka 1983: 458–459, 551), bei denen in den Gruppen A und B das Objekt mit *wo* markiert ist: *imo <u>wo</u> ... oki-te* in 2: 131 und *imo ga atari <u>wo</u> ... sugi-te* in 2: 136.[192] Die mit

103) versteht *woshike* als alte Konditionalform (*izenkei*) und übersetzt mit *nagori oshikute-naranai ga* 名残惜しくてならないが; vgl. Omodaka 2: 166 mit Belegen der phonographischen Verschriftung.

190 Für Fujii (1992: 229–231) ist die Struktur ... *te* ... *te* ... *te* ... eines der Merkmale für das „Erzählen alter Ereignisse (*furukoto*)", wie im *Kojiki* 古事記 (mögliche Lesung: *furukoto-bumi*). Das Schriftzeichen 而 sei „letztendlich kein *kana*-Phonogramm, sondern ein Bedeutungsschriftzeichen (*i-kanji* 意漢字)", ein „Hilfszeichen (*joji* 助辞) von [chinesischen] *kanbun*-Texten", aber angesichts der Position im Text bestehe kein Zweifel an der Lesung des „Hilfszeichens" mit *te*. Er zitiert einen längeren Ausschnitt aus den *Kojiki*-Mythen, der sich „ohne Unterbrechung fortsetzt", wodurch „ein originelles Gefühl für den Stil (*buntai kankaku* 文体感覚) entsteht". Den Unterschied zur Verschriftung von *te* mit 弖 sieht er darin, dass das Schriftzeichen ein *kana*-Phonogramm ist, das anderen *on*-Phonogrammen (*on-kanji* 音漢字) folge, was beispielsweise der Gebrauch in 恊流麻弖爾 *ohiyu-ru ma-de ni* aus dem *banka*-Langgedicht 2: 199 (siehe unten) bestätigt; zu *furukoto* vgl. Fujii 1992: 11–295. Fujii geht zwar nicht auf *-te* als Konjunktionalform von *-tsu* (Aspekt) ein, aber wichtig ist der Hinweis, dass es in „epischen Texten des Altertums (*kodai joji-bun* 古代叙事文)" – wie dem *Kojiki* – über *te* zu einem Subjektwechsel kommen kann. In dieser „lockeren Verbindung" mit Subjektwechsel, die Fujii an die Mündlichkeit gebunden sieht, ist *te* wohl eher als Postposition zu verstehen. Das ist im vorliegenden Iwami-*sōmon*-Langgedicht nicht der Fall, spielt aber in dem *banka*-Langgedicht 2: 199 eine Rolle.

191 Prinzipiell scheint der Unterschied darin zu liegen, dass das Hilfsverb für Abgeschlossenheit (perfektiver Aspekt), die Postposition aber für die Verbindung zweier Handlungen steht. Die Betonung wird gewissermaßen verschoben. Darin läge dann ein weiterer Grund dafür, im vorliegenden Fall die Aufmerksamkeit auf die Aspektmarkierung zu lenken, da die Endgültigkeit der Handlung hervorgehoben wird.

192 Kawashima (1991: 16–18) geht der Postposition mit *wo* in *imo wo ... oki-te* nach und vermutet die über die Markierung des Objekts hinausgehende Funktion im Ausdruck einer „paradoxen Ergriffenheitsbekundung (*gyakusetsu-teki na eitan* 逆説的な詠嘆)". Gemeint ist die Betonung als „obwohl" (*noni*), etwa „obwohl [die Geliebte, die bei

dem perspektiven Aspekt markierten Handlungen sind als abgeschlossen zu verstehen und präzisieren das Hier und Jetzt des erzählten Ichs.

**5.** Geradezu ostentativ wirkt das Verb 來 *ku*, „kommen, bis hier gekommen sein", mit jeweils drei Belegen in den narrativen Texteilen beider Gruppen. Ein weiterer Beleg ist im Titel enthalten: 別妻 上來時 *tsuma wo wakarete nobori-kitarishi toki*, „Zu der Zeit, als ich mich von meiner Frau getrennt habe und heraufgekommen bin" (Lesung nach SNBT 1: 109). Die Gewichtung von *ku* ist somit bereits dort angelegt, was die Frage nach der Bedeutung für die Perspektive oder den Erzähl-Ort aufwirft. Die Titel der ersten beiden Bände enthalten häufig Verben zum Ausdruck eines Ortswechsels, und der Titel zu 2: 105 und 106 belegt mit 下 *kudaru*, „fort- = hinunterreisen", und 上來時 *nobori-ku*, „zurück- = heraufreisen", eine Perspektivierung aus der Hauptstadt. Die beiden Gedichte verfasste die von ihrem Vater Tenmu in den Ise-Schrein entsandte Ōku no Himemiko, als sie ihr Bruder Ōtsu no Miko „heimlich" besuchte. Obwohl somit die Dichterin selbst im Ise-Schrein zurückbleibt, was die beiden Gedichte belegen, nimmt der Titel die Hof-Perspektive ein. Vermutlich bezieht sich diese Perspektivierung auf Ōtsus heimliches Entfernen vom Hof, wobei auch die Rolle zu bedenken ist, die der 686 hingerichtete Prinz für den Hof spielte. Wer sich heimlich vom Hof entfernt, dem sind auch andere Missetaten zuzutrauen. Im Inhaltsverzeichnis zum zweiten Band steht im Titel zu diesen beiden Gedichten nicht 上來, sondern 還上 *kaheri-noboru*, „zurück-hochreisen", und im Titel zu den *banka*-Trauergedichten 2: 163 und 164, als die Prinzessin Ōku 686 nach dem Tod ihres Bruders an den Hof zurückkehrte, heißt es 還京 *miyako ni kaheru*, „zum Hof zurückkehren". Im Titel vor den Gedichten selbst steht dann aber wieder 上京 *miyako ni noboru*, „zum Hof zurückkehren = hochreisen", sodass unterschiedliche Perspektiven eingenommen werden (Lesungen im Infinitiv; zum erforderlichen Präteritum vgl. SNBT 1: 73, 79, 96, 126).

Die abweichenden Formulierungen der Titel im Inhaltsverzeichnis und vor den Gedichten selbst zeigen Bedeutungsnuancen, die möglicherweise als Perspektivierungen zu verstehen sind. Bei einer Reise – erst recht bei einer Dienstreise – bezieht sich das Verb 上 *noboru* auf die Hauptstadt und bedeutet „zur Hauptstadt hochreisen" (vgl. Wittkamp 2018a: 219), und im Titel vor 2: 131 steht wie im Titel zu 2: 105 das Verb in Verbindung mit dem Verb 來 *ku*. Omodaka (1986: 251) zufolge bedeutet *ku* „kommen", „gehen" und findet weiterhin als Ergänzungsverb (*hojo dōshi* 補助動詞) Verwendung, das mit einem Hauptverb (*hon-dōshi* 本動詞) eine Steigerung, Verstärkung oder Fortsetzung

mir schlief ... ] habe ich sie verlassen!" Die Partikel *shi* in *oki-te shi kure ba* liest er (S. 18) als „Hinweis / Bedeutungsverstärkung (*shiji* / *kyōi* 指示・強意)".

zum Ausdruck bringe. In der Funktion als Ergänzungsverb ist 來 im Klassisch-Chinesisch offenbar seit der Tang-Zeit im Gebrauch und kann somit in dieser Funktion dem Verfasser des Titels durchaus bekannt gewesen sein. Das Zeichen 上 bedeutet im Mittelchinesischen als Verb unter anderem „4 go up, ascend, get on […] a) go forward, proceed onward“ (vgl. Kroll 2015, Einträge 來 und 上).

**6.** Die Verbphrase 上來 *nobori-ku* lässt somit perspektivisch drei Bezugspunkte zu. Im Rahmen der großen Erzählung beziehungsweise des Lesegedächtnisses bezieht sie sich erstens auf die Rückreise zur Hauptstadt oder zum Hof und betont wie im Titel zu 2: 105 diesen Aspekt. Zwar erwähnt der Titel den Hof selbst nicht, was ebenso wenig notwendig ist wie das Wort 來 *ku*, aber in diesem Fall ist der Bezugspunkt die Hauptstadt beziehungsweise der Hof. 上來 kann zweitens aber auch den Ort in den Bergen hervorheben, wo sich das Erzählmedium derzeit befinden, im Sinn von „hinaufgekommen sein“. Der Erzähl-Ort läge somit in den Bergen von Iwami, aber im Rahmen einer konkreten Kommunikationssituation bleiben die „Adressaten im (Fiktions-)Zusammenhang der Erzählung“ (Hühn und Schönert 2007: 11) unklar. Am vielversprechendsten erscheint somit die dritte Möglichkeit, nämlich der Bezug auf das erzählte Ich. Dafür sprechen zum einen wiederum das häufige Vorkommen des Verbs in den Gedichttexten, wo es stets mit Postpositionen und / oder Aspektmarkierungen verbunden ist und sich grundsätzlich auf das erzählte Ich bezieht. Zum anderen ist die Präsentation der Texte zu bedenken, die nicht auf ein mündliches Erzählen am Hof verweisen, wie es Itō sieht, sondern auf eine zeitaufwendige und damit distanzierende Arbeit am Text. Sollte Itō's Vermutungen des mündlichen Vortrags am Hof zutreffend sein, wäre der Unterschied zwischen dem Erzähler und der erzählten Figur ohnehin klar.

**7.** So oder so handelt es sich um ein Erzählmedium, das sich entweder in der Hauptstadt und somit zeitlich und räumlich fern der erzählten Welt befindet oder an einem Ort, der mit der erzählten Welt identisch ist. Das sind aber nur graduelle Unterschiede, da in beiden Fällen die Differenz zwischen dem erzählenden und dem erzählten Ich bestehen bleibt. In dem Modell nach Wolf Schmid steht für beide Fälle der diegetische Erzähler, der

> […] zur Diegesis [Ebene der erzählten Welt] gehört, der folglich über sich selbst – genauer sein früheres Ich – als Figur der erzählten Geschichte erzählt. Der diegetische Erzähler figuriert auf zwei Ebenen: sowohl im Erzählen als auch in der erzählten Geschichte. (2008: 87)

Wie gesehen setzt Schmid diesem Erzähler den nichtdiegetischen Erzähler entgegen, der nur zur Ebene der Exegesis gehört, das heißt zur Ebene des Erzählens. Dieser Typus kann für die Iwami-*sōmon*-Gedichte aber ausgeschlossen werden, da es dafür keinerlei Hinweise gibt. Der Unterschied möglicher diegetischer Erzähler in den Iwami-*sōmon*-Gedichten besteht somit in der räumlich-zeitlichen Distanz zwischen der Exegesis und der Diegesis,[193] wobei die Materialität und Medialität der Texte selbst eine gewisse Distanz vorgeben.

**8.** Der Gebrauch von 來 *ku* lässt sich in *ku* mit *ba* (… *kure ba*) sowie *ku* mit *-nu* (… *ki-nu*, … *ki-nure ba*, … *ki-nikeru*) unterscheiden. Nakanishis Lesung als Ursache und Resultat betrifft die textimmanenten Beziehungen innerhalb der einzelnen Langgedichte, aber Itō bezieht sich auf die beiden Gruppen A und B und macht wie gesehen an der unterschiedlichen Grammatik *wakare-ki-nure ba* in 2: 133 und *wakare shi kure ba* in 2: 135 die These von der Vorzeitigkeit der Phrase in 2: 135 fest. Dass er dabei die erste Verbphrase *oki-te shi kure ba* nicht berücksichtigt, mag an dem Verständnis von *te* als Postposition liegen. Tatsächlich gibt es in 2: 135 zwei *kure ba*-Phrasen, und eine dritte steht direkt am Anfang der Tabelle. Beide Formen verweisen jedoch gemeinsam mit den perfektiven Aspekten auf das Hier und Jetzt des erzählten Ichs. Dass *ba* dabei auch Kausalität *einbringt* (Anschluss an die Konditionalform,[194] *izenkei*), dürfte anzunehmen sein, aber unklar ist, ob die mit dem Hilfsverb *-nu* markierten Verbformen Vorzeitigkeit gegenüber der Gruppe A bedeuten, wie es Itō für *wakare shi kure ba* in 2: 135 vermutet. Zumindest ist auffällig, dass die beiden im Titel als Schlüsselwörter ausgewiesenen Verben 別 *wakaru* und 來 *ku* auch in den Gedichten gemeinsam vorkommen. Das verleiht ihnen ein besonderes Gewicht, und *in diesen beiden Vorkommen* impliziert *wakare shi kure ba* in 2: 135 eine Vorzeitigkeit. Denn in dieser Verbphrase liegt die Betonung mit *shi* auf *wakaru*, in *wakare-ki-nure ba* jedoch mit *-nu* auf *ku*. Während sich *wakaru* auf die Trennung bezieht, markiert *ku* die Position des erzählten Ichs im Hier und Jetzt.

**9**. Von den drei Belegen für das Verb 來 *ku* im Vorspiel von 2: 138, dem Langgedicht der ersten Stufe der Textgenese, lauten zwei 來者 *kure ba.* Alle drei Vorkommen stehen für Prozesse, die wie die aufkommenden Wellen am Morgen oder der Wind am Abend ewig ablaufen und zeitlos sind. Bei der Überarbeitung entfielen beide *kure ba*-Phrasen, und in 2: 131 ist nur noch das Kom-

193 Nach Martínez und Scheffel (2016: 79–89) wäre in beiden Fällen ein extradiegetischer Erzähler festzustellen, aber das betrifft den Ort des Erzählens, nicht die Stellung des Erzählers zum Geschehen, die als auto- oder homodiegetisch zu beschreiben ist. Dieser extra-homodiegetische Erzähler entspricht dem in Schmids Modell dem diegetischen Erzähler; vgl. Schmid 2008: 89.

194 Lewins (1975: 105) Bezeichnung als „Konditionalform“ für *izenkei* kann irreführend sein, da der konditionale Nebensatz („wenn“) mit der Indefinitform (*mizenkei* 未然形) und *ba* gebildet wird (… *suru nara*, … *dattara*). Bei *kuru* wäre das *ko ba*, aber hier geht es aber um Kausalität (… *node*, … *dakara*).

positum 來縁 *ki-yoru*, „[die Wellen] kommen heran", vorhanden, allerdings in einer anderen Verschriftung. Das Vorspiel in 2: 135 enthält kein 來 *ku*, und in den narrativen Texteilen der autorisierten Hauptfassung erscheint das Verb nur in Verbindung mit *ba* und *-nu*. Während also im Vorspiel von 2: 131 das ohne *ba* oder *-nu* stehende Verbkompositum 來縁 für einen sich auf Ewig wiederholenden Prozess steht, dient 來 *ku* im narrativen Textteil als Ausdruck zur Bestimmung des Hier und Jetzt des erzählten Ichs. Das zeigt erneut die Arbeit am Text, aber auch das Bemühen um die räumlich-zeitliche Verortung. Die folgende Tabelle listet die fünf Verbverbindungen mit *ku* aus den narrativen Textteilen:

*Tabelle 9: Verbphrasen mit 來 ku*

| | | |
|---|---|---|
| 2: 131 | 置而之來者 *oki-te* (*te*) *shi kure ba* | verlassen haben und (daher) nun hier sein |
| | 越來奴 *koye-ki-nu* | überschritten haben |
| 2: 133 | 別來禮婆 *wakare-ki-nure ba* | Abschied genommen haben und nun hier sein |
| 2: 135 | 別之來者 *wakare shi kure ba* | Abschied, ach, da ich ihn nehme und nun hier bin |
| | 隠比來者 *kakura-hi-kure ba* | sich immer mehr verbergend (*fu*), da es nun so ist |
| 2: 136 | 過而來計類 *sugi te ki-ni-keru* | (die Gegend der Frau) hinter sich gelassen haben und realisieren, nun hier zu sein (*ni-keru*) |

Bis auf *kakurahi-kure ba* verweisen die Verbverbindungen auf das erzählte Ich. Die meisten Kommentare erläutern das Subjekt zu *kakurahi-kure ba* nicht, aber die SNBT-Bearbeiter (1: 112) ergänzen „die Gestalt der Frau" und Omodaka (2: 166) den winkenden Ärmel. Warum sollte es jedoch diese eine Ausnahme geben? Es ist vielmehr davon auszugehen, dass sich auch diese Formulierung auf das erzählte Ich bezieht, dass sich mehr und mehr verbirgt. Oder der ambivalente Ausdruck bezieht sich auf beide Seiten, gleichsam als gegenseitiges Verbergen, was gerade im Verbund mit 2: 140 sinnvoll erscheint.

**10.** Für Hashimoto (S. 79–80) ist beim Vergleich der fünf Elemente der beiden Langgedichte der Zeitpunkt von *oki-te shi kure ba* in Element 2 mit dem in *wakare shi kure ba* in Element 2' „absolut gleich". Der Vers *oki-te shi kure ba* setzt in der erzählten Welt den Zeitpunkt, mit dem die Geschehen und Ereignisse in den Bergen beginnen. In 2: 135 kommt jedoch mit *fukame-te omohe do* bereits zuvor eine Handlungsdarstellung des erzählten Ichs vor, und die erzählte Zeit in 2: 135 beginnt somit früher. Aus der vermuteten Identität der Zeit folgert Hashimoto weiterhin einen identischen Zeitpunkt der Elemente 3 und 3', die beide mit *kaheri-mi sure do* als Bekundung des wiederholten Zurückschauens enden. Die Elemente 1 und 1' – das Vorspiel in den beiden Langgedichten – beschreibt Hashimoto als „ohne Tempus (*jisō* 時相)", sodass „zumindest bis zur Stufe 3 und 3' in zeitlicher und räumlicher Hinsicht der gleiche Inhalt aus unterschiedlichen Winkeln geschildert wird" (S. 80). Hashimoto geht aber nicht auf *omohi tsutsu*, „während ich zurückdenke / an sie denke / darüber nachdenke", ein, worauf zurückzukommen ist.

**11.** Während Zustände und Handlungen, die mit *-nu* und *-tsu* markiert sind, als perfektiver Aspekt (*kanryō*) und als ausdrückliche Konstatierung eines Tatbestandes oder Sachverhaltes (assertorisch) zu verstehen sind (Lewin S. 166–167), ist im Langgedicht 2: 135 die zusätzliche Funktion zur Betonung der zeitlich-räumlichen Verortung des erzählten Ichs nicht zu erkennen. Auf der anderen Seite gibt es nur dort die auf Kontinuität oder Wiederholung verweisenden Hilfswörter, nämlich die Postposition *tsutsu* in *omohi tsutsu* – die nebenbei bemerkt mit der *ku*-Häufigkeit an das oben diskutierte Gedicht 1: 27 mit *omohi tsutsu zo koshi* erinnert – sowie das Verbalsuffiv *-fu* in *watara-fu tsuki* und *kakura-fu* im Vers *kakura-hi-kure ba*. Wie gesehen lesen die Kommentare 落 in 2: 137 nicht *chira-fu*, was semantisch nahezu gleich ist, sondern *otsuru*. Allerdings gewinnt Omodakas (2: 169–171) Entscheidung für *chirafu* angesichts Verwendung des Hilfsverbs *-fu* in dem vorangehenden Langgedicht an Überzeugungskraft.[195] Zwar ist Takedas (3: 417) Einwand zu berücksichtigen, dass *-fu* mit einem Schriftzeichen vertreten sein müsste,[196] aber zu beden-

195 Vers 24 in Langgedicht 2: 135 lautet 散之亂爾 mit der Lesung *chiri shi midare ni* (siehe oben), und der Alternativvers 知里勿亂曽 am Gedichtende von 2: 137, der für den vierten Vers (勿散亂曽) steht, enthält die Phongramme 知里 für *chi-ri*. Somit steht für *chiru* zwar ein anderes Schriftzeichen, aber zumindest die Lesung wäre identisch mit dem Wort 2: 137. Eine gleiche Lesungen für verschiedene Schriftzeichen kommt in den Iwami-Gedichten auch bei den Schriftzeichen 念 und 思 vor, die beide *omofu* gelesen werden, aber warum sollte es für ein und denselben Vorgang – das Fallen des Herbstlaubes – zwei verschiedene *Wörter* geben? In 2: 137 stehen für die selbe Tätigkeit 落 und 散, und zu bedenken ist daher auch das Gesetz der Austauschzeichen (*kaeji-hō*) zur Vermeidung von Schriftzeichenwiederholungen, das wohl aus den alten *kayō*-Volksliedern 歌謡 im *Kojiki* und *Nihon shoki* stammt; vgl. Wittkamp 2014b: 111. Vovin (2020: 117) liest 落 „OT-URU", nimmt das Wort aber nicht in seine Übersetzung auf.

196 Die alten Abschriften wie auch das Hirose-*bon* lesen *otsuru*; vgl. Sasaki et al. 2: 126, Hirose et al. 1994: 116. Omodaka (2: 169) beruft sich auf Kamochi Masazumi 鹿持雅澄 (1791 bis 1858), der die Lesung zu *chirafu* korrigiert habe. Bei der Abschrift sei das Zeichen zur Verschriftung von *-fu* „entfallen"; vgl. Sasaki et al. 2: 127 und zu Kamochis *Man'yōshū kogi* 萬葉集古義 Sasaki et al. 1: 470–484. Omodaka (ebd.) zufolge steht *otsuru* im „alten Wortgebrauch (古言)" nicht für fallende Blüten oder Blät-

ken ist auch der erste Vers in 2: 135, der das Gedicht mit dem Kopfkissenwort *tsuno saha-fu* eröffnet und somit eine weitere *fu*-Phrase enthält.[197] Dort verweist sie auf einen zeitlosen, ewig ablaufenden Prozess, dem auch der vorüberziehende Mond und das jährlich fallende Herbstlaub unterliegen. Diese Bedeutungsnuance rutscht letztendlich in *kakura-hi kure ba* ebenfalls hinein, dass also das erzählte Ich *für immer* verborgen bleibt.

**12.** Wenn auch von minimalem Umfang, bedeutet die Phrase *omohi tsutsu* gegenüber *omofu* in 2: 133 eine Verzögerung der Erzählzeit und besitzt bezüglich der erzählten Zeit den Charakter der Aufblähung. Das Wort *omofu* ist Ausdruck des zeitraffenden beziehungsweise summarischen Erzählens, da der Inhalt nicht angegeben ist und sich nur aus dem Zusammenhang erschließt. In Itōs Modell ist die Gruppe B ein Ausschnitt aus der Gruppe A, und damit ist die erzählte Zeit der Gruppe B kürzer, aber eben aufgebläht. Das Wort *omofu* gehört zum Standardrepertoire der *sōmon-* und der Erinnerungsdichtung, bekommt jedoch in Itōs Modell eine besondere Bedeutung. Denn obwohl *kimi*, das Abschied nehmende „Du“ in 2: 140, der Partnerin, also dem Erzählmedium, von sehnsüchtigen Gedanken abrät, kann sich das erzählte Ich selbst, zu dem die Abschied nehmende Figur in der erzählten Welt der vorangehenden Gruppen A und B wird, nicht davon befreien. Itō erkennt das allerdings nicht, und es ist darauf zurückzukommen.

**13.** Das Hilfsverb *-fu* in *watara-fu tsuki* (2: 135), „vorüberziehender Mond“, steht bei einem Verb, dessen Subjekt nicht oder nur partiell mit dem erzählten Ich identisch ist. Kurz darauf folgt *kakurahi-kure ba*, das sich verbergende erzählte Ich, das allmählich bis zu dem Zeitpunkt aus dem Blick geraten ist (*kure ba*), als die Abendsonne aufscheint (*irihi sashi-nure*). Der Bezug von *kakurahi-kure ba* scheint ein Problem darzustellen und ist in Übersetzungen wie *sono sugata* その姿, „jene Gestalt“ (SNBZ 6: 103), oder *kakure te kita orishimo* 隠れてきた折りしも, „gerade zu dem Zeitpunkt als … sich verbarg“ (Aso 1: 326, Inaoka 1: 94), unklar. Wie gesehen werden die Gestalt der Frau oder der winkende Ärmel ergänzt, was beides Sinn macht, zumal die Kommentare die Verse 27 bis 30 als gedichtinternes Vorwort (*jo* 序, oder *jokotoba*) auslegen, das metaphorisch die Verse 31 und 32 einleitet (*woshike do / kakurahi-kure ba*).[198] Die Analyse von *kure ba* legt jedoch nahe, die Phrase *kakurahi-kure ba*

---

ter. Er geht auf die Belegstellen der Gegenstimmen ein, weist diese aber anhand anderer Belege zurück, deren Lesungen eindeutig seien. Das Wort *otsu* (*otsuru*) finde beispielsweise Verwendung, wenn es „auf den Boden (*tsuchi ni* 土に)“ heiße, aber Omodaka sieht *chiru* eher im Sinn von „herabrieseln“.

197 Das Hilfsverb *-fu* ist mit dem Schriftzeichen 經 verschriftet, das unter anderem „6 passage, of time or through space or experience […]“ (Kroll 2015) bedeutet.

198 Vovins (2020: 113) Übersetzung ist abzulehnen: „(31) Although [I] miss (30) the

zumindest *auch* auf das erzählte Ich zu beziehen. Die Ambivalenz des Ausdrucks kann durchaus gewollt sein.

**14.** In 2: 135 kommen mit *watara-fu tsuki*, „der vorüberziehende Mond“, *irihi sashi-nure*, „die Abendsonne hat aufgeschienen“, und *sode ha tohori te nure-nu*, „die Ärmel sind durch und durch nass geworden“, noch weitere Subjekte vor, wogegen in 2: 131 mit *sato ha sakari-nu*, „das Dorf und / oder erzählte Ich hat sich entfernt“, nur ein weiteres Subjekt angedeutet wird. Das Dorf (*sato*) ist der Bezugspunkt, und das Subjekt von *sakari-nu* ist das erzählte Ich, da das Hilfsverb *-nu* auf dessen Hier und Jetzt verweist. Gemeinsam mit *tsutsu* und *-fu*, der Grammatik zum Ausdruck von Fortdauer und Wiederholung, belegt das Vorkommen von drei Subjekten in 2: 135 das verzögerte Erzählen beziehungsweise die zeitlich-räumliche Ausschnittvergrößerung. Umgekehrt untergräbt das Fehlen anderer Subjekte in 2: 131 Nakanishis und Hashimotos Behauptung, dass den Schwerpunkt des Gedichts die Geliebte bildet.

**15.** Die Gruppe B endet mit zwei Kurzgedichten, in denen jeweils der „Ort der Geliebten“ (*imo ga atari*) den Bezugspunkt bildet. In 2: 136 wird dem erzählten Ich plötzlich gewahr (*-keri*), sich unwiderruflich davon entfernt zu haben und nun hier zu sein (*-ni-keri*). Allerdings scheint ein Sichtkontakt *prinzipiell* noch möglich, was in 2: 137 der Ausdruck des Sehenwollens (*mimu*) und die Bitte an das Herbstlaub nahelegen, einmal mit dem wirren Fallen aufzuhören. Die Verbform *mimu*, „ich möchte sehen“, ist chinesisch als *kanbun*-Phrase 將見 verschriftet, die auch das Gedicht 2: 131 abschließt. Der in 2: 135 wiederholte Vers 顧為騰 *kaherimi sure do*, „ich schaute zurück und doch“, ist ohne *kanbun* verschriftet, aber in 清爾毛 不見 *saya ni miezu*, „nicht so klar zu sehen“, in 2: 135 ist die Negation 不見 *miezu* ebenfalls als *kanbun*-Phrase verschriftet. Die Verbformen bilden semantisch mit „sehen“ eine Isotopie, gehören aber auch über die Verschriftung mit *kanbun* und Logogrammen auf der materiellen Ebene zusammen, was einen besonderen, interpretatorisch zu erschließenden Zusammenhalt erzeugt.

**16.** Das Sehenwollen (*mimu*) kommt doppelt vor, zeigt aber einen Unterschied. Während nämlich in 2: 131 das zu sehen wollende Objekt nicht mehr gesehen werden kann, da der Berg oder die Berge die Sicht versperren, schein in 2: 137 der Anblick noch möglich, wenn nur das „fallende Laub“ (*otsuru* [*chirafu*] *momichi-ba*) einmal mit dem „wirren Durcheinanderfallen“ (*chiri-*

---

moon that crosses (29) [the sky] between the clouds (28) of Yakamî mountain (27) where spouses are secluding [themselves] in a chamber, (32) when [the moon] is hiding“. Erstens vermisst „I“ nicht den Mond, sondern selbstverständlich die Frau, und zweitens ist es nicht der Mond, der sich verbirgt, sondern eben die Frau beziehungsweise das erzählte Ich.

*midaru*) aufhören könnte. Das Gedicht 2: 137 ist in dieser Beziehung somit in der erzählten Zeit vor 2: 131 zu verstehen. Freilich heißt es in 2: 131 *imo ga kado mimu*, „ich möchte das Tor der Geliebten sehen", wogegen in 2: 137 mit *imo ga atari mimu*, „ich möchte den Aufenthaltsbereich der Geliebten sehen", ein größerer Ausschnitt der sichtbaren Welt artikuliert wird, was aber umgekehrt die Unmöglichkeit bezüglich „Tor" hervorhebt. Davon hat sich das erzählte Ich längst zu weit entfernt. Merkwürdigerweise scheint der Vers in 2: 137 einen Silbenüberschuss zu besitzen. In 2: 136 lautet der vierte Vers *imo ga atari wo*, „den Aufenthaltsbereich der Geliebten", und vielleicht rechtfertigt die Wiederholung dieses Ausdrucks den Silbenüberschuss. Bei *ga atari* handelt es sich um einen unproblematischen Silbenüberschuss, der sich eventuell durch Kontraktion der Vokale auflöst. Dann aber hätte der Vers in 2: 136 eine Silbe zu wenig.

**17.** Nakanishi (1995: 446) führt die häufige Erwähnung des Sehens auf das Ärmelwinken zurück. Das wiederum sei eine „Handlung zur Einladung / Verlockung der Seele", und in dem gegenseitigen Sehen der Ärmel vereinige sich die „Seele der Sehnsucht". Somit führt Nakanishi einige Formulierungen auf Rituale und Magie zurück, bemerkt aber auch den „essenziellen Unterschied: Es ist ein Gedicht." Dieses gegenseitige Sehen als Garantie der „Vereinigung" scheint aber beim erzählten Ich nicht mehr zu gelingen, was die Verbformen verdeutlichen. Aufgrund dieser Schwierigkeit, den winkenden Ärmel der Geliebten zu sehen, heißt es Nakanishi zufolge dann auch *ware ha imo omofu*, „ich denke an die Geliebte", denn dadurch werde die „Seele hervorgerufen und die Vereinigung der Seelen ermöglicht" beziehungsweise es handele sich um die Bitte darum (S. 447). Was aber bedeutet dann „denk nicht an mich!", der Ratschlag des sich verabschiedenden Mannes in 2: 140?

**18.** Das Nicht-Sehenkönnen des erzählten Ichs steht in Verbindung mit der Vermutung, ob die Geliebte den eigenen winkenden Ärmel gesehen hat, die in 2: 132 mit *mi-tsu-ramu ka* zum Ausdruck kommt. Die Vermutung ist mit der Fragepartikel *ka* markiert, was sie nicht nur mit stärkerer Ungewissheit belegt, sondern im Verbund mit *-tsu* auch die Zeit zum Zeitpunkt zuspitzt. Das macht der Vergleich mit der in 2: 131 voranstehenden Vermutung *shinofu-ramu*, „sie wird sich wohl gerade nach mir sehnen", deutlich, die ohne perfektiven Aspekt und *ka* auskommt. Die Grammatik im Vers *mitsu-ramu ka* drückt gewissermaßen den „Scheitelpunkt der Handlungsentwicklung" (Wolf 2002: 70), den *pregnant moment* aus, an dem Gegenwart in die Vergangenheit kippt. Da *-ramu* eine Vermutung in der Gegenwart ausdrückt, ist daran die Gegenwart des erzählten Ichs in der Gruppe A festzumachen. Insofern ist das Fehlen von *-ramu* in der Gruppe B logisch, deren Merkmal die Hilfswörter *tsutsu* und *-fu* sind, welche die erzählte Zeit aufblähen und die erzählte Zeit strecken.

**19.** Aufgrund des Abschlusses von 2: 131 mit dem Wunsch an die Berge, sich flach zu machen, wird 2: 132 als Erinnerung beziehungsweise in dem Sinn ausgelegt, sich zeitlich *vor* das Ende von Langgedicht 2: 131 zu beziehen. Misaki (S. 250–254) diskutiert das Problem mit dem Ergebnis, 2: 132 raum-zeitlich zwischen 2: 131 und 133 einzuordnen, sodass die Position des Gedichttextes der Position in Raum und Zeit der erzählten Welt entspricht, was er (S. 254–255) wie folgt erklärt: Am Ende von 2: 131 wende sich der „Erzähler“ mit dem verzweifelten Wunsch an den Berg, sich flach zu machen, um nochmals einen Blick auf den Aufenthaltsbereich der zurückgelassenen Geliebten zu erhaschen. Was dann mit 2: 132 folge, sei die Illusion des „Erzählers“, dass der Berg diesem Ansinnen tatsächlich Folge leistet. In dieser kurzzeitigen Illusion habe er dann mit seinem Ärmel gewinkt und frage sich nun, ob die Geliebte das auch gesehen hat. Die Illusion sei mit 2: 133 vollständig überwunden.

**20.** Das Sehen in *mimu*, „sehen wollen“, und *kaherimi sure do*, „zurückschauen, und doch“, aus 2: 131 wird in 2: 135 mit identischer Verschriftung wiederholt, worüber sich eine textuelle und semantische Verbindung aufbaut. Dem Vers *kaherimi sure do* in 2: 131 steht *yorozu tabi*, „zehntausend Mal“, voran, wogegen es in 2: 135 an entsprechender Stelle *omohi tsutsu*, „während ich zurückdenke“, heißt. Analog zu *omofu* versus *omohi tsutsu* in den beiden Langgedichten ist der Vers *yorozu tabi* ebenfalls als Ausdruck des summarischen Erzählens zu lesen, während *omohi tsutsu kaherimi sure do* der erzählten Zeit über die Streckung der Tätigkeit – „immer wieder, die ganze Zeit“ – mehr Wirkung verleiht, sie gleichsam aufbläht.

Die gesamte Erzählzeit – gemessen in Verspaaren aus fünf und sieben Silben – ändert sich in den beiden Langgedichten nicht, und das Aufblähen des Inhalts ist in dem Verhältnis von Vorspiel und narrativem Text in 2: 135 zu sehen: Ohne die Übergangsverse, also in japanischer Beschreibung, lautet es 23 zu 18 Verse in 2: 131, dem 8 zu 31 Verse in 2: 135 gegenüberstehen. Den Geschehen und Ereignissen im narrativen Textteil kommt in 2: 135 wesentlich mehr Aufmerksamkeit zu, und die Erzählzeiten der beiden narrativen Textteile sind unterschiedlich. Da in 2: 135 die Erzählzeit für einen Ausschnitt der erzählten Zeit verlängert wird, liegt in diesen Versen ein gedrosseltes oder abgebremstes Erzählen vor.

**21.** Die Gedichte 2: 131 und 133 enden beide mit einer Inversion: *imo ga kado mimu / nabike kono yama*, „ich will das Tor der Geliebten sehen, du / dieser Berg, mach dich flach!,“ sowie *are ha imo* [*o*]*mofu wakare-kinu-re ba*, „ich denke an die Geliebte, da ich mich nun ganz getrennt habe“. Nakanishi vergleicht die „Inversion mit Befehlsform (*meirei tōchi* 命令倒置)“ in 2: 131 mit dem Langgedicht 13: 3225, das Gemeinsamkeiten mit 2: 131 aufweist, und sieht Bezüge zu „rituellen Magiegesängen“.[199] Eine Inversion wäre somit eine Abweichung von der Alltagssprache, und die Leserschaft trifft daher auf die Anachronie der Gruppe B nicht ohne Voreinstellung oder Sensibilisierung. Weiterhin dürften die beiden Inversionen gemeinsam als Ereignis auf der Darstellungsebene zu werten sein. Ihnen kommt damit genau so viel Gewicht zu wie dem Vers *oku-te shi kureba* in 2: 131 (siehe unten).

**22.** Bisher wurden wiederholt Hashimotos Analyse der „Elemente“ der beiden Langgedichte und besonders der Vergleich der Elemente 4 in 2: 131 und 4’ in 2: 135 herangezogen. Das parallele Arrangement von Element 4’ schließt mit *iri-hi sashi-nure*, der „aufgeschienenen Abendsonne“, ab, was Hashimoto (S. 80) als „plötzliche Wende“ beschreibt. Zu bedenken dabei ist der vorangehende Vers *kakurahi kure ba*, „bin ich nun mehr und mehr verborgen“, der in semantischer Opposition zur aufscheinende Abendsonne steht, die sich somit als ein besonderes Ereignis zu erkennen gibt. Die beiden Verse *woshike domo kakurahi sure ba*, „obwohl ich es bedauere, da … außer Sicht geraten ist“, sind zudem ebenfalls als Inversion formuliert.

Nakanishi (S. 450–451) überprüft die Grammatik in *iri-hi shashi-nure* und fragt sich, warum angesichts der vorangehenden doppelten Verwendung der Postposition *ba* diese hier zu ergänzen sei, wie es die Kommentare fordern und kausal mit *node*, „da“, übersetzen. Trotz des Hinweises auf den Silbenüberschuss, der sich mit *iri-hi sashi-nure ba* ergäbe, findet er die Erklärung als „alte Gebrauchsweise […] unnatürlich“, und auch das Argument der Fortlassung von *ba* zur Vermeidung von Eintönigkeit lässt er nicht gelten. Darin ist ihm sicher zuzustimmen, zumal in 2: 135 doch gerade eine Vermehrung von *ba* zu beobachten ist. Nakanishi sieht also keine andere Möglichkeit, als *sashi-nure* so zu lesen, wie es im Text stehe. Dazu vergleicht er mit einem eingeschobenen Vers (*sōnyū-ku*) und liest als Ausruf der Ergriffenheit (*eitan* 詠嘆), dessen Bedeutung zwischen „da“ (kausal) und „obwohl“ (konzessiv) liege. Das wiederum verbindet er mit der Reflexion des erzählten Ichs, das sich als *masurawo*, „stattlichen Mann“, dachte und nun doch mit tränennassem Ärmel dasteht. Beide Formulierungen seien somit Verweise auf einen semantischen Zwischenraum, den Nakanishi mit der die Landschaft färbenden Abendsonne vergleicht,

199 Vgl. Nakanishi 1995: 445. Bereits Shimizu Katsuhiko verband mit 13: 3225 und hob das Moment als „magisches Lied früherer Zeiten zur Bitte für die Region um Prosperität“ hervor. Kōnoshi (1992: 251), wo Shimizu zitiert wurde (dazu auch Hashimoto 1991: 83), möchte das aber so nicht gelten lassen und sieht mit Saigō Nobutsuna ein Übereinanderliegen und gegenseitiges Widerhallen der Landschaft und der dort lebenden Geliebten, die sich in der „Vision der »[wie] hehres Seegras bei [mir] schlafenden Geliebten (*imo*)« vereinigen“; zu 13: 3225 vgl. Kōnoshi 1992: 247–248, dort auch zu der Frage, ob 13: 3225 oder 2: 131 das ältere Gedicht ist.

in deren „hellen Pracht“ Einsamkeit enthalten sei: „Pracht und Schweigen, strahlende Helligkeit und depressive Dunkelheit“. Die gleichsam offene Konditionalform (*izenkei*) ohne *ba* kommt auch in dem *banka*-Trauergedicht 2: 199 vor, das noch zu besprechen ist.

**Zum „Dreh-und Angelpunkt“**

Kawashima Jirō (1991) widmet den beiden Versen *tsuyu-shimo no oki-te shi kureba* aus 2: 131 einen Aufsatz mir aufwendigen Vergleichen. Bis auf die im vorangehenden Vers enthaltene Postposition *wo* zeigt er allerdings kein Interesse an der Grammatik (S. 16–18), und es geht ihm auch weniger um den Vers *oki-te* (*oki te*) *shi kure ba*, sondern um das voranstehende Kopfkissenwort *tsuyu-shimo no*, das Hitomaro vermutlich für dieses Gedicht geschaffen habe (S. 4). Kawashimas (S. 5, 18–19) Ziel ist der Nachweis der Bedeutung dieser beiden Verse als „Dreh- und Angelpunkt (*kaname*)“ für das gesamte Gedicht. Er (S. 5) hebt die „Anhänglichkeit Hitomaros“ der Landschaft im Vorspiel hervor, deren starke Emotionalität über die beiden Verse in das Hauptthema (*hondai* 本題) einfließe, das im Langgedicht über die Schilderung der allmählichen Entfernung mit „Hitomaros heftigen Gefühlen“ in den letzten fünf Versen abgeschlossen werde. In diesem Licht zeige sich die Kälte in *tsuyu-shimo*, „Raureif“, wörtlich „Tau und Reif“, die Kawashima (S. 15–16) auf „Hitomaro“ selbst bezieht, der nun „alleine in der Kälte ist“ (S. 17), als Betonung der Gefühle „Hitomaros“. Nach dem Dreh- und Angelpunkt werde eine Gefühlslandschaft (*jōkei* 情景) gezeichnet, die in Kontrast zur emotionalen Aussage im Vorspiel stehe. Die *kaname*-Verse führen zum narrativen Textteil über und sind in ihrer Position wie auch ihrer Auffälligkeit als ein Ereignis auf der Darstellungsebene zu werten. Zudem untergräbt Kawashimas Analyse ebenfalls die von Nakanishi und Hashimoto vertretene Betonung der Geliebten in diesem Langgedicht.

In Hashimoto Tatsuos Analyse gehören die Verse *tsuyu-shimo no oki-te shi kure ba* zum „Element 2“, die der Präsentation der Frau und der Bekundung des erzählten Ichs gewidmet sind, diese verlassen zu haben. Da das korrespondierende Element 2’ in 2: 135 mehr Verse umfasst und zudem die Formulierung *fukame-te omohe do*, „tiefer und tiefer denke ich daran, doch …“, enthält, spricht Hashimoto diesem Bestandteil einen wesentlich höheren Gehalt an Emotionalität zu:

> In dieser Beziehung lässt sich sagen, dass *oki-te shi kure ba* in 2 eine Ausdrucksweise ist, in der das Gefühl nicht an die Oberfläche kommt. Dagegen kann man wohl sagen, dass in *wakare shi kure ba* in 2’ Gefühlsregungen enthalten sind. Denn der Unterschied von 2 und 2’ liegt

> in der Anzahl der Verse, und die Emotionen des Autors Hitomaro sowie die Umstände der Situation werden in 2' detaillierter zum Ausdruck gebracht. (1991: 79)

Kawashima deckt dagegen den metaphorischen Gehalt von *tsuyu-shimo*, „Raureif", auf, der auf die „Eiseskälte" des erzählten Ichs übergreife, sodass die Verse insgesamt nicht weniger Emotionalität ausdrücken. Was 2: 131 dagegen nicht enthält, ist die Formulierung des Nachdenkens (*omofu*), dass sich mehr und mehr als „Hauptthema" zu erkennen gibt und dementsprechend höhere Aufmerksamkeit erfordert (siehe unten).

Kōnoshi Takamitsu (1992: 252) sieht den „Kern des Ausdrucks" von 2: 131 allerdings in den beiden Versen *tama-mo nasu yori-ne-shi imo* [wo], „die Geliebte, die sich wie hehres Seegras an mich schmiegte", das heißt in den Versen, die *tsuyu-shimo* ... vorausgehen. Die beiden Schwerpunktbestimmungen unterscheiden sich in der Entscheidung, das Gewicht der Gesamtaussage auf die Geliebte oder auf das erzählte Ich zu legen. Für Nakanishi Susumu (1995: 452) steht wie gesehen in 2: 131 die „Geliebte (*imo*)" im „Zentrum", wogegen das „Zentrum" von 2: 135 das „Ich" (*ware*) sei (vgl. Misaki 2005: 269–270), und Kōnoshis „Kern des Ausdrucks" entspricht dieser Auffassung für 2: 131. Nakanishi und Kōnoshi übergehen allerdings Zusammenhänge und Textmitteilungen, auf die im Abschnitt „Selbstreflexivität" zurückzukommen ist. Diese werden letztendlich Kawashimas Dreh- und Angelpunkt bestätigen, nämlich dass in 2: 131 nicht die Geliebte im Mittelpunkt steht, sondern das Verlassen der Geliebten. Die emotionale Darstellung der Küstenlandschaft von Iwami dient der metaphorischen Aufladung der Geliebten mit dem Ziel, den Abschied zu dramatisieren. Ein wichtiges Motiv für den narrativen Textteil dürfte darin zu sehen sein, dass sich damit die Dramatik des Verlassens nachvollziehbar darstellen lässt.

**Der Berg (2)**

Misaki (S. 248) zufolge drückt sich Itō (1975: 282) bei der Festlegung von „Hitomaros" räumlichen Position am Ende von Langgedicht 2: 131 unklar aus, worin er einen Anlass zur kritischen Auseinandersetzung sieht. Zu dem Gegengedicht 2: 132 schreibt Itō allerdings wie folgt:

> Emotional gesehen kann Hitomaro den Berg nicht hinter sich lassen, aber der letzte Abschied ist vollzogen. Der Leib ist bereits ein, zwei Schritte den Berg herabgestiegen. (1975: 282)

Später fasst er (S. 285) die Gruppe A nochmals zusammen: „der lyrische Gefühlsausdruck (*jojō* 抒情) vor dem *mi-osame-yama* (Langgedicht) → der lyrische Gefühlsausdruck am *mi-osame-yama* (erstes Gegengedicht) → der lyrische Gefühlsausdruck hinter dem *mi-osame-yama* (zweites Gegengedicht)“, und fügt hinzu, dass der Ort beider Gegengedichte der Gruppe A bereits „in der Fremde“, also hinter dem höchsten Punkt am Berg liegt (S. 291). Gemeint ist nicht die Bergspitze, sondern der Punkt, der den letzten Blick zurück auf das ferne Dorf gestattet. Es handelt sich also um eine diffizile Bewegung, die dennoch kompliziert anmutet. Misaki verschiebt diese Bewegung im Raum minimal, und darum soll es im Folgenden gehen.

In Itōs (S. 282) Auslegung war der „innigste Wunsch“ an den Berg, sich flach zu machen, nur möglich, da sich „Hitomaro“ noch in der Phase des Bergaufstiegs befand. Seine Argumentation ist tatsächlich nicht immer stringent, die Position „Hitomaros“ in der Gruppe A aber deutlich: Am Ende von 1: 131 befindet er sich kurz vor dem Gipfel, aber immer noch im Einflussbereich von Tsuno, dem Ort der Geliebten, und in 2: 132 sowie 133 dahinter. Itō sieht also eine Bewegung durch den Raum und die Zeit und liest somit die beiden Gegengedichte als Fortsetzung der Geschehen und Ereignisse in der erzählten Welt von 2: 131. Misaki (S. 249) versteht 2: 132 in Itōs Ausführungen als eine Beschreibung „der Handlung auf dem Berggipfel“, was gegenüber 2: 131 eine leichte Ortsverschiebung bedeutet, und fasst zu einem Schaubild zusammen in dem 2: 131 kurz vor dem Gipfel, 2: 132 auf dem Gipfel beziehungsweise dem Pass und 2: 133 kurz dahinter erscheinen.

Im Folgenden widmet sich Misaki (S. 249–256) der Analyse von Itōs und anderen Vorschlägen. Beispielsweise lesen Hashimoto Tatsuo, Shiotani Kaori „und nicht wenige andere“ das erste Gegengedicht 2: 132 als „Erinnerung“ (zitiert nach Misaki S. 252). Zum einen bringe 2: 134, das Kurzgedicht „aus einem anderen Buch“, über das Hilfsverb *-kemu*, das eine Vermutung zur Vergangenheit markiert, eine Erinnerung zum Ausdruck, und zum anderen sei Hashimoto zufolge das Ärmelwinken nur in Sichtkontakt sinnvoll. Misaki (S. 253) lehnt das dennoch angesichts der Grammatik ab, da *-ramu* in *mi-tsu-ramu ka*, eine Vermutung zur Gegenwart ist. Die Formulierung mit *-tsu* + *-ramu* hebe einen minimalen Zeitunterschied hervor, etwa: „ob sie das gerade eben gesehen hat?“, aber Misaki zweifelt daran, diese minimale Differenz als Erinnerung beschreiben zu können. Im Folgenden diskutiert er die offenbar von Hashimoto (ebd.) eingebrachte Möglichkeit der Zeitrückspulung, bei der das Hier und Jetzt von 2: 132 kurz vor dem Ende von 2: 131 läge, also vor dem Erreichen des höchsten Punktes. Aber auch diese Art und Weise des Denkens lehnt er (ebd.) als „leeres Schreibtischprodukt“ ab.

Misaki (S. 254) führt seine eigene Lösung als die „trivialste und simpelste Sichtweise“ ein. Das Hier und Jetzt von 2: 132 entspreche nämlich der auch von Itō vertretenen Position des Gedichtes, das heißt zwischen dem Hier und

Jetzt am Schluss von 1: 131 und dem Hier und Jetzt von 2: 133. Misaki geht also von einem „mitwandernden“ Hier und Jetzt des „Erzählers“ („*katarite*“) aus, und der Vorschlag löst tatsächlich einige Aporien der vorangehenden Diskussion, wenn auch die erwähnte Frage bleibt, wem der „Erzähler“ jeweils erzählt. Misaki (S. 254–255) sieht die „Illusion (*genshi* 幻視)“ des „Erzählers“, in der sich nach dem eindringlichen Appell an den Berg der Blick auf den Ort der Geliebten kurzzeitig öffne. Diese Lücke der Illusion habe der „Erzähler“ zum Winken mit seinem Ärmel genutzt und frage sich nun, ob die Frau das auch gesehen habe. Für Misakis Vorschlag spricht die Annahme, dass das erste Gegengedicht „in irgendeiner Form“ auf den dramatischen Schluss von 2: 131 eingehen muss. Auf diese kurze Illusion folge dann das zweite Gegengedicht mit dem durch *wakare ki-nure ba* zum Ausdruck gebrachten „endgültigen Abschied“ (S. 256), das die erste Gruppe (A) abschließe.

Abgesehen von der Lesung von 2: 132 als „Illusion“ unterscheidet sich Misakis Modell zur Gruppe A von Itōs Ausführungen nur geringfügig. Liegt in Itōs Lesung der Ort des Erzählmediums in 2: 131 noch vor dem Gipfel und 2: 132 auf dem Gipfel oder kurz dahinter, verschiebt Misaki das Hier und Jetzt in allen drei Gedichten unmittelbar hinter den Gipfel. Die Bewegung durch den Raum und die Zeit der Gruppe A läuft somit auch bei ihm parallel zur textuellen Entfaltung ab, was Misaki (S. 256) mit einem weiteren Schaubild verdeutlicht. Festzuhalten bleibt, dass in puncto „Hier und Jetzt“ – bei Misaki wie der „Erzähler“ stets hervorgehoben – diese leichte Raumverschiebung bei 2: 132 vom Gipfel zum Kurz-Dahinter den einzigen Unterschied ausmacht. Denn im Folgenden (S. 256–262) analysiert er die Gedichte der Gruppe B, um letztendlich Itōs Vermutung der Zeitumkehrung zu bestätigen. Das Ergebnis der Analysen stellt er in einem weiteren Schaubild dar, dass die Gedichte 2: 135 bis 137 als Punkte vor dem Erreichen des Gipfels zeigt.

Itō (1975: 291) verortet die erzählte Zeit im Langgedicht der Gruppe B vor dem Ende der erzählten Zeit in der Gruppe A, und den Ort, an dem sich „Hitomaro“ jeweils befand, bestimmt er (ebd.) für die Gruppe A mit dem Takatsunoyama (Utsuta *no yama*) und für die Gruppe B mit dem Watari *no yama*. Der tatsächliche Ort beider Berge sei unbekannt, aber der Watari *no yama* liege näher am Haus der Geliebten (*imo*). Für Itōs zentripetale Struktur ist diese Argumentation dienlich, und wie Itō lesen auch japanische Kommentare 渡乃山 als Ortsnamen „Watari *no yama*“ beziehungsweise lassen die Entscheidung offen. Shiotani (1984: 226) weist dagegen auf die zentrale Position des Takatsunoyama für die Gruppe A und des *watari no yama*, „Berg der Überquerung“, für die Gruppe B hin, und der in 2: 135 genannte Berg Yakami *no yama* habe lediglich – im Rahmen eines gedichtinternen Vorworts – rhetorische Funktion, wozu dann auch der „vorüberziehende Mond“ (*watarafu tsuki*) gehört. Den

Grund für das Fehlen einer konkreten Verbindung von *watari no yama* mit einem Berg vermutet er (S. 228) mit Bezug auf Takeda (3: 414) darin, dass es sich nicht um einen Ortsnamen handelt. Kōnoshi (1992: 258–259) liest Watari *no yama* als Ortsnamen mit unklarer Identität, nach dessen Überschreitung die Trennung von der Geliebten (*imo*) endgültig sei, aber für Hashimoto (1991: 96), Shiotani (ebd.) oder Misaki (S. 265–266) sind *watari no yama* und Takatsunoyama identisch.[200]

Itō (1975: 280–293) legt in seiner Analyse viel Gewicht auf die Berge, geht aber auf die in den Abschlussversen von 2: 135 aufscheinende Abendsonne und den tränennassen Ärmel nicht ein. Die etablierte Lehrmeinung legt das wie gesehen als „der Herberge entgegen" aus und sieht für die Zeit der erzählten Welt Geschehen und Ereignisse, die nach denen aus 1: 131 bis 133 folgen. Kōnoshi (1999b: 216) kann daher mit der Absicherung bei Kamo no Mabuchi die Zeitstruktur Itōs mit minimalem Kraftaufwand zurückweisen. Misaki (S. 256–262) analysiert dagegen die Zeit- und Raumstruktur der erzählten Welt der Gruppe B und präsentiert einleitend das oben vorgestellte Modell aus „Vorspiel" mit „zeitloser Gegenwart", zwei Stufen der Vergangenheit und den fünf, mit einem Fragezeichen belegten Abschlussversen. Angesichts der Kontinuität von Raum und Zeit, die er für seine Analyse voraussetzt, kommt er (S. 258) zu dem Ergebnis, dass am Ende von Langgedicht 2: 135 der „Erzähler" sich „jetzt an diesem Ort" befindet und 2: 137, das zweite Gegengedicht dieser Gruppe, raum-zeitlich dahinter zu verorten ist:

> Kurz – es ist klar, dass sich der „Erzähler" in der Abschlussszene der Gruppe [B] noch immer in den Bergen befindet, dass er zumindest an einem Ort ist, wo [die Berge in Richtung der Geliebten] vor den Augen sind. (2005: 258)

Gedicht 2: 137 verbindet Misaki mit dem fallenden Herbstlaub am Berg der Überquerung (*watari no yama*) im Langgedicht, und daher sei die Bewegung durch den Raum und die Zeit nur minimal. Das Ende des Langgedichts beschreibe den Zeitpunkt, als die Gestalt der zum Abschied winkenden Frau aus der Sicht verschwinde. Zu dieser Zeit habe die Abendsonne aufgeschienen (*irihi sashi-nure*) und der „»Erzähler« mit unwillkürlichen Tränen die Ärmel

200 Das Schriftzeichen 渡 bedeutet im Mittelchinesischen „1 cross a river or stream a) cross over, go beyond, transit(ion)" (Kroll 2015). *Wataru* bezieht sich gewöhnlich auf das Überqueren „besonders von Gewässern" (Omodaka 1983: 820), aber auch auf Bewegungen am Himmel wie Sonne, Mond, Wolken, Nebelschwaden oder Vögel, und für das Überschreiten von Bergen und Hindernissen stehe gewöhnlich das Verb *koyu*; vgl. Omodaka ebd. S. 312. Vovin (2020: 113) bestimmt *watari* als Nominalisierung („cross-MNL"), übersetzt aber mit „on the moutains that [I] cross".

durchnässt". Misaki (ebd.) selbst erachtet dieses Textverstehen als „natürlich" und widmet sich dann Kōnoshis Position, der mit Kamo no Mabuchi davon ausgeht, dass diese selbst die „Unterkleidung" (*shiki-tahe no*) durchnässenden Tränen keine Abschiedstränen sind, sondern während des „Versinkens in Traurigkeit" in der Herberge während der Nacht fließen. Misaki sieht darin jedoch einen Widerspruch zu 2: 137, den Kōnoshi (1992: 266) selbst ebenfalls bemerkt habe und dadurch zu lösen versuche, den Ärmel der Geliebten als „Halluzination (beziehungsweise als Wunsch einer Halluzination *genkaku no ganbō* 幻覚の願望)" zu erklären. Misaki selbst sieht in 2: 132 eine Illusion (*genshi*), aber im Unterschied zu Kōnoshi, der die „Notwendigkeit dazu auch nicht im Geringsten" (S. 259) erläutere, versteht Misaki seine Interpretation als begründet und kann Kōnoshis Auslegung von 2: 137 nicht folgen.

Bezüglich des Kopfkissenwortes *shiki-tahe no*, das Mabuchi und Kōnoshi als Hinweis auf die Herberge ausgelegen, zitiert Misaki (2: 259) aus einer vergleichenden Untersuchung von Kawashima Jirō aus dem Jahr 1988. So ruft Kawashima zufolge dieser von Hitomaro geschaffene Ausdruck das Bild des mit der Frau geteilten „Schlafplatzes für die Nacht" hervor, und auch in dem Langgedicht sei die Funktion nicht anders. An anderer Stelle beschreibt Kawashima (1991: 18) als „Vorstellung des gemeinsamen Schlafens von Mann und Frau". Er bringt zwei Belege aus Hitomaros *banka*-Trauerdichtung 2: 220 und 222, die den Anblick einer männlichen Leiche zwischen den Felsen am Strand thematisieren. Dort bezieht sich *shiki-tahe no* eindeutig auf die kontrastive Vorstellung, in dem das Bild des lebenden Mannes bei seiner Frau zuhause der Realität eines einsamen Todes in den Felsen am Meer entgegengesetzt ist. Aber auch innerhalb der Iwami-Gedichte ist der Bezug auf das mit der Frau geteilte Schlaflager eindeutig, denn der Ausdruck kommt in 2: 138 in Bezug auf die Geliebte (*imo*) vor, wurde dann aber Gegenstand der schriftlichen Überarbeitung (*suikō*), sodass er in 2: 131 entfiel. Kōnoshi, hätte das eigentlich auffallen müssen, da er (1992: 252–252) an diesem „Prozess der schriftlichen Ausbesserung (*suikō*) […] die Purifikation (*junka* 純化) der Vorstellung der »Geliebten«" aufdecken möchte.

Misaki hält sich nicht weiter mit diesem Ausdruck auf, schenkt aber *irihi sashi-nure*, der aufscheinenden Abendsonne, mehr Aufmerksamkeit, wobei die Grammatik *-nure* „selbstverständlich" als kausaler Nebensatz (*jōken-ku*) zu lesen sei, mit dem auch die meisten Kommentare wie die SNBZ-Bearbeiter (6: 103) in 夕日も落ちて来たので *yūhi mo ochite-kita node*, „und da auch die Abendsonne schon tief steht", übersetzen. Misaki lenkt daher die Aufmerksamkeit zunächst auf das Verb *sasu*, das in der Verbindung *irihi sasu* ansonsten nur noch aus dem Gedicht 1: 15 bekannt ist, was oben diskutiert wurde. Die dortige Lesung mit *sasu* lehnt Misaki (S. 260) zwar ab, aber selbst wenn sie zuträfe, könne der Vers nicht zum Abgleich für das vorliegende Langgedicht herangezogen werden, und es bleibe nur, die Landschaft so zu nehmen, wie sie im Rahmen dieses „Werkes" in der Vorstellung hervorgerufen werde. In diesem Verstehen sei es eine Abendsonne, die einen Moment aufgeschienen und die Gegend hell erleuchtet habe. Insofern müsse vom Hier und Jetzt des erzählten Ichs (= der „Erzähler") aus gesehen der Westen flacher sein, und das sei auch das Mindestverständnis der Rezipienten, die mit dem fernen Iwami nicht vertraut gewesen seien. Der „Berg" sei also noch nicht überschritten, sondern das erzählte Ich habe sich noch auf der Westseite befunden, was die These unterstützt, dass die erzählte Welt der Gruppe B in zeitlicher und räumlicher Hinsicht vor dem Ende des Langgedichtes 2: 131 anzusiedeln ist. Noch konkreter verortet Misaki diesen Chronotopos „nicht so weit entfernt vom Watari / *watari no yama*", wo das erzählte Ich feststellt, den winkenden Ärmel der Geliebten nicht mehr so deutlich sehen zu können, vor dem Gipfel (S. 261). Das Problem der kausalen Verbindung der aufscheinenden Abendsonne mit den tränendurchtränkten Ärmeln erklärt Misaki wie folgt:

> In dieser Position ist es so, dass die „aufscheinende Abendsonne" aus der Richtung „wo sich die Geliebte befindet", dem „Erzähler" hinterherkommt, als ob sie ihn am hinteren Haarschopf zurückzieht. Sie schien auf, als ob sie die Gedanken (*omoi*) der „Geliebten" übermitteln wollte. (2005: 261)

Weiterhin versteht Misaki die aufscheinende Abendsonne in dem Sinn, dass sie in die Augen „sticht" (*sasu*). Der „Erzähler" gehe immer wieder zurückschauend auf seinem Weg (*ayumu*), und in einem Moment dieses Umschauens „reißt die Wolkendecke auf und die Abendsonne schaut daraus hervor", steche ihn gewissermaßen durch das Loch in den Wolken direkt in die Augen. Daher liege vor dem „Erzähler" in der Reiserichtung in den Osten die unausweichliche „Welt der Dunkelheit", welche den endgültigen Abschied bedeute.

Abschließend macht Misaki nochmals darauf aufmerksam, das zweite Gegengedicht (2: 137) nicht als weitere Anachronie verstehen zu müssen, also zeitlich mit dem im Langgedicht geschilderten Herbstlaub zu verbinden, denn es reiche, sich eine nicht allzu große Zeitspanne vorzustellen. Misaki (S. 262) erwähnt das Kurzgedicht 2: 136 nur flüchtig und liest *ki-ni-keru* als Erinnerung, das heißt „zu einem gewissen Zeitpunkt" auf den gekommenen Weg zurückzublicken. Dieser Zeitpunkt liege zwischen dem Ende des Langgedichtes und dem Gedicht 2: 137. Dem wäre die Bedeutung von *-keri* als Ausdruck des plötzlichen Erkennens entgegenzusetzen, was aber an der raum-zeitlichen Verortung nichts änderte. Allerdings gibt es mit diesem Gedicht, das weder in Itōs noch in Kōnoshis Analysen Beachtung findet, ein Problem, auf das im Abschnitt „Zeit“ zurückzukommen ist.

**Selbstreflexivität**

Für Itō (1975: 295) ist die zentripetale Ausrichtung ein kollektives Produkt, das Hitomaro und der Zuhörerschaft gemeinsam bewusst war. Er begründet die Zentralsetzung von 2: 140 also nicht narratologisch, sondern mit Rezeptionsbedingungen, was die Gedichte und ihre Titel unter Beweis stellen sollen. Kōnoshi (1992: 260) lehnt Itōs These ab, wonach der „sogenannte Hof-Salon, der »Ort« der *uta*-Vorführung (*kageki* 歌劇, „Oper“ etc.), die Voraussetzung für die »zentripetale Struktur« ist“, die also erst in dieser Rezeptionssituation möglich wird. Eine zentripetale Bewegung sei nur schwer – also nicht – zu erkennen, und man könne der These nicht folgen. Das Gedicht 2: 140 sei „eben doch“ von den Kompilatoren des zweiten Bandes beigefügt worden, und zwar als „ein Gedicht des Abschieds, das etwas mit den Iwami-*sōmon*-Gedichten zu tun hat“. Damit bleibt Kōnoshi allerdings recht vage, und im Folgenden ist einer möglichen Motivation für die Beifügung nachzugehen, die allerdings nichts darüber aussagen kann, ob die Beifügung vom Autor oder den Kompilatoren stammte.

In 2: 140 zitiert das Erzählmedium den tröstenden Ratschlag von *kimi*, „du, mein Gebieter“, als direkte Rede jener Figur, die sich in Itōs Textauslegung als Narrativ mit zentripetaler Struktur schweren Herzens durch die Berge fortbewegt. Mit der Rede von *kimi* in 2: 140 liegt eine zitierte Figurenrede vor, und die Vermutung der Identität der *kimi*-Figur mit dem erzählten Ich in den Gruppen A und B lädt zur Suche nach weiteren Verbindungen ein. So schreibt Itō wie folgt:

> „Sei nicht sehnsüchtig!“ (*na omohi so*) lauten die Worte, die Hitomaro beim Abschied auf die Frau losließ (*hanatta* 放った), aber in der vorangehenden *rensaku*-Sequenz [der Gruppen A und B] werden keine Gefühle thematisiert, die um diese Worte kreisen. (1975: 295)

An dieser Stelle ist Itōs Argumentation tatsächlich nicht mehr zu folgen, was es zu begründen gilt. Bis auf *ahamu*, „treffen werden“ (Futur), im vierten Vers besteht 2: 140 aus den mnemo-noetischen Verben (*verba credendi*) *omofu*, „sehnsüchtig denken an“, *shiru*, „wissen, kennen, erfahren“, und *kofu*, „sich nach jemanden sehnen“, sowie der *inquit*-Formel (*verbum dicendi*) *to ifu*, „so sagst du“. Gemeinsam thematisieren diese Verben ein Nachdenken über gegenwärtige und zukünftige *innere* Aktivitäten. Das gesamte Gedicht ist eine Reflexion, und als solche lassen sich die vorangehenden Langgedichte ebenfalls lesen. Sie beginnt mit dem Kommentar des Erzählmediums über die abgelegene Region am Meer – „sollt ihr … doch als … ansehen, ist mir egal!“ – im „Vorspiel“ von 2: 131, und die narrativen Textteile liefern weitere Hinweise. Denn das mnemo-noetische Verb *omofu* in *na omohi so*, „sei nicht sehnsüchtig!“, die Abschiedsworte der *kimi*-Figur beziehungsweise des in der Zeit der erzählten Welt später erzählten Ichs, kommt in den Gruppen A und B bereits fünf Mal vor; mit dem Beleg in 2: 138 sind es sogar sechs Vorkommen. Allein diese Intensität muss bei der Lektüre von 2: 140 über das Lesegedächtnis zu einer kognitiven Verknüpfung mit den Gedichten Hitomaros führen. Zwar erscheint das Verb *omofu* auch in den vorangehenden sechsundvierzig Gedichten der *sōmon*-Abteilung mit fünf Belegen in fünf Gedichten sowie in zwei Gedichttiteln,[201] aber das relativ häufige Vorkommen in der Sequenz dürfte dennoch auffällig sein. 2: 131 und 2: 135 sind die ersten Langgedichte der *sōmon*-Abteilung, aber das wiederholte Einbringen von *omofu* ins Kurzgedicht ist nicht möglich, ohne andere Themen auszuschließen. Das könnte bei der Entscheidung zu zwei Langgedichten durchaus eine Rolle gespielt haben.

Der mit Leibmetaphorik angereicherte Vers 深目手思騰 *fukame-te omohe do*, „tief darüber nachdenken und nachdenken“,[202] in 2: 135 ist eine ausformulierte Selbstreflexion, die mit dem letzten Gebrauch in 2: 135 korrespondiert. Dieser bedeutet „von sich selbst denken“ und ist kein Ausdruck der Sehnsucht nach einer räumlich oder zeitlich abwesenden Figur, sondern Selbstreflexivität. Der „letzte Gebrauch“ ist das Verb auch nur auf der Diskursebene, denn in der Zeit der erzählten Welt geschieht die Reflexion vor dem Ende der Gruppe A. Das diese Gruppe abschließende Gegengedicht 2: 133 enthält *omofu* mit Bezug auf die Geliebte (*imo omofu*), also in der Bedeutung, die das Verb in der direkten Figurenrede beim Abschied in 2: 140 besitzt. Das erzählte Ich macht somit genau das, wovon es seiner Geliebten abgeraten hat. In der Zeit erzählten Welt kommen die Wörter *na omohi so* aus 2: 140 und *omofu* in 2: 133 am Anfang und am Ende vor, und das ist weder als Zufall zu erklären noch einfach zu übergehen.

Relevant dürfte weiterhin der Einsatz der mnemo-noetischen Verben (*verba credendi*) in den letzten fünf Versen von 2: 131 sein, die in Itōs Verständnis auch als Kurzgedicht isoliert stehen könnten. Auf die ersten drei Verse mit der Vermutung zur Geliebten folgt der Wunsch an die Berge, der als autonome direkte Figurenrede präsentiert wird, das heißt als direkte Figurenrede

201 Vgl. die Gedichte 2: 92 mit 御念 *omohosu*, 2: 102 mit 孤悲念 *kohi-omofu*, 2: 112 mit 念流 *omohe-ru*, 2: 122 mit 物念 *mono-omohi* und 2: 125 mit 念 *omofu* sowie die Titel zu 2: 114 und 119, jeweils mit 思.

202 Das Wort *fukamu* selbst bedeutet „tief machen“ und über den metaphorischen Bezug „tief im Herzen denken“, wofür Omodaka (1983: 630) Belege anführt. Die Schriftzeichen 目 und 手 bedeuten „Auge und Hand“.

ohne ein *verbum dicendi* wie „[ich] rief“ und ohne Markierung als Figurenrede. Für direkte Figurenrede spricht nicht nur der narrative Rahmen, sondern auch die vermutliche Herkunft der als Inversion vorgebrachten Befehlsform aus der Ritualsprache. Denn sollte sich diese Form tatsächlich aus alten Ritualen herleiten, wie Nakanishi (1995: 444–445) es vermutet und mit einem Beispiel belegt, riefe sie bei der Rezeption das Bild einer lebendigen Redesituation hervor. Der Effekt wäre eine Reduzierung der Distanz zur erzählten Welt, was in 2: 137 mit dem ebenfalls in autonomer direkter Figurenrede präsentierten Appell ans wirr fallende Herbstlaub, eine Weile damit aufzuhören, wiederholt und bestätigt wird.

Das Wort *shinofu*, „sehnsüchtig an jemanden oder etwas denken“, aus den letzten fünf Versen von 2: 131 ist ein mnemo-noetisches Verb, das insofern in Opposition zu *omofu* steht, als es die Frage nach den semantischen Unterschieden aufwirft (vgl. Wittkamp 2014b: 309–321). Auffallend ist die Notation von (念 *omohi-*) *shi-na-ye te shi-no-fu-ra-mu* mit den Lautzeichen 思奈要 而 志怒布良武, die wiederum in Opposition zur Verschriftung von *omohi-* mit dem vorangehenden Logogramm 念 stehen. Das Phonogramm 思 für *shi* ist nicht unüblich, wird aber als Logogramm ebenfalls *omofu* gelesen. Dieser Gebrauch setzt zum einen die beiden Schriftzeichen selbst in die Opposition 念 versus 思, welche die Frage nach den semantischen Differenzen aufwirft (vgl. Wittkamp ebd. S. 423–432), und reichert zum anderen über die semantischen Äquivalenz sowie das häufige Vorkommen von *omofu* mit 思 die Semantik von *shinayu* (思奈要 *shinaye*), „verdorren, erschlaffen“, an, die das Verb zu einer Metapher für „vergessen“ macht. Solche Vorgänge auf der materiellen Ebene der Darstellung lassen sich als Schriftspiel beschreiben (vgl. Wittkamp 2014a/b), und zu bedenken ist auch, dass in 2: 138 der Vers 思志萎而 *omohi-shi-na-ye te* dieses Schriftspiel nicht besitzt. Es kam also erst in der letzten Phase der Überarbeitung zustande, was zum einen als ein weiteres Indiz für Itōs Vermutung der Beifügung von 2: 140 auf der dritten Stufe zu werten sein dürfte, zum anderen aber auch die Überarbeitung auf der *schriftlichen* Ebene belegt, das Denken beziehungsweise sehnsüchtige Zurückdenken insgesamt stärker hervorzuheben.

In die drei Verse *natsu-kusa no omohi-shinaye te shinofu-ramu* ist insgesamt das Nachdenken über die Frau eingeschrieben, die vermutlich gerade an das erzählte Ich denke, deren Sehnsucht aber wie der sommerliche Pflanzenwuchs (*natsu-kusa*) der Außenwelt verdorren werde. Es ist Herbst, die Zeit der verdorrenden Sommerpflanzen und der „wirr fallenden Blätter“. Das erzählte Ich nimmt also die wahrgenommene Außenwelt als Anlass, über das Nachlassen sehnsüchtiger Gedanken zu reflektieren. Umgekehrt sieht es seine Vermutungen und Befürchtungen in die Außenwelt eingeschrieben und setzt diesen mit den Abschiedsversen von 2: 133 die Bekräftigung entgegen, selbst nicht nachzulassen: *imo omofu* / *wakare-kinure ba*, „ich denke an die Geliebte / da ich mich von ihr getrennt habe". Hier nun entfaltet die Grammatik der Postposition *ba* ihre volle Bedeutung, die durch die Inversion hervorgehoben wird. Anders gesagt geht es bei *omofu* nicht allein um die Gegenwart der erzählten Welt, sondern auch um die Bekräftigung der Standhaftigkeit in der Zukunft.[203] Insofern dürften die beiden Abschlussverse von 2: 137, wenn nicht sogar das gesamte Gedicht, ebenfalls als autonome direkte Figurenrede des erzählten Ichs zu verstehen sein.

## Zeit

Das Gedicht 2: 140 zeigt nicht nur eine Reflexion über innere Vorgänge und vergeblichen Trost, sondern auch über die Zeit, die über 時 *toki*, „Zeit", und 何時 *itsu*, „wann", zum Ausdruck kommt. Die drei Schriftzeichen 時何時 folgen aufeinander, was sie für das lesende Auge hervorhebt und über das Schriftbild zum Verweilen auffordert. Bis auf eine wichtige Ausnahme findet die Zeit in den vorangehenden Gruppen A und B keinen direkten Ausdruck, aber eine diesbezügliche Interpretation ist dennoch zu wagen. Denn sofern Itōs und Misakis Beobachtungen zum Zeitverlauf der minimalen Bewegung durch den Raum zutreffen, stellt sich ein merkwürdiges Ungleichgewicht ein: Während die Diskursebene durch zwei Langgedichte mit jeweils zwei Gegengedichten, was hier das erste Mal geschieht,[204] umfangreich ausfällt, liegen die Geschehen und Ereignisse in der erzählten Welt eng beieinander. Anders gesagt – im Vergleich zu den anderen Gedichten der ersten beiden Bände stehen die Zeit der Erzählung und die erzählte Zeit in einem umgekehrten Verhältnis. Im Rahmen der Selbstreflexionen betont das die quälenden Gefühle des erzählten Ichs beziehungsweise die Befürchtung, dass die in 2: 140 angesprochene Zeit unendlich langsam vergehen wird. Die Materialität der Schrift „exemplifiziert" (Goodman 1997: 59–72) das langsame Vergehen der Zeit, und vielleicht

203 Das Bedürfnis, nicht zu vergessen, steht am Uranfang der japanischen Literatur; vgl. Wittkamp 2014b: 210–211. Gerade die ersten beiden *Man'yōshū*-Bände sind ebenfalls in dieser Motivation zu sehen.

204 Hitomaros Yoshino-Gedichte 1: 36 bis 39 bestehen aus zwei Arrangements aus Langgedicht mit jeweils einem Gegengedicht. Dem Titel zufolge sind es offizielle Gedichte während einer Tennō-Reise, und nur 1: 38, das zweite Langgedicht, besitzt zu einem Vers eine alternative Fassung. Beide Langgedichte sind zeitlose Momentaufnahmen und stehen in keinem narrativen Zusammenhang. Im Rahmen der ersten beiden Bände kommt somit der als privat inszenierten Dichtung mehr Gewicht zu als der sich der Tennō widmenden Dichtung.

ist darin ein Grund zu sehen, dass auch das zweite Langgedicht mit einer aufbauenden Pause ansetzen muss.

Für diese Vermutung gibt es noch einen weiteren Hinweis. Die beiden Gruppen A und B beinhalten nämlich mit 2: 136 ein Gedicht, das nicht so recht in den Zusammenhang passen möchte. Die Schwierigkeit dieses Gedichts zeigt sich indirekt daran, dass es die hier konsultierten Untersuchungen gar nicht erst ansprechen, obwohl es banale Fragen aufwirft. Nur Hashimoto (1991: 88) erwähnt es, geht aber auf die inhaltliche Überraschung nicht ein. Wird mit diesem Gedicht doch plötzlich klar, dass sich das erzählte Ich nicht etwa zu Fuß durch die Berge bewegt, wie es Misaki (2005: 261) mit *ayumu* あゆむ, „zu Fuß gehen", impliziert, sondern auf einem kräftigen Pferd gekommen ist. Es erreichte in Windeseile den Ort, an dem es sich nun nach dem Aufscheinen der Abendsonne befindet, wo kurz zuvor aber noch „die Gegend der Geliebten" zu sehen war – wenn nur das Herbstlaub nicht so wirr fiele. Kōnoshi (1992: 252) sieht das „hervorgerufene Bild eines Wegs durch die Berge im späten Herbst mit »Tau und Reif«",[205] was beides wohl typische Morgenphänomene sind. Und spräche nicht auch die Erfahrung der Reise eher für einen Aufbruch am Morgen als am späteren Nachmittag? Kōnoshi lässt die Frage offen, aber liegt zwischen dem Raureif am Morgen und der aufscheinenden Abendsonne ein ganzer Tag? Macht die Abendsonne den Erzähler unglaubwürdig, oder steigert sie die Abschiedsdramatik insofern, als sich das erzählte Ich nicht von seiner Geliebten trennen konnte und den Aufbruch bis in den Nachmittag hinauszögerte? Oder erreichte das erzählte Ich den Berg des Abschieds bereits früher am Tag, verharrte dort aber so lange, bis es der Stich der Abendsonne zur Weiterreise antrieb?

Das Übergehen von Gedicht 2: 136 könnte weiterhin durch die Aporie motiviert sein, dass der von Itō und Misaki identifizierte Raum mit minimalen Ausmaßen – Itō spricht wie gesehen bei 2: 132 von „ein, zwei Schritten" – nicht zur Geschwindigkeit des Pferdes passt. Aber ist es nicht genau umgekehrt? Das Dorf der Geliebten ist in kürzester Zeit ebenso rasch in die weite Ferne gerückt, was das erzählte Ich daher auch *plötzlich* erkennt (*-keri* in *imo*

205 Kawashima (1991: 7) lehnt allerdings die Lesung von *tsuyu-shimo*, „Tau und Reif", als Anzeichen für einen Aufbruch am frühen Morgen ab. Die beiden Verse *tsuyu-shimo no oki-te shi kure ba* rufen Kawashima zufolge die folgenden Formulierungen ab *kono michi*, „diesen Weg", hervor, aber „Raureif" würde mit dem „Darstellen des hartnäckigen Zurückschauens keine organische Verbindung eingehen", also nicht zusammenpassen. Hier ist Kawashima genauso wenig zu folgen wie in der Behauptung, dass für das Vertrocknen des „Sommergrases" (*natsu-kusa*) nicht Raureif, also die kalte und trockene Jahreszeit verantwortlich seien, sondern die „starke Sonnenstrahlung" im Sommer (S. 8).

*ga atari wo sugite ki-nikeri*), und die stark verzögerte Erzählgeschwindigkeit hebt den Moment der Gedankenintensität des erzählten Ichs noch mehr hervor. Es ist schließlich auch zu fragen, ob eine derart intensive Gedankentätigkeit besonders angesichts der aufbauenden Pause in 2: 131 während des Reitens auf einem schnellen Pferd realistisch ist. Im Rahmen der narrativen Lesung nach Itō und Misaki ist diese Opposition aus Geschwindigkeit und Darstellung der inneren Welt des erzählten Ichs nur als Betonung der aufgeblähten Zeit zu verstehen, in der das erzählte Ich vom Pferd gestiegen ist und sich zögernd zu dem Punkt bewegt, ab dem die Gegend der Geliebten tatsächlich nicht mehr zu sehen ist und damit den unwiderruflichen Abschied markiert.

**Zusammenfassende Bemerkungen**

Itō Haku forderte die etablierte Lehrmeinung (*tsūsetsu*) heraus, die sich auf eine lange Rezeption stützen kann. Sein Modell konnte sich nicht durchsetzen, ist aber Auslöser anregender Anschlusskommunikationen, die wissenschaftliches Voran- und Zurückschreiten auf der Grundlage von – vermeintlichen oder tatsächlichen – Irrtümern dokumentieren. Das Ziel der vorliegenden Untersuchung bestand nicht in der Durchsetzung eines Modells und der Zurückweisung anderer Vorschläge, sondern darin, Itōs Position einzunehmen und zu zeigen, wie unter Zuhilfenahme der Narratologie und einer grammatischen Analyse eine Beschreibung aus dieser Perspektive ausfällt. Die Schriftzeichen und ihre Lesungen sowie ihrer Bedeutungen lassen ganz offensichtlich verschiedene Blickrichtungen zu, aber das hiesige Verfolgen von Itōs Auslegung ist rein narratologisch motiviert. Zum einen konnten relevante Aspekte und Hinweise nachgereicht werden, und zum anderen zeigte sich, dass auch die sich gegen Itōs Modell richtende Argumentation weiterführende Erkenntnisse liefert, dafür mitunter aber andere Zusammenhänge in den Schatten rückt. Das zeigen das Gedicht 2: 140, das trotz der zentralen Bedeutung für Itōs Modell in der Zurückweisung unerwähnt bleibt, und das Gegengedicht 2: 136, das mit dem kräftigen Hengst das widersprüchliche Moment der Schnelligkeit in die erzähltechnisch erzeugte Langsamkeit von 2: 135 einbringt; abschließend sollen einige Beobachtungen zusammengefasst werden.

Misaki Hisashi übernimmt Itōs These der umgekehrten Zeitstruktur der beiden Gruppen A und B, führt aber bezüglich der räumlichen Position des anstelle von „Hitomaro" gesetzten „Erzählers" eine leichte Verschiebung durch. Die zentripetale Struktur weist er nicht *expressis verbis* zurück, schließt aus seinen Überlegungen aber das Zentrum in 2: 140 aus. Da er in der anachronischen Ausrichtung mit Itō übereinstimmt, ist der Grund dafür nicht durch die Konzentration auf Hitomaros Gedichte zu erklären. Anders gesagt, während Itō einen narratologisch plausiblen Grund für die anachronische Struktur liefert, bleibt Misaki diesen schuldig. Dagegen wirkt Kōnoshis (1999b) Entscheidung zum Ausklammern von 2: 140 konsequent, da er die chronologisch-lineare Lesung der etablierten Lehrmeinung vertritt, in der die Verbindung mit 2: 140 grundsätzlich unvereinbar ist. Kōnoshis Argumentation ist zudem auf Itōs spekulativ wirkende Begründung mit damaligen Rezeptionsbedingungen im „Hof-Salon“ zurückzuführen. Die zentripetale Struktur inklusive 2: 140, von der man sich unter den Gesetzen der kognitiven Narratologie (vgl. Herman 2013) *nach* der Überprüfung der Pro und Contras nur noch schwer befreien kann, dürfte unter den Bedingungen des mündlichen Vortrags tatsächlich kaum möglich sein. Dieser folgt den Regeln der sprachlichen Linearität wogegen die Rezeption der schriftlich vorliegenden Gedichttexte ein wiederholtes und hermeneutisch kreisendes Lesen ermöglicht und durch die sichtbar gemachten Korrekturprozesse auch erfordert.[206]

Die Körperlichkeit des Vortragenden weicht der Materialität und Medialität der Schrift, die Hinweise und Verbindungen liefern können, die der Stimme oder Gestik versagt bleiben müssen. Die Leserschaft wird durch die Gedichttexte 2: 131 bis 139 gehen und dabei über die vielen Hinweise auf Vorfassungen irritiert. Sie erreicht 2: 140 und durch das Nachhallen auffälliger Stellen im Lesegedächtnis stutzig oder neugierig geworden, liest sie nochmals vorangehende Textstellen. Der Zirkel schlägt in Forschung und Kommentar weitere Kreise – deren Beschaffenheiten zu zeigen waren – und führt auch insofern zu Itōs Lesung zurück, als sein Vorschlag für die Lesung als kohärentes Narrativ mit umgekehrtem Verlauf der Zeit der erzählten Welt eben jene Attraktivität besitzt. Diese zeigt sich beispielsweise in dem Schriftzeichen 吾 *ware*, *are*, „ich“, das nicht bloß eine Schwerpunktverlagerung (Nakanishi und Hashimoto) oder eine Neuperspektivierung des erzählten Ichs (Shiotani) demonstriert, sondern im Verbund mit 2: 140 einen geschickten Rollentausch inszeniert: Aus 君 *kimi*, „du“, in 2: 140 wird in den Gruppen A und B „ich“, aus 吾 wird 妹 *imo*, die „Geliebte“. Dass sich dieser narrativfestigende Perspektivenwechsel erst mit 2: 140 offenbart, macht insofern einen besonderen Charme der gesamten Sequenz aus, als er den trostspendenden Rat des *kimi* in 2: 140 als vergeblich und entlarvend auf den Punkt bringt. Mündliches Erzählen vor der Schrift konnte eine solche Komplexität nicht erzeugen.

Als Ergebnis der Kompilation scheint das Gedicht 2: 140 keine Probleme zu bereiten, aber die Möglichkeit der Beifügung durch Hitomaro wird nicht

206 Diese Beobachtung stammt von Luhmann (1997: 38), vgl. Wittkamp 2014a: 237, 2014c: 49. Die Notwendigkeit, sich diesen Sachverhalt immer wieder verdeutlichen zu müssen, belegen die linearen, das heißt grammatisch und syntaktisch prosaisch ausgerichteten „translations“ von Alexander Vovin; vgl. dazu Wittkamp 2021d: 211, 214.

diskutiert. So oder so – einen Grund für die Position in der vorliegenden Sammlung muss es geben, und rückt das Problem auch gelegentlich in den Blick, scheint letztendlich nur Itō dafür eine überzeugende Lösung zu bieten. Sollten die Kompilatoren das Gedicht beigefügt haben, um es mit Hitomaros Gedichten in Verbindung zu setzen, hätten sie es dann nicht viel besser *davor* platziert? Dann hätte die *sōmon*-Abteilung einen ausbalancierten, problemfreien und überzeugend wirkenden Abschluss aufzuweisen, der auch die etablierte Lehrmeinung von der Zusammengehörigkeit überzeugt hätte. Die These von der Beifügung durch die Kompilatoren wirkt daher weniger überzeugend. Denn zwar waren vermutlich auch sie in der Lage, durch die Beifügung von 2: 140 ein komplexes Narrativ zu erzeugen, aber die Zusammenhänge zugleich durch die Beifügung von Vorfassungen zu verwässern, zeigt wohl, dass ihnen mehr an der Dokumentation lag als an der Erzeugung komplexer Narrative.

Die Überprüfung von Itōs Lesung verdeutlichte gleichsam nebenbei, dass sich die von Kōnoshi vertretene Grundposition I der etablierten Lehrmeinung nicht auf festerem Boden bewegt. So lässt sich auch die Grundposition IIIa nach Nakanishi und Hashimoto, das heißt die Schwerpunktverlagerung von der Geliebten zum Ich, nicht aufrechterhalten, die wie Shiotanis Grundposition IIIb den beiden Gruppen den narrativen Basalzusammenhang einer zeitlichen Entwicklung – chronologisch oder anachronisch – abspricht. Allerdings ist der von Shiotani postulierte Gesinnungswandel von der Verweigerung des Abschieds zur Annahme auch als die Erzählung dieses Wandels zu verstehen. Damit läge ein Narrativ einer anderen Art vor, das komplett von der kognitiven Leistung der Rezeption abhängt. Während aber die Grundposition IIIa *in puncto* Hauptthema noch mit der umgekehrten Zeitstruktur zu vereinbaren wäre, lässt das Shiotanis Argumentation aufgrund der Abfolge von der Verweigerung zum Akzeptieren nicht mehr zu. Dagegen scheint sein „emotionaler Wandel" trotz der synchron-parallelen Zeitausschnitte mit der Grundposition I zu harmonieren (vgl. Kōnoshi 1999b: 218), da mit dem Voranschreiten in Raum und Zeit ein solcher Wandel möglich ist: Zeit heilt alle Wunden. Als Narrativ ähnelt sein Modell einem polyphonen, verzweigten Erzählen, das für diese Zeit auch in anderen Quellen belegt ist (vgl. Wittkamp 2017: 261). Während die Grundpositionen II und IIIa noch gegen die etablierte Lehrmeinung anzutreten scheinen, ist das bei Shiotani nicht mehr festzustellen, da er keine narratologische Fragen verfolgt und somit auch die Gegengedichte nicht im Narrativ positioniert. Angesichts der vorangehenden Forschung mit der narratologischen Grundfrage nach der Darstellung der Zeit wäre allerdings Klärung zu erwarten.[207]

207 Shiotanis Aufsatz ist von 1984. Wie gesehen erschien Itōs Aufsatz 1973, und Kōnoshi

Für einige Fragen des Narrativs ist es gleich, ob das Langgedicht 2: 135 einen Zeitausschnitt aus 2: 131 präsentiert oder synchron-parallel von zwei identischen Zeiträumen auszugehen ist. An der Drosselung der Erzählgeschwindigkeit im narrativen Textteil von 2: 135 sowie der damit verbundenen Aufblähung der erzählten Welt ändert sich nur wenig, und auch in den synchron-parallelen Modellen liegt letztendlich auf der Ebene der Darstellung eine Anachronie vor. Denn das Erzählen kehrt nach dem Ende von 2: 131 wieder an den Anfang zurück, um in einem zweiten Anlauf Wahrnehmungen zu verfeinern, Reflexionen zu vertiefen oder andere Schwerpunkte zu setzen. In Itōs und Misakis Modellen endet die Zeit der erzählten Welt in 2: 135 früher als die in 2: 131, wogegen in Nakanishis, Hashimotos oder Shiotanis Ausführungen das zeitliche Ende beider Gruppen identisch ist. Diese Gleichsetzung überfrachtet jedoch das Ende mit Geschehen und Ereignissen, Wahrnehmungen, Vermutungen und Emotionen, was insgesamt die Glaubwürdigkeit untergräbt. Da zudem dieses Ende, das alle Kommentare als die Hauptaussage der beiden Langgedichte werten, einzig die emotionale Situation des erzählten Ichs betrifft, entzieht diese semantische Überladung Nakanishis und Hashimotos Auslegung als Gewichtung der Geliebten in 2: 131 wohl endgültig den Boden. Wahrnehmung und Gefühle sind in beiden Langgedichten – und in den Gegengedichten ohnehin – auf das erzählte Ich ausgerichtet. Der Text macht unmissverständlich klar, dass die Thematisierung der Geliebten aus der Sicht des erzählten Ichs geschieht, sei es als Vermutung oder als Erinnerung. Nakanishi und Hashimoto hätten diesen Aspekt deutlich machen müssen.

Hashimoto behauptet für die beiden Langgedichte 2: 131 und 2: 135 Grund- und Resultat-Beziehungen, und dass etwas gleichzeitig Stattfindendes zugleich Ursache und Resultat ist, funktioniert nur über die Ebene der Darstellung, sodass auch seine Ausführungen ein komplexes Erzählen offenbaren. In seinen Überlegungen ist die räumliche Position von „Hitomaro“ in beiden Gruppen identisch, nämlich bereits hinter dem Berg des endgültigen Abschieds, und das Bedürfnis, sich in dieser Hinsicht festzulegen, das Shiotani nicht zu erkennen gibt, dürfte dem Anschluss an die etablierte Lehrmeinung, aber auch an Itōs Modell geschuldet sein. Die beigefügten Gegengedichte versteht Hashimoto als „Erinnerung“ sowie „zeitliches Rückspulen“, und da die räumliche Position unverändert ist, sind auch die Geschehen und Ereignisse in den Langgedichten Erinnerungen. Dadurch kommt es zu einer gleichsam kreisenden, verschachtelten Bewegung durch die Zeit der erzählten Welt,[208] die komplexer

und Hashimoto schlossen beide 1977 an.

208 Als Modell ergibt sich wohl das folgende Bild: Langgedicht Gruppe A → Erinnerung (zwei Gegengedichte) → Langgedicht Gruppe B → Erinnerung (zwei Gegengedichte).

ausfällt als die von Itō und Misaki entworfenen Zeiträume, die nur eine temporale Rückwärtsbewegung kennen und sich letztendlich nur in der räumlichen Position von „Hitomaro" beziehungsweise des „Erzählers" unterscheiden.

Während Itō als Dokumentation mündlicher Vorträge am Hof-Salon liest und damit bezüglich der Textfassungen das Problem des Orts der Erzählung zum Verschwinden bringt, implizieren die Verfasser der daran anschließenden Aufsätze eine monologische Kommunikationssituation.[209] Der Unterschied dabei wiederum liegt in einem durchgehenden Monolog (Kōnoshi, Itō, Misaki) im Gegensatz zu einem gewissermaßen unterbrochenem Monolog, in dem es „Hitomaro" entweder auffällt, zu viel Gewicht auf die Geliebte gelegt zu haben (Nakanishi, Hashimoto), oder das erzählte Ich die Trennung zuerst verweigert und dann akzeptiert (Shiotani). Hashimoto und Shiotani heben als „Brücke" etc. die Funktion von 2: 133 hervor, also den Moment, in dem die Gewichtung von der Geliebten zum Ich respektive die Verweigerung in Akzeptanz umkippt. Aber sollte ein solcher Umkippen nicht vielmehr durch das Markieren von Unterbrechung und Gesinnungswandel als durch Erzeugung von Kontinuität gekennzeichnet sein? War von der Leserschaft tatsächlich eine dermaßen hohe Interpretationsleistung zu erwarten, wie sie der wissenschaftliche Diskurs an den Tag legt?

„Hitomaro" bewegt sich in den synchron-parallelen Modellen nicht durch den Raum. Er ist irgendwo, besinnt sich und beginnt zur inhaltlichen Umgewichtung oder zum Ausdruck der Akzeptanz einen Neuansatz. Wenn das Gegengedicht 2: 133 die Verbindung zwischen beiden Gruppen herstellt, muss es bei einem Monolog bleiben, was aber nur dann funktioniert, wenn das Erzählmedium identisch ist und beide Erzählungen auf der materiellen Ebene der Schrift nicht parallel, sondern eben hintereinander erfolgen. Die Geschehen und Ereignisse der erzählten Welt verweisen zwar auf einen identischen Zeitraum, aber vom Zeitpunkt des Erzählens aus gesehen ist die Zeit der erzählten Welt weiter in die Vergangenheit gerückt, da das Erzählen selbst ebenfalls Zeit benötigt. Dieses Problem wiederum ist am einfachsten zu verstehen, wenn es einen Erzähler gibt, der sich außerhalb der erzählten Welt befindet. Das könnte auch das Problem lösen, dass die beiden erzählten Ichs nicht identisch sind. Denn es läge nicht nur eine Differenz zwischen der Zeit des Erzählens und der erzählten Zeit vor, sondern im Fall der erzählten Welt in 2: 135 wäre es ein erzähltes Ich, das die Außenwelt wesentlich intensiver wahrnähme. Aber wie authentisch wäre das noch?

209 Misaki verwechselt den „Erzähler" (»*katarite*«) nicht mit dem Vortragenden der mündlichen Situation.

Alles in allem geben die Auslegungen im Anschluss an Itō interessante Anregungen, und auch eine Themenverlagerung ist begründet. Das Verhältnis der narrativen Textteile in den beiden Langgedichten zeigt auf der Ebene der Darstellung eine Drosselung der Erzählgeschwindigkeit, die konkret festzustellen und als Ereignishaftigkeit zu beschreiben ist. Die inhaltliche Aufblähung nimmt die Forschung wahr, nicht aber die Bedeutung der Darstellungsebene für das Erzählen. Denn sie folgt nicht nur der linearen Ordnung der Schrift, sondern zeichnet ein Ereignis ein, dass die Darstellung steigert und damit das Nacheinander weiterhin betont. Es ist zu vermuten, dass sich die ereignishafte Abfolge der Darstellung auf die Ebene der Geschichte auswirkt, und die Position der etablierten Lehrmeinung dürfte die damit verbundene konsequente Rezeption belegen.

Den Schlüssel für Itōs Grundpositionen IIa liefert dagegen der Einbezug von Kurzgedicht 2: 140, der dem zentripetalen Modell nicht nur eine Ausrichtung verleiht, sondern die Zeitumkehrung letztendlich überhaupt erst begründet. Bei der Diskussion ohne 2: 140 lassen sich die Hinweise in verschiedene Richtungen auslegen, aber die letztendlich nur schwer zu vereinbaren Interpretationen sind nicht lediglich als allgemein für literarische Texte zu erklären. Misakis stilles Übergehen des Gedichts bleibt unverständlich, aber in der etablierten Lehrmeinung und den synchron-parallelen Modellen hat es tatsächlich keinen Platz. Es ist dagegen nochmals nach dem Sinn zu fragen, die *sōmon*-Abteilung mit einem Gedicht abzuschließen, dem der Zusammenhang als Beifügung der Kompilation zwar noch anerkannt wird, ohne aber nach den Absichten, Auswirkungen und Bedeutungen zu fragen. Für die Lesung, die 2: 140 zumindest als Bestandteil, wenn nicht sogar als Zentrum der vorangehenden Gruppen A und B versteht, seien abschließend die drei Ebenen der Kohärenz nochmals vor Augen geführt:

1. Die peritextuelle Ebene: doppelte gegenseitige Bezugnahme über die Gedichttitel.
2. Die inhaltliche und materielle Ebene des Gedichttextes: thematische Zusammenhänge, das heißt die gegenseitige Bezugnahme über die Reflexionen zum sehnsüchtigen Nach- und Zurückdenken (*omofu*) sowie die Zeit, über Schriftzeichen 念 *omofu*, „denken an, sich erinnern", und 吾 für „Ich", das ratgebende 君, „Du", das zur reflektierenden Figur wird.
3. Der Kontext der *sōmon*-Abteilung mit eindeutigen Kommunikationssituationen, die mögliche Rahmung der Abteilung, die Sinnlosigkeit von 2: 140 als isoliert stehendes Gedicht.

# Zur *banka*-Trauerdichtung im zweiten Band

## Allgemeines

Die *banka*-Trauerdichtung im zweiten Band bringt die letzte der drei Hauptkategorien (*budate*) ein und umfasst die Gedichte 2: 141 bis 234. Die ersten sechs Stücke, welche den Epochen-Raum Nochi no Okamoto no Miya unter Saimei Tennō repräsentieren, sind dem Gedenken des 658 von Saimei und ihrem Sohn Tenji hingerichteten Arima no Miko gewidmet, lassen sich aber in der Entstehungszeit nicht festlegen. Die letzten fünf Gedichte der Abteilung stammen dem Titel zufolge aus dem Jahr Reiki *gannen* (715) und sind Shiki no Miko angedacht, dessen Name auch im Titel zum letzten Gedicht im ersten Band Erwähnung findet. Als Sohn von Tenji und Vater von Kōnin Tennō, mit dem 770 die Erbfolgelinie zu Tenjis Nachkommen zurückgelenkt wurde, dürften für den Namen am Schluss der ersten beiden Bände ideologische Gründe zu vermuten sein. Sollten die Gedichte erst um 770 oder später beigefügt worden sein, bedeutete das eine anhaltende Wahrnehmung der Sammlung als ein Dokument mit historiographischer Funktion und ideologischem Potenzial.

Zwar kommt mit 2: 146 zu Beginn der Abteilung ein Gedicht aus der „Liedersammlung (*kashū*) von Kakinomoto no Asomi Hitomaro“ vor, aber der Dichtername selbst ist nicht bekannt. Die mit „Hitomaro“ ausgewiesenen *banka*-Gedichte beginnen mit der Gruppe 2: 167 bis 170 und dominieren im weiteren Verlauf die Abteilung. Während diese zwar schon zuvor Langgedichte enthält, nehmen sie mit Hitomaros Stücken ein wesentlich längeres Format an, das zudem durch deutlich narrative Strukturen gekennzeichnet ist. Dadurch sowie den Vergleich mit der offiziellen Geschichtsschreibung, den diese Gedichte ermöglichen, fällt die Auswahl der folgenden Untersuchungsgegenstände auf zwei Gruppen aus seiner Hand, die unter inhaltlichen und formalen Aspekten ohnehin im Verbund abzuhandeln sind. Es sind die Gruppen 2: 167 bis 170 zum Tod von Prinz Kusakabe sowie 2: 199 bis 202 zum Tod von Takechi no Miko. Bei der letztgenannten Gruppe wird der Fokus ganz auf das Langgedicht eingestellt, da es als längstes Stück der *banka*-Trauerdichtung ein komplexes Narrativ entfaltet. Den Abschluss der Untersuchungen bildet eine systematische Untersuchung zur Figurenrede in altjapanischen Texten, die sich der Gruppe 2: 230 bis 234 zum Tod von Shiki no Miko widmet.

Die beiden Gruppen von Hitomaro gehören zur *banka*-Trauerdichtung aus der Zeit der Aufbahrung in der temporären Grabkammer (殯宮 *araki no miya, hinkyū*),[1] für die es von Hitomaro mit der Gruppe 2: 196 bis 198 zum Tod von Asuka no Himemiko nur noch ein weiteres Werk gibt.[2] An die Gruppe 2: 167 bis 170 schließen sich dreiundzwanzig *banka*-Kurzgedichte der Bediensteten (*toneri*) von Kusakabe an (2: 171 bis 193), und mit der Gruppe 2: 194 und 195 folgen zwei *banka*-Gedichte, deren Titel zwar den Namen des Verfassers Hitomaro sowie der beiden Trauernden angibt, nicht aber den Namen der oder des Verstorbenen. Auf die Anmerkung nach 2: 195 sowie die umgekehrte Chronologie der folgenden beiden Gruppen zum Tod der Asuka no Himemiko (2: 196 bis 198) und des Takechi no Miko (2: 199 bis 202) wurde bereits eingegangen (→ Die Anmerkungen der *banka*-Abteilung).

Weiterhin liegen die neun *banka*-Gedichte 2: 147 bis 155 zum Sterben von Tenji Tennō vor, von denen der Titel zu den beiden bereits erwähnten Kurzgedichten 2: 151 und 152 auf die temporäre Grabanlage verweist,[3] sowie die

---

1 Die alte Lesung (*kokun*) für 殯 im *Nihon shoki* laute *mogari*, aber die SNBZ-Bearbeiter (6: 110) vereinheitlichen zu *araki*.

2 Itō (1975: 255) nennt die drei Gedichtgruppen „Hof-Trauerdichtung (*kyūtei banka* 宮廷挽歌)“ und beschreibt sie bezüglich der Form und des Inhalts als eine „besondere Existenz, die nichts Vergleichbares“ kenne. Die Herkunft sieht er (S. 256) nicht in der klassisch-chinesischen Dichtung, sondern unter anderem in *naki-isachiru* 哭泣, einem Ausdruck, mit dem in den *Kojiki*-Mythen das Weinen und Klagen des Haya Susa no Wo no Mikoto in phonographischer Verschriftung beschrieben wird; vgl. Wittkamp 2018a: 337–338. Itō bezieht sich allerdings auf die klassisch-chinesische Geschichtsschreibung, die Beschreibungen zu Trauergebräuchen auf den japanischen Inseln enthält (*Weizhi, woren zhuan* 魏志 倭人傳, jap. *Gishi wajin-den*; vgl. Ishihara 2021: 81, 109, Seyock 2004: 53, 348), sowie auf japanische Quellen in den *Kojiki*- und *Nihon shoki*-Mythen. Dabei spricht er anregende Aspekte wie die „stellvertretende Emotionalität (*daihyō-teki kandō* 代表的感動; S. 275–277, vgl. auch ebd. S. 219)“ an, die in die Forschung eingegangen sind; vgl. Kanazawa 1999: 83. Misaki (2005: 64) zufolge muss man nicht extra erwähnen, dass Itō mit diesem Konzept die Diskussion um die „Theorie des Hitomaro als Hof-Bediensteter (*Hitomaro toneri-setsu* 人麻呂舎人説)“ aufhob; auch Duthie (2014: 223) schließt daran an.

3 Den Titeln zufolge verfasste Tenjis Hauptgattin Yamato no Daigō 倭太后 das Gedicht 2: 149 „nach dem Tod des Tennō“ (天皇後崩之時) und eine namentlich unbekannte Hofdame 2: 150 „zur Zeit des Sterbens“ (天皇崩時). Diese umgekehrte Chronologie entspricht vermutlich den sozialen Stellungen der Verfasserinnen, widerspricht aber dem ansonsten chronologischen Aufbau der neun Gedichte aus dem Epochen-Raum „Ōmi no Ōtsu no Miya“: Die Gedichte 2: 147 und 148 thematisieren die Krankheit von Tenji Tennō, 2: 149 und 150 sein Sterben, 2: 151 und 152 die Zeit der temporären Grabkammer. Die Titel zu 2: 153 und 154 geben nur die Namen der Verfasserinnen an, gehören aber vermutlich zum Einflussbereich des Titels zu 2: 151 und 152, der die Angabe „zu der Zeit, als …“ (時) enthält. Während der Titel vor 2: 151 zwar 時, aber keinen grammati-

*banka*-Gedichte zum Tod von Tenmu, dem seine „Hauptgattin" (Jitō) die Gedichte 2: 159 und 2: 160 bis 161 widmet.[4] In den beiden Titeln dieser Gruppen steht jeweils „zur Zeit des Sterbens des Tennō" (天皇後崩時), und somit gibt es keine Gedichte von der temporären Grabkammer. Das ist insofern überraschend, als das *Nihon shoki* der über zwei Jahre andauernden Zeit der Aufbahrung des Tenmu eine ausführliche Beschreibung mit Trauerbekundungen (誄 *rui* / *shinohikoto*) widmet, welche die Taten des Verstorbenen zu Lebzeiten etc. behandeln.[5] Oder man begab sich zur temporären Grabanlage, um dort mit lauter Stimme zu klagen (慟哭 *dōkoku* / *mine*; vgl. SNBZ 3: 478–488). In der *banka*-Abteilung im zweiten Band sowie in der späteren *banka*-Dichtung kommt nach Hitomaros Beiträgen die Dichtung zur temporären Grabkammer nicht nur nicht mehr vor, sondern auch zum Tod der Tennō erfolgt keine Trauerdichtung mehr.

## Zur politischen Lage um 690

Wie der Eid von Yoshino zeigt, bei dem sich 679 unter der Weisung von Tenmu und Jitō die sechs Prinzen gegenseitige Treue zum Wohle des Kusakabe no Miko no Mikoto schworen (vgl. SNBZ 4: 388), lag schon vor Tenmus Tod im Jahr 686 (vgl. SNBZ 4: 466) die Hoffnung der Dynastie auf diesem Prinzen. Er starb jedoch im 4. Monat, 689, ohne den Thron bestiegen zu haben. Ihm ist

---

schen Hauptsatz enthält, steht der Titel vor 2: 155 in der offiziell-öffentlichen A-Form mit der Angabe des Anlasses, dem Namen der Dichterin (Nukata no Ōkimi) sowie der Bemerkung zum Verfassen eines Gedichts im sozial angemessenen Stil (hier: 作歌一首). Als Anlass ist der Rückweg von der Grabanlage in Yamashina (山科御綾) genannt. Aus der Formulierung geht der Besuch vieler Menschen hervor, nicht aber die Zeit. Es ist aber nicht die temporäre Grabanlage, und zu vermuten sind ein Jahrestag mit Ritualen etc. an der endgültigen Grabanlage in Yamashina.

4 Im Titel zu 2: 159 steht 太后, „Hauptgattin", ohne Namensangabe. Der Titel vor 2: 160 und 161 verweist auf eine andere Quelle (一書曰) und gibt 太上天皇 Taijō (Daijō) Tennō an, was wie gesehen für die abgedankte Tennō (Jitō) steht. Der Titel vor 2: 162 enthält einen grammatisch vollständigen Satz mit der Angabe der Zeit, aber ohne den Namen des Dichters oder der Dichterin. Er gibt einen Traum am „neunten Tag im 9. Monat im 8. Jahr nach dem Tod des Tennō" – Tenmus Todestag – in der Nacht vor den buddhistischen Zeremonien am 10. Tag an, die auch im *Nihon shoki* bezeugt sind; vgl. SNBZ 6: 115

5 Das Schriftzeichen 誄 mit der MC-Lesung lwijX (Kroll 2015) ist aus der klassisch-chinesischen Dichtung, die japanische Lesung 志乃比己止 *shinohi-koto* aus dem *Shoku nihongi* bekannt vgl. SNBZ 3: 495. Das muss aber nicht bedeuten, dass das Schriftzeichen im *Nihon shoki* altjapanisch gelesen wurde, und es ist vielmehr die erst wesentlich später erfolgende Klärung der Lesung zu beachten.

die erste Gruppe der zu untersuchenden *banka*-Trauerdichtung angedacht, und seine Darstellung im Gedicht als die erste Generation der irdischen Herrschaft (vgl. Itō 1: 262) hat angesichts der gewaltsamen Dynastiegründung im Jinshin-Kurzkrieg von 672 durch seinen Vater Tenmu einen gleichsam historischen Kern. Mit Tenmus Tod ließ sich Jitō noch am selben Tag als 臨朝稱制 *rinchō shōsei*, das heißt als außerordentliche Leiterin der Regierungsangelegenheiten ausrufen (vgl. SNBZ 4: 474), und nach Kusakabes Tod besetzte sie den Thron offiziell. Das *Nihon shoki* beschreibt die mit dem ersten Tag im neuen Jahr (690) beginnenden, mehrtägigen Inthronisierungszeremonien aufwendig wie nie zuvor (vgl. SNBZ 4: 500), und es ist zu vermuten, dass einige der geschilderten Rituale, Gegenstände und Regeln ihrer symbolischen Kraft wegen inauguriert wurden (vgl. Wittkamp 2018a: 478).

Der Verlust des Thronfolgers versetzte Jitō und damit die Tenmu-Jitō-Dynastie in eine gefährliche Lage. Die politische Instabilität deutet sich auch darin an, dass Kusakabe den Thron nicht unmittelbar nach Tenmus Tod bestieg. Itō Haku (1975: 250–251) vermutet dafür gesundheitliche Probleme, aber der 862 geborene Kusakabe war eventuell für das Tennō-Amt einfach noch zu jung.[6] Abgesehen von dem vermeintlichen Aufstand von Prinz Ōtsu no Miko (siehe unten) verzeichnen Itō zufolge die *Nihon shoki*-Einträge ab Tenmus Tod am elften Tag im 9. Monat, Akamitori (686), bis zum elften Tag im 11. Monat, 2. Jahr Jitō (688), also bis zur Überführung von Tenmus Leichnam in die endgültige Grabanlage, keine „politischen Geschehen, die besonders erwähnenswert sind“. Die Einträge beschränken sich größtenteils auf die Trauerarbeit zu Tenmus Tod, in denen wiederum Kusakabe die Leitung zukommt (vgl. SNBZ 4: 466–488). Itō vermutet, dass dem Kusakabe mit der Darstellung als „Oberhaupt bei den Ritualen zur temporären Grabkammer“ eine höhere Autorität zugewiesen werden sollte. Denn für die trauernde Beamtenschaft habe das lange Ritual der Grabkammer auch ein „Ritual der Gefolgschaft“ bedeutet. Die Darstellungen im *Nihon shoki* besaßen für Kusakabe selbst keine Bedeutung mehr, aber auch dessen Sohn Monmu Tennō und Enkel Shōmu Tennō mussten konsolidiert und legitimiert werden. Das *Nihon shoki* macht also in Langform

6 Ichi (2021: 36) zufolge betraten zahlreiche Herrscher den Thron erst nach ihrem vierzigsten Lebensjahr. Als ein Beispiel für einen noch zu jungen Thronfolger nennt er Naka no Ōe no Miko (Tenji Tennō), Jomeis zweiten Sohn. 641, beim Tod seines Vaters war er fünfzehn Jahre alt, sodass seine Mutter und Jomeis Gattin als Kōgyoku Tennō die Nachfolge antrat. 645 überließ sie ihrem Bruder Kōtoku den Thron, was Ichi (2021: 49–51) zufolge nicht aus freiem Willen geschah, regierte aber wie gesehen nach dessen Tod (655) als Saimei Tennō noch ein zweites Mal. Naka no Ōe ließ sich erst sieben Jahre nach ihrem Tod (661) zum Tennō ausrufen, aber bei dieser verzögerten Thronfolge spielten vermutlich noch andere Faktoren eine Rolle.

genau das, was das *Kojiki* mit der Erwähnung von Jomei Tennōs Vater am Ende in Kurzform macht: retrospektiv gestaltete, prospektive Legitimierung.

Für die Erbfolgeschwierigkeiten nach Tenmus Tod sind weiterhin die Interessen und Ambitionen anderer Parteien zu vermuten. So hatte Tenmu einige Söhne mit verschiedenen Töchtern aus der Herrscherfamilie, was die Bedingung für die lineare oder vertikale Thronfolge (*chokkei keishō*) sein sollte. Neben Jitō war er mit drei Töchtern seines Bruders und Vorgängers Tenji verheiratet, und aus diesen Verbindungen stammen die Söhne Ōtsu no Miko, Toneri no Miko, unter dessen Führung 720 das *Nihon shoki* eingereicht wurde (vgl. Ibaraki 2018: 8), Yuge no Miko und Naga no Miko, die grundsätzlich alle für den Thron berechtigt waren (vgl. Nakanishi 2017: 186–187, SNBZ 6: 488–489), aber mit Jitō gab es nur diesen einen Sohn Kusakabe. Unter Tenmus Söhnen schien Ōtsu no Miko die größte Bedrohung dargestellt zu haben, denn er wurde wenige Wochen nach Tenmus Tod aus dem Weg geräumt. Der offizielle Grund seiner Hinrichtung war ein „Aufstand gegen den Thronprinzen" (謀反於皇太子), den das „Buch Tenmu" praktisch nebenbei vermerkt (vgl. SNBZ 4: 466). Der dreißigste Band, das „Buch Jitō", erwähnt dann die Aufdeckung am zweiten Tag im 10. Monat mit der Verhaftung von Ōtsu und weiteren Mitstreitern sowie seine Hinrichtung am dritten Tag (vgl. SNBZ 4: 474–476). Der Eintrag beschreibt Ōtsu als einen äußerst gebildeten Mann sowie als den Gründervater der japanischen *shi*- und *fu*-Dichtung,[7] gibt über die Gründe des Aufstandes aber nichts preis – selbst von Verrat an dem 679 in Yoshino geleisteten Treueeid ist nirgends die Rede. Die lobende Darstellung dient wohl weniger dem positiven Andenken des Hingerichteten, als der Hervorhebung seiner intellektuellen Fähigkeiten. Denn die anderen Mitstreiter wurden begnadigt oder verbannt, da sie lediglich von Ōtsu „in die Irre geführt worden waren" (詿誤).[8] Ōtsu wurde 686 hingerichtet, Toneri war zu jung und besaß wohl wie die beiden anderen Prinzen Yuge und Naga nicht den nötigen Rückhalt der Hofbeamten. Jitōs Lösung des Thronfolgedilemmas bestand darin, nach Kusakabes Tod zunächst selbst den Thron zu besetzen, um ihn dann am ersten Tag im 8. Monat des Jahres 697 an ihren vierzehnjähren Enkel und Kusakabes Sohn abzutreten (禪天皇位於皇太子),[9] der als Monmu bis 707 regierte.

7 詩賦之興 自大津始也 (SNBZ 4: 476). Das *Kaifūsō* enthält vier *shi*-Gedichte von Ōtsu, wird aber durch zwei Gedichte von Ōtomo no Miko eingeleitet, der als Thronfolger Tenjis sein Leben für Tenmus Thronbesteigung lassen musste. Das geschah 672, als der 663 geborene Ōtsu noch ein Kind war und gewiss keine Gedichte im chinesischen Stil schrieb; zu den Gedichten vgl. Tatsumi 2012: 43–56 sowie S. 62–80.

8 Die Schriftzeichen 詿誤, „in die Irre führen, anstiften, verleiten", stammen aus der klassisch-chinesischen Geschichtsschreibung *Hou han shu*; vgl. SNBZ 4: 474.

9 Vgl. SNBZ 4: 560; die Forschung beschreibt die Thronabtretung als *jōi* 譲位 (ebd. S.

Die instabile Lage zeigt sich auch an Tenmus erstgeborenem Sohn Takechi no Miko, dem die zweite Gruppe der im Folgenden zu untersuchenden *banka*-Trauerdichtung gewidmet ist. Zwar brachte er es unter anderem durch seine Beteiligung im Jinshin-Krieg von 672, durch den Tenmu den Thron aus Ōtsu am Biwa-See zurück nach Asuka geholt hatte, zu höchsten Verdiensten. Die oberste Position nahm er aber nicht ein, zumal seine Mutter auch keine Herkunft aus der imperialen Familie aufweisen konnte. In manchen Quellen erscheint er dennoch wie ein möglicher Nachfolger, was in der Forschung für Verwirrungen sorgte. Im 7. Monat nach der Inthronisierung (690) ernannte Jitō den „皇子高市 Miko Takechi“[10] zum 太政大臣 *daijō daijin* (*oho-matsurigoto no oho-mahe tsu kimi* nach SNBZ 4: 505), wie die Position des obersten Ministers lautete. Dass diese Amtsbezeichnung die Spekulationen zu Takechis Thronfolge befeuerte und auch ansonsten recht brisant war, dürfte daran liegen, dass dieser Titel das erste Mal kurz vor Tenjis Tod (672)[11] am fünften Tag im neuen Jahr an seinen Sohn Ōtomo vergeben worden war. Im Eintrag zum sechsten Tag, also nur einen Tag später, erscheint Ōama, der spätere Tenmu Tennō, noch als der befehlsgebende 東宮太皇弟 *hitsugi no miko* (Lesung nach SNBZ 4: 286), das heißt als der offizielle Thronfolger aus dem Östlichen Palast, was aber wohl der Rhetorik der Geschichtsschreibung geschuldet war. Der Östliche Palast war der Wohnbereich des Thronfolgers.

Offenbar erfüllte Takechi seine Aufgaben zu aller Zufriedenheit, und sein Tod am zehnten Tag im 7. Monat von Jitōs 10. Regierungsjahr (696) ist als ein Ereignis in der politischen Geschichte Altjapans zu werten. Davon zeugt nicht nur die respektvolle Beschreibung als 後皇子尊 *nochi no miko no mikoto*, „der spätere / nachkommende Miko no Mikoto“ im *Nihon shoki* (SNBZ 4: 556), die sich weiterhin in den Anmerkungen nach 2: 169 und 2: 202 sowie auf *mokkan*-Tafeln aus der Villa von Prinz Nagaya Ō 長屋王 (684 bis 729; vgl. SNBZ 6: 121) findet. 後 *nochi* verweist auf Kusakabe als den Vorangehenden, und der Titel bildet den Hauptgrund für die Spekulationen über die offizielle Thronfolge Takechis. Jitōs Abdankung zu Gunsten Ihres Enkels dürfte im Zusammenhang mit dem Tod Takechis zu sehen sein, die dadurch eine vermutlich auch von ihren politischen Gegnern akzeptierte Ordnungskraft verloren hatte.

559), obwohl es 禅(禪)天皇位 heißen müsste; die SNBZ-Bearbeiter (ebd. S. 561) lesen die vier Zeichen *kunisari-tamafu*.

10 Diese Umstellung von Titel und Namen ist ein Merkmal des „Buch Jitō“ und kommt dort auch bei anderen Prinzen und Prinzessinnen vor. Die SNBZ-Bearbeiter (4: 474) vermuten eine Übernahme aus der klassisch-chinesischen Geschichtsschreibung.

11 Tenji starb am dritten Tag im 12. Monat (SNBZ 4: 296), was nach westlicher Zeitrechnung dem 7. 1. 672 entsprach (NengoCalc, bibliothek.kyoto.uni-tuebingen.de).

Mit dem Eintrag zu Jitōs Abdankung endet das *Nihon shoki*, was die ungewöhnlichen Maßnahme der Thronüberlassung hervorhebt.[12] Es ist zu vermuten, dass der politische Frieden unter Takechi gesichert war, mit seinem Tod aber ins Wanken geriet, und Jitōs Durchsetzung der Tenmu-Jitō-Linie war offensichtlich nur über das „Überlassen der Tennō-Position an den Thronfolger" möglich. Die diesem Akt vorangehenden Einträge im *Nihon shoki* vom 6. und 7. Monat zeugen allerdings von Aktivitäten wie Begnadigungen, Tempelreinigungen oder Sutra-Lesungen „wegen der Krankheit der Tennō" (爲天皇病). Der zeitliche Bezug ist zwar nicht eindeutig, aber es ist durchaus möglich, dass Jitō zu jener Zeit krank war (vgl. SNBZ 4: 561). Vielleicht war diese Krankheit durch die enormen politischen Schwierigkeiten bedingt, denen sich Jitō ohne Zweifel stellen musste. Vielleicht sollten die Maßnahmen aber auch nur die politischen Spannungen lösen – als ein ungewöhnlicher Kraftakt ist Jitōs Entscheidung in jedem Fall zu werten. Hier ist auch nochmals daran zu erinnern, dass 694, zwei Jahre vor Takechis Tod, unter ihrer Führung der Hof nach Fujiwara verlegt und damit die erste Hauptstadt gegründet wurde.

## 2: 167 bis 170 zum Tod von Hinamishi no Miko no Mikoto

Die *banka*-Trauerdichtung zum Tod von Kusakabe no Miko (662 bis 689) – „Hinamishi" ist ein Ehrentitel des Thronfolgers – gehört zu den meistübersetzten Gedichten aus dem *Man'yōshū*.[13] Die Neuübersetzung ins Deutsche ist

12 Vgl. Wittkamp 2018a: 95. Das *Nihon shoki* wurde 720 eingereicht, dreizehn Jahre nach Monmus Tod. Seine Inthronisierung markiert den Beginn einer neuen Zeit, und die Positionierung des Berichts seiner Taten an den Anfang der neuen Geschichtsschreibung *Shoku nihongi* (797) gibt einen Hinweis darauf, dass eine regelmäßige Geschichtsschreibung nach kontinentalem Vorbild bereits in Planung war – ansonsten hätte der Bericht seiner Herrschaft noch ins *Nihon shoki* gepasst. Der Abschluss des *Nihon shoki* mit Jitō ist als besondere Hervorhebung zu werten, wohl dahingehend, dass sie die Vorbereitungen für den modernen Verfassungsstaat zum Abschluss gebracht hatte. Wie ein Eintrag aus der Regierungszeit von Genmei nahelegt, wurde allerdings erst am neunten Tag im 2. Monat, 7. Jahr (714) der Befehl zum Abschluss des *Nihon shoki* erteilt (vgl. SNBT 12: 210, SNBT 12: 431, Sasagawa 2016b: 14). Genmei war Monmus Mutter, aber „hochgereicht" (奏上; SNBT 13: 72) wurde das Werk sechs Jahre später an Monmus Schwester Genshō.

13 Vgl. Florenz 1906: 95–95 mit dem Titel „Elegie bei der zeitweiligen Beisetzung des Prinzen Hinameshi", Wittkamp 2018a: 325–326 mit der Übersetzung nach Lorenzen 1927: 18–20 (dort ebenfalls mit „Hinameshi"); zu Übersetzungen ins Englische vgl. Dickins 1906: 28–30, Ebersole 1992: 197–203, Cranston 1993: 207–210 und Duthie 2014: 282–297. Vovin (2020: 160–170) präsentiert als „2.167" und „2.167a", und dessen knapper Kommentar ist zweifelhaft (siehe unten).

hauptsächlich dem Umstand geschuldet, dass das Langgedicht 2: 167 weiterführende Hinweise zum altjapanischen, und das heißt vor allem zu Hitomaros Erzählen enthält, die es herauszustellen gilt. Dabei geht es um die Verbindungen von Zeit und Raum auf der einen sowie von Mythen und Geschichte auf der anderen Seite, welche die politisch-ideologische Dimension der *banka*-Abteilung vor Augen führen. Für das Verständnis der japanischen Mythen ist das Gedicht unabdingbar, und eines der Ziele der folgenden Untersuchung ist zu zeigen, was im Gedichttext steht, aber auch, was darin *nicht* steht. Es ist nämlich erstaunlich, was der Kommentar an außertextuellem Wissen hineinzutragen weiß. Ein weiterer Grund für die Neuübersetzung ist der Fortschritt der Forschung, die seit Karl Florenz (1865 bis 1939) und seinem Schüler Alfred Lorenzen (Lebensdaten unbekannt) einige Unklarheiten aufdecken und Fehler beseitigen konnte.

Den drei Gedichten von Hitomaro folgt mit 2: 170 ein „Gedicht aus einem anderen Buch“, und daran angeschlossen sind dreiundzwanzig Kurzgedichte der am Palast von Kusakabe Dienenden (舎人等 *toneri-domo*), die in den Gedichten ihre Orientierungslosigkeit sowie den Verfall der Palastanlage beklagen. Die für die Trauerdichtung ungewöhnliche Anzahl an Gedichten zeugt von der literarisch inszenierten Bedeutung, die dem verstorbenen Kusakabe beigemessen wurde. Da mit dem Palast „Shima no Miya“ und der im Langgedicht genannten Grabanlage am „Hügel von Mayumi“ zwei Orte vorkommen, werfen der Standort und die Perspektive des Erzählmediums Fragen auf, die für die Bestimmung des Raums interessant sind (vgl. Misaki 2005: 58–63), aber kaum narrative Entfaltung erkennen lassen. Die folgenden Beobachtungen berücksichtigen sie daher nicht, obwohl sie mit den Darstellungen der Gartenanlage interessante Details für eine Kulturgeschichte verraten. Es folgt zunächst die Übersetzung der drei Gedichte 2: 167 bis 169.

## Der Gedichttext

> Zu der Zeit, als Hinamishi no Miko no Mikoto in der temporären Grabkammer [war][14], verfasste Kakinomoto no Asomi Hitomaro ein Gedicht mit zwei Begleitgedichten.

14 Vovin (2020: 160) ergänzt hier und in anderen *banka*-Trauerliedern „the remains“, aber davon steht nichts im Text, und die Ergänzung dürfte unangemessen sein. Die Übersetzung von 殯宮 *hinykū* / *araki no miya* mit „temporary coffin in [his] mausoleum“ ist ebenfalls fragwürdig, da auch „coffin“ nicht im Text steht. Zudem lässt Vovin den Ehrentitel „Mikoto“ aus Titel und Gedicht fort.

Himmel und Erde, am / Beginn ihrer Zeit – / *hisakata no* / In der Flussebene des Himmels / (5) Die achthundert-zehntausend / Die tausend-zehntausend Gottheiten / In göttlicher Versammlung / Hatten sie sich zu versammeln geruht, und dann / In göttlichem Zuteilen / (10) Als sie zugeteilt hatten, zu dieser Zeit / Die den Himmel erleuchtende / Hirume [Sonnenfrau] Mikoto [an einer Stelle heißt es: aufscheinende Hirume-Mikoto] / Den Himmel / zu regieren, so / (15) Das Schilffeld der / Prächtigen Ähren, dieses Reich / [Bis dorthin, wo] Himmel und Erde / Am Ende zusammenstürzen[15] / Zu regieren / (20) Den Mikoto der Götter [= Tenmu Tennō[16]], so / Die Himmlischen Wolken / Achtfache Schichten hatten [sie] geteilt und dann [an einer Stelle heißt es: Die Himmlischen Wolken Achtfache Wolken hatten sie geteilt] / Zum Götterabstieg / [ihn] gebeten, sich zu begeben / (25) [Der] Von der Höhe scheinende / Erlauchte Hi no Miko (Sohn der Sonne)[17] / Wo Vögel fliegen / Am Palast der Reinheit / Hat im Einklang mit den Gottheiten / (30) [Die von den Gottheiten zum Mandat gegebene Regierung] fest aufgestellt und dann / Der Herrscher / fest [regiertes] Reich, so[18] / Zur Himmlischen

15 Florenz (1906: 95) übersetzt den Vers mit „bis der Himmel und die Erd' zusammenstürzen", und Aso (1: 424) zufolge ist es ein Ausdruck im räumlichen Bereich, der zugleich aber auch Unendlichkeit bedeute. Obwohl die Formulierung urmythisch anmutet, findet sich in anderen Quellen kein entsprechender Ausdruck, wohl aber in anderen Gedichten wie in 6: 1047 oder 11: 2787 im Sinn von „Ewigkeit"; vgl. Takeda 3: 482, Omodaka 2: 283. Omodaka (ebd.) zufolge ist ein ursprünglich auf den Raum bezogener Ausdruck auf die Zeit übertragen worden. Enomoto (2015: 126) sieht in der Anweisung eine „gegenseitige Entsprechung (*taiō* 対応)" mit dem nur in der sogenannten Amaterasu-Linie vorkommenden Befehl der Amaterasu an den absteigenden Enkel Ho no Ninigi in der ersten Alternativfassung zum neunten Abschnitt der *Nihon shoki*-Mythen; vgl. SNBZ 2: 130, Wittkamp 2018a: 454. Damit betont er die mythologischen Momente, aber es ist ein Hineintragen von außertextuellem Wissen (siehe unten).

16 Die Interpretation folgt dem Konsens der japanischen Forschung.

17 In 1: 45 bezeichnet Hitomaro „unseren Großherrscher" ebenfalls als „erlauchten Sohn der hoch am Himmel scheinenden Sonne" (吾大王高照日之皇子 *waga ohokimi taka terasu hi no miko*; SNBZ 6: 51, SNBT 1: 45). Die Gruppe 1: 45 bis 49 ist Kusakabes Sohn Karu no Miko (Monmu Tennō) angedacht und entstand nach Kusakabes Tod, vermutlich um 694. Die von Hitomaro kreierte Beschreibung als *taka terasu hi no miko* findet sich für Tenmu, Jitō sowie einigen von Tenmus Söhnen und gehört zu Hitomaros rhetorischen Versatzstücken. Aso (1: 160) zufolge enthält die Formulierung die Bedeutung „von oben auf andere scheinen", und ihr Lobpreischarakter sei „besonders hoch".

18 Es gibt eine lange Diskussion darüber, wer unter 天皇 *sumeroki* (*tennō*) und was unter 國 *kuni* gemeint sind. Itō (1975: 248–251) fasst zu drei Theorien zusammen: 1. Jitō Tennō, 2. Der / die lebende Tennō im Allgemeinen und 3. alle Tennō der Vergangenheit, aber Argumente für Jitō seien kaum auszumachen. Das Problem bestehe in der Frage, ob sich die vorangehenden Verse 25 bis 30 ebenfalls auf die beiden folgenden Verse beziehen (Theorien 1 und 2), oder ob diese nur mit den nachfolgenden Versen 33 bis 36 in

Ebene / Das Tor geöffnet und / (35) In göttlichem Aufstieg / Geruht, hinaufzusteigen [an einer Stelle heißt es: In göttlichem Hochsteigen, da er geruhte, zurückzugehen]
Unser Großgebieter / Erlauchter Sohn-Mikoto [= Kusakabe] / Das Unterm Himmel (40) Wenn [du] geruht hättest, [es] zu führen / Die Frühlingsblumen / Wären reichhaltig, so / Der volle Mond / Wäre vollkommen, so / (45) Im Reich Unterm Himmel [an einer Stelle heißt es: im erlauchten Reich] / Die Menschen aller vier Richtungen / *oho-bune no* (Wie im großen Schiff) / dachten [= so] voller Vertrauen und dann / *ama tsu mizu* (Wie des Himmels Wasser) / (50) Schauen [sie] hinauf, doch da / Was denn nur / Geruhte er zu denken? / Ohne eine Verbindung / Bei den Hügeln von Mayumi / (55) Die Palastpfeiler / Geruhte er fest zu aufzustellen / Und den Ort des Aufenthalts [= die Grabkammer] / Hoch zu errichten und dann / Das Wort am Morgen / (60) Ohne es [jemals wieder] hören zu lassen / Diese Kalendertage und -Monate / Nun schon zahlreich geworden / Und daher / Die Palastleute des erlauchten Sohns / Wissen nicht, wohin sie gehen sollten [an einer Stelle heißt es: Die (*sasu take no*, prächtigen Bambus) Palastleute des erlauchten Sohns, ohne die Richtung zu kennen, verloren]

(1) *ame-tsuchi no / hajime no toki*[19] / *hisa-kata no / Ama no kahara ni* / (5) *ya-ho yorozu / chi-yorozu kami no / kamu tsudohi / tsudohi imashi te / kamu wakachi* / (10) *wakachi-shi toki ni / ama-derasu / Hirume no Mikoto* [*ichi ni ifu: sashi-agaru Hirume no mikoto*][20] / *ame wo ba / shirashi-mesu to* / (15)

Verbindung stehen (Theorie 3). Itō plädiert für den Bezug auf die verstorbenen und lebenden Tennō mit dem Reich auf Erden, hält aber auch den Bezug auf Kusakabe für denkbar.

19 Takeda (3: 477), Inaoka (1: 113) oder Aso (1: 414) lesen den zweiten Vers 初時 wie angegeben, aber die Kommentare SNBZ (6: 116) und SNBT (1: 139) ergänzen *no* (*hajime no toki no*). Ihr Originaltext enthält das Zeichen 之 (初時之) nicht, worauf eventuell die Ergänzung mit *no* zurückgeht, das Sasaki et al. (2: 172) allerdings in *shi* überführen. Das Nishi-Honganji-*bon* enthält 之, nicht aber einige ältere Abschriften (vgl. Sasaki et al. ebd.) oder das Hirose-*bon* (vgl. Hirose et al. 1994: 132). Inaoka (1: 111) schätzt die Formulierung ohne 之 als korrekt ein, was er allerdings nicht erläutert, aber Omodaka (2: 280–281) diskutiert das Problem. Er weist darauf hin, dass bei den meisten Abschriften, die das Zeichen enthalten, keine Lesung angegeben ist, diese also auch dort *ame-tsuchi no hajime no toki* lautet. Das Problem ist im Zusammenhang mit 時爾 *toki ni* im zehnten Vers zu sehen, und es ist nach dem Effekt der Verschriftung ohne das Zeichen zu fragen. 之 verbindet gleichwertige Komponenten, hier etwa … *toki no* … *toki ni*, aber der Verbindung von zwei mit acht Versen mangelte es an Gleichgewicht. Bei der Lesung *shi* zur Betonung erfolgt mit dem dritten Vers eine Neuformulierung, ein rhetorischer Neuansatz zur Betonung, und *shi* wäre somit eine Art Gedankenstrich.

20 Takeda (3: 481) oder Omodaka (2: 277) lesen die eingeschobenen Alternativverse

*Ashihara no / mizu-ho no kuni wo / ame-tsuchi no / yori-ahi no kihami / shirashi-mesu /* (20) *kami no mikoto to / ama-kumo no / ya-he-kaki wake te* [*ichi ni ifu: ama-kumo no ya-he-kumo wake te*][21] / *kamu kudashi*[22] / *imase-matsuri-shi*[23] / (25) *taka terasu / hi no mi-ko ha / tobu tori no / Kiyomi no Miya ni / kamu nagara /* (30) *futo-shiki-mashi te / sumeroki no / shiki-masu kuni to / Ama no hara / iha-to wo hiraki /* (35) *kamu agari / agari-imashi-nu*[24] [*ichi ni ifu: kamu nobori-imashi-ni-shi-ka ba*]
*waga ohokimi / mi-ko no mikoto no / Ame no Shita /* (40) *shirashi-meshi-se ba*[25] */ haru-hana no / tafutoka-ramu to / mochi-zuki no / tata-ha-shi-ke-mu to /* (45) *Ame no shita* [*ichi ni ifu: wosu kuni no*] */ yo-mo no hito no / oho-bune no / omohi-tanomi te / ama tsu mizu /* (50) *afugi te matsu ni / ika-sama ni / omohoshi-mese ka / tsure mo naki / Mayumi no woka ni /* (55) *miya-bashira / futo-shiki imashi / mi-ara-ka wo / taka-shiri-mashite / asa-koto ni /* (60) *mi-koto tohasazu / hi-tsuki no / maneku nari-nure / soko yuwe ni / mi-ko no miya-hito /* (65) *yuku-he shirazu mo* [*ichi ni ifu: sasu-take no miko no miya-hito yuku-he shira-ni-su*]

## Zwei *hanka*-Gegengedichte

„*sashi-noboru* Hirume no Mikoto“.

21 Zur Lesung von 別而 als Verb der unteren zweistufigen Flexion (*wake te*) oder der vierstufigen Flexion (*waki te*) vgl. Omodaka 2: 284–286. Er liest *wake te*, aber für „etwas teilend hindurchgehen“ ist wohl eher *waki te* die angemessene Lesung.

22 Das Wort *kamu* steht Nomen oder Verben voran und kommt wie in diesem Gedicht in vielen Verbindungen vor, die Handlungen der *kami*-Gottheiten zum Ausdruck bringen. Die Lesung *kamu-* ist unter anderem aus einer Anmerkung im *Nihon shoki*-Buch „Chūai“ bekannt; vgl. Omodaka 2: 281. Omodaka (1983: 221) zufolge bringt die durch Austausch von Phonemen entstandene Wortform (Alternanz, *kōtaikei* 交替形) zum Ausdruck, dass „das Ding oder die Handlung dem Göttlichen angehören“. Er führt phonographisch ausgeschriebene Belege an, aber da bei der Verschriftung mit 神 nicht klar sei, ob die Lesung *kami-* oder *kamu-* laute, liest er solche Komposita grundsätzlich *kamu.*

23 Die Verse 23 und 24 besitzen die beiden honorativen Formulierungen *-imasu*, hier für „gehen“ beziehungsweise „hinuntergehen“ (*kudashi-imasu*), sowie *-matsuru*, hier: „ehrfürchtig antragen“.

24 Das Wort *imashi-nu* ist ehrerbietig-höflich für „gehen“ + *-nu* (siehe oben, 2: 135).

25 Gelegentlich wird mit Bezug auf eine Untersuchung von Itō Mitsuhiro 伊藤光浩 die Lesung *shirashi-meshi-se ba* abgelehnt zu Gunsten von *shirashi-mesu yo ha* 知らしめす世は, „die Welt, die er regiert“ (vgl. Itō 1: 357, Duthie 2014: 292), da die Formulierung *-se ba* im Anschluss weiter Höflichkeitsformen wie *-mashi* oder *-mashi wo* erfordere; vgl. Tōyama 1999: 31, Itō 1: 494. Zuvor liest Itō (1975: 240) allerdings auch *shirashi-meshi-se ba*. Aso (1: 426) erläutert *-se* als Indefinitform von *-ki* (Vergangenheit: „er geruhte zu regieren“), die mit *ba* einen Irrealis zum Ausdruck bringe („wenn du regiert hättest, dann …“).

| | |
|---|---|
| *hisa-kata no* | Alt und solide[26] |
| *ame miru goto-ku* | So wie man zum Himmel schaut, |
| *afugi-mi-shi* | Sahen wir hinauf |
| *mi-ko no mi-kado no* | Des Prinzen erlauchter Palast |
| *are-maku woshi mo* | Im Verfall, ach wie schade![27] (2: 168) |

| | |
|---|---|
| *akane-sasu* | *akane*-Leuchten[28] |
| *hi ha teraseredo* | Die Sonne ist strahlend hell, doch[29] |
| *nuba-tama no* | Wie die schwarze Frucht[30] |
| *yo wataru tsuki no* | Der nachts dahinziehende Mond |
| *kaku-ra-ku woshi mo* | Sein Verstecken, ach wie schade! (2: 169) |

In einem Buch: Das voranstehende Gedicht war eines, das zur Zeit, als sich der spätere erlauchte Sohn [Takechi no Miko] in der Übergangsgrabkammer befand, ein Gegengedicht war, so heißt es.

Aus einem anderen Buch, ein Gedicht

| | |
|---|---|
| *Shima no miya* | Der Garten-Palast |
| *magari no ike no* | Mit gewundenem See[ufer][31] |
| *hanachi-dori* | Freigelassene Vögel[32] |
| *hito-me ni kohi te* | Sich nach Blicken sehnend |
| *ike ni kazukazu* | Tauchen sie im See nicht mehr (2: 170) |

26 Die Übersetzung dieses Kopfkissenworts folgt den Schriftzeichen 久, „andauernd, lang anhaltend, uralt", und 堅, „solide, fest, substanziell, widerstandsfähig". Es steht dem Himmel und seinen Phänomenen wie „Regen" oder „Wolken" voran.

27 Die Phrase *aremaku* besteht aus dem Verb *aru*, „verfallen, verwildern", + *-mu* (Vermutung, Futur etc.), woran *-ku* (Nominalisierung) angeschlossen ist. Sie drückt eher die Befürchtung des Verfalls als die Realität aus, aber vielleicht gab es bereits erste Verfallserscheinungen.

28 Das Kopfkissenwort *akane-sasu* aus *akane*, einer Pflanze zur Gesinnung von Farbstoff, und *sasu*, wörtlich „stechen", steht Wörtern wie „violett" oder „Sonne" voran.

29 Die Phrase *teraseredo* ist in einem Mischstil mit *kanbun* verschriftet und besteht aus *tera-* (*teru*, „scheinen") + *-se* (*-su*, ehrerbietend) + *-ri* (imperfektiver Aspekt), worauf die Postposition *do*, „obwohl, doch", folgt.

30 Die *nubatama* ist eine schwarze Frucht, die als Kopfkissenwort auf Grund dieser Eigenschaft Wörtern wie „schwarz" oder „Nacht" voransteht.

31 Es handelt sich um einen künstlich angelegten See in einer Gartenanlage. Das Wort *shima*, wörtlich „Insel", steht für „Garten", da im See eine Insel angelegt war.

32 Vermutlich sind Kormorane oder Enten gemeint, denen für das Halten im Garten die Flügel gestutzt wurden; vgl. SNBZ 6: 121.

**Zur Struktur des Langgedichts**

Den Formulierungen im Gedicht zufolge musste zwischen dem Tod Kusakabes und dem Verfassen des Gedichts eine gewisse Zeit vergangen sein, und dem Titel nach befand sich der Leichnam noch in der temporären Grabstätte (*araki no miya*, *hinkyū*), sodass Itō Haku (1: 358) eine Rezitation am ersten Jahrestag vermutet. Nach Misaki Hisashi besteht das „offizielle *banka*-Trauergedicht" aus drei Elementen:

1. die Lobpreisung der Taten des Verstobenen zu Lebzeiten, das Aufzählen von Erinnerungen
2. die Klage über die aktuelle Situation nach dem unerwarteten Tod
3. die in Zukunft anhaltende Sehnsucht (2005: 50)

Abgesehen von der Abwendung von den Menschen und der Errichtung seiner eigenen Grabanlage, was wohl kaum als Verdienst für die Gemeinschaft zu loben war, wird allerdings auf die Taten des Verstorbenen mit keiner Silbe eingegangen. Das Langgedicht wartet mit noch anderen Ungewöhnlichkeiten auf, die eine Interpretation der politischen Aussagen erschweren und einen vorwurfsvollen Unterton anklingen lassen.

Takeda Yūkichi (3: 479) erkennt in dem Langgedicht einen zweistufigen Aufbau mit der Zäsur nach dem sechsunddreißigsten Vers. Die SNBT-Bearbeiter (1: 130–131) folgen und lesen die erste Stufe als „Geschichte (*rekishi*) ab der Teilung von Himmel und Erde bis zu Tenmu Tennō". Die Auffassung als erste Stufe macht besonders angesichts einer Korrektur Sinn, welche die eingeschobenen Alternativverse zu erkennen geben. Denn diese lauten für die Verse 35 und 36 *kamu nobori-imashi-ni-shika ba*, „da er geruhte, in göttlichem Hochsteigen [zurück-] zu gehen". Die Verbalsuffixe *-ni-shika* (= -*ni-ki*, abgeschlossene Vergangenheit, Konditionalform) bilden mit der Postposition *ba* einen kausalen Nebensatz, sodass mit dieser Grammatik „das Gedicht keine Zäsur" (ebd.) besitzt. In den autorisierten Versen *kamu agari / agari-imashi-nu*, „in göttlichem Aufstieg / geruhte er, hinaufzusteigen", liegt dagegen mit dem Hilfsverb *-nu* (perfektiver Aspekt) ein Satzabschluss vor. Die Korrektur gibt einen Willen zur Strukturierung zu erkennen, der die Analysen zu diesem Gedicht leiten sollte.

Misaki (2005: 53) habe gegen die „etablierte Beschreibung" als zweistufigen Aufbau nichts einzuwenden, aber da es ihm bei dieser Trauerdichtung ausschließlich um „das Element der Zeit" gehe, nimmt er für die Gedichte 2: 167 bis 169 eine Neustrukturierung vor:

1. Vom Anfang des Langgedichts bis *agari-imashinu* [Vers 36]: die Welt der Mythen, der Abstieg des Urahns (*shiso* 始祖) und die Rückkehr in den Himmel = 1. Vergangenheit
2. *waga ohokimi* [Vers 37] bis *afugi matsu ni* [Vers 50]: die Erwartungen zur Thronbesteigung = 2. Vergangenheit
3. *ikasama ni* [Vers 51] bis *maneku-nari-nure* [Vers 62]: Tod des Prinzen und Aufbahrung in der Übergangsgrabkammer = 3. Vergangenheit
4. *soko yuhe ni* [Vers 48] bis *yuku-he shirazu mo* [Vers 65]: Trauer und Klage = Gegenwart
5. Gegengedicht 1: Verfall der Palastanlage = Vergangenheit (bis Zukunft)
6. Gegengedicht 2: Trauer und Klage = Gegenwart (2005: 54)

Die Ausdehnung der 1. Vergangenheit bis zu Vers 36 entspricht der ersten Stufe nach Takeda und SNBT, aber die zweite Stufe ist in drei Abschnitte unterteilt. Hinsichtlich der Zeit stellt die Beschreibung des ersten Abschnitts im Aufbau (*kōsei*) als 1. Vergangenheit kein Problem dar, aber die kompliziert wirkende Zeitaufsplitterung in den Punkten 2 bis 6 legt eine Überprüfung der ersten Stufe wie auch der anderen Punkte nahe. Es ist zu fragen, ob sich bei Misakis Bedürfnis nach einer Aufsplitterung der Vergangenheit der aus sechsunddreißig Versen bestehende erste Abschnitt nicht ebenfalls weiterhin unterteilen ließe und ob die anderen Punkte angemessen sind. Denn für eine Überprüfung sprechen die Handlungsstränge sowie die räumlichen und sozialen Aspekte. Damit verbunden ist die Frage, ob Misakis Ausblendung der räumlichen Aspekte aus dem Langgedicht sinnvoll ist. Denn auch die Raummarkierungen deuten eine Strukturierung an, die tabellarisch als Modell darzustellen und im Anschluss zu diskutieren ist.

*Tabelle 10: Raum und Handlung*

| **Verse** | **Handlung** | **Handlungsträger** | **Ort der Handlung** | **Sonstiges** |
|---|---|---|---|---|
| 1 bis 20 | Zuteilung der über die beiden Grundbereiche Herrschenden | *kami*-Gottheiten | das Himmlische Flussbett | die beiden mit *to* markierten Entscheidungen; mythische Vergangenheit |
| 21 bis 36 | Abstieg, Errichtung / Sicherstellung der | Sohn der Sonne (die | Schwellenbereich zwischen Himmel | Liminalität, mythohistorische Vergangenheit |

| Verse | Handlung | Handlungsträger | Ort der Handlung | Sonstiges |
|---|---|---|---|---|
| | weltlichen Ordnung und Aufstieg | „Tenmu-Gottheit“) | und Erde, auf der Erde | |
| 37 bis Ende | Taten des Verstorbenen und dadurch Zustand der Zurückgelassenen | *toneri*-Beamte / Menschen / Erzählmedium als kollektives Ich | Palast und / oder Grabanlage | Beschreibung der Hoffnungen an Kusakabe; unmittelbare Vergangenheit als direkte Ursache der gegenwärtigen Situation |

Misakis (S. 50) Beschränkung auf den Aspekt der Zeit sowie der räumlichen Aspekte auf den Standort und die Perspektive in den dreiundzwanzig Kurzgedichten der *toneri*-Beamten von Kusakabes Palast, die Hitomaros Trauerdichtung folgen, wirkt angesichts der Tabelle wenig überzeugend. Mit Kusakabes Palastanlage und der einige Kilometer entfernten Übergangsgrabkammer bieten sich in der Tat zwei Standorte an, aber das Langgedicht selbst wartet mit einer stringenten räumlichen Ordnung auf, welche die Gesamtaussage ideologisch anreichert: Oben = Himmel / Dazwischen = Wolkenschicht / Unten = Erde. Vor der Analyse der räumlichen Ordnung, deren Bereiche klar abgegrenzt sind, ist den Hinweisen nachzugehen, die für eine weitere Strukturierung der ersten sechsunddreißig Verse sprechen.

Erzählt wird der Anfang der Welt, als sich die 神 *kami*-Gottheiten am himmlischen Flussbett versammelten, um die Herrschaft über die beiden Sphären Himmel und Erde zuzuteilen (分 *wakatsu*). Die als *kami* ausgewiesenen Handlungsträger trafen zwei Entscheidungen, die als solche in den Versen 14 und 21 jeweils mit *to* markiert sind. Die von diesen Entscheidungen betroffenen Figuren sind keine normalen *kami* mehr, sondern 命 *mikoto*, das heißt Befehlsempfänger beziehungsweise Empfänger und Träger des „erlauchten Wortes“ (*mi-koto*), wobei die Homonyme 言 *koto*, „Wort“, und 事 *koto*, „Tat / Sache“, auf eine gemeinsame etymologische Wurzel zurückgehen dürften. Das Schriftzeichen 命 bedeutet „1 call on one to do X; give orders to […] a) command […] mandate“ (Kroll 2015). Wie der zwanzigste Vers 神之命等 *kami no mikoto to* zeigt, ist eine *mikoto*-Gottheit eine *kami*-Gottheit mit einem Mandat, und dieses politisch-mythische Denken entspricht der *Kojiki*-Ideologie, in der die Aufgabenbereiche von *kami* und *mikoto* ebenfalls getrennt sind. Dort sind die ersten Befehlsempfänger die Weltenschöpfer Izanaki no Mikoto und Izanami no Mikoto, die jedoch die Erschaffung der Welt nicht vollenden, sodass noch andere *mikoto* in Erscheinung treten. Auch der himmlische Enkel Ho no Ninigi steigt mit einem ausformulierten Mandat als *mikoto* vom Himmel ab und bringt die Ordnung = Herrschaft auf die irdische Welt. Wenn also der SNBZ-Kommentar (6: 118) in der Transkription 命 gegen das Zeichen 尊 austauscht, das die Befehlssemantik nicht enthält, dürfte das als grobe Fahrlässigkeit zu werten sein, die allerdings angesichts der tendenziellen Vernachlässigung der Schrift nicht weiter verwundert.[33] Das Zeichen 尊 für den Titel *mikoto* stammt aus den *Nihon shoki*-Mythen, in denen der Befehl erst beim Abstieg vom Himmel eine Rolle spielt. Denn bei der Erschaffung der Welt handeln Izanaki und Izanami dem klassisch-chinesischen Ying und Yang-Prinzip folgend aus eigener Initiative (vgl. Wittkamp 2018a: 292–296).

Zunächst festzuhalten für das Langgedicht 2: 167 bleibt die Erzählung von der Ein- oder Zuteilung der zwei *mikoto*, die über die beiden Grundbereiche der Welt – das Oben und das Unten – herrschen (*shirashi-mesu*) sollen. Hier ist der Hauptgrund dafür zu sehen, 分 nicht *hakaru*, „sich beraten", sondern *wakatsu*, „teilen, ein-, zuteilen", zu lesen, worauf zurückzukommen ist. Mit der Struktur … *to* …*to* liegt ein Ergebnis vor, das auf eine Beratung zurückgehen mag, aber der Text berichtet von Zuteilungen. Im Titel zu Hitomaros *banka*-Trauergedichten 2: 199 bis 202 erhält Takechi no Miko ebenfalls den Zusatz *mikoto*, allerdings verschriftet mit 尊. Den für die Verschriftung Verantwortlichen war der Unterschied zwischen den Schriftzeichen ohne Zweifel bekannt. Die durch ... *to* markierte Struktur wiederholt sich mit den Handlungen des Sohns der Sonne, worauf ebenfalls zurückzukommen ist.

Im nächsten Erzählstrang wechselt die Bühne des Geschehens zum Übergangsbereich zwischen Himmel und Erde, in dem die „achtfache Wolkenschicht" als Liminal- oder Schwellenbereich erscheint und die erzählte Figur eine Bewegung von oben nach unten und wieder zurück nach oben vollzieht. Das Subjekt der Handlungen ist der *kami no mikoto*, der im Übergangsbereich zum *hi no miko*, dem „erlauchten Sohn der Sonne", wird. Auf Erden errichtet er den „reinen Palast", der metonymisch für die Ordnung der menschlichen Welt zu verstehen ist, und steigt danach wieder hinauf. Für die gesamte Handlung ist der liminale Raum als räumliche Verbindung der beiden Grundbereiche „Oben und Unten" von Bedeutung, aber für die irdische Welt wichtig ist das Ausführen des Mandats. Das darauf folgende Hinaufsteigen ist jedoch insofern merkwürdig, als das Mandat „bis Himmel und Erde zusammenstürzen" lautete, zeitlich gewendet also bis in alle Ewigkeit (天地之 依相之極

33 Inaoka (1: 111–112) belässt es beim „Sohn der Sonne" und beim „Prinzen" bei 命, entscheidet sich bei der „Sonnenfrau" jedoch für 尊. Der SNBT-Kommentar (1: 130) führt die ersten beiden Figuren als 命, macht aber aus dem verstorbenen „Prinzen" einen 尊.

*ame-tsuchi no yori-ahi no kihami*). In der zeitlichen Dimension, die wie angemerkt durch diese Formulierung auch in anderen Gedichten zum Ausdruck kommt, bedeutet sie „Ewigkeit", aber rein räumlich wäre es das Ende der Welt.[34] Die Erfüllung des Mandats ist daher mit einem Fragezeichen zu versehen, denn das Resultat der Rückkehr nach oben zeigt sich *unmittelbar* nach seinem Aufstieg im Tod seines Nachfolgers sowie in der Orientierungslosigkeit, die am Ende des Gedichts zum Ausdruck kommt. Die Hervorhebung von „unmittelbar" bedeutet, dass es historisch gar nicht erst zum Antritt der Nachfolge kam. Der *hi no miko* kehrt somit ohne die Absicherung seiner Nachfolge in den Himmel zurück, wobei es unerheblich ist, ob in der historischen Wirklichkeit Tenmus Gattin und Nachfolgerin Jitō zwischen ihm und dem Verstorbenen stand.[35] Die historische Wirklichkeit ist allerdings dennoch vorhanden, da Kusakabe realiter der Thronfolger war – wenn er auch den Posten über Jahre hinweg bis zu seinem Tod nicht antrat.

Die Formulierung 飛鳥之 浄之宮 *tobu tori no Kiyomi no Miya* in den Versen 27 und 28 wird in der Kommentarliteratur mit dem Hof 明日香 清御原宮 Asuka no Kiyomihara gleichgesetzt,[36] der im *Man'yōshū* Tenmus Epochen-Raum repräsentiert. Im Zusammenhang des Gedichttextes stehen die Verse zwar wohl eher für alle „reinen" (浄 / 清) Hofanlagen in Asuka, aber an der Verbindung mit Tenmu dürfte sich nichts ändern. Historisch gesehen war es schließlich er, der den Hof nach Asuka zurückbrachte und damit die Ordnung wiederherstellte. Aso (1: 425) versteht die Formulierung *kamu agari agari-imashinu* in den Versen 35 und 36 als Tenmus Ableben, aber Itō (1: 493–494) zufolge bedeutet der Ausdruck gerade nicht seinen Tod. In der Opposition zum Abstieg ist das sinnvoll, da das Absteigen vom Himmel nicht als Geburt zu verstehen ist. Der zwischen den Welten reisende *mikoto* wurde von den *kami*-Gottheiten „zugeteilt" und war nach seiner Rückkehr wieder ein *kami*. Die erzählte Figur existierte bereits vor dem Abstieg und kehrte nun in diese Existenz zurück. Die Auslegung als Sterben wandelt die mythisierende Darstellung wieder in Geschichte zurück und wird dem Text ebenso wenig gerecht wie die Beschreibung der „ersten Stufe" als „Geschichte (*rekishi*; SNBT 1: 130–131)". Wie bereits bemerkt, erscheint Kusakabe als der erste *menschliche* Herrscher

34 Vgl. Omodaka (2: 283), der das Problem diskutiert und sich für „Ewigkeit" entscheidet. Inaoka (1: 112) übersetzt dagegen im räumlichen Sinn. Der Gedichtkontext, in dem es in den ersten beiden Versen „am Anfang" heißt, legt jedoch ebenfalls zumindest eine zeitliche Konnotation nahe.

35 Florenz (1906: 95) bringt „die Kaiserin" in die Übersetzung ein und merkt „Jitō (687–697)" an.

36 飛鳥, der „fliegende Vogel", ist hier ein *makura-kotoba* und wird als Ortsname „Asuka" gelesen.

über die irdische Welt, der sich aber – „was er sich wohl gedacht haben mag“ (*ika-sama ni / omohoshi-mese ka*) – verweigerte.

Allerdings wirft die Formulierung *Ama no hara / iha-to wo hiraki / kamu agari / agari-imashi-nu* in der Tat Fragen auf und wirkt zudem widersprüchlich. In der Reihenfolge der Ereignisse und der Verse „öffnet“ der Sohn der Sonne das „Felsentor der himmlischen Ebene“ und vollzieht dann – gleichzeitig? – den göttlichen Aufstieg. Da das Felsentor zweifelsfrei oben ist, müsste es umgekehrt sein. 石門 *iwa-to* erinnert an die Grabkammer, aber ein solches außertextuelles Wissen ist mit Vorsicht in den Text hineinzutragen. Der Formulierung 神上 *kamu-agari* selbst ist kein Sterben zu entnehmen, da sie in Opposition zu 神下 *kamu-kudari* beim Abstieg steht und somit lediglich die Bewegungsrichtung beschreibt. Führten der Weg nach Unten durch die Wolkenschicht und der Weg nach Oben durch das Felsentor? Einen Widerspruch in der Reihenfolge der Ereignisse stellen eventuell auch die Verse *kiyomi no miya ni* [...] *futo-shiki-mashite* dar, da – je nach Auslegung (siehe unten) – der Sohn der Sonne „*in* (爾 *ni*) dem Palast [die Pfeiler] dick verankerte“. Historisch gesehen ist die Formulierung allerdings insofern angemessen, als der Hof Kiyomihara no Miya auf dem Areal der vorangegangenen Asuka-Hofanlagen errichtet wurde, die allerdings in der erzählten Welt des Langgedichtes nicht dort waren. In der historischen Wirklichkeit wurden die Pfeiler der Gebäude roh im Boden verankert, wo sie mit der Zeit verfaulten und ausgetauscht werden mussten.[37]

Omodaka (2: 286) zufolge lautet die alte Lesung der Schriftzeichen 下座 in den Versen 23 und 24 (神下座奉之) *kudari-imashi*, „nach unten [auf die Erde] absteigen“, aber 座 ist problematisch. Bereits bei Motoori Norinaga finde sich die Lesung *imase-*,[38] und Tachibana Moribe 橘守部 (1781 bis 1849) habe sie zur Lesung *kudashi-imase* (*-matsuri-shi*, Vergangenheit *-ki* in Attributivform) gefestigt, welche die Kommentare übernehmen. In der alten Lesung gehört das respektvoll-honorative Verb (*sonkei-go* 尊敬語) *imasu* zur vierstufigen Verbalflexion mit der Konjunktionalform *imashi*, aber *imase* ist die Konjunktionalform der unteren zweistufigen Verbalflexion, das heißt ein exoaktives Verb, etwa: „gehen lassen, auf den Weg schicken“. Daran angeschlossen

37 Das bestätigen archäologische Grabungen und wurde von den Zeitgenossen reflektiert. So heißt es zur Thronbesteigung von Ninken Tennō 仁賢天皇 in „einem anderen Bericht“ im *Nihon shoki*, dass der Herrscher zwei Palastanlagen hatte, und dass die Pfeiler in Shishime no Takano bis jetzt noch nicht verfault waren (二宮於縮見高野 其殿柱至今未朽; SNBZ 3: 256).

38 Laut Omodaka (2: 286) beruft sich Motoori auf den phonographisch ausgeschriebenen Vers *hito kuni ni kimi wo imase-te*, „ich ließ dich / schickte dich in ein anderes Land gehen“, in 15: 3749.

ist das Hilfsverb *matsuru* zum Ausdruck der Bescheidenheit (*kenson-go* 謙遜語), aber während *imasu* ein Ausdruck der Ehrerbietung gegenüber der zweiten Person ist, drückt *matsuru* die Bescheidenheit der ersten oder dritten Person aus, was im Japanischen mit *mōshi-ageru* oder *o…suru* umschrieben wird. Da es sich um einen attributiven Nebensatz handelt, macht *imasu* als endoaktives oder exoaktives Verb keinen großen Unterschied, aber das Hilfsverb *matsuru* wirkt dennoch merkwürdig. Omodaka (ebd.) zufolge ist *imase-matsuri* „ein Höflichkeitswort (*keigo* 敬語) des himmlischen Enkels", aber die SNBZ-Bearbeiter (6: 119) gehen noch einen Schritt weiter. Der Ausdruck zeige nämlich, dass sich die beratenden Götter (*kami*) auf einer sozial tieferen Ebene positionierten und den Gott (*kamu-*) um den Abstieg baten. Diese Ansicht hängt vermutlich nicht nur von der Lesung von 分 als *hakaru*, „beratschlagen", ab.

Da es sich nicht um Figurenrede, sondern um Erzählerrede handelt, bedeutet Ausdruck der Bescheidenheit der ersten oder dritten Person eine interne Fokalisierung beziehungsweise eine Mitsicht (Martínez und Scheffel 2016: 68), und wie die Mythen im *Kojiki* und *Nihon shoki* zeigen, kann diese ein Erzähler offenbar problemlos einnehmen. Im *Kojiki* kommt 奉 *matsuru* als Hilfsverb meistens in direkter Figurenrede vor, findet sich aber auch in der Erzählerrede.[39] Mit einer Inschrift auf der Rückseite einer Aureole einer Medizin-Buddha-Statue gibt es einen Text aus dem späteren siebten Jahrhundert, der das Hilfsverb zwei Mal bezeugt, und zwar in direkter Figurenrede auf den Sprecher selbst bezogen sowie in der Erzählerrede.[40] Es kann sich also auch durchaus um eine ehrerbietige Formulierung des Erzählers handeln, die aus dessen Perspektive die Handlung einer Figur zum Ausdruck bringt, in der die Ehrerbietung gegenüber einer dritten Instanz enthalten ist. Wie bemerkt findet sich die Formulierung in einem attributiven Nebensatz, und der Hauptsatz bereitet in grammatischer Hinsicht keine weiteren Schwierigkeiten. Der „erlauchte Sohn der hoch vom Himmel scheinenden Sonne" errichtet „im Einklang mit den *kami*-Gottheiten" (*kamu-nagara*)[41] den „Palast der Reinheit", bei dem die

39 So trifft der Himmlischen Enkel Ho no Ninigi nach dem Abstieg vom Himmel auf „zwei Menschen" (二人), die „vor ihn traten und respektvoll zu dienen anboten" (立御前而仕奉 *misaki ni tachite tsukahe-matsuriki*). Die SNBZ-Bearbeiter (1: 117, dort auch zur Lesung) übersetzen in *sendō mōshiageta* 先導申し上げた, „voller Respekt ihre Führung anboten", mit *mōshiageru*, „sagen", als Ausdruck gegenüber einer sozial höher stehenden Person.

40 In beiden Fällen lautet das Kompositum 仕奉 (vgl. Wittkamp 2018b: 8, 13–15), das unter den Verb-Hilfsverbkomposita mit *matsuru* im *Kojiki* am häufigsten ist.

41 Mit Berufung auf Shinada Yoshikazu übersetzt Duthie *kamu nagara* mit „with divine accord" (2014: 251), also nicht mit „being divine" oder „being of divine nature", wie es sich in den meisten Kommentaren finde. Angesichts der Bezeichnung als 命 *mikoto* macht „with divine accord" Sinn, da die Figur Befehlsempfänger und nicht 神 *kami* ist.

Gleichsetzung mit dem Asuka-Hof Kiyomihara no Miya insofern zu rechtfertigen ist, als sich die genannten Titel und Namen offenbar noch im Entstehungsprozess befanden;[42] darauf ist bei der Besprechung der mythischen Erzählung zurückzukommen.

Zu Punkt 2 in Misakis Modell, der die Verse 37 (*waga ohokimi*) bis 50 (*afugi-matsu ni*) betrifft, ist die Angemessenheit der Beschreibung als „2. Vergangenheit" zu hinterfragen. Einen Schlüssel bildet Vers 40 mit der problematischen Lesung *shirashi-meshi-se ba.* Als Konjunktiv II „wenn du die Welt regiert hättest, dann …" drückt der Vers als Kontrafaktische Geschichte den Irrealis aus.[43] In der historischen Realität kam es nicht zum Regierungsantritt. Denn – „was denn nur geruhte er zu denken" – die „Menschen der vier Richtungen schauen zwar erwartungsvoll hinauf", aber der Thronfolger entschied sich, seinen „erlauchten Aufenthaltsort" auf dem Hügel von Mayumi, zu dem „es keinerlei Verbindungen gibt", zu errichten und die Menschen fassungs- und orientierungslos zurückzulassen, wie es zu Ende des Langgedichtes heißt. Ab Vers 37 wird daher nicht die Vergangenheit, sondern über den Konjunktiv II ein zeitloser Zustand beschrieben, und erst mit Vers 53 kehrt die Kontrafaktische Geschichte zur Geschichte zurück.

Für diesen Abschnitt ist auch die Beschreibung des Verstorbenen mit *waga ohokimi miko no mikoto* zu beachten, denn damit tritt im Langgedicht die dritte *mikoto*-Figur auf. Während aber der „erlauchte Sohn der Sonne" sein Mandat nach der Errichtung des Palastes offenbar als beendet ansieht, tritt es sein Nachfolger gar nicht erst an. Bringt die Bezeichnung als *mikoto* nur Enttäuschung und Fassungslosigkeit zum Ausdruck, oder ist darin eine Kritik eingeschrieben (siehe unten)? In den folgenden offiziellen Trauergedichten Hitomaros zum Tod der Prinzessin Asuka no Himemiko (2: 196 bis 198) und Takechi no Miko (2: 199 bis 202) heißt es in den Gedichttexten zwar wiederholt *waga ohokimi*, aber *mikoto* kommt nur noch im Titel zu den Trauergedichten zu Takechis Tod vor.

Was die Regierung des Verstorbenen gebracht hätte, wird an zwei Phänomenen der Natur dargelegt, die symbolisch für die Prosperität stehen, die nun verloren zu sein scheint. Dann nämlich „wären die Blüten im Frühling so reichhaltig und der Mond so voll". Die beiden Symbole sind beide mit *to* markiert (Vers 42 und 44), sodass sich die Struktur … *to* … *to* aus den Versen 14 und

42 Wie gesehen weist das *Nihon shoki* den Namen „Kiyomihara no Miya" Tenmus Todesjahr 686 zu. Das Geschichtswerk wurde 720 eingereicht, und die Kapitelüberschriften im ersten und zweiten *Man'yōshū*-Band dürften älter sein.

43 Für die japanische Literatur ist es das älteste Beispiel einer „Kontrafaktischen Geschichte", die fragt, „was gewesen wäre, wenn bestimmte Ereignisse eingetreten wären" (Jordan 2021: 18); vgl. Demandt 2021.

20 wiederholt und sich darüber eine kohärenz- und damit sinnbildende Isotopie aufbaut. Daher stehen die Verse, die jeweils diesem Arrangement folgen, in einer Äquivalenzbeziehung (Opposition), welche als die Hauptaussage des gesamten Gedichts zu verstehen ist: Mandat und Errichtung der Ordnung stehen Verfall und Orientierungslosigkeit gegenüber, und die Entscheidung der *kami*-Gottheiten darf wohl insgesamt als Misserfolg gewertet werden, was im Rahmen der Mythen noch nicht einmal ungewöhnlich wäre.[44] Damit korrespondiert auch die räumliche Ordnung, denn die doppelte Erwähnung des „Hinaufschauens" dürfte kein Zufall sein. Dieses Hinaufschauen – also dorthin, wo sich der „erlauchte Sohn der Sonne" wieder befindet, geschieht in der Gegenwart, auf die sich die Formulierungen ab dem Vers 37 beziehen.

Den Analysen müsste sich eine vertiefende Interpretation anschließen, die hier nicht geleistet werden kann, aber wie folgt zusammenzufassen ist. Die *kami*-Gottheiten machen den Sohn der Sonne zum *mikoto* und teilen ihm das Mandat zur Herrschaft über die Erde zu. Er sorgt zwar für die Ordnung in der Welt, kehrt dann aber in den Himmel zurück. Eine zeitliche Begrenzung des Mandats wird im Text nicht erwähnt, und da mit seiner Rückkehr die Ordnung wieder zerfällt, deutet sich an, dass er seinen Auftrag nicht erfüllte. Lässt sich das Langgedicht als versteckte Kritik verstehen, oder lässt es Rückschlüsse auf die schwierige politische Situation nach dem Tod von Tenmu zu? In diesem Zusammenhang wird auch deutlich, dass das Errichten des „Reinen Palasts" in Opposition zum „Insel-Palast" steht, den die beiden Kurzgedichte zum Thema machen. Denn so wie am Anfang das Errichten des Reinen Palasts die Ordnung in die irdische Welt brachte, betrifft der Zerfall des Insel-Palasts nicht nur diesen, sondern die gesamte Ordnung. Historisch gesehen stand der Insel-Palast ohnehin unter einem schlechten Vorzeichen. Sein Name ist mit dem Soga-Klan verbunden (vgl. Ozawa 2003: 95–101, Kitamura 2013: 28–31), jener Großfamilie, die es 645 auszulöschen galt, um den Weg für die Herrscherfamilie in der Gefolgschaft Jomeis zu garantieren.

### Mikrostrukturen I

Enomoto Fukuju (2015: 77–128) untersucht die gegenseitigen Beziehungen der Trauergedichte zu den beiden Prinzen Kusakabe (2: 167) und Takechi (2: 199) sowie die Rolle, die Tenmu Tennō darin einnimmt. Er beginnt mit einer Kritik an der vorangehenden Forschung, und die Frage nach den Möglichkeiten des Anschlusses daran sei „mit Kopfschütteln zu beantworten". Sein An-

44 Die Mythen im *Kojiki* und *Nihon shoki* berichten wiederholt von Fehlentscheidungen und Misslingen, beispielsweise im Prozess der Übernahme der Herrschaft über die irdische Welt; vgl. Wittkamp 2018a: 419–429, 435.

satz ist eine „konsequent positivistische“ Analyse der „tatsächlichen Beschaffenheit“ der Texte, womit Enomoto (S. 86) eine Textanalyse meint, die sich dem Gebrauch von Partikeln, Hilfsverben oder Parallelversen (*tsuiku*) widmet. Diese Textebene ist im Gegensatz zu semantischen Strukturen als – materielle – Mikrostruktur zu verstehen. Zur Analyse beschreibt er bestimmte, syntaktisch zusammenhängende Verseinheiten als „eine Gruppe (*ichigun* 一群)“, um damit die Gemeinsamkeiten und Unterschiede aufzudecken, aber zur Vermeidung der Verwechslung mit Gedichtgruppen im Gegensatz zu narrativ organisierten Sequenzen ist im Folgenden von „Versblöcken“ die Rede. In der japanischen Forschung werden oftmals Verse und Phrasen – teilweise ohne Angabe der Gedichte, aus denen sie entnommen werden – in die Argumentation eingeflochten, aber da die Kenntnis von 2: 199 hier nicht zu erwarten ist, fokussiert der vorliegende Abschnitt Enomotos Ausführungen zum *banka*-Trauergedicht 2: 167; auf die Versblöcke und weitere Ergebnisse ist bei den Beobachtungen zu 2: 199 im Abschnitt „Mikrostrukturen II“ zurückzukommen.

Als einen Kritikpunkt an der vorangehenden Forschung greift Enomoto (S. 82) die Ausführungen von Itō Haku zu den Versen 25 bis 36 auf, die in 2: 167 den grammatisch markierten Abschluss von Teil 1 bilden.

> 高照 日之皇子波 飛鳥之 浄之宮爾 神随 太布座而 天皇之 敷座國等 天原 石門乎開 神上 上座奴
> *taka terasu / hi no mi-ko ha / tobu tori no / Kiyomi no Miya ni / kamu nagara / futo-shiki-mashi te / sumeroki no / shiki-masu kuni to / Ama no hara / iha-to wo hiraki / kamu agari / agari-imashi-nu*
> Der von der Höhe scheinende / erlauchte Sohn der Sonne / Wo Vögel fliegen / Am Palast der Reinheit / Hat im Einklang mit den Gottheiten / [Die von den Gottheiten zum Mandat gegebene Regierung] fest aufgestellt und dann / Des Herrschers / fest [regiertes] Reich, so / Zur Himmlischen Ebene / Das Tor geöffnet und / In göttlichem Aufstieg / Geruht, hinaufzusteigen.

Itō (1975: 248) diskutiert die syntaktische Position von Vers 32 (*shiki-masu kuni to*, im Text unterstrichen) im Verhältnis zu den vorangehenden und den nachfolgenden Versen und liest ihn als „eingeschobenen Vers (*sōnyū-ku*)“. Enomoto lenkt dagegen die Aufmerksamkeit auf die Partikel *to*, „… so“, und die dadurch gebildete Mikrostruktur, die eine Wiederholung aus den vorangehenden Versen ist und danach nochmals vorkommt. Die Wiederholung der Struktur verdeutlicht er an einer tabellarischen Darstellung. Es geht um den Vergleich der Handlungsstrukturen der *kami*-Gottheiten und des Sohns der Sonne (*hi no miko*), aber die Verse 11 bis 14 sind aus der Darstellung ausgeschlossen, da sie sich auf die Sonnengottheit Hirume no Mikoto beziehen:

*Tabelle 11 nach Enomoto 2015: 91*

| | | |
|---|---|---|
| Handlungsträger:[45] | die unzähligen Gottheiten (*kami*) | der Sohn der Sonne (*hi no miko*) |
| Ort der Handlung: | das Himmlische Flussbett – im Himmel | der reine Palast – auf der Erde |
| Handlung 1: | sich versammeln und dann die *kami*-Gottheiten einteilen | [die Ordnung] fest aufstellen und dann |
| Zur Handlung 2 gehörender Inhalt: | das […] Reich der Wasserähren bis zu den Extremen von Himmel und Erde zu regieren, als *kami no mikoto* ***so*** | als Herrscher zu regieren, das Land ***so*** |
| Handlung 2: | die achtfache Wolkenschicht durchque-rend hinuntersteigen lassen | das Himmlische Felsentor öffnen und als *kami* hochgestiegen sein (*-nu*). |

Ein weiterer Begriff in Enomotos Analysen betrifft die aufeinanderfolgenden Handlungen, was er (S. 88) als „fortgesetzt auftretendes Entwickeln (*keiki-teki ni tenkai suru* 継起的に展開する)“ oder „fortgesetzt auftretendes Fortsetzen (*keiki-teki ni renzoku* 連続 *suru*, S. 91)“ bezeichnet, wobei „fortgesetzt (*keiki-teki*)“ die gleichsam sprunghaft auftretende Abfolge von Verbphrasen hervorheben soll. Wichtig für die fortgesetzte Handlung ist die konjunktionale Postposition (*setsuzoku joshi*) *te*, „und dann“, die Verbphrasen verbindet: Handlung 1 + *te* → Handlung 2. Die Handlungen 1 und 2 der „unzähligen Gottheiten“ seien zudem über das die Handlungen abschließende Hilfsverb *-ki* in Attributivform *-shi* als „die Handlungen (*jiseki* 事績) der Vergangenheit im Himmel“ ausgewiesen: Handlung 1 + *te* → Handlung 2 + *-shi*. Zum Nachvollzug seien die Handlungsblöcke der *kami*-Gottheiten und des Sohns der Sonne in der Übertragung aus Enomotos Tabelle vollständig wiedergegeben; die Verse 11 bis 14 stehen in Klammern:

***kami*-Handlung 1** (Vers 1 bis 10):
天地之 初時 久堅之 天河原爾 八百萬 千萬神之 神集 集座而 神分 分之時爾

45 Enomoto (2015: 91) benutzt den Begriff *shutai* 主体, den das *Wadoku jiten* mit „[1] *Philos*. Subjekt *n*. [2] Hauptbestandteil *m*; Kern *m*.“ erläutert (www.wadoku.de, Eintrag 主体). In Enomotos Untersuchung kommt der Begriff in verschiedenen Zusammenhängen vor.

*ame-tsuchi no / hajime no toki / hisa-kata no / Ama no kahara ni / ya-ho yorozu / chi-yorozu kami no / kamu tsudohi / tsudohi imashi te / kamu wakachi / wakachi-shi toki ni*
Himmel und Erde, am / Beginn ihrer Zeit – / *hisakata no* / In der Flussebene des Himmels / Die achthundert-zehntausend / Die tausend-zehntausend Gottheiten / In göttlicher Versammlung / Hatten sie sich zu versammeln geruht, und dann / In göttlichem Zuteilen / Als sie zugeteilt hatten, zu dieser Zeit /
(天照 日女之命 天乎婆 所知食登
*ama-derasu / Hirume no Mikoto / ame wo ba / shirashi-mesu to*
Die den Himmel erleuchtende / Hirume [Sonnenfrau] Mikoto / Den Himmel / zu regieren, so)
**Zur Handlung 2 gehörender Inhalt** (Vers 15 bis 20):
葦原乃 水穂之國乎 天地之 依相之極 所知行 神之命等
*Ashihara no / mizu-ho no kuni wo / ame-tsuchi no / yori-ahi no kihami / shirashi-mesu / kami no mikoto to*
Das Schilffeld der / Prächtigen Ähren, dieses Reich / [Bis dorthin, wo] Himmel und Erde / Am Ende zusammenstürzen / Zu regieren / Den Mikoto der Götter, so
**Handlung 2** (Vers 21 bis 24):
天雲之 八重掻別而 八重雲別而 神下 座奉之
*ama-kumo no / ya-he-kaki wake te / kamu kudashi / imase-matsuri-shi /*
Die Himmlischen Wolken / Achtfache Schichten hatten [sie] geteilt und dann / Zum Götterabstieg / [ihn] gebeten, sich zu begeben

***hi no miko*-Handlung 1** (Vers 25 bis 30):
高照 日之皇子波 飛鳥之 浄之宮爾 神随 太布座而
*taka terasu / hi no mi-ko ha / tobu tori no / Kiyomi no Miya ni / kamu nagara / futo-shiki-mashi te /*
[Der] Von der Höhe scheinende / Erlauchte Sohn der Sonne / Wo Vögel fliegen / Am Palast der Reinheit / Hat im Einklang mit den Gottheiten / [Die von den Gottheiten zum Mandat gegebene Regierung] fest aufgestellt und dann
**Zur Handlung 2 gehörender Inhalt** (Vers 31 und 32):
天皇之 敷座國等
*sumeroki no / shiki-masu kuni to /*
Der Herrscher / fest [regiertes] Reich, so
**Handlung 2** (Vers 33 bis 36):
天原 石門乎開 神上 上座奴
*Ama no hara / iha-to wo hiraki / kamu agari / agari-imashi-nu*

Zur Himmlischen Ebene / Das Tor geöffnet und / In göttlichem Aufstieg / Geruht, hinaufzusteigen.

Zur weiteren Vereinfachung seien nur die strukturierenden Partikel und Hilfsverben aufgezeigt:

***kami*-Handlung 1** (Vers 1 bis 10): … *te* … *toki ni* (… und dann … zu der Zeit, als …)
(Hirume no Mikoto … *to*)
**Zur Handlung 2 gehörender Inhalt** (Vers 15 bis 20): … *to*
**Handlung 2** (Vers 21 bis 24): … *te* … *-shi* (… und dann … Präteritum)

***hi no miko*-Handlung 1** (Vers 25 bis 30): … *te* (und dann)
**Zur Handlung 2 gehörender Inhalt** (Vers 31 und 32): … *to* (so)
**Handlung 2** (Vers 33 bis 36): *hiraki* … *-nu* (Konjunktionalform … perfektiver Aspekt)

In Enomotos Handlungsdarstellung findet die Anzahl der Verse keine Berücksichtigung, und seine Aufmerksamkeit gilt der Syntax, die durch die Partikel *te*, „und dann", und *to*, „… so", sowie durch die Grammatik mit Präteritum (-*ki*) bei den Handlungen der *kami*-Gottheiten und dem perfektiven Aspekt (*-nu*) bei der Handlung des Sohns der Sonne ausgerichtet ist. Die Reihenfolge der Darstellung entspricht dem Ablauf der Zeit, aber die unterschiedliche Grammatik scheint Wert auf die zeitliche Differenzierung zu legen. Enomoto identifiziert zwei Handlungsträger (*shutai*), die über die Grammatik gleichsam ineinander überlaufen, da das Hilfsverb *-ki* zu Markierung der Vergangenheit dem Sohn der Sonne attributiv (*-shi*) voransteht. Das Japanisch erlaubt diese Nebensatzkonstruktion, die nur schwer in die Sprachen zu übertragen ist, die das Ausformulieren eines grammatischen Subjekts einfordern.

In Enomotos Modell finden die Handlungen (*jiseki*) des Sohns der Sonne (*hi no miko*) exklusiv auf der Erde statt und enden mit dem „erlauchten Ableben (*hōgyo* 崩御)". Die Handlung 2 setzt sich allerdings nicht über die Postposition *te* fort, sondern über die Konjunktionalform *hiraki*, „öffnen und", und den Abschluss dieser Handlungen bildet dann der perfektive Aspekt *-nu*, der die gesamte Handlung des Sohns der Sonne bestimmt beziehungsweise die Abgeschlossenheit der Handlungen nachdrücklich betont: *futo-shiki-mashi te … hiraki … kamu-agari agari-mashi-nu*. Zwar handelt es sich ebenfalls um Vergangenheit, aber die in der Grammatik hervortretende Differenz der Zeit vollzieht die Übersetzung mit Plusquamperfekt und Perfekt nach. Vermutlich angesichts der Handlungen der Gottheiten, die insgesamt attributiv den Handlungen des Sohns der Sonne voranstehen, sieht Enomoto (S. 91) einen „untrennbaren Zusammenhang zwischen Himmel und Erde, die nach oben und unten [geordnet sind]“.

Enomoto lenkt die Aufmerksamkeit auf die zur Handlung 2 gehörenden Inhalte, die jeweils mit *to* markiert in der Übersetzung als „so“ erscheinen. Diese parallele Struktur gebe nämlich zu erkennen, dass sich der zur Handlung 2 gehörende Inhalt des Handlungsträgers „Sonnensohn“ (*hi no miko*) weder auf „Yamato“ noch auf das „Herrschaftsrecht“ beziehe, wie es in der vorangehenden Forschung heiße, sondern auf den Teil, der bei den Handlungsträgern „Gottheiten“ ebenfalls als zur Handlung 2 gehörender Inhalt durch *to* ausgewiesen ist. Das „Reich der Schilffelder mit prächtigen Wasserähren“ (*ashihara no / mizu-ho no kuni*), das der vom Himmel abgestiegene *kami no mikoto* regieren soll, ist zu einem „Reich“ zu machen, dass „die Herrscher regieren“ (*sumeroki no shiki-masu kuni*). Die Wiederholung der *to*-Struktur zeigt den Zusammenhang zwischen dem Auftrag und seiner Erfüllung.

Wie gesehen geht Enomoto zunächst nicht darauf ein, dass die Konstruktion über die Partikel *to* in der Rubrik „zur Handlung 2 gehörender Inhalt“ der Handlungen der „unzähligen Gottheiten“ bereits eine Wiederholung ist. Denn in den Versen 11 bis 14 wird die Zuteilung der Hirume no Mikoto ebenfalls über *to* ausgewiesen. Er (S. 93–94) kommt aber darauf zurück und stellt den textuellen Zusammenhang fest, den diese Struktur der Wiederholung herstelle. Der Blick auf die *to*-Struktur soll verschiedene Fehlinterpretationen – etwa, dass Hirume no Mikoto selbst an den Entscheidungen der Gottheiten beteiligt war – zurückweisen, aber Enomoto übersieht nicht die Differenz bei den durch *to* markierten Versen:

天照 日女之命 天乎婆 所知食 登
a) *ama-derasu Hirume no Mikoto ame wo ba* <u>*shirashimesu to*</u>

國乎 […] 所知行 神之命 等
b) *kuni wo* […] *shirashimesu kami no* <u>*mikoto to*</u>

Während bei der Zuteilung der Hirume no Mikoto *to* auf eine Verbphrase folgt („… zu regieren, so“), steht *to* beim *kami no mikoto* unmittelbar nach dem Titel, welcher der Verbphrase folgt. Diesen Differenz erkläre sich dadurch, dass bei identischem Ausdruck das auf den Himmel beschränkte Regieren der Hirume no Mikoto ebenfalls von der Wiederholung der *to*-Struktur des Handlungsträgers *hi no miko*, des „Sonnensohns“, betroffen ist. Damit würde also das Regieren der Hirume no Mikoto ebenfalls die irdische Herrschaft umfassen, und es läge keine klare Zuteilung mehr vor. In den Versen in a) und b) sei daher ein unterschiedlicher Ausdruck notwendig. Enomoto (S. 95) weist weiterhin auf die zeitliche Entwicklung hin, die zwischen a) und b) bestehe, was er mit anderen Beispielen belegt.

Enomoto (S. 96–98) beschäftigt sich kurz auch mit der zweiten Hälfte von 2: 167, und auf einen Versblock ist bei der Besprechung von *banka*-Trauergedicht 2: 199 zurückzukommen (Mikrostrukturen II). Er spricht dabei nicht mehr vom „erlauchten Ableben (*hōgyo*)“ des *kami no mikoto* (Tenmu), sondern von der „Rückkehr“,[46] und fasst die Beobachtungen in einem komplexen Schaubild zusammen. Im oberen Teil zeigt es die Rundreise des *hi no miko / kami no mikoto* (Tenmu) und im unteren den Weg über den Thronfolger *miko no mikoto* (Kusakabe), dessen Rückreise allerdings durch ein „X“ versperrt ist. Dessen ungeachtet setzt sich in der Mitte des Schaubilds zur linken Seite hin der Regierungsauftrag fort, nahezu, als sei nichts gewesen, aber das X scheint eine gewisse Kritik anzudeuten.

## Raum, Zeit und der soziale Aspekt

Im Groben wie im Detail erweist sich das Langgedicht als strukturell durchdacht, was die räumlichen Aspekte weiterhin bestätigen. Die drei Erzählstränge beziehungsweise drei Bereiche der erzählten Welt sind jeweils räumlich, zeitlich und sozial ausgewiesen. Den Abschluss der ersten beiden Bereiche bilden die Verse 35 und 36, und der Austausch von 神登 座爾之可婆 *kamu nobori-imashi-ni-shi-ka ba* in der Vorfassung gegen 神上 上座奴 *kamu agari / agari-imashi-nu* betrifft nicht nur die Setzung einer Zäsur zum Abschluss des mythohistorischen Erzählstrangs. Weichen musste auch 登 *noboru* und Platz machen für das Zeichen 上 *agaru*, das in der autorisierten Fassung doppelt hintereinander steht. 神登 *kamu-nobori*, das „göttliche Hochklettern“, war offenbar ebenfalls möglich, aber das Schriftzeichen sollte 上 *agaru* sein. Vielleicht ging es dabei weniger um das gesprochene Wort, das sich semantisch kaum unterscheidet, als um das Schriftzeichen, das in der autorisierten Fassung die Opposition von oben 上 versus unten 下 betont. Die Erzählung beginnt mit dem Oben, wechselt dann in den Übergangsbereich, der durch die Abwärts- und Aufwärtsbewegung gekennzeichnet ist, um dann unten im Irdischen zu enden. Das Gedicht verharrt aber nicht einfach dort, sondern die räumliche Ordnung dient der Perspektivierung: Die „Menschen der vier Richtungen“, also das Volk, „schaut nach oben“ (仰而 *afugi te*), der neue Aufenthaltsort wird „hoch errichtet“ (高知座而 *taka-shiri-mashi te*), und im ersten Gegengedicht „schaute“ das kollektive Erzählmedium „hinauf, als ob es in den

46 An anderer Stelle heißt es, dass „der / die Tennō den Tod transzendiert“; vgl. Enomoto 2015: 99.

Himmel sieht“ (天見如久 仰見之 *ame miru gotoku afugi mi-shi*). Während unten Orientierungslosigkeit und Zerfall herrschen, liegen alle Hoffnungen oben. Es seien nochmals die drei Bereiche als Modell dargestellt:

*Tabelle 12: Drei Bereiche*

| | | | | | |
|---|---|---|---|---|---|
| Raum: | Himmel | → | Himmel / Erde | → | Erde |
| Zeit: | mythische Vergangenheit | → | „liminale“ Vergangenheit | → | historische Vergangenheit / Gegenwart |
| Gruppe: | *kami* | → | *mikoto* | → | Menschen |

Der einzige Bereich ohne klare Trennung ist der soziale, da zum einen die *mikoto* auch *kami* sind, und Kusakabe ebenfalls als *mikoto* erscheint, was jedoch der Ordnung der zeitlich-räumlichen Kontinuität entspricht. Der Aufbau folgt der mythischen Logik, und darin zeigt sich, dass *mikoto* eine verbindende Bezeichnung ist, welche als Legitimierung der *mikoto* unter den Menschen zu verstehen ist. Für den Mittelteil ist somit festzustellen, dass die Liminalität in räumlicher und in zeitlicher Hinsicht gilt, sich aber auch insofern auf der sozialen Ebene bemerkbar macht, als dort nur ein *mikoto* verkehrt. Allerdings ist der *kami no mikoto* in dem liminalen Raum und dem kurzen Aufenthalt auf Erden als *hi no miko* unterwegs, was aber mit Übergangsriten und Liminalität zu vereinbaren ist.[47] Die inhaltliche Dreiteilung spiegelt sich insofern auch auf der Ebene der Darstellung wider, als zwischen dem Mythos am Anfang und der durch eine Kontrafaktische Geschichte eingeleiteten Darstellung der historischen Wirklichkeit ein Bereich eingeschrieben ist, in dem Mythos und Historie zusammenkommen. Dieser mythohistorische Bereich ist somit ebenfalls durch Liminalität (Schwellenbereich) charakterisiert. Der Wechsel der Narrativtypen ist als eine weitere Ereignishaftigkeit auf der Ebene der Darstellung zu verstehen.

47 Der Abstieg wird summarisch erzählt, wofür zum einen die Grenzen der Mythologisierung von Geschichte, zum anderen der abgesteckte Rahmen der *banka*-Dichtung zu bedenken sind. In den *Kojiki*- und *Nihon shoki*-Mythen beherbergt dieser liminale Raum neben der Achtfachen Wolkendecke die Himmlische Schwebebrücke Ame no Ukihashi als einen Ort ritueller Handlungen; vgl. Wittkamp 2018a: 167–175.

## Mythisches Erzählen und Vorwissen

Die mythische Erzählung betrifft die sechsunddreißig Verse, welche die japanische Forschung als „erste Stufe" etc. beschreibt. Wie gesehen liegen zwei Teilerzählungen vor, wobei die zweite ein Mythologisieren der Geschichte vorführt, die vermutlich noch im kollektiven Gedächtnis kursierte. Das Wie der Erzählung ist somit durchaus einem näheren Blick wert, aber in diesem Abschnitt soll es um das Was gehen. Denn die Inhalte sind längst nicht so eindeutig, wie sie zunächst erscheinen. So lautet die Lesung für das in den Versen 9 und 10 (神分 分之時爾) doppelt vorkommende Schriftzeichen 分 entweder *wakatsu*, „teilen, ein-, zuteilen",[48] oder *hakaru* (*hakarafu*), „beraten, ratschlagen".[49] Takeda (3: 480) zufolge ist *hakaru* die alte Lesung (*kyūkun* 舊訓), die Keichū zu *wakatsu* verbessert habe. Takeda zeigt noch weitere Vorschläge und bezeichnet *hakaru* als „sinnlos", aber Omodaka (2: 281–282) zufolge führen alle Abschriften ab dem Nishi-Honganji-*bon* die Lesung *hakari* an (vgl. Sasaki et al. 2: 172–174). Er präsentiert verschiedene Argumente der älteren Kommentarliteratur, entscheidet sich aber auf Grund einer ähnlichen Formulierung in den *norito*-Liturgien 祝詞 ebenfalls für *hakaru*.[50] Die SNTK-Bearbeiter (1: 131) merken zwar an, dass das Schriftzeichen 分 nicht die Semantik „beraten" transportiert, und zitieren neben dem *norito*-Abschnitt eine Textstelle aus dem *Kojiki*, die – in einem anderen Zusammenhang – ebenfalls die Beratung der *kami*-Gottheiten erwähnt.[51] Allerdings steht dort wie in dem *norito*-Zitat das Schriftzeichen 議, das im Mittelchinesischen die Bedeutungen „1 discuss(ion), assess(ment) […]" (Kroll 2015) besitzt.

Bei der Frage nach den Grenzen der Zulässigkeit, zur Rekonstruktion von Lesungen und bei der Textauslegung auf außertextuelles Wissen zurückzugreifen, ist zu berücksichtigen, dass das Langgedicht 2: 167 in der altjapanischen Literatur die älteste Mythenfassung enthält, die mit einiger Sicherheit datierbar

---

48 Vgl. Takeda 3: 477, Itō 1: 357, Inaoka 1: 111, Tōyama 1999: 24, Ide und Mōri 2009: 34.

49 Vgl. Omodaka 2: 277, SNBZ 6: 118, SNBT 1: 130, Aso 1: 414.

50 Das Zitat stammt aus dem Eintrag „Große Reinigung am letzten Tag im 6. Monat" (六月晦大祓 *mina-zuki no tsugomori no oho-harahe*), dem zufolge sich die *kami*-Gottheiten trafen und „in göttlicher Beratung eine Beratung durchführten" (神議議賜弖 *kamuhakari hakari-tamahite*; vgl. Takeda 1971 [original 1958]: 423). In seinem *Man'yōshū*-Kommentar erwähnt Takeda diesen Eintrag nicht.

51 Vgl. SNBZ 1: 66–67. Dieser Abschnitt berichtet von der Sanktionierung des Haya Susa no Wo no Mikoto. Bei der Geburt von Amaterasu Ōmikami, der Mondgottheit Tsukuyomi no Mikoto und Haya Susa no Wo no Mikoto werden ihnen die Herrschaftsbereiche zugewiesen, was mit den Schriftzeichen 事依 *koto-yoshiki* formuliert wird. Die SNBZ-Bearbeiter betiteln diesen Abschnitt mit dem Begriff 分治 *bunchi*, in dem *bun* für „zuteilen" und *chi* für „herrschen" steht; vgl. SNBZ 1: 52–52 und dazu Wittkamp 2018a: 124, 140.

ist.[52] Im *Nihon shoki* gibt es Mythenfragmente, die vermutlich älter als Hitomaros *banka*-Gedicht sind (vgl. Wittkamp 2018a: 467–468), sich aber nicht datieren lassen. Das Gedicht wartet dagegen mit einer weiteren Formulierung auf, die Licht in diesen Zusammenhang bringt. Denn es belegt, dass die heute als die Ahngottheit der japanischen Herrscherfamilie (*kōsoshin* 皇祖神, *kōshitsu no soshin* 皇室の祖神) geltende Amaterasu Ōmikami 天照大御神 in den 680er Jahren diesen aus dem *Kojiki* stammenden Namen noch nicht besaß.[53] Im Folgenden soll es um solche Fragen gehen. Sie betreffen auch den im Gedicht als „Sohn der Sonne" Bezeichneten, den die Forschung mit dem „Enkel" identifiziert, der im *Kojiki* und in der *Nihon shoki*-Hauptfassung vom Himmel hinuntersteigt, um die Herrschaft über die irdische Welt anzutreten. Das Problem des Hereintragens von außertextuellem Wissen zeigt sich weiterhin in den ersten beiden Versen *ame-tsuchi no hajime no toki no*, deren Auslegung ebenfalls über andere Textquellen abläuft. Somit geht es im Folgenden um drei Textstellen.

**1.** Vers 1 und 2 (天地之 初時 *ame-tsuchi no hajime no toki no*):

Die das Langgedicht 2: 167 einleitende mythische Erzählung besitzt eine Kosmogonie, die in ihrer Kürze (天地之初時, „Himmel und Erde, am / Beginn ihrer Zeit") an das *Kojiki* erinnert; dort heißt es 天地初發之時 (Lesung siehe unten), „Zu der Zeit, als Himmel und Erde das erste Mal in Bewegung gerieten". In 2: 167 fehlt somit lediglich das Zeichen 發, das in der älteren Forschung und der vergleichenden Mythologie nicht in seiner Bedeutung wahrgenommen wurde (siehe unten). Das *banka*-Trauergedicht 2: 199 enthält ebenfalls Mythenfragmente, aber keine Kosmogonie. Gemeinsam verdeutlichen die Mythenfragmente Hitomaros Behandlung als politische Mythen beziehungsweise die Freiheit, auf gewisse Elemente zurückzugreifen oder sie zu übergehen. Umgekehrt belegt das Vorhandensein einer Kosmogonie einen weiteren Unterschied der beiden Langgedichte, der in der Forschung jedoch

52 Die klassisch-chinesischen Geschichtsschreibung *Suishu* 隋書 (jap. *Zuisho*), deren letzten Teile Mitte des siebten Jahrhunderts eingereicht wurden, enthält in den „Überlieferungen aus dem Land Wo (別傳 *bie zhuan* 46, 倭國傳 *wo guo zhuan*)" den Bericht eines Gesandten aus Yamato. Auf die Frage nach den „Gebräuchen und Gewohnheiten" (風俗 *feng su*) erklärte er, dass „der König von Yamato den Himmel als großen Bruder und die Sonne als kleinen Bruder" hat. Diese Mythe kommt in altjapanischen Texten nicht vor; vgl. Ishihara 2021: 96, 129 (Faksimile), Sekine 2018: 91. Shintani (2020: 43–51) vergleicht einen Ausschnitt aus dem *Suishu* mit Einträgen aus dem *Nihon shoki*-Buch „Suiko".

53 Wie die Gottheit diese Position erlangen konnte, wurde für die politischen Mythen im achten Jahrhundert an anderer Stelle gezeigt; Wittkamp 2018a: 323–329.

nicht wahrgenommen wird. Stattdessen bringt sie ein Problem ein, das in eine andere Richtung geht.

Wie oben gesehen beschreiben die SNBT-Bearbeiter (1: 130) die erste Stufe des Langgedichts als „Geschichte (*rekishi*) von der Teilung des Himmels und der Erde (天地開闢 *tenchi kaibyaku*) bis zu Tenmu Tennō“. Sie überführen somit eine Mythe in Geschichte (*rekishi*), obwohl es im Langgedicht teilweise umgekehrt ist. Takeda (3: 488) beschreibt die erste Stufe kritisch als „Vermischung der Zeitalter“. Die Formulierungen im Langgedicht seien mangelhaft (*fubi* 不備), und ohne entsprechendes Vorwissen erschließe sich das Denken nicht vollständig. Wohl daher greifen die SNBT-Bearbeiter bei der Erläuterung der ersten beiden Verse mit 天地開闢 *tenchi kaibyaku*, „das Teilen von Himmel und Erde“, auf eine Formulierung aus der *Nihon shoki*-Kosmogonie zurück,[54] die in der Kommentarliteratur zu 2: 167 etabliert ist.[55] So verzichtet Aso (1: 423) zwar auf die Schriftzeichen aus dem *Nihon shoki*-Originaltext, erläutert aber die ersten beiden Verse nach der *Nihon shoki*-Kosmogonie und umschreibt als das „Auseinandergehen (*bunri* 分離) von Himmel und Erde, die zuvor nicht getrennt waren (*mibunka* 未分化)“. Im *Nihon shoki* heißt es, dass „Himmel und Erde noch nicht gesplittet waren / Yin und Yang noch nicht geteilt waren“ (天地未剖 陰陽不分), und die Schriftzeichen 開闢 sind somit in Opposition zu dieser Formulierung als „sich trennen“ zu verstehen.[56] An Ying und Yang wiederum zeigt sich der klassisch-chinesische Einfluss, wenn nicht sogar die Herkunft dieses Mythems.

Die Vorstellung einer Trennung von Himmel und Erde ist charakteristisch für die *Nihon shoki*-Mythen, aber die *Kojiki*-Mythen entfalten im Haupttext ein anderes Narrativ (vgl. Wittkamp 2018a: 236–250). Dort heißt es wie gesehen zu Beginn 天地初發時 *ame-tsuchi hajimete arahareshi toki* (Lesung nach SNBZ 1: 29), „zu der Zeit, als Himmel und Erde zum ersten Mal in Bewegung gerieten (發)“, und von einer Trennung ist nicht die Rede. Durch den Vergleich mit der *Kojiki*-Kosmogonie deutet sich eine ideologisch-politische Intension

---

54 Dort heißt es 開闢之初 mit den Lesungen *hirakuru hajime ni* (SNBZ 2: 19), *ame-tsuchi hirakuru hajime ni* (NKTS 1: 16) oder *ame-tsuchi no hirakaru hajime ni* (Kōnoshi et al. 2021: 76), „zu Beginn des Auseinandergehens [von Himmel und Erde]“. Kōnoshi et al. (ebd. S. 77) erläutern ihre ergänzende Lesung nicht, aber während die vorangehenden Formulierungen die „Einleitung“ oder eine „allgemeine Beschreibung“ seien, beginne mit 開闢 die Kosmogonie der japanischen Inseln; vgl. Kōnoshi et al. 2021: 526.

55 Vgl. Takeda 3: 479, Omodaka 2: 280, Itō 1: 359, SNBZ 6: 118 und dagegen Inaoka 1: 111.

56 Nach der Erläuterung der ersten beiden Verse im Sinn der *Nihon shoki*-Kosmogonie zitiert Aso (1: 423) den Text, der in der *Nihon shoki*-Kosmogonie dem Mythem 開闢之初 vorausgeht – die „allgemeine Beschreibung“ nach Kōnoshi et al. (2021: 77) –, in einer japanischen Übersetzung, schweigt aber zum Bezug auf die ersten beiden Verse.

an, die für das *banka*-Langgedicht ebenfalls Anspruch erheben dürfte: Himmel und Erde sind nicht getrennt. Das Mythem 天地之 初時 *ame-tsuchi no hajime no toki no* in den ersten beiden Versen von 2: 167 besitzt zwar nicht das Schriftzeichen 發 mit der mittelchinesischen Bedeutung „1. shoot, let fly (arrow); go out, go forth. […] 2. emit; effuse; come out, emerge […] 3. turn over or blow up a furrow, plow a furrow" (Kroll 2015), steht aber der *Kojiki*-Kosmogonie näher als den *Nihon shoki*-Varianten, da ein Auseinandergehen etc. eben nicht erwähnt wird.[57] Ob das wiederum als Zeichen der Authentizität zu werten ist, muss die komparative Mythenforschung entscheiden.

**2.** Vers 11 und 12 (天照 日女之命 *ama terasu* Hirume no Mikoto)

Takeda (3: 480) fordert bei der Rekonstruktion von Lesungen und Bedeutungen (*kunko* 訓詁) die Orientierung an den Schriftzeichen selbst. Dennoch überführt er (ebd.) die Gottheit 日女之命 Hirume no Mikoto, der attributiv die Nomen-Verbphrase 天照 *ama-derasu* / *ama terasu* voransteht, in *ama terasu* Ōkami 天照らす大神. Omodaka (2: 282) oder die SNBZ-Bearbeiter (6: 118) setzen nicht nur direkt mit 天照大神 gleich, sondern auch die Lesung als bekannt voraus, die in modernen Wörterbüchern „Amaterasu Ōmikami" lautet. Die Überführung hebt die Unterschiede zwischen *kami*- und *mikoto*-Gottheiten auf und geht auf die *Nihon shoki*-Mythen zurück. Der fünfte Abschnitt[58] erzählt unter anderem von der Geburt der Sonnengottheit 日神 *hi no kami*, die den Namen Ōhirume no Muchi 大日孁貴 erhält, deren Lesung eine Originalanmerkung mit Phonogrammen erläutert.[59] Nach der Namenslesung folgen Zitate aus zwei unbenannten Quellen (一書), zunächst die Schriftzeichen 天照大神, die aus der sechsten Alternativfassung zum fünften Abschnitt bekannt sind. Die SNBZ- (2: 34–36) und die NKTS-Bearbeiter (1: 48) lesen dort ebenfalls „Amaterasu Ōmikami", aber Kōnoshi et al. lesen „Amaterasu Wohonkami アマテラスヲホンカミ (Amaterasu Ō no Kami)".[60] Das zweite Zitat

57 Bei 天地 scheint es sich um einen Begriff aus der klassisch-chinesischen Literatur zu handeln, der auch direkt am Anfang der *Kojiki*- und der *Nihon shoki*-Mythen steht. Wie in 天神 *ama tsu kami* und 國神 *kuni tsu kami*, „Gottheiten des Himmels und Gottheiten der Erde", stehen sich im *Kojiki* oftmals *ama* / *ame* und *kuni* gegenüber, aber die Lesung *ame-tsuchi* ist aus Gedichten wie 5: 814 bekannt; vgl. Takeda 3: 479, Omodaka 2: 280. Aso (1: 423) vermutet bei *ame-tsuchi* ein „neues Kompositum".

58 Die *Nihon shoki*-Mythen sind durch die Alternativfassungen, die in unterschiedlicher Anzahl vorliegen, in elf Abschnitte unterteilt. Die Hauptfassung erschließt sich aus der durchgehenden Lesung ohne die eingeschobenen Alternativfassungen; vgl. Wittkamp 2018a: 148–149.

59 Die Lesung von 日神 mit *hi no kami* folgt SNBZ 2: 34–36; Kōnoshi et al. (2021: 96) überführen in *hi no miwo* (siehe die folgende Anmerkung).

60 Kōnoshi et al. (2021: 112) übernehmen die Lesung der „Holzdruckausgabe Kanbun 9. Jahr" (寛文九年版本 Kanbun *kyūnen hanbon*, 1669). Diese bildet ebenfalls die Grund-

der Originalanmerkung präsentiert die Schriftzeichen 天照 大日女之尊, die an die beiden Verse in 2: 167 (天照 日女之命) erinnern. In der Erläuterung erwähnen Kōnoshi et al. (1: 97) das Gedicht 2: 167, um zu zeigen, dass 孁 gleichbedeutend mit 女, „Frau", ist. 一書 *issho*, die zitierte Quelle, kann nicht das *banka*-Gedicht 2: 167 sein, wie es aus den Abschriften bekannt ist, aber eine gemeinsame Textgrundlage oder -linie ist zu vermuten. So verschriftet das *Nihon shoki* das Wort *mikoto* nicht mit 命, sondern mit 尊, vermutlich um die Bedeutung „Befehl" zu vermeiden, was eine weitere Nähe der ersten beiden Bände zum *Kojiki* zeigt.[61] Den Unterschied macht dann nur noch das Vorhandensein von 大 in der Originalanmerkung aus.

Auch Inaoka (1: 112) und Aso (1: 424) setzten 天照 日女之命 aus 2: 167 mit 天照大神 gleich, aber angesichts der etablierten Lesung „Ōmikami" ist das Vermeiden der *Kojiki*-Verschriftung von „Amaterasu Ōmikami" mit 天照大御神 geradezu auffällig; diese enthält das zusätzliche Schriftzeichen 御 *mi*. Die Kommentare übernehmen somit die Schriftzeichen aus den *Nihon shoki*-Mythen, belegen diese aber mit der Lesung aus den *Kojiki*-Mythen. Die Schriftzeichen der *Nihon shoki*-Originalanmerkung sowie das Langgedicht 2: 167 legen dagegen nahe, dass der Name „Amaterasu Ōmikami" um 690 noch nicht geschaffen oder etabliert war. Das zeigt sich vor allem an den eingeschobenen Alternativversen 指上 日女之命 *sashi-agaru* Hirume no Mikoto mit dem attributiv voranstehen Verbkompositum *sashi-agaru*, das in der autorisierten Fassung dem Vers 天照 *ama-derasu* / *ama terasu* weichen muss.[62] Das *Kojiki* kennt nur die Bezeichnung 天照大御神 „Amaterasu Ōmikami", und in den *Kojiki*-Mythen ist sie die befehlsgebende Gottheit und damit die Ahngottheit des Herrscherhauses. Im *Nihon shoki* ist das jedoch Takami Musuhi, was die in der offiziellen Geschichtsschreibung verzeichneten, ursprünglich monatlich (*tsuki-nami*) am Hof zur Verehrung der *musuhi*-Gottheiten durchge-

---

lage für die SNBZ-Ausgabe, aber bei der Transkribierung (*yomi-kudashi*) sei die sogenannte *kokun*-Lesung (古訓) ins Altjapanische (*jōdaigo* 上代語) überführt worden; vgl. SNBZ 2: 11–12. „Amaterasu Ōmikami" geht aber deutlich über eine Transkribierung hinaus und müsste ohne Vokaldifferenzierung und bei Gleichsetzung von *po* mit *ho* „Amaterasu Oho no Kami" lauten. Die zehnte Alternativfassung berichtet von der Geburt von zwei Sonnengottheiten (日神 *hi no kami*), und die elfte führt erneut den Namen 天照大神 an; vgl. SNBZ 2: 34–36 (Hauptfassung), S. 50–51 (6. Alternativfassung), S. 58–59, Kōnoshi et al. 2021: 122–126 (10. und 11. Alternativfassung).

61 Vgl. die Einträge 命 sowie 尊 in Kroll 2015 und zur Befehlskette im *Kojiki* Wittkamp 2018a: 292–296. Die Befehlsempfänger tragen alle den Titel 命.

62 Lesung von 天照 mit *ama-derasu* nach SNBZ 6: 118, SNBT 1: 130. Takeda (3: 477) liest *ama terasu*, und das Attribut im Alternativvers *sashi-noboru*. Tōyama (1999: 36) zufolge führte Hitomaro die Korrekturen selbst durch.

führten *tsukinami*-Rituale (月次祭 *tsukinami no matsuri*) belegen (vgl. Wittkamp 2018a: 251, 2020: 22, 37).

Dem *Nihon shoki* ist der Name „Amaterasu Ōmikami" fremd, aber dort liegen weitere Hinweise zur Entstehung vor. Die sogenannte „Aufteilungstheorie (*kubun-ron* 区分論)" zur Geschichte der Textentstehung geht nämlich davon aus, dass die Verschriftung des *Nihon shoki* von zwei Gruppen zu verschiedenen Phasen durchgeführt wurde. So seien die α-Gruppe für die Bände 14 bis 21 sowie 24 bis 27 und die β-Gruppe für die restlichen Bände zuständig gewesen, wobei der dreißigste, Jitō gewidmete Band von beiden Gruppen ausgenommen ist.[63] Anhand der Datumsangaben lässt sich zeigen, dass die α-Gruppe einen älteren Kalender benutzte, die β-Gruppe jedoch auf den 儀鳳暦 *gihō-reki* zurückgriff, der in Jitōs viertem Regierungsjahr (690) neben dem alten Kalender angeordnet wurde.[64] Die Schriftzeichen 天照大神 – Amaterasu Ōmikami nach SNBZ und NKTS, Amaterasu Ō no Kami nach Kōnoshi et al. – kommen nur in den Bänden der β-Gruppe vor, und in den Beschreibungen der α-Gruppe heißt es entweder 日神 *hi no kami* (*miwo*) / Hi no Kami (Miwo) oder 伊勢大神 Ise no Ōkami, wie der Name einer lokalen Gottheit lautete.[65]

Tsukushi Nobuzane (2017: 14) fasst die Entwicklung zu „Amaterasu Ōkami" zu drei Schritten zusammen: 1. die Sonnengottheit Hi no Kami als die „Sonne selbst" → 2. Ōhirume no Muchi als die „Frau, welche die Sonnengottheit verehrte" → 3. Amaterasu als die „Ahngottheit der Herrscherfamilie". Das sei ein längerer Prozess gewesen, und die Namensentstehung beschreibt er wie folgt: Mit der Entsendung einer Tochter von Tenmu an den Ise-Schrein im Jahr 673 haben die „Geburtswehen" eingesetzt, und mit dem *banka*-Trauergedicht zum Tod von Kusakabe (689) sei die „Pre-Amaterasu" entstanden. Die „Geburt" des Namens „Amaterasu" falle in die zehn Jahre zwischen dieser Zeit und der „Geburt des Kōtai Jingū 皇大神宮" im 12. Monat, Monmu 2. Jahr (699).[66] Gemeint ist der „Großschrein des Herrscherhauses" beziehungsweise der „Innere Ise-Schrein", in dem Amaterasu Ōmikami verehrt wird.

63 Differenzierung und Bezeichnung gehen auf Mori 2012 zurück; vgl. Wittkamp 2021a: 279 (Index 4, Belegstellen).

64 Im *Sandai jitsuroku* 三代実録, der letzten der sechs Reichsgeschichten (*rikkokushi*) aus dem Jahr 901, heißt es allerdings, dass der neue Kalender erst in Monmus 1. Regierungsjahr (697) eingeführt wurde; vgl. SNBZ 4: 510–511, Endō 2012: 67–69. Sema (2016: 20) nennt Monmus 1. Regierungsjahr sowie „möglicherweise 2. Jahr, Neujahr (698)".

65 Vgl. Tsukushi 2017: 39, Sema 2016: 20–21. Dass 日神 auch in den Alternativfassungen der Mythen vorkommt, kann als Hinweis der späteren Beifügung durch die α-Gruppe verstanden werden. Es wurde zudem gezeigt, dass in den Anmerkungen im zweiten Band die Merkmale der α-Gruppe auszumachen sind; vgl. Ibaraki 2018: 13–14. Der prinzipiellen Zweiteilung dürften diese Merkmale aber nicht im Wege stehen.

66 Sema (2016: 21) übernimmt Tsukushis Modell. Das 2. Regierungsjahr Monmus ent-

**3.** Vers 25 und 26 (高照 日之皇子 *taka terasu hi no miko*)
Das von Takeda (3: 488) angesprochene Problem des „Vorwissens“, ohne das ein Verstehen der Verse nicht möglich sei, verschärft sich mit der Interpretation des „erlauchten Sohns der hoch am Himmel scheinenden Sonne“ (*taka terasu hi no miko*). Wie oben angemerkt findet sich *hi no miko* in verschiedenen Gedichten und ist weder auf *eine* historische Person noch auf „Sohn“ beschränkt.[67] Omodaka (2: 286–287) liest die beiden Verse in 2: 167 aus zwei Richtungen. Tachibana Moribe habe sie „von oben kommend“ – also vom Gedichtanfang her – als Übertragung des „vom Himmel herabsteigenden [himmlischen Enkel] Ninigi no Mikoto (瓊瓊杵尊)“ auf den erlauchten Sohn der Sonne verstanden (zitiert nach Omodaka ebd.). Bei der Lesung „von unten“ handelt es sich um Tenmu Tennō, und die Interpretation von oben und unten, welche die räumliche Grundstruktur des Langgedichts wiederholt, ist in der Kommentarliteratur üblich (vgl. Aso 1: 424). Die beiden Verse als den Konvergenzpunkt von Mythen und Geschichte zu sehen, dürft trotz des darauf folgenden Mythisierens der Hauptstadterrichtung durch Tenmu angemessen sein, aber das Problem ist die Belegung des vom Himmel Herabsteigenden mit dem Namen „Ninigi no Mikoto“.

Vers 20 in 2: 167 enthält die Schriftzeichen 神之命, welche die SNBZ-Bearbeiter (6: 119) in *kami no mikoto* 神の尊 überführen. Zwar sei unklar, wer oder was darunter zu verstehen sei, aber sie sehen eine Übereinstimmung mit „Niniki no Mikoto, dem Enkel von Amaterasu Ōmikami (天照大神の孫瓊瓊杵尊; so auch Aso 1: 424)“. Die Gleichsetzung mit dem himmlischen Enkel ist üblich und wird Inaoka (1: 112) zufolge bereits in den vorangehenden Versen mit dem prosperitätssteigernden Namen 葦原乃 水穂之國 Ashihara no Mizuho no Kuni, „Reich der Schilfebene der reichen Wasserreisähren“, „rituell vorweggenommen (*yoshuku* 予祝)“,[68] der für den zu regierenden Bereich der irdischen Welt steht (vgl. Aso ebd.). In einer deutlichen Vermengung von Objekt- und Metasprache beschreibt Itō die Verse wie folgt:

> Was es hier zu genießen gilt, ist der Punkt, Tenmu Tennō als „erlauchten Sohn der hoch am Himmel scheinenden Sonne“ mit der „hoch am Himmel scheinenden Hirume no Mikoto“ auf die gleiche Stufe zu setzen. Durch das Einschließen […] der ewig-langen Zeit zwischen dem

---

spricht dem Jahr 698, aber der 12. Monat fiel bereits in das Jahr 699.

67 Vgl. die Gedichte 1: 45, 50 und 52, 2: 162 (2 Vorkommen), 167, 171, 173 und 204, 3: 239 und 261, 13: 3234.

68 Im *Kojiki* erhält die befriedete irdische Welt den Namen Toyo-Ashihara no Mizuho no Kuni 豐葦原水穗國, „Land der reichhaltigen Schilfebene und Wasser-[Reis-]Ähren“; vgl. SNBZ 1: 114–115, Wittkamp 2018a: 231.

> Enkel des Herrscherhauses Ninigi no Mikoto (邇邇芸命) und Tenmu Tennō in die Regierung dieser einen Generation des Tenmu Tennō wird das Zeitalter der Gottheiten (神代 *kamiyo* / *shindai*) in die hiesige Welt (*utsushi yo* 現し代) hineingerufen. Man kann auch sagen, dass sich die hiesige Welt zum Zeitalter der Gottheiten gewandelt hat. (1: 360, 362)

Die Forschung reflektiert nicht, dass ihre Erklärungen dem Vorwissen aus den Mythen im *Kojiki* und *Nihon shoki* unterliegen, und es stellt sich die Frage, wie ein davon befreites Verstehen aussähe. Dann wäre der Text so zu lesen wie es dort steht, das heißt ohne die Gleichsetzungen von „ein- oder zuteilen (分 *wakatsu*)" mit „beraten (*hakaru*)", dem Uranfang mit der *Nihon shoki*-Kosmogonie, Hirume no Mikoto mit Amaterasu no Ōmikami und dem erlauchten Sohn der Sonne mit Ho no Ninigi, dem Enkel der Amaterasu Ōmikami.[69] Eine unvoreingenommene Lesung belegen beispielsweise die Verse *ama-kumo no yahe kaki-wake te*, „des Himmels achtfache Wolkenschicht durchteilen", und *futo-shiki mashi te*, „die Pfeiler fest errichten". Diese Mytheme sind ebenfalls aus dem *Kojiki* und *Nihon shoki* bekannt, stellen aber offensichtlich keine Verständnisschwierigkeiten dar. Zwar gibt es Hinweise auf die gleichlautenden Formulierungen in den Mythen, aber keine konkreten Gleichsetzungen. Ohne die Kenntnis der Mythen aus dem *Kojiki* und *Nihon shoki*, so lässt sich vermuten, bieten die Verse in dem *banka*-Gedicht 2: 167 keine Verständnisschwierigkeiten. Ganz im Gegenteil erscheint der Ausdruck eher simpel – wie es bereits aus der gerafften Erzählung im Langgedicht 1: 29 zu verfallenen Hauptstadt am Biwa-See bekannt und von Mythen auch zu erwarten ist.

Eine offene Frage ist die nach den Gründen für die Gleichsetzung des Sohns der Sonne mit Ho no Ninigi, dem Enkel der Amaterasu Ōmikami. Sie betrifft die *Kojiki*- und *Nihon shoki*-Mythen vom Abstieg des himmlischen Enkels (*tenson kōrin* 天孫降臨),[70] die allerdings unterschiedlich erzählt werden. In der *Kojiki*-Variante ist Amaterasu Ōmikami die befehlsgebende Gottheit, aber ihr Sohn und Befehlsempfänger scheitert mit dem Versuch, sodass erst dessen Sohn Ho no Ninigi den gewünschten Erfolg bringt. In der *Nihon shoki* Hauptfassung will die befehlsgebende Gottheit Takami Musuhi von Anfang an

69 Der Namensbestandteil „Ho" (番) besitzt eine ideologisch differenzierende Bedeutung. Der im *Kojiki* angegebene Name Ame-nikishi Kuni-nikishi Ama tsu Hi-taka Hiko Ho no Ninigi no Mikoto 天邇岐志 國邇岐志 天津日高 日子 番能邇邇藝 命 ist daher sinnvoller mit „Ho no Ninigi" abzukürzen. Bei „Ninigi" geht die Differenzierung verloren, und die Mythen „verschmelzen"; vgl. Wittkamp 2018a: 142, 171, 442. Wie der lange Name zeigt, ist Ho no Ninigi ebenfalls ein 日子, ein „Sonnensohn", hier allerdings „Hiko" gelesen.

70 Im *Nihon shoki* ist das Schriftzeichen 孫 nicht auf „Enkel" begrenzt; vgl. Wittkamp 2018a: 444.

ihren „über alles geliebten Enkel“ hinunterschicken. Ungeachtet der Abweichungen und damit der unterschiedlichen, politisch-ideologisch motivierten Präsentationen dieses Narrativs handelt es sich doch in beiden Erzählungen sowie in einigen Alternativfassungen im *Nihon shoki* stets um den Enkel (dazu und zum Folgenden vgl. Wittkamp 2018a: 441–445, Wittkamp 2020a). Angesichts der historischen Umstände liegen verschiedene Vorschläge vor, diese Mythen als Abbildung der historischen Realität zu lesen. Da nämlich der designierte Thronfolger Kusakabe no Miko plötzlich starb und es offenbar keine andere Möglichkeit gab, sicherte Jitō Tenno die Thronfolge ihrer Linie durch die Inthronisierung ihres erst vierzehnjährigen Enkels Karu als Monmu Tennō. Das richtige Alter spielte bei den vorangehenden Thronbesetzungen eine wichtige Rolle, und nicht wenige Herrscher traten wie gesehen ihre Position erst in ihrer fünften Lebensdekade an, aber es gab gewiss noch weitere Argumente, die gegen diese Thronbesetzung sprachen.

Die Erzählung vom Antritt zur Herrschaft über die irdische Welt durch einen Enkel ist somit als mythologische Konsolidierung und Legitimierung für Jitōs Wahl ihres Enkels zu verstehen (vgl. Tsukushi 2017 [1962]: 253–265, Sema 2016: 21, Shintani 2020: 92), was sich zunächst auf das späte siebte Jahrhundert bezöge und bezüglich der Figurenkonstellation sowie der Befehlskette eher das *Kojiki*-Narrativ beträfe. Zu Anfang des achten Jahrhunderts wandelten sich die die politischen Voraussetzungen erneut und mit ihnen auch die Frage der Erbfolge, die im *Kojiki* strikt auf das Herrscherhaus – Väter *und* Mütter – beschränkt ist. Wie es die Geschichte aber wollte, stellte sich die Frage der Legitimierung eines Enkels für die Thronfolge erneut mit Prinz Obito no Miko, der 724 als Shōmu Tennō den Thron besteigen sollte. Als 707 sein Vater Monmu Tennō starb, war Obito erst sechs Jahre alt, und es galt, die Zeit bis zu seiner Thronbesetzung mit Monmus Mutter Genmei und seiner Schwester Genshō zu überbrücken. Das Problem war nicht nur erneut das Alter Obitos, sondern zusätzlich erschwerend stammte seine Mutter Miyako 宮子 als Tochter von Fujiwara no Fuhito nicht aus der Herrscherfamilie. Takami Musuhi, die befehlsgebende Gottheit in der *Nihon shoki*-Hauptfassung, war ein *gaisofu* 外祖父, das heißt ein Großvater mütterlicherseits, dem in der familiären Hierarchie weniger Rechte zustanden, und wie dieser war auch Fujiwara no Fuhito ein *gaisofu*. Das Narrativ des Abstiegs vom Himmel durch den Enkel bedient somit zwei historisch auseinanderliegenden Konstellationen.

Der Einwand, die historische Realität nicht in die Mythen hineinzulesen, ist trotz des politisch gefärbten Charakters der japanischen Mythen nicht allzu schnell vom Tisch zu fegen, aber in Hitomaros *banka*-Gedicht kommen zwei Aspekte zusammen, die ebenso wenig zu übergehen sind. Erstens berichtet das Mythenfragment eindeutig nicht von einem Enkel, und eine Person wie Hitomaro, die in der offiziellen Geschichtsschreibung keine Erwähnung findet, war wohl nicht in der Position, eine politisch-ideologisch bedeutsame Erzählung eigenmächtig abzuändern. Immerhin gilt die Abstiegsmythe als der Kern der politischen Mythen überhaupt (vgl. Wittkamp 2018a: 142, 445). Dort ist die Schnittstellte zwischen Himmel und Erde konkret zu verorten, die unmittelbar die zentrale Frage nach der Konsolidierung und Legitimierung des japanischen Herrscherhauses betrifft und daher auch Thema in 2: 167 ist. Zwar waren alte Erzählungen offenbar zur politisch-ideologischen Aufladung freigegeben, aber die Authentizität musste gewahrt bleiben. Zweitens wurde das *banka*-Gedicht zwar eine gewisse Zeit nach Kusakabes Tod (686) verfasst, aber doch ein Jahrzehnt vor der Inthronisierung seines Sohns und Jitōs Enkel Monmu Tennō im Jahr 697. Kusakabes Tod in jungen Jahren kam unvermittelt, und es ist unwahrscheinlich, bereits zu diesem Zeitpunkt die Thronbesetzung durch den Enkel und seine mythische Konsolidierung und Legitimierung vorausgesehen zu haben. Zur Zeit der *banka*-Trauerdichtung existierte die Enkel-Problematik noch gar nicht, und es ist mit einiger Berechtigung davon auszugehen, dass mit 2: 167 eine ältere Fassung der Abstiegsmythe vorliegt.

## 2: 199 zum Tod von Takechi no Miko no Mikoto

Das Gedicht 2: 199 ist mit einhundertneunundvierzig Versen das längste Stück im *Man'yōshū*. Aso Mizue (1: 478) spricht von einer der drei Gedichtgruppen, die Hitomaro zur Zeit der Aufbahrung in der temporären Grabkammer (*hinkyū banka* 殯宮挽歌) verfasst habe. Neben 2: 199 bis 201 gemeint sind damit die Gruppen 2: 167 bis 170 zum Tod von Kusakabe no Miko und 2: 196 bis 198 zum Tod der Prinzessin Asuka no Himemiko. Mit der Gruppe 2: 194 und 195 gibt es wie gesehen noch eine weitere *banka*-Trauerdichtung von Hitomaro zu einem Mitglied der Herrscherfamilie, die aber nicht zur Dichtung der temporären Grabkammer gehört. Wie im Abschnitt zu den Anmerkungen bemerkt, weicht die Einordnung der Takechi gewidmeten Trauergedichte nach denen zum Tod der Asuka no Himemiko von der Abfolge der historischen Ereignisse ab, da die Prinzessin im Jahr 700 starb, Takechi jedoch vier Jahre zuvor (696). Die Titel besitzen keine Jahresangaben, und sollte der zweite Band vor 720 zusammengestellt worden sein, als die offizielle Geschichtsschreibung noch nicht vorlag, könnte das für die umgekehrte Einordnung verantwortlich sein. Denn möglicherweise kannten die Kompilatoren die Todesdaten nicht oder nur vage. Sollten aber weder Unkenntnis noch Irrtum vorliegen, könnte für die Umkehrung auch die Position innerhalb der Herrscherfamilie verantwortlich sein. Wie gesehen entspricht die Gruppe 2: 194 und 195 zum Tod von Kawashima no Miko (691) der *Nihon shoki*-Chronologie, und möglicherweise wurde die *banka*-Gruppe zum Tod der Asuka no Himemiko vor die Gedichte zu Takechis Tod gesetzt, da sowohl Kawashima als auch Asuka Kinder von Tenji waren. Die Wiederherstellung seiner Erbfolgelinie im Jahr 770 über Kōnin war vermutlich mit Ergänzungen und Umstellungen in der Sammlung verbunden. Takechi war dagegen ein Sohn von Tenmu, und seine Mutter stammte nicht aus der Herrscherfamilie.

Das Langgedicht 2: 199 präsentiert eine von der offiziellen Geschichtsschreibung abweichende Form der historischen Erzählung. Es schließt eine epische Darstellung des Jinshin-Kurzkrieges ein, die unter anderem Takechis würdevolles und heroisches Auftreten schildert. Aso (1: 478) oder Duthie (2014: 297–298) gehen davon aus, dass Takechi nicht unmittelbar an den Kampfhandlungen teilgenommen hatte. In den Darstellungen des Jinshin-Krieges, die den Hauptgegenstand von Band 28, dem ersten „Buch Tenmu“ im *Nihon shoki* ausmachen, kommt sein Name wiederholt vor, ist aber in der Tat nicht direkt in die Kampfhandlungen verwickelt. Das *Nihon shoki* als Maßstab der historischen Realität zu nehmen, dürfte dennoch ein methodologischer Fehlschluss sein. Denn zwar stehen dort für die eigentlichen Kampfhandlungen andere Namen, aber es ist auch nicht ausgeschlossen, dass dem Takechi im *Nihon shoki* von den tatsächlichen Ereignissen abweichende Aufgaben erst im Nachhinein zugewiesen wurden – so wie er in der *banka*-Abteilung hinter die beiden Kinder von Tenji gesetzt wurde. Hier ist aber auch an den möglichen Zeitraum von nahezu einem Viertel Jahrhundert zu erinnern, der zwischen der *banka*-Dichtung und den *Nihon shoki*-Einreichung liegt. In dieser Hinsicht ist die *banka*-Dichtung den Ereignissen näher als die offizielle Geschichtsschreibung, bei der nicht klarer ist, worauf die Angaben beruhen. Sollte der zeitliche Abstand der Historiographie zu den Ereignissen für die Authentizität eine Rolle spielen, wäre dem *banka*-Gedicht mehr Aufmerksamkeit zu schenken. Außerdem ist zu fragen, ob ein Hofdichter wie Hitomaro die historische Realität so verfälschen konnte.

Duthie (S. 306) zufolge ist das Langgedicht der einzige Beleg für eine Beschreibung eines Kriegsschauplatzes nicht nur im *Man'yōshū*, sondern in der gesamten klassischen Dichtung Japans. Es ist somit für die japanische Dichtung untypisch, die im späteren Verlauf ohnehin keine politische Dichtung mehr kennt, und zugleich der Höhe- und Schlusspunkt einer politisch-ideologisch motivierten und historiographischen Dichtung im großen Stil.

**Der Gedichttext**

Der Gedichttext wird in die sechs Abschnitte A bis F gegliedert, wofür sich einige Gründe noch zeigen werden. Im Folgenden stehen spezifische Fragen zur Untersuchung an, die sich auf das Langgedicht konzentrieren. Die Kurzgedichte tragen nichts zur Problematik bei und werden daher fortgelassen.

Zu der Zeit, als [sich] Takechi no Miko no Mikoto in der Übergangsgrabkammer Ki no He [befand],[71] verfasste Kakinomoto no Asomi Hitomaro ein Gedicht nebst Kurzgedichten.

A: (1–4) Es laut sagen zu wollen – Nur mit ehrfürchtiger Scheu [auch heißt es: Ehrfurcht hegend, aber doch] / Es aussprechen zu wollen – Nur mit allergrößter Furcht[72] // (5) In Asukas / Makami-Ebenen / *hisa-kata no* / Den Himmelspalast[73] / Voller Ehrfurcht / (10) Geruhte er [dort] festzulegen, und dann / Einer Gottheit angemessen / Geruhte, sich in den Felsen zu verbergen.

B: Alle acht Ecken des Reiches Regierende / Unser Großkönig / (15) Von den zu regierenden[74] / Ländern im Norden[75] / Wo edle Hölzer stehen / Den Berg Fuhayama überschritt [er] und dann / In der Koma-Schwert-[76] / (20) Wazami-Ebene, in / Den Nebenpalast / Stieg [er] vom Himmel herab und dann / Das Reich unterm Himmel / Geruhen zu regieren [auch heißt es: geru-

71 Aso (1: 492) vermutet die temporäre Grabanlage Ki no He no Miya von Prinz Takechi im Bezirk Kita-katsuragi-*gun* Kōryō 北葛城郡広陵 (Präfektur Nara), wo es auch heute noch den Ortsnamen „Kudara" gibt, der am Ende von 2: 199 genannt wird. Das *Engishiki* gibt als Grab einen anderen Namen an, aber Aso den genannten Ort. Vovin (2020: 160) und Duthie (2014: 300) bringen den Namen nicht in die Übersetzung ein.

72 Der Bezug der vier einleitenden Parallelverse ist Gegenstand der Diskussion. Sollten sie attributiv voranstehen, wäre das Objekt entweder die Ebene Makami in Asuka oder *waga oho-kimi*, „unserer Großherrscher". Aso (1: 483–484) diskutiert das Problem und kommt zu dem Ergebnis, dass vier attributive Schmuckverse für einen Ortsnamen „merkwürdig" sind, und entscheidet sich für eine Zäsur. Es sind die Abschlussverse zu beachten, die mit den Einleitungsversen in Asos Sinn eine Rahmung bilden. Aso (ebd.) übersetzt *kaku* im ersten Vers mit „denken", aber viele Kommentare lesen „aussprechen" etc.; die Wordendung *-maku* bedeutet eine Nominalisierung (*ku-gohō* ク語法). Zur Lesung der Schriftzeichen 桂文 *kakemaku mo* und ihrer Bedeutung vgl. Omodaka 2: 376.

73 Zur Frage, ob das Grab des verstorbenen Tenmu oder sein Palast zu Lebzeiten gemeint ist, vgl. Aso 1: 484–485; „Makami" ist ein alter Ortsname von Asuka.

74 Duthies (2014: 300) Übersetzung mit „he listened to and ruled" berücksichtigt die Originalverschriftung im Sinne des Regierens durch Zuhören.

75 Den Kommentaren zufolge ist das Land Mino no Kuni 美濃國 gemeint, das den mittleren und südlichen Teil der heutigen Präfektur Gifu-*ken* 岐阜県 ausmachte. Diese Auslegung beruht auf den Schilderungen im *Nihon shoki*, worauf zurückzukommen ist. Das Wort *so-tomo* ist eine Kurzform für 背ツ面 *so tsu omo*, „die Fläche des Rückens", also im Norden; vgl. SNBZ 6: 56.

76 „Koma" ist der nordkoreanische Staat Goguryeo (jap. Kōkuri) und steht hier als Kopfkissenwort zu Wa im Ortsnamen „Wazumi"; vgl. SNBZ 6: 132.

hen zu reinigen] / (25) Die zugehörigen Länder / Geruhen zu regieren, so / Wo der Hahn kräht / Der Ostländer / Ehrenhaften Truppen / (30) Geruhte [er] zu sammeln und dann / Die gewalttätigen Menschen / zu besänftigen, so / Die nicht dienenden Länder / Zu regieren, so [auch heißt es: zu bereinigen] / (35) Im Einklang mit dem Prinzen[77] / Da [er] geruhte, [Takechi, die Sache] zu überlassen /
C: An den großen erlauchten Leib / Gürtete [Takechi] das Schwert / Mit seinen großen erlauchten Händen / (40) Hielt [er] den Bogen / Die ehrenhaften Truppen / Geruhte [er] zu führen // Der zum Gefecht sammelnde / Laut der Trommeln / (45) Geradezu wie des Donners / Rufen, so hörten sie sich an / Auch der geblasenen / Hörner Laute [auch heißt es: der Klang der Flöten] / Wie des angreifenden / (50) Tigers Brüllen, so / Alle Leute / Geradezu als ob sie in Angst und Schrecken versetzt wurden [auch heißt es: bis sie durch das Hören verwirrt waren] / Der hochgezogenen / [leuchtenden] Fahnen Signale / (55) [wie] Nach des im Winter verborgenen / Hervorkommen des Frühlings / Die [dann] auf allen Feldern / Angefachten Feuer[78] [auch heißt es: Im Winter verborgen / des Frühlingsfelderbrennen Feuer] / Im Wind / (60) Sich wiegend, so auch [die Fahnen] / Fest gegriffen / Der Bögen Lärmen[79] / [als ob dort, wo] Der reine Schnee fällt / Durch die Wälder [auch heißt es: in *yū*-Fäden-Wäldern[80]] / (65) Ein Wirbelwind / Wütend hindurchfegt / Geradezu so zu empfinden / Es zu hören, erfüllt mit Ehrfurcht [auch heißt es: bis alle Leute (Gegner) durch das Hören in Verwirrung gerieten] // Der abgeschossenen / (70) Pfeile dichtes Fallen // Das [wie] dichter Schnee / Wirr fällt und dann so ist [auch heißt es: als ob Hagelkörner dicht herunterprasseln] / Ohne zu dienen / Hatten [sie] sich entgegengestellt / (75) [aber, wie dem] Tau und Reif / Bleibt nur das Erlöschen // [und so] Die in Gruppen fortfliegenden Vögel / Können nichts mehr dagegen machen[81] [auch

77 Duthie (2014: 302) übersetzt mit „With divine accord“, die SNBZ-Bearbeiter (6: 133) mit Takechi no Miko *no ishi-dōri* 高市皇子の意志通り, „Dem Willen des Prinzen Takechis gemäß“.

78 Dem SNBZ-Kommentar (6: 152) zufolge ist das Abbrennen der Felder zu Beginn des Frühlings gemeint.

79 Das Wort *sawaki* bedeutet „Lärmen“, aber auch ein emsiges Beschäftigtsein vieler Leute oder „Wimmeln“ etc. und ist als solches über den Gesichtssinn wahrnehmbar. Auch scheint es einen feststehenden Gebrauch in Verbindung mit dem Schnee zu geben; vgl. Omodaka 1986: 344.

80 Aus der Rinde einer bestimmten Baumart (*kōzo* 楮) wurden weiße Fäden gewonnen, die wie Schnee über den Bäumen liegen. Auch kann das Wort *yufu* eine Umwandlung aus *fuyu*, „Winter“, sein; vgl. SNBZ 6: 133.

81 Dem SNBZ-Kommentar (6: 133) zufolge beschreiben die Verse 70 bis 78 den „Zustand der Ōmi-Truppen im Verteidigungskrieg“. Misaki (2005: 65) zitiert die Verse 73 bis 78,

heißt es: wie man sagt, wenn der Morgentau vergeht, vergeht er, in der vergänglichen Welt, so wollen wir bis zum Ende wetteifern] // Wie der aus Watarai / (80) Dem Itsuki no Miya [Ise-Schrein] / [kommende] *kamikaze*-Götterwind / Brauste [Takechi] auf und stürzte [die Feinde] in Verwirrung / Die Wolken am Himmel / Die das Auge der Sonne nicht mehr sehen ließen / (85) In ewiger Dunkelheit / Geruhte [Takechi] alles zu überdecken, und dann

D: Das [so] befriedete / Reich der Wasserähren / Im Einklang mit den Gottheiten / (90) Geruhte [Tenmu / Takechi] kräftige Pfeiler aufzustellen / Alle acht Ecken kennend [wohl regierend] / Unseres Großherrschers [Tenmu / Takechi][82] / Reich unterm Himmel / Als [er] es zu regieren geruhte / (95) Über zehntausend Generationen / Sollte es sein, so [dachten wir] [auch heißt es: Immer so sollte es sein, so] / *yufu-hana no* (rein wie die *yū*-Blume) / Zu der Zeit, als [es] gedieh, da

E: Unseres Großkönigs, / (100) Des Prinzen Palast [auch heißt es: Wo sich der Bambus spannt, des Prinzen Palast] / Zum göttlichen Palast[83] / Geruhte [man / er] ihn zu kleiden, und / Diejenigen [die Takechi] geruhte, dienen zu lassen / [die] Menschen am Palast / (105) *shiro-tahe no* (strahlend weiß) / [weiße Trauer-] Hanfkleidung tragen, und / In Haniyasu [wo sich der Palast befand] / In der Ebene [auf dem Platz] vor dem Palast / *aka-ne sasu* (in hellem Leuchten) / (110) Den ganzen Tag lang / Obwohl es doch keine Rehe sind / Lagen sie darnieder [mit dem Gesicht auf dem Boden] / *nuba tama no* (tiefstes Schwarz) / Als es dann Nacht wurde / (115) Zur Großen Halle [im Palast] / Sahen sie hinauf / *uzura nasu* (wie Wachteln) / Krochen sie herum / Warten, um zu dienen / (120) Aber das Warten ist vergeblich / *haru-tori no* (wie Vögel im Frühling) / Als sie so wimmerten und klagten / Und das Klagen / Obwohl es noch nicht vorbeigegangen ist / (125) Und auch die Erinnerungen / Obwohl sie noch nicht erloschen sind / *koto sahegu* / Durch die Ebene von Kudara / Als Gottheit begraben / Begruben sie ihn

---

um daran eine „vielseitige Perspektive [auszumachen], die nicht unbedingt an eine konkrete Persönlichkeit gefesselt ist". Darin vermutet er das „Wesen des epischen *Erzählens*". In Vers 77 heißt es 去鳥 *yuku tori*, was den Schriftzeichen zufolge für „fortziehende Vögel" steht. Omodaka (2: 392) oder Takeda (3: 556) erläutern 去鳥 als Vögel am Himmel, die in ihrer Flugformation aussehen, als würden sie darum wetteifern, vorne zu fliegen. Daher sei *yuku tori no* ein Kopfkissenwort zu *arasofu*, „wetteifern".

82 Die Auslegung von *waga oho-kimi* als Takeichi folgt zunächst Kanazawa 1999: 77; siehe auch SNBZ 6: 134.

83 Aso (1: 491) vermutet, dass sich der Vers auf die Trauerkleidung der sich dort aufhaltenden Personen bezieht. Sie lehnt die Auslegung temporäre Grabkammer ab, da diese im Titel als Ki no He ausgewiesen ist, und vermutet die Aufbahrung bis zur Zeit der temporären Grabkammer.

ehrfürchtig / (131) *asa mo yoshi* / Den Palast Ki no He no Miya / Als ewigen Palast / hat [man] ihn hoch errichtet, und dann / (135) In Übereinkunft mit den Gottheiten / Hat er geruht, zur sich Ruhe zu begeben
F: Das ist so, und doch / Unser Großherrscher / Für zehntausende Generationen (für immer und ewig), so / (140) Geruhte er zu denken, und dann / Geruhe er zu errichten / Den Palast am Berg Kaguyama / Für zehntausende Generationen / Ist zu denken, dass es das gibt? (Wohl nicht!) / (145) Wie zum Himmel / Schauen [wir / sie] hinauf und hinauf / *tama-dasuki* / Hängen [wir / sie an ihm] und sehnen uns /sich zurück / Wenn auch in tiefster Ehrfurcht

A: *kakemaku mo* / *yuyu-shi-ki kamo* [*ichi ni ifu: yu-yu-shi-ke-re do mo*] / *ihamaku mo* / *aya ni kashiko-ki* // (5) *Asuka no* / *Makami no hara ni* / *hisa-kata no* / *ama tsu mi-kado wo* / *kashikoku mo* / (10) *sadame-tamahi te* / *kamusa-bu-to* / *iha-gakuri-masu*
B: *ya-sumi-shi-shi* / *waga oho-kimi no* / (15) *kikoshi-me-su* / *so-tomo no kuni no* / *ma-ki tatsu* / *Fuhayama kowe te* / *koma-tsurugi* / (20) *Wazami ga hara no* / *kari-miya ni* / *a-mo-ri-imashi te* / *Ame no Shita* / *wosame-tamahi* [*ichi ni ifu: harahi-tamahi te*] / (25) *wosu kuni wo* / *sadame-tamafu to* / *tori ga naku* / *Azuma no kuni no* / *mi-ikusa wo* / (30) *meshi-tamahi te* / *chi-hayaburu* / *hito wo yaha-se to* / *matsurohanu*[84] / *kuni wo wosame to* [*ichi ni ifu: hara-he to*] / (35) *mi-ko nagara* / *make-tamahe ba*
C: *oho mi-mi ni* / *ta-chi tori-haka-shi* / *oho mi-te ni* / (40) *yumi tori-motashi* / *mi-ikusa wo* / *a-do-mo-hi-tamahi* / *totonofu-ru* / *tsutsumi no oto ha* / (45) *ikazuchi no* / *kowe to kiku ma-de* / *fuki-nase-ru* / *ku-da no oto mo* [*ichi ni ifu: fuwe no oto ha*] / *ata-mi-taru* / (50) *tora ga hoyuru to* / *moro-hito no* / *ohiyu-ru ma-de ni* [*ichi ni ifu: kiki-matofu ma-de*][85] / *sasage-taru* / *hata no maneki ha* / (55) *fuyu-go-mori* / *haru sari-kure ba* / *no goto ni* / *tsuki te aru hi no* [*ichi ni ifu: fuyu-go-mori haru-no yaku hi no*] / *kaze no muta* / (60) *nabikafu goto-ku* / *tori-mote-ru* / *ya-ha-zu no sawaki* / *mi-yuki furu* / *fuyu no hayashi ni* [*ichi ni ifu: yu-fu no hayashi*] / (65) *tsumuji ka-mo* / *i-maki-wataru to* / *omofu ma-de* / *kiki no kashiko-ku* [*ichi ni ifu: moro-hito no mi-matofu ma-de ni*] / *hiki-hanatsu* / (70) *ya no shige-ke-ku* / *oho-yuki no* / *midare te kitare* [*ichi ni ifu:*

84 Das Verb *matsurohanu* ist *matsuru* + *fu* für Fortsetzung, Kontinuität (*matsurofu*) in Negativform.

85 Das Verb *ohiyuru* / *obiyuru* ist das endoaktive Verb *ohiyu*, „sich fürchten", in Attributivform.

*arare nasu so-chi yo-ri ku-re ba*][86] / *matsurohazu* / *tachi-mukahi-shi*[87] *mo* / (75) *tsuyu-shimo no* / *kena ba kenu-be-ku*[88] / *yuku tori no* / *arasofu hashi*[89] *ni* [*ichi ni ifu: asa-shimo no kena ba ke to ifu ni utsu-semi to a-ra-so-fu ha-shi ni*] / *Watarahi no* / (80) *Itsuki no Miya yu* / *kamu-kaze ni* / *i-buki-matoha-shi* / *ama-kumo wo* / *hi no me mo misezu*[90] / (85) *toko-yami ni* / *ohohi-tamahi te*

D: *sadamete-shi*[91] / *Mizu-ho no Kuni wo* / *kamu-nagara* / (90) *futo-shiki-mashi te* / *ya-sumi-shi-shi* / *waga oho-kimi no* / *Ame no Shita* / *mawoshi-tamahe ba* / (95) *yorozu yo ni* / *shika-shi mo aramu to* [*ichi ni ifu: kakushi mo a-ra-mu to*] / *yu-fu-hana no* / *sakayuru toki ni*

E: *waga oho-kimi* / (100) *mi-ko no mi-kado wo* [*ichi ni ifu: sasu take no mi-ko no mi-kado wo*] / *kamu-miya ni* / *yosohi-matsuri te* / *tsukashashi-shi*[92] / *mi-kado no hito mo* / (105) *shiro-tahe no* / *asa-goromo kite* / *Haniyasu no* / *mi-kado no hara ni* / *aka-ne sasu* / (110) *hi no kotogoto* / *shishi ji mono* / *i-ha-hi-fushi tsutsu* / *nuba-tama no* / *yufuhe ni itare ba* / (115) *oho-tono wo* / *furi-sake-mi tsutsu* / *uzura nasu* / *i-ha-hi-motohori* / *samorahe do* / (120) *sa-mo-ra-hi-ene ba* / *haru-tori no* / *sa-ma-yo-hi-nu-re ba* / *nageki mo* / *imada suginu ni* / (125) *omohi mo* / *imada tsukine ba* / *koto-sa-he-ku*[93] / *Kudara no hara yu* / *kamu-haburi* / (130) *haburi i-mase te* / *asa mo yoshi* / *Ki no He no Miya wo* / *toko-miya to* / *takaku matsuri te*[94] / (135) *kamu-nagara* / *shizumari-mashi-nu*

---

86 Der Vers *midare te kitare*, bedeutet hier etwa „ist chaotisch gefallen"; *ki-tari*, wörtlich: „ist gekommen", steht in der offenen Konditionalform (*izenkei*), die aus den Iwami-*sōmon*-Liedern bekannt ist.

87 Gelesen als Verbphrase ist *-shi* in *tachi-mukahi-shi* die Attributivform der Hilfsverbs *-ki* (Vergangenheit); die Vergangenheit gilt auch für das vorangehende Verb *matsurohazu* (*matsurofu*, siehe oben + Negation), etwa: „ohne … gemacht zu haben, …".

88 Die Verbphrase *kena ba* ist *ku* 消, „erlöschen, ausgehen", + *-nu* (perfektiver Aspekt) in Indefinitform + Postposition *ba*, etwa: „wenn … erloschen ist"; zu den verschiedenen Lesungen der Verse der alternativen Fassung vgl. Aso 1: 488–489.

89 Das Wort *hashi* wird gewöhnlich im räumlichen Sinn ausgelegt (vgl. SNBZ 6: 199), gelegentlich aber auch zeitlich „als"; vgl. Inaoka 1: 126.

90 Takeda (3: 563) sieht abgesehen von einigen unvermeidbaren Schwachstellen in diesen metaphorischen Versen den einzigen „wunden Punkt" des Langgedichts.

91 Die Verbphrase *sadame-te-shi* ist *sadamu*, „festlegen, bestimmen", + *tsu* (perfektiver Aspekt, Konjunktionalform) + *-ki* (Vergangenheit, Attributivform).

92 Der Vers *tsukahashi-shi* ist *tsukafu*, „entsenden, beauftragen", mit den Hilfsverben *-su* (Honorativform) + *-ki* (Vergangenheit) in Attributivform; Aso (1: 491) bestimmt das Subjekt als Takechi.

93 Das Kopfkissenwort 言佐敝久 *koto sa-he-ku* kommt in dieser Verschriftung auch zu Beginn von 2: 135 vor, wo es dem Ortsnamen Kara (China oder Korea, hier Kudara [Paekche]), dem Staat auf der koreanischen Halbinsel voransteht.

94 Takeda (1: 542) und Omodaka (2: 374) folgen der Notation im Nishi-Honganji-*bon* mit

F: *shikaredomo*[95] / *waga oho-kimi no* / *yorozu yo to* / (140) *omohoshi-meshi te* / *tsuku-ra-shi-shi* / *Kaguyama no Miya* / *yorozu yo ni* / *sugi-mu to omohe ya* / (145) *ame no goto* / *furi-sake-mi tsutsu* / *tama-da-suki* / *kake te shinohamu* / *kashikoku are do mo*[96]

## Zum Aufbau des Langgedichts

Enomoto Fukujus Arbeit von 2015 dürfte in der Forschung zu diesem Langgedicht einen Richtungswechsel bewirken, da sie neues Licht auf die Darstellung der Schlacht zwischen den Truppen Takechis und den „unfolgsamen und brutalen Menschen" – die Teile B, C, D – wirft. Zum Verständnis der Positionen, die sich in den jüngeren Kommentarwerken niederschlagen, sowie zum Nachvollzug von Enomotos Argumentation beginnen die folgenden Ausführungen mit der Darstellung einiger Aspekte aus der bisherigen Forschung, an die auch Enomoto anschließt. Die gewählte Aufgliederung in die sechs Bestandteile A bis F besitzt heuristischen Nutzen und ist mit Enomotos Analysen weitestgehend verträglich. Die Struktur des Langgedichtes ist an die Frage nach den Handlungsträgern gebunden. Dem Text mangelt es aber an dementsprechenden Angaben, was mit der „zu langen Satzstruktur, die das Verfolgen der Zusammenhänge erschwert",[97] zu kontroversen Positionen führte. Es empfiehlt sich daher zunächst die Orientierung an einem zusammenfassenden Überblick, den Kanazawa Hideyuki (1999) im „Seminar" anbietet. In der älteren For-

---

高之奉而 und lesen *takaku shi matsuri te*, aber 之 könnte eine Verwechslung mit 久 sein, sodas es *taka-ku matsuri te* (sieben Silben) hieß; vgl. Sasaki et al. 2: 238 mit allen Emendationen und Lesungen. Sasaki et al. (ebd.), deren Grundlage das Kan'ei-*bon* 寛永本 ist, eine auf Sengaku zurückgehende Druckausgabe aus dem Jahr 1642, lesen *takaku shi tate te*, und die SNBZ-Bearbeiter (6: 133) schließen sich. Die anderen hier konsultierten Kommentare lesen 高久奉而 *takaku matsuri te*; vgl. SNBT 1: 146 oder Aso 1: 492–493. Die Schriftzeichen 奉而 sind in allen Ausgaben gleich, und die SNBZ-Bearbeiter (ebd.) setzen *matsuri* mit *tate* gleich. Das Schriftzeichen 奉 führt jedoch in diesem Langgedicht eine bestimmte Funktion aus, auf die zurückzukommen ist.

95 Aso (1: 493) zufolge ist *shikaredomo* die Kurzform von *shika are domo* mit der Bedeutung そうではあるが *sō de ha aru ga*, „das ist so, aber / und doch …".

96 Lesung nach SNBT 1: 146. Omodaka (2: 375) oder Aso (1: 473) lesen *kashikokare do mo*, was Aso (1: 495) als Kontraktion aus *kashikoku are do mo* erläutert. Die Kontraktion macht aus dem hypermetrischen Vers mit acht Silben einen Vers mit sieben Silben. Die SNBZ-Bearbeiter (6: 135) lesen *kashikoku ari to mo* und erläutern, dass das Phonogramm 騰 zwar gewöhnlich für *do*, im zweiten Band aber häufig für *to* stehe. Die Lesung von 有 mit *ari*, und nicht in *are*, was vor *domo* üblich wäre, steht bei ihnen für *katei joken* 仮定条件 („selbst wenn").

97 Vgl. SNBT 1: 148. Inaoka (1: 132) sieht die ersten einhundertsechsunddreißig Verse, die er in drei Stufen unterteilt, als einen sich fortsetzenden Satz ohne deutliche Zäsuren, worin er „Hitomaros typischen Ton der fortgesetzten Stimme" erkennt.

schung besteht zudem Konsens in dem Verständnis einer strukturellen Ähnlichkeit mit dem *banka*-Trauergedicht 2: 167 zum Tod von Kusakabe (vgl. Kanazawa S. 70, Misaki 2005: 63). Sie mache sich in der einleitenden Mythisierung und Deifizierung von Tenmu bemerkbar, woran die Klage über das vorzeitige Ableben des Verstorbenen sowie die Trauerbekundungen der Zurückbleibenden anschließen. Eine Pauschalisierung von Ähnlichkeiten birgt allerdings Risiken für das angemessene Verstehen der einzelnen Gedichte, da die Differenzen dahinter zu verschwinden drohen.

Kanazawa beruft sich in verschiedenen Punkten auf Itō Haku und vollzieht zunächst eine „grobe" Vorgruppierung unter „formalen" Kriterien in die Verse 1 bis 136 als den ersten und die letzten dreizehn Verse als den zweiten Teil (S. 68). Darauf folgt eine Feineinteilung, die das folgende Bild ergibt:

> A: 12 Verse [...], Erklärungen zu Tenmus Leben
> B: 24 Verse [...], Tenmus Betreten des Kriegsschauplatzes, der Befehl an Takechi zur Unterwerfung der feindlichen Truppen
> C: 50 Verse [...], Schilderung von Takechis prächtiger Armee und der Unterwerfung der feindlichen Armee
> D: 12 Verse [...], Frieden im Reich unterm Himmel, Takechis Regierungsdienste
> E: 38 Verse [...], das Klagen der Hofgesellschaft nach Takechis Tod, die Aufbahrung im Palast Ki no He no Miya
> F: 13 Verse [...], die Gefühle des Autors (*sakusha*) und Abschluss (1999: 68–69)

Die Übersetzung und Transkription des Originaltextes berücksichtigen das Modell durch entsprechende Absätze und Ausweisungen. Gibt es bei den Fragen der Grobstruktur auch Abweichungen, besteht weitestgehende Einigung in der gesonderten Betrachtung der letzten dreizehn Verse.[98] So setzt Takeda Yūkichi (3: 542–543) nach Vers 136 sowie nach dem letzten Vers Haken, die das Langgedicht in zwei Teile gliedern, und wie Kanazawa beschreibt er die letzten dreizehn Verse als „Äußerungen über die Gefühle des Autors (*sakusha*)".[99] Während sich die erste Stufe der Darstellung der Wirklichkeit widme, stelle der Autor in der zweiten Stufe seine Gefühle über den Palast des Verstorbenen dar; das beschreibt er auch als den „Teil, der die subjektive Sicht

98 Die Abweichungen betreffen meist Kanazawas Stufen B bis E. So fassen die SNBT-Bearbeiter (1: 146–148) die Stufen B bis D zusammen, sehen aber einen dritten Teil, der Kanazawas Stufe E entspricht; diese Einteilung vertritt auch Inaoka (1: 130). Aso (1: 479) wiederum sieht vier Stufen und fasst Kanazawas Stufen A und B sowie C und D jeweils zu einer zusammen; die dritte und vierte Stufe entsprechen Kanazawas Modell.

99 Vgl. Takeda 3: 563; in diesem Sinn lesen auch Omodaka 2: 405 oder SNBT 1: 148.

schildert".[100] „Autor" ist für Takeda, Kanazawa und andere gleichbedeutend mit „Hitomaro", und neben der emotionalen Aussage dürfte für die Abstrahierung zum Autor wohl auch der vermutete Perspektivenwechsel verantwortlich sein, der wie angemerkt unter anderem für die Verse 73 bis 78 konstatiert wird. Enomotos Ausführungen zeigen dagegen, dass zwar das Blickfeld selbst in Bewegung ist, ein Perspektivenwechsel hingegen nicht stattfindet. Der Blick, so lässt sich vorwegnehmend festhalten, ist der eines Erzählmediums, das sich durch den Rahmen – die ersten vier und die letzten dreizehn Verse (siehe unten) – selbst positioniert und dabei eine zeitlich-räumliche Distanz wahrt. Für den Rahmen ist ein Erzähler festzuhalten, der aus seiner gegenwärtigen Perspektive berichtet, was dem diegetisch-narratorialen Erzähler entspricht, aber für den Binnenteil ist der Status nicht leicht zu entscheiden.[101]

Die letzten dreizehn Verse werden als direkter Ausdruck der Gefühle des Autors (*sakusha*) verstanden, und auch Aso Mizue (1: 478) zufolge steht dessen subjektive Sicht der Darstellung der Realität in den vorangehenden Versen gegenüber. Diese Auslegung ist zum einen erstaunlich, da sie den deifizierenden Beschreibungen von Tenmu sowie der Überführung von historischen Ereignissen in politische Mythen zum Trotz auf Begriffe wie „Objektivität" oder „Realität" zurückgreift. Zum anderen stellt sie das Verhältnis zu den ersten vier Versen zur Diskussion, da diese für die Analyse von den folgenden Darstellungen zu trennen sind. Wie es sich nämlich noch zeigen wird, sind die Einleitungsverse auf einer anderen, sowohl zeitlich-räumlichen wie auch sprachlichen Ebene zu verorten. Es handelt sich um eine metasprachliche Aussage des Erzählmediums, das heißt eine Aussage über die Inhalte, die anschließend zur Sprache kommen. Damit gibt sich das Erzählmedium zu erkennen und weist das Folgende als eine Erzählung aus einer gewissen zeitlich-räumlichen Distanz aus. Auch die letzten dreizehn Verse sind diesem Diskurs zuzuordnen, die den im Text greifbaren Erzähler zu erkennen geben, und nicht den empirisch-historischen Autor.

Takeda (3: 544) bezieht die Eröffnungsverse auf die „ehrenwerten Taten" des Tenmu Tennō, sodass sich der Bezug insgesamt bis zu Vers 36 erstrecke, was Kanazawas Stufen A und B entspricht. Die vier Einleitungsverse besagen etwa „die (Ehr)furcht nicht erdulden können", und auch hier gibt es im Detail Differenzen wie in der Frage, ob sich *kakemaku mo* auf das Denken oder

100 Vgl. Takeda 3: 544. Diese Gegenüberstellung von einhundertsechsunddreißig Versen der „objektiven Beschreibung" versus „subjektiven Teil" vollzog bereits 1937 Saitō Mokichi; zitiert nach Aso 1: 480.

101 Sollte der Erzähler an den Kampfhandlungen nicht teilgenommen haben, läge (nach Schmid 2008) für den Mittelteil ein nichtdiegetischer-narratorialer Erzähler vor.

Aussprechen bezieht. Ansonsten stimmt die spätere Forschung mit Takedas Einschätzung überein. Diese Bekundung der tiefen Ehrfurcht gegenüber Tenmus Taten mutet nichtsdestotrotz eher kompositorisch an, da sie in dem *banka*-Langgedicht zum Tod von Kusakabe trotz der behaupteten strukturellen Ähnlichkeiten mit 2: 199 offenbar nicht erforderlich ist. Da Takeda (3: 563) den Teil E nach Kanazawas Modell als den „Tod als das Nichterfüllen der Erwartungen" beschreibt, stellt sich die Frage, ob sich die metasprachlichen Einleitungsverse nicht vielmehr auf alle folgenden Verse bis Vers 136 beziehen, deren Ende eine grammatische Markierung mit *-nu* (perfektiver Aspekt, in *shizumari-mashi-nu*) bildet. Es scheint also vielmehr das Gesamte zu sein, wovon das Erzählmedium nur mit größter Ehrfurcht berichten kann. Schließlich wird diese Haltung zwischendurch (siehe unten, Exkurs) aufgefrischt und im letzten Vers noch einmal zum Ausdruck gebracht.

In Kanazawas Einteilung der ersten zwölf Verse als Teil A sind die ersten vier Verse somit gesondert zu verstehen, und die folgenden acht Verse unterliegen einer Ordnung, die es noch näher zu betrachten gilt, da ihr Aufbau entscheidende Hinweise für die Bedeutung liefert. Denn die tendenzielle Gleichsetzung der Strukturen von 2: 167 und 2: 199, die Itō als „gegenseitige Gleichheit (*aidōsei* 相同性) der Satzstrukturen" beschreibe (zitiert nach Kanazawa), hat die Forschung dahin geführt, unter „Himmelspalast" (*ama tsu mikado*) nicht mehr wie Keichū die Begräbnisstätte, sondern das Errichten der Hofanlage von Kiyomihara zu verstehen (vgl. Kanazawa S. 69–70). Enomoto (2015: 87, 101) zeigt dagegen an der Struktur des „Versblockes" die Bedeutung als Grabanlage und stellt somit Keichūs Auslegung wieder her.

### Rahmen und Binnenerzählung

In dem Antrittsedikt (詔 *shō, mikotonori*) der Genmei Tennō steht in der sogenannten *senmyō-gaki*-Verschriftung (宣命書) den Namen der Höfe Fujiwara no Miya und Ōmi no Ōtsu no Miya die Phrase 閇母威岐 *kakemaku mo kashiko-ki* voran; datiert ist das Edikt auf den 4. Monat, Keiun 4 (708).[102] Die zeitliche Differenz macht die Beziehung zwischen den Einleitungsversen zu 2: 199 und dem Edikt unklar. So könnte es sich um eine abgekürzte Form der ersten vier Verse (*kakemaku mo [yuyu-shi-ki kamo / ihama-ku mo aya ni] kashiko-ki*) handeln. Angesichts der Länge und der semantisch ähnlichen Wiederholungen ist aber auch die Ausweitung einer alten Floskel zu den vier Versen im Gedicht möglich. Zwar sind noch weitere Belege wie *kakemaku mo aya ni kashikoshi*

102 Vgl. SNBT 12: 118–121 und zur Erläuterung der Edikte und deren Verschriftung ebd. S. 244–245.

bekannt,[103] aber wie das oben diskutierte Langgedicht zur verwilderten Hofanlage von Ōmi no Ōtsu no Miya belegt, war eine mit *kakemaku mo* beginnende Phrase nicht verpflichtend, was weiterhin für die ersten vier Verse als literarische Komposition spricht. Festzuhalten bleibt die Position vor dem Ortsnamen „Asuka no Makami no *hara*", der Makami-Ebene in Asuka als Bühne der ersten Handlungsdarstellungen, aber mit den vier Versen scheint es um mehr zu gehen, als lediglich einem Ortsnamen voranzustehen.

Bezüglich der letzten dreizehn Verse in F macht Omodaka (2: 405) auf deren Einleitung mit *shikare do mo*, „so war es, aber dann / und doch", aufmerksam. Der Vers kommt hier das erste Mal vor und ist in der Sammlung mit vierzehn Belegen vertreten (vgl. Omodaka 1977: 117, Satake et al. 2004: 202), findet jedoch Omodaka (ebd.) zufolge als lyrischer Ausdruck ab dem *Kokin wakashū* 古今和歌集 keine Verwendung mehr. Er vermutet, dass die späteren Generationen das Wort nicht mehr als Gedichtwort (*kago* 歌語) empfanden, aber die Beobachtung legt vielmehr umgekehrt nahe, dass in der frühen *Man-yōshū*-Dichtung die Ausdifferenzierung zum *kago* noch nicht relevant ist. Die letzten beiden Verse, die Omodaka (2: 375) oder Aso (1: 473) *kakete te shinohamu kashikokare to mo* lesen, erläutert er als Wunschbezeugung, das Andenken an den Verstorbenen im Herzen zu bewahren, das zu äußern allerdings mit größter Ehrfurcht verbunden sei. Der letzte Vers, dessen Lesung in den Kommentaren aufgrund der offenen Verschriftung unterschiedlich ausfällt, wiederholt den metasprachlichen Ausdruck der Ehrfurcht aus den ersten vier Versen, sodass die ersten vier Verse mit den letzten dreizehn Versen einen Rahmen bilden, der die Erzählung von Tenmus Auf- bis zu Takechis Abtreten umfasst. Die letzten dreizehn Verse beginnen mit *do mo* und enden mit *do mo* beziehungsweise *to mo*, was semantisch keinen großen Unterschied machen dürfte. Wie der unregelmäßige Abschluss mit 5-7-7 beziehungsweise 5-7-8 Silben dient das der Hervorhebung der Abschlussverse.[104]

---

103 Vgl. Satake et al. 2004: 124. In 13: 3324 stehen die beiden Verse vor dem Ortsnamen Fujiwara no Miyako. In diesem *banka*-Langgedicht zu einem namentlich nicht genannten Prinzen kommen der Name Ki no He sowie andere Verse aus 2: 199 vor, und auch am Ende stehen Verse, die denen in 2: 199 ähneln. Aso (7: 202–204) nennt die in Fujiwara (694 bis 710) verstorbenen drei Namen Takechi no Miko, Yuge no Miko und Osakabe no Miko. Zwar spreche im Gedicht einiges für Takechi, aber es gebe Verse, die „unangemessen" seien, was auch für den 705 verstorbenen Osakabe no Miko gelte, sodass der 699 verstobene Yuge am wahrscheinlichsten sei. Mit den Gedichten 2: 206 bis 206 gebe es aber bereits *banka*-Gedichte zum Tod von Prinz Yuge.

104 Diesen Versen erfährt später in der Dichtung des Ōtomo no Yakamochi eine Stereotypisierung und zugleich eine Heraushebung aus dem Rahmen der Trauerdichtung; vgl. die *banka*-Langgedichte 3: 475 und 478 sowie die Langgedichte 18: 4111 und 20: 4360, die beide die Erinnerungen an die alten Zeiten thematisieren. In ähnlicher Rah-

Für diesen Rahmen, in dem sich das Erzählmedium in zeitlich-räumlicher sowie in sozialer Hinsicht positioniert, spricht weiterhin, dass die Handlungsträger in Teil E als *mikado no hito*, die „Menschen vom Hof", ausgewiesen sind. Zuvor in Teil C heißt es in Vers 51 *moro-hito*, „alle Leute", was sich auf die feindlichen Truppen bezieht. Die *moro-hito* standen auf der früheren historischen Stufe in Teil C den *mikado no hito* gegenüber, wurden aber in der durch Tenmu befriedeten Welt ebenfalls zu *mikado no hito*. So heißt es in Teil E und F jeweils *waga oho-kimi*, „unserer Großkönig", was die universelle Gültigkeit dieser obersten Instanz zeigt (siehe unten). Schließlich sind für den Teil F noch die mnemo-noetischen Verbformen *omohoshi-mesu* und *omofu*, „denken, planen, beabsichtigen", sowie *shinofu*, „sich zurücksehnen", zu bemerken. Diese Verben sind für die Beschreibungen als „subjektiv" und „Autor" verantwortlich und verdeutlichen, dass die Beschreibungen in den Teilen B bis E Handlungen betreffen, die von außen als Handlungen anderer (*hito*) sichtbar sind. In diesem Sinn lässt sich dann ebenfalls von einer gerahmten Erzählung sprechen.[105]

Torquill Duthie (2014: 304) führt die von Itō Haku (siehe unten) genannte Möglichkeit an, dass Takechi für Tenmu handelt, dass also die beiden Figuren im Text zusammenfallen, sieht aber Tenmu und Takechi als die einzigen „Individuen", die in dem Gedicht repräsentiert sind (S. 309). Die Differenz von Erzählung und Rahmen bringt aber noch eine weitere Instanz ins Spiel, nämlich den – für den Rahmen – diegetisch-narratorialen Erzähler. Duthie (S. 310) sieht den Jinshin-Krieg als ein lebendiges Moment im „collective memory",[106] aber die von der offiziellen Geschichtsschreibung abweichenden Darstellungen, welche die Forschung als Ausschmückungen, Mythenbildung und Deifi-

menfunktion wie in 2: 199 kommt *kakemaku ha / aya ni kashikoshi* auch in 5: 813 vor, das ebenfalls mit einer ähnlichen Bekundung abgeschlossen wird und ebenfalls von historischen Ereignissen berichtet; vgl. weiterhin 6: 948, 13: 3324, 13: 3234, 6: 1021. Yakamochi übernimmt auch andere Formulierungen (*chihayaburu* … *matsurohanu* …) in das Langgedicht 20: 4465 („Lob der ehrenhaften Ōtomo") das mit den Abstiegsmythen beginnt und eine Erzählung präsentiert (vgl. Enomoto 2015: 108).

105 Duthie (2014: 299) erwähnt zwar Kanazawas Modell, entscheidet sich aber für eine vereinfachte Einteilung in drei Teile. Der letzte Teil drücke „the court's grief for Takechi's death" aus. Da Duthie im zweiten Teil seiner Arbeit die „Politics of the First Person" verfolgt, muss er diese Beschreibung wählen, die jedoch die Differenzierung von Rahmen und Binnengeschichte ebenfalls im Schatten lässt.

106 Zwischen dem Jinshin-Krieg 672 und Takechis Tod 696 liegt ein Viertel Jahrhundert. Ohne mediale Aufbereitung ist nicht garantiert, dass die Erinnerung an die Ereignisse im kollektiven Gedächtnis kursierten. Das Vorhandensein von Aufzeichnungen in den 690er Jahren ist unklar, was Hitomaro als Zeitzeugen in den Blick rückt; zu dieser seit der Edo-Zeit bestehenden Diskussion vgl. Duthie 2014: 304–305.

zierung beschreibt, lassen sich nicht mehr unter „kollektiv“ fassen. Diese sind einer Instanz geschuldet, die über die schriftlichen Korrekturen als abstrakter Autor Konturen annimmt und die Geschehen und Ereignisse von einem Erzählmedium darstellen lässt, das sich außerhalb der erzählten Welt positioniert. Dafür spricht schließlich auch die komplexe Struktur der Zeit.

**Misaki Hisashis Zeitstruktur**

Misaki (2005: 65–69) verfolgt analog zu dem oben vorgestellten Modell zum *banka*-Trauergedicht 2: 167 anlässlich der Aufbahrung von Kusakabe auch für 2: 199 eine zeitliche Ordnung, die er wie folgt gliedert:

1. vom Anfang bis *kamu nagara futo-shiki-mashi te* [Vers 1 bis 90]: Tenmus Abstieg vom Himmel, Sieg im Jinshin-Krieg, Herrschaft über das Reich unterm Himmel = 1. Vergangenheit
2. von *yasumishishi* bis *sakayuru toki ni* [Vers 91 bis 98]: das Regieren des Takechi, die Erwartungen des Reichs unterm Himmel = 2. Vergangenheit
3. von *waga oho-kimi* bis *shizumari-mashinu* [Vers 99 bis 136]: der Tod des Prinzen und die Aufbahrung in der temporären Grabkammer = 3. Vergangenheit
4. *shikaredomo* [Vers 137 bis Schluss]: Bekräftigung des Nicht-Vergessens = Zukunft (von der Gegenwart gesehen)
5. erstes Gegengedicht: Trauerbekundung = Gegenwart
6. zweites Gegengedicht: Trauerbekundung = Gegenwart (2005: 65)

Die Abweichung von Kanazawas Modell besteht im Umfang des ersten Teils mit neunzig Versen. Der Abschluss mit Vers 90 wiederum, der in Kanazawas Modell innerhalb von Teil D liegt, ist vermutlich der Frage der Bestimmung des Subjekts in den vorangehenden Versen 87 bis 89 geschuldet.[107] Die darauffolgenden Abschnitte in Misakis Modell decken sich mit den Zäsuren in Kanazawas Modell, und die Einteilung in drei Abschnitte der Vergangenheit erweitert die Möglichkeiten des Vergleichs mit 2: 167, dessen Verfolgung Misaki bereits durch die gemeinsame Abhandlung beider Gedichte zu erkennen gibt, unter narratologischen Aspekten. Als den größten Unterschied in dieser Hinsicht zum Trauergedicht zu Kusakabes Tod sieht Misaki (ebd.) eine „komplexer ausfallende Zeitstruktur“. Beide Langgedichte bringen zwar die Welt der Mythen ein und stellen den Abstieg der Ahngottheit vom Himmel sowie

107 Misaki (2005: 67–68) geht kurz auf die vorangehenden Verse ein. Er sieht mit Berufung auf Itō Haku das Subjekt von Teil 2 in Takechi, lässt das Subjekt der vorangehenden Verse jedoch unbestimmt.

das Regieren dar, aber die zeitliche Beschaffenheit in 2: 199 sei eine andere. Da nämlich die Verse *kamu-sabu to* / *iha-gakuri-masu* / *yasumi-shishi* / *waga oho-kimi no*, „Der einer Gottheit angemessen / Sich in den Felsen zu verbergen Geruhende / Alle acht Ecken des Reiches Regierende / Unser Großkönig“, also die Verse 11 bis 14, die in Kanazawas Modell den Übergang von Teil A zu Teil B bilden, den Tod von Tenmu Tennō thematisieren, verlaufe in den sich anschließenden Versen „die Zeit umgekehrt“. Misaki differenziert nicht zwischen erzählter Zeit und der Zeit der Erzählung, aber narratologisch gewendet liegt in seiner Darstellung eine Anachronie in der Ausführung als Analepse vor,[108] die allerdings aus dem Modell nur indirekt hervorgeht. Die erzählte Zeit verläuft tatsächlich „umgekehrt“, aber vom Hauptteil aus gesehen, das heißt von der Darstellung des Jinshin-Kriegs und Takechis Tod, handelt es sich bei den Versen 5 bis 12 um eine (aufbauende) Prolepse. Vers 13 führt dann die Zeit der erzählten Welt wieder zu Tenmus Lebzeiten zurück, um danach der linearen Chronologie zu folgen. Die erzählte Zeit insgesamt ist aber nicht von diesem Hauptteil, sondern von der Rahmung aus zu sehen. Dann zeigt sich eine Vergangenheit, an die sich auf der Ebene der Darstellung eine weiter zurückliegende Vergangenheit anschließt – eben jene umgekehrte Zeitstruktur, die auch die Iwami-*sōmon*-Dichtung zu erkennen gibt.

Im Unterschied zu 2: 167 kehrt Misaki (S. 66) zufolge in 2: 199 Tenmu Tennō nach dem Abstieg vom Himmel und seinem Tod nicht in den Himmel zurück, sondern der Tod werde als ein Ereignis auf Erden dargestellt. Daher sei in 2: 199 der Grad an Mythenbildung geringer als in 2: 167, und darin sieht er auch einen weiteren wesentlichen Unterschied beider Werke. Umgekehrt bedeute das ein stärkeres Hervortreten des „Elements der »Geschichte«“ in 2: 199, das zu zeigen auch eines der Ziele von Enomotos Untersuchungen ist (siehe unten). An dieser Stelle ist hinzuzufügen, dass 2: 167 mit der Zuteilung der beiden Welten durch die „unzähligen Gottheiten“ beginnt, und das Fehlen dieser Mythe in 2: 199 bestätigt Misakis und Enomotos Beobachtungen. Wie die ersten vier Verse zeigen, leiten keine Mythen das *banka*-Trauergedicht zu Takechis Tod ein, sondern die Selbstpositionierung des Erzählers zur Rahmung der historischen Erzählung, sodass auch auf der Ebene der Darstellung die Unterschiede konkret fassbar werden.

108 Misaki (2005: 65) beschreibt das wie folgt: *jikan no junjo ga irekaerarete iru* 時間の順序がいれかえられている. Im Einleitungskapitel (S. 1–42) geht er zwar auf Gérard Genettes Standardwerk ein (in der japanischen Übersetzung *Monogatari no disukūru* 物語のディスクール von 1985), aber offenbar nur, um sich im Folgenden davon zu distanzieren; vgl. ebd. S. 27.

An der verfeinerten historiographischen Darstellung der Ereignisse in 2: 199 besteht angesichts der Darstellungen zum Jinshin-Krieg im „engeren Sinn“ (Itō, siehe unten; Kanazawas Teil C) kein Zweifel. Anders ist es jedoch mit Misakis (ebd.) Erklärung, dass die Zeit „grob gesehen“ von der 1. Vergangenheit „stufenweise“ bis zur Gegenwart verläuft, was nur bedingt und auch nur für die Zeit der Erzählung gilt, da die eigene Erkenntnis der umgekehrten Zeitordnung auf der Ebene der erzählten Zeit dagegen spricht. Die Umstellungen der erzählten Zeit irritieren den Ablauf der Zeit, und eine Beschreibung als „stufenweise“ ist unangebracht, da sie die komplexe Erzähltechnik wieder in den Schatten rückt, die das Erzählmedium auch in Hitomaros Gedichten 1: 29 bis 31 zur verfallenen Hauptstadt am Biwa-See als Analepsen oder in den Iwami-*sōmon*-Gedichten mit der umgekehrten Zeitstruktur auf gedichtübergreifender Ebene an den Tag legt. Für die Ordnung der Darstellungsebene komplizierend dürften sich schließlich auch die einleitenden Verse auswirken, die wie gesehen in raum-zeitlicher sowie in metasprachlicher Hinsicht auf einer anderen Ebene angesiedelt sind. Dort ist die Gegenwart des Erzählens und somit die zeitliche Distanz zur Binnenerzählung festzumachen, die den Angaben im Gedichttitel zufolge ein Viertel Jahrhundert ausmacht. Nach der gerafften Erzählung von Tenmus Tod wird das Erzähltempo zur Darstellung des Jinshin-Kriegs deutlich gedrosselt, und auch diese Erzähltechnik ist aus Hitomaros Gedicht 1: 29 zur verfallenen Hauptstadt bekannt.

Trotz der Differenzen seien die beiden Trauergedichte zu Kusakabe und Takechi in der „groben Struktur“ identisch, aber Misaki (S. 66) macht den „großen Unterschied“ in den letzten dreizehn Versen von 2: 199 aus, die Kanazawas Teil F entsprechen. Denn in diesen sieht Misaki den „Blick in die Zukunft“ eingeschrieben, wenn auch die beiden Gegengedichte diesen wieder auf die Gegenwart zurücklenken und damit das „Werk beenden“. In 2: 167 sei die Zukunft zwar ebenfalls zu vernehmen, aber nur als „Erwartung, die sich nicht realisierte“, oder als eine Zukunft, die „als Befürchtungen erzählt wird“. Das „trauernde Erinnern (*shinohi*)“ für die Zukunft selbst – den bereits in der ältesten Dichtung Japans angelegten Eid, nicht zu vergessen (vgl. Wittkamp 2014b: 210–214), J. Assmanns „prospektive Memoria“ (2005: 71) – sei nicht vorhanden. In diesem Zusammenhang sei erwähnt, dass der Ausdruck der Zukunft nicht nur in Misakis Teil 4 vorkommt. Neben der Bekundung *shinohamu*, „erinnern wollen / werden“, kommt *yorozu yo ni / to*, „für zehntausend Generationen“ dort zwei Mal vor, findet sich aber auch in Vers 95 (Teil D), sodass sich darüber die prospektive Memoria als ein durchgehendes Thema aufbaut.

Itō Haku habe verdeutlicht, dass 2: 167 dem Thronfolger, 2: 199 aber dem stellvertretend Regierenden (太政大生 *daijō daisei*) gewidmet ist. Daher stellt sich Misaki (S. 67) die Frage, wie die Tatsache zu werten sei, dass die zeitliche

Dimension der Zukunft nicht in dem Trauergedicht zu Kusakabe, sondern in dem zu Takechi zum Ausdruck komme – eine Frage, die Misaki zwar nicht beantwortet, aber anregend ist.[109] Zusammenfassend geht er nochmals auf den „gemeinsamen Ausdruck“ in den beiden Trauergedichten 2: 167 und 199 ein und beschreibt wie folgt:

> Den Lebzeiten, die mit Erwartungen erfüllt waren, wird plötzlich der Tod entgegengesetzt und damit die Methode des Umschlagens ins Dunkel eingeführt. Diese lässt die scharfe Opposition von Vergangenheit und Gegenwart präsent werden, und durch diese [Präsenz] entsteht in der Welt des Werkes ein Verhältnis der Spannung, deren Ergebnis die Belebung des Ganzen ist […]. (2005: 68)

Den Abschluss zu Misakis Untersuchungen bildet ein Blick auf die räumlichen Aspekte, bei dem es allerdings nicht um die Fragen der räumlichen Struktur und der Zuschreibung von Bedeutungen geht, sondern um die Klärung der Ortsnamen und die Positionierung des „Erzählers“ (S. 68–69). Er weist auf die Interpretation hin, wonach der gegen Ende des Langgedichts genannte „Palast am Berg Kaguyama“ der „offizielle“ Ort der temporären Aufbahrung und „Ki no He no Miya“ der „ewige Palast“ (*toko-miya*) seien, also die endgültige Grabanlage. Das lehnt er aber angesichts des Titels ab, der als temporäre Anlage „eindeutig“ den Palast Ki no He no Miya 城上殯宮 angebe. Der im Gedichttext genannt Palast Ki no He no Miya sei somit die temporäre Grabanlage,[110] aber im Gegensatz zu den vorangehenden Tennō seien bei den Prinzen Kusakabe und Takechi lediglich die temporären Grabanlagen am Ort der endgültigen Grabanlagen errichtet worden.

In Misakis Auslegung wurde der Verstorbene nach kurzer Aufbahrung in seinem Palast Kaguyama no Miya „durch die Ebene von Kudara“ zum „Ki no He no Miya“ überführt, dem Ort der temporären und endgültigen Aufbahrung. Misaki geht es um das „Hier“ des „Erzählers“, das er nicht am Ort der temporären Grabanlage, sondern mit den Abschlussversen des Langgedichts im Palast von Kaguyama ausmacht. Das erste Gegengedicht gibt keinen Ort an, aber

109 Auf die Frage der Verbindung von Zukunft mit dem Ausdruck der *banka*-Trauerdichtung geht Misaki (2005: 95–119) bei der Untersuchung zu den Trauergedichten zu Asuka no Himemiko (2: 196 bis 198) ein.

110 Auf die unterschiedliche Verschriftung mit 木上宮 Ki no He no Miya im Gedichttext geht Misaki nicht ein. Die Schriftzeichen 常宮 für *toko-miya* (Vers 133) sind auch aus dem *banka*-Trauergedicht 2: 196 für die verstorbene Asuka no Himemiko bekannt und dort explizit mit dem Palast Ki no He no Miya verbunden, den der SNBZ-Kommentar (6: 129) als endgültige Grabanlage erläutert. In 2: 196 stehen für Ki no He wiederum andere Schriftzeichen.

2: 201 erwähnt den „Damm am Teich von Haniyasu“, schließe also in räumlicher Hinsicht an die Verse des Langgedichts an; der Ortsname „Haniyasu“ kommt als 埴安乃 門之原爾 Haniyasu *no mikado no hara ni*, „in der Ebene [= Platz] vor dem erlauchten Tor“, im Langgedicht vor (Vers 107).[111] Der „Erzähler“ befindet sich somit nicht am Ort der temporären Aufbahrung, sondern bleibt während der Überführung im Palast von Kaguyama no Miya zurück. Der Transport des Verstorbenen wird in den letzten Versen von Teil E formuliert: Kudara *no hara yu*, „durch (從) die Kudara-Ebene“.[112] Die Erwähnung von zwei „Ebenen“ verkompliziert zwar die räumliche Lage, aber falls sich der Erzähler im Palast des Verstorbenen befindet, bringt die Ebene von Kudara eine räumliche Distanz ein. Das passt zu den bisherigen Beobachtungen eines sich von den *hito* distanzierenden Erzählers.

**Zusammenfassung der Zeitstruktur der erzählten Welt**

Misakis Analysen kennen nur die Zeit der erzählten Welt (Diegesis), und auch die Ebene der Darstellung (Exegesis) rückt nicht in den Blick. Das Verhältnis der Zeit der erzählten Welt und der Zeit der Erzählung sowie die Differenz zwischen Diegesis und Exegesis strukturieren 2: 199 dagegen wie folgt: Die in der Rahmung zu verortende Gegenwart des Erzählens erzeugt mit der Binnenerzählung ein komplexes Bild der Zeit der erzählten Welt. Zu dieser gehört auch die Gegenwart des Erzählens, aber der Rahmen besitzt keine Handlungsdarstellungen zur äußeren Welt, sondern besteht aus Wahrnehmungen, Gefühlsäußerungen und Gedankendarstellungen des Erzählmediums. Allerdings geht aus den Versen der Erzähl-Ort „am Kaguyama“ hervor (vgl. Misaki S. 68). Aus der Erzähl-Gegenwart, die in den Versen 1 bis 4 und 137 bis 149 festzumachen ist, erfolgt die Binnenerzählung von Vers 5 bis 136, und von dieser Gegenwart aus gesehen ist die gesamte Binnenerzählung Vergangenheit. Die Darstellung wirkt experimentierfreudig, denn sie wartet mit Zeitumstellungen und unterschiedlichen Erzählgeschwindigkeiten auf. Die gerahmte Erzähhung setzt mit einem gerafften Erzählen vom Abstieg Tenmus, der Errichtung des Reichs und schließlich seines Todes an (Verse 5 bis 12). Von diesem Zeitpunkt der erzählten Welt gesehen erfolgt eine Analepse, die zum Jinshin-

111 Die SNBZ-Bearbeiter (6: 134) erläutern die Schriftzeichen als einen Platz vor Takechis Palast, der sich am Ufer des Sees namens Haniyasu befunden habe. Dieser See wiederum sei an der südwestlichen Ecke des Berges Kaguyama gewesen.

112 Hier erläutern die SNBZ-Bearbeiter (6: 135) die Funktion von *yu*, lassen den Ortsnamen aber offen. Die SNBT-Bearbeiter (1: 148) wiederum gehen auf „Haniyasu“ nicht ein, verorten aber die Ebene von Kudara nordöstlich der Stadt Kashihara-*shi*, was sie an dem Ortsnamen „Kudara“ im oben genannte Bezirk Kita-katsuragi-*gun* Kōryō festmachen. Dieser Ort liegt einige Kilometer vom Berg Kaguyama entfernt.

Krieg, vierzehn Jahre vor Tenmus Tod zurückführt (Teile B und C). Für die Darstellung der entscheidenden Schlacht im Kurzkrieges wird das Erzähltempo enorm reduziert, aber danach erfolgt eine weitere Raffung, nämlich die Jahre vom Sieg bis zu Takechis Tod (Teil D), wogegen den damit verbundenen Ereignissen wieder mehr Aufmerksamkeit gewidmet wird (Teil E, 38 Verse). Das Ende der Binnenerzählung führt den Bogen wieder zurück zum Rahmen (Teil F), der wie die ersten vier Verse aus der Beschreibung der inneren Vorgänge des Erzählers in der Gegenwart des Erzählens besteht.

Innerhalb der Erzählzeit, die an der Anzahl der Verse abzulesen ist, erhält die Binnenerzählung mit einhunderteinunddreißig Versen (Vers 5 bis 136) am meisten Aufmerksamkeit. Aber deren Verhältnis zur Zeit der erzählten Welt relativiert sich unter Einbezug der Zeit der erzählten Welt, die in den achtzehn Versen der Rahmung dargestellt wird. Zwar gehören diese Verse zu den Diskurstypen Argument / Erklären und Description / Beschreiben, sodass in der erzählten Welt kaum Zeit vergeht, aber die Verse insgesamt sind auf die Zeit der Aufbahrung in der Übergangsgrabkammer zu beziehen. Damit ergibt sich die Ebene der Darstellung als bewegt und abwechslungsreich zu erkennen.

Das Erzählen in Hitomaros Gedichten ist komplex und wandlungsfähig, wofür ein ausgiebiges Interesse an der Erzählung verantwortlich sein dürfte. Enomoto Fukuju (2015) geht es nicht um Narratologie, sondern letztendlich um Einteilungsfragen, die aber nur die Teile B, C und D (vgl. S. 123) und nur die Mikrostrukturen der Versarrangements betreffen. Allerdings sieht er (S. 102) eine dramaturgisch notwendige Distanz zwischen dem Tod Tenmus und dem von Takechi. So hätte aus Gründen der Inszenierung Tenmus Tod beispielsweise nicht unmittelbar nach den Darstellungen zum Jinshin-Krieg geschildert werden können. Denn die unmittelbare Darstellung von zwei historisch bedeutsamen Todesfällen nach dem Jinshin-Krieg würde die Dramaturgie schwächen. Für die Zeitumkehrung mögen durchaus verschiedene Gründe verantwortlich sein – die Dramatik dürften die umgestellten, gerafften und verzögerten Zeitabläufe der erzählten Welt in jedem Fall steigern.

**Zu den fehlenden Subjektangaben**

Als Grund für die fehlenden Subjektangaben, die eine große Verständnishürde darstellen, vermutet Takeda (3: 563), dass das Langgedicht „realiter vor der Seele des Verstorbenen (*reizen* 靈前) rezitiert wurde“. Die ausgesparten Subjektangaben erklärt er mit dem mündlichen Vortragen gegenüber der „zur Gottheit gewordenen Seele (*shinrei* 神靈)“, und auch Omodaka (2: 405) argumentiert mit vorschriftlicher Ritualsprache. Die Umarbeitungen zur autorisierten Hauptfassung geben diese allerdings als ein Produkt der Arbeit am Text zu erkennen, und die Frage ist vielmehr, ob nicht auch rhetorische Absichten zu vermuten sind. Bereits der Vergleich mit 2: 167, dem *banka*-Langgedicht zu Kusakabes Tod, legt nahe, dass orale Traditionen zwar eine Rolle spielten, die sich aber von den schriftlichen Ausarbeitungen unterschieden haben dürften. Denn die Differenzen zwischen den beiden Trauerdichtungen sind insgesamt so gravierend, dass sie eher für Schriftlichkeit als für Mündlichkeit sprechen. Es ist schließlich auch zu fragen, wie mit dem Problem umgegangen wurde, die bei Trauerliedern vor dem Verstorbenen anwesende Körperlichkeit in die Schrift zu überführen beziehungsweise zu kompensieren. Auch im Folgenden sollen daher der Blick auf die Arbeit am Text im Zentrum der Untersuchungen stehen. Das sollte zudem das Verstehen der ersten beiden *Man'yōshū*-Bände als eine Form der Geschichtsschreibung vertiefen, die zu einer Zeit entstand, als man sich noch auf der Suche nach angemessenen Formen der Repräsentation befand. Da sich Itō Hakus Ausführungen als Basis verschiedener Anschlusskommunikationen erwiesen haben, sei im Folgenden kurz nachvollzogen, wie er das Problem der fehlenden Subjektangaben zu lösen versucht.

Itō (1975: 240–254) geht es zunächst um die Frage nach der „historischen Wirklichkeit in Hitomaros Ausdruck“. Er vergleicht die Formulierung *Ame no Shita mawoshi-tamahe ba*, die Verse 93 und 94 aus 2: 199, mit *Ame no Shita shirashi-meshi se ba*, den Versen 39 und 40 aus dem *banka*-Trauerlied für Kusakabe. Beide Textstellen bedeuten, das „Reich unterm Himmel regieren“, aber während die Beschreibung als *shirashi-mesu* der obersten Autorität vorbehalten ist, bezieht sich *mawoshi-tamafu* auf das stellvertretende Regieren beziehungsweise auf die Amtsausübung (vgl. Inaoka 1: 128). Die Verse in 2: 199 explizieren weder das Subjekt noch den sozialen Status der hinzuzudenkenden Figur, und eine längere Diskussion widmet sich den Gründen des unterschiedlichen Sprachgebrauchs. Angesichts der oben erwähnten *Nihon shoki*-Beschreibung als 後皇子尊 *nochi no miko no mikoto*, „der spätere“ oder „nachfolgende Miko no Mikoto“, sieht nämlich Itō (S. 241) zufolge die „etablierte Lehrmeinung“ in dem verstorbenen Takechi ebenfalls den offiziellen Thronfolger. Dann aber sei der Sprachgebrauch nicht angemessen, und es stelle sich zudem der Widerspruch ein, in Kusakabe die Hoffnung auf die Thronfolge gesteckt zu haben, von Takechi aber lediglich die – wenn auch die oberste – Amtsausführungen verlangt zu haben, was dann wiederum als Hitomaros „spitzfindige Unterscheidung“ zu kritisieren sei. Itō (ebd.) hält dem entgegen, dass Takechi zwar den höchsten Posten einnahm und zu höchsten Ehren kam, aber nicht zum offiziellen Thronfolger nominiert wurde. Insofern seien die Formulierung in Hitomaros Gedichten angemessen (vgl. Takeda 3: 557, Omodaka 2: 397–398). In Itōs Untersuchung bedeutet das nichts anderes, als dass die politische Realität erfasst wurde, was für die Formfragen der Geschichtsschreibung zu berücksichtigen ist.

Im Folgenden diskutiert Itō (S. 244–247) den stereotypen, den Versen 93 und 94 voranstehenden Ausdruck [*yasumi-shishi*] *waga oho-kimi no*, „mein / unser Großkönig“. Die Verbindung zu den Folgeversen mit *no* biete zwei Möglichkeiten, nämlich einmal als Bezeichnung des Subjekts (*shu-kaku* 主格, *shugo* 主語), was sich auf Takechi beziehe. Diese von Itō (1: 407) selbst und in anderen Kommentaren (SNBZ 6: 134, SNBT 1: 145, Inaoka 1: 128, Aso 1: 490) vertretene Meinung gehe auf Motoori Norinaga zurück, der damit gegen das Verstehen als „attributive Determination“ (Lewin 1975: 75; *rentai-kaku* 連体格) angegangen sei, mit der Keichū *waga oho-kimi* auf Jitō Tennō bezogen habe. Die Auslegung sei insofern logisch, als Takechi als oberster Minister (*daijō daijin*) für Jitō regiert habe, zumal in Motooris Auslegung Jitō vollkommen aus den Schilderungen ausgeschlossen sei. Zwar verweisen die meisten der über zwanzig Belege für *yasumi-shishi waga oho-kimi* auf das Subjekt (vgl. Itō S. 246), was jedoch nicht das Argument für Motooris Position sein sollte. Itō (S. 244) fordert daher eine genaue Prüfung des textuellen Zusammenhangs ein, der unter anderem jene unklare Beschreibung des göttlichen Windes aus dem Ise-Schrein in den Versen 79 bis 86 betrifft, der die Truppen von Tenmu und Takechi zum Sieg über das Widerstand leistende Heer verhalf:

> 渡會乃 齊宮從 神風爾 伊吹或之 天雲乎 日之目毛不令見 常闇爾 覆賜而
>
> *Watarahi no / Itsuki no Miya yu / kamu-kaze ni / i-buki-matoha-shi / ama-kumo wo / hi no me mo misezu / toko-yami ni / ohohi-tamahi te*
>
> Wie der aus Watarai / (80) Dem Itsuki no Miya [Ise-Schrein] / [kommende] *kamikaze*-Götterwind / Brauste [Takechi] auf und stürzte [die Feinde] in Verwirrung / Wie die Wolken am Himmel / Die das Auge der Sonne nicht mehr sehen ließen / (85) In ewiger Dunkelheit / Geruhte [Takechi] alles zu überdecken, und dann […]

Vers 86 gibt kein Subjekt zu erkennen, was in der Auslegung zu verschiedenen Standpunkten führte, und Itō (S. 245) nennt als Möglichkeiten Amaterasu Ōmikami, die Hauptgottheit vom Großschrein in Ise, oder Tenmu Tennō.[113] In

113 Kanazawa (1999: 73–75) ordnet die Positionen wie folgt: 1) die Großgottheit des Ise-Schreins (Amaterasu Ōmikami), 2) Eine Synchronisierung (*dōka* 同化) von Tenmu und Takechi, 3) weitere Standpunkte wie Takechi als körperliche Abspaltung (*mibun* 身分) von Tenmu oder Tenmu alleine. Viele Kommentare gehen nicht auf das Problem ein, was das Japanische ohne Subjektzwang ermöglicht, und Kanazawa fasst die Standpunkte zu den grundsätzlichen Position 1) und 2) zusammen. In die verschiedenen Auslegungen fließen oftmals außertextuelle Faktoren ein, aber Kanazawa (S. 74) sieht die Darstellungen des Jinshin-Kriegs nicht in der Aufnahme und Fortführung mündlicher Überlieferungen etc., sondern in der mythologisierenden Darstellung des

den vorangehenden Versen, das heißt in den Beschreibungen von Tenmus Taten, seinem Befehl an Takechi sowie dessen Taten, sieht er eine Darstellung des Jinshin-Krieges „im engeren Sinn“ eingeschrieben, die den fünfzig Versen in Kanazawas Teil C entspricht. Der Teil beginnt mit den Beschreibungen von Takechis körperlichen Attributen und dem Anlegen der Waffen (Verse 37 bis 40) und endet mit dem Vers 86 (*ohohi-tamahi te*), der kein Subjekt zu erkennen gibt. Die ab Vers 41 und 42 dargestellten Kriegshandlungen Takechis beginnen mit *mi-ikusa wo / a-do-mo-hi-tamahi*, „die ehrenhaften Truppen / geruhte [er] zu führen“,[114] und Vers 86 zeigt mit *ohohi-tamahi te* eine Verbphrase, die ebenfalls das Hilfsverb *tamafu* enthält. In dieser Wiederholung durch das Hilfsverb *tamafu* macht Itō (ebd.) den Bezug auf Takechi in der Synchronisierung (*dōka*) mit Tenmu fest, was die Kohärenz steigert, und die Beschreibung der Handlungsdarstellungen „im engeren Sinn“ wirkt dadurch überzeugend.

Itō (S. 245) sieht in den Versen 23 bis 26 Tenmus „großes Hauptziel“: *Ame no Shita / wosame-tamahi / wosu kuni wo / sadame-tamafu to*, „das Reich unterm Himmel / Geruhen zu regieren und / Die zugehörigen Länder / Geruhen zu regieren, so […]). Das diesem Hauptziel entsprechende Ergebnis wiederum folge dann in den Versen 87 bis 90: *sadamete-shi / Mizu-ho no Kuni wo / kamunagara / futo-shiki-mashi te*, „das [so] festgelegte, und / [nun] Reich der fruchtbaren Reisähren / Im Einklang mit den Gottheiten / Geruhte [Tenmu] kräftige Pfeiler aufzustellen“. *Ame no Shita*, das „Reich unterm Himmel“, ist eine aus den *Kojiki*- und *Nihon shoki*-Mythen bekannte Beschreibung, aber „Mizuho no Kuni“, „das Land der Wasser[reis]ähren“, hebt in den Mythen auf das Reich unterm Himmel nach der Übergabe durch die letzten Bewohner ab, die sich zuvor dagegen widersetzten.[115] Itō sieht den Götterwind aus dem Ise-Schrein als einen Mechanismus, der von Tenmus „Hauptziel“ zu dessen Vollendung führt. Konkret vermutet er (S. 245) „die Auslöschung der Feinde *unter dem Protektorat der Gottheiten*“. Insgesamt sei es aber nicht so, dass Tenmu den Befehl gab und Takechi ihn ausführte, sondern Itō sieht in dem Erreichen des Ziels den „Ausdruck der Synchronisierung (*dōka*) von Tenmu und Take-

---

Verhältnisses zwischen Tenmu und Takechi. Mit Itō lehnt er Amaterasu als Subjekt ab. Auf diese Verse 79 bis 86 ist zurückzukommen.

114 Die vorangehenden vier Verse zeigen ebenfalls Takechis Handlungen, die vermutlich in der Aufzählung *tori-haka-shi ... yumi tori-mota-shi* mit der abschließenden Hilfsverbphrase *adomi-tamahi* korrespondieren; Itō geht darauf allerdings nicht ein.

115 Zu Ame no Shita und Mizuho im *Kojiki* vgl. Wittkamp 2018a: 540, 542 (Index). Während 2: 199 „Mizuho“ mit 水穂, „Wasserähren“, verschriftet, steht in den Mythen 瑞穂, „reichhaltige, glücksbringende Ähren“. Die Wörter sind homonym (vgl. Omodaka 1986: 710), aber 水穂 ist eine profane Beschreibung der Reispflanze, und 瑞穂 besitzt mit dem Aspekt der Prosperität ein größeres mythisch-ideologisches Potenzial.

chi“ (ebd.). Das Subjekt der Verse 87 bis 90 sei zwar „selbstverständlich“ Tenmu, aber Itō fasst wie folgt zusammen:

> Kurz, Hitomaro beschrieb Takechi weniger als den Unterstützer Tenmus bei dessen Regierung des Reichs unterm Himmel, sondern als einen Unterstützer [...], über den sich das Bild des Befehlsgebers Tenmu legt. Die Schilderungen des Jinshin-Krieges im weiteren Sinn [mit dem Beginn am Gedichtanfang] enden mit *sadamete-shi / Mizu-ho no Kuni wo / kamu-nagara / futo-shiki-mashi te* [Verse 87 bis 90, Beginn von Teil D: „Das [so] festgelegte, und / [nun] Reich der Wasserähren / Im Einklang mit den Gottheiten / Geruhte [er] kräftige Pfeiler aufzustellen“]. Darauf folgen die problematischen Verse [91 bis 94: *yasumi-shishi / waga oho-kimi no / Ame no Shita / mawoshi-tamahe ba*], ab denen es dann ausschließlich um Takechis Tod und den Ausdruck der Trauer geht [...]. (1975: 246)

Itō (ebd.) macht in den Versen 89 und 90 (*kamu nagara futo-shiki-mashi te*) eine Teilung des Langgedichts in zwei Teile aus, und deren erste Hälfte, das „Einleitungskapitel“ mit der Darstellung des Takechi als Unterstützer der „großen Aufgabe des Tenmu Tennō“, diene zur Betonung des „Hauptgedankens“ in der zweiten Hälfte. Daran, so vermutet er weiter, liege es wohl, dass Takechi in der ersten Hälfte nicht deutlich als Subjekt ausgewiesen ist. Wie gesehen bezieht Itō die Verse 89 und 90 letztendlich auf Tenmu, und dass Takechi auch zu Beginn der zweiten Hälfte ab Vers 91 nicht deutlich als Subjekt ausgewiesen wird, liege an „Hitomaros Pinselgesetzen (*hitsuhō* 筆法; S. 246)“. Damit hebt er – im Gegensatz zu Takeda und Omodaka – die schriftliche Arbeit und einen weiteren Unterschied zu 2: 167 hervor. Denn in dem *banka*-Gedicht zu Kusakabes Tod folge auf das „Einleitungskapitel“ im zweiten Teil mit dem „Hauptgedanken“ direkt zu Beginn die Formulierung *waga oho-kimi no mikoto*, „unser Großkönig Mikoto“, die den Protagonisten – also Kusakabe – unmissverständlich zu erkennen gebe, was auch in anderen Langgedichten Hitomaros der Fall sei.

Itō (ebd.) zufolge verweisen in Hitomaros Dichtung die Verse *yasumishishi waga oho-kimi* (Verse 91 und 92) grundsätzlich auf das Subjekt – hier Takechi. Darin sei Hitomaros Versuch zu sehen, Takechi „unmittelbar“ mit der gesamten Zeit ab Tenmu Tennō zu verbinden. Umgekehrt sei dadurch auch in den Versen 87 bis 90 (*sadamete-shi / Mizuho no Kuni wo / kamu-nagara / futo-shiki-mashi te*) die Zeit der Jitō Tennō „intensiviert“, weshalb in dieser Verdichtung auch die historische Wirklichkeit enthalten sei. Alles in allem zielt Itō zwar auf Gemeinsamkeiten und Ähnlichkeiten der beiden Trauerdichtungen ab, aber auch die Differenzen rücken in den Blick. Dass Übersehen von

Differenzen auf der Ebene der Mikrostruktur wiederum dürfte – trotz der Wahrnehmung der Arbeit am Text – an der ungenügenden Hinterfragung der materiellen Aspekte liegen, was den Blick nochmals auf Enomoto Fukujus Analysen lenkt.

**Mikrostrukturen II**

Enomoto (2015: 102–103) macht die „grundlegende Struktur“ des *banka*-Gedichts in der Verbindung von Tenmus Herrschaft mit dem Regieren durch Takechi aus. In Kanazawas Modell bilden die Verse 87 bis 98 den Teil D, der zwischen den Darstellungen des Jinshin-Kriegs „im engeren Sinn“ (C) sowie den Darstellungen zu Takechis Tod (E) liegt. Enomoto liest diese Verse als die Darstellung der „idealen Regierung durch Tenmu und Takechi, die durch [Takechis] plötzlichen Tod geraubt wurde“. Er (S. 87) verdeutlicht die syntaktisch und über Parallelkonstruktionen zusammenhängenden, als Gruppe (*ichigun*) beschriebenen Verseinheiten einleitend an den Versen 5 bis 12:

Versblock 1 (2: 199):

| | | | |
|---|---|---|---|
| I: Attributive Bestimmung (Ortsangabe etc.) | 明日香乃真神之原爾 | Asuka *no* Makami *no hara ni* | In der Makami-Ebene von Asuka |
| II: Objektphrase (+ *wo*) | 久堅能 天都御門乎 | (*hisakata no*) *ama tsu mikado wo* | den (…) Palast des Himmels |
| III: Prädikatphrase 1 + *te* | 懼母 定賜而 | (*kashikoku mo*) *sadame-tamahi te* | (…) geruhen zu errichten und dann |
| IV: Prädikatphrase 2 | 神佐扶跡 磐隱座 | (*kamu-sabuto*) *iha-gakuri-masu* | sich als Gottheit darin zu verbergen |

Die zwischen den Prädikatsphrasen stehende Partikel *te*, „und dann“, verbindet eine vorausgehende Handlung mit einer nachfolgenden, was Enomoto (S. 101) als ein fokussierendes oder fortgesetztes Entwickeln beschreibt und mit weiteren Beispielen (S. 88) wie dem Folgenden aus 2: 167 belegt:

Versblock 2 (2: 167, Verse 53 bis 61):
I: 由縁母無 真弓乃岡爾
*tsure mo naki / Mayumi no woka ni*
Ohne eine Verbindung[116] / Auf dem Hügel von Mayumi

116 Die beiden Verse *tsure mo naki Mayumi no woka ni* mit *miko no mikoto* (Kusakabe) als Subjekt stehen in Enomotos Modell (2015: 97) in Korrespondenz mit dem ersten Teil des Gedichts, das heißt mit den Versen *tobu tori no Kiyomi no Miya ni* mit *hi no*

II: 宮柱 太布座
*miya-bashira* III: *futo-shiki imashi*
Die Palastpfeiler / Geruhte er fest aufzustellen
II: 御在香乎 高知座而
*mi-ara-ka wo* III: *taka-shiri-mashi te*
Den Ort des Aufenthalts / Hoch zu errichten und dann
IV: 明言爾 御言不御問
*asa-koto ni / mi-koto tohasazu*
Das Wort am Morgen / Ohne es [jemals wieder] hören zu lassen

Der Unterschied besteht in der Verdoppelung der Elemente II und III, aber insgesamt handele es sich um die gleiche Struktur, sei also ein Beispiel für „das gleiche Grundmuster". Enomoto (ebd.) entnimmt 2: 199 zunächst noch zwei weitere Versblöcke, die Verse 99 bis 106 sowie die Verse 131 bis 136, mit denen das Langgedicht in Teil E abschließt, mit dem Unterschied das in beiden Blöcken das Element I fehlt, die attributive Bestimmung. Worum es Enomoto bei diesen und anderen Belegen geht, ist die Formulierung mit dem Hilfsverb 奉 *matsuru*, das als *kenson-go* für den Ausdruck der selbsterniedrigenden Bescheidenheit steht.

Versblock 3 (2: 199, Verse 99 bis 106):
II: 吾大王 皇子之御門乎
*waga oho-kimi / mi-ko no mi-kado wo*
Unseres Großkönigs, / Des Prinzen erlauchter Palast
III: 神宮爾 装束奉而
*kamu-miya ni / yosohi-matsuri te*
Zum göttlichen Palast / Hat [man] ihn gekleidet, und dann
IV: 遣使 御門之人毛
(*tsukahashi-shi / mi-kado no hito mo*)
(Die [Takechi] geruhte, dienen zu lassen / [die] Menschen am Palast)
白妙乃 麻衣著
*shiro-tahe no / asa-goromo kite*[117]
(strahlend weiße) / Hanfkleidung tragen [sie], und dann

Versblock 4 (2: 199, Verse 131 bis 136):
II: 朝毛吉 木上宮乎

*miko* (Tenmu) als Subjekt. Der Vers „ohne eine Verbindung" bezieht sich auf den Palast Kiyomi no Miya in räumlicher Hinsicht.

117 In Vers 106 endet die letzte Prädikatphrase ebenfalls mit *te* in 著 *kite*. Enomotos Lesung entspricht den Kommentaren, aber es ist die einzige Verbphrase, in der *te* nicht mit 而 ausnotiert ist.

*asa mo yoshi* / *Ki no He no Miya wo*
(…) / Den Palast Ki no He no Miya
III: 常宮等 高久奉而
*toko-miya to* / *takaku matsuri te*
Als ewigen Palast / hat [man] ihn hoch errichtet, und dann
IV: 神随 安定座奴
*kamu-nagara* / *shizumari-mashi-nu*
In Übereinkunft mit den Gottheiten / Geruht [er] zu ruhen

Die Objektphrasen (II) schließen in beiden Versblöcken mit 乎 *wo* ab, und die unterstrichenen Verse sind die Verbphrasen, die in III über *-matsuri te* verbunden Handlungen in zeitlicher Abfolge zum Ausdruck bringen. Hier schildere die vorangehende Verbphrase III die Errichtung der temporären oder endgültigen Grabanlage, die nachfolgende IV den Tod,[118] und Enomoto (S. 89) sieht beide Verbphrasen in einem Verhältnis von „Ursache und Resultat beziehungsweise Ziel und Mittel / Maßnahme“. Er geht bei diesen Blöcken davon aus, dass das jeweilige Subjekt der Palasterrichtung nicht der Verstorbene selbst ist. Das zeigen seine folgenden Belege, die nicht über *-matsuri te* verbunden sind, sondern über die Hilfsverben *tamafu* und (*i*)*masu* (und *-su*) zum Ausdruck der selbsterniedrigenden Ehrerbietung (*sonkei-go*). Deren Hauptverben beziehen sich auf die Handlungen des Angesprochenen oder eines Dritten. Zu diesen Beispielen gehören die Versblöcke 1 (2: 199) mit *sadame-tamahi te* / *iha-gakuri-masu* sowie 2 (2: 167) mit *futo-shiki-imashi … taka-shiri-mashi te* / *mi-koto tohasazu*, und Enomoto (ebd.) zufolge errichtete der oder die Verstorbene den Palast selbst. In beiden Fällen liege aber der „Ausdruck der höchsten Ehrfurcht / Ehrerbietung“ vor, und da es sich um einen besonderen Ausdruck der Trauerbekundung handele, sei eine Notwendigkeit für solche stereotype Formen auch nicht schwer zu vermuten (S. 90).

Nochmals erwähnt sei, dass Enomoto (S. 102) anhand der Struktur von Versblock 1 (2: 199) die etablierte Lehrmeinung zurückweist, unter „Himmelspalst“ (*ama tsu mikado*) in II die Hofanlage Kiyomihara no Miya zu verstehen. Denn die räumlich „fokussierenden“ und parallel arrangierten Versblöcke[119] lassen eine Trennung zwischen dem Errichten der Hofanlage als erste Handlung und dem Sterben des Tenmu als zweite Handlung nicht zu. Es können also keine zwei unabhängige Handlungen in dieser Struktur zusammengebracht werden: Nicht die Hofanlage errichtete der Verstorbene, sondern seine

118 Für die Verse 131 bis 136 ist diese „Ähnlichkeit“ ersichtlich, die Verse 99 bis 106 sperren sich etwas.

119 Enomoto (2015: 101–102) beschreibt neben der syntaktisch „fokussierenden“ Struktur die Verse auch als Parallelkonstruktion.

Grabanlage. Das untermauert Enomoto (S. 103) mit den Versen 131 bis 136, die den Abschluss in Teil E in 2: 199 bilden und parallel zu den Formulierungen in den Versen 5 bis 12 zu lesen seien:

> a) (Verse 5 bis 12): 久堅能 天都御門乎 懼母 定賜而 神佐扶跡 磐隠座
> (*hisakata no*) *ama tsu mikado* <u>*wo*</u> / *kashikoku mo sadame-tamahi* <u>*te*</u> / *kamu-sabuto iha-gakuri-masu*
> Den (…) Himmelspalast / voller Ehrfurcht geruhen zu bestimmen, und dann / als eine Gottheit geruhen, sich in den Felsen zu verbergen
>
> b) (Verse 131 bis 136): 朝毛吉 木上宮乎 常宮等 高久奉而 神随 安定座奴
> (*asa mo yoshi*) *Ki no He no Miya* <u>*wo*</u> / *toko-miya to takaku matsuri* <u>*te*</u> (*shi tate te*) / *kamu-nagara shizumari-mashi-nu*
> Den (…) Palast Ki no He no Miya / Als Palast der Ewigkeit hoch aufzustellen, und dann / Im Einklang mit den Gottheiten zur erlauchten Ruhe gekommen sein

Die sechs Verse in a) beziehen sich auf Tenmu Tennō, die sechs Verse in b) auf Takechi no Miko, und wie die jeweils zu Beginn stehenden Kopfkissenwörter (*makura-kotoba*) verdeutlicht das Zusammenfassen zu jeweils drei Verspaaren aus fünf und sieben Silben die strukturelle Ähnlichkeit. Allerdings liest Enomoto hier den Vers 高久奉而 in b) *takaku shi tate te*, was vermutlich in Anlehnung an 2: 167 geschieht und der Argumentation dient, aber eine gewisse Beliebigkeit andeutet. Denn die Lesung *takaku matsuri te* würde eventuell in semantischer Hinsicht die strukturelle Identität schwächen, da damit ein Hilfsverb zum Ausdruck der Bescheidenheit (*kenson-go*) mit einem Hilfsverb zum Ausdruck der Ehrerbietung (*sonkei-go*) zusammenkommt. Eine weitere Differenz, die Enomoto übergeht, betrifft die Markierung der abschließenden Verbphrase in b) mit dem Hilfsverb *-nu*, die in a) nicht vorkommt. Dadurch wird vermutlich das tatsächliche Ende einer idealen Zeit, beziehungsweise umgekehrt, die Präsenz von Tenmu während der Schilderungen in den Teilen B bis D hervorgehoben. Wie andere Belege für diesen Gebrauch in Hitomaros Dichtung zeigen, dient die Aspektmarkierung *-nu* als Zäsur, was hier wiederum die Zäsur zwischen der Erzählung und dem Rahmen bedeutet. Für Enomoto untermauern die letzten zwei Verse beider Versblöcke „das Grundthema der *banka*-Dichtung“, das er wie gesehen in der Verbindung von Tenmus Herrschaft und Takechis Regieren ausmacht. Enomotos Ausführungen ist nicht immer leicht zu folgen, und manche Fragen scheinen offen zu bleiben. Dass die

Analysen zu den Mikrostrukturen aber durchaus weiterführend sind, zeigen die Analysen zum Verlauf der Schlacht.

**Der Verlauf der Schlacht**

Takeda (3: 563) zufolge weist das Langgedicht Formulierungen auf, die zur Annahme einer epischen Dichtung (*jojishi* 叙事詩) führten (vgl. Duthie 2014: 305). Das lehnt er allerdings als unkorrekt ab, da im Zentrum der Dichtung insgesamt die „lyrische Äußerung von Gefühlen (*jojō* 叙情)“ zum Tod des Prinzen stehen. Die in der vorliegenden Arbeit als gerahmte Erzählung beschriebenen Verse besitzen allerdings einen durchaus epischen Charakter, und dass auch epische Schilderungen unter Beteiligung von Emotionalität produziert, aufgeführt und rezipiert werden, ist zu vermuten. Zumindest im Rahmen der vorliegenden Verse ist das „Zentrum der Dichtung insgesamt“, das heißt die Darstellung des Jinshin-Kriegs, kaum anders als „episch“ zu beschreiben, zumal es den Aspekt der Historiographie hervorhebt.

Verbunden mit dem Problem der epischen Dichtung durchzieht die wissenschaftliche Auseinandersetzung das Thema der Mythenbildung. Torquil Duthie (S. 305–307) geht diesen Fragen ebenfalls nach und kommt zu dem folgenden Ergebnis:

> The question here is not one of fact versus fantasy, but rather of different styles and degrees of fantasy. […] While [poem 2: 199] may be a mythologized history, it still has historical aspects both in its form and content. (2014: 306)

Festzuhalten bleibt vorweg, dass das *banka*-Trauergedicht 2: 167 die Mythenbildung um Tenmu Tennō deutlicher an den Tag legt. Während beispielsweise der vom Himmel Entsandte (Tenmu) nach der Errichtung der Herrschaft wieder nach oben steigt, erscheint der Palast in 2: 199 als ein „Palast des Himmels“ (*ama tsu mikado*), was aber die Grabanlage bedeutet. In 2: 167 stirbt Tenmu nicht, sondern kehrt wieder zurück in den Himmel, aber in 2: 199 bedeutet die Grabanlage seinen Tod auf Erden. Enomoto (2015: 99) sieht daher trotz der mythologischen Elemente wie des „göttlichen Windes aus Ise“ oder der Beschreibung als „Reich der prächtigen Wasserähren“ (*Mizuho no Kuni*) die „gesamte Grundstruktur“ durch eine Orientierung an der historischen Realität durchzogen. Er versteht die mythologischen Beschreibungen als einen „eher stereotypen oder höchstens metaphorischen Ausdruck, der mit Übertreibungen durchsetzt“ und zudem auf Einzelteile beschränkt sei. Wie gesehen besteht dagegen in 2: 167 der gesamte Teil 1 aus mythologischer Diktion. Enomoto weist somit die – auf einer Homogenisierung der beiden *banka*-Gedichte 2: 167 und 199 beruhende – Überbetonung einer Mythenbildung zurück, die auch in Kanazawas Ausführungen, gegen die sich Enomoto (ebd.) explizit wendet, zu vernehmen ist (vgl. Kanazawa 1999: 71). „Das Ganze“ in 2: 199 beruhe auf der historischen Realität, wenn auch die Darstellung selbst die „Realität, so wie sie war“, nicht abbilde. Den Maßstab der historischen Wirklichkeit für die Geschichtsschreibung kann allerdings kaum das *Nihon shoki* liefern, das ebenfalls politisch-ideologische Ziele verfolgt.

Die „historische Verwurzelung“ versucht Enomoto (S. 100) durch den „Blick auf die Rhetorik“ zu belegen, deren Verfahrensweisen oben an Versblock 1 und anderen Beispielen aufgedeckt wurden. So unterteil Enomoto (S. 101) die ersten zwölf Verse in 2: 199 in drei Gruppen zu jeweils vier Versen und geht dabei zwar nicht auf die vier Einleitungsverse ein, sieht aber in der Entfaltung von der zweiten zur dritten Gruppe eine räumliche Fokussierung von der „Makami-Ebene in Asuka“ über den „Himmelspalast“ zu den „Felsen des Verbergens“. Wie gesehen setzt zwar Kanazawa nach diesen zwölf Versen ebenfalls eine Zäsur und fasst als „Teil A“ zusammen, behauptet aber eine darüber hinausgehende „mythische Darstellung“, die sich konsequent bis zu Vers 22 fortsetze (S. 71). Enomoto macht die unhinterfragte Voraussetzung, 2: 199 im homogenisierenden Verbund oder als Fortsetzung von 2: 167 zu lesen, verantwortlich für diese „automatisierte Herleitung“. Im unmittelbaren Vergleich der beiden *banka*-Langgedichte ist das gleichsetzende Verständnis allerdings nicht ganz unbegründet, und vielleicht ist darin auch ein Grund dafür zu sehen, gewissermaßen als Abstandshalter zwischen die Gruppen zu den beiden Prinzen die *banka*-Gruppe zum Tod der Asuka no Himemiko, die später als Takechi starb, zu setzen. Das verschleierte auch die indirekte Kritik am Misslingen von Tenmus Zielen, die beiden *banka*-Langgedichten zu entnehmen ist.[120]

Die folgenden Darstellung der fünf Phasen des Jinshin-Kriegs schließen an die bisherigen Untersuchungen Enomotos an, der (S. 103–123) sich bestimmten Aspekten der „Struktur des Ausdrucks bei der Darstellung des Jinshin-Kriegs widmet (*Jinshin no ran o meguru hyōgen no kōzō* 壬申の乱をめぐる

120 Kritik war den Zeitgenossen durchaus bekannt. So wurde das *Suishu* zu Beginn der Tang-Zeit verfasst, um der Frage nach den Gründen für den Auf- und Untergang der kurzen Sui-Dynastie nachzugehen (vgl. Yamada 2018: 47). Zwar gründete Kaiser Gao Zu 高祖, wie der postume Ehrentitel des Generals Yang Jian 楊堅 lautet, im Jahr 581 die Sui-Dynastie, die er als Wen Di 文帝 erfolgreich regierte, aber die Wahl des Thronfolgers Yang Di 楊帝 erwies sich als verfehlt, da die Dynastie 618 unter dessen Führung ihr allzu rasches Ende fand. Die Kenntnis des *Suishu* geht aus Zitaten und Hinweisen aus dem *Nihon shoki* hervor; vgl. Shintani 2020: 43–51. Yamada (ebd. S. 25–49) vergleicht die Einträge zum *Nihon shoki*-Buch „Yūryaku“ mit dem *Suishu* und deckt das umfangreiche Zitieren für bestimmte Zwecke auf; vgl. Wittkamp 2021a: 237.

表現の構造)“; so lautet die gemeinsame Hauptüberschrift der fünf Abschnitte, die ein Untertitel jeweils individualisiert. Die Analysen betreffen die Darstellungen des Jinshin-Kriegs „im weiteren Sinn“ nach Itō Haku beziehungsweise die Teile B und C nach Kanazawa. Sie decken die Erzähltechnik – das verlangsamte Erzählen – sowie die Arbeit am Text auf und ermöglichen den Vergleich mit den Darstellungen der offiziellen Geschichtsschreibung. Zum Nachvollzug werden Enomotos Untertitel übernommen und die Versangaben beigefügt.

*1. Aufbruch zum Kriegsschauplatz: Verse 13 bis 22*

Zunächst sieht Enomoto (S. 101–103) zwischen den Einleitungsversen, welche die bisherige Forschung tendenziell mit den nachfolgenden Kriegsbeschreibungen verbinde, und dem mit Vers 13 einsetzenden Abschnitt eine „Trennlinie eingezogen“, zumal die Kriegsdarstellungen die „historische Realität“ betreffen und „stark von den Färbungen der Wirklichkeit“ gezeichnet seien, wobei er sich damit offenbar auf die aus dem *Nihon shoki* bekannte Wirklichkeit bezieht. Der zwölfte Vers beschreibt den Tod Tenmus, und danach beginnt die Analepse, die wieder zu seinen Lebzeiten zurückführt. Auf formaler Ebene mache sich die Differenz in dem Gebrauch von Parallelversen in den Versen 1 bis 12 bemerkbar, wogegen die Verse ab Vers 13 nach Enomoto zunächst keine Parallelismen bilden.[121] Enomoto (S. 104) unterteilt die Verse 13 bis 22 in drei Einheiten:

> 1) 八隅知之 吾大王乃 所聞見為 背友乃國之
> *yasumi-shishi / waga oho-kimi no / kikoshi-mesu / sotomo no kuni no*
> Der alle acht Ecken des Reiches Regierende / Unser Großkönig / Geruhte zu regieren / Die *sotomo*-Länder [im Norden von Asuka, deren]
> 2) 真木立 不破山越而
> (*maki tatsu*) / *Fuhayama kowe te*
> (Wo edle Hölzer stehen) / Den Berg Fuhayama überschritt [er] und dann
> 3) 狛劔 和射見我原乃 行宮爾 安母理座而
> (*koma-tsurugi*) / *Wazami ga hara no / kari-miya ni / amori-imashi te*
> In der (Koma-Schwert-) / Wazami-Ebene / (in) den (dortigen) Nebenpalast / Stieg [er] vom Himmel herab und dann

Die Übersetzung erfolgt im Präteritum, aber im Original sind weder Tempus noch Aspekt ausgeschrieben. Ein Ausweisung mit Präteritum kommt erst in

121 Als paralleles Arrangement sind nur die ersten vier Verse (桂文 忌之伎鴨 // 言久母綾爾畏 *kakemaku mo / yuyu-shi-ki kamo // ihama-ku mo / aya ni kashiko-ki*) zu verstehen. Die Schriftzeichen geben keinen reinen Parallelismus, aber ein Bemühen um gleiche Anzahl (2-4 // 3-3) beider Hälften zu erkennen.

den Versen 73 und 74 vor, die sich als kurze Analepse beschreiben lässt (siehe unten). Während die Postposition *no* in 1) auf das Subjekt zum Prädikat *ki-koshi-mesu* verweise, sei der attributive Bezug des zweiten *no* am Ende von 1) nicht leicht zu erkennen. Die Partikel beziehe sich aber nicht auf *maki tatsu* in 2) allein, und da auch der überschreitende Bezug auf ein Wort in 3) unrealistisch sei, bleibe als Bezug nur der gesamte Teil 2). Mit dieser Bestimmung der *no*-Bezüge hinterfragt Enomoto (S. 104–105) die übliche Auslegung von *so-tomo no kuni*, „Länder im Norden", als das Land Mino no Kuni (vgl. SNBZ 6: 220) und zu viel Gewicht auf den Norden als „schroffe Berge" etc. zu legen. Enomoto zieht das Gedicht 1: 52 heran, welches die Hofanlage von Fujiwara no Miya schildert, in deren Osten, Westen, Norden die drei Berge Yamatos und im Süden die Berge von Yoshino wie „große erlauchte Tore" (大御門 *oho-mi-kado*) stehen. Der Berg Miminashi ist in dieser räumlichen Ordnung das „Große erlauchte Tor" zum Norden (背友乃大御門 *so-tomo no oho-mi-kado*), und die Beschreibung in den Versen aus 2: 199 „bedeuten nichts anderes, als aus diesen von […] unserem Großkönig regierten Ländern herauszutreten, [also die Gebiete] auf der anderen Seite der Grenze zu betreten".[122] Die Beschreibung als *sotomo no kuni* sei die „Vorbedingung" für die in 3) folgenden Namen, und die im Gedicht dargestellte Bewegungsrichtung entspricht den Schilderungen im *Nihon shoki* (vgl. die Karte in SNBZ 4: 309). Die Beschreibungen mit „temporären Palast" und „vom Himmel herabsteigen" in 3) wiederum erklärt Enomoto durch die folgenden Verse, in denen es um das Ziel der Reichseinigung und die Mobilmachung der Truppen aus dem Osten geht (siehe den nächsten Abschnitt). Die vorliegenden Verse bereiten darauf vor, und der Nebenpalast in der Ebene von Wazami sei der geeignete Ort für diese Vorhaben. Die oben erwähnte Karte zeigt die „Ost-Route des Ōama no Miko [Tenmu]", die am vierundzwanzigsten Tag im 6. Monat im Nebenpalast Yoshino no Miya beginnt und vier Tage später in Wazami im Westen von Mino endet. Zu Anfang der Einträge steht Tenmus Befehl an drei Heeresführer zum unmittelbaren Aufbruch nach Mino, um dem dortigen Verbündeten die Pläne mitzuteilen und das Heer aufzustellen. Sie sollten die Fuha-Straße absichern, und

122 Die Beschreibung *sotomo no kuni* umfasst somit das Land Mino no Kuni, das dem mittleren und südlichen Teil der heutigen Präfektur Gifu entspricht (vgl. Takeda 3: 547, SNBZ 6: 131 etc.), meint aber allgemein die Gebiete nördlich des Berges Miminashi. Den Bezug zu 1: 52 sehen die anderen Kommentare natürlich auch, aber beispielsweise die SNBZ-Bearbeiter (6: 131) vermuten das zu den Tōsandō-Landesteilen 東山道 gehörende Mino no Kuni, da es nördlich einiger Tōkaidō-Länder 東海道 lag, womit wiederum die Länder an der Pazifikseite bis zum heutigen Tōkyō gemeint sind. Außerhalb der fünf Kernländer um Yamato (*goki*) gab es sieben Regionen (*shichidō*), und das Benennungs- und Verwaltungssystem ist als 五畿七道 *goki shichidō* bekannt.

Ōama / Tenmu selbst habe sich ebenfalls dorthin begeben wollen (vgl. SNBZ 4: 306–322). Die mythisierende Beschreibung *amori-imashi te*, „vom Himmel herabzusteigen, und dann“, ist somit eine Ausschmückung zur Dramatisierung und Ideologisierung der historischen Ereignisse.

*2. Die Vorbereitungen auf die ideale Schlacht: Verse 23 bis 36*

Nachdem die Einleitung den künftigen Herrscher an den geschichtlich relevanten Ort brachte, erfolgen die konkreten Vorbereitungen auf die Schlacht. Enomoto (S. 106) unterteilt in zwei Gruppen mit den Versen 23 bis 30 sowie 31 bis 36, in denen die jeweils ersten vier Verse parallel arrangiert sind (vgl. Aso 1: 486). Daran schließen sich vier Verse in 1) und zwei in 2) an; die Nummerierung der Einheiten folgt Enomotos Argumentationsführung und bedeuten keine lückenlose Versabfolge:

1) *Ame no Shita / wosame-tamahi // wosu kuni wo / sadame-tamafu to*
Das Reich unterm Himmel / Geruhen zu regieren / Die zugehörigen Länder / Geruhen zu regieren, so

*tori ga naku / Azuma no kuni no / mi-ikusa wo / meshi-tamahi te*
Wo der Hahn kräht / Der Ostländer / Ehrenhaften Truppen / Geruhte [er] zu sammeln und dann

2) *chi-ha-yaburu / hito wo yaha-se to // matsuro-hanu / kuni wo wosame to*
Die gewalttätigen Menschen / zu besänftigen, so / Die nicht dienenden Länder / Zu regieren, so

*mi-ko nagara / make-tamahe ba*
Im Einklang mit dem Prinzen / Da [er] geruhte, [ihm die Sache] zu überlassen

天下 治賜 食國乎 定賜等
鶏之鳴 吾妻乃國之 御軍士乎 喚賜而
千磐破 人乎和為跡 不奉仕 國乎治跡
皇子随 任賜者

Während der vorangehende Block durch die Wiederholung von *te* zur Verknüpfung von Handlungen bestimmt ist, dominiert die Verse in 1) und 2) ein durchgehender Gebrauch des Hilfsverbs *tamafu* mit vier Vorkommen. Das Schriftzeichen 賜 steht für das respektvolle Hilfsverb *tamafu*, „geruhen, … zu tun“, der vierstufigen Flexion („4“, nach Lewin 1975: 124).[123] Die beiden Verbformen in den ersten vier Versen in 2) sind als Befehlsform (… *wo yahase to* … *wo wosame to*) formuliert, und als Befehlsgeber bietet sich nur Tenmu an. Enomoto (S. 110) macht somit für die Mobilisierung der Truppen in 1) den Tennō als Subjekt aus, und die zweite Hälfte in 1) zeugt von der Aufstellung der „ehrenhaften Truppen aus den Ostländern“ (Azuma *no kuni*). Die Entsprechung (*taiō*) von Tenmu und Takechi, in der wie gesehen Enomoto die Grundstruktur des gesamten Langgedichts ausmacht, zeige sich dann mit dem Block 2), dem Auftrag an Takechi. Den Abschluss „des Ganzen“ aus 1) und 2) mit der Postposition *ba* zum Ausdruck eines kausalen Nebensatzes umschreibt Enomoto (S. 110) im Sinn einer „Vorbereitung“. In der bisherigen Forschung sei diese Entsprechung der beiden Versblöcke nicht wahrgenommen worden, was zu der Tendenz einer Fokussierung auf 2) mit den nachfolgenden Versen und zu Vergleichen mit der Geschichtsschreibung sowie den damit verbundenen Fehllesungen geführt habe, die Enomoto (S. 107) mit Beispielen belegt. Den Zusammenhang, dass „2) ultimativ 1) entspricht und dementsprechend natürlich dessen Reglementierungen übernimmt“ (S. 108), legt Enomoto wie folgt aus:

> Konkret nimmt [2) den Teil] 1) auf, in dem der Herrscher mit dem Ziel, das Unterm Himmel zu regieren beziehungsweise das gesamte Reich zu befrieden, die Truppen aus den Ostlanden mobilisiert. Der daran anschließende Befehl / die Anweisung, sich in diesen Kampf zu begeben beziehungsweise die Truppen zur tatsächlichen Schlacht zu führen, bildet 2). (2015: 108)

Die Entsprechungen dürften insofern deutlich werden, als Tenmu als das befehlsgebende und mobilisierende Subjekt das gesamte Versgebilde gewissermaßen überstülpt. In diesem Sinn „entsprechen“ sich Tenmu als die motivierende und Takechi als die ausführende Instanz. Weiterhin zu erwähnen ist die Beobachtung, dass im Rahmen dieser Entsprechung mit der idealen Regierung durch den Tennō die Darstellung der zur idealen Regierung führenden Schlacht ebenfalls eine „ideale Gestalt“ annehmen muss (ebd.); mit „Gestalt (*katachi*)“ ist das Arrangement der Verse gemeint.[124] Ein idealer Inhalt muss eine

123 Das Hilfsverb *tamafu* steht auch für „bescheiden – *tamau* 2u“ (Lewin 1975: 124), das heißt als Verb der „unteren zweistufigen Flexion“ (ebd. S. 107), was hier aber keinen Sinn ergäbe.

124 Hier sei nochmals an die Beobachtungen von Gentz (2007: 244) erinnert, dass die schriftliche Form klassisch-chinesischer Texte ein „Überzeugungsmoment im Hinblick auf die Wahrheit des Textes“ untermauert. Zu den Beziehungen zwischen Form und Inhalt in der klassisch-chinesischen Literatur, die sich inspirierend auf die Bildung

ideale Form haben, und diese „Entsprechung“ laufe über die Schlacht auf die ideale Form durch die Herrschaft des Tennō und die Regierung durch den Stellvertreter (*sōsei* 奏政) Takechi hinaus (S. 110). Das Schriftzeichenbild bindet die Verse in der zweiten und dritten Zeile aneinander, was Enomotos Argument der Entsprechung stützt.[125] Zu beachten ist dabei auch das Schriftzeichen 而 am Ende der zweiten Zeile, das die Handlungen eines identischen Subjekts verbindet.

*3. Brechen des Kampfgeistes der Ōmi-Truppen und ihre Niederlage: Verse 31 bis 42*

Die Inszenierung des gegenseitigen Entsprechens der Teile 1) und 2) insgesamt beruhe „realiter“ auf den Absichten des Tennō (S. 110). Die diese Absichten abschließende Postposition *ba*, „da“, weist die Verse als attributiven Kausalsatz aus, der vorbereitend auf die folgenden Verse ab 3) steht. Zur Verdeutlichung präsentiert Enomoto den Teil 2) gemeinsam mit den direkten Anschlussversen in 3).

> 2) 千磐破 人乎和為跡 不奉仕 國乎治跡
> *chi-ha-yaburu / hito wo yaha-se to / matsurohanu / kuni wo wosame to*
> Die gewalttätigen Menschen / zu besänftigen, so / Die sich nicht unterordnenden Länder / Zu regieren, so
> 皇子随 任賜者
> *mi-ko nagara / make-tamahe ba*
> Im Einklang mit dem Prinzen / Da [er] geruhte, [ihm die Sache] zu überlassen
> 3) 大御身爾 大刀取帶之 大御手爾 弓取持之
> *oho mi-mi ni / ta-chi tori-haka-shi / oho mi-te ni / yumi tori-mota-shi*
> An den großen erlauchten Leib / Gürtete [er] das Schwert / Mit seinen großen erlauchten Händen / Hielt [er] den Bogen
> 御軍士乎 安騰毛比賜
> *mi-ikusa wo / a-do-mo-hi-tamahi*
> Die [zuvor in 1) von Tenmu mobilisierten (Enotmoto S. 110)] ehrenhaften Truppen / Geruhte [er] zu führen

der altjapanischen Literatur ausgewirkt haben dürften, vgl. Wittkamp 2021a mit weiterführenden Quellenangaben und zu einem konkreten Beispiel vgl. ebd. S. 148–149.

125 Die Zeichenanzahl der Verse ergibt das folgende Bild: 2-2 / 3-3 sowie 3-5 / 4-3 in 1) und 3-5 / 3-4 sowie 3-3 in 2). Die ersten vier Verse in 2) bilden optisch keinen reinen Parallelismus, entsprechen sich aber auf der sprachlichen Ebene.

In 3) haben bis auf den zweiten und den letzten die anderen Verse vier Zeichen, die sich semantisch entsprechen (4-5 / 4-4 bei den ersten vier Versen). Ergänzend zu der das Versarrangement aufdeckenden Darstellung steht in Enomotos Modell zu 2) „bis hierhin die Entfaltung mit Tennō als Hauptfigur / Subjekt (*shutai*)“, und zu 3) „ab hier die Entfaltung mit Takechi als Hauptfigur / Subjekt“. Die Konstruktion von 1) bis 3) ist also nach dem Prinzip von Grund und Resultat organisiert, und die Zusammengehörigkeit finde durch das gleiche Arrangement aus jeweils vier Parallel- und zwei Folgeversen eine Betonung. Im Folgenden lenkt Enomoto die Aufmerksamkeit darauf, dass 3) zwar über *ba* den Versblock 2) „aufnimmt“, nicht aber die in 1) und 2) vorkommenden Partikel weiterführt. Versblock 3) endet mit der Konjunktionalform *adomohi-tamahi*, und auch die folgenden Darstellungen laufen ohne „irgendwelche Postpositionen (*joshi*)“ ab. Enomoto (S. 111) deutet das Fehlen von Postpositionen – die Präpositionen *ni* oder die Objektmarkierung *wo* dürften ausgenommen sein – als beabsichtigte Verstärkung der Opposition »Tenmu« versus »Takechi«. Besonders auffällig sei die Abwesenheit der Verbindung von Verbphrasen über die Partikel *te*, die erst in Vers 86 (*ohohi-tamahi te*) wieder auftauche, der den Abschluss von Teil D bildet (S. 111).[126] Enomoto beschreibt den gelenkten Einsatz dieser Hilfswörter als „gründliche Planung der Satzstruktur“, was in den vorliegenden Beobachtungen der Beschreibung als Arbeit am Text entgegenkommt.

Vorbereitend auf die folgenden Analysen kritisiert Enomoto (ebd.) die in den Kommentaren üblichen Auslegungen, und wendet sich dabei konkret gegen Kanazawa und einen weiteren Forscher. Es geht um die Darstellungen der Kampfhandlungen in den Versen 43 bis 78 in Teil C, an die sich die Erwähnung des Götterwindes aus dem Ise-Schrein anschließt. So unterteilt Kanazawa (1999: 72) die Verse ab Vers 43 und liest den ersten Teil bis Vers 72 als den „Teil, der unter Einbezug der Perspektive der feindlichen Seite die imponierenden Truppen von Takechi […] darstellt“, und die sechs Verse 73 bis 78 als „Gegenangriff der feindlichen Truppen, die auf den eigenen Tod gefasst sind“. Diese Trennung ist vor allem dem Abschluss von Vers 72 (*midare te kitare*) mit der aus der Iwami-*sōmon*-Dichtung (2: 131) bekannten, „in den Raum gestellten Konditionalform (*izenkei de ii-hanatsu hō* 已然形で言い放つ法, SNBZ 6: 133)“ geschuldet, die gewöhnlich als Ellipse zum Ausdruck des kausalen Nebensatzes beziehungsweise „Ursache oder Motiv“ (S. 113) gelesen wird, bei der also stets ein *ba* zu ergänzen wäre. Den bisherigen Ausführungen folgend fasst Enomoto (S. 113) die kritische, aus den Versen 69 bis 78 beste-

126 Allerdings kommt *te* in Vers 72 (亂而來禮 *midare te kita-re*) vor.

hende Textstelle zusammen; zunächst ist jedoch die übliche Lesung mit der Ergänzung von *ba* zu zeigen:

> 4) 引放 箭之繁計久 / 大雪乃 亂而來禮
> *hiki-hanatsu / ya no shige-ke-ku / oho-yuki no / midare te* ***kitare***
> Der abgeschossenen / Pfeile dichtes [Fallen] / [so wie] Dichter Schnee / Wirr durcheinanderfallend

(daher:)

> 不奉仕 立向之毛
> *matsurohazu / tachi-mukahi-shi mo*
> Ohne zu dienen / Leisteten [wir, die Gegner Takechis] Widerstand
> 5) 露霜之 消者消倍久 / 去鳥乃 相競端爾
> *tsuyu-shimo no / kena ba kenu-be-ku / yuku tori no / arasofu hashi ni*
> [wie] Tau und Reif / Wenn [wir] vergehen [sollen], wollen [wir] vergehen [= sterben] / [wie] Die [in Pfeilformation] fliegenden Vögel / Wetteifern [wir,] vorne [an der Front] zu sein

Die Übersetzung folgt der Auslegung eines Perspektivenwechsels sowie der über *midare te kitare* hergestellten Beziehung aus Ursache und Wirkung / Grund und Ergebnis. Enomoto weist diese „herkömmliche Trennung" jedoch zurück, was bereits die konsistente Beziehung zur „Form und dem Ausdruck" der vorangehenden Verse 43 bis 68 zeige (siehe unten). Zur näheren Bestimmung der offenen Konditionalform in *kitare*, deren Grundform aus *ku*, „kommen" + *-tari* (Perfektum) besteht, unternimmt er verschiedene Analysen und belegt seine eigenen Lesungen mit anderen Gedichten der Sammlung. Die Einzelheiten sind dort nachzulesen und im Folgenden nur die Ergebnisse zusammenzufassen.

Sasaki Takashi zufolge kommt die freie und phonographisch verschriftete Konditionalform mit neunzehn Belegen im *Man'yōshū* und einem Beleg im *Kojiki* vor. So sei es „relativ deutlich, dass fast alle Belege im Verhältnis von Grund und Ergebnis stehen", das Sasaki auch für den vorliegenden Fall konstatiert.[127] Das übliche Verständnis von 4) und 5) läuft somit im oben dargestellten Sinn ab („da die abgeschossenen Pfeile zahlreich herabprasseln, passiert …"). Enomoto (S. 113) übernimmt zunächst diesen kausalen Zusammenhang,

127 Sasaki, zitiert nach Enomoto 2015: 112. Enomoto (S. 112–113) macht weiterhin auf die nicht wenigen Belege aufmerksam, bei denen nach der Konditionalform die korrelative Postposition (*kakari-joshi* 係助詞) *ya* folgt, etwa als rhetorische Frage (vgl. Wittkamp 2014b: 215, 218 etc.), aber immer gehe es um Vermutungen zu Ursache und Resultat.

fragt dann aber, ob das Verstehen des Resultats als „Gegenangriff der feindlichen Truppen, die auf den eigenen Tod gefasst sind“ (Kanazawa, S. 72), angemessen sei. Wie der SNBT-Kommentar (1: 145) liest er *tachi-mukahi-shi mo* im letzten Vers von 4) als Ausdruck der Vergangenheit (*-ki* in Attributivform zu *mo*) und damit den ersten vier Versen in 4) zeitlich vorausgehend („ohne zu dienen hatten [sie …] gegenübergestanden“).[128] Das bedeutet nicht nur eine geraffte Analepse, sondern lenkt auch das Verständnis von 5) in eine andere Richtung. Es sei nämlich schwer vorstellbar, dass die „wütende Angriffe empfangenden [feindlichen] Ōmi-Truppen […] noch den Kampfeswille und die Kampfkraft zur Weiterführung der Schlacht besaßen“. Der Versblock 5) zeige in der an 4) anschließenden Parallelverskonstruktion, dass die feindlichen Truppen, die zuvor noch Mut und Kraft besaßen (*matsurohazu tachi-mukahishi mo*), nun aber „vollkommen verloren hatten“.

Die oben stehende Übersetzung gibt auch das herkömmliche Verstehen von *kene ba kenu-beku* wieder, aber Enomoto (S. 114–115) identifiziert zunächst die Grundlage auf einem Stereotyp der *sōmon*-Antwortdichtung, das er (S. 114) mit Beispielen für *kenu-beku* und *kene ba kenu-beku* belegt. Wie die meist voranstehenden Wörter „Tau“ oder „Reif“ zeigen, bezieht sich der Ausdruck auf etwas „leicht Erlöschendes“, „sich leicht Auflösendes“ oder etwas, das im Begriff sei zu erlöschen, sich aufzulösen. Dazu komme, dass sämtliche seiner angeführten Beispiele in attributiver Position stehen, und auch in dem vorliegenden Fall der parallel arrangierten Verse in 5) sei die attributive Funktion „natürlich“, zumal der zweite Vers auch inhaltlich dem ersten entspreche.

In dem *kene ba kene-beku* voranstehenden und dem folgenden Vers besitzen „der Tau“ und *yuku tori*, die „fortfliegenden Vögel“, metaphorischen Charakter, und Enomoto (S. 114–115) präsentiert ähnliche Belege, in denen sich *yuku tori* auf Menschen beziehe. Er möchte jedoch die Aufmerksamkeit auf den Punkt lenken, dass die Verse zwar metaphorisch *arasofu*, „wetteifern“, voranstehen, jedoch damit einen Zustand zum Ausdruck bringen, in dem der Feind „ohne Ordnung und Kontrolle“ eben „im Erlöschen begriffen ist (*kie-iru bakari ni* 消え入るばかりに)“, und nicht „sich mit Todesmut“ in der „Mann zu Mann-Schlacht“ befindet. Für *arasofu* präsentiert Enomoto (S. 115) schließlich Beispiele, in denen das Wort gemeinsam mit Wetterphänomenen vorkommt, etwa dass eine Pflanze sich gegen den Reif stemmt, um dem nahenden Winter nicht so schnell das Schicksal ihrer Blätter zu überlassen. Aber auch die Beispiele aus dem menschlichen Bereich zeigen die Bedeutung von *arasofu*, die darin liege, sich gegen eine Kraft zu wenden, die letztendlich nicht zu

128 Beispielsweise Aso (1: 476, 488) überführt *shi* in *mono-tachi* 者たち beziehungsweise *mono* 者, „Leute“, vermutlich auf Anregung von Takeda 3: 554 und Omodaka 2: 393.

überwältigen sei (S. 116), und im vorliegenden Fall seien diese „Kraft“ die wie Schnee vom Himmel prasselnden Pfeile. Angesichts dieser Gewalt bleibe nur das Erlöschen, und eben diese Gewissheit treibe die Feinde zur Flucht. In der Darstellung der unvermeidbaren Niederlage sei *arasofu* „unbedingt“ im Sinn von *arasohi-kanete*, „nicht dagegen ankämpfen können“, zu lesen, wofür er ebenfalls Beispiele präsentiert. Den Versabschluss mit *hashi ni* lässt er offen, zieht aber das Gedicht 20: 4166 von Yakamochi heran, das ebenfalls den Vers *arasofu hashi ni* besitzt, was die Kommentare als Übernahme aus Hitomaros Gedicht erklären (vgl. SNBZ 9: 306). Dieses Gedicht festige durch ihre Parallelverskonstruktion die Vermutung, dass *arasofu hashi ni* zum Ausdruck bringe, „nicht gegen etwas ankämpfen zu können“. Um Enomotos Erläuterungen in die Übersetzung zu bringen, sei der folgende Vorschlag gemacht, ohne allerdings die formal-ästhetischen Aspekte zu berücksichtigen:

> 4) 引放 箭之繁計久 / 大雪乃 亂而來禮
> *hiki-hanatsu / ya no shige-ke-ku // oho-yuki no / midare te kitare*
> Der abgeschossenen / Pfeile dichtes Fallen / Das [wie] dichter Schnee / Wirr fällt und dann so ist
> 不奉仕 立向之毛
> *matsurohazu / tachi-mukahi-shi mo*
> Ohne zu dienen / hatten [sie] sich entgegengestellt
> 5) 露霜之 消者消倍久 / 去鳥乃 相競端爾
> *tsuyu-shimo no / kena ba kenu-be-ku // yuku tori no / arasofu hashi ni*
> [aber, wie dem] Tau und Reif / Bleibt nur das Erlöschen // [und so] Die in Gruppen fortfliegenden Vögel / Können nichts mehr dagegen machen

Ein letztendlich klärendes Wort zu *midare te kitare* findet sich auch bei Enomoto nicht, aber es sei nochmals auf die Bedeutung der Flexionsform *izenkei* hingewiesen, die in Lewins (1975: 105) Übersetzung mit „Konditionalform“ ein wenig in den Schatten gerät. Wie es bei der Besprechung der Iwami-*sōmon*-Gruppe gezeigt wurde, bedeutet das Wort *izen* 已然, dass etwas bereits so ist, sodass auch hier ein bereits eingetretener Zustand beschrieben wird, an dem nichts mehr zu ändern ist. Enomoto fasst die Versblöcke 4) und 5) wie folgt zusammen:

> Es ist der Zustand, in dem angesichts des überwältigenden Angriffs von Takechis Truppen den Ōmi-Truppen der Atem ausgegangen ist. Der grobe Handlungsstrang, dem zufolge sich die Masse [der feindlichen Krieger] auf die Flucht begibt, dürfte mit einiger Sicherheit nachgewiesen worden sein. Das bedeutet gewissermaßen eine Wende von „ohne

zu dienen, hatten sie sich entgegengestellt“ (*matsurohazu tachi-mukahi-shi mo*) zu den Ōmi-Truppen auf dem Weg zum Untergang. (2015: 117)

In seinen Ausführungen hebt Enomoto wiederholt hervor, dass Tenmus Befehl in 2) keine militärische Gewalt bedeutet, und paraphrasiert 和為 *yaha-se* mit *heitei* 平定, „befrieden“.[129] Inhaltlich dürfte diese nicht weniger euphemistisch und damit ideologisch gefärbte Paraphrasierung korrekt sein, aber wie ist es dann zu verstehen, dass Takechi dem Anliegen Tenmus dennoch durch blutigen Kampf nachkommt, ohne irgendwelche Friedensgespräche geführt zu haben? Die dem Befehl Tenmus folgenden Verse zeigen einen Takechi, der von vornherein auf Kampf eingestellt ist. Genau genommen formulieren 2) und 3) nicht nur einen „Wendepunkt in der Entwicklung“ (S. 110), sondern mit dem blumigen Verständnis als *heitei* fällt auf Takechi ein Schatten. Sollte Tenmus Befehl jedoch von Anfang an Kampf und Krieg bedeuten, was die Mobilisierung der Truppen vermuten lässt, bliebe die Harmonie zwischen Tenmu und Takechi bewahrt. Enomoto geht auf das Problem nicht ein (vgl. S. 118), und zwar reflektiert er (S. 107–109) über die Beschreibungen im *Kojiki*, nicht jedoch über den ideologischen Gehalt seiner eigenen Beschreibung.

*4. Vom drohenden Angriff zum tatsächlichen Angriff: Verse 43 bis 68*

Enomoto (S. 117) ist sich bewusst, im Detail nicht alles geklärt zu haben, aber ihm geht es um das Arrangement der Verse, in dem die Form den Inhalt untermauert. Das oben stehende Zitat fasst die Versblöcke 4) und 5) zusammen, aber der beschriebene Zustand sei auch das Ergebnis der voranstehenden Verse 43 bis 68. Gemeinsam handele es sich um ein „fortgesetzt erfolgendes Aneinanderreihen vom drohenden Angriff zum tatsächlichen Angriff (*kōsei kara*

129 Bei Enomoto (2015: 110) heißt das *buryoku ni yoranai heitei* 武力によらない平定. Der *heitei*-Begriff stammt aus dem *Nihon shoki* und kommt dort zwar nicht nur in den Mythen vor, weist aber eine mythologische Färbung auf. Somit wird in der wissenschaftlichen Beschreibung ein historischer Begriff gegen einen anderen ausgetauscht, der nicht unbedingt korrekter oder präziser ist, aber die Tendenz bestätigt, in der offiziellen Geschichtsschreibung die historische Realität zu sehen; zu *heitei* und anderen Beschreibungen im *Kojiki* vgl. Wittkamp 2018a: 113, 142 sowie S. 553 zu *koto-muke* (Index 5), der „Befriedung durch das gesprochene Wort“. Gänzlich ungeeignet scheint der Begriff in Formulierungen wie *Jinshin no ran no heitei-go* 壬申の乱の平定後, „nach der Befriedung des Jinshin-Aufstands“ (S. 124), da der „Befrieder“ der Urheber des Aufstands oder der Unordnung (*ran*) war. Die SNBZ-Bearbeiter (6: 133) übersetzten *yahase* aus 2: 199 mit *tori-shizume yo* とり鎮めよ, „zur Ruhe bringen“, und Miyakoshi, Ishii und Oda (2011, Eintrag *yahasu* 和す), die mit der Textstelle aus 2: 199 belegen, mit *kijun sase yo* 帰順させよ, „gefolgsam / gehorsam machen“. Es stehen also Alternativen zur Verfügung.

*kōgeki e keiki-teki ni tsuranari* 攻勢から攻撃へ継起的に連なり)“. Die Formulierung „vom drohenden Angriff zum tatsächlichen Angriff“ ist nicht nur inhaltlich begründet, sondern mache sich auch am „deutlich unterschiedlichen Ausdruck“ in 4) und 5) versus 6) und 7) bemerkbar (umgekehrte Reihenfolge!). So beruhe die „Grundstimmung“ der Teile 6) und 7) auf Parallelversen, was den drohenden Angriff übermittele, und Enomoto sieht sogar eine „Gefühlslandschaft (*jōkei*) des drohenden Angriffs“. Das Arrangement aus Parallelversen ist die Fortsetzung der Parallelverse in 1) bis 3); die Markierungen mit „A, B, C“ und „a, b, c,“ sind original.

齊流鼓之音者
雷之聲登聞麻弖

吹響流小角乃音母
敵見有虎可叫吼登
諸人之協流麻弖爾

指擧有幡之靡者

冬木成春去來者
野毎著而有火之
風之共靡如久

取持流弓波受乃驟

三雪落冬乃林爾
飃可毛伊巻渡等
念麻低聞之恐久

6) *totonofu-ru / tsutsumi no oto ha // ikazuchi no / kowe to kiku ma-de*
(A) Der zum Gefecht sammelnde / Laut der Trommeln / (B) Geradezu wie des Donners / (C) Rufen, so hörten sie sich an
*fuki-nase-ru / ku-da no oto mo // ata-mi-taru / tora ga hoyuru to // morohito no / ohiyu-ru ma-de ni*
(a) Auch der geblasenen / Hörner Laute / (b) Wie des angreifenden / Tigers Brüllen, so / (c) Alle Leute / Geradezu als ob sie in Angst und Schrecken versetzt wurden
7) *sasage-taru / hata no maneki ha*
Der hochgezogenen / [leuchtenden] Fahnen Signale
*fuyu-go-mori / haru sari-kure ba // no goto ni / tsuki te aru hi no // kaze no muta / nabikafu goto-ku*
[wie] Nach des im Winter verborgenen / Hervorkommen des Frühlings / Die [dann] auf allen Feldern / Angefachten Feuer / Im Wind / Sich wiegend, so auch [die Fahnen]
*tori-mote-ru / ya-ha-zu no sawaki*
Fest gegriffen / Der Bögen Lärmen
*mi-yuki furu / fuyu no hayashi ni // tsumuji ka-mo / i-maki-wataru to // omofu ma-de / kiki no kashiko-ku*
[als ob dort, wo] Der reine Schnee fällt / Durch die Wälder / Ein Wirbelwind / Wütend hindurchfegt / Geradezu so zu empfinden / Es zu hören, erfüllt mit (Ehr)Furcht

Zur Demonstration von Parallelversen wurde der Originaltext in senkrechte Schreibung mit Zeilenumbrüchen nach den Versenden gesetzt. Dann zeigt sich, dass auf der optischen Ebene tatsächlich Parallelkonstruktionen vorliegen. Versblock 6) besitzt zwei Einheiten, die aus vier und sechs Versen bestehen. Gerade die zweite Einheit bildet saubere Parallelismen aus drei und fünf Zeichen und erinnert an den aus der klassisch-chinesischen Dichtung bekannten Vier-Sechs-Parallelstil (chin. *si liu pian li ti*, jap. *shiroku benrei-tai*). Die beiden Versgruppen in 7) besitzen jeweils zwei und sechs Verse, die Enomoto (S. 118) nochmals mit einem Bogen graphisch verbindet. Den auffälligen Gebrauch von Metaphern beschreibt er als Hauptbestandteil (*shutai*), der allerdings auch in 4) und 5) deutlich zu vernehmen ist.

Enomoto macht auf die sich gegenseitig entsprechenden Formulierungen wie in (B) und (b) in 6), das beängstigende Dröhnen der Trommeln sowie das Brüllen des angreifenden Tigers, sowie in 7) die Frühlingsfelder und Winterwälder aufmerksam, welche die „überwältigende Kraft der Natur" zeigen. Während in 6) nur Phänomene der hörbaren Welt vorkommen, konzentrieren sich die ersten acht Verse in 7) auf die sichtbare Welt, und erst mit den nächsten acht Versen kehrt die hörbare Welt zurück. Das Ergebnis beschreibt Enomoto als „einen Ausdruck mit ganz besonderem Feinschliff", wenn es auch nahezu keinen klaren Ausdruck gebe, der die tatsächliche Schlacht oder die Realität des Jinshin-Krieges zeige. Genau genommen widerspricht sich Enomoto (S. 118) auch hier, da er selbst auf die Verankerung von Trommeln und Flöten als „Waffen" in der Verfassung hinweist. Gewiss wird es auch „Leute" gegeben haben, die angesichts der drohenden Schlacht „Angst und Schrecken" fühlten.

Den entscheidenden Unterschied zwischen 6) und 7) sowie den im Text danach vorkommenden Versen in 4) und 5) sieht Enomoto (S. 119) in dem „Wechsel der Perspektive, die sich vollkommen auf die angegriffenen Ōmi-Truppen einstellt". Allerdings bedeutet dieser Perspektivenwechsel keine interne Fokalisierung, in der die Ōmi-Truppen zum „wir" werden. Zudem bestehe der Hauptbestandteil (*shutai*) im eigentlichen Angriff in 4) und 5) aus „töten und verwunden", was in dem vorangehenden „drohenden Angriff" in 6) und 7) nicht vernehmbar sei, wodurch der Kampfeswille endgültig gebrochen werde.

引放箭之繁計久
大雪乃 亂而來禮
不奉仕 立向之毛
露霜之 消者消倍久
去鳥乃 相競端爾

In Enomotos Betonung der Form wäre zu erwarten, dass die Verse 69 bis 78, welche den konkreten Schlachtverlauf und das Fliehen der Gegner beschreiben, in einem Stil geschehen, der die Unordnung durch das Auflösen von Parallelversen widerspiegelt. Das ist aber nicht der Fall, denn wie die Darstellung zeigt, sind auch diese Verse geordnet; bis auf die ersten beiden Verse und einen Vers mit fünf Zeichen handelt es sich um Kombinationen aus drei und vier Zeichen.

*5: Die übermenschlichen Taten des Takechi no Miko: Verse 79 bis 86*

Die folgenden acht Verse werfen in der vorangehenden Forschung zwar die Frage nach dem Subjekt auf, aber Enomotos (S. 119–122) Konzentration auf die formale Textgestaltung sowie Vergleiche mit anderen Gedichten lösen manches Problem.

> 8) 渡會乃 齊宮從 神風爾 伊吹或之
> *Watarahi no / Itsuki no Miya yu / kamu-kaze ni / i-buki-matoha-shi*
> Wie der aus Watarai / dem Itsuki no Miya [Ise-Schrein] / [kommende] *kamikaze*-Götterwind / Brauste [Takechi] auf und stürzte [die Feinde] in Verwirrung
> 天雲乎 日之目毛不令見 常闇爾 覆賜而
> *ama-kumo wo / hi no me mo misezu / toko-yami ni / ohohi-tamahi te*
> Wie die Wolken am Himmel / Die das Auge der Sonne nicht mehr sehen ließen / (85) In ewiger Dunkelheit / Geruhte [Takechi] alles zu überdecken, und dann

Mit dem Blick auf die parallele Konstruktion der Verse lenk Enomoto die Aufmerksamkeit zunächst auf den jeweils dritten Vers der beiden parallel arrangierten Versblöcke, in denen die Partikel *ni* in *kamu-kaze ni* sowie *toko-yami ni* wiederholt wird. Enomoto zeigt an verschiedenen Beispielen, dass dieser Gebrauch einer metaphorischen Verstärkung dient, sodass sich die hier betroffenen Verse wie folgt lesen lassen: „wie der aus dem Ise-Schrein Götterwind …“ und „wie die den Himmel in ewige Finsternis verdunkelnden Wolken …“. Der Handlungsträger in den vorangehenden Versen ist durchgehend Takechi no Miko, und Enomoto (S. 122) sieht dementsprechend auch in ihm das Subjekt der „übermenschlichen Leistungen“.

Mit den Versen 79 bis 86 enden Enomotos Analysen, und mit den Versen 87 und 88 (*sadamete-shi / Mizuho no Kuni wo*, „das befriedete Reich der Wasserähren“) sei das vor der Schlacht geäußerte Ziel Tenmus erreicht worden. Für das „Vollenden der Befriedung (*heitei no kansui* 平定の完遂)“ gibt Enomoto (S. 122) explizit den Tennō als Subjekt (*shutai*) an, und die beiden Verse sieht er – darin stimmt er mit Itō Haku überein – in Korrespondenz mit den Versen 23 bis 26 (*Ame no Shita / wosame-tamahi / wosu kuni wo / sadame-tamafu to*), dem Befehl Tenmus zur Herrschaft über das gesamte Reich. In dieser gegenseitigen Bezugnahme (*taiō*) macht Enomoto den „äußeren Rahmen“ aus und fasst diesen sowie das Eingerahmte tabellarisch wie folgt zusammen; die Zahlen am Ende beziehen sich auf die oben analysierten Verseinheiten; nicht auf die Abfolge im Gedichttext:

> Verse 23 bis 26: Angabe des Ziels
> 1: Tenmu Tenno – der Herrschaft über das Reich „Unterm Himmel“, der Befriedung des gesamten Reiches entgegen – mobilisiert die Truppen der Ostlanden, erteilt Takechi no Miko die Befehle 1), 2).
> 2: Takechi no Miko legt die Rüstung und die Waffen an, und führt die Truppen der Ostlanden 3).
> 3: Der drohende Angriff von Takechis Truppen, Bedrohung durch Waffen 6), 7)
> 4: Durch den Angriff von Takechis Truppen verlieren die Ōmi-Truppen den Wille zum Kampf, und es kommt zur unkontrollierten Bewegungen 4), 5).
> 5: Mit übermenschlicher Kraft mobilisiert Takechi den Wind und die Wolken und stürzt die Ōmi-Truppen in die vernichtenden Verwirrung sowie die endgültige Niederlage 8).
> 6: Tenmu Tennōs Vollendung der Befriedung 9)
> Verse 87 und 88: Erreichen des Ziels (2015: 123)

Zu 9) gibt es keine Analysen, und da 8) mit Vers 86 endet und *sadamete shi Mizuho no Kuni wo* die Verse 87 und 88 stellt, ist der Bezug von 9) unklar. Enomoto formuliert wie folgt:

> Abschließend brachten [Takechis übermenschlichen Taten] den Sieg auf die Seite des Tennō (9) und verwirklichten *sadamete-shi Mizuho no Kuni* [das befriedete Land der Wasserähren]. (2015: 122)

Wie gesehen macht er – das gehört zur „gegenseitigen Entsprechung“ – den „Tennō als Subjekt“ der Verse 87 und 88 aus, und 9) sowie der abschließende Teil des „äußeren Rahmens“ dürften zum einen identisch sein und zum anderen jene Grauzone bilden, die zu Tenmu zurückführt. Enomoto (S. 123) sieht die militärischen Handlungen als Bestandteil des Auftrags an Takechi zur Ausübung der Regierung, sodass die Schlacht den tatsächlichen Pflichten auf dem Weg zur Verwirklichung dieses Ziels entspreche. Er resümiert:

> In diesem Arrangement, in welchem der Prinz die Verwirklichung des politischen Ziels des Tennō verfolgend die tatsächlichen Aufgaben übernimmt und [dieses] zum Schluss erreicht, fallen die Rollen des Tennō als Reichsvereiniger (*tōchi* 統治) und die Rolle des Prinzen als stellvertretender Regent (*sōsei*) zusammen. (2015: 123)

Enomoto (S. 124–128) beendet seine Untersuchungen mit Überlegungen zum „Tod der beiden Prinzen […] und dem Scheitern der idealen Regierung von Tenmu Tennō“. Dabei geht es zunächst um die Verse 87 bis 94, das heißt die ersten acht Verse in Teil D, mit denen das „Hauptthema“ zur Art und Weise der Regierung des Landes [der Wasserähren] übergehe. Die acht Verse wurden oben bereits anhand der Ausführungen von Itō Haku diskutiert, aber Enomoto fasst nach einem anderen Forscher zusammen, dessen Auslegung die derzeitige Forschung dominiere: Während die Verse 87 bis 90 von Tenmus Sieg und Herrschaft berichten, zeigen die Verse 91 bis 94 die assistierende Regierung durch Takechi no Miko; zum besseren Verständnis seien die acht Verse nochmals dargestellt:

> 定之 水穂之國乎 神髄 太敷座而
> *sadamete-shi / Mizu-ho no kuni wo / kamu-nagara / futo-shiki-mashi te*
> Das befriedete Land der [reichen] Wasserähren / Im Einklang mit den Gottheiten geruhte [Tenmu], dessen Pfeiler fest zu errichten, und dann
> 八隅知之 吾大王之 天下 申賜者
> *ya-sumi-shi-shi / waga oho-kimi no / Ame no Shita / mawoshi-tamahe ba*
> Da [Takechi] das Unterm Himmel von unserem Großherrscher, der alle acht Ecken kennt, führte

Wie gesehen stimmt Enomoto (S. 124) bezüglich der Zuweisung der Subjekte mit dem der vorangehenden Forschung überein, macht aber darauf aufmerksam, dass es sich dabei letztendlich „lediglich um die Wirklichkeit des Ausdrucks (*hyōgen no jijitsu* 表現の事実)“ handelt. Gemeint ist offenbar eine historische Realität, die lediglich im Rahmen des Gedichts existiert, und das Problem betreffe vielmehr die Frage nach dem Sinn der Formulierung dieser besonderen und idealisierten Regierungsform. Das wiederum bringe „notwendigerweise die Interpretation“ ins Spiel, die jedoch noch nicht ausreichend vollzogen sei. Damit spricht er Probleme an, die bei der Darstellung des *banka*-Langgedichts zum Tod von Kusakabe als „Kritik“ ebenfalls aufleuchten.

Die Verbphrase *mahoshi-tamafu* wird im Sinn des stellvertretenden Regierens als „oberster Minister“ (*daijō daijin*, *oho-matsurigoto no oho-mahe tsu kimi*) gelesen, aber ein Problem der vorangehenden Forschung bestehe im vermeintlichen Widerspruch zur historischen Realität, da Takechi no Miko diese Position erst 690 einnahm, also nach Tenmus Tod. Es werde durch Vermutungen zum „zeitgenössischen Verstehen“ gelöst, dass nämlich in die Formulierungen nicht nur Tenmus, sondern auch Jitōs Herrschaft als „ein Kontinuum“ hineinzulesen ist. Enomoto hinterfragt allerdings diese etablierten Meinungen und sieht keine Notwendigkeit, den Gedichttext mit der – wohl aus dem *Nihon shoki* extrahierten – „historischen Realität" abzugleichen. Der „Hauptweg der Interpretation" bestehe vielmehr darin, dem Gedicht, seiner Struktur und seinem Ausdruck selbst zu folgen (S. 125).

In diesem Verständnis der historischen Realität drängt sich freilich die Frage auf, warum Enomoto selbst diese ins Spiel bringt, um einen Unterschied zum *banka*-Gedicht 2: 167 zu behaupten. Denn während dessen Struktur in den Mythen verwurzelt sei, sei das Ganze in 2: 199 in der Geschichte verwurzelt (S. 99, 126). Was Enomoto aber meint, dürfte sich weniger auf die historische Realität an sich beziehen, sondern auf die Differenz zu den Mythen in Kombination mit historischen Ereignissen wie dem Jinshin-Krieg, Tenmus Sieg und Reichsvereinigung sowie schließlich der Führung der Regierungsangelegenheiten durch Takechi. Allerdings wurde auch festgestellt, dass selbst die Mythisierungen in 2: 167 einen historischen Kern besitzen. So erscheint Kusakabe als die erste Generation auf Erden, und dass er als die erste, und nicht die dritte Generation erscheint, entspricht wie gesehen der historischen Realität. Die Mythen in der altjapanischen Literatur sind politische Mythen und daher prinzipiell in der historischen Realität wenn nicht „verwurzelt", so doch motiviert. Die Unterschiede zwischen beiden Gruppen sind daher weniger qualitativer („Wesen"), sondern quantitativer beziehungsweise gradueller Natur – und das wurde bereits vorher schon festgestellt, z.B. von Duthie 2014 (siehe oben).

Allerdings spricht Enomoto (S. 127) in seinen Abschlussbemerkungen ein Problem der Interpretation an, auf das bereits in der Besprechung zu 2: 167 hingewiesen wurde. Durch den Tod der beiden Prinzen konnten nämlich letztendlich weder die Thronfolge noch die idealisierte Regierungsform realisiert werden, sodass der historische Schwung gleichsam im Sande verlief. Das bedeutet nichts anderes, als dass Tenmu mit seinen Zielen gescheitert war. In diesem Zusammenhang sind auch die folgende Bemerkungen anregend, die den Aufsatz abschließen:

> Während es in der Realität die Regierungszeit der Jitō Tennō war, hat die entschlossene Entscheidung […], die Verwicklungen mit Jitō Tennō aktiv [aus den Darstellungen] herauszuhalten, gewiss ebenfalls etwas mit der Konzeption dieser *banka*-Dichtungen zu tun. [Zu erklären,] dass es wiederum Jitō Tennō war, welche die akute Gefahr am schmerzhaftesten zu spüren bekam, bedarf allerdings auch nicht vieler Worte. Es ist davon auszugehen, dass sich Hitomaro an eben diese Jitō Tennō mit den beiden *banka*-Trauergedichten richtete. (2015: 127–128)

**Vor- und Hauptfassung**

Die Verse 43 bis 86 schildern den drohenden und den tatsächlichen Angriff. Sie enthalten viele Alternativverse (一云), an denen sich mögliche Ziele der Korrektur zur autorisierten Hauptfassung zu erkennen geben. So bilden die Verse 70 bis 72, die den dichten Pfeilhagel schildern (*ya no shigekeku / oho-yuki no / midare te kitare*), einen Übergang, der durch die Grammatik in *kitare* markiert ist. Diese Form wird wie gesehen als Ellipse verstanden, zu der die Postposition *ba* zu ergänzen sei. Der Alternativvers zu Vers 72 endet dagegen in phonographischer Verschriftung mit *ba* (久禮婆 *kure ba*, „als / da [die Pfeile wie Hagel] kamen"), und das Auslöschen der Postposition zu Gunsten der offenen *izenkei*-Form *kitare* scheint etwas hervorheben zu wollen. Die Verbform *kure ba* wurde aber nicht nur um die Postposition 婆 *ba* erleichtert, denn der phonographisch verschriftete Verbstamm weicht dem Logogramm in 來禮 *kitare*. Auch Takeda (3: 555) liest *kitare* als elliptischen Ausdruck der Kausalität (*jōkenhō*) im Sinn von „da die Pfeile kamen" und weist eigens darauf hin, dass damit kein Abschluss beziehungsweise keine Zäsur vorliegt. Während jedoch die vorangehenden Verse die Kampfhandlungen von Takechis Armee gewidmet seien, sei es nun so, dass die folgenden die Armee des Feindes darstellen. Ob damit auch die Perspektive zur Sicht aus deren Augen wechselt, lässt Takeda offen, vermutet aber unter *sochi yori* aus den Alternativversen *arare nasu so-chi yo-ri ku-re ba* die Angabe der Richtung (其方 *sochi yori*, „aus jener Richtung", *achira kara*, „von drüben, gegenüber"). Jüngere Kommentare lehnen zwar eine Richtungsangabe ab,[130] sehen aber wie angemerkt dennoch einen Perspektivenwechsel, der sich auf die Verse 70 bis 78 beziehe (vgl. SNBZ 6: 133).

Enomotos Analysen der Versstrukturen dürften einige offene Fragen lösen, und daher sind im Folgenden als Beispiel für die möglichen Effekte korrigierter Fassungen die Verse 43 bis 68 heranzuziehen, die in Enomotos Auslegung den drohenden Angriff schildern. Der Vergleich zeigt, dass der Austausch von Versen und Phrasen mehr als die Suche nach dem richtigen Wort betrifft und sich auf die Struktur auswirken kann. Die sechsundzwanzig Verse enthalten fünf Vor- oder Alternativfassungen, die Omodaka (2: 406–407) zum Vergleich mit den Versen der Hauptfassung in vier Versgruppen einteilt. Zum Vergleich

130 Omodaka (2: 391) führt unter anderem an, dass 余 *yo* in *sochi yori* für die *otsu-rui*-Aussprache stehe, *yo* in *yori* 從 („von") jedoch die *kō-rui*-Variante erfordere. Die SNBT-Bearbeiter (1: 147) deuten *yori* als das Verb *yoru* 寄る, „näherkommen", in der Konjunktionalform, das heißt als Verbverbindung in *yori-kuru*. Inaoka (1: 126) versteht unter *sochi* eine Umformung von *sechi*, „Pfeil" und sieht den Text der Alternativfassung im Vergleich zu dem „kraftvollen Ausdruck" im Haupttext als „explanativ und schwach".

werden die Angaben der Versanzahl ergänzt, und die autorisierte Hauptfassung vorangestellt:

Autorisierte Hauptfassung (Verse 43 bis 68):
4 Verse: 齊流 鼓之音者 雷之 聲登聞麻弖
*totonofu-ru / tsutsumi no oto ha / ikazuchi no / kowe to kiku ma-de*
6 Verse: 吹響流 小角乃音母 敵見有 虎可叫吼登 諸人之 協流麻弖爾
*fuki-nase-ru / ku-da no oto mo / ata-mi-taru / tora ga hoyuru to / moro-hito no / ohiyu-ru ma-de ni*
8 Verse: 指擧有 幡之靡者 冬木成 春去來者 野毎 著而有火之 風之共 靡如久
7.1) *sasage-taru / hata no maneki ha //*
*fuyu-go-mori / haru sari-kure ba / no goto ni / tsuki te aru hi no / kaze no muta / nabikafu goto-ku*
8 Verse:取持流 弓波受乃驟 三雪落 冬乃林爾 飄可毛 伊巻渡等 念麻弖 聞之恐久
7.2) *tori-mote-ru / ya-ha-zu no sawaki //*
*mi-yuki furu / fuyu no hayashi ni / tsumuji ka-mo / i-maki-wataru to / omofu ma-de / kiki no kashiko-ku*

Vorfassungen (一云 *ichi ni ifu*):
I (4 Verse): 齊流 鼓之音者 雷之 聲登聞麻弖
*totonofu-ru / tsutsumi no oto ha / ikazuchi no / kowe to kiku ma-de*
II (6 Verse): 吹響流 笛之音波 敵見有 虎可叫吼登 諸人之 聞或麻泥
*fuki-nase-ru / fuwe no oto ha / ata-mitaru / tora ga hoyuru to / moro-hito no / kiki-matofu ma-de*
III (6 Verse): 指擧有 幡之靡者 冬木成 春野焼火乃 風之共 靡如久
*sasage-taru / hata no maneki ha /* fuyu-go-mori */ haru-no yaku hi no / kaze no muta / nabikafu goto-ku*
IV (8 Verse): 取持流 弓波受乃驟 三雪落 由布乃林 飄可毛 伊巻渡等 諸人 見或麻弖爾
*tori-mote-ru / ya-ha-zu no sawaki / mi-yuki furu / yu-fu no hayashi ni / tsumuji ka-mo / i-maki-wataru* to */ moro-hito no / mi-matofu ma-de ni*

I: Die Klang der geschlagenen Trommeln – geradezu als ob es sich anhörte wie des Donners Stimme
II: Der Klang der geblasenen Flöten – geradezu wie das Brüllen des Tigers, der einem Feind gegenübersteht – bis [der Klang] die Leute durch das Hören in Panik versetzte

III: Das Flattern der Fahnen – wie [nach dem] winterlichen Verbergen, der im Frühling auflodernden Felder Flammen, gemeinsam mit dem Wind, sich wiegend
IV: Fest gegriffen, der Bögen Lärmen – geradezu als ob [dort, wo] der reine Schnee fällt, in den weißen Wäldern, ein Wirbelwind wütend hindurchfegt – bis [das Lärmen] die vielen Leute durch den Anblick in Panik versetzt

Die Unterstreichungen der Umschrift in I bis IV zeigen die auszutauschenden Verse, und die Unterstreichungen im Originaltext verdeutlichen einen gewissen Zusammenhang. Omodaka (ebd.) zufolge gibt die Vorfassung (一云 *ichi ni ifu*) zu erkennen, dass im Unterschied zur Hauptfassung „Anfang und Ende der Verse geordnet sind“, und zugleich lasse sich an der Vor- und Hauptfassung die „Spuren der Korrekturen durch den Autor beobachten“. Was zuvor in Ordnung gebracht war beziehungsweise was mit der Korrektur seine Ordnung einbüßte und was die „Beobachtung“ ergibt, muss sich die Leserschaft selbst erschließen, denn Omodaka zitiert zum Vergleich lediglich eine Beschreibung aus dem *Nihon shoki* (siehe unten) und daran anschließend Kamo no Mabuchis Lobpreisungen zu Hitomaro und diesem Gedicht. Vermutlich meint er jedoch *moro-hito*, „die Leute“, die im vorletzten Vers der Vorfassung wiederholt werden und zum einen mit dem Hören (*moro-hito no kiki-matofu*), zum anderen mit dem Sehen (*moro-hito* [*no*] *mi-matofu*) kombiniert sind; auf die gegenseitige Entsprechung oder Korrespondenz (*taiō*) in der Vorfassung weist er (2: 388) im Stellenkommentar hin. Der Einladung zur Beobachtung nachkommend lassen sich die folgenden Aspekte festhalten:

**1.** In der Vorfassung I bis IV stehen sich Phänomene der hörbaren und der sichtbaren Welt gegenüber. Die Aufzählung der Trommeln, Flöten und Fahnen in I, II und III erfolgt dabei über die Hervorhebung mit 者 *ha*, die zwar monoton, aber gerade dadurch als dramatisierende oder betonende Erzähltechnik zu verstehen ist. Zu prüfen bleibt, ob das als Merkmal einer oralen Kommunikationssituation zu verstehen ist. In der Hauptfassung steht bei den Flöten / Blasinstrumenten anstelle von *ha* ein *mo*, was die Monotonie entschärft. In IV sowie in der Hauptfassung entfällt die Betonung, was die Silbenzahl wahrt oder Monotonie vermeidet. Das Wort *sawaki* bedeutet in Enomotos Lesung nicht das „Lärmen“ der tatsächlich abgefeuerten Pfeile, sondern eine Drohgebärde, ähnlich dem „Säbelrasseln“. Wie angemerkt gibt es zudem eine Verbindung mit dem Schnee, und wie *mi-matofu*, „durch den Anblick in Panik / Verwirrung geraten“, zeigt, muss es sich insgesamt um ein Phänomen des Gesichtssinns handeln. Gemeinsam mit *moro-hito no*, „die zahlreichen Leute“, wird dieser Aspekt der sichtbaren Welt mit der Korrektur zurückgenommen.

**2.** Der sich auf den Gesichtssinn beziehende Ausdruck *mi-matofu* in IV weicht *kiki*, dem „Hören“, und zugleich wird *kiki-matofu* aus II gegen einen Ausdruck innerer Tätigkeiten ausgetauscht: *moro-hito no ohiyuru made ni*, „bis sich alle Leute [im feindlichen Lager] davor fürchteten“. Das entlastet die Opposition aus »hören« versus »sehen«, birgt aber noch weitere Effekte. Die Phrase *kiki-matofu* in II wiederholt *kiku* in I, aber während *kiki* hier „sich anhören“ bedeutet, verweist *kiki-matofu* auf die durch das Hören ausgelöste Verwirrung oder Panik. Warum sollten sich die Trommeln einfach nur „anhören wie“, die Flöten oder Blasinstrumente aber in Verwirrung oder Panik versetzen? Diese Aporie wird mit der Korrektur gelöst und zugleich entfällt die Opposition aus *moro-hito no kiki-matofu* versus *moro-hito no mi-matofu*, das heißt aus »hören« versus »sehen«. Das Verb *matofu* ist endoaktiv und bezeichnet eine innere Tätigkeit. Diese dürfte zwar von außen zu erkennen sein, nicht aber, dass die Verwirrung oder Panik durch das Hören (*kiki-*) respektive Sehen (*mi-*) ausgelöst wird.

**3.** Den Phänomenen der sichtbaren Welt sind in der Vorfassung die sechs Verse in III gewidmet. Diese Funktion zeigen auch die entsprechenden Verse der Hauptfassung, deren Darstellung aber zwei Verse mehr umfasst. Die Erweiterung drosselt durch die verfeinerte Darstellung das Erzähltempo und enthält zwei Formulierungen, welche die zeitliche Dimension betreffen: „wenn / da der Frühling angekommen ist, sind [die Feuer] angezündet [und die Flammen lodern]“ (*haru sari-kure ba ... tsuki te aru*). Warum war es so wichtig, den zeitlichen Aspekt hervorzuheben? Oder sollte einfach nur die Anzahl der Verse von sechs auf acht erhöht werden? In jedem Fall dürfte die ergänzte Formulierung *kure ba* auffallen, die wie oben gesehen in der Hauptfassung von Vers 72 zu *kitare* korrigiert wurde (*kure ba* versus *kitare*). Die Phrase *kure ba* wurde mit der Korrektur gewissermaßen verschoben, und die Verschiebung lenkt die Aufmerksamkeit zurück auf *kitare*. Sie fordert zum Nachdenken über die Bedeutung auf, aber eine solche Leitung der Rezeption ist nur mit der Schrift möglich. Daher ist die Präsentation der Alternativverse eher im Sinn einer Selbstreflexivität zu verstehen, als zu zeigen, wie die Vorfassungen beim mündlichen Vortrag lauten.[131]

131 Saijō (2009: 139–170) vergleicht die Alternativverse (*ibunkei*) mit der Hauptfassung (*honbunkei*) und hinterfragt zunächst das Verständnis *suikō* als schriftliche Korrektur von der „unvollendeten Urfassung zur vollendeten Endfassung“ beziehungsweise von der mündlichen Vorfassung zur schriftlichen Ausarbeitung (S. 140). Seine Untersuchungen bringen ihn zu dem Ergebnis, dass die Vorfassungen (*ibunkei*) stärker von Ritualsprache oder Performativität am Ort des Vortrags geprägt sind (S. 160). Die Belege weisen auf die „Voraussetzung des Vortrags über die Stimme“ hin, und er vermutet daher in den *ibunkei*-Fassungen Texte, die Hitomaro hin und wieder im Auftrag

**4.** Die „zahlreichen Leute“ (*moro-hito*) kommen in der Hauptfassung nur in diesem Ausschnitt mit einem Beleg vor. Das sichtbar gemachte Tilgen eines weiteren Belegs aus der Vorfassung in IV verleiht dem Ausdruck Aufmerksamkeit und steigert zugleich die Wahrnehmung von *hito*, „die Menschen“. In der Hauptfassung vor der Schlacht kommen diese im Befehl des Tenmu (Vers 32) als *chiha-yaburu hito*, „gewalttätig aufsässige Menschen“, und nach der Reichsvereinigung in Vers 104 (Teil E) als *mikado no hito*, „die Menschen am Hof [*mi-kado* = „erlauchtes Tor“]“, vor. Anders gesagt: Die *chiha-yaburu hito* werden über *moro-hito* zu *mikado no hito* geläutert. Das Wort *moro-hito* ist somit Ausdruck der Schwellenphase (Liminalität) – und sollte als solches auch nur einmal vorkommen –, die den Grundwesenszug der *banka*-Dichtung zur temporären Grabkammer (*hinkyū banka*) ausmacht: Die gesamte Schlacht ist als Übergang vom Ideal der Reichseinigung zur idealen Realität zu verstehen. Von der Position des Ausdrucks in der narrativen Abfolge der Ereignisse gesehen, steht *moro-hito* in der Nähe zu *chiha-yaburu hito*, was bei der Bedeutungszuweisung von Hilfe ist: Es sind die feindlichen Leute, die in Angst und Schrecken versetzt wurden, und der nächste Schritt in der Metamorphose zum „Hofmenschen“ sind die „davonfliegenden Vögel“, die ihrer Läuterung aber „nicht entkommen können“ (*yuku tori no arasofu hashi ni*; Vers 77 und 78).

**5.** Der Austausch in IV betrifft aber nicht nur diesen Aspekt, sondern mit *ohiyu* findet noch ein weiterer Ausdruck der inneren Tätigkeit Eingang in die Hauptfassung: *omofu*, hier „denken, meinen, fühlen“. In der Parallelität zu *ohiyu* muss sich *omofu* auf die inneren Tätigkeiten der Feinde beziehen. Das gibt die Kompetenz der Erzählinstanz zur Wahrnehmung innerer Vorgänge der erzählten Figuren zu erkennen, die interne oder aktoriale Fokalisierung oder Mitsicht (vgl. Martínez und Scheffel 2016: 68–69). Während *kiki-matofu* und *mi-matofu* noch um die Grenze zwischen der Null- und der internen Fokalisierung angesiedelt sind, gehören die Verben *ohiyu* und *omofu* sowie das Adjektiv *kashikoshi* zum Ausdruck innerer Tätigkeiten, die nicht unbedingt von außen erkennbar sein müssen – schon gar nicht aus der Übersicht der nichtdiegeti-

für den mündlichen Vortrag produziert habe. Zur Vermeidung der Vorstellung einer qualitativ wertenden Korrektur (*suikō*) schlägt er (S. 161) den Begriff *kaitei* 改訂 vor, der allerdings die Bedeutung als „Verbesserung“ noch direkter zum Ausdruck bringt, zumal er sich auf die Verbesserung von Fehlern bezieht. Bezüglich der Verse 43 bis 68 macht er (S. 142) bei den ersten drei Textstellen eine „Bedeutungsverstärkung“ aus, und bei den beiden folgenden handele es sich um einen Wechsel von „sichtbar (*shikaku-teki* 視覚的)“ zu „begrifflich (*kannen-teki* 観念的) in *fuyu no hayashi*“ respektive „sichtbar“ zu „subjektiv-emotional (*shujō-teki* 主情的) in *omofu ma-de* / *kiki no kashiko-ku*)“.

schen Darstellung, also von außerhalb der erzählten Welt.[132] Die Korrekturen bedeuten somit eine Erzeugung oder zumindest eine Verstärkung der internen Fokalisierung. Der Rest der gerahmten Erzählung dürfte der Nullfokalisierung zuzurechnen sein, aber der aus den vier Einleitungs- und dreizehn Abschlussversen bestehende Rahmen bezieht sich auf das für das kollektive Ich sprechende Erzählmedium. Insgesamt liegt mit Martínez und Scheffel (S. 70) eine *variable interne Fokalisierung* vor.

**6.** Den Abschluss der Verse 43 bis 68 bildet in der Hauptfassung der Vers *kiki no kashikoku*, „das Hören [erfüllt] mit Angst / Ehrfurcht". Damit wird ein weiterer Ausdruck der inneren Tätigkeit aufgenommen, der in der syntaktischen Position in … *to omofu made kiki no kashikoku*, „voller Furcht hören, bis man … dachte", zunächst das Subjekt von *omofu* weiterführt, das wie gesehen eine interne Fokalisierung zeigt.[133] Allerdings steht *kashikoku* in Verbindung mit *kashikoku mo* in Vers 4 und 9 sowie *kashikoku are do mo* in Vers 149, die den Bezug von *kiki no kashikoku* in Vers 68 erweitert. Nach Omodaka (1986: 186) bedeutet das Adjektiv *kashikoshi* 1. „angsteinflößend, fürchterlich", 2. „ehrfürchtig" und 3. „erstaunlich, in Verwunderung versetzend", und da die Wörter am Anfang und Ende des Gedichts weniger als „Angst, Furcht" oder gar „Erstaunen", sondern als Ausdruck der Ehrfurcht des Erzählmediums zu verstehen sind, liegt mit *kiki no kashikoku* ein weiterer Verweis auf das Erzählmedium vor, das sich hier zugleich mit der internen Fokalisierung aus der gerahmten Erzählung heraushebt. Sollten also die ersten vier Verse in Teil A und die letzten dreizehn in Teil F einen Rahmen bilden, läge mit diesem Vers, zu dem die gesichteten Kommentare oder Aufsätze schweigen, die besondere Technik vor, dass sich das Erzählmedium zwischendurch zu erkennen gibt.[134] Es ist zu beachten, dass dieser Vers die Grenze zwischen dem „drohenden Angriff" und dem „tatsächlichen Angriff" markiert. Die Auslegung als Selbstentblößung des Erzählmediums untermauert sowohl Enomotos Analysen der gerahmten Erzählung der Kampfhandlungen als auch die hier

---

132 Der Erzähl-Ort im Palast am Kaguyama, die Erzähl-Gegenwart ein Viertel Jahrhundert nach der Schlacht sowie das historiographische Programm deuten auf einen hetero-, die Hinweise auf das Hören etc. aber auf einen homo-diegetischen Erzähler hin.

133 Duthie (2014: 311–321) berücksichtig bei seinem Vergleich nur die Verse 67 und 68 und sieht in der Hauptfassung (main version) „a first-person voice that seems to present the enemy", wogegen „the variant text returns to the Takechi army perspective and describes the enemy objectively". Wie die herkömmlichen Kommentare liest Duthie an dieser Stelle den tatsächlichen Angriff.

134 In Heinrich von Kleists (1777 bis 1811) Erzählung *Das Erdbeben von Chili* gibt sich der Erzähler mit „wie schon gesagt" zu erkennen und beendet damit zugleich eine erläuternde Analepse; vgl. Wittkamp 2020b: 92.

vorgeschlagene Lesung als gerahmte Erzählung, die nicht mit Enomotos *sotowaku* 外枠, das heißt der „Außen-Rahmung“ zur Beschreibungen des drohenden und tatsächlichen Angriffs, zu verwechseln ist.

**7.** Omodaka (2: 387) sieht in *obiyuru* (*ohiyu*) und *omofu* aus der Hauptfassung eine „sich gegenseitig affizierende Opposition (*sōtai* 相對), deren Bedeutungen sich gemeinsam bis *kiki no kashikoku* fortsetzen“. Das dürfte eine Gleichsetzung des ungenannten Subjekts von *kashikoku* mit dem von *ohiyu* und *omofu* bedeuten. Es kann aber auch als Hinweis dafür dienen, dass die Verben der inneren Tätigkeit auf den Ausdruck *kashikoku* hinauslaufen, der damit gleichsam zum Ziel der Darstellungen des drohenden Angriffs wird. Wie gesehen bildet der Vers eine Zäsur zwischen dem drohenden und dem tatsächlichen Angriff.

**8.** Schließlich sind die Vorfassungen mit Enomotos Ausführungen zu den Verseinheiten aus der autorisierten Hauptfassung abzugleichen. Die sechsundzwanzig Verse entsprechen Enomotos Block 6) mit vier und sechs Versen sowie 7) mit acht und acht Versen. Zur Verdeutlichung der parallelen Struktur der sechzehn Verse in 7) zu zwei Einheiten, die bei Enomoto zusätzlich mit Klammern markiert sind, wurden die beiden Verseinheiten 7.1) und 7.2) in der Transliteration mit Zeilenumbrüchen und Doppelschrägstichen markiert. Da die entsprechenden Verse in der Vorfassung aus sechs (7.1’) und acht Versen (7.2’) bestehen, gibt sich ein weiterer Unterschied zu erkennen: Die Ausweitung auf acht Verse dient vermutlich weniger der Hervorhebung von Phänomenen der sichtbaren Welt als der Erzeugung eines Parallelismus. In diesem Sinn wurde keine Ordnung aufgehoben, wie es Omodaka (2: 406) impliziert, sondern erzeugt. Die Beschreibung der Vorfassung, die Omodaka mit „entgegen [der Hauptfassung]“ noch betont, als *totonoeru* 整える, „ordnen, entwirren, komplementieren“, ist nicht nur widersprüchlich, sondern führt geradezu in die Irre.

In diesem Zusammenhang sei abschließend ein Blick auf die Textpassage im *Nihon shoki* geworfen, die den zitierten Versen aus dem Langgedicht inhaltlich in einigen Teilen entspricht; es handelt sich um die folgende Stelle:

> 辛亥 男依等到瀬田 時 大友皇子 及群臣等 共營於橋西 而大成陣 不見其後 旗幟蔽野 埃塵連天 鉦鼓之聲 聞數十里 列弩亂發 矢下如雨 (SNBZ 4: 332)
> Am zweiundzwanzigsten Tag erreichten Oyori und die anderen Seta. Zu dieser Zeit, Prinz Ōtomo und seine Minister, [deren] Lager befand sich im Westen der Brücke, und das Heer war so groß, dass man [die Truppen am] Ende nicht sah. Fahnen und Banner bedeckten die Felder, der [aufgewirbelte] Staub wurde eins mit dem Himmel. Das Dröhnen

> der Gongs und Trommeln / viele Meilen war es zu hören // Die Reihen der Bögen schossen [unaufhörlich] wirr durcheinander / die Pfeile kamen herab wie Regen.

Zunächst einmal fällt auf, dass der Bericht in formaler Hinsicht nicht weniger gestaltet ist als der Abschnitt im *banka*-Langgedicht. Die Freistellen geben eine Dominanz von Formulierungen mit Blöcken zu vier Zeichen zu erkennen, die wie die letzten sechzehn Zeichen zum Teil auch parallel arrangiert sind. Bei diesem rhythmischen Arrangement handelt es sich nicht lediglich um Lesehilfen und die Darstellung von Idealversen, die für die klassisch-chinesische Literatur typisch sind, sondern wie bereits Kawamura Hidene 河村秀根 (1723 bis 1792) festgestellt habe, sei das Zitat eine nahezu wörtliche Übernahme aus dem *Hou Han shu* (jap. *Gokanjo*; zitiert nach Duthie 2014: 308). Allerdings gibt es einen großen Unterschied: Im Gegensatz zum *banka*-Langgedicht, wo die Verse den „drohenden Angriff" nach Enomoto darstellen, bezieht sich die zitierte Passage im *Nihon shoki* auf den Prinzen Ōtomo no Miko und sein Heer, was Duthie wie folgt erklärt:

> The reason for this is that the Takechi poem and *Nihon shoki* accounts are different types of story. In the Takechi poem, since the aim is to portray Tenmu as divine and his victory as a foregone conclusion, the narration requires portraying Tenmu's overwhelmingly superior force. However, in the *Nihon shoki* account of the Jinshin Rebellion, since Tenmu is portrayed as the underdog, the description of the tremendous force that he faced – just as Guangwu [in *Hou Hanshu*] faced overwhelming odds against the Xin 新 armies of Wang Mang – serves to illustrate the heroism and virtue of his victory. [...]
> Far from being the last remnant of a lost epic tradition, it is an experiment in adapting the language of imperial chronicle [帝紀] and rhapsody to uta poetry. (2014: 308)

Wie Enomotos Analyse verdeutlicht, handelt es sich zudem bei der Darstellung im *banka*-Langgedicht um den drohenden Angriff, im *Nihon shoki* aber um den tatsächlichen Kampf. Festzuhalten bleibt eine Anpassung der Fragmente aus der historischen Wirklichkeit an das jeweilige Narrativ und dass unter formalen Kriterien eine Unterscheidung in „Dichtung" und „Geschichtsschreibung" nur hinsichtlich der materiellen und quantitativen Aspekte zu vertreten ist. Da weiterhin in keiner der beiden Textsorten eine engere Nähe zur historischen Wirklichkeit festzustellen ist, sind beide Ausschnitte als unterschiedliche Formen der Geschichtsschreibung zu verstehen, wenn sich auch die Rahmen – offizielle Geschichtsschreibung versus *banka*-Dichtung – selbst, in die beide Narrative eingeordnet sind, beträchtlich unterscheiden.

## 2: 230 bis 234 zum Tod von Shiki no Miko

Mit den folgenden vier Gedichten endet die *sōmon*-Abteilung, und damit der zweite Band. Wie bereits erwähnt sind sie dem Tod von Tenjis Sohn Shiki no Miko angedacht, über dessen Sohn Kōnin Tennō im Jahr 770 einhundert Jahre nach Tenjis Tod die Tenji-Linie wiederhergestellt wurde. Im *Shoku nihongi* ist Shikis Tod im Eintrag zum elften Tag im 8. Monat im Jahr Reiki 2 (716) verzeichnet, aber die Angabe im *Man'yōshū* weicht ein Jahr davon ab.[135] In dem Geschichtswerk heißt es auch, dass er im Jahr Hōki *gannen* 寳龜元年 (770) den Ehrentitel „Tennō vom erlauchten Palast Kasuga no Miya" (御春日宮天皇) erhielt (vgl. SNBT 13: 16, 18); „Kasuga" lautet der Name eines nicht allzu hohen Berges im Südosten der Stadt Nara sowie allgemein der Region mit ihren Hügeln, die auch in den folgenden Gedichten genannt werden. Dem Eintrag zum sechsten Tag im 11. Monat, 770 zufolge wurde Shiki per Dekret (詔 *mikotonori*) nachträglich zum Tennō erklärt, und dem Eintrag vom achtundzwanzigsten Tag im 5. Monat des nächsten Jahres zufolge wurde dem Tahara no Sumera Mikoto (Tennō) 田原天皇 für den 9. Tag im 8. Monat im Tempel Kawaharadera ein Gedenktag eingerichtet.[136] Somit ist es wahrscheinlich, dass auch die folgenden Gedichte in dieser Zeit nachgereicht wurden. Die in der Anmerkung nach dem Kurzgedicht 2: 232 genannte Sammlung gibt als Quelle allerdings einen Dichter an, dessen Hauptschaffenszeit in den 730er und 740er Jahren lag. Sollten der Titel vor 2: 230 sowie das Langgedicht selbst ebenfalls von diesem Dichter stammen, muss die Sammlung des genannten Dichters mehrere Jahrzehnte in Verwahrung gewesen sein. Die letzten beiden Gedichte stammen aus „einem anderen Buch", und ein Name ist nicht angegeben.

> Im Jahr Reiki *gannen* [715], im 9. Monat, im Herbst des Jahres Itsubo, zur Zeit des erlauchten Ablebens von Shiki no Miko angefertigt, ein Gedicht mit Kurzgedichten

Den *azusa*-Bogen / Mit der Hand gegriffen, und dann / Der stattliche Mann [hat den] / Pfeil zwischen die Finger geklemmt und / (5) Steht [Dem Ziel

135 Zu den Theorien bezüglich der Abweichungen vgl. Kuramochi 2000: 22–25, Aso 1: 557–558.

136 Vgl. SNBT 15: 322, 344. In Taharamura (Stadt Nara) liegt die Grabanlage von Shiki no Miko (Takeda 3: 632), und „Tahara" ist ein anderer Name für Shiki.

*mato*] gegenüber [dort,] / Am Berg Hoch-Ziel (Takamatoyama) / [Als ob] die Frühlingsfelder brennen / [Wie die] Frühlingsfeuer sieht es beinahe aus / Die auflodernden Flammen – / (10) Was das denn sei, als [ich] so fragte / [Einen den ] Juwelenspeer- / Weg daherkommenden Menschen / [Da seine] Geweinten Tränen / Wie leichter Regen herunterfielen / (15) Das *shirotahe*-weiße / Gewand ganz durchnässt, und dann / Blieb er stehen und / Das war es, was er mir erzählte: / „Wie nur, ach, und so / (20) leichtfertig, fragst du das? / Wenn ich das höre, / Kann ich nur laut schluchzend weinen / Wenn ich davon erzähle / Das Herz, Ach! Es schmerzt / (25) Des Herrschers [Tenji] / [zur] Gottheit [gewordener] erlauchter Sohn / Der [zum] erlauchten Abschiedsgang / Hand-Feuer [Fackeln], ihr Leuchten! / So zahlreich scheinen sie!“ (2: 230)

*azusa-yumi / te ni tori-mochi te / masurawo no / satsu-ya ta-basami*[137] / (5) *tachi-mukafu*[138] / *Takamatoyama*[139] *ni / haru-no yaku / no-bi to miru made*[140] / *moyuru hi wo* / (10) *ika ni to tohe ba*[141] / *tama-hoko no / michi kuru hito no / naku namida / kosame ni fure ba*[142] / (15) *shiro-tahe no / koromo hizuchi te / tachi-tomari / ware ni katara-ku / nanishi kamo* / (20)

137 Das Wort *satsu-ya* verweist auf einen Pfeil zur Jagd. Aso (1: 559) sieht eine Umwandlung aus *sachi*, was „Beute“; „Jagdgerät“ und „Glück“ bedeutet; vgl. Wittkamp 2018a: 495.

138 Vovins (2020: 267) Interpretation der Verse 3, 5 und 6 ist ungewöhnlich: „(6) on Takamatô mountain, (3/5) where noble men stand facing each other“. In seiner Lesung stehen sich die Männer in der Schlacht gegenüber, aber damit geht nicht nur das – nicht erkannte, obwohl in jedem Kommentar erwähnte – Wortspiel mit *mato*, „Ziel“, verloren, das auf die Jagd verweist, was Vovin (ebd.) zu „*satu-ya*“ selbst erläutert, sondern das Gebiet selbst wird zum Kriegsschauplatz. Zwar sind die Schluss- und Attributivformen von *mukafu* identisch, aber die Grammatik lässt Vovins Interpretation nicht zu.

139 Takeda (3: 632) zufolge verlief der Weg von Shikis Anwesen in Kasuga über den Takamatoyama zur Grabanlage nach Taharamura. Angesichts der Feuer- und Fackelerwähnungen vermutet Takeda einen nächtlichen Trauerzug.

140 Die Lesung von 左右 mit *made* geht auf das Zusammenbringen der linken und rechten Hand zurück, was als 真手 *ma-te* bezeichnet wurde; vgl. Aso 1: 559.

141 Der SNBZ-Kommentar (6: 152) liest 何如 *nani ka*, aber Takeda (3: 632) oder Aso (1: 559 mit weiteren Beispielen) lesen *ika ni*. Aso (ebd.) zufolge ist das Feuer selbst bekannt, aber nicht bekannt sei die Bedeutung des Feuers, wonach mit *ika ni*, etwa: „Was für ein Feuer ist das?“, gefragt werde. Diese Auslegung bezieht sich auch auf den Umfang der Frage selbst (siehe unten).

142 Takeda (3: 631) oder Aso (1: 553) lesen auf der Grundlage von Abschriften, in denen nur 落 steht, [*kosame ni*] *furi*; im Nishi-Honganji-*bon* steht 落者 *fure ba*; vgl. Sasaki et al. 2: 297. Omodaka (2: 517) folgt der Verschriftung mit 落, liest aber dennoch *fure ba*.

*moto-na toburafu*[143] / *kike ba* / *ne nomi shi nakayu* // *katare ba* / *kokoro so* (*zo*) *itaki* / (25) *sumeroki no* / *kami no mi-ko no* / *idemashi no* / *ta-hi no hikari so* / *ko-ko da teritaru*

*tanka*-Kurzgedichte[144]

| | |
|---|---|
| *Takamato no* | An des Takamato |
| *no-he no aki-ha-gi* | Hängen, die Herbst-*hagi*-Blüten |
| *itazura ni* | Wohl vergeblich |
| *saki ka chiruramu* | Blühen sie? Fallen gar schon |
| *miru hito nashi ni* | Ohne jemanden, der sie sieht?[145] (2: 231) |

| | |
|---|---|
| *Mikasayama* | Mikasayama[146] |
| *no-he yuku michi ha* | Der Weg an seinen Hängen |
| *ko-ki-da-ku mo* | Ist er schon so sehr[147] |
| *shigeku aretaru ka* | Zugewachsen und verwildert?[148] |
| *hisa ni ara-na-kuni* | So lang ist's doch gar nicht her![149] (2: 232) |

Die rechtsstehenden Gedichte stammen aus der Sammlung des Kasa *no asomi* Kanamura.[150]

In einem gewissen Buch heißt es:

| | |
|---|---|
| *Takamato no* | An des Takamato |
| *no-he no aki-ha-gi* | Hängen, die Herbst-*hagi*-Blüten |

143 In Takedas (3: 631) Textgrundlage steht das Zeichen 言, und er liest den Vers *moto-na ifu*; zu den verschiedenen Abschriften und Lesungen siehe ebd. S. 631–632; vgl. Sasaki et al. 2: 297–298.

144 Vovin (2020: 265) ergänzt „four", aber das ist falsch. Das Langgedicht besitzt zwei *tanka*-Gedichte, und 2: 232 und 233 sind alternative Fassungen aus einer anderen Quelle.

145 Vovin (2020: 268) übersetzt „(4) would [you] bloom and fall (3) in vain, (5) because there ist no one to look [at you]?" Der kausale Zusammenhang geht aus dem Text nicht hervor, aber die letzten beiden Verse stehen in einer Inversion (vgl. Omodaka 2: 524). Die „sehenden Leute" (*miru hito*) „sind selbstverständlich der verstorbene Prinz" (SNBT 1: 168) – und seine An- und Zugehörigen, wäre zu ergänzen.

146 Der Mikasayama ist ein Berg neben dem Takamoto, im Südosten der Stadt Nara.

147 Der SNBZ-Kommentar (6: 147) erläutert *kokidaku* als „demonstratives (deiktisches) Adverb, das auf den Sprecher bezogen ist (*kinshō shiji no fukushi* 近称指示の副詞)"; Omodaka (2: 525) erläutert als *hanahadashiku* 甚しく, „ungewöhnlich viel".

148 Omodaka (2: 525) liest *shigeri aretaru ka* mit *shigeru* als Verb, „dicht wachsen".

149 Das Wort *na-ku* ist die *ku*-Nominalisierung des Verbalsuffixes *-zu* (Negation); vgl. Aso 1: 560.

150 Ausführlich zu diesem Dichter, dessen Name hier das erste Mal vorkommt, vgl. Aso 1: 556–557 sowie Kuramochi 2000: 22–25 zur Authentizität des Namens.

| | |
|---|---|
| *na chiri-sone* | Fallt mir nicht herab![151] |
| *kimi ga kata-mi ni* | Als ein Andenken für dich[152] |
| *mi tsutsu shi-nu-ha-mu* | Will ich schauend mich erinnern (2: 233) |

| | |
|---|---|
| *Mikasayama* | Mikasayama |
| *no-he yu yu-ku michi* | Der Weg durch seine Hänge[153] |
| *ko-ki-da-ku mo* | Ist er schon so sehr |
| *are-ni-ke-ru kamo* | Verwildert? Kann doch nicht sein![154] |
| *hisa ni ara-na-kuni* | So lang ist's doch gar nicht her![155] (2: 234) |

Das Langgedicht 2: 230 ist in den beiden ersten Bänden der Sammlung der einzige Beleg, in dem das Erzählen durch das Wort *kataru*, „erzählen, berichten", auf die reflexive Ebene gehoben wird.[156] Das ist ein krönender

---

151 Die Verbindung *na* ... *so* drückt ein Verbot aus, das durch *ne* zum Wunsch wird: „Ich will nicht, dass ..." (vgl. Aso 1: 560). Das Gedicht hat die Zäsur nach dem dritten Vers (*sanku-gire* 三句切れ), aber in der korrigierten Fassung (2: 231) steht die Zäsur nach dem zweiten Vers; vgl. SNBT 1: 168.

152 Ein 形見 *katami*, ist eine Landschaft, ein Ding der Natur oder ein Gegenstand, der zum Andenken an jemanden dient; vgl. Wittkamp 2014b: 210, 484 (Index). Da zwischen dem Ableben einer Person und der Bestimmung zum *katami* eine gewisse Zeit liegen müsse, geht Soda Yukiko 曽田友紀子 (zitiert nach Kuramochi 2000: 26–27) davon aus, dass die beiden Gedichte „aus einem gewissen Buch" später als die vorangehenden entstanden. Dafür liegen eventuell noch weitere Hinweise vor; vgl. Kuramochi 2000: 22–25.

153 Hier bedeutet *yu* nicht den Ausgangspunkt, sondern steht für „passieren"; vgl. Aso 1: 560.

154 Die Kommentare gehen auf *are-ni-keru kamo* (*aru*, „verwildern", + *-nu*, perfektiver Aspekt, *-keri* in Attributivform zu *kamo*) nicht ein. Hier bedeutet es ein Bemerken des bereits verwilderten Wegs, und die Formulierung impliziert eine Anwesenheit vor Ort, die in der Hauptfassung nicht mehr vernehmbar ist.

155 Auch hier sehen die SNBT-Bearbeiter (1: 169) – wie in 2: 231 – ein Gedicht mit Zäsuren nach dem zweiten und vierten Vers, was sie als die ältere Form der Dichtung verstehen. In 2: 231 liegt allerdings beim vierten und fünften Vers eine Inversion ohne trennende Zäsur vor. Der zweite Vers endet mit einem Nomen, was in der überarbeiteten Fassung nicht der Fall ist.

156 Balmes führt für die älteste Bezeugung von *kataru* den *Nihon kokugo daijiten*-Verweis (3: 753) auf das *Genji monogatari* an. Er scheint sich auf die Bedeutung „rhythmisch rezitieren" zu beschränken, denn das Wörterbuch belegt für die erste Bedeutung als „der Reihe nach berichten, erzählen" etc. mit dem *Man'yōshū*; zu den verschiedenen Verbformen von *kataru* vgl. Omodaka 1977: 68 und Fujii 1992: 345–350, der die Belege in längeren Textausschnitten präsentiert. Das Wort *katara-ku* ist im *Man'yōshū* mit fünf Belegen vertreten; vgl. Omodaka ebd., SNBT 1: 478. Die SNBT-Bearbeiter (ebd., 2: 362) erläutern *-ku* als Methode zur altjapanischen *kundoku*-Lesung von *kanbun*-Texten. Soll das bedeuten, dass *-ku* vor Figurenrede über diese „Methode" ins

Abschluss der bisherigen Beobachtungen, und in dieser letzten Untersuchung soll es daher auch um einen besonderen Aspekt der Gestaltung von Erzählungen gehen.

Nach Fujii Sadakazu (1992: 351) gehört das Langgedicht 2: 230 zu den „Stücken" (*mono*), in denen der Inhalt von *kataru* konkret geschildert werde. Das Wort verweist also nicht nur auf die Tätigkeit, sondern es gibt eine zitierte Figurenrede, welcher die *ku*-Nominalisierung 語久 *katara-ku* voransteht.[157] In der Kombination mit *verba dicendi*[158] wie „sprechen" oder „sagen" leitet die *ku*-Nominalisierung eine Figurenrede ein und lässt sich wie folgt verstehen: Das ist es, was [… mir] erzählte: „…". Fujii beschreibt diese Form als „Bericht / Wissenlassen der Ereignisse (*dekigoto no hōchi* 出来事の報知)" beziehungsweise den auf *katara-ku* folgenden Inhalt der Figurenrede als „Informationen an denjenigen, der nicht am Ort der Ereignisse war," und sieht den Beleg in 2: 230 als ein Beispiel für ein „*kataru*, das Nichtanwesenheit am Ereignisort besitzt (*higenjō-sei o yū-suru kataru* 非現場性を有する「語る」)". Folge wie in diesem Gedicht *kataru* auf eine Frage, sei das Wort weniger als „antworten" zu verstehen, sondern als „Erklärung der Ereignisse" (S. 352). Es ist also nicht als das Erzählen gemeinsamer Erlebnisse zu verstehen, wie es etwa beim konversationellen Erinnern und *memory talk* der Fall ist (vgl. Erll 2005: 86).

Fujii (ebd.) erläutert die *ku*-Nominalisierung von *kataru* weiterhin als Hinführung zum Gesprächstext (*kaiwa-bun* 会話文), was aber nichts über den Modus der Erzählung von Figurenrede und -gedanken aussagt, bei denen die Narratologie von der bloßen Erwähnung des sprachlichen Akts über die indirekte, erlebte und direkte Rede bis zur autonomen direkten Figurenrede, bei der es wie in Goethes *Unterhaltungen deutscher Ausgewanderten* (1795) oder zweihundert Jahre später in Uwe Timms *Entdeckung der Currywurst* (1993) weder *verba dicendi* noch Anführungszeichen gibt, eine „Abnahme an Mittelbarkeit" vernimmt.[159] Vermutlich ist der Beschreibungsapparat westlicher Er-

---

Altjapanische einzog?

157 Aso (1: 559) erläutert *katara-ku* als Attributivform + *-aku* (*kataru-aku* → *kataraku*) zur Bildung unflektierbarer Wörter (*taigen* 体言), aber *-aku* folgt bei vierstufigen Verben auf die Indefinitform (*mizenkei*). Lewin (1975: 8) weist auf die „spezielle Form der Nominalisierung (*-ku*)" fürs Altjapanische hin, handelt diese aber nicht ab. Die Erläuterungen zu *-ku*, *-raku* und *-aku* gehen ineinander über, aber der Effekt der Nominalisierung ist gleich.

158 Im Japanischen ist vom *in'yō jutsugo* 引用述語 (Oda 2015: 525–526) oder einfach nur *jutsugo* 述語 (Fujita 2014: 35–36) die Rede.

159 Bei der Präsentation von gesprochener Rede nach Martínez und Scheffel (2016: 66) bilden die indirekte und erlebte Rede die transponierte Rede, die direkte und autonome direkte Rede die zitierte Rede. Zu diesen beiden Grundformen gehört weiterhin die

zähltheorie nicht ohne Modifizierungen auf die altjapanische Literatur zu übertragen, was zur Klärung ansteht, aber das vorliegende Langgedicht dürfte weiterführende Hinweise geben. Es besitzt nämlich nicht nur zwei Belege für *kataru*, sondern mit 問者 *tohe ba*, „als ich das fragte", in Vers 10 noch ein weiteres *verbum dicendi*, das sich auf den vorangehenden oder wahrscheinlich alle neun vorangehende Verse bezieht. Im ersten Fall wären die ersten acht Verse als Präsentation von Gedankenrede zu verstehen, im zweiten Fall wäre es eine umständliche, merkwürdige, aber doch irgendwie fröhliche Frage. In den einleitenden Versen fällt über ein Wortspiel das mit Pfeil und Bogen anvisierte Ziel (*mato*) mit dem zweiten Namensbestandteil von „Taka-mato-yama" zusammen. Takeda (3: 632), Inaoka (1: 149), Aso (1: 559) und andere erklären das als gedichtinternes Vorwort (*jo-kotoba*) zu dem Berg, der sich im Südosten der heutigen Stadt Nara befindet, südlich des Tempels Tōdaiji, circa drei Kilometer von der Hofanlage entfernt.

Weiterhin enthält die Antwort des auf dem Weg entgegen- oder daherkommenden Menschen (*michi kuru hito no*)[160] das Wort 唁 *toburafu*, hier in der Bedeutung von „sich erkundigen", wohl aber konnotiert mit „Beileid bezeugen" (Schriftzeichen und Lesung nach SNBZ 6: 152). Ebenfalls enthalten sind 語者 *katare ba*, der zweite Beleg für *kataru*, und – zur Steigerung der Komplexität des Kommunikationsthemas – 聞者 *kike ba*, „wenn / da / als ich das höre", eine Phrase, die den Verben des Sprechens entgegenkommt. Die Reihenfolge im Text ist *kike ba* … *katare ba* …, und über die Grammatik baut sich eine Parallelität auf: *kike ba ne nomi shi nakayu // katare ba kokoro so itaki*. Die beiden *verba dicendi* sind nicht nur grammatisch über *ba* markiert, sondern bilden eigenständige, aber in der Silbenzahl unvollständige Verse.

Es fällt weiterhin auf, dass die Rede der angesprochenen Figur somit zwar verschiedene *verba dicendi* beinhaltet, selbst aber nicht durch eine Kennzeichnung abgeschlossen wird, die im Altjapanisch gewöhnlich auf die Figurenrede folgt. Das impliziert die Zugehörigkeit der beiden folgenden Kurzgedichte zur Figurenrede, dass also der Angesprochene die Gedichte *ad hoc* verfasst. Thematisch geben die beiden Kurzgedichte allerdings ein helleres Tageslicht vor, und auch passen sie kaum zur Trauer des Angesprochenen, dem bereits das Antworten schwerfällt. Letzte Zweifel räumen die beigefügten Kurzgedichte

---

erzählte Rede mit den beiden Typen der Erwähnung des sprachlichen Akts sowie dem Gesprächsbericht, die den höchsten Grad an Mittelbarkeit aufweisen. Köppe und Kindt (2014: 199–200) unterscheiden bei zunehmendem „Grad der Distanz" die wörtliche, erlebte und indirekte Rede sowie den Redebericht.

160 Inaoka (1: 149) weist auf die große Anzahl an Trauernden hin, die einen Prinzen im zweiten Rang (*nihon no ōji* 二品の皇子) zu seiner letzten Reise begleiten mussten; für einen Trauernden spricht die weiße Kleidung des Angesprochenen.

„aus einem anderen Buch“ aus, die inhaltlich Bezugspunkte zu den vorangehenden Kurzgedichten aufweisen, sodass der Angesprochene nicht für sie zuständig sein kann. Es ist vielmehr davon auszugehen, dass am Ende einer Figurenrede weder *verbum dicendi* noch Zitat-Partikel *to* notwendig sind, solange der Text selbst für Klarheit sorgt. Das ist als weiterer Hinweis auf die Kommunikation als Thema zu werten und soll nochmals zu den Eröffnungsversen zurückführen.

Unklar ist wie gesehen der Umfang der Frage 何如問者 *ika ni to tohe ba* im zehnten Vers. Die SNBT-Bearbeiter (1: 167) übersetzen mit … *o, are ha dōshita no da to tazuneru to …* を、あれはどうしたのだと尋ねると. Wie die SNBZ-Bearbeiter (6: 152) ergänzen sie somit *are ha*, „jenes, dort“, wodurch das zuvor stehende Zeichen 乎 *wo* zwar den Bezug zeigt, aber nicht mehr zum Inhalt der Frage selbst zu gehören scheint. Bei einer Lesung von … 乎何如 mit … *wo nani ka*, lässt sich *nani ka* als Zusammenfassung der vor 乎 *wo* stehenden Darstellung verstehen. So übersetzt Inaoka (ebd.) mit … *o, dō iu hi ka to tazuneru to …* を、どういう火かと尋ねると, „als ich mich [zu jenem Feuer] erkundigte, was für ein Feuer das sei“ (vgl. Omodaka 2: 518, Aso 1: 554). In diesem Sinn übersetzt auch Takeda (3: 632), der die Struktur des Langgedichts „ohne Abschnitte“ als „das ganze Stück ein Satz (*zenpen ichibun* 全篇一文)“ liest. Sollte die Kommunikation ein Thema des Gedichts sein, verdichteten sich die Hinweise darauf, die gesamten neun Einleitungsverse als Inhalt der Figurenrede verstehen zu können.

Dann kann man sich schon fragen, wer einem des Weges Daher- oder Entgegenkommenden eine so umständliche Frage stellt, zumal diese ein Wortspiel mit dem Frühling enthält, die Jahreszeit im Titel aber eigens als Herbst angegeben ist. Und wer am Hof – woanders dürfte es kaum Schriftkundige gegeben haben – sollte denn vom Tod des Shiki no Miko nichts gewusst haben?[161] Bringen die beigefügten Kurzgedichte doch „die schmerzlichen Gedanken über den Tod des Prinzen in trauriger Betrübtung zum Ausdruck“! Das Zitat stammt von Aso Mizue (1: 556), die in diesem Ausdruck das „wahre Gefühl des Autors“ eingeschrieben sieht, aber die Frage des erzählten Ich im Langgedicht

161 Zum „Autor, der vorgibt, nichts zu wissen“, und dem Stand der Forschung vgl. Kuramochi 2000: 28–30. Die japanische Diskussion kränkelt am Fehlen der Erzählerinstanz. So wird als Neuheit dieses Langgedichts darauf hingewiesen, dass zwar einzelne Elemente, Szenen und Bräuche bereits in der vorangehenden Dichtung vorhanden sind, dass also beispielsweise die Frage-Antwort-Form bekannt war, dort jedoch der „Autor“ für beide Figurenreden verantwortlich ist. Im Gegensatz dazu sei in 2: 230 der Autor der Fragende, dem durch einen Fremden vom Tod des Prinzen berichtet werde. Hier zeigt sich erneut, dass der Autor und das erzählte Ich nicht identisch sein können, denn Autor und Erzähler wussten selbstverständlich Bescheid.

wirkt künstlich überladen und merkwürdig. Eine bloße Frage wie „Was ist das?“ würde jedoch den Bezug unklar lassen, und die Antwort darauf wäre die Gegenfrage „Was ist was?“. So übersetzt Vovin (2020: 267) in direkter Figurenrede: „(10) When [I] asked: »What is it?«“. Auch überführt er *miru made ni* in Vers 8 in „which [I] mistook for field fires“, was in doppelter Hinsicht nicht korrekt ist. Denn „mistook“ steht nicht im Text, wie es auch keine Vergangenheitsform gibt. Spricht doch gerade die zeitlich nicht gekennzeichnete Form *miru*, „sehen“, dafür, dass die Verse zum Inhalt der Frage gehören, in der auch kein „I“ ergänzt werden muss. Da zudem keinerlei Anzeichen für einen Wechsel von zitierter Gedankenrede zur zitierten Rede zu erkennen sind, lassen sich die ersten neun Verse als Inhalt von 問者 *tohe ba*, „als ich das fragte“, auffassen. Allerdings unterscheidet sich dieses *verbum dicendi* syntaktisch in der Verwendung von der Nominalphrase 語久 *katara-ku*, die dem Bericht des Antwortenden voransteht. Denn 問者 steht hinter der zitierten Rede und besitzt daher auch keine *ku*-Nominalisierung, die mit der Postposition *ba*, „da, als“, ohnehin nicht möglich ist. Die zitierte Rede stammt von einer Figur, die sich in Vers 18 als „ich“ (吾 *ware*) beziehungsweise „mir“ (*are ni*) zu erkennen gibt. Damit liegt ein weiterer Beleg für das im Text ausformulierte erzählte Ich vor.

Der neunte Vers endet mit der Partikel 乎 *wo*, die den Inhalt von 何如問者 *ika ni to tohe ba* im zehnten Vers zum Objekt macht: „XYZ – was das ist, als / da ich das fragte“. Takeda (3: 631), Omodaka (2: 517) und die jüngeren Kommentare ergänzen in der Lesung die Zitatpartikel *to*, was zum einen die korrekte Silbenzahl garantiert, zum anderen aber auch grammatisch notwendig erscheint. So heißt es in den Versen 28 bis 31 in Hitomaros Gedicht 1: 29 zur verfallenen Hauptstadt am Biwasee:

> 大宮者 此間等雖聞 大殿者 此間等雖云
> *oho-miya ha / ko-ko to kike do mo // oho-tono ha / ko-ko to ihe do mo*
> „Der Großpalast / – hier“, so hören wir und, doch // „Die Große Halle / – hier“, so sagt man, und doch.

In diesen parallel arrangierten Versen zitiert das Erzählmedium einen Ortskundigen und gibt dessen Erklärungen in einer Form wieder, die in der Übersetzung angesichts der Kürze die indirekte Rede nahelegt. Allerdings sträuben sich dagegen die deiktischen Verweise *koko*, „hier“, da in indirekter Rede der räumliche Bezug nicht mehr eindeutig ist. Ein weiteres Beispiel liefern die ersten beiden Verse von Kurzgedicht 2: 140, die sich auf die tröstenden Worte eines zur Reise aufbrechenden Mannes beziehen:

> 勿念跡 君者雖言

*na omohi to kimi ha ihe domo*
„Denk nicht daran", so / sagst du zu mir, und doch

Die Empfängerin des Ratschlags zitiert entweder die Rede jener Figur, die mit *kimi*, „du", im Rahmen einer gedichtinternen Kommunikation angesprochen wird, oder *na omohi to*, die zitierte Rede der *kimi*-Figur, ist eine Erinnerung und das gesamte Gedicht als Präsentation von Gedankenrede zu verstehen. Omodaka (1983: 486–487) zufolge wird der durch die Zitatpartikeln *to* (hier: 等 oder 跡) gekennzeichnete Inhalt eines Zitates mitunter „vollständig zitiert", und in dieser Variante sieht er „eine Nähe zur sogenannten direkten Rede (*chokusetsu wahō* 直接話法)". In beiden Gedichten dürfte jedoch deutlich sein, dass die Rede der zitierten Figuren wesentlich länger war und stark gekürzt erscheint. Dennoch können beide Beispiele nicht dem „Gesprächsbericht" – in der Terminologie nach Martínez und Scheffel (ebd. S. 66) – zugeordnet werden. Ein Beispiel für einen solchen Gesprächsbericht enthalten die letzten beiden Verse des Kurzgedichts 11: 2719, in denen es in einer Inversion wie folgt heißt:

人爾語都 可忌物乎
*hito ni katari-tsu / imu-beki mono wo*
Hab's jemanden erzählt / das, was hätte verschwiegen werden sollen[162]

Auch hier verweist die Objektmarkierung 乎 *wo* auf den Inhalt der Figurenrede. Freilich deuten die Einordnung des Gedichts in den elften Band mit *sōmon*-Dichtung sowie die vorangehenden Verse die Inhalte dessen an, was nicht erzählt werden sollte, aber ein konkreter Redeinhalt ist dem Gedicht aus unbekannter Hand nicht zu entnehmen; das soll nochmals zu 2: 230 zurückführen.

Während in 2: 230 der Umfang der Frage des erzählten Ichs unklar ist, beginnt die mit 語久 *katara-ku* eingeleitete Antwort beziehungsweise der Bericht des entgegenkommenden Menschen mit Vers 19 und erstreckt sich bis zum Ende des Langgedichts in Vers 29. Takeda (3: 632) fordert dafür besondere Aufmerksamkeit bei der Interpretation ein, was er zunächst nicht präzisiert. Später schreibt er (ebd. S. 635) aber, dass dieses Gedicht ein Stück sei, das neben Hitomaros „hervorragenden *banka*-Gedichten im epischen Stil" ein neues Terrain erschlossen habe. Das Gedicht besteht auf der Ebene der Darstellung aus drei Teilen, nämlich der Figurenrede in den Versen 1 bis 9, der Erzählerrede in den Versen 10 bis 18 sowie der Figurenrede in den Versen 19 bis 29. Die drei Teile sind nahezu gleich lang, aber mit elf Versen erfährt die Rede des Angesprochenen ein wenig mehr Aufmerksamkeit – wenn auch die Rede des

162 Zu weiteren Beispielen vgl. Fujii 1992: 352–353.

Fragenden eine Spur interessanter wirkt. Bezüglich der Präsentation der Figurenrede gibt das Langgedicht 2: 230 zwei Typen zu erkennen:

1. „abc“ *wo* „XYZ“ *to* + *verbum dicendi*
2. *verbum dicendi* + *-ku* (*-raku*): „XZY“ (ohne abschließendes *verbum dicendi*)

Omodaka (1983: 486–487) sieht bei der Zitat-Partikel *to* zwei Varianten, deren erste oben angesprochen wurde. Die zweite entspricht der hier isolierten ersten Form („abc“ *wo* „XYZ“ *to* + *verbum dicendi*), und Omodaka erläutert „abc“ *wo* als „Akkusativsetzung des Gegenstands (*taishō o taikaku ni* 対象を対格に) von sagen, denken etc.“, dessen Inhalt mit *to* als „Hilfsobjekt (*hokaku* 補格)“ näher bestimmt werde. Zu beachten im Langgedicht 2: 230 ist die Reihenfolge, in der die beiden *verba dicendi* im mittleren Teil der Erzählerrede stehen, und dass die Redeinhalte der beiden Figuren durch das Davor und Danach in eine chronologische Ordnung gesetzt werden. Durch die Form der Präsentation und die Inhalte der Figurenrede gerät die Kommunikation gewissermaßen in eine Schräglage oder einen Konflikt, der den an sich banalen Inhalt der Kommunikation interessant macht und genau genommen die Frage aufwirft, was das Gedicht in der *banka*-Trauerdichtung verloren hat. Die im Langgedicht präsentierte Erzählung ist durch Ereignishaftigkeit gekennzeichnet, die sich auch auf der Ebene der Darstellung als Wechsel der Präsentation von Figurenrede bemerkbar macht.

**Formen der Figurenrede**

Zum Vergleich der altjapanischen Möglichkeiten bei der Präsentation von Figurenrede sollen ein Ausschnitt aus den *Kojiki*-Mythen sowie ein Ausschnitt aus einem Langgedicht aus dem neunten *Man'yōshū*-Band herbeigezogen werden. Wie das Langgedicht 2: 230 weisen beide einen hohen Grad an Komplexität der erzählten Kommunikation auf. Beim *Kojiki*-Ausschnitt handelt sich um die Erzählung der Gottheit Haya Susa no Wo no Mikoto, die sich vor dem Weggehen von der Schwester Amaterasu Ōmikami verabschieden möchte. Sie befindet sich im Himmel, und als er von der Erde laut polternd hinaufsteigt, stellt sie sich ihm das Schlimmste befürchtend in den Weg und fordert eine Erklärung ein:

> 爾速須佐之男命答白 僕者無邪心 唯大御神之命以 問賜僕之哭伊佐知流之事 故 白都良久三字以音僕欲往妣國以哭 爾大御神詔 汝者不可在此國而 神夜良比夜良比賜 故 以下爲請中將罷往之狀上參上耳 無異心 爾天照大御神詔 (Text nach SNBZ 1: 56, 58)

> Daraufhin antwortete Haya Susa no Wo no Mikoto, und das ist es, was er sprach: „Ich habe keine schmutzige Gesinnung. Nur, die Große hehre Gottheit [Izanaki] geruhte, nach der Sache meines Heulens und ungebärdigen Wehklagens zu fragen. Und das ist das, was ich [ihm] gesagt habe: »Ich weine, weil ich in das Land der Mutter gehen möchte!« Und das ist das, was die Große hehre Gottheit daraufhin befehlend sprach: »Du aber kannst in diesem Land nicht sein!« Und dann geruhte er, mich göttlich gehen- und gehenzulassen. Ich bin daher lediglich heraufgekommen, weil ich von [meinem] Davongehen berichten wollte. Ich habe kein unaufrichtiges Herz." Und das ist es, was Amaterasu Ōmikami daraufhin befehlend sprach: „[…]".

Klassisch-chinesische Texte besitzen verschiedene Mittel zu Erleichterung der Lesung wie das Einteilen in Gruppen mit bestimmter Zeichenanzahl oder kata- und anaphorische Verweise zu Beginn und Ende von Satzeinheiten wie hier 爾 („daraufhin"). In dem zitierten Textausschnitt kommt dieses Zeichen allerdings drei Mal vor, sodass sich daran allein nicht das Ende der Figurenrede des Haya Susa no Wo no Mikoto festmachen lässt. Allerdings ist der Beginn durch die eingeschobene Anmerkung 三字以音, „drei Zeichen dem Laut nach", markiert, wie auch nach dem dritten Vorkommen von 爾 klar ist, dass nun Amaterasu Ōmikami „befehlend spricht". Da das, was sie sagt, ebenso wie das, was die „Große hehre Gottheit" sagt, „Befehl" ist beziehungsweise die soziale Ordnung von Oben nach unten kenntlich macht, steht dort als *verbum dicendi* jeweils 詔 *noritamahishiku* (Lesung nach SNBZ 1: 59), mit *nori-tamafu* im Sinn von „geruhen, befehlend zu sprechen".

Der Textausschnitt enthält die folgenden *verba dicendi*: 答白 *kotahe te mahoshishiku*, „das, was [er] antwortete und sagte",[163] 問賜 *tohi-tamafu*, „geruhte zu fragen", 白都良久 *mawoshi-tsu-ra-ku*, „das ist das, was ich gesagt habe", 詔 *noritamahishiku*, „das, was er / sie befehlend sprach", mit zwei Vorkommen, und 以爲請 *mowosamu to omohi te*, „berichten wollen, und dann …". Da die SNBZ-Bearbeiter (1: 57), wo Originaltext und Lesungen entnommen wurden, die gesamte Erzählerrede ins Präteritum überführen, schlüsseln sie 答白 in *kotahe te mawoshishiku* auf (*mawosu* + *ki* in Attributivform -*shi* zu -*ku*) und ergänzen zwischen 答 und 白 die Postposition *te*.[164] Zudem fügen sie – wie auch Kurano (1971: 75) – am Ende der zitierten Rede jeweils die Zitat-Partikel *to* sowie ein *verbum dicendi* bei, das identisch mit dem nominalisierten *verbum*

163 Im *Nihon shoki* lautet die Formulierung 答曰, mit gleicher Bedeutung; zu einem Beispiel einer vergleichbar komplexen Kommunikation mit verschachtelter zitierter direkter Rede im *Nihon shoki* vgl. SNBZ 4: 230.

164 Zu dieser ergänzenden Lesung siehe unten.

*dicendi* vor der zitierten Rede ist, wie *noritamahishiku*: „…“ *to noritamahiki* (Präteritum) oder *mawoshishiku*: „…“ *to mawoshiki* (Präteritum). Die Verdoppelung von *verba dicendi* vor direkter Figurenrede kommt im *Kojiki* oder im *Nihon shoki* in verschiedenen Formen wie 白言 *mawoshi te ihishiku*, „sprach und sagte“ (SNBZ 1: 67), vor. Das dient der Herausstellung von Figurenrede, aber es verlangt der Leserschaft bisweilen eine gewisse Übung ab, das Ende der Rede zu erkennen.[165]

In dem zitierten Ausschnitt folgt nach 答白 die direkte Figurenrede des Haya Susa no Wo no Mikoto, der sich darin selbst zitiert, was logo-phonographisch – also optisch hervorgehoben[166] – durch 白 都良久 *mawoshi-tsu-ra-ku* eingeleitet wird. Die Anmerkung, „drei Zeichen dem Laut nach“, bezieht sich auf die Lautzeichen 都良久 und gewährleistet die korrekte Lesung. Es liegt somit eine zitierte direkte Figurenrede in direkter Figurenrede vor, und selbstverständlich ist die phonographische Verschriftung von *-tsu-ra-ku* von Bedeutung. Denn das Hilfsverb *-tsu* dient hier weniger der Kennzeichnung des perfektiven Aspekts als der „ausdrücklichen Konstatierung eines Tatbestandes“.[167] Die Phonogramme dienen der Charakterisierung der sprechenden Figur und heben die besondere Situation der doppelt zitierten Rede hervor, und vermutlich ist eine Steigerung der Lebhaftigkeit oder sogar Humor im Spiel.[168] Haya Susa no Wo zitiert aber nicht nur sich selbst, sondern auch seinen Vater Izanaki no Ōmikami. Die SNBZ-Bearbeiter (ebd.) überführen 詔 in *noritamahishiku*, „das ist das, was [er] befehlend sprach“, und ergänzen nach der Figurenrede *noritamahi te* (而). Das Einklammern der zitierten Figurenrede mit *verba dicendi* ist wie gesehen nichts Ungewöhnliches, und die Präsentation der zitierten Figurenrede mit … 詔 „XYZ“ 而 *te* … rechtfertigt die ergänzte Lesung durchaus, da 而 ansonsten keinen Sinn ergibt. Zu beachten sind auch hier die möglichen Effekte auf die Distanz der zitierten Figuren, bei der in der vor-

165 Wenn sich im *Kojiki* der Beginn der Erzählerrede nicht aus dem Kontext erschließt, erfolgt nach der zitierten Rede die Rückführung zur Erzählerrede oft über 爾 *ni*, 故 *yuhe* (*ni*) und andere Einleitungs- und Übergangspartikeln, oder das Ende wird durch eine Anmerkung zur Aussprache etc. markiert.

166 Die Hervorhebung liegt nicht in der Kompetenz des Erzählers, sondern erfolgt in Schmids „idealgenetischem Modell der narrativen Ebenen“ auf der vierten Ebene der Präsentation der Erzählung; vgl. Schmid 2008: 254. Angesichts der Medialität und der Materialität ist dafür aber nicht wie in Schmids Modell der Erzähler zuständig, sondern der abstrakte Autor. Bei einem mündlichen Vortrag würde der Sprecher *mawoshi-tsu-raku* über die Stimme und Körperlichkeit hervorheben.

167 Vgl. Lewin 1975: 167 und zu einem anderen Beispiel aus dem *Kojiki* Wittkamp 2018a: 400.

168 Zur weiteren Erklärung und zu einem markanten Fehler der jüngsten Übersetzung ins Deutsche vgl. Wittkamp 2018a: 337–338.

liegenden Verschriftung mehr Gewicht auf die zitierte Rede des Haya Susa no Wo gelegt wird.

Den Textteil 唯 大御神之命 以問賜 僕之哭伊佐知流之事 故 lesen die SNBZ-Bearbeiter (ebd.) *tadashi, Ōmikami no Mikoto mochite, yatsukare ga naki-i-sa-chi-ru koto wo tohi-tamafu ga yuhe ni*, „Nur, die Große hehre Gottheit [Izanaki] geruhte, nach der Sache meines Heulens und ungebärdigen Wehklagens zu fragen“. Die Lesungen von Kurano Kenji (1971: 75) weichen zwar in Details wie Höflichkeits- und Aspektformen oder der Interpunktion ab, aber auch er ergänzt ein *verbum dicendi*, hier *wo tohi-tamahe-ri* (imperfektiver Aspekt), nach der zitierten Rede. Zwar steht im Text in klassisch-chinesischer Syntax das *verbum dicendi* vor der zitierten Rede, aber der Gebrauch von 賜 in der Verschriftung 問賜 *tohi-tamafu* ist klassisch-chinesischen Texten fremd. Die Zeichenkombination weist auf eine altjapanische Formulierung und damit auf eine beim Lesen umzustellende Syntax hin: ... *koto wo tohi-tamafu*. Auch hier steht somit das gelesene *verbum dicendi* – nicht die Schriftzeichen! – hinter der zitierten Rede, wobei diese Präsentation der Figurenrede nicht mit der Zitat-Partikel *to*, sondern in der Form *wo* (Objektmarkierung) + *verbum dicendi* erscheint. Da sich aus dem Redeinhalt selbst keine Hinweise auf zitierte oder transponierte Rede ausmachen lassen, wurde zur Differenzierung mit indirekter Rede übersetzt. Zu bedenken ist bei der Entscheidung schließlich auch, dass bei dem vorangehenden Gespräch des Haya Susa no Wo no Mikoto mit seinem Vater Izanaki no Ōmikami dieser in direkter Figurenrede zitiert wird. Der vorangehende Dialog lautet wie folgt:

> 故 伊邪那岐大御神詔 速須佐之男命 何由以汝不治所事依之國而哭伊佐知流 爾答白 僕者欲罷妣國根之堅洲國故哭 爾 伊邪那岐大御神大忿怒詔 然者汝不可住此國 (Text nach SNBZ 1: 54)
> Da [wandte sich] Izanaki no Ōmikami [an] Haya Susa no Wo no Mikoto, und das ist es, was er befehlend fragte: „Aus welchem Grunde regierst du das dir zugewiesene Land nicht und weinst und heulst stattdessen (而) herum?“ Daraufhin war das, was [er] antwortete: „Ich weine, weil ich ins Land [der] Mutter[169], das Land Ne no Katasu Kuni[170], ziehen möchte.“ Daraufhin wurde Izanaki no Ōmikami sehr wütend, und das ist es, was er befehlend sprach: „Wenn das so ist, kannst du nicht in diesem Land wohnen.“

Beim Zitieren des Izanaki ersetzt Haya Susa no Wo 住 *sumu*, „wohnen“, durch 在 *ari*, „sein, sich aufhalten“. Es ist somit nicht genau das, was Izanaki sagte.

169 Anders als im *Nihon shoki* hat Haya Susa no Wo no Mikoto im *Kojiki* keine Mutter.
170 Zu diesem Land vgl. Wittkamp 2018a: 201–206.

Allerdings tauscht er auch 罷 *makaru* gegen 往, aber während 往 *yuku* ein neutraler Ausdruck für „gehen" ist, besitzt 罷 die Bedeutungen von erstens „sich zurückziehen", zweitens „in die Ferne gehen" und drittens „sterben". Wie Omodaka weiterhin erläutert, besitzt das Wort auch die passive Komponente von „fortgeschickt, entsandt werden".[171] Es ist somit realistisch, dass Haya Susa no Wo no Mikoto seinem Vater gegenüber einen anderen Ausdruck wählt als seine Schwester gegenüber. Wichtig ist die Fortlassung von 然者, „wenn das so ist", da sich diese Formulierung ohne weitere Formulierung kaum als zitierte Rede wiedergeben lässt. Das Beispiel belegt somit eine komplexe Form der Präsentation von Figurenrede, und besonders der Gebrauch der Phonogramme für *tsuraku* zeigt die Reflexion der Verschriftung.

Zum Vergleich folgt ein Beispiel aus dem für eine Geschichte des Erzählens im alten Japan nicht wegzudenkenden Langgedicht 9: 1740. Es handelt von einem erzählten Ich, das sich an die berühmte Geschichte von dem Fischerjungen Mizue no Ura no Shimako erinnert.[172] Dieser trifft auf dem Meer die Tochter der Meeresgottheit, die ihn in das Reich der Zeitlosigkeit mitnimmt.[173] Der Erzähler gibt sich zu Anfang dadurch zu erkennen, dass er als das erzählte Ich Fischerbote sieht, die ihn an eine „uralte Angelegenheit erinnern" (古之 事曽所念 *inishihe no koto so omohoyuru*) und somit zum Anlass der Binnenerzählung werden. Zu dieser gehören aber weder der Erzähler noch das erzählte Ich. Das Ende der Binnenerzählung führt über den Anblick der Häuser jener Gegend wieder in die Welt des erzählten Ichs zurück, und die Binnenerzählung des Fischerjungen ist somit gerahmt. Wie in dem Langgedicht 2: 230 erzählt der Erzähler über sein Erleben als erzähltes Ich, sodass er für die Rahmenerzählung als ein diegetisch-figuraler Erzähler in Erscheinung tritt, gegenüber der Erzählung des Fischerjungen jedoch die Position eines nichtdiegetisch-narratorialen Erzählers einnimmt.

In der Welt der Meeresgottheit ist für den Fischerjungen eigentlich alles perfekt, aber dennoch bekommt er Heimweh und möchte einmal kurz zu seinen Eltern heimkehren; das erklärt er der Tochter wie folgt:

> 世間之 愚人乃 吾妹兒爾 告而語久 須臾者 家歸而 父母爾 事毛告良比 如明日 吾者來南登 言家禮婆 妹之答久 [...] 常

---

171 Vgl. Omodaka 1983: 667 (Eintrag *makaru*), S. 779 (Eintrag *yuku*).

172 Laut Omodaka (9: 107) war „Mizue" zunächst ein Ortsname, der dann zum Familiennamen wurde, und „Urashima" sei als persönlicher Name zu verstehen. Omodaka (ebd. S. 119–126) präsentiert „sechs Varianten der Urashima-Überlieferung", und macht auf die Unterschiede zu 9: 1740 aufmerksam.

173 Zu einer Übersetzung dieser Erzählung aus einer anderen Quelle vgl. Naumann und Naumann 1990: 27–29.

> *yo no naka no / oroka hito no*[174] */ wagimo-ko ni / nori te katara-ku*[175] */ shimashiku ha / ihe ni kaheri te / chichi haha ni / koto mo kata-ra-hi / asu no goto / ware ha ki-namu to*[176] */ ihi-kere ba / imo ga ihi-raku*[177] [...] *to* ... (Text und Lesung nach SNBZ 7: 414–415; Satzzeichen fortgelassen)
> In dieser Welt / [welch] einfältiger Mensch / seiner geliebten Frau / berichtete [er,] und das war es, was [er ihr] erzählte: / „Nur für eine kurze Weile / kehre [ich] Heim, und dann / dem Vater und der Mutter / erzähle / [erkläre ich] die Sache, und / morgen dann / komm ich gewiss zurück!“ / Nachdem er das gesagt hatte, war das, was [seine] Geliebte antwortete: „[...]“ ...

Nach dem Ende der durch *katara-ku* eingeleiteten direkten Figurenrede steht die Zitat-Partikel *to* gefolgt von *ihi-kere ba*, „als [ich] ich das sagte“, einem weiteren *verbum dicendi*, das sich ebenfalls auf die voranstehende Figurenrede bezieht.[178] Die direkte Figurenrede ist also von beiden Seiten gekennzeichnet.

---

174 In dieser Formulierung bringt der „Autor (*sakusha*)“ seine Weltsicht ein; vgl. SNBZ 7: 415 oder Aso 5: 166. Der „Autor“ ist jedoch durch den nichtdiegetischen Erzähler zu ersetzen.

175 Zu beachten ist die Verschriftung der Postposition *te* mit 而 in 告而語久 *nori te katara-ku*, welche die oben vorgestellte ergänzende *Kojiki*-Lesung 答白 *kotahe te mahoshishiku* stützt. Diese Möglichkeit der Verschriftung stand dem *Kojiki*-Verschrifter ebenfalls offen, der sich aber für einen möglichst sparsamen Einsatz von Phonogrammen entschied. Das belegt vor allem die im *Kojiki*-Vorwort erfolgende Reflexion über den Schriftzeichengebrauch, in der es unter anderem heißt, Phonogramme nur in schwer zu verstehenden Verbindungen einzusetzen; vgl. SNBZ 1: 24–25, Kurano 1973: 46–49, Wittkamp 2018a: 105. Im Gedicht sind dagegen alle Partikeln und Flexionen ausgeschrieben. Dabei fällt das Fehlen einer Tempuskennzeichnung der Verbformen auf, was die Präsentation der Erzählung im historischen Präsens bedeutet, wogegen Kurano (1971) oder die SNBZ-Bearbeiter den *Kojiki*-Text prinzipiell im Präteritum konkretisieren. Das geht auf den *Kojiki*-Text selbst zurück, der in vier Belegstellen die Präteritummarkierung *-ki* aufweist; vgl. Furuhashi 2005: 161. Diese Ausschreibungen mit Phonogrammen sind für das Verstehen der Erzählung relevant, aber umgekehrt wird darauf verzichtet, wenn das Verstehen vorausgesetzt werden kann.

176 南 ist ein *on*-Phonogramm für die Silben *na-mu,* und *-na* ist die Indefinitform von *-nu* (perfektiver Aspekt; vgl. Omodaka 9: 117). Inaoka (2: 429) erläutert *-na* als „Bedeutungsverstärkung“ (*kyō'i* 強意).

177 Es gibt auch die Lesung *iraheku*; vgl. Omodaka 9: 117, der die Wahl des Schriftzeichens durch seine Bedeutung „antworten“ erklärt. Omodaka und mit ihm alle modernen Kommentare lesen 答久 *ihe-raku*, was Aso (5: 166) als *ihe* + *ri* (imperfektiver Aspekt) in *ku*-Nominalisierung erläutert.

178 Zu *ihi-ke-re ba* schweigen die konsultierten Kommentare, aber es gibt Hinweise. So zitieren die SNBT-Bearbeiter (2: 362) zu dem vorangehenden Vers *koto mo kata-ra-*

Die Antwort der Geliebten wird mit *ihi-raku*, „das ist das, was [sie] sagte“, ebenfalls durch die *ku*-Nominalisierung eines *verbum dicendi* eingeleitet, aber nach der direkte Rede steht lediglich die Zitat-Partikel 常 *to* ohne ein *verbum dicendi*. Die Kommunikation ist an dieser Stelle allerdings auch beendet, und *to* leitet zu den sich daraus ergebenden Handlungen über.[179] Zum Vergleich seien nochmals die bisher isolierten vier Formen der Präsentation von Figurenrede angeführt:

1. „XYZ“ *koto wo* + *verbum dicendi*
2. („abc“ *wo*) „XYZ“ *to* + *verbum dicendi*
3. *verbum dicendi* + *-ku* (*-raku*): „XYZ“
4. *verbum dicendi* + *-ku* (*-raku*): „XYZ“ + *to* (+ *verbum dicendi*)

In den ersten beiden Möglichkeiten folgt das *verbum dicendi* auf die Figurenrede, und der wesentliche Unterschied der zweiten Variante ist das Vorhandensein der Zitat-Partikel *to*. Auf *formaler Ebene* kommt somit in der zweiten Variante mit *to* ein (weiterer) Hinweis auf die Medialität beziehungsweise eine gesteigerte Mittelbarkeit ins Spiel. Diese Hinweise verdichten sich mit den Varianten 3 und 4, was aber nicht bedeutet, dass die vierte Möglichkeit, in welcher der Erzähler am deutlichsten hervortritt, der transponierten / indirekten Figurenrede entspricht. Für die Übersetzung, das heißt den Zwang zur Entscheidung der Mittelbarkeit, ist die Stellung des *verbum dicendi* kein entscheidendes Kriterium, aber zur Kontrastierung wurde für 2: 230 die Form aus indirekter und direkter Figurenrede gewählt. Aso Mizue (1: 554–555) scheint das ähnlich zu sehen, da sie in ihrer Übersetzung nur die Antwort des Angesprochenen in Anführungszeichen setzt, was allerdings auch am unbestimmten Umfang der Frage liegen mag. Es ist aber nochmals darauf hinzuweisen, dass die *verba*

---

*hi* aus der im Tango-*Fudoki*-Fragment (*-itsubun*, 丹後風土記逸文) enthaltenen Erzählung des Fischerjungen (Übersetzung in Naumann und Naumann 1990: 27–29) und lesen die Zeichen 謂曰 – offensichtlich aufgrund der phonographischen Verschriftung in 9: 1740 – *ihi-keraku*; Uegaki (2012: 477) liest dagegen *katari te ihaku*. Omodaka (1983) führt die Phrase nicht in seinem Wörterbuch, aber Miyakoshi, Ishii und Oda (Eintrag *ihi-keraku*) oder Kobayashi et al. (1994: 77) zitieren aus der heian-zeitlichen Erzählung *Tosa nikki* und paraphrasieren mit *itta koto ni ha* 言ったことには respektive *iu koto ni ha* 言うことには. Die Übersetzung von *ihi-keri* erfordert einen Tempuswechsel („nachdem …“).

179 Vgl. Oda 2015: 525, der diese Verwendung als „zweiten Typ der Zitat-Satzstruktur (*daini-rui in'yō kōbun* 第二類引用構文)“ erläutert; der erste Typ steht mit einem *verbum dicendi*. Weitere Beispiele für diese Verwendung von *to* lassen sich den *banka*-Trauergedichten 2: 167 oder 2: 199 entnehmen, die dort allerdings ohne direkte *verba dicendi* stehen und daher auch nicht unbedingt auf Figurenrede verweisen.

*dicendi* in unmittelbarer Nähe innerhalb der Erzählerrede im Mittelteil vorkommen, sodass die beiden Formen der Präsentation der Figurenrede weniger auf die Mittelbarkeit verweisen, sondern die formale Möglichkeit zur unterschiedlichen Präsentation demonstrieren.

So wurden die einleitenden Verse zwar mit indirekter Rede übersetzt, aber in diesem eng abgesteckten Rahmen kann sich der durch die verschiedenen Möglichkeiten der Redewiedergabe implizierte Grad an Mittelbarkeit nicht auf die Distanz zur erzählten Welt auswirken, da die Rede beider Figuren einer identischen Kommunikationssituation aus Frage und Antwort angehört, in der die Distanz identisch sein muss. In dieser ist allerdings die Rede des „seines Weges kommenden Menschen" durch die *ku*-Nominalisierung hervorgehoben, zumal sie die zweite Hälfte des Gedichts stellt und die Hauptaussage das *banka*-Trauergedicht bildet. Das Erzählmedium scheint somit die Figurenrede der zweiten Gedichthälfte hervorheben zu wollen, aber was die beiden Formen der Präsentation durch ihre formale Unterschiedlichkeit auch exemplifizieren, ist der Verlauf der Zeit. Kommt in der ersten Figurenrede das *verbum dicendi* nach dem Zitat, steht es bei der zweiten Figurenrede davor, was die Chronologie der Kommunikation stärkt, die inhaltlich sowie durch die sprachliche Linearität ohnehin gegeben ist.

Lässt somit die Form der Präsentation von Figurenrede Rückschlüsse auf die Mittelbarkeit zu, fällt die bei der Übersetzung zu treffende Entscheidung für direkte oder indirekte Figurenrede dennoch schwer. Allerdings gibt es im Langgedicht 2: 230 sowie seiner Einordnung in den zweiten Band Hinweise, die eine Differenzierung des erzählenden und des erzählten Ichs und somit eine Distanz zur erzählten Welt nahelegen. Erstens lassen der Titel und der Gedichtinhalt, die Formen der Präsentation der Figurenrede sowie schließlich die beigefügten Kurzgedichte keinen Zweifel daran, dass der Ort des erzählten Geschehens und der Erzähl-Ort nicht identisch sind. Dafür spricht zweitens auch die Selbstdarstellung des Erzählmediums, das in der Figurenrede des Erzählers mit 吾 *ware*, „ich / mir", gleichsam aus sich heraustritt und sich selbst als erzähltes Ich präsentiert. Die beigefügten *tanka*-Kurzgedichte gehören nicht mehr zur Kommunikation zwischen den beiden erzählten Figuren, sondern wirken wie die dem kurzen Gespräch folgenden Reflexionen des Erzählmediums. Dem antwortenden „Menschen" können diese nicht zugeschrieben werden, da er viel zu sehr mit seiner Trauerarbeit beschäftigt ist; das geht aus seiner Antwort deutlich hervor. Da die beigefügten Kurzgedichte ästhetisch ausgefeilte Reflexionen sind, muss zwischen der Kommunikation im Langgedicht und der Ausformulierung der Kurzgedichte Zeit vergangen sein. Drittens sind zwei Vor- oder Alternativfassungen beigefügt,[180] welche die Distanz zwischen der erzählten Welt und der Arbeit am Text beziehungsweise der Darstellung belegen. Aso (1: 556) führt die Erklärung an, dass die Kurzgedichte aus dem „anderen Buch“ auf einen früheren Zeitpunkt verweisen, der durch die Überarbeitung zeitlich verschoben wurde. Sie schließt sich dieser Auslegung an, die auf den jeweils letzten drei Versen der Kurzgedichte beruhen muss. Gemeint ist die zeitliche Distanz, die in den beiden autorisierten Hauptfassungen größer ist, aber die Vermutungen in 2: 231 und 232 sprechen eher für eine größere räumliche Entfernung. Viertens schließlich gibt es eine Anmerkung, die mit der „Sammlung des Kasa *no asomi* Kanamura“ eine schriftliche Quelle angibt, und damit hervorhebt, was Konrad Ehlich wie gesehen als Kommunikation der zerdehnten Situation beschreibt. Das Ausweisen der Quelle der Gedichte als Privatsammlung bedeutet nicht lediglich eine Quellenangabe, sondern steigert die Komplexität des Zitierens nochmals. Die Einfügung der zitierten Gedichte in den zweiten Band der Sammlung können nicht mehr mit dem Entstehen der Gedichte – womöglich im Rahmen einer oralen Situation – verwechselt werden. Es zieht eine deutliche zeitlich-räumliche Distanz ein, und die Gedichtinhalte selbst sind nur als Vergangenheit zu konkretisieren. Wie bemerkt wurden die *banka*-Trauergedichte zu Shiki no Miko, aber auch die im Zusammenhang mit dieser Person stehenden Gedichte am Ende des ersten Bandes vermutlich erst später im Zusammenhang mit der Inthronisierung des Kōnin Tennō beigefügt, und es ist wahrscheinlich, dass die Einfügung zusammen mit der Quellenangabe geschah.[181]

Der zweite Band endet mit Gedichten, die aus der Vergangenheit berichten, was die Vergangenheit der Inhalte aus dem gesamten Band nachträglich betont. Das historiographische Programm der ersten beiden Bände scheint damit noch einmal auf. Für die vorliegende Arbeit zum Erzählen in den ersten beiden *Manyōshū*-Bänden ist das Langgedicht 2: 230 nicht nur wegen der Präsentation der Figurenrede interessant, welche die Kommunikation als ein Thema des Gedichts zu erkennen gibt. Es ist ein weiteres Beispiel für eine Erzählung mit ausformuliertem Ich, wie es zuvor in den Iwami-*sōmon*-Gedichten oder auch in dem *banka*-Gedicht 2: 220 zu erkennen ist. Allerdings macht die Kombination aus den beiden erzähltechnisch relevanten Aspekten der Präsentation von Figurenrede und der Offenlegung des erzählten Ichs 2: 230 für eine Geschichte des Erzählens besonders attraktiv. Das Langgedicht und die beige-

---

180 Es gibt die Theorie, 2: 233 und 234 nicht als Vorfassungen, sondern als Überarbeitung zu sehen; vgl. Kuramochi 2000: 26–27.

181 Bei 1: 85 fehlt das im Titel angekündigte Gedicht von Shiki no Miko, und die Anmerkung gibt nur den Namen des Dichters von 1: 85 an.

fügten Kurzgedichte stellen einen geeigneten Abschluss für den zweiten Band dar, der insgesamt – wie sich nun mit Gewissheit behaupten lässt – ein großes Interesse am Erzählen zeigt. Die Gedichte 2: 85 bis 88, die ebenfalls deutlich narrative Züge aufweisen – wenn auch mehr bezüglich der Sequentialität – und den zweiten Band einleiten, sowie das Gedicht 2: 230 und seine Kurzgedichte bilden eine passende Rahmung zu einem Band, in dem die eher realistisch-historiographisch geprägte Orientierung des ersten Bands in Richtung eines fiktional-erzähltechnischen Interesses verschoben wird.

# Anhang

## Gedichttexte

Die Gedichttexte folgen der SNBZ-Ausgabe sowie dem Kommentar nach Aso Mizue. Die wichtigen Abweichungen und Emendationen wurden im Text angesprochen und sind daher hier nicht erneut aufzuführen. Die Peritexte sind tiefergestellt, was jedoch nicht als Hinweis auf die Hierarchie der Texte zu werten ist. Abgekürzte Zeichen wurden möglichst in die ungekürzten Formen zurückgeführt.

### Der Herrscher zieht zur Jagd: 1: 3 und 4

天皇遊獦内野之時中皇
命使間人連老獻歌
八隅知之 我大王乃 朝庭
取撫賜 夕庭 伊縁立之 御
執乃 梓弓之 奈加弭乃 音
為奈利 朝獦爾 今立須良思
暮獦爾 今他田渚良之 御執
能 梓弓之 奈加弭乃 音為
奈里

反歌
玉尅春 内乃大野爾 馬數而
朝布麻須等六 其草深野

### Eine Erinnerung: 1: 7

明日香川原宮御宇
天皇代 天豊財重日
足姫天皇
額田王歌 未詳
金野乃 美草苅葺 屋
杼禮里之 兎道乃宮
子能 借五百磯所念
右檢山上憶良大
夫類聚歌林曰一
書戊申年幸比良
宮大御歌 但紀
曰五年春正月己
卯朔辛巳天皇至
自紀温湯 三月
戊寅朔天皇幸吉
野宮而肆宴焉庚
辰ム日天皇幸近
江之平浦

## Eine Seereise in den Westen: 1: 13 bis 15

中大兄 近江宮御宇天皇 三山歌一首
高山波 雲根火雄男志等 耳梨與 相諍競伎
神代從 如此爾有良之 古昔母 然爾有許曽
虚蟬毛 嬬乎 相挌良思吉
反歌
高山與 耳梨山與 相之時 立見爾來之 伊
奈美國波良
渡津海乃 豐旗雲爾 伊理比彌之 今夜乃月
夜 清明己曽
右一首歌 今案不似反歌也 但舊本以
此歌載於反歌 故今猶載此次 亦紀曰
天豐財重日足姫天皇先四年乙巳 立天
皇為皇太子

## Auf dem Weg zum Ōmi-Hof: 1: 17 bis 19

額田王下近江國時作歌井戸王即和歌
味酒 三輪乃山 青丹吉 奈良能山乃 山際
伊隠萬代 道隈 伊積流萬代爾 委曲毛 見管
行武雄 數數毛 見放武八萬雄 情無 雲乃
隠障倍之也
反歌
三輪山乎 然毛隠賀 雲谷裳 情有南畝 可苦
佐布倍思哉
右二首歌山上憶良大夫類聚歌林曰 遷
都近江國時 御覧三輪山御歌焉 日本
書紀曰 六年丙寅春三月 辛酉朔己卯
遷都于近江
綜麻形乃 林始乃 狭野榛能 衣爾著成 目爾
都久和我勢
右一首歌 今案不似和歌 但舊本載于此
次 故以猶載焉

## In Yoshino: 1: 25 bis 27

天皇御製歌
三吉野之 耳我嶺爾 時無曽 雪者落家留
間無曽 雨者零計類 其雪乃 時無如 其雨
乃 間無如 隈毛不落 念乍叙來 其山道乎

或本歌
三芳野之 耳我山爾 時自久曽 雪者落等言
無間曽 雨者落等言 其雪 不時如 其雨 無
間如 隈毛不堕 思乍叙來 其山道乎
右句々相換 因此重載焉

天皇幸于吉野宮時御製歌
淑人乃 良跡吉見而 好常言師 芳野吉見與
良人四来三
紀曰 八年己卯五月 庚辰朔甲申 幸于
吉野宮

## Intermezzo: 1: 28

藤原宮御宇天皇代 高天原廣野姫天皇元
年丁亥十一年譲位軽太子 尊号曰太上天皇

天皇御製歌
春過而 夏来良之 白妙能 衣乾有
天之香来山

## Besuch bei der verwilderten Ōmi-Hauptstadt: 1: 29 bis 33

過近江荒都時　柿本朝臣人麻呂作歌
玉手次　畝火之山乃　橿原乃　日知之御世従　或云　自宮
阿禮座師　神之盡　樛木乃　彌継嗣爾　天下　所知食之
乎　或云　食来　天爾満　倭乎置而　青丹吉　平山乎超　或
云　虚見　倭乎置　青丹吉　平山越而　何方　御念食可　或云
所念計米可　天離　夷者雖有　石走　淡海國乃　樂浪乃
大津宮爾　天下　所知食兼　天皇之　神之御言能　大宮
者　此間等雖聞　大殿者　此間等雖云　春草之　茂生有
霞立　春日之霧流　或云　霞立　春日香霧流　夏草香　繁成奴
留　百礒城之　大宮處　見者悲毛　或云　見者左夫思毛

反歌
樂浪之　思賀乃辛碕　雖幸有　大宮人之　船麻知兼津
左散難彌乃　志我能　一云　比良乃　大和太　與杼六友
昔人二　亦母相目八毛　一云　将會跡母戸八

高市古人感傷近江舊堵作歌　或書云　高市連黒人
古　人爾和禮有哉　樂浪乃　故京乎　見者悲寸
樂浪乃　國都美神乃　浦佐備而　荒有京　見者悲毛

## Eine Reise nach Ise: 1: 40 bis 44

幸于伊勢國時　留京柿本朝臣人麻呂
作歌
鳴呼見乃浦爾　船乗為良武　女嬬等之　珠
裳乃須十二　四寶三都良武香
釼著　手節乃埼二　今日毛可母　大宮人之
玉藻苅良武
潮左為二　五十等兒乃嶋邊　榜船荷　妹乗
良六鹿　荒嶋廻乎
當麻真人麻呂妻作歌
吾勢枯波　何所行良武　己津物　隠乃山乎
今日香越等六
石上大臣従駕作歌
吾妹子乎　去來見乃山乎　高三香裳　日本
能不所見　國遠見可聞
右日本紀曰　朱鳥六年壬辰春三月丙
寅朔戊辰　以浄廣肆廣瀬王等為留守
官　於是中納言三輪朝臣高市麻呂脱
其冠位擎上於朝重諫曰　農作之前車
駕未可以動　辛未天皇不従諫　遂幸
伊勢　五月乙丑朔庚午　御阿胡行宮

## Fujiwara no Miya: 1: 50

藤原宮之役民作歌
八隅知之 吾大王 高照 日乃皇子 荒妙乃
藤原我宇倍爾 食國乎 賣之賜牟登 都宮者
高所知武等 神長柄 所念奈戸二 天地毛 縁
而有許曽 磐走 淡海乃國之 衣手能 田上山
之 真木佐苦 桧乃嬬手乎 物乃布能 八十氏
河爾 玉藻成 浮倍流禮 其乎取登 散和久御
民毛 家忘 身毛多奈不知 鴨自物 水爾浮居
而 吾作 日之御門爾 不知國 依巨勢道従
我國者 常世爾成牟 圖負留 神龜毛 新代登
泉乃河爾 持越流 真木乃都麻手乎 百不足
五十日太爾作 泝須良牟 伊蘇波久見者 神
随爾有之
右日本紀曰 朱鳥七年癸巳秋八月幸
藤原宮地 八年甲午春正月 幸藤原宮
冬十二月庚戌朔乙卯 遷居藤原宮

## Umzug nach Nara no Miya: 1: 78

和銅三年庚戌春二月 従藤原宮遷于
寧樂宮時 御輿停長屋原廻望古郷作
歌 一書云 太上天皇御製
飛鳥 明日香能里乎 置而伊奈婆 君之當者
不所見香聞安良武 一云 君之當乎 不見而香
毛安良牟

或本 従藤原京遷于寧樂宮時歌
天皇乃 御命畏美 柔備爾之 家乎擇 隠國
乃 泊瀬乃川爾 舼浮而 吾行河乃 川隈之
八十阿不落 万段 顧為乍 玉桙乃 道行晩
青丹吉 楢乃京師乃 佐保川爾 伊去至而
我宿有 衣乃上従 朝月夜 清爾見者 栲乃
穂爾 夜之霜落 磐床等 川之水凝 冷夜乎
息言無久 通乍 作家爾 千代二手 来座多
公與 吾毛通武

反歌
青丹吉 寧樂乃家爾者 万代爾 吾母将通
忘跡念勿
右歌作主未詳

## Die wartende Frau: 2: 85 bis 90

難波高津宮御宇天皇代　大鷦鷯天皇　謚曰仁徳天皇

磐姫皇后思天皇御作歌四首

君之行　氣長成奴　山多都祢　迎加將行待爾可將待

右一首歌山上憶良臣類聚歌林載焉

如此許　戀乍不有者　高山之　磐根四巻手　死奈麻死物呼

在管裳　君乎者將待　打靡　吾黒髪爾　霜乃置萬代日

秋田之　穂上爾霧相　朝霞　何時邊乃方二　我戀將息

或本歌曰

居明而　君乎者將待　奴婆珠能　吾黒髪爾　霜者零騰文

右一首古歌集中出

古事記曰　輕太子奸輕太郎女　故其太子流於伊豫湯也　此時衣通王　不堪戀慕而追徃時歌曰

君之行　氣長久成奴　山多豆乃　迎乎將徃　待爾者不待　此云山多豆乃是今造木者也

## Die lange Anmerkung nach 2: 90

右一首歌　古事記與類聚歌林所説不同　歌主亦異焉　因檢日本紀曰　難波高津宮御宇大鷦鷯天皇廿二年春正月　天皇語皇后納八田皇女將爲妃　時皇后不聽　爰天皇歌以乞於皇后云々　卅年秋九月乙卯朔乙丑　皇后遊行紀伊國到熊野岬　取其處之御綱葉而還　於是天皇伺皇后不在而娶八田皇女納於宮中　時皇后到難波濟　聞天皇合八田皇女大恨之云々　亦曰　遠飛鳥宮御宇雄朝嬬稚子宿禰天皇廿三年春三月甲午朔庚子　木梨輕皇子爲太子　容姿佳麗　見者自感同母妹輕太娘皇女亦艶妙也云々　遂竊通　乃悒懐少息　廿四年夏六月　御羮汁凝以作氷天皇異之　卜其所由　卜者曰有内乱　蓋親々相奸乎云々仍移太娘皇女於伊豫者　今案二代二時不見此歌也

## Ein Austausch: 2: 126 bis 129

石川女郎贈大伴宿禰田主歌一首 即佐保大納言大伴卿之
第二子 母曰巨勢朝臣也
遊士跡 吾者聞流乎 屋戸不借 吾乎還利 於曽能風流士
大伴田主字曰仲郎 容姿佳艶風流秀絶 見人聞者靡不歎息
也 時有石川女郎 自成雙栖之感 恒悲獨守之難 意欲寄書
未逢良信 爰作方便而似賎嫗 己提堝子而到寢側 哽音蹢
足叩戸諮曰 東隣貧女将取火来矣 於是仲郎 暗裏非識冒
隠之形 慮外不堪拘接之計 任念取火 就跡歸去也 明後
女郎既恥 自媒之可愧 復恨心契之弗果 因作斯歌 以贈謔
戲焉

大伴宿祢田主報贈歌一首
遊士爾 吾者有家里 屋戸不借 令還吾曽 風流士者有

同石川女郎更贈大伴田主中郎歌一首
吾聞之 耳爾好似 葦若末乃 足痛吾勢 勤多扶倍思
右依中郎足疾 贈此歌問訊也

大津皇子宮侍石川女郎贈大伴宿禰宿奈麻呂歌一首
女郎字曰山田郎女也 宿奈麻呂宿祢者大納言兼大将軍卿之
第三子也
古之 嫗爾為而也 如此許 戀爾將沈 如手童兒 一云戀乎大爾 忍
金手武 多和良波乃如

## Die Iwami-*sōmon*-Gedichte: 2: 131 und 132

柿本朝臣人麻呂従石見國
別妻上來時歌二首并短歌
石見乃海 角乃浦廻乎 浦無等
人社見良目 滷無等 一云 礒無
登 人社見良目 能咲八師 浦者
無友 縦畫屋師 滷者 一云 礒者
無鞆 鯨魚取 海邊乎指而 和多
豆乃 荒礒乃上爾 香青生 玉藻
息津藻 朝羽振 風社依米 夕羽
振流 浪社來縁 浪之共 彼縁此
依 玉藻成 依宿之妹乎 一云 波
之伎余思 妹之手本乎 露霜乃 置
而之來者 此道乃 八十隈毎 萬
段 顧為騰 彌遠爾 里者放奴
益高爾 山毛越來奴 夏草之 念
思奈要而 志怒布良武 妹之門
將見 靡此山

反歌二首
石見乃也 高角山之 木際從 我
振袖乎 妹見都良武香

## Die Iwami-*sōmon*-Gedichte: 2: 133 bis 137

小竹之葉者　三山毛清爾　亂友　吾者妹思　別來
禮婆

或本反歌曰

石見爾有　高角山乃　木間從文　吾袂振乎　妹見
監鴨

角障經　石見之海乃　言佐敝久　辛乃埼有　伊久
里爾曽　深海松生流　荒礒爾曽　玉藻者生流　玉
藻成　靡寐之兒乎　深海松乃　深目手思騰　左宿
夜者　幾毛不有　延都多乃　別之來者　肝向　心
乎痛　念乍　顧為騰　大舟之　渡乃山之　黄葉乃
散之亂爾　妹袖　清爾毛不見　嬬隱有　屋上乃
一云 室上山　山乃　自雲間　渡相月乃　雖惜　隱比
來者　天傳　入日刺奴禮　大夫跡　念有吾毛　敷
妙乃　衣袖者　通而沾奴

反歌二首

青駒之　足搔乎速　雲居曽　妹之當乎　過而來計類
一云 當者隱來計留
秋山爾　落黄葉　須臾者　勿散亂曽　妹之當將見
一云 知里勿亂曽

## Die Iwami-*sōmon*-Gedichte: 2: 138 bis 140

或本歌一首并短歌

石見之海　津乃浦乎無美　浦無跡　人社見
良米　滷無跡　人社見良目　吉咲八師　浦者
雖無　縦恵夜思　滷者雖無　勇魚取　海邊乎
指而　柔田津乃　荒礒之上爾　蚊青生　玉藻
息都藻　明来者　浪己曽來依　夕去者　風己
曽來依　浪之共　彼依此依　玉藻成　靡吾宿
之　敷妙之　妹之手本乎　露霜乃　置而之來
者　此道之　八十隈毎　萬段　顧雖為　彌遠
爾　里放來奴　益高爾　山毛超來奴　早敷屋
師　吾嬬乃兒我　夏草乃　思志萎而　將嘆
角里將見　靡此山

反歌一首

石見之海　打歌山乃　木際從　吾振袖乎　妹
將見香

右歌體雖同　句々相替　因此重載

柿本朝臣人麻呂妻依羅娘子與人麻呂
相別歌一首

勿念跡　君者雖言　相時　何時跡知而加　吾
不戀有牟

## 2: 167 bis 170 zum Tod von Himanishi no Miko no Mikoto

日並皇子尊殯宮之時柿本朝臣人麻呂作歌一首并短歌

天地之 初時 久堅之 天河原爾 八百萬 千萬神之 神集
集座而 神分 分之時爾 天照 日女之命 一云 指上 日女之
命 天乎婆 所知食登 葦原乃 水穂之國乎 天地之 依相之
極 所知行 神之命等 天雲之 八重掻別而 一云 天雲之 八
重雲別而 神下 座奉之 高照 日之皇子波 飛鳥之 浄之宮
爾 神随 太布座而 天皇之 敷座國等 天原 石門乎開 神
上 上座奴 一云 神登 座爾之可婆 吾王 皇子之命乃 天下
所知食世者 春花之 貴在等 望月乃 満波之計武跡 天下
一云 食國 四方之人乃 大船之 思憑而 天水 仰而待爾 何
方爾 御念食可 由縁母無 真弓乃岡爾 宮柱 太布座 御
在香乎 高知座而 明言爾 御言不御問 日月之 數多成塗
其故 皇子之宮人 行方不知毛 一云 刺竹之 皇子宮人 歸邊
不知爾為

反歌二首

久堅乃 天見如久 仰見之 皇子乃御門之 荒巻惜毛
茜刺 日者雖照者 烏玉之 夜渡月之 隠良久惜毛

或本歌一首

嶋宮 勾乃池之 放鳥 人目爾戀而 池爾不潜

## 2: 199 zum Tod von Takechi no Miko no Mikoto

高市皇子尊城上殯宮之時　柿本朝臣人麻呂作歌一首　并短歌

桂文　忌之伎鴨　一云　由遊志計禮抒母　言久母　綾爾畏伎　明日香乃　真神之原爾
久堅能　天都御門乎　懼母　定賜而　神佐扶跡　磐隠座　八隅知之　吾大王乃　所聞
見為　背友乃國之　真木立　不破山越而　狛劔　和射見我原乃　行宮爾　安母理座
而　天下　治賜　一云　掃賜而　食國乎　定賜等　鶏之鳴　吾妻乃國之　御軍士乎　喚賜
而　千磐破　人乎和為跡　不奉仕　國乎治跡　一云　掃部等　皇子随　任賜者　大御身
爾　大刀取帶之　大御手爾　弓取持之　御軍士乎　安騰毛比賜　齊流　鼓之音者　雷
之　聲登聞麻弖　吹響流　小角乃音母　一云　笛之音波　敵見有　虎可叫吼登　諸人之
恊流麻弖爾　一云　聞或麻泥　指擧有　幡之靡者　冬木成　春去來者　野毎　著而有火
之　一云　冬木成　春野焼火乃　風之共　靡如久　取持流　弓波受乃驟　三雪落　冬乃林
爾　一云　由布乃林　飃可毛　伊巻渡等　念麻弖　聞之恐久　一云　諸人　見或麻弖爾　引
放　箭之繁計久　大雪乃　亂而來禮　一云　霰成　曽知余里久禮婆　不奉仕　立向之毛
露霜之　消者消倍久　去鳥乃　相競端爾　一云　朝霜之　消者消言爾　打蝉等　安良蘇布波
之爾　渡會乃　齋宮從　神風爾　伊吹或之　天雲乎　日之目毛不令見　常闇爾　覆賜
而　定之　水穂之國乎　神髄　太敷座而　八隅知之　吾大王之　天下　申賜者　萬代
爾　然之毛將有登　一云　如是毛安良無等　木綿花乃　榮時爾　吾大王　皇子之御門乎
一云　刺竹　皇子御門乎　神宮爾　装束奉而　遣使　御門之人毛　白妙乃　麻衣著　埴安
乃　門之原爾　赤根刺　日之盡　鹿自物　伊波比伏管　烏玉能　暮爾至者　大殿乎
振放見乍　鶉成　伊波比廻　雖侍候　佐母良比不得者　春鳥之　佐麻欲比奴禮者
嘆毛　未過爾　憶毛　未不盡者　言左敝久　百濟之原從　神葬　葬伊座而　朝毛吉
木上宮乎　常宮等　高久奉而　神随　安定座奴　雖然　吾大王之　萬代跡　所念食而
作良志之　香來山之宮　萬代爾　過牟登念哉　天之如　振放見乍　玉手次　懸而將
偲　恐有騰文

Für das Lautzeichen 弖 *de* (in *made*) steht original 亻+弖.

## 2: 230 bis 234 zum Tod von Shiki no Miko

靈龜元年歳次乙卯秋九月　志貴親王薨
時作歌一首　并短歌
梓弓　手取持而　大夫之　得物矢手挾　立向
高圓山爾　春野焼　野火登見左右　燎火乎　何
如問者　玉桙之　道來人乃　泣涙　小雨爾落
白妙之　衣埿漬而　立留　吾爾語久　何鴨　本
名言　聞者　泣耳師所哭　語者　心曽痛　天皇
之　神之御子之　御駕之　手火之光曽　幾許照
而有

短歌二首
高圓之　野邊乃秋芽子　徒　開香将散　見人無
爾
御笠山　野邊往道者　己伎太雲　繁荒有可　久
爾有勿國
右歌笠朝臣金村歌集出

或本歌曰
高圓之　野邊乃秋芽子　勿散禰　君之形見爾
見管思奴播武
三笠山　野邊従遊久道　己伎太久母　荒爾計
類鴨　久爾有名國

Die Schriftzeichen 小雨 ersetzten zwei Zeichen, die im üblichen Zeichensatz nicht enthalten sind; die Bedeutung ist gleich.

# Literatur

## Forschungsliteratur


Agatsuma Takako 我妻多賀子 (2011): Shi し. In: Ōno Susumu 大野晋 (Hg.): *Koten kisogo jiten* 古典基礎語辞典. Tōkyō: Kadokawa Gakugei, S. 578–579.

Antoni, Klaus (2012): *Kojiki – Aufzeichnungen alter Begebenheiten*. Berlin: Verlag der Weltreligionen im Insel Verlag.

Asahina Hideo 朝比奈英夫 (2019): *Ōtomo no Yakamochi kenkyū – hyōgen shuhō to uta-maki hensan* 大伴家持研究ー表現手法と歌巻編纂. Tōkyō: Hanawa Shobō.

Aso Mizue 阿蘇瑞枝 (1999): Ishikawa no Iratsume no uta – Ōtomo no Tanushi to no uta o chūshin ni 石川郎女の歌ー大伴田主との歌を中心に. In: Kōnoshi Takamitsu 神野志隆光 und Sakamoto Nobuyuki 坂本信幸 (Hg.): *Seminā*: *Man'yō no kajin to sakuhin* セミナー：万葉の歌人と作品. Bd. 1: *Shoki Man'yō no kajintachi* 初期万葉の歌人たち. Ōsaka: Izumi Shoin, S. 205–218.

Assmann, Aleida (1999): *Erinnerungsräume – Formen und Wandlungen des kulturellen Gedächtnisses*. München: C.H. Beck.

—— (2006): Einführung in die Kulturwissenschaft. Grundbegriffe, Themen, Fragestellungen. Berlin: Erich Schmidt.

Assmann, Jan ($^{4}$2002): *Das kulturelle Gedächtnis. Schrift, Erinnerung und politische Identität in frühen Hochkulturen*. München: Beck (original 1992).

—— ($^{2}$2004): *Religion und kulturelles Gedächtnis*. München: Beck (Erstauflage 2000).

Balmes, Sebastian (2021): Auf der Suche nach der Zeit als narratologische Analysekategorie. Mit Beispielen aus der setsuwa-Literatur. In: *Asiatische Studien* AS/EA 75, 1, 33–68.

—— (2022): *Narratologie und vormoderne japanische Literatur. Theoretische Grundlagen, Forschungskritik und sprachlich bedingte Charakteristika japanischer Erzähltexte des 10. bis 14. Jahrhunderts*. Berlin und Boston: Walter de Gruyter.

Bauer, Mikaël (2020): *The History of the Fujiwara House – A Study and Annotated Translation of the Tōshi Kaden*. Folkestone: Renaissance Books.

Benl, Oscar (1951): *Die Entwicklung der japanischen Poetik bis zum 16. Jahrhundert*. Hamburg: Cram, De Gruyter (Abhandlungen aus dem Gebiet der Auslandskunde, Bd. 56, Reihe B. Völkerkunde, Kulturgeschichte und Sprachen, Bd. 31).

Bentley, John R. (2016): *ABC Dictionary of Ancient Japanese Phonograms*. Honolulu: University of Hawai'i.

Bernsen, Michael (2011): Formen und Funktionen des Narrativen bei Petrarca und seinen Nachfolgern. In: Bleumer, Hartmut und Caroline Emmelius (Hg.): *Lyrische Narrationen – narrative Lyrik: Gattungsinterferenzen in der mittelalterlichen Literatur*. Berlin und New York: De Gruyter, S. 122–137 (Trends in Medieval Philology 16).

Bleumer, Hartmut und Caroline Emmelius (2011): Generische Transgressionen und Interferenzen – Theoretische Konzepte und historische Phänomene zwischen Lyrik und Narrativik. In: Bleumer, H. und C. Emmelius (Hg.): *Lyrische Narrationen –*

*Narrative Lyrik. Gattungsinterferenzen in der Mittelalterlichen Literatur*. Berlin und New York: Walter de Gruyter, S. 1–39 (Trends in Medieval Philology 16).

Bohner, Hermann (1934): *Legenden aus der Frühzeit des japanischen Buddhismus. Nippon-Koku-Genbō-Zenaku-Ryō-I-Ki*. Leipzig: Harrassowitz (Mittheilungen der Gesellschaft für Natur- und Völkerkunde Ostasiens, Bd. 27 + Band Anmerkungen).

Borkowski, Jan und Simone Winko (2011): Wer spricht das Gedicht? – Noch einmal zum Begriff lyrisches Ich und zu seinen Ersetzungsvorschlägen. In: Bleumer, Hartmut und Caroline Emmelius (Hg.): *Lyrische Narrationen – narrative Lyrik: Gattungsinterferenzen in der mittelalterlichen Literatur*. Berlin und New York: De Gruyter, S. 43–77 (Trends in Medieval Philology 16).

Borries, Bodo von (2021): Geschichtsbewusstsein. In: Jordan, Stefan (Hg.): *Grundbegriffe der Geschichtswissenschaft*. Ditzingen: Philipp Reclam jun. (Erstauflg. 2002), S. 104–108.

Brenner, Peter, J. (1998): *Das Problem der Interpretation. Eine Einführung in die Grundlagen der Literaturwissenschaft*. Tübingen: Max Niemeyer.

Burdorf, Dieter ([3]2015): *Einführung in die Gedichtanalyse*. Stuttgart: J.B. Metzler (Erstauflage o. A.).

Chatman, Seymour B. (1990): *Coming to Terms. Rhetoric of Narrative in Fiction and Film*. Ithaca and London: Cornell University.

Demandt, Alexander (2021): Kontrafaktische Geschichte. In: Jordan, Stefan (Hg.): *Grundbegriffe der Geschichtswissenschaft*. Ditzingen: Philipp Reclam jun. (Erstauflage 2002), S. 190–193.

Dettmer, Hans A. (2009–2015): *Der Yōrō-Kodex, Bd. 1–4*. Wiesbaden: Otto Harrassowitz (Bd. 1: 2009 [Die Gebote, Buch 1], Bd. 2: 2010 [Die Gebote, Buch 2–10], Bd. 3: 2012 [Die Verbote], Bd. 4: 2015 [Generalindex]).

Dickins, Frederick Victor (1906): *Primitive & Mediaeval Japanese Texts. Translated Into English With Introduction, Notes And Glossaries*. Oxford: At The Clarendon Press (Band 2).

Duthie, Torquil (2014): *Man'yōshū and the Imperial Imagination in Early Japan*. Leiden und Boston: Brill (Brill's Japanese Studies Library 45).

—— (2018): Review of Alexander Vovin, Man'yōshū Book 1. In: *Bulletin of the School of Oriental and African Studies* 81.1, S. 182–183.

Dürr, Markus (2013/14): Nara, eine frühe Hauptstadt Japans – Ergebnisse der archäologischen Untersuchungen in Heijōkyō. In: *Nachrichten der Gesellschaft für Natur- und Völkerkunde Ostasiens* Jg. 83/84, 189–190, S. 17–56.

Ebersole, Gary L. (1992): *Ritual Poetry and the Politics of Death in Early Japan*. Princeton: Princeton University (Erstauflage 1989).

Echterhoff, Gerald (2004): Das Außen des Erinnerns: Medien des Gedächtnisses aus psychologischer Perspektive. In: Erll, Astrid und Ansgar Nünning (Hg.): *Medien des kollektiven Gedächtnisses. Konstruktivität, Historizität und Kulturspezifizität*

(Media and Cultural Memory / Medien und kulturelle Erinnerung, Bd. 1). Berlin und New York: Walter de Gruyter, S. 61–82.

Ehlich, Konrad (1983): Text und sprachliches Handeln. Die Entstehung von Texten aus dem Bedürfnis nach Überlieferung. In: Assmann, Aleida und Jan Assman (Hg.): *Schrift und Gedächtnis – Archäologie der literarischen Kommunikation I*. München: Wilhelm Fink, S. 24–43.

Eicher, Thomas und Volker Wiemann ([2]1997): *Arbeitsbuch: Literaturwissenschaft*. Paderborn et al.: Ferdinand Schöningh (Erstauflage 1996).

Endō Keita 遠藤慶太 (2012): *Higashi-Ajia no Nihon shoki – rekishisho no tanjō 東アジアの日本書紀—歴史書の誕生*. Tōkyō: Yoshikawa Kōbunkan.

Enomoto Fukuju 榎本福寿 (2015): Hinamishi, Takechi ryō-miko no banka to Tenmu Tennō 日並・高市両皇子の挽歌と天武天皇. In: *Man'yōshū kenkyū* 萬葉集研究 35, S. 77–128.

Erll, Astrid (2005): *Kollektives Gedächtnis und Erinnerungskulturen*. Stuttgart und Wiemar: J.B. Metzler.

Feifel, Eugen P. (1959): *Geschichte der chinesischen Literatur. Mit Berücksichtigung ihres geistesgeschichtlichen Hintergrundes. Dargestellt nach Nagasawa Kikuya: Shina Gakujutsu Bungeishi*. Darmstadt: Wissenschaftliche Buchgesellschaft (neubearbeitete und erweiterte Auflage).

Felsner, Kristin, Helbig, Holger und Therese Manz ([2]2012): *Arbeitsbuch Lyrik – 2., aktualisierte Auflage*. Berlin: Akademie Verlag (Erstausgabe unbekannt).

Florenz, Karl (1906): *Geschichte der japanischen Litteratur*. Leipzig: C.F. Amelang (Die Litteraturen des Ostens in Einzeldarstellungen 10).

—— (2014): *Japanische Mythologie – Nihongi*. Hamburg: Severus (original 1901).

—— (2014): *Die historischen Quellen der Shintō-Religion*. Hamburg: Severus (original 1919).

Führer, Bernhard (1995): *Chinas erste Poetik – Das Shi pin (Kriterion Poietikon) des Zhong Hong (467?–518)*. Dortmund: Projekt Verlag.

Fujii Sadakazu 藤井貞和 ([2]1992): *Monogatari bungaku seiritsu-shi* 物語文学成立史. Tōkyō: Tōkyō Daigaku (Erstauflage 1987).

Fujita Yasuyuki 藤田保幸 (2014): In'yō 引用. In: Nihongo bunpō gakkai 日本語文法学会 (Hg.): *Nihongo bunpō jiten* 日本語文法事典. Tōkyō: Taishūkan, S. 35–36.

Fulda, Daniel (2002): Strukturalistische Hermeneutik: Eine Methode zur Korrelation von Geschichte und Textverfahren. In: Fulda, D. und Silvia Serena Tschopp (Hg.): *Literatur und Geschichte – Ein Kompendium zu ihrem Verhältnis von der Aufklärung bis zur Gegenwart*. Berlin & New York: Walter de Gruyter, S. 39–59.

Furuhashi Nobuyoshi 古橋信吉 (2000): *Monogatari bungaku no tanjō – Man'yōshū kara no bungakushi* 物語文学の誕生—万葉集からの文学史. Tōkyō: Kadokawa (Kadokawa sensho 9).

—— ([3]2005) (Hg.): *Nihon bungei-shi – hyōgen no nagare (kodai 1)* 日本文芸史—表現の流れ (古代 I). Tōkyō: Kawade Shobō.

Furuta Kei'ichi 古田敬一 (1982): *Chūgoku bungaku ni okeru tsuiku to tsuikuron* 中学文学における対句と対句論. Tōkyō: Kazama Shobō.

Furuya Minoru 古谷稔 (1994): Genryaku kōhon Man'yōshū maki 1 元暦万葉集巻一. In Watanabe Takao 渡邊隆男 (Hg.): *Genryaku-kōhon Man'yōshū* 元暦校本万葉集. Tōkyō: Nigensha (Nihon meihitsu-sen 23), S. 96–97.

Gadamer, Hans-Georg (72010): *Gesammelte Werke 1: Hermeneutik I: Wahrheit und Methode – Grundzüge einer philosophischen Hermeneutik*. Tübingen: Mohr Siebeck (Erstauflage 1960).

Genette, Gérard (32010): *Die Erzählung*. München: Wilhelm Fink (UTB, Erstauflage 1998).

Gentz, Joachim (2007): Zum Parallelismus in der chinesischen Literatur. In: Wagner, Andreas (Hg.): *Parallelismus Membrorum*. Fribourg: Academic Press und Göttingen: Vandenhoeck & Ruprecht, S. 241–269.

Go Tetsuo (2001): Moji no shōgeki 文字の衝撃. In: Saijō Tsutomu 西條勉 (Hg.): *Kaku koto no bungaku* 書くことの文学. Tōkyō: Kasama Shoin, S. 3–26.

Goodman, Nelson (1997): *Sprachen der Kunst. Entwurf einer Symboltheorie*. Frankfurt a. M. (original 1968: Languages of Art. An Approach to a Theory of Symbols, 2. Auflage 1976).

Gomi Tomohide 五味智英(1987): *Zōho: Kodai waka* 増補：古代和歌. Tōkyō: Kazama Shoin (ergänzte Ausgabe; Erstauflage 1951).

Hashimoto Tatsuo 橋本達雄 (1991): *Man'yōshū no sakuhin to kafū* 万葉集の作品と歌風. Tōkyō: Kasama Shoin.

—— (2001): Man'yōshū no seiritsuron 万葉集の成立論. In: Inaoka Kōji 稲岡耕二 (Hg.): *Nihon bungaku kenkyū taisei* 日本文学研究大成. Tōkyō: Kokusho Kankōkai, S. 5–18.

Herman, David (2013): Cognitive Narratology (revised version). In: Hühn, Peter et al. (eds.): *the living handbook of narratology*. URL = https://web.archive.org/web/20230721145549/https://www-archiv.fdm.uni-hamburg.de/lhn/node/38.html.

Hillebrandt et al. (2019): Einleitung: Wer spricht das Gedicht? Adressantenmarkierung in Lyrik. In: Hillebrandt, Claudia et al. (Hg.): *Lyrikologie, Bd. 1: Grundfragen der Lyrikologie*. Berlin und New York: De Gruyter, S. 1–21.

Hirooka Yoshitaka 広岡義隆 (2005a): ohne Titel (Gedicht 1: 28). In: Kōnoshi Takamitsu 河野志隆光 und Sakamoto Nobuyuki 坂本信幸 (Hg.): *Seminā: Man'yō no kajin to sakuhin* セミナー：万葉の歌人と作品. Bd. 12: *Man'yō shūka-shō* 万葉秀歌抄. Ōsaka: Izumi Shoin, S. 13.

—— (2005b): ohne Titel (Gedicht 1: 43). In: Kōnoshi Takamitsu 河野志隆光 und Sakamoto Nobuyuki 坂本信幸 (Hg.): *Seminā: Man'yō no kajin to sakuhin* セミナー：万葉の歌人と作品. Bd. 12: *Man'yō shūka-shō* 万葉秀歌抄. Ōsaka: Izumi Shoin, S. 19.

Hölscher, Lucian (2021): Ereignis. In: Jordan, Stefan (Hg.): *Grundbegriffe der Geschichtswissenschaft*. Ditzingen: Philipp Reclam jun. (Erstauflage 2002), S. 72–73.

Hörisch, Jochen (1998): *Die Wut des Verstehens – Erweiterte Nachauflage*. Frankfurt a. M.: Suhrkamp.

Horton, Mack H. (2012): *Traversing the Frontier: The Man'yōshū Account of a Japa-*

*nese Mission to Silla in 736–737*. Cambridge: Harvard University (Harvard East Asian Monographs; 330).

Hühn, Peter (2007): Conrad Ferdinand Meyer: „Stapfen". In: Schönert, J., Hühn, P. und Malte Stein: *Lyrik und Narratologie – Text-Analysen zu deutschsprachigen Gedichten vom 16. bis zum 20. Jahrhundert*. Berlin und New York: Walter de Gruyter (Narratologia 11), S. 175–184.

—— (2011): Geschichten in Gedichten – Ansätze zur narratologischen Analyse von Lyrik, mit einem Ausblick auf die Lyrik Shakespeares und den Petrarkismus. In: Bleumer, Hartmut und Caroline Emmelius (Hg.): *Lyrische Narrationen – narrative Lyrik: Gattungsinterferenzen in der mittelalterlichen Literatur*. Berlin und New York: De Gruyter, S. 79–101 (Trends in Medieval Philology 16).

Hühn, Peter und Jörg Schönert (2007): Einleitung: Theorie und Methodologie narratologischer Lyrik-Analyse. In: Schönert, J., Hühn, P. und Malte Stein: *Lyrik und Narratologie – Text-Analysen zu deutschsprachigen Gedichten vom 16. bis zum 20. Jahrhundert*. Berlin und New York: Walter de Gruyter (Narratologia 11), S. 1–18.

Humphrey, Richard (2005): Literarische Gattung und Gedächtnis. In: Erll, Astrid und Ansgar Nünning (Hg.): *Gedächtniskonzepte der Literaturwissenschaft – Theoretische Grundlegung und Anwendungsperspektiven*. Berlin und New York: Walter de Gruyter (Media and Cultural Memory / Medien und kulturelle Erinnerung 2), S. 73–96.

Ibaraki Yoshiyuki 荊木美行 (2018): Nihon shoki kenkyū no genzai 日本書紀研究の現在. In: Endō Keita 遠藤慶太 et al. (Hg.): *Nihon shoki no tanjō – hensan to juyō no rekishi* 日本書紀の誕生—編纂と受容の歴史. Tōkyō: Yagi Shoten, S. 3–25.

Ichi Hiroki 市大樹 ([2]2021): Yokudō suru Asuka jidai no miyako 躍動する飛鳥時代の都. In: Yoshimura Takehiko 吉村武彦, Yoshikawa Shinji 吉川真司 und Kawajiri Akio 川尻秋生 (Hg.): *Kodai no miyako – naze miyako ha ugoita no ka* 古代の都—なぜ都は動いたのか. Tōkyō: Iwanami Shoten (Shirīzu kodaishi o hiraku), 19–88 (Erstauflage 2019).

Ichinose Masayuki 市瀬雅之 (2014): Kōzō-ron kara kōsō-ron e 構造論から構想論へ. In: Ichinose Masayuki, Shirosaki Yōko 城崎陽子 und Murase Norio 村瀬憲夫: *Man'yōshū hensan kōsō-ron* 万葉集編纂構想論. Tōkyō: Kasama Shoin, S. 33–207.

Ichinose Masayuki 市瀬雅之, Shirosaki Yōko 城崎陽子 und Murase Norio 村瀬憲夫 (2014): *Man'yōshū hensan kōsō-ron* 万葉集編纂構想論. Tōkyō: Kasama Shoin.

Itō Haku 伊藤博 (1975): *Man'yōshū no kajin to sakuhin* 万葉集の歌人と作品, 上 Bd. 1. Tōkyō: Hanawa Shobō.

Jannidis, Fotis (2004): *Figur und Person – Beitrag zu einer historischen Narratologie*. Berlin und New York: Walter de Gruyter (Narratologia 3).

Jordan, Stefan ([5]2021): *Theorien und Methoden der Geschichtswissenschaft*. Paderborn: Brill Schöningh (UTB., Erstauflage 2009).

Kageyama Hisayuki 影山尚之 (2011): Man'yōshū maki ni sōmon-bu no kōsō 萬葉集

巻二相聞部の構想. In: *Koku-go to koku-bungaku* 國語と國文学 88, 12, S. 16–30.

Kajikawa Nobuyuki 梶川信行 (2007): „Shoki Man'yō" no „zōka" 《初期万葉》の「雑歌」. In: Kajikawa N. (Hg.): *Shoki Man'yō* 初期万葉論. Tōkyō: Kasama Shoin, S. 11–61.

Kanai Sei'ichi 金井清一 (1992): Nakanishi Susumu-shi no setsu 中西進氏の説. In: Nakanishi Susumu 中西進 (Hg.): *Man'yōshū o manabu hito no tame ni* 万葉集を学ぶ人のために. Tōkyō: Sekai Shisosha, S. 17–19.

Kanazawa Hideyuki 金沢英之 (1999). Takechi no Miko banka. In: Kōnoshi Takamitsu 神野志隆光 und Sakamoto Nobuyuki 坂本信幸 (Hg.): *Seminā: Man'yō no kajin to sakuhin* セミナー万葉の歌人と作品. Bd. 3: *Kakinomoto no Hitomaro 2*, Takechi no Kurohito, Naga no Okimaro, sho-miko-tachi ta 柿本人麻呂 (2)・高市黒人・長奥麻呂・諸皇子たち他. Ōsaka: Izumi Shoin, S. 67–83.

Kasai Taichi 葛西太一 (2021): *Nihon shoki dankai henshū-ron* 日本書紀段階編修論. Tōkyō: Kachōsha.

—— (2023): *Nihon shoki* shindai-kan ni mieru sanji dōshi – nijika, sō-onsetsuka, renzoku dōshi 日本書紀神代巻に見える三字動詞—二字化・双音節化・連続動詞. In: *Jōdai bungaku* 上代文学 130 (2023/4), S. 16–29.

Kawajiri Akio 川尻秋生 ($^{3}$2021): „Kodai no miyako" e no shōtai 「古代の都」への招待. In: Yoshimura Takehiko 吉村武彦, Yoshikawa Shinji 吉川真司 und Kawajiri A. (Hg.): *Kodai no miyako – naze miyako ha ugoita no ka* 古代の都—な座都は動いたのか. Tōkyō: Iwanami Shoten (Shirīzu Kodaishi o hiraku), S. 1–18.

Kawashima Jirō 川島二郎 (1991): „Tsuyu-shimo no woki-te shi kure ba" kō 「露霜の置きてし来れば」考. In: *Yamanobe no michi* 山邊道 35, 3, S. 1–21.

Kikugawa Emi 菊川恵三 (1999): Naka tsu sumera mikoto no Uchi no no mikari no uta 中皇命の宇智遊猟の歌. In: Kōnoshi Takamitsu 神野志隆光 und Sakamoto Nobuyuki 坂本信幸 (Hg.): *Seminā: Man'yō no kajin to sakuhin* セミナー：万葉の歌人と作品. Bd. 1: *Shoki Man'yō no kajin-tachi* 初期万葉の歌人たち. Ōsaka: Izumi Shoin, S. 76–89.

Kishi Toshio 岸俊男 (1993): *Nihon no kodai kyūto* 日本の古代宮都. Tōkyō: Iwanami.

Kitamura Masaki 北村優季 (2013): *Heijō-kyō seiritsushi-ron* 平城京成立史論. Tōkyō: Yoshikawa Kōbunkan.

Klimek, Sonja (2019): Lyrik und Autobiographik. Funktion von Orts- und Zeitangaben in den Peritexten von Gedichten im 17. und 18. Jahrhundert. In: Hillebrandt, Claudia et al. (Hg.): *Lyrikologie, Bd. 1: Grundfragen der Lyrikologie*. Berlin und New York: De Gruyter, S. 177–206.

Knechtges, David R. (1996): *Tong Xiao – Wen Xuan or Selections of Refined Literature*, Bd. 3 [= Rhapsodies 3]. Princeton: Princeton University (Princeton Legacy Library).

Kobayashi Hideo 小林英夫 et al. ($^{3}$1994): *Reikai kogo jiten* 例会古語辞典. Tōkyō: Sanseidō (Erstauflage 1980).

Kocher, Ursula (2011): Erzählen im Kulturvergleich. In: Martínez, Matías (Hg.): *Handbuch Erzählliteratur. Theorie, Analyse, Geschichte*. Stuttgart und Weimar: J.B. Metzler, 79–83.

Kojima Noriyuki 小島憲之 (2016): *Jōdai Nihon bungaku to Chūgoku bungaku* 上代日本文學と中國文學, Bd. 1–3. Tōkyō: Hanawa Shobō (Nachdruck, original 1962 bis 1965).

Kōnoshi Takamitsu 神野志隆光 ([4]1991a): Utagatari 歌語り. In: Inaoka Kōji 稲岡耕二 (Hg.): *Man'yōshū hikkei* 万葉集必携. Tōkyō: Gakutōsha, S. 170–171 (Erstauflage 1981).

—— ([4]1991b): Rensaku 連作. In: Inaoka Kōji 稲岡耕二 (Hg.): *Man'yōshū hikkei* 万葉集必携. Tōkyō: Gakutōsha, 182–183 (Erstauflg. 1981).

—— (1992): *Kakinomoto no Hitomaro kenkyū* 柿本人麻呂研究. Tōkyō: Hanawa Shobō.

—— (1996): Man'yōshū no chāto. In: *Kokubungaku–kaishaku to kyōzai no kenkyū*. Sonderband: *Man'yōshū no nazo – nokosarete iru mondai wa nani ka*, 41, 6 (1996/5, Mai-Ausgabe), S. 144–145.

—— (1999a): Naka no Ōe no sanzan-ka 中大兄の三山歌. In: Kōnoshi T. und Sakamoto Nobuyuki 坂本信幸 (Hg.): *Seminā: Man'yō no kajin to sakuhin* セミナー：万葉の歌人と作品. Bd. 1: *Shoki Man'yō no kajin-tachi* 初期万葉の歌人たち. Ōsaka: Izumi Shoin, S. 104–116.

—— (1999b): Iwami sōmon-ka 石見相聞歌. In: Kōnoshi T. und Sakamoto Nobuyuki 坂本信幸 (Hg.): *Seminā: Man'yō no kajin to sakuhin* セミナー：万葉の歌人と作品. Bd. 2: *Kakinomoto no Hitomaro 1* 柿本人麻呂 (一). Ōsaka: Izumi Shoin, S. 206–222.

—— (2007a): *Fukusu no „kodai"* 複数の「古代」. Tōkyō: Kōdansha.

—— (2007b [1997]): *Kanji tekisuto to shite no Kojiki* 漢字テキストとしての古事記. Tōkyō: Tōkyō Daigaku.

—— (2009): *Hensō sareta Nihon shoki* 変奏された日本書紀. Tōkyō: Tōkyō Daigaku.

—— (2011): Man'yōshū no naka ni hensan sareta Yakamochi – »uta-nikki« no imi 『万葉集』の中に編纂された家持—「歌日記」の意味. In: Ono Hiroshi 小野寛 (Hg.): *Ōtomo no Yakamochi kenkyū no saizensen* 大伴家持研究の最前線. Takaoka: Takaoka-shi Man'yō Rekishi-kan (Takaoka-shi Man'yō Rekishi-kan sōsho 23), S. 85–103.

—— (2013): *Man'yōshū o dō yomu ka – uta no „hakken" to kanji sekai*. 万葉集をどう読むか—歌の「発見」と漢字世界. Tōkyō: Tōkyō Daigaku.

—— (2016): *Sono go no Nihon shoki: „nendaiki" no tenkai* その後の日本書紀：「年代記」の展開. In: Kyōto gobun 京都語文, 24, S. 30–109.

Kōnoshi Takamitsu und Sakamoto Nobuyuki 坂本信幸 (Hg.) (1999–2005): *Seminā: Man'yō no kajin to sakuhin* セミナー：万葉の歌人と作品. 12 Bände. Ōsaka: Izumi Shoin.

—— (2005): Hajme ni はじめに. In: Kōnoshi und Sakamoto (Hg.): *Seminā: Man'yō no kajin to sakuhin* セミナー：万葉の歌人と作品. Bd. 12: *Man'yō shūka-shō* 万葉秀歌抄. Ōsaka: Izumi Shoin, S. I–II.

Köppe, Tillman und Tom Kindt (2014): *Erzähltheorie – Eine Einführung*. Stuttgart: Philipp Reclam jun.

Koschorke, Albrecht ([2]2012): *Wahrheit und Erfindung. Grundzüge einer Allgemeinen Erzähltheorie*. Frankfurt a. M.: S. Fischer.

Kroll, Paul W. (2015): *A Student's Dictionary of Classical and Medieval Chinese*. Leiden: Brill (digitale Ausgabe).

Kuramochi Shinobu 倉持しのぶ (2000): 志貴皇子挽歌 Shiki no Miko banka. In: Kōnoshi Takamitsu 神野志隆光 und Sakamoto Nobuyuki 坂本信幸 (Hg.): *Seminā: Man'yō no kajin to sakuhin* セミナー：万葉の歌人と作品. Bd. 6: *Kasa no Kanamura* 笠金村, *Kurumamochi no Chitose* 車持千年, *Tanabe no Fukumaro* 田辺福麻呂. Ōsaka: Izumi Shoin, S. 21–34.

Kurano Kenji 倉野憲司 ([15]1971): Kojiki 古事記. In: Kurano K. und Takeda Yūkichi 武田祐吉: *Kojiki – norito* 古事記・祝詞. Tōkyō: Iwanami Shoten, S. 3–361 (Erstauflage 1958; Nihon koten bungaku taikei 1).

Kurazumi Kaoru 倉住薫 (2011): *Kakinomoto no Hitomaro – kotoba to kokoro no tankyū* 柿本人麻呂—ことばとこころの探求. Tōkyō: Kasama Shoin.

Lewin, Bruno ([2]1975): *Abriss der japanischen Grammatik*. Wiesbaden: Otto Harrassowitz (verbesserte Auflage, Erstauflage 1959).

Lorenzen, Alfred (1927): *Die Gedichte Hitomaro's aus dem Manyōshū in Text und Übersetzung mit Erläuterungen*. Hamburg: L. Friederichsen & Co.

Luhmann, Niklas (1997): *Die Kunst der Gesellschaft*. Frankfurt a.M.: Suhrkamp.

Lurie, David (2020) → Rūrī, Dawiddo

Mann, Thomas (2002): *Der Zauberberg*. Frankfurt a.M.: S. Fischer (original 1924; Große kommentierte Frankfurter Ausgabe, 5.1).

—— (2004): *Tod in Venedig*. In: Reed, Terence J. unter Mitarbeit von Malte Herwig (Hg.): *Frühe Erzählungen 1893–1912* (Große Kommentierte Frankfurter Ausgabe: Werke, Briefe, Tagebücher, 2.1). Frankfurt a.M.: S. Fischer, S. 501–592.

Marquard, Odo ([3]2020) *Zukunft braucht Herkunft – Philosophische Essays*. Stuttgart: Reclam (Erstauflage 2003).

Martínez, Matías und Scheffel, Michael ([10]2016): *Einführung in die Erzähltheorie*. München: C.H. Beck (Erstauflage 1999).

Maruyama Takashi 丸山隆詞 (1999): Ōmi kōto-ka 近江荒都歌. In: Kōnoshi Takamitsu 神野志隆光 und Sakamoto Nobuyuki 坂本信幸 (Hg.): *Seminā: Man'yō no kajin to sakuhin* セミナー：万葉の歌人と作品. Bd. 2: *Kakinomoto no Hitomaro 1* 柿本人麻呂 1. Ōsaka: Izumi Shoin, S. 152–164.

May, Ekkehard (2015): *Bashō – Haibun*. Mainz: Dieterich'sche Verlagsbuchhandlung.

Misaki Hisashi 身崎壽 (2005): *Hitomaro no hōhō – jikan, kūkan, „katarite"* 人麻呂の方法—時間・空間「語り手」. Sapporo: Hokkaidō Daigaku Toshokan.

Mita Seiji 三田誠司 ([3]2019): Man'yōshū kaisetsu 1 万葉集解説. In: Itō Haku 伊藤博 (2019): *Man'yōshū shakuchū* 萬葉集釋注, Bd. 1. Tōkyō: Shūeisha (Erstausgabe 2005, Buchausgabe mit Originaltext: 1995–1998), S. 512–519.

Miyakoshi Masaru 宮腰賢, Ishii Masami 石井正己 und Oda Masaru 小田勝 ([4]2011): *Zen'yaku kogo jiten* 全訳古語辞典. Ōbunsha (digital).

Miyazaki Masaki 宮崎昌喜(1996): „Sakusha" to iu koto ha shoki Man'yō ni yūkō ka

「作者」ということは初期万葉に有効か. In: *Man'yōshū no nazo* 万葉集の謎 (*Koku bungaku – kaishaku to kyouzai no kenkyū* 国文学解釈と教材の研究 5, 41), S. 136.

Mori Hiromichi 森博達 ([8]2012): *Nihon shoki no nazo o toku – jussakusha wa dare ka* 日本書記の謎を解く—述作者は誰か. Tōkyō: Chūō Kōron Shinsha (Erstausgabe 1999).

Mōri Masamori 毛利正守 (1999): Nukata no Ōkimi no shunchū kyōren-ka 額田王の春秋競憐歌. In: Kōnoshi Takamitsu 神野志隆光 und Sakamoto Nobuyuki 坂本信幸 (Hg.): *Seminā: Man'yō no kajin to sakuhin* セミナー：万葉の歌人と作品. Bd. 1: *Shoki Man'yō no kajin-tachi* 初期万葉の歌人たち. Ōsaka: Izumi Shoin, S. 117–128.

—— (2005): ohne Titel (Gedicht 1: 40). In: Kōnoshi Takamitsu 神野志隆光 und Sakamoto Nobuyuki 坂本信幸 (Hg.): *Seminā: Man'yō no kajin to sakuhin* セミナー：万葉の歌人と作品. Bd. 12: *Man'yō shūka-shō* 万葉秀歌抄. Ōsaka: Izumi Shoin, S. 18.

Motomochi Nakamura, Kyoko (1973): *Miraculous Stories from the Japanese Buddhist Tradition – The Nihon ryōiki of the Monk Kyōkai*. Cambridge, Massachusetts: Harvard University.

Murase Norio 村瀬憲夫 (2014): Itō Haku cho Man'yōshū no kōsei to seiritsu no kenshō to kenshō 伊藤博著『萬葉集の構造と成立』の顕彰と検証. In: Ichinose Masayuki 市瀬雅之, Shirosaki Yōko 城崎陽子 und Murase Norio: *Man'yōshū hensan kōsō-ron* 万葉集編纂構想論. Tōkyō: Kasama Shoin, S. 3–31.

—— (2014): Kōsō-ron, kōzō-ron, kajin-ron 構想論・構造論・歌人論. In: Ichinose Masayuki 市瀬雅之, Shirosaki Yōko 城崎陽子 und Murase Norio: *Man'yōshū hensan kōsō-ron* 万葉集編纂構想論. Tōkyō: Kasama Shoin, S. 324–392.

—— (2021): *Ōtomo no Yakamochi-ron sakuhin to hensan* 大伴家持論 作品と編纂. Tōkyō: Hanawa Shobō.

Murata Masahiro 村田正博 ([2]1998): Utagatari 歌語り. In: Ono Hiroshi 小野寛 und Sakurai Mitsuru 櫻井満 (Hg.): *Jōdai bungaku kenkyū jiten* 上代文学研究事典. Tōkyō: Ōfu, S. 82–83 (Erstauflg. 1996).

Müller, Wolfgang G. (2011): Das lyrische Ich. In: Dieter Lamping (Hg.): *Handbuch Lyrik – Theorie, Analyse, Geschichte*. Stuttgart: J.B. Metzler, S. 56–58.

Nakanishi Susumu 中西進 (1992) (Hg.): *Man'yōshū o manabu hito no tame ni* 万葉集を学ぶ人のために. Tōkyō: Sekai Shisosha.

—— (1995): *Man'yōshu genron Kakinomoto no Hitomaro* 万葉集原論柿本人麻呂. Tōkyō: Kōdansha (Man'yō ronshū 万葉論集, Bd. 7).

——: ([24]2017): *Man'yōshū jiten* 万葉集事典. Tōkyō: Kōdansha (Erstauflg. 1985).

Naumann, Nelly (1996): *Die Mythen des alten Japan*. München: C.H. Beck.

Naumann, Nelly und Wolfram Naumann (1990): *Die Zauberschale – Erzählungen vom Leben japanischer Damen, Mönche, Herren und Knechte.* München: dtv (original 1973).

Nishimoto Masahiro 西本昌弘 (2014): *Asuka-Fujiwara to kodai ōken* 飛鳥・藤原と古代王権. Tōkyō: Dōseisha.

Noguchi Keiko 野口恵子 (2007): „Shoki Man'yō" no tanjō – kenkyūshi to sono eikyō ni tsuite 「初期万葉」の誕生—研究史とその影響について. In: Kajikawa Nobuyuki 梶川信行 (Hg.): *Shoki Man'yō* 初期万葉論. Tōkyō: Kasama Shoin, S. 339–354.

Nöth, Winfried (2000): *Handbuch der Semiotik. 2., vollständig neu bearbeitete und erweiterte Auflage*. Stuttgart und Weimar: J.B. Metzler.

Oda Masaru 小田勝 (2015): *Koten bunpō sōran* 古典文法総覧. Ōsaka: Izumi Shoin.

Ogawa Yasuhiko 小川靖彦 (1999): Kagami no Ōkimi ni kakawaru uta. In: Kōnoshi T. und Sakamoto Nobuyuki 坂本信幸 (Hg.): *Seminā: Man'yō no kajin to sakuhin* セミナー：万葉の歌人と作品. Bd. 1: *Shoki Man'yō no kajin-tachi* 初期万葉の歌人たち. Ōsaka: Izumi Shoin, S. 194–204.

—— (2010): *Man'yōshū – kakusareta rekishi no messēji* 万葉集—隠された歴史のメッセージ. Tōkyō: Kadokawa.

—— (2016): Kōhon Man'yōshū no rinen to hōhō『校本萬葉集』の理念と方法. In: Ogawa Y. (Hg.): *Man'yō shahon-gaku nyūmon* 万葉写本学入門. Tōkyō: Kazama Shoin, S. 12–26.

Ogawa Yasuhiko und Ikehara Akiyoshi 池原陽斉 (2016): Denbon ichiran 伝本一覧. In: Ogawa Y. (Hg.): *Man'yō shahon-gaku nyūmon* 万葉写本学入門. Tōkyō: Kazama Shoin, S. 95–99.

Ōishi Yasuo 大石泰夫 ([2]1998): Rensaku 連作. In: Ono Hiroshi 小野寛 und Sakurai Mitsuru 櫻井満 (Hg.): *Jōdai bungaku kenkyū jiten* 上代文学研究事典. Tōkyō: Ōfu, S. 670–671 (Erstauflage 1996).

Omodaka Hisataka 澤瀉久孝 (1977): *Man'yōshū chūshaku, sakuin-hen* 萬葉集注釋索引編. Tōkyō: Chūō Kōronsha.

—— („Repräsentant" für: Jōdaigo Jiten Henshū Iinkai; 1983): *Jidaibetsu kokugo daijiten jōdaihen* 時代別国語大辞典上代編. Tōkyō: Sanseidō.

Ooms, Herman (2009): *Imperial Politics and Symbolics in Ancient Japan. The Tenmu Dynasty, 650–800*. Honolulu: University of Hawai'i.

Ōura Seiji 大浦誠士 (2007): Shoki Man'yō no „hanka" – hanka seiritsu ni kan suru ichi-shiron 初期万葉の「反歌」—反歌成立に関する一試論. In: Kajikawa Nobuyuki 梶川信行 (Hg.): *Shoki Man'yō* 初期万葉論. Tōkyō: Kasama Shoin, 213–240.

—— (Oura) (2008): *Man'yōshū no yōshiki to hyōgen* 万葉集の様式と表現. Tōkyō: Kasama Shoin.

Osterkamp, Sven (2011): *Nicht-monosyllabische Phonogramme im Altjapanischen: Kritische Bestandsaufnahme, Auswertung und Systematisierung der Fälle vom Typ ongana*. Wiesbaden: Harrassowitz.

Ōta Kō'ichi 太田光一(2010): *Man'yōshū no seiritsu – Jitō mandaishū* 万葉集の成立—持統万代集. Tōkyō: Ikuhōsha.

Owen, Stephen (1992): *Readings in Chinese Literary Thought*. Cambridge und London: Harvard University.

Ozawa Tsuyoshi 小澤毅 (2003): *Nihon kodai kyūto kōzō no kenkyū* 日本古代宮都構造の研究. Tōkyō: Aoki Shoten.

Pieper, Vincenz (2014): Narratologie und Interpretation – Ein Beitrag zum besseren Verständnis von Kleists Erzählungen. In: Blamberger, Günter et al. (Hg.): *Kleist-Jahrbuch 2014*, Stuttgart: J.B. Metzler, S. 172–187.

Pohl, Karl-Heinz (2007): *Ästhetik und Literaturtheorie in China – Von der Tradition bis zur Moderne*. München: K.G. Saur (Geschichte der chinesischen Literatur 5).

Polkinghorne, Donald E. (1998): Narrative Psychologie und Geschichtsbewusstsein – Beziehungen und Perspektiven. In: Straub, Jürgen (Hg.): *Erzählung, Identität und historisches Bewusstsein – Die psychologische Konstruktion von Zeit und Geschichte. Erinnerung, Geschichte, Identität I*. Frankfurt a.M. Suhrkamp, 12–45.

Rothmann, Kurt ([15]1997): *Kleine Geschichte der deutschen Literatur*. Stuttgart: Philipp Reclam jr. (erweiterte Ausgabe, Erstauflage 1978).

Rūrī, Dawiddo ルーリ・ダウィッド (= David Lurie; 2020): Seikai no moji – riterashī no rekishi to kodai nihon 世界の文字—リテラシーの歴史と古代日本. In: Yoshimura Takehiko 吉村武彦, Yoshikawa Shinji 吉川真司 und Kawajiri Akio 川尻秋生 (Hg.): *Moji to kotoba – moji bunka no hajimari* 文字とことば一文字文化の始まり. Tōkyō: Iwanami Shoten (Shirīzu kodaishi o hiraku), S. 215–238.

Saijō Tsutomu 西條勉 (2009): *Kakinomoto no Hitomaro no shigaku* 柿本人麻呂の詩学. Tōkyō: Kanrin Shobō.

Sakamoto Nobuyuki 坂本信幸 (1999): Tenmu Tennō no ohomi-uta 天武天皇の御製歌. In: Kōnoshi Takamitsu 神野志隆光 und Sakamoto N. (Hg.): *Seminā: Man'yō no kajin to sakuhin* セミナー：万葉の歌人と作品. Bd. 1: *Shoki Man'yō no kajin-tachi* 初期万葉の歌人たち. Ōsaka: Izumi Shoin, S. 151–166.

Sasagawa Naoki 笹川尚紀 (2016a): *Nihon shoki seiritsushi-kō* 日本書紀成立史攷. Tōkyō: Hanawa Shobō.

—— (2016b): Nihon shoki hensansha no nazo o ou「日本書紀」編纂者の謎を追う. In: Yōsensha Henshūbu 洋泉社編集部 (Hg.): *Kodaishi kenkyū no saizensen: Nihon shoki* 古代史研究の最前線－日本書紀. Tōkyō: Yōsensha, S. 8–15.

Sasayama Haruo 笹山晴生 und Yoshimura Takehiko 吉村武彦 (2015): *Shoku-nihongi sakuin nenpyō* 続日本紀索引年表. Tōkyō: Iwanami Shoten (Shin-Nihon koten bungaku taikei bekkan, „on demand“, Erstauflage 2000).

Satake Akihiro 佐竹昭広 et al. (2004): *Man'yōshū sakuin* 萬葉集索引. Tōkyō: Iwanami Shoten (Shin Nihon koten bungaku taikei).

Scheffel, Michael (2011): Erzählen als Produkt der kulturellen Evolution. In: Martínez, Matías (Hg.): *Handbuch Erzählliteratur. Theorie, Analyse, Geschichte*. Stuttgart und Weimar: J.B. Metzler, S. 74–79.

Schmid, Wolf ([2]2008): *Elemente der Narratologie*. Berlin und New York: Walter de Gruyter (Erstauflage 2005).

Schönert, Jörg (2007): Heinrich Heine: „Im Hafen“. In: Schönert, J., Hühn, Peter und

Malte Stein: *Lyrik und Narratologie – Text-Analysen zu deutschsprachigen Gedichten vom 16. bis zum 20. Jahrhundert*. Berlin und New York: Walter de Gruyter (Narratologia 11), S. 131–143.

Schönert, Jörg, Hühn, Peter und Malte Stein (2007): *Lyrik und Narratologie – Text-Analysen zu deutschsprachigen Gedichten vom 16. bis zum 20. Jahrhundert.* Berlin und New York: Walter de Gruyter (Narratologia 11).

Schwentker, Wolfgang (2022): *Geschichte Japans*. München: C.H. Beck.

Sekine Atsushi 関根淳 (2018): Tennō-ki to sono zengo 天皇紀とその前後. In: Endō Keita 遠藤慶太 et al. (Hg.): *Nihon shoki no tanjō – hensan to juyō no rekishi* 日本書紀の誕生—編纂と受容の歴史. Tōkyō: Yagi Shoten, S. 79–99.

Seko Katashi 瀬古確 (1978): *Man'yō fūbutsuron* 万葉風物論. Tōkyō: Kyōiku Shuppan Sentā.

Sema Masayuki 瀬間正之 (2016): Nihon Shoki to Kojiki no seiritsu jiki o kangaeru 日本書紀と古事記の成立時期を考える. In: Yōsensha Henshūbu 洋泉社編集部 (Hg.): *Kodaishi kenkyū no saizensen: Nihon shoki* 古代史研究の最前線－日本書紀. Tōkyō: Yōsensha, S. 16–23.

Seyock, Barbara (2004): *Auf den Spuren der Ostbarbaren – Zur Archäologie protohistorischer Kulturen in Südkorea und Westjapan.* Münster: Lit (Bunka, Tübinger interkulturelle und linguistische Japanstudien 8).

Shigeno Tomohiro 茂野智大 (2021): Man'yō hyakushu-sen jūgo-shu sairoku-ka ichiran 萬葉百首選一五種採録歌一覧. In: *Musashino Daigaku nihon bungaku kenkyūsho kiyō* 武蔵野大学日本文学研究所紀要 9, S. Y27–Y42.

Shintani Takanori 新谷尚紀 (2020): *Ise Jingū to Izumo taisha – „Nihon" to „Tennō" no tanjō* 伊勢神宮と出雲大社—「日本」と「天皇」の誕生. Tōkyō: Kōdansha

Shiotani Kaori 塩谷香織 (1984): Iwami sōmon-ka no kōzō – wakare no kyozetsu to sono juyō 石見相聞歌の構造 – 別れの拒絶と受容. In: Gomi Tomihide Sensei Tsuitō Ronbun-shū Kankōkai 五味智英先生追悼論文集刊行会 (Hg.): *Jōdai bungaku ronsō – Gomi Tomihide sensei tsuitō* 上代文學論叢—五味智英先生追悼. Tōkyō: Kasama Shoin, S. 213–228.

Shirosaki Yōko 城崎陽子 (2014): Buruika-kan no hensan to kōsō 部類歌巻の編纂と構想. In: Ichinose Masayuki 市瀬雅之, Shirosaki Y. und Murase Norio 村瀬憲夫: *Man'yōshū hensan kōsō-ron* 万葉集編纂構想論. Tōkyō: Kasama Shoin, S. 209–323.

Simon, Rainald (2015): *Shijing – Das altchinesische Buch der Lieder. Chinesisch / Deutsch.* Stuttgart: Philipp Reclam jun.

Sorensen, Joseph T. (2012): *Optical Allusions – Screens, Paintings, and Poetry in Classical Japan (ca. 800–1200)*. Leiden und Boston: Brill (Brill's Japanese Studies Library 40).

Stein, Malte (2007): Ingeborg Bachmann: „Im Zwielicht". In: Schönert, Jörg, Hühn, Peter und M. Stein (Hg.): *Lyrik und Narratologie – Text-Analysen zu deutschsprachigen Gedichten vom 16. bis zum 20. Jahrhundert.* Berlin und New York: Walter de Gruyter (Narratologia 11), S. 267–279.

Suwaki Takeshi 洲脇武志 (2017): Zuisho no seiritsu 『隋書』の成立. In: Nakabayashi Shirō 中林史郎 et al. (Hg.): *Chūgoku shisho nyūmon: gendai goyaku Zuisho* 中国史書入門：現代語訳『隋書』. Tōkyō: Bensei Shuppan, S. 198–202.
Szondi, Peter ([6]2021): *Einführung in die literarische Hermeneutik*. Frankfurt a.M.: Suhrkamp (Erstauflage 1975).

Tada Kazuomi 多田一臣 (1999): Man'yōshū e no shōtai 万葉集への招待. In: Tada K. (Hg.): *Man'yōshū handobukku* 万葉集ハンドブック. Tōkyō: Sanseidō, S. 2–10.
Tairadate Eiko 平舘英子 (1999): Nukata no Ōkimi-ron 額田王論. In: Kōnoshi Takamitsu 神野志隆光 und Sakamoto Nobuyuki 坂本信幸 (Hg.): *Seminā: Man'yō no kajin to sakuhin* セミナー万葉の歌人と作品. Bd. 1: Shoki Man'yō no kajintachi 初期万葉の歌人たち. Ōsaka: Izumi Shoin, S. 23–45.
Takamatsu Hisao 高松寿夫 (1999): Ryūkyō sanshu 留京三首. In: Kōnoshi Takamitsu 神野志隆光 und Sakamoto Nobuyuki 坂本信幸 (Hg.): *Seminā: Man'yō no kajin to sakuhin* セミナー万葉の歌人と作品. Bd. 2: *Kakinomoto no Hitomaro 1* 柿本人麻呂 1. Ōsaka: Izumi Shoin, S. 180–188.
Takazaki Masahide 高崎正秀 (1942): *Monogatari bungaku josetsu* 物語文学序説. Tōkyō: Seijisha.
Tanaka Hiroshi 田中大士 (2020): *Shōgeki no Man'yōshū denbon shutsugen – Hirose-bon de denbon kenkyū ha kō kawatta* 衝撃の『万葉集』伝本出現―廣瀬本で伝本研究はこう変わった. Tōkyō: Hanawa Shobō.
Tetsuno Masahiro 鉄野昌弘 (2007): *Ōtomo no Yakamochi „uta nisshi" ronkō* 大伴家持「詩日誌」論考. Tōkyō: Hanawa Shobō.
Tōdō Akiyasu 藤堂明保 et al. ([5]2018): *Kanjigen kaitei daigo han* 漢字源改訂第五班. Tōkyō: Gakken Purasu (digital).
Togawa Yoshirō 戸川芳郎 ([3]2015): *Zen'yaku Kanjikai daisan han* 全訳漢字海第三版. Tōkyō: Sanseidō (digital).
Tōyama Ichirō 遠山一郎 (1999): Kusakabe no Miko banka 草壁皇子挽歌. In: Kōnoshi Takamitsu 神野志隆光 und Sakamoto Nobuyuki 坂本信幸 (Hg.): *Seminā: Man'yō no kajin to sakuhin* セミナー万葉の歌人と作品. Bd. 3: *Kakinomoto no Hitomaro 2, Takechi no Kurohito, Naga no Okimaro, sho-mikotachi ta* 柿本人麻呂 2・高市黒人・長奥麻呂・諸皇子たち他. Ōsaka: Izumi Shoin, S. 24–40.
Tsukushi Nobuzane 筑紫申真 ([17]2017): *Amaterasu no tanjō* アマテラスの誕生. Tōkyō: Kōdansha (Erstauflage 2002, original 1962).
Tsuneyoshi Kaoru 恒吉薫 (o. J.): Kōkō gakkō kyōkasho „Man'yōshū" sairoku data 高校学校国語教科書『万葉集』採録データ. URL= https://web.archive.org/web/20230620125400/http://jodaibungakukai.org/13_link.html

Uchida Masanori 内田賢徳 (1999): Shoki man'yō-ron 初期万葉論. In: Kōnoshi Takamitsu 神野志隆光 und Sakamoto Nobuyuki 坂本信幸 (Hg.): *Seminā: Man'yō no kajin to sakuhin* セミナー：万葉の歌人と作品. Bd. 1: *Shoki Man'yō no kajintachi* 初期万葉の歌人たち. Ōsaka: Izumi Shoin, S. 1–22.

—— (2005): ohne Titel (Gedicht 1: 30). In: Kōnoshi Takamitsu 河野志隆光 und Sakamoto Nobuyuki 坂本信幸 (Hg.): *Seminā: Man'yō no kajin to sakuhin* セミナー：万葉の歌人と作品. Bd. 12: *Man'yō shūka-shō* 万葉秀歌抄. Ōsaka: Izumi Shoin, S. 14.

Uegaki Setsuya 植垣節也 ([6]2012): *Fudoki* 風土記. Tōkyō: Shōgakukan (Erstauflage 1997; Shinpen Nihon koten bungaku zenshū 5).

Ueno Makoto 上野誠 (2020): *Man'yōshū kōgi – saiko no kashū no sugao* 万葉集講義―最高の歌集の素顔. Tōkyō: Chūō Kōron Shinsha.

—— (2018): *Man'yō bunka-ron* 万葉文化論. Tōkyō: Minerva Shobō.

Ueno Satoshi 上野理 (1981): Ryūkyō sanshu ni okeru Hitomaro no hōhō 留京三首における人麻呂の方法. In: *Kokubungaku kenkyū* 国文学研究 (Waseda Daigaku) 75, 10, S. 32–40.

Wapnewski, Peter (1962): *Walther von der Vogelweide. Gedichte. Mittelhochdeutscher Text und Übertragung*. Frankfurt a.M. und Hamburg: Fischer.

Wenzel, Horst (1995): *Hören und Sehen Schrift und Bild – Kultur und Gedächtnis im Mittelalter*. München: C.H. Beck.

Wilkinson, Edymion (2015): *Chinese History – A New Manual, Fourth Edition*. Cambridge und London: Harvard University.

Winko, Simone (2002): Lektüre oder Interpretation? In: *Mitteilungen des Deutschen Germanistenverbandes* 49, 2, S. 128–141.

Wirtz, Fernando (2022): *Phänomenologie der Angst – Symbolik und Mythologie bei F. W. J. Schelling und F. Creuzer*. Tübingen: Mohr Siebeck

Wittkamp, Robert F. (2013): Jahreszeiten und kulturelles Gedächtnis in Japan – vom *Man'yōshū* zur Gegenwart. In: Greub, Thierry (Hg.): *Das Bild der Jahreszeiten im Wandel der Kulturen und Zeiten*. München: W. Fink, 99–115, Tafeln S. 8–10.

—— (2014a/b): *Altjapanische Erinnerungsdichtung – Landschaft, Schrift und kulturelles Gedächtnis im Man'yōshū*. Band 1: *Prolegomenon: Landschaft im Werden der Waka-Dichtung*. Band 2: *Schriftspiele und Erinnerungsdichtung*. Würzburg: Ergon. (Beiträge zur kulturwissenschaftlichen Süd- und Ostasienforschung 5a/b).

—— (2014c): *Faltschirme und Bildrollen – auf dem Weg zum Manga? Zum intermedialen Erzählen im japanischen Altertum und Frühmittelalter*. Norderstedt: Bod.

—— (2015): *Bashōs „Pfade durch das Hinterland“ und die haibun-Literatur – Mit Erzähltextanalysen zum Oku no Hosomichi*. Gossenberg: Ostasien Verlag (Deutsche Ostasienstudien 20).

—— (2017): Rezensionsartikel: Zu Klaus Antonis Aufzeichnungen alter Begebenheiten – das *Kojiki* aus literaturwissenschaftlicher Sicht. In: *Bochumer Jahrbuch zur Ostasienforschung* 39, 2016, S. 249–280.

—— (2018a): *Arbeit am Text – Zur postmodernen Erforschung der Kojiki-Mythen*. Gossenberg: Ostasienverlag (Deutsche Ostasienstudien 34).

—— (2018b): Japans älteste Kurzerzählung – zu einer Inschrift aus dem Tempel Hōryūji. In: *Orientierungen* 29 (2017), S. 1–28.

—— (2018c): Zum Paradigma der Raumdarstellung in altjapanischer Literatur – mythische und ästhetische Räume in *Man'yōshū* und *Kojiki*. In: *Zeitschrift der Deutschen Morgenländischen Gesellschaft* 168, 1, S. 179–205.

Wittkamp, Robert F. (2018d): The Body as a Mode of Conceptualization in the *Kojiki* Cosmogony. In: *Tōzai gakujutsu kenkyūsho kiyō* 東西学術研究所紀要 51, S. 47–64.

—— (2019): Zur Analepse in Bashōs *Oku no Hosomichi* mit vergleichendem Blick auf Heinrich von Kleists *Das Erbeben in Chili* und Thomas Manns *Der Tod in Venedig*. In: Klawitter, Arne (Hg.): *Literaturtheorien in der Anwendung* (Studienreihe der JGG), 51–63.

—— (2020a): Re-Examing Japanese Mythologies: Why the *Nihon Shoki* has two books of myths but the *Kojiki* only one. In: *Tōzai gakujutsu kenkyūsho kiyō* 東西学術研究所紀要 53, S. 13–39.

—— (2020b): Text und / in Bewegung: Zur Übersetzung von ‚Das Erdbeben in Chili' ins Japanische. In: *Kleist Jahrbuch 2020*, S. 91–110.

—— (2021a): *Altjapanische Texterzeugung und die chinesischen Wurzeln – Dargestellt an einer Korrespondenz aus dem Man'yōshū*. Wiesbaden: Harrassowitz (Abhandlungen für die Kunde des Morgenlandes 120).

—— (2021b): Der Herrscher zieht zur Jagd – Narrative Lyrik im „*Man'yōshū* der Anfangszeit". In: *Orientierungen* 32 (2020), S. 1–34.

—— (2021c): „Drei Meisterstücke" der altjapanischen Dichtung – Yakamochi als Schriftzeichenbeobachter und seine Bezüge auf die chinesische Literatur. In: *Zeitschrift der Deutschen Morgenländischen Gesellschaft* 171, 1, S. 191–220.

—— (2021d): Where is the literature? Notes on Alexander Vovin's *Man'yōshū*. In: *Bochumer Jahrbuch für Ostasienforschung* 43 (2020), S. 211–227.

—— (2021e):Writing and Reflections on Fictionality in Old Japanese Literature. In: Fülöp, Erika (Hg.): *Fictionality, Factuality, and Reflexivity Across Discourses and Media*. Berlin: De Gruyter (Narratologica 75), S. 108–122.

—— (2021f): „Aufgeblähte Zeit" in narrativer Lyrik – Yakamochis Einleitungssequenz zu *Man'yōshū*-Band 19. *Asiatische Studien* AS/EA 75, 1, 131–161.

—— (2022): Hitomaro's Poems on the Decayed Capital – A narratological approach to *Man'yōshū* poems 1: 29 to 31. In: *Tōzai gakujutsu kenkyūsho kiyō* 東西学術研究所紀要 55, pp. 111–138.

—— (2023a): Hitomaro's Farewell Poems from Iwami – A Narratological Rehabilitation of Itō Haku's "Centripetal Model". In: *Tōzai gakujutsu kenkyūsho kiyō* 東西学術研究所紀要 56, pp. (im Druck).

—— (2023b): Der Erinnerungsraum Yoshino und seine Instrumentalisierung bei Jitō Tennō – mit besonderem Blick auf ausgewählte *Man'yōshū*-Gedichte. In: Wachutka, Michael (Hg.): *Heilige Orte und sakraler Raum in den Religionen Japans*. München: Iudicium, S. 39–67 (im Druck).

Wolf, Werner (2002): Das Problem der Narrativität in Literatur, Bildender Kunst und Musik: Ein Beitrag zu einer intermedialen Erzähltheorie. In: Nünning, Vera und Ansgar Nünning (Hg.): *Erzähltheorie transgenerisch, intermedial, interdisziplinär*. Trier: Wissenschaftlicher Verlag (WVT Handbücher zum literaturwissenschaftlichen Studium, Bd. 5), S. 23–104.

Yajima Izumi 矢嶋泉 (2008): *Kojiki no rekishi ishiki* 古事記の歴史意識. Tōkyō: Yoshikawa Kōbunkan.

Yamada Jun 山田純 (2018): *Nihon shoki tenkyo-ron* 日本書紀典拠論. Tōkyō: Shintensha (Shintensha kenkyū sōsho 301).
Yamazaki Kenji 山崎健司 (2010): *Ōtomo no Yakamochi no uta-gun to hensan* 大伴家持の歌群と編纂. Tōkyō: Hanawa Shobō.
—— (2011): Uta-gun kara uta-kan e – Ōtomo no Yakamochi no hensan shuhō 歌群から歌巻へ—大伴家持の編纂手法. In: Ono Hiroshi 小野寛 (Hg.): *Ōtomo no Yakamochi kenkyū no saizensen* 大伴家持研究の最前線. Takaoka: Takaoka-shi Man'yō Rekishi-kan (Takaoka-shi Man'yō Rekishi-kan sōsho 23), S. 39–61.
Yoshimura Takehiko 吉村武彦 (2018): *Taika kaishin o kangaeru* 大化改新を考える. Tōkyō: Iwanami Shoten.
—— (2019): Zenpō kōen-fun e no shōtai 前方後円墳への招待. In: Yoshimura T., Yoshikawa Shinji 吉川真司 und Kawajiri Akio 川尻秋生 (Hg.): *Zenpō kōen-fun – kyodai kofun ha naze tsukurareta ka* 前方後円墳—巨大古墳はなぜ造られたか. Tōkyō: Iwanami Shoten (Shirīzu kodaishi o hiraku), S. 1–20.
—— (Hg.) ([2]2020): *Shinhan Kodaishi no kiso chishiki* 新版古代史の基礎知識. Tōkyō: Kadokawa (verbesserte Auflage, Erstauflage 2005).
Yoshimura Takehiko 吉村武彦, Yoshikawa Shinji 吉川真司 und Kawajiri Akio 川尻秋生 (Hg.) (2021): *Kokufū bunka – kisoku shakai no naka no „Tō" to „Wa"* 国風文化—貴族社会のなかの「唐」と「和」. Tōkyō: Iwanami Shoten (Shirīzu Kodaishi o hiraku 6).

Zymer, Rüdiger (2019): Begriffe der Lyrikologie – Einige Vorschläge. In: Hillebrandt, Claudia et al. (Hg.): *Lyrikologie*, Bd. 1: Grundfragen der Lyrikologie. Berlin und New York: De Gruyter, S. 25–50.

## Quellenliteratur (Kommentare, Faksimiles, Textsammlungen, textkritische Ausgaben)

Aso Mizue 阿蘇瑞枝 (2004): *Hitomaro-shū* 人麻呂集, *Akahito-shū* 赤人集, *Yakamochi-shū* 家持集. Tōkyō: Meiji Shoin (Waka bungaku taikei 17).
—— (2006–2015): *Man'yōshū zenka kōgi* 萬葉集全歌講義, 10 Bd. Tōkyō: Kasama Shoin.

Hirose Sutezō 廣瀬捨三 et al. (1994): *Kōhon Man'yōshū bessatsu* 校本萬葉集別冊 1–3 (廣瀬本 Hirose-bon). Tōkyō: Iwanami Shoten.

Ide Itaru 井手至 und Mōri Masamori 毛利正守 ([2]2009): *Shin-kōchū Man'yōshū* 新校註萬葉集. Ōsaka: Izumi Shoin (Erstauflage 2008).
Inaoka Kōji 稲岡耕二 (1994–2006 [Bd. 1–3], 2015): *Man'yōshū* 萬葉集, 4 Bd. Tōkyō: Meiji Shoin (Waka bungaku taikei 1–4).
Ishihara Michihiro 石原道博 ([89]2021): *Shintei Gishi wajinden, Gokanjo waden, Sōsho wakokuden, Zuisho wakokuden – Chūgoku seishi nihonden* 新訂魏志倭人伝、後漢書倭伝、宋書倭国伝、隋書倭国伝—中国正史日本伝. Tōkyō: Iwanami (Überarbeitet, Erstauflage 1951).

Itō Haku 伊藤博 (1995): *Man'yōshū shakuchū* 萬葉集釋注, Bd. 1. Tōkyō: Shūeisha.
—— ([3]2019): *Man'yōshū shakuchū* 萬葉集釋注, 10 Bd. Tōkyō: Shūeisha (Erstauflage 2005, Buchausgabe mit Originaltext: 1995–1998).

Komachiya Teruhiko 小町谷照彦 (1998): *Shūi wakashū* 拾遺和歌集. Tōkyō: Iwanami Shoten (Shin Nihon bungaku taikei 7, Erstauflage 1990).
Kōnoshi Takamitsu 神野志隆光 et al. (2021): *Shinshaku zen'yaku Nihon shoki* 新釈全訳日本書紀, Bd. 1. Tōkyō: Kōdansha.
Kurano Kenji 倉野憲司 ([15]1971): „Kojiki" 古事記. In: Kurano K. und Takeda Yūkichi 武田祐吉: *Kojiki – norito* 古事記・祝詞. Tōkyō: Iwanami Shoten, S. 3–361 (Erstauflage 1958; Nihon koten bungaku taikei 1).
Kurosaka Katsumi 黒坂勝美 und Kokushi Taikei henshūkai 國史体系編修會 (Hg.) (1965): *Nihonki-ryaku* 日本紀略前編; 1. (Kokushi Taikei 國史体系; 10). Tōkyō: Yoshikawa Kōbunkan.

Minemura Fumito 峯村文人 (1995): *Shinkokin wakashū* 新古今和歌集. Tōkyō: Shōgakukan (Shinpen Nihon koten bungaku zenshū 43).

NKTS 1–5: Sakamoto Tarō 坂本太郎 et al. ([19]2015): *Nihon shoki* 日本書紀. Tōkyō: Iwanami Bunko (5 Bd., Nihon koten bungaku taisei shinsōhan, Erstauflage der Taschenbuchausgabe 1995, original 1993).

Okimori Takuya 沖森卓也, Satō Makoto 佐藤信 und Yajima Izumi 矢島泉 ([2]2007): *Tōshi kaden* 藤氏家伝. Tōkyō: Yoshikawa Kōbunkan (Erstauflage 1999).
Omodaka Hisataka 澤瀉久孝 (1957–1977): *Man'yōshū chūshaku* 萬葉集注釋, 20 Bd., 2 Ergänzungsbände. Tōkyō: Chūō Kōronsha.

Pierson Jr., J. L. (Jan Lodewijk) (1929): *The Manyôśû. Translated and annotated, Book 1*. Leyden: E.J. Brill.

Sasaki Nobutsuna 佐々木信綱 et al. 1–2 ([4]1994, [3]1994): *Kōhon Man'yōshū* 校本萬葉集 Bd. 1 und 2. Tōkyō: Iwanami Shoten (original 1931 und 1933).
SNBT 1–4: Satake Akihiro 佐竹昭広 et al. (1999–2003): *Man'yōshū* 萬葉集, 4 Bd. Tōkyō: Iwanami Shoten (Shin Nihon koten bungaku taikei).
SNBT 12–16: Aoki Kazuo 青木和夫 et al. (1990, 1995 [15]): *Shoku-nihongi* 続日本紀, Bd. 1–5. Tōkyō: Iwanami Shoten (Shin Nihon koten bungaku taikei).
SNBZ 1: Yamaguchi Yoshinori 山口佳紀 und Kōnoshi Takamitsu 神野志隆光 ([7]2007): *Kojiki* 古事記. Tōkyō: Shōgakukan (Erstauflage 1997; Shinpen Nihon koten bungaku zenshū).
SNBZ 2–4: Kojima Noriyuki 小島憲之, Naoki Kōjirō 直木孝次郎 und Mōri Masamori 毛利正守; [5]2012): *Nihon shoki* 日本書紀, 3 Bd. Tōkyō: Shōgakukan (Erstauflage 1994; Shinpen Nihon koten bungaku zenshū).

SNBZ 6–9: Kojima Noriyuki 小島憲之, Kinoshita Masatoshi 木下正俊 und Tōno Haruyuki 東野治之 (1994): *Man'yōshū* 万葉集, 4 Bd. Tōkyō: Shōgakukan (Shinpen Nihon koten bungaku zenshū).

SSTK 15: Uchida Sennosuke 内田泉之助 und Ami Yūji 網祐次 (1963, 1964): *Monzen* 文選 [*Wenxuan*] *shi-hen* 詩篇, Bd. 2. Tōkyō: Meiji Shoin (Shinshaku kanbun taikei).

SSTK 81: Takahashi Tadahiko 高橋忠彦 (2001): *Monzen* 文選 [*Wenxuan*] *fu-hen* 賦篇, Bd. 3. Tōkyō: Meiji Shoin (Shinshaku kanbun taikei).

SSTK 83: Takeda Akira 竹田晃 (1998): *Monzen* 文選 [*Wenxuan*] *bunshō-hen* 文章篇, Bd. 2. Tōkyō: Meiji Shoin (Shinshaku kanbun taikei).

SSTK 110–112: Ishikawa Tadahisa 石川忠久 (1997, 1998, 2000): *Shikyō* [*Shijing*] 詩経, 3 Bände. Tōkyō: Meiji Shoin (Shinshaku kanbun taikei).

Takeda Yūkichi 武田祐吉 (1956–1957): *Zōtei Man'yōshū zenchūshaku* 増訂萬葉集全註釋.Tōkyō: Kadokawa Shoten (erweiterte und überarbeitete Ausgabe, 14 Bd., 2 Einleitungsbände, 10 Kommentarbände, 2. Handbuchbände, original 1948–1951).

—— ([15]1971): „Norito" 祝詞. In: Kurano Kenji 倉野憲司 und Takeda Y.: *Kojiki – norito* 古事記・祝詞. Tōkyō: Iwanami Shoten, S. 363–463 (Erstauflage 1958; Nihon koten bungaku taikei 1).

Tatsumi Masaaki 辰巳正明 (2012): *Kaifūsō zenchūshaku* 懐風藻全注釈. Tōkyō: Kasama Shoin.

Uegaki Setsuya 植垣節也 ([6]2012): *Fudoki* 風土記. Tōkyō: Shōgakukan (Erstauflage 1997; Shinpen Nihon koten bungaku zenshū 5).

Vovin, Alexander (2009): *Man'yōshū Book 15*. Leiden und Boston: Brill.

—— (2017): *Man'yōshū Book 1*. Leiden und Boston: Brill.

—— (2020): *Man'yōshū Book 2*. Leiden und Boston: Brill.

Watanabe Takao 渡邊隆男 (Hg.) (1993): *Katsura Man'yōshū* 桂萬葉集. Nigensha (Nihon meiseki sōkan Heian rokujū-sen 20).

—— (Hg.) (1994): *Genryaku-kōhon Man'yōshū* 元暦校本万葉集. Tōkyō: Nigensha (Nihon meihitsu-sen 23).

—— (Hg.) (2004): *Kanazawa-bon Man'yōshū* 元暦校本万葉集. Tōkyō: Nigensha (Nihon meihitsu-sen 45).

# Register

**Werktitel und Eigennamen**

**Sachregister** (chinesische Begriffe stehen kursiv)

**Sonderthemen**